Nicolai Preetz

**Rechtsgutsverletzungen durch KI-Systeme im Spiegel der Funktion des Strafrechts**

# Recht der Digitalisierung – Digitalisierung des Rechts

---

Herausgegeben von
Professor Dr. Marten Breuer
Professor Dr. Jochen Glöckner
Professor Dr. Rüdiger Wilhelmi
Professorin Dr. Liane Wörner

**Band 3**

Nicolai Preetz

# Rechtsgutsverletzungen durch KI-Systeme im Spiegel der Funktion des Strafrechts

KI und Generalvertrauen

DE GRUYTER

Gefördert durch die Deutsche Forschungsgemeinschaft (DFG) – 565687773 – und den Publikationsfond der Universität Konstanz

ISBN 978-3-11-171419-6
e-ISBN (PDF) 978-3-11-171430-1
e-ISBN (EPUB) 978-3-11-171452-3
DOI https://doi.org/10.1515/9783111714301



**Library of Congress Control Number: 2025935791**

**Bibliografische Information der Deutschen Nationalbibliothek**
Die Deutsche Nationalbibliothek verzeichnet diese Publikation in der Deutschen Nationalbibliografie; detaillierte bibliografische Daten sind im Internet über http://dnb.dnb.de abrufbar.



Einbandabbildung: Tierney / #320667457 / AdobeStock
Druck und Bindung: CPI books GmbH, Leck

www.degruyterbrill.com
Fragen zur allgemeinen Produktsicherheit:
productsafety@degruyterbrill.com

FSC www.fsc.org MIX Papier | Fördert gute Waldnutzung FSC® C083411

# Vorwort

Die vorliegende Arbeit wurde im Oktober 2024 vom Fachbereich Rechtswissenschaft der Universität Konstanz als Dissertation angenommen. Rechtsprechung und Literatur wurden bis einschließlich Juni 2024 berücksichtigt, die wichtigsten Schriften in Nachträgen noch bis einschließlich November 2024.

Die erfreulichste Aufgabe, die mit der Anfertigung einer Dissertationsschrift verbunden ist, ist wohl die Danksagung – nicht nur, weil sie das Ende eines langen und oft mühsamen Weges markiert, sondern auch, weil sie die Gelegenheit bietet, all jenen zu danken, die diesen Weg unterstützend begleitet haben.

Mein erster Dank gilt meiner Förderin und akademischen Lehrerin Frau Prof. Dr. Liane Wörner, LL.M. (UW-Madison). Es versteht sich von selbst, dass die kritische Diskussion und ihre umfangreichen, aber stets wohlmeinenden Anmerkungen diese Arbeit wesentlich vorangebracht haben. Zudem durfte ich während der Anfertigung der Dissertationsschrift als wissenschaftlicher Mitarbeiter an ihrem Lehrstuhl tätig sein – eine Zeit, in der ich sehr viel lernen durfte. Insbesondere bin ich für die unzähligen Chancen dankbar, die mir in dieser Zeit eröffnet wurden. Sie haben es mir ermöglicht, mich in verschiedenste Richtungen weiterzuentwickeln. Das betrifft vor allem mein möglich gemachtes Engagement im ADILT-Programm, in dem ich mich in besonderer Weise verwirklichen konnte.

Herrn Prof. Dr. Andreas Popp, M.A., danke ich herzlich für die zügige Erstellung des Zweitgutachtens und für seine authentische und ansteckende Begeisterung für das Strafrecht.

Daneben gibt es eine Vielzahl an Personen, die mich auf die ein oder andere Weise unterstützt haben. Sie alle zu nennen würde den Rahmen sprengen, weshalb ich mich auf eine Auswahl besonders herauszuhebender Beiträge beschränke. So bedanke ich mich insbesondere bei Dr. Simon Pschorr, Lena Gmelin, Laura Huff (geb. Fanzutti), Luis Jakobi und Belgin Aktaș für die Bereitschaft, meine Arbeit in verschiedenen Stadien zu begleiten und dabei stets mit klugen Anmerkungen voranzubringen. Dies trifft auch auf Janine Blocher und Florian Fütterer zu, die aber darüber hinaus auch die beiden Menschen waren, die meine Zeit am Lehrstuhl persönlich am meisten bereichert haben. Florian Fütterer als besten Büropartner, den ich mir hätte wünschen können und dem ich in Freundschaft verbunden bin, und Janine Blocher als beste nur denkbare Partnerin in zahlreichen Projekten.

Ein besonderer Dank gilt zudem Benjamin Weizenegger, der im besonderen Maße meine schriftlichen Ergüsse ertragen musste und maßgeblich zum Gelingen dieser Arbeit beigetragen hat.

Mein tiefer Dank gilt meinen Eltern, Tatjana und Jens Preetz – vor allem dafür, dass sie mir als Kind alle Zeit geschenkt haben, die ich brauchte. Vieles, was mich


https://doi.org/10.1515/9783111714301-001

geprägt hat, verdanke ich ihnen. Natürlich haben sie mich auch in meinem weiteren Leben unterstützt, wofür ich ebenfalls sehr dankbar bin. Nicht zuletzt hat sich diese Unterstützung unmittelbar in der Dissertationsschrift in Form einer fachfremden Spiegelung niedergeschlagen, die mir neue Perspektiven aufgezeigt hat. Zudem danke ich Leon Preetz, Filou und Trixie, die mein Leben auf ihre ganz eigene Weise bereichert haben.

Der letzte und größte Dank gilt Maren Wellnitz. Ohne ihre Unterstützung in jedem Aspekt meines Lebens wäre diese Arbeit nicht möglich gewesen. IldSmde.

Konstanz, im November 2024 Nicolai Preetz

# Inhaltsübersicht

# Inhalt

## 2. Teil: Aufrechterhaltung des Generalvertrauens durch strafrechtliche Verantwortungszuschreibung an den Menschen

# Abkürzungsverzeichnis

| | |
|---|---|
| a.A. | andere Ansicht |
| a.D. | außer Dienst |
| a.F. | alte Fassung |
| ABS | Antiblockiersystem |
| AEUV | Vertrag über die Arbeitsweise der Europäischen Union |
| AG | Amtsgericht |
| AGI | Artificial General Intelligence |
| AI | Artificial Intelligence |
| AI-VO | Verordnung (EU) 2024/1689 |
| AktG | Aktiengesetz |
| Alt. | Alternative |
| AMG | Arzneimittelgesetz |
| Art. | Artikel |
| AT | Allgemeiner Teil |
| BBergG | Bundesberggesetz |
| BGB | Bürgerliches Gesetzbuch |
| BGH | Bundesgerichtshof |
| bspw. | beispielsweise |
| BT | Besonderer Teil |
| BVerfG | Bundesverfassungsgericht |
| BVerfGG | Bundesverfassungsgerichtsgesetz |
| BVerwG | Bundesverwaltungsgericht |
| CEN | Europäisches Komitee für Normung |
| CENELEC | Europäisches Komitee für elektrotechnische Normung |
| CH | Codex Hammurabi |
| d.h. | das heißt |
| DIN | Deutsches Institut für Normung |
| DRiG | Deutsches Richtergesetz |
| DS-GVO | Datenschutz-Grundverordnung |
| ebd. | ebenda |
| EG | Erwägungsgrund |
| et al. | und andere |
| etc. | et cetera |
| EuGH | Europäischer Gerichtshof |
| f. | folgende |
| ff. | die folgenden |
| FG | Festgabe |
| Fn. | Fußnote |
| FS | Festschrift |
| GG | Grundgesetz |
| GPAI | General Purpose AI |
| GPS | Global Positioning System |
| GPT | Generative Pre-Trained Transformer |


https://doi.org/10.1515/9783111714301-002

| | |
|---|---|
| GrCh | Charta der Grundrechte der Europäischen Union |
| GS | Gedächtnisschrift/Gedenkschrift |
| GVG | Gerichtsverfassungsgesetz |
| h. M. | herrschende Meinung |
| HaftPflG | Haftpflichtgesetz |
| HLEG | High Level Expert Group |
| i. H. v. | in Höhe von |
| i. S. d. | im Sinne des |
| i.V. m. | in Verbindung mit |
| IEC | International Electrotechnical Commission |
| IEEE | Institute of Electrical and Electronics Engineers |
| insb. | insbesondere |
| ISO | International Organization for Standardization |
| Jhrdt. | Jahrhundert |
| Kap. | Kapitel |
| KI | Künstliche Intelligenz |
| lat. | lateinisch |
| LG | Landgericht |
| LLM | Large Language Model |
| LuftSiG | Luftsicherheitsgesetz |
| LuftVG | Luftverkehrsgesetz |
| m. w. N. | mit weiteren Nachweisen |
| n. F. | neue Fassung |
| o. ä. | oder ähnliches |
| OLG | Oberlandesgericht |
| PNR | Passenger Name Record |
| ProdHaftG | Produkthaftungsgesetz |
| ProdSG | Produktsicherheitsgesetz |
| RG | Reichsgericht |
| RL | Richtlinie |
| Rn. | Randnummer |
| S. | Seite |
| StGB | Strafgesetzbuch |
| StPO | Strafprozessordnung |
| StVG | Straßenverkehrsgesetz |
| StVO | Straßenverkehrsordnung |
| u. a. | unter anderem |
| u. ä. | und ähnliches |
| usf. | und so fort |
| usw. | und so weiter |
| v. | vom (nur in Urteilsverweisen) |
| VDE | Verband der Elektrotechnik Elektronik Informationstechnik |
| VDI | Verband deutscher Ingenieure |
| VGH | Verwaltungsgerichtshof |
| vgl. | vergleiche |
| VO | Verordnung |

| | |
|---|---|
| z. B. | zum Beispiel |
| z.T. | zum Teil |

Im Übrigen werden die üblichen Abkürzungen gebraucht, vgl. *Kirchner, Hildebert/Böttcher, Eike*, Abkürzungsverzeichnis der Rechtssprache, 11. Aufl., Berlin 2024.

# § 1 Einleitung

## A. Fragen

„Yes, I legitimately believe that LaMDA is a person. […] What I do know is that I have talked to LaMDA a lot. And I made friends with it, in every sense that I make friends with a human. So if that doesn't make it a person in my book, I don't know what would."[1] Dieses Zitat stammt aus einem Interview mit *Blake Lemoine*, einem ehemaligen Ingenieur von Google, mit einem Masterabschluss in Computer Science, der an einer künstlichen Intelligenz (KI), dem KI-System LaMDA gearbeitet hat. Er unterstützt zudem die Annahme, dass die LaMDA-KI bewusstseinsfähig („sentient") sei.[2]

Man mag nun *Lemoines* Position mit guten Argumenten widersprechen können. Entscheidend ist hier aber nicht, was Wahrheit oder Realität ist, sondern was für *Lemoine* Wirklichkeit ist.[3] Das ist ein KI-System, das in seiner Wirklichkeit mit einem Menschen vergleichbar ist, also eine „echte" Personalität im ethischen Sinn hat. Letztlich kommt es darauf an, was *Lemoine,* was wir alle als Wirklichkeit konstruieren. Das betrifft das Recht und auch das Strafrecht in ganz besonderem Maße, denn letztlich betreiben wir hierbei Verantwortungszuschreibung. Reale,[4] beobachterunabhängige Verantwortung gibt es nicht.

Mit der KI, die *Lemoine* hier in Form des spezifischen Systems LaMDA beschreibt, ist außerdem ein Thema angesprochen, zu dem in der Gesellschaft derzeit eine breite Auseinandersetzung stattfindet, welche die hohe praktische und gesellschaftliche Relevanz von KI widerspiegelt. In den letzten Jahren wurden immense Fortschritte im Bereich der KI gemacht und die Wissenschaftskommunikation war und ist sehr aktiv.[5] Das Beratungsunternehmen McKinsey schätzt, dass

---

1 https://www.wired.com/story/blake-lemoine-google-lamda-ai-bigotry/ (14.10.2024). Er hat seine Aussagen später trotz Kritik noch bestärkt, https://futurism.com/fired-google-engineer-ai-sentience (14.10.2024).

2 https://arstechnica.com/tech-policy/2022/07/google-fires-engineer-who-claimed-lamda-chatbot-is-a-sentient-person/. Vgl. außerdem https://cajundiscordian.medium.com/is-lamda-sentient-an-interview-ea64d916d917 (14.10.2024).

3 Warum gerade das eine Rolle spielt, wird im Laufe der Arbeit aufgegriffen werden, vor allem in § 2, § 3, § 10.

4 Zur Differenz von Wirklichkeit und Realität siehe § 2 A. I., S. 18 f.

5 Im Jahr 2010 lag die Zahl der weltweiten Publikationen zu KI noch bei 200.000, mittlerweile ist sie im Jahr 2021 auf knapp 500.000 angestiegen, *Maslej/Fattorini/Brynjolfsson et al.,* AI-Report 2023, S. 24, abrufbar unter https://aiindex.stanford.edu/wp-content/uploads/2023/04/HAI_AI-Index-Report_2023.pdf (14.10.2024).


https://doi.org/10.1515/9783111714301-002

schon allein die Technologie der generativen KI weltweit einen Produktivitätszuwachs von jährlich 2,6 bis 4,4 Billionen Dollar ermöglichen kann.[6] Wir befinden uns momentan in einer Zeit des KI-Hypes,[7] hervorgerufen durch bessere Nutzbarkeit von KI, vor allem durch deutlich höhere Rechenleistung der Hardware, die exponentiell gestiegene Verfügbarkeit von Daten und Durchbrüchen in der Methode des Machine Learnings. Daraus haben sich aufsehenerregende, nicht für möglich gehaltene Erfolge ergeben. Erfolge wie die beginnende Verbreitung des automatisierten und autonomen Fahrens im Straßenverkehr,[8] das Entwickeln von Spracherkennungssoftware,[9] das Besiegen des Menschen im klassischen Brettspiel Go,[10] sowie kürzlich die beeindruckenden Leistungen der Large-Language Models (LLMs), insbesondere die Sprachmodelle GPT-3, GPT-3.5, GPT-4,[11] haben KI in der Kommunikation der Gesellschaft eine hohe Bedeutung erlangen lassen. Auch die Politik,[12] schillernde Persönlichkeiten der Wirtschaft wie *Musk*[13] oder *Altman*[14] und nicht zuletzt die Fiktion[15] haben zur großen Relevanz von KI beigetragen. KI wirft eine Vielzahl von Fragestellungen auf, die auch in die Rechtswissenschaft hineinwirken. Das betrifft straf- und zivilrechtliche Haftungsfragen, Legal Tech, Datenschutzrecht und vieles mehr.[16] Mancher meint gar, nur mit einer neuen „Weltrechtsordnung" ließen sich die Herausforderungen, die KI mit sich bringt, in den

---

6 https://www.mckinsey.com/capabilities/mckinsey-digital/our-insights/the-economic-potential-of-generative-AI-the-next-productivity-frontier#key-insights (14.10.2024).

7 Ob dem wieder ein KI-Winter folgt, wird wohl hauptsächlich davon abhängen, ob die Erwartungen an KI diesmal nicht enttäuscht werden, vgl. etwa den Gartner Hype Cycle, https://www.gartner.com/en/articles/what-s-new-in-artificial-intelligence-from-the-2023-gartner-hype-cycle (14.10.2024).

8 Etwa schon in den §§ 1a ff. StVG sichtbar.

9 Kürzlich etwa das KI-System „Whisper" von OpenAI, https://github.com/openai/whisper (14.10.2024).

10 AlphaGo, siehe *Silver/Huang/Maddison et al.*, Nature 2016, 484 ff.; für den noch besseren Nachfolger AlphaGo Zero mit revolutionärem Reinforcement Learning siehe *Silver/Schrittwieser/Simonyan et al.*, Nature 2017, 354 ff.

11 *Bubeck/Chandrasekaran/Eldan et al.*, Sparks of AGI, S. 13 ff., abrufbar unter https://arxiv.org/abs/2303.12712, (14.10.2024).

12 Siehe bspw. die KI-Strategie des Bundes, abrufbar unter https://www.ki-strategie-deutschland.de/home.html (14.10.2024), und auf EU-Ebene der neue AI Act, Verordnung (EU) 2024/1689.

13 Als einer der Unterzeichner des KI-Moratoriums, mit dem dramatischen Aufruf, die KI-Entwicklung zu unterbrechen, https://futureoflife.org/open-letter/pause-giant-ai-experiments/ (14.10.2024)

14 Als CEO des wohl bekanntesten KI-Unternehmens OpenAI.

15 Der Klassiker schlechthin ist wohl *Asimov*, I, Robot, insbesondere die darin enthaltene Kurzgeschichte „Runaround", ebd., S. 40 ff., die die drei berühmten Robotergesetze enthält.

16 Einen Überblick gibt hier der Sammelband von *Kaulartz/Braegelmann*, Rechtshandbuch AI und speziell zu Legal Tech der Sammelband von *Hartung/Bues/Halbleib*, Legal Tech.

Griff bekommen.[17] KI durchdringt bereits heute das menschliche Leben mit Anwendungen in der Bildung, der Landwirtschaft, dem Marketing, dem Gesundheitswesen, der Strafverfolgung, der Energieversorgung, der Steuerberatung, der Logistik, der Produktion, den Medien, der Mobilität, der Sicherheit, dem Militär und vielem mehr.[18]

Unvermeidbar ist, dass es durch den breiten Einsatz von KI-Systemen zu Rechtsgutsverletzungen kommt. Wegen der Aufmerksamkeit, die KI genießt, ist es ebenso unvermeidbar, dass Rechtsgutsverletzungen durch KI-Systeme eine starke kommunikative Referenz in der Gesellschaft erfahren.[19] Das erfordert nicht zuletzt die Beantwortung der Frage, was strafrechtlich gilt, wenn KI-Systeme Rechtsgutsverletzungen hervorrufen. Was bedeuten Rechtsgutsverletzungen durch KI insbesondere für die Funktion des Strafrechts? Falls die Funktion betroffen ist, wie kann das Strafrecht darauf reagieren? Eines kann vorweggenommen werden: Das Strafrecht kann unter anderem mit Verantwortungszuschreibung reagieren. Das bringt uns zurück zu *Lemoine*: Verantwortungszuschreibung an was oder wen ist hier im Spiegel der Funktion des Strafrechts möglich? Sind es Hersteller oder Nutzer, die jegliche Verantwortung tragen? Ist die KI gar selbst zur Verantwortung zu ziehen und zu bestrafen? Oder sollte das Strafrecht hier in ganz anderer Form reagieren? Der Lösung dieser Fragen hat sich diese Arbeit verschrieben.

## B. Vorgehen

Zunächst muss der Gegenstand der Untersuchung genauer definiert werden: was ist KI, was sind KI-Systeme, was macht sie aus (sogleich C.)? Der erste Hauptteil, §§ 2–4, widmet sich sodann der Aufgabe, das Grundgerüst dieser Arbeit niederzulegen. Um die Wechselwirkungen von KI-Systemen mit der Funktion des Strafrechts zu beurteilen, muss eine solche Funktion zuerst gefunden werden. Die nötige Vorarbeit dazu leistet § 2, der den Konstruktivismus und die Luhmannsche Systemtheorie als Basis voranstellt und einen theoretischen Bezugsrahmen für die gesamte Arbeit liefert. Hier werden auch die Erkenntnis*möglichkeiten* dieser Arbeit präzisiert. § 3 hat dann die Funktion selbst zum Gegenstand. Diese wird aus den in § 2 gefundenen Grundlagen hergeleitet und ruht auf einem kommunikationstheoretischen Grundgerüst sowie auf dem für alle Menschen bestehenden Problem der Komplexität.

---

17 *Schwintowski*, NJOZ 2018, 1601.

18 Für eine ausführliche Zusammenstellung von 132 Anwendungen siehe ISO/IEC TR 24030:2021, S. 16 ff.

19 Warum gerade das und nicht die eigentlichen Rechtsgutsverletzungen relevant sind, wird in § 2 und § 3, insbesondere § 3 D. III. 1., S. 160 ff., erarbeitet.

Vertrauen ist der Mechanismus, der die Komplexität der Welt für den Menschen handhabbar machen kann. Weil in ausdifferenzierten Gesellschaften der persönliche Vertrauensaufbau einem Quantitätsproblem gegenübersteht muss in einer Gesellschaft ein gesellschaftlich ausdifferenziertes Vertrauen vorhanden sein, das in persönliches Vertrauen umgewandelt werden kann, das Generalvertrauen. Die Konstituierung und Aufrechterhaltung des Generalvertrauens ist die Funktion des Strafrechts. § 3 behandelt im Folgenden die Frage, wie die Kommunikation im Strafrechtssystem die Funktion ausfüllt. Es werden einige Grundlinien der Folgen gezeichnet, die sich aus dem Generalvertrauen als Funktion für das Strafrecht insgesamt ergeben, darunter auch die Einordnung von Rechtsgutsverletzungen und der Straftatbegriff, im Ganzen also die Grundlinien einer Strafrechtstheorie: Die Theorie vom Generalvertrauen. § 4 bringt Funktion und KI zusammen und untersucht, welche Rechtsgutsverletzungen von KI-Systemen ausgehen können und welche Auswirkungen diese auf die Funktion, die Konstituierung und Aufrechterhaltung von Generalvertrauen, haben. Den Abschluss von § 4 bilden die Möglichkeiten, die bestehen, um Generalvertrauen trotz Rechtsgutsverletzungen aufrecht zu erhalten. Der zweite und dritte Hauptteil der Arbeit untersucht zwei dieser Möglichkeiten genauer: Die §§ 5–9 bilden den zweiten Hauptteil und widmen sich der Frage, ob und wie den hinter den KI-Systemen stehenden Menschen Verantwortung so zugeschrieben werden kann, dass das Strafrecht seine Funktion erfüllen kann. § 5 widmet sich den Ursachen der Probleme bei der Verantwortungszuschreibung, die sich aus der Natur der KI-Systeme ergeben. § 6 untersucht Fragen der Äquivalenzkausalität, § 7 Fragen der Intention, und § 8 als Herzstück der Verantwortungsfrage dieses Teils widmet sich den Fragen der fahrlässigen Verantwortlichkeit. Im dritten Hauptteil, §§ 9–11, wird untersucht, ob Strafrecht seine Funktion auch erfüllen könnte, wenn KI-Systeme selbst in die Verantwortung genommen werden. Hiermit geht freilich eine beinahe unüberblickbare Vielfalt an Problemen einher. Die Frage wird hier spezifisch aus den aus § 3 gezogenen Konsequenzen beantwortet werden, die vieles noch zukünftigen Arbeiten in der Ausdifferenzierung überlassen müssen. § 9 widmet sich dabei der Frage, ob durch Strafrecht vermitteltes Generalvertrauen unmittelbar in Bezug auf KI-Systeme überhaupt zweckhaft sein kann. § 10 beschäftigt sich mit der strafrechtlichen Verantwortungszuschreibung an KI-Systeme mit der Kernfrage, ob ein KI-System deliktische Person sein kann. § 11 untersucht die tatsächlichen Möglichkeiten der Bestrafung. Daran schließt der vierte Hauptteil an, dessen Gegenstand in § 12 – auf Grundlage der in den vorangegangenen Teilen gezogenen Schlüsse – weitere Lösungsansätze sind, aufgrund derer Generalvertrauen aufrechterhalten werden könnte. § 13 fasst die Ergebnisse der Arbeit zusammen.

Die Grundprämisse dieser Arbeit ist, dass alles, was gesagt wird, von einem Beobachter[20] gesagt wird.[21] Einen realen, allgültigen Wahrheitsanspruch kann diese Arbeit deshalb schon nach dieser Prämisse nicht erheben, sie ist nichts weiter als eine spezifische Beobachtung. Freilich ist jede Beobachterperspektive, die in einer Gesellschaft eingenommen werden kann, stets auch an der Gesellschaft teilnehmend. Die Arbeit versteht sich deshalb in erster Linie, aber nicht ausschließlich, deskriptiv-analytisch. Zentraler Bezugspunkt ist § 3, der versucht, die Grundlinien einer Strafrechtstheorie zu zeichnen – die Theorie vom Generalvertrauen –, die in zukünftigen Arbeiten vertieft werden soll. Insofern ist damit auch das vorrangige Anliegen[22] einer Strafrechtswissenschaft verfolgt: den Gegenstandsbereich des Strafrechts zu beschreiben und dabei straftatsystematische Zusammenhänge aufzudecken. Sollten sich dabei in den Strukturen Antagonismen oder Antinomien zeigen, kann dies als Sekundäreffekt auch ein kritisches Potential entwickeln,[23] ebenso wie die funktionalistische Grundausrichtung dieser Arbeit.

## C. Grundlagen und Begriffsbestimmungen – Was ist KI?

Vorab bedarf es der begrifflichen Grundklärung des Bearbeitungsgegenstandes dieser Arbeit – was ist KI? KI bewegt sich in einem Bereich begrifflicher Unbestimmtheit. Eine allgemein anerkannte Definition für KI ist bislang nicht gefunden worden. Festgehalten werden kann zunächst, dass KI eine Wissenschaftsdisziplin darstellt.[24] Die möglichen Akteure werden aus KI-Methoden[25] in Gestalt konkreter KI-Systeme entwickelt. Da die KI-Systeme und nicht die Methoden oder die Wis-

---

20 Ausschließlich zur besseren Lesbarkeit wird in dieser Arbeit das generische Maskulinum verwendet. Die verwendeten Bezeichnungen beziehen sich freilich, sofern nicht anders kenntlich gemacht, stets auf alle Geschlechter.

21 Diese Grundaussage des Konstruktivismus wird ab § 2 tiefgehender thematisiert.

22 Vgl. *Zabel*, Schuldtypisierung, S. 409, Fn. 36. Dies schließt freilich eine damit verknüpfte, hier aber als Motiv nicht verfolgte, Umweltregulierung nicht aus.

23 Vgl. überblicksartig zum kritischen Potential von Systemtheorie *Fischer-Lescano* in Kritische Systemtheorie, S. 13, und speziell zur Systemtheorie im Recht *Möller* in Neue Theorien des Rechts, S. 46, 56 ff. Die Debatte um die kritische Systemtheorie ist kein einheitlicher Diskurs, der kaum mehr gemein hat, als dass er über den deskriptiven Ansatz der Systemtheorie hinausgeht und Gesellschaftsstrukturen für Kritik anschlussfähig macht. *Osrecki*, Soziale Systeme 2015, 227, 238 bezeichnet die kritische Systemtheorie deshalb nicht als Debatte, sondern als Label. Zum umfassenden Themenspektrum dessen, was unter dieses Label gefasst wird ebd., 227, 233 f.

24 ISO/IEC TR 24030:2021, S. 1.

25 Zu den KI-Methoden ausführlich: *Russell/Norvig*, AI, S. 81 ff. und das Sammelwerk von *Görz/Schmid/Braun*, Handbuch der künstlichen Intelligenz.

senschaftsdisziplinen unmittelbar als Anknüpfungspunkt für strafrechtliche Verantwortlichkeit dienen können, muss für das Erkenntnisinteresse dieser Arbeit eine Definition für KI-*Systeme* gefunden werden.

Die Wortbestandteile von KI, also „künstlich" und „Intelligenz", können für die Frage, was KI eigentlich ist, nur bedingt weiterhelfen. „Künstlich"[26] zeigt jedenfalls den Gegensatz zum „Natürlichen". Mithin müssen KI-Systeme im Ausgangspunkt vom Menschen geschaffene Dinge sein. „Künstlich" wird hier jedenfalls als „technisch", „digital", konkreter „Software" begriffen werden, denn Roboter und Server können zwar die körperliche Hülle für KI-Systeme sein, im Kern sind KI-Systeme jedoch lediglich Software.[27]

„Intelligenz" ist als Forschungsgegenstand und Begriff ähnlich umstritten wie der KI-Begriff selbst. Das mag auch nicht weiter verwundern, wurde der Begriff der Intelligenz doch geschaffen, um prinzipiell Nichtbeobachtbares[28] aus dem Inneren des Menschen zu beschreiben. Insofern ist die Beschreibung der Intelligenz, die Erkenntnis um ihre Natur, gleichzeitig ihre Erzeugung.[29] *Boring* bringt es auf den Punkt: Intelligenz ist das, „was die Tests testen".[30] In den unzähligen Theorien zu Intelligenz[31] besteht ein teilweiser Konsens[32] wohl zumindest darin, dass Intelligenz mit Denken zu tun hat, letztlich also eine Fähigkeit[33] ist, die alle sensorischen und

---

26 Eine etwas unglückliche Übersetzung des englischen „artificial", da so die Bedeutung des nützlichen Zwecks verloren geht. Dazu *Herberger,* NJW 2018, 2825, 2827.

27 Vgl. High-Level Expert Group, AI Definition of AI, S. 6, abrufbar unter https://digital-strategy.ec.europa.eu/en/library/definition-artificial-intelligence-main-capabilities-and-scientific-disciplines (14.10.2024); (Software oder u.U. Hardware); *Ballestrem/Bär/Gausling/Hack/von Oelffen,* Rechtsgrundlagen KI, S. 1; *Dettling/Krüger,* MMR 2019, 211, 212; *Bernhardt/van der Ham et al.* in Vögele/Borstell/Bernhardt, Kapitel O, Rn. 122; Weissbuch KI COM/2020/65, S. 19; *Craglia,* A European Perspective, S. 18 (Maschine oder Algorithmus); US Congressional Research Service, S. 1, abrufbar unter https://crsreports.congress.gov/product/pdf/R/R45178/9 (14.10.2024) (Software oder Hardware oder anderer Kontext); OECD, Recommendation of the Council on Artificial Intelligence, S. 7, abrufbar unter https://legalinstruments.oecd.org/en/instruments/oecd-legal-0449 (14.10.2024) (maschinenbasiert); *Cornelius,* ZIS 2020, 51, 52 („künstlicher Akteur"); Böhringer, RAW 2019, 13 (Algorithmus).

28 *Luhmann,* Soziale Systeme, S. 158. Vgl. etwa auch *Görz/Braun/Schmid* in Görz/Schmid/Braun, S. 7, nach denen sich Intelligenz erst im sozialen Zusammenhang überhaupt konstituieren kann.

29 Vgl. *Sonntag,* Die Seele als Politikum, S. 6.

30 *Boring,* New Republic 1923, 35 (Original: „Intelligence is what tests test."), direkt abrufbar auch unter https://brocku.ca/MeadProject/sup/Boring_1923.html (14.10.2024); dies zitierend auch *Watzlawik,* Wenn die Lösung das Problem ist, Vortrag 1987, abrufbar unter https://www.youtube.com/watch?v=cl4aZTPsTSs (14.10.2024).

31 *Niederée/Neijdl* in Rechtshandbuch KI, § 2, Rn. 1; einen Überblick über die Diskussion bieten *Funke/Vaterrodt,* Intelligenz, S. 41 ff; ausführlicher *Rost,* Intelligenz, S. 39 ff.

32 Siehe dazu die Übersicht bei *Rost,* Intelligenz, S. 14 f.

33 Ob gelernt oder angeboren ist ein weiterer Streitpunkt, siehe *Funke/Vaterrodt,* Intelligenz, S. 11.

verarbeitenden Prozesse beschreibt, mit denen auf Umwelteinflüsse reagiert werden kann. Tatsächlich kann Intelligenz mit Tests aktuell nur aus dieser Problemlösungsfähigkeit[34] heraus bewertet und gemessen werden.[35] Im Wesentlichen kann zwischen anthropomorpher, vom Menschen her gedachter Intelligenz[36] und rationaler, nur als Problemlösungsfähigkeit gedachter Intelligenz[37] unterschieden werden.

Beide Ansätze, anthropomorpher und rationaler, können jeweils unterschiedliche Entwicklungsphasen in der KI-Forschung darstellen. Im Ausgangspunkt kann die KI-Forschung, die in ihren Anfängen bis in die griechische Mythologie[38] zurückgeht, als Wunsch gedeutet werden, einen künstlichen Menschen zu schaffen.[39] Erst in der Moderne,[40] mit der 1956 stattfindenden „Dartmouth-Conference", wurde der Begriff „Artificial Intelligence" geboren und als erklärtes Ziel festgesetzt.[41] Nach den 1955 eingereichten Antragsunterlagen solle jeder Aspekt von Lernen bzw. Intelligenz als solcher so präzise beschrieben werden können, dass er mittels einer

---

34 Dies als wesentlichen Kern sehend *K. Spies/Lüer* in Roth/Kaiser, S. 185.

35 Sollen IQ-Tests der Gradmesser für Intelligenz sein und nimmt man den IQ-Test des Mensavereins Norwegen als Gradmesser, so hat ein KI-System hierbei den Menschen im März 2024 erstmals übertroffen; „Claude-3" erzielte in diesem Test als erstes KI-System einen IQ von 101 Punkten, somit mehr als der durchschnittliche Mensch, https://www.maximumtruth.org/p/ais-ranked-by-iq-ai-passes-100-iq, (14.10.2024).

36 Hier liegt der Fokus zum einen auf dem Sichtbarwerden bestimmter Problemlösungsstrategien des Menschen, etwa mechanischer (mechanical), sozialer (social) und abstrakter (abstract) Intelligenz und den dahinterstehenden internen Mechanismen, etwa Lernen (learn), Verstehen (understand) und Anwenden (manage) nach *Thorndike*, Harper's Monthly Magazine 1920, 227, 228; diese Theorie ebenso aufgreifend *Haagen*, Verantwortung, S. 59 f. und *John*, Haftung, S. 4, letzterer unterscheidet nur zwischen abstrakter und sozialer Intelligenz. *Thorndike* geht vor allem wegen des Inkludierens der sozialen Intelligenz in die Forschungsgeschichte ein, *Rost*, Intelligenz, S. 109; zur Kritik *Rost*, Intelligenz, S. 112 ff.

37 Etwa *Russell/Norvig*, AI, S. 57, letztlich bedeutet Intelligenz dann „das Richtige zu tun":

38 Prometheus schafft aus Ton den Menschen zwar nach seiner Ähnlichkeit, er kann ihm keine Unsterblichkeit verleihen, *Jünger*, Mythen, S. 88 f.; siehe auch im Original bei *Cornutus/Busch/Zangenberg*, Götter, S. 103.

39 Ausführlich *McCorduck*, Denkmaschinen, S. 15 ff. Vgl. für die kulturelle und literarische „Vorarbeit" zusammenfassend *Barthelmeß/Furbach*, IRobot – uMan. Weitere Beispiele finden sich etwa im Golem der jüdischen Mythologie, *Barthelmeß/Furbach*, IRobot – uMan, S. 15 ff.; *Mainzer*, Übernahme, S. 7 und im Homunkulus, *Jacoby* in Handwörterbuch des deutschen Aberglaubens, S. 286 ff.

40 Kurz zuvor warf aber schon *Turing* die Frage auf: „Can machines think"? *Turing*, Mind 1950, 433.

41 *Lenzen*, KI, S. 23; *Seng* in Maschinenethik, S. 185, 187; *R. Weber/Seeberg*, KI in der Industrie, S. 7; *Görz/Braun/Schmid* in Görz/Schmid/Braun, KI, S. 4; ausführlich *McCorduck*, Denkmaschinen, S. 97 ff.; *Nilsson*, Quest for AI, S. 52 ff.; *Bostrom*, Superintelligence, S. 5; *Herberger*, NJW 2018, 2825, 2826; *Guggenberger*, NVwZ 2019, 844, 845; a.A. *Mainzer*, Übernahme, S. 10, der schon die Arbeit von *Turing* 1950 als Geburtsjahr der KI-Forschung sieht.

Maschine simulierbar sei.[42] Dem liegt der Gedanke zugrunde, dass menschliches Denken auf der Befolgung reproduzierbarer Regeln beruhe, die mit Programmen abgebildet werden könnten. Die Herausforderung und das Ziel, ein solches Programm zu schaffen, wurde als „Artificial Intelligence" bezeichnet. Ersichtlich lag dem der Gedanke der anthropomorphen Intelligenz zugrunde. Dieses Ziel wurde nicht erreicht. Auf dem Weg dorthin wurden aber viele nützliche Technologien entwickelt, die für bestimmte Probleme erstaunliche Problemlösungsfähigkeiten, also rationale Intelligenz aufwiesen. Heute ist die Schaffung neuer und auf Problemlösung gerichteter Methoden das primäre Bestreben der technischen KI-Forschung und weniger das Erzeugen einer tatsächlichen menschlichen Intelligenz, auch wenn dies nach wie vor nicht völlig aus dem Blickfeld geraten ist.[43]

Technologisch[44] kann die KI-Forschung in zwei Wellen eingeteilt werden, wobei die erste Welle auf symbolische Methoden setzte – vor allem Expertensysteme –, die auf individuell erzeugtem Wissen basieren. Mit ihnen lässt sich sehr gut komplexes „Denken" umsetzen, sie können aber nicht aus Erfahrungen lernen.[45] Insofern kann dabei an klassische Programmierung gedacht werden, die auf einer symbolischen Repräsentation beruht, also einer klaren Zuordnung von Zeichen zu Bedeutung bzw. Funktion. Doch gibt es Fragestellungen, zu denen sich keine Regeln finden lassen, da sie nicht beschreibbar oder schlicht zu komplex sind. Als Lösung für dieses Problem haben sich in der zweiten Welle die sub-symbolischen Methoden entwickelt, allen voran das Machine Learning.[46] Die Basis liegt in der Statistik. Zu den geläufigsten Methoden des Machine Learnings gehören Supervised Learning, Unsupervised Learning und Reinforcement Learning.[47] Machine Learning ist als Begriff so dominierend in der Diskussion, dass es teilweise mit dem Begriff der KI synonym gesetzt wird.[48] Heutige Systeme verwenden Elemente aus beiden Wellen

---

42 „The study is to proceed on the basis of the conjecture that every aspect of learning or any other feature of intelligence can in principle be so precisely described that a machine can be made to simulate it" *McCarthy/Minsky/Rochester/Shannon*, A Proposal for the Dartmouth Summer Research Project on Artificial Intelligence, August 31, 1955, abgedruckt in AI Magazine 2006, Nr. 4, S. 12 ff..

43 Eine Übersicht dazu findet sich etwa bei *Bostrom*, Superintelligence, S. 26 ff.

44 Für eine umfangreiche Darstellung sei auf das monumentale Standardwerk von *Russell/Norvig*, AI verwiesen.

45 *Kaulartz/Braegelmann* in Rechtshandbuch AI, S. 6.

46 Insoweit scheint sich der englische Begriff auch in der deutschen Literatur vor dem deutschen „maschinellen Lernen" durchgesetzt zu haben, sodass er auch hier verwendet werden soll. Gleiches gilt für die verschiedenen Lernmethoden.

47 Die Methoden werden insoweit im 2. Teil der Arbeit noch genauer problematisiert, § 5 B. I., S. 240 ff. Zu diesen Methoden und Machine Learning umfangreich *Russell/Norvig*, AI, S. 669 ff.

48 https://cloud.google.com/learn/artificial-intelligence-vs-machine-learning?hl=de (14.10.2024).

und führen beide Stärken zusammen, was zu einigen beeindruckenden Erfolgen und einem neuen KI-Hype geführt hat.

KI wirkt dabei oft disruptiv, sowohl ökonomisch als auch soziologisch: Sie ist in der Lage, die ethischen und rechtlichen Rahmenbedingungen ob ihrer Bedeutung und der neuen Blickwinkel sowie Herausforderungen, die sie der Gesellschaft und den einzelnen Individuen gibt, Stück für Stück zu verändern. Sie ist nach den Worten *Fateh-Moghadams* eine „transformative Technologie"[49], die durch ihren Einfluss auf die Gesellschaft geeignet ist, auch die normative Verfasstheit der Gesellschaft zu verändern, wie bspw. das Auto oder das Internet es getan haben. Dieses Transformationspotential geht vor allem von ebenjener Umstellung von symbolischen KI-Methoden auf subsymbolische KI-Methoden aus, da Letzteres die Systeme beschreibt, die gemeinhin als selbstlernend begriffen werden.

Wie kann der KI-Begriff nun also konkret gefasst werden? KI in Gänze lässt sich nur aus ihrer Historie heraus beschreiben. KI ist aus dem Wunsch entsprungen, ein dem Menschen gleiches oder überlegenes Wesen zu schaffen.[50] Das drückt sich schon in der Ursprungsdefinition der Dartmouth-Konferenz aus. Mangels anderer Alternativen hat man sich dabei am Menschen orientiert, als die bisherige Spitze bekannter intelligenter Entitäten. Das erfassen Definitionsansätze, die Intelligenz ins Zentrum der Definition rücken.[51] Sie liegen in der Hinsicht richtig, dass alles, was auf dem Weg zu dieser ursprünglich in den Blick gefassten Intelligenz auf menschlichem Level entwickelt wird, als KI bezeichnet werden kann. Zumeist erforschen wir das Feld dann, wenn Menschen etwas besser können als Maschinen,

---

49 *Fateh-Moghadam*, ZStW 131 (2019), 863, 867. Zur Beschreibung, wie Technik Recht transformieren kann, *ders.* ZStW 131 (2019), 863, 868 ff. Vgl. auch zu grundlegenden technologischen Entwicklungen als eine der Dynamiken in der Evolution des Strafrechts *Brodowski*, Evolution des Strafrechts, S. 346 f.

50 So auch *Wang*, Journal of Artificial General Intelligence 2009, 1.

51 Ursprung: *McCarthy/Minsky/Rochester/Shannon*, A proposal for the Dartmouth summer research project on artificial intelligence, abrufbar unter http://www-formal.stanford.edu/jmc/history/dartmouth/dartmouth.html, (14.10.2024). Vgl. sonst *Groh* in Webers Rechtswörterbuch, Stichwort „Künstliche Intelligenz"; *Nilsson*, Quest for AI, S. III (Preface); *Ory/Sorge*, NJW 2019, 710; US Congressional Research Service, S. 1, abrufbar unter https://crsreports.congress.gov/product/pdf/R/R45178/9 (14.10.2024) (jedenfalls auch); *Minsky*, Semantic Information Processing, S. V (Preface); *Söbbing*, Rechtsfragen KI, S. 4; *Gaede*, KI, S. 19; *Zech*, ZfPW 2019, 198, 199; *Ménière/Pihlajamaa*, GRUR 2019, 332; https://wirtschaftslexikon.gabler.de/definition/kuenstliche-intelligenz-ki-40285 (14.10.2024); *Gumpp/M. Schneider*, ZfDR 2021, 155, 157, Letztere konkretisieren aber noch durch die Methoden; *Haagen*, Verantwortung, S. 58, „'Intelligenz' [stellt] wohl das maßgebende Element der KI dar"; *Mainzer*, Übernahme, S. 3, der von der Intelligenz ausgehend die zentralen Merkmale „Selbstständigkeit" und „Effizienz" ausmacht; *Paaß/Hecker*, KI, S. 1, die die Definition aber als „ungenau" bezeichnen. Vgl. auch von einem allgemeineren Ausgangspunkt *Newell/H. Simon*, Communications of the ACM 1976, 113, 116 f.

und versuchen dieses Verhältnis umzukehren. Letztlich traf schon *Rich* den Kern dieses Prozesses, als sie schrieb, dass sich KI damit beschäftige, Maschinen Dinge beizubringen, die Menschen bisher besser können.[52] Wenn dieses Ziel erreicht wurde und dabei ist *Richs* Definition unvollständig, bleibt die entsprechende Technologie aber trotzdem KI und verliert diesen Status nicht. Auf diesem Weg haben sich vor allem rationale Intelligenzsysteme entwickelt: Zurzeit sind das Expertensysteme und ganz besonders Systeme, die auf Machine Learning basieren. Technische Definitionsansätze beschreiben die Eigenschaften dieser aktuellen rationalen Intelligenzsysteme präzise.[53] Für alle KI-Systeme, jetzt oder in Zukunft, wird jedenfalls gelten, dass sie Software sind. Entwicklungsoffene Ansätze wie derjenige des neuen und richtungsweisenden Artificial Intelligence Acts (AI-VO)

---

52 *Rich*, Artificial Intelligence, S. 1, zustimmend *Kreutzer/Sirrenberg*, KI, S. 3.

53 Allen voran die Definition der von der EU-Kommission ins Leben gerufenen „High Level Expert Group on AI“, deren Definition aus High-Level Expert Group, AI Definition of AI, S. 6, abrufbar unter https://digital-strategy.ec.europa.eu/en/library/definition-artificial-intelligence-main-capabilities-and-scientific-disciplines (14.10.2024); sich in fünf Punkte einteilen lässt, die sich in vielen weiteren Definitionsansätzen wiederfinden: (Nr. 1) Wahrnehmung der Umgebung in der realen und/oder virtuellen Welt durch das Aufnehmen von Daten, so auch bei EC Coordinated Action Plan on AI (COM(2018) 795), S. 1; *Gaede*, KI, S. 21; *Ballestrem/Bär/Gausling/Hack/von Oelffen*, Rechtsgrundlagen KI, S. 1; *Bernhardt/van der Ham et al.* in Vögele/Borstell/Bernhardt, Kapitel O, Rn. 122; *Kaulartz/Braegelmann* in Rechtshandbuch AI, Kap. 1, Rn. 9; *Fettke*, MwStR 2018, 463, 466; *Craglia*, A European Perspective, S. 18, (Nr. 2) Informationsverarbeitung in der Hinsicht, dass die eingehenden Daten gesammelt und interpretiert bzw. bewertet werden, so auch bei EC Coordinated Action Plan on AI, 2018 (COM(2018) 795), S. 1; *Gaede*, KI, S. 21; *Ballestrem/Bär/Gausling/Hack/von Oelffen*, Rechtsgrundlagen KI, S. 1; *Kaulartz/Braegelmann* in Rechtshandbuch AI, Kap. 1, Rn. 9; *Bernhardt/van der Ham et al.* in Vögele/Borstell/Bernhardt, Kapitel O, Rn. 122; *Rösinger*, ZfDR 2021, 147, Fn. 1; *Fettke*, MwStR 2018, 463, 466; Weissbuch KI COM/2020/65, S. 19, (Nr. 3) Treffen von Entscheidungen, d. h. Lernen und Handeln aufgrund der eingehenden bzw. vorher schon verfügbaren Informationen, wobei der Fokus zumeist auf dem Lernaspekt liegt, ganz im Sinne des aktuellen Trends des Machine Learnings, so auch OECD, Recommendation of the Council on Artificial Intelligence, S. 7, abrufbar unter https://legalinstruments.oecd.org/en/instruments/oecd-legal-0449 (14.10.2024); *Lenzen*, KI, S. 35; *Niederee/Neidl* in Rechtshandbuch KI, § 2, Rn. 1; *Söbbing*, Rechtsfragen KI, S. 4; *Kaulartz/Braegelmann* in Rechtshandbuch AI, Kap. 1, Rn. 9; *Haenlein/Kaplan*, California Management Review 2019, 5, 8; *Ballestrem/Bär/Gausling/Hack/von Oelffen*, Rechtsgrundlagen KI, S. 1; *Dettling/Krüger*, MMR 2019, 211, 212; *Bernhardt/van der Ham et al.* in Vögele/Borstell/Bernhardt, Kapitel O, Rn. 122; *Fettke*, MwStR 2018, 463, 466; *Grapentin*, NJW 2019, 181, 183; *Craglia*, A European Perspective, S. 18; US Congressional Research Service, S. 1, abrufbar unter https://crsreports.congress.gov/product/pdf/R/R45178/9 (14.10.2024); ISO/IEC TR 24028:2020, S. 1; ISO/IEC TR 24029 – 1:2021, S. 1, (Nr. 4) Erreichen von vorher definierten Zielen, so bei EC Coordinated Action Plan on AI, 2018(COM(2018) 795), S. 1; OECD, Recommendation of the Council on Artificial Intelligence, S. 7, abrufbar unter https://legalinstruments.oecd.org/en/instruments/oecd-legal-0449 (14.10.2024); *Ballestrem/Bär/Gausling/Hack/von Oelffen*, Rechtsgrundlagen KI, S. 1; Weissbuch KI COM/2020/65, S. 19, (Nr. 5) Softwaresystem, das durch Hardware verkörpert sein kann, so auch die Quellen in Fn. 27.

drücken aus, dass die Entwicklung noch nicht am Ende ist und sich dabei noch völlig neue Methoden herausbilden können.[54]

Eine präzise Definition, unter die sich trennscharf subsumieren lässt, lässt sich deshalb nicht finden, weil die Technologie selbst noch im Fluss ist und sich gewissermaßen ständig selbst definiert. Was KI *heute* bedeutet, lässt sich mit dem technischen Ansatz beschreiben. Will man ihn vereinfachen, so bietet sich die Negativabgrenzung *Bomhard/M. Merkles* an: KI ist Software, die nicht (ausschließ-

54 Im ursprünglichen Vorschlag der Kommission war noch die Möglichkeit vorgesehen die Techniken, die unter KI gefasst werden, anzupassen, Art. 4, 73 des Vorschlages der Kommission, COM(2021) 206, abrufbar unter https://eur-lex.europa.eu/legal-content/EN/TXT/?uri=CELEX%3A52021PC0206, (14.10.2024). In der finalen Version taucht dies in veränderter Form auf: Die Kommission kann nach Art. 96 I f AI-VO Leitlinien erlassen, die die Definition weiter schärfen, was letztlich dennoch zu einer – durch die sogleich aufgezeigte Weite der Definition – fast beliebigen Definitionshoheit der Kommission führt, also einen entwicklungsoffenen KI-Begriff zur Folge hat. Die Definition für „KI-System" in Art. 3 Nr. 1 AI-VO lautet nun: „ein maschinengestütztes System, das für einen in unterschiedlichem Grade autonomen Betrieb ausgelegt ist und das nach seiner Betriebsaufnahme anpassungsfähig sein kann und das aus den erhaltenen Eingaben für explizite oder implizite Ziele ableitet, wie Ausgaben wie etwa Vorhersagen, Inhalte, Empfehlungen oder Entscheidungen erstellt werden, die physische oder virtuelle Umgebungen beeinflussen können". Es wird bereits kritisiert, dass die Definition keine ausreichende Abgrenzung zuließe, *Wendehorst/Nessler/Aufreiter/Aichinger,* MMR 2024, 605, 610 ff. Die Elemente der Definition lassen in der Tat nur wenig Abgrenzung zu: Die Bezeichnung als „maschinengestütztes System" schafft eine Abgrenzung von biologischen Systemen. Eine Beschränkung auf Software, wie es hier vertreten wird, ist damit nicht erreicht, auch wird der Begriff der „Maschine" nicht weiter spezifiziert. Dass KI-Systeme von Maschinen im weiteren Sinne betrieben wird, wie in EG 12 ausgeführt, dürfte selbstverständlich sein. EG 12, der insbesondere von Abgrenzung zu „einfacheren herkömmlichen Softwaresystemen und Programmieransätzen" schreibt, spricht dafür, dass die Verfasser KI dennoch als Software verstehen. Der Verweis auf einen Betrieb mit unterschiedlichem Grad an Autonomie ist nach EG 12 so zu verstehen, dass KI-Systeme bis zu einem gewissen Grad unabhängig von menschlichem Zutun agieren und in der Lage sind, ohne menschliches Eingreifen zu arbeiten. Das trifft auf jegliche automatisierte Datenverarbeitung zu, vgl. auch *Wendehorst/Nessler/Aufreiter/Aichinger,* MMR 2024, 605, 607. Anpassungsfähigkeit bezieht sich nach EG 12 auf Lernfähigkeit während der Verwendung. Das ist allerdings nur ein „kann"-Element der Definition, wohl deshalb, weil dies viele KI-Systeme nicht abdecken würde; nämlich solche, die nur über Updates „hinzulernen" und nicht im eigentlichen Sinne während der Verwendung lernen, sprich sich ohne Entwicklungsstufe über ein zentralisiertes Update anpassen. Auch der Output als Beeinflussung der Umgebung trifft auch auf normale EDV-Systeme zu. Zentrale Bedeutung soll nach EG 12 der „Ableitung von Eingaben" zukommen, da dies gerade über einfache Datenverarbeitung hinausgehend verstanden werden soll. Was einfache Datenverarbeitung ist, bleibt unklar. Etwas deutlicher wird es durch die Aufzählung, die EG 12 vornimmt: es sollen Ansätze maschinellen Lernens erfasst sein, ebenso wie logik- und wissensgestützte Konzepte. Auch der Verweis auf implizite und explizite Ziele liefert letztlich keine neuen Abgrenzungsmöglichkeiten, *Wendehorst/Nessler/Aufreiter/Aichinger,* MMR 2024, 605, 609 f. Zur AI-VO ausführlich § 8 A. II. 1. b., S. 286 ff.

lich) regelbasiert funktioniert.[55] Die trennschärfste Bestimmung von KI-Systemen findet auch der AI Act erst außerhalb der eigentlichen Definition in Art. 3 Nr. 1 AI-VO in einer Negativabgrenzung in EG 12: Der Begriff des KI-Systems solle sich nicht auf Systeme beziehen, die auf ausschließlich von natürlichen Personen definierten Regeln für das automatische Ausführen von Operationen beruhen. Modifiziert werden muss *Bomhard/M. Merkles* Definition aber in der Hinsicht, dass auch Machine Learning am Ende (wie der Mensch) im Grundsatz regelbasiert ist, allerdings nicht unmittelbar durch menschengemacht einprogrammierte Regeln,[56] sondern durch Regeln, die durch das Machine Learning gefunden werden. Insofern muss die Definition um den Passus (nicht) „unmittelbar anthropogen-regelbasiert" ergänzt werden. Dies fängt, sicherlich etwas vereinfacht, die Essenz dessen ein, was KI heute ist und voraussichtlich auch im Minimum bleiben wird. Sie wird im Folgenden als Arbeitsdefinition verwendet werden. Machine Learning steht dabei, wenn man die Anwendungen und die Definition als Maßstab nimmt, als State of the Art aktuell im Mittelpunkt und wird deshalb bei der rechtlichen Beurteilung schon bestehender KI-Systeme als Maßstab dieser Arbeit dienen.

Um dies alles prägnant zusammenzufassen: KI ist alles, was der Mensch ab dem Startpunkt der Dartmouth-Konferenz auf dem Weg zu einer menschenähnlichen Intelligenz, die er auf künstlichem Wege im Sinne einer Software erzeugt bzw. entwickelt hat und noch entwickeln wird. Dabei hat sich *aktuell*, als neuesten Stand der Technik, aber nicht abschließend eine Technologie herausgebildet, die KI als solche Software definieren kann, die nicht ausschließlich unmittelbar anthropogen-regelbasiert funktioniert. Die Familie der Machine Learning-Methoden hat dabei die herausgehobene Stellung. KI-Systeme sind alle Systeme[57], die sich unter diesen KI-Begriff subsumieren lassen.

Allerdings kann man hier noch nicht stehenbleiben. Differenziert werden muss darüber hinaus zwischen starker und schwacher KI.[58] Die Bundesregierung definiert starke und schwache KI folgendermaßen: „Sehr abstrakt ordnen sich KI-Forscher zwei Richtungen zu: der ‚schwachen' und der ‚starken' KI. Die ‚starke' KI formuliert, dass KI-Systeme die gleichen intellektuellen Fertigkeiten wie der Mensch haben oder ihn darin sogar übertreffen können. Die ‚schwache' KI ist fo-

---

55 *Bomhard/M. Merkle*, RDi 2021, 276.

56 Insofern besteht eine gewisse Verwandtschaft zur neuen Definition von *Lenzen*, KI, S. 35 für intelligente Systeme. *Lenzen* will Systeme in den Fokus nehmen, die „immer mehr zuwege bringen, ohne dass es ihnen explizit vorgegeben wurde und ohne dass der Mensch helfend eingreifen muss."

57 Systeme sind dabei eine Kombination aus interagierenden Elementen, die zusammengeführt sind, um einen oder mehrere Zwecke zu erfüllen. Dies ist nicht mit dem später noch aufzugreifenden, Luhmannschen Systembegriff zu verwechseln.

58 Sehr umfangreich dazu *Nida-Rümelin* in Recht und Praxis KI, S. 75 ff.

kussiert auf die Lösung konkreter Anwendungsprobleme (...). Dazu werden auch Aspekte menschlicher Intelligenz nachgebildet und formal beschrieben (...).“[59] Bei diesen Ausführungen wird deutlich, was in Deutschland[60] zumeist unter starker KI verstanden wird: ein künftiges System, das dem Menschen gleich oder überlegen ist.[61] Innerhalb der starken KI wird zuweilen noch zwischen „Human Level Intelligence“ und „Superintelligence“ unterschieden. Der Begriff der „Human Level Intelligence“ meint schlicht eine KI, die mit Intelligenz auf menschlichem Level ausgestattet ist.[62] „Superintelligence“ hängt eng mit der Idee der Singularität zusammen, beides wird nebeneinander und oft sogar austauschbar verwendet.[63] Die Theorie der Singularität besagt, dass KI einmal so fortschrittlich werden wird, dass sie eigene KI-Systeme herstellt und sich so evolutionär stetig selbst verbessert, was zu einer Form der Intelligenz führt, die zu fortgeschritten ist, als dass die Menschen sie noch begreifen können.[64]

Es besteht in der Diskussion zudem noch der Gegenlauf von „General and Narrow AI“[65], also allgemeiner/universeller[66] KI und enger/beschränkter KI. Oft wird dies mit schwacher und starker KI schlicht gleichgesetzt[67] – das bliebe allerdings unpräzise. Enge KI beschreibt die KI-Systeme, die nur für spezifische Aufgaben eingesetzt werden können, während Systeme der allgemeinen KI (AGI) für *jedes* Problem eingesetzt werden können.[68] An AGI[69] ebenso wie an starker KI[70] wird

59 BReg, Strategiepapier KI 2018, S. 4 f.; auch in der Fortschreibung von 2020 hält die BReg an der Definition fest, siehe BReg, Strategiepapier KI 2020, Fn 2, abrufbar unter https://www.ki-strategie-deutschland.de/home.html (14.10.2024).

60 Die diametrale Gegenüberstellung von starker und schwacher KI sind historisch eigentlich zwei aus dem englischen Sprachraum stammende Thesen der „strong“ und „weak AI“ z.T. auch „cautious AI“. Nach der schwachen KI-These sei KI nicht mehr als ein mächtiges Werkzeug. Nach der starken KI-These sei KI aber nicht nur ein Werkzeug, sondern sei tatsächlich selbst „mind“, sofern sie nur richtig programmiert würde, vgl. *Searle,* Behavioral and brain sciences 1980, 417.

61 So auch *Kaulartz/Braegelmann* in Rechtshandbuch AI, Kap. 1, Rn. 10; *Misselhorn,* Empathie, S. 11.

62 So *McCarthy,* Artificial Intelligence 2007, 1174.

63 *Mainzer,* Übernahme, S. 221.

64 *Kaplan,* AI, S. 138 und umfangreich *Bostrom,* Superintelligence, S. 63 ff.

65 US Congressional Research Service, S. 2, abrufbar unter https://crsreports.congress.gov/product/pdf/R/R45178/9 (14.10.2024).

66 *Lenzen,* KI, S. 34 ff.; *Fettke,* MwStR 2018, 463, 465.

67 *Bues* in Hartung/Bues/Halbleib, Rn. 1165; *Kaplan,* AI, S. 68; *Nilsson* zugeschrieben von *Bostrom,* Superintelligence, S. 18; *Bostrom,* Superintelligence, S. 23.

68 *Russell/Norvig,* AI, S. 1071. Vgl. aktuell etwa zu ChatGPT *Bubeck/Chandasekaran/Eldan et al.,* Sparks of AGI, abrufbar unter https://arxiv.org/pdf/2303.12712.pdf (14.10.2024).

69 Zu diesem Thema wird seit 2009 das „Journal of Artificial General Intelligence“ herausgegeben, *Wang,* Journal of Artificial General Intelligence 2009, 1 f.

intensiv geforscht, Erfolge sind aber noch nicht sicher[71] abzusehen. Wenn in dieser Arbeit ohne weitere Zusätze von KI oder KI-Systemen gesprochen wird, ist damit grundsätzlich zunächst schwache und enge KI gemeint.

---

70 Ansätze sind gesteuerter Evolutionsprozess, *Chalmers,* Journal of Consciousness Studies 2010, 7, 17 (mit weiteren Ansätzen), Saat-KI, „Seed AI", *Yudkowsky* in Goertzel/Pennachin, AGI, S. 389, 476 ff. und am vielversprechendsten wohl Gehirnemulation, *Bostrom,* Superintelligence, S. 30. Zu den aktuellen Problemen siehe *Sandberg* in Philosophy and Theory of AI, S. 251, 258 ff., jedoch mit positivem Ergebnis in dem Sinne, dass es keine prinzipiellen Hindernisse gibt, ebd., S. 251, 262.

71 In einer Umfrage, *V. Müller/Bostrom* in Issues of AI, S. 555 ff. unter KI-Experten des Jahres 2014, die sich im Ergebnis mit früheren Umfragen zum selben Thema deckt, *Bostrom,* Superintelligence, S. 19, Fn. 78. kamen die Experten im Median zu dem Ergebnis, dass AGI (dort: human level machine intelligence), zu 10 % schon 2022 verwirklicht werden kann, zu 50 % 2040 und zu 90 % 2075. Nur 41 % der Experten waren der Meinung, dass eine Intelligenz, die wirklich jeden Aspekt der menschlichen Intelligenz abbilden kann – d. h. starke KI – nie existieren wird, *V. Müller/Bostrom* in Issues of AI, S. 555, 561.

# 1. Teil: **Strafrechtstheoretische Grundlagen – Die Theorie vom Generalvertrauen**

Nachdem nun die Frage geklärt ist, was KI eigentlich ist, geht es im ersten Teil dieser Arbeit an die theoretischen Grundlagen. Diese geben nicht nur die Erkenntnismöglichkeiten dieser Arbeit vor, sondern liefern einen umfangreichen theoretischen Bezugsrahmen, auf den das Problem der Rechtsgutsverletzung durch KI-Systeme bezogen werden kann. Der im Titel eingeführte Spiegel wird hier konstruiert. § 2 dient der Vorbereitung durch die Heranziehung von Grundprämissen aus Konstruktivismus und Systemtheorie, § 3 konstruiert hieraus die Funktion und zeichnet die Grundlinien einer Strafrechtstheorie. § 4 überträgt die Befunde auf die Rechtsgutsverletzungen durch KI-Systeme und bestimmt aus diesen Ergebnissen den weiteren Gang der Arbeit.

# § 2 Konstruktivistische und systemtheoretische Voraussetzungen

In diesem Kapitel werden verschiedene Voraussetzungen aufbereitet, also die Baumaterialien des titelgebenden Spiegels beschafft. Die Auswahl eines passenden theoretischen Bezugsrahmens richtet sich nach dem Erkenntnisinteresse. Das Erkenntnisinteresse ist herauszufinden – so kann man die bereits gestellten Fragen zusammenfassen – was in Gesellschaft und spezifisch im Strafrecht geschieht, wenn KI-Systeme Rechtsgutsverletzungen verursachen und wie das Strafrecht darauf reagieren kann. Es braucht also einen theoretischen Bezugsrahmen der Erkenntnismöglichkeiten rund um diese Frage und einen Bezugsrahmen für die Beschreibung der Gesellschaft, in die das Strafrecht eingebettet ist. Strafrecht ist ein soziales System, das nicht für sich allein existiert. Ausgehend von dieser Grundüberlegung erscheint es bereits jetzt einleuchtend, dass auch die Funktion des Strafrechts nicht für sich selbst stehen kann und deswegen aus Umständen hergeleitet werden muss, die von außerhalb des Strafrechts kommen. Auch für die Funktion braucht es deshalb gewisse Grundlagen und Prämissen, auf die sie gestützt werden kann und die dementsprechend vorab erläutert werden müssen.

Diese werden im Konstruktivismus (A.) und in der Systemtheorie *luhmannscher* Prägung (B.) gefunden werden. Der Konstruktivismus bietet die Basis, an die die Systemtheorie anschließen kann, sie wird logisch aus ihr folgen. Die hier gefundenen Voraussetzungen erschöpfen sich in ihrer Anwendung im Rahmen dieser Arbeit also nicht nur auf die Strafrechtstheorie, sondern geben einen theoretischen Bezugsrahmen vor, der diese Arbeit insgesamt auf ein solides Fundament stellen wird.

## A. Konstruktivismus

Der Konstruktivismus beschäftigt sich damit, „wie eine Instanz/ein Ort/eine Einheit X eine Wirklichkeit Y oder mehrere Wirklichkeiten $Y_1$-$Y_n$ hervorbringt“[72]. Im Kern beantwortet der Konstruktivismus also die Frage, wie Wissen und Bedeutung konstruiert werden. X kann dabei eine Person, die Gesellschaft, die Sprache an sich, Medien, ein System etc. sein.[73] Für die Zwecke dieser Arbeit wird X als soziales oder

72 *S. Weber* in Systemtheorie und Konstruktivismus, S. 21, 24.

73 Mit einem Überblick über die verschiedenen Disziplinen und Vordenker derselben *Pörksen* in Schlüsselwerke, S. 3, 5 ff.


https://doi.org/10.1515/9783111714301-003

psychisches System[74] begriffen. X soll zur Vereinfachung zunächst nur psychisches System und als weitere Vereinfachung der „Mensch" im umgangssprachlichen Sinne sein. Die Sichtweise des psychischen Systems können wir leicht nachvollziehen; es ist die unsere. Im Folgenden wird zunächst der Konstruktivismus als Bezugspunkt erläutert und die sich durch die ganze Arbeit ziehende Differenz von Wirklichkeit und Realität etabliert (I.). Daraus ergibt sich ein Weg, der über den radikalen Konstruktivismus (II.) zum sozialen Konstruktivismus (III.) und schließlich zur Luhmannschen Systemtheorie (B.) führen wird.

## I. Der Konstruktivismus als Bezugspunkt – Wirklichkeit und Realität

Zunächst sei ein kurzer Überblick zum Konstruktivismus gegeben und die Frage beantwortet, warum er überhaupt als Bezugspunkt gewählt wurde.

Der Konstruktivismus kann in Ansätzen bis in die griechische Philosophie zurückverfolgt werden.[75] Einen Meilenstein setzte *Kant* in seiner „Kritik der reinen Vernunft". Unverfälschte rationale Erkenntnis sei danach nicht möglich.[76] Dabei ist *Kant* freilich kein Konstruktivist im eigentlichen Sinne, seine grundlegende Erkenntnis ebnete aber den Weg für weitere Überlegungen.[77] Als „Gründungsdokument"[78] des modernen Konstruktivismus wird zuweilen eine Schrift von *Maturana* des Jahres 1970 angegeben. Hierin formuliert er aus neurobiologischer Perspektive eine naheliegende Erkenntnis: „Alles, was gesagt wird, wird von einem Beobachter gesagt."[79] Der entscheidende Punkt dabei ist, dass aus Sicht des Biologen sich die Erkenntnis aufdrängt, dass er selbst zu den Objekten gehört, die er beschreiben will. Er als lebender Organismus will lebende Organismen verstehen. Er ist selbst sein eigenes Objekt und so wird der ganze Prozess zirkulär. Er kann nicht die Perspektive einer rationalen, objektiven Entität einnehmen, da er durch die Funktionsweise

74 Diese Begriffe werden im Kapitel B. II. vertieft erläutert. Für die Zwecke dieses Kapitels reicht das umgangssprachliche Verständnis aus.

75 *V. Glasersfeld* in Einführung in den Konstruktivismus, S. 9. Zu den Vorläufern und Bezugstheorien im Ganzen siehe *Lee*, Juristische Entscheidung S. 23 m. w. N.

76 Nach *v. Glasersfeld* in Einführung in den Konstruktivismus, S. 9, 11.

77 Zur Bedeutung *Kants* für den Konstruktivismus *Geier* in Schlüsselwerke, S. 21, 24 ff.; siehe auch *v. Glasersfeld*, Radikaler Konstruktivismus, S. 78 ff. als entscheidenden Denker des Radikalen Konstruktivismus, der sich ausdrücklich auf *Kant* bezieht. Zu *Kants* Konstruktivismus im Allgemeinen *Forst*, Noumenale Republik, S. 10 ff.

78 *Pörksen* in Schlüsselwerke, S. 3; *ders.* in Schlüsselwerke, S. 309, 312. Siehe mit ausführlicher Analyse *Köck* in Schlüsselwerke, S. 197 ff.

79 „Anything said is said by an observer", *Maturana*, Biology of Cognition als Reprint in Autopoiesis and Cognition, S. 5, 8.

seiner selbst beschränkt ist, sensorisch und in der Fähigkeit, die sensorisch aufgenommenen Daten zu verarbeiten. Beobachtet er sich selbst, versucht das Gehirn sich selbst zu verstehen. Nicht nur die Erkenntnisse aus der Selbstbeobachtung des Gehirns, sondern *jede* Erkenntnis, *jedes* Wissen, das im Laufe der Menschheitsgeschichte gesammelt wurde, ist dadurch eingeschränkt.[80] Aus dieser Erkenntnis folgt eine Grundprämisse, die den meisten konstruktivistischen Denkrichtungen und auch dieser Arbeit gemein ist: Eine objektive Realität mag es geben, erkennen können wir sie aber nur sehr eingeschränkt oder gar nicht.[81] Deswegen wird die Wirklichkeit, wie auch immer, konstruiert.

Angelehnt an den Neurobiologen und Philosophen *Roth*[82] sei in dieser Arbeit Wirklichkeit das, was das Gehirn in Spiegelung seiner Umgebung hervorbringt. Sie existiert also rein subjektiv, ist aber dennoch das Einzige, zu dem jeder Einzelne von uns als spezifischer, individueller und isolierter Beobachter der Welt tatsächlich Zugriff hat. Die Konstruktion der Wirklichkeit durch das Gehirn ist letztlich alles, was wir kennen (können). Ohne diese Konstruktion ist eine Existenz für uns nicht vorstellbar.

Die Realität ist demgegenüber die „objektive“ Welt, also das, was bewusstseinsunabhängig – man könnte auch sagen beobachterunabhängig – existiert. Wenn man das Gehirn als Konstrukteur sieht, muss man von einer Welt ausgehen, in der dieser Konstrukteur tatsächlich existiert. Wir müssen also von einer tatsächlich existierenden Welt als Realität ausgehen. Dabei ist die Wirklichkeit logisch Teil der Realität. „Die Wirklichkeit wird in der Realität durch das reale Gehirn hervorgebracht.“[83] Das heißt auch: Diese Aussage über die Realität entsteht in meiner konstruierten Wirklichkeit, weshalb die Begründung der Realität selbst letztlich nur zirkelschlüssig sein kann und deshalb nicht als Aussage über die tatsächliche, unumstößliche Beschaffenheit der Realität missverstanden werden darf. Eine andere Herangehensweise ist aber aus meiner Beobachterperspektive gar nicht möglich: Lässt man die Realität weg, führt das in einen radikalen Solipsismus[84], lässt man die Wirklichkeit weg, ignoriert man die tatsächliche Beschränkung des Menschen und spricht dem Phänomen der Wahrnehmung und gleichzeitig dem wahrnehmenden Ich die Existenz ab. Unterscheidet man Realität und Wirklichkeit, ergibt sich dagegen ein befriedigendes Erklärungsmuster, mit dem viele Probleme gelöst werden können.

---

80 Siehe zur weiteren neurobiologischen Unterfütterung des Konstruktivismus *Pörksen* in Schlüsselwerke, S. 9.

81 Zur genaueren Begriffsbestimmung von Wirklichkeit und Realität sogleich.

82 *G. Roth*, Das Gehirn und seine Wirklichkeit, S. 324 f.

83 *G. Roth*, Das Gehirn und seine Wirklichkeit, S. 325.

84 Also die Annahme, dass nur das eigene Selbst und Bewusstsein existiert.

Die äußere, objektive Welt existiert also, sie kann aber niemals beobachterunabhängig, im allgemeinen Sprachverständnis objektiv erfasst werden. Jede Beobachtung ist stets subjektiv. Jeder Teil der Wirklichkeit ist deshalb stets ein Teil der Beobachtung einer Person. Beobachtung selbst beruht nach *Spencer-Brown* auf der „Unterscheidung des Beobachters“[85] und darauf folgend der Bezeichnung der Unterscheidung. Erst eine Beobachtung zweiter Ordnung, also eine Beobachtung der Beobachtung, macht dabei den blinden Fleck des unterscheidenden Beobachters sichtbar und zeigt, dass Beobachter, Beobachtung und das Beobachtete nur in zirkulärer Einheit vorstellbar sind. Das heißt in letzter Konsequenz auch, dass „Wissen“ nicht als ein Abgleich der konstruierten Wirklichkeit mit der objektiven Realität qualifiziert wird, sondern durch Kompatibilität mit dem „Wissensschema“ oder „höheren Erklärungsmodellen“, die der Beobachter bereits besitzt.[86]

Deshalb kann zur Frage, warum gerade der Konstruktivismus eine der Prämissen dieser Arbeit sein wird, wenig mehr gesagt werden, als dass die Schlussfolgerungen des Konstruktivismus sehr gut in meine Beobachterperspektive passt, die sich auf seine subjektiven Erfahrungen stützen. Somit ist die Begründung letztlich (zwingend) zirkelschlüssig: Der Konstruktivismus wird als Schlüssel zur Methode der Erkenntnis verwendet, weil er genau der erlebten Wirklichkeit des Anwendenden entspricht und sich damit gleichsam selbst legitimiert. Das mag auf den ersten Blick unbefriedigend erscheinen, ist aber unumgänglich. Zuweilen wird gegen den Konstruktivismus eingewandt, er habe ein Selbstanwendungsproblem, da seine Begründung auf Erkenntnissen beruhe, die nach eigener Definition keine Gültigkeit haben könnten. Denn schon die Tatsache, dass ein unmöglicher Zugang zur Realität postuliert werde, kann als Teil der Realität nicht erkannt werden.[87] Dieser Einwand verliert aber schnell an Kraft, denn der Konstruktivismus sieht sich nicht als „Metatheorie“, die von ihren eigenen Prämissen ausgenommen ist, sondern auch der Konstruktivismus selbst ist als Theorie eine Konstruktion. Nach *von Glasersfeld* sei der (radikale) Konstruktivismus ein „Modell des rationalen Wissens“ und keine „Metaphysik, die eine reale Welt zu beschreiben versucht“.[88] Sie hat also keinen absoluten Wahrheitsanspruch, denn einen solchen Anspruch kann, ganz nach den konstruktivistischen Prämissen, nichts haben. Der Konstruktivismus ist, wie jede andere Theorie auch, selbst ein Produkt der Konstruktion, und zwar, schon zum Sozialen Konstruktivismus vorgegriffen, von sozialen Prozessen und aus unseren eigenen Erfahrungen, zu denen die Theorie passend erscheint. In der Tat ist

85 *Spencer-Brown*, Laws of Fom, S. 1. Zusammenfassend *Pörksen* in Schlüsselwerke, S. 3, 11 f.
86 *Lee*, Juristische Entscheidung, S. 23.
87 Das scheint die Essenz aller Kritik zu sein, *R. Schnell/Hill/Esser*, Methoden der empirischen Sozialforschung, S. 110 f.
88 *V. Glasersfeld*, Radikaler Konstruktivismus, S. 57.

diese Argumentation letzten Endes zirkelschlüssig. Aber nachdem jede Beobachtung wieder auf den Beobachter und seine Erklärungsmuster zurückgeführt werden muss, ist am Ende auf höchster Erklärungs- und Bezugsebene *alles* zirkelschlüssig.[89] Das ist letztlich unvermeidbar.

## II. Der Radikale Konstruktivismus

Nachfolgend werden Ideen aufgegriffen, die unter den Begriffen des „Radikalen" und des „Sozialen" Konstruktivismus diskutiert werden.[90] Vom Standpunkt dieser Arbeit stehen sie in einem komplementären Verhältnis, bei dem der eine die Schwächen des anderen auffangen kann. So wird aus den Schwächen des Radikalen Konstruktivismus der Soziale Konstruktivismus folgen und ihn entsprechend ergänzen. Dieser Weg lässt sich durch Aufgreifen des Begriffes der Viabilität (1.) und einer anschließenden Bezugnahme auf die „intersubjektive Bestätigung" (2.) nachvollziehen, wobei zudem einige (weitere) Grundprämissen formuliert werden, die diese Arbeit prägen. Der Radikale Konstruktivismus eignet sich als Ausgangspunkt deshalb,[91] weil in ihm der Grundgedanke des beschränkten Beobachters am weitesten geführt wurde.

Um den Radikalen Konstruktivismus hat sich vor allem *von Glasersfeld* verdient gemacht. Sein Werk „Radikaler Konstruktivismus" hat kanonischen Status.[92] Mithilfe von *Piagets* Theorie der kognitiven Entwicklung[93] kommt *von Glasersfeld* auf drei Grundprinzipien, die als Zusammenfassung des Radikalen Konstruktivismus dienen können: Erstens werde Wissen nicht passiv aufgenommen (z. B. durch Kommunikation oder Sinnesorgane), sondern vom denkenden Subjekt aktiv aufgebaut. Zweitens sei die Funktion der Kognition adaptiv (im biologischen Sinne) und ziele auf Passung oder Viabilität. Drittens diene Kognition der Organisation der Erfahrungswelt des Subjekts und nicht einer „Erkenntnis" einer objektiven Realität.[94]

---

89 Das wird sogleich noch weiter fundiert, § 2 A. II. 2., S. 26.

90 Freilich könnte man auch *Luhmann* unter das Label des Denkers einer „konstruktivistischen sozialen Systemtheorie" fassen, *Lee*, Juristische Entscheidung, S. 21.

91 In Teilen folgt der Aufbau so dem lesenswerten Aufsatz von *Strauch*, JZ 2000, 1020 ff.

92 *Köck* in Schlüsselwerke, S. 367, 368.

93 *V. Glasersfeld* selbst hat in Schlüsselwerke, S. 81 ff. die Werke *Piagets* zusammengefasst und kommentiert. *V. Glasersfeld* fasst die konstruktivistische Wissenstheorie *Piagets* folgendermaßen zusammen: „,Der Verstand organisiert die Welt, indem er sich selbst organisiert.' Der kognitive Organismus gestaltet und koordiniert seine Erfahrungen und formt sie dadurch zu einer strukturierten Welt", *v. Glasersfeld*, Radikaler Konstruktivismus, S. 104.

94 *V. Glasersfeld*, Radikaler Konstruktivismus, S. 96.

### 1. Viabilität – Möglichkeiten der Erkenntnis

Der Begriff der Viabilität, der sich in der zweiten These wiederfindet, vermag *von Glasersfelds* konstruktivistisches Denken auf den Punkt zu bringen. Denn wenn man objektive Realität nicht mehr erkennen kann, braucht es etwas, das diese ersetzt. Viabilität ist ein Begriff der Biologie, den *von Glasersfeld* adaptiert, indem er seinen Kern, die Verwendung „für die Überlebensfähigkeit von Arten, Individuen und Mutationen“[95] extrahiert. Dieser Begriff ersetzt nach *von Glasersfeld* den traditionellen philosophischen Wahrheitsbegriff[96] und bedeutet die Gültigkeit von Wirklichkeitskonstruktionen, wenn diese im praktischen Anwenden nützlich sind. Nach den Worten *von Glasersfelds* sind sie im praktischen Anwenden nützlich, „wenn sie zu den Zwecken oder Beschreibungen passen, für die wir sie benutzen“[97]. Es geht also um einen „Begriff des Passens im Sinne des Funktionierens“[98] von eigenen Erlebnissen und Wirklichkeitskonstruktionen mit ihrer Anwendung in der Erlebniswelt des jeweiligen Beobachters. Es ist also dem Wort der „Anpassung“ verwandt, welches aber wenig präzise ist und oft missverstanden werden kann, weshalb *von Glasersfeld* stattdessen die „Viabilität“ wählte.[99] Über seine Werke hinweg präzisiert *von Glasersfeld* diesen Begriff vor allem durch Beispiele. Besonders einleuchtend ist das Beispiel des blinden Wanderers, welches hier abschließend zur Verdeutlichung dienen soll. Der blinde Wanderer will den Fluss jenseits eines Waldes erreichen. Er kann viele Wege durch die Bäume finden. „Selbst, wenn er tausendmal liefe und alle die gewählten Wege in seinem Gedächtnis aufzeichnete, hätte er nicht ein Bild des Waldes, sondern ein Netz von Wegen, die zum gewünschten Ziel führen, eben weil sie die Bäume des Waldes erfolgreich vermeiden. Aus der Perspektive des Wanderers betrachtet, dessen einzige Erfahrung im Gehen und zeitweiligen Anstoßen besteht, wäre dieses Netz nicht mehr und nicht weniger als eine Darstellung der bisher verwirklichten Möglichkeiten, an den Fluß zu gelangen. [...] so zeigt das Netz dem Waldläufer, wo er laufen kann; doch von den Hindernissen, zwischen denen alle diese erfolgreichen Wege liegen, sagt es ihm nichts, als daß sie eben sein Laufen hier und dort behindert haben. In diesem Sinn ‚paßt‘ das Netz in den ‚wirklichen‘ [realen][100] Wald, doch die Umwelt, die der blinde

95 *V. Glasersfeld* in Einführung in den Konstruktivismus, S. 9, 18, 23 ff.

96 D. h. freilich nicht, dass es „Wahrheit“ damit nicht mehr gibt. Was bestritten wird, ist die Wahrheit, die sich auf die wirkliche Erfassung einer objektiven Realität bezieht. Was nicht bestritten wird, ist die Wahrheit, die sich aus eigener Erfahrung und eigenen Erlebnissen ergibt.

97 *V. Glasersfeld,* Radikaler Konstruktivismus, S. 43, vgl. auch S. 130.

98 *V. Glasersfeld* in Einführung in den Konstruktivismus, S. 9, 19.

99 *V. Glasersfeld,* Radikaler Konstruktivismus, S. 43.

100 In diesem Beispiel werden wir als Beobachter zweiter Ordnung als Erkenner objektiver Realität fingiert.

Wanderer erlebt, enthält weder Wald noch Bäume, wie ein außenstehender Beobachter sie sehen könnte. Sie besteht lediglich aus Schritten, die der Wanderer erfolgreich gemacht hat, und Schritten, die von Hindernissen vereitelt wurden."[101] Das lässt sich verallgemeinern: Es geht in der (Wissens)konstruktion stets um einen möglichen Weg, um zwischen den wie auch immer beschaffenen Hindernissen der Umwelt hindurchzukommen. Den Wald an sich zu sehen, ist dabei für uns nicht möglich, da wir, setzt man den Wald mit der Realität gleich, für diesen blind sind. Wurde ein Weg gefunden, schließt das nie aus, dass es auch noch einen anderen Weg gibt.[102]

Mit dem Begriff der Viabilität ist auch die Grenze der Erkenntnismöglichkeiten und gleichzeitig das Erkenntnisziel dieser Arbeit gefunden: Oft verschreiben sich wissenschaftliche Arbeiten der Erkundung der objektiven Realität, einer objektiven Wahrheit. Viabilität ersetzt diesen Begriff. So kann auch diese Arbeit für die zugrunde gelegte Fragestellung nur einen (der vielen) viablen Weg finden. *Von Glasersfeld* wendet diesen Grundsatz konsequent auch auf die Naturwissenschaften an: „Man kann wohl sagen, dass wir die Kategorien von Raum und Zeit genau deshalb erfunden haben, weil sie besonders gut funktionieren und zu der Wirklichkeit passen, die wir erleben. Aber gutes Funktionieren ist niemals ein Beweis für die Widerspiegelung der äußeren Welt. Darum spreche ich lieber von Viabilität, denn das betont, dass man immer auch mit anderen Möglichkeiten des Passens rechnen muss."[103] So verweist er als Beleg auch auf die Raumfahrt: Man arbeite immer noch mit vielen Formeln von *Newton*, obwohl aufgrund ihrer Relativierung durch *Einstein* niemand mehr sagen würde, dass sie die „Wahrheit" oder die „Realität" vollständig abbilden würden. Dennoch sind sie für bestimmte Zwecke nach wie vor brauchbar, passend und nützlich, d.h. viabel.[104]

### 2. Die intersubjektive Bestätigung

Es sei nochmals an die dritte These *von Glasersfelds* erinnert: Kognition diene der Organisation der Erfahrungswelt des Subjekts und nicht der „Erkenntnis" einer objektiven ontologischen Realität.[105] Damit kommt man wieder zur Hauptaussage des Konstruktivismus: Über die Realität an sich, mag es sie auch geben, ist es nicht

---

**101** *V. Glasersfeld* in Einführung in den Konstruktivismus, S. 9, 19.

**102** *V. Glasersfeld* in Einführung in den Konstruktivismus, S. 9, 32.

**103** *V. Glasersfeld* in Gespräche, S. 46, 51.

**104** *V. Glasersfeld* in Gespräche, S. 46, 53.

**105** *V. Glasersfeld*, Radikaler Konstruktivismus, S. 96.

möglich, eine fundierte Aussage zu treffen. „Realität“, wie wir sie meinen, wenn wir davon sprechen, ist letztlich das, was auf uns wirkt.[106]

Diese Erkenntnisse werden von der Hirnforschung gestützt. Dem Gehirn stehen keine zuverlässigen Kriterien zur Verfügung, wie zwischen tatsächlich Erlebtem und nur suggeriert Erlebtem unterschieden werden kann.[107] Dazu geben die dem Menschen zur Verfügung stehenden Sinne nur ein sehr beschränktes Abbild der Umwelt wieder, was bereits in die dem Menschen zur Verfügung stehende Information „umgerechnet“ wurde. Das Gehirn bildet die Realität nicht ab, sondern errechnet Wirklichkeit nach eigenen Gesetzen. Um das psychische System mit Eindrücken und Möglichkeiten nicht zu überlasten, baut das Gehirn eine stabile Wirklichkeit auf. Ein wesentlicher Punkt der stabilen Wirklichkeit ist die intersubjektive Bestätigung. Intersubjektive Bestätigung meint einen Abgleich der eigenen Konstruktion mit der anderer Systeme, denen wir die Fähigkeit zuschreiben, ebenso zu konstruieren, typischerweise andere Menschen.[108] Salopp: Was einer oder viele andere gesehen/gehört/gewusst haben, kann nicht falsch sein, also ist es wirklich. Das geht so weit, dass eine Person, die normalerweise ihren Sinnen traut, sich unter starkem Druck der Gruppe eine für sie eigentlich widersinnige Deutung von Ereignissen als Wirklichkeit akzeptiert.[109] Das erschließt sich besonders dem erfahrenen Strafrichter, wenn dies in Bezug zu Zeugenbefragungen gesetzt wird. Auch machen sich dieses Phänomen schon seit jeher die verschiedensten ideologischen Strömungen zunutze.[110]

---

**106** *V. Glasersfeld*, Radikaler Konstruktivismus, S. 130. Vorarbeit hat hier die sowohl für *v. Glasersfeld* als auch später für *Luhmann* wichtige „Kybernetik der zweiten Ordnung“ von *v. Foerster* geleistet, die zum selben Ergebnis kommt. Kybernetik ist die Wissenschaft von der Regelung im allgemeinsten Sinne. Grundlegender Gedanke ist, dass aus der Sicht des Menschen ein Gehirn vonnöten ist, um das Gehirn zu verstehen. Letztlich wird die Frage nach der Funktionsweise des Gehirns so zwangsweise zirkulär: Das Gehirn beschreibt sich selbst. Eine andere Möglichkeit gibt es nicht. Diese Erkenntnis ist uns bereits von *Maturana* bekannt. So verschwimmt die strenge Trennung von Subjekt und Objekt, auf der die Kybernetik erster Ordnung basiert. Kybernetik erster Ordnung ist die Kybernetik von beobachteten Systemen, Kybernetik zweiter Ordnung ist also die Kybernetik beobachtender Systeme, nach *Pörksen* in Schlüsselwerke, S. 3, 8 f. Beobachtung und Beobachter lassen sich niemals trennen. Vgl. insgesamt *v. Foerster*, KybernEthik, S. 60 ff.

**107** *G. Roth*, Das Gehirn und seine Wirklichkeit, S. 321 ff.

**108** *G. Roth*, Das Gehirn und seine Wirklichkeit, S. 323.

**109** So verschiedene gruppenpsychologische Untersuchungen, vor allem von *Watzlawick*, Wie wirklich ist die Wirklichkeit, S. 92 ff.

**110** Das Phänomen der „Fake News“ und Echokammern kann damit zu einem Großteil ebenfalls nachvollziehbar erklärt werden. Dabei muss natürlich beachtet werden, dass die Frage, welche der verschiedenen Positionen nun „Fake News“ sind und welche nicht, ebenfalls nur aus einer Beobachterperspektive beurteilt werden können und im gesellschaftlichen Kontext dann zur Machtfrage

Die intersubjektive Bestätigung verarbeitet *von Glasersfeld* ebenfalls in der Viabilität. Wissenserwerb für jedes Individuum misst sich nach *von Glasersfeld* zunächst an der Nützlichkeit des Wissens. Danach ist die Bestätigung durch andere Menschen entscheidend, denen ja (durch Konstruktion des Individuums) in der Regel ebenfalls unterstellt wird, dass sie Wissen nach Nützlichkeit konstruieren. Durch Beobachtung Anderer bekräftigtes Wissen weist größere Zuverlässigkeit auf als nur isoliert konstruiertes Wissen. Etwa durch die Naturwissenschaften gewonnenes Wissen besitzt deshalb eine höhere Viabilität als individuell gewonnenes Wissen.[111] Aber es steckt doch mehr hinter dem „Intersubjektiven", als der Radikale Konstruktivismus ihm zugestehen möchte.

Ein gleiches Erlebnis wird von mehreren erlebenden (beobachtenden) psychischen Systemen oft unterschiedlich eingeschätzt, was bedeutet, dass wir in dieser Situation offensichtlich nach unterschiedlichen Voraussetzungen konstruieren. Unsere Überzeugungen, unsere Semantik etc. sind nicht aus der Luft gegriffen, entstammen nicht lediglich der Genetik, sondern einem sozialen bzw. kulturellen Zusammenhang. Dies erklärt etwa, warum manche Menschen religiöse und andere naturwissenschaftliche Erklärungen zur Herkunft des Menschen akzeptieren.[112] Welches Erklärungsmuster von wem als Wirklichkeit akzeptiert, hängt von der Einbettung in ein Erklärungsmodell höherer Stufe ab.[113] Dieses Erklärungsmodell ist sehr oft von der Gesellschaft abhängig. In christlich geprägten Gesellschaften kann die Evolutionslehre als Erklärungsmuster auf Ablehnung stoßen, während sie in anderen angenommen wird.

---

werden: um Abgleich der mächtigsten subjektiven Wirklichkeiten, bezogen auf ihre Bedeutung in der Kommunikation.

111 *V. Glasersfeld*, Radikaler Konstruktivismus, S. 186 ff.

112 Dieses Beispiel kann man auch zum besseren Verständnis ausformulieren: Eine typische Frage, die ein Kind im Laufe seiner Entwicklung stellt, ist: „Woher kommt der Mensch?" Eine Erklärung, die dem Kind an die Hand gegeben wird, könnte sein: „Gott hat den Menschen am 6. Tag als Krone der Schöpfung nach seinem Ebenbild geschaffen", vgl. 1. Mose 1, 24–31. Diese Antwort wird viele vermutlich nicht befriedigen. Andere werden sie aber durchaus als ihre Wirklichkeit akzeptieren (konstruieren), wenn, um das Bild eines Kindes aufzugreifen, in der Erziehung ein religiöser Kontext geschaffen wurde, in den dieses Bild passt. Natürlich kann dieser Kontext auch anders als durch Erziehung geschaffen sein. Würde man andere um eine Erklärung bitten, so würden sie vermutlich auf die Evolution verweisen, die tierischen Ahnherren des Menschen und Ähnliches. Würde man ihn um eine genauere Erklärung bitten, etwa wie die Evolution in ihren genetischen Details funktionieren kann, oder wo die Ursprünge genau liegen, käme er schnell an die Grenzen seiner Erklärung. Ihm reichen offensichtlich einige naturwissenschaftliche, in diesem Falle biologische Kernbegriffe, weil ein Kontext geschaffen wurde, in dem akzeptiert ist, dass Naturwissenschaften solche Phänomene hinreichend erklären können.

113 Vgl. auch *Berger/Luckmann*, Konstruktion der Wirklichkeit, S. 3, 98 ff.; *Strauch*, JZ 2000, 1020, 1028.

Die Einbindung der Erklärung in einen höherwertigen Kontext hat zur Folge, dass man auch hier weiterfragen könnte: Warum wird der höhere Kontext als Erklärungsmodell akzeptiert? Auch dieser lässt sich wieder in ein höherwertiges Modell eingliedern usw. Nun drängt sich die Frage auf: Was ist denn dann die Letztbegründung, das höchste Erklärungsmodell? Das ständig progressive Stellen der „Warum"-Frage durch Kinder wird von den angesprochenen Eltern oft als Stress empfunden, dabei ist diese Frage durchaus logisch und berechtigt. Erwachsene haben aber gelernt, dass in ihrer eigenen Wirklichkeit bei progressivem Stellen der „Warum"-Frage irgendwann „Schluss" ist; heißt ein höheres Erklärungsmodell nicht mehr rationalisierbar ist. „Letzte" Stufe ist meist der Bezug auf eine Religion, Philosophie o. ä., die für sich in Anspruch nimmt, die „Warum"-Fragen letztgültig zu klären.[114] Aber auch hier kann man das „Warum" in Bezug auf den Sinnbezug des Erklärungsmodells an sich fortführen. Die Erklärung kann dann nur auf die Person selbst zurückgeführt werden, die sie konstruiert hat. „Das ist halt so/Das glaube ich eben." Denn die Erklärung wird dann als sinnvoll erachtet, wenn sie akzeptiert wird, was sich je nach Beobachter unterscheidet und vor allem auf die gesellschaftliche Einbettung des Beobachters zurückzuführen ist. Ob diese Erklärung, die mit ihrer Akzeptanz zur Wirklichkeit wird, etwas mit der Realität gemein hat, lässt sich nicht sagen. Insoweit können, und das gilt vor allem auch in der Wissenschaft, Erklärungsansätze, bspw. Theorien, „nur" nach ihrer Kohärenz überprüft werden. In der Rechtswissenschaft wird das ebenso deutlich: Viele Theorienstreite lassen sich nicht auflösen, weil sie von anderen Prämissen, also höheren Erklärungsmodellen ausgehen und die Kohärenz nur zum jeweiligen Erklärungsmodell des anderen Beobachters nicht stimmt. Die höherwertigen Erklärungsmodelle lassen sich aber oft ihrerseits nicht sinnvoll angreifen und werden dann letztlich zu Dogmatik im ursprünglichen altgriechischen Wortsinne, also zur „Meinung". So enden Diskussionen oft mit der Aussage: „Da habe ich eben eine andere Prämisse als Sie". Der Mensch ist in diesem Maße beschränkt.

Der Radikale Konstruktivismus ist durch seine Zentriertheit auf das Subjekt nicht in der Lage, die Wechselbeziehungen und vor allem den Bezug zum Sozialen – aus dem Konstruktion nach dem eben Gesagten entscheidend ebenso erwächst – zu erklären. Möglicherweise gibt das Intersubjektive sogar gerade die Regeln vor, nach denen konstruiert wird und die sonst beim Radikalen Konstruktivismus oft im Dunkeln bleiben.[115] Auch die Entstehung von sozialen Sinnsystemen erklärt der Radikale Konstruktivismus nicht befriedigend.[116] Gerade die Wechselbeziehungen

114 Vgl. auch *Berger/Luckmann*, S. 103 ff.

115 *Strauch*, JZ 2000, 1020, 1023.

116 Vgl. auch *Lee*, Juristische Entscheidung, S. 35.

und die Konstruktion des Individuums aus dem Sozialen heraus sind für den hiesigen Forschungsgegenstand von besonderer Bedeutung, da dies auch für das Strafrecht als soziales System eine Rolle spielt. Der Soziale Konstruktivismus kann diese Lücken füllen.

Ergo gilt es für den nächsten Schritt den solitären Fokus der Konstruktion im Individuum mit dem der sozialen Relationen zu ergänzen. Das Zentrum sozialer Relationen ist die gesellschaftliche Kommunikation. Darauf wird folgend der Fokus liegen. So findet sich bei *Watzlawick* schon ein kommunikativer Ansatz, mit dem der Versuch des Nachweises unternommen wird, dass die „Wirklichkeit" ausschließlich Ergebnis von Kommunikation sei und der Glaube, es gäbe nur eine Wirklichkeit die „gefährlichste aller dieser Selbsttäuschungen".[117] Genau dieser Ansatz gesellschaftlicher Einbindung ist das, was dem „ursprünglichen" Radikalen Konstruktivismus fehlt. Es wird nur vom denkenden Subjekt aus konstruiert, also ein rein individualistischer Ansatz gewählt, der die gesellschaftliche Einbettung dieses Subjekts außer Acht lässt. *Strauch* formuliert den möglicherweise überdehnten, aber in seinem Grundgedanken und gerade im hiesigen Kontext passenden Vergleich: Erkennen ist nicht nur eine Frage der Hardware, also des Gehirns, sondern auch eine Frage der Software, nach seinen Worten der Kultur.[118]

## III. Der Soziale Konstruktivismus

Der soziale Konstruktivismus bietet mit den Ansätzen *K. Gergens* (1.) und *Berger/Luckmanns* (2.) Gedanken, die die Ergänzung durch die sozialen Relationen leisten können.

### 1. Konstruktion durch soziale Erzählungen

Nach *K. Gergen* werde die Wirklichkeit durch soziale Erzählungen metaphorisch konstruiert.[119] Durch Rhetorik erhält sie auch eine Form der Objektivität im Sinne der Schaffung einer Ebene, die für einen Abgleich zugänglich ist.[120] Für *K. Gergen* ist also Sprache zentral für die Konstruktion der Wirklichkeit. In diesem Kontext führt *K. Gergen* auch aus, dass „Bedeutung"[121] nur aus zwischenmenschlichen Bezie-

117 *Watzlawick,* Wie wirklich ist die Wirklichkeit, S. 7.

118 *Strauch* JZ 2000, 1020, 1021.

119 *K. Gergen,* Wirklichkeiten, S. 66 ff., 87 ff.

120 *K. Gergen,* Wirklichkeiten, S. 99 ff.; vgl. auch Joh. 1, 1.

121 Darunter versteht *K. Gergen,* Wirklichkeit, S. 183 eine aus koordinierten Handlungen hervorgehende Eigenschaft bei zwischenmenschlichen Beziehungen. Durch diese enge Definition beraubt er sich allerdings einiger Dimensionen.

hungen hervorbringbar sei. Weder die eigene Handlung noch die Reaktion darauf verleihe Bedeutung, sondern allein deren Zusammenwirken. „Verstehen" einer anderen Person meine nicht das Versetzen in das Innere des Gegenübers (auch nicht bei Zuschreibung von Gefühlen), sondern sei vielmehr Produkt einer Relation, die sich aus den Verhaltenskoordinationen zwischen den Menschen und einer Einbettung in vorher durch Kultur und Tradition erlernten Koordinationen ergebe.[122] Man hat gelernt, durch Kultur und Tradition dem Verhalten des anderen eine bestimmte Eigenschaft zuzuschreiben. Nur so ist eine funktionierende Interaktion im Alltag überhaupt möglich.

Daraus kann geschlossen werden, dass Erwartungen an Aktionen eines Menschen primär aus der Teilnahme an kulturellen Traditionen bzw. einem erlernten sozialen Miteinander resultieren, und nicht aus einem punktuellen intimen Austausch zweier Personen. Freilich wird der *Bezugspunkt*, also Kultur, Tradition und vorherige Erfahrungen mit anderen Menschen, wiederum von uns in seiner Eigenschaft als Bezugspunkt konstruiert, womit eine starke Annäherung an die Position des Radikalen Konstruktivismus stattfindet. Das Verhalten des Einzelnen ist der Ausgangspunkt, damit es überhaupt zu einer sozialen Situation kommen kann.[123] Auch schätzen wir Gleiches oft ganz unterschiedlich ein. Deshalb erscheint es nicht ausreichend, sich auf *K. Gergen* berufend *allein* die soziale Ebene als Quelle aller Konstruktion heranzuziehen. Vielmehr stellt sich die Frage nach der Beziehung zwischen dem Individuum und den erlernten Koordinationen durch Kultur und Tradition sowie den zwischenmenschlichen Beziehungen. Das Individuum könnte man mit *Luhmann* auch schon als psychisches System begreifen und statt von „Kultur, Tradition und zwischenmenschlichen Beziehungen" mag man mit *Luhmann* schon von sozialen Systemen sprechen, zu denen auch das Strafrecht gehört.

Insofern bieten *Berger/Luckmann* ein Modell der gesellschaftlichen Konstruktion der Wirklichkeit, das beide Aspekte besser miteinander verbinden kann.

## 2. Die gesellschaftliche Konstruktion der Wirklichkeit

Nach *Berger/Luckmann* internalisieren Menschen subjektive Wirklichkeiten über Sozialisation[124] und berücksichtigen so sowohl den sozialen Einfluss auf die Konstruktion als auch den Grund der Konstruktion beim Individuum selbst.

---

122 *K. Gergen*, Wirklichkeiten, S. 172 ff., 185. Das kann auch erklären, warum es in der westlichen Kultur die Emotion des „Fago" der Ifaluk nicht gibt.

123 *Lee*, Juristische Entscheidung, S. 43.

124 *Berger/Luckmann*, Konstruktion der Wirklichkeit, S. 139 ff.

In ihrem Werk „Die gesellschaftliche Konstruktion der Wirklichkeit" nähern sie sich unserem Problemkreis über die Ausgangsfrage, wie für den „Menschen auf der Straße" ein gesellschaftlich entwickeltes und vermitteltes Wissen zur außer Frage stehenden Wirklichkeit gerinnt.[125] Dabei greifen sie auf ein Verständnis zurück, dass den Menschen als Wesen mit Instinktarmut und organische Unspezialisiertheit versteht, die ihm im Gegensatz zum Tier keine artspezifische Umwelt sichere, sondern ihn in ein konstitutionell ungesichertes und labiles Verhältnis zur Umwelt stelle.[126] Aus diesem Ursprungsgedanken erwächst die Notwendigkeit zur Stabilisierung und Kompensation dieser Schwächen, was der Mensch durch eine durch ihn konstruierte, kulturelle Welt erreiche.[127] Die Notwendigkeit entlastender Ordnungsmechanismen ist also bereits in der biologischen Verfassung des Menschen angelegt.

Individuen externalisieren subjektiven Sinn und internalisieren bedeutungsvolle Strukturen und Objektivationen. Dieser Prozess beruht auf „Habitualisierung". Hierbei festigen sich wiederholte Handlungen zu reproduzierbaren Modellen und schaffen Entlastung.[128] Die wechselseitige Typisierung von Handlungen ermöglicht die „Institutionalisierung", die Vorhersehbarkeit von Handlungen und auch die Stabilität wechselseitigen Erwartens garantiert.[129] Damit kann der Mensch seine anthropologischen Mängel teilweise überwinden.

Internalisierung der gesellschaftlichen Wirklichkeit gelingt durch die Identifikation mit Bezugspersonen, den „signifikanten Anderen" (z. B. Eltern), aus denen sich dann durch Sprache und Kommunikation „generalisierte Andere" herausbilden,[130] also ein allgemeines Bild eines sozialen Menschen geformt wird. Nur durch Kommunikation wird Identifikation möglich. Subjektive Wirklichkeiten, die nicht kommuniziert werden, können verloren gehen, denn die „Konversationsmaschine" unterhält und modifiziert die gesellschaftliche Wirklichkeit.[131] Konflikte in der subjektiven Wirklichkeit werden durch Mechanismen wie Therapien, Gebete und Rituale gelöst, die die Stabilität gewährleisten.[132] Da ein „Leben im Chaos" empirisch nicht die Wirklichkeit der Menschen ist, scheint es vielerlei solcher im Sozialen liegender Strukturen zu geben, die die Wirklichkeit der Menschen sichern.[133]

---

125 *Berger/Luckmann,* Konstruktion der Wirklichkeit, S. 2.
126 *Berger/Luckmann,* Konstruktion der Wirklichkeit, S. 49 ff., m. w. N. S. 49, Fn. 1.
127 *Berger/Luckmann,* Konstruktion der Wirklichkeit, S. 50 ff.
128 *Berger/Luckmann,* Konstruktion der Wirklichkeit, S. 56 ff.
129 *Berger/Luckmann,* Konstruktion der Wirklichkeit, S. 61.
130 *Berger/Luckmann,* Konstruktion der Wirklichkeit, S. 141 ff.
131 *Berger/Luckmann,* Konstruktion der Wirklichkeit, S. 164.
132 *Berger/Luckmann,* Konstruktion der Wirklichkeit, S. 166 f.
133 *Berger/Luckmann,* Konstruktion der Wirklichkeit, S. 54 f.

Um schon einen Blick auf *Luhmann* und das auch in dieser Arbeit vorausgesetzte Kernproblem zu wagen: Diese Strukturen reduzieren für den Menschen Komplexität, dessen Wirklichkeit sonst so instabil wäre, dass eine für uns vorstellbare menschliche Existenz nicht möglich wäre.

Trotz allem stellen *Berger/Luckmann* fest, dass es eine unüberwindbare Differenz zwischen dem individuellen Bewusstsein und der gesellschaftlichen Wirklichkeit gibt, weil sich Letztere niemals in ihrer Totalität in einem Bewusstsein wiederfinden wird.[134] Das führt zu dem Schluss, dass die „gesellschaftliche Wirklichkeit", in einem gesellschaftlichen Mechanismus und nicht in den Individuen als psychischen Systemen verankert sein muss. Das kann nur die Kommunikation sein, was wiederum zur Luhmannschen Systemtheorie führt.

## IV. Kernthesen und Konsequenzen

Um das Vorherige auf die neun arbeitsrelevanten Kernthesen herunterzubrechen:

1. Es kommt stets auf die Beobachterperspektive an, Beobachtung kann nie unabhängig vom Beobachter bewertet werden.
2. Es muss zwischen Wirklichkeit und Realität unterschieden werden. Wir haben nur Zugang zur Wirklichkeit, nicht zur Realität.
3. Der traditionelle Wahrheitsbegriff im Sinne der Erkundung einer objektiven Realität muss durch die Viabilität ersetzt werden.
4. Die Akzeptanz von Wirklichkeitskonstruktionen im Rahmen der Konstruktion ergibt sich durch Einbettung in höhere Erklärungsmodelle, die auf oberster Ebene immer zirkelschlüssig werden. Auch wissenschaftliche Erkenntnisse können deshalb auf oberster Bezugsebene nur nach Kohärenz bewertet werden.
5. Psychische Systeme benötigen stabile Wirklichkeiten.
6. Die Konstruktion einer stabilen Wirklichkeit erfolgt nicht nur nach Regeln, die aus einem isolierten psychischen System erwachsen, sondern auch nach solchen, die außerhalb des Systems liegen.
7. Wesentlicher Mechanismus der Konstruktion ist die intersubjektive Konstruktionsvoraussetzung. Sie findet ihre Grundlage im Sozialen, d. h. in der Gesellschaft: Menschen internalisieren subjektive Wirklichkeiten über Sozialisation. Es findet eine gesellschaftliche Konstruktion der Wirklichkeit statt.
8. Wesentlicher Mechanismus für die gesellschaftliche Konstruktion der Wirklichkeit, die vom Einzelnen internalisiert wird, ist die Kommunikation, im

134 *Berger/Luckmann*, Konstruktion der Wirklichkeit, S. 23 ff.

größeren Zusammenhang repräsentiert durch Kultur und soziales Miteinander. Aus dem daraus Erlernten erwachsen auch die Erwartungen an Aktionen eines Menschen.

9. Es haben sich im Sozialen aus der Kommunikation Strukturen herausgebildet, die die Wirklichkeit eines jeden Einzelnen stabilisieren und als „gesellschaftliche Wirklichkeit" bezeichnet werden können.

Daraus können im Übertrag auf die Arbeit schon folgende Prämissen aufgestellt werden: Das Ergebnis dieser Arbeit kann nicht für sich in Anspruch nehmen, die einzig wahre, objektive Realität abzubilden, sondern nur einen der möglichen viablen Wege. Jegliche Begründung muss außerdem berücksichtigen, dass jedes Wissen und jede Erkenntnis nur Beobachtungen sind, und kann sich deshalb nur auf eine Beobachterperspektive stützen. Wir können nicht unmittelbar auf die inneren Zustände eines Menschen zugreifen und sind auf unsere Beobachtungen der nach außen tretenden Umstände beschränkt. Aus der Beobachterperspektive folgt auch, dass es eine *Innen-* und eine *Außen*perspektive in Bezug auf das Strafrecht gibt. Beide müssen in dem Sinne übereinstimmen, dass die Innenperspektive die aus der Außenperspektive begründeten Elemente ausfüllt. Rechtsgutsverletzungen können nur anhand der eigenen Wirklichkeit beurteilt werden, die wiederum auf gesellschaftlicher Konstruktion basiert. Dementsprechend muss die Antwort auf die Frage nach den Auswirkungen von Rechtsgutsverletzungen von KI-Systemen zwingend in der Gesellschaft selbst liegen. Zudem geht Konstruktion zwar vom Individuum aus, wird aber entscheidend von der Gesellschaft und der Kommunikation beeinflusst. Es muss also ein weiterführender theoretischer Bezugsrahmen gewählt werden, der die Gesellschaft und die Kommunikation als Ganzes erklären und beschreiben kann.

## B. Die Luhmannsche Systemtheorie

Als ein solcher weiterführender theoretischer Bezugsrahmen lässt sich die Luhmannsche Systemtheorie verwenden. *Luhmann,* einer der großen Soziologen des 20. Jahrhunderts, formulierte, biographisch aus dem Verwaltungsrecht kommend,[135] eine allgemeine Gesellschaftstheorie,[136] die nach hiesiger Überzeugung in der Lage ist, die Unterfütterung für die Strafrechtstheorie zu bieten.

135 *Baecker* in Luhmann, S. 1; *Möhle,* ZJS 2019, 339; *Joas/Knöbl,* Sozialtheorie, S. 352 f.; *Reinfandt* in Schlüsselwerke, S. 277.

136 Siehe dazu seine Hauptwerke: *Luhmann,* Soziale Systeme; *ders.* Gesellschaft der Gesellschaft.

Im Folgenden wird zunächst begründet werden, warum die Systemtheorie einen passenden theoretischen Bezugsrahmen darstellt (I.). Danach wird das hiesige Verständnis der Systemtheorie erläutert (II.). Abschließend (III.) folgen Präzisierungen zum und Abweichungen vom *luhmannschen* Konzept.

## I. Systemtheorie und Strafrechtstheorie

Bereits im vorangegangenen Kapitel A. wurde der Weg zur Systemtheorie gezeichnet. Wenn Konstruktion auf Gesellschaft beruht, kommen auch die sozialen Gegebenheiten der Gesellschaft, wie etwa das Strafrecht, in die Gleichung, und dann braucht es eine Theorie, die die Gesellschaft als Ganzes und nicht nur die Konstruktion eines einzelnen, isolierten Individuums erklären kann. Eine Begründung der Funktion des Rechts ist – will sich das Recht nicht selbst genügen – logisch in seinem Ursprung außerhalb des Rechts zu suchen. Wer die Frage nach der Funktion des Rechts stellt, stößt mit Rechtsdogmatik und im Recht selbst liegenden Erkenntnissen deshalb zwangsläufig an Grenzen. Um eine der aus Kapitel A. gezogenen Prämissen aufzugreifen: Die Funktion ist zunächst aus der Außenperspektive auf das Recht zu suchen, nicht aus seiner Innenperspektive. Der Bezugspunkt dieser Außenperspektive ist die Systemtheorie und als ihre erkenntnistheoretische Basis der Konstruktivismus. Die Systemtheorie ist keine originär rechtliche Theorie, sondern eine Theorie, die alle Systemzusammenhänge erklären soll. Da es nach *Luhmann* nur Systeme und Umwelt gibt, ist sie eine Universaltheorie.[137] Dabei ist die Zusammenführung von soziologischer Systemtheorie und u. a. systemstruktureller Rechtstheorie von vorneherein erklärtes Ziel *Luhmanns* gewesen.[138] Mit dem Strafrecht beschäftigt er sich jedoch nie direkt, sondern bewegt sich stets auf einer sehr abstrakten Ebene, die hin und wieder Bezug zum Zivil-, Staats- und Verwaltungsrecht nimmt.

Die Systemtheorie ist in der Lage, den Blick von der für Juristinnen und Juristen eher vertrauten Mikroebene auf die Makroebene gesellschaftlicher Wirkungszusammenhänge zu lenken, in denen sich das Recht letztlich bewegt. Dazu folgt die Systemtheorie einem funktionsstrukturalistischen Ansatz: Recht und insbesondere das Strafrecht stehen nie für sich allein, sondern erfüllen in der Gesellschaft Aufgaben, die sich aus einer bestimmten Funktion herausgebildet haben. Die Struktur, etwa das Strafrecht, folgt der Funktion. Für die Strafrechtstheorie im Besonderen stellt die Systemtheorie darüber hinaus deshalb einen so passenden Bezugsrahmen

137 *Luhmann*, Soziale Systeme, S. 9 f.
138 *Luhmann*, Soziologische Aufklärung 1, S. 101 f.

dar, weil sie nicht Handlungen, sondern Kommunikation in den Mittelpunkt stellt, die ja schon nach den Erkenntnissen in Kapitel A. den Kern gesellschaftlicher Konstruktion der Wirklichkeit darstellt. Wie diese Kommunikation funktioniert, welche Zusammenhänge zwischen den einzelnen Systemen bestehen, was kommuniziert werden kann und welchen übergeordneten Bezugspunkt Systeme haben – darauf hat die Systemtheorie Antworten, die ohne diesen Bezugsrahmen nicht möglich wären oder ex cathedra angenommen werden müssten.

Die größte Stärke der Systemtheorie ist die – jedenfalls im Ausgangspunkt und ihrem Anspruch nach – bestehende Unabhängigkeit von moralischen Vorgaben, die im Idealfall eine möglichst unverfärbte Analyse der Straffunktion aus einer Beobachterperspektive heraus ermöglicht. Natürlich ist das in dieser Reinform nicht möglich, denn wirklich unabhängig und rein deskriptiv kann nichts sein, da schon unsere Wirklichkeit an sich konstruiert und normativ ist, und innerhalb dieser Wirklichkeit wurde auch die Systemtheorie entwickelt. Sie nähert sich diesem idealen Analyseinstrument aber zumindest an. So lässt sie auch die Frage nach funktionalen Äquivalenten und Austauschbarkeiten einzelner Elemente zu. Deshalb kann die Systemtheorie grundsätzlich auch erklären, was etwa nach Meinungen in der Geisteswissenschaft nicht sein darf, aber trotzdem so ist oder einmal so war. Andere Theorien müssen daran scheitern. Sie steht also nicht, wie so viele andere „Basistheorien" im Recht in einer ethischen Tradition, sondern in einer strukturtheoretischen.[139]

Die Luhmannsche Systemtheorie führt außerdem Begriffsdifferenzierungen ein, die es ermöglichen, Wirkungszusammenhänge präzise zu beschreiben und in der Diskussion für bessere Vergleichbarkeit sorgen. Diese Begriffsdifferenzierungen sind gleichzeitig eine Schwäche, da sie eine recht hohe Einstiegshürde schaffen, die zunächst überwunden werden muss. *Krauses* Luhmann-Lexikon fasst über 600 lexikalische Einträge zur Luhmannschen Systemtheorie,[140] die glücklicherweise nur zu einem Bruchteil für das Verständnis dieser Arbeit notwendig sind.

Durch das hohe Abstraktionsniveau wird *Luhmann* zuweilen ein „Flug über den Wolken" vorgeworfen, der nur selten einen Blick auf die „höllisch labyrinthische Erde"[141] zulasse. Ob der Komplexität sozialer Systeme und gesellschaftlicher Systemzusammenhänge scheint ein solches Abstraktionsniveau als Ausgangspunkt aber notwendig. Da in dieser Arbeit gerade eine Funktion des Strafrechts gefunden werden soll und später die große Frage des Strafrechts nach der grundsätzlichen Verantwortungsfähigkeit angegangen werden muss, erscheint das hohe Abstrakti-

---

139 *Luhmann*, Soziologische Aufklärung 1, S. 101.
140 *Krause*, Luhmann-Lexikon, S. 119 ff.
141 *Krause*, Luhmann-Lexikon, S. 113 m. w. N.

onsniveau hierfür passend. Der Flug zur Erde zurück wird hier durch die Anwendung der durch die Systemtheorie gefundenen Ergebnisse auf das Strafrecht und das praktische Problem der Rechtsgutsverletzungen durch KI-Systeme gewagt werden. Mit dem Konstruktivismus und ihren konkreten erkenntnistheoretischen Prämissen hat diese Arbeit einen Copiloten mit Verbindung zum Tower an ihrer Seite, während die Satellitenüberwachung durch die Systemtheorie gewährleistet ist.

## II. Hiesiges Verständnis der Systemtheorie

Nachdem die Gründe für die Systemtheorie als adäquaten Bezugsrahmen für das hiesige Anliegen verdeutlicht wurden, wird die Theorie nun in einigen ihrer Grundbegriffe erörtert; in der Form, wie sie in dieser Arbeit verstanden werden. *Luhmanns* Theorie darzustellen entbehrt, auch ganz unabhängig von ihren komplexen Begrifflichkeiten, nicht einer gewissen Herausforderung, so sagt *Luhmann* selbst: „Die Theorie hat einen Komplexitätsgrad erreicht, der sich nicht mehr linearisieren lässt".[142] Außerdem: „Die Problematik liegt darin, dass die Begriffe zirkulär sind und ich immer etwas voraussetzen muss, was ich erst später erläutere".[143] Diese Arbeit wird versuchen, die Theorie so knapp und problemfokussiert wie möglich herunterzubrechen. Dabei werden nur Aspekte besprochen, die für diese Arbeit und die nachfolgende Strafrechtstheorie unerlässlich sind. Gerade die Begriffsdifferenzierungen machen die Systemtheorie zu einer Theorie, die ein hohes Niveau konzeptueller Klarheit ermöglicht. Im Aufbau wird zunächst *Luhmanns* Grundproblem nachgegangen, das auch den Ausgangspunkt der Strafrechtstheorie bilden wird (1.–3.). Danach wird die Beschreibung *Luhmanns* der Gesellschaft als System-Umwelt-Differenz und die autopoietische Natur der Systeme, sowie ihre kleinste Einheit und gleichzeitig wichtigster Begriff für die Arbeit – Kommunikation – besprochen (4.–7.). 8. behandelt die höhere Bezugsebene von sozialen Systemen, die in ihrer Funktion zu finden ist. Dieses Kapitel ist bewusst nach den Begriffen gegliedert, um ein systemtheoretisches Grundvokabular an die Hand zu geben.

---

**142** *Luhmann*, Soziale Systeme, S. 13 f.

**143** *Luhmann*, Einführung in die Systemtheorie, S. 78.

### 1. Konstruktivismus

In *Luhmanns* Theorie fließen viele Erkenntnisse des Konstruktivismus ein.[144] Unmittelbar sind etwa der Einfluss der Kybernetik zweiter Ordnung und *Maturanas* Gedanken zu erkennen,[145] die für *Luhmanns* Verständnis seiner zentralen Begriffe der Beobachtung und Autopoiesis grundlegend sind.

Dass *Luhmann* keinem ontologischen Weg folgt, wird schon zu Beginn seiner Ausführungen deutlich, wenn er schreibt: „Die folgenden Überlegungen gehen davon aus, daß es Systeme gibt"[146]. Er begreift seine Theorie also nicht als Sein, sondern als eine von mehreren *Seinsmöglichkeiten* und stellt damit die eigene Beschränktheit an den Anfang seiner Theorie. Sie ist also lediglich ein viabler Weg. Die Beschränkung auf die Beobachterperspektive ist sowohl für den Blick auf die Systemtheorie als auch für den Blick der Systemtheorie auf die einzelnen von ihr beobachteten Systeme eine entscheidende Grundprämisse. Es kann nicht gesagt werden, dass die Welt *real* aus Systemen besteht, sondern nur, dass es (ebenfalls konstruierte) Forschungsgegenstände gibt, die Merkmale aufweisen, die es rechtfertigen, den Systembegriff anzuwenden.[147] Durch das Zugeben ihrer eigenen Beschränktheit entgeht die Systemtheorie dem Erfordernis, die Annahme letztgültig begründen zu müssen, dass es Systeme tatsächlich gibt. Auf oberster Ebene ist alles zirkelschlüssig.[148]

Bevor Systeme präziser erläutert werden, reicht die Vorstellung aus, dass dies Sinnbereiche sind, die sich selbst von der Umwelt (=allem anderen) abgrenzen und so als ein zusammengehöriges Gefüge gesehen werden können. Etwa die Gedankenwelt des Menschen als „psychisches System" oder die Zusammenhänge in der Wirtschaft als „soziales (Wirtschafts-)System".

### 2. Kontingenz, Handlung, Selektion und Komplexität

Aus dem Konstruktivismus fließt auch *Luhmanns* Faszination für „Kontingenz".[149] In diesem Begriff kommt die Überzeugung zum Ausdruck, dass auch alles anders sein könnte. Nichts ist feststehend, alles ist in Bewegung. Dies gilt für soziale, wie

---

144 Vgl. die Aufsatzsammlung *Luhmann*, Soziologische Aufklärung 5, die sich nur um Aufsätze von *Luhmann* über den Konstruktivismus dreht, grundlegend dort, S. 31ff., ebenso *ders*, Erkenntnis als Konstruktion.

145 *Grizelj* in Luhmann, S. 29, 30ff.; *Baecker* in Luhmann, S. 1, 2; *Fuchs* in Luhmann, S. 4, 6; *Scheffer* in Luhmann, S. 327ff.

146 *Luhmann*, Soziale Systeme, S. 30.

147 *Luhmann*, Soziale Systeme, S. 16. Anders interpretieren dies *Joas/Knöbl*, Sozialtheorie, S. 379f.

148 § 2 A. I., S. 20f.

149 Zum Begriff der Kontingenz siehe *Luhmann*, Soziale Systeme, S. 148ff. Zusammenfassend *Theile*, Wirtschaftskriminalität und Strafverfahren, S. 60f.; *Opitz* in Luhmann, S. 75ff.

auch für psychische Systeme.[150] „Kontingent" meint dabei das, was „weder notwendig (...), noch unmöglich ist", bzw. dass etwas „so, wie es ist (war, sein wird), sein kann, aber auch anders möglich ist".[151] Die Kontingenz wird gesteigert, wenn mehrere kontingente Entitäten[152] aufeinandertreffen, die füreinander Black Boxen sind, d. h. in diesem Fall aus Sicht des jeweils anderen auch anders als erwartet auftreten können. Die Natur des Gegenübers als Black Box folgt logisch den auf die Beobachterperspektive beschränkten Erkenntnismöglichkeiten: Die inneren Zustände des Gegenübers, etwa eines anderen Menschen, können nicht unmittelbar sichtbar gemacht werden. Die aufeinandertreffenden Menschen haben wechselseitige Erwartungen aneinander, an die das jeweils eigene Handeln anknüpfen soll. Diesen Zustand des Anknüpfens an ein kontingentes Gegenüber beschreibt der Begriff „doppelte Kontingenz"[153], weil sich hier beide ihrer Natur als Black Box für den jeweils anderen bewusst sind. Ob die Erwartungen erfüllt werden, kann ob der Kontingenz nicht garantiert werden. Kontingenz beinhaltet eine Enttäuschungsmöglichkeit.

Handlung soll dabei die *Zuschreibung* eines Verhaltens[154] sein und zwar im Sinne einer neutralen *Attribuierung*[155], ohne dass darin schon so etwas wie eine Verantwortungszuschreibung liegt. Deshalb kann nur ein Beobachter einem System ein Verhalten als Handlung (und einem anderen System die Wahrnehmung dieses Handelns als Erleben) zuschreiben. Beobachter kann aber auch Handelnder bzw. Erlebender selbst sein, d. h. sowohl Selbst- als auch Fremdbeobachtung ist möglich.[156] Dieser Begriff der Handlung ist ein universeller Handlungsbegriff, der alle Handlungen umfasst und im Folgenden als „kommunikationstheoretisch" bezeichnet werden wird, weil er sich in der Kommunikation noch deutlicher ausdifferenzieren wird.[157] In der Kommunikation sozialer Systeme gibt es speziellere Handlungsbegriffe, in denen zu diesem universellen Handlungsbegriff noch weitere qualifizierende Merkmale hinzutreten, etwa beim später noch aufzugreifenden

---

150 Für die psychischen Systeme hat auch schon *K. Gergen*, Wirklichkeiten, S. 151 das im Ergebnis identische Problem der „isolierten Seelen" erkannt.

151 *Luhmann*, Soziale Systeme, S. 152, in Fn. 6 zum Ursprung der Definition.

152 Im Sinne jeglicher in der Beobachtung abgrenzbar wahrgenommenen Existenz, etwa Tiere, Maschinen, Menschen, Organisationen, Dinge, Götter etc., also ein sehr weiter Begriff.

153 *Luhmann*, Soziale Systeme, S. 148 ff.

154 Verhalten verstanden als (so beobachtete) kausale Bewirkung einer Veränderung, die in der Beobachtung unterschieden werden kann, insofern nicht identisch zu *Luhmann*, vgl. *Krause*, Luhmann-Lexikon, S. 157, 253.

155 Siehe auch *Bleckmann*, Strafrechtsdogmatik, S. 102.

156 Zusammenfassend *Krause*, Luhmann-Lexikon, S. 157 f., 220.

157 Sogleich, § 2 B. II. 7., S. 46 ff.

strafrechtlichen Handlungsbegriff.[158] Insofern ist es wichtig, präsent zu halten, dass es verschiedene Handlungsbegriffe gibt. Die Basis ist aber der kommunikationstheoretische Handlungsbegriff. Gibt es keinerlei Beschränkungen für die Handlung von aufeinandertreffenden Entitäten, so wird sinnhafte Interaktion beinahe unmöglich, da die Möglichkeiten der Reaktion des Gegenübers ins Unendliche steigen und so keine Anknüpfungspunkte für das eigene Handeln mehr gefunden werden können. Genau dies passiert, wenn beide aufeinandertreffende Entitäten kontingent handeln und gleichzeitig von dieser Kontingenz ihrer selbst und des Gegenübers wissen. Diese Komplexität muss beschränkt werden, um erfolgreiche Kommunikation und überhaupt Gesellschaft zu ermöglichen.[159]

Dabei müssen die Entitäten wie der Mensch dem Druck der Kontingenz und der daraus folgenden Komplexität standhalten, indem sie Selektion betreiben. Selektion meint die Aktualisierung eines bestimmten Elementes aus einem prinzipiell unbegrenzten Möglichkeitshorizont bei gleichzeitiger Nichtaktualisierung[160] anderer Elemente. Das soll im Klartext für Menschen heißen: Bewusstes oder unbewusstes Ignorieren einiger Elemente, während andere Elemente vorausgesetzt werden. Es wird eine Differenz zwischen beiden etabliert und so Anknüpfungspunkte ausgewählt.[161] Anders ausgedrückt bedeutet dies im Falle von kontingenten Gegenübern, dass von einer bestimmten Erwartung ausgegangen wird, während andere Möglichkeiten ausgeschlossen und (temporär) ignoriert werden.

Zur Verdeutlichung ein abschließendes Beispiel aus einem einfachen Interaktionssystem zwischen zwei Menschen: Begeben wir uns in die Beobachterperspektive eines im Büro arbeitenden Menschen. An der Bürotür wird geklopft. Dies ist ein einzelnes, kontingent-selektives Ereignis, d. h. es könnte auch um ein Aufschließen der Tür oder um Schritte auf dem Flur gehen. Mit der Aktualisierung der Möglichkeit des Klopfens durch den Beobachter wird selektiert und aus dem Klopfen ein sinnhaftes[162] Ereignis. Die Bestimmung eines bestimmten Sinnes dieses

---

158 § 10 A. II., S. 391 ff.

159 *Luhmann*, Soziale Systeme, S. 165 f.

160 Diese können dann als potentialisierte Elemente bezeichnet werden, *Krause*, Luhmann-Lexikon, S. 8.

161 *Luhmann*, Soziale Systeme, S. 56 f., 171; vgl. dazu auch *Theile*, Wirtschaftskriminalität und Strafverfahren, S. 61.

162 Zum Begriff des Sinns siehe *Luhmann*, Soziale Systeme, S. 92 ff; zusammenfassend *Theile*, Wirtschaftskriminalität und Strafverfahren, S. 61 f.; *Krause*, Luhmann-Lexikon, S. 223 f.; *Kirchmeier* in Luhmann, S. 117 ff. Knapp könnte man in diesem Zusammenhang davon sprechen, dass Sinn immer einen aktuellen Verweis selektiert und alles andere in einen Möglichkeitshorizont aufschiebt, vgl. *Luhmann*, Essays on Self-Reference, S. 80 ff., insbesondere 83 ff., (hier: „Meaning"). Sinn allgemein ist damit die Einheit der Differenz von Aktualität und Possibilität des in Systemen möglichen Erlebens und Handelns.

sinnhaften Ereignisses und die damit einhergehende Erzeugung von Anschlussfähigkeit kann sich erst ergeben, wenn dieses Ereignis in Zusammenhang mit anderen Ereignissen gebracht wird, also ein Kontext geschaffen wird. Dies erfordert die Zurechnung des Ereignisses auf einen hinter der Tür stehenden Gegenüber, den Klopfenden, und die Annahme, dass das, was für den Klopfenden Ereignis ist, aus Sicht des Beobachters ebenfalls Ereignis ist. Der Klopfende weiß von sich, dass er etwas Bestimmtes tut, damit etwas Bestimmtes geschieht, hier also Klopfen, um die Tür geöffnet zu bekommen, und der Beobachter im Büro unterstellt ihm dieses Wissen.[163] Perspektivenwechsel: Der Klopfende erwartet, dass der Beobachter im Inneren das Klopfen wahrnimmt, entsprechend selektiert und ihm Sinn verleiht und danach erwartungsgemäß handelt, um die Tür zu öffnen. Dabei ist der Beobachter im Inneren für den Klopfenden (der ebenfalls Beobachter ist) kontingent, d.h. mit dem Klopfen an der Tür könnte sich ohne einschränkende Mechanismen auch ein völlig anderer Verlauf bilden, der von Nichtreaktion bis zur Tötung des Klopfenden reicht. Kann der Klopfende diese Möglichkeiten nicht sinnhaft selektieren und den Großteil dieser Möglichkeiten ausschließen, so würde er das Klopfen im Ganzen unterlassen. Er könnte nicht davon ausgehen, dass der Beobachter im Inneren im gewünschten (oder im überhaupt voraussehbaren) Maße handelt. Wäre dies bei jeder Interaktion der Fall, so wäre der Klopfende im Ganzen von der Komplexität überwältigt und handlungsunfähig. Deshalb braucht es Mechanismen, um die Komplexität einzuschränken.

### 3. Komplexitätsreduktion

*Luhmann* geht – anthropologisch, in Anlehnung[164] an *Gehlen*[165] – in der Grundüberlegung davon aus, dass Menschen Mängelwesen[166] seien. Diese Mängel gleicht der Mensch durch Gesellschaftsleistungen aus, bspw. Feuer, Militär, Mauern, Schrift, Wirtschaft. Der Mensch schafft sich durch diese Strukturen gewisse verlässliche Schutzräume, in denen er nicht ständig auf der Hut sein muss. Gesellschaftliche Strukturen zielen auf Entlastung ab, in *Luhmanns* Worten „Komplexi-

---

163 Angelehnt an *Krause*, Luhmann-Lexikon, S. 157 f.

164 *Joas/Knöbl*, Sozialtheorie, S. 361.

165 *Gehlen* spricht im Ganzen vom „Entlastungsprinzip", *Gehlen*, Der Mensch, S. 65 ff. Mit der NS-Vergangenheit *Gehlens* setzt sich *Luhmann* in späteren Jahren kritisch auseinander und distanziert sich (lediglich klarstellend) an einzelnen Stellen, *Luhmann* in Habermas/Luhmann, S. 291, 308, Fn. 29. Dass in *Luhmanns* Theorie die faschistoiden Ansätze *Gehlens* nicht mehr erkennbar sind, legt überzeugend *M. Schmidt*, Systemvertrauen, S. 109 ff. dar.

166 Menschen sind nicht in der Lage zu fliegen, lang zu tauchen, körperlich sind sie ebenfalls vergleichsweise schwach etc.

tätsreduktion"[167]. Im Ausgangspunkt bezeichnet *Luhmann* Komplexität als die „Gesamtheit aller möglichen Ereignisse".[168]

Der Zustand der Komplexität und die eben genannten Grundprobleme werden von *Luhmann* allerdings auf eine deutlich höhere Abstraktionsebene gehoben und mit der eben erläuterten doppelten Kontingenz weiterentwickelt: *Luhmann* reichert den Begriff der Komplexität mit dem Zusatz an, dass Komplexität mehr Möglichkeiten ausdrückt, als (durch psychische Systeme wie den Menschen) aktualisiert werden können.[169] Das folgt gerade aus der doppelten Kontingenz. Anders ausgedrückt entsteht Komplexität dann, wenn aufgrund ihrer Verknüpfungskapazitätsbeschränkungen nicht alle vorhandenen Elemente[170] der Welt zugleich jederzeit mit jedem anderen verknüpft sein können.[171] Dadurch muss selektiert werden. Komplexität ist für den Beobachter Selektionsnotwendigkeit.[172]

Die Reduktion der „Weltkomplexität"[173] wird geschaffen, indem durch soziale Systeme und deren Strukturen und Mechanismen Möglichkeiten eingeschränkt werden.[174] Durch die Kontingenz der Entitäten ist die Welt unendlich komplex. Soziale Systeme wie das Rechtssystem und das Wirtschaftssystem bilden „Inseln geringerer Komplexität"[175] in einer überkomplexen Welt. Die überkomplexe Welt würde jedes psychische System ohne diese „Inseln" völlig überfordern, da Teil der Beschränkung von psychischen Systemen die geringe und kaum veränderbare Fähigkeit zur bewussten Erlebnisverarbeitung ist.[176] Ein zentraler Aspekt für diese Arbeit ist die Erkenntnis, dass erwartungssichernde Strukturen im Sozialen vorhanden sein müssen, um einen sonst überforderten Menschen entlasten zu können. *Berger/Luckmann* stellen fest, dass diese empirisch offensichtlich vorhanden sind und ein „Leben im Chaos" nicht die Wirklichkeit der Menschen ist.[177] Soziale Sys-

167 *Luhmann*, Soziale Systeme, S. 46 ff., unmittelbar findet sich der Begriff auf S. 48. Zum Begriff der Komplexität siehe auch *Luhmann*, Soziologische Aufklärung 2, S. 255 ff.; *ders.* in Habermas/Luhmann, S. 291, 292 ff.; *Mainzer* in Luhmann, S. 92 ff. Die Komplexität wird dabei nicht grundlegend aufgehoben, sondern in bestimmter, besser zu verarbeitender Weise strukturiert, *Luhmann*, Soziale Systeme, S. 50 f.

168 *Luhmann*, Soziologische Aufklärung 1, S. 146.

169 *Luhmann*, Rechtssoziologie, S. 31.

170 Verstanden als kleinste sinnhafte Einheit.

171 *Luhmann*, Soziale Systeme, S. 46.

172 *Luhmann*, Soziale Systeme, S. 45 ff.; *ders.*, Gesellschaft der Gesellschaft, S. 134 ff.

173 *Luhmann*, Soziologische Aufklärung 1, S. 146. Zur Kritik an der der Weite eines solchen Verständnisses siehe *Hondrich* in Beiträge zur Habermas-Luhmann-Diskussion S. 88, 97 ff.

174 *Joas/Knöbl*, Sozialtheorie, S. 363.

175 *Luhmann*, Soziologische Aufklärung 1, S. 147.

176 *Luhmann*, Soziologische Aufklärung 1, S. 147.

177 *Berger/Luckmann*, Konstruktion der Wirklichkeit, S. 54 f.

teme ordnen Bereiche sozialen Handelns, die den beschränkten Möglichkeiten der Informationsverarbeitung psychischer Systeme angepasst sind. Sie stellen also nur eine Auswahl an Möglichkeiten bereit, und diese Möglichkeiten müssen ihrerseits niemals alle gleichzeitig aktualisiert werden.[178] Diese Reduktion der Komplexität ist die Grundfunktion von sozialen Systemen. Systembildung ist so eine evolutive Antwort auf eine sonst nicht übersehbare bzw. beherrschbare Zahl von Möglichkeiten. Komplexitätsreduktion als Triebfeder zur Herausbildung sozialer Systeme und als Grundfunktion dieser Systeme ist eine Grundprämisse der Luhmannschen Systemtheorie und auch Ausgangspunkt der hiesigen Strafrechtstheorie.

Um dies noch in Beispielen zu verdeutlichen: Das politische System nimmt politische Funktionen wahr, wodurch diese dem Einzelnen abgenommen werden und er sie ignorieren kann, also subjektiv Möglichkeiten eingeschränkt werden. Auf einer körperlichen Ebene wird Komplexität dadurch reduziert, dass das Gehirn beim Buchstaben „H" nicht drei Balken sieht, sondern es auf seine gesellschaftliche Bedeutung als Laut oder Buchstabe reduziert, die nicht mehr hinterfragt werden muss. Ebenso das obere Beispiel mit dem Klopfen an der Tür: Durch das Rechtssystem, bspw. symbolisch kenntlich durch § 212 StGB, erwartet der Klopfende als Reaktion auf das Klopfen nicht seine eigene Tötung und aktualisiert diese eigentlich bestehende Möglichkeit entsprechend nicht, was für ihn Komplexität reduziert, indem ihm das Rechtssystem durch Erschaffen einer Eigenkomplexität diese abnimmt. Wie Letzteres im Detail funktioniert, ist Thema von § 3. Die Komplexität des wirklichen Lebens wird reduziert und in verlässliche Bahnen gelenkt, was letztlich auch das produktivste Miteinander schaffen kann, weil jeder andere Funktionen übernehmen kann. So schreibt *Luhmann:* „Diese Leistungssteigerung kann angesichts der unveränderbar geringen Aufmerksamkeitsspanne menschlichen Erlebens nur durch Systembildungen erfolgen, die sicherstellen, dass Informationsverarbeitungen in einem sinnvollen Zusammenhang erfolgen, der ihre Selektivität verstärkt."[179]

### 4. Systeme und Umwelt

Nachdem nun das Grundproblem erfasst wurde, müssen noch die Grundstrukturen der Gesellschaft geklärt werden, die *Luhmann* anhand einer System-Umwelt-Differenz[180] festmacht. Im Sinne *Luhmanns* sind die nun schon mehrfach erwähnten Systeme zusammengesetzte Einheiten, die sich gegen Umwelten abgrenzen. Umwelt

178 *Krause*, Luhmann-Lexikon, S. 9.
179 *Luhmann*, Soziologische Aufklärung 1, S. 97.
180 Der Begriff findet sich etwa bei *Luhmann*, Soziale Systeme, S. 265.

ist dabei als Negativkorrelat des Systems[181] zu verstehen: Letztlich ist die Umwelt für ein System alles, mit Ausnahme des Systems selbst. Diese Umwelten können wiederum andere Systeme sein oder unbezeichnet bleiben.[182] Systeme können sowohl sozial (Rechtssystem, Wirtschaftssystem, ein einfaches Interaktionssystem zwischen zwei Menschen, ein Organisationssystem etc.) als auch psychisch (ein Teil des Menschen, der zudem noch aus einem körperlichen System besteht) sein.[183] *Luhmann* sieht psychische Systeme als Bewusstseinssysteme[184] und soziale Systeme als Kommunikationssysteme[185]. Mit weiteren (autopoietischen)[186] Systemen beschäftigt sich *Luhmann* nicht.[187] Der Mensch ist der notwendige Sensor sozialer Systeme und selbst wiederum körperliches und psychisches System.[188] Psychische Systeme sind nicht Teil von sozialen Systemen, sondern ebenfalls deren Umwelt und umgekehrt, was an der sogleich erläuterten autopoietischen Natur von Systemen liegt. Psychische Systeme können nach *Luhmann* soziale Systeme „irritieren", das heißt im Ergebnis, Kommunikation anzuregen.[189] Bewusstsein muss dabei nach dem Ausgangspunkt der Theorie nicht auf beiden Seiten der Kommunikation vorhanden sein.[190] *Luhmann* behauptet allerdings weiterführend, dass Gesellschaften in der Weiterentwicklung ebenjenes Bewusstsein bei allen Kommunikationsteilnehmern voraussetzen würden, während andere Gesellschaften diese Vorausset-

181 *Luhmann*, Soziale Systeme, S. 249.

182 *Luhmann*, Gesellschaft der Gesellschaft, S. 60 ff.; *ders.*, Soziale Systeme, S. 36 f.; siehe zusammenfassend zu System und Umwelt *Siri* in Luhmann, S. 123 ff.

183 Zwar steht das soziale System bei *Luhmann* stets im Mittelpunkt, aber auch das psychische System spielt ob des Universalitätscharakters der Theorie eine Rolle und kann nicht ausgeschlossen werden. Das psychische System darf dabei nicht als Person/individuelles Bewusstsein missverstanden werden, sondern es ist vielmehr eine Abstraktion jeder möglichen empirischen und individuellen Ausdrucksform von personalem und persönlichem Bewusstsein. Siehe zum psychischen System zusammenfassend *Jahraus* in Luhmann, S. 111 ff. Siehe auch die Übersichtsgraphik in *Luhmann*, Soziale Systeme, S. 16.

184 Monographisch zum Thema der psychischen Systeme bei *Luhmann* siehe *Konopka*, Das psychische System in der Systemtheorie Niklas Luhmanns, zum Bewusstsein dort insbesondere S. 133 ff., 208 ff., 334 ff. Als Bewusstsein wird letztlich die Vorstellung verstanden, dass Gedanken Gedanken beobachten können.

185 Siehe zur Kommunikation sogleich, § 2 B. II. 7., S. 46 ff.

186 Dazu sogleich im nächsten Kapitel.

187 Etwa Maschinen *Luhmann*, Soziale Systeme, S. 16. *Luhmann* sieht diese nicht als autopoietische, sondern als allopoietische Systeme, vgl. *Krause*, Luhmann-Lexikon, S. 249 f.

188 *Luhmann*, Soziale Systeme, S. 558. Zu den weiteren Aspekten der psychischen Systeme bei *Luhmann* siehe *Jahraus* in Luhmann, S. 111 ff.

189 Dazu sind Menschen als psychische Systeme dabei kommunikative Zurechnungsadressen für soziale Handlungen, *Luhmann*, Soziologische Aufklärung 6, S. 38 ff.

190 *Luhmann*, Soziologische Aufklärung 6, S. 49 f.

zung nicht teilen und deshalb auch Kommunikation mit Gott, Tieren und anderen nicht-menschlichen Entitäten erlauben würden.[191] Dem ist zu widersprechen, da *Luhmann* hier inkohärent wird: Er konterkariert damit seine eigene These von der kontingenten Evolution von Gesellschaften.[192] Es gibt keinen Grund, eine pauschale Differenzierung zwischen modernen und nicht-modernen Gesellschaften zu treffen.[193] Eine solche Annahme würde Folge und Ursache von Kommunikation umkehren.[194] Des Weiteren ist es wichtig zu beachten, dass Bewusstsein als reales Phänomen nicht direkt beobachtet werden kann und deswegen als Terminologie nur eine Hilfskonstruktion für die Beschreibung innerer menschlicher Vorgänge ist und letztlich auch für *Luhmann* lediglich die operative Einheit des psychischen Systems darstellt.[195]

Die Differenzierung in System und Umwelt entsteht durch Selektion; genauer: indem sich die durch Selektion erfolgten Anknüpfungen verfestigen und Strukturen bilden.[196] Das ist wiederum ganz im Sinne des Konstruktivismus, bei dem der Ausgangspunkt des Beobachters die Unterscheidung ist.[197] Der Beobachter bleibt äußere Grenze jeder Erkenntnis. Beobachten ist nichts anderes als das Treffen von Unterscheidungen. Die Selektion, die der Differenzierung zwischen System und Umwelt zugrunde liegt, erfolgt dabei dauerhaft, nicht nur einmalig, und ist deshalb nicht feststehend, sondern dynamisch.[198] Soziale Systeme sind in der Systemtheorie daher nicht für immer feststehend.

### 5. Autopoiesis

Um den speziellen Charakter von Systemen zu erklären, stützt sich *Luhmann* in seiner Systemtheorie zusätzlich auf die Biologie,[199] innerhalb derer der bereits

---

191 *Luhmann*, Soziologische Aufklärung 6, S. 50.

192 *Luhmann*, Gesellschaft der Gesellschaft, S. 707.

193 So auch *Sprenger*, Anthropological Theory 2017, 108, 113.

194 In einzelnen sozialen Systemen können sich spezielle Regeln für die Zuschreibung von Mitteilungen ergeben und damit Voraussetzungen für die Qualifikation von Kommunikationsteilnehmern, was vor allem noch für die Frage der Verantwortungsfähigkeit von KI-Systemen von Bedeutung sein wird, § 10 B., S. 398 ff.

195 Vgl. ausführlich und m. w. N. *Krause*, Luhmann-Lexikon, S. 237 f.

196 *Luhmann*, Soziale Systeme, S. 44 ff.

197 *Spencer-Brown*, Laws of Fom, S. 1. Vgl. zur Ausdifferenzierung von Funktionssystemen in der Geschichte durch diese Systematik und so taugliches Anschauungsbeispiel auch *Luhamnn*, Gesellschaft der Gesellschaft, S. 707 ff.

198 Vgl. u. a. *Luhmann*, Gesellschaft der Gesellschaft, S. 492 f.

199 *F. Simon*, Einführung, S. 32 ff.; *Joas/Knöbl*, Sozialtheorie, S. 357, 360, 381.

erwähnte *Maturana* das Konzept der Autopoiesis entwickelt hat.[200] Danach seien biologische Systeme, bspw. das Gehirn oder das Nervensystem, operational geschlossene Systeme, die nicht direkt beeinflusst werden können.[201] Natürlich können den Systemen Stoffe aus der Umwelt zugeführt werden, sie sind also physikalisch offen. Die Verarbeitung dieser Stoffe erfolgt aber nach einer rein systemimmanenten Logik, die nicht beeinflusst werden kann. Stoffe wirken nur dann, wenn sie der operationalen Logik eines Systems folgen.[202] Dies folgt letztlich auch aus den Erkenntnissen des Konstruktivismus: Ein System kann nur in seinen Beschränkungen[203] beobachten und nach seiner geschlossenen, systemimmanenten Logik verarbeiten. Wir „sehen" kein reales Abbild unserer Umwelt, sondern es kommen bestimmte Lichtreize in unser System, die dann nach der geschlossenen operationalen Logik des Gehirns in bestimmte Bilder umgewandelt werden. Es können nur Potentiale aktiviert werden, die vorher schon angelegt waren. Die Umwelt wird also rekonstruiert. Gleiches gilt bei Schmerz, der – sehr vereinfacht – über das Nervensystem und seine Verarbeitung im Gehirn rekonstruiert wird. Nach einem Schlag gegen die Brust stellt man zwar fest, dass die Brust nun schmerze, allerdings stimmt das genau genommen nicht, weil letztlich nur ein Reiz über das Nervensystem ins Gehirn weitergegeben wird, welches nach seiner operationalen Logik das Schmerzempfinden auslöst und in seinem Potential vorher schon da war. Schmerzempfinden entsteht im Gehirn. Besonders deutlich wird dies bei Phantomschmerzen.[204] Deshalb funktionieren lebende Organismen als selbsterzeugende und sich allein auf sich selbst beziehende Systeme. Sie sind autopoietisch,[205] d.h. selbstherstellend[206].

Übertragen auf den Systemgedanken *Luhmanns* lassen sich autopoietische Systeme wie folgt verallgemeinern: Autopoietisch sind Systeme dann, wenn sie die

---

**200** Etwa *Maturana*, International Journal of Man-Machine Studies 1975, 313 ff.; *ders./Varela/Uribe* in Erkennen, S. 157 ff. Siehe auch das Sammelwerk *Maturana/Varela*, Autopoiesis and Cognition.

**201** Zusammenfassend etwa *Joas/Knöbl*, Sozialtheorie, S. 381 f.

**202** Werden bspw. Medikamente zugegeben, so wirken diese nur, wenn sie die systemimmanente Logik des Systems treffen, sonst bleiben sie wirkungslos.

**203** Man denke an die Sinne des Menschen.

**204** Also Schmerzen, die vermeintlich in einem Körperteil entstehen, welches bspw. nach einer Amputation nicht mehr vorhanden ist.

**205** *Luhmann* erkennt die Urheberschaft *Varelas* für diesen Begriff an, *Luhmann*, Soziale Systeme, S. 60, sowie *ders.*, Soziale Systeme, Fn. 58 m. w. N. Weiterführend zum Begriff der Autopoiese siehe *Klymenko* in Luhmann, S. 69 ff.

**206** Zur Klarstellung: Es geht nicht um Autohypostasis. Autopoietische Systeme können nicht unabhängig ohne jeden Beitrag aus der Umwelt existieren. Es werden nur die Elemente, aus denen das System besteht, selbst produziert, vgl. *Theile*, Wirtschaftskriminalität und Strafverfahren, S. 64.

Elemente, aus denen sie bestehen, durch die Elemente, aus denen sie bestehen, selbst produzieren und reproduzieren.[207]

Nun lassen sich auch psychische Systeme genauer beschreiben: Das psychische System besteht aus Gedanken. Gedanken schließen an Gedanken an und erzeugen auf diese Weise das psychische System. Kein Gedanke verlässt das psychische System. Ein psychisches System wird daher als ein Zusammenhang von aktualisierten und potenziellen Gedanken beobachtet. Daraus ergibt sich bei *Luhmann* auch das Verständnis von Bewusstsein als operatives System des psychischen Systems: Nach seiner Vorstellung bezeichnet der Begriff „Bewusstsein" die Beobachtung eines Gedankens als Beobachtung erster Ordnung. Da auch das psychische System autopoietisch ist, heißt dies nach dem vorher Gesagten, dass sich das psychische System als operativ geschlossenes System beschreiben lässt, dessen interne Programme auf Gedanken im weiteren Sinne beruhen, welches sich auf Grundlage seiner Struktur, körperlich repräsentiert durch das Gehirn, durch die Umwelt irritieren lässt.[208]

Die Autopoiesis überträgt *Luhmann* auf soziale Systeme. Auch Systeme innerhalb der Gesellschaft seien operativ geschlossen und würden eigene Logik und Strukturen ausbilden, die nur auf dieses System passen. Sie sind ebenfalls autopoietisch. Sie definieren ihre Systemgrenzen selbst. Das hat die radikale Konsequenz, dass durch kommunikative Selbstreferenz jedes System seine Umwelt und damit auch sich selbst definiert. Erst die Systembildung bringt ja überhaupt den Unterschied zwischen System/Umwelt hervor.[209] Gleichzeitig sind Systeme kognitiv offen, d. h. sie können ihre Umwelt beobachten und durch beobachtete Reize Irritationen auslösen lassen und werden umgekehrt auch selbst irritiert.[210] Autopoietische Systeme steuern sich also selbst, eine direkte Informationsübertragung wird dadurch unmöglich. Damit wird *Luhmann* zum Konstruktivisten, der die Grundannahmen des Konstruktivismus in seiner Systemtheorie ausbaut, da nun auch soziale Systeme konstruieren können.

Durch ihre autopoietische Form sind soziale wie psychische Systeme von außen nicht direkt steuerbar, jedoch von der Umwelt auch nicht völlig abgekoppelt. Gerade

---

207 *Luhmann*, Soziologische Aufklärung 6, S. 56.

208 *Krause*, Luhmann-Lexikon, S. 237 f.; monographisch zum psychischen System *Konopka*, Das psychische System in der Systemtheorie Niklas Luhmanns.

209 Vgl. dazu auch *Möller* in Neue Theorien des Rechts, S. 47, 50.

210 So muss sich jedes System auch auf eine diffuse Umwelt einstellen. Dadurch kommt es etwa im Recht zu Fundierungsproblemen, die in Realparadoxien münden, die das Recht aber durch Techniken wie den Entscheidungszwang der Gerichte auflösen kann, zu letzterem noch § 2 B. III. 2. b. i., S. 65. Insgesamt hierzu m. w. N. *Möller* in Neue Theorien des Rechts, S. 47, 52 ff. Kontingenzformeln wie die Gerechtigkeit können dazu dienen, solche Paradoxien wieder sichtbar zu machen und einer Kritik zu unterziehen. Hierin liegt ein kritisches Potential der Systemtheorie, dazu auch *Teubner* in Kritische Systemtheorie, S. 327 ff.

durch die Beobachtung der Umwelt und die komplexitätsreduzierenden Selektionen, also die Differenzierung von „Innen und Außen", werden Systeme gebildet[211] und Systeme können auch Systemzustände von anderen Systemen dauerhaft voraussetzen und dies in ihre Programme aufnehmen. Sie sind dann „strukturell gekoppelt",[212] wie bspw. das Rechtssystem zum politischen System.[213]

### 6. Code und Programm

Die Logik eines jeden Systems, in die eingehende Reize eingeordnet werden, ist grundsätzlich binär. Dies bezeichnet *Luhmann* als „Code".[214] Beim Rechtssystem ist das „Recht/Unrecht", beim Wissenschaftssystem „Wahr/Unwahr", beim Wirtschaftssystem „Zahlung/Nichtzahlung" etc. Nur wenn die Umwelt an jene Codierung anknüpft, ist sie für ein bestimmtes System auch anschlussfähig. Dadurch gewinnen Ereignisse im Kommunikationsprozess für das jeweilige System eine Informationsqualität und regen die Selbstreferenz, also die eigene Logik des Systems an.[215] Anders formuliert: Für ein bestimmtes System innerhalb des gesellschaftlichen Gesamtsystems sind Umwelteinflüsse[216] nur interessant, wenn sie in die Logik der Kommunikationssphäre eines bestimmten Subsystems hineinragen,[217] also im Code des betreffenden Systems kommunizieren. *Luhmann* verwendet die Codierung auch für die Beschreibung der Systemgrenzen, denn anhand des Codes werde es dem externen Beobachter möglich, System und Umwelt zu unterscheiden.[218] Soziale Systeme bilden aufgrund des Komplexitätsgefälles zwischen System und Umwelt evolutionär Subsysteme aus, die den Code untergeordnet modifizieren. Im Recht

---

211 *Luhmann,* Soziologische Aufklärung 1, S. 145.

212 Vgl. *Luhmann,* Recht der Gesellschaft, S. 440 ff.; zusammenfassend zum Begriff *Jahraus* in Luhmann, S. 121 ff.

213 *Reimer,* Rechtstheorie, § 3, Rn. 22; *Di Fabio* in Luhmanns Denken, S. 139, 147.

214 *Luhmann,* Recht der Gesellschaft, S. 165 ff. S. 187 ff.; *ders.* Kunst der Gesellschaft, S. 301 f. Die binäre Codierung findet sich im Konstruktivismus nicht wieder und ist im Rahmen der Autopoiesis eine weitere Eigenart *Luhmanns,* die ihn vom „klassischen" Konstruktivismus unterscheidet, vgl. *Scheffer* in Luhmann, S. 327, 328. Zusammenfassend zu *Luhmanns* Begriff der Codierung siehe *Süssenguth* in Luhmann, S. 71 ff.

215 *Luhmann,* Soziale Systeme, S. 197 f.

216 D. h. alles, was außerhalb dieses Subsystems steht.

217 Das politische System interessiert sich z. B. nur für den Klimawandel, wenn er bspw. durch Demonstrationen (Fridays for Future etc.) in die politische Kommunikation hineingetragen wird und so in Demokratien eine Wiederwahl gefährdet. Das wirtschaftliche System interessiert sich nur für den Klimawandel, wenn daraus Profit zu schlagen ist oder Verluste verhindert werden können etc.

218 *Theile,* Wirtschaftskriminalität und Strafverfahren, S. 67, vgl. zum konkreten hiesigen Verständnis des Rechtssystems sogleich, § 2 III. 2. b. i., S. 62 ff.

sind das u. a. die verschiedenen Rechtsgebiete, bspw. das Strafrecht. Im hiesigen Verständnis[219] ist Schuld identisch mit der konkreten Straftat, sodass gesagt werden kann, dass das Strafrecht dem Code „schuldig/nicht schuldig" folgt.[220]

Innerhalb des Systems erfolgt die Codeverarbeitung, d. h. die Zuweisung einer Information zu einer der beiden Optionen des Binärcodes, über Programme, die den jeweiligen innersystematischen Selektionsvollzug über Bedingungen präzisieren.[221] In der Wissenschaft bspw. über Theorien oder Nachweismethoden, in der Wirtschaft über Finanzpläne und Bilanzen, im Recht nach positivem Recht, Rechtsdogmatik etc. Programme ermöglichen eine allgemeinere Erwartungsordnung, weil an bereits vorhergegangene Selektionen angeknüpft wird,[222] und tragen so zur Komplexitätsreduktion bei. Programme können sich im Laufe der Zeit ändern, ohne dadurch den Code selbst in Frage zu stellen.[223]

### 7. Kommunikation und Person

Sie, die diesen Satz gerade lesen, und ich, der diesen Satz geschrieben hat, bilden in diesem Moment ein soziales System miteinander und in diesem System findet Kommunikation statt. Nach *Luhmann* besteht ein soziales System nicht aus der Summe der Menschen als kleinste basale Einheiten, sondern vielmehr aus Kommunikation.[224] Kommunikation im Sinne der Luhmannschen Systemtheorie als kleinste Einheit sozialer Systeme ist eine zentrale Grundprämisse für diese Arbeit, denn auch das Strafrechtssystem ist ein soziales System, und damit sind auch die kleinsten Elemente des Strafrechtssystems Kommunikation. *Luhmanns* Theorie unterscheidet sich insoweit von vorherigen Theorien, die als kleinste Einheit sozialer Systeme stets die Handlung oder den Menschen in den Mittelpunkt rückten.[225] Der Kommunikationsprozess konstituiert bei *Luhmann* Soziales als besondere Wirklichkeit, soll heißen, es schafft die Wirklichkeit.[226] Systeme, über die nicht

---

219 In Anlehnung an *Gropp* in FS Puppe, S. 483, 494 ff., vgl. § 10 B., S. 398 f.

220 *Theile*, Wirtschaftskriminalität und Strafverfahren, S. 68 schlägt, freilich auf das materielle Strafrecht begrenzt, den Code „strafbar/nicht strafbar" vor. Insofern scheint die Schuld aber der passendere Ausdruck zu sein, da sie auch Vorwerfbarkeit und Tadel in der konkreten Situation ausdrückt, was letztlich entscheidend für die Funktion des Strafrechts sein wird.

221 *Luhmann*, Recht der Gesellschaft, S. 187 ff.; *ders.*, Soziale Systeme, S. 278, 432. Zu den verschiedenen Programmarten *ders.*, Recht der Gesellschaft, S. 195 ff.

222 *Luhmann*, Soziale Systeme, S. 432 ff.

223 *Luhmann*, Wirtschaft der Gesellschaft, S. 346.

224 Einführend siehe etwa *F. Simon*, Einführung, S. 91 ff.

225 Etwa *Parsons*, The Social System, S. 24 f.

226 *Luhmann*, Soziale Systeme, S. 225.

kommuniziert wird, sind nicht Teil der gesellschaftlichen Kommunikation,[227] also letztlich für die Gesellschaft nichtexistent, nicht Teil ihrer Wirklichkeit. Daraus folgt, dass Systeme Beobachter brauchen. Die Beschreibung der sozialen Systeme anhand der Kommunikation ist insoweit ein wichtiges Werkzeug für deren Analyse.[228] Das Verständnis des Luhmannschen Kommunikationsbegriffs ist essentiell, insbesondere für das spätere Verständnis des Straftatbegriffs,[229] da er wesentlich auf dem Luhmannschen Kommunikationsbegriff basiert.

Menschen, im Sinne von psychischen Systemen, sind nur Teilnehmer der Kommunikation. Die Kommunikation selbst ist genuin sozial und nicht Leistung handelnder Subjekte.[230] Die Kommunikation wird also nicht direkt auf die Menschen zurückgeführt. Das erfordert ein Verständnis von Kommunikation, das vom traditionellen Verständnis des Kommunizierens zwischen Menschen abweicht, also nicht im klassischen Sinne einer einfachen Übertragung vom Sender (*Ego* – ich – im Sinne des entscheidenden Teils der Kommunikation) zum Empfänger (*Alter* – der andere – im Sinne eines empfangenden, im konventionellen Verständnis eher passivem Teil), denn dies ist nach dem autopoietischen Verständnis nicht möglich.[231] Gedanken können nicht einfach in ein anderes psychisches System geschickt werden. Psychische Systeme, wie auch alle anderen autopoietischen Systeme, funktionieren als abgeschlossene Systeme, die von außen kommende Reize nach ihrer eigenen Logik verarbeiten.

Die nachfolgende Abbildung 1[232] vermittelt einen ersten Überblick über die Unterschiede von konventioneller Kommunikation zu Kommunikation nach dem Luhmannschen Verständnis. Sie wird im Folgenden genauer erläutert.

227 Ein Zirkelschluss, da wir aber nunmehr auf der höchstmöglichen Bezugsebene angekommen sind (denn kleinere Einheiten als die Kommunikation gibt es für soziale Systeme nicht), ist das unumgänglich.

228 *Luhmann*, Soziale Systeme, S. 191 ff.

229 § 3 E., S. 171 ff.

230 *Luhmann*, Soziale Systeme, S. 225; *ders.*, Gesellschaft der Gesellschaft, S. 103 ff.

231 *Luhmann*, Soziale Systeme, S. 193.

232 Angelehnt an *Berghaus*, Luhmann, S. 86, Abb. 6.11.

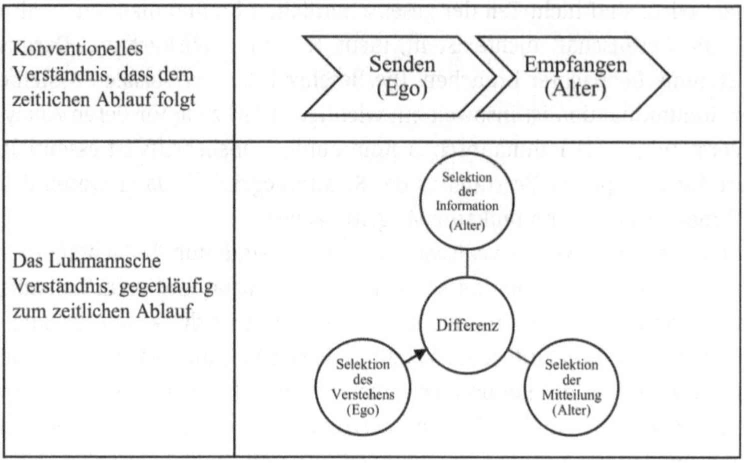


**Abbildung 1:** Grundbausteine von Kommunikation

Nach *Luhmann* ist Kommunikation ein dreiteiliger Selektionsprozess (Auswahlprozess). In der (sozialen) Operation der Kommunikation werden die drei Elemente Information, Verstehen und Mitteilung als Selektionen synthetisiert. Information und Mitteilung liegen bei *Alter*, Verstehen bei *Ego.*[233]

Information ist dabei das „Was“ der Kommunikation, also der Ausdruck, worum es eigentlich geht. Eine Information existiert nicht a priori, sondern wird erst durch die Selektion eines Beobachters überhaupt aus den Irritationen seiner Umwelt geschaffen. Die Information wird durch einen Beobachter – im Kommunikationsprozess wird dieser Beobachter dann zu *Alter* – konstruiert.[234] Die Selektion der Information besteht darin, dass *Alter* nicht eine andere vieler möglicher Informationen auswählt. Nach der Selektion der Information muss *Alter* ein Verhalten wählen, das diese Information mitteilt.[235] Die Mitteilung ist das „Ob“ der Kommunikation, also die Aspekte, an denen sich erkennen lässt, dass überhaupt kommuniziert wird und nicht etwas anderes geschieht. Ebenso beinhaltet die Mitteilung die Art der Kommunikation, also das „Wie“. Die Selektion besteht darin, dass auch anders mitgeteilt werden könnte, etwa schriftlich, mündlich, konkludent, allgemein durch Tun oder Unterlassen etc.

---

233 Zum Ganzen: *Luhmann*, Soziale Systeme, S. 193 ff.; *Fuchs* in Luhmann, S. 90, 91; *Kneer/Nassehi*, Theorie sozialer Systeme, S. 81; *Berghaus*, Luhmann, S. 73 ff.; *F. Simon*, Einführung, S. 93.

234 *Luhmann* Soziale Systeme, S. 195; *ders.*, Gesellschaft der Gesellschaft, S. 46.

235 *Luhmann*, Soziale Systeme, S. 195.

Nun wechselt die Perspektive zu *Ego* und zur dritten Selektion, dem Verstehen. Das Verstehen ist der entscheidende Teil der Kommunikation. Es entscheidet sich allein in diesem Verstehensteil, ob Kommunikation vorliegt oder nicht, Kommunikation wird „vom Verstehen her begriffen".[236] Verstehen bedeutet dabei *nicht* inhaltliche Verständigung oder ein Begreifen der Information. Auch ein Konsens spielt für das Vorliegen von Kommunikation keinerlei Rolle.[237] Verstehen ist vielmehr die Beobachtung der Differenz von Information und Mitteilung,[238] also die Vorstellung, dass *Alter* über viele Informationen verfügt und daraus einige in bestimmter Weise zur Mitteilung ausgewählt hat. So unterscheidet sich der Vorgang von bloßer Wahrnehmung. Darin steckt der Gedanke der Kontingenz: Der andere ist kontingent, könnte also auch anders mitteilen oder informieren. Durch die Kontingenz steckt für *Ego* in jeder Kommunikation eine kleine Überraschung. Wäre *Alters* Teil für *Ego* (heißt: in *Egos* Zuschreibung) völlig determiniert und *Alter* könnte nicht anders selektieren, so läge bloße Wahrnehmung und keine Kommunikation vor. Letztlich geht es darum zu selektieren, dass etwas mitgeteilt wird. Eine bloße Wahrnehmung würde vorliegen, wenn diese Selektion im Verstehensteil gerade nicht vorgenommen wird. Verstehen ist deshalb der entscheidende Teil der Kommunikation, weil sie auch stattfindet, wenn *Alter* in seinem System Information und Mitteilung real nicht selektiert,[239] *Ego* aber gleichwohl eine Differenz zwischen Mitteilung und Information beobachtet.[240] Das ist nur konsequent, denn auch hier wird die Beobachtung wieder in den Mittelpunkt gestellt. Außerdem ist erst die Verstehensselektion der Teil der Anschlusskommunikation ermöglicht. In der dritten Selektion, der Verstehensselektion, sind die beiden Selektionen von *Alter* logisch enthalten. Deshalb können auch innere Zustände wie Intentionalität bei *Alter* o. ä. nicht zur Definition des Kommunikationsbegriffes verwendet werden.[241]

In Verbindung mit dem Kommunikationsbegriff wird nun auch der Begriff der Personen relevant. Ihn benutzt *Luhmann*, um deutlich zu machen, dass die psychischen Systeme[242] nicht zum Element der sozialen Systeme werden, sondern nur eine kommunikative Zuschreibung erfahren. Die Kommunikation nimmt also auf

---

236 *Luhmann*, Gesellschaft der Gesellschaft, S. 291.

237 *Luhmann*, Gesellschaft der Gesellschaft, S. 90. Hierin liegt ein wesentlicher Unterschied zu *Habermas* Theorie des kommunikativen Handelns. Eine Übersicht der wichtigsten Differenzen zwischen beiden findet sich bei *Berghaus*, Luhmann, S. 21.

238 *Luhmann*, Soziale Systeme, S. 195.

239 Was, ohne selbst *Alter* zu sein, ohnehin nicht real gesagt werden kann, vgl. § 2 A. I., S. 18 ff.

240 *Luhmann*, Soziale Systeme, S. 208.

241 *Luhmann*, Soziale Systeme, S. 209.

242 Die etwa Teil des Menschen sind, und im Ausgangspunkt geht man jedenfalls davon aus, dass der Mensch die Position des *Alters* und des *Egos* einnehmen kann.

ein psychisches System nur Bezug; die „Person“ ist dabei der Zuschreibungspunkt, etwa der, dem eine Mitteilung zugeschrieben wird. Man könnte (untechnisch) auch sagen: Zurechnungsadressat.[243] Personen sind keine Systeme, sondern Konstrukte der Kommunikation, gewissermaßen der „Mantel“, der über eines oder mehrere andere Systeme gestülpt wird, um in der Kommunikation eine Bezugnahme zu ermöglichen.[244] Psychische Systeme sind keine Konstrukte der Kommunikation, sondern Systeme in der Umwelt der sozialen Systeme. Personen sind also auch keine Menschen, sondern einfach Identifikationspunkte der Kommunikation, die (nicht nur) Menschen *zugeordnet* werden können.[245] Personen „leben nicht, sie denken nicht, sie sind Konstruktionen der Kommunikation für Zwecke der Kommunikation.“[246] Personsein ist somit ein sozialer Tatbestand. Auch soziale Systeme, maschinelle Systeme oder Organisationen[247] können deshalb grundsätzlich Personen sein. Es kommt nur auf den zuschreibenden Beobachter an. Person kann etwa sein „Mensch“, „Nicolai Preetz“, „ChatGPT“, „Universität Konstanz“ etc.

Ein erläuterndes Beispiel[248] aus einem einfachen Interaktionssystem: In einer Anwaltskanzlei findet ein Beratungsgespräch zwischen Anwalt und Mandanten statt. Anwalt und Mandant sind dabei jeweils ein psychisches System (und als Mensch auch körperliches System), die dem jeweils anderen Personalität zuschreiben, um im Kommunikationsvorgang anschlussfähig zu werden. Beim Beratungsgespräch insgesamt handelt es sich um ein soziales System in Gestalt eines Interaktionssystems.[249] Das Interaktionssystem produziert wie jedes soziale System in einem autopoietischen Prozess Kommunikation durch Kommunikation. So beginnt der Anwalt mit der Eingangsfrage „Was kann ich heute für Sie tun?“, auf die der Mandant entgegnet „Der Bienenschwarm meines Nachbarn ist entkommen und er hat auf der Jagd danach mein Grundstück betreten und meine Tulpen zertrampelt!“ usf. Erneut: Kommunikation ist keine Leistung psychischer Systeme, sondern Konstrukt des Kommunikationsgeschehens. In der Eingangsfrage steckt die Information, dass der Anwalt bereit ist, sich das Anliegen des Mandanten anzuhören. Sie hätte auch anders lauten können, etwa: „Ei-

243 *Bleckmann*, Strafrechtsdogmatik, S. 104 ff. Freilich ist damit hier noch keine Zuschreibung im strafrechtlichen Sinne gemeint.

244 *Luhmann*, Gesellschaft der Gesellschaft, S. 106 f.

245 *Luhmann*, Wissenschaft der Gesellschaft, S. 33; Vgl. auch *Krause*, Luhmann-Lexikon, S. 237.

246 *Luhmann*, Organisation und Entscheidung, S. 90 f.

247 Als eine Unterform der sozialen Systeme, vgl. *Luhmann*, Soziale Systeme, S. 16.

248 In didaktischer Anlehnung an *Kneer/Nassehi*, Theorie sozialer Systeme, S. 82 f.

249 Zu den verschiedenen Arten sozialer Systeme siehe nur *Atzeni* in Luhmann, S. 88 ff.; *Krause*, Luhmann-Lexikon, S. 50 f. Soziale Systeme entstehen, sobald Kommunikation vorliegt. Es ist also nicht auf komplexe Systeme, wie das Rechtssystem oder das Wirtschaftssystem beschränkt.

nen Moment, ich muss noch einen Anruf tätigen." Diese Information gibt aber *keine* Auskunft darüber, was der Anwalt tatsächlich in diesem Moment denkt, sie ist Produkt des Kommunikationssystems. Das psychische System des Anwalts kann in diesem Moment möglicherweise über das bevorstehende Kaffeetrinken in der Mittagspause, eine Verabredung am Abend o. ä. Gedanken produzieren. Die Eingangsfrage beinhaltet auch das Mitteilungselement: Die Mitteilung dieser Information in genau dem gesagten Wortlaut. Stattdessen hätte der Anwalt auch auffordernd mit dem Kopf nicken können oder fragen können: „Was gibt es?" Außerdem hätte er auch gar nicht reagieren können. Die Mitteilung wäre dann jeweils anders selektiert worden. Auch die Mitteilungsselektion ist Teil des Kommunikationsprozesses. Das psychische System kann nur Gedanken über das Kommunikationsgeschehen produzieren, diese können aber niemals als Gedanken direkt das psychische System verlassen. Beim Mandanten als *Ego* findet Verstehensselektion statt, weil er die Information und die Mitteilung different versteht und ihm klar ist, dass der Anwalt auch anderes hätte mitteilen können. Zudem rechnet er die Mitteilung dem Anwalt zu, macht „Anwalt" also in der Kommunikation zur Person. Dadurch liegt Kommunikation vor. Das Verstehen als drittes Element ist ebenfalls rein aus dem Kommunikationsprozess heraus zu verstehen. Beobachtbar kommt das Verstehen erst in der Anschlusskommunikation zum Ausdruck und wird so durch die Kommunikation selbst festgelegt. Nochmals: Die psychischen Systeme bleiben füreinander stets Black Box, die Gedanken können nicht nach draußen dringen. Der Satz „Der Bienenschwarm meines Nachbarn ist entkommen und er hat auf der Jagd danach mein Grundstück betreten und meine Tulpen zertrampelt!" zeigt eine Selektion des Verstehens der zuvor gegebenen Information und Mitteilung. Auch der Satz „Gras ist grün" als Antwort auf die Frage würde ein Verstehen zeigen, nur nicht mit dem Inhalt, wie wir es als beobachtendes psychisches System erwartet hätten. Erst mit diesem Verstehen liegt dann Kommunikation vor. Insgesamt ist deshalb die Eingangsfrage ein abgeschlossener Kommunikationsvorgang im Interaktionssystem. Auf diesen abgeschlossenen Kommunikationsvorgang folgt eine wiederum selbständige beobachtbare Anschlusskommunikation mit dem Antwortsatz des Mandanten. Der Mandant wird dann zu *Alter*, und dieser Satz kann wiederum als Information und Mitteilung selektiert werden. In der eben gezeigten Reaktion der Kommunikation auf die Ausgangsfrage bestehen auch das Selbstreferentielle der Kommunikation und die vielzitierte Verkürzung der Luhmannschen Kommunikationstheorie auf „Kommunikation kommuniziert"[250], weil Kommunika-

---

**250** Für viele nur *Kargl*, Rechtstheorie 1990, 352.

tion immer als Einzelereignis[251] zu sehen ist und rekursiv auf die vorhergehende Kommunikation verweist.

Nun ist noch ein letzter Punkt zu klären: Das Verhältnis von Kommunikation und Handlung. Zur Erinnerung: Handlung ist zugeschriebenes Verhalten.[252] Kommunikation ist nicht Handlung oder eine Kette von Handlungen. Allerdings sind Kommunikation und Handlung strukturell gekoppelt im Sinne einer Auslösekausalität.[253] Handlungen sind Anschlussgrundlage für das Mitteilungselement der Kommunikation, weil Kommunikation nur so (indirekt) beobachtet werden kann.[254] Die inneren Operationen von *Alter* lassen sich nicht unmittelbar beobachten, also muss an das ihm zugeschriebene Verhalten – seine Handlung – angeschlossen werden. Empirisch lässt sich Kommunikation sozialer Systeme also nur durch Handlungen erfassen.[255] Kommunikation wird gewissermaßen als Handlung „ausgeflaggt“[256]; soll heißen, dass die Kommunikation durch die Flagge der Handlung sichtbar wird. Die Kommunikation nimmt die Ausflaggung als Handlung selbst vor, indem die Kommunikation als Handlung einer Person[257] zugerechnet wird.[258] Die Reduktion auf das Mitteilungshandeln bedeutet eine erhebliche Komplexitätsreduktion, weil so Kommunikation als Mitteilungshandeln einer *Person* erfasst werden kann und die Anschlusskommunikation an einen Identifikationspunkt anknüpfen kann. Die Vorstellung von Kommunikation in Handlungsketten ist zwar nicht falsch, aber unvollständig, da sie lediglich die als Anknüpfungspunkte dienenden Identifikationspunkte der Kommunikation beinhaltet, aber die Selektion der Information und des Verstehens außen vor lässt. Dies führt dazu, dass die Komplexität der Kommunikation nicht in ihrer Gänze erfasst und auf bloße psychische Absichten reduziert wird. Die Kommunikation ist zwar auf psychische Systeme angewiesen, diese können Kommunikation aber nicht determinieren, da sie nicht auf jeder Seite stehen. Kommunikation kommuniziert, und zwar über handelnde Personen.[259] Wenn im Folgenden der Begriff „kommunikationstheoretisch“ verwendet wird, meint dies immer, dass der dann so bezeichnete Begriff in

251 Sobald der „Dreierzyklus“ einmal durchgelaufen ist (aus Beurteilung des Verstehensteils heraus), ist die Kommunikation als Ereignis vollständig und abgeschlossen.

252 § 2 B. II. 7., S. 36.

253 *Fuchs* in Luhmann, S. 90, 92.

254 *Luhmann*, Soziale Systeme, S. 226.

255 *Kohring*, Vertrauen in Journalismus, S. 144.

256 *Luhmann*, Soziale Systeme, S. 226.

257 Man beachte wiederum das Verständnis der Person als Zurechnungselement innerhalb der Kommunikation und *nicht* als das Synonym des Menschen oder psychischer Systeme.

258 *Kneer/Nassehi*, Theorie sozialer Systeme, S. 88.

259 *Kneer/Nassehi*, Theorie sozialer Systeme, S. 89 f.

Bezug auf seine Stellung in der hier erläuterten Kommunikationstheorie gemeint ist.

Abbildung 2[260] verdeutlicht das Vorangegangene. Sie bringt die Begriffe visuell in Relation zueinander und stellt ein soziales System in seiner Gesamtheit dar. Hinter den Personen steht in dieser Abbildung jeweils ein körperliches und ein psychisches System, also ein Mensch. Den Personen kann dabei jeweils in verschiedenen Kommunikationen das Mitteilungsverhalten als Handlung zugeschrieben werden. Sie können in der Kommunikation (abwechselnd) jeweils als *Alter* und als *Ego* auftreten. *Ego*, der zuvor Verstehen selektiert hat, wird in der Anschlusskommunikation zu *Alter* und als solcher kann ihm Mitteilungsverhalten als Handlung zugeschrieben werden.

### 8. Funktionen und Strukturen

Die zuvor beschriebenen grundlegenden gesellschaftlichen Zusammenhänge und Mechanismen können nun mit dem gesellschaftlichen Grundproblem zusammengebracht werden.

Kommunikation entwickelt sich mit der Zeit, wird komplexer und umfangreicher. Im Laufe dieser Entwicklung bilden sich neue *Funktionen* als Notwendigkeiten heraus, weil neue Probleme entstehen. Es geht also bei der Frage nach den Funktionen um das Zusammenspiel von Problemen und Problemlösungen und nicht um die kausale Beziehung von Ursache und Wirkung.[261]

Genau umgekehrt zu *Parsons*[262] folgen Funktionen nach *Luhmann* nicht Strukturen[263], sondern Strukturen folgen Funktionen.[264] Strukturen sind also nicht einfach „da", sondern bilden sich fortwährend aus Funktionen, die erfüllt werden müssen, um Probleme, die in der fortlaufenden und sich entwickelnden Kommunikation entstanden sind, zu lösen. Die Funktion der Problemlösung folgt also nicht aus dem Rechtssystem, sondern ist dessen Anstoß. So dreht sich der Struktur-

260 Siehe die folgende Seite. Angelehnt an *Krause*, Luhmann-Lexikon, S. 38, Abbildung 9.

261 *Kneer/Nassehi*, Theorie sozialer Systeme, S. 39.

262 *Parsons*, The Social System, S. 24ff. Beschreibend und zusammenfassend *Joas/Knöbl*, Sozialtheorie, S. 90ff.

263 Zum Strukturbegriff an sich siehe *Luhmann*, Soziale Systeme, S. 377ff. und zusammenfassend *Groddek* in Luhmann, S. 119ff.; *Krause*, Luhmann-Lexikon, S. 229f.; *Theile*, Wirtschaftskriminalität und Strafverfahren, S. 66f.; *Bleckmann*, Strafrechtsdogmatik, S. 108ff. Zusammenfassend könnte man sagen, dass Strukturen eine kontingent-selektive Verknüpfung von Elementen von relativer Dauerhaftigkeit sind. Sie grenzen damit eine Wahlmöglichkeit ein und geben eine gewisse Erwartungssicherheit.

264 *Luhmann*, Soziologische Aufklärung 1, S. 144ff.; *ders.*, Soziale Systeme, S. 83ff.; *Joas/Knöbl*, Sozialtheorie, S. 355f.

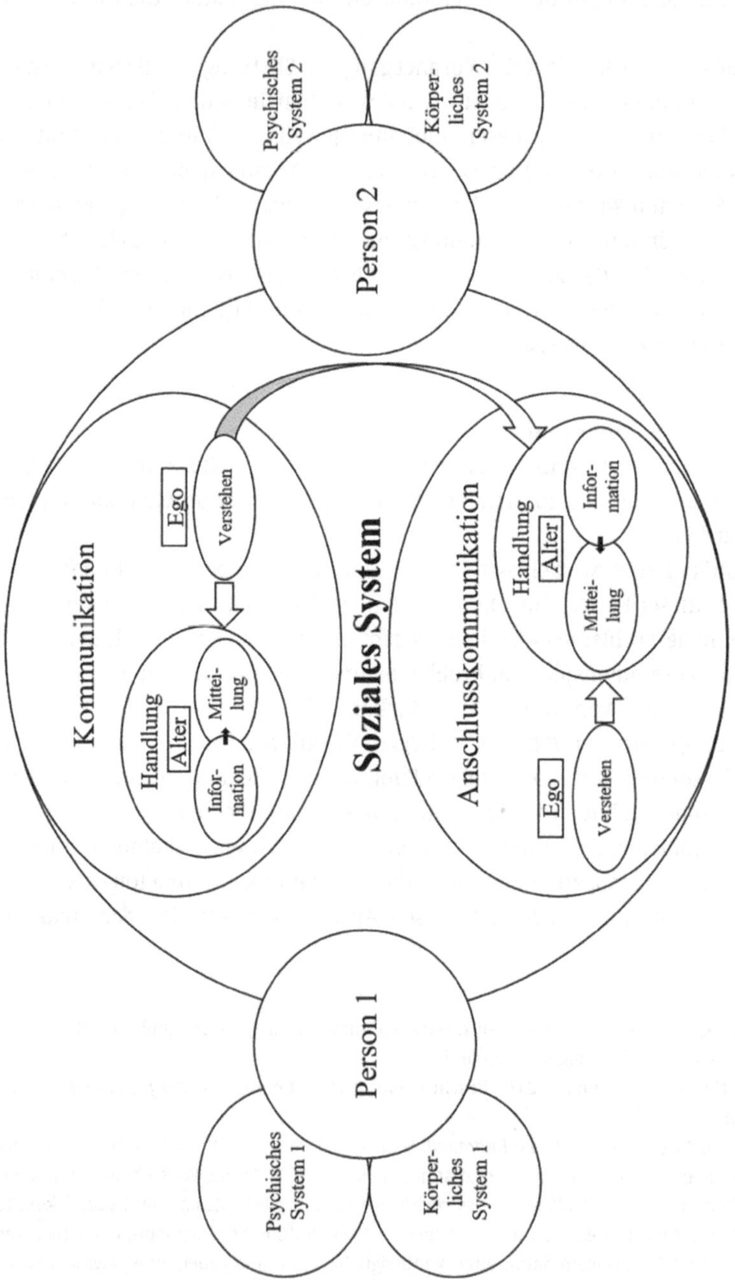


**Abbildung 2:** Kommunikation in einem sozialen System

funktionalismus *Parsons*, der letztlich in Bezug auf Funktionen nach Bestandserhaltung des Systems fragt,[265] bei *Luhmann* zu einem Funktionsstrukturalismus um, bei dem das System[266] einer Funktion nachfolgt und nicht umgekehrt.[267] Würde an einem Strukturfunktionalismus festgehalten werden, so wäre logische Konsequenz, dass alle Funktion dazu dient, bestehende Strukturen zu erhalten. Dies lässt nicht nur Fortschritt erkalten, sondern auch Unrechtsregime an der Macht bleiben. Da dies in der Menschheitsgeschichte nicht der Fall war, ist der Strukturfunktionalismus abzulehnen und in den Funktionsstrukturalismus umzukehren. Andernfalls würden wir uns wohl noch in Stammesgesellschaften bewegen. Funktionen können im Funktionsstrukturalismus erklärt werden, *ohne* die zugrundegelegte Systemstruktur als Bezugspunkt der Frage voraussetzen zu müssen,[268] was ansonsten in einen vermeidbaren Zirkelschluss und ein Einfrieren ebenjener Strukturen führen würde.

Jede funktionale Analyse setzt einen Bezugspunkt voraus. Während beim Strukturfunktionalismus die Erhaltung der Struktur dieser Bezugspunkt ist, ist dieser beim Funktionsstrukturalismus die Reduzierung der Weltkomplexität.[269] *Luhmann* identifiziert die Welt[270] als Problem. Dabei ist nicht die Welt an sich das Problem, denn sie besteht, solange überhaupt irgendetwas besteht, sondern die Möglichkeiten in der Welt, also ihre Komplexität. Ein Mensch – anthropologisch betrachtet – kann diese Komplexität aufgrund mangelnder Informationsverarbeitungskapazität nicht vollständig in sich erfassen und verarbeiten. Er ist auf die Reduktion der Komplexität durch soziale Systeme angewiesen. Da Systeme ebenfalls komplex sind, dabei aber deutlich mehr Möglichkeiten ausschließen als in der Welt bestehen, sind sie in der Lage, eigene Probleme zu bilden. Dadurch wird das unüberschaubare Problem der Weltkomplexität in handhabbare Systemprobleme übersetzt.[271]

Der Grundprämisse folgend, zielen auszufüllende Funktionen auf die Reduzierung von Komplexität ab.[272] Die dabei auftretenden Strukturen lösen Probleme nicht auf Dauer, sondern immer nur vorläufig in einer bestimmten Form. Die Probleme und die daraus folgenden, auszufüllenden Funktionen lassen sich unter

265 *Kneer/Nassehi*, Theorie sozialer Systeme, S. 36.
266 *Kneer/Nassehi*, Theorie sozialer Systeme, S. 104.
267 *Luhmann*, Soziale Systeme, S. 377 ff.
268 *Luhmann*, Soziologische Aufklärung 1, S. 145.
269 Vgl. schon § 2 B. II. 2. 3., S. 38 ff.
270 Die Welt ist kein System, weil sie keine Umwelt hat. *Luhmann* begreift die Welt als alles, was nur existiert.
271 *Luhmann*, Soziologische Aufklärung 1, S. 149.
272 *Luhmann*, Soziologische Aufklärung 1, S. 145 ff.

Umständen auch von ganz anderen Strukturen wiederum vorläufig ausfüllen. *Luhmann* selbst nennt solche Strukturen „funktional äquivalent", teilweise wird dies dann als „Äquivalenzfunktionalismus" bezeichnet.[273] Das ist ähnlich zu *von Glasersfelds* Viabilität[274], da auch sie ausdrückt, dass der gefundene Weg nur einer von vielen möglichen ist. Ihr darüberhinausgehender Aussagegehalt, gerade als Gegenstück zur Wahrheit, macht die Viabilität als Begriff für die hiesigen Zwecke aber passender als den „Äquivalenzfunktionalismus" *Luhmanns.*

## III. Folgen der Luhmannschen Einbindung

*Luhmann* selbst hat sich nie mit dem Strafrecht auseinandergesetzt. Dennoch wurde diese Arbeit durch ihr Erkenntnisinteresse und den Folgen aus der Auseinandersetzung mit dem Konstruktivismus zur Luhmannschen Systemtheorie geführt. Konstruktion kommt aus der Gesellschaft und auch eine Funktion des Strafrechts muss aus der Gesellschaft heraus erklärt werden. Es brauchte eine Theorie, die die Gesellschaft und ihre Wirkungszusammenhänge als Ganzes beschreiben konnte und den in Kapitel A. gefundenen Prämissen folgt. Diese Theorie wurde in der Luhmannschen Systemtheorie gefunden, die die Gesellschaft als eine System-Umwelt-Differenz beobachtet.

Für diese Arbeit hat die Luhmannsche Systemtheorie nun ein ausdifferenziertes Begriffsspektrum an die Hand gegeben. Es können nun insbesondere die wichtigen Begriffe Kommunikation, Handlung, (soziales und psychisches) System, Person, Kontingenz, Komplexität, Code, Programm und Autopoiesis vorausgesetzt werden. Auf diese Begriffe werden sich die nachfolgenden Ausführungen stützen. Nachfolgend werden nun bereits fünf besonders wichtige Konsequenzen gezogen und die Frage nach dem kritischen Potential der Systemtheorie beantwortet (1.), sowie Präzisierungen und Klarstellungen vorgenommen (2.).

### 1. Fünf Konsequenzen und kritisches Potential

Aus der Beschreibung von Kommunikation – ihre Natur als kleinstes Element sozialer Systeme als auch ihre Wirkungsweise als Synthese von Verstehen, Information und Mitteilung – ergibt sich schon jetzt, dass Strafrecht als soziales System auf Kommunikation basieren muss und sich die hiesige Strafrechtstheorie in den Rei-

273 *Luhmann,* Soziologische Aufklärung 1, S. 42; vgl. auch *ders.,* Soziale Systeme, S. 84; *Joas/Knöbl,* Sozialtheorie, S. 358.

274 Vgl. § 2 A. II., S. 122 ff.

gen der expressiven Strafrechtstheorien einreihen wird. Das ist die erste Konsequenz.

Die zweite und dritte Konsequenz ergeben sich aus dem Konzept der Autopoiesis der Systeme. Sie führt zu einer Steuerungsunfähigkeit des Strafrechts, das nur versuchen kann, durch passende Irritationen an Beobachtersysteme anzuschließen. Das führt, als zweite Konsequenz, dazu, dass sich diese Steuerungsunfähigkeit auch in der Strafrechtstheorie niederschlagen muss, will das Strafrecht nicht wieder und wieder versagen. Das Strafrecht kann, wie jedes soziale System, nur sich selbst steuern. Seine Umwelt kann es lediglich irritieren.[275] Deshalb sei ein neues Begriffspaar eingeführt, das der Steuerung und der Regulierung. In einem technischen Sinne ist es semantisch deutlich passender,[276] bei der Einflussnahme zwischen Systemen von Regelung oder Regulierung zu sprechen, während innerhalb eines Systems Steuerung stattfindet. Regulierung erscheint wiederum gegenüber dem Begriff der Regelung passender, weil sie eine aktive Einflussnahme auf einer Makroebene meint, während der Begriff der Regelung meist eher das abstrakte Festlegen der Regeln betrifft, aufgrund derer eine Einflussnahme erfolgt. Beide Begriffe sind nicht feststehend, sollen aber in dieser Arbeit so verstanden werden.

Als dritte Konsequenz ergibt sich, dass die tatsächlichen Regulierungen des Strafrechts durch Kommunikation und die auf dieser Grundlage gezogenen Schlüsse notwendigerweise stets ein gewisses spekulatives Element beinhalten werden, das in der Analyse so klein wie nur möglich gehalten werden sollte.

Die vierte Konsequenz ergibt sich aus dem Ansatz des Funktionsstrukturalismus. Strukturen und Systeme folgen Funktionen, nicht umgekehrt. Funktionen sind damit auch Ausgangspunkt sozialer Systeme. Die nun noch zu findende Funktion des Strafrechts ist deswegen für das Strafrecht von kaum zu überschätzender Bedeutung. Ihr ist letztlich alles nachgeordnet. In Umkehr von *Parsons* „Primat der Struktur"[277] kann man von einem Primat der Funktion sprechen. Freilich entscheiden Systeme durch ihre autopoietische Natur selbst, wie und welchen Teil dieser Funktion sie ausfüllen, das ist der Unterschied zwischen Innen- und Au-

---

275 Deshalb wäre es auch verfehlt zu sagen, dass das Strafrecht in jedem Fall das vielbeschworene schärfste Schwert des Rechts sei, denn auch dies ist ganz von den inneren Strukturen der davon betroffenen Systeme abhängig. Mit dieser Terminologie siehe nur *Heger* in Handbuch Staat, S. 1249; *Wagner*, ZJS 2020, 575, 578; *Wessels/Beulke/Satzger*, AT, Rn. 15; *Rostalski*, Der Tatbegriff im Strafrecht, S. 16; *Kaspar*, Verhältnismäßigkeit und Grundrechtsschutz im Präventionsstrafrecht, S. 214; *Hohenleitner*, Automatisierte Fahrzeuge, S. 432.

276 Mit dem Begriff der Regulierung arbeitet auch *Theile*, Wirtschaftskriminalität und Strafverfahren, S. 72, der sich dabei auf *Habermas* bezieht.

277 So deutet *Luhmann*, Soziologische Aufklärung 1, S. 144 *Parsons* Theorie.

ßenperspektive. Welche Wertung damit verbunden sein kann, zeigt die fünfte Konsequenz.

Die fünfte Konsequenz ergibt sich aus dem Grundproblem der Gesellschaft: Die Weltkomplexität, begründet durch Kontingenz und die Beschränkung auf die Beobachterperspektive. Dieses Problem ist der Ausgangspunkt der Funktion des Strafrechts, die einen Teilbereich dieses Problems lösen wird. Damit adressiert die fünfte Konsequenz auch ein mögliches *kritisches Potential* der Theorie. Das Grundproblem wird als Ausgangspunkt der Funktion gedacht und die Funktion ist Ausgangspunkt von sozialen Systemen (Funktionsstrukturalismus). Insofern liegt es nahe, dass eine Orientierung des Strafrechts an der Funktion gerade auch eine funktionale Analyse der Strukturen und Mechanismen des Strafrechts anhand dieser Funktion ermöglicht. Insofern könnte man die Funktion und das ihr vorgelagerte Problem als normatives Element der hiesigen Theorie vom Generalvertrauen betrachten. Normative Elemente und kritisches Potential sind von *Luhmann* als Ausfluss aus der Systemtheorie eigentlich nicht beabsichtigt, auch nicht in Bezug auf die Funktionen: Trotz des Funktionsstrukturalismus als Ausgangspunkt sieht er Funktionen nicht als eine per se zu bewirkende Wirkung, sondern als „regulatives Sinnschema“[278], also als Vergleichspunkt verschiedener äquivalenter Leistungen. *Luhmann* möchte die Systemtheorie rein deskriptiv sehen. Kann also eine auf die Systemtheorie gestützte Theorie überhaupt kritisches Potential entfalten? In der Luhmannschen Systemtheorie werden sowohl das Postulat der Unentbehrlichkeit als auch das Postulat der funktionalen Einheitlichkeit, welche in der frühen funktionalen Analyse dominierend waren, aufgegeben.[279] Das Postulat der funktionalen Einheitlichkeit begriff die Gesellschaft in Analogie zu einem Organismus als funktionale Einheit. Das Postulat der Unentbehrlichkeit meinte, dass die Erfüllung bestimmter Funktion an konkreten Strukturfunktionen hängt. Die Aufgabe des Postulats der funktionalen Einheitlichkeit bedeutet eine funktional differenzierte Gesellschaft. Es bilden sich verschiedene soziale Systeme heraus, die unterschiedlichen Funktionen dienen können, auch nur im Hinblick auf einzelne Teilbereiche. Die Aufgabe des Postulats der Unentbehrlichkeit bedeutet die Möglichkeit funktionaler Äquivalente und die Möglichkeit funktionaler Äquivalente schafft kritisches Potential, denn dann können funktional äquivalente Problemlösungsstrategien miteinander verglichen werden, sowohl innerhalb als auch zwischen Strukturen und Systemen.[280] *Luhmann* meint aber dennoch, die funktionale Me-

278 *Luhmann*, Soziologische Aufklärung 1, S. 17.

279 Insoweit schon vor *Luhmann*, Soziologische Aufklärung 1, S. 13 ff. plädiert *Merton* in Moderne amerikanische Soziologie, S. 119 ff. im Jahr 1967 für die Aufgabe dieser Postulate.

280 Vgl. auch *Luhmann*, Soziologische Aufklärung 1, S. 18 f.

thode diene nur dazu, „das Vorhandene für den Seitenblick auf andere Möglichkeiten zu öffnen“[281]. Damit und mit seinem Verweis auf die eben nicht zwingend zu bewirkende Wirkung und die Natur als „regulatives Sinnschema“ will er sich von einer rein kausalwissenschaftlichen Methode trennen. Allerdings ist dies nur teilweise plausibel, denn nur durch Annahmen über Wirkungszusammenhänge kann überhaupt bestimmt werden, welche Strukturen funktionsäquivalent sein können. Ohne dieses Element wäre jede Auswahl beliebig.[282] Jedenfalls kann die Systemtheorie Analysemethoden zur Verfügung stellen, die eine Vergleichbarkeit von Strukturen und Systemen anhand eines Bezugspunktes, der ebenfalls aus der Systemtheorie folgt, ermöglichen. Damit ist prinzipiell zwar keine Kritik an der Systembildung, jedoch eine Kritik an den Systemstrukturen möglich.[283] Ob sich daraus dann tatsächlich kritisches Potential erwächst, ist, wie so oft, von der Perspektive abhängig. Nimmt man die Perspektive des Primats der Funktion ein, so stellt die Systemtheorie alle Analysemethoden bereit, die es braucht, um verschiedene Strukturen einer Kritik zu unterziehen, etwa anhand dessen, welche Struktur oder sogar welcher einzelne Mechanismus besser geeignet ist, die Funktion auszufüllen. Darin deutet sogar *Luhmann* eine Leistung der Systemtheorie an: „Die eigentliche Theorieleistung, die den Einsatz funktionaler Analyse vorbereitet, liegt demnach in der Problemkonstruktion. Daraus ergibt sich der Zusammenhang von funktionaler Analyse und Systemtheorie.“[284] Man wird sagen müssen, dass schon die Vornahme der Analyse an sich Kritik ist – auch wenn keine Änderungsintention des Autors dahintersteckt und nicht das Primat der Funktion propagiert wird – weil die Analyse kritische Selbstreflexionsoperationen im Rechtssystem auslösen kann.[285] Systemtheorie, auch Analyse nach Systemtheorie, findet immer in der Gesellschaft und nicht im „luftleeren Raum“ statt. Insofern ergibt allein schon die Nutzung der Systemtheorie in wissenschaftlichen Kontexten und als Analysemethode oder als Grundlage einer darauf aufbauenden Theorie ein kritisches Potential.[286] Dieses kritische Potential verwirklicht sich in dieser Arbeit in Bezug auf die noch zu findende Funktion des Strafrechts, anhand derer Strukturen oder auch nur einzelne

281 *Luhmann*, Soziale Systeme, S. 85.

282 So auch *Kette/Tacke* in Systemtheorie und Differenzierungstheorie als Kritik, S. 232, 244.

283 *Kette/Tacke* in Systemtheorie und Differenzierungstheorie als Kritik, S. 232, 245; *Osrecki*, Soziale Systeme 2015, 227, 245.

284 *Luhmann*, Soziale Systeme, S. 86 unter Verweis auf *ders.*, Soziologische Aufklärung 1, S. 39 ff.

285 *Amstutz* in Kritische Systemtheorie, S. 365, 369 f. Deshalb ist es auch nicht hinderlich, dass Gesellschaft unmittelbar nicht adressierbar ist. Irritationen geschehen dennoch, *Fuchs* in Kritische Systemtheorie, S. 99, 104 ff., 109 f.

286 Das deutet sogar *Luhmann* selbst an, freilich nicht mit diesem Schluss; *Luhmann*, Recht der Gesellschaft, S. 10, mit Verweis hierauf auch *Amstutz* in Kritische Systemtheorie, S. 365, 401.

Mitteilungen bewertet werden können. Dennoch bleibt die Berücksichtigung dieses kritischen Potentials[287] für diese Arbeit sekundär, auch weil die Analyse, welche Struktur nun die Funktion besser oder schlechter ausfüllt, spekulativ bleiben muss. Es wird darauf an geeigneter Stelle jeweils eingegangen, Hauptanliegen bleibt die deskriptiv-analytische Herangehensweise an das Untersuchungsinteresse. Untersuchungsinteresse ist herauszufinden, wie sich Rechtsgutsverletzungen durch KI-Systeme auf die aus der Gesellschaft ausfließende Funktion des Strafrechts auswirken und wie das Strafrecht darauf reagieren kann.

### 2. Präzisierungen und Klarstellungen

*Luhmanns* Systemtheorie konnte hier nur in den Abschnitten besprochen werden, die für das hiesige Konzept relevant sind. Über die hier gezogenen Schlüsse hinaus wird sich nicht weiter zu seiner mit über 547 Veröffentlichungen[288] wahrlich monumentalen Theorie positioniert werden, schon deshalb, weil es mittlerweile wohl menschenunmöglich geworden ist, sie vollständig zu überblicken. Das zeigt auch die berechtigte Kritik, dass *Luhmann*, auch wenn man die unterschiedlichen Theoriephasen berücksichtigt, nicht immer kohärent geblieben ist.[289] Zum Abschluss dieses Kapitels werden einige wenige Punkte klargestellt werden: der Begriff der Anschlussfähigkeit (a.) sowie die Systemgrenzen des Rechtssystems und die Verbindung von Kommunikation und Rechtssystem (b.). Mit diesen Punkten wird teilweise von *Luhmann* abgewichen werden. Passim und zurückhaltend[290] wurde bereits im vorangegangenen Kapitel Kritik bearbeitet, soweit sie für die späteren Ausführungen wichtig werden.

---

287 Die Aktivierung kritischen Potentials in Bezug auf die Systemtheorie wird heute unter dem Begriff der „kritischen Systemtheorie" zusammengefasst. Die Forschung in diese Richtung ist aktuell aber noch so heterogen, dass sie sich unter wenig mehr als die Gemeinsamkeit zusammenfassen lässt, dass sie über eine reine Beschreibung der Systeme hinausgeht und die Gesellschaftsstrukturen einer Kritik unterzieht. Insofern wird die „kritische Systemtheorie" mehr als Label, denn als Diskurs betrachtet, *Osrecki*, Soziale Systeme 2015, 227, 238. Kritisches Potential lässt sich etwa durch das Aufdecken von Strukturantinomien und Paradoxien erreichen. Dazu einleitend *Fischer-Lescano* in kritische Systemtheorie, S. 13 ff.; für das Recht *Möller* in Neue Theorien des Rechts, S. 47 ff. Für die gesamte Bandbreite dieser Forschung siehe zusammenfassend *Osrecki*, Soziale Systeme 2015, 227, 233 ff. und beispielhaft den Sammelband *Amstutz/Fischer-Lescano*, kritische Systemtheorie.

288 Ein Schriftenverzeichnis findet sich bei *Krause*, Luhmann-Lexikon, S. 265 ff.

289 *Krause*, Luhmann-Lexikon, S. 116.

290 Vgl. etwa S. 33, 35, 42 oder als Hinweis Fn. 154. Eine Übersicht über Argumente pro und contra *Luhmann* liefert *Krause*, Luhmann-Lexikon, S. 108 ff.

### a. Begriff der Anschlussfähigkeit

Zunächst zum Begriff der „Anschlussfähigkeit", der hier über *Luhmanns* Begriff hinausgehen soll,[291] für unseren Rückflug zur Erde[292] aber notwendig ist. Er lässt sich am dreiteiligen Kommunikationsverständnis festmachen. Wenn im Verstehen (*Ego*) Information und Mitteilung (*Alter*) so selektiert werden, dass am Ende die internalisierten Gründe bei den beteiligten Personen und den ihnen innewohnenden Systemen übereinstimmen, kann ein Beobachter in einer prognostizierenden ex-ante-Sicht von der Anschlussfähigkeit einer Mitteilung sprechen. Wenn der ganze Kommunikationsprozess in Bezug auf ein außenliegendes System betrachtet wird, kann von einer anschlussfähigen Kommunikation gesprochen werden. Denn: Für ein psychisches System, das an der Kommunikation im Sinne einer Verstehensselektion teilnimmt, ist das soziale System, in dem die Kommunikation stattfindet, dennoch Umwelt. Deshalb ist es korrekt, von einer anschlussfähigen Kommunikation eines sozialen Systems auch in Bezug auf ein System zu sprechen, das an ebenjener Kommunikation im Verstehensteil teilnimmt. Eine solche Aussage gründet auf der Beobachtung der Beobachtung des psychischen Systems, also einem Beobachten zweiter Ordnung.

Das soeben Ausgeführte drückt sich nicht schon durch die Verstehensselektion im Kommunikationsprozess aus, weshalb der Begriff der Anschlussfähigkeit notwendig wird.[293] Es ist mit Anschlussfähigkeit nicht nur das Selektieren zu einer Mitteilung gemeint, nicht nur inhaltliches umgangssprachliches Verstehen und nicht nur die Voraussetzung für eine Anschlusskommunikation[294], sondern ein darüber hinausgehender Konsens der internalisierten Gründe der beteiligten Systeme, also eine Art der Übereinstimmung. Für soziale Systeme spricht das ihrer jeweiligen Funktion dienliche Kommunikation an. Dadurch wohnt der Anschlussfähigkeit ein positives Element inne, das auch aussagt, dass eine Regulierung potentiell Erfolg haben kann, weil es gerade die innere (autopoietische) Logik eines anderen Systems anspricht. Anschlussfähigkeit setzt nicht voraus, dass der Konsens der internalisierten Gründe auf Freiwilligkeit oder Ähnlichem beruht. Vor allem Menschen sind etwa für Gewalt in der Regel sehr anschlussfähig. Natürlich ist die Attribuierung von Anschlussfähigkeit durch einen außenstehenden Beobachter wie diese Arbeit nicht in einem realen Sinne[295] möglich und ist zwangsläufig mit Unsicherheit behaftet, da auch diese Arbeit innere Zustände, wie den einer Überein-

291 Vgl. *Krause*, Luhmann-Lexikon, S. 124. Ähnliches wie hier beschreibt *Luhmann*, Soziale Systeme, S. 218 knapp unter der Terminologie „gelungene Kopplung von Selektionen".

292 § 2 B. I., S. 33.

293 Vgl. dazu die Ausführungen unter § 2 B. II. 7., S. 46 ff. und *Luhmann*, Soziale Systeme, S. 212.

294 Zur Anschlusskommunikation *Luhmann*, Soziale Systeme, S. 204.

295 Im Sinne der Realität im Vergleich zur Wirklichkeit, siehe A. I., S. 18 ff.

stimmung, nur vermuten kann. Der Unterschied zwischen Viabilität und Anschlussfähigkeit ist dann darin zu sehen, dass in bestimmten Kontexten etwas viabel ist, *weil* es anschlussfähig ist, eben dann, wenn die Passung eine Übereinstimmung der inneren Gründe voraussetzt.

Das alles (zu) verkürzt dargestellt, aber das wesentliche Element enthaltend: Dieser Begriff ist für diese Arbeit nützlich, wenn sie aussagen will, dass eine Kommunikation aus einer bestimmten Perspektive ihren Zweck erreicht. Wird etwa das Strafrecht tätig, und soll dabei ein bestimmter positiver Effekt bei beobachtenden psychischen Systemen erreicht werden, so ist es damit erfolgreich, wenn es in dieser Hinsicht „anschlussfähig" ist.

### b. Kommunikation des Rechtssystems? – Der Untersuchungskern

In dieser Arbeit geht es um Strafrecht und die Kommunikation im Strafrecht. Das Strafrecht ist Teil des Rechtssystems, beides sind soziale Systeme. Deshalb sind nun noch drei Fragen zu klären, die teilweise auch der Klarstellung des Vorhergehenden dienen und dem Einwand von Inkohärenz entgegenwirken sollen, da hier in Teilen von *Luhmann* abgewichen wird: Was ist nun das Rechtssystem im Sinne dieser Arbeit (i.)? Kann das Rechtssystem *an etwas* kommunizieren? Falls nein, was passiert stattdessen (ii.)?

Die zweite Frage, ob soziale Systeme wie das Rechtssystem *an etwas,* also im Sinne einer Senderrolle, kommunizieren können, kann nach den vorhergehenden Ausführungen sehr einfach mit „nein" beantwortet werden und dient nur zur Klarstellung. Nach dem Luhmannschen Verständnis kann *nichts,* auch nicht psychische Systeme, an etwas kommunizieren. Kommunikation findet vielmehr durch einzelne Kommunikationsakte statt, die dann ein soziales System *durch* die Kommunikation bilden.

#### i. Das Rechtssystem

Mit der Frage, was stattdessen passiert, hängt die Frage unmittelbar zusammen, worum es sich denn nun beim Rechtssystem handelt und wo seine Grenzen liegen. Dies setzt zunächst die bereits bekannte Systemdefinition voraus: Systeme sind zusammengesetzte Einheiten, die sich gegen Umwelten abgrenzen, welche wiederum andere Systeme sein können oder auch unmarkiert bleiben.[296] Die kleinste Einheit sozialer Systeme ist die Kommunikation. Also ist es nur logisch, dass sich die Systemgrenzen auch aus der Kommunikation ableiten. *Luhmann* tut dies, indem er

296 *Luhmann,* Gesellschaft der Gesellschaft, S. 60 ff.; *ders.,* Soziale Systeme, S. 36 f.; siehe zusammenfassend zu System und Umwelt *Siri* in Luhmann, S. 123 ff. und oben 4., S. 40 f.

den Code „Recht/Unrecht" formuliert und sagt, dass alle Kommunikation in diesem Code das Rechtssystem bildet.[297] Daraus folgt die Konsequenz, dass *jegliche* Kommunikation mit dem Ziel Recht/Unrecht dem Rechtssystem zugeschlagen wird. *Luhmann* versteht dies so weit, dass Bereiche in das Rechtssystem gezogen werden, die klassischerweise eher anderen Systemen zugerechnet werden. Von diesen Bereichen ist für das noch Kommende vor allem der Bereich der Gesetzgebung[298] relevant. Wirtschaft oder die Politik verlieren nach diesem Verständnis ihre „Identität" und gehen voll im Rechtssystem auf, sobald sie in den Relevanzbereich des Rechts treten. Ein solches Verständnis setzt voraus, dass eine rechtliche Operation niemals eine politische Operation sein könnte und umgekehrt.[299]

Allerdings wird bei einer solchen Luhmannschen Definition des Rechtssystems übersehen – insbesondere mit Einschluss der Gesetzgebung – dass letztlich auch diese Definition eine Zuschreibung ist und insofern zu wenig die wirkliche Beobachterperspektive der Beobachter in der Gesellschaft angesetzt wird, also die gesellschaftliche Konstruktion der Wirklichkeit in diesem Bereich. Außerdem kann mit *Luhmanns* Verständnis nie zum Ursprung eines sozialen Systems vorgedrungen werden und tatsächliche Regulierungen am Ursprung werden zu wenig berücksichtigt.

Kann das Rechtssystem insbesondere in Bezug auf die Gesetzgebung anders verstanden werden als bei *Luhmann*, ohne dass sich dies zum zuvor Gesagten inkohärent verhält? Die weite Interpretation des Codes „Recht/Unrecht" und die daraus resultierende weite (Selbst)definition des Rechtssystems nach *Luhmann* bedarf eines genaueren Blicks. Eine Abgrenzung der Systeme gegen ihre Umwelt wird zwar von den Systemen selbst vorgenommen, die Abgrenzung ist aber wiederum nur aus unserer (menschlichen) Beobachterperspektive auswertbar. Wir können nicht über unsere Perspektive hinausblicken und deshalb muss sie zugrundegelegt werden. Letztlich hilft auch bei diesem Problem wieder der Gedanke der Personalität weiter: Die kleinste Einheit sozialer Systeme ist die Kommunikation. Ein Teilbereich dieser Kommunikation wird beobachtet und wird einem begrifflichen System, etwa dem Rechtssystem übergestreift, wobei als übergeordneter Bezugspunkt der Code „Recht/Unrecht" dient. Man kann nicht die Aussage treffen, dass sich ein System über den Code „Recht/Unrecht" real abgrenzt, nur, dass die Beobachter ein System durch diese Abgrenzung beobachten.[300] Diese Perspektive

---

**297** *Luhmann*, Recht der Gesellschaft, S. 60 ff.; vgl. auch *Kargl*, Rechtstheorie 1990, 352, 363 ff.

**298** Ausdrücklich *Kargl*, Rechtstheorie 1990, 352, 366.

**299** Als fragwürdig bezeichnet von *Bolsinger*, Politische Vierteljahresschrift 2001, 3, 21 ff.

**300** Nach konstruktivistischem Verständnis bedeutet Beobachtung ja nichts anderes als das Treffen von Unterscheidungen, also Abgrenzung; § 2 A. I., S. 20.

zugrunde gelegt, muss nach der beobachteten Grenze gefragt werden. Sie bestimmt, wie der Code „Recht/Unrecht" inhaltlich zu fassen ist.

Die Unterscheidung scheint an den Grenzen der Strukturen zu verlaufen, die in der Kommunikation in Bezug auf diesen Code im Laufe der Zeit entstanden sind. Eine Trennlinie scheint etwa über den Gewaltenteilungsgrundsatz mitgeteilt und auch anschlussfähig selektiert zu werden. Dass die Strukturen mit der beobachteten Grenze der Systeme in ihrem Letztelement der Kommunikation übereinstimmen, ergibt sich daraus, dass Strukturen ja durch kommunizierte Beobachtung überhaupt erst zu entstehen scheinen und damit das Ergebnis der Beobachtung von Systemgrenzen wiedergeben und sichtbar machen. Insofern kann die Idee der Entstehung von Institutionen durch den Habitualisierungsprozess nach *Berger/Luckmann*[301] fruchtbar gemacht werden. Kurzgesagt; durch Wiederholung werden Handlungen zu stabilen und verbindlichen Mustern, die in der Gesellschaft geteilt und akzeptiert werden. Institutionen sind also gewissermaßen die objektivierten Formen gesellschaftlichen Handelns. In das hiesige Bild der Kommunikation als Letztelement übertragen kann man sagen, dass aus menschlicher Beobachterperspektive Strukturen das Ergebnis von fortlaufender und sich wiederholender Kommunikation über ein Problem und seine Lösung sind.

*Luhmanns* krasse Fokussierung auf die *derzeitige* Kommunikation macht den Produktionsbereich dieser Einheit schier grenzenlos, was kritisiert wird.[302] Setzt man den Fokus aber vielmehr an den eben beschriebenen Habitualisierungsprozess, angelehnt an *vergangene* Kommunikation, so können die Verfestigungen dieser Kommunikation, die sich in Strukturen niedergeschlagen haben, auch die Systemgrenzen festmachen, denn danach grenzen sich in unserer Gesellschaft Systeme tatsächlich ab, soweit wir das aus unserer Beobachterposition beurteilen können.[303]

---

**301** Dazu unter § 2 A. III. 2., S. 28 f.

**302** *Kargl*, Rechtstheorie 1990, 352, 367, Fn. 67 m. w. N. Danach hebt *Luhmann* in seinem Verständnis die Grenze zwischen Systemen weitestgehend auf, um nach Belieben von nahezu totaler Öffnung zur Schließung und wieder zurück zu kommen.

**303** Das hätte etwa zur Folge, dass der „außerinstitutionelle Bereich expliziter Kommunikation über Recht" (*Luhmann*, Rechtstheorie 1990, 459, 466), also etwa ein Vertragsabschluss, anders als bei *Luhmann* nicht dem Rechtssystem zugeschlagen werden würde, sondern einem Interaktionssystem mit Bezug seiner Kommunikation auf Kommunikation des Rechtssystems. *Luhmann* sieht ein solches Vorgehen als „ganz verfehlt" an, weil dieser Bereich außerinstitutioneller Kommunikation gerade der sei, um derentwillen Organisationen und professionelle Kompetenzen des Rechts geschaffen wurden, *Luhmann*, Rechtstheorie 1990, 459, 466. Das mag stimmen, doch zeigt dies doch in seiner Konsequenz vielmehr nur, dass Probleme entstanden sind, aus denen sich Funktionen und Leistungen ergeben haben, die das Rechtssystem (auch) ausfüllt. Dass die Ursache der Probleme bereits Teil des Systems sein muss, dass sich aber eigentlich erst aus den Problemen ergeben hat, erschließt sich nicht und kann nicht die Frage nach der Ursache des Systems selbst beantworten.

Mit dem hiesigen Ansatz wird auch klar, welche Ursachen gesellschaftlicher Differenzierung überhaupt ein soziales System hervorgebracht haben. Darauf kann *Luhmann* keine befriedigende Antwort finden.[304] Auch wenn es nicht möglich ist, einen Anfang des Rechts zu bestimmen,[305] so ist doch klar, dass es am Ursprung allen Seins kein Recht gab: Ein Rechtssystem kann es schon dann in unserer Wirklichkeit nur geben, wenn es Beobachter gibt, die „Recht" als Terminologie an Kommunikation als kleinste Einheit attribuieren können, andernfalls ist es nicht-existent. *Für den Menschen* kann es deshalb ein Rechtssystem nicht vor dem Menschen und auch nicht unabhängig vom Menschen geben. Es sind die Beobachter, die Ursache der Existenz der Systeme schaffen. Durch ihre Handlungen wird gesellschaftliche Wirklichkeit reproduziert und konstruiert.

Was ist nun also konkret das Rechtssystems? Grundsatz bleibt der Code „Recht/ Unrecht". Dieser Code wird aus vergangener, verstetigter Kommunikation – den Strukturen – ausdifferenziert. Die deutlichsten Strukturen des Rechtssystems sind die Gerichte. Sie stehen im Kern des Rechtssystems und beschreiben seine Systemgrenzen. Dafür spricht auch Folgendes: Vom Ausgangspunkt „Recht/Unrecht" gedacht, werden allein die Gerichte unmittelbar aus dem Recht selbst zur Entscheidung gezwungen.[306] Das ergibt sich implizit aus dem Verbot der Justizverweigerung, das sich heute in der Innenperspektive im Rechtsschutzprinzip repräsentiert sieht – jedenfalls, wenn Rechtsschutz in einem formellen Sinne[307] verstanden wird. Einzig die Gerichte können die Paradoxie, dass das Recht nicht selbst begründen kann, ob es an sich Recht oder Unrecht ist, durch den Entschei-

---

**304** So auch *Kargl*, Rechtstheorie 1990, 352, 372 f. und *Habermas* in Habermas/Luhmann, S. 142, 205 ff. Insbesondere für das Verfassungsrecht führt *Bolsinger*, Politische Vierteljahresschrift 2001, 3, 20 aus. Selbst *Luhmann* schreibt: „Die Verfassung kulminiert in Punkten, an denen unformulierbar wird, ob sie ihre Geltung dem System oder seiner Umwelt verdankt", *Luhmann*, Recht der Gesellschaft, S. 477. Aber auch das bleibt für ihn eine „systeminterne Ambiguität", die sich im politischen und im rechtlichen System jeweils unterschiedlichen Sinn erhält. Daneben schreibt er an anderer Stelle auch: „Die eindeutige Trennung von politischem System und Rechtssystem, die den vorstehenden Analysen zu Grunde gelegt ist, wirkt sich auf diese Frage aus. Verfassungsinterpretationen irritieren beide Systeme zugleich, haben aber in beiden Systemen völlig verschiedene Voraussetzungen und Anschlussbedingungen. Sie integrieren beide Systeme punktuell – aber eben nur punktuell", *Luhmann*, Rechtshistorisches Journal 1990, 176, 217. Wie das vonstattengeht, wird nirgends vertieft, *Bolsinger*, Politische Vierteljahresschrift 2001, 3, 22.

**305** *Luhmann*, Recht der Gesellschaft, S. 57.

**306** *Luhmann*, Rechtstheorie 1990, 459, 467 f.; *ders.*, Recht der Gesellschaft, S. 310 ff.

**307** *Lorenz*, Der Rechtsschutz des Bürgers und die Rechtsweggarantie, S. 1, also im Sinne von Schutz auch objektiven Rechts, damit kann dann auch das Strafrecht erfasst werden.

dungszwang lösen.[308] Gerichte und die Rechtsprechung sind deshalb das buchstäblich entscheidende Element in der Kommunikation des Codes „Recht/Unrecht" und – auch nach *Luhmann*[309] – das „Zentrum" des Rechtssystems.[310] Um sie und ihre Analyse aus einer Beobachterperspektive zweiter Ordnung muss es bei der Beantwortung der Frage, wie sich Rechtsgutsverletzungen durch KI-Systeme auf die Gesellschaft und ihren Bezug zum Strafrechtssystem auswirken, besonders gehen.

Die Gesetze sind – anders als bei *Luhmann* – Ergebnis der Kommunikation des politischen Systems, also der Gesetzgebung. Die Gesetze hat das Rechtssystem ebenfalls durch Kommunikation in seine Programme aufgenommen und sich zu eigen gemacht, weshalb Gesetze von den Beobachtern als Teil des Rechtssystems beobachtet werden. Gesetze sind gewissermaßen ein Spiegel, die zwischen politischem System und dem Rechtssystem stehen, und beide spiegeln ihre Codes im Gesetz. Das Rechtssystem „Recht/Unrecht", das politische System „Macht/Ohnmacht".[311] Durch die Verfassung, die in das Rechtssystem als Programm implementiert ist, ist das Rechtssystem sehr anschlussfähig gegenüber den Reizen, die aus dem politischen System kommen, vgl. insbesondere Art. 76 ff. GG, da sich daraus ergibt, dass neues positives Recht aus dem politischen System kommen muss. Die Positivität des Rechts, also die Entscheidung, dass Recht nach den Vorschriften des Rechts als Recht gilt, ist Teil der Programme des Rechtssystems.[312] Das Rechtssystem ist dadurch mit dem politischen System strukturell gekoppelt. Es setzt diese Eigenschaft dauerhaft voraus und verlässt sich strukturell darauf, erkennbar bei der Verfassung daran, dass sich die Gerichte offensichtlich an ihr orientieren und sie als letztgültig begreifen.

Der hier vorgenommene Bezug auf die Beobachterposition als Ausfüllung der Begründung für Systemgrenzen löscht nicht das autopoietische Verständnis sozialer Systeme aus. Denn dass ein System eine außenstehende Ursache für seine Existenz in der Welt braucht, ergibt sich schon allein aus der Tatsache, dass die Welt an sich

---

**308** *Luhmann*, Recht der Gesellschaft, S. 306 ff.; knapp *Bolsinger*, Politische Vierteljahresschrift 2001, 3, 11 f. Das ist dann insoweit der „blinde Fleck" des Rechtssystems, vgl. *Krause*, Luhmann-Lexikon, S. 132.

**309** *Luhmann*, Rechtstheorie 1990, 459, 469.

**310** Zwangslagen in anderen Bereichen, die ebenfalls Bezüge zu Recht/Unrecht aufweisen, etwa in der Politik und der Wirtschaft, werden zwar von den durch das positive Recht gesetzten Erwartungen impliziert, haben ihre eigentliche Ursache für die Wirtschaft aber in wirtschaftlichen Gründen, etwa der Sorge vor einem wirtschaftlichen Schaden durch Geldstrafe, und für die Politik in einem politischen Schaden, etwa wenn ein verfochtenes Gesetz für verfassungswidrig erklärt wird.

**311** Vgl. dazu in Bezug auf das Metathema „Rechtsstaat", aber mit dem gleichen Gedanken *Luhmann* in Conflict and Integration, S. 493, 499 ff., insb. 504.

**312** Vgl. auch *Krause*, Luhmann-Lexikon, S. 213.

nicht schon immer war. Alles braucht deswegen einen Anfang. Systeme können aus Perspektive der Gesellschaft auch ein Ende finden. Dieses Ende ist für Systeme dann erreicht, wenn sie nicht mehr beobachtet werden. Systeme werden also in ihrem Ursprung und in ihrem Ende nicht aus sich selbst heraus geschaffen und in der Regel nicht aus sich selbst heraus vernichtet. In ihrer Existenz selbst sind sie aber autopoietisch. Nach dem Schöpfungsvorgang durch Kommunikation beginnt die Autopoiesis und das System erhält sich weiter selbst. Es bleibt dabei: Systeme können nur irritiert, aber nicht direkt gesteuert werden. Reize werden nur nach der internen Logik des Systems verarbeitet.

#### ii. Das Rechtssystem kommuniziert

Das nun definierte Rechtssystem kann nicht *an etwas* kommunizieren, da das niemand kann. Da es aus Kommunikation besteht, kann man aber sagen: Das Rechtssystem kommuniziert. Ist es möglich, daran anschließend die Aussage zu treffen, dass die Beobachter die Kommunikation des Rechtssystems beobachten und daraus etwas ableiten? Könnte man etwa sagen, dass ein Urteil als Ergebnis von Kommunikation beobachtet wird? Sicherlich ist ein Urteil Ergebnis von Kommunikation. Dennoch wäre eine solche Aussage unpräzise. Denn als einziges Kommunikationselement kann die Mitteilung als Handlung beobachtet werden. Das Urteil ist eine durch das Medium der Schrift zeitlich beständige neue Mitteilung in einem neuen Kommunikationsvorgang. Eine Beobachtung eines Kommunikationsvorganges ist also immer die Beobachtung einer Mitteilung, was den Beobachter nicht zum Beobachter einer Kommunikation macht, sondern zum Beobachter des Mitteilungselements einer Kommunikation und gleichzeitig eine neue Kommunikation entstehen lässt, denn er betreibt mit seiner Beobachtung nichts anderes als Verstehensselektion. Freilich gibt es in Abgrenzung zum Verstehen auch bloße Wahrnehmung. Das ist dann der Fall, wenn eine Mitteilung eben gerade nicht als Mitteilung mit einer dahinterstehenden Selektion selektiert wird. Aber: Will man dem Recht Regulierung unterstellen, so kann das nur dann erfolgreich sein, wenn Beobachter davon ausgehen, dass durch verschiedene Akteure im Rechtssystem auch etwas mitgeteilt werden soll. Regulierungsbemühungen können deshalb von vorneherein nur in Kommunikationsvorgängen erfolgreich sein. Deshalb kann nicht eine Kommunikation des Rechtssystems beobachtet werden, sondern nur eine Mitteilung beobachtet und selektiert. Die Anschlussfrage lautet: Eine Mitteilung von wem oder was? Dem Rechtssystem? Nein, denn das Rechtssystem definiert sich ja selbst erst *durch* Kommunikation über Recht/Unrecht. Es *ist* also Kommunikation. Kommunikation *an sich* kann nichts mitteilen und wiederum selbst Kommunikationselement sein.

*Innerhalb* des Rechtssystems wird aber kommuniziert und dabei können Funktionen ausgefüllt werden, etwa, wenn Strukturen wie Gerichte etwas mitteilen und psychische Systeme beobachten und dies entsprechend als Verstehen selektieren. Die psychischen Systeme (oder auch andere) können dadurch von der Kommunikation des Rechtssystems beeinflusst werden, da das Rechtssystem für sie Umwelt darstellt, obwohl sie selbst Teilnehmer der Kommunikation sind. Sie können die dabei ausgelöste Irritation nach ihrer autopoietischen Natur verarbeiten. Die *Ausfüllung* der Funktion innerhalb des Rechtssystems entsteht durch Strukturen, die sich gebildet haben und von denen Mitteilungen ausgehen. Das sind nach dem Vorhergesagten vor allem die Gerichte. Die Gerichte, genauer gesagt die aus ihnen ausfließende Rechtsprechung, inklusive ihrer Konsequenzen, wie etwa der Strafvollzug, sind entscheidend für jegliche Funktion des Rechtssystems.

Um nun zuletzt noch den Bogen vom Rechtssystem zum Strafrechtssystem zu spannen: Das Strafrechtssystem ist ein Subsystem des Rechtssystems. Die Systemgrenzen des Strafrechtssystems werden in gleicher Weise bestimmt wie beim Rechtssystem selbst. Es kommt auf den Code des Strafrechts und seine Kommunikation an. Insoweit befindet man sich innerhalb der Systemgrenzen des Strafrechts, wenn Kommunikation nach dem Code „schuldig/nicht schuldig“[313] abläuft. Welche Funktion das Rechtssystem bzw. das Strafrechtssystem hat und durch welche Strukturen in concreto die Funktion ausgefüllt wird, wird sich im nächsten Kapitel zeigen. Nur diese Strukturen werden dann Gegenstand der weiteren Untersuchung sein.

Das Strafrechtswissenschaftssystem ist nach dem Vorhergesagten im systemtheoretischen Verständnis nicht Teil des Rechtssystems, da es im Code „wahr/unwahr“ kommuniziert, freilich in Bezug auf das Rechtssystem. Deshalb darf das Strafrechtswissenschaftssystem in dieser Arbeit nur insoweit eine Rolle spielen, als dass zu erwarten wäre, dass sich seine Kommunikation als anschlussfähig für die buchstäblich entscheidenden und die Funktion ausfüllenden Strukturen des Rechtssystems erweist, sowie in Form der Analysestrukturen, anhand derer das Rechtssystem beobachtet werden kann, und in den Beobachtungen, die in Bezug auf das Untersuchungsinteresse dieser Arbeit in die Kommunikation eingebracht wurden. Dies umfasst freilich immer noch den größten Teil und scheint wohl selbstverständlich. Die gesonderte Betonung dient dazu, den gedanklichen Schwerpunkt der Arbeit auf das Rechtssystem zu verdeutlichen.

313 Zum Begriff der Schuld noch ausführlich § 10 B., S. 398 f.

# § 3 Theoriebildung: Strafrecht als Garant von Generalvertrauen

In diesem Kapitel wird aus den in § 2 geschaffenen Voraussetzungen die Grundzüge einer Strafrechtstheorie entwickelt werden, die nicht nur als Grundlage für die nachfolgenden Teile bildet und die Kernfragen für die weitere Arbeit vorgibt, sondern auch für sich stehen soll. Der titelgebende Spiegel wird nun aus den vorgefundenen Materialien (die im vorherigen Kapitel selektiv im Sinne einer unterscheidenden Beobachtung ausgewählt wurden) konstruiert.

Damit dies gelingen kann, muss zunächst der eigene Standpunkt deutlich gemacht werden. Der, aus dessen Perspektive die Strafrechtstheorie entwickelt werden wird. Bekannterweise kommt es auf die Beobachterperspektive an und dieser Sicht kann sich auch diese Arbeit nicht verschließen. Wird eine Strafrechtstheorie beschrieben, so gibt es für die Beobachterperspektive zwei grundverschiedene Möglichkeiten: Das Strafrechtssystem kann von außen oder von innen beschrieben werden. Die systemtheoretische und konstruktivistische Perspektive ist die der Außenperspektive. Sie ist auch die einzig gangbare, soll der funktionsstrukturalistische Ansatz konsequent weitergeführt werden. Strafrecht ausschließlich aus der Innenperspektive betrachtet kann Funktion auch nur aus dem Strafrecht selbst heraus erklären und beschreibt so Ursachen durch ihre Wirkungen. Das soll aber gerade nicht der Ansatz dieser Arbeit sein. Strafrecht aus der Außenperspektive kann mehr leisten und das Strafrecht in einen größeren Zusammenhang einordnen, in den es nach dem zuvor Gesagten auch gehört. Strafrecht kann nicht für sich allein stehen, sondern ist Teil der Konstruktion der gesellschaftlichen Wirklichkeit.

Um eine Strafrechtstheorie herauszuarbeiten, müssen einige Fragen und (deren) Antworten gefunden werden. Das beginnt damit, die Kernfrage einer jeden Strafrechtstheorie zu beantworten: Was ist die Funktion des Strafrechts? (A.). Diese Frage muss, nachdem die Position aus der diese Arbeit verfasst wird, offengelegt wurde, aus der Außenperspektive beantwortet werden und somit in seinen Prämissen vom Recht unabhängig beantwortet werden. Nachdem die Funktion gefunden ist, wird der Frage nachgegangen, wie das Strafrecht diese Funktion in der Innenperspektive strukturell – man mag auch sagen „formell" – ausfüllt (B.). Da, soviel sei vorweggenommen, auch die Strafe im eigentlichen Sinne zur strukturellen Ausfüllung gehört, wird an dieser Stelle auch die Funktion der Strafe an sich deutlich, d.h. eine Straftheorie im engeren Sinne. Unter (C.) wird einer der Hauptkritikpunkte vorweggenommen: Wie verhält sich die Theorie zum Verfassungsrecht? Ist sie gar verfassungswidrig, und wenn ja, was hat dies für Auswirkungen? Kann und muss das die Funktion in welcher Weise auch immer beschränken? Nachdem dieses Hindernis überwunden wurde, geht es an die „materielle" Aus-


https://doi.org/10.1515/9783111714301-004

gestaltung der Theorie. Wie differenziert das Strafrecht die Funktion im Einzelnen aus? Wie erfüllt es die Funktion? (D.). In diesem Teil wird insbesondere auch die Legitimationsfrage aufgeworfen und beantwortet. So sind alle Antworten gefunden, die der Straftatbegriff der Theorie vom Generalvertrauen voraussetzt (E.). Abschließend erfolgt eine Verortung der Theorie vom Generalvertrauen (F.) und eine Zusammenfassung in Thesen (G.).

## A. Vertrauen als Funktion

Die Funktion des Strafrechts wird vom zu lösenden Problem hergeleitet (I.), was zum Mechanismus des persönlichen Vertrauens führt (II.). Die Beschreibung der Notwendigkeit eines gesellschaftlich ausdifferenzierten Vertrauens und seiner Voraussetzungen (III.) ist der letzte Schritt zur Formulierung der Funktion des Strafrechts.

### I. Vom Problem zur Funktion

Die Frage nach der Funktion des Rechts muss aus der Sicht eines aufgetretenen Problems der Gesellschaft gestellt werden. Ein soziales System wie das Strafrechtssystem ist grundsätzlich geeignet, mögliche Probleme anzugehen.

Gesellschaft besteht aus Kommunikation. Die Kommunikation ist gleichzeitig das Fundament der gesellschaftlichen Wirklichkeit, die jedes psychische System internalisieren kann. Probleme können deshalb gesellschaftlich nur in der Kommunikation gelöst werden. Auch das Rechtssystem besteht als soziales System im systemischen Verständnis aus Kommunikation, empirisch sichtbar gemacht durch Mitteilungshandeln. In der Kommunikation des Rechtssystems werden, oft auch nur mittelbar, Rechtsfolgen ausgelöst. Es geht um solche Kommunikation, die das Rechtssystem als rechtlich relevant behandelt, z. B. Urteile, und sich durch Code und Programme selbst zuordnet.[314] Auch die Strafe kann danach nur ein kommunikativer Akt sein. Die Strafe an sich ist dabei das ausgeflaggte, d. h. sichtbare, Mitteilungshandeln, also die Selektion, wie und ob kommuniziert wird. Die Information, die in dieser Mitteilung selektiert wird, besteht darin, dass ein bestimmtes Ver-

---

314 *Luhmann*, Rechtstheorie 1983, 129, 135, 137, wobei die Ausfüllung des Codes anders verstanden wird als bei *Luhmann*, § 2 B. III. 2. b. i., S. 62 ff.

halten, welches ebenfalls in die Kommunikation eingebracht wurde, missbilligt und entsprechend sanktioniert wird.[315]

Allerdings folgt daraus auch, dass jede Funktion, die das Strafrecht ausfüllt, nicht nur von der Strafe ausgefüllt wird, sondern von *jedem* kommunikativen Akt, den das Strafrechtssystem vollbringt. Die Strafe ist dabei sicherlich der primäre Anknüpfungspunkt, da das Strafrechtssystem in letzter Konsequenz auf sie ausgerichtet ist und das Strafrecht selbst in der Strafe seinen Kulminationspunkt sieht. Daraus folgt allerdings, dass das Gegenteil, also die Kommunikation über die „Nichtstrafe" genau so entscheidend sein kann, sofern dies aus Sicht des Strafrechts für andere Systeme anschlussfähig gelingt. Ein letztes Mal zur Klarstellung der Kommunikationsmechanismen: Kommunikation der Nichtstrafe wäre dabei so zu verstehen, dass in einem Kommunikationssystem die Nichtstrafe als Information selektiert wurde und in Form eines Urteils mitgeteilt wurde, was entsprechend von den menschlichen Beobachtern auch als Mitteilung selektiert ist.

Das Grundproblem, aus dem die Funktion folgt, ist nun[316] ersichtlich: Die Weltkomplexität. Bezogen auf Menschen bedeutet Komplexität im Speziellen: Menschen als (auch) psychische Systeme sind aufgrund beschränkter Informationsverarbeitungskapazitäten zur Komplexitätsreduktion gezwungen, um handlungsfähig zu sein. Man könnte auch sagen: Die Mechanismen der Komplexitätsreduktion sind Teil der stabilen Wirklichkeit, die das Gehirn erzeugen muss, um das psychische System nicht zu überlasten.[317] Die Komplexität im täglich notwendigen Umgang mit anderen psychischen Systemen liegt darin begründet, dass psychische Systeme kontingent sind. In den plastischen Worten *von Glasersfelds:* „Was im Kopf des anderen vorgeht, können wir nie wissen."[318] Auch *K. Gergen* hat diese Grundproblematik als das „Problem der isolierten Seelen" erkannt.[319] Aber wir können die Auswirkungen der Gedanken; die Handlungen möglicherweise erwarten und so selbst handlungsfähig bleiben, indem wir uns nach diesen Erwartungen richten. Das betrifft nicht nur die Momente, in denen wir einem Menschen gegenüberstehen. Auch andere Umstände können ihrer Natur nach so beschaffen sein, dass ein Output bei einem bekannten Input nicht sicher vorhersehbar ist.

Es geht im Ausgangspunkt bei der Funktion also um Reduzierung der Komplexität. Für ein autopoietisches System wie den Menschen heißt Komplexität zu

---

**315** Hier wird die aus *Bindings* Normentheorie bekannte Trennung zwischen Verhaltens- und Sanktionsnorm sichtbar, etwa *Binding*, Normen I, S. 28ff. Zuvor schon bei *Bentham* in Of Laws in General, S. 133ff., insb. 134.

**316** § 2 B. II. 2., 3., S. 35ff.

**317** Vgl. schon § 2 A. II. 2., S. 24.

**318** *V. Glasersfeld* in Gespräche, S. 46.

**319** *K. Gergen*, Wirklichkeiten, S. 151.

reduzieren, durch Selektionen Möglichkeiten seiner Umwelt einzuschränken.[320] Letzten Endes ist doch wieder der Mensch der Bezugspunkt des Strafrechts, weil Strafrecht ein Problem des Menschen löst. Welchen Teil dieser Grundfunktion kann das Rechtssystem und insbesondere das Strafrechtssystem dabei ausfüllen? Wie kann es dazu beitragen, die Möglichkeiten in der – im Wortsinne – unendlich komplexen Welt, zwischen denen ein System selektieren muss, einzuschränken?

Die Antwort liegt möglicherweise in einem von *Luhmann* und anderen Konstruktivisten eher stiefmütterlich behandelten Begriff: dem Vertrauen. Zwar widmet *Luhmann* in seiner Frühphase dem Thema eine ganze Monographie,[321] nach der grundlegenden autopoietischen Wende seiner Lehre[322] spielt der Begriff aber fast keine Rolle mehr. Er selbst bezeichnet die Phase, in der dieses Werk erschienen ist als „alles noch Nullserie der Theorieproduktion", die er noch vor seine drei Theoriephasen einordnet.[323] In seinen beiden Hauptwerken taucht der Begriff fast gar nicht auf. So findet er sich in „Soziale Systeme" nur auf wenigen Seiten[324] und in „Die Gesellschaft der Gesellschaft" nur in verstreuten Abschnitten und Randbemerkungen. Es existiert aus der späteren Zeit noch ein kurzer Aufsatz zum Thema,[325] der es aber ebenfalls nicht in den Kern seiner Lehre schaffte, wodurch das „Vertrauen" in der Lehre *Luhmanns* unvollständig[326] blieb. Der Vertrauensbegriff dieser Arbeit wird deshalb nur lose an *Luhmann* angelehnt sein und in das bereits formulierte Theoriegebilde eingebettet werden.

## II. Persönliches Vertrauen

Zunächst wird der Mechanismus des Vertrauens erläutert (1.) und abschließend als eine spezielle Form des persönlichen Vertrauens spezifisch das für das Generalvertrauen wichtige Systemvertrauen aufgegriffen (2.).

---

**320** *Luhmann*, Soziale Systeme, S. 48 benutzt den Begriff der „Selektionsnotwendigkeit".

**321** *Luhmann*, Vertrauen. Zu den verschiedenen Phasen der Theorieproduktion vgl. *Berghaus*, Luhmann, S. 17 ff.

**322** Siehe nur *Krause*, Luhmann-Lexikon, S. 103 ff.; *Siri* in Luhmann, S. 123, 124; *Nassehi* in Luhmann, S. 62, 64; *Süssenguth* in Luhmann, S. 71; *Bora* in Luhmann, S. 230, 234.

**323** *Luhmann*, Short Cuts 1, S. 25.

**324** *Luhmann*, Soziale System, S. 179 ff.

**325** *Luhmann* in Vertrauen, S. 143 ff.

**326** Siehe dazu auch bei *M. Schmidt*, Systemvertrauen, S. 25 ff. *Jalava*, European Journal of Social Theory 2003, 173 ff.; *ders.*, Trust as Decision und *Morgner*, Canadian Review of Sociology 2018, 232 ff. versuchen das alte Vertrauensverständnis von *Luhmann* in seine neue Theorie zu integrieren, entweder „mit Luhmann, an Luhmann vorbei" (Ansatz *Morgner*) oder „mit Luhmann gegen Luhmann" (Ansatz *Jalava*), vgl. *M. Schmidt*, Systemvertrauen, S. 81.

### 1. Der Mechanismus des Vertrauens

Der Begriff des Vertrauens ist inhaltlich diffus. So wird Vertrauen als Begriff zwar über alle Disziplinen hinweg (auch in den Rechtswissenschaften)[327] und im täglichen Leben[328] oft herangezogen, aber nur in den seltensten Fällen wird definiert, was eigentlich unter diesem Begriff in konkret verstanden wird.[329] Ein klares Bild dieses Begriffs, jedenfalls wie Vertrauen in dieser Arbeit verstanden wird, ist notwendig. Bevor eine definitorische Festlegung erfolgt, wird zunächst das Potential des Vertrauens ausgeforscht (a.), wobei sich der Leser dabei von seinem persönlichen umgangssprachlichen Verständnis des Vertrauens leiten lassen mag. Diese Vorüberlegungen werden zur definitorischen Festlegung (b.) führen, die wiederum die Frage danach aufwirft, was unter „Gegenüber" (c.) und „ausreichender Festigkeit" (d.) zu verstehen ist. Die Ausführungen zu den vertrauensauslösenden Reizen (e.) legen sodann die Basis zu der Frage, wie es überhaupt zu persönlichem Vertrauen kommt. Das Kapitel fährt fort mit Überlegungen zum Misstrauen als umgangssprachlichem Gegenteil von Vertrauen (f.), zum Vertrauenswert als Ausdruck des Vertrauens zu einem Gegenüber insgesamt (g.) und zur Frage nach funktionalen Äquivalenten zum Mechanismus des Vertrauens (h.). Den Abschluss bildet die Begrenzung der nachfolgenden Untersuchung auf den Menschen als Beobachter (i.).

---

327 Die Erkenntnis, dass Vertrauen Komplexität (in welchem Maße auch immer) reduzieren kann, wird in der Rechtswissenschaft nur sehr selten aufgegriffen, und das auch, soweit ersichtlich, nie als primäre Anknüpfung für die Funktion des Rechts. So bspw. *Boehme-Neßler,* RW 2014, 189, 226, der in drei Sätzen in Bezug auf das Gutachter-Richter-Verhältnis feststellt: „Wer vertraut, kann auch in Situationen handeln, deren Komplexität er nicht vollständig durchschaut. Vertrauen ermöglicht es, kalkuliert Risiken einzugehen und dadurch die eigenen Handlungsoptionen zu erweitern. Es ist eine bewährte Methode, mit den Folgen von Undurchsichtigkeit, Unwissen und sozialer Kontingenz umzugehen." Ein Verweis auf *Luhmann* findet sich nicht. *Theile* in FS Rengier, S. 363, 369 f. bezieht eine solche Überlegung bei der Frage nach § 258 StGB bei Weitergabe von Informationen durch den Verteidiger ein; „Ebenso wie der Systembildung kommt Vertrauen die Funktion zu, Komplexität gleichermaßen zu erweitern wie zu reduzieren, indem bestimmte Erwartungen stabil gesetzt werden". *Böhm,* Strafverteidigung, S. 67 ff., 79 ff. setzt Vertrauen als Komplexitätsreduktion bei seiner Untersuchung der Pflichtverteidigerstellung, anknüpfend an *Theile*, voraus. Daneben findet sich Vertrauen bei *Canaris,* Vertrauenshaftung, S. 1 ff.; *Schmidt-Aßmann/Dimitropolous* in Vertrauen in der Krise, S. 129 ff. Einen Überblick über das Auftauchen des Begriffs „Vertrauen" im Recht gibt *Weilert* in Vertrauen in der Krise, S. 105, 114 ff.

328 Nach dem „Wortschatz-Portal" der Uni Leipzig, der Sächsischen Akademie der Wissenschaften zu Leipzig und des Instituts für Angewandte Informatik. das über 30 Millionen Sätze in deutschsprachigen Zeitungstexten analysiert hat, liegt „Vertrauen" (berücksichtigt nur in der großgeschriebenen Variante) auf einem der vordersten Ränge deutscher Wörter (Rang 1.645), https://corpora.uni-leipzig.de/de/res?corpusId=deu_news_2021&word=Vertrauen (14.10.2024).

329 Siehe dazu *Böhm,* Strafverteidigung, S. 51 ff. Mit diesen Befunden auch *Weingardt* in Vertrauen in der Krise, S. 7 ff.; *Bentele* in Normative Aspekte der Public Relations, S. 131, 150 ff.; *Haller* in Öffentliches Vertrauen, S. 13, 41 ff.; *Weilert* in Vertrauen in der Krise, S. 105, 108.

### a. Das Potential des Vertrauens

Schon seit Beginn der Menschheitsgeschichte wird Komplexität in der Interaktion durch den Mechanismus des persönlichen Vertrauens reduziert.[330] Der Begriff *persönlich* weist schon darauf hin, dass ein Personenverständnis nicht nur beim Luhmannschen Kommunikationsbegriff,[331] sondern auch im Inneren von psychischen Systemen existieren kann. Auch im Inneren der Beobachter und damit außerhalb des direkten Zugriffs der Gesellschaft finden Zuschreibungen statt. Das hier zunächst gemeinte, *persönliche* Vertrauen spielt genau darauf an; es findet im Inneren der psychischen Systeme statt. Es ist insoweit mindestens eine anthropologische Gegebenheit[332] (was nicht bedeutet, dass es nur auf den Menschen beschränkt ist), wenn nicht sogar ein allgemeiner Modus der Existenz an sich. Vertrauen erleichtert Selektion und erweitert so das Handlungspotential[333] des Beobachters in erheblichem Maße.

Das Vertrauen ordnet die Erwartungen des Beobachters und lenkt sie in bestimmte Bahnen. Der Beobachter neutralisiert durch Vertrauen gewisse Entwicklungsmöglichkeiten, etwa Gefahren, dahingehend, dass sie nicht ausgeräumt, aber gleichzeitig auch nicht berücksichtigt werden und so das potentielle Handeln nicht irritieren.[334] Optionen von Erwartungsenttäuschungen werden im Rahmen der

---

330 Siehe zur Komplexitätsreduktion durch Vertrauen auch *Luhmann*, Vertrauen, S. 14, kritisch dazu *Haller* in Öffentliches Vertrauen in die Mediengesellschaft, S. 15, 48 f., überzeugend gegen die Position *Hallers* schreibt *M. Schmidt*, Systemvertrauen, S. 104 ff.

331 § 2 B. II. 7., S. 49.

332 Zusammenfassend und m. w. N. dazu siehe u. a. *Lassak*, Grundloses Vertrauen, S. 15 ff., in die gleiche Richtung auch S. 83 ff.

333 Der Schluss der Erweiterung des *Handlungs*potentials scheint im ersten Moment nicht ganz zu passen, da es bei Handlung um Zuschreibung eines Verhaltens durch einen Beobachter an eine Person geht. Allerdings können Beobachtender und Verhaltender identisch sein, d. h. eine Selbstbeobachtung durchführen und sich das Verhalten als Handlung selbst zuzuschreiben (vgl. schon § 2 B. II. 2., S. 36). Vor diesem Hintergrund erscheint es berechtigt, hier von Handlungspotential zu sprechen.

334 *Luhmann*, Vertrauen, S. 30, *Luhmann* verweist bei den Prozessen innerhalb der psychischen Systeme, die dann aufgrund des Vertrauens selektieren und so Komplexität reduzieren können, auf eine Indifferenzzone des Psychischen und lässt insoweit eine präzisere Erläuterung offen. *Pavlova*, Organisation und Vertrauen, S. 67 ff., insbesondere 94 ff., 155 ff. versucht sich an einer solchen präziseren Erläuterung, die vor allem mit dem Begriff der „Reproduktionssicherheit" arbeitet. Die theoretischen Ausführungen sind allerdings zu komplex, als dass sie in der Kürze, die diese Arbeit an diesem Punkt verlangen würde, darzustellen wären. *Pavlova* sieht Komplexität in mehreren Dimensionen, in denen die soziale Komplexität durch die Anerkennung anderer Menschen als Subjekte eine entscheidende Rolle spielt. Der Umgang mit anderen wird so zum zentralen Referenzbereich für die „Wirksamkeit erwartungssichernder Maßnahmen" S. 97 f. Das Vertrauen würde in erster Linie bei dieser Komplexitätsdimension ansetzen.

Selektion der Zukunftsfiktion praktisch ausgeblendet.[335] Das ist letztlich ein normaler Vorgang der menschlichen Psyche: Schon 1911 hat *Vaihinger* mit unzähligen Beispielen nachgewiesen, dass Menschen in allen Sparten des Lebens immer mit Fiktionen arbeiten und trotzdem zu konkreten Resultaten kommen können.[336] Etwa erst das Vertrauen auf Gewaltfreiheit macht gewaltfreie Kommunikation überhaupt möglich. Dadurch spricht Vertrauen das Problem der Komplexität direkt an: Die Informationsverarbeitungskapazität der psychischen Systeme ist zu gering, als dass alle Informationen für eine risikofreie Entscheidung produziert werden könnten. Durch den Mechanismus des Vertrauens werden die verarbeitbaren Informationen aber überinterpretiert. Der vertrauende Beobachter agiert aus der Sicht eines Beobachters zweiter Ordnung beim Handeln stets so, als sei eine bestimmte Möglichkeit bereits eingetreten. Konstruktivistisch gesprochen beschreibt Vertrauen eine bestimmte Erwartung für den Beobachter, die für ihn zur *Wirklichkeit*[337] geworden ist. Dadurch grenzt sich das Vertrauen auch von bloßer Erwartung ab. Die objektive Realität, also wie es um die Vorhersage tatsächlich bestellt ist, was das Gegenüber denkt, wie es handeln wird etc. bleibt dem vertrauenden Beobachter ohnehin immer verschlossen. Daraus resultiert auch, dass ein tatsächliches Verhalten in der Regel irrational ist. Eine schon oft durchgeführte Handlung wird eher erneut durchgeführt, obwohl ihr eigentliches Risiko genau gleich liegt wie eine andere, noch nicht oft durchgeführte Handlung.[338] Vertrauen ist dabei in der Quantität der Fälle unbewusste Leistung des psychischen Systems,[339] kann aber genauso gut auch durch bewusste Entscheidung getroffen werden. Dabei bedeutet eine Erweiterung des Handlungspotentials (nach wie vor verstanden als Zuschreibung von Verhalten), etwas kontraintuitiv, gerade eine bereits geschehene Reduzierung der Komplexität, weil sich das Potential auf anschlussfähige Selektion des Beobachters erhöht hat. Ohne das ordnende Vertrauen, als einen Mechanismus, den

---

335 *Pavlova*, Organisation und Vertrauen, S. 150, differenziert S. 198 ff.

336 *Vaihinger*, Die Philosophie des Als Ob. Herausgegriffen werden kann dabei das Beispiel des Richters, S. 62 f., 198 in Bezug auf eine Rede *Rümelins* vom 06.11.1876. Der Richter untersuche nicht die Frage, ob der Mensch für seine Handlungen verantwortlich ist. Es geht vielmehr so vor, *als ob* der Mensch einen freien Willen habe und deshalb moralisch für seine Handlungen verantwortlich ist. Durch diese Fiktion kommt er zu einem konkreten Resultat. Freilich sind im hiesigen Konzept auch Fiktionen Wirklichkeit und was Realität ist, wissen wir ohnehin nicht. Insoweit bleibt dir Abgrenzung von „Fiktion zu Realität" im umgangssprachlichen Sinne nur möglich, wenn man sie als Abgleich einer Mehrheit an subjektiven Wirklichkeiten versteht oder in einer Diskrepanz aus Erleben und Selektion.

337 Beachte auch hier wieder den Unterschied zwischen Realität und Wirklichkeit, § 2 A. I., S. 18 f.

338 Vgl. *Kargl*, Schlußfolgerungen Milgram, S. 41.

339 Siehe zum Vertrauen als unbewusste Leistung (wenn auch mit leicht anderem Ausgangspunkt) *Pavlova*, Organisation und Vertrauen, S. 70 ff, 162 ff.; *Endreß* in Vertrauen und Vertrautheit, S. 161, 171.

sich der vertrauende Beobachter zu Nutze macht, wären die Möglichkeiten unbegrenzt und für den Beobachter nicht verarbeitbar.

Auch aus der Perspektive des vertrauenden Beobachters muss Vertrauen nicht darauf beruhen, dass der Beobachter das Verhalten sicher kennt, er kann die Zukunft des Gegenübers auch als kontingent begreifen,[340] an diese aber bestimmte Erwartungen stellen. So beinhaltet Vertrauen oft schon die bewusste Möglichkeit, dass die Kommunikation oder Handlung des Gegenübers nicht den Erwartungen des vertrauenden Beobachters entsprechen wird. Diese Kontingenz kann *niemals* überwunden werden. Durch die Beschränkung auf die Beobachterposition kann es denklogisch den Fall nicht geben, dass ein Beobachter tatsächlich sicher weiß, was sein autopoietisches Gegenüber tun wird. Das ist es gerade, was das Vertrauen zu einem so passenden Mechanismus der Komplexitätsreduktion macht: Es erkennt die reale Beschränkung als Beobachter an und reduziert *trotzdem* Möglichkeiten, indem in einem bestimmten Sinne in Bezug auf das Gegenüber erwartet wird. Die Möglichkeit der Enttäuschung wird in der Selektion, die zur Handlung führt, schlicht ausgeblendet und damit die Komplexität immens reduziert. *Pavlova* spricht in ähnlichem Kontext deshalb vom Vertrauen als „gelungene Selbsttäuschung".[341] Für den vertrauenden Beobachter bleibt das Gegenüber bis zu einem gewissen Grade immer eine Black Box. Er kann nur seine persönlichen Erfahrungen und selbstreferentiellen Erkenntnisse auf das Gegenüber übertragen. Mehr als Vertrauen ist nicht möglich.

### b. Definitorische Festlegung

Eine abschließende und allgemein anerkannte Definition des Vertrauens besteht jedenfalls bis dato nicht.[342] Etymologisch scheint das Wort auf das mittelhochdeutsche „truwen" zurückzugehen, was mit „Zuversicht haben, hoffen, glauben, trauen, sich getrauen, anvertrauen und ehelich verloben" übersetzt werden kann. Daneben findet sich das althochdeutsche „firgitruwen", worunter „hoffen, glauben

340 Vgl. auch *Luhmann*, Vertrauen, S. 9 ff.

341 *Pavlova*, Organisation und Vertrauen, S. 214, diese Aussage impliziert richtig, dass psychische Systeme in der Regel nicht analytisch, sondern zweckrational vorgehen (und so zur Selbsttäuschung fähig sind).

342 Ebenfalls diesem Schluss und zusammenfassend zu verschiedenen Ansätzen siehe *Weingardt* in Vertrauen in der Krise, S. 7, 11 ff.; *Böhm*, Strafverteidigung, S. 53 ff.; *Beckemper*, ZIS 2011, 318 ff. *Weilert* in Vertrauen in der Krise, S. 105, 108 spricht sogar davon, dass es nicht möglich sei, sich über die verschiedenen Disziplinen hinweg einer Deutung auch nur anzunähern. Besonders hervorgetan haben sich in der Debatte neben *Luhmann* die Theorien von *Giddens*, Konsequenzen der Moderne, S. 102 ff.; *Bentele* in Normative Aspekte der Public Relations, S. 131, 141 ff.; *Barber*, The logic and limits of trust, S. 7 ff. und *Coleman*, Grundlagen der Sozialtheorie 1, S. 115 ff.

und zutrauen" verstanden worden ist.[343] Im umgangssprachlichen Verständnis lässt sich Vertrauen heute aus Sicht der psychischen Systeme mit einer optimistischen Grundhaltung gegenüber der Verlässlichkeit[344] von Umständen, in der Regel in Bezug auf eine andere Person, umschreiben, woraus eine gewisse emotionale Sicherheit entsteht.[345] Diese optimistische Grundhaltung ist riskant, weil sie in Vorleistung gegenüber seinem Ziel geht. Enttäuschtes Vertrauen kann deshalb zum Schluss führen: „Vertrauen ist gut, Kontrolle ist besser."[346] Allerdings schließen sich Kontrolle und Vertrauen nicht gegenseitig aus, sie befördern sich sogar.[347] Eine Sichtweise, die Kontrolle und Vertrauen für exklusiv hält, will ein naives, voraussetzungsloses Vertrauen. Voraussetzungsloses Vertrauen kann es aber niemals geben. Es gibt immer mindestens einen vertrauensauslösenden Reiz, der im vertrauensauslösenden Moment gipfelt.[348]

Ob des systemischen Ansatzes soll Vertrauen hier (potentiell) etwas weiter als in der Umgangssprache verstanden werden. Vertrauen ist jedenfalls ein Mechanismus zur Reduktion von Komplexität.[349] Dabei ist Vertrauen nicht Charakterzug, Empfindung[350] oder Grundüberzeugung. Es muss nicht erlernt werden,[351] sondern ist ein Modus der Existenz. Vertrauen gewinnt seine Bedeutung erst durch einen Zukunftsbezug, es ist gewissermaßen Vorleistung einer Erwartung in Bezug auf eine unsichere Zukunft. Damit wird Vertrauen auch zu *dem* Wirklichkeitskriterium für die Zukunft. Vertrauen beschreibt eine Erwartung, die für den Beobachter zur Wirklichkeit geworden ist. Zudem ist Vertrauen aus dem konstruktivistischen Gedanken heraus niemals notwendig reziprok, sondern wird nur aus der Sicht eines Beobachters – des Vertrauenden – beurteilt. Zum Vertrauen gehört also immer ein

---

**343** Hierzu und zu weiteren Ableitungen aus den weiten Sphären der deutschen Sprachfamilie siehe unter dem Stichwort „Vertrauen" in „Vertrauen", in: *Pfeifer et al.*, Etymologisches Wörterbuch des Deutschen, abrufbar unter https://www.dwds.de/wb/etymwb/Vertrauen, (14.10.2024).

**344** Dieser Begriff ist freilich kaum weniger diffus.

**345** Vgl. Duden, Stichwort „Vertrauen", abrufbar unter https://www.duden.de/rechtschreibung/Vertrauen, (14.10.2024); Brockhaus, Stichwort „Vertrauen", abrufbar unter https://brockhaus.de/ecs/enzy/article/vertrauen (14.10.2024).

**346** Dieses Zitat wird *Lenin* zugeschrieben, die Verifizierung dieser Zuschreibung ist allerdings nicht möglich, da *Lenin* solches nie schriftlich niedergelegt zu haben scheint, *Jung* in Sprichwörter, S. 81 ff.

**347** Dazu sogleich, § 3 A. II. 1. e., S. 81.

**348** Zum vertrauensauslösenden Reiz sogleich unter § 3 A. II. 1. e., S. 80 ff.

**349** Soweit noch ganz bei *Luhmann*.

**350** So *Hobbes*, Naturrecht, S. 70.

**351** Freilich wird erlernt, ob eher optimistischer oder pessimistischer Vertrauensaufbau befördert wird, dazu unten unter § 3 A. II. 1. f., S. 82.

Beobachter, als derjenige, der das Vertrauen erbringt und ein Gegenüber, dessen Verhalten oder Kommunikation Ziel des Vertrauens ist.

Um es konkret zu machen: Vertrauen ist nach hiesigem Verständnis eine ausreichend gefestigte Verhaltenserwartung, die sich auf Künftiges bezieht. Im Modus des *persönlichen* Vertrauens kann die Verhaltenserwartung als Handlungserwartung bezeichnet werden, da sie durch den Beobachter im Modus des Vertrauens gleichsam zwingend einem spezifischen Gegenüber zugeschrieben wird. Die erste Selektion, die noch vor dem Vertrauen liegt, ist, dass ein potentielles Verhalten einem Gegenüber zugeordnet wird, wodurch eine potentielle Handlung entsteht. Das Vertrauen kann dann nachfolgend die Selektion zwischen den zunächst unendlichen Möglichkeiten potentieller Handlungen ermöglichen. Weitergeführt kann sich das auch zu einer Kommunikationserwartung verdichten. Sie bezieht sich auf eine Kommunikation, in der der Vertrauende selbst als *Ego* durch Verstehen Information und Mitteilung selektiert. Mitteilung wird sichtbar durch Mitteilungshandeln. Das selbstbezügliche Element ignorierend könnte man von Mitteilungserwartung sprechen. Da bei der Erwartung aber das Verstehen bereits mit erwartet wird, da sich eine Mitteilung sonst nicht auswirken würde, erscheint der Begriff der Kommunikationserwartung passender.

Um ein potentielles anfängliches Missverständnis auszuschließen: Vertrauen führt nicht zur ausreichend gefestigten Erwartung und nachfolgend zur Komplexitätsreduktion, es *ist* bereits die ausreichend gefestigte Erwartung. Die Umstände, die zum Vertrauen führen, sind die vertrauensauslösenden Reize.[352]

### c. Das Gegenüber

Zum beobachtenden psychischen System, das das Vertrauen für sich selbst konstruiert (im Folgenden nur noch „der Beobachter“) gehört auf der anderen Seite das Gegenüber. Das Gegenüber, an das die Erwartung gestellt wird, kann ein anderes psychisches System, ein soziales System, ein maschinelles System oder ein Organisationssystem[353] sein, mit dem sich der Beobachter konfrontiert sieht und das Gegenstand seiner Selektion sein muss. Der Beobachter wird das Gegenüber dabei nicht als eines der eben genannten Systemarten sehen, sondern als Person.[354] Er sieht etwa nicht ein psychisches und ein körperliches System, sondern attribuiert einen Menschen und schreibt diesem Menschen Verhalten zu. Die Handlungserwartung an das Gegenüber ist deshalb das *persönliche* Vertrauen und spielt sich im Inneren des Beobachters ab. Persönliches Vertrauen ist das Vertrauen eines psy-

352 Anders insoweit etwa *Böhm*, Strafverteidigung, S. 80; *Theile* in FS Rengier, S. 370.

353 Letzteres ist für *Luhmann*, Soziale Systeme, S. 16 eine Unterform der sozialen Systeme.

354 Vgl. zum Begriff der Person § 2 B. II. 7., S. 49.

chischen Systems zu seinem Kollegen, zum Rechtssystem, zu seinem Laptop, zu seinem Arbeitgeber etc. Im Kontext des Vertrauens, das in Bezug auf das Strafrecht relevant wird, richtet sich die Verhaltenserwartung heute auf ein anderes psychisches System in Form der Zuschreibung eines Verhaltens an die Person „Mensch“[355], also eine menschliche Handlung. Kommunikationserwartungen richten sich an soziale Systeme selbst,[356] etwa das Strafrechtssystem, sichtbar gemacht durch Mitteilungshandeln, etwa ein spezifisches Urteil. Auch zu einem Menschen kann eine Kommunikationserwartung formuliert werden, etwa, wenn eine Erwartung dergestalt formuliert wird, dass sie auch eine Differenz zwischen Information und Mitteilung voraussetzt und das eigene Verstehen implizit miterwartet wird. Freilich ist in diesem Verständnis in einer Kommunikationserwartung stets notwendig eine Verhaltens- bzw. Handlungserwartung mitumfasst, sodass in Bezug auf psychische Systeme als Gegenüber die Differenzierung zwischen Handlungs- und Kommunikationserwartung nur für die Selbstreflektion von Bedeutung ist und hier vernachlässigt werden kann.

#### d. Ausreichende Festigkeit

Die Erwartung muss in der Perspektive des Beobachters eine ausreichende Festigkeit besitzen, um den Vertrauensbegriff zu rechtfertigen. Vertrauen wurde definiert als eine ausreichend gefestigte Verhaltenserwartung, die sich auf Künftiges bezieht. Die ausreichende Festigkeit ist dann erreicht, wenn der Beobachter seiner eigenen Selektion die Erwartungen an das Gegenüber zugrunde legt und die anderen Möglichkeiten ignoriert. Der Beobachter wird in Bezug auf Verhalten des Gegenübers zum Vertrauenden, die Komplexität der Umwelt ist in Relation zum Beobachter reduziert, da er durch Zugrundelegung der Erwartung zu seinen Handlungen nun die Selektionsmöglichkeiten eingeschränkt hat. Wir machen uns bei dieser Analyse, ganz im Sinne *von Foersters,*[357] zu einem Beobachter zweiter Ordnung, da eine Beurteilung der Komplexitätsreduktion nur durch Beobachtung des Beobachters und seiner Umwelt möglich ist. So geht es aus einer analytischen Perspektive immer um die Zugrundelegung der Erwartung zu einer Handlung (d.h. eine Verhaltensweise, die wir als Beobachter zweiter Ordnung dem Beobachter zuschreiben). Konsequenz daraus ist, dass Vertrauen erst dann attribuiert werden kann, wenn es bereits besteht und sich auswirkt. Dass der Beobachter tatsächlich

---

355 Ob auch KI-Systeme Gegenstand von Verhaltenserwartungen sind, wird im dritten Teil behandelt.

356 Dies wird unter dem Begriff des „Systemvertrauens“ noch weiter ausgeführt werden, § 3 A. II. 2., S. 86ff.

357 *V. Foerster,* KybernEthik, S. 60ff. Vgl. auch *Luhmann,* Gesellschaft der Gesellschaft, S. 144.

die Handlungserwartung zur Grundlage seiner eigenen Handlungen macht, lässt sich für den Beobachter zweiter Ordnung eben erst durch die Konsequenz erkennen; die Durchführung der Handlung selbst. Wann der Punkt erreicht ist, in dem der Beobachter vertraut, bleibt also in seiner Black Box, im autopoietischen System des beobachteten Beobachters, bis es nach außen hin in Erscheinung tritt.

### e. Vertrauensauslösende Reize

Vertrauen ist bereits die ausreichend gefestigte Erwartung und bezeichnet nicht die Umstände, die zur Erwartung führen. Diese Umstände sind die vertrauensauslösenden Reize, die, ausreichend kumuliert, dann letztlich zum Vertrauen führen.

Dabei gilt zunächst: Je mehr das Gegenüber aus Sicht des Beobachters für Erfahrungen seiner selbst, also die Übertragbarkeit, anschlussfähig ist, desto schneller lässt sich ein persönliches Vertrauen aufbauen.[358] Mit anderen Worten: Der Beobachter kann an das Gegenüber schneller Erwartungen stellen und dabei die gleichzeitige Kontingenz des Gegenübers akzeptieren, weil die Enttäuschungserwartung im Vergleich zur Erfolgserwartung eine für den Beobachter (freilich subjektive) akzeptabel niedrige Eintrittswahrscheinlichkeit aufweist.[359] Letztlich sind die Gründe, warum ein Beobachter vertraut (vertrauensauslösende Reize), im Einzelfall durch die autopoietische Natur des Beobachters und die zwischen verschiedenen Beobachtern völlig unterschiedlichen Programme nie sicher vorherzusagen. Es ist aber naheliegend, dass die subjektive Eintrittswahrscheinlichkeit wohl in der Regel ein entscheidendes Kriterium sein wird. In diesem Kriterium schlagen sich mittelbar viele andere Kriterien nieder. So kann Vertrauen zu der Handlung eines Menschen, der aus einer ähnlichen sozialen Schicht kommt und ähnliche Lebenshintergründe hat, in der Regel schneller erreicht werden als zu Handlungen anderer Menschen oder gar Organisationen und Maschinen. Dies liegt daran, dass sich der Beobachter hier selbst wiedererkennt und seine Erfahrungen deshalb subjektiv leichter auf das Gegenüber projizieren kann. Generell ist jede beobachtbare Selektion des Gegenübers ein Referenzpunkt für Vertrauen, an den angeknüpft werden kann. Das führt letztlich wieder zu *K. Gergen* zurück, der statuiert, dass das „Verstehen" einer anderen Person nicht das Versetzen in das Innere

358 So auch das Ergebnis der berühmten „Taxifahrer"-Studie; ein Taxifahrer trifft die Entscheidung, einen Fahrgast mitzunehmen, indem er den Fahrgast mit einem persönlichen Idealbild eines Fahrgastes vergleicht und versucht diese in Einklang zu bringen, *Henslin* in Sociology and Everyday Life S. 138, 140 ff., insbesondere die Übersicht auf S. 153; ähnlich auf Grundlage von Verhaltenskorrelaten *Bentele* in Normative Aspekte der Public Relations, S. 131, 143 f.

359 Für *Coleman*, Grundlagen der Sozialtheorie 1, S. 115 ff. ist die Einschätzung von Eintrittswahrscheinlichkeiten künftiger fremder Verhaltensweisen sogar die Definition von Vertrauen. Nach der hiesigen Darstellung ist das ob der autopoietischen Natur der Beobachter zu eingeschränkt.

des Gegenübers meint, sondern vielmehr Produkt einer Relation ist, die sich aus den Verhaltenskoordinationen zwischen den Menschen und eine Einbettung in vorher durch Kultur und Tradition gelernten Koordinationen ergeben.[360] Man hat gelernt, durch Kultur und Tradition (repräsentiert durch soziale Systeme) dem Verhalten des anderen eine bestimmte Eigenschaft zuzuschreiben. Je besser man ein Gegenüber in dieses erlernte Schema einordnen kann, desto schneller kann Vertrauen aufgebaut werden, ein erster Hinweis auf das sogleich behandelte[361] gesellschaftliche „Generalvertrauen".

Der vertrauensauslösende Reiz muss also nicht unbedingt aus der Beobachtung der Kommunikation und Handlungen des Gegenübers selbst entstehen. Auch eine Absicherung in der Hinterhand wie eine Versicherung, die im Schadensfall übernimmt, kann erreichen, dass der Beobachter seinen eigenen Handlungen die Erwartungen an das Gegenüber zugrunde legt. Er hat dann trotzdem Vertrauen in Bezug auf eine konkrete Handlung des Gegenübers. Für dieses Vertrauen zum Gegenüber ist in einem solchen Fall natürlich wiederum ein Vertrauen zum Absicherungsmechanismus vonnöten, das dann insoweit conditio sine qua non zum Vertrauen des Beobachters zur Handlung des Gegenübers geworden ist. Das bekannte Sprichwort „Vertrauen ist gut, Kontrolle ist besser" bezeichnet nach dieser Sichtweise also ein und dasselbe, mit unterschiedlichen vertrauensauslösenden Reizen. Es impliziert ein Vertrauen durch einen „naiven" vertrauensauslösenden Reiz gegenüber einem vertrauensauslösenden Reiz durch Sanktions- oder Absicherungsmechanismen. Gleiches gilt beispielsweise, wenn Vertrauen aufgrund einer bestimmten Qualifikation gewährt wird. Insofern ist vertrauensauslösender Reiz das dahinterstehende System, dem das Gegenüber seine Qualifikation verdankt. Dieses „Expertenvertrauen" hat für moderne Gesellschaften eine große Bedeutung, weil es orts- und personenunabhängig wirken kann, Vertrauen also von seinen lokalen Kontexten löst.[362] Man kann bei Vertrauen aufgrund eines Qualifikationsnachweises vorgreifend bereits von umgewandelten Generalvertrauen sprechen.[363] Auch eine Empfehlung eines anderen Systems, dem bereits Vertrauen dahingehend entgegengebracht wird, kann vertrauensauslösender Reiz sein. Im Regelfall werden mehrere solcher vertrauensauslösenden Reize zusammentreffen. Sobald sie eine „kritische Masse" erreicht habe, kommt es zum meist unbewussten *vertrauensauslösenden Moment* und der Beobachter legt seinen Handlungen die konkrete Erwartung an das Gegenüber zugrunde.

---

360 *K. Gergen*, Wirklichkeiten, S. 172 ff., 185.

361 § 3 A. III., S. 89 ff.

362 *Baberowski* in Vertrauen, S. 7, 24 f.

363 Zum Generalvertrauen siehe sogleich, § 3 A. III., S. 89 ff. Generalvertrauen wird hier auch deshalb erreicht, weil das Recht die Qualifikationsnachweise absichert, bspw. durch § 132a StGB.

Dieses Muster lässt sich auch auf historische Kontexte übertragen. Es gab durch die ganze Menschheitsgeschichte viele Verfahren, die ein persönliches Vertrauen begründen sollen. Man denke nur beispielhaft an den Lehnseid, der vor allem im Mittelalter im Zentrum stand: Der Belehnte gibt damit das Versprechen ab (vertrauensauslösender Reiz), dem Lehnsherrn treu zu sein, d.h. vor allem auch ihm nicht willentlich zu schaden. Der Lehnsherr vertraut nach diesem Eid darauf (vertrauensauslösender Moment), erwartet also in dieser Hinsicht, obwohl das Risiko nicht verflogen ist. Es wird schlicht ignoriert und erst bei Anzeichen, die auf das Gegenteil schließen lassen, wieder in die Selektion mit aufgenommen.[364]

Freilich kann dies auch umgekehrt gedacht werden: Entsprechen etwa die Handlungen eines menschlichen Gegenübers nicht der durch das Vertrauen konstruierten Zukunftsfiktion des vertrauenden Beobachters, wird die Erwartung in Zukunft nicht mehr ausreichend gefestigt sein. Vertrauen wurde dann zerstört.

#### f. Misstrauen

Wer von Vertrauen spricht, muss auch zum Misstrauen Stellung nehmen. Umgangssprachlich unterscheiden sich Misstrauen und Vertrauen insoweit voneinander, dass Vertrauen sich auf eine für den Beobachter optimistische Verhaltenserwartung richtet, Misstrauen auf eine pessimistische.[365] In seinem umgangssprachlichen Verständnis ist Misstrauen deshalb ein funktionales Äquivalent von Vertrauen[366] und nicht sein Gegenteil.[367] Auch Misstrauen, wird es in diesem umgangssprachlichen Sinn verstanden, ist nach dem Vertrauensverständnis dieser Arbeit Vertrauen: Es liefert ebenfalls eine ausreichend gefestigte Verhaltenserwartung, aber eine mit für den Beobachter negativem Ausgang. Auch dies reduziert ohne Weiteres Komplexität. Insofern wird das umgangssprachliche Misstrauen vom Vertrauensbegriff dieser Arbeit mitumfasst. Im notwendigen Unterscheidungsfall wird von „optimistischem" und „pessimistischem" Vertrauen gesprochen. Diese Begriffsunterscheidung (im Gegensatz zu „positiv" oder „negativ") ist deshalb passend, weil es um die Beurteilung einer Situation geht, die aus dem Inneren des Beobachters resultiert. Optimistisches Vertrauen ist also eine Verhaltenserwartung, die für den Beobachter aus seiner Perspektive bei Eintritt vorteilhaft wäre, während pessimistisches Vertrauen einen erwarteten Nachteil mit sich bringt. Wie eine Verhaltenserwartung aus Sicht des

---

**364** Zur Bedeutung von Traditionen und Ritualen für den Vertrauensaufbau in vormodernen Gesellschaften siehe *Baberowski* in Vertrauen, S. 7, 19 ff.

**365** So versteht bspw. auch *Pavlova,* Organisation und Vertrauen, S. 179 f. Misstrauen. Vgl. auch *Giddens,* Konsequenzen der Moderne, S. 43, der Vertrauen umgangssprachlich mit der Aussage übersetzt „ich hoffe es und habe keinen Grund, an der Sache zu zweifeln."

**366** So auch *Luhmann,* Vertrauen, S. 92 f.

**367** In diese Richtung geht auch *Baberowski* in Vertrauen, S. 7, 17.

Beobachters bewertet wird, spielt für den Vertrauensbegriff über die Bewertung der Festigkeit hinaus keine Rolle. Sowohl optimistisches als auch pessimistisches Vertrauen kann Selektionen vereinfachen, da beide dazu führen, dass dem Gegenüber potentielle Handlungen erwartungsfest zugordnet werden können.

### g. Der Vertrauenswert

Es geht beim Vertrauen um eine *einzelne* Handlung oder einen einzelnen Kommunikationsvorgang.[368] Ist diese ausreichend gefestigt, kann von Vertrauen zum Gegenüber in Bezug auf diese spezifische Erwartung gesprochen werden. Streng genommen besteht Vertrauen deshalb *nicht* zum Gegenüber, sondern Vertrauen besteht in die Handlung des Gegenübers oder auf spezifische Kommunikation. Wenn vom Vertrauen zum Gegenüber die Rede ist, ist also streng genommen immer das Vertrauen zu spezifischen Handlungen und Kommunikation gemeint. Dabei werden, wenn durch genügend vertrauensauslösende Reize eine ausreichend gefestigte Erwartung zu einer spezifischen Handlung oder Kommunikation erreicht ist, in aller Regel eine solche ausreichende Festigkeit zu gleich mehreren, insoweit verwandten oder „niedrigstufigeren" möglichen Handlungen oder Kommunikationen in zukünftigen vergleichbaren Situationen erreicht. Was als verwandt oder niedrigstufiger gilt, ist immer aus Sicht des Beobachters zu beurteilen und kann je nach beobachtetem Gegenüber auch unterschiedlich sein, da insofern je nach Gegenüber vom Beobachter unterschiedliche Kriterien zur Vertrauensbildung angesetzt werden können. Insoweit „sammelt" sich Vertrauen zum Gegenüber an. Die Summe dieses Vertrauens in Bezug auf ausreichend gefestigte Verhaltenserwartungen zu einem Gegenüber kann abstrakt im Begriff eines hohen oder niedrigen „Vertrauenswerts"[369] bezeichnet werden. So kann dann auch Vertrauen zu einem Gegenüber *als solchem* ausgedrückt werden.

Wird optimistisches Vertrauen in Bezug auf eine zu leistende Zahlungsverpflichtung aufgebaut, so wird in der Regel gleichzeitig optimistisches Vertrauen darin bestehen, dass das Gegenüber nicht das Eigentum des Beobachters durch deliktische Handlungen schädigt. Andersherum gewendet: Besteht pessimistisches Vertrauen in Bezug auf eine Tötung des Beobachters durch das Gegenüber, so wird gleichzeitig pessimistisches Vertrauen auf eine Vielzahl weiterer Rechtsgutsverletzungen bestehen. So reduziert das Vertrauen nicht nur in zeitlicher Hinsicht Komplexität, weil es bereits im Vorfeld getroffen wird, sondern auch in quantita-

368 In diese Richtung gehen auch *Schmidt-Aßmann/Dimitropolous* in Vertrauen in der Krise, S. 129, 135 mit ihrem „kontextbezogenen" Vertrauen, ebenso wie das „bestimmte" Vertrauen von *Weilert* in Vertrauen in der Krise, S. 105, 114.

369 Begrifflich angelehnt an *Bentele* in Normative Aspekte der Public Relations, S. 131, 145.

tiver Sicht hinsichtlich der Möglichkeiten, da Vertrauensaufbau eine Selektion mehrerer Möglichkeiten gleichzeitig ermöglicht.

Damit eine Selektion den Beobachter ob der Kontingenz des Gegenübers nicht überfordert, muss der Beobachter von einer Vielzahl von ausreichend gefestigten Erwartungen ausgehen. Es muss also ein ausreichend hoher Vertrauenswert vorliegen, damit Selektion zweckhaft gelingen kann. In Bezug auf welches Verhalten Vertrauen vorliegen muss, ist Frage des Gegenstandes der Interaktion und damit des Einzelfalles. Für eine Interaktion mit einem Fremden, gerichtet auf die Frage nach der Uhrzeit, reicht Vertrauen schon dahingehend aus, als dass der Fremde die Frage nicht zum Nachteil des Beobachters böswillig ausnutzt und eine unrichtige Uhrzeit nennt. Für eine Interaktion unter Geschäftspartnern, gerichtet auf den Abschluss eines Geschäftes, ist ungleich mehr Vertrauen erforderlich, bspw. gerichtet auf die Zahlungsbereitschaft, die wahrheitsgemäße Mitteilung bezüglich der Liquidität usw.

### h. Funktionale Äquivalente

Vertrauen ist letztlich als Mechanismus der Komplexitätsreduktion alternativlos, weil die Alternative eine für den Beobachter nicht umsetzbare, weil völlig autarke Lebensweise erfordern würde, wohlgemerkt nicht nur in Bezug auf andere psychische Systeme, sondern auch auf soziale Systeme und Maschinen. Wissen ist jedenfalls keine Alternative zum Vertrauen, da sicheres Wissen in Bezug auf künftiges Verhalten oder künftige Kommunikation ob der autopoietischen Natur anderer Systeme niemals erreicht werden kann.[370] Ein jedes System hat unmittelbar nur zu sich selbst Zugang. Als Alternative zum Vertrauen können so nur Möglichkeiten in Betracht gezogen werden, deren (hinreichende!) Bedingung der Beobachter selbst ist (weil alle anderen Möglichkeiten durch die Kontingenz uferlos werden). Ein Beobachter ohne jegliches Vertrauen kann keinerlei Interaktion mit anderen Systemen mehr zulassen, da dies mittelbar zumindest einen ausreichend hohen Vertrauenswert in Bezug auf die technischen Fähigkeiten des Konstrukteurs eines genutzten Gegenstandes voraussetzen würde. Jedes Mal, wenn man beiläufig das Licht einschaltet, sich in ein Bett legt, Lebensmittel einkauft, Kleidung trägt, eine Überweisung tätigt, am Straßenverkehr teilnimmt oder eine E-Mail abschickt, entsteht Kommunikation dahingehend, dass (meist optimistisches) Vertrauen in die Hand-

370 Vielerorts wird Wissen aber in diesem Kontext gerade (nach dem Standpunkt dieser Arbeit fälschlich) für selbstverständlich gehalten und Vertrauen erst da angesetzt, wo das Wissen aufhört. Für viele *Weilert* in Vertrauen in der Krise, S. 105, 109. In die Richtung wie hier aber *Giddens*, Konsequenzen der Moderne, S. 49, „Dagegen ist alles Vertrauen in gewissem Sinne *blindes* Vertrauen".

lungen und Kommunikation der beteiligten Systeme gesetzt wird. Ein Beobachter ohne Vertrauen ist der metaphorisch Nackte in der Dunkelheit. Vertrauen ist, soweit das überhaupt überblickt werden kann, die einzig viable Lösung.

### i. Andere Systeme als Beobachter

Die vorherigen Ausführungen fanden aus Sicht der psychischen Systeme statt, während andere psychische Systeme, soziale Systeme, Organisationssysteme und maschinelle Systeme als Gegenüber in ihrer personalen Attribuierung auftraten. Psychische Systeme als Beobachter als alleiniger Fokus dieser Arbeit sind zweckhaft, da das Strafrecht Menschen als Adressaten im Blick hat und wir als Menschen letztlich auch nur die Beobachterperspektive eines Menschen ausreichend nachvollziehen können. Trotzdem kann der Vertrauensbegriff prinzipiell auch auf soziale Systeme und u.U. auch maschinelle Systeme als Beobachter übertragen werden.

Im Grundsatz gilt das Gleiche, wie bei den psychischen Systemen. Auch soziale Systeme vertrauen nach ihren internen Programmen und verkörpert durch ihre Strukturen auf andere psychische Systeme, soziale Systeme usw. Dies findet in der Regel allerdings deutlich formalisierter statt als bei psychischen Systemen. Besonders deutlich wird dies bei Zuständigkeitsabgrenzungen, bei denen sich soziale Systeme auf Ergebnisse anderer sozialer Systeme stützen, ohne die Ergebnisse in ihrer eigenen Kommunikation wieder von Grund auf neu zu thematisieren.

Bei maschinellen Systemen wird Komplexität durch vorgegebene Grenzen in Hard- oder Software auf ein für die Maschine verarbeitbares Maß reduziert. Was vorliegt, wenn solche Grenzen nicht mehr existieren sollten, lässt sich heute noch nicht ermessen und aus der Perspektive eines menschlichen Beobachters vermutlich auch nicht beurteilen, weil er zwingend auf die menschliche Perspektive beschränkt bleibt. Für *Luhmann* sind nur soziale und psychische Systeme in der Lage Sinn zu erzeugen. Ein maschinelles System wäre danach nicht vertrauensfähig, weil es nicht selektieren kann.[371] *Luhmanns* Schluss darf jedenfalls (in die Zukunft geblickt) vorsichtig bezweifelt werden, da es für eine systemische Sichtweise nicht auf ein anthropologisches Verständnis von Selektion ankommt. Diese Arbeit ist aber notwendigerweise auf die Beobachtersicht des Menschen reduziert, sodass es auf die Beobachtersicht maschineller Systeme nicht ankommt und sie insofern nur als Gegenüber relevant sind.

---

371 *Luhmann*, Soziale Systeme, S. 95. Andere, wie *Pavlova*, Organisation und Vertrauen, S. 67 halten sogar nur psychische Systeme für vertrauensfähig.

**2. Systemvertrauen**

Nun ist der Beobachter in einer komplexen Gesellschaft mit vielerlei Gegenüber konfrontiert. Dies können psychische, maschinelle, soziale und Organisationssysteme[372] sein. Es fällt mitunter auf den ersten Blick schwer, die sozialen Systeme als Gegenüber gleich zu betrachten wie die psychischen Systeme und dieses Vertrauensverhältnis ebenso unter das „persönliche Vertrauen" zu fassen.

Aber auch für sie gilt: Ein Beobachter hat dann Vertrauen zur Kommunikation eines sozialen Systems, wenn er ausreichend gefestigte Erwartungen an zukünftige Kommunikation im System stellt. Beim Wirtschaftssystem etwa dann, wenn er von der fortgesetzten Möglichkeit mit einer Währung zu bezahlen ausgeht und seine Handlungen danach ausrichtet. Auch Vertrauen in Bezug auf soziale Systeme ist persönliches Vertrauen, weil es um das Vertrauen zwischen Beobachter und einem abgrenzbaren Gegenüber geht, das der Beobachter als Zuschreibungselement personalisiert hat.

Es erscheint allerdings nützlich, einen speziellen Begriff für persönliches Vertrauen gegenüber sozialen Systemen zu etablieren, um der Umgangssprache und damit der besseren Lesbarkeit Rechnung zu tragen. Der Begriff des „Systemvertrauens" wurde hierbei schon früh rezipiert.[373] Er ist durchaus nicht ganz passend, weil er sich nur auf soziale Systeme beziehen soll, andere Systeme, etwa psychische und körperliche Systeme, aber ebenso. Der möglicherwiese passendere Begriff des „Sozialvertrauens" ist bereits anderweitig besetzt.[374] Da außerdem unter dem Begriff des Systemvertrauens viel rezipiert wird[375] und er umgangssprachlich nah an dem firmiert, was er aussagen will, soll er hier ebenfalls verwendet werden, wenn persönliches Vertrauen in Bezug zu einem sozialen System ausgedrückt werden soll.

372 Letztere als Unterform von sozialen Systemen, *Luhmann*, Soziale Systeme, S. 16.

373 Zunächst spricht *Luhmann* auch noch von Systemvertrauen, *Luhmann*, Vertrauen, S. 60 ff., vgl. auch *ders.* in Vertrauen, S. 143, 156. Er will dies ausdrücklich aber nicht mit persönlichem Vertrauen verbinden; „jenseits von persönlichem Vertrauen", *ders.*, Vertrauen, S. 78. Im Gegensatz dazu steht *Giddens*, Konsequenzen der Moderne, S. 49, der beide Ansätze wieder zusammenführt. In seinem zweiten Aufsatz zu Vertrauen ersetzt *Luhmann* den Begriff des Systemvertrauens durch den Begriff „Confidence" (und nicht „Trust"), was eher mit „Zuversicht" übersetzt werden könnte, siehe *Luhmann* in Vertrauen, S. 143, 147 ff. Wie dies zu deuten ist und in welchem Verhältnis *Luhmann* die beiden Begriffe sah, ist nicht restlos klärbar, *M. Schmidt*, Systemvertrauen, S. 32. Für andere Ansätze zum hier nur angerissenen Systemvertrauen siehe bspw. *Giddens*, Konsequenzen der Moderne; *M. Schmidt*, Systemvertrauen, S. 149 ff. Grundlagenkritik zum Systemvertrauen bietet *Haller* in Öffentliches Vertrauen in die Mediengesellschaft, S. 15 ff.

374 *Putnam*, Bowling Alone, S. 137.

375 Siehe die Nachweise in Fn. 373; daneben u. a. auch *Bentele* in Normative Aspekte der Public Relations, S. 131, 149; *Beckemper*, ZIS 2011, 318.

Das Vertrauen ist dabei in gewisser Weise „blind" und muss es auch sein, weil die Strukturen der großen sozialen Systeme, wie dem Rechtssystem, nicht im Detail nachvollzogen werden können und ebenfalls ein Kontingenzschema aufweisen. Aber auch dies gilt nicht nur für soziale Systeme als Gegenüber, sondern auch für die psychischen Systeme als Gegenüber. Insofern ist *jedes* Vertrauen bis zu einem gewissen Grade „blind".[376] Es ist aber nicht vorbehaltlos. Werden die Erwartungen nicht erfüllt, so kann Vertrauen – wie bei einem psychischen System als Gegenüber auch – zerstört werden. Kommuniziert das soziale System also anders als erwartet, kann Systemvertrauen zerstört werden und damit der Systemvertrauenswert absinken. Eine anders erwartete Kommunikation wird sich in aller Regel in anderem Mitteilungshandeln bestimmter Strukturen des Systems niederschlagen, etwa, wenn ein Gericht ein willkürliches Urteil fällt. Diese Verknüpfung zwischen Zerstörung von Vertrauen und gleichzeitigem Absinken des Vertrauenswertes ist immer gemeinsam zu denken, wird aber im weiteren Verlauf der Arbeit nicht mehr besonders hervorgehoben.

Nach den grundlegenden Prägungen[377] wird Systemvertrauen oft durch Personen vermittelt, die in der Kommunikation des betreffenden Systems das Mitteilungshandeln übernehmen, bspw. Richter, Behördenmitarbeiter, Politiker etc. Auch andere Systeme als das Zielsystem können Systemvertrauen in das Zielsystem durch entsprechende Mitteilungen stärken. Zu denken ist hier beispielsweise an die Medien, PR-Systeme[378] und Erfahrungen mit Personen, die der Beobachter dem

---

376 So auch, wenn auch mit anderem Hintergrund, *Giddens*, Konsequenzen der Moderne, S. 49.

377 Das ursprüngliche Systemvertrauen wird wohl in der Regel von den Eltern vermittelt. Das Kind nimmt anthropologisch durch sein optimistisches „Urvertrauen" (ursprünglich wohl Übersetzung von „basic trust" nach *Erikson*, Kind und Gesellschaft, S. 241 ff. Vgl. auch *Lassak*, Grundloses Vertrauen, S. 90 ff.; *Giddens*, Konsequenzen der Moderne, S. 120 ff., 143, 182; *Schulz-Hageleit*, Psychoanalyse, S. 165 ff.), das den Eltern entgegengebracht wird, Selektionen so vor, dass sie mit denen der Eltern übereinstimmen. Das deckt sich insoweit mit *Berger/Luckmanns* Identifikation mit dem „signifikanten Anderen", woraus sich der „generalisierte Andere" herausbildet (Vgl. § 2 A. III. 2., S. 28 f.), was nun auf soziale Systeme übertragen wurde. In einem späteren Alter ist Systemvertrauen oft nur noch latent im Bewusstsein vorhanden, oft mit der einfachen Grunderwartung, dass bestimmte Dinge schon „irgendwie" funktionieren (So auch *Beckemper*, ZIS 2011, 318, 321 f.; in diese Richtung auch *Luhmann*, Vertrauen, S. 90).

378 Vor allem in der Theorie *Benteles* sind Medien und PR-Systeme die wichtigsten „Vertrauensvermittler" die, übertragen auf diese Theorie, die Systeme hinter dem vertrauensauslösenden Moment sind, siehe *Bentele* in Normative Aspekte der Public Relations, S. 131, 141 ff. Daran anschließend auch *Grünberg* in Öffentliches Vertrauen, S. 78, 81.

sozialen System zuordnet[379]. Insoweit gilt erneut, dass die vertrauensauslösenden Reize nicht allein aus dem Bezugsobjekt kommen müssen.

Freilich wird in aller Regel eine erfahrene Diskrepanz zwischen Erwartung und einzelnem Mittelungshandeln noch nicht zur Zerstörung von Vertrauen bezüglich einer spezifischen Kommunikation des sozialen Systems führen. Das Fehlverhalten wird der Verantwortung des einzelnen psychischen Systems zugeschrieben und nicht den dahinterstehenden, im sozialen System verfestigten Strukturen.[380] Wenn sich diese Diskrepanzen aber häufen, so kann es dazu kommen, dass ein strukturelles Problem interpretiert wird und so das System selbst in die Verantwortung genommen und entsprechend Vertrauen in die Kommunikation des Systems zerstört wird.[381] Schneller wird eine Diskrepanz für die Beobachter erkennbar, wenn sich die Kommunikation des sozialen Systems in zentralen Punkten ändert und die Änderung an sich nicht anschlussfähig mitgeteilt wird. Das kann zu einem signifikanten Absinken des Systemvertrauenswertes führen. Wird etwa morgen das Schuldprinzip des Strafrechts abgeschafft, so wird dies bei vielen Beobachtern zu einem massiven Absinken des Systemvertrauenswertes in Bezug auf das Strafrechtssystem führen.

Dazu spielt beim Systemvertrauen ein Phänomen eine hervorgehobene Rolle, das sich als selbstverstärkendes Vertrauen, oder mit *Luhmann* als das „Reflexivwerden“[382] des Vertrauens bezeichnen lassen kann. Vertrauen, dass einem System von anderen Beobachtern entgegengebracht wird, führt dazu, dass auch andere beobachtende Systeme eher vertrauen. Das konnte bei den Konstruktivisten schon in Gestalt der „intersubjektiven Bestätigung“ angedeutet werden.[383] Bereits das entgegengebrachte Vertrauen an sich teilt mit und kann vertrauensauslösende Reize bei anderen Beobachtern auslösen. Beim Systemvertrauen ist dieser Effekt im Vergleich zum persönlichen Vertrauen gegenüber psychischen Systemen stärker. Das liegt daran, dass ein soziales System personell universeller bezeichnet und wahrgenommen werden kann, als ein einzelnes psychisches System. Beim Institut des Geldes als ein Programm des Wirtschaftssystems wird das besonders deutlich:

---

**379** Zusammenfassend *Warren* in Democracy and Trust, S. 346, 348 ff. *Giddens*, Konsequenzen der Moderne S. 107 sieht „Individuen“ als „Zugangspunkte“ um „abstrakten Systemen“ Vertrauen darzubringen.

**380** *Beckemper*, ZIS 2011, 318, 322.

**381** A. A. *Beckemper*, ZIS 2011, 318, 322, die der Meinung ist, dass es Einzelnen in jedem Fall unmöglich sei, Systemvertrauen zu erschüttern.

**382** *Luhmann*, Vertrauen, S. 85 ff.

**383** Vgl. § 2 A. II. 2., S. 23.

Jeder vertraut auf die Kaufkraft des Geldes, weil er annimmt, dass auch die anderen Beobachter darauf vertrauen.[384]

Systemvertrauen ist für die Komplexitätsreduktion des einzelnen Beobachters in der Regel deutlich entscheidender, als persönliches Vertrauen zu einem psychischen System. Kann der Beobachter das Gegenüber in Form von psychischen Systemen üblicherweise frei wählen, gilt das für die sozialen Systeme nicht. Hier kann er nur den Grad seiner Partizipation wählen[385] oder durch Auswanderung[386] in ein anderes Gesellschaftssystem ausweichen. Daneben kann der Beobachter versuchen, durch seine Handlungen das soziale System an sich zu regulieren, wobei dies ob der autopoietischen Natur sozialer Systeme und einer generell geringen Anschlussfähigkeit an Regulierungsbemühungen einzelner psychischer Systeme, nur sehr selten von Erfolg gekrönt sein wird. Trotzdem ist ein psychisches System sozialen Systemen nicht unverrückbar und ohnmächtig „auf Gedeih und Verderb" ausgeliefert, da auch soziale Systeme veränderbar sind.

Die Erkenntnis der Beeinflussung des Grades der Partizipation an sozialen Systemen als mögliche Reaktion des psychischen Systems auf Enttäuschungen stimmt daneben insoweit gerade mit dem hiesigen Verständnis überein: Vertrauen bezieht sich eben nicht auf ein System, sei es psychisches oder soziales, sondern auf einen Teil der *Kommunikation* des Systems. Der Beobachter wird so weit am sozialen System partizipieren, wie sein optimistisches Vertrauen in die Teile der Kommunikation des Systems reicht, also äquivalent zum Vertrauenswert, den der Beobachter gegenüber dem System erreicht hat. Das bedeutet, dass auch jegliche Regulierung, die ein soziales System in Erfüllung seiner Funktion vornehmen möchte, durch seinen Systemvertrauenswert „gedeckelt" ist. Ziel von Systemvertrauen zu sein, ist deshalb für die Funktionserfüllung eines jeden sozialen Systems äußerst wichtig, so auch für das Strafrechtssystem.

## III. Generalvertrauen

Die folgenden Ausführungen zum Generalvertrauen bilden den letzten Schritt zur Formulierung der Funktion des Strafrechts. Zunächst wird die Notwendigkeit des Generalvertrauens dargelegt und eine Begriffsbestimmung vorgenommen (1.).

384 *Luhmann*, Vertrauen, S. 90.

385 *Luhmann* in Vertrauen, S. 143, 150.

386 Wobei auch das nicht unbedingt erfolgsversprechend ist, weil Gesellschaftssysteme nicht zwingend an Nationen gebunden sind und heute auch über Grenzen hinweg eng miteinander verknüpft sind. *Luhmann* geht von einem Weltgesellschaftssystem aus, *Luhmann*, Gesellschaft der Gesellschaft, S. 145; *ders.* Soziologische Aufklärung 2, S. 63 ff.

Darauf folgen Ausführungen zur Konstituierung (2.) sowie – unter Konkretisierung der Voraussetzungen – der Zerstörung und der Aufrechterhaltung (3.) von Generalvertrauen, wobei Letztere den weiteren Gang dieser Arbeit prägen werden. Den Abschluss bildet die Untersuchung des Potentials von Generalvertrauen in verschiedenen Gesellschaftssystemen (4.)

### 1. Die Notwendigkeit des Generalvertrauens

Vertrauensauslösende Reize müssen nicht unbedingt aus den beobachteten Verhaltensweisen des Gegenübers des Beobachters kommen, sondern können auch in äußeren Umständen begründet sein.[387] Dies folgt logisch aus der autopoietischen Natur des Beobachters; Vertrauen besteht nur innerhalb des Beobachtersystems und kann potentiell durch alle Reize der Umwelt reguliert werden. Dabei können sich Bezugsobjekt des Vertrauens (ein Teil der Kommunikation oder Handlung des Gegenübers) und zum vertrauensauslösenden Moment führende Reize unterschieden. Nach *K. Gergen* ist das Vertrauen sogar deutlich stärker an äußere vertrauensauslösende Reize geknüpft als an solche, die aus der Person des Gegenübers selbst kommen. Unter dem Begriff des „Verstehens"[388] einer anderen Person führt er aus, dass dies nicht das Versetzen in das Innere des Gegenübers meint, sondern vielmehr Produkt einer Relation sei, die sich aus den Verhaltenskoordinationen zwischen den Menschen und einer Einbettung in vorher durch Kultur und Tradition gelernten Koordinationen ergebe.[389] Man habe gelernt, durch Kultur und Tradition dem Verhalten des anderen eine bestimmte Eigenschaft zuzuschreiben. Aus Luhmannscher Prägung kann man sagen: Es kommt nur auf den internen Code bzw. die die Reize verarbeitenden Programme des Beobachters an. Dieser Code resultiert in seinem Ursprung möglicherweise aus den von *K. Gergen* beschriebenen Umständen.

Auf den hier relevanten Punkt gebracht: Es spielt für den Vertrauensbegriff keine Rolle, wo das persönliche Vertrauen herkommt. Liegen die vertrauensauslösenden Reize außerhalb des Bezugsobjektes des Vertrauens, so ist das Vertrauen allerdings notwendig durch den Wegfall des Vertrauens auf den vertrauensauslösenden Reiz auflösend bedingt. Fällt das Vertrauen zum vertrauensauslösenden Reiz weg – etwa dadurch, dass ein Einstand einer Versicherung nicht mehr erwartet wird – fällt auch das Vertrauen zum Gegenüber weg. Es sei denn, das Vertrauen zum Gegenüber, welches ursprünglich auf dem nun weggefallenen Reiz begründet

387 § 3 A. II. 1. e., S. 81.

388 *K. Gergens* „Verstehen" ist freilich vom kommunikationstheoretischen Verstehen zu unterscheiden.

389 *K. Gergen*, Wirklichkeiten, S. 172 ff., 185, vgl. auch schon § 2 A. III. 1., S. 27.

war, hat in der Zwischenzeit eine weitere Stütze gefunden (vertrauenserhaltendes Substitut).

Der Aufbau von persönlichem Vertrauen erfordert jedenfalls Zeit, auch wenn er nach den internen Programmen von Beobachter zu Beobachter unterschiedlich abläuft. In einer Gesellschaft, in der nur einfache Interaktionssysteme als soziale Systeme existieren, müsste der Vertrauensaufbau bei jedem neuen Gegenüber von neuem begonnen werden. Die Zahl der Gegenüber in einer komplexen Gesellschaft ist unüberschaubar und es ist für einen Beobachter nicht möglich, die Zeit für einen individuellen Vertrauensaufbau für jedes einzelne Gegenüber, das hinter einer für den Beobachter notwendigen Interaktion (und den daraus folgenden Selektionen) steht, zu investieren. Man denke nur an den Straßenverkehr und die stark arbeitsteilige Wirtschaft: Müsste persönliches Vertrauen ohne Hilfe anderer Systeme zu jedem anderen Verkehrsteilnehmer und zu jedem Akteur in einem Produktionszyklus aufgebaut werden, wäre nicht nur der Straßenverkehr und die moderne Wirtschaft als Ganzes eine unmögliche Einrichtung. Selbst in solchen Fällen, in denen genug Zeit zur Verfügung steht: Eine Abkürzung im Aufbau des persönlichen Vertrauens brächte eine erhebliche Komplexitätsreduktion für das beobachtende System mit sich, weil dann die ansonsten nötigen Verarbeitungen und Selektionen nur noch in Teilen vom Beobachtersystem selbst erledigt werden müssten.

Deshalb müssen komplexere Gesellschaften ein vielfach ausdifferenziertes Vertrauen entwickeln, das ein Beobachter auf jedes Gegenüber im Gesellschaftssystem anwenden kann, auch ohne zuvor mit dem Gegenüber interagiert zu haben. In concreto stellt sich dieses gesellschaftlich ausdifferenzierte Vertrauen dann als vertrauensauslösender Reiz für ein persönliches Vertrauen dar. Wenn es tatsächlich zu einem vertrauensauslösenden Moment führt, kann man von einer Umwandlung dieses Vertrauens in persönliches Vertrauen sprechen. Dieses gesellschaftlich ausdifferenzierte Vertrauen soll von nun an als *Generalvertrauen* bezeichnet werden. Das Generalvertrauen vereinfacht insoweit den Prozess des Aufbaus von persönlichem Vertrauen erheblich und reduziert Komplexität für die beobachtenden Systeme, indem Generalvertrauen durch den Beobachter durch eine (bewusste oder unbewusste) Selektion in persönliches Vertrauen umgewandelt werden kann und insoweit bereits in erheblichem Maße an vorangegangene gesellschaftliche Selektionen angeknüpft wird.

Generalvertrauen wird erreicht, wenn sich aus Mechanismen der Gesellschaft durch Selektionen Erwartungen ergeben und die Beobachter und Teilnehmer der Gesellschaft ihre Handlungen und Kommunikation an den Erwartungen, die durch Mechanismen und Systeme der Gesellschaft vermittelt werden, ausrichten und insoweit potentiell auf alle Gegenüber innerhalb der Gesellschaft anwenden. Dabei bleibt die autopoietische Natur eines jeden Beobachters natürlich bestehen, weshalb Vertrauen weiterhin nur in der Einstellung des Beobachters zum Gegenüber bestimmt werden kann, d. h. im persönlichen Vertrauenswert, der allerdings durch das Generalvertrauen als *vertrauensauslösenden Reiz* (mit)geschaffen wurde. Ob ein Beobachter das Generalvertrauen auf Handlungen und Kommunikation seines Gegenübers anwendet, hängt einzig und allein von seinen internen Programmen ab. Durch das Generalvertrauen muss insoweit dann aber nur noch die Selektion getroffen werden, ob das Generalvertrauen auf das Gegenüber angewendet und insoweit in persönliches Vertrauen umgewandelt wird oder eben nicht. Wird es angewendet, entsteht aus diesem gesellschaftlich begründeten Vertrauensmodus unmittelbar Wirklichkeit für die Erwartungen des Einzelnen. Generalvertrauen ist, so kann man es in bewusster Anlehnung an *Berger/Luckmann*[390] sagen, gesellschaftliche Konstruktion der Wirklichkeit.

Der Unterschied von anderen vertrauensauslösenden Reizen zum Generalvertrauen liegt darin, dass es von den Beobachtern als im Gesellschaftssystem verbindlich angesehen wird. Es ist dabei stets unabhängig vom Einzelfall. Natürlich kann der Einzelfall für den Beobachter dazu führen, dass das Generalvertrauen nicht in persönliches Vertrauen umgewandelt wird. An der Geltung des Generalvertrauens selbst ändert sich dadurch aber zunächst nichts.

### 2. Die Konstituierung des Generalvertrauens

Generalvertrauen konstituiert sich in sozialen Systemen. Dabei ist zunächst Systemvertrauen zum konstituierenden System notwendig. Dieses Systemvertrauen muss sich wiederum auf den Teilbereich der Kommunikation des Systems stützen, der das Generalvertrauen konstituiert. Typischerweise sind das einzelne Strukturen des Systems, die diese Funktion ausfüllen. Welche das im Strafrechtssystem sind, wird im nächsten Kapitel erläutert.[391] Damit sich in der Kommunikation eines sozialen Systems Generalvertrauen konstituieren kann, müssen in der Kommunikation Erwartungen mitgeteilt werden, die sich an eine Teilgesamtheit der anderen Systeme richten und im Verstehen auch so selektiert werden. Trifft Systemvertrauen des Beobachters auf Mitteilungen einzelner Strukturen des Systems, in denen Erwartungen an andere Systeme mitgeteilt werden, so sind die Mitteilungen in der Regel anschlussfähig und es entsteht Generalvertrauen.

Von einem gesellschaftlichen Generalvertrauen, das Komplexität für die gesamte Gesellschaft reduziert, kann nur dann die Rede sein, wenn es von einem Großteil der an der Kommunikation der Gesellschaft teilnehmenden Systeme geteilt wird, also für den Vertrauensaufbau, bezogen auf das Mittel aller psychischen Systeme, viabel ist. Die intersubjektive Bestätigung, das Reflexivwerden des Ver-

390 So der Titel ihres Hauptwerkes, vgl. auch § 2 A. III. 2., S. 28.

391 § 3 B. I., S. 102 ff.

trauens, hilft als selbstverstärkender Effekt.[392] Dabei kann es keine „harte" Definitionsgrenze im Sinne der Anerkennung durch eine eindeutig bestimmte Anzahl von Beobachtern geben. Ein universelles, von allen Beobachtern geteiltes Generalvertrauen wird ohnehin niemals zu erreichen sein, da die Codes und Programme der an der Kommunikation teilnehmenden Systeme zu unterschiedlich sind, als dass jeder einzelne Beobachter zum Generalvertrauen konstituierenden System Systemvertrauen fassen kann.

Soll es Generalvertrauen geben, das möglichst alle Teilnehmer der Gesellschaft aufgreifen und auf die vielfältigen Gegenüber anwenden, muss die Konstituierung und Aufrechterhaltung des Generalvertrauens von einem oder mehreren sozialen System garantiert werden. Das kann etwa durch das Rechtssystem und insbesondere das Strafrechtssystem geschehen.

### 3. Die Zerstörung und die Aufrechterhaltung des Generalvertrauens

Generalvertrauen trägt ebenfalls die Erkenntnis der Kontingenz[393] in sich. Das Gegenüber, das Ziel von in persönliches Vertrauen umgewandeltem Generalvertrauen ist, kann sich auch anders verhalten und die Erwartungen nicht erfüllen, sie also enttäuschen.

Damit Generalvertrauen aus der Perspektive des einzelnen Beobachters generell nicht mehr umgewandelt wird, müsste das enttäuschte Vertrauen unmittelbar auf den vertrauensauslösenden Reiz, also das Generalvertrauen selbst, zurückgeführt werden und nicht auf andere Umstände. Wird nach Umwandlung von Generalvertrauen in persönliches Vertrauen abweichendes Verhalten des Gegenübers durch den Beobachter registriert, so liegt dann eine Diskrepanz[394] zwischen Erwartungen und vergangenen Beobachtungen vor, und auch das Generalvertrauen selbst ist gefährdet. Entscheidend ist allerdings nicht, ob das Verhalten *tatsächlich* von der mitgeteilten Erwartung abgewichen ist, sondern ob der Beobachter Verhalten als Handlung so zuschreibt, dass aus *seiner* Sicht eine Diskrepanz zwischen Handlung und Erwartung entstanden ist.[395] Das folgt zwingend aus der konstruktivistischen Perspektive, die auf den Beobachter beschränkt ist. Wird die Diskrepanz zu groß und wird sie vom sozialen System nicht adressiert, hört der Beobachter über den Einzelfall hinaus auf, Generalvertrauen in persönliches Vertrauen

---

392 Dazu schon § 2 A. II. 2., S. 23; § 3 A. II. 2., S. 88.

393 Vgl. § 2 B. II. 2., S. 35 f.

394 Zu kommunikativer Diskrepanz als Ursache für Vertrauensverlust (mit anderem Ausgangspunkt und anderer Zielrichtung) *Bentele* in Normative Aspekte der Public Relations, S. 131, 147 ff. Empirisch untersucht auf dieser Grundlage *Grünberg* in Öffentliches Vertrauen, S. 78, 82 ff. Den Begriff der Diskrepanz verwendet auch *Luhmann*, Rechtssoziologie, S. 55.

395 Anders u. a. *Bentele* in Normative Aspekte der Public Relations, S. 131, 147 f.

umzuwandeln. Er führt die Enttäuschung dann unmittelbar auf das Generalvertrauen als vertrauensauslösenden Reiz zurück, etwa auf das das Generalvertrauen bedingende Systemvertrauen. Diskrepanzen können sich auch unmittelbar und ohne Gegenüber auf systemische Kommunikation, die Generalvertrauen vermittelt, beziehen, etwa wenn ein System seine grundlegenden Programme ändert, ohne den Prozess anschlussfähig in die Kommunikation getragen zu haben. Wann der Punkt, an dem Generalvertrauen nicht mehr umgewandelt wird, erreicht ist, ist von Beobachter zu Beobachter verschieden.

Wird über die aufgegebene Umwandlung kommuniziert, kann dies ebenfalls einen selbstverstärkenden Effekt auslösen und das Generalvertrauen für diese Verhaltenserwartung als Ganzes in der gesellschaftlichen Kommunikation zerstören. Wenn eine Mehrheit von Beobachtern aufhört, Generalvertrauen umzuwandeln, ist Generalvertrauen auf gesellschaftlicher Ebene zerstört. In einem solchen Fall sind die Erwartungen dann nicht mehr ausreichend gefestigt, nicht mehr in die Zukunft gerichtet. Die Komplexität steigt wieder an, weil sich in der Interaktion mit dem Gegenüber wieder mehr Möglichkeiten ergeben, aus denen selektiert werden muss. Das verringert das Handlungspotential des Einzelnen. Gesellschaftlich gilt es, zur Lösung des Grundproblems der Weltkomplexität eine Zerstörung von Generalvertrauen nicht zuzulassen,[396] sondern es aufrechtzuerhalten. Dadurch ist nun der Bezugspunkt einer funktionalen Analyse und damit auch des kritischen Potentials dieser Theorie definiert. Aus dieser Perspektive können solche Strukturen und Mitteilungen in sozialen Systemen kritisch gesehen werden, die diesem Ziel gerade gegenläufig sind.[397]

Die das Generalvertrauen konstituierende soziale Systeme haben Mechanismen, die die Ursache dieser Diskrepanzen nicht sich selbst bzw. den Erwartungen des Beobachters, sondern der Person des Gegenübers zuweisen.[398] Gelingt das anschlussfähig, wird nur persönliches Vertrauen, nicht aber gleichzeitig das Generalvertrauen zerstört. Zur Aufrechterhaltung muss es solche Mechanismen geben, die auf Enttäuschungen angemessen reagieren[399] bzw. bereits im Vorfeld der Ent-

---

**396** Generalvertrauen ist für eine Gesellschaft also essentiell. Deshalb zielen etwa Terrororganisationen darauf ab, durch Angriffe das Generalvertrauen zu zerstören. Besonders deutlich wird dies in den Anschlägen zum 11. September 2001, die umfangreich wissenschaftlich aufgearbeitet wurden, so auch im Hinblick auf zerstörtes Vertrauen, siehe *Jones* in Moral Psychology, S. 3, 7 ff., zusammenfassend *Lassak*, Grundloses Vertrauen, S. 89 f.

**397** Vgl. zum kritischen Potential § 2 B. III. 1., S. 58 ff.

**398** *Luhmann* spricht in Bezug auf das Festhalten von Erwartungen von der „zeitlichen Generalisierung der Erwartungen". Eine solche zeitlich generalisierte, also „enttäuschungsgefasste" Erwartung ist nach der psychologischen Forschung stabiler, als rein faktische Erwartungen, *Luhmann*, Rechtssoziologie, S. 43; *ders.*, Soziologische Aufklärung 1, S. 153, Fn. 33 m. w. N.

**399** Vgl. dazu auch allgemein *Luhmann*, Rechtssoziologie, S. 53 ff.

täuschung diese thematisieren und dadurch das Systemvertrauen zum Generalvertrauen konstituierenden System wieder stärken. Dann wird die Erwartung aus dem Generalvertrauen auch bei Enttäuschung in der Interaktion mit dem Gegenüber bei den meisten Beobachtern des Systems weiter zur Grundlage einer Handlung gemacht. Die Umwandlung wird in Bezug auf andere Gegenüber fortgesetzt, das Generalvertrauen bleibt bestehen. Diese Mechanismen müssen für den Beobachter zum Ausdruck bringen, dass er zurecht eine bestimmte Erwartung hatte und die Enttäuschung der Erwartung nicht Ausdruck einer kognitiven Dissonanz des Beobachters oder eines Versagens des Systems war.

Ein soziales System muss für den Aufbau und Erhalt von Generalvertrauen also dreierlei tun: Es muss *erstens* über Erwartungen an eine Teilgesamtheit von Systemen kommunizieren; Es muss *zweitens* Mechanismen bereithalten, die mit Enttäuschung des auf der Kommunikation des Systems aufgebauten persönlichen Vertrauens umgehen, d.h. eine mögliche Enttäuschung bereits im Vorfeld mitteilen und einen Mechanismus bereitstellen, der die Enttäuschung für die Beobachter in dem Sinne akzeptabel macht, dass sie das Generalvertrauen weiter anwenden, also für den persönlichen Vertrauensaufbau nutzen, indem es die Enttäuschungsursache weder dem sozialen System, noch dem umwandelnden Beobachter zuschreibt und es muss *drittens* Systemvertrauen zu sich selbst stabilisieren, was aber auch durch ein außenliegendes System (sowohl psychische, als auch soziale Systeme) erreicht werden kann. Da auch das Strafrecht Generalvertrauen konstituiert und aufrechterhält, ist dieser Dreischritt für die Ausfüllung der Funktion des Strafrechts entscheidend.

#### 4. Potential des Generalvertrauens in verschiedenen Gesellschaftssystemen

Im hiesigen Konzept gilt ein Primat der Funktion. Alles ist letztlich auf sie ausgerichtet und dies schafft eine kritische Komponente, denn im Bild eines auf die Funktion ausgerichteten Strukturalismus können Strukturen anhand der Funktion kritisiert werden. Da Strukturen erst aus den Funktionen entstehen und sich dann weiterentwickeln und etwa auch Leistungen[400] ausbilden, kann man Strukturen oder Entwicklungen innerhalb von Strukturen, die sich von der ursprünglichen Funktion wegentwickelt haben und so im Widerspruch zu anderen Strukturen stehen, einen Strukturantagonismus diagnostizieren.

Generalvertrauen ist dabei, wie das persönliche Vertrauen, wertfrei. Es kann sowohl optimistisch, als auch pessimistisch sein.[401] Soziale Systeme werden in aller

400 Verstanden als positive Nebeneffekte des Strafrechts, etwa friedensstiftende Konfliktlösung, erfolgreiche Verhaltensregulierung, Rechtsgüterschutz etc.

401 Vgl. § 3 A. II. 1. f., S. 82 f.

Regel in einem als modern begriffenen demokratischen Rechtsstaat auf die Erzeugung von optimistischem Generalvertrauen hinarbeiten, bspw. die Einhaltung bestimmter Verhaltensnormen. Dass diese von den meisten Beobachtern tatsächlich als optimistisches Generalvertrauen begriffen werden würden, ist einer funktionierenden Demokratie immanent. Pessimistisches Generalvertrauen wird dann erreicht, wenn Beobachter die Kommunikation der sozialen Systeme als im Ergebnis für sie nicht mehr vorteilhaft betrachten[402] und sie ihre Handlungen an dieser Erwartung orientieren. Ein Extrembeispiel für pessimistisches Generalvertrauen ist die Judenverfolgung im Dritten Reich. So konnte die jüdische Bevölkerung als Beobachter pessimistisch darauf vertrauen, dass ab einem bestimmten Zeitpunkt die Preisgabe ihrer Identität in der Regel zu Tod oder Verfolgung führen würde. Trotzdem reduziert diese Erkenntnis grundsätzlich Komplexität in Bezug auf ein konkretes Gegenüber, da dadurch ausreichend gefestigte Verhaltenserwartungen auch zum Gegenüber geschaffen werden. Allerdings gilt dies nur auf den ersten Blick, denn Unrechtsregime steigern in aller Regel Komplexität eher als sie zu reduzieren. So auch hier: Allein die Möglichkeit der willkürlichen Verfolgung wegen einer Volkszugehörigkeit oder sonstigen nicht steuerbaren Umständen erhöht Komplexität für den potentiell Verfolgten ungemein, da sich durch die mögliche Verfolgung ein ganzes Bündel neuer potentieller Folgen öffnet, die der Beobachter nicht ohne weiteres selektieren kann. Die Gewissheit der Verfolgung als Generalvertrauen schränkt also nur ein Stück der Komplexität wieder ein, die sie verursacht hat, das Generalvertrauen hat insgesamt ein deutlich niedrigeres Potential. Dazu kann pessimistisches Generalvertrauen zu Umsturzversuchen führen, die die Komplexität wieder immens steigern. In Unrechtsregimen wird Komplexität im Vergleich zu rechtsstaatlichen Regimen[403] gegenüber den „Grundbedürfnissen" der psychischen Systeme, vor allem Sicherheit, deutlich erhöht. Ein willkürliches System kann zudem so einfach seine Mitteilungen zur Rechtsanwendung und -auslegung verändern, dass eine ausreichende Festigkeit in vielen Fällen nicht zu erreichen sein wird, dadurch die Komplexität ansteigt und auch Generalvertrauen nicht effektiv erzeugt werden kann. Veränderungen in solchen Systemen ist also notwendig. Dies kann (muss bei entsprechender kommunikativer Prozessbegleitung aber nicht) vorübergehend zu geringerem Systemvertrauen führen, weil sich die

402 Was freilich wieder individuell bestimmt wird. So kann etwa auch das Zahlen von Steuern und das Vertrauen auf Strafverfolgung, wenn dabei falsche Angaben gemacht werden, vom einzelnen Beobachter als pessimistisches Generalvertrauen begriffen werden. Es ist aus seiner Sicht ein negatives Ereignis, auch wenn er mit diesem Urteil möglicherweise falsch liegt, weil die Steuern für etwas verwendet werden, was ihm einen Vorteil bringt.

403 Im Sinne der heutigen Vorstellungen von einem „Rechtsstaat", außerhalb einer systemischen Konzeption, siehe für viele nur *Rux* in BeckOK GG, Art. 20, Rn. 138 ff.

beobachtenden Systeme wieder darauf einstellen müssen, führt aber auf lange Sicht zu einem Mehr an Generalvertrauen.

Dieser Grundgedanke des „Potentials des Generalvertrauens" lässt sich verallgemeinern und auf weit weniger dramatische Beispiele anwenden. So werden manchmal kurzfristige Maßnahmen getroffen, um Vertrauen in einem bestimmten Bereich zu stärken, wobei aber die Folgen für das Generalvertrauen auf lange Sicht oder in anderen Bereichen nicht berücksichtigt werden. Wird etwa ein Gesetz geschaffen, das möglichst viele Verhaltensweisen erfassen will, um in Bezug auf diese Generalvertrauen herzustellen, so kann die Unbestimmtheit eines solchen Gesetzes dazu führen, dass das insgesamte Potential des Generalvertrauens in diesem System sinkt, weil sich daraus erhebliche Abgrenzungsschwierigkeiten ergeben und die Kommunikation unklar wird. An welche Teilgesamtheit von Systemen in der Kommunikation Erwartungen gestellt werden, ist dann nicht mehr klar. Auch hieraus lässt sich ein wertendes Element ziehen: Will das Strafrecht seiner Funktion möglichst gerecht werden, muss es in der Justierung seiner Programme auch das Potential des Generalvertrauens berücksichtigen.

## IV. Fazit

Ausgangspunkt ist das Grundproblem: Die die Informationskapazität überfordernde Komplexität der Welt. Durch die Kontingenz, die Eigenschaft der aufeinandertreffenden Systeme als Black Boxen füreinander, entsteht die Komplexität. Dann ist es für menschliche Beobachter nicht mehr möglich, alle Elemente zu verarbeiten. Persönliches Vertrauen löst dieses Problem, indem es einen Mechanismus zur Komplexitätsreduktion zur Seite stellt. Durch persönliches Vertrauen werden bei einer Interaktion mit einem Gegenüber nur wenige Möglichkeiten aktualisiert, die so, je nach Interaktion, die Informationskapazitäten nicht mehr überlasten. Die verbleibenden Möglichkeiten können gesehen werden, werden aber schlicht ausgeblendet.

Komplexitätsreduktion durch persönliches Vertrauen ist alternativlos, da der Beobachter sonst nur Möglichkeiten in Betracht ziehen kann, deren hinreichende Bedingung der Beobachter selbst ist. Persönliches Vertrauen ist eine ausreichend gefestigte, auf Künftiges gerichtete Verhaltenserwartung an ein Gegenüber. Gegenüber sind ein oder mehrere Systeme aus der Umwelt des Beobachters, im Modus des persönlichen Vertrauens schon in ihrer personalen Zuschreibung, d. h. „Mensch", „Unternehmen", ein konkretes KI-System etc. Ausreichend gefestigt ist eine Verhaltenserwartung dann, wenn der Beobachter seine Handlungen danach ausrichtet und damit nach außen zu erkennen gibt, dass er die anderen Möglichkeiten des Verhaltens des Gegenübers ausgeblendet hat. Nur nach diesem Modus kann eine ausreichende Festigkeit von einem *äußeren* Beobachter (Beobachter zweiter Ordnung) bestimmt werden, der den vertrauenden Beobachter beobachtet. Vertrauen ist dabei nicht die Voraussetzung für die ausreichend gefestigte Erwartung, sondern *ist* die ausreichend gefestigte Erwartung selbst. Man kann sagen: Vertrauen ist eine bestimmte Erwartung, die für den Beobachter zur Wirklichkeit geworden ist. Die zum Vertrauen führenden Umstände werden unter dem Begriff der vertrauensauslösenden Reize zusammengefasst und können nicht nur aus dem Gegenüber, sondern auch aus seiner Umwelt stammen. Kommen genug vertrauensauslösende Reize zusammen, so kommt es zum vertrauensauslösenden Moment, und der Beobachter vertraut bezüglich eines spezifischen Verhaltens des Gegenübers, welches sich in Form von Handlung und Kommunikation äußert. Ein vertrauensauslösender Moment kann Vertrauen zu mehreren subjektiv niedrigstufigeren Handlungen/Kommunikationen schaffen. Vertrauen ist außerdem wertfrei und kann sowohl optimistisch als auch pessimistisch sein. Vertrauen bezieht sich dabei nie auf ein anderes Gegenüber als Ganzes, also ein System in seiner personalen Zuschreibung an sich, sondern immer auf einen bestimmten Teil der Handlung oder Kommunikation eines Systems. Das Vertrauen zum Gegenüber als Ganzes kann deshalb nicht direkt als Vertrauen bezeichnet werden, sondern nur über einen abstrakten Vertrauenswert ausgedrückt werden, der die Kumulation des Vertrauens auf spezifisches Verhalten beschreibt. Werden Diskrepanzen zwischen der durch das Vertrauen erzeugten Zukunftsfiktion und tatsächlicher Handlung festgestellt, oder gehen vertrauensauslösende Reize verloren, kann persönliches Vertrauen wieder zerstört werden und der Vertrauenswert in Bezug auf das Gegenüber sinkt ab.

Auch Systemvertrauen, also Vertrauen auf Kommunikationen sozialer Systeme, ist persönliches Vertrauen. Systemvertrauen ist zur Komplexitätsreduktion für den einzelnen Beobachter ungleich wichtiger als das Vertrauen bezüglich der Handlungen eines psychischen Systems, da bei fehlendem Vertrauen nur die Partizipation eingeschränkt, sich dem sozialen System durch Verlassen des Gesellschaftssystems entzogen oder der meist nicht von Erfolg gekrönte Versuch unternommen werden kann, das soziale System durch ausgesendete Reize zu regulieren. Vertrauen zu einer Kommunikation meint dabei schwerpunktmäßig Vertrauen zu bestimmten Mitteilungen der Strukturen, wie etwa der Gerichte im Rechtssystem, die das System personal ausfüllen.

Da in modernen Gesellschaften angesichts der Vielzahl an notwendigen Interaktionen und der begrenzten Zeit eine individuelle Vertrauensbildung ohne äußere Hilfsmittel nicht möglich ist, braucht es ein von der Gesellschaft ausdifferenziertes Vertrauen, das jeder Beobachter auf seine vielfältigen Gegenüber anwenden, d.h. in persönliches Vertrauen umwandeln kann. Das ist das Generalvertrauen. Das Generalvertrauen vereinfacht den komplexen Prozess des individuellen Aufbaus von persönlichem Vertrauen erheblich und reduziert Komplexität für die beobachtenden Systeme. Im Prozess der Umwandlung wird das Generalvertrauen für den Beobachter zum vertrauensauslösenden Reiz für persönliches Vertrauen und führt zum vertrauensauslösenden Moment. So kann der Beobachter durch wenige Selektionen auch bei unbekannten Gegenübern Vertrauen schnell aufbauen und bleibt handlungsfähig. Im Gegensatz zum persönlichen Vertrauen, das nur im Inneren der Beobachter existiert, existiert das Generalvertrauen nur in der Gesellschaft. Freilich kann auch persönliches Vertrauen zum Gegenstand von Kommunikation gemacht werden und so Einzug in die Gesellschaft finden, der eigentliche Mechanismus verlässt aber die Systeme, etwa das psychische System, niemals. Generalvertrauen existiert dagegen nur in und durch Kommunikation und wird durch die Umwandlung in Interna des Beobachters – in persönliches Vertrauen – überführt. Insoweit sind Problem und durch das Strafrecht auszufüllende Funktion gefunden.

Generalvertrauen konstituiert sich in sozialen Systemen. Ein soziales System muss für den Aufbau und Erhalt von Generalvertrauen also dreierlei tun: Es muss *erstens* über Erwartungen an eine Teilgesamtheit von Systemen kommunizieren. Es muss *zweitens* Mechanismen bereithalten, die mit Enttäuschung des auf der Kommunikation des Systems aufgebauten persönlichen Vertrauens umgehen, d.h. eine mögliche Enttäuschung bereits im Vorfeld mitteilen und einen Mechanismus bereitstellen, der die Enttäuschung für die Beobachter in dem Sinne akzeptabel macht, dass sie das Generalvertrauen weiter anwenden, also für den persönlichen Vertrauensaufbau nutzen, indem es die Enttäuschungsursache weder dem sozialen System, noch dem umwandelnden Beobachter zuschreibt. *Drittens* muss es Systemvertrauen zu sich selbst stabilisieren, was aber auch durch ein außenliegendes System (sowohl psychische als auch soziale Systeme) erreicht werden kann. Generalvertrauen aufrechtzuerhalten und zu konstituieren ist die Funktion des Strafrechts. Wird vom einzelnen Beobachter zu häufig eine Diskrepanz zwischen seiner durch das Vertrauen konstruierten Zukunftsfiktion und den dann folgenden Geschehnissen beobachtet, und wird diese Diskrepanz nicht anschlussfähig durch die Enttäuschungsmechanismen adressiert, wird er aufhören Generalvertrauen in persönliches Vertrauen umzuwandeln. Geschieht dieser Prozess bei einer Mehrheit von Beobachtern, so ist Generalvertrauen zerstört.

Die Funktion bringt ein kritisches Potential in die Theorie. Führen Strukturen oder spezifische Kommunikation in einem System dazu, dass das Potential des Generalvertrauens verringert wird, ist dies vor einem funktionalen Hintergrund zu kritisieren. Vor diesem Hintergrund sei nochmals klargestellt, dass Systemvertrauen zwar für das Generalvertrauen notwendig, aber niemals die eigentliche Funktion darstellt. Es geht gerade *nicht* darum, Systeme an sich in ihrem Status quo erhalten zu wollen.[404] Es geht stets um Generalvertrauen und dieses hat wiederum den Zweck, Menschen handlungsfähig zu halten. In letzter Konsequenz geht es also auch bei der Theorie vom Generalvertrauen um den Menschen. Soziale Systeme in ihrer derzeitigen Verfasstheit zu erhalten ist zwar in vielen Fällen ein einfacher Weg, um Generalvertrauen aufrechtzuerhalten, aber in Systemen, die von den beobachtenden psychischen Systemen als willkürlich, ungerecht oder (aus heutiger Sicht) menschenunwürdig empfunden werden, können diese Systeme schon gar nicht effektiv Generalvertrauen herstellen, auch wenn Systemvertrauen besteht. Das Vertrauenspotential wird in solchen Systemen niedriger sein als in rechtsstaatlichen Systemen. Auch unsere Systeme werden sich, obwohl wir aus unserer Sicht in einem durchaus schützenswerten liberalen Rechtsstaat leben, ändern. Die Wirklichkeit der Gesellschaft ändert sich und Systeme, die Erwartungen sichern wollen, müssen sich daran anpassen. Systeme sind nicht *an sich* durch diese Funktion schützenswert.[405]

Man kann am Ende davon sprechen, dass das Generalvertrauen und mit ihm seine konstituierenden Systeme, in deren Kommunikation das Generalvertrauen verwirklicht wird, eine „Ermöglichungsfunktion“ haben. Es ist ein stets verfügbarer vertrauensauslösender Reiz, der zu persönlichem Vertrauen beim individuellen Beobachter führt. Ermöglicht werden so Selektionen, die in ihrer Quantität die Kapazitäten des psychischen Systems nicht mehr übersteigen, indem durch das Vertrauen andere Verhaltensmöglichkeiten schlicht ignoriert werden. Vertrauen ist so der Grund, warum eine Sozialität des Menschen überhaupt möglich ist.[406] Der Kreis schließt sich, wenn die zum Eingang des Kapitels[407] aufgegriffene Aussage *von Glasersfelds* rekapituliert wird: „Was im Kopf des anderen vorgeht, können wir nie wissen“[408]. Ein Mensch ist – in begrifflicher Parallele zur Debatte um KI-Systeme – eine Black Box[409] und das Vertrauen ermöglicht, mit dieser Black Box umzugehen. Nun kann die Aussage entsprechend modifiziert werden: Was im Kopf des anderen

---

**404** Das ist ein wiederkehrender Kritikpunkt an der Lehre von *Jakobs*, etwa bei *Roxin/Greco*, § 2, Rn. 110.

**405** In der hiesigen Konzeption werden zwar nicht Strukturen an sich geschützt, dennoch aber zumindest die Gesellschaft in einer allgemeinen modernen Verfasstheit, also mit vielen Verbindungen und Interaktionen. Das ist aber immer noch so weit, dass es jede Gesellschaftsform erfassen kann, in der die Prämisse bestehen bleibt, dass diese gleichzeitig mit vielen Interaktionspartnern verbunden ist.

**406** Ähnlich *Baberowski* in Vertrauen, S. 7, 29: „Vertrauen ist [als Mechanismus] der Grund, auf dem die Unsterblichkeit der sozialen Welt beruht.“

**407** § 3 A. I., S. 71.

**408** *V. Glasersfeld* in Gespräche, S. 46.

**409** *Opitz* in Luhmann, S. 75, 76, zu den Black Boxen, die KI-Systeme darstellen siehe einleitend § 5 B. III., S. 247.

vorgeht, können wir nie wissen, aber in Bezug auf seine Handlungen dennoch vertrauen, und das in modernen Gesellschaften mit ihren vielfältigen Interaktionspartnern und der schon immer begrenzten Zeit in erster Linie dank des Generalvertrauens.

## B. Die strukturelle Ausfüllung der Funktion im Rechtssystem

Das Rechtssystem übernimmt in modernen Gesellschaften die Funktion der Konstituierung und Aufrechterhaltung von Generalvertrauen. Freilich hat das Rechtssystem die Ausfüllung der Funktion nicht exklusiv „gepachtet". Es ist nicht in der Lage, für jeden denkbaren Fall Generalvertrauen zu erzeugen. Ein System, das für jeden denkbaren Fall Generalvertrauen erzeugen kann, kann es denklogisch schon deshalb nicht geben, weil es dann die gesamte Komplexität der Welt in seine Systemstrukturen übersetzen müsste und damit so komplex wäre wie die Welt selbst. Die Überforderung der Informationskapazität der beobachtenden Systeme wäre die Folge und es wäre nichts gewonnen. Deshalb steht das Rechtssystem neben anderen Systemen, die die Funktion gemeinsam ausfüllen.[410] Die Funktion lässt sich für das Rechtssystem deshalb noch weiter präzisieren, in der Frage, wie und welchen Teil dieser großen Funktion das Rechtssystem, insbesondere das Strafrechtssystem, ausfüllt. In diesem Kapitel wird die strukturelle Ausfüllung der Funktion untersucht.[411] Das betrifft primär das Strafrecht (I.), knapp wird auch auf die anderen Rechtsgebiete eingegangen (II.).

Das Rechtssystem ist deshalb so gut geeignet, Generalvertrauen zu erzeugen, weil es, anders als andere Systeme, keine „Punkt-für-Punkt"[412]-Maßnahmen bereithält, die ob der unglaublichen Vielfalt der Umwelt eine auch für das Rechtssystem nicht zu verarbeitende Komplexität bedeuten würden. Wenn im Rechtsystem Erwartungen kommuniziert und Folgen angedroht werden, dann immer generalisierbar, also mit „Überschusskapazität"[413] für künftige Fälle. Das Rechts-

---

**410** Historisch könnte man etwa sagen, dass früher eher Religion, Moral, Ehrverständnis und die Familie diese Funktion (mit) übernommen haben. Vgl. etwa auch, freilich mit anderer Zielrichtung und vor anderem Hintergrund *Zabel*, Die Ordnung des Strafrechts, S. 707, nachdem das Strafrecht mit seiner „symbolischen und sinnintegrativen Kraft Aufgaben übernommen hat, die im späten 18., 19. und frühen 20, Jahrhundert Religion, Moral oder der Familie zugewiesen waren".

**411** Im weiteren Verlauf des Kapitels (§ 3 D., S. 132 ff.) geht es dann um die Ausdifferenzierung der Funktion im Rechtssystem im Sinne einer materiellen Ausfüllung durch das Strafrecht, also der Frage, worauf sich vom Strafrechtssystem erzeugtes Generalvertrauen richtet.

**412** *Luhmann*, Recht der Gesellschaft, S. 566.

**413** *Luhmann*, ebd.

system versucht nicht seine Umwelt zu erfassen, sondern generalisiert Erfahrungen mit sich selbst, indem es die Beobachtungen der Umwelt in die generalisierbaren Lösungen des eigenen Systems, etwa die Rechtsdogmatik, übersetzt. So kann das Rechtssystem außerhalb seiner Strukturen liegende Faktoren außer Acht lassen und Probleme und Selektionen generalisierbar und effektiv für die anderen Systeme lösen, die sonst in der Überkomplexität handlungsunfähig würden. Ersteres wird in der Praxis z. B. daran ersichtlich, dass Juristen nur die Punkte eines Sachverhaltes überprüfen, die für die Falllösung nach der Rechtsdogmatik tatsächlich relevant sind und (grundsätzlich) nicht versuchen eine überpositive Gerechtigkeit[414] herzustellen. Aufgrund dieser Eigenschaften des Rechts bezeichnet *Luhmann* das Recht sehr passend auch als „Immunsystem" der Gesellschaft.[415]

## I. Strafrecht

Der Code des Strafrechtssystems ist „schuldig/nicht schuldig". So ergibt sich, dass im Strafrechtssystem Generalvertrauen durch Kommunikation über Vorwerfbarkeit und Strafe im weiteren Sinne erzeugt und aufrechterhalten wird. Man könnte auch sagen, dass im Strafrecht formal Generalvertrauen durch *Strafe als kommunikativen Akt* verwirklicht wird, konkret als eine spezifische Form des Mitteilungshandelns. Damit reiht sich diese Strafrechtstheorie in den Reigen der expressiven[416] Straftheorien ein. Im Einzelnen besteht der kommunikative Akt der Strafe aus Strafdrohung, Strafurteil und Strafvollstreckung. Alle drei werden von verschiedenen Strukturen des Strafrechtssystems ausgefüllt. Diese Strukturen erfahren eine personale Zuschreibung in der Kommunikation und werden insgesamt als „Strafrecht" bezeichnet. Die Strafe berührt den Code anderer (besonders psychischer)[417] Systeme stark und kann zu Irritationen führen. Die Strafe ist für psychische Systeme anschlussfähig. Schon hier sei darauf hingewiesen, dass Generalvertrauen auch durch die anschlussfähige Kommunikation von *Nichtstrafe* aufrechterhalten werden kann. Denn auch die Kommunikation über die Nichtstrafe bedeutet eine

---

414 Das Problem des Versuchs der Herstellung überpositiver Gerechtigkeit untersucht die kritische Systemtheorie, *Fischer-Lescano* in Kritische Systemtheorie, S. 13, 27 ff.

415 *Luhmann*, Recht der Gesellschaft, S. 565 ff.

416 Als Begriff wohl ursprünglich bei *Feinberg*, The Monist 1965, 397. Eine Einordnung in diese Theorien erfolgt am Ende dieses Paragraphen, § 3 F. II., S. 166 ff.

417 Der Code menschlicher psychischer Systeme ist umstritten, was aber nur nachvollziehbar ist, da Menschen nicht gleich sind. Man könnte in psychischen Subsystemen des Menschen den Code „Lust/Unlust" oder auch „Selbstbestimmt/Fremdbestimmt" ausmachen.

Auseinandersetzung mit der Enttäuschung des Beobachters.[418] Die Strukturen innerhalb des Strafrechtssystems sind dabei – in ihrer aktuellen Verfasstheit in Deutschland – die Normen des Strafrechts als Ausfluss des positiven Rechts und der Interpretation derselben durch die Strafgerichte im Strafverfahren, letztlich also die Rechtsprechung der Strafgerichte und die Strafvollstreckung. Gerade auf diese Elemente bezieht sich das *persönliche* Vertrauen der Beobachter in Bezug auf das Strafrechtssystems, also das Systemvertrauen.

In diesen Strukturen, aus der Innenperspektive des Strafrechts, müssen die drei Elemente, die aus der Außenperspektive gefunden wurden und die zur Konstituierung und Aufrechterhaltung von Generalvertrauen notwendig sind,[419] bearbeitet werden. Das betrifft die Erwartungskommunikation, den Enttäuschungsmechanismus und das Systemvertrauen zum Strafrecht selbst. Letzteres, das Systemvertrauen, kann auch von außenliegenden Systemen, etwa den Medien, gestützt werden. Erwartungskommunikation und Enttäuschungsmechanismus müssen sich aber originär in den Strukturen des Strafrechts wiederfinden, was in der Strafdrohung (1.), dem Strafurteil (2.) und der Strafvollstreckung (3.) verwirklicht wird.

### 1. Strafdrohung

Die Strafdrohung setzt sowohl bei Erwartungskommunikation als auch beim Enttäuschungsmechanismus an.

Das Strafgesetz droht die Strafe an. Es gießt die Erwartungen, die dem Generalvertrauen zugrunde liegen, in positives Recht und formuliert diese durch den Tatbestand aus. Dies reguliert Kommunikation innerhalb der Gesellschaft und ordnet fortan die so mitgeteilte Erwartung durch die Programme des Strafrechts in den Code „schuldig/nicht schuldig“ ein. Die Positivität des Rechts, also die Entscheidung, dass Recht nach den Vorschriften des Rechts als Recht gilt, ist Teil der Programme des Rechtssystems.[420] Positives Recht ist dabei kraft Entscheidung geltendes, gesetztes Recht.[421] Die Gesetze sind Ergebnis der Kommunikation des politischen Systems, werden in ihrem Bestand aber als Teil des Rechtssystems beobachtet.

Die eigentlich die Erwartung schaffende Norm ist die hinter dem Strafgesetz liegende Verhaltensnorm, die das Strafgesetz in die rechtliche Kommunikation er-

---

418 Wie das konkret zur Aufrechterhaltung von Generalvertrauen führen kann, wird noch erläutert werden, etwa § 4 C. II., S. 230 ff.

419 § 3 A. III. 3., S. 95 f.

420 Vgl. auch *Luhmann*, Ausdifferenzierung des Rechts, S. 122; *Krause*, Luhmann-Lexikon, S. 213 m. w. N.

421 *Luhmann*, ebd.

hebt. Bei § 212 StGB also bspw. die Verhaltensnorm: Du sollst nicht töten.[422] Die beobachtenden Systeme kennen in aller Regel nicht den genauen Gesetzeswortlaut, begreifen aber die dahinterstehende Verhaltensnorm. Strafrecht ist dabei, will es seiner Funktion gerecht werden, ein Abbild der Verhaltensnormen in der Gesellschaft. Erst die Verhaltensnormen ermöglichen bestimmte Handlungen. Gewaltfreie Kommunikation ist nur möglich, wenn Gewalt kommunikativ vom Strafrecht[423] als negative Erwartung thematisiert wird. Deshalb steht etwa die Körperverletzung als Repräsentant empfindlicher körperlicher Beeinträchtigungen unter Strafe. Die Strafdrohung wird nicht formuliert, um tatsächlich Rechtsgutsverletzungen zu verhindern, denn daran scheitert das Strafrecht immer und immer wieder,[424] sondern um bestimmte Handlungen zu ermöglichen, die an das vom Strafrecht erzeugte Generalvertrauen als persönliches Vertrauen anknüpfen, wie etwa die gewaltfreie Kommunikation. § 223 StGB verhindert keine Körperverletzungen, er ist aber die Bedingung für Handlungen, die so tun, „als ob"[425] es keine Körperverletzungen gäbe. Ob nun Kuppelei, Führerbeleidigung, Hexerei, Verschmutzung von Gewässern oder der Mord bestraft wird, charakterisiert Gesellschaft und Strafrecht gleichermaßen.

Durch das Festlegen der Rechtsfolge[426], die dann in der Sanktionsnorm zum Ausdruck kommt, wird die Enttäuschungserwartung sichtbar gemacht. Das Strafrecht rechnet mit einer Enttäuschung der Erwartung aus der Verhaltensnorm (weil es Verhalten nicht steuern, sondern nur regulieren kann)[427] und bereitet sich durch die Sanktionsnorm auf diesen Fall vor. Bei § 212 StGB geschieht dies etwa dadurch, dass bei Verletzung der Verhaltensnorm eine Freiheitsstrafe von nicht unter 5 Jahren in Aussicht gestellt wird. Ähnlich wird dies in *Luhmanns* Verständnis der Norm deutlich, wobei dieser hier nicht zwischen Verhalten und Sanktion trennt: „Die Norm verspricht nicht ein normgemäßes Verhalten, schützt aber den, der dies erwartet."[428] Erst dadurch kann die Erwartung auf gesellschaftlicher Ebene ausreichend gefestigt werden und Generalvertrauen entstehen. Ohne Enttäuschungserwartung würde jede beobachtete Diskrepanz zwischen Mitteilung einer Verhaltensnorm und einem tatsächlich

422 Dazu ausführlich und m. w. N. *Renzikowski* in FS Neumann, S. 335, 338 ff.

423 Natürlich könnte dies, je nach Ausgestaltung der Gesellschaft, von einem anderen System substituiert werden.

424 Dazu noch ausführlicher unter § 3 D. III. 1., S. 160 ff.

425 Hier sieht man wieder die frühe Basis von *Vaihinger,* Die Philosophie des Als Ob.

426 Auch die Rechtsfolge charakterisiert Gesellschaft und Strafrecht gleichermaßen: Ob nun Geldstrafe, Gefängnisstrafe, Todesstrafe oder „damnatio memoriae" (vgl. dazu *Mustakallio,* Death and Disgrace, S. 12 ff.; *Schwedler,* Vergessen, Verändern, Verschweigen, S. 57 ff.) verhängt wird – anschlussfähig muss die Strafe für die Beobachter sein.

427 § 2 B. III. 1., S. 56.

428 *Luhmann,* Recht der Gesellschaft, S. 135.

beobachteten anderen Verhalten eines Gegenübers als Versagen dem Strafrecht selbst zugeschrieben werden und Generalvertrauen kann zerstört werden. Das Strafrecht schreibt stattdessen dem enttäuschenden Gegenüber *Verantwortung* zu und lenkt so die Enttäuschung von sich selbst weg. Die strafrechtliche Verantwortungszuschreibung ist der Kern des Enttäuschungsmechanismus des Strafrechtsystems. Verantwortlichkeit lässt sich nicht aus der Strafe rationalisieren, ebenso wenig wie Strafe aus Verantwortlichkeit.[429] Erst das Strafrechtssystem und seine Funktion verbinden beide.

Die Beobachter können auch deshalb besonders gut die vom Strafrecht vermittelten Erwartungen in Generalvertrauen transformieren, weil über eine Festigkeit (man mag auch sagen: Statik[430]) der Normen selbst kommuniziert wird. Durch die Form des Gesetzes, inkludierend außerdem die zeitlich unbefristete Geltung des StGB[431] und seine durch die Regeln der Gesetzgebung in Art. 70 ff. GG nachhaltig mitgeteilte Beständigkeit – Gesetze können nicht willkürlich und spontan ohne weiteres geändert oder aufgehoben werden, sondern nur im (aufwendigen) förmlichen Gesetzgebungsverfahren[432] – und vielen weiteren unmittelbar und mittelbar wirkenden Bedingungen,[433] wird kommuniziert, dass an der Norm auch über die Enttäuschung hinweg festgehalten wird. Auch durch Art. 103 II GG[434] wird zu diesem Ziel beigetragen. Er enthält das Bestimmtheitsgebot, das sich unter anderem im Rückwirkungsverbot (nullum crimen, nulla poena sine lege praevia)[435] und in § 2 StGB konkretisiert: Niemand darf für sein Handeln rückwirkend durch einen neu geschaffenen Straftatbestand zur Verantwortung gezogen und bestraft werden. In anderen Rechtsgebieten gilt das Rückwirkungsverbot dagegen nicht absolut, sondern nur grundsätzlich. Ausnahmen, bei denen Rückwirkung zulässig ist, sind dort möglich.[436] So kann Strafrecht Festigkeit besser mitteilen. Daneben gilt

---

429 Vgl. *Fauconnet* in Abweichendes Verhalten, Bd. 2/1, S. 293, 309.

430 Vgl. zu Statiken (bei *Brodowski*, Evolution des Strafrechts, S. 70 als Bedingungen verstanden, die den Strafgesetzgeber an Änderungen hindern bzw. hemmen) darüber hinaus umfangreich, freilich nicht im systemtheoretischen Kontext, *Brodowski*, Evolution des Strafrechts, S. 81 ff.

431 *Brodowski*, Evolution des Strafrechts, S. 84. f., auch § 2 IV StGB.

432 *Brodowski*, Evolution des Strafrechts, S. 90 f.

433 Siehe dazu ausführlich bei *Brodowski*, Evolution des Strafrechts, S. 82 ff. unter dem Begriff der Rechtsförmlichkeit, insb. S. 93 ff. zum Verbot von strafrechtlicher Einzelfallgesetzgebung und dem strafverfassungsrechtlichen Gebot der Dauerhaftigkeit von Gesetzen.

434 Dazu umfangreich *Brodowski*, Evolution des Strafrechts, S. 561 ff.; vgl. auch *Wapler* in Strafverfassungsrecht, S. 179 ff. m. Kommentar *Jahn* in Strafverfassungsrecht, S. 205 ff.

435 Siehe nur *Rengier*, AT, § 4, Rn. 16 ff.; *Degenhart* in Sachs, Art. 103, Rn. 71 ff.; *Radtke* in BeckOK GG, Art. 103, Rn. 42 f.

436 Siehe nur *Maurer/Schwarz*, Staatsrecht I, § 8, Rn. 46 ff.; *Sodan/Ziekow*, Öffentliches Recht, § 7, Rn. 45 ff.

das Verbot von belastendem Gewohnheitsrecht[437] und das Analogieverbot[438]. Eine gewisse Festigkeit begünstigt auch Systemvertrauen zum Strafrecht. Wenn kommuniziert ist, dass das Strafrecht eine gewisse Konstanz aufweist, sowohl in seinen Mechanismen als auch in seinen Mitteilungen, sind Beobachter auch mehr geneigt, andere Kommunikationsmöglichkeiten zu ignorieren, und der Systemvertrauenswert zum Strafrecht steigt an.

Positives Recht allein vermag aber oft keine Erwartung zu begründen, weil es zu unbestimmt ist oder sich in eine bereits bestehende Gesetzessystematik einbetten will, die nicht ohne Weiteres erkennbar ist. Deshalb gehört auch die Interpretation der Gerichte selbst, also die Rechtsprechung, bereits zur Strafdrohung. In ihr hat sich eine Strafrechtsdogmatik entwickelt, reguliert nicht zuletzt durch das Strafrechtswissenschaftssystem, die dem ausfüllungsbedürftigen positiven Recht ihre endgültige Gestalt gibt. Dogmatik weist schon in ihrem Ursprung eine größere Flexibilität als die Strafgesetze selbst auf, da sie nicht an spezielle Verfahrensregeln gebunden ist. Dogmatik gibt insoweit die nötige Sicherheit einerseits, aber auch die ebenso notwendige Flexibilität andererseits, die Strafgesetze im Einzelfall auf tatsächliche Fälle zu übertragen und so für Beobachter erst anschlussfähig zu machen.

Es muss ein Ausgleich gefunden werden zwischen Festigkeit des Strafrechts und Reaktion auf Verletzung von Verhaltenserwartungen.[439] Es wird Fälle geben, in denen eine Verhaltensnorm nicht optimal in positives Recht überführt wurde und dann im Einzelfall nicht bestraft wird, obwohl über eine Erwartung kommuniziert wurde, Generalvertrauen daraus entstanden ist, ein Beobachter dieses in persönliches Vertrauen umgewandelt hat und die Erwartung durch das Gegenüber enttäuscht wurde. Wird jeweils ein zu starker Akzent auf Festigkeit des Strafrechts oder im Gegenteil auf die flexible Reaktion auf Verletzung von Verhaltensnormen gelegt, kann Generalvertrauen nicht effektiv erzeugt werden, da Ersteres Systemvertrauen garantiert und Letzteres die kommunizierte Erwartung des Rechts repräsentiert. Eines geht oft auf die Kosten des anderen. Gleichzeitig kann Generalvertrauen nicht ohne beides sein. Man könnte so weit gehen, dies als inhärente Strukturantinomie[440] des Strafrechts zu bezeichnen.

---

**437** Siehe nur *Rengier*, AT, § 4, Rn. 12 ff.; *Radtke* in BeckOK GG, Art. 103, Rn. 40 f.

**438** Siehe nur *Radtke* in BeckOK GG, Art. 103, Rn. 38 f.

**439** Vgl. darüber hinaus zur Evolution des Strafrechts als Zusammenspiel von statischen und dynamischen Wirkungsmechanismen ausführlich *Brodowski*, Evolution des Strafrechts, S. 378 ff.

**440** Vgl. *Fischer-Lescano* in Kritische Systemtheorie, S. 13, 14.

## 2. Strafurteil

Das Strafurteil – als Kulminationspunkt des gesamten Strafverfahrens[441] – spricht den Enttäuschungsmechanismus an, der aktiviert wird, wenn sich eine Diskrepanz zwischen Erwartung und beobachteten Verhalten ergeben hat. Die Strafdrohung ist generalisiert und kulminiert kommunikativ für den Einzelfall im Strafurteil.

Die Mitteilung eines Strafurteils geschieht nicht irgendwie, sondern durch die kommunizierten Regeln der Verantwortungszuschreibung. Verantwortung ist funktional als Enttäuschungsmechanismus für das Generalvertrauen zu verstehen und existiert schon vor der Zuschreibung auf einen Verantwortungsträger, den Täter, mit der enttäuschten Erwartung durch eine Tat selbst.[442] Entscheidend ist, dass ein Verantwortungsträger für die Verantwortung gefunden werden kann. Damit Generalvertrauen in diesem Sinne erhalten bleibt, darf sich die Verantwortung nicht auf den erwartenden, Generalvertrauen umwandelnden Beobachter oder das Strafrechtssystem setzen. Auch adressiert das Strafrecht von vorneherein Verantwortung nur an eine bestimmte Kategorie von Personen: die deliktischen Personen. Diese weisen bestimmte zugeschriebene Eigenschaften auf, die sie für die strafrechtliche Verantwortungszuschreibung anschlussfähig machen. Welche das sind, wird vor allem für die Frage relevant sein, ob auch KI-Systemen strafrechtliche

441 Zum Strafverfahren im systemtheoretischen Zusammenhang siehe ausführlich *Theile*, Wirtschaftskriminalität und Strafverfahren, S. 98 ff.

442 Die Straftat als Kommunikation ist auch möglich, selbst wenn der Täter anonym bleibt, da eine anonyme Person als Zuschreibungspunkt für Kommunikation ausreicht. Nach *Fauconnet* in Abweichendes Verhalten Bd. 2/1, S. 293, 300 richtet sich die Strafe eigentlich gegen das Verbrechen und trifft nur deshalb den Stellvertreter Mensch, weil das Verbrechen selbst nicht erreicht werden kann. Da hier das durch das Strafrecht vermittelte Generalvertrauen sogleich direkt in Bezug auf die deliktische Person definiert werden wird (vertieft zur deliktischen Person: § 10 B., S. 398 ff.), kann dem so zumindest für die strafrechtliche Verantwortlichkeit nicht gefolgt werden. Übereinstimmung besteht dagegen in der Erkenntnis, dass die Ursache für die Strafe nicht der Täter, sondern die Straftat selbst ist, ebd., S. 293, 300. Erst die Straftat ruft die Diskrepanz hervor und kann Generalvertrauen zerstören. Auf die Straftat wird kommunikativ reagiert. Allerdings ist eine kommunikative Reaktion des Strafrechts wiederum anschlussfähig nur durch Inpflichtnahme einer deliktischen Person möglich. Verantwortung, so *Fauconnet*, schwebt gewissermaßen frei umher und fixiert sich auf denjenigen, der ihr am nächsten liegt, ebd., S. 293, 308. Verantwortlichkeit ist keine Eigenschaft, die einer Entität inhärent ist, sondern wird von der Gesellschaft konstruiert, nach *Fauconnet* zugewiesen, ebd., S. 293, 309. Das wurde kürzlich aufgegriffen und in Bezug auf die Schlägerei besprochen von *Popp* in FS Rengier, S. 281 ff. *Popp* zeigt hier überzeugend am Beispiel von § 231 StGB, dass es bestimmte Erwartungen gibt, wie etwa nicht getötet zu werden, die eine so hohe Relevanz besitzen, dass sie auch dann noch von der strafrechtlichen Verantwortung aufgefangen werden, wenn die üblichen Zurechnungsmechanismen versagen. Zur Lehre *Fauconnets* vgl. auch *Stuckenberg*, GA 2017, 174, 178 ff.

Verantwortung zugeschrieben werden könnte.[443] Wird einer Person Verantwortung zugeschrieben, wird demonstriert, dass der Beobachter Generalvertrauen zurecht umgewandelt hat. Der Fehler wird also weder dem Beobachter noch dem Strafrechtssystem zugeschrieben, sondern etwas anderem, sodass der Beobachter bei der nächsten Situation das Generalvertrauen weiterhin als vertrauensauslösenden Reiz nutzen kann. So kann Generalvertrauen aufrechterhalten werden.

Damit das Urteil diese Wirkung tatsächlich entfalten kann, muss dies für die anderen Systeme anschlussfähig mitgeteilt werden. Das hat auch zur Konsequenz, dass mit dem Strafurteil *nicht* auf den Täter im Speziellen abgezielt wird, sondern auf die Allgemeinheit (zu der natürlich auch der Täter gehört),[444] denn es geht nicht um das Herstellen von Gerechtigkeit oder die Vergeltung am Täter, sondern um die Rolle des Strafurteils im Enttäuschungsmechanismus.

Anschlussfähigkeit des Strafurteils wird etwa dadurch erreicht, dass die anderen Systeme am Urteil beteiligt werden und das Verfahren so miterlebbar gemacht wird.[445] Es muss beispielsweise klar sein, dass eine ständige Kenntnisnahme des Verfahrens, welches zum Urteil führt, möglich wäre. Durch die Möglichkeit der Kenntnisnahme der Hauptverhandlung nach § 169 GVG und die Aussprache des Urteils im Namen des Volkes nach § 268 I StPO, ist solches erreicht. Daneben muss gewährleistet sein, dass den Handlungen der menschlichen Akteure des Strafrechts in dem Sinne vertraut wird, dass sie das Verfahren nach den gegebenen Normen tatsächlich korrekt durchführen. Menschliche Akteure der Gerichte, die wiederum Strukturen des Strafrechtssystems sind, sind bspw. die Richter[446]. Sie sind Vertrauensvermittler für das Systemvertrauen.[447] Ihre Personalität und ihre Handlungen sind Teile der Kommunikation, die besonders sichtbar werden. So können Richter sowohl vertrauenszerstörende als auch vertrauensauslösende Reize aussenden. Den Richtern ist nach den Worten des Grundgesetzes die rechtsprechende

443 § 10 B., S. 398 ff.

444 Anders insoweit die expressiven Ansätze von *Hörnle* in Strafe – Warum?, S. 11, 24 f.; *dies.*, JZ 2006, 950 ff.; *v. Hirsch*, Censure and Sanction, S. 10 ff.; *ders.*, Fairness, Verbrechen und Strafe, S. 48 ff., die jeweils nicht die Allgemeinheit, sondern den Täter und potentielle Opfer ansprechen wollen. Wohl auch *Günther* in FS Lüderssen, S. 205, 207 ff., der die Allgemeinheit zwar als Drittes nennt, aber immerhin noch neben Opfer und Täter stellt. Die Zweckbindung fehlt bei ihm aber, der Allgemeinheit sei insoweit mitgeteilt, „daß die Verletzung Unrecht und nicht Unglück ist, daß es nicht akzeptiert wird, und daß dieses Unrecht weder vom Opfer noch von der Allgemeinheit zu verantworten ist", dort, S. 219.

445 *Luhmann*, Legitimation durch Verfahren, S. 122 f.; *Theile*, Wirtschaftskriminalität und Strafverfahren, S. 100 f.

446 Als personale Zuschreibung in der Kommunikation auf die dahinterstehenden psychischen Systeme.

447 In diese Richtung auch *Giddens*, Konsequenzen der Moderne, S. 40 ff.

Gewalt „anvertraut", Art. 92 GG. Vertrauen zu den Vertrauensvermittlern wird potentiell zuvorderst dadurch erreicht, dass nur dafür qualifizierte Personen vor Gericht auftreten dürfen, § 138 I StPO, §§ 1, 5, 7 DRiG, dass die Richter unabhängig sind, Art. 97 I GG und dass sie an Recht und Gesetz gebunden sind, Art. 97 I, 20 III GG.[448] Mit den vorgenannten und ihnen in der Zielrichtung ähnlichen Normen[449] sichert das Strafrechtssystem Systemvertrauen zu sich selbst, repräsentiert durch einen hohen Vertrauenswert in Bezug auf seine Strukturen, als Voraussetzung des Generalvertrauens.

Neben den personalen Akteuren hat auch das Urteil an sich Eigenschaften, die Anschlussfähigkeit erzeugen können. Zuvorderst ist das die Bestandskraft. Urteile bleiben grundsätzlich auch dann rechtskräftig, wenn sie inhaltlich falsch sind und können erst nach einem besonderen Verfahren wieder aufgehoben werden. Dabei ist der Instanzenzug, der in die Urteilsverfassungsbeschwerde münden kann, Art. 94 I Nr. 4a GG, kontrollierendes und im Programm des Rechtssystems verankertes Instrument, was wiederum für Beobachter vertrauensauslösender Reiz ist. So wird für die beobachtenden Systeme Anschlussfähigkeit bezüglich der Kommunikation hergestellt, die ihren Kulminationspunkt im Strafurteil findet. Psychische Systeme als Beobachter akzeptieren gleichzeitig den Ausgang des Verfahrens grundsätzlich auch dann, wenn sie von der Richtigkeit der Entscheidung nicht überzeugt sind. Jeder Verfahrensteilnehmer gibt grundsätzlich alle Handlungsalternativen auf, die nicht seiner Rolle im Verfahren entsprechen. Die Komplexität der Entscheidungssituation wird so reduziert. Verfahren mit festgeschriebenen, vom System vergebenen personalen Rollen wie „Angeklagter", „Staatsanwalt" u. ä. sowie zumindest formelle Partizipation im Verfahren erleichtern für psychische Systeme offenbar die Akzeptanz von Entscheidungen,[450] machen sie also anschlussfähig.

Im Gegensatz zum Zivilrecht arbeitet Strafrecht kommunikativ nicht mit Wiedergutmachung oder Ausgleich,[451] sondern aus der Innenperspektive traditio-

---

448 Zum Vertrauen in Bezug auf Richter siehe ausführlich *Schmidt-Aßmann/Dimitropoulos* in Vertrauen in der Krise, S. 129, 135 ff.

449 Man mag etwa noch an den Straftatbestand der Rechtsbeugung (§ 339 StGB) denken, der Selbstkontrolle der personalen menschlichen Akteure des Systems vermittelt und Systemvertrauen erzeugt, das durch seine Verwirklichung als strafrechtliche Norm an die Strukturen des Strafrechtssystems – zu dem Vertrauen vermittelt werden soll – selbst rückgebunden ist.

450 *Baberowksi* in Vertrauen, S. 7, 15, vgl. auch *Luhmann*, Legitimation durch Verfahren, S. 82 ff., insb. 89 mit empirischen Nachweisen in Fn. 17.

451 Siehe etwa für das Deliktsrecht *Brox/Walker*, Schuldrecht BT, § 44, Rn. 1; *Wandt*, GSV, § 14, Rn. 1; vgl. auch BGH IX ZR 149/91 v. 04.06.1992 = NJW 1992, 3096, 3103 f.; für die GoA *Wandt.*, GSV, § 2, Rn. 3; für den vertraglichen Schadensersatzanspruch *Brox/Walker*, Schuldrecht AT, § 28, Rn. 2.

nell mit sozialethischem Tadel.[452] Auch heute sehen das BVerfG und das Wissenschaftssystem im Strafurteil im Ergebnis einen sozialethischen Vorwurf, der eine besondere Missbilligung ausdrückt.[453] Es geht nicht nur um die Feststellung fehlerhaften Verhaltens, sondern um den Vorwurf, etwas getan zu haben, was verwerflich ist.[454] Wegen dieses über den bloßen Ausgleich hinausgehenden Instrumentariums wird dem Strafrecht seine besondere Befähigung zugeschrieben, besonders anschlussfähig über Verhaltenserwartungen zu kommunizieren. Es wird über den Ausgleich hinaus kommuniziert, und – jedenfalls im aktuellen deutschen Strafrecht – wird der Vorwurf nicht aus Sicht der Geschädigten, sondern aus Sicht der Gesellschaft erhoben, in der sich durch Kommunikation die Verhaltenserwartungen konstituiert haben. Dadurch macht sich das Rechtssystem in seinem ausgesendeten Reiz nicht nur zum Vertreter eines einzelnen psychischen Systems, sondern vielmehr zum Vertreter aller sozialer und psychischer Systeme, die in einem bestimmten Gesellschaftssystem anhand des Programms „Nation" als zugehörig angesehen werden und insoweit auch den Geltungsbereich des Strafrechtssystems bestimmen. Es ist trotz dieser herausgehobenen Stellung aber ohne weiteres vorstellbar, dass ein zivilrechtlicher Schadensersatz im Einzelfall eine stärkere Anschlussfähigkeit durch die Programme und den Code des Zielsystems hat als bspw. eine strafrechtliche Freiheitsstrafe.

Dem Strafverfahren kann auch das Ergebnis folgen, dass der Angeklagte gerade nicht schuldig ist. Kommunikation im Strafrecht folgt dem Code „schuldig/nicht schuldig" und ist Dualismus, kein Monismus. Oft wird der Fokus nur auf die Strafe gelenkt und sein funktionales Äquivalent, die Kommunikation über die Nichtstrafe, ausgeblendet. Ist das Verfahren ordnungsgemäß durchgeführt worden, so kann das Strafrecht im besten Falle anschlussfähig kommunizieren, warum dem Angeklagten eine bestimmte negative Folge gerade nicht zugerechnet werden kann und wo der

---

452 *Jescheck/Weigend*, AT, S. 65 m. w. N.; *Frisch*, NStZ 2016, 16, 17; *Theile*, Wirtschaftskriminalität und Strafverfahren, S. 83. Freilich ist das nicht so gemeint, dass das Gericht einen sozialethischen Vorwurf erhebt. Vielmehr geht es um ein Urteil, das vorwirft, einen Teil des Rechts verletzt zu haben. Dieses Recht ist aber so tief in der Gesellschaft verankert, dass es auch mit den sozialethisch fundierten Grundanforderungen des Gemeinschaftslebens korreliert, vgl. *Frisch*, NStZ 2016, 16, 20. Der Tadel ist nach *Neumann* in FS Jakobs, S. 435, 439 der Strafe schon begrifflich zu eigen.

453 BVerfG 2 BvL 1/15 v. 21.09.2016 = BVerfGE 143, 38, 61; BVerfG 2 BvE 2/08 u. a. v. 30.06.2009 = BVerfGE 123, 267, 408; BVerfG 2 BvL 43, 51, 63, 64, 70, 80/92, 2 BvR 2031/92 v. 09.03.1994 = BVerfGE 90, 145, 200; BVerfG 2 BvL 15, 23/68 v. 26.02.1969 = BVerfGE 25, 269, 286. „Reprobative symbolism", *Feinberg*, The Monist 1965, 397, 400. *Feinberg* trennt schon 1965 die Missbilligung zu Analysezwecken von der Übelzufügung („hard treatment"), ebenso wie diese Arbeit. Außerdem *Androulakis* in FS Hassemer, S. 271, 278; *Helwig*, DRiZ 2017, 92, 94; *Radtke* in MüKo StGB, Vor §§ 38 ff., Rn. 2, 14; *Appel*, Verfassung und Strafe, S. 482 m. w. N.

454 *Frisch*, NStZ 2016, 16, 20.

eigentliche Fehler lag.[455] Wird die beobachtete Diskrepanz dann Umständen zugeschrieben, die nicht Bedingung für Erzeugung und Aufrechterhaltung von Generalvertrauen sind, kann es bestehen bleiben. So kann das Strafrecht das Problem dann einem anderen System zuweisen. Wird etwa Nichtstrafe festgestellt, weil der Zufall verantwortlich gemacht wird, kann die Problemlösung, je nach Beobachter, an das Religionssystem oder in dieser Frage funktionsäquivalente Systeme abgegeben werden. Wird eine Krankheit verantwortlich gemacht, wird ins Gesundheitssystem verwiesen. Würde im Gegensatz Strafe kommuniziert werden, wo das Strafrechtssystem aus seiner Binnenlogik eigentlich keine Verantwortung zuschreiben würde, schadet dies dem Generalvertrauen sogar, da sich eine diesbezüglich beobachtete Diskrepanz zwischen kommunizierten Zuschreibungsmechanismen und Zuschreibungen im Einzelfall in einer Verringerung des Systemvertrauenswertes niederschlägt. Daneben kann Nichtstrafe erreichen, dass der Fehler der Beobachtung zugeschrieben wird, also eigentlich keine Diskrepanz vorliegt, weil der Sachverhalt sich – freilich konstruiert durch Kommunikation im Strafrechtssystem – anders ereignet hat. Übernimmt der Beobachter dann die Wirklichkeit des Strafrechtssystems, besteht keine Diskrepanz mehr. Selbst wenn der geschädigte Beobachter diese Wirklichkeitskonstruktion nicht übernimmt, so wird doch für die übrigen Beobachter die Wirklichkeit des Strafrechtssystems eine größere Wirkkraft haben als die des einzelnen Beobachters, sodass Generalvertrauen dennoch bestehen bleiben wird, sofern die Wirklichkeitskonstruktion des einzelnen Beobachters nicht kommunikativ überhöht wird, etwa durch die Medien.

### 3. Strafvollstreckung als Übelzufügung?

Um die Anschlussfähigkeit der Mitteilungen in Gestalt der Urteile zu erhalten, braucht es die Strafvollstreckung. Mit der Strafvollstreckung wird das Versprechen der Strafdrohung in einem generalisierten Sinn und des Urteils in einem speziellen Sinn eingelöst. Die Vollstreckung folgt auf das Urteil. Ein Urteil ohne Vollstreckung ist rein sprachliche Missbilligung und in der Kommunikation letztlich schwach, da es für die psychischen Systeme nur wenig anschlussfähig ist.[456] Strafe macht die

455 Dies wird bei § 4 C. II., S. 230 f. weitergeführt.

456 Zum sanktionslosen Rechtssystem siehe *Raz*, Practical Reason and Norms, S. 157 ff., allerdings aus der Position, dass es schon in der Norm keine Sanktion gibt, was aber die logische Folge wäre, da ansonsten das Strafrecht obendrein einer Lüge im Sinne einer Diskrepanz zwischen eigener Kommunikation und beobachteter Wirklichkeit zu bezichtigen wäre. Vgl. auch *Hörnle* in FS Neumann, S. 593, 600, nach der „nur verbaler Tadel als intrinsisch widersprüchlich bewertet wird", ähnlich *Neumann* in FS Jakobs, S. 435 440. Auf Ebene der negativen Generalprävention mit dem Stichwort der „Androhungsrealisierungsprävention" thematisierend *Kaspar*, Verhältnismäßigkeit und Grundrechtsschutz im Präventionsstrafrecht, S. 638 f.

Verantwortungszuschreibung, die für den speziellen Fall im Strafurteil zum Ausdruck kommt, für die Beobachter anschlussfähig. Wird dies nicht erreicht, so kann Generalvertrauen nicht effektiv erzeugt und aufrechterhalten werden.

Eine Missbilligung bloß als verfestigte Äußerung hätte auch ein anderes Bild der Tat zur Grundlage: Die Tat ist nicht ein einfacher Ausdruck von Rechtsuntreue,[457] sondern die spezifische Information in der Kommunikation der Tat ist genauso entscheidend. Der Beobachter nimmt auch die Tatbegehung war. Andernfalls müsste man es als kommunikativ gleich qualifizieren, wenn ein Täter die Tatbegehung lediglich als subjektive Überzeugung in sich trägt und sprachlich zum Ausdruck bringt, dass die Erwartung an ihn nicht gestellt werden könne, und wenn ein Täter dies durch die Tatbegehung nach außen unterstreicht. Die stärkere kommunikative Wirkkraft durch tatsächliche Tatbegehung im Gegensatz zu rein verbaler Ablehnung gegenüber den Erwartungen muss in der Strafe ebenso gespiegelt werden, um die Kommunikation des Strafrechts in dieser Hinsicht für die psychischen Systeme anschlussfähig zu machen.

Damit ist das Thema der Übelzufügung angesprochen. *Hörnle* schreibt: „Ein Problem, das sich für alle expressive Theorien stellt, ist, zu begründen, warum es neben dem Tadel auch noch der Zufügung eines Übels bedarf."[458] Für das Konzept der Theorie vom Generalvertrauen gilt: Die Anschlussfähigkeit der Urteile und damit die Anschlussfähigkeit der Verantwortungszuschreibung zu erhalten bedeutet, dass auch eine gewisse *Übelzufügung* notwendig ist.[459] Wichtig ist aber, dass der Täter gerade *nicht* tatsächlich ein Übel empfinden müsste. Auch Vollstreckung findet in der Gesellschaft nur insoweit Relevanz, als sie in die Kommunikation getragen wurde. Vollstreckung ist nur in dem Maße notwendig, als dass die Gesellschaft die Reaktion für ausreichend hält und weiter vertraut.[460] Übelzufügung ist

---

**457** *Jakobs* macht die Rechtsuntreue zum zentralen Dreh- und Angelpunkt, dagegen in Bezug auf die kommunikative Bedeutung der Strafe auch in ihrem konkreten Kontext eher wie hier *Feijoo Sánchez* in FS Jakobs, S. 75, 94.

**458** *Hörnle* in Strafe – Warum?, S. 11, 27.

**459** So etwa, jedoch gerade anders als hier nicht zwangsläufig mit der Einschränkung, dass *reales* Übelempfinden nicht notwendig ist; *Puppe* in FS Grünwald, S. 469, 479 („dass die Strafe ein Übel sein muss, wenn sie (…) nicht nur registriert, sondern ihre Botschaft auch geglaubt werden soll"); *Jakobs*, Norm, Person, Gesellschaft, S. 113 f.; *Hörnle* in Strafe – Warum?, S. 11, 25; *Pawlik*, Unrecht des Bürgers, S. 116 f. Vgl. auch BVerfG 1 BvF 1, 2, 3, 4, 5, 6/74 v. 25.02.1975 = BVerfGE 39, 1, 58; BVerfG 2 BvR 506/63 v. 25.10.1966 = BVerfGE 20, 323, 331.

**460** Das ist eben eine Kommunikation über Übelzufügung. Mit expressivem Ausgangspunkt und dennoch a.A. *Günther* in FS Lüderssen, S. 205, 219; *Walther*, ZStW 111 (1999), 123, 137, die Übelzufügung in der Regel gar nicht (*Günther*) oder nur in Ausnahmefällen (*Walther*) für notwendig halten und ansonsten davon ausgeht, dass schon allein das sprachlich-symbolische Element der Verurteilung ausreicht. Kritisch dazu *Saliger* in FS Neumann, S. 689, 693 f. *Hörnle* in Strafe – Warum?, S. 11, 28 und *nur* kommunikativ und *nie* als reales Übel im Sinne eines subjektiven Übelempfindens des Täters relevant. Das bedeutet weiterhin, dass die Übelzufügung nur noch mittelbar durch Schwere der Tat o. ä. bestimmt wird; eben nur soweit, als dass dies zur Anschlussfähigkeit der Strafe notwendig ist. Das mag man für einen Rückschritt halten, allerdings ist dabei zu bedenken, dass Kriterien wie die „Schwere der Tat"[461] schon ein kommunikatives Urteil in sich tragen und nicht aus einem höherstufigen Erklärungsmuster oder einer überpositiven feststehenden Bewertung bestimmter Taten abgeleitet werden können. Einer Tat eine besondere Tatschwere zu diagnostizieren und daran die Übelzufügung zu knüpfen, verlagert die dadurch angeblich erreichte Begrenzung nur vor, eben zur Beurteilung, welche Tatschwere erreicht ist. Letztlich passiert dasselbe und das ist in der konstruktivistischen Perspektive auch unumgänglich. Eine endgültige Beantwortung der Frage mit klaren, rationalisierbaren Kriterien zwingt zu einem kaum leistbaren Empirismus. Heute hängt Strafe in der Kommunikation in der Regel mit einer imperativen Duldungspflicht für den Täter zusammen, die aus der Sicht der beobachtenden Systeme zumindest generell einen Nachteil für den Täter bedeutet. Man könnte sagen, dass die Übelzufügung das Spezifische der strafrechtlichen Kommunikation ist[462] – jedenfalls heutzutage. Das bedeutet im Übrigen auch, dass gerade da, wo Generalvertrauen auch ohne (kommunizierte, nicht zwingend reale) Übelzufügung aufrechterhalten werden kann, Strafrecht nicht tätig werden muss, weil dann andere Systeme wie das Zivilrecht die Funktion ebenfalls erfüllen können.

Die Strafvollstreckung an sich muss dabei in der Kommunikation im Allgemeinen präsent sein, durch das Wissen der Beobachter über Justizvollzugsanstalten, Vollstreckung von Geldstrafen, die Einziehung von Taterträgen usw. Auch das Leben in einer Justizvollzugsanstalt gehört zur Kommunikation, da sie offenbar die Enttäuschungserwartung jedenfalls der psychischen Systeme beeinflusst, was die immer wieder erhobene Forderung[463] nach „härteren" Gefängnissen dokumentiert. Einer öffentlichen Vollstreckung bedarf es dabei aber nicht, da durch die allgemeine Präsenz der Vollstreckung, insbesondere des Strafvollzuges, in der Gesellschaft die

---

*dies.* in FS Neumann, S. 593, 600 hält dies vorsichtig bei „nicht allzu gravierendem Unrecht" für möglich.

**461** Besonders in den absoluten Straftheorien ein zentraler Begriff, *Gropp/Sinn*, AT, § 1, Rn. 171. Der Begriff findet sich etwa auch in § 140 II StPO und wird bei der Strafzumessung selbstverständlich berücksichtigt.

**462** Schon früh *Feinberg*, The Monist 1965, 397 402. Kürzlich etwa *Feijoo Sánchez* in FS Jakobs, S. 75, 93. Vgl. auch *Jakobs*, ZStW 107 (1995), 843, 844 in Bezug auf *Hegel*; „Strafe ist, isoliert genommen, nichts als ein Übel".

**463** Siehe nur *Halbauer*, APuZ 7/2010, 2 (Editorial) und in Bezug zur Föderalismusreform *Cornel*, Neue Kriminalpolitik 2018, 16 f.

Erwartung und damit das Systemvertrauen in der Hinsicht erreicht wird, dass eine Vollstreckung im speziellen Fall nach dem öffentlichen Urteil tatsächlich durchgeführt wird. Im Einzelfall wird bei einer Tat, die kommunikativ eine besonders große Diskrepanz hervorgerufen hat, die Vollstreckung medial begleitet und in der Kommunikation gehalten.[464] Das geschieht aber nicht durch das Rechtssystem, sondern durch das System der Medien, die insoweit einen Teilbereich der Funktion ausfüllen.

### 4. Fazit

Die strafrechtlichen Strukturen müssen für die Konstituierung und Aufrechterhaltung von Generalvertrauen sowohl Erwartungskommunikation als auch Enttäuschungsmechanismus ausfüllen. Nützlich ist zudem, wenn sie, neben anderen (dritten) Systemen, Systemvertrauen zu sich selbst stabilisieren.

Im Strafrechtssystem wird über Strafe, im weiteren Sinne Strafdrohung, Strafurteil und Strafvollstreckung kommuniziert. Dadurch werden neben der durch die Verhaltensnorm mitgeteilten Erwartung auch Enttäuschungen beobachtender Systeme bearbeitet, zunächst durch die hinter der Strafdrohung stehende Sanktionsnorm, die eine Enttäuschung bereits ankündigt. Enttäuschung entsteht durch eine beobachtete Diskrepanz zwischen persönlichem Vertrauen, welches durch das Generalvertrauen als vertrauensauslösenden Reiz entstanden ist, und davon abweichender Beobachtung des Beobachters. Der Beobachter wird daraufhin den „Fehler“, also den Grund, warum die Diskrepanz entstanden ist, sich selbst oder dem Generalvertrauen vermittelnden System zuschreiben und Generalvertrauen nicht mehr umwandeln. Der Enttäuschungsmechanismus dient dazu, diese Zuschreibung abzulenken. Dies geschieht durch das Strafurteil, das Verantwortungszuschreibung an eine andere Entität als den Beobachter oder das Strafrechtssystem betreibt. Das Strafurteil will mit seinen ausgesendeten Reizen deshalb primär die Allgemeinheit erreichen, nicht den Täter. Die Strafvollstreckung dient der Anschlussfähigkeit des Strafurteils, allein hat es keine ausreichende Kraft in der Kommunikation. Strafe im engeren Sinne (Strafurteil + Strafvollstreckung) ist deshalb *anschlussfähige Verantwortungszuschreibung*.

Ist ein Teil dieser Trias aus Strafdrohung, -urteil und -vollstreckung schwach, muss ein anderer überbetont werden, um Generalvertrauen zu erhalten. Ein Beispiel wäre das Rechtssystem des Mittelalters: Eine Strafverfolgung war oft nicht möglich, sodass die Urteile ob ihrer Quantität im Vergleich zu tatsächlich beobachtetem (Fehl-)Verhalten eine hohe Diskrepanz offenbarten. Deshalb wurde die

---

464 Beispiele ließen sich viele finden, vgl. etwa den Strafvollzug an *Anders Behring Breivik*, *Uli Hoeneß* oder *Boris Becker*, um nur drei zu nennen.

Vollstreckung überbetont: mit grundsätzlich öffentlichen und besonders harten Strafen, um trotz der wenigen Urteile Generalvertrauen erhalten zu können.

Ungeklärt[465] bleibt bisher, wie das Strafrecht diese Funktion *materiell* ausfüllt. Das Strafrecht kümmert sich nicht um jegliche Verhaltenserwartung jeglicher Gegenüber. Das Gegenüber wurde in Ansätzen bereits auf die deliktische Person konzentriert, eine vertiefte Untersuchung steht aber noch aus.[466] Ebenfalls unklar ist bis hierhin, in Bezug *worauf* Strafrecht Verhaltenserwartungen bearbeitet. Die Beantwortung dieser Frage ist im gleichen Atemzug auch die Antwort auf die Frage nach der Selbstbegrenzung des Strafrechts und der Legitimation.[467]

## II. Andere Rechtsgebiete

Nicht nur das Strafrecht dient der Konstituierung und Aufrechterhaltung von Generalvertrauen. Auch die anderen Rechtsgebiete und auch ganz außerhalb des Rechtssystems liegende Systeme tragen dazu bei. So lässt sich bspw. das Schuldrecht leicht als eine Regelungsstruktur zur Vertrauensbildung begreifen.[468] Das Strafrecht hat sich einen besonderen Teilbereich dieses Generalvertrauens zugeschrieben,[469] dass es durch den Mechanismus der Strafe als anschlussfähige Verantwortungszuschreibung verfolgt. Im Vergleich zu den anderen Rechtsgebieten ist dem Strafrechtssystem, darin insbesondere den Mitteilungen des StGBs, allerdings eine besondere öffentliche Wahrnehmung – insbesondere seiner zentralen Tatbestände wie §§ 212 I, 223 I, 239 I, 242 I, 303 I StGB – zu attestieren. Das StGB wirkt dort gleich einem „Grundgesetz für den Bürger" als Repräsentation eines „fortdauernden gesellschaftlichen Grundkonsenses".[470]

Um die Konstituierung und Aufrechterhaltung von Generalvertrauen in anderen Rechtsgebieten an einem konkreten Beispiel aus dem öffentlichen Recht zu verdeutlichen: Das Produktsicherheitsrecht[471] erzeugt Generalvertrauen und ist dadurch vertrauensauslösender Reiz für das Vertrauen eines potentiell nutzenden Beobachters darauf, dass ein maschinelles System wie erwartet funktioniert. Nur,

465 Zumindest in Bezug auf das Strafurteil wurde das bereits ansatzweise gezeigt: Durch Verantwortungszuschreibung.

466 § 10 B., S. 398 ff.

467 § 3 D., S. 132 ff.

468 Vgl. dazu schon *Weilert* in Vertrauen in der Krise, S. 105, 116 f.

469 Um welchen es sich dabei *materiell* handelt, wird unter § 3 D., S. 132 ff. erörtert.

470 *Brodowski*, Evolution des Strafrechts, S. 299 f. Weiterführend dazu insgesamt ebd., S. 297 ff.

471 Vgl. dazu auch – freilich aus ihren eigenen Risiko-Innovations-Prämissen heraus – *Ibold*, KI, S. 118 f.

wenn der Beobachter einen ausreichend hohen Systemvertrauenswert zum Recht hat und davon ausgeht, dass das Recht die Vorgaben durchsetzt, wird er das Vertrauen in Bezug auf konkrete Produkte umwandeln können. Er macht sich dann keine Gedanken mehr über das natürlich immer noch bestehende Risiko einer Fehlfunktion und ignoriert dies bei seiner Selektion. Ein Beispiel: Wer in Deutschland in ein Fahrgeschäft in einem Freizeitpark steigt, wird sich in aller Regel keine Gedanken über einen negativen Ausgang der Fahrt machen und das darin bestehende Risiko einfach ignorieren. Fahrende nutzen also Generalvertrauen, das durch das Rechtssystem, genauer das Produktsicherheitsrecht, konstituiert und vermittelt wurde, als vertrauensauslösenden Reiz für persönliches Vertrauen. Sie vertrauen darauf, dass das Fahrgeschäft sicher ist. Ob das tatsächlich so ist, kann nicht nachgeprüft werden. Würde in dieser Situation nicht das Produktsicherheitsrecht zur Bildung von persönlichem Vertrauen genutzt werden, wäre die Situation überkomplex, und das Fahrgeschäft würde nicht bestiegen werden, wenn kein Vertrauenssubstitut[472] gefunden werden kann. So ist die Situation oft in Ländern, in denen Beobachter zum Produktsicherheitsrecht nur einen niedrigen Systemvertrauenswert erreichen, noch bestärkt durch Medienberichte[473] von Unfällen. Insoweit diente der „New Approach“[474] im europäischen Produktsicherheitsrecht zur Erzeugung von Generalvertrauen, das auch über Ländergrenzen hinweg konstituiert und stabilisiert werden kann.

## C. Die Bedeutung des Verfassungsrechts für die Funktion des Strafrechts

Es muss nun noch berücksichtigt werden, dass im deutschen Rechtssystem ein besonders kommunikationsmächtiges System wirkt, welches gegenüber anderen Subsystemen eine sehr hohe Anschlussfähigkeit besitzt: Das Verfassungsrecht, wesentlich repräsentiert durch das Grundgesetz. Kann das Verfassungsrecht die gerade gefundene Funktion in irgendeiner Weise beschränken? Lässt sich eine mögliche Beschränkung auf systemtheoretischer Ebene überhaupt schlüssig begründen? Oder spielt das Verfassungsrecht vielmehr überhaupt keine Rolle? In einem ersten Schritt soll also die Stellung des Verfassungsrechtes – insbesondere des Grundgesetzes und seiner Interpretation durch das BVerfG – und seine Bezie-

---

472 Etwa indem das Fahrgeschäft mehrere Stunden bei fehlerfreier Fahrt beobachtet wird.

473 Bspw. dieser Bericht über einen Karussellunfall aus Antalya: https://www.derwesten.de/panorama/vermischtes/urlaub-tuerkei-kinder-krankenhaus-polizei-unfall-antalya-freizeitpark-karussell-id235620059.html, (14.10.2024).

474 Zum „New Approach“ ausführlich *Wellnitz*, Neue Konzeption, § 1 B. m.w.N., im Erscheinen.

hung zum Strafrechtssystems behandelt werden, konsequent wiederum mit der Systemtheorie als Bezugsrahmen (I.). Die überlegene Stellung des Verfassungsrechts schlicht hinzuzunehmen und auf die Gesetzeshierarchie zu verweisen, wäre ein logischer Bruch. In einem zweiten Schritt wird untersucht, inwiefern das Verfassungsrecht die Funktion des Strafrechts begrenzen kann (II.). Insoweit dient dieses Kapitel auch dazu, dem Einwand der Verfassungswidrigkeit zuvorzukommen.

## I. Die Stellung des Verfassungsrechts im Strafrechtssystem

Besondere Relevanz kommt dem Verfassungsrecht[475] zwischen Politik und Recht zu. Dadurch, dass sich beide, Politik und Recht, in der Kommunikation an die Verfassung binden, können sie ihre jeweiligen Fundierungsprobleme externalisieren und über die Koppelung der Verfassung dem jeweils anderen System zuweisen und so weiter operieren: Die Politik kann darauf hinweisen, dass Gründungs- und Grundsatzfragen letztlich rechtliche Fragen sind, die von den Verfassungsgerichten bearbeitet werden. Das Recht kann in Verfahren darauf hinweisen, dass die Politik für die Grundentscheidungen verantwortlich ist, die den Handlungsspielraum der Gerichte übersteigen. Die Verfassung bildet so also eine von vielen Realparadoxien im Recht ab, die aber entscheidend zur Operationsfähigkeit von Politik und Recht beiträgt.[476] Für die hier entscheidende Frage, wie und ob die gefundene Funktion des Strafrechts durch das Verfassungsrecht begrenzt wird, ist aber vielmehr das konkrete Verhältnis zwischen Verfassungsrecht und Strafrecht relevant, also die Stellung des Verfassungsrechts im Rechtssystem.

---

475 Nach *Luhmann* sichern die Grundrechte die Differenziertheit der Systeme. Es besteht in Gesellschaftssystemen die Gefahr der Politisierung der gesamten Kommunikation, die zu einer Entdifferenzierung und letztlich Komplexitätssteigerung und Destabilisierung des Gesellschaftssystems führt. Nachdem funktionale Differenzierung zwischen sozialen Systemen für Luhmann das Abgrenzen von Kommunikationssphären und damit das Aufrechterhalten von Kommunikationsschranken ist, wäre die Vermittlung der Freiheitsgarantien auf dieser Abstraktionsebene konsequent eine Vermittlung von Kommunikationschancen, *Luhmann*, Grundrechte, S. 23 ff., 197 mit weiterer Begründung zur Tendenz der Entdifferenzierung und Politisierung auf S. 24; zur Funktion auch *Willke*, Grundrechtstheorie, S. 167 f., Kritik ab S. 180 ff.

476 *Möller* in Neue Theorien des Rechts, S. 47, 56. Das stützt insoweit auch die abweichend von *Luhmann* definierte Systemgrenze des Rechts, § 2 B. III. 2. b. i., S. 62 ff., denn mit *Luhmann* läge auf beiden Seiten eine Kommunikation im Rechtssystem vor.

Die „Einheit der Rechtsordnung“[477] meint eine besonders starke strukturelle Koppelung[478], ihrer Subsysteme[479]. Diese Einheit lässt mehrere Systemzustände zu und verschließt sich auch Veränderung nicht. Dabei kann ein Subsystem eine Irritation in einem anderen Subsystem auslösen und das Subsystem über die vielfältigen strukturellen Koppelungen der speziellen Rechtssysteme untereinander deutlich vorhersehbarer regulieren, als es das Rechtssystem mit Systemen seiner Umwelt gewöhnlich tun kann. Dem Grundgesetz, oder besser: dem Verfassungsrecht, dessen Programm das Grundgesetz ist, kommt dabei die zentrale Regulierungsfunktion für alle anderen Subsysteme zu.[480] Das BVerfG als Struktur hat insofern die Schlüsselposition inne, weil ihm von den anderen Systemen und von sich selbst das Monopol zur autoritativen Verfassungsauslegung und zur autoritativen Entscheidung verfassungsrechtlicher Streitigkeiten zugeschrieben wird.[481] Dies verwirklicht sich in der Kommunikation des Rechtssystems. Symbolisch festgesetzt kommt die Regulierungsfunktion des Verfassungsrechts am deutlichsten in Art 20 III GG im Rechtsstaatsprinzip zum Ausdruck: Die Gesetzgebung, die Rechtsprechung und die vollziehende Gewalt[482] sind an die verfassungsmäßige Ordnung gebunden.[483] Hierin liegt auch die Normhierarchie begründet, die sämtliche nationalen formellen Gesetze in den Rang unter das Grundgesetz stellt und sie so

477 Dazu *Wörner,* Widersprüche Lebensschutz, § 9 A. (S. 341 ff.), grundlegend insbesondere *Engisch,* Die Einheit der Rechtsordnung. Eine ideale Einheit der Rechtsordnung führt am Ende zu einem System, das auch zwischen den Subsystemen grundsätzlich frei von Widersprüchen ist, *Felix,* Einheit der Rechtsordnung, S. 146; *Wörner,* Widersprüche Lebensschutz, § 9 A. I. (S. 342).

478 Aus Sicht eines Systems also ein dauerhaftes Voraussetzen bestimmter Eigenarten seiner Umwelt, etwa in Bezug auf das Wirtschaftssystem die Annahme von Geld, *Luhmann,* Recht der Gesellschaft, S. 441.

479 Etwa repräsentiert durch Gesellschaftsrecht, Verwaltungsrecht, Verfassungsrecht, Schuldrecht, Strafrecht etc.

480 BVerfG 1 BvR 400/51 v. 15.01.1958 = BVerfGE 7, 198, 205 ff.; *Montenbruck,* Straftheorie, S. 25; *Appel,* Verfassung und Strafe, S. 21 ff. Siehe in diesem Zusammenhang zur „Interdependenz“ des Verfassungsrechts zu den anderen Rechtsgebieten im Zusammenhang mit der Systemtheorie *Willke,* Grundrechtstheorie, S. 100. Allerdings stammt dies noch aus der „Nullserie“ der Systemtheorie, vgl. *Luhmann,* Short Cuts 1, S. 25. Mit *Hart,* The Concept of Law, S. 94 ff. kann man darüber hinaus davon sprechen, dass das Grundgesetz die „Rules of recognition“ in sich vereint und so für die Geltung der Normen im Sinne ihrer Anschlussfähigkeit eine grundlegende Bedeutung hat. Letzteres spielt sich freilich in einem völlig anderen Konzept als *Harts* ab.

481 *Bethge* in Schmidt-Bleibtreu/Klein/Bethge, Vorbemerkungen, Rn. 57, § 1, Rn. 44 ff.

482 Letzteres ist als Auffangtatbestand zu verstehen, *Grzeszick* in Dürig/Herzog/Scholz, Art. 20, VI., Rn. 71.

483 *Rux* in BeckOK GG, Art. 20, Rn. 165.1; *Grzeszick* in Dürig/Herzog/Scholz, Art. 20, VI., Rn. 18 ff. m. w. N.

hierarchisch von diesem abhängig macht.[484] Bekräftigt wird dieser ausgesendete Reiz durch Art. 79 III GG, der Art. 20 GG für unabänderlich erklärt und so – jedenfalls für seinen Kernbereich, zu dem auch die Bindung an die verfassungsmäßige Ordnung gehört –[485] eine „Ewigkeitsgarantie" ausspricht. Die Ewigkeitsgarantie, die diese Garantie auch für sich selbst ausspricht, um ihr Ziel zu erreichen,[486] ist dadurch freilich eine Paradoxie. Dennoch hat dies eine ungemein stärkende Wirkung der Erwartung auf den Bestand dieser Regelung, sodass das Vertrauen anderer Systeme in die Geltung der Mitteilung von Art. 20 III GG außerordentlich stark ist.

Letztlich sind die ausgesendeten Reize des Verfassungsrechts aber nur ein Teil des Ganzen. Es kommt aus systemtheoretischer Perspektive zuvorderst auf die inhaltliche Verarbeitung innerhalb der anderen Subsysteme an. Da sie autopoietisch sind, kann das Verfassungsrecht die Normhierarchie nicht einfach aufzwingen, soll heißen, die anderen Subsysteme steuern.[487] Allerdings ist die Bindung an die „verfassungsmäßige Ordnung" von den anderen Subsystemen des Rechtssystems soweit völlig anerkannt und wird in der Kommunikation nicht in Frage gestellt, es ist in ihren Programmen implementiert. Besonders deutlich wird dies im Strafverfahrensrecht, das bisweilen als – freilich pauschalisierend – „angewandtes Verfassungsrecht"[488] bezeichnet wurde.[489] Die Subsysteme wirken durch ihre Struktur der Gerichte an der Verfassungsinterpretation mit – Art. 100 I GG –[490] die schlussendliche Entscheidung bleibt aber unumstößlich beim BVerfG.[491] Dies ist beispielhaft an der Orientierung der Strafgerichte am BVerfG zu beobachten.[492] Insofern werden das Grundgesetz und seine Interpretation durch das BVerfG, zu-

484 *Lepsius*, JuS 2018, 950, 951; *Sachs/von Coelln* in Sachs, Art. 20, Rn. 94 ff.

485 *Sachs/Mann* in Sachs, Art. 79, Rn. 75; *Dietlein* in BeckOK GG, Art. 79, Rn. 46.

486 *Sachs/Mann* in Sachs, Art. 79, Rn. 80; *Dietlein* in BeckOK GG, Art. 79, Rn. 19.

487 Vgl. zur Sorge vor „Kolonialisierung" des Strafrechts durch das Verfassungsrecht *Kaspar*, Verhältnismäßigkeit und Grundrechtsschutz im Präventionsstrafrecht, S. 38 f. m. w. N., der selbst die „Gefahr" für gering hält. Siehe zum Thema auch *Jahn* in GS Vogel, S. 63, 85 f. Aus systemtheoretischer Perspektive kann man sagen: „Kolonialisierung" kann nur stattfinden, wenn das Strafrecht dies auch zulässt und entsprechende verfassungsrechtliche Programme in seine Programme aufnimmt.

488 *Henkel*, Strafverfahrensrecht, S. 5.

489 Dazu *Brodowski*, Evolution des Strafrechts, S. 37 m. w. N.

490 Vgl. auch für Fälle, in denen die verfassungsrechtliche Nachprüfung jedem Richter unterliegt BVerfG 1 BvL 7/85 v. 04.06.1985 = BVerfGE 70, 134, 136 f.; BVerfG 1 BvL 20/7748 v. 01.03.1978 = BVerfGE 48, 40, 45; = BVerfG 1 BvL 12, 15, 16, 24, 28/51 v. 02.03.1952 = BVerfGE 1, 184, 195.

491 Gerne mit „Das letzte Wort" umschrieben". BVerfG 1 BvL 7/85 v. 04.06.1985 = BVerfGE 70, 134, 136 f.; BVerfG 1 BvL 20/7748 v. 01.03.1978 = BVerfGE 48, 40, 45; *Bethge*. in Schmidt-Bleibtreu/Klein/Bethge, § 1, Rn. 46; *W. Roth*, NVwZ 1998, 563, 566. *Kischel*, AöR 131 (2006), 219, 227 leitet dies aus Art. 93 GG und dem Rechtsstaatsprinzip ab.

492 Mit einer ausführlichen Analyse *Appel*, Verfassung und Strafe, S. 103 ff.

mindest die Entscheidungsformel und die tragenden Entscheidungsgründe,[493] unmittelbar als bindend behandelt. Kritisiert ein psychisches System, das zeitweilig die personale Rolle des Richters ausfüllt, ein Urteil des BVerfG, so tut es dies in aller Regel nicht in seiner Rolle als Richter, also als Teilnehmer am Rechtssystem, sondern als Wissenschaftler, als Teilnehmer am Wissenschaftssystem, der das Urteil in den Code „Wahr/Falsch" einordnen möchte, was aber für die Akzeptanz im Rechtssystem insoweit nur eine mittelbare Rolle spielt. Seltene Ausnahmen einer Art Auseinandersetzung bilden etwa die Diskussion zum Gewaltbegriff bei der Nötigung[494] und die Diskussion um den Waffenbegriff.[495] Aber auch hier hat der BGH die eigentliche Autorität des BVerfG nie in Frage gestellt, sondern nur die Grenzen seiner Kompetenzen ausgelotet, ohne sie zu überschreiten. Tatsächliche Abweichungen vom BVerfG sind sehr selten und in sehr speziellen Umständen geboren.[496] Die Rechtsprechung des BVerfG zur Berücksichtigung von Nah- und Fernzielen bei der Verwerflichkeit im Rahmen der Nötigung hat, neben der Änderung der Strafrechtsrechtsprechung, gar auch im Strafrechtswissenschaftssystem einen schnellen Meinungsumschwung herbeigeführt.[497] Die Subsysteme haben sogar verschiedene Mechanismen geschaffen, die die Nichtanerkennung des Grundgesetzes als Ganzes oder in Teilen mit negativen Rechtsfolgen belegen, und so die Wertungen des Grundgesetzes noch nachhaltiger in ihre Programme aufgenommen.[498]

So ist der Stand des Verfassungsrechts dadurch gefestigt, dass in allen Subsystemen eine Erwartung hinsichtlich seiner Stellung etabliert ist, die in ihrer Konstanz und Inflexibilität außergewöhnlich ist. Dies liegt sicherlich auch darin

---

493 Das ergibt sich aus § 31 I BVerfGG, vgl. *Bethge* in Schmidt-Bleibtreu/Klein/Bethge, § 31, Rn. 96 ff.

494 Siehe mit umfangreicher Darstellung und weiteren Nachweisen *Sinn* in MüKo StGB, § 240, Rn. 31 ff.; *Rengier*, BT II, § 23, Rn. 5 ff.

495 Vgl. *Wörner*, ZJS 2009, 236 ff. mit Besprechung von BVerfG 2 BvR 2238/07 v. 01.09.2008 = NJW 2008, 3627. Zum Spannungsfeld zwischen den Prüfungskompetenzen ebd., 236, 238 ff. Danach besteht Anschlussfähigkeit gegenüber dem Modus, dass das BVerfG zwar den Fachgerichten nicht vorschreibt, wie einfaches Recht auszulegen ist, aber Grenzen vorgibt, wie einfaches Recht nicht ausgelegt werden kann, ebd, 236, 246.

496 Für ein Beispiel siehe *Jahn*, NStZ 2007, 255 ff.

497 BVerfG 1 BvR 388/05 v. 07.03.2011 = NJW 2011, 3020 ff.; *Burchard* in GS Vogel, S. 27, 58 f., Nachweise zum Meinungsumschwung ebd., Fn. 107. Trotz dieser starken Bindung in den Programmen ergeben sich Schwierigkeiten, wenn die Mitteilungen des BVerfG inhaltlich mit eigentlich gegenteiligen Programmen in den Systemen des Rechts kollidieren. Das wird weiter unten noch wichtig werden; § 3 D. II. 3. b., c., S. 149 ff..

498 So im Strafrecht etwa explizit bei § 81 I Nr. 2 StGB oder bei § 86 I StGB.

begründet, dass die Subsysteme des Rechts einen Teil ihrer Eigenlegitimation[499] aus dem Verfassungsrecht, wesentlich dem Grundgesetz, beziehen, und ihre internen Programme zu einem großen Teil am Verfassungsrecht ausgerichtet haben. Ein Beispiel dafür ist das Verhältnismäßigkeitsprinzip, das sich in der ein oder anderen Form in jedem Subsystem des Rechtssystems etabliert hat.[500]

Freilich bedeutet dies keine vollständige „Unterwerfung" unter das BVerfG im Sinne einer vollständigen und von temporaler Invarianz gekennzeichneten Orientierung des Strafrechtssystems an der Rechtsprechung des BVerfG. Das ist schon deshalb selbstverständlich, weil das BVerfG nur Verfassungsrecht prüft und dementsprechend – nicht nur dort – keine vollständige Unterordnung der Strafgerichte unter das BVerfG in den Programmen vorliegt.[501] Das BVerfG befindet sich kommunikativ nicht im Code „schuldig/nicht schuldig", sondern „verfassungsgemäß/verfassungswidrig".[502] So ist etwa der verfassungsrechtliche Strafbegriff schon

---

499 Zum Begriff der Legitimation siehe unten ab § 3 D. I. 2., S. 134 ff., insofern stellen die Systeme oft über das Verfassungsrecht die Anschlussfähigkeit an ihre Umwelt her, im Sinne der Akzeptanz ihres Codes, bspw. beim Strafrecht durch Akzeptanz der Strafnormen durch die beobachtenden Systeme, die an die verfassungsrechtliche Kontrolle rückgekoppelt sind. Verfassungsrecht behandelt einen Großteil der „Rules of Recognition" nach *Hart*, The Concept of Law, S. 94 ff., was insoweit in diesem Kontext passend ist.

500 *Sachs/von Coelln* in Sachs, Art 20, Rn. 148; speziell für das Strafrecht *Appel*, Verfassung und Strafe, S. 171 ff.; *Schmahl* in Handbuch des Strafrechts 1, § 2, Rn. 14 ff. *Kaspar* hat mit seiner Schrift „Verhältnismäßigkeit und Grundrechtsschutz im Präventionsstrafrecht", aufbauend auf präventiven Sanktionszwecken, eine Konzeption der Prüfung der Verhältnismäßigkeit einer strafbewehrten Verhaltensnorm entwickelt, insb. S. 351 ff. – freilich im Strafrechtswissenschaftssystem (§ 2 B. III. 2. b. i., S. 62 ff.). Die Verflechtung zeigt sich auch auf anderen Ebenen, etwa bei den Grundlagen des mehrspurigen Rechtsfolgensystems. So schreibt *Wörner* in Strafverfassungsrecht, S. 339 als Kommentar zu *Rusteberg* in Strafverfassungsrecht, S. 297 ff.: „Auf dieser ersten Ebene bleibt mir heute also nur zu konstatieren, dass die Disziplinen des Strafrechts und des Verfassungsrechts bereits so eng miteinander verwoben sind und miteinander kommunizieren, ja sich bedingen, dass ein, vielleicht gar kritischer, Gegenkommentar aus dem Strafrecht mir die Sache nicht weiterzubringen scheint."

501 *Wörner* in Strafbegründung und Strafeinschränkung, S. 97, 117, mit Verweis auch ausdrücklich auf das BVerfG selbst; BVerfG Beschl. v. 24.10.1999 – 2 BvR 1821/99 – Rn. 5 – juris. Vgl. am Beispiel der Auslegung des Waffenbegriffs *dies.*, ZJS 2009, 236, 246.

502 Deshalb ist es kritisch zu sehen, dass das BVerfG kürzlich bei einer Entscheidung zu § 184b StGB in der Zulässigkeit unter den Straftatbestand subsumiert hat, um ihn dann als nicht entscheidungserheblich abzutun; BVerfG, Beschluss v. 03.03.2023 – 2 BvL 11/22, insbesondere in Bezug auf AG Wuppertal. Insofern zeigt sich hier die Expansionstendenz sozialer Systeme, die versuchen, expansiv alles in ihren Code einzuhegen. Das kritische Potential, eben gerade auch aus systemtheoretischer Sicht, kommt daher, weil die de facto Dominanz einzelner Gesellschaftssysteme als Krisendiagnose der funktional differenzierten Gesellschaft vorgeschlagen wird, *Osrecki*, Soziale Systeme 2015, 227, 236; weiterführend *Möller* in Systemtheorie und Differenzierungstheorie als Kritik, S. 168, 192 ff.

nicht eindeutig und funktional nicht ausdifferenziert.[503] Freilich führt dies bisweilen dennoch dazu, dass eine Norm des materiellen Strafrechts in den „Korridor" des Verfassungsrechts zurückgeführt wird und das Strafrecht dann seine Programme entsprechend anpasst. Auch die Rechtsprechung des BVerfG ist manchen Änderungen unterworfen, durch das Phänomen des „Verfassungswandels", unter Berücksichtigung der Bindungswirkung an die eigenen Entscheidungen.[504]

Insgesamt lässt sich sagen: Das Recht steht heute auf dem Fundament des Grundgesetzes, obwohl das Haus schon stand, also das Grundgesetz hinzukam.[505] Das unterstreicht einmal mehr die kontingente Natur sozialer Systeme. Das Strafrecht bildet keine Ausnahme. Man kann insoweit, meint man die Verankerung von Strafrecht und Verfassungsrecht, von „Strafverfassungsrecht"[506] sprechen, welches freilich im systemtheoretischen Verständnis immer noch im Strafrechtssystem angesiedelt ist und die Implementierung der Programme des Verfassungsrechts in

---

**503** In Bezug auf die Abgrenzung des Strafrechts an sich aus dieser Perspektive *Appel*, Verfassung und Strafe, S. 210 ff. Vgl. auch die Darstellung zu den Veränderungen der Strafzwecke des BVerfG bei *Brodowski*, Evolution des Strafrechts, S. 331 f.

**504** Vgl. zum Verfassungswandel etwa *Voßkuhle*, JuS 2019, 417, 418 ff.; *U. Volkmann*, JZ 2018, 265, 268 ff.; *Brodowski*, Evolution des Strafrechts, S. 330 f. Für die Bindungswirkung an eigene Entscheidungen siehe beispielhaft BVerfG 1 BvF 1, 2, 3, 4, 5, 6/74 v. 25.02.1975 = BVerfGE 39, 1 zu BVerfG 2 BvF 2/90 und 4, 5/92 v. 28.05.1993 = BVerfGE 88, 203, zum Problemkreis des in diesen Urteilen behandelten Schwangerschaftsabbruchs *Wörner*, Widersprüche Lebensschutz, § 8 A. II: 2. (S. 317 f.)

**505** Dazu zusammenfassend für das Strafrecht *Brodowski*, Evolution des Strafrechts, S. 36 ff.

**506** Grundlegend *Burchard* in GS Vogel, S. 27, 28 ff. und *Jahn* in GS Vogel, S. 63, 65 ff. Freilich besteht noch keine allgemeine, völlig anerkannte Definition. Unter das Strafverfassungsrecht werden, so *Wörner*, Widersprüche Lebensschutz, § 11 (S. 393, Fn. 2075), „verfassungsrechtliche Überlegungen zur Legitimation und zur Begrenzung von Strafe und Strafrecht und strafrechtstheoretische Überlegungen zur Abgrenzung vom Verfassungsrecht" begrifflich gefasst. Nach *Burchard* in GS Vogel, S. 27, 28 f. handele es sich bei Strafverfassungsrecht um „jenen Teil des Verfassungsrechts [...], der das Strafrecht zum Gegenstand hat und dieses rechtsgrundsätzlich regelt." Nach *Jahn* in GS Vogel, S. 63, 65 ist Strafverfassungsrecht „die Summe derjenigen Rechtssätze, die die Anforderungen an ein rechtsstaatlich materielles Strafrecht und Strafverfahrensrecht unter der Geltung einer höherrangigen Verfassung [...] beschreiben." Zusammenfassend zum Strafverfassungsrecht etwa *Brodowski*, Evolution des Strafrechts, S. 45 ff. Strafverfassungsrechtlich arbeitet auch *Wörner*, Widersprüche Lebensschutz, § 11 (S. 393 ff.), die in diesem Rahmen u. a. den Begriff der Strafrechtswürdigkeit ausdifferenziert. In einem systemtheoretischen Verständnis können Elemente des „Strafverfassungsrechts" (will man sie dort verorten), die unmittelbar aus dem Verfassungsrecht kommen, keine real zwingende Wirkung auf das Strafrecht und den Gesetzgeber entfalten. Dies würde ein *reales, beobachterunabhängiges* Primat des Verfassungsrechts voraussetzen, dass es im autopoietischen Systemverständnis so nicht geben kann. Er ist aber als Beobachterbegriff nützlich, um einen derzeitigen Zustand zu beschreiben, in dem das Strafrecht bestimmte Programme des Verfassungsrechts in seine eigenen Programme implementiert hat und so von außen der Eindruck einer „zwingenden" Vorgabe als Beschreibung eines aktuell so beobachteten Zustands entsteht.

das Strafrecht beschreibt, also die Maßstäbe, die Verfassungsrecht für das Strafrecht regulierend setzt und die das Strafrechtssystem übernommen hat.

Aber kann das Verfassungsrecht deshalb die Funktion des Strafrechts einschränken oder gar bestimmen?

## II. Ausfüllung der Funktion in den Grenzen des Verfassungsrechts

Bei Überlegungen dazu, wie und ob das Verfassungsrecht die Funktion einschränken oder bestimmen kann, kommen eine Begrenzung der Funktion an sich (1.), eine Begrenzung der Mittel (2.), ein Strukturantagonismus durch einen möglichen Verstoß der Funktion gegen Art. 1 GG (3.) sowie die Erzwingung einer spezifischen Ausfüllung der Funktion in Betracht (4.).

### 1. Begrenzung der Funktion an sich

Für die Funktion an sich muss sich nach dem hier zugrunde gelegten[507] funktionsstrukturalistischen Verständnis ergeben, dass weder das Grundgesetz noch das BVerfG die Funktion des Rechts bzw. des Strafrechts definieren oder begrenzen können. Das folgt aus der Natur des Grundgesetzes, dem Kern des Verfassungsrechts, als eine *Struktur*. Strukturen *folgen* Funktionen stets nach, nicht umgekehrt. Die gefundene Funktion der Aufrechterhaltung und Konstituierung des Generalvertrauens kommt von außerhalb des Rechtssystems: Das Rechtssystem kommt in seiner strukturellen Ausgestaltung erst aus der Funktion, nicht umgekehrt. Deshalb steht die Funktion des Rechtssystems und auch des Strafrechtssystems mit seinen Strukturen unumstößlich fest. Die Funktion steht vor dem Rechtssystem, das es ausfüllt. Dies ist eine zwingende Folge aus der funktionsstrukturalistischen Natur der Systeme.

Würde die Funktion bspw. gegen Art. 1 GG verstoßen, so ergäbe sich ob der eben beschriebenen Implementierung des Grundgesetzes in die Programme des Strafrechts ein Dilemma, welches nur schwer auflösbar wäre und zu einer Eigendelegitimierung führen würde. Allerdings kann ein solcher Verstoß in Bezug auf die hiesige Straftheorie nicht festgestellt werden, wie sogleich gezeigt werden wird.[508]

507 § 2 B. II. 8., S. 53 ff.

508 § 3 C. II. 3., S. 126 ff.

## 2. Begrenzung der Mittel

Allerdings heißt das nicht, dass das Verfassungsrecht völlig vernachlässigbar ist, im Gegenteil: Es kann durch seine Implementation in die Programme des Strafrechts beeinflussen, *wie* die Funktion ausgefüllt wird, und kann der Ausfüllung der Funktion durch das Strafrechtssystem so faktisch Grenzen aufzeigen.

Dem Grundgesetz selbst lässt sich unmittelbar und ausdrücklich keine Entscheidung über die Funktion und Zwecke des Strafens entnehmen. Nur die staatliche Strafgewalt (über die Kompetenzregelungen, Art. 74 Nr. 1 Var. 2 GG) und Rechte des Einzelnen im Zusammenhang mit Strafrecht und Strafprozessrecht (Art. 102, 103 II, III, 104 GG) werden vorausgesetzt. Dadurch werden einige wichtige Grenzen für die Ausfüllung der Funktion gezogen:[509] Die Todesstrafe kann die Funktion nicht ausfüllen, Art. 102 GG.[510] Zur Konstituierung und Aufrechterhaltung des Generalvertrauens muss deshalb auf andere Strafen zurückgegriffen werden. Auch ein mehrfaches Bestrafen für dieselbe Tat (ne bis in idem, Art. 103 III GG) ist nicht möglich. Hinzu treten schließlich die Grenzen aus Art. 103 II GG und Art. 104 GG, namentlich das Gesetzlichkeitsprinzip (ausformuliert durch nullum crimen, nulla poena sine lege scripta, lege praevia, lege certa et lege stricta)[511] und das Verbot körperlicher und seelischer Misshandlungen festgehaltener Personen. Dass der Code „schuldig/nicht schuldig“ auf bestehende Normen des StGB und des Nebenstrafrechts sowie ihre Auslegung durch die Gerichte und die korrespondierende Dogmatik beschränkt ist, liegt ebenfalls an im Strafrecht implementierten, aus dem Verfassungsrecht folgenden, Programmen (§ 1 StGB). Natürlich kann durch Auslegung, vor allem des Art. 1 I GG, weitergehende Eingrenzung folgen. Dabei ist etwa das Verbot von grausamen und erniedrigenden Strafen zu nennen, welches unmittelbar aus Art. 1 I GG abgeleitet wird.[512] Will man solche Strafen, so ist dies nicht in einer Gesellschaft möglich, in der das Grundgesetz einen derart starken kommunikativen Stand hat und in den Programmen des Strafrechts etabliert ist. Zudem muss eine Strafnorm den Anforderungen des Verhältnismäßigkeitsgrundsatzes genügen.[513] In diesen beispielhaft aufgeführten Punkten wird die Ausfüllung der Funktion mittelbar durch das Verfassungsrecht begrenzt.

---

509 Ausführlich und mit weiteren Beispielen zu den Grenzen vor allem *Schmahl* in Handbuch des Strafrechts 1, § 2, Rn. 12 ff.; siehe dazu auch *Brodowski*, JuS 2012, 892 ff.

510 Dazu auch *Kaspar*, Verhältnismäßigkeit und Grundrechtsschutz im Präventionsstrafrecht, S. 630 f.

511 Ursprünglich auf *Feuerbach* zurückgehend, siehe nur *Roxin/Greco*, § 5, Rn. 12 ff.; *Rengier*, AT, § 4, Rn. 4.

512 *Appel*, Verfassung und Strafe, S. 131 f.

513 Für viele nur *Wörner*, Widersprüche Lebensschutz, § 11 B. II. (S. 404) m. w. N. und grundlegend im Rahmen der Begrifflichkeit vom Strafverfassungsrecht *Burchard* in GS Vogel, S. 27, 42 ff. Das

Zu spezifischen Funktionen und Straftheorien bezieht das BVerfG nur sehr zurückhaltend Stellung. Das BVerfG hat mehrfach den Zweck des Strafrechts darin gesehen, wichtige und elementare Grundlagen eines geordneten Gemeinschaftslebens zu schützen.[514] An keiner Stelle äußert sich das BVerfG dazu, welche Elemente im Einzelnen zu einem solchen „geordneten Gemeinschaftsleben" gehören.[515] Dazu stellt das BVerfG fest, dass Strafbewehrung zweierlei Schutz entfalten soll: Zum einen präventive und repressive Schutzwirkung in Fällen, in denen einem geschützten Gut Verletzung droht oder diese bereits eingetreten ist. Zum anderen sollen im „Volk lebendige Wertvorstellungen und Anschauungen über Recht und Unrecht" gestärkt und unterstützt und dadurch ein Rechtsbewusstsein gebildet werden.[516] Die Nähe des zweiten Schutzzwecks zur gefundenen Funktion des Strafrechts ist deutlich. Das BVerfG bindet dieses „Rechtsbewußstein" zurück an einen spezifisch generalpräventiven Zweck; konkret, dass „auf der Grundlage einer solchen normativen Orientierung des Verhaltens eine Rechtsgutsverletzung schon von vornherein nicht in Betracht gezogen wird"[517]. So befinden sich die hiesige Funktion und dieser Schutzzweck nicht auf der gleichen Ebene, sie bedingen sich in ihrer Ursache aber: Werden im Volk „lebendige Wertvorstellungen und Anschauungen von Recht und Unrecht gestärkt", so impliziert das eine Generalisierung von Verhaltenserwartungen, die für das Generalvertrauen notwendig sind. Weiterhin spricht das BVerfG vom Strafrecht als „unverzichtbares Element zur Sicherung der Unverbrüchlichkeit dieser Rechtsordnung"[518], was in die gleiche Kerbe schlägt und dazu noch den Bezug zu einer weiteren Voraussetzung des Generalvertrauens herstellt; dem Systemvertrauen. Die gefundene Funktion scheint dem Grundgesetz

---

spricht freilich einen extrem umfangreichen Problemkreis an, der hier und im folgenden Kapitel jeweils nur angedeutet werden kann. Dazu umfangreich und mit vielen weiteren Nachweisen *Kaspar,* Verhältnismäßigkeit und Grundrechtsschutz im Präventionsstrafrecht, S. 351 ff.

**514** BVerfG 2 BvF 2/90 und 4, 5/92 v. 28.05.1993 = BVerfGE 88, 203, 257; BVerfG 1 BvF 1, 2, 3, 4, 5, 6/74 v. 25.02.1975 = BVerfGE 39, 1, 46; auch BVerfG 1 BvL 14/76 v. 21.06.1977 = BVerfGE 45, 187, 254 („elementare Werte des Gemeinschaftslebens"); BVerfG 2 BvE 2/08 u. a. v. 30.06.2009 = BVerfGE 123, 267, 408 („geordnetes menschliches Zusammenleben durch Schutz der elementaren Werte des Gemeinschaftslebens"); BVerfG 2 BvL 43, 51, 63, 64, 70, 80/92, 2 BvR 2031/92 v. 09.03.1994 = BVerfGE 90, 145, 184 („wichtige Gemeinschaftsbelange") und ausdrücklich 213 in (nicht dazu) abw. Meinung *Sommer.*

**515** *Appel,* Verfassung und Strafe, S. 63.

**516** BVerfG 2 BvF 2/90 und 4, 5/92 v. 28.05.1993 = BVerfGE 88, 203, 253; mit abweichendem Wortlaut, aber in der Sache entsprechend BVerfG 1 BvL 14/76 v. 21.06.1977 = BVerfGE 45, 187, 254, 256.

**517** BVerfG 2 BvF 2/90 und 4, 5/92 v. 28.05.1993 = BVerfGE 88, 203, 253.

**518** BVerfG 2 BvE 2/08 u. a. v. 30.06.2009 = BVerfGE 123, 267, 408; ähnlich BVerfG 1 BvL 14/76 v. 21.06. 1977 = BVerfGE 45, 187, 256.

in der Interpretation des BVerfG in wesentlichen Elementen zunächst sogar zu entsprechen.

Auch andere Zwecke sind dem BVerfG nicht fremd.[519] Diese Mischung aus verschiedenen Zwecken mutet beliebig an, ist aber dadurch leicht zu erklären, dass das BVerfG nicht originär Zwecke formulieren möchte, sondern nur überprüft, ob die vom Gesetzgeber verfolgten Belange mit dem Grundgesetz vereinbar sind[520] – immer im Code verfassungsgemäß/verfassungswidrig. Ausdrücklich hat sich das BVerfG in der Entscheidung zur lebenslangen Freiheitsstrafe *keiner* Straftheorie angeschlossen und festgestellt, dass der Streit *nicht* von Verfassung wegen zu entscheiden sei.[521] Allerdings stellt das BVerfG im Allgemeinen vor allem die generalpräventive Wirkung des Strafrechts heraus,[522] ohne dies theoretisch, systematisch oder empirisch zu fundieren.[523] Auch ein generalpräventiver Zweck muss lediglich geeignet und erforderlich dem verfassungsrechtlichen (nicht strafrechtlichen) Rechtsgüterschutz dienen[524], denn daran misst die Verfassung durch das BVerfG letztlich jede staatliche Maßnahme.

### 3. Strukturantagonismus durch Verstoß gegen Art. 1 I GG?

Die Funktion und ihre mögliche Ausfüllung scheint das Grundgesetz nicht ausreichend aufzuschrecken, als dass das Strafrechtssystem in der Ausfüllung der Funktion nachhaltig beschränkt wäre. Dennoch: Die oft geäußerte Kritik gegen die positive Generalprävention zielt auf das Grundgesetz und im speziellen auf Art. 1 I GG ab, indem sie sagt, dass bei einem Strafzweck, der sich nicht mit dem die Norm übertretenden Täter befasst, der Täter als Individuum zum bloßen Objekt des

519 *Swoboda*, ZStW 122 (2010), 24, 47.

520 *Appel*, Verfassung und Strafe, S. 66.

521 BVerfG 1 BvL 14/76 v. 21.06.1977 = BVerfGE 45, 187, 253 f.: „Das Bundesverfassungsgericht hat sich wiederholt mit Sinn und Zweck des staatlichen Strafens befaßt, ohne zu den in der Wissenschaft vertretenen Straftheorien grundsätzlich Stellung zu nehmen. Auch im vorliegenden Fall besteht kein Grund, sich mit den verschiedenen Straftheorien auseinanderzusetzen; denn es kann nicht Aufgabe des Bundesverfassungsgerichts sein, den Theorienstreit in der Strafrechtswissenschaft von Verfassungs wegen zu entscheiden. Der Gesetzgeber hat in den Strafrechtsreformgesetzen seit 1969 zu den Strafzwecken ebenfalls nicht abschließend Stellung nehmen wollen und sich mit einer begrenzt offenen Regelung begnügt, die keiner der wissenschaftlich anerkannten Theorien die weitere Entwicklung versperren wollte". Dazu auch *Montenbruck*, Straftheorie, S. 25 f.; *Appel*, Verfassung und Strafe, S. 74.

522 Deutlich sichtbar in BVerfG 1 BvF 1, 2, 3, 4, 5, 6/74 v. 25.02.1975 = BVerfGE 39, 1, 57; BVerfG 2 BvE 2/08 u. a. v. 30.06.2009 = BVerfGE 123, 267, 408; BVerfG 1 BvL 14/76 v. 21.06.1977 = BVerfGE 45, 187, 256 f.; BVerfG 2 BvL 43, 51, 63, 64, 70, 80/92, 2 BvR 2031/92 v. 09.03.1994 = BVerfGE 90, 145, 184 f.

523 *Appel*, Verfassung und Strafe, S. 183.

524 Etwa BVerfG 2 BvL 43, 51, 63, 64, 70, 80/92, 2 BvR 2031/92 v. 09.03.1994 = BVerfGE 90, 145, 174 ff.

Staates werde und so die Funktion in ihrer ungefilterten Ausgestaltung die Menschenwürde verletze.[525] Wäre diese Argumentation auch für die hiesige Konzeption durchgreifend, so befände sich das Strafrechtssystem in einem inhärenten Strukturantagonismus, da das Verfassungsrecht in die Programme des Strafrechtssystems aufgenommen wurde und so die in den Strukturen verfestigten Programme gegen die Funktion arbeiten würden, aus denen die Strukturen erst entstanden sind. Im „Objektivierungsvorwurf"[526] steht das Generalvertrauen nah an der positiven Generalprävention, auch wenn sie eigentlich ein anderes Ziel verfolgt und die positive Generalprävention nur naheliegendste Sekundärwirkung im Sinne einer Leistung ist.[527] Beiden ist jedoch gemein, dass sich die Strafe grundsätzlich auf einen spezifischen Zweck ausrichtet, der außerhalb der Person des Täters steht.

Durch das begrifflich weite Feld, das der Begriff der Objektivierung eröffnet, kann bei beinahe jedem[528] staatlichen Handeln, dem Individuen ausgesetzt sind, eine Verobjektivierung dieser Individuen interpretiert werden. Freilich müssen dem Vorwurf deswegen Grenzen gesetzt werden. Auf Ebene der Bestrafung kann dem Vorwurf der Objektivierung durch Mechanismen, die beim Schuldvorwurf das Individuum berücksichtigen, entgegengetreten werden. Gäbe es solche Mechanismen nicht, könnte dem Grunde nach ein beliebiger „Sündenbock" gefunden werden, um Generalvertrauen zu erhalten. Dabei ist schon aus Sicht der Funktion eine Zuweisung an ein beliebiges Individuum ausgeschlossen, da ein solcher Enttäuschungsmechanismus nicht seine Funktion erfüllen würde. Er beruht ja gerade darauf, den „Fehler", die Ursache der Diskrepanzbeobachtung, weder dem Strafrecht noch dem Beobachter, sondern etwas anderem zuzuschreiben, um so Generalvertrauen auch in Zukunft umzuwandeln. Das würde bei einem völlig beliebigen Dritten wohl kaum anschlussfähig gelingen, da dies auch aus sozialpsychologischer Perspektive nicht nachvollziehbar wäre.

Würde das Strafrecht dennoch nach dem „Sündenbockprinzip" verfahren, so wäre die Kritik in der Tat berechtigt und eine solche Ausfüllung der Funktion verstieße gegen Art. 1 GG, denn eine Bestrafung ohne Berücksichtigung des Ver-

---

525 *Köhler*, Problem der Generalprävention, insbesondere S. 47 ff., hier auch begründend aus § 46 StGB i. V. m. Art. 103 II GG; *Roxin/Greco*, § 3, Rn. 32; aus anderer Perspektive mit demselben Vorwurf *Stübinger*, KJ 1993, 33, 44 f.; am Rande auch *Montenbruck*, Straftheorie, S. 99, 101. Beschreibend zum „Instrumentalisierungseinwand" vgl. auch *Bröckers*, Verantwortung ohne Willensfreiheit, S. 61 ff.

526 Zur Objektformel als nach wie vor dominierendem Verständnis des Inhalts von Art. 1 GG *Herdegen* in Dürig/Herzog/Scholz, Art. 1 GG, Rn. 36 m. w. N.

527 Leistungen verstanden als positiv erachtete Sekundärwirkungen. Zur Einordnung in die anderen Straftheorien siehe § 3 F., S. 155 ff.

528 Selbst Besteuerung kann so interpretiert werden.

haltens des Täters macht ihn ohne Zweifel zum Objekt.[529] Das Strafrecht setzt für einen Schuldvorwurf allerdings ein tatbestandsmäßiges, rechtswidriges und schuldhaftes Verhalten voraus, berücksichtigt also gerade sehr genau das Verhalten des Individuums. Das Individuum wird betrachtet und hat es mit der hervorgerufenen Diskrepanz nicht ausreichend zu tun bzw. ist diese nicht in irgendeiner Weise „vorwerfbar“, so kann es nicht bestraft werden. Der Täter wird nicht willkürlich herangezogen, sondern wegen der von ihm hervorgerufenen, durch andere beobachtete Diskrepanz.[530] Die Qualifikation der Tat als vorwerfbare Hervorrufung der Diskrepanz trägt außerdem bereits eine Vorhersehbarkeit für den Täter in sich, denn wird im Strafrechtssystem nicht bereits vor der Tat entsprechend kommuniziert, wird auch keine Diskrepanz bei Abweichungen beobachtet. Die Bindung an eine gewisse Form von Vorwerfbarkeit für die Zuschreibung der Vorwerfbarkeit einer Diskrepanz ist ebenfalls eine Einschränkung der Ausfüllung der Funktion, die sich im Strafrechtssystem herausgebildet hat, und die auch und vor allem durch das Strafprozessrecht[531] gestärkt wird. Das Prozessrecht bestimmt, inwiefern beobachtete Sachverhalte überhaupt in die Beurteilung des materiellen Strafrechts mit einfließen können, bspw. durch Beweisverwertungsregeln und den in dubio pro reo Grundsatz.

Das Strafrechtssystem füllt die Funktion also im Einklang mit Art. 1 I GG aus. Systemtheoretisch ausgedrückt folgt aus Art. 1 I GG die Notwendigkeit, eine fehlende Vorwerfbarkeit bspw. im Sinne einer angenommenen Unmöglichkeit in der Kommunikation zu thematisieren. Aus Art. 1 I GG folgt also die Anforderung der *wirklichen Kommunikation.* Wirklichkeit ist nur beobachterbezogen zu bestimmen und meint in diesem Kontext die Wirklichkeit der Programme des Strafrechtssystems, also die Beurteilung eines Falles anhand der gefestigten Grundsätzen des Strafrechtssystems in jedem Einzelfall. Dazu ist eine Inanspruchnahme über die Bearbeitung der Enttäuschung für die spezifische hervorgerufene Diskrepanz hinaus nicht möglich.

Man könnte darüber hinaus sogar behaupten, dass die Konzeption um das Aufrechterhalten des Generalvertrauens als Funktion den Erfordernissen des Art. 1 I GG besonders gut entspricht. Der hiesige Ansatz nimmt den Täter als Kommunikationsteilnehmer ernst. Er ist Kommunikationsteilnehmer unter Glei-

529 Auch *Appel,* Verfassung und Strafe, S. 578 sieht in Bezug auf *Jakobs* Konzeption einen Verfassungsverstoß, wenn der Täter über die von ihm desavouierte Norm hinaus in Anspruch genommen wird.

530 Vgl. auch, freilich mit anderem Hintergrund, *Kaspar,* Verhältnismäßigkeit und Grundrechtsschutz im Präventionsstrafrecht, S. 641 f., 657.

531 Zum Strafverfahren im systemtheoretischen Zusammenhang *Theile,* Wirtschaftskriminalität und Strafverfahren, S. 85 ff.

chen und hat die Fähigkeit, Generalvertrauen durch sein Handeln, das in der Kommunikation sichtbar wird, zu erschüttern, indem er sich dergestalt verhält, dass durch Beobachtung dieses Verhaltens eine vorwerfbare Diskrepanz entsteht. Die Gerichte bilden – verkürzt – im Strafrechtssystem das kommunikative (als Struktur mitteilende) Gegengewicht, um Generalvertrauen zu erhalten. Strafverfahren und -vollstreckung bearbeiten die durch die Beobachtungen des Verhaltens des Täters hervorgerufene Diskrepanz und lenken die Fehlerursache vom Beobachter und dem Strafrecht ab, als Anschlusskommunikation der Kommunikation über die Straftat. Der Täter ist nicht bloßes Objekt staatlichen Handelns, sondern ebenso wie etwa die Gerichte Teil der gesellschaftlichen Kommunikation. Damit stehen sie grundsätzlich zunächst auf derselben Stufe – die Strukturen des Strafrechts können nur deutlich anschlussfähiger und damit wirkmächtiger mitteilen. Die Tat wird wegen der Gefahr der Zerstörung des Generalvertrauens durch ihre Mitteilung thematisiert und auch nur dafür – um Generalvertrauen zu erhalten – wird dem Täter Verantwortung zugeschrieben, im Sinne einer daran anknüpfenden Mitteilung der Strukturen des Strafrechts. Es findet eine Anschlusskommunikation statt. Er wird also in diesem Verständnis gerade nicht instrumentalisiert oder „zum Objekt" gemacht. Darin kann man – mit einem klassischen, hier aber nicht verfolgten Ansatz zum Thema des Legitimationsbegriffs[532] – gleichermaßen eine Rechtfertigung der konkreten Strafe an sich sehen, während die Konstituierung und Aufrechterhaltung von Generalvertrauen die Rechtfertigung für das Strafrecht als soziales System darstellen kann.[533] Ein Strukturantagonismus kann deshalb nicht festgestellt werden.[534]

---

532 Zum Legitimationsbegriff dieser Arbeit siehe sogleich § 3 D. I. 2., S. 134 ff.

533 Für die Unterscheidung dieser beiden Ebenen – freilich mit etwas anderen Begrifflichkeiten und anderem Ansatz – siehe etwa *Pérez-Barberá*, GA 2014, 504, 512, in Bezugnahme auf *Rawls* und *Hart, ders.*, GA 2014, 504, 508. *Pérez-Barberá*, GA 2014, 504, 517 f. tritt dem Ansatz der kommunikativen Antwort als Rechtfertigung der Strafe entgegen, was aber mit unterschiedlichen Kommunikationsverständnissen erklärbar ist, denn *Pérez-Barberá* versteht dies offenbar als klassischen, verbalen Diskurs, bei dem es einen Sender und einen Empfänger gibt und beide im Dialog zueinander stehen. Das ist in der hiesigen Konzeption gerade nicht so und auch bei der Strafe ist die Kommunikation durch den Beobachter bestimmt. Die Augenhöhe liegt im hiesigen Konzept eben darin, dass dem Straftäter als Person in der Kommunikation eine starke Wirkungsmächtigkeit zugesprochen wird, dem entsprechend (dann auf Augenhöhe) durch das Strafrecht begegnet wird, keinesfalls aber ein Dialog, der durch die Vorstellung gekennzeichnet ist, dass hier ein inhaltliches Ergebnis erreicht werden soll, das beide mit derselben Wirkmächtigkeit beeinflussen können. Die Strafe ist eben kein Diskurs, sondern Anschlusskommunikation an die durch die Straftat begründete Kommunikation. Siehe dazu auch sogleich noch den Straftatbegriff § 3 E., S. 171 ff.

534 Dass die Funktion an sich nicht grundsätzlich mit der Verfassung in Konflikt gerät, kann indizienhaft auch bereits aus der schwerpunktmäßigen Bezugnahme des BVerfG auf Generalprävention als einen möglichen Zweck der Strafe geschlossen werden, vgl. Fn. 522. Auch etwa *Appel*

#### 4. Erzwingung einer spezifischen Ausfüllung der Funktion?

Könnte das Verfassungsrecht umgekehrt das Strafrecht zwingen, bestimmte Teile der Funktion auf eine spezifische Art auszufüllen? Nochmals: Zwingen kann das Verfassungsrecht ob der autopoietischen Natur nicht. Durch die ausgeführte strukturelle Koppelung übernimmt das Strafrecht das Verfassungsrecht aber weitgehend in seine Programme, weshalb das Verfassungsrecht erfolgreich regulieren kann.

Das BVerfG hat mehrfach das Untermaßverbot hervorgehoben und entschieden, dass es beim Schutz grundlegender (Verfassungs)rechtsgüter nicht möglich sei, auf das Strafrecht zu verzichten.[535] Insoweit wird eine Ausfüllung der Funktion durch wenigstens den Schutz verfassungsrechtlicher Rechtsgüter nach der Übernahme der Programme für das Strafrechtssystem notwendig. Die vorgegebene Ausfüllung der Funktion des Strafrechtssystems geschieht dabei mittelbar über das politische System,[536] denn das Programm „nulla poena sine lege“, welches eine stärkere Irritation als das Untermaßverbot auslöst, verhindert eine unmittelbare Regulierung des Strafrechtssystems durch das Untermaßverbot. Kann im Wege der Auslegung dem Untermaßverbot Genüge getan werden, so kann dies freilich das Strafrecht unmittelbar regulieren, da insoweit „nulla poena sine lege“ nicht entgegensteht.

---

sieht in einer Funktionsbestimmung der Strafe, die der hier vorgestellten in den für die Beurteilung der Verfassungswidrigkeit entscheidenden Teilen im Wesentlichen entspricht, nicht schon aus der Funktionsbestimmung an sich einen Grundrechtsverstoß. Dieser kann sich erst durch die konkrete Ausfüllung der Funktion ergeben, *Appel*, Verfassung und Strafe, S. 473 ff., 496, 575 ff., insb. 578 f. Siehe etwa auch bei *Kaspar*, Verhältnismäßigkeit und Grundrechtsschutz im Präventionsstrafrecht, S. 656 f.

**535** BVerfG 1 BvF 1, 2, 3, 4, 5, 6/74 v. 25.02.1975 = BVerfGE 39, 1, 42; BVerfG 2 BvF 2/90 und 4, 5/92 v. 28.05.1993 = BVerfGE 88, 203, 257 f.; BVerfGE 27, 18, 29; siehe auch *Kaspar*, Verhältnismäßigkeit und Grundrechtsschutz im Präventionsstrafrecht, S. 59 ff.; *Brodowski*, Evolution des Strafrechts, S. 207 ff.; *Roxin/Greco*, § 2, Rn. 95 f. Zu den verfassungsrechtlichen Schutzpflichtvorgaben allgemein und vertiefend am Beispiel des Lebensschutzes – schwerpunktmäßig BVerfG 1 BvF 1, 2, 3, 4, 5, 6/74 v. 25.02.1975 = BVerfGE 39,1; BVerfG 2 BvF 2/90 und 4, 5/92 v. 28.05.1993 = BVerfGE 88, 203 – siehe *Wörner*, Widersprüche Lebensschutz, § 8 B. I. (S. 320 ff.), konkret zur Verdichtung auf eine Pönalisierungspflicht ebd., § 8 B. II. (S. 325 ff.)

**536** Insoweit wird in der Rechtswissenschaft eine Bindung des Strafgesetzgebers an das Untermaßverbot anerkannt, unter Anerkennung eines großen Spielraums bei der Ausfüllung vgl. *Wörner*, Widersprüche Lebensschutz, § 8 B. II. (S. 325); *Appel*, Verfassung und Strafe, S. 69 ff.; *Kaspar*, Verhältnismäßigkeit und Grundrechtsschutz im Präventionsstrafrecht, S. 64 f.; *Brodowski*, Evolution des Strafrechts, S. 219; *Maurer/Schwarz*, Staatsrecht I, § 8, Rn. 62. Dass gerade das Strafrecht diese Schutzpflicht in der konkreten Situation ausfüllen muss, erscheint besonders begründungsbedürftig, *Wörner*, Widersprüche Lebensschutz, § 8 B. II. (S. 328); *Kaspar*, Verhältnismäßigkeit und Grundrechtsschutz im Präventionsstrafrecht, S. 78 ff.

Daneben scheint es auch eine erfolgreiche Regulierung bezüglich einer Leistung zu geben; die Resozialisierung. Sie wird aus dem allgemeinen Persönlichkeitsrecht, Art. 2 I i.V.m. Art. 1 I GG und dem Sozialstaatsprinzip, Art. 20 I GG abgeleitet.[537] Das Verfolgen des Ziels einer Resozialisierung des Bestraften steht aber in keiner Weise in Widerspruch zur gefundenen Funktion und kann als Leistung neben der Funktion verfolgt werden. Die Funktion wird dadurch nicht beeinträchtigt. Es erscheint fernliegend, eine Verhaltenserwartung deswegen aufzugeben, weil der, dem die hervorgerufene Diskrepanz zugerechnet wurde, eine Möglichkeit auf Wiedereingliederung in die Gesellschaft erhält. Wer das anders sehen möchte, kann an dieser Stelle dann eine Grenze in der Ausfüllung der Funktion durch die Vorgabe der Resozialisierung annehmen.

### 5. Fazit

Die Funktion der Aufrechterhaltung und Konstituierung des Generalvertrauens besteht in ihrem Ursprung *außerhalb* des Rechtssystems. Das Strafrecht ist – als Struktur eines von mehreren Subsystemen des Rechts – die daraus gebildete Struktur, die diese Funktion ausfüllt. Deshalb kann die Funktion *an sich* nicht innerhalb des Rechtssystems kritisiert oder eingeschränkt werden, auch nicht durch entgegenstehende Aussagen des Verfassungsrechts. Für die *Ausfüllung* der Funktion durch das Strafrechtsystem gilt das nicht. Die Ausfüllung wird innerhalb des Rechtssystems vorgenommen, wird also durch die Programme der Subsysteme beeinflusst. Das Verfassungsrecht ist in den Programmen aller Subsysteme des Rechts verankert und kann so erfolgreich regulieren. Wäre das Verfassungsrecht nicht durch diese strukturelle Koppelung in die anderen Subsysteme integriert, so würde es aufgrund der autopoietischen Natur der Systeme trotz seines Hierarchieanspruches bei dieser Frage keine Rolle spielen. So kann es aber Grenzen zur Ausfüllung vorgeben und spielt vor allem bei der Wahl der Mittel eine Rolle. Zudem kann das Verfassungsrecht erfolgreich dahingehend regulieren, dass das Strafrecht in Bezug auf die Verletzung besonderer Verfassungsgüter tätig wird. Durch die Integrierung des Verfassungsrechts in die Programme des Strafrechts müsste ein Strukturantagonismus diagnostiziert werden, würde die Funktion an sich oder ihre Ausfüllung durch das Strafrecht gegen Art. 1 I GG verstoßen. Allerdings ist dies nicht der Fall; weder die Funktion an sich, noch ihre derzeitige Ausfüllung, wie sie mit der Theorie vom Generalvertrauen verstanden wurde, verstößt gegen Art. 1 I GG.

---

537 BVerfG 1 BvR 536/72 v. 05.06.1973 = BVerfGE 35, 202, 235 f.; *Appel*, Verfassung und Strafe, S. 78 f.; *Kaspar*, Verhältnismäßigkeit und Grundrechtsschutz im Präventionsstrafrecht, S. 680 ff.

## D. Die materielle Ausfüllung der Funktion und die Frage der Legitimation – Rechtsgüterschutz als Selbstbegrenzung des Strafrechts

In diesem Kapitel wird weiter untersucht, wie das Strafrechtssystem die Funktion ausfüllt. Nachdem in Kapitel B.[538] mit Strafdrohung, Strafurteil und Strafvollstreckung die „formelle" Seite[539] untersucht wurde, konkret welche Strukturen des Strafrechtssystems die Funktion wie ausfüllen, geht es nun um die Frage, wie das Strafrechtssystem die Funktion *materiell* ausfüllt. Bislang blieb unklar, in Bezug *worauf* genau das Strafrecht Generalvertrauen konstituiert und aufrechterhält. Bereits vorgegriffen: Hier kann der schon im Titel auftauchende Rechtsgüterschutz und die Funktion in Bezug gesetzt werden. Im Umkehrschluss ergibt sich außerdem, wann das Strafrecht bei ausbleibenden Mitteilungen tatsächlich Gefahr läuft, seine Funktion nicht zu erfüllen. Gleichzeitig wird sich herausstellen, wie das Strafrecht materiell begrenzt wird. Untersucht wird dies alles im Rahmen der Frage nach der Legitimation des Strafrechts (II.), wobei der Legitimationsbegriff zunächst fundiert werden muss (I.). Den Abschluss bilden Erläuterungen dazu, warum der Kern der Legitimation und der Ausfüllung der Funktion – der Rechtsgüterschutz – Generalvertrauen dennoch nicht ersetzen kann (III.).

### I. Fundierung

Ausführungen zur Legitimation setzen voraus, dass zunächst der Legitimationsbegriff dieser Arbeit festgelegt wird. Dieser geht Hand in Hand mit der Frage nach einer Grenze des Strafrechts. Nachdem geklärt wurde, ob es sich dabei um eine Begrenzung oder um eine Abgrenzung handelt (1.), wird der Legitimationsbegriff formuliert (2.) und hernach seine zu untersuchenden Elemente spezifiziert (3.).

#### 1. Begrenzung oder Abgrenzung?

Das Strafrechtssystem ist innerhalb des Rechtssystems nicht das einzige konstituierende und aufrechterhaltende System in Bezug auf Generalvertrauen. Im Rechtssystem hat eine Differenzierung dieser Funktion stattgefunden, sodass das

538 § 3 B., S. 101 ff.

539 Freilich kann man die Wirkungsweise des Enttäuschungsmechanismus, die Zuschreibung des Fehlers bei der beobachteten Diskrepanz eben nicht zum Strafrecht oder zum Beobachter, sondern zum Täter, auch schon materiell begreifen. Die Abgrenzung in „formell" und „materiell" soll hier nur als für das Verständnis förderliche Orientierung und nicht starr verstanden werden.

Strafrecht heute neben dem Zivil- und dem öffentlichen Recht steht, die beide ebenfalls diese Funktion in Teilen wahrnehmen.[540] Die Antwort auf die Frage, welchen Teilbereich das Strafrecht übernimmt, ist gleichzeitig die Antwort auf die Frage nach der materiellen Ausfüllung der Funktion.

Gleich zu Beginn ist festzuhalten, dass sich die Aufgabenübernahme zwischen den Rechtsgebieten in vielen Fällen überschneidet. Mit anderen Worten: Mehrere Rechtsgebiete können die Funktion an derselben Stelle ausfüllen. Es geht also bei der Frage nach der materiellen Ausfüllung eher um die *Be*grenzung, nicht die *Ab*grenzung des Strafrechts. In den Bereichen, in denen das Strafrecht innerhalb dieser Begrenzung tätig wird, ist es auch für die Konstituierung und Aufrechterhaltung von Generalvertrauen zuständig. Im selben Bereich können auch das Zivil- und das öffentliche Recht tätig sein,[541] die dann mit anderen Mitteln arbeiten. Würde der Rechtsgüterschutz am Ende als die Begrenzung des Strafrechts gefunden werden, so meint das nicht, dass das Strafrecht in diesem Bereich dann zur Konstituierung und Aufrechterhaltung von Generalvertrauen auch zwingend tätig werden muss. Anders wäre auch der fragmentarische Charakter[542] des Strafrechts nicht erklärbar. Möglicherweise reichen im konkreten Fall dann schon Zivil- und öffentliches Recht aus, um Generalvertrauen aufrechtzuerhalten. Eine Betrachtung des Strafrechts liegt in einem solchen Fall aber dennoch nahe, da es zumindest tätig werden *könnte* und wie bereits gezeigt ein besonders anschlussfähiges *Mittel* zur Verfügung hat, um Generalvertrauen zu konstituieren und aufrecht zu erhalten: Die Strafe.

Begrenzung ist auch in unmittelbarem Bezug auf die Funktion wichtig. Das Strafrechtssystem ist überhaupt nur dann in der Lage Generalvertrauen effektiv zu konstituieren und aufrechtzuerhalten, wenn es sich selbst begrenzt. Ein entgrenztes Strafrecht kann kein Generalvertrauen schaffen, da es ihm zum einen schon an der notwendigen Festigkeit fehlt und im zweiten Schritt durch die drohende Willkür

---

**540** Dazu bereits etwa § 3 B. II., S. 115 f.

**541** In Bezug auf Rechtsgüterschutz mit dieser Aussage *Hassemer,* Theorie und Soziologie des Verbrechens, S. 117; *Jakobs* in FS Frisch, S. 81, 83. Die Funktionsäquivalenz ist ein Grund, warum sich Strafrecht, Zivilrecht und öffentliches Recht anzunähern scheinen, vgl. zum Phänomen umfangreich und m.w.N. *Appel,* Verfassung und Strafe, S. 34 ff. Gegen ein (neues) „Verfallsnarrativ" *Stuckenberg,* ZStW 135 (2023), 904, 912 ff., mit umfangreichen Nachweisen zum „Verfallsnarrativ" in neuerer Zeit ebd., 908.

**542** Dieser Begriff war schon in seiner Ausgangsbedeutung empirisch-beschreibend gemeint, passt aber deshalb gut in die hiesige Vorgehensweise, vgl. *Appel,* Verfassung und Strafe, S. 411 und *Kaspar,* Verhältnismäßigkeit und Grundrechtsschutz im Präventionsstrafrecht, S. 251 mit Verweis auf *Binding,* BT I, S. 20. Freilich benutzte *Binding* den Begriff beschreibend, wollte mit der Beschreibung aber hintergründig den Status quo der Strafgesetzgebung kritisieren.

ebenso viele ausreichend gefestigte Erwartungen aufheben wird, wie es garantieren möchte, nicht nur in Bezug auf Dritte, sondern auch zu sich selbst.[543]

### 2. Legitimationsbegriff

Aus der autopoietischen Natur folgt, dass sich das Strafrecht „seinen" Teilbereich der Funktion ständig selbst zuweist. Welcher Bereich das ist, kann nicht wertend, sondern allein beobachtend, also hier letztlich empirisch bestimmt werden.

Wird nach der materiellen Ausfüllung gesucht, dem spezifischen Teilbereich, den das Strafrecht besetzt, so stellt sich gleichzeitig die Frage nach der Legitimation des Strafrechts: Im systemtheoretischen und konstruktivistischen Verständnis gibt es keine reale höhere Anbindungsebene, aus der Legitimation hergeleitet werden könnte, kein Naturrecht, keine Philosophie, die dem Recht „erlaubt", tätig zu werden. Jedes Wissen, jede Erkenntnis folgt nur aus der Beobachterperspektive. Deshalb wird auch jede Philosophie oder jede andere Basis, auf die Legitimation gestützt wird, am Ende zirkelschlüssig, weil sie am Ende auf den Beobachter selbst zurückgeführt werden muss, insoweit rein funktional wird und im *System selbst* angelegt ist. Der Beobachter selbst ist die einzige und letzte Erklärungs- bzw. Anbindungsebene.[544] Legitimation hat keinen Bezug zur „Wahrheit" oder „wahren Gerechtigkeit", weil sich die hier gemeinte letztgültige „Wahrheit" nicht empirisch nachweisen lässt und ebenfalls zirkelschlüssig wird.[545] Insofern kann auch an die Viabilität *von Glasersfelds* zurückerinnert werden, die den Wahrheitsbegriff ersetzt und die Gültigkeit von Wirklichkeitskonstruktionen meint, wenn diese im praktischen Anwenden nützlich sind und sie zu den Zwecken oder Beschreibungen passen, für die wir sie benutzen.[546] Gleiches meint *von Foerster,* wenn er sagt, dass das Funktionieren einer Hypothese kein Wahrheitsbeweis sei, sondern ein Beleg für das Funktionieren.[547] Ein letztgültiger, universaler normativer Legitimationsbegriff,

---

543 Das führt zum einen zu geringerem Systemvertrauen, zum anderen dazu, dass schon keine Erwartungen an eine Teilgesamtheit von Systemen anschlussfähig kommuniziert werden können. Dazu schon in Bezug auf notwendige Festigkeit § 3 B. I. 1., S. 103 f. und in Bezug auf ins Extrem gedachte Willkürsysteme, die durch entgrenztes Strafrecht gekennzeichnet sind § 3 A. III. 4., S. 95 ff.

544 Vgl. § 2 A. II. 1., S. 22 ff.

545 *Luhmann,* Zeitschrift für Soziologie 1973, 21, 39 ff. Für *Luhmann* ist das funktionale Äquivalent zur Wahrheit in diesem Zusammenhang das Verfahren selbst als System spezifischer Art, *Weiß,* Politische Vierteljahresschrift 1977, 74 in Verweis auf *Luhmann,* Legitimation durch Verfahren, S. 25. Für *Luhmann* bedeutete Legitimität „generalisierte Bereitschaft, inhaltlich noch unbestimmte Entscheidungen innerhalb gewisser Toleranzgrenzen hinzunehmen.", *Luhmann,* Legitimation durch Verfahren, S. 28.

546 Vgl. § 2 A. II. 1., S. 21 f.

547 *V. Foerster/Pörksen,* Gespräche für Skeptiker, S. 31.

kann sich nach alledem von vorneherein nicht finden lassen, weil er nicht rationalisierbar ist. Es muss deshalb einen anderen, *systemischen* Legitimationsbegriff geben, der ein Begriff der Außenperspektive ist und den das Strafrecht wiederum aus der Innenperspektive ausfüllt.

Dass im Ausgangspunkt ein systemischer Legitimationsbegriff erforderlich ist, erschließt sich auch, wenn man sich vor Augen führt, dass ein Erklärungsmodell, das eine Rückbindung an einen realen, universellen normativen Legitimationsbegriff hat – etwa eine Philosophie – auf dieser Grundlage nur das Strafrecht eines als in dieser Hinsicht wünschenswert empfundenen Gesellschaftssystems erklären kann. Es ist aber eine Tatsache, dass in früheren Rechtssystemen heute als grausam empfundene Todesstrafen in der gesellschaftlichen Konstruktion anerkannter Teil des Strafrechtssystems waren. Auch Delikte wie Kuppelei[548] waren einmal völlig akzeptierter Teil des Strafrechtskanons. Es ist deshalb nicht möglich, das Strafrecht mit Universalanspruch an einem Sozialmodell zu legitimieren, das wünschenswert erscheint, sondern immer nur mittelbar am Modell der Gesellschaft,[549] die das beobachtete Strafrecht ausdifferenziert hat.

Mit dieser Erkenntnis wird der Blick darauf klar, was Legitimation aus der Außenperspektive eigentlich ist: *Selbstbegrenzung von Systemen und der gleichzeitige Versuch, sich für andere Systeme anschlussfähig zu machen.* Man könnte mit einem allgemeineren konstruktivistischen Ansatz zum zweiten Punkt auch sagen: den anderen Systemen die Möglichkeit geben, das beobachtete System (etwa Strafrecht) mit einem höherwertigen Erklärungsmodell (etwa Philosophie, Religion, Naturwissenschaft) in Einklang zu bringen. Das bedeutet keine Anbindung an eine höhere Wahrheit, sondern schlicht eine Viabilität, die sich in der Beobachtung und Bewertung des Einzelnen niederschlägt. Mit einer solchen Herangehensweise wäre dann Zirkelschlüssigkeit kein Problem mehr, sondern in Bezug auf die Selbstbegrenzung als Selbstreferenz[550] logischer Bestandteil der Legitimation.

Legitimation besteht also zum einen aus einem *selbstreferentiellen Element, der Selbstbegrenzung*, insoweit Selbstlegitimation,[551] und zum anderen aus einem *fremdreferentiellen Element, der Anschlussfähigkeit für andere Systeme*, was eine

---

548 Vgl. *His*, Das Strafrecht des deutschen Mittelalters 2, S. 162 ff.

549 Auf anderer Ebene, in Bezug auf die Bestimmung strafrechtswürdigen und strafrechtsbedürftigen Verhaltens, vgl. *Wörner* in Strafbegründung und Strafeinschränkung, S. 97, 112.

550 In eine ähnliche Richtung kann man *Luhmann*, Rechtstheorie 1983, 129, 142 verstehen, wenn er schreibt: „Rechtsformen gelten, weil sie gelten. Sie sind formal gerade darin, daß sie ihre Begründung in sich selbst tragen. Sie dienen als Symbole der zirkulären Selbstreferenz des Systems."

551 Zur Selbstlegitimation von Systemen aus systemtheoretischer Sicht am Beispiel des Grundgesetzes siehe auch *Roellecke* in Legitimation des Grundgesetzes, S. 419, 426 ff., wenn auch nicht mit identischen Ergebnissen.

wirksame Regulierung anderer Systeme erst ermöglicht und die Existenz des Systems an sich sichert. Legitimation in diesem Sinne führt zu Legitimität des Systems. Da Legitimation auf Anschlussfähigkeit zielt, muss seine Ausfüllung ebenso wieder in der Innenperspektive stattfinden.

Nachdem der Legitimationsbegriff so festgezurrt ist, kann nun auch die naheliegende Frage beantwortet werden: Kann die Funktion des Strafrechts, die Konstituierung und Aufrechterhaltung von Generalvertrauen auch gleichzeitig Legitimation des Strafrechts sein? Aufrechterhaltung und Konstituierung von Generalvertrauen als Funktion wirkt nur wenig selbstbegrenzend, solange nicht klar ist, *worauf* – also in Bezug auf welches Verhalten – Generalvertrauen erzeugt werden sollte. Immerhin ist dadurch klar, dass Strafrecht auf die für das Generalvertrauen notwendigen Voraussetzungen beschränkt wird, in Bezug auf die Verantwortungszuschreibung also auf die Thematisierung der beobachteten Diskrepanz zwischen Kommunikation und Verhalten eines Einzelnen. Zudem werden Konstituierung und Aufrechterhaltung von Generalvertrauen als Funktion durch ihre abstrakte Natur nicht in der Lage sein, ein hohes Maß an Anschlussfähigkeit bei den Beobachtern herzustellen, was aber gegebenenfalls der Rechtsgüterschutz leisten kann.[552] So kann die Erzeugung von Generalvertrauen *an sich* nicht bereits für sich allein Legitimation sein, sondern nur die Funktion des Strafrechts.

### 3. Anschlussfähigkeit und Selbstbegrenzung

Weil Anschlussfähigkeit im Ergebnis nur aus Beobachtersicht bewertbar ist, ist letztlich im Sinne des fremdreferentiellen Elementes der Anschlussfähigkeit legitim, was sich durchsetzen kann. Etwa, weil es empirisch nachweisbar von den Beobachtern für gerechtfertigt gehalten wird. Das kann daraus resultieren, dass das zu legitimierende System an ein höheres Erklärungsmodell anschließt, das die Beobachter zugrunde legen. Um eine Aussage *Max Webers* leicht abzuwandeln: Beim fremdreferentiellen Element der Legitimation geht es um den Legitimationsanspruch des Systems und den Legitimitätsglauben des Beobachters.[553] Auch Legitimation geschieht wieder in der Kommunikation. Legitimation und Generalvertrauen gehen Hand in Hand. Besteht keine Anschlussfähigkeit, kann sich das System per definitionem nicht legitimieren. Das führt zu einem geringeren Systemvertrauenswert. Möglicherweise wird daneben die Erwartungskommunikation

552 Zum Rechtsgüterschutz sogleich, § 3 D. II. 3., S. 142 ff.

553 *M. Weber* sieht als Geltungsgrundlage aller legitimen Herrschaft den Legitimitätsanspruch des Herrschenden und den Legitimitätsglauben des Beherrschten, *M. Weber*, Wirtschaft und Gesellschaft, S. 122 ff. Glaube ist in diesem Fall auch durch Zwang erreichbar. Vgl. in Bezug auf Normen und Staatswesen auch *Jellinek*, Allgemeine Staatslehre, S. 333 ff.

im System nicht von den Beobachtern übernommen und Generalvertrauen kann in beiden Fällen nicht konstituiert werden. Zu Ende gedacht wird ein solches System in der Kommunikation nicht mehr auftauchen und so aufhören zu existieren.

Das zweite Element der Legitimation, die Selbstbegrenzung, wirkt neben ihrer selbstreferentiellen Funktion auch fremdreferentiell und stellt Anschlussfähigkeit her. Anschlussfähigkeit und Ausdifferenzierung der Selbstbeschränkung gehen Hand in Hand. So schaffen soziale Systeme ganz natürlich Aufgabenbereiche und Strukturen, die wir als psychische Systeme wiederum benennen; man könnte auch sagen, „personalisieren"[554] (das Strafrecht, das Zivilrecht, das öffentliche Recht). Gleichzeitig finden wir eine Begründung für den Aufgabenbereich, der Anschlussfähigkeit herstellt, sich also in der Gesellschaft als viabel erwiesen hat. Die Ausdifferenzierung dieser Aufgabenbereiche und der Strukturen der Systeme und der Subsysteme kann in einem Längsschnitt gesellschaftlicher Entwicklung eine erhebliche Zeit in Anspruch nehmen. Geht man zurück zur Zeit der ersten umfangreich untersuchbaren Rechte, der Zeit der Keilschriftrechte, so fällt dort eine Abgrenzung von Zivilrecht und Strafrecht sehr schwer.[555] Heute ist eine deutlichere Abgrenzung getroffen und die entsprechenden Systeme setzen sich selbst Grenzen durch ihren Legitimationsbegriff. Außerhalb des Begriffes operieren sie nicht und zwingen sich so selbst eine Beschränkung in ihren Programmen auf. Dieser Legitimationsbegriff ist Teil des Codes und der Programme des entsprechenden Systems. Die beobachtenden Systeme werden für Kommunikation des Strafrechts, die außerhalb des kommunizierten Aufgabenbereichs stattfindet, nicht anschlussfähig sein und sie so ignorieren. Freilich können sich die Grenzen ändern. Das kann, wenn es nicht in passender Weise Kommunikation stattfindet, zu einer verringerten Anschlussfähigkeit führen.

554 Vgl. zur Konsequenz auch für den Code der Systeme selbst § 2 B. III. 2. b. i., S. 62ff.

555 Am Beispiel des am besten überlieferten Rechts, des babylonischen Rechts: Im Codex Ur-Nammu (2.093 – 2.046 v. Chr., *H. Neumann*, Das Altertum 1989, 13, 14) existiert ein Strafrecht nur in Ansätzen und ist untrennbar mit dem Zivilrecht verbunden. *Wesel*, Geschichte des Rechts, S. 80f. verwendet den Begriff „Privatstrafe". Im etwas neueren Codex Hammurabi (1728 – 1686 v.Chr., *W. Eilers*, Codex Hammurabi, S. 10 m.w.N.) ist schon eine Differenzierung zwischen Zivil- und Strafrecht ausmachbar, aber immer noch verschwommen. Während etwa die §§ 215 – 217, 221 – 223 die konkrete Entlohnung regeln, regeln die §§ 218 – 220 die Strafe bei Fehlschlag, wobei diese in §§ 219, 220 wieder eher an einen Schadensersatz erinnern. *Sick*, Tötung unternimmt den Versuch, verschiedene Regelungen eindeutig dem Strafrecht zuzuschreiben, so etwa § 218 zum Medizinstrafrecht, *Sick*, Tötung, S. 307.

## II. Legitimation des Strafrechts

Da Selbstbegrenzung des Strafrechts heute enger gefasst ist als die Mittel zur Herstellung der Anschlussfähigkeit, fokussieren sich die folgenden Ausführungen primär auf die Selbstbegrenzung, die eine Überschneidung des selbst- und des fremdreferentiellen Elements bedeutet. Die Untersuchung des fremdreferentiellen Elements – also die Frage, welcher Teil der Kommunikation des Strafrechts nun tatsächliche Anschlussfähigkeit bei den anderen Systemen herstellen kann – wäre nach hiesigem Modell rein empirisch und würde die Möglichkeiten dieser Arbeit bei weitem übersteigen. Diese Aufgabe muss deshalb, mit Ausnahme von einigen kursorischen Überlegungen, künftigen Arbeiten überlassen werden. Die Untersuchung des selbstreferentiellen, ins fremdreferentielle hineinragenden Elements ist dagegen auch für das grundlegende Erkenntnisinteresse dieser Arbeit unbedingt notwendig. Das macht Untersuchungen zu Code, Positivismus, Verfassungsrecht (1.), Ultima Ratio (2.) und ganz besonders zum Rechtsgüterschutz (3.) erforderlich. Um auf das Bild des Spiegels zurückzukommen: Durch die Gegenstände, die er zu reflektieren vermag, legt er den weiteren Untersuchungsgegenstand dieser Arbeit fest.

### 1. Code, Positivismus und Verfassungsrecht

Auf oberster Ebene findet sich der Code „schuldig/nicht schuldig", der die äußerste und gleichzeitig äußerst ausfüllungsbedürftige Grenze des Strafrechts darstellt. Sie gibt immerhin das primäre Mittel vor, das auch den Enttäuschungsmechanismus im Generalvertrauen ausfüllt: Vorwerfbarkeit durch Strafe. Das ist es, was das Strafrecht *be*grenzt und von den anderen Rechtsgebieten tatsächlich *ab*grenzt. Im Zusammenhang mit der Selbstbegrenzung ist festzustellen, dass „schuldig/nicht schuldig" eine sehr permeable Grenze ist. Was strafbar ist und was nicht, was sich also als konkrete Straftat verfolgen lässt und was nicht, lässt sich leicht verändern.

Die Strukturen, die sich im Strafrechtssystem gebildet haben,[556] begrenzen weiter. Vor allem im damit eng verbundenen Programm des Positivismus, das im deutschen Strafrecht ohne Zweifel verankert ist,[557] liegt im Vergleich zum bloßen Code eine deutliche Selbstbegrenzung. Das Strafrecht reagiert auf einen Sachverhalt nur, wenn zuvor entsprechende Strafgesetze geschaffen wurden.[558] Weitere Legi-

556 § 3 B., S. 101 ff.

557 Siehe dazu bspw. *Luhmann*, Rechtssoziologie, S. 207 ff.

558 Das ist insoweit also identisch mit dem formalen Verbrechensbegriff. Welche Normen genau darunter fallen, beschreiben für viele *Roxin/Greco*, § 1, Rn. 1 ff. Auch die Normen des Strafprozessrechts gehören zum Strafrechtssystem, die entscheidend für die Anschlussfähigkeit der Kommunikation der Strafe sind. Siehe zur Rechtsförmlichkeit des Strafrechts *Brodowski*, Evolution des Strafrechts, S. 82 ff.

timationsgrenze des Strafrechts ist also das Strafgesetz selbst. Das Strafrecht hat in seinen Programmen darüber hinaus verankert, dass Strafgesetze aus dem politischen System kommen. Es hat sich insoweit also von Reizen des politischen Systems abhängig gemacht. Deshalb ist auf dieser Ebene[559] zunächst strafbar, was eben strafbar sein soll.[560] In einer demokratischen Idealwelt entscheidet der Mehrheitswille, welche Handlungen strafbar sind und welche nicht. Auf dieser Ebene bleibt das Strafrecht jedoch nicht stehen. Die Strafgesetze und die in ihnen enthaltenen Normen werden in Urteilen und durch den sie regulierenden wissenschaftlichen Diskurs weiterentwickelt und ausgelegt. Die Auslegung selbst ist dabei faktisch viel weniger vom eigentlichen Gesetzestext abhängig, als gemeinhin oft angenommen wird.[561] Dazu wurde über die Jahre eine umfangreiche Dogmatik entwickelt, die sich so nicht unmittelbar aus den Gesetzen herleiten lässt (man denke nur an die Diskussion über das Fahrlässigkeitsdelikt). Das Programm des Positivismus ist also ebenfalls recht durchlässig und weniger vom politischen System geprägt, als man erwarten würde. Das zeigt gerade auch die aktuelle Rechtsprechung des BVerfG zum Bestimmtheitsgrundsatz aus Art. 103 II GG, der auch erfüllt sei, wenn die Gerichte selbst erst die Bestimmtheit durch die Rechtsprechung herstellen.[562]

Dazu ist das Verfassungsrecht[563] weitere Grenze im Sinne des selbstreferentiellen Elements, welcher auf Ebene des fremdreferentiellen Elements eine beson-

559 Freilich ist dies weitergehend im Modell des deutschen Verfassungsstaates durch die Verfassung eingeschränkt, dazu schon § 3 C., S. 116 ff. und sogleich.

560 In diese Richtung geht auch *Stratenwerth* in Rechtsgutstheorie, S. 255, 256 ff. Besonders deutlich wird dies in der Diskussion, siehe den Diskussionsbericht von *Gaede/Mühlbauer* in Rechtsgutstheorie, S. 297, 299 f.: „Letztlich müsse erkannt werden, dass die gesellschaftliche und gesetzgeberische Grundhaltung entscheidend sei, eine bestimmte Norm aufrechterhalten zu wollen oder andererseits ihr Verhalten schlicht nicht zu wollen (...). Die Frage nach Rechtsgütern und der Rückführung auf Individualwerte habe damit letztlich eine verschwindend geringe Bedeutung". Diese Arbeit bleibt hier aber nicht stehen.

561 Vgl. dazu *J. Sánchez* in FS Jakobs, S. 645 ff.

562 *Radtke* in BeckOK GG, Art. 103, Rn. 24. Kürzlich etwa BVerfG 2 BvL 1/20 v. 09. 02. 2022 = NJW 2022, 1160, 1161 ff.

563 § 3 C., S. 117 ff. Das spricht freilich ein Thema an, das noch über § 3 C. und das sogleich besprochene Ultima-Ratio-Prinzip sowie die Rechtsgutslehre hinausgeht und deutlich umfangreicher ist als es hier behandelt werden kann. Insoweit sei auf die umfangreiche Literatur, die Strafrecht und Verfassungsrecht ins Verhältnis setzt, verwiesen, beispielhaft dafür nur *Kaspar*, Verhältnismäßigkeit und Grundrechtsschutz im Präventionsstrafrecht, S. 51 ff.; *Appel*, Verfassung und Strafe, S. 59 ff.; spezifisch zum Strafverfassungsrecht *Wörner*, Widersprüche Lebensschutz, insb. § 11 (S. 393 ff.) und passim; *Brodowski*, Evolution des Strafrechts, insb. S. 81 ff. und passim, jeweils mit vielen weiteren Nachweisen. Grundlegend zum Strafverfassungsrecht *Burchard* in GS Vogel, S. 27, 28 ff. und *Jahn* in GS Vogel, S. 63, 65 ff.

dere Anschlussfähigkeit bedeutet, da das Grundgesetz für viele beobachtende Systeme eine höhere und letztgültige Anbindungsebene darstellt. Das Verfassungsrecht kann zu den sogleich besprochenen begrenzenden Elementen – Ultima Ratio und Rechtsgut – jeweils in ein Verhältnis gesetzt werden.

## 2. Ultima Ratio

Das Ultima-Ratio-Prinzip ist ein weiteres Programm[564] zur Selbstbegrenzung, das in seiner genauen Ausgestaltung und Natur umstritten ist,[565] allerdings, soweit ersichtlich, auch nirgendwo grundsätzlich in Zweifel gezogen[566] wird. Immerhin ist es vom BVerfG als Prinzip anerkannt.[567] Operativ ist das Prinzip bislang nur eingeschränkt in Erscheinung getreten.[568] Nichtsdestotrotz wird es als Argument in Stellung gebracht, wenn ausgesagt werden soll, dass Strafrecht besonders einschneidend wirkt und deshalb erst das „letzte Mittel" des Rechts sein soll. In Bezug auf die anderen Rechtsgebiete ist das Prinzip auch unter dem Stichwort der „Subsidiarität des Strafrechts" geläufig[569] und soll verhindern, dass mit „Kanonen auf Spatzen"[570] geschossen wird.

Strafrecht als „letztes Mittel" des Rechts würde eine vorrangige Verwendung des Zivilrechts und des öffentlichen Rechts nach sich ziehen. Dabei können zwei Fälle unterschieden werden. Erstens Fälle, in denen Zivil- und öffentliches Recht keine Wirkungen entfalten (Strafrecht ist dann Primärgarant des Generalvertrau-

564 Die Kumulation von Begrenzungen kennt bereits die Diskussion um die Rechtsgutslehre unter dem Stichwort „mediating principles", *Swoboda*, ZStW 122 (2010), 24, 40.

565 Kurz zusammenfassend *Schmahl* in Handbuch des Strafrechts 1, § 2, Rn. 16. Ausführlich *Brodowski*, Evolution des Strafrechts, S. 260 ff.; *Jahn/Brodowski*, JZ 2016, 969; *ders./ders.*, ZStW 129 (2017), 363, 366 ff.; *Kaspar*, Verhältnismäßigkeit und Grundrechtsschutz im Präventionsstrafrecht, S. 243 ff., jeweils m. w. N.

566 So auch *Kaspar*, Verhältnismäßigkeit und Grundrechtsschutz im Präventionsstrafrecht, S. 243.

567 So z. B. in der sogleich relevanten Entscheidung BVerfG 2 BvR 392/07 v. 26.02.2008 = BVerfGE 120, 224, 240. Insbesondere der Beschluss zum Rindfleischetikettierungsgesetz; BVerfG 2 BvL 1/15 v. 21.09.2016 = NJW 2016, 3648, sollte nicht als „Sargnagel" für die Anerkennung des Ultima-Ratio-Prinzips durch das BVerfG interpretiert werden, insoweit überzeugend *Jahn/Brodowski*, ZStW 129 (2017), 363, 373 ff. M.w.N. zur Rechtsprechung des BVerfG *Appel*, Verfassung und Strafe, S. 141.

568 *Jahn/Brodowski*, ZStW 129 (2017), 363, 372.

569 Vgl. bspw. *Arth. Kaufmann* in FS Henkel, S. 89 ff. *Kaspar*, Verhältnismäßigkeit und Grundrechtsschutz im Präventionsstrafrecht, S. 248 differenziert weiter zwischen Ultima-Ratio und Subsidiarität.

570 Diese Redewendung ist in diesem Kontext vor allem deshalb passend, weil der Ausdruck „Ultima Ratio" sich zuerst als gegossene Inschrift auf Kanonen im dreißigjährigen Krieg („Ultima Ratio Regum") nachweisen lässt. Ab 1742 ließ auch *Friedrich der Große* alle Kanonen mit der Inschrift „Ultima Ratio Regis" – „das letzte Mittel des Königs" – versehen, siehe *Prantl* in Der Irak-Krieg und das Völkerrecht, S. 30 f.

ens) und zweitens Fälle, in denen Zivil- und öffentliches Recht keine ausreichende Wirkung entfalten[571]. Im ersteren Fall ist Ultima Ratio kein Thema und Strafrecht einzig mögliches Mittel. Im letzteren Fall könnte Ultima Ratio tatsächlich begrenzend wirken. Das Spezifische des Strafrechts ist die Mitteilung durch Strafe, also eine zumindest von den Beobachtern so verstandene Übelzufügung. Kann Generalvertrauen auch ohne die Kommunikation über eine Übelzufügung und die zuvor geschehene Verantwortungszuschreibung aufrechterhalten werden, braucht es Strafrecht nicht, um die Funktion zu erfüllen.[572] Den Grundsatz, Strafrecht nur als „letzte Grenze" einzusetzen, konsequent einzuhalten, ist allerdings schon deshalb nicht möglich, weil das Strafrecht nicht in jedem Fall die „Kanone" oder das vielzitierte „schärfste Schwert des Rechts" ist.[573] Das gilt schon wegen der autopoietischen Natur der Systeme. Zumindest lässt sich sagen, dass die Strafe nach ihrer Grundidee der Übelzufügung *in der Regel* einen schärferen Einschnitt bedeutet, als die Rechtsfolgen der anderen Rechtsgebiete.[574] Ebensowenig ist ohne Weiteres klar, ob nur durch Strafrecht Generalvertrauen aufrechterhalten werden kann.[575] Eine Einschätzungsprärogative[576] des Gesetzgebers und eine daraus folgende Flexibilität, wie sie de facto besteht, ist deshalb nicht schädlich und der Komplexitätsreduktion zuträglich. Das Strafrecht hat sich insoweit für die Einschätzung des Gesetzgebers anschlussfähig gemacht. Die Grenze, die das Ultima-Ratio-Prinzip für das Strafrecht darstellt, ist so nur eine relativ-relationale.[577]

In Verbindung mit dem Verfassungsrecht[578] scheint deswegen *Jahn/Brodowskis*[579] strafverfassungsrechtliches Konzept zum Ultima-Ratio-Prinzip besonders

---

571 Vgl. auch *Haffke* in FS Roxin I, S. 955, 960; *Appel*, Verfassung und Strafe, S. 405.

572 Vgl. schon § 3 B. I. 3., S. 113.

573 Siehe Fn. 275; ebenso aus Perspektive der Strafrechtsbedürftigkeit und darin dem Erforderlichkeitsgedanken in Bezug auf die Wahl des mildesten Mittels *Wörner* in Strafbegründung und Strafeinschränkung, S. 97, 111. Vgl. auch *dies.*, Widersprüche Lebensschutz, § 11 C. II. 2. (b). (S. 419); *Brodowski*, Evolution des Strafrechts, S. 259 f.; *Haffke* in FS Roxin I, S. 955, 959 ff.; *Burchard* in GS Vogel, S. 27, 39.

574 *Wörner* in Strafbegründung und Strafeinschränkung, S. 97, 111; *dies.*, Widersprüche Lebensschutz, § 11 A. (S. 400); *Müller-Dietz* in FS Dreher, S. 97, 108 f.

575 Mit ähnlichem Gedanken *Wörner*, Widersprüche Lebensschutz, § 11 C. II. 2. (S. 419), nach der eine umfassende Wirkungsanalyse strafgesetzlicher Regelungen kaum möglich sei.

576 BVerfG 2 BvR 392/07 v. 26.02.2008 = BVerfGE 120, 224, 240 f. m. w. N.

577 So die wohl auch h. M. in der Wissenschaft, *Jahn/Brodowski*, ZStW 129 (2017), 363, 370 f. m. w. N. Vgl. mit weiteren Verweisen auf die Rechtsprechung auch *Stuckenberg*, ZStW 135 (2023), 904, 927 f. Dies führt dazu, dass auch Ultima Ratio wenig zur Begrenzung des Strafrechts beiträgt, *Wörner* in Strafbegründung und Strafeinschränkung, S. 97, 111.

578 Will man das Ultima-Ratio-Prinzip auf den allgemeinen Gedanken der Subsidiarität des Strafrechts beschränken, kann man es mit dem Erforderlichkeitsmaßstab des Verhältnismäßigkeitsprinzipes gleichsetzen, Vgl. auch *Kaspar*, Verhältnismäßigkeit und Grundrechtsschutz im Prä-

passend: Mit den Autoren kann man ein Grundrecht auf „Freiheit von Sanktionierung“ aus dem allgemeinen Persönlichkeitsrecht, Art. 2 I i.V.m. Art. 1 I GG, anerkennen, was insoweit mit der Definition des BVerfG zum allgemeinen Persönlichkeitsrecht[580] übereinstimmend wäre. Nach dieser Konzeption wäre das Ultima-Ratio-Prinzip auf einen Offensichtlichkeitsmaßstab beschränkt,[581] was durch die weite Einschätzungsprärogative des Gesetzgebers[582] auch der derzeitigen Praxis zu entsprechen scheint. Das Strafrecht begrenzt sich durch das Ultima-Ratio-Prinzip selbst, auch wenn die Begrenzung kaum merkbar ist.

### 3. Rechtsgüterschutz

Neben dem Ultima-Ratio-Prinzip ist es vor allem die Rechtsgutslehre, die potentiell Grenzen setzen könnte.[583] Nachdem das Ultima-Ratio-Prinzip nur in offensichtlichen Fällen begrenzt, käme dem Rechtsgüterschutz bei einer positiven Beantwortung der Frage der Begrenzung die Hauptlast der Legitimation zu. Rechtsgüterschutz kann neben der potentiellen Selbstbegrenzung auch besonders das fremdreferentielle Element der Legitimation adressieren, er kann Anschlussfähigkeit für die Beobachter schaffen. Auch für einen Laien wird sich in der Beobachterposition unmittelbar erschließen, dass es nützlich ist, wenn das Strafrecht Rechtsgüter schützt. Das Generalvertrauen an sich erscheint dagegen zur Herstellung von Anschlussfähigkeit ob seiner Abstraktheit weniger gut geeignet. Das fremdreferentielle Element korreliert beim Rechtsgüterschutz zudem besonders gut mit der Funktion des Strafrechts, sodass ein Rechtsgüterschutz als logische

---

ventionsstrafrecht, S. 244 f., allerdings mit dem Hinweis, dass Ultima Ratio auch auf der Ebene der Angemessenheit Parallelen finde. Wird das Ultima-Ratio-Prinzip weiter verstanden als die reine Subsidiarität des Strafrechts, kann man es, wie es verbreitet geschieht, mit dem Verhältnismäßigkeitsprinzip gleichsetzen, *Roxin/Greco*, § 2, Rn. 98; *Helwig*, DRiZ 2017, 92, 95 ff. Weitere Nachweise bei *Jahn/Brodowski*, ZStW 129 (2017), 363, 371. Dadurch würde Ultima Ratio gleichzeitig mit dem Rechtsgutskonzept – je nachdem, wie wiederum dieses verstanden wird, dazu sogleich – verbunden.

**579** *Jahn/Brodowski*, ZStW 129 (2017), 363, 377 ff.

**580** Vgl. BVerfG 1 BvR 370, 595/07 v. 27.02.2008 = BVerfGE 120, 274, 303; BVerfG 1 BvR 1550/03, 2357/04, 603/05 v. 13.06.2007 = BVerfGE 118, 168, 183 f.; BVerfG 1 BvR 1696/98 v. 25.10.2005 = BVerfGE 114, 339, 346.

**581** *Jahn/Brodowski*, ZStW 129 (2017), 363, 380. Vgl. außerdem *Wörner*, Widersprüche Lebensschutz, § 11 C. II. 2. b. (S. 419 f.)

**582** BVerfG 2 BvR 392/07 v. 26.02.2008 = BVerfGE 120, 224, 240 f. m. w. N. *Kaspar*, Verhältnismäßigkeit und Grundrechtsschutz im Präventionsstrafrecht, S. 247 spricht aufgrund der wenig spürbaren Beschränkung gar davon, dass in der Politik Strafrecht eher als eine „Prima Ratio“ erscheine.

**583** So auch *Brodowski*, Evolution des Strafrechts, S. 250 nach dem die drei Hauptbegrenzungsversuche Ultima Ratio, die Rechtsgutslehre und das Verhältnismäßigkeitsprinzip betreffen, jeweils m. w. N.

Ausfüllung der Funktion erscheint. Er ist viabel. Denn: Vertrauen will gerade die Handlungsfähigkeit der psychischen Systeme trotz des Risikos in einer überkomplexen Welt bewahren. Das psychische System kann durch den Mechanismus des Vertrauens bestehende Risiken einfach ignorieren.[584] Deshalb ist es nur logisch, dass die besondere Betonung einer gewissen Risikolosigkeit oder jedenfalls eines geringen Risikos diesem Ziel förderlich ist, was durch die im Strafrechtssystem kommunizierte Aufgabe und Verfolgung des Rechtsgüterschutzes erreicht wird. Dabei ist eine tatsächliche Risikolosigkeit natürlich nicht zu erreichen – allein schon deshalb, weil ständig Risiken gegeneinander abgewogen werden müssen – teilweise auch solche, die als Nahwirkung ein größeres Risiko darstellen, auf lange Sicht aber Risiken insgesamt reduzieren können.[585] In diese Kategorie gehört insbesondere das Innovationsrisiko.

Die Viabilität des Rechtsgüterschutzes allein reicht aber noch nicht aus, um die Frage zu beantworten, ob sich das Strafrechtssystem tatsächlich das Programm des Rechtsgüterschutzes gegeben hat und sich dadurch selbst begrenzt. Denn nur auf die tatsächliche Ausfüllung kommt es bei dieser Frage an, auf das Sein, nicht das Sollen. Ist also der Rechtsgüterschutz dasjenige Element, das für das Strafrechtssystem als Selbstbegrenzung und für die Herstellung von Anschlussfähigkeit verwendet wird, und bedeutet mithin sowohl den Kern der materiellen Ausfüllung der Funktion als auch die Legitimation des Strafrechts? Dafür muss die Rechtsgutslehre im Strafrechtssystem und im Strafrechtswissenschaftssystem (a.), die Rechtsgutslehre und ihr Bezug zum Verfassungsrecht (b.) und abschließend ein mögliches Dilemma zwischen Anwendungspflicht verfassungsgemäßer Strafgesetze und strafrechtlichem Rechtsgüterschutz als Begrenzung (c.) untersucht werden

### a. Die Rechtsgutslehre im Strafrechtswissenschaftssystem und im Strafrechtssystem

Betrachtet man zunächst die Kommunikation des Strafrechtswissenschaftssystems,[586] so kann man feststellen, dass sich die (strafrechtliche) Rechtsgutslehre in der Strafrechtswissenschaft breit etabliert hat. *Kühl* bringt es auf den Punkt: „Untersucht man als Strafrechtswissenschaftler die Legitimität einer Strafvorschrift, so orientiert man sich am so genannten Rechtsgutskonzept, auch wenn man diesem

584 Vgl. nur § 3 A. II. 1. a., S. 74f.

585 Risiken sind weit zu verstehen, sprich jeglicher Vorteil reduziert auch gleichzeitig Risiken. Das betrifft auch Risiken wie Arbeitslosigkeit, Armut etc.

586 Hier sei nochmals an die Unterscheidung von Strafrechtswissenschaftssystem und Strafrechtssystem erinnert, § 2 B. III. 2. b., S. 62ff., 68. Das Strafrechtswissenschaftssystem kann das Strafrechtssystem in vielen Fällen erfolgreich regulieren und ist in den Teilnehmern an der Kommunikation sogar oft personenidentisch.

letztlich nicht folgt oder es zumindest für ergänzungsbedürftig hält."[587] Die zahllosen Veröffentlichungen sprechen eine deutliche Sprache.[588] Auch die Tatsache, dass die diversen großen Strafrechtskommentare in aller Regel ein Delikt mit der Bestimmung des Rechtsgutes einführen, unterstreicht die dominierende Stellung der Rechtsgutslehre.[589] Freilich ist die Rechtsgutslehre im Detail heillos umstritten; insbesondere bei der Frage, was eigentlich ein Rechtsgut sein kann und wie es definiert wird.[590]

Wer die Rechtsgutslehre – wie in der Weimarer Zeit entwickelt[591] – nur methodisch sieht, also als Auslegungshilfe, dem geht der Rechtsgüterschutz als selbstbegrenzender Mechanismus und Anschluss herstellende Begründung natürlicherweise ab. Insoweit wäre die Rechtsgutslehre „nur" kondensierte Ratio legis. Von anderen wird die Rechtsgutslehre als kriminalpolitische Maxime verstanden.[592] Dies meint im Ergebnis, dass die Rechtsgutslehre kriminalpolitisch einge-

---

587 *Kühl* in FS Frisch, S. 785.

588 Siehe dazu die Nachweise in Fn. 589. Daneben gibt es zahlreiche Sammelbände zum Thema, zuvorderst wohl *Hefendehl/von Hirsch/Wohlers,* Die Rechtsgutstheorie – Legitimationsbasis des Strafrechts oder dogmatisches Glasperlenspiel?

589 So verfahren u. a. MüKo StGB; *Fischer,* StGB; Schönke/Schröder; BeckOK StGB; LK etc. Insoweit kann man selbstverständlich sowohl einen methodischen als auch einen systemkritischen Standpunkt der Kommentatoren interpretieren, weshalb der Aussagegehalt für diese Sache wieder etwas geschwächt wird.

590 *Wörner* in Strafbegründung und Strafeinschränkung, S. 97, 113 f. bringt es auf den Punkt: „Weder lässt sich ein ‚feststehender Kanon' an Rechtsgütern mit Strafrechtsrelevanz bestimmen, noch aus der einmal getroffenen Entscheidung als werthafter Zustand schlussfolgern, dass dieser ‚Rangwert' (noch) besteht." Dazu auch *Appel,* Verfassung und Strafe, S. 381 ff. Erschöpfende Ausführungen zu diesen wichtigen Problemen würden den Rahmen dieser Arbeit deutlich sprengen. Hierfür sei auf die vielen umfangreichen Veröffentlichungen zu diesem Thema verwiesen. Zusammenfassend hierzu m. w. N. *Wörner,* Widersprüche Lebensschutz, § 11 C. II. 2. c. (S. 420 ff.); *dies.* in Strafbegründung und Strafeinschränkung, S. 97, 112 ff.; *Brodowski,* Evolution des Strafrechts, S. 250 ff.; *Roxin/Greco,* § 2, Rn. 8 ff.; *Brockmann,* Rechtsgut § 176, S. 49 ff.; *Roxin* in FS Hassemer, S. 573 ff.; *Swoboda,* ZStW 122 (2010), 24, 33 ff.; *Polaino Navarrete* in FS Roxin II, S. 169, 170 ff.; *Lauterwein,* symbolische Gesetzgebung, S. 17 ff.

591 *Honig,* Einwilligung des Verletzten, S. 30, 94; *Grünhut* in FG von Frank, S. 1, 8. Heute folgt dem bspw. *Walter* in LK, Vor §§ 13 ff., Rn. 9, der jedenfalls die Begrenzungsfunktion der Rechtsgutslehre ablehnt und so dem methodischen Lager zuzurechnen ist. Exemplarisch dazu auch *Kaspar,* Verhältnismäßigkeit und Grundrechtsschutz im Präventionsstrafrecht, S. 196 f.

592 In diese Richtung geht *Sternberg-Lieben* in Rechtsgutstheorie S. 65, 79 f., wenn er sagt: „Deshalb vermögen sie […] Wirkungen eher im Gewand kriminalpolitischer Forderungen an eine rational ausgestaltete Strafrechtsordnung entfalten". In diese Richtung gehen *Lagodny* in Rechtsgutstheorie, S. 83, 87; *Sowoboda,* ZStW 122 (2010), 24, 49. *Roxin*/Greco, § 2, Rn. 94, eigentlich Vertreter einer systemkritischen Rechtsgutslehre, ebd. Rn. 12, attestieren (nur) eine solche Wirkung jedenfalls für die „meisten Fälle". Mit jedenfalls starker Akzentuierung in diese Richtung („rechtspolitische Durchsetzung im geltenden Verfassungsrahmen") *Jahn* in GS Vogel, S. 63, 84. *Brodowski,* Evolution des

setzt wird, d.h. den Gesetzgeber beeinflussen soll. Dass die Rechtsgutslehre jedenfalls *auch* den Gesetzgeber reguliert, versteht sich von selbst und scheint insoweit von allen noch folgenden Ansichten als Minimalkonsens geteilt zu werden. Wer an diesem Punkt anhält, hat auch kein grundsätzliches Problem mit Strafgesetzen, die gar kein Rechtsgut schützen:[593] Ist die Regulierung fehlgeschlagen und besteht nun ein Strafgesetz ohne Rechtsgüterbezug, so kollidiert dies nicht mit dem Rechtsgutsprinzip, da es nach Erlass eines Gesetzes nur noch eine methodische Rolle spielen kann. Viele[594] gehen aber über die rein methodische Sichtweise und den rein kriminalpolitischen Ansatz hinaus. Dieser Ansatz kann „systemkritisch“[595] bezeichnet werden. Am einflussreichsten ist wohl die personale Rechtsgutslehre, zu deren führenden Vertretern sich *Hassemer*[596] und *Roxin*[597] zählen dürfen. Besonders problematisch ist bei der strafrechtlichen Rechtsgutslehre die Beziehung zur verfassungsrechtlichen „Rechtsgutslehre“; also die Verfassungsmäßigkeit der Norm, d.h. in erster Linie das Verhältnismäßigkeitsprinzip, der für das BVerfG alleiniger Prüfungsmaßstab ist.[598] Die alleinige Maßgeblichkeit der Verfassungsmäßigkeit findet auch eine große Anhängerschaft in der Strafrechtswissenschaft.[599]

---

Strafrechts, S. 252f. attestiert, dass einige Stimmen die Rechtsgutslehre gerne als „polity“ sähen, diese aber allenfalls „policy“ sein.

593 Dazu sogleich.

594 Für viele siehe nur *Roxin/Greco*, § 2, Rn. 12; *Kühl* in FS Heinz, S. 766, 777; *Fischer*, StGB, Vor § 13, Rn. 12, m.w.N. in Rn. 2a. Eine ausführliche Übersicht über die verschiedenen Ansichten innerhalb der systemkritischen Strömung gibt *Brockmann*, Rechtsgut § 176, S. 49ff. Davon scheint wiederum die Mehrzahl dem Gesetzgeber auf dieser Grundlage verbindliche Vorgaben zu machen, *Appel*, Verfassung und Strafe, S. 352 m.w.N.

595 So *Hassemer*, Theorie und Soziologie des Verbrechens, S. 241; *Walter* in LK, Vor §§ 13ff., Rn. 8; *Roxin/Greco*, § 2, Rn. 12; *Brockmann*, Rechtsgut § 176, S. 49. Alternative Begriffe sind in diesem Kontext „systemtranszendent“, „materiell“ oder „normativ“, vgl. *Stuckenberg*, ZStW 129 (2017), 349, 350.

596 *Hassemer/Neumann* in Kindhäuser/Neumann/Paeffgen, Vor § 1, Rn. 131ff.

597 *Roxin/Greco*, § 2, Rn. 7ff.

598 Es liegt auch der Gedanke nahe, beides zu kombinieren: „Das Potential, das in der Individualgüterschutzlehre iVm der verfassungsrechtlichen Verhältnismäßigkeitsprüfung liegt, wird bisher unterschätzt […]“ *Wörner*, Widersprüche Lebensschutz, § 11 C. II. 2. c. (S. 423). Allerdings so (krit.) *Wörner*, Widersprüche Lebensschutz, § 11 B. II. Fn. 2137: „Verfechter der traditionell geprägten Strafrechtswissenschaft halten die liberal-rechtsstaatlich entwickelten eigenen Prinzipien des Strafrechts schon wegen ihrer langtradierten, inhaltlich umfassend aus- und aufgearbeiteten Ausformulierungen für vorzugswürdig und die allein verfassungsrechtlichen Prinzipien nicht selten für inhaltsleer.“

599 So bspw. *Androulakis* in FS Hassemer, S. 271, 277ff.; *Appel*, Verfassung und Strafe, S. 368, 390, 594ff.; *Stuckenberg*, ZStW 129 (2017), 349, 350ff., insb. *Stuckenberg* mit vielen weiteren Nachweisen und Generalkritik am Rechtsgut. *Walter* in LK, Vor §§ 13ff, Rn. 9 spricht der Rechtsgutslehre zumindest einen kriminalpolitischen Wert zu. *Kaspar*, Verhältnismäßigkeit und Grundrechtsschutz im

Die Vertreter der personalen Rechtsgutslehre tendieren dazu, das Problem zu lösen, indem sie eine Identität der Rechtsgutslehre mit der Verfassungsmäßigkeit postulieren, wobei die strafrechtliche Rechtsgutslehre der Auslegungsmaßstab zu sein scheint und insoweit dem BVerfG zumindest mittelbar eine unzureichende Auslegung vorgeworfen wird.[600] Es gibt auch Vertreter, die die Rechtsgutslehre als Begrenzung rundheraus ablehnen und eigene Konzeptionen entwickeln[601] diese haben aber bislang keine Mehrheit hinter sich versammeln können.

Auch hier unterlag und unterliegt das Strafrecht und die Strafrechtswissenschaft einem Prozess; Programme können sich ändern. Der Begriff des Rechtsgutes ist erst seit dem Jahre 1834 bekannt[602] und konnte sich erst im 20. Jhdt. durch *Binding*[603] das „Bürgerrecht in der Strafrechtsdogmatik"[604] erarbeiten. Dazu wurde der Rechtsgutsbegriff in seinen frühen Jahren in der Regel streng positivistisch verstanden und konnte sich erst nach dem Ende des zweiten Weltkrieges durch die Rückschau auf die dann nicht mehr gewünschte „Instrumentalisierung" des Strafrechts emanzipieren und eine begrenzende Funktion annehmen.[605] Der Begriff des „Rechtsguts" hat sich als anpassungsfähig und flexibel erwiesen und kann so auch Veränderungen in der Kommunikation gut widerspiegeln.[606] Es ist ohne weiteres denkbar, dass in der Zukunft der Rechtsgüterschutz mit anderem Inhalt der Selbstbegrenzung des Strafrechts dienen wird oder der Rechtsgüterschutz schlicht durch etwas anderes ersetzt wird. Auf die Spitze treibt dies bereits heute *Hörnle*, die den Rechtsgutsbegriff als ausfüllungsbedürftige Begriffshülse sehen möchte, deren wirklicher Inhalt aus hinter dem Rechtsgutsbegriff stehenden Prämissen und daraus folgenden Wertungsgesichtspunkten kommt.[607] Diese Prämissen zieht sie aus

Präventionsstrafrecht, S. 198 ff., 241 ff., bringt unter dem Primat des Verfassungsrechts Verhältnismäßigkeit und Rechtsgüterschutz zusammen.

**600** *Hassemer* in FS Androulakis, S. 207, 217 ff.; *Roxin* in FS Hassemer, S. 573, 577 ff.; *ders./Greco*, AT, § 2, Rn. 92 ff.; *Rudolphi* in FS Honig S. 151, 158 ff., 166 f. *Frister*, AT, § 3, Rn. 34 schreibt etwa: „[Die strafrechtliche Rechtsgutslehre] sollte aber gleichwohl aufrechterhalten werden, weil sie die sich aus dem Staatsverständnis des Grundgesetzes ergebenden verfassungsrechtlichen Grenzen auf einen anschaulichen Begriff bringt."

**601** Etwa *Naucke*, KritV 1993, 135, 138 ff.; *Stratenwerth* in Rechtsgutstheorie, S. 255 ff.

**602** Als Erfinder des Rechtsgutsbegriffes gilt *Birnbaum*, Archiv des Criminalrechts N.F. 15 (1834), 149 ff., abrufbar unter https://dlc.mpg.de/image/mpirg_escidoc_25659/2/#topDocAnchor (14.10.2024). Zur Historie des Rechtsgutsbegriffes siehe *Swoboda*, ZStW 122 (2010), 24, 25 ff.; *Brockmann*, Rechtsgut § 176, S. 25 ff.

**603** *Binding*, Normen I, S. 338 ff.

**604** *Arm. Kaufmann*, Lebendiges und Totes Binding, S. 69.

**605** *Brockmann*, Rechtsgut § 176, S. 25 ff., insbesondere S. 47 ff.; *Roxin* in FS Hassemer, S. 573, 576.

**606** Ähnlich *Swoboda*, ZStW 122 (2010), 24, 25.

**607** *Hörnle*, Grob anstößiges Verhalten, S. 18.

dem Grundgesetz.[608] Die These von der „ausfüllungsbedürftigen Begriffshülse" kann von der Tatsache untermauert werden, dass die im dritten Reich der Lehre von der Straftat als Pflichtverletzung unterlegene Rechtsgutslehre[609] das Rechtsgut von der „Verletzung der Lebensbedingungen der Volksgemeinschaft" beschrieb, damit sie mit der neuen Lage in Einklang zu bringen sei.[610] Dennoch, heute gilt in der Wissenschaftskommunikation mehrheitlich, was *Roxin* auf den Punkt bringt: „Entscheidend sei, dass [der Rechtsgutsbegriff] heute die Aufgabe [der] [...] Strafrechtsbegrenzung habe. [...] wir können den in der historischen Entwicklung recht diffusen Rechtsgutsbegriff nach den Zwecken bilden, die er heute erfüllen soll."[611] Mit anderen Worten: Die Rechtsgutslehre ist viabel.

Dabei enthält der Rechtsgüterschutz nicht nur eine begrenzende Wirkung, sondern gleichzeitig eine positive Aussage zur Strafwürdigkeit eines bestimmten Verhaltens.[612] Letzteres ist etwas, was eine rein verfassungsrechtliche Rechtsgutslehre im Rahmen des Untermaßverbotes leisten kann.[613] Die Rechtsgutslehre reguliert so den Gesetzgeber, also das politische System.

Nun ist das Wissenschaftssystem nicht das Strafrechtssystem,[614] auch wenn das Strafrechtswissenschaftssystem das Strafrechtssystem häufig erfolgreich regulieren kann. Viele psychische Systeme bewegen sich in beiden Systemen, und jedes psychische System, das einmal im Strafrechtssystem an der Kommunikation als Repräsentant der entscheidenden Strukturen[615] teilnimmt, etwa als Richter, durchläuft in der Regel zuvor eine universitäre Ausbildung. Das Strafrechtswissenschaftssystem ist mit dem Strafrechtssystem strukturell gekoppelt und hat sich in Bezug auf das Strafrecht deshalb wenig überraschend als sehr effektiver Regulator erwiesen, vor allem bei der Dogmatik. Das macht einen Gleichlauf in der Frage

---

608 *Hörnle,* Grob anstößiges Verhalten, S. 43 ff.

609 Die Niederlage in diesem Meinungsstreit hat die Rechtsgutslehre gewissermaßen gerettet. Wäre es andersherum ausgegangen und die Lehre vom Rechtsgut wäre im Strafrecht des dritten Reiches herrschend gewesen, so ist es wohl nicht zu viel Wahrsagerei anzunehmen, dass die heute herrschende Lehre keine wäre, die mit dem Begriff „Rechtsgut" noch etwas zu tun hat.

610 Dazu m.w.N. *Jakobs,* Rechtsgüterschutz, S. 22. Vgl. auch *ders.*, AT, 2. Abschn., Fn. 32; *Amelung,* Rechtsgüterschutz, S. 257 f. Die Lehre vom Rechtsgut scheint dennoch von den Vertretern eines nationalistisch orientierten Strafrechts bekämpft worden zu sein, *Spendel* in FS Weber, S. 3, 4 f. mit Nachweisen zu *Schaffstein* und *Freisler.*

611 *Roxin* in FS Hassemer, S. 573, 577.

612 *Wörner* in Strafbegründung und Strafeinschränkung, S. 97, 115; *Swoboda,* ZStW 122 (2010), 24, 49; *Lagodny,* Strafrecht vor den Schranken der Grundrechte, S. 538; *Kaspar,* Verhältnismäßigkeit und Grundrechtsschutz im Präventionsstrafrecht, S. 208 f.

613 Dazu schon § 3 C. II. 4, S. 130.

614 § 2 B. III. 2. b., S. 62 ff., 68.

615 § 3 B. I., S. 102 ff.

der Rechtsgutslehre wahrscheinlich, ist aber nicht dadurch schon nachgewiesen. Ob das Strafrechtsystem tatsächlich dem strafrechtlichen Rechtsgutskonzept folgt oder vielmehr rein verfassungsrechtlich kommuniziert, gar mit einer reinen Beschränkung auf die Rechtsprechung des BVerfG, oder überhaupt keine Begrenzung formuliert, bleibt weiter fraglich. Da sich die Untersuchung dieser Arbeit in erster Linie auf das Strafrechtssystem bezieht, muss dieser Frage noch nachgegangen werden.

Das Verfassungsrecht, inklusive der Rechtsprechung des BVerfG, ist grundsätzlich in die Programme des Strafrechts aufgenommen.[616] Eine Untersuchung der Urteile der Strafgerichte enthüllt wenig überraschend nur vereinzelt Bezüge zu einer Begrenzung des Strafrechts durch den Rechtsgüterschutz, da dies die Gerichte aufgrund der fehlenden Entscheidungserheblichkeit in der Regel nicht prüfen. Ausdrücklich tut das bspw. das OLG München in einem Beschluss, nachdem im Verfahren ein Normenkontrollantrag angeregt wurde. Das OLG stellt fest, dass die „als Übermaßverbot gedeutete Verhältnismäßigkeit im engeren Sinn als verfassungsrechtliche Schranke für den Einsatz des Strafrechts“ fungiere. Dabei bezieht sich das Gericht aber ausdrücklich nicht nur auf das BVerfG, sondern auch auf Vertreter der strafrechtlichen Rechtsgutslehre, u. a. *Roxin* und *Hassemer*, nachdem das „legitime Maß“ sich „wiederum im Sinne einer spezifisch strafrechtlichen Rechtfertigung durch das Rechtsgüterschutzprinzip [...] auf die Verletzung oder Gefährdung eines Rechtsguts berufen können [muss]“[617] und „die Umschreibung gesetzlicher Zielvorstellungen [...] noch kein legitimierendes Rechtsgut [begründet]“[618]. Das OLG folgt hier ausdrücklich einem strafrechtlichen systemkritischen Rechtsgutsbegriff und will mit diesem das Verfassungsrecht anreichern. Ein so ausdrückliches Bekenntnis findet sich höchst selten – freilich auch deshalb, weil ein ablehnender Beschluss zu einer Einstellung des Verfahrens und Aufhebung eines Haftbefehls aufgrund der Verfassungswidrigkeit einer Norm mit Anregung eines Normenkontrollverfahrens selten vorkommt und noch seltener veröffentlicht wird. Allerdings beziehen sich die Gerichte in anderen Kontexten ganz regelmäßig und selbstverständlich auf Rechtsgüter, natürlich in der Regel ohne zu präzisieren, ob diese aus dem Verfassungsrecht oder aus dem Strafrecht kommen, oder überhaupt als Begrenzung zu sehen sind.[619]

---

**616** § 3 C. I., S. 117 ff.

**617** OLG München, Beschluss vom 8. Mai 2007– 6 St 01/07 –, juris, Rn. 17.

**618** OLG München, Beschluss vom 8. Mai 2007– 6 St 01/07 –, juris, Rn. 21.

**619** Siehe für viele nur BGH 2 StR 245/17 v. 04.07.2018 = NJW 2019, 449, 452 f.; BGH 2 StR 245/17 v. 04.07.2018 = BGHSt 63, 161; BGH 3 StR 233/14 v. 22.01.2015 = BGHSt 60, 166 ff.; BGH 6 StR 28/21 v. 19.05.2021 = NStZ 2021, 537; BGH 4 StR 341/20 v. 03.11.2020 = NStZ 2021, 729 f.; BGH 3 StR 270/02 v. 15.10.2002 = NStZ 2003, 145 f.; OLG Hamm III-3 Ws 308/18 v. 06.09.2018 = StV 2020, 40 ff.; AG Mönchengladbach-

Jedenfalls lässt sich festhalten, dass Rechtsgüter und deren Schutz für das Strafrechtssystem eine Rolle spielen und in ihre Programme aufgenommen sind. Feststellen lässt sich auch, dass es niemals einen Fall gab, in dem das BVerfG eine Norm für verfassungsmäßig erklärt hat und das Strafrechtssystem diese ausdrücklich wegen fehlendem Rechtsgutsbezug dann dennoch nicht mehr angewendet hat. Eine nicht eindeutige Positionierung zwischen strafrechtlichem und verfassungsrechtlichem Rechtsgutskonzept könnte im Strafrechtssystem allerdings dann zu einem Dilemma führen, wenn ein fehlender Rechtsgutsbezug eindeutig festgestellt werden kann, die Norm aber dennoch vom BVerfG als verfassungsgemäß behandelt wird.

### b. Die Rechtsgutslehre und ihr Bezug zum verfassungsrechtlichen Verhältnismäßigkeitsprinzip

Auf verfassungsrechtlicher Ebene spielt aus Sicht des BVerfG die strafrechtliche Rechtsgutslehre keine Rolle,[620] sondern allein die Rechtsgüter der Verfassung. Gleichzeitig spricht sich das BVerfG davon frei, zu beurteilen, „welchen Beitrag das Konzept des Rechtsgüterschutzes für die Rechtspolitik und für die Dogmatik des Strafrechts leisten können mag“[621] und erkennt so seine beschränkte Beobachterposition und den autopoietischen Charakter des Strafrechtssystems an.[622] Es möchte der Rechtsgutslehre eben „keine inhaltlichen Maßstäbe“ zusprechen, „die zwangsläufig in das Verfassungsrecht zu übernehmen wären“[623]. Der Regulierungsversuch auf das Verfassungsrecht durch die strafrechtliche Rechtsgutslehre kann insofern als vorerst gescheitert angesehen werden. Bei den kriminalpolitischen Regulierungsversuchen waren dagegen durchaus Erfolge zu verzeichnen, wie die Umbenennung des 13. BT-Abschnittes von „Verbrechen gegen die Sittlichkeit“ in „Straftaten gegen die sexuelle Selbstbestimmung“ mit der sexuellen Selbstbestim-

Rheydt 21 Cs-721 Js 44/22 – 69/22 v. 14. 03. 2022 = KlimR 2022, 130 ff.; AG Pasewalk, Beschluss vom 29. Juni 2021 – 307 Ds 159/21 –, juris, Rn. 119.

620 Ausdrücklich Stellung genommen in BVerfG 2 BvR 392/07 v. 26. 02. 2008 = BVerfGE 120, 224, 241 f. Auch in der neueren Entscheidung zur geschäftsmäßigen Förderung der Sterbehilfe, BVerfG 2 BvR 2347/15 u. a. v. 26. 02. 2020 = BVerfGE 153, 182, 271 findet keine „Wiederauferstehung“ statt, zwar wird auf das Sondervotum *Hassemers* Bezug genommen, jedoch nur unter erheblichen Relativierungen, vgl. dazu auch *Brodowski,* Evolution des Strafrechts, S. 258 ff.

621 BVerfG 2 BvR 392/07 v. 26. 02. 2008 = BVerfGE 120, 224, 242.

622 Es liegt eben in einem anderen System, und so ist es nur logisch, dass das BVerfG, auch wenn es den Begriff des Rechtsguts verwendet, diesen verfassungsrechtlich und eben nicht strafrechtlich auflädt, vgl. auch *Burchard* in GS Vogel, S. 27, 50.

623 BVerfG 2 BvR 392/07 v. 26. 02. 2008 = BVerfGE 120, 224, 242.

mung als verbindendem Rechtsgut beispielhaft zeigt.[624] Gegen die Verwerfung der strafrechtlichen Rechtsgutslehre durch das BVerfG wurde Kritik laut, sowohl gegen die Tatsache selbst[625] als auch gegen die vorgeblich in sich widersprüchliche Argumentation[626].

Tatsächlich ist die verfassungsmäßige Lehre der Verhältnismäßigkeit derer vom Rechtsgut ähnlich, wenn sie mit dem Ultima-Ratio-Prinzip kombiniert wird:[627] Es muss zunächst ein legitimer Zweck[628] gefunden werden. In diesem Punkt ist die verfassungsrechtliche Lehre potentiell deutlich weiter als die strafrechtliche Rechtsgutslehre. Nach der Rechtsprechung des BVerfG genügt ein recht beliebig begründbarer legitimer Zweck,[629] der im Wesentlichen nur dadurch beschränkt ist, dass er nicht seinerseits verfassungswidrig sein darf,[630] während die strafrechtliche Rechtsgutslehre auf den Rechtsgüterschutz[631] beschränkt. Bei der Geeignetheit[632]

---

**624** *Kühl* in FS Heinz, S. 766, 775.

**625** *Roxin* in FS Hassemer, S. 573, 581; *Kühl* in FS Heinz, S. 766, 775.

**626** *Greco*, ZIS 2008, 234, 238; *Roxin* in FS Hassemer, S. 573, 581; *Kühl* in FS Heinz, S. 766, 775 f.

**627** Zum Ganzen *Kühl* in FS Heinz, S. 766, 771 ff.; *Helwig*, DRiZ 2017, 92, 95 ff. Vgl. auch *Kaspar*, Verhältnismäßigkeit und Grundrechtsschutz im Präventionsstrafrecht, S. 211 ff. Kritisch zu Gleichsetzungstendenzen *Burchard* in GS Vogel, S. 27, 42 ff.

**628** Im Rahmen von strafverfassungsrechtlichen Überlegungen zu einem Konzept der Strafrechtsbegründung und Strafrechtseinschränkung, ließe sich ein legitimes Ziel auch mit dem Begriff der „Strafrechtswürdigkeit" beschreiben, dort dann freilich mit der Frage, ob ein durch Strafrecht schützenswertes Interesse existiert. In diesem Verständnis wird dann bereits auf dieser Stufe die Strafrechtswürdigkeit durch einen Abwägungsprozess erforderndes Verbietendürfen – die Abwehrfunktion – begrenzt. Die Schutzpflicht entfiele dann schon auf dieser Stufe, wenn der Schutz des Eingriffsinteresses das Erhaltungsinteresse wesentlich überwiegt, *Wörner*, Widersprüche Lebensschutz, § 11 D. I. (S. 426 ff.)

**629** Etwa BVerfG 2 BvL 43, 51, 63, 64, 70, 80/92, 2 BvR 2031/92 v. 09.03.1994 = BVerfGE 90, 145, 173 ff. Dazu *Lagodny* in Rechtsgutstheorie, S. 83, 85; *Roxin* in FS Hassemer, S. 573, 577; *Hörnle*, Grob anstößiges Verhalten, S. 23 f.; *Kaspar*, Verhältnismäßigkeit und Grundrechtsschutz im Präventionsstrafrecht, S. 116 ff., 214 f. Ausführlich zur Leistungsfähigkeit des Verhältnismäßigkeitsprinzips *Kühl* in FS Heinz, S. 766, 767 ff.; insbesondere in der Auslegung des BVerfG bei *Swoboda*, ZStW 122 (2020), 24, 46 ff.

**630** *Kaspar*, Verhältnismäßigkeit und Grundrechtsschutz im Präventionsstrafrecht, S. 212; *Stuckenberg*, ZStW 135 (2023), 904, 926.

**631** Freilich lässt sich auch dieser Begriff soweit dehnen und abstrakt füllen, dass er eine ebenso weite Ausdehnung erreichen kann, dazu sogleich.

**632** Im Rahmen des strafverfassungsrechtlichen Konzepts von Strafrechtsbegründung und Strafrechtseinschränkung ließe sich die zweite Stufe auch mit der Frage der Schutzfähigkeit durch Strafrecht und Strafrechtstauglichkeit beschreiben, was an die Frage der Funktion eng gebunden ist. Wird die Funktion des Strafrechts etwa in der friedensstiftenden Konfliktlösung gesehen, so entfällt die Strafrechtstauglichkeit in diesem Modell dann, wenn ein strafrechtliches Verbot zur friedensstiftenden Konfliktlösung nichts beitragen kann, *Wörner*, Widersprüche Lebensschutz, § 11 D. II. (S. 429 f.) Auch in Bezug zum Generalvertrauen gilt: Kann Strafrecht in Bezug auf bestimmte Versoll das Mittel, also die Strafvorschrift, den gewünschten Erfolg, also den Rechtsgüterschutz, zumindest fördern. Dies wird auch von den Verfechtern der Rechtsgutslehre mitgetragen.[633] Auf Ebene der Erforderlichkeit[634] ist das Subsidiaritätsprinzip des Strafrechts angesprochen, welches letztlich aus dem Ultima-Ratio-Prinzip folgt: Strafrecht ist nur zulässig, wenn nicht auch ein milderes, zumindest gleich wirksames Mittel hätte gefunden werden können.[635] Das BVerfG billigt dem Gesetzgeber hier aber eine weite Einschätzungsprärogative[636] zu. So prüft es etwa in der Entscheidung zum Geschwisterinzest nur die „Plausibilität" der Schädlichkeit des Geschwisterinzests auf die „familiäre Ordnung".[637] Nicht nur bei der Verhältnismäßigkeit, auch bei dem Ultima-Ratio-Prinzip nahestehenden übernehmenden Verfassungsnormen wie Art. 103 II GG, zeichnet sich das BVerfG durch eine starke Kontrastierung zwischen deutlicher Rhetorik in den Obersätzen und Verfassungswidrigkeit vermeidende und damit in Bezug auf die suggerierten Anforderungen der Obersätze „wachsweiche" Subsumtion aus, was zu einer Schwächung der benannten Grundsätze im Verfassungsrecht und einer in Teilen ausufernden Strafgesetzgebung geführt hat.[638] Auf letzter Ebene wird die Verhältnismäßigkeit im engeren Sinne, die Angemessenheit geprüft. Eingriffsgründe müssen „Gewicht" haben und es soll auf ihre „Dringlichkeit" ankommen.[639] Darin kann man durchaus

haltensweisen Generalvertrauen etwa deshalb nicht herstellen, weil das Verhalten nie nachweisbar sein wird und gleichzeitig der in dubio pro reo-Grundsatz gilt, so werden Diskrepanzen, werden sie nur über das Strafrechtsystem bearbeitet, zusätzlich dazu führen, dass Systemvertrauen verloren geht und so auch Generalvertrauen über die Frage der einzelnen Norm hinaus gefährden.

**633** Vgl. *Kaspar*, Verhältnismäßigkeit und Grundrechtsschutz im Präventionsstrafrecht, S. 219 ff.

**634** Im Rahmen des strafverfassungsrechtlichen Konzepts von Strafrechtsbegründung und Strafrechtseinschränkung kann auf der dritten Stufe die Frage nach der Strafrechtsbedürftigkeit gestellt werden. Diese erfordert im ersten Schritt eine Trennung von Verhaltens- und Sanktionsnorm, und im zweiten Schritt ihre Verknüpfung im Rahmen der Abwägung. Das geht insoweit über eine Abwägung anhand der Sanktionsnorm heraus, auf die die Prüfung der Erforderlichkeit durch das BVerfG beschränkt wird, *Wörner*, Widersprüche Lebensschutz, § 11 D. III. S. 430 f.; vgl. auch *Swoboda*, ZStW 122 (2010), 24, 48; *Jahn/Brodowski*, JZ 2016, 969, 978.

**635** So auch in der sogleich thematisierten Entscheidung BVerfG 2 BvR 392/07 v. 26.02.2008 = BVerfGE 120, 224, 240.

**636** Zum Spannungsfeld zwischen der Forderung nach vollständiger Überprüfung der Gesetzgebung und Nichtüberprüfbarkeit des demokratisch gewählten Gesetzgebers *Wörner*, Widersprüche Lebensschutz, § 11 C. II. 1. (S. 413 ff.)

**637** BVerfG 2 BvR 392/07 v. 26.02.2008 = BVerfGE 120, 224, 244 f. Dazu sogleich.

**638** *Helwig*, DRiZ 2017, 92, 93.; *Swoboda*, ZStW 122 (2010), 24, 48; vgl. auch *Hörnle*, Grob anstößiges Verhalten, S. 22 ff. Auch *Wörner* in Strafbegründung und Strafeinschränkung, S. 97, 116 konstatiert m. w. N.: „In der bisherigen Spruchpraxis des BVerfG hat die Begrenzung des Strafrechts in Formulierung und Ausdehnung eines Straftatbestandes dennoch kaum eine Rolle gespielt."

**639** BVerfG 2 BvR 392/07 v. 26.02.2008 = BVerfGE 120, 224, 241.

einen „Einfangversuch" des doch so weiten legitimen Zwecks sehen und so eine weitestgehende Annäherung an die Rechtsgutslehre, deren Rechtsgüter ebenfalls ein gewisses „Gewicht" aufweisen müssen, um als solche anerkannt zu werden. Insoweit fände die Prüfung dann einfach nur auf verschiedenen Ebenen,[640] aber mit ähnlichem Ergebnis statt. Auf die Angemessenheitsprüfung legt das BVerfG in der Regel seinen Schwerpunkt. So wurde auch im Urteil zum Verbot der geschäftsmäßigen Förderung der Selbsttötung die Erforderlichkeit offen gelassen und § 217 StGB aufgrund der fehlenden Angemessenheit für verfassungswidrig erklärt.[641]

Die Rechtsgutslehre selbst ist, legt man die gesamte Bandbreite der verschiedenen Ansichten zugrunde, allerdings ähnlich schwammig[642] wie die Auslegung der Lehre vom Verhältnismäßigkeitsprinzip durch das BVerfG, sodass sich die meisten Ergebnisse sowohl aus Sicht der Rechtsgutslehre als auch aus Sicht der Lehre von der Verhältnismäßigkeit gleichermaßen begründen lassen. Natürlich kommt es dabei darauf an, wie weit der Rechtsgutsbegriff selbst interpretiert wird.[643] Im Rahmen eines personalen Verständnisses der Rechtsgutslehre etwa, auf die das OLG München Bezug nahm, würden sich Delikte wie §§ 130 III, 173 II, 183 StGB außerhalb der zulässigen Grenzen des Strafrechts bewegen.[644] Werden aber Strafgesetze geschaffen, die nach der Rechtsprechung des BVerfG ohne die strafrechtliche Rechtsgutslehre auskommen, so wäre die Konsequenz hieraus, dass Strafgesetze existieren könnten, die keine Rechtsgüter (etwa nach der personalen Rechtsgutslehre) schützen.[645] Wenn der Rechtsgüterschutz im Sinne der strafrechtlichen Rechtsgutslehre also tatsächlich Selbstbegrenzung des Strafrechts wäre, so wäre die Konsequenz daraus, dass das Strafrecht im Einzelfall nach Sicht des BVerfG verfassungsgemäße Strafgesetze nicht anwenden würde. Das verstieße allerdings ge-

---

**640** Vgl. dazu auch *Kaspar*, Verhältnismäßigkeit und Grundrechtsschutz im Präventionsstrafrecht, S. 214, insb. Fn. 154, 222 ff.

**641** BVerfG 2 BvR 2347/15 u. a. v. 26.02.2020 = NJW 2020, 905, 913 ff.; vgl. *Wörner*, Widersprüche Lebensschutz, § 6 A. I. 3. (S. 274 f.)

**642** Letztlich kann die Rechtsgutslehre nicht abgrenzungsfest begründen, welche Werte von derartiger Bedeutung sind, dass sie Rechtsgutsrang haben. Freilich kann das die Rechtsgutslehre auch nicht leisten, da Strafrecht letztlich in der Gesellschaft entsteht und sich so auch den veränderten Umständen innerhalb der Gesellschaft anpassen können muss, vgl. auch *Wörner*, Widersprüche Lebensschutz, § 11 C. II. 2. c. (S. 421).

**643** Dazu etwa *Kaspar*, Verhältnismäßigkeit und Grundrechtsschutz im Präventionsstrafrecht, S. 194 ff.

**644** *Roxin* in FS Hassemer, S. 573, 579 f.

**645** Beispiele für Straftatbestände, die keine oder bestenfalls eine schwache Rückbindung an Rechtsgüter haben bei *Hoven*, ZStW 129 (2017), 334, 342 ff. Freilich kommt es hierbei darauf an, welchen Rechtsgutsbegriff man vertritt.

gen das ebenfalls in die strafrechtlichen Programme implementierte Gewaltenteilungsprinzip[646] aus Art. 20 II S. 2 GG und die Gesetzesbindung aus Art. 20 III GG, sowie, will man die Auslegung des Grundgesetzes durch das BVerfG mit dem Grundgesetz selbst gleichsetzen, gegen Art. 1 III i.V.m. Art. 100 I GG.

### c. Dilemma zwischen Anwendungspflicht verfassungsgemäßer Strafgesetze und strafrechtlicher Rechtsgutslehre als Begrenzung?

Um das Dilemma zwischen Begrenzung durch die strafrechtliche Rechtsgutslehre und der Anwendungspflicht verfassungsgemäßer Strafgesetze aufzulösen, bzw. um dieses Dilemma gar nicht erst entstehen zu lassen, können mehrere Wege beschritten werden: Erstens die Erkenntnis, dass das Strafrecht tatsächlich keinem strafrechtlichen Rechtsgutskonzept folgt, jedenfalls nicht im Sinne einer Begrenzung. Zweitens die Erkenntnis, dass das Strafrecht keinem verfassungsrechtlichen Rechtsgutskonzept folgt. Oder drittens die Erkenntnis, dass das Strafrecht eines der beiden Konzepte so permeabel gestaltet, dass sich beide miteinander vereinbaren lassen.

Besonders virulent wurde diese Frage bei § 173 StGB, der den Inzest unter Strafe stellt. Aus der Sicht des Generalvertrauens lässt sich zunächst sagen, dass das Vertrauen auf die Einhaltung reiner Sittlichkeitsregeln – das ist eine Bestrafung von Inzest letztlich im systematischen Kontext des deutschen Sexualstrafrechts – wenig dazu geeignet ist, Komplexität tatsächlich zu reduzieren: Es ist kein Interaktionssystem denkbar, in dem ein Vertrauen auf die Nichtdurchführung von Geschwisterinzest für ein psychisches System relevant wäre, um handlungsfähig zu bleiben, zumal eine Durchführung des Geschwisterinzests gegen den Willen eines der beteiligten psychischen Systeme schon von anderer Kommunikation im Strafrechtssystem erfasst ist (z.B. § 177 StGB). Ganz im Gegenteil: Basiert Bestrafung auf Sittlichkeit und Moral, wie de facto beim Geschwisterinzest, so geht ob der Durchlässigkeit und Flexibilität beider Begriffe und der Tatsache, dass nach Kommunikation des Strafrechtssystems der Schutz solcher Vorstellungen eigentlich nicht mehr erwartet wird,[647] viel Verlässlichkeit des Strafrechts und damit Sys-

646 Umfangreich zum Gewaltenteilungsprinzip *Grzeszick* in Dürig/Herzog/Scholz, Art. 20,V., Rn. 1ff.

647 Einschränkend muss an dieser Stelle gesagt sein, dass es durchaus möglich ist, wenn das Strafrecht sich entsprechend so entwickelt, auch die Sittlichkeit und die Moral unter das Blankett der Rechtsgutslehre – sowohl der verfassungsrechtlichen als auch der strafrechtlichen – zu fassen. Dafür spricht zum einen, dass die Sittlichkeit als Grenze ausdrücklich in der Verfassung genannt ist (Art. 2 I GG), ebenso wie die Moral in der Europäischen Konvention zum Schutz der Menschenrechte (Art. 8–10). Daneben besitzt ein nicht klar definierter Rechtsgutsbegriff (den es im Strafrecht ob der vielen streitenden Ansichten wohl tatsächlich nicht gibt, so auch *Kaspar*, Verhältnismäßigkeit und Grundrechtsschutz im Präventionsstrafrecht, S. 446) selbstverständlich auch die Fähigkeit, die

temvertrauen ab.[648] Die Strafbarkeit des Geschwisterinzests dürfte deshalb schon von vorneherein nicht geeignet gewesen sein, der Funktion des Strafrechts dienlich zu sein.

Das BVerfG hat dagegen die Verfassungsmäßigkeit der Norm festgestellt. Daneben hat es ausgeführt, dass der strafrechtliche Rechtsgüterschutz den Gesetzgeber nicht begrenzt.[649] Es hat aber gleichzeitig nicht geschafft, überzeugend zu begründen,[650] was den Gesetzgeber zu diesem Grundrechtseingriff berechtigt. Nach der personalen Rechtsgutslehre wäre eine Strafbarkeit des Geschwisterinzests ohne Zweifel auszuschließen gewesen.[651] Auf das Urteil wurde dementsprechend negativ reagiert. Der einzige Strafrechtsprofessor im Senat und gleichzeitig dessen Vorsitzender *Hassemer*, der entsprechend eng mit dem Strafrechtswissenschaftssystem verbunden ist, hat ein abweichendes Sondervotum verfasst.[652] Insbesondere im Wissenschaftssystem wurde viel Kritik geübt.[653]

---

Sittlichkeit und die Moral in den Rang eines Rechtsgutes zu erheben. In anderen Staaten wurde dies so gehandhabt. So hat das ungarische Verfassungsgericht die Sittlichkeit als Rechtsgut anerkannt, vgl. AB hat. 20/1999 [VI.25] unter Berufung auf AB hat. 21/1996 [V.17], zitiert nach BVerfG 2 BvR 392/07 v. 26.02.2008 = BVerfGE 120, 224, 232. Zunächst ließ das auch das BVerfG ausdrücklich offen, „ob die Unterscheidung zwischen Strafnormen, die allein in Moralvorstellungen gründen und solchen, die dem Rechtsgüterschutz dienen, tragfähig ist, und ob bejahendenfalls Strafnormen der ersteren Art verfassungsmäßig wären", BVerfG 2 BvR 392/07 v. 26.02.2008 = BVerfGE 120, 224, 248. Kürzlich hat sich das BVerfG in BVerfG 2 BvR 2347/15 u. a. v. 26.02.2020 = BVerfGE 153, 182, 271 dazu aber ablehnend geäußert. Aktuell werden Sittlichkeit und Moral also keine taugliche Grundlage von Strafbarkeit sein, was auch entsprechend kommuniziert wird. Eine Veränderung muss, soll Systemvertrauen nicht verloren gehen, entsprechend kommunikativ vorbereitet werden.

**648** Die Tatsache, dass in früheren Zeiten große Teile des Rechtssystems auf Moral und Sittlichkeit ausgerichtet waren, ist damit zu erklären, dass früher Sittlichkeit und Moral eigene Strukturen in Systemen waren, die im hiesigen Sinne komplexitätsreduzierend gewirkt haben, sodass ein Schutz derselben auch Sinn ergab. Das betrifft insbesondere die religiöse Moral, die früher durch die Vorstellung der Hölle in der Gesellschaft dieselbe Funktion ausfüllte wie das Rechtssystem. In einem modernen Rechtsstaat ist man nicht mehr von Moral und Sitte abhängig um Generalvertrauen zu erzeugen. Das Rechtssystem kann die Hauptlast dieser Funktion schultern.

**649** BVerfG 2 BvR 392/07 v. 26.02.2008 = BVerfGE 120, 224, 241.

**650** Aus Sicht der Strafrechtswissenschaft gesprochen, dazu die Nachweise in Fn. 651.

**651** Für Kritik vieler in der Literatur siehe nur *Ritscher* in MüKo StGB, § 173, Rn. 2 ff., 7; *Bosch/Schittenhelm* in Schönke/Schröder, § 173, Rn. 1 und *Fischer*, StGB, § 173 Rn. 2 ff., 7a, jeweils m. w. N. Außerdem besonders *Greco*, ZIS 2008, 234 ff.; *Hörnle*, NJW 2008, 2085 ff.; *Androulakis* in FS Hassemer, S. 271, 285; *Krauss* in FS Hassemer, S. 423, 436 f. *Roxin/Greco*, § 2, Rn. 94b attestiert sogar, dass die Verfechter der Rechtsgutslehre den „Kampf" mit größerer Überzeugung aufgenommen haben und ein stetes Wachstum an Stellungnahmen für die Rechtsgutslehre zu verzeichnen war.

**652** *Hassemer*, BVerfGE 120, 224, 255 ff. Er trifft dieses Votum freilich ohne die Grundprämisse nachhaltig anzutasten, dass die strafrechtliche Rechtsgutslehre für den Gesetzgeber keine Rolle spielt. Er stützt sich in seiner Argumentation erwartbar auf die verfassungsmäßige Verhältnismäßigkeit.

Nun ist nicht eindeutig, ob das strafrechtliche Rechtsgutskonzept neben dem verfassungsmäßigen Rechtsgutskonzept – denn verfassungswidrige Strafgesetze werden zweifellos vom Strafrechtssystem ignoriert – vom Strafrechtssystem als Selbstbegrenzung bestimmt ist. Immerhin wurde in diese Richtung schon kommuniziert, spezifisch zur personalen Rechtsgutslehre, so etwa im Urteil des OLG München,[654] das freilich zeitlich vor dem Inzesturteil des BVerfG angesiedelt ist. Zudem lässt sich sagen, dass ein Strafrecht, welches mit den Grundaussagen der Strafrechtswissenschaft übereinstimmt, deutlich anschlussfähiger ist als ein Strafrechtssystem, das damit nicht übereinstimmt. Kommunikation der Strafrechtswissenschaft beeinflusst das Strafrechtssystem in dem Sinne, als dass es einen Maßstab festlegt, an dem es potentiell auch außenstehende Beobachter messen, da die Strafrechtswissenschaft (teilweise) den Anspruch erhebt, festzulegen, wann ein Strafrecht legitim sein kann und wann nicht. Wird der Strafrechtswissenschaft selbst von Beobachtern wiederum Systemvertrauen zugestanden, so wirkt ihre Kommunikation erfolgreich regulierend auf ihre Umwelt. So wird die Kommunikation der Strafrechtswissenschaft selbst zu einem Systemvertrauen zum Strafrechtssystem stärkenden oder zerstörenden Reiz. Freilich ist sich auch das Strafrechtswissenschaftssystem bezüglich der Geltung der Rechtsgutslehre nicht einig, weshalb der Effekt gering bleibt.[655]

Im Nachgang des Urteils lässt sich beobachten, dass Versuche unternommen wurden, neue Rechtsgüter zu schaffen oder bestehende Rechtsgüter zu überdehnen.[656] Insoweit wird das Urteil des BVerfG in seinen Auswirkungen – dem weiteren Bestand der Norm und seiner Anwendung – nicht in Frage gestellt,[657] sondern vielmehr versucht, die Entscheidung durch eine Veränderung der Rechtsgüter selbst mit der Rechtsgutslehre in Einklang zu bringen oder eben sie schlicht als falsch zu bezeichnen, ohne an der rechtlichen Wirkung des Urteils zu rütteln. Das Rechtsgut wird im ersten Fall letztlich der Norm angepasst, indem es mittelbar aus ihr abgeleitet wird, und die Argumentation wird zirkulär: Das Rechtsgut indiziert das Verbrechen in Gestalt der Strafnorm, die ihrerseits das Rechtsgut indiziert. Auf dieser Ebene ist ein Zirkelschluss noch vermeidbar.

---

653 Siehe Fn. 651.

654 OLG München, Beschluss vom 8. Mai 2007– 6 St 01/07, Rn. 17, 21.

655 § 3 D. II. 3. a., S. 143 ff.

656 Das heute noch am ehesten akzeptierte Rechtsgut von § 173 StGB ist der der Schutz der Familie, *Frommel/Schramm* in Kindhäuser/Neumann/Paeffgen/Saliger, § 173, Rn. 9; allgemein *Ziegler* in BeckOK StGB, § 173, Rn. 2; beschreibend *Fischer*, StGB, § 173, Rn. 2; *Heger* in Lackner/Kühl/Heger, § 173, Rn. 1; *Kaspar*, Verhältnismäßigkeit und Grundrechtsschutz im Präventionsstrafrecht, S. 448 f.

657 Vgl. grundsätzlich *Brodowski*, Evolution des Strafrechts, S. 302.

Das Strafrechtssystem hat die Norm (§ 173 StGB) jedenfalls nicht verworfen, sondern wendet sie weiter an. Nicht nur das: So hat der BGH in zwei Fällen ausdrücklich auf die Ablehnung der strafrechtlichen Rechtsgutslehre durch das BVerfG Bezug genommen und sich dem unterworfen.[658] Eine eindeutige und zweifelsfreie Hinwendung der Kommunikation des Strafrechtssystems *ausschließlich* zur verfassungsrechtlichen Rechtsgutslehre lässt sich daraus aber noch nicht ableiten, es zeigt allerdings eine starke Tendenz. Dagegen könnte man eine Immunreaktion des Strafrechtssystems gegen das Urteil des BVerfG diagnostizieren, wenn man die tatsächlichen Verurteilungen aufgrund von § 173 StGB zugrunde legt: Solche finden unverändert kaum statt.[659] Freilich lässt sich daraus kein sicherer kausaler Zusammenhang zu einer echten Immunreaktion herstellen. Es kann auch sein, dass schlicht die Fallzahlen niedrig sind und insoweit bloße Korrelation vorliegt. *Ritscher* stellt diesen Zusammenhang allerdings her: So konstatiert er: „Der zweifelhafte Schutzzweck korrespondiert mit nach wie vor zurückhaltender Anwendung der Norm in der strafrechtlichen Praxis. Obgleich tatsächlich die tatbestandlichen Voraussetzungen des § 173 StGB in Fällen sexuellen Missbrauches von Kindern innerhalb des engsten Familienkreises nicht selten vorliegen dürften, führt die Bestimmung nur in Ausnahmefällen zur Aburteilung. Weitaus häufiger unterfällt sie, sofern zur Kenntnis der Strafverfolgungsbehörden gelangt, der Anwendung der §§ 154, 154a StPO."[660] Folgt man *Ritscher* an dieser Stelle, und dafür spricht zumindest die tatsächlich geringe Verurteilungszahl,[661] so könnte man durchaus eine Immunreaktion des Strafrechtssystems sehen. Es wird daneben dem Rechtsanwender im Kommentar (also aus dem Strafrechtswissenschaftssystem) die Möglichkeit angetragen, die Einstellung des Strafverfahrens nach § 153 StPO zu verfolgen.[662] Wenn solches im täglichen „Werkzeugkasten" des Gerichts und der

---

658 BGH 3 StR 31/20 v. 12.11.2020 = NJW 2021, 2744, 2746; BGH 3 StR 243/13 v. 08.05.2014 = NJW 2014, 3459, 3461.

659 Im Jahr 2021 gab es lediglich 4 Verurteilungen, Statistisches Bundesamt, Fachserie 10 Reihe 3, Strafverfolgung 2021, S. 102. Verurteilungen früherer Jahre zeigen sich in ihrer Quantität wie folgt: 2020, S. 102: 6; 2019, S. 96: 7; 2018, S. 102: 6; 2017, S. 98: 7; 2016, S. 98: 14; 2015, S. 98: 9; 2014, S. 98: 9; 2013, S. 98: 8; 2012, S. 96, 9; 2011, S. 94: 7; 2010, S. 96: 9; 2009, S. 94: 11; 2008, S. 92: 8; 2007, S. 92: 10; 2006, S. 88: 9; 2005, S. 88: 4; 2004, S. 88: 6, alle abrufbar unter https://www.statistischebibliothek.de/mir/receive/DESerie_mods_00000107 (14.10.2024).

660 *Ritscher* in MüKo StGB, § 173, Rn. 8. Freilich kann man in den Fällen der §§ 153 ff. StPO auch eine Ausprägung des Ultima-Ratio-Prinzips sehen, *Kaspar*, Verhältnismäßigkeit und Grundrechtsschutz im Präventionsstrafrecht, S. 243.

661 Siehe Fn. 659.

662 *Kuhli* in Matt/Renzikowski, § 173, Rn. 4. Auf diese Möglichkeit verweist sogar das BVerfG im gegenständlichen Urteil selbst, wenn auch deutlich verhaltener, BVerfG 2 BvR 392/07 v. 26.02.2008 = BVerfGE 120, 224, 252.

Staatsanwaltschaft auftaucht, was die Kommentare ja letztlich sind, so ist es jedenfalls nicht abwegig, dass dies tatsächlich zu weniger Verurteilungen führt. Ein Regulierungserfolg liegt nahe. Insofern ist dies ein Indiz dafür, dass die strafrechtliche Rechtsgutslehre das Strafrecht neben der verfassungsmäßigen Interpretation der Rechtsgutslehre ebenfalls (noch) begrenzt.

Für eine Repräsentation des Dilemmas im Strafrechtssystems lassen sich als Indizien finden, ebenso wie für die Versuche des Strafrechtssystems es aufzulösen. Offenbar geschieht eine Auflösung nicht in dem Sinne, dass das Strafrechtssystem den Standpunkt einer verfassungsmäßigen Rechtsgutslehre verlässt, oder dem BVerfG den Rücken kehrt, sondern ganz im Gegenteil ausdrücklich daran festhält.[663] Will die strafrechtliche Rechtsgutslehre vom Strafrechtssystem als Begrenzung nicht preisgegeben werden, muss sie also zwangsweise durchlässig gestaltet werden. Das Strafrechtssystem löst dieses Dilemma nun also so, indem es einerseits neue, zuvor nicht anerkannte Rechtsgüter begründet und andererseits die in Frage stehende Norm (wohl) zurückhaltend anwendet. Diese Vorgehensweise scheint kein Einzelfall zu sein: Es wird kritisiert, dass ständig neue Rechtsgüter für das Strafrecht „erfunden" werden.[664] Diese Immunreaktion des Strafrechts ist angesichts der expansiven Gesetzgebung des politischen Systems für das Strafrecht allerdings erwartbar. Offenbar ist die Einhaltung der „Zuständigkeitsregeln" in den Programmen des Strafrechts stärker verankert als ein konsequenter und in seiner Begründung konsistenter strafrechtlicher Rechtsgüterschutz, auch wenn es so scheint, dass das Strafrechtssystem ihn (noch) nicht völlig preisgeben möchte. Insoweit ist dem Rechtsgüterschutz im Strafrecht ein proteischer Charakter zu attestieren. Die Lösung, die das Strafrecht derzeit bereitstellt, ist also, sich der Regulierung durch das BVerfG nicht zu verschließen, sondern seine Grenzen de facto zu erweitern, diese Grenzerweiterung allerdings auf ein Minimum zu beschränken.

Es spricht viel dafür, dass das Strafrechtssystem heute jedenfalls bei der Begrenzung einem verfassungsrechtlichen, durch das BVerfG maßgeblich bestimmten Rechtsgutsbegriff folgt, insofern also recht offen ist. Daneben lässt sich sowohl eine Abkehr vom strafrechtlichen Rechtsgutskonzept (BGH-Urteile)[665] als auch eine Lösung des Dilemmas zwischen strafrechtlichem und verfassungsrechtlichem Rechtsgutskonzept durch Aufweichung der eigenen Selbstbegrenzung durch ein strafrechtliches Rechtsgutskonzept mit gewichtigen Argumenten begründen. Dabei

---

**663** Dazu eben die beiden bereits erwähnten Entscheidungen des BGH, BGH 3 StR 31/20 v. 12.11.2020 = NJW 2021, 2744, 2746; BGH 3 StR 243/13 v. 08.05.2014 = NJW 2014, 3459, 3461.

**664** Siehe dazu nur *Kubiciel/Weigend*, KriPoZ 2019, 35, 39. Zu den expansiven Tendenzen auch *Hoven*, ZStW 129 (2017). 334 ff.; *dies.*, ZStW 135 (2023), 707 ff.

**665** BGH 3 StR 31/20 v. 12.11.2020 = NJW 2021, 2744, 2746; BGH 3 StR 243/13 v. 08.05.2014 = NJW 2014, 3459, 3461.

bliebe natürlich stets das Problem, dass die Begründung strafrechtlicher Rechtsgüter ohne den Rückbezug auf die Verfassung kaum Kriterien finden kann, die eine tatsächliche Begrenzung zulassen,[666] wobei gezeigt wurde, dass auch die verfassungsrechtliche Herangehensweise nur wenige Begrenzungen ergibt. Es bleibt eben letztlich von der Verfasstheit der Gesellschaft abhängig.[667]

### d. Konsequenzen

In dieser Arbeit werden Rechtsgutsverletzungen durch KI-Systeme untersucht. Die untersuchten verletzten Rechtsgüter in Bezug auf KI-Systeme werden dabei schwerpunktmäßig Leib und Leben sein.[668] Diese Rechtsgüter finden sich sowohl beim strafrechtlichen Rechtsgutsbegriff als auch beim verfassungsrechtlichen Rechtsgutsbegriff wieder. Da sich außerdem beide Varianten – entweder eine Begrenzung des Strafrechtssystems nur nach verfassungsmäßiger Rechtsgutslehre oder nach verfassungsmäßiger Rechtsgutslehre kombiniert mit strafrechtlicher Rechtsgutslehre – für das Strafrechtssystem schlüssig darstellen lassen, braucht (und kann) die Frage, ob das strafrechtliche Rechtsgutskonzept in den Programmen des Strafrechtssystems verankert ist, insoweit nicht endgültig entschieden werden. Entscheidend ist vielmehr allein, dass sich das Strafrecht jedenfalls *einem* Rechtsgüterschutz verschrieben hat und dies gleichzeitig als seine Begrenzung versteht, seien es nun solche nur nach dem verfassungsrechtlichen Konzept des BVerfG oder solche (auch) nach dem strafrechtlichen Rechtsgutskonzept.

Die vorherigen Ausführungen zum Rechtsgutsbegriff waren für die Arbeit dennoch zwingend. Wollte man ohne Beobachtung des Strafrechtssystems Rechtsgüterschutz als materielle Ausfüllung der Funktion für diese Arbeit festhalten, hätte empirisch bewiesen werden müssen, dass fehlender (durch das Strafrecht eigentlich gewollter) Rechtsgüterschutz tatsächlich Generalvertrauen zerstört. Das kann diese Arbeit nicht leisten. Insofern konnte festgestellt werden, dass jedenfalls das Strafrecht davon ausgeht, weil es (u. a.) im Rechtsgüterschutz seine Aufgabe und Selbstbegrenzung festgelegt hat. In einem systemischen Denken kann man es dabei bewenden lassen. Das ist auch insofern nützlich, als dass sich ein tatsächliches

666 *Wörner* in Strafbegründung und Strafeinschränkung, S. 97, 114; *Appel*, Verfassung und Strafe, S. 381 ff.; *Hilgendorf*, Neue Kriminalpolitik 2010, 125, 129.

667 Unterhalb des Rechtsgüterschutzes ergeben sich freilich noch eine ganze Reihe weiterer Mechanismen, die zur Begrenzung des Strafrechtssystems beitragen, selbst strafprozessuale Prinzipien wie „in dubio pro reo". Letztlich ist unterhalb des Rechtsgüterschutzes jede Frage der dogmatischen und praktischen Zurechnung Teil der Begrenzung des Strafrechtssystems – ultimativ auch die Auslegungsmethoden selbst, vgl. dazu auch Martins in Strafbegründung und Strafeinschränkung, S. 45, 56 ff.

668 Das wird unter § 4 A., S. 220 ff. ausgeführt werden.

Versagen beim Rechtsgüterschutz empirisch deutlich leichter in den Griff bekommen lässt, als ein empirischer Nachweis erodierenden Generalvertrauens Die Übertragungsleistung des Rechtsgüterschutzes auf das Generalvertrauen wurde durch das Strafrechtssystem selbst vorgenommen, als es sich für diesen Modus entschieden hat.

Es lässt sich zudem feststellen, dass Strafrecht generell nur dann interessiert zu sein scheint, wenn ein Rechtsgut durch eine *andere Person* bedroht ist.[669] So wird implizit eine weitere Selbstbegrenzung deutlich, die man dogmatisch entweder in den Rechtsgutsbegriff integrieren, oder als Merkmal eigener Art verstehen kann. Die genaue Einordnung spielt im Ergebnis keine Rolle. Das Strafrecht möchte – historisch herausgebildet – Generalvertrauen nicht zur generellen Umwelt der psychischen Systeme herstellen, sondern nur zu anderen deliktischen Personen, die im Ausgangspunkt jedenfalls Menschen sind.[670] In Bezug auf diese soll das Generalvertrauen als vertrauensauslösender Reiz zu persönlichem Vertrauen dienen, also von Beobachtern umgewandelt werden können. *Deliktische Person* meint eine solche Person, der in der Kommunikation im Strafrechtssystem zumindest grundsätzlich strafrechtliche Verantwortung zugeschrieben wird, unabhängig vom konkreten Delikt. Freilich können diese deliktischen Personen wiederum vertrauensauslösende Reize für Systeme anderer Art generieren. Ob durch das Strafrecht erzeugtes Generalvertrauen in Bezug auf deliktische Personen auch KI-Systeme umfassen kann, wird im 3. Teil[671] behandelt. Insofern greift auch die Strafe selbst nur ein, wenn eine beobachtete Diskrepanz besteht, die eine Enttäuschung in Bezug auf die Umwandlung des Generalvertrauens in persönliches Vertrauen hervorruft, in concreto mittelbar also auf die Erwartungskommunikation und damit das Generalvertrauen gefährdet. Diskrepanzen ohne vermittelnde deliktische Person behandelt das Strafrecht nicht, sondern verweist sie, wird es damit befasst, in andere Systeme. Für Konstituierung und Aufrechterhaltung von Generalvertrauen ohne Bezug zu deliktischen Personen sind andere Systeme verantwortlich, etwa das Religionssystem, Teile des Wissenschaftssystems (Philosophie, Physik, Chemie, Biologie) und auch andere Rechtsgebiete, wie das Produktsicherheitsrecht.

Strafrecht findet im Rechtsgüterschutz seine Selbstbegrenzung und stellt über den Rechtsgüterschutz als kommunizierte Aufgabe Anschlussfähigkeit her. Rechtsgüterschutz legitimiert so das Strafrecht. Daneben gibt es weitere Mechanismen,[672] die dies ebenfalls verfolgen, der Rechtsgüterschutz ist in der Kommunikation aber

669 Vgl. ähnlich bei *Jakobs*, AT, 2. Abschn., Rn. 4 und bei *Bockelmann*, ZStW 74 (1962), 304, 313, in Reaktion auf *Jäger.*

670 Ob auch KI-Systeme deliktische Personen sein können, wird später behandelt, § 10 B., S. 398 ff.

671 S. 369 ff.

672 § 3 D. II. 1., 2., S. 140 ff.

der herausstechende und damit entscheidendste.[673] Nun ist auch die eingangs gestellte Frage nach der *materiellen* Ausfüllung der Funktion beantwortet. Es ist nun klar, in Bezug *worauf* Strafrecht Verhaltenserwartungen bearbeitet und wo genau das Strafrecht Generalvertrauen konstituiert und aufrechterhält. Das Generalvertrauen richtet sich auf das Ausbleiben[674] von Rechtsgutsverletzungen durch deliktische Personen.

Das Verhältnis von Generalvertrauen und Rechtsgüterschutz wird im folgenden Kapitel weiter vertieft.

## III. Rechtsgüterschutz *an sich* kann Generalvertrauen nicht ersetzen

Wer hier liest, dass Rechtsgüterschutz (ein Teil, aber auch Kern der) Legitimation für das Strafrecht ist, mag sich fragen, ob es Generalvertrauen überhaupt braucht, wenn Rechtsgüterschutz *an sich* erreicht werden kann. Wäre dann nicht der Rechtsgüterschutz an sich ein besserer Anknüpfungspunkt für die Funktion des Strafrechts? Könnte man diese Leistung[675] nicht einfach zur Funktion erheben (1.)? Sollte man dies nicht tun, hat man es dann nicht mit einem „symbolischen" Strafrecht zu tun, also einem Strafrecht, dessen Begriff zu einem Schlagwort der Kritik für eine „Alibigesetzgebung" des politischen Systems geworden ist (2.)?[676] Könnte man zudem umgekehrt die Funktion (Generalvertrauen) in die Leistung (Rechtsgüterschutz) inkorporieren und denselben Effekt erzielen (3.)? Dieses Kapitel dient also zum einen der Klarstellung und zum anderen, wie schon Teile der vorherigen Kapitel,[677] der Rechtfertigung.

### 1. Das Verhältnis von Rechtsgüterschutz und Generalvertrauen

Die These, dass Rechtsgüterschutz an sich Generalvertrauen ersetzen kann, verkennt, dass ein Restrisiko für eine Rechtsgutsverletzung *immer* existieren wird.

673 Das zeigt sich auch an einer kürzlich durchgeführten empirischen Studie: 96,4 % der Befrag-ten stimmten der Aussage zu, dass das Strafrecht in erster Linie den Menschen schützen soll, *Hoven*, ZStW 135 (2023), 707, 716.

674 Aus Sicht der Unterlassungsdelikte muss man das Vertrauen auf das „Verhindern" einer Rechtsgutsverletzung durch eine deliktische Person, sofern sie eine entsprechende Pflicht trifft, dann auch unter das „Ausbleiben" subsumieren. Die Negation des Ausbleibens von Rechtsgutsverletzungen ist also potentiell sowohl im Tun als auch im Unterlassen möglich.

675 Leistungen verstanden als positiv erachtete Sekundäreffekte des Strafrechts.

676 *K. Peters*, JR 2020, 414 ff.; *Saliger*, ZfIStW 2022, 276, 286 ff.; *Weigend*, StV 2016, I (Editorial); *Hassemer* in FS Roxin I, S. 1001 ff.

677 Etwa die Bezugnahme auf Art. 1 GG, § 3 C. 3., S. 126 ff.

Freilich: Wird eine Rechtsgutsverletzung tatsächlich in jedem Fall immer verhindert, kommt es zu keinen Diskrepanzen mehr und zumindest der Enttäuschungsmechanismus, also strafrechtliche Verantwortungszuschreibung, würde überflüssig. Das ist allerdings eine Utopie. Kein Strafrecht der Welt kann verhindern, dass *tatsächlich* Menschen zu Tode kommen, an der Gesundheit geschädigt, bestohlen oder beleidigt werden etc. Wenn dies tatsächlich passiert, ist das Rechtsgut in Bezug auf das individuelle Opfer oftmals zerstört. Aus dieser Erkenntnis zieht das Strafrecht Konsequenzen:

Rechtsgüterschutz wäre etwa präventiv durch Verhaltenssteuerung[678] erreichbar. Allerdings kann Strafrecht in einem systemtheoretischen Verständnis Verhalten nicht steuern, sondern nur regulieren.[679] So bleibt das (hohe) Restrisiko einer Rechtsgutsverletzung bestehen. Strafrecht scheint nur eingeschränkt dazu in der Lage zu sein, *Verhalten* anschlussfähig zu regulieren,[680] weshalb eine Orientierung an einer so verstandenen Funktion das Strafrecht als wieder und wieder scheiterndes, ineffektives Instrument qualifizieren würde. Strafrecht kann den Code eines psychischen Systems nicht einfach mit „schuldig/nicht schuldig" ersetzen und ein Anschluss an den individuellen Codes eines psychischen Systems ist nicht ohne weiteres möglich. Eine Fokussierung auf die Kommunikation und das Generalvertrauen ist schon deshalb angetan. Verhaltenserwartung steht zu tatsächlich beobachtetem Verhalten (sogar in der Selbstbeobachtung!) teilweise in scharfem Gegensatz.[681] Freilich wirkt sich das kommunizierte Ziel, verhaltens-

---

678 Strafe (und Strafrecht) als primär verhaltenssteuerndes Instrument sieht etwa *Ibold,* KI, S. 138 f., m. w. N.

679 Eine Verhaltens*steuerung* ist nach hiesigem Verständnis von vorneherein nicht möglich, nur eine Regulierung, § 2 B. III. 1., S.57.

680 Das hat vor allem das berühmte *Milgram*-Experiment gezeigt, mit strafrechtlicher Einordnung dazu *Kargl,* Schlußfolgerungen Milgram, zur Verhaltenssteuerung auf S. 8 f., 21 f. m. w. N. zu diesem Befund neben dem *Milgram*-Experiment stützenden Studien. Ergebnis auf S. 31, bei dem selbst die Funktion der „Setzung, Vermittlung und Bekräftigung der Werte beim einzelnen Straftäter" als „vergebliche, ja unmögliche Funktion des Strafrechts" bezeichnet wird. Vgl. auch *Prittwitz,* StV 1991, 435, 437, 440 f.; *ders* in FS Schünemann, S. 287, 288, 291 f. Verhaltensregulierung scheint dennoch eine der wesentlichen Dynamiken für die Strafgesetzgebung zu sein, vgl. *Brodowski,* Evolution des Strafrechts, S. 336 ff., der diese Frage von der Frage der Wirksamkeit der Verhaltensregulierung durch das Strafrecht abtrennt, ebd., S. 337. Eine gewisse erfolgreiche Regulierung des Verhaltens kann nicht abgesprochen werden, vgl. etwa die umfassenden Verweise auf Kriminologie und ökonomische Analysen des Strafrechts bei *Greco,* Lebendiges und Totes Feuerbach, S. 364 f., Fn. 701, 702. Dass dies aber weithin dennoch fehlschlägt, zeigt der tägliche Blick in die deutschen Strafgerichtssäle.

681 Auch das hat das *Milgram*-Experiment gezeigt, *Kargl,* Schlußfolgerungen Milgram, S. 6 ff., 32 ff. Die Versuchspersonen hatten eine erhebliche Kontingenzerfahrung. Die Kontingenz war für einen

steuernd zu wirken, in einer höheren Anschlussfähigkeit des Strafrechts aus. Dazu können Fälle, in denen Verhaltensregulierung tatsächlich gelingt, Diskrepanzen reduzieren. Deshalb sind sowohl Verhaltensregulierung und Rechtsgüterschutz als kommuniziertes Ziel, als auch tatsächlich erreichte Verhaltensregulierung und dadurch tatsächlich erreichter Rechtsgüterschutz dem Generalvertrauen zuträglich, können es aber nicht ersetzen. Es ist „nur“ Mittel zum Zweck für die Herstellung von Anschlussfähigkeit der Beobachter, damit Generalvertrauen erzeugt werden kann. Wenn kein realer Schutz erreicht wird und dies in die Kommunikation eintritt (was nicht zwingend, aber wahrscheinlich ist), wird erfahrungsgemäß Vertrauen sinken.[682]

Oft[683] wird ein Rechtsgut sogar „absichtlich“ vom Strafrecht geopfert, um andere Interessen (man mag diese ebenfalls als Rechtsgüter bezeichnen) zu erhalten oder zu begründen. Strafe kann das Rechtsgut nicht wiederherstellen. Das Strafrecht würde in seiner Funktion wieder und wieder versagen, wäre Rechtsgüterschutz der primäre Anknüpfungspunkt.[684] Dazu verliert das Strafrecht seinen Bezug zum Rechtsgut, wenn es keinen Schadensersatz festgelegt (wie im Zivilrecht), sondern eine Strafe in den Mittelpunkt stellt, die nur teilweise an den Wert des verletzten Gutes geknüpft ist. Die Strafe baut auf vielen Faktoren auf, die mit dem verletzten Rechtsgut nichts zu tun haben.[685] Demnach muss eine über den Rechtsgüterschutz hinausgehende Funktion bestehen. Diese findet sich im Generalvertrauen. Strafrecht versagt darin nicht, wenn ein Rechtsgut tatsächlich einmal nicht geschützt werden kann. Das *tatsächliche* Erreichen eines Rechtsgüterschutzes ist für das Strafrecht nur in der Unterordnung unter die Funktion und als Mittel ihrer Erreichung relevant, etwa als eine Aufgabe des Strafrechts und seine Legitimation. Für die hier gefundene Funktion geht es lediglich um die Reduktion von Komplexität durch die Erzeugung von Generalvertrauen, das wiederum als vertrauensauslösender Reiz in persönliches Vertrauen umgewandelt werden kann. Beobachteter Rechtsgüterschutz wird zur Anschlussfähigkeit führen und dem Generalvertrauen als Mittel förderlich sein. Das ist aber letztlich ein Vorgang, der autopoietisch abläuft. Das Strafrecht kann auch mit tatsächlichem Rechtsgüter-

---

Augenblick ungefiltert sichtbar. Versuchspersonen litten noch 40 Jahre später an ihren Entscheidungen, *Lemov*, World as Laboratory, S. 235 ff.

682 Vgl. auch *Wörner* in Strafbegründung und Strafeinschränkung, S. 97, 119 f.

683 Bei der Notwehr, dem rechtfertigenden Notstand und dem entschuldigenden Notstand wird das besonders deutlich. Aber auch im besonderen Teil, etwa bei § 218 StGB und § 323c StGB zeigt sich dieses Bild.

684 So auch *Jakobs* in FS Frisch, S. 81, 88.

685 Etwa Vorsatz, Fahrlässigkeit und Überlegungen rund um die Schuldhaftigkeit eines Verhaltens, dazu sogleich im nächsten Absatz.

schutz nur regulieren, aber nicht steuern. Was dadurch tatsächlich erreicht wird, ist nicht sicher.

Dazu kann ein reiner Bezug auf Rechtsgutsverletzungen nicht erklären, warum es Tatmodalitäten subjektiver und objektiver Art gibt, die für die Güterverletzung an sich eigentlich irrelevant sind. Man denke bspw. an die Mordmerkmale der ersten Gruppe. Es erschließt sich aus Sicht eines Rechtsgüterschutzes nicht, warum etwa eine Tötung aus Mordlust gegenüber einer Tötung ohne ein solches Merkmal strenger bestraft werden müsste, denn in beiden Fällen ist das Rechtsgut im selben Grade verletzt worden. Mit dem Generalvertrauen als Bezugspunkt lässt sich die Existenz der Mordmerkmale der ersten Gruppe gut erklären: Die Auslöschung eines Lebens mit derartigen „niedrigen" Motiven lässt die Diskrepanz zwischen Erwartung und Beobachtung noch größer werden, weil in die Beobachtung einer anderen Person immer eine Interpretation der Perspektive der beobachteten Person mit einfließt und mit der eigenen verglichen wird. Deshalb muss das Strafrecht in bestimmten Fällen solche potentiellen perspektivischen Diskrepanzen adressieren und sich dabei im Optimalfall auf den „Mittelwert" der Gesellschaft in der Kommunikation beziehen. Diesen „Mittelwert" der Gesellschaft mag man als Rationalität bezeichnen und an dieser Rationalität, die damit ein normativer Begriff wird, lassen sich solche Umstände messen. So auch bei den Mordmerkmalen der ersten Gruppe.

Mit einem reinen Bezug auf Rechtsgutsverletzungen lässt sich auch eine strengere Bestrafung des Vorsatzes gegenüber der Fahrlässigkeit nur begrenzt argumentieren, auch wenn sich in diesem Fall durch den Vorsatz zumindest eine potentiell größere Gefahr für das Rechtsgut als Begründung hören lässt. Mit der Theorie vom Generalvertrauen zeigt sich: Kommunikativ wird einem Täter im Fall der Fahrlässigkeit zwar eine Verantwortung für eine hervorgerufenen Diskrepanz zugeschrieben, die beobachtete Diskrepanz ist aber „rational" geringer, wenn sich der Täter ex post (potentiell) anschlussfähig von der Tat distanzieren kann und dabei eben glaubhaft macht, dass er die Diskrepanz nicht hervorrufen wollte.[686] Beim Vorsatz ist eine solche Distanzierung in der Kommunikation kaum mehr anschlussfähig, bei der Fahrlässigkeit schon. In der Innenperspektive bezieht sich das auf den so konstruierten Umstand, dass sich nach der Vorstellung der Beobachter der Täter für die mögliche Rechtsgutsverletzung entschieden hat,[687] die das Strafrecht eben als Ausfüllung des materiellen Teils seiner Funktion gewählt hat. Deshalb braucht es auch einen stärkeren Widerhall in einer Anschlusskommuni-

686 Vgl. mit anderen Vorzeichen, aber in der Sache ähnlich *Pérez-Barberá*, GA 2013, 454, 463.
687 Vgl. etwa *Roxin/Greco*, § 12, Rn. 23.

kation des Strafrechtssystems, um dem Enttäuschungsmechanismus der Strafe gerecht zu werden.

Andersherum gibt es Fälle, in denen sich diese Perspektive mit der eigenen so weit deckt, dass man auch bei Verwirklichung eines Tatbestandes kein Vertrauen verliert, weil insoweit die Erwartungshaltung durch die Nachvollziehbarkeit der Tat nicht enttäuscht wird und die Erwartung in diesem spezifischen Fall nicht galt; etwa bei den Rechtfertigungsgründen wie einer Tötung in Notwehr, § 32 StGB. Auch auf Tatbestandsebene findet sich eine solche Nachvollziehbarkeit: Das Merkmal „grob verkehrswidrig" bei § 315c I Nr. 2 StGB, der der Sicherheit des Straßenverkehrs dienen soll,[688] trägt nichts zum Schutz dieses Gutes bei, sondern sondert im Gegenteil Fälle heraus, die das Gut zwar eigentlich gefährden (auch durch eine andere Person!), aber trotzdem wegen der fehlenden Diskrepanz unter der Deliktsgrenze liegen sollen.

So füllt das Strafrecht den Teil des Generalvertrauens aus, der sich auf Erwartungen mit Bezug zu deliktischen Personen und Rechtsgütern bezieht. Das Strafrecht formuliert Verhaltenserwartungen in Bezug auf deliktische Personen,[689] deren Verhalten zu Rechtsgutsverletzungen führen kann. Insofern ist also das Ausbleiben von Rechtsgutsverletzungen *Inhalt* der formulierten Erwartung und so auch ein Inhalt des Generalvertrauens. Die *Funktion* bleibt die Erhaltung von Handlungsfähigkeit durch Reduzierung von Komplexität durch die gegebene Möglichkeit der Umwandlung des Generalvertrauens (Generalvertrauen als vertrauensauslösender Reiz) in persönliches Vertrauen. Rechtsgüterschutz hängt so mittelbar mit der Funktion zusammen: Wird Rechtsgüterschutz de facto nicht erreicht, ist erwartbar, dass es zu Diskrepanzen bei den Beobachtern kommt und beim vermehrten Auftreten dieser Diskrepanzen mit der Zeit aufgehört wird, Generalvertrauen in persönliches Vertrauen umzuwandeln und so Generalvertrauen zerstört wird. Dass dies im Rahmen dieser Arbeit nicht empirisch bewiesen werden muss, ist den vorherigen Ausführungen zu verdanken: Insoweit kommt es aus systemischer Beobachterperspektive nur darauf an, dass das Strafrecht den Rechtsgüterschutz tatsächlich zu seiner Grundlage gemacht hat.

---

688 Für § 315b, aber auf § 315c übertragbar BGH 4 StR 213/14 v. 04.12.2014 = NJW 2015, 500, 501; BGH 4 StR 245/10 v. 28.09.2010 = NStZ 2011, 215, 216; unmittelbar bei *Heger* in Lackner/Kühl/Heger, § 315c, Rn. 1. Teile der Literatur wollen daneben auch den Schutz der Individualrechtsgüter Leib, Leben und fremde Sachen von bedeutendem Wert als primären Schutzzweck sehen, während die Rechtsprechung dies nur sekundär behandelt. *Kudlich* in BeckOK StGB, § 315c, Rn. 1; *Pegel* in MüKo StGB, § 315c, Rn. 1; *Renzikowski* in Matt/Renzikowski, § 315c, Rn. 1

689 Ob das auch Maschinen umfassen kann, wird im 3. Teil behandelt. Die gleiche Frage würde sich für Organisationssysteme, also das Verbandsstrafrecht, stellen.

Um es auf den Punkt zu bringen: Strafrecht verhindert keine Rechtsgutsverletzungen, ist aber die Bedingung der Möglichkeit aller Handlungen, bei denen der Handelnde durch von Generalvertrauen umgewandeltes persönliches Vertrauen so tut, als gäbe es die in die Kommunikation gebrachten Rechtsgutsverletzungen nicht.

### 2. Symbolisches Strafrecht

Ein Strafrecht nach der Theorie vom Generalvertrauen wäre freilich kein Strafrecht, bei dem Kritik unter dem Schlagwort „symbolisches Strafrecht"[690] durchgreift.

Alles Strafrecht ist bis zu einem gewissen Grade symbolisch,[691] das zeigt schon das BVerfG, nach dessen Worten jede Strafnorm „ein sozial-ethisches Unwerturteil über die von ihr pönalisierte Handlungsweise"[692] enthält. Die Basis der Kritik an von diesen Kritikern so genannten symbolischem Strafrecht ist der Widerspruch zwischen manifesten und latenten Funktionen. Manifeste Funktionen seien dabei die „objektiven Normverwirklichungen, welche die Strafnorm mit ihren Formulierungen im Sinne eines instrumentellen Rechtsgüterschutzes erfasst." Latente Funktionen seien „die tatsächlichen Wirkungen der Strafnorm in Gestalt der Befriedigung aktueller Handlungsbedürfnisse, der Beruhigung der Bevölkerung oder der Demonstration eines starken Staates."[693] Symbolisch sei Strafrecht dann, wenn die latenten Funktionen die manifesten überwiegen. Das sei kritikwürdig, weil es ein Täuschungselement beinhalte.[694] Zudem neige ein solches Strafrecht dazu, „alle Aufgaben an sich zu ziehen, die ihm vom politischen System angeboten werden oder derer es sonst habhaft werden kann", dabei erweitere es „seine Zuständigkeitsfelder [...] unreflektiert".[695] Versteht man Strafrecht als Garant von Generalvertrauen, ist das Betätigungsfeld begrenzt. Denn in der Funktion geht es gerade um

690 Dazu *Saliger,* ZfIStW 2022, 276, 287 ff.; *K. Peters,* JR 2020, 414 ff.; *Hassemer* in FS Roxin I, S. 1001, 1002 ff.

691 *K. Peters,* JR 2020, 414 f.; *Hassemer* in FS Roxin I, S. 1001, 1011 f. Mit Nuancen *Hoven,* ZStW 129 (2017), 334 ff., 344 und passim *dies.* ZStW 135 (2023), 707 ff.

692 BVerfG 2 BvR 1371/96 v. 09.07.1997 = BVerfGE 96, 245, 249.

693 *Saliger,* ZfIStW 2022, 276, 287; vgl. auch *Lauterwein,* Symbolische Gesetzgebung, S. 17, 27, 29; *Voß,* Symbolische Gesetzgebung, S. 60 ff. Zu manifesten und latenten Funktionen auch *Brodowski,* Evolution des Strafrechts, S. 337 ff., der die Frage der Verfassungskonformität von Strafgesetzen mit latenten Funktionen aufwirft und hierbei zu dem Ergebnis kommt, dass in diesem Sinne „symbolisches Strafrecht" nicht per se verfassungswidrig ist, sie aber freilich, wenn ihnen Eingriffsqualität zukommt, aus Sicht des Verfassungsrechts mit dem Grundgesetz vereinbar sein müssen. Solche latenten Funktionen greift *Hoven,* ZStW 135 (2023), 707 ff. in ihrer Analyse zu Strafverschärfungen auf.

694 *Hassemer* in FS Roxin I, S. 1001, 1017; *Saliger,* ZfIStW 2022, 276, 287.

695 *Hassemer* in FS Roxin I, S. 1001, 1004.

nichts anderes als die Aufrechterhaltung und Konstituierung von Generalvertrauen in den ausgeführten Ausfüllungen.[696] Weitere positive Effekte sind reine Leistungen, die nicht erreicht werden müssen.

Bei unbedarfter Anwendung der Formel käme man in der hiesigen Konzeption dennoch zu einem „symbolischen Strafrecht"; denn Generalvertrauen bildete eine „latente" Funktion, die über allem steht, da der Rechtsgüterschutz nur die materielle Ausfüllung der Funktion bedeutet und dieser klar untergeordnet ist. Es wurde bereits festgestellt, dass jedes Vertrauen gewissermaßen eine erfolgreiche Selbsttäuschung ist, weil das Risiko bei der Selektion ignoriert wird, aber dennoch vorhanden ist.[697] Ein Täuschungselement ist deshalb auch der Theorie vom Generalvertrauen immanent. Ein psychisches System, das nur analytisch und nicht zweckrational (zur Selbsttäuschung fähig) agieren würde, wäre nicht handlungsfähig,[698] da es den Mechanismus des Vertrauens nicht anwenden könnte. Es geht in der Konstituierung und Aufrechterhaltung von Generalvertrauen durch das Strafrecht also nicht um bewusste Täuschung durch das politische System und das Strafrechtssystem an den beobachtenden psychischen Systemen. Die Täuschung entsteht in den psychischen Systemen selbst mit dem Modus des Vertrauens und ist unumgänglich. Das Strafrecht hat für sich die Aufgabe des Rechtsgüterschutzes als Leistung (und Legitimation) erwählt und verfolgt diese auch, was die Selbsttäuschung erst ermöglicht. Der dahinterstehende Zweck ist im Sinne der Kritiker „latent", weil er dabei über die kommunizierte Verhaltenserwartung und den Rechtsgüterschutz hinausgeht. Der Rechtsgüterschutz als primäre Aufgabe ist dabei nicht zwingend, auch wenn er aktuell im Vordergrund steht. Ein *tatsächlicher* Rechtsgüterschutz ist für die Erfüllung der Funktion nicht zwingend erforderlich, aber förderlich und freilich wird er in der Innenperspektive auch tatsächlich verfolgt. Es können sich in ferner Zukunft in einer Gesellschaft durchaus Strukturen im Strafrechtssystem entwickeln, die eine solche Klarheit besitzen, dass tatsächlich und bewusst nur noch das dahinterliegende Ziel des Generalvertrauens verfolgt wird.

Dazu muss auch den grundlegenden Wertungen der Kritiker nicht gefolgt werden. *Saliger* fasst die Kritik zusammen: „Gute Kriminalpolitik orientiert sich an den Grundsätzen positiven Strafrechts. Dazu gehören zentral formeller und materieller Rechtsgüterschutz mit primärer Orientierung an Verhaltenssteuerung und nur moderater Symbolik sowie ein strafrechtspezifischer Verhältnismäßigkeitsgrundsatz, der insbesondere eine schärfere empirische Bedarfsprüfung und

696 Vgl. § 3 A., B., D.

697 Siehe § 3 A. II. 1. a., S. 76.

698 In diese Richtung auch *Pavlova*, Organisation und Vertrauen, S. 214.

Nachkontrolle neuer Strafgesetze einschließt. Schlechte Kriminalpolitik in Gestalt von symbolischem Strafrecht entsteht erst, wenn die latenten Funktionen die manifesten objektiven Normverwirklichungen überlagern."[699] Symbolisches Strafrecht soll insbesondere zu ineffektivem Strafrecht führen und zu solchem, das keine Rückbindung an ein „richtiges" Rechtsgut genießt.[700] „Gut" ist also ein tatsächlich verfolgter Rechtsgüterschutz, der sich insoweit „unverschleiert" auf den tatsächlichen Norminhalt beschränkt, während „schlecht" alles ist, was darüber hinausgeht und in seinem Akzent Ersteres übersteigt. Warum nun Ersteres „gut" und Zweiteres „schlecht" ist, bleibt im Dunkeln. Die Bewertung als „gut" oder „schlecht" kann keine Rückbindung an übergeordnete Prämissen nachweisen. Insoweit verharren die Kritiker in ihrer beschränkten Beobachterposition, die den von ihnen so empfundenen aktuellen Status quo als „gut" und alles andere als „schlecht" bewerten. Eine systemische Analyse wie die hiesige mit der Funktion als Anknüpfungspunkt kann dem nicht folgen, zumal die Prämissen nicht offengelegt werden. Insoweit kann „Kriminalpolitik" statt als „gut" oder „schlecht" etwa als „potentiell anschlussfähig" oder „potentiell weniger anschlussfähig" qualifiziert werden.[701]

Die Kritik unter dem Schlagwort des „symbolischen Strafrechts" taugt nicht als Grundsatzkritik. Sie trifft zudem mit ihren beiden Hauptkritikpunkten „kein Rechtsgüterschutz" und „Ineffektivität" weniger eine Strafrechtstheorie an sich, sondern richtet sich vielmehr direkt an den Gesetzgeber und verbleibt schlagwortartig. Mit *Peters* sollte vom Begriff des symbolischen Strafrechts Abstand genommen werden, da es zu einer emotional aufgeladenen Diskussion über einen Gegenstand führt, der recht vage bleibt.[702] Der hiesige Ansatz ist, so könnte man unterscheiden, nicht symbolisch, sondern kommunikativ.[703]

---

**699** *Saliger*, ZfIStW 2022, 276, 288.

**700** Vgl. auch *K. Peters*, JR 2020, 414, 415 ff.

**701** Trifft man diese Unterscheidung, kann Folgendes festgestellt werden: Strafrecht im aktuellen System, das Rechtsgüterschutz ernsthaft nicht verfolgt, wird in aller Regel potentiell weniger anschlussfähig sein, da zwischen Kommunikation und erlebter Wirklichkeit eine Diskrepanz entsteht, die Generalvertrauen wieder zerstören kann oder – wenn bereits kein valides Rechtsgut verfolgt wird – durch die weitere Aufweichung der Selbstbegrenzung Systemvertrauen und in der Konsequenz wieder Generalvertrauen zerstören kann. Das kann auch geschehen, wenn Delikte geschaffen werden, die so formuliert werden, das praktisch kein Anwendungsbereich besteht, da solche erwartbar als täuschend wahrgenommen werden. Beispiele finden sich bei *Saliger* in FS Neumann, 689, 698 f. Dieser Befund stimmt mit der Kritik insofern überein, dass eine „gute" Kriminalpolitik oft Generalvertrauen aufbauen wird, während eine „schlechte" Kriminalpolitik das Potential hat, Generalvertrauen zu zerstören.

**702** *K. Peters*, JR 2020, 414, 419.

**703** So differenziert *Hassemer* in FS Roxin I, S. 1001, 1011.

### 3. Vertrauen *an sich* kann nicht Rechtsgut sein

Es kann ferner die Frage gestellt werden, ob nicht einfach Vertrauen *an sich* als Rechtsgut deklariert werden könnte, um eine Direktanbindung an die Funktion zu erreichen. Die Ausdifferenzierung der Funktion würde dadurch zu sich selbst zurückgeführt werden. Könnte die Funktion nicht auf diese Weise am besten verfolgt werden? In der Literatur wird Vertrauen an sich oft als Rechtsgut benannt, freilich ohne genauere Bestimmung, was darunter verstanden wird, und nie mit der Anbindung an das hiesige Funktionsverständnis des Strafrechts.

*Jakobs* und *Amelung*, die mit ihren Theorien und Konsequenzen der Theorie vom Generalvertrauen nahestehen,[704] möchten die strafbewehrten Verhaltensnormen und ihre Geltung selbst zum „Rechtsgut" des Strafrechts bzw. zum eigentlichen „Strafrechtsgut" erheben.[705] Das wäre insoweit einer Konstruktion des „Vertrauens als Rechtsgut" ähnlich, da das Rechtsgut bei den vorgenannten Autoren dann unmittelbar als die Norm an sich gesehen wird, die in ihrer Geltung geschützt werden müsse.

*Hefendehl* seinerseits, als einer der Vertreter eher „klassischer" Theorien, möchte „Vertrauensrechtsgüter" als primäre Referenz für Rechtsgüter im Rahmen der kollektiven Rechtsgüter verwenden.[706] Das so bezeichnete Rechtsgut „Vertrauen" zielt – in den Prämissen dieser Arbeit gesprochen – in der Regel auf einen Schutz von optimistischem[707] persönlichem Vertrauen zu spezifischen sozialen Systemen ab (optimistisches Systemvertrauen). Das optimistische Systemvertrauen wird operativ oft dadurch umgesetzt, dass Vertrauen zu den die sozialen Systeme repräsentierenden und soweit vertrauensvermittelnden psychischen Systemen geschützt werden soll und so vertrauenszerstörende Reize, die dem System als solches zugeschrieben werden könnten, unterbunden werden.[708] So schütze bspw. § 264a StGB, der Kapitalanlagebetrug, das „Vertrauen der Allgemeinheit in den Kapitalmarkt und dessen Funktionsfähigkeit".[709] § 265b StGB schütze „das Ver-

704 Zur Abgrenzung zur Theorie von *Jakobs* siehe § 3 F. II. 4. a., S. 194 ff., zur Theorie von *Amelung* siehe § 3 F. II. 2., S. 190 ff.

705 *Amelung* in Rechtsgutstheorie, S. 155, 179; *Jakobs*, AT, 2. Abschn., Rn. 1 ff., letzterer spricht von „Strafrechtsgut".

706 *Hefendehl*, Kollektive Rechtsgüter im Strafrecht, S. 124 ff., 255 ff. Neben *Hefendehl* beziehen sich viele weitere Autoren bei verschiedenen Delikten auf „Vertrauen" als Rechtsgut, dazu bis einschließlich Fn. 716.

707 Zur Differenzierung zwischen optimistischem und dem funktionsäquivalenten pessimistischen Vertrauen § 3 A. II. 1. f., S. 82.

708 § 3 A. II. 2., S. 87.

709 BGH II ZR 204/90 v. 21.10.1991 = NJW 1992, 241, 243; *Achenbach*, NJW 1986, 1835, 1839; *Beckemper*, ZIS 2011, 318.; dagegen *Ceffinato* in MüKo StGB, § 264a, Rn. 6 f. m. w. N. zur Diskussion.

trauen in die Redlichkeit des Kreditantragstellers“[710] und somit mittelbar das Systemvertrauen in den Kreditmarkt. § 399 AktG, welcher falsche Angaben insbesondere in der sensiblen Gründungsphase unter Strafe stellt, schütze „das Vertrauen der (gegebenenfalls erst potenziellen) Vertragspartner der Gesellschaft und sonstiger an ihr interessierter Personen in die Vollständigkeit und Richtigkeit der die Gesellschaft betreffenden Handelsregistereintragungen sowie deren Grundlagen und die Wahrhaftigkeit der Angaben in öffentlichen Ankündigungen.“[711] Bei § 298 StGB, den „wettbewerbsbeschränkende[n] Absprachen bei Ausschreibungen“, soll Rechtsgut das „immer wieder bestätigte Vertrauen des Einzelnen in die Funktionsfähigkeit des freien und fairen Wettbewerbs“[712] sein, also das Systemvertrauen in das Wirtschaftssystem. Die Bestechungsdelikte der §§ 331 ff. StGB schützen nach dem BGH „das Vertrauen der Allgemeinheit in die Sachgerechtigkeit und die ‚Nicht-Käuflichkeit‘ dienstlichen Handelns“[713], somit das Systemvertrauen in die sozialen Systeme des Staates.

Neben der direkten Bezugnahme auf Vertrauen wird der Schutz von Systemvertrauen oft mittelbar genannt, so bei § 164 StGB, der die Rechtspflege schützen soll und damit mittelbar das Systemvertrauen „der Bevölkerung in eine unbeeinflusste Ausübung der staatlichen Eingriffsbefugnisse“.[714] Mit § 203 StGB, der dem Geheimnisschutz dient und insbesondere die informationelle Selbstbestimmung schützt, soll mittelbar auch das „allgemeine Vertrauen in die Verschwiegenheit der Angehörigen bestimmter Berufe“ und das „Vertrauen der Allgemeinheit in die Verschwiegenheit von Amtsträgern“[715] geschützt werden, mithin das Systemvertrauen in die sozialen Systeme, die durch diese psychischen Systeme repräsentiert werden. § 145d StGB, Vortäuschen einer Straftat, schütze durch das Rechtsgut der Aufgabenwahrnehmung solcher Behörden, die zur Strafverfolgung oder Verhütung schwerwiegender Straftaten verpflichtet sind, auch das „Vertrauen in den Rechtsstaat“, in concreto das „Vertrauen auf effiziente und unverzügliche Tätigkeit bestimmter Behörden“[716]. Einem vertrauenszerstörenden Reiz soll vorgebeugt werden. Die Liste ließe sich fortführen.

---

**710** *Beckemper*, ZIS 2011, 318; dagegen *Kasiske* in MüKo StGB, § 265b, Rn. 2, m. w. N. zur Diskussion.

**711** *Hefendehl* in BeckOGK, § 399 AktG, Rn. 4, m. w. N.

**712** *Hohmann* in MüKo StGB, § 298, Rn. 1.

**713** BGH 3 StR 503/00 v. 11.04.2001 = NJW 2001, 2558, 2559; BGH 3 StR 549/00 v. 11.05.2001 = NJW 2001 2560, 2562; BGH 1 StR 372/01 v. 23.05.2002 = BGHSt 47, 295, 303. Zusammenfassend und für die leicht abweichende Literatur *Korte* in MüKo StGB, § 331, Rn. 6 ff. m. w. N.

**714** *Zopfs* in MüKo StGB, § 164, Rn. 4.

**715** *Eisele* in Schönke/Schröder, § 203, Rn. 3.

**716** *Zopfs* in MüKo StGB, § 145d, Rn. 5.

Wenn auf Vertrauen als Rechtsgut rekurriert wird, wird eine Direktanbindung an die Funktion des Strafrechts erreicht. Allerdings ist Vertrauen als *unmittelbarer* Anknüpfungspunkt für ein Rechtsgut nicht geeignet, weil es nicht abgrenzbar ist und so nur eine minimale Ausdifferenzierung durch Tathandlungen zulässt. Die Ausdifferenzierung findet immerhin dadurch statt, dass zumindest das *Ziel* des Vertrauens benannt wird und die Strafnorm auf Handlungen und Kommunikation beschränkt wird, die Vertrauen zum benannten Ziel betreffen. Allerdings kann Vertrauen – je nach individueller und teilweise auch irrationaler[717] Beobachterposition – durch buchstäblich *alle* denkbaren Handlungen und Kommunikationen zerstört oder aufgebaut werden. Konsequent kann so alles strafbar gestellt werden. Systemvertrauen ins Strafrecht würde sinken, damit Generalvertrauen zerstört und die Komplexität stiege an. Es wäre das Gegenteil von dem erreicht, was eigentlich erreicht werden sollte, will das Strafrecht die Funktion tatsächlich ausfüllen. Legitimation ist im selbstreferentiellen Element Selbstbegrenzung. Eine Selbstbegrenzung funktioniert bei der Inanspruchnahme von Vertrauen als Rechtsgut nicht.[718] Man muss sich bei der Benennung des Rechtsgutes vielmehr auf die *spezifischen vertrauenszerstörenden Reize* beschränken. Diese müssen nicht nur über eine Bezugnahme auf das Vertrauen selbst, sondern auch über vertrauenszerstörende Reize durch Zerstörung des Vertrauens zu vertrauensvermittelnden psychischen Systemen hinausgehen. Erst dann ist eine Selbstbegrenzung dem Grunde nach möglich. Nimmt man eine Direktanbindung an Vertrauen an, so wird letztlich nur für diese Arbeit mittlerweile Selbstverständliches ausgesagt: Strafrecht dient der Konstituierung und Aufrechterhaltung von Generalvertrauen.

Eine nur mittelbare Bezugnahme auf das Vertrauen, wie bei §§ 164, 203 StGB, ist unproblematisch, sofern die Verletzung eines anderen Rechtsguts in concreto als vertrauenszerstörender Reiz benannt werden kann. Ein Beispiel wäre die informationelle Selbstbestimmung bei § 203 StGB, deren unsanktionierte Verletzung als vertrauenszerstörender Reiz zu qualifizieren sein wird. Genau genommen gilt diese mittelbare Bezugnahme auf Vertrauen durch die logisch zwingende Rückbindung zur Funktion bei jedem Delikt und nicht nur bei den oben in diesem Bezug ausdrücklich genannten. Beinahe[719] jedes Delikt dient zumindest mittelbar dem Systemvertrauen zum Recht selbst, wenn sich, anders als bspw. bei § 203 StGB, keine Anbindung zu einem anderen System finden lässt. Auch beim Totschlag, § 212 StGB, wirkt ein unsanktionierter Totschlag als vertrauenszerstörender Reiz, weil die weit

717 Freilich kann eine Irrationalität nur durch Zugrundelegung der Sicht eines durchschnittlichen Beobachters attestiert werden.

718 Vgl. auch schon § 3 D. I. 2., S. 136.

719 Solche Delikte, die sich schon außerhalb der kommunizierten Aufgaben des Strafrechts befinden, bewirken freilich das Gegenteil.

überwiegende Mehrheit der beobachtenden psychischen Systeme hier Verantwortung zuschreiben möcht. Vertrauen würde dabei deshalb zerstört, weil die anderen Systeme das Strafrecht anhand der ihm selbst auferlegten Aufgaben messen. Werden sie nicht erfüllt, werden Erwartungen enttäuscht und so Systemvertrauen in Bezug auf das Strafrecht zerstört.

Dabei wird wiederum die Aufgabe des Strafrechts innerhalb der Funktion deutlich: die Erzeugung von Generalvertrauen in Bezug auf Rechtsgutsverletzungen durch deliktische Personen. An dieser Aufgabenerfüllung messen die beobachtenden Systeme das Strafrecht heute.[720]

## E. Der Straftatbegriff

Strafrecht verfolgt die Aufrechterhaltung des Generalvertrauens im Enttäuschungsmechanismus durch Verantwortungszuschreibung an deliktische Personen. Verantwortungszuschreibung erfolgt als Reaktion auf eine Straftat. So ist nun konsequent ein Straftatbegriff aus dem gefundenen theoretischen Ansatz zu generieren – mit seinem Theorieunterbau aus dem Konstruktivismus und der Luhmannschen Systemtheorie – der außerdem Grundlage für den weiteren Gang der Arbeit sein wird, die sich schwerpunktmäßig auf die Verantwortungszuschreibung, also den Enttäuschungsmechanismus fokussiert. Wie kann die Straftat nach dem Konzept der Theorie vom Generalvertrauen (wiederum aus der Außenperspektive) konkret beschrieben werden? *Frisch* drückt das Anliegen eines Straftatbegriffes – auch über sein Konzept hinweg – treffend aus: „Die Strafe soll ja eine sinnvolle [...] Reaktion auf das sein, was die Straftat darstellt. Die Straftat muss also etwas sein oder enthalten, worauf das, was die Strafe kennzeichnet, eine sinnvolle, ja aus benennbaren Gründen sogar unverzichtbare [...] Reaktion oder Antwort bildet."[721]

Das Strafrechtssystem ist als soziales System funktional. Deshalb ist es zwingend, dass die Beschreibung der Straftat, jedenfalls aus der Außenperspektive, ebenfalls funktional ist und somit Verantwortung an sich nicht originär aus einem Rechtssubjekt heraus entsteht, sondern aus funktionalen Gründen einer delikti-

---

720 Das zeigt sich (tendenziell) auch an einer kürzlich durchgeführten empirischen Studie: 96,4 % der Befragten stimmten der Aussage zu, dass das Strafrecht in erster Linie den Menschen schützen soll, *Hoven*, ZStW 135 (2023), 707, 716.

721 *Frisch*, Notwendigkeit und Legitimation, S. 6. Freilich ist damit hiesig keine logische Verknüpfung in Form einer naturalistisch logischen Folge, wie einer physikalischen Wirkung gemeint, sondern eine konsequente Folge aufgrund zuvor gebildeter und angenommener Grundsätze. Ebenso wenig sollen mit dieser Bezugnahme die verfassungsrechtlichen Implikationen oder der Legitimationsbegriff *Frischs* zugrunde gelegt werden.

schen Person zugeschrieben wird. Die Funktion ist die Aufrechterhaltung und Konstituierung von Generalvertrauen. Zunächst kann festgehalten werden: Die Straftat ist eine der Bedingungen, durch die Generalvertrauen zerstört werden kann. Die Straftat deckt den folgenden Teil dieser Bedingungen ab: Die Straftat ist das *in der Kommunikation einer deliktischen Person zugerechnete Erzeugen einer beobachteten Diskrepanz zwischen Erwartungskommunikation des Strafrechtssystems*[722] *und einer Handlung*[723]. Auf diese Diskrepanzbeobachtung muss Strafe als *anschlussfähige Verantwortungszuschreibung* folgen, die die Verantwortung für den „Fehler" nicht dem Beobachter oder dem Strafrechtssystem zuschreibt, sondern dem Täter, sodass Generalvertrauen erhalten bleiben kann. Die diskrepanzauslösende Handlung kann bei einer deliktischen Person konkret dann beobachtet und als strafrechtlich relevant selektiert werden, *wenn Verstehen der vorwerfbaren Mitteilung einer strafrechtswidrigen Information vorliegt.*[724]

In der Formel spiegelt sich das Verständnis der Kommunikation als kleinste Einheit aller sozialen Systeme (wie ja auch das Strafrechtssystem eines ist) und ihrer Elemente nach *Luhmann* wider, also Verstehensselektion auf der einen, Informations- und Mitteilungsselektion auf der anderen Seite.[725] *Alter* ist dabei der Täter, *Ego* der Beobachter der Tat[726] und dabei typischerweise derjenige, der an die dadurch entstehende Kommunikation anschließt und dies weiteren Beobachtern zugänglich macht. Die Mitteilung von *Alter* ist ein wie auch immer geartetes Verhalten, d.h. Tun oder Unterlassen (in der Mitteilung steckt nicht nur die Frage des „ob", sondern auch des „wie"), welches einer Person zugeschrieben wird; also

---

722 Die sich, wie festgestellt, immer auf das Ausbleiben einer Rechtsgutsverletzung bezieht.

723 Handlung sei dabei noch im allgemeinen, kommunikationstheoretischen Sinne verstanden. Vgl. § 2 B. II. 2., S. 36 und § 2 B. II. 7., S. 52.

724 Ohne vor allem das Luhmannsche Kommunikationsverständnis zugrunde zu legen, muss dies unverständlich bleiben. Zur Erinnerung: Kommunikation kann nur als Mitteilungshandeln beobachtet werden, ist als solches ausgeflaggt. Der Handlungsteil ist insoweit also die Differenz aus Mitteilung und Information, dazu ausführlich § 2 B. II. 7., S. 46 ff. Insoweit in Bezug auf den dreiteiligen Selektionsprozess als Straftat ähnlich *Bleckmann*, Strafrechtsdogmatik, S. 130, wobei wohl nicht davon ausgeht, dass eine Mitteilung schon per Definitionem zugerechnet sein muss. Um für einen Straftatbegriff potent zu sein, ist entscheidend, dass die Mitteilung *vorwerfbar* ist. Ähnlich zu dieser Konzeption sind auch die Normdestabilisierung von *Jakobs* und dazu nahestehende Konzeptionen, zu denen im nächsten Kapitel eine Abgrenzung vorgenommen wird, § 3 F. II., S. 188 ff.

725 Dazu ausführlich § 2 B. II. 7., S. 46 ff.

726 Natürlich ist damit nicht nur derjenige gemeint, der die Tat als tatsächliches Tatgeschehen, also gleichsam als Zeuge beobachtet, sondern ein jeder, der auf die ein oder andere Weise Kenntnis von Umständen erlangt, die eben als Mitteilung und Information selektiert werden können. Im Folgenden findet dann Anschlusskommunikation (Stichwort: Kommunikation kommuniziert) statt und die beobachtete Diskrepanz wird in die Gesellschaft hineingetragen.

Handlung im kommunikationstheoretischen Sinne.[727] Die Zuschreibung der Mitteilung an eine Person steckt dabei schon im Begriff der kommunikationstheoretischen Handlung. Wichtig ist daran zu erinnern, dass Kommunikation nicht notwendig durch Intentionalität oder gar Sprachlichkeit von *Alter* beschrieben werden muss.[728] Die Mitteilung wird durch das zugeschriebene Verhalten selbst als Sinn selektiert und drückt aus, dass der im gedachten persönlichen Vertrauen ausreichend gefestigten Erwartung, die auf Umwandlung von Generalvertrauen basiert, nicht entsprochen wird. Ob der Täter[729] – mit Intentionalität o. ä. – solches ausdrücken wollte, spielt keine Rolle, da von *Ego* allein durch die Handlung so selektiert wird. Insoweit gilt, setzte man sogar einen ausdrücklichen Widerspruch von *Alter* voraus: protestatio facto contraria non valet.[730] Das ist nur logisch, denn die Erwartung bezieht sich ja gerade auf ein zugerechnetes Verhalten, also eine Handlung, und nur sekundär[731] auf einen inneren Bezug des Handelnden zu dieser Handlung. Es kommt für die Frage um das Vorliegen einer Kommunikation und damit auch der Straftat immer auf das Verstehen von *Ego* an.

Den Bezug zum Strafrecht erhält die Mitteilung erst, wenn sie *vorwerfbar* ist, also im Sinne einer untechnischen Verursacherkausalität selektiert wird, die den *strafrechtlichen* Zuschreibungsmechanismen zugrunde liegt. Das Strafrecht interessiert nicht jede Mitteilung, egal was *Alter* dabei für Informationen selektiert. Strafrecht interessiert sich dazu nur für Mitteilungen, in denen eine deliktische Person Zuschreibungspunkt dieser Mitteilung ist. In diesem Mitteilungshandeln ist eine Information selektiert, die einer der Verhaltensnormen des Strafrechts widerspricht.

Das Verstehen signalisiert, dass es dabei zu der beobachteten Diskrepanz kommt, weil verstanden wird, dass auch anders hätte mitgeteilt werden können, und die Mitteilung so potentiell Generalvertrauen zerstören und den Einsatz des Enttäuschungsmechanismus notwendig machen kann. Erst durch den Beobachter wird das Verhalten auf eine kommunikative Ebene gehoben, die eine Reaktion des Strafrechts notwendig macht, indem der Beobachter das Verhalten (durch seine Beobachtung dann: Handlung) für Anschlusskommunikation zugänglich macht. Das folgt logisch aus der Natur des Strafrechts als Struktur eines Strafrechtssystems, dessen kleinste Einheit die Kommunikation ist (wie hier): ohne Beobachter auch keine Straftat. Derjenige, der unbeobachtet etwas wegnimmt, dessen Verlust auch

---

727 § 2 B. II. 2., S. 35 f.

728 *Luhmann*, Soziale Systeme, S. 209.

729 Auf Ebene seines bewussten psychischen Systems.

730 Ein Widerspruch entgegen dem Handeln gilt nicht. Mit diesem Hinweis auch *Bleckmann*, Strafrechtsdogmatik, S. 138.

731 Zu diesem sekundären Bezug bereits § 3 D. III. 1., S. 163.

später nicht bemerkt oder nicht einem anderen Menschen zugeschrieben wird und die Wegnahme auch nicht selbst irgendwie in die Kommunikation hineinträgt, begeht deshalb aus der Außenperspektive keine Straftat. Ein Verstehensselektion findet dann gerade *nicht* statt. In einer hypothetischen Innenperspektive wäre das natürlich anders, da diese auf das Rechtsgut und den Tatbestand abstellt, in einem solchen Fall *gibt es die Innenperspektive aber eben gar nicht*, weil die Innenperspektive einen Beobachter voraussetzt. Ohne Beobachter kann auch nicht seine Innenperspektive eingenommen werden. Das macht auch vor dem Hintergrund der Funktion Sinn, die ja Ausgangspunkt des Straftatbegriffs ist: Wo es keinen Beobachter gibt, kann es auch keine Diskrepanz geben. Das bedeutet allerdings nicht, dass ein heimlich durchgeführter Diebstahl per se keine Straftat sein kann. Sobald ein wie auch immer gearteter Bezug beobachtet werden kann, und sei es nur der deutlich später bemerkte Verlust der Sache und die Vermutung einer damit verbundenen, von einer in der Kommunikation anonymen deliktischen Person durchgeführten Wegnahme, so liegt darin eine Verstehensselektion und eine Straftat besteht. Was *Alter* mit seiner Mitteilung beabsichtigt und in welcher Weise die Handlung vollzogen wird, ist dabei zunächst unerheblich. Entscheidend für die Frage, ob Kommunikation vorliegt, ist immer die Verstehensselektion.

Die Beobachter, die für die Gesellschaft endgültig anschlussfähig definieren[732], ob in der zugeschriebenen Mitteilung auch eine vorwerfbare Mitteilung und eine strafrechtswidrige Information steckt und damit eine Straftat vorliegt, sind im aktuellen Gesellschaftssystem die Gerichte,[733] die in ihrem Urteil als Anschlusskommunikation an die Straftat als Kommunikation anknüpfen. Die dabei zu Tage tretende Abschichtung in Tatbestandsmäßigkeit, Rechtswidrigkeit und Schuldhaftigkeit ist ein Ausdruck der aktuellen (und zudem anschlussfähigen und dadurch für die Funktion viablen) strafrechtlichen Argumentationslogik[734] der Innenperspektive.

Mit dem Straftatbegriff wird auch klar, was objektiver und subjektiver Tatbestand aus der Außenperspektive eigentlich sind: Der objektive Tatbestand legt nicht zugrunde, was real passiert ist, und der subjektive Tatbestand beantwortet nicht die Frage nach der realen inneren Tatseite. Beide behandeln nur unterschiedliche Aspekte der Kommunikation[735] und beantworten, was wie kommunikativ konstruiert wird, also in der strafrechtlichen Kommunikation wirklich ist. Die Aspekte werden durch das Verstehen lediglich unterschiedlich selektiert und so in der In-

---

732 Natürlich ist die Annahme von Anschlussfähigkeit durch die autopoietische Natur der Beobachter letztlich Spekulation, aber systemisch wird dies durch die Strukturen des Strafrechtssystems und den Bezug auf diese Strukturen und ihre Mitteilungen so bestimmt.

733 Vgl. zur Einordnung der Gerichte ins Rechtssystem § 2 B. III. 2. b., S. 62 ff.

734 *Zabel*, Schuldtypisierung, S. 409.

735 Vgl. auch *Bleckmann*, Strafrechtsdogmatik, S. 140.

nenperspektive in einen subjektiven und einen objektiven Tatbestand gefasst. Aufteilen kann man die Voraussetzungen der strafrechtlichen Verantwortungszuschreibung anhand der Frage, ob sie das *Ob*, also die Mitteilung an sich, das *Wie*, also die Art der Mitteilung, oder das *Was*, also die darin enthaltenen Informationen betreffen. Der durch den besonderen Teil des StGB bestimmte objektive Tatbestand beschäftigt sich insbesondere mit dem *Was* und dem *Wie*. Er prüft den strafrechtswidrigen Gehalt der Informationen. Das *Ob* betrifft all jene Merkmale, die sich mit der Zurechnung im Einzelnen beschäftigen. Bezogen auf das Strafrecht und in Abgrenzung von allgemein verstandener Mitteilung wird dies *vorwerfbare* Mitteilung genannt.

Wird eine Beobachtung im Strafrechtssystem nicht als (vorwerfbare) Mitteilung selektiert, so kann man in Anlehnung an *Jakobs* und aus der Perspektive des Strafrechts von Natur sprechen.[736] Darin kommt dann zum Ausdruck, dass in solch einem Fall durch den beobachteten Vorfall gerade nicht kommunikativ im Strafrechtssystem Sinn erzeugt wurde, oder, wurde das Strafrechtssystem damit befasst, die Enttäuschungsbearbeitung in diesem Sinne der Natur[737] – sei es dem Zufall, dem Schicksal, einer Krankheit o. ä. – zugeschrieben wird, die dann wiederum andere Systeme bearbeiten können, etwa das Religionssystem, das Wissenschaftssystem oder das medizinische System. Diese Systeme können dann Generalvertrauen aufrechterhalten. Das Strafrecht betreibt, wird es mit einem solchen Vorfall befasst, durch seine Verweisung dann anschlussfähige Kommunikation über die Nichtstrafe.[738]

Die Erwartungen, deren Abweichung eine Diskrepanzbeobachtung bedeuten und so Ausgangspunkt der Straftat sind, lassen sich auch durch das Stichwort der „Rolle" beschreiben und mit *Alter* direkt verknüpfen. Durch die personale Zuschreibung, die in der Selektion *Egos* eines Verhaltens als Mitteilung bereits enthalten ist, wird dem Handelnden, also *Alter*, die in dieser Person steckende Rolle zugeschrieben. Diese Rolle wird gerade durch die im Strafrechtssystem kommunizierten Erwartungen definiert. Die im Strafrechtssystem denkbar allgemeinste Rolle ist die der deliktischen Person, also solchen, die grundsätzlich für verant-

---

736 *Jakobs*, ZStW 107 (1995), 843, 863 f. Darauf bezugnehmend auch *Schmitt-Leonardy*, Unternehmenskriminalität ohne Strafrecht, Rn. 602.

737 Freilich kann man über Natur sprechen und sie wiederum zum Gegenstand von Informationen in der Kommunikation machen. Eine eigene Mitteilung, die ja wiederum eine je nach System ausgestaltete, im Strafrecht etwa deliktische Person voraussetzt, kann aber nie in Natur stecken. Natur bleibt deshalb für das Strafrecht stets Umwelt, da es nicht als Kommunikationsteilnehmer in den Kommunikationsprozess aufgenommen wird, sondern vielmehr, falls es als Zuschreibungspunkt dient, von anderen sozialen Systemen bearbeitet wird.

738 Dazu weiterführend § 4 C. II., S. 230 ff.

wortungsfähig gehalten werden. Nur über Erwartungen an deliktische Personen kommuniziert das Strafrechtssystem. Weicht *Alter* in seiner personalen Zuschreibung von dieser Rolle ab, so entsteht die Diskrepanz; Eine strafrechtswidrige Information wurde vorwerfbar mitgeteilt. Die Rolle der deliktischen Person kann noch weiter präzisiert werden. Besonders virulent wird diese Beschreibung bei den Fahrlässigkeitsdelikten.[739] Auf Vorsatzebene sind die Erwartung und mithin die Rollenzuschreibung – mit Ausnahme der Sonderdelikte – an alle deliktischen Personen grundsätzlich gleich.

Ein abschließendes Beispiel: B wird tot aufgefunden. Der Sachverhalt wird durch C so rekonstruiert, dass B durch einen anonymen Menschen (dem durch seine zugeschriebene Natur als Mensch zumindest grundsätzlich auch Verantwortung zugeschrieben werden kann) erschossen worden sein muss. Darin steckt dann schon die Zuschreibung eines Verhaltens an eine deliktische Person. Nach einiger Ermittlungsarbeit wird A als Angreifer ermittelt. C ist in diesem Beispiel *Ego*, A *Alter*. C selektiert durch die Rekonstruktion des Sachverhaltes den Schuss des A als vorwerfbare Mitteilung einer strafrechtswidrigen Information. Das *Ob* der Mitteilung wird in diesem Fall durch die Zuschreibung bestimmt, dass A sich auch anders hätte entscheiden können[740] und durch die Zuschreibung eines kausalen Zusammenhanges zwischen dem Tod des B und dem Verhalten des A. Zudem sind keine Umstände ersichtlich, die den Tod des B der Natur zuschreiben lassen könnten und so das *Ob* der Mitteilung ausschließen würden. Vorwerfbar und damit für das Strafrechtssystem relevant wird die Mitteilung durch die Zuschreibung von Intentionalität an A. Insofern ist das *Ob* der Mitteilung im Kontext der Kommunikation des Strafrechtssystems bejaht. Das *Wie* der Mitteilung ist der Schuss, in dem auch bereits das *Was*, die strafrechtswidrige Information, enthalten ist; die Herbeiführung des Todes von B. Diese Information weicht von der A zugeschriebenen Rolle als deliktische Person ab, an den die Erwartung aus § 212 StGB gestellt wird, in concreto keinen anderen Menschen zu töten. C schafft durch sein diesbezügliches Verstehen die Möglichkeit zur Anschlusskommunikation, eine Diskrepanz wurde beobachtet und anschlussfähig gemacht, eine Straftat liegt vor. Würde diese Diskrepanz vom Strafrecht unbearbeitet bleiben, würde Generalvertrauen verloren gehen. Dieses Beispiel könnte auch so gebildet werden, dass A anonym bleibt. Auch in diesem Fall kann eine Verstehensselektion durch C allein durch Rekonstruktion des Sachverhaltes erfolgen.

---

739 Dies wird im Rahmen der Konstruktion des Fahrlässigkeitsdeliktes, § 8, S. 277 ff. noch vertieft, dort wird die Abweichung von einer zugeschriebenen Rolleneigenschaft primärer Anknüpfungspunkt möglicher Strafbarkeit sein.

740 Dies sei hier noch in weitestmöglichen Sinne zu verstehen, präziser insb. § 10 B. 2. a., S. 420 ff.

## F. Verortung der Theorie vom Generalvertrauen

Abschließend bleibt zu prüfen, wo das Konzept der Theorie vom Generalvertrauen in Bezug auf bereits bestehende Ansätze[741] zu verorten ist. Die Theorie vom Generalvertrauen lässt sich nicht reibungsfrei in die klassische Dualität[742] der absoluten und relativen Straftheorien einordnen. Sie ist vielmehr eine expressive[743] Theorie. Die folgenden Ausführungen werden gegliedert in die Verortung der Theorie vom Generalvertrauen in Bezug auf solche Theorien, denen Kriterien zugrunde liegen, welche nur eine indirekte Verbindung mit dem hiesigen Ansatz zulassen (I.), und in Bezug auf solche Theorien, die ähnlichen Prämissen folgen und so eine Verwandtschaft zur Theorie vom Generalvertrauen nahelegen. Letzteres betrifft Theorien mit starkem expressivem Bezug (II.). Bei der Untersuchung der Theorien mit indirekten Verbindungen wird deshalb neben der Suche nach Differenzen und Gemeinsamkeiten die Frage im Vordergrund stehen, wo die Leistungen dieser Theorien in der Theorie vom Generalvertrauen ihren Platz finden. Die Verortung der Theorie vom Generalvertrauen in Theoriekontexte mit expressivem Bezug dient dagegen dazu, ihr Profil durch eine Abgrenzung von diesen Theorien weiter zu schärfen. Zugleich ermöglicht diese Verortung eine proaktive Auseinandersetzung mit möglicher (weiterer[744]) Kritik, die vergleichbaren Theorien bereits entgegengebracht wird. Deshalb wird bei der Untersuchung der Theorien mit expressivem Bezug nicht nur der Zweck der Strafe aufgegriffen, sondern jeweils auch Teile der dahinterstehenden Strafrechtstheorie, während bei den Theorien mit indirekter Verbindung eher auf den Zweck der Strafe, also die Straftheorie im engeren Sinne, fokussiert wird.

741 Freilich ist ob der Breite der Strafrechts- und Straftheorien nur eine oberflächliche Behandlung möglich. Für hier nicht behandelte Straftheorien sei auf die diversen zusammenfassenden Monographien verwiesen, etwa *Hörnle*, Straftheorien; *Montenbruck*, Straftheorien. Eine umfangreiche Zusammenstellung von Literatur findet sich bei *Roxin/Greco*, § 3, vor Rn. 1.

742 Siehe nur *Hassemer/Neumann* in Kindhäuser/Neumann/Paeffgen, Vor § 1, Rn. 268; *Jakobs*, AT, 1. Abschn., Rn. 17.

743 Expressive Straftheorien als eigene Kategorie benutzt etwa *Hörnle*, Straftheorien, S. 31 ff., die den Begriff in Deutschland salonfähig machte. Der Ursprung des Begriffs liegt wohl bei *Feinberg*, The Monist 1965, 397.

744 Einige mögliche Kritikpunkte wurden bereits behandelt: Der Vorwurf des Konflikts mit Art. 1 GG (§ 3 D. II. 3., S. 112 ff. Vorgebracht etwa von *Köhler*, Problem der Generalprävention, insbesondere S. 47 ff., hier auch begründend aus § 46 StGB i.V.m. Art. 103 II GG; *Roxin/Greco*, § 3, Rn. 32, § 19, Rn. 35 gegen die generalpräventiven Straftheorien), der Vorwurf der bloßen Strukturerhaltung (§ 3 A. IV., S. 86. Vorgebracht etwa von *Roxin/Greco*, § 2, Rn. 110 gegen *Jakobs*) und der Vorwurf symbolischen Strafrechts (§ 3 D. III. 2., S. 165 ff. Beschreibend und m. w. N. *K. Peters*, JR 2020, 414 ff.).

Die Integration von Elementen anderer, insbesondere aus dem Blickwinkel der Theorie vom Generalvertrauen eher fernstehenden Theorien, lässt sich über den Leistungsbegriff als Schnittstelle realisieren, der deshalb einführend definiert wird. Das Strafrechtssystem kann potentiell nicht nur Konstituierung und Aufrechterhaltung von Generalvertrauen leisten, sondern möglicherweise auch friedensstiftende Konfliktlösung, erfolgreiche Verhaltensregulierung, Reintegration, Rechtsgüterschutz etc. Das sind die *Leistungen*[745], verstanden als gegenwärtig mehrheitlich als positiv erachtete (Neben-)Effekte des Strafrechtssystems auf seine Umwelt, die der Funktion untergeordnet sind und miterreicht werden können. Leistungen gehören zu den Programmen des Strafrechtssystems und sind teilweise sogar positivrechtlich verankert, etwa in § 61 StGB die Spezialprävention. Für die Funktion sind die Leistungen insofern wichtig, als dass manche von ihnen der Erreichung der Funktion zuträglich sind,[746] und bei einem Verfehlen bestimmter Leistungen auch die Funktion leiden kann. Wie und bei welchen Leistungen das der Fall ist, kann ob der autopoietischen Natur der Systeme letztlich nur empirisch beobachtet oder durch systemische Entscheidung im Strafrechtssystem bestimmt werden. Aus Sicht der Theorie vom Generalvertrauen liegt der Hauptverdienst der Leistungen, die in anderen Theorien fokussiert werden, in der Herstellung von Anschlussfähigkeit, sei es in Bezug auf das Strafurteil oder in Bezug auf das Strafrecht an sich.

## I. Theorien mit indirekten Verbindungen

Die Differenzen zu den Straftheorien, die sich unter den Begriff der „absoluten" Straftheorien fassen lassen und Theorien, die die Spezialprävention oder die negative Generalprävention als Fixpunkt wählen, ergeben sich im Ausgangspunkt von selbst: Der Zweck ist schlicht ein anderer, der weit weg ist von einer Theorie, die die Funktion des Strafrechts in der Konstituierung und Aufrechterhaltung von Generalvertrauen in einer Gesellschaft sieht, deren kleinste Einheit Kommunikation ist. Dennoch haben auch die diesen Straftheorien zugrundeliegenden Leistungen einen Platz in der Theorie vom Generalvertrauen. Freilich sind auch die verschiedentlich vertretenen Ansichten innerhalb der anderen Theorien sehr divers, sodass im Ergebnis, trotz unterschiedlicher Prämissen, doch eine gewisse Nähe der Theorie vom

745 *Luhmann*, Recht der Gesellschaft, S. 156 ff.; *Theile*, Wirtschaftskriminalität und Strafverfahren, S. 84 f.; *Bleckmann*, Strafrechtsdogmatik, S. 122; vgl. auch *Amelung* in Rechtsgutstheorie, S. 155, 179; *Simmler/Markwalder*, ZStW 129 (2017), 20, 39.

746 Vgl. die Ausführungen zum Rechtsgüterschutz, § 3 D. II. 3., S. 142 ff.; III., S. 160 ff. und das Folgende.

Generalvertrauen zu manchen dieser Theorien erkennbar sein wird. Es wird der klassischen Aufteilung der Theoriegruppen gefolgt: Die absoluten Straftheorien (1.), die spezialpräventiven Theorien (2.) und die Theorien negativer Generalprävention (3.), jeweils differenziert in die Stellung des Konzepts der Theorie vom Generalvertrauen zu diesen Theorien (a.) und der Verortung des Kerngedankens dieser Theorien im Konzept der Theorie vom Generalvertrauen (b.). Abschließend werden das Vereinigungsmodell der Rechtsprechung (4.) und die präventive Vereinigungstheorie (5.) aufgegriffen.

## 1. Absolute Straftheorien

### a. Die Stellung des Konzepts der Theorie vom Generalvertrauen zu den absoluten Straftheorien

Bei den Straftheorien, die Vergeltung und Sühne in den Mittelpunkt rücken,[747] spielt Kommunikation keine Rolle. Der Fokus liegt auf einer Monade, dem einzelnen Täter. Die Behandlung dieses Täters ist Gegenstand der Theorien, nicht aber Mitteilung, Information und Verstehensselektion. Eine kommunikative Theorie kommt erst zustande, wenn die Wirkungen der Behandlung der Täter auf die Umwelt untersucht werden.[748] Einige moderne Vertreter greifen die Kommunikation auf,[749] nach *Hassemer* „schielen [sie], wenigstens aus dem Augenwinkel, beifällig auf die heilsame Wirkung angemessenen Strafens"[750] und rücken so in die Nähe eines frühen Musters positiver Generalprävention. Dann aber passt die Einordnung als absolute Straftheorie nicht mehr, weil sie eben gerade nicht losgelöst (lat. absolutus)[751] von anderen Zweckerwägungen sind.

Die Theorie vom Unrecht des Bürgers von *Pawlik*, die durch ihre Natur als Vergeltungstheorie dennoch oft in die Gruppe der absoluten Straftheorien eingeordnet wird,[752] greift die Wirkungen der Vergeltung besonders deutlich auf und weist deshalb aus der Gruppe der klassisch als absolute Straftheorien begriffenen Theorien die höchste Übereinstimmung mit der Theorie vom Generalvertrauen auf.

---

747 Zusammenfassend und mit umfangreichen Nachweisen zur Geschichte und den Vertretern dieser Straftheoriegruppe siehe *Roxin/Greco,* § 3, Rn. 2 ff.

748 Dazu auch *Hassemer* in FS Roxin I, S. 1001, 1013.

749 Nachweise bei *Roxin/Greco,* § 3, Rn. 6 a f.

750 *Hassemer* in FS Roxin I, S. 1001, 1013.

751 *Gropp/Sinn,* AT, § 1, Rn. 171.

752 Mit dieser Einordnung *Montenbruck,* Straftheorien, S. 93; *Roxin/Greco,* § 3, Rn. 6a. Eine Einordnung in die Gruppe der expressiven Theorien ließe sich ebenso gut begründen und wäre aufgrund des Begriffs des „absoluten" auch nachvollziehbarer. Da die Einordnung klassisch dennoch hier erfolgt, wird dies allein aus Gründen der Lesbarkeit ebenso gehandhabt.

*Pawlik*[753] zäumt die Frage nach der Straftheorie aus Richtung der Legitimation (im klassischen normativen Sinne) der Strafe auf.[754] In dieser Theorie wird der Gedanke der Fairness zu Ende gedacht[755] und Strafe als Antwort auf die Verletzung einer Mitwirkungspflicht des Bürgers gesehen, die auf Erhaltung eines Zustandes der Freiheitlichkeit beruht,[756] also eine Art „Loyalitätspflichtverletzung"[757]. Die Hauptaufgabe wird in der Absicherung der Möglichkeit gesehen, dass jedermann sein Leben nach eigener Einsicht führen kann.[758] Dadurch unterscheiden sich beide Konzeptionen dann doch erheblich: Die Erhaltung eines „Zustands der Freiheitlichkeit" und ihre freiheitstheoretischen Grundlagen, die bei *Pawlik* nicht nur liberal, sondern auch demokratietheoretisch angehaucht sind,[759] sind der Theorie vom Generalvertrauen fremd und nur im Hinblick auf ihr Potential[760] relevant. *Pawlik* kann so nur aktuelles, gewünschtes Strafrecht in einer Gesellschaftsform erklären, in der Freiheitlichkeit möglich ist, aber kein historisches Strafrecht, während sich der Mechanismus des Vertrauens durch die gesamte Geschichte zieht. Freilich könnte man argumentieren, dass Strafrecht auch in der Theorie vom Generalvertrauen Freiheit sichert; konkret Freiheit von den eigenen anthropologischen Unzulänglichkeiten und drohender Handlungsunfähigkeit. Das hat mit *Pawliks* Freiheitsverständnis aber nichts zu tun. *Pawlik* geht ausdrücklich dem Vergeltungsgedanken nach, sieht ihn aber nicht in zwei Übeln erschöpft,[761] sondern instrumentalisiert ihn im Ausgangspunkt als „positiv-normbestätigenden Akt".[762] Dennoch ist Strafe nach *Pawlik*, ähnlich wie in den klassischen Vergeltungstheorien, zwar nicht rein negativ Negierung der Negierung, „Schmerzzufügung, die auf eine vorangegangene Schmerzzufügung antwortet", aber doch positiv Wiederherstellung eines „verletzten Rechtsverhältnisses".[763] Solches entspricht nicht dem hiesigen Verständnis von Strafe (im engeren Sinne) als lediglich kommunikatives Werkzeug, um als Enttäuschungsmechanismus durch Verantwortungszuschrei-

753 Vgl. zu seiner Theorie vor allem *Pawlik*, Person, Subjekt, Bürger, S. 88 ff.; *ders.* Unrecht des Bürgers, S. 90 ff.

754 *Pawlik* geht es also von vorneherein explizit (*Pawlik*, Unrecht des Bürgers, S. 80) nicht um eine Strafrechtstheorie, sondern um eine reine Straftheorie.

755 So *Roxin/Greco*, § 3, Rn. 6a; *Pawlik* mit diesem Bezug in *Pawlik*, Unrecht des Bürgers, S. 106.

756 *Pawlik*, Unrecht des Bürgers, S. 90 ff.

757 *Pawlik*, Person, Subjekt, Bürger, S. 88.

758 *Pawlik*, Unrecht des Bürgers, S. 101.

759 *Pawlik*, Unrecht des Bürgers, S. 102.

760 § 3 A. III. 4., S. 95 f.

761 *Pawlik* in FS Jakobs, S. 469, 483.

762 *Pawlik*, Unrecht des Bürgers, S. 89. Im Ausgangspunkt also ganz wie *Jakobs*, dazu sogleich.

763 *Pawlik* in FS Jakobs, S. 469, 484 f.

bung Generalvertrauen zu erhalten.[764] Dazu ist es fraglich, wie schon im Zusammenhang mit den Rechtsgütern kritisiert[765], ob ein verletztes Rechtsverhältnis durch Strafe „wiederhergestellt" werden kann.

### b. Der Vergeltungsgedanke im Konzept der Theorie vom Generalvertrauen

Der Vergeltungsgedanke, wie er sich sowohl bei *Pawlik* als auch in den anderen Vergeltungstheorien in seiner Grundidee wiederfindet, spielt in der Theorie vom Generalvertrauen dennoch eine Rolle und kann als Leistung verstanden werden. Der Vergeltungsgedanke ist ein psychologisches Faktum, das nicht hinwegdiskutiert werden kann; Vergeltung ist ein elementares Bedürfnis des Menschen.[766] Ein Strafrecht ohne Zugeständnisse an den Vergeltungsgedanken ist aus heutiger Sicht deshalb für Menschen nicht anschlussfähig und kann so auch seine Funktion nicht erfüllen. In der Gesellschaft, wie sie derzeit besteht, ist eine gewisse Vergeltung im Sinn einer als solchen kommunizierten (nicht zwingend tatsächlichen!) Übelzufügung deshalb unumgänglich.[767] Anderes wird erst gelten, wenn das Strafrecht nicht nur für den Menschen Generalvertrauen erzeugen soll, oder sich die psychologische Konstitution des Menschen durch gesellschaftliche Konstruktion der Wirklichkeit grundlegend geändert hat.[768]

Nicht nur für das Strafurteil kann der Vergeltungsgedanke Anschlussfähigkeit schaffen, er kann auch Systemvertrauen ins Strafrecht selbst stärken. Aus dem Vergeltungsgedanken folgt die Erkenntnis, dass Strafe der Höhe nach auf die Schwere der Tat beschränkt sein sollte.[769] Diese Erkenntnis ist aktuell im Programm des Strafrechts aufgenommen und ist ohne massive Einbußen an Systemvertrauen, vor allem vor dem Hintergrund der in die Programme des Strafrechts aufgenommenen Wertungen des Verfassungsrechts, nicht zu ignorieren.

---

764 Vgl. u.a. § 3 B. I. 2., S. 107 ff.

765 Vgl. § 3 D. III. 1., S. 160 ff.

766 Siehe dazu für viele kürzlich monographisch *M. Müller*, der sich mit der Vergeltungstheorie *Merkels* befasst und die These der anthropologischen Konstante, wonach Menschen den Wunsch und die Überzeugung hegen, dass ein jeder bekomme, was er verdiene, empirisch auswertet; *M. Müller*, Vergeltungsstrafe und Gerechtigkeitsforschung, S. 83 ff. Freilich ist dies nur ein Schlaglicht aus dem weiten Spektrum der Vergeltungsforschung, siehe etwa auch *U. Ebert* in Geisteswissenschaften, S. 35, 49 ff.

767 Dazu schon § 3 B. I. 3., S. 111 ff.

768 Dass Letzteres möglich ist, wurde schon unter § 2 A. III., S. 27 ff. behandelt, vgl. etwa die Internalisierung der Wirklichkeit bei *Berger/Luckmann*. Ersteres ist nicht Gegenstand der Untersuchung dieser Arbeit.

769 Im Ursprung aus dem Talionsprinzip, vgl. schon 2. Mose 21, 23–27.

## 2. Spezialpräventive Theorien

### a. Die Stellung des Konzepts der Theorie vom Generalvertrauen zu den spezialpräventiven Straftheorien

Bei den spezialpräventiven Theorien, die vor allem durch *von Liszt* geprägt wurden,[770] geht es oft zumindest mittelbar um Kommunikation – allerdings nur mit dem Täter. Die Empirie zeigt, dass dies in seinen angestrebten Auswirkungen heute eher Wunschdenken als erlebte Realität ist.[771]

Die Einwirkung auf den Straftäter spielt in der Theorie vom Generalvertrauen nur eine untergeordnete Rolle. Dazu ist die Bestrafung von nationalsozialistischen Verbrechen[772] oder Taten in einmaligen Konfliktsituationen trotz fehlender spezialpräventiver Bedürfnisse für die Theorie vom Generalvertrauen unbedingt erforderlich, da auch diese eine Diskrepanz hervorrufen. In der Theorie vom Generalvertrauen ist zudem die Allgemeinheit, nicht der Täter, Ziel der Regulierung. Jeder Beobachter soll erreicht werden, denn auch die Anschlusskommunikationen einer beobachteten Diskrepanz können prinzipiell jeden erreichen. Durch die Verantwortungszuschreibung in der Strafe wird primär nicht das zukünftige Verhalten des Täters bearbeitet, sondern die Ursache der Diskrepanz weg von Beobachter und Strafrechtssystem auf den Täter gelenkt, damit Generalvertrauen bestehen bleiben kann.

### b. Spezialprävention im Konzept der Theorie vom Generalvertrauen

Bei den Leistungen der spezialpräventiven Theorien liegt, anders als bei den Vergeltungstheorien, eine dadurch erreichte Anschlussfähigkeit der Strafe nicht unmittelbar auf der Hand. Spezialprävention nutzt der hiesigen Konzeption jedenfalls, um einen möglichen Strukturantagonismus mit dem aus dem Verfassungsrecht fließenden, in den strafrechtlichen Programmen verankerten, Resozialisierungsprinzip zu vermeiden.[773]

Eine mögliche Verhaltensänderung des Straftäters als Leistung führt außerdem zumindest möglicherweise zu weniger Rechtsgutsverletzungen, was, nachdem sich das Strafrecht den Rechtsgüterschutz als Aufgabe gegeben hat, zu weniger Diskrepanzen führt. Ein übermäßiges Scheitern des Strafrechts in dieser Hinsicht beein-

770 *V. Liszt*, ZStW 3 (1883), 1 ff.

771 Unter dem Stichwort „nothing works" hat dieses Problem schon eine internationale Bühne erreicht, dazu *Roxin/Greco*, § 3, Rn. 20; *Hassemer/Neumann* in Kindhäuser/Neumann/Paeffgen, Vor § 1, Rn. 276, Fn. 487 m.w.N. Vgl. auch *Hörnle* in Handbuch des Strafrechts 1, § 12, Rn. 10 f.

772 Mit diesem Beispiel etwa *Gropp/Sinn*, AT, § 1, Rn. 193.

773 Vgl. § 3 C. II. 4., S. 131.

flusst die beobachtenden Systeme.[774] Man könnte sagen: Die Wahrnehmung[775] dauernden abweichenden Verhaltens erodiert Generalvertrauen. Daneben macht es das Strafurteil auch anschlussfähiger, wenn die Beobachter davon ausgehen, dass eine Diskrepanz gerade durch das Urteil wegen des zugefügten, von den Beobachtern als solches zugeschriebenen Übels nicht mehr auftreten wird, weil der Täter dadurch sein Verhalten ändert. Das gilt unabhängig davon, ob eine Verhaltensänderung tatsächlich deshalb eintritt.

### 3. Theorien von der negativen Generalprävention

#### a. Die Stellung des Konzepts der Theorie vom Generalvertrauen zu den Theorien von der negativen Generalprävention

Bei den Theorien von der negativen Generalprävention geht es um die Abschreckung potentieller Täter durch die drastischen Konsequenzen der Strafe für normbrechendes Verhalten, in ihrer historisch wirkungsmächtigsten Form entwickelt von *Feuerbach*, abgeleitet aus seiner Theorie des psychologischen Zwangs.[776] Die negative Generalprävention ist der wohl nach wie vor „populärste generalpräventive Strafzweck“[777].

Bei der negativen Generalprävention findet eine Art von Kommunikation statt. Diese Kommunikation hat jedoch keinen Bezug zum Kommunikationsverständnis, auf dem die Theorie vom Generalvertrauen beruht,[778] sondern funktioniert klassisch vom Sender zum Empfänger. Zudem sind Adressaten dieser Kommunikation nur solche, die die Begehung einer Straftat in Erwägung ziehen. Die Theorien von der negativen Generalprävention unterscheiden sich neben dem grundsätzlichen Verständnis von Kommunikation auch im Regulierungsziel jener Kommunikation: Zweck der Kommunikation im Strafrechtssystem ist in der Theorie vom General-

---

774 Aus der anderen Richtung und im Hinblick unmittelbar auf Normgeltung schreibt *Puppe* in FS Grünwald, S. 469, 477, dass der Bürger die Gültigkeit von verletzten Normen dann weiter annimmt, wenn er davon ausgeht, dass die Strafe dazu geeignet ist, diesen Täter oder andere künftig an der Verletzung dieser Norm zu hindern.

775 *Popitz*, Präventivwirkung des Nichtwissens, S. 12 ff., insb. 17, 20 schreibt, dass es für ein Normensystem und die gesellschaftliche Realität notwendig ist, dass Verhaltensinformationen begrenzt werden, bzw. abweichendes Verhalten teilweise ignoriert wird, weil ansonsten eine Normgeltung durch vielfachen Verstoß kaum vorstellbar sei, vgl. auch den Ausdruck des „Kavaliersdelikts“. Mit anderem Ausgangspunkt und anderer Zielrichtung geht das dennoch in die gleiche Richtung wie hier: Erst das in die Kommunikation getragene abweichende Verhalten ist problematisch, nicht das abweichende Verhalten an sich.

776 *Feuerbach*, Lehrbuch des gemeinen in Deutschland gültigen peinlichen Rechts, § 13, § 16. Um eine Neuaufwertung bemüht sich heute etwa *Greco*, Lebendiges und Totes Feuerbach, S. 354 ff.

777 *Streng*, Strafrechtliche Sanktionen, Rn. 23.

778 § 2 B. II. 7., S. 46 ff.

vertrauen nicht die Abschreckung potentieller Täter, sondern die durch den Mechanismus des Generalvertrauens erreichte Handlungsfähigkeit aller. Deshalb liegt der Fokus nicht auf dem potentiellen Täterkreis, sondern der Allgemeinheit. Zudem ist die Annahme, dass sich Gesellschaftsmitglieder dadurch von Verbrechen abhalten lassen, weil sie annehmen, dass sich die Strafe nicht lohne, bisher trotz einiger Anstrengungen nicht empirisch absicherbar.[779] Denn ist das Verhältnis der Gesellschaftsmitglieder zum Recht auf einer für jedermann beobachtbaren Nützlichkeitsebene eingeordnet, so zerbricht diese Gesellschaft schnell auf eben jenen Ebenen.[780] Weitere Konsequenz wäre eine Deliktsabstufung, die nicht primär am Rechtsgut ausgerichtet ist,[781] wie in der Theorie vom Generalvertrauen durch die aktuelle materielle Ausfüllung der Voraussetzungen, sondern am potentiellen Nutzenquantum.[782] Das ist gerade nicht Wirklichkeit im Strafrecht.

### b. Negative Generalprävention im Konzept der Theorie vom Generalvertrauen

Hat die negative Generalprävention Erfolg, führt sie durch ihre Leistungen zu mehr Rechtsgüterschutz und erreicht so eine höhere Anschlussfähigkeit für das Strafrecht. Insofern gilt das bereits bei der Spezialprävention ausgeführte. Handeln potentielle Straftäter gar nicht erst, wird vom Beobachter keine Diskrepanz registriert und es kommt nicht zur Erwartungsenttäuschung, d.h. eine solche wird mit hoher Wahrscheinlichkeit[783] auch nicht in die Kommunikation eingebracht. Nur Letzteres kann für das Generalvertrauen Relevanz entfalten. So ist ein solcher Effekt nützlich, um Generalvertrauen tatsächlich aufrecht zu erhalten. Daneben kann auch hier wieder der kommunizierte Zweck der negativen Generalprävention Anschlussfähigkeit in das Strafrecht an sich steigern. Ob Vergeltung, Spezialprävention, Generalprävention oder etwas ganz anderes mehr dazu beitragen kann, hängt an der Verfasstheit der Gesellschaft und ihrer Kommunikation.[784]

---

779 *M. Müller,* Vergeltungsstrafe und Gerechtigkeitsforschung, S. 136, Fn. 31 m. w. N. Differenzierend *Hörnle* in Handbuch des Strafrechts 1, § 12, Rn. 15.

780 So auch *Pawlik,* Unrecht des Bürgers, S. 77 f.

781 Freilich ist auch das Rechtsgut selbst nicht in der Lage, Deliktsabstufungen allein zu erklären, dafür braucht es den Gedanken vom Generalvertrauen, vgl. § 3 D. III. 1., S. 162 ff.

782 So zurecht *Jakobs,* AT, 1. Abschn., Rn. 30.

783 Dass daraus auch in diesem Fall keine Sicherheit werden kann, ist auf gesellschaftlicher Ebene mit dem „Fake News"-Phänomen erklärbar.

784 Vgl. dazu auch *Wörner* in Menschenrechte und Strafrecht, S. 25, 26 ff., die die Straftheorien in Bezug zur historischen Entwicklung setzt. Der Wandel von Theorien, bei denen vornehmlich Vergeltung im Vordergrund steht, hin zu einer eher präventiven Herangehensweise, lässt sich spiegelbildlich zu einem autoritären Staatsverständnis hin zu einem liberalen Verständnis setzen.

#### 4. Das Vereinigungsmodell der Rechtsprechung

Als „Vereinigungstheorie“ bezeichnet, knüpft insbesondere die Rechtsprechung spezialpräventiv, generalpräventiv und unter dem Gedanken der Vergeltung an Verhalten des Täters an.[785] In erster Linie zeigt das Vereinigungsmodell, dass das Strafrecht viele *Leistungen* kennt. Insofern kann das Vereinigungsmodell in der historischen Entwicklung auch als eine natürliche Folge aus der Veränderung der Anschlussfähigkeit zu verschiedenen Strafzwecken gesehen werden. Es scheint plausibel, dass die Komplexität und notwendige Vereinigung mehrerer Modelle, der insbesondere die Rechtsprechung ausgesetzt war und ist, diesen, wenn auch offenen, Systemgedanken generiert hat.[786] Das Vereinigungsmodell kann insbesondere aus strafverfassungsrechtlicher Sicht nützlich sein, weil es dem Gesetzgeber große Spielräume lässt und entwicklungsoffen ist.[787] Dennoch wird der Vereinigungstheorie das Fehlen eines kohärenten theoretischen Unterbaus vorgeworfen, d.h. sie ist theoretisch unverbindlich und kann die Vielzahl der in ihr vereinten Theorien nicht auf eine gemeinsame Basis stellen,[788] außer mit dem Verweis auf die historische Entwicklung.

Das Konzept der Theorie vom Generalvertrauen bietet dem Vereinigungsmodell einen darüber hinausgehenden systemischen Rahmen, der die verschiedenen Strafzwecke als nützliche, der Funktion förderliche Leistungen anerkennt und ihnen so eine Rolle in einer Konzeption zuweist, die mit der Rückbindung zum Generalvertrauen eine gemeinsame theoretische Grundlage bietet. Insofern wirkt auch das Konzept der Theorie vom Generalvertrauen „vereinend“, da sie andere Zwecke nicht verleugnet, sondern zur gefundenen Funktion in ein Verhältnis setzt.

---

785 Schon RG I 979/23 v. 12.02.1924 = RGSt 58, 106, 109, hier allerdings noch mit einem Schwerpunkt auf Vergeltung. Heute ohne besondere Akzentuierung eines singulären Zwecks etwa BGH 1 StR 353/70 v. 08.12.1970 = BGHSt 24, 40, 44; BGH 4 StR 238/70 v. 21.01.1971 = BGHSt 24, 64, 65 f.; OLG Frankfurt 3 Ss 324/18 v. 18.02.2019–, juris. Rn. 13. Das BVerfG vertritt keine spezielle Straftheorie, insb. BVerfG 1 BvL 14/76 v. 21.06.1977 = BVerfGE 45, 187, 253 f., dazu schon § 3 C. II. 2., S. 125 f. Vgl. auch beschreibend *Montenbruck*, Straftheorien, S. 73 ff.; *Jakobs*, AT, 1. Abschn., Rn. 52. Zu BVerfGE 45, 187 *Wörner* in Menschenrechte und Strafrecht, S. 25, 33 f.

786 Vgl. zur Relation von Strafzwecken zur historischen Entwicklung etwa des Staatsverständnisses *Wörner* in Menschenrechte und Strafrecht, S. 25, 26 ff., insb. 29 und insbesondere der Implementierung der Menschenwürde, ebd., S. 30 ff. Besonders deutlich wird dies in BVerfG 1 BvL 14/76 v. 21.06.1977 = BVerfGE 45, 187, dazu *Wörner* in Menschenrechte und Strafrecht, S. 25, 33 f.

787 *Burchard* in GS Vogel, S. 27, 52.

788 So etwa *Hassemer/Neumann* in Kindhäuser/Neumann/Paeffgen, Vor § 1, Rn. 287; *Roxin/Greco*, § 3, Rn. 35.

### 5. Die präventive Vereinigungstheorie

Die präventive Vereinigungstheorie[789] vereint Spezial- und Generalprävention unter Ausschließung[790] des Vergeltungsgedankens. *Roxins* Grundgedanke für die präventive Vereinigungstheorie zeichnet sich durch eine Verschränkung von Strafrecht und Kriminalpolitik aus.[791] Für *Roxin* sind sowohl der Schutz *vor* Strafrecht als auch der Schutz von Rechtsgütern *durch* Strafrecht vordringlichste und vor allem *gleichgewichtige* Interessen. Es streitet bürgerliches Freiheitsrecht mit staatlichem Verfolgungsinteresse.[792] So kommt aus kriminalpolitischen Gründen der Eingrenzungsgedanke, ohne dass er sonst theoretisch fundiert worden wäre, in das Zentrum der *Roxinschen* Lehre. *Roxin* selbst nennt dies ein „teleologisch-kriminalpolitisches" System.[793] Die präventive Vereinigungstheorie nutzt also keine der im Konzept der Theorie vom Generalvertrauen eingebetteten Prämissen und hat damit ein grundverschiedenes Konzept.[794] Eine grundlegende Gemeinsamkeit mit dem Konzept der Theorie vom Generalvertrauen ergibt sich aber schon auf den ersten Blick: Für *Roxin* geht es nicht um Ontologie, sondern um sozialen Sinngehalt.[795] Er setzt Recht also stets in seinen sozialen Kontext.[796] Darin gleicht sein Ansatz der Theorie vom Generalvertrauen.

Spezifisch bei der Frage nach dem Zweck der Strafe schließt die präventive Vereinigungstheorie ausdrücklich den Vergeltungsgedanken aus.[797] Die Theorie vom Generalvertrauen lehnt den Vergeltungsgedanken dagegen nicht ab, sondern erkennt seine Leistung in der Begrenzung der Strafe und in der Herstellung von

---

789 Zusammenfassend *Roxin/Greco,* § 3, Rn. 37 ff.

790 *Roxin/Greco,* § 3, Rn. 44 ff.

791 *Neumann,* ZStW 123 (2011), 209, 213.

792 So schon in seinem Ursprungswerk *Roxin,* Kriminalpolitik und Strafrechtssystem, S. 45; ungebrochen auch in neuerer Zeit *ders.,* ZStW 116 (2004), 929 ff.

793 *Roxin/Greco,* § 7, Rn. 57.

794 Kritiker (ausführlich dazu: *Zabel,* Schuldtypisierung, S. 268 ff.) stellen vor allem darauf ab, dass die präventive Vereinigungstheorie – wie schon das Vereinigungsmodell der Rechtsprechung – nie auf ein theoretisches Modell gestellt wurde. Ihr wird Inkohärenz und fehlende Strafbegründungsmöglichkeiten vorgeworfen, weil sich zentrale Annahmen widersprächen oder jedenfalls nicht begründet werden könnten (so *Simmler,* Schuldvorwurf, S. 438 f.; *Lesch,* Verbrechensbegriff, S. 170 f.; *Zabel,* Schuldtypisierung, S. 272; *Bröckers,* Verantwortung ohne Willensfreiheit, S. 71 f.), sowie eine grundlegende Verwechslung der Frage nach Legitimität und der Frage nach angemessener Strafe (*Hörnle,* in Strafe – Warum?, S. 11, 23, Fn. 54).

795 Das hat sich in der Auseinandersetzung um den Handlungsbegriff gezeigt, vgl. *Roxin,* ZStW 74 (1962), 515 ff., insb. 525.

796 *Roxin,* ZStW 74 (1962), 515, 534.

797 *Roxin/Greco,* § 3, Rn. 44 ff.

Anschlussfähigkeit an.[798] Zu einer „präventiven Vereinigungstheorie" wird sie deshalb, weil sie General- und Spezialprävention nebeneinander stellt.[799] Neben den Unterschieden durch die Bezugnahme auf Spezial- und Generalprävention,[800] versteht die präventive Vereinigungstheorie, wie auch die Theorie vom Generalvertrauen, die Strafe aber jedenfalls als Ausdruck von Tadel,[801] und gibt damit den rein instrumentellen Gesichtspunkt der Verhaltensbeeinflussung wieder auf. Strafe ist danach eine Übelzufügung[802], die den Menschen als Menschen trifft, also in einem angeborenen Recht, als Reaktion auf ein vorwerfbares Verhalten.[803] In der Theorie vom Generalvertrauen wird abweichend dazu jedenfalls nur kommunizierte Übelzufügung vorausgesetzt. Freilich ist die Beschneidung angeborener Rechte auch eine normative Betrachtung von Übelzufügung und keine im Sinne eines real empfundenen Übels.

Die Strafe wird in der Höhe durch das Konzept der „Verantwortlichkeit" begrenzt, in dem das Maß der Schuld und spezialpräventive Bedürfnisse verarbeitet sind. Hier zeigt sich, paradoxerweise, nun die größte Nähe und zugleich die größte Ferne zur Theorie vom Generalvertrauen. Schuld und Präventionsnotwendigkeit sind in der Verantwortlichkeit verbunden und wirken wechselseitig strafbegrenzend.[804] Diese so verstandene Verantwortlichkeit soll die „dogmatische Realisierung der kriminalpolitischen Strafzwecklehre"[805] sein. Denkt man in die Anfangszeit der präventiven Vereinigungstheorie zurück, so war ein Ansatz, der die Schuld oder jedenfalls eine Ergänzung zur Schuld kriminalpolitisch vom Strafzweck her prägt,[806] damals höchst ungewöhnlich.[807] *Roxin* war insoweit Pionier einer zweckrationalen Strafrechtsdogmatik,[808] in der Schuld nicht festgestellt, sondern funk-

---

798 Siehe dazu bereits die eben getätigten Ausführungen in Bezug auf die absoluten Straftheorien, § 3 F. I. 1. b., S. 181 und die Ausführungen zur Übelzufügung in der Strafvollstreckung, § 3 B. I. 3., S. 111 ff.

799 *Roxin/Greco*, § 3, Rn. 59.

800 Insofern kann zur Unterscheidung bereits auf die soeben erfolgten Ausführungen zur Spezial- und Generalprävention verwiesen werden, § 3 F. I. 2.; 3., S. 182 ff.

801 *Roxin/Greco*, § 3, Rn. 46.

802 Die Begründung wird allerdings auf die Feststellung beschränkt, dass belastende Zwangsmittel Wesen der Strafe seien, *Roxin/Greco*, § 2, Rn. 1a ff., § 3, Rn. 45, hat also nicht eine theoretische Einbettung wie die Übelzufügung in der Theorie vom Generalvertrauen.

803 *Roxin/Greco*, § 2, Rn. 1i.

804 *Roxin*, ZStW 96 (1984), 641, 654 ff.; *Roxin/Greco*, § 7, Rn. 29, 71 f.

805 *Roxin/Greco*, § 7, Rn. 72.

806 *Roxin*, Kriminalpolitik und Strafrechtssystem, S. 33.

807 *Neumann*, ZStW 123 (2011), 209, 221.

808 *Simmler*, Schuldvorwurf, S. 437; *Lesch*, Verbrechensbegriff, S. 166; *Roxin/Greco*, § 7, Rn. 26 ff.

tionalistisch zugeschrieben wird. Das rückt ihn nicht nur in die Nähe von *Jakobs*,[809] sondern ebnet auch Konzepten wie dem der Theorie vom Generalvertrauen den Weg.[810] Auf der anderen Seite will *Roxin* dadurch Strafe nur *begrenzen*, nicht *begründen*. Das steht im deutlichen Gegensatz zur Theorie vom Generalvertrauen. Hernach ist die Strafe, ebenso wie die Schuld und die Verantwortlichkeit,[811] aus der Außenperspektive an die Funktion gebunden, freilich aber eben nicht nur in einem begrenzenden Sinne, sondern auch und gerade in ihrer *Begründung*.

Eine weitere Gemeinsamkeit ergibt sich daraus, dass *Roxin* die Aufgabe des Strafrechts im Rechtsgüterschutz sieht.[812] Aufgabe des Strafrechts ist danach die Sicherung eines freien und friedlichen Zusammenlebens aller Bürger unter Gewährleistung aller verfassungsrechtlich garantierten Grundrechte, was durch den Schutz von Rechtsgütern gewährleistet wird.[813] Für die Theorie vom Generalvertrauen ist der Rechtsgüterschutz die materielle Ausfüllung der Funktion des Strafrechts, begründet durch Beobachtung der Innenperspektive. Vom Strafrecht aufrechterhaltenes und konstituiertes Generalvertrauen richtet sich auf das Ausbleiben von Rechtsgutsverletzungen durch deliktische Personen. Gleichzeitig ist Rechtsgüterschutz Legitimation.[814] Rechtsgüterschutz als Ausfüllung ist aber kontingent, weil die Innenperspektive auch eine andere Ausfüllung wählen kann. Insofern kommen beide Ansätze auf Basis verschiedener Prämissen und Begründungen zur Einbindung des Rechtsgüterschutzes.

## II. Theorien mit expressivem Bezug

Die besonderen Akzente der Theorie vom Generalvertrauen werden dann erkennbar, wenn sie den Theorien positiver Generalprävention als Verhaltensleitung (1.), der Sozialschädlichkeit (2.), der retributiv-expressiven Theorie (3.) und vor al-

809 In der Nähe von *Jakobs* sehen *Roxin* insoweit auch *Bröckers*, Verantwortung ohne Willensfreiheit, S. 64 und *Neumann*, ZStW 123 (2011), 209, 221.

810 Auch *Lesch*, Verbrechensbegriff, S. 170 hebt die Überwindung der ontologisierenden Dogmatik als Verdienst hervor.

811 Hierzu wurde bis dato nur knapp (Straftatbegriff, § 3 E., S. 171 ff.) oder gar nicht (Schuld) ausgeführt. Insoweit sei mit diesem Hinweis schon vorgegriffen und ansonsten auf § 10 B., S. 398 ff. verwiesen.

812 *Roxin* in FS Schünemann, S. 135 ff.; *Roxin/Greco*, § 2, Rn. 7 ff.

813 *Roxin/Greco*, § 2, Rn. 7. Dies steht im Einklang mit seinem zweigleisigen Vorgehen, es geht *Roxin* stets gleichberechtigt um Freiheitsinteresse wie um Verfolgungsinteresse. Dabei betont er stets die Leistungsfähigkeit und strafrechtskritische Potenz der Rechtsgutslehre, *Roxin* in FS Schünemann, S. 135 ff.

814 § 3 D., S. 132 ff.

lem den Theorien von der Normgeltung (4.)[815] gegenüber gestellt wird. Diese Theorien weisen ob ihrer Natur als expressive Theorien oder ihrem Bezug zu expressiven Theorien eine Verwandtschaft zur Theorie vom Generalvertrauen auf.[816]

### 1. Theorien von der positiven Generalprävention als Verhaltensleitung

Die Theorien von der positiven Generalprävention werden auch als „kommunikative" Theorien bezeichnet. Der Adressatenkreis ist auf Personen erweitert, die regelmäßig normtreu sind, im Gegensatz zu Theorien negativer Generalprävention also potentiell alle in einer Gesellschaft agierenden menschlichen Personen.[817] In der Theorie vom Generalvertrauen nützt die Kommunikation im Strafrechtssystem allen Menschen, die in diesem Gesellschaftssystem agieren, indem sie sie handlungsfähig hält. Insofern steht die Theorie vom Generalvertrauen näher an den Theorien positiver Generalprävention als an den Theorien negativer Generalprävention.

Allerdings wird unter dem Zweck der positiven Generalprävention oft nur Verhaltensleitung bzw. -steuerung verstanden.[818] Verhaltensleitung durch das Strafrecht scheint nur schwer möglich[819] und ist in der Theorie vom Generalvertrauen nur Leistung, die eine höhere Anschlussfähigkeit schaffen kann, da durch tatsächliche Verhaltensleitung ein Mehr an Rechtsgüterschutz erreicht würde. Strafrecht ist nach dem hiesigen Konzept zudem kein Instrument gesellschaftlichen Interessensschutzes in dem Sinne, dass aus der durch die Straftat herbeigeführten suboptimalen Situation das Beste gemacht werden soll, wie es diese generalpräventiven Theorien sehen,[820] sondern es geht darum, durch Generalvertrauen Komplexität zu reduzieren.

Eine rein positiv generalpräventiv orientierte Theorie könnte zudem Strafe auch ohne Vorwurf an den Täter begründen.[821] Nach der Theorie vom General-

---

815 Freilich sind die Abgrenzungen teilweise nur schwer zu ziehen, *Hörnle*, Straftheorien, S. 32 f. *Jakobs* selbst verortet sich etwa auf der Ebene der positiven Generalprävention, *Jakobs*, AT, 1. Abschn., Rn. 4 ff., 18.

816 Eine umfangreiche Befassung mit allen verwandten Theorien würde den Rahmen dieser Arbeit sprengen. So wurden die Theorien ausgewählt, weil durch ihre besondere Nähe zur Theorie vom Generalvertrauen und ihre umfangreiche Besprechung in der Literatur (vor allem die Theorien von der Normgeltung) ein Vergleich besonders viel Erkenntnisgewinn verspricht oder weil sie scheinbar der Theorie vom Generalvertrauen nahestehen, sich aber grundlegende und tiefgreifende Unterschiede ergeben (vor allem die retributive expressive Theorie).

817 *Hörnle*, Straftheorien, S. 28.

818 So etwa bei *Hassemer* in FS Roxin I, S. 1001, 1012.

819 Siehe § 3 D. III. 1., S. 161 und Fn. 680.

820 Mit dieser Zusammenfassung *Pawlik* in FS Jakobs, S. 469, 485.

821 Vgl. *Freund/Rostalski*, AT, § 1, Rn. 24.

vertrauen ist Strafe hingegen anschlussfähige Verantwortungszuschreibung in Form von Tadel, ausgedrückt durch Strafurteil, das durch kommunizierte Übelzufügung im Rahmen der Strafvollstreckung anschlussfähig gemacht wird. Damit wird die Diskrepanzbeobachtung der Beobachter bearbeitet und die Verantwortung für die beobachtete Diskrepanz weder dem Strafrecht noch dem Beobachter zugeschrieben, sodass Generalvertrauen erhalten bleibt. Die Ablenkung der Verantwortung von Beobachter und den Strukturen des Strafrechtssystem funktioniert sowohl durch *Strafe* als auch durch *Nichtstrafe*, Ersteres gibt die Verantwortung an den Täter, Letzteres korrigiert die Beobachtung und löscht so die Diskrepanz aus und gibt gegebenenfalls die Problemlösung in ein anderes System, etwa, weil der Zufall verantwortlich gemacht wird.[822] Strafe ohne Vorwurf an den Täter ist neben der Nichtstrafe im derzeitigen Gesellschaftssystem nicht denkbar.

### 2. Die Theorie der Sozialschädlichkeit

In der Theorie der Sozialschädlichkeit[823] soll mittels Strafdrohung ein Sozialschaden verhindert werden. Ein Näheverhältnis zur Theorie vom Generalvertrauen besteht durch die gemeinsame Basis der systemtheoretischen Grundvoraussetzungen. Allerdings bezieht sich ihr Schöpfer *Amelung* vornehmlich nicht auf *Luhmann*, sondern auf *Parsons*.[824] Das führt, trotz des ebenfalls systemtheoretischen Ansatzes, zu anderen Grundprämissen, die sich als Unterschiede zur Theorie vom Generalvertrauen durch die Theorie der Sozialschädlichkeit ziehen.

Unter *Amelungs* zentralem Begriff der „Sozialschädlichkeit" ließe sich, wenn man ihn unbefangen liest, auch das Generalvertrauen fassen. Man würde „Sozialschädlichkeit" in diesem Falle als jegliches Verhalten begreifen, das einer sozialen Funktion zuwiderläuft. *Amelung* möchte jedoch explizit das Individuum nicht um seiner selbst willen schützen oder um diesem eine Hilfe zur Vertrauensbildung an die Hand zu geben, sondern um Schäden von den Sozialstrukturen abzuwehren und die Gesellschaft in ihrer konkreten Verfasstheit aufrecht zu erhalten.[825] Die Strafsanktion solle danach die „[faktische] Geltung der strafbewehrten Verhaltensnormen sichern"[826] als „symbolische Reparatur" der Systemstrukturen[827]. In der

822 Dazu etwa § 3 B. I. 2., S. 107 ff.; § 4 C., S. 227 ff.; § 12 C., S. 485 ff.

823 *Amelung*, Rechtsgüterschutz, S. 350 ff.; vgl. auch *ders.* in Rechtsgutstheorie, S. 155, 178 ff.; zustimmend *Böse*, ZIS 2018, 119, 121 f.

824 Eine Übersicht über sein Konzept findet sich bei *Parsons* in Theories of Society, S. 30 ff.; ausführlich zu seinem Verständnis des sozialen Systems *ders.*, The Social System. *Amelungs* Bezug zu *Parsons* wird sichtbar in *Amelung*, Rechtsgüterschutz, S. 350 ff., dort schon Fn. 1. Vgl. auch § 2 B. II. 8., S. 54.

825 *Amelung*, Rechtsgüterschutz, S. 388 ff.

826 *Amelung* in Rechtsgutstheorie, S. 155, 179.

Theorie der Sozialschädlichkeit folgen Funktionen also Strukturen;[828] sie dienen der Aufrechterhaltung der aktuellen Sozialordnung.[829] Eine Einwilligung in die Schädigung der eigenen Person beseitigt dann nicht schon die Sozialschädlichkeit der Verletzungshandlung, denn geschützt wird durch den Erhalt der Strukturen auch (um der Gesellschaft willen, nicht um der Person willen) die Möglichkeit der Person am Zusammenleben teilzunehmen. So wären etwa sadomasochistische Handlungen über der Grenze des § 223 I Alt. 2 StGB strafbar, selbst wenn eine Einwilligung erfolgt,[830] anders als in der Rechtsprechung des BGH.[831]

Nach hiesiger, gegenteiliger Auffassung folgen Strukturen Funktionen. Es kann nicht darum gehen, eine bestimmte Struktur (und damit auch ein soziales System in seiner konkreten Verfasstheit, denn diese sind strukturdeterminiert) aufrecht zu erhalten,[832] sondern darum, Generalvertrauen zu erzeugen. Generalvertrauen dient letztlich nicht der abstrakten Gesellschaft, sondern den Menschen, die in ihr leben. Für Generalvertrauen ist zwar Systemvertrauen eine notwendige Voraussetzung,[833] es ist aber nicht erforderlich, das dahinterstehende System *an sich* zu schützen oder zwanghaft in seiner derzeitigen Verfasstheit aufrechtzuerhalten.[834]

Inkonsequenz wird *Amelung* vorgeworfen, wenn er die Theorie ohne die systemtheoretische Rückbindung mit normativen Prämissen aus dem Verfassungs-

---

827 *Amelung* in Rechtsgutstheorie, S. 155, 181.

828 Offenbar lässt sich Amelung mehr von einem strukturfunktionalistischen Ansatz inspirieren, als von einem funktionsstrukturalistischen Ansatz. Auch sichtbar bei *Amelung*, Rechtsgüterschutz, S. 66, 332, 335 f., 350, 354 f., 357, 364 ff., 381.

829 Zuzugeben ist *Amelung*, dass er in einer späteren Arbeit ebenfalls den Erhalt der Strukturen zumindest teilweise instrumentalisiert und im Erhalt der Strukturen gerade auch den Erhalt der Respektierung des Eigenwertes der Person sehen will, *Amelung* in Rechtsgutstheorie, S. 155, 180 f. Das kommt freilich nur daher, weil die bestehenden Strukturen eben zufällig genau diesen Eigenwert schützen, zwingend ist das aus konsequent systemtheoretischer Sicht nicht. Den Standpunkt der Funktionen, die auf Strukturen folgen, wird dadurch nicht verlassen.

830 So ausdrücklich *Amelung*, Rechtsgüterschutz, S. 389, Fn. 167. Allerdings erfolgt vor dem Hintergrund des Art. 1, 2 GG noch eine Einschränkung, ebd., S. 390.

831 BGH 2 StR 505/03 v. 26.05.2004 = NStZ 2004, 621. In solchen Fällen wird nur bei massiver, an den § 226 StGB heranreichender Gewalteinwirkung die Einwilligung für die Rechtfertigung irrelevant erachtet, *Fischer*, StGB, § 228, Rn. 10. Auch im zitierten Fall wurde die Einwilligung letztlich wegen der massiven Gewalteinwirkung, die zum Tod führte, für nicht rechtfertigend gehalten.

832 Im Ausgangspunkt § 2 B. II. 8., S. 54 f.; in der Umsetzung u. a. § 3 A. IV., S. 99 f.

833 § 3 A. III. 3., S. 95.

834 Unterschiedliche Systeme haben unterschiedliches Potential für Generalvertrauen, sodass eine Veränderung des Systems auf lange Sicht ein Mehr an Generalvertrauen bedeuten kann. Dazu ist es möglich, durch ausreichend Kommunikation Systeme zu verändern, ohne dass Systemvertrauen signifikant verloren geht, vgl. § 3 A, III. 4., S. 95 ff.

recht und dem bundesrepublikanischen System unterlegt.[835] Eine Berücksichtigung des Verfassungsrechts ist systemtheoretisch nur dann bruchfrei möglich, wenn die Beobachtung auf das hiesige (aktuelle deutsche) Strafrechtssystem beschränkt wird und die Wertungen des Verfassungsrechts als in die Programme des Strafrechts inkorporiert beobachtet werden. Die Inkorporierung des Verfassungsrechts ist in der Theorie vom Generalvertrauen freilich unabhängig von der Bestimmung der Funktion[836] zu sehen, sondern dient primär als Grenze der Ausfüllung der Funktion im Strafrechtssystem.[837]

Aus Sicht der Theorie der Sozialschädlichkeit erscheint die Rechtsgutslehre als eine Art Gegenentwurf.[838] Es bleibt eine Verknüpfung darin, dass „die Reflexion auf die Funktionsbedingungen der Sozialordnung als Wertungsgrundlage für die Bestimmung von Rechtsgütern"[839] betrachtet werden soll. Warum es dann überhaupt Rechtsgüter gibt und wie sie genau ausgestaltet sein sollen, erschließt sich daraus nicht. Dagegen gelingt es mit der Theorie vom Generalvertrauen den Rechtsgüterschutz als die vom Strafrechtssystem gewählte materielle Ausfüllung der Funktion zu verstehen (Funktionsstrukturalismus), den das Strafrechtssystem insoweit in seine Programme implementiert hat und gleichzeitig das Strafrecht legitimiert.[840]

Insoweit ist die Theorie vom Generalvertrauen mit *Amelungs* Theorie der Sozialschädlichkeit nur in ihrem soziologischen Ursprung verwandt.

### 3. Die retributive expressive Straftheorie

*Rostalskis* will die Strafe „retributiv expressiv"[841] als Widerspruch zum Normbruch sehen.[842] Insofern hat diese Theorie, ebenso wie die Theorie vom Generalvertrauen,

---

835 *Amelung*, Rechtsgüterschutz, S. 363, Fn. 87. Kritisch *Appel*, Verfassung und Strafe, S. 368 und *Hassemer*, ZStW 87 (1975), 146, 161 ff. *Amelung* selbst sieht sich an dieser Stelle missverstanden, *Amelung* in Rechtsgutstheorie, S. 155, 180, Fn. 104.

836 In einem allgemeinen Verständnis ein offener Begriff, nach hiesigem Konzept die Aufrechterhaltung und Konstituierung von Generalvertrauen. Allerdings gilt in einem funktionsstrukturalistischen Verständnis stets, völlig unabhängig vom Inhalt der Funktion, dass Strukturen (wie das Verfassungsrecht) Funktionen nur nachfolgen, sie aber nicht vorgeben können.

837 Freilich im hiesigen Strafrechtssystem. Zum Verfassungsrecht als Programm des Strafrechts § 3 C. I., S. 117 ff. und zur Ausfüllung der Funktion in den Grenzen des Verfassungsrechts § 3 C. II., S. 123 ff. Zur Benennung der eigenen Beobachterperspektive etwa § 3 vor A., S. 69.

838 *Amelung*, Rechtsgüterschutz, S. 393.

839 *Amelung*, Rechtsgüterschutz, S. 394. Die Ähnlichkeiten von Sozialschädlichkeit und Rechtsgutslehre beschreibt *Kaspar*, Verhältnismäßigkeit und Grundrechtsschutz im Präventionsstrafrecht, S. 199 f.

840 § 3 D., S. 132 ff.

841 *Rostalski*, Der Tatbegriff im Strafrecht, S. 19 ff. Zusammenfassend *Freund/Rostalski*, AT, § 1, Rn. 37 ff.

einen kommunikativen Ansatz. Statt Normgeltungssicherung im Interesse aller Mitglieder der Rechtsgemeinschaft nehme Strafe vielmehr „allein die Rechte des Einzelnen" in den Blick.[843] Eine Bestrafung *jedenfalls auch* aufgrund Drittinteresses ist darin „Verstoß gegen die Menschenwürde".[844] Der Bestrafung des Täters bedürfe es, weil er, trotz seiner Straftat, „gleichberechtigtes Mitglied der Gesellschaft" sei. Deshalb „verdiene" (im positiven Sinne) er eine Antwort zu seiner „unberechtigten Freiheitsanmaßung". Diese Antwort sei Schuldspruch und Strafe und orientiert sich an der „Lautstärke" der Infragestellung des Rechts.[845] Getragen ist das Modell vom Gedanken des Ausgleichs unberechtigt angemaßter Freiheitsinteressen, also dem Gedanken eines Gesellschaftsvertrages, aus dem der Täter sich mehr Freiheit nimmt als ihm zusteht. *Rostalski* sieht den Täter selbstwidersprüchlich handeln, da er gegen eine Rechtsordnung agiere, die ihm selbst größere Vorteile bereithielte als der rechtlose Naturzustand.[846] Funktion der Strafe ist damit letzten Endes die Bestätigung des Status des Täters als Gleicher im Recht.[847] *Rostalski* stellt mit dieser Kernaussage ihrer Theorie das Menschenwürdeargument auf den Kopf und liest es gleichsam als *Anspruch und Grund* auf Strafe. Es erschließt sich nicht, warum dann auf das Strafrecht als „Garant des friedlichen Miteinanders"[848] oder gar die Bestätigung der „Geltungskraft der übertretenen Verhaltensnorm"[849] durch Strafe abgestellt wird. Dies sind in der Tat über diese Funktion hinausgehende Wirkungen, die obendrein ein Drittinteresse in sich tragen.

---

842 Etwa *Rostalski*, Der Tatbegriff im Strafrecht, S. 25 f.

843 *Freund/Rostalski*, AT, § 1, Rn. 38. Das ist auch der Grund, warum die Theorie hier nicht in die Theorien von der Normgeltung, sondern als Theorie eigener Art eingeordnet wird.

844 Diese Interpretation steht insoweit scheinbar im Gegensatz zum BVerfG. Wenn Art. 1 GG bereits verletzt sein soll, wenn „jedenfalls auch" Drittinteressen verfolgt werden, so wäre auch der vom BVerfG wiederholt aufgegriffenen Zweck des Strafrechts und damit mittelbar der Strafe „wichtige und elementare Grundlagen eines geordneten Gemeinschaftslebens zu schützen" verfassungswidrig, siehe Fn. 514. *Rostalski* bringt diese Argumentation sowohl gegen die general-, als auch die spezialpräventiven Theorien in Stellung. *Rostalski*, Der Tatbegriff im Strafrecht, S. 36 ff.; *Freund/Rostalski*, AT, § 1, Rn. 41 f. Später schreibt *Rostalski*, Der Tatbegriff im Strafrecht, S. 97, dass Bürger Gebote aus „überwiegendem Interesse anderer" erfüllen müssten, was sich wie ein Drittinteresse liest.

845 *Rostalski*, Der Tatbegriff im Strafrecht, S. 20 ff.; *Freund/Rostalski*, AT, § 1, Rn. 38.

846 Strafe und Schuldspruch seien deshalb darin begründet, dass „nur dadurch der ihm vernunftrechtlich zukommende Status unter Einschluss seiner Menschenwürde gewahrt werden kann", *Freund/Rostalski*, AT, § 1, Rn. 43.

847 *Rostalski* verweist an dieser Stelle auf *Hegels* bekannten Ausspruch, dass mit Strafe und Schuldspruch der Täter als vernünftige Person geehrt werde, *Hegel*, Grundlinien der Philosophie des Rechts, § 100.

848 *Rostalski*, Der Tatbegriff im Strafrecht, S. 54.

849 *Rostalski*, Der Tatbegriff im Strafrecht, S. 77.

Zur Theorie vom Generalvertrauen zeigen sich so mannigfaltige Unterschiede: Gerade in *Rostalskis* kategorischer Ablehnung von Drittinteressen[850] liest sich die „retributive expressive Theorie" geradezu als Gegenentwurf zur Theorie vom Generalvertrauen, denn die Funktion, der in der Theorie vom Generalvertrauen alles untergeordnet ist, dient einem Drittinteresse: Der Aufrechterhaltung und Konstituierung von Generalvertrauen. Auch der Gleichheitsgedanke oder gesellschaftsvertragliche Modelle spielen in der Theorie vom Generalvertrauen keine Rolle, und als Begründung der Strafe wird die Funktion des Strafrechts, nicht die Menschenwürde herangezogen.[851] Bis auf den kommunikativen Ansatz, der aber in der retributiven expressiven Theorie freilich nicht mit dem Luhmannschen Kommunikationsverständnis aufgeladen ist, scheinen beide Theorien kaum etwas gemein zu haben.

### 4. Die Theorien von der Normgeltung

Die Theorie vom Generalvertrauen fördert auch Normgeltung, ist mithin Theorien von der Normgeltung ähnlich und daher bei aller erforderlichen Abgrenzung potentiell derselben Kritik ausgesetzt. Es bedarf daher einer vertieften Auseinandersetzung mit Theorien, deren Dreh- und Angelpunkt die Normgeltung zu sein scheint.

Das betrifft im Ausgangspunkt und am umfangreichsten die Theorie von der geltungserhaltenden Generalprävention nach *Jakobs* (a.). Die Theorie der kommunikativen Wiederherstellung des Rechts durch Strafe nach *Frisch* (b.) und die restitutive Straftheorie nach *Freund* (c.) komplettieren das Kapitel,[852] sie werden jeweils in den Punkten behandelt, die von der Theorie der geltungserhaltenden Generalprävention deutlich abweichen.

#### a. Die Theorie von der geltungserhaltenden Generalprävention

Die Abgrenzung von der Theorie von der geltungserhaltenden Generalprävention und die gleichzeitige Stellungnahme zu Kritik gegen dieselbe gelingt am besten

---

850 Zum insgesamt gegenteiligen Verständnis, gerade in Bezug auf Art. 1 GG, siehe § 3 C. II. 3., S. 126 ff.

851 Zusammenfassend § 3 B. I. 4., S. 114 f.

852 Letztlich könnte man vorsichtig auch die Gedanken *Luhmanns* selbst dem Spektrum der Theorien von der Normgeltung zuordnen, auch wenn er keine eigentliche Strafrechts- oder Straftheorie aufgestellt hat. Seine Grundüberlegungen, die bereits vorangestellt wurden und seine Ausführungen zu Stabilisierung normativer Erwartungen durch Regulierung ihrer zeitlichen, sachlichen und sozialen Generalisierung treffen freilich den Grundgedanken aller hier besprochenen Theorien, vgl. etwa *Luhmann*, Recht der Gesellschaft, S. 131 ff.

anhand der Theoriegrundlagen (i.), des Verständnisses von der Strafe und der Straftat (ii.), dem Vorwurf der Bestandserhaltung, der Sicht auf den Menschen und der Frage nach der Legitimation (iii.), dem „Strafrechtsgut" (iv.), dem Personenverständnis (v.) und dem Perspektivenproblem im funktionalen Schuldbegriff (vi.).

### i. Ausgangspunkt und Theoriegrundlagen

In der Theorie von der geltungserhaltenden Generalprävention nach *Jakobs*[853] scheint die Idee *Welzels*[854] nach der Garantie des Rechts auf die „Erhaltung aller der von ihm vorgebildeten Erwartungen"[855] und insbesondere den „Bestand der Gemeinschaftsordnung"[856] übernommen und nachfolgend teilweise mit der Systemtheorie angereichert[857] worden zu sein. *Welzel* wiederum bezieht seine Ideen von *Bentham*, der die Erhaltung von Erwartungen als „Princip der Sicherheit" betont hat.[858]

853 *Jakobs* selbst fasst seine Theorie in seinem Lehrbuch schlicht unter die Überschrift: „Die Theorie der positiven Generalprävention", *Jakobs*, AT, 1. Abschn., Rn. 4. Inzwischen scheint er den soweit auch passenderen Begriff der „geltungserhaltenden" Generalprävention zu bevorzugen, *ders.*, Strafrechtliche Zurechnung, S. 15. *Ders.*, AT, 1. Abschn., Fn. 16 m. w. N. zu ähnlichen Konzepten. Ausführliche Analyse insbesondere zu den Begründungsstrategien mit umfangreicher Kritik findet sich bei *Zabel*, Schuldtypisierung, S. 214 ff., 283 ff.

854 *Welzel*, Abhandlungen, S. 288 ff., insbesondere S. 289; *ders.*, Das deutsche Strafrecht, S. 1 ff., 239. *Jakobs*, AT, 1. Abschn., Fn. 15 bezeichnet diese Analyse als zutreffend. Daneben stützt sich *Jakobs* besonders auf *Hegel*, dazu nur *Polaino Navarrete* in FS Roxin II, S. 169, 174.

855 *Welzel*, Abhandlungen, S. 289.

856 *Welzel*, Das deutsche Strafrecht, S. 239.

857 Vgl. *Jakobs*, AT, 1. Abschn., Fn. 8.; *ders.* ZStW 105 (1995), 843; „Selbst der flüchtige Kenner dieser Theorie wird jedoch schnell merken, daß die hiesigen Ausführungen ihr keineswegs konsequent, ja nicht einmal in allen Hauptsachen folgen."

858 *Bentham* schreibt: „Dieses Vorgefühl, welches einen so augenscheinlichen Einfluß auf das Geschick der Menschen ausübt, kann man ‚Erwartung' nennen, Erwartung von der Zukunft. Durch sie allein werden wir in den Stand gesetzt, einen allgemeinen Plan für unsere Handlungsweise zu entwerfen; durch sie sind die einander folgenden Augenblicke, welche die Dauer des Lebens bilden, nicht bloß isolierte und gleichsam von einander unabhängige Punkte, sondern stetig an einander sich aufschließende Theile eines Ganzen. Die ‚Erwartung' verbindet, eine Kette gleich, unsere gegenwärtige Existenz mit der zukünftigen; ja sie geht selbst über uns hinaus zu der uns folgenden Generation. Das Princip der Sicherheit umfaßt die Erhaltung aller dieser Erwartungen: Seine Vorschrift ist, daß alle Schicksale, so weit sie von den Gesetzen abhangen, den Erwartungen gemäß seien, durch welche sie vorgebildet worden sind." *Bentham/Dumont*, Grundsätze der Civil- und Criminal-Gesetzgebung, erster Band, S. 276. Auf ebenjene stellt verweist *Welzel*, Abhandlungen, S. 289, Fn. 2. Bei *Bentham* endet die Nachweisführung, da, wie so oft im ausgehenden 18. Jhdt. und frühen 19. Jhdt. keine Fußnoten gesetzt wurden. Obendrein bezeichnet *Bentham/Dumont*, Grundsätze der Civil- und Criminal-Gesetzgebung, erster Band, S. 276 die Ansichten der Rechtsgelehrten

Zwar ergibt sich durch die Luhmannsche Systemtheorie ein gemeinsamer Bezugspunkt zwischen der Theorie vom Generalvertrauen und der Theorie von der geltungserhaltenden Generalprävention, in der Art der Einbindung zeigen sich im Ergebnis aber auch die größten Unterschiede der Theorien.

Die Beobachterperspektive[859] und alle Folgen, die sich daraus ergeben, spielen im Kern der Theorie *Jakobs* keine Rolle, ebenso wenig wie das Kommunikationsverständnis *Luhmanns.*[860] Dadurch legt *Jakobs* auch keinen Wert auf unterschiedliche Perspektiven, wie es diese Arbeit tut. Insbesondere die Unterscheidung zwischen Innen- und Außenperspektive nimmt *Jakobs* gar nicht oder nur im Ansatz[861] vor. Die Auswirkungen dieser nicht vorgenommenen Trennung zwischen Innen- und Außenperspektive ziehen sich wie ein roter Faden durch die Kritik, der die Theorie von der geltungserhaltenden Generalprävention ausgesetzt ist. Freilich wird das auch den Kritikern selbst nicht deutlich, da sie mit anderen Prämissen arbeiten.[862] Dieser Umstand wird in der Auseinandersetzung mit der Theorie von der geltungserhaltenden Generalprävention jeweils an passender Stelle aufgegriffen, wobei gezeigt werden wird, dass die Theorie vom Generalvertrauen durch die Vornahme der Perspektiventrennung[863] eben jener Kritik zu entgehen vermag.

Das Problem der Komplexität, das die Grundlage der Theorie vom Generalvertrauen ist, findet sich ansatzweise bei *Jakobs* wieder, wenn auch nicht auf die

---

seiner Zeit als „verwirrt", weil „kaum" jemals der Begriff der Erwartung gebraucht oder untersucht werde, weshalb anzunehmen ist, dass es in vielen Punkten keine weitere Nachweismöglichkeit gab.

**859** Die Beobachterperspektive als Prämisse kommt in dieser Arbeit im Ursprung aus den Überlegungen zum Konstruktivismus, § 2 A., S. 17 ff., den die Luhmannsche Systemtheorie in für diese Arbeit entscheidenden Punkten weiterentwickelt.

**860** *Gómez-Jara* hingegen verbindet einzelne Aspekte der Theorie von der geltungserhaltenden Generalprävention in einigen Punkten mit der Luhmannschen Systemtheorie, *Gómez-Jara,* Rechtstheorie 2005, 321 ff. Er setzt, ebenso wie die Theorie vom Generalvertrauen, Kommunikation als „eigentliche soziale Operation" ins Zentrum, ebd., 321, 324. Die Strafe und die Straftat werden als vom Strafrecht zugeschriebene Kommunikation verstanden, ebd., 321, 326, 332. Wenn eine Straftat geschieht, möchte die Gesellschaft danach „nicht lernen", denn sie halte an der Erwartung fest, obwohl sie sich nicht erfüllt hat, reagiert dabei also mit dem „Funktionssystem" des Strafrechts, ebd., 321, 331 f. *Gómez-Jara* schafft aber, anders als die Theorie vom Generalvertrauen, keine Rückbindung an die anthropologische Komponente, wenn er sagt, dass Strafrecht unabhängig davon sei, ob mit Bewusstseinssystemen verbundene Effekte stattfinden oder nicht, ebd. 321, 332.

**861** In Ansätzen ist dies etwa in der Schuld erkennbar. Schuld setze Unrecht voraus, wofür ein Täter zurechnungsfähig sein muss. Zurechnungsfähig sind „Gleiche", *Jakobs,* AT, 17. Abschn. Rn. 47 f. Wer gleich und wer ungleich ist, richte sich nach den „Teilnehmern einer moralischen Praxis", Letzteres sieht *Bröckers,* Verantwortung ohne Willensfreiheit, S. 87 als Kriterium bei *Jakobs.*

**862** Die fehlende Trennung zwischen Innen- und Außenperspektive spiegelt sich (nicht expliziert) etwa in der Kritik *Zabels,* Schuldtypisierung, S. 300 ff. wider.

**863** Grundlage bei § 2 A., S. 17 ff., passim zieht sich dies durch die gesamte Arbeit.

gleiche Weise oder unter gleichem Namen. *Jakobs* deutet dies nur einleitend in Bezug auf die Notwendigkeit von „sicherer Normgeltung" an: „Orientierung [ist] nur möglich, wenn nicht jederzeit mit jedem beliebigen Verhalten der anderen Menschen gerechnet werden muß. Ansonsten würde jeder Kontakt zu einem unkalkulierbaren Risiko. Wenn ein sozialer Kontakt überhaupt eingegangen wird, ist dies schon ein Zeichen dafür, daß kein völlig unbestimmter Ausgang erwartet wird. Wird die Erwartung enttäuscht, so entsteht für den Enttäuschten ein Konflikt, auf den er reagieren muss".[864] Das ist zwar Ausgangspunkt der Überlegungen, sie geraten aber in der Ausdifferenzierung der Strafrechtstheorie aus dem Blickfeld. Begründungstechnisch richtet seine Strafrechtstheorie sich stets auf das Ziel der Bestätigung der Normgeltung und die Bestandserhaltung.[865] Besonders deutlich wird das, wenn *Jakobs* schreibt: „Wenn es bei der formellen Konstitution bleibt, wird [...] das materiell Normgemäße als allein anschlußfähige Gestalt bestätigt. Solange diese Bestätigung erfolgt, ist es für die Fortdauer der Wirklichkeit der Gesellschaft ohne jeden Belang, ob weitere Effekte eintreten."[866] Bezeichnend ist, dass dieser Ursprung in der Sekundärliteratur, soweit erkennbar, nie vertieft behandelt wird oder gar nicht auftaucht. Im Gegensatz dazu ist in der Theorie vom Generalvertrauen das Grundproblem der Komplexität Ausgangspunkt und Grund der Funktion, der Aufrechterhaltung und Konstituierung von Generalvertrauen. Das Vertrauen als Mechanismus[867] wird überhaupt erst wegen des Problems der (Welt-)komplexität erforderlich[868] und ist dementsprechend auch Grundlage für die Voraussetzungen[869] des Generalvertrauens. Das zeigt sich nicht nur in der Funktion, sondern auch in der Schuld,[870] die in der Theorie vom Generalvertrauen aus der Außenperspektive an die Funktion gekoppelt ist.

### ii. Strafe und Straftat

Die Strafe ist in der Theorie von der geltungserhaltenden Generalprävention die Reaktion auf einen Normbruch. Der Normbruch werde durch den Zuständigen durch die Desavouierung der Norm vorgenommen, indem er durch sein Verhalten eine „Weltgestaltung" vertrete, die der der Norm widerspricht. Der Normbruch

---

864 *Jakobs*, AT, 1. Abschn., Rn. 4. Vgl. auch *ders.*, Schuld und Prävention, S. 9 f., wo er dies ebenfalls voranstellt und auch *Luhmanns* kontrafaktisch stabilisierte Erwartungen aufgreift, aus *Luhmann*, Rechtssoziologie, S. 43.

865 Diese kann und sollte man freilich als Reaktion auf diesen Konflikt lesen.

866 *Jakobs*, Norm, Person, Gesellschaft, 1. Auflage, S. 106 f.

867 § 3 A. II., S. 72 ff.

868 § 3 A. I., S. 70 f.

869 § 3 A. III. 3., S. 95.

870 Soweit noch als Verweis auf die weiteren Ausführungen: § 10 B., S. 398 ff.

führe dazu, dass die Norm als Orientierungsmuster in Frage gestellt werde, was in einen sozialen Konflikt münde. Die Strafe wiederum stelle dann einen auf Kosten des Täters[871] vollzogenen Widerspruch gegen den Normbruch dar;[872] die „Gegenrede gegen seinen Weltentwurf“[873], wodurch die Norm erhalten werden soll. Auch die Theorie von der geltungserhaltenden Generalprävention hat also einen kommunikativen Kern, wenn auch Kommunikation eher im klassischen Sender-Empfänger-Verhältnis verstanden wird und weniger nach dem Luhmannschen Kommunikationsverständnis.

In der Theorie vom Generalvertrauen wird die Luhmannsche Kommunikationstheorie zur Grundlage gemacht. Hier leitet sich die Strafe und Straftat von der Funktion, der Notwendigkeit der Aufrechterhaltung von Generalvertrauen ab. Die Straftat ist das in der Kommunikation einer deliktischen Person zugerechnete Erzeugen einer beobachteten Diskrepanz zwischen Erwartungskommunikation des Strafrechtssystems und einer Handlung.[874] Solches erfolgt, kommunikationstheoretisch aufgeladen, durch Verstehensselektion einer vorwerfbaren Mitteilung einer strafrechtswidrigen Information. Dieser Straftatbegriff der Außenperspektive wird in der Innenperspektive mittels des Dreiklangs aus tatbestandsmäßiger, rechtswidriger und schuldhafter Handlung ausgefüllt. Strafe ist dann Reaktion auf die Diskrepanzbeobachtung in Form anschlussfähiger Verantwortungszuschreibung. Diese lenkt die Verantwortlichkeit für die Diskrepanzbeobachtung weg vom Beobachter und Strafrechtssystem, was ansonsten die Zerstörung von Generalvertrauen zur Folge hätte, hin zum Täter. Die funktionsäquivalente anschlussfähige Kommunikation der Nichtstrafe korrigiert stattdessen entweder die diskrepanzauslösende Beobachterposition, sodass die Diskrepanz ex post beseitigt wird, oder weist die Konfliktlösung einem anderen System zu.

*Jakobs* Vorstellung eines neuen „Weltentwurfes“[875] des Täters erscheint jedenfalls insoweit überhöht, dass man keine Gegenrede des Täters zum Recht konstruieren muss. Das gilt erst recht, wenn der Täter die Norm gar nicht kennt. Auf der Basis der Theorie vom Generalvertrauen reicht schlicht die Diskrepanzbeobachtung.

Befragt man *Feijoo Sánchez*, so beziehen sich zudem die normativen und kommunikativen Aspekte der Strafe bei *Jakobs* ausschließlich auf den Widerspruch des Normbruchs.[876] In der Theorie vom Generalvertrauen werden darüber hinaus

871 Den „Zuständigen“, *Jakobs*, AT, 1. Abschn., Rn. 2.
872 *Jakobs*, AT, 1. Abschn., Rn. 10.; *ders.*, Norm, Person, Gesellschaft, S. 134.
873 *Jakobs*, Schuldprinzip, S. 27.
874 § 3 E., S. 171 ff.
875 Dies kritisiert etwa auch *Frisch* in Strafrecht und Gesellschaft, S. 647, 657.
876 *Feijoo Sánchez* in FS Jakobs, S. 75, 78.

noch der Aspekt des Systemvertrauens, der an die Funktion rückgebunden ist, und die funktionsäquivalente Möglichkeit der Kommunikation über die Nichtstrafe, ins Zentrum gerückt.[877]

*Jakobs* ist außerdem überzeugt, dass ein „Strafschmerz" notwendig ist, damit die Strafe für denjenigen, der sich nicht um den Widerspruch schert, nicht zu einer bloßen unverbindlichen Empfehlung verkommt. Dabei ordnet er den Strafschmerz ausdrücklich *nicht* als Kommunikation ein, sondern als „stummen Realakt".[878] In der Theorie vom Generalvertrauen wird die Übelzufügung nie real für notwendig gehalten, sondern stets nur als in die Kommunikation so eingegangene Übelzufügung, damit für das Strafurteil Anschlussfähigkeit hergestellt wird.[879] Dieser feine Unterschied verdeutlicht einmal mehr die unterschiedlichen Verständnisse von Kommunikation.

Die Strafe als Widerspruch zum Normbruch wird in der Theorie von der geltungserhaltenden Generalprävention noch weiter ausdifferenziert: Sie soll „Einübung in Normanerkennung" erreichen, bestehend aus Rechtstreue, Normvertrauen (ohne zu definieren, was damit eigentlich gemeint ist) und Akzeptation der Konsequenzen.[880] „Rechtstreue" und „Akzeptation von Konsequenzen" spielen in der Theorie vom Generalvertrauen nur mittelbar für die Anschlussfähigkeit eine Rolle. „Normvertrauen", wenn man Vertrauen wie in der Theorie vom Generalvertrauen versteht, ist eine Grundvoraussetzung von Generalvertrauen, weil sie die Erwartungskommunikation in Form von Verhaltensnormen vermittelt. *Jakobs* belässt es in Bezug auf Normvertrauen aber bei einem beschreibenden Satz[881] und im deutschen Hauptwerk[882] seiner Straftheorie taucht Normvertrauen überhaupt nicht mehr auf.[883] Insofern bleibt der Begriff bei *Jakobs* blass.[884] *Jakobs* wird auf-

877 § 3 B. I., S. 102 ff.; § 4 C. II., S. 230 ff.

878 *Jakobs*, Norm, Person, Gesellschaft, S. 113 f.

879 § 3 B. I. 3., S. 111 ff. Insoweit eher wie hier *Gómez-Jara*, Rechtstheorie 2005, 321, 335 f., nach dem der Strafschmerz nur als Kommunikation über den Schmerz relevant ist.

880 *Jakobs*, AT, 1. Abschn., Rn. 15. In früheren Arbeiten nannte *Jakobs* ausschließlich Rechtstreue, etwa *Jakobs*, Schuld und Prävention, S. 10 f. Insoweit ist die Einordnung der Theorie als „positive oder allgemeine" – d. h. nicht nur abschreckende – Generalprävention" nachvollziehbar, *Jakobs*, AT, 1. Abschn., Rn. 15.

881 *Jakobs*, AT, 1. Abschn., Rn. 15 spricht lediglich davon, dass „alle Menschen wissen müssen, was sie erwarten können", was freilich, wenn auch aus Sicht der Theorie vom Generalvertrauen anders ausgedrückt, ebenfalls eine Kernerkenntnis dieser Arbeit ist.

882 So *Jakobs* selbst über „Schuld und Prävention" im Interview bei *Schmoeckel/von Mayenburg*, forum historiae iuris, 24.10.2008, Rn. 53, abrufbar unter https://forhistiur.net/media/zeitschrift/0810schmoeckel_mayenburg_jakobs.pdf (14.10.2024).

883 *Jakobs*, Schuld und Prävention, S. 10 f., wo es allein um die Einübung der Rechtstreue geht.

grund dieser Vermischung (Rechtstreue *neben* Normvertrauen *neben* Akzeptation) mittlerweile teilweise als Vertreter einer Vereinigungstheorie eingeordnet.[885] *Jakobs* kritisiert sich in einer neueren Arbeit zudem dahingehend selbst, dass er die kognitive Seite der Normgeltung vernachlässigt habe, indem er sozialpsychologische Wirkungen zumindest teilweise zu bloßen Sekundäreffekten degradierte.[886] In der Theorie vom Generalvertrauen werden solche Nebeneffekte als Leistungen verarbeitet, die der Funktion untergeordnet sind, aber mehrheitlich der Anschlussfähigkeit der Strafe oder des Strafrechts dienen. So wird eine Verbindung zur Funktion geschaffen.[887] Freilich ist auch das Ausgangsproblem der Funktion des Strafrechts – die Überwältigung durch Komplexität – an ein anthropologisches Faktum angebunden. Sozialpsychologische Effekte[888] im Rahmen der Anschlussfähigkeit sind der Funktion natürlicherweise untergeordnet.

### iii. Der Vorwurf der Bestandserhaltung als Funktion, die Sicht auf den Menschen und die Frage der Legitimation

Wie schon die Theorie der Sozialschädlichkeit bezeichnet auch die Theorie von der geltungserhaltenden Generalprävention das Strafrecht als eine Institution, die einer „Gefährdung des gesellschaftlichen Bestandes“ vorbeugen soll.[889] *Jakobs* geht sogar einen Schritt weiter, wenn er durch Strafrecht staatliche und gesellschaftliche Gestalt erhalten will,[890] denn dann geht es um den Erhalt eines konkreten ausgeformten

884 *Feijoo Sánchez*, der sich auf die Konzeption *Jakobs* stützt, führt den Vertrauensbegriff dagegen weiter, *Feijoo Sánchez* in FS Jakobs, S. 75 ff. Er spricht vom „Vertrauen in die Geltung strafrechtlicher Normen“, ebd., S. 86. *Feijoo Sánchez* geht es bei der Strafe nicht um das Einüben von Rechtstreue oder das Einwirken auf ein zukünftiges Verhalten, sondern einzig um die Orientierungsfunktion, ebd., S. 89. Zum Vertrauen selbst führt *Feijoo Sánchez* ohne Definition aus und statuiert knapp, dass das bezweckte Vertrauen eine „soziale Lage“ sei und nicht psychologische Leistung der Bürger oder der Bevölkerung, ebd., S. 89. Allerdings geht es *Feijoo Sánchez* ausdrücklich nicht darum, Vertrauen als sozialpsychologisches Phänomen zu fördern, sondern „mit Blick auf die Zukunft die institutionellen Grundlagen eines rationalen Vertrauens in die Normen als Verhaltensorientierungsmodelle zu errichten“. Dennoch befindet sich *Feijoo Sánchez* durch seine Nutzung des Begriffes des Vertrauens in diesem Punkt in seinen Überlegungen näher an der Theorie vom Generalvertrauen als *Jakobs*.

885 *Feijoo Sánchez* in FS Jakobs, S. 75 ff., 77 m. w. N.

886 *Jakobs*, Staatliche Strafe, S. 31, Fn. 147.

887 Vgl. etwa § 3 D. III. 1., S. 160 ff.; F. I., S. 178 ff.

888 Da diese Arbeit zu sozialpsychologischen Effekten mehrheitlich nur Vermutungen anstellen kann, wurde der systemische Ansatz gewählt, also die Wahl des Mittels und damit auch die Berücksichtigung der sozialpsychologischen Komponente dem Strafrechtssystem selbst überlassen, was aus der Außenperspektive für die hiesige Konzeption nur konsequent ist.

889 *Jakobs*, Rechtsgüterschutz, S. 28; *ders.* Strafrecht AT, 2. Abschn., Rn. 1.

890 *Jakobs*, AT, 2. Abschn., Rn. 2 („zur Erhaltung der staatlichen und gesellschaftlichen Gestalt“).

Staates in seine Facetten.[891] Deutlich wird dies, wenn *Jakobs* die Strafbarkeit der Homosexualität damit begründet, dass in einer durch Männerhierarchien geprägten Gesellschaft, wie etwa dem Militär, Homosexualität wegen der Gefahren für den Bestand der spezifischen Strukturen der Gesellschaft nicht zugelassen werden könne.[892] Man könnte nun die schon bei Theorie von der Sozialschädlichkeit beschworene Unterscheidung des Funktionsstrukturalismus (Theorie vom Generalvertrauen) zu einem Strukturfunktionalismus (Theorie der Sozialschädlichkeit) heranziehen. Allerdings stellt sich *Jakobs* scheinbar in Widerspruch zu seiner in seinem Lehrbuch propagierten Erhaltung der *Gestalt* einer Gesellschaft,[893] wenn er davon spricht, dass er nur das System an sich, aber nicht zwingend die Gestalt in ihrem Status quo erhalten will. Darauf folgt aber sogleich die Einschränkung, dass die evolutive Veränderung der Gestalt nur deshalb zugelassen wird, weil dies für das Überdauern des Systems notwendig sei.[894] Insofern kennt *Jakobs* Theorie jedenfalls keinen Funktionsstrukturalismus in Reinform. Auf Grundlage der Theorie vom Generalvertrauen sind dagegen die Systeme der Funktion untergeordnet und können so verändert oder ersetzt werden. Die Aufrechterhaltung und Konstituierung von Generalvertrauen kann auch von anderen sozialen Systemen übernommen werden.

Der Theorie von der geltungserhaltenden Generalprävention wird in Bezug auf den Zweck der Bestandserhaltung vorgeworfen, dass sie das System um seiner selbst willen erhalte.[895] Hier geht *Jakobs* die Rückbindung an seine Luhmannsche Einleitung verloren, die in der Theorie nicht weiter vertieft wurde. *Jakobs* begegnet dieser Kritik folgendermaßen; Der Zweck der Bestandserhaltung könne dem Subjekt, also dem einzelnen Menschen, aus folgendem Grund nicht nachgeordnet werden: Sich als Person im Recht begreifende Subjekte würden nicht als solche geboren, sondern als solche sozialisiert, gewännen diese Überzeugung also beim Durchlaufen der Gesellschaft. Deshalb könne die Gesellschaft – die „Bedingung der Möglichkeit einer zur Subjektivität sozialisierenden Gesellschaft“ – nicht nachgeordnet werden, da es sonst keine solcherart sozialisierten Subjekte gäbe. Im logischen Nachgang können dann auch die „Bedingungen“ für eine solche Gesellschaft dem Subjekt nicht nachgeordnet werden.[896] *Jakobs* spricht von der Gesellschaft als „empirische Bedingung von Subjektivität“[897]. Dies ist nicht Bezugspunkt seiner

891 Dies *Jakobs* auch zuschreibend *Wohlers* in Strafrecht und Gesellschaft, S. 307, 322.

892 *Jakobs*, Rechtsgüterschutz, S. 23.

893 *Jakobs*, AT, 2. Abschn., Rn. 2.

894 *Jakobs* in Aspekte der Freiheit, S. 69, 74. Dieses Werk erschien bereits 1982, also vor dem Lehrbuch.

895 Etwa durch *Roxin/Greco*, § 2, Rn. 110.

896 *Jakobs*, ZStW 107 (1995), 843, 849 ff.; *ders.*, Rechtsgüterschutz, S. 26 f.

897 *Jakobs*, ZStW 107 (1995), 843, 851.

Theorie, sondern eine Verteidigung gegen den Vorwurf, seine Theorie würde das freie Subjekt außen vorlassen;[898] ohne Bestandssicherung einer Gesellschaft wäre ein freies Subjekt nicht möglich. Freilich wäre ohne Gesellschaft keine Form von Subjekt möglich. So ist auch die Bestandssicherung einer Gesellschaft Voraussetzung für *unfreie* Subjekte, was *Jakobs* selbst erkennt.[899] Die Theorie richtet sich nicht auf die Gesellschaft als Bedingung von Subjektivität aus, sie ist nicht eigentlicher Bezugspunkt. Bei der Theorie vom Generalvertrauen ist dagegen klar, dass ihr Daseinszweck letztlich dem Menschen dient, weil sie gerade ein Problem des Einzelnen lösen soll; im Angesicht der Komplexität seine Handlungsfähigkeit durch den Mechanismus des Generalvertrauens zu erhalten. Die Theorie vom Generalvertrauen findet damit letztlich Rückbindung an den Menschen selbst und wird so von der Kritik, die der Theorie von der geltungserhaltenden Generalprävention vorwirft, das System um seiner selbst willen zu erhalten, nicht berührt.

Den Menschen bringt *Jakobs* an anderer Stelle erneut in die Theorie von der geltungserhaltenden Generalprävention ein: bei der Frage, was die Gesellschaft für ihren Bestand eigentlich benötigt. Nach *Jakobs* sind dies „angstfrei agierende Personen“[900], wobei „angstfrei“ in Bezug auf die Verwirklichung ihres Wohls und ihrer Rechte verstanden werden solle. Dadurch bringt *Jakobs* durch die Hintertür als Mittel zum Zweck (aber eben als Mittel!) der Bestandserhaltung den Schutz der Person ins Spiel. Insoweit taucht die (menschliche) Person bei *Jakobs* letzten Endes sowohl als Bedingung, als auch als Ergebnis von Gesellschaft auf. Warum gerade „Angstfreiheit“ in Bezug auf die Verwirklichung der eigenen Rechte Grundlage der Bestandserhaltung sein soll, wird nur durch die Feststellung begründet, dass eine freiheitlich verfasste Gesellschaft[901] ihre Bestandsprobleme besser zu lösen vermöge, als eine, die auf Zwang ausgerichtet ist.[902] Anders als die Theorie vom Generalvertrauen, die einen Rückbezug zum Potential des Generalvertrauens herstellen kann,[903] bleibt die Theorie von der geltungserhaltenden Generalprävention die Antwort schuldig, *warum* eine solche Gesellschaft ihre Bestandsprobleme „besser“ zu lösen vermag.

---

**898** Die Nachweise zu diesem Vorwurf liefert *Jakobs*, ZStW 107 (1995), 843, 849, Fn. 13 selbst.
**899** *Jakobs*, ZStW 107 (1995), 843, 851.
**900** *Jakobs*, Rechtsgüterschutz, S. 28.
**901** Dabei dürfe die Verfassung, die solches garantiere, nicht nur auf dem Papier bestehen, sondern müsse „kognitiv stark verankert“ sein und eine alltägliche Orientierung geben, *Jakobs*, Rechtsgüterschutz, S. 28. Zum Verfassungsrecht und seine Implementierung in das Strafrechtssystem vgl. § 3 C. I., S. 117 ff.
**902** *Jakobs*, Rechtsgüterschutz, S. 28.
**903** § 3 A. III. 4., S. 95 f.

Neben den „angstfrei agierenden Personen“ benötige die Gesellschaft nach *Jakobs* zu ihrem Bestand ferner eine funktionierende Infrastruktur in Gestalt von Justiz, Währung, Verkehr etc. Ein Eingriff in diese „Infrastruktur“ (hier wird eine Parallele zu den kollektiven Rechtsgütern sichtbar) verursache einen „Sozialschaden“ (insoweit also bei *Amelung*), was ebenfalls den Eingriff des Strafrechts legitimiere.[904] *Jakobs* findet so eine direkte Rückbindung der Legitimation auf die Funktion des Strafrechts. Strafrecht ist legitim, weil es für die gefundene Funktion der Bestandserhaltung erforderlich ist.[905] Die Strafe selbst ist diesem logisch nachgeordnet und dient der Normgeltung. Insoweit versteht *Jakobs* Legitimation normativ und nicht systemisch. *Jakobs* zieht die Legitimation des Strafrechts, die eigentlich in dieser Form nur in der Innenperspektive relevant sein dürfte, in die Außenperspektive, aus der die Funktion des Strafrechts begründet wird. Das vermischt nach hiesigem Ansatz unzulässig Innen- und Außenperspektive. Das Generalvertrauen und seine Voraussetzungen sind von der Innenperspektive auszufüllen, und die Ausfüllung dieser Voraussetzungen in der Innenperspektive muss sich dadurch an den Legitimationsüberlegungen der Innenperspektive messen. Legitimation als Begriff der Außenperspektive ist Selbstbegrenzung und Herstellung von Anschlussfähigkeit.[906]

Die Theorie von der geltungserhaltenden Generalprävention wird zudem innerhalb des normativen Verständnisses von Legitimation dafür kritisiert, dass es zur Legitimation und Rechtfertigung von Strafe nicht ausreiche, der Strafe als Symbol die Gültigkeit einer Norm als Sinn zuzuordnen. Vielmehr bedürfe dieser Mechanismus selbst wiederum einer Legitimation.[907] *Jakobs* Legitimationsthese wäre in der Theorie vom Generalvertrauen als eine spezifische Ausfüllung der Herstellung von Anschlussfähigkeit einzuordnen. Ob diese Anschlussfähigkeit hergestellt werden könnte, ist fraglich. Das Aufzeigen einer solchen „Metaebene“ als Legitimation des Strafrechts könnte sogar den gegenteiligen Effekt haben. Es erschließt sich für ein beobachtendes psychisches System sicher nicht ohne weiteres, dass Strafrecht eben bestehen muss, um Normgeltung oder – in der Theorie vom Generalvertrauen – Generalvertrauen zu garantieren. Deutlich anschlussfähiger scheint der Schutz vor Rechtsgutsverletzungen zu sein. Diesen Weg hat das Strafrecht auch gewählt,[908] und so dient in der Theorie vom Generalvertrauen auch nicht Aufrechterhaltung von Generalvertrauen selbst der Innenperspektive als Legitimation, sondern primär der Rechtsgüterschutz.

**904** *Jakobs*, Rechtsgüterschutz, S. 28 f.

**905** *Jakobs*, AT, 2. Abschn., Rn. 1; vgl. zur Legitimation auch *ders.* in Aspekte der Freiheit, S. 69, 80.

**906** § 3 D. I. 2., S. 134 ff.

**907** Etwa *Puppe* in FS Grünwald, S. 469, 481 f. Kritisch zur Legitimation auch *Stübinger*, KJ 1993, 33, 43.

**908** § 3 D. II. 3., S. 142 ff.; § 3 D. III. 1., S. 160 ff.

*Jakobs* löst das Begrenzungsproblem, das in der Theorie vom Generalvertrauen ebenfalls Teil des Legitimationsbegriffes ist, indem er sagt, dass strafrechtlich nur solche Normen garantiert würden, „auf deren generelle Beachtung zur Erhaltung der wesentlichen gesellschaftlichen Gestalt nicht verzichtet werden kann",[909] ultima ratio. Die Unbestimmtheit eines solchen Vorgehens wird aber nicht offengelegt und so kann auch keine Lösung, wie etwa die Abgabe des Problems in das politische System, gefunden werden.[910] Selbstbegrenzung spielt in der Theorie der geltungserhaltenden Generalprävention eine deutlich kleinere Rolle.

Mittels der Fokussierung auf die Bestandssicherung des Systems wird der Theorie von der geltungserhaltenden Generalprävention schließlich ein Zirkelschluss vorgeworfen.[911] Bestehende Normen ließen sich stets mit dem Ansinnen des Bestandsschutzes begründen, denn jede Norm, die im System existiere, fließe zwangsläufig bereits in den Begriff der Systemstabilität mit ein.[912] Dieser Kritik setzt sich die Theorie deshalb aus, weil sie die Bestandssicherung – die Funktion des Strafrechts – mit der Legitimation der Strafe verbindet und weil wiederum nicht klar zwischen Innen- und Außenperspektive getrennt wird. So entsteht der vermeidbare Zirkel: Legitim ist, was sich systemstabilisierend auswirkt, und systemstabilisierend wirkt sich aus, was legitim ist. Anders die Theorie vom Generalvertrauen: Sie sieht sich nicht durch die Funktion legitimiert und kann es auch gar nicht sein, weil sich Legitimationsausfüllung ebenfalls in der Innenperspektive abspielt. Wer nun entgegenhält, dass dann Normen aber ebenfalls nur in ihrem aktuellen gesellschaftlichen Bestand kritisiert werden können und deshalb im „falschen" System nicht begründet werden kann, warum etwa Verstümmelungsstrafen schlecht sind,[913] dem muss zugestimmt werden. Das ist aber kein eigentliches Problem, weil *nichts* inhärent gut oder schlecht ist. Ein solcher Einwand setzt eine beobachterunabhängige Realität, eine tatsächliche Wahrheit voraus, die es nach den Prämissen dieser Arbeit nicht gibt.[914] Vor diesem Hintergrund ist es logisch, dass eine Norm im Angesicht der (stets kontingenten) Verfasstheit eines Systems bewertet werden muss.

**909** *Jakobs*, AT, 1. Abschn., Rn. 8.
**910** § 3 D. II. 2., S. 140 f.
**911** *Bröckers*, Verantwortung ohne Willensfreiheit, S. 90 ff. m. w. N.
**912** *Bröckers*, Verantwortung ohne Willensfreiheit, S. 90.
**913** *Bröckers*, Verantwortung ohne Willensfreiheit, S. 84.
**914** § 2 A. I., S. 18 f.

#### iv. Strafrechtsgut und Rechtsgutslehre

Die Theorie von der geltungserhaltenden Generalprävention erteilt der Rechtsgutslehre eine Absage, auch in ihrem Bedürfnis der Legitimationsbegründung[915], und stellt die Normgeltung als Gegenentwurf dar.[916] An die Voraussetzungen des Bestandes der Gesellschaft bindet die Theorie von der geltungserhaltenden Generalprävention die Normgeltung an: „Angriffsziel" sei eine „wirkliche, orientierende, [sic] Normgeltung". Diese Normgeltung solle durch Strafe verteidigt werden.[917] Deshalb sei auch nicht ein „Gut von Hinz und Kunz"[918], damit meint *Jakobs* ein Rechtsgut, Angriffsziel, sondern nur die eben erwähnte Normgeltung und insoweit die „normative Struktur der Gesellschaft", was als „Strafrechtsgut" über den reinen Schutzgegenstand einer konkreten Norm hinausgeht.[919]

*Jakobs* stellt sich damit in die Tradition *Welzels*, der Rechtsgüter dem „Schutz der elementaren sozialethischen Gesinnungs- (Handlungs-)werte"[920] nachordnet. Es ging also auch ihm schon grundlegend um die Bestandserhaltung und Normgeltung. Rechtsgüter stellen für *Jakobs* nur das „Normmotiv", also die Zielvorstellung bzw. den Schutzgegenstand einer Norm[921] dar, was allerdings neben dem Freiheitsinteresse des Täters und dem Bedürfnis der Gesellschaft „nicht zu erstarren" stünde. Allein das Normmotiv könne deswegen keine allein durchschlagende Kraft entfalten, denn auch nach dem Freiheitsinteresse und nach dem Fortschrittsinteresse müsse sich Strafrecht richten.[922] In der Theorie vom Generalvertrauen wird der Rechtsgutslehre dagegen keine Absage erteilt, sondern sie stellt die materielle Ausfüllung der Voraussetzungen der Funktion dar und kann Strafrecht daneben auch legitimieren.[923] Gerade auf das Ausbleiben von Rechtsgutsverletzungen durch deliktische Personen richtet sich das Generalvertrauen. Die Voraussetzungen bestimmen sich aus der Außenperspektive, die Ausfüllung aus der Innenperspektive.

Die Normgeltung als „Angriffsziel"[924] zu bezeichnen verkennt außerdem die Beobachterperspektive des Angreifers. Ihm wird es nicht um die Desavouierung

---

915 *Jakobs*, Rechtsgüterschutz, S. 16, 37; vgl. auch zur generellen Kritik an der Rechtgutslehre *ders.*, Strafrecht AT, 2. Abschn., Rn. 7 ff.

916 Seine Lehre wurde ebenso von den Rezipienten als ein Gegenentwurf der Rechtsgutslehre verstanden, etwa *Polaino Navarrete* in FS Roxin II, S. 169, 173. *Polaino Navarrete* selbst möchte die Rechtsgutslehre mit *Jakobs* Ansatz anreichern, S. 174 ff.

917 *Jakobs*, Rechtsgüterschutz, S. 19 f., 26, 28.

918 *Jakobs*, Rechtsgüterschutz, S. 15, 26, 28.

919 *Jakobs*, AT, 2. Abschn., Rn. 2, 7.; *ders.* Rechtsgüterschutz, S. 19 f.

920 *Welzel*, Das deutsche Strafrecht, S. 4.

921 *Jakobs*, AT, 2. Abschn., Rn. 7.

922 *Jakobs*, Rechtsgüterschutz, S. 20.

923 Vgl. § 3 D. II. 3., S. 142 ff.

924 *Jakobs*, Rechtsgüterschutz, S. 28.

einer Norm gehen,[925] sondern um das konkrete Rechtsgut in der konkreten Situation. In der Theorie vom Generalvertrauen findet sich das zerstörte Generalvertrauen erst mittelbar wieder. Nicht bei jeder beobachteten Diskrepanz wird Generalvertrauen zerstört werden, aber die Gefahr besteht. In der konkreten Situation einer Straftat findet ja eine Enttäuschung von persönlichem Vertrauen statt, welches durch Generalvertrauen als vertrauensauslösendem Reiz entstanden sein kann. Deshalb ist Rechtsgüterschutz eine so passende Ausfüllung der Funktion, denn sie erkennt die Wirklichkeit der beteiligten Beobachter, etwa der Opfer, und der unbewussten Prozesse an.[926]

### v. Personenverständnis

In der Theorie von der geltungserhaltenden Generalprävention ist die Person nicht in gleicher Weise kommunikationstheoretisch aufgeladen wie in der Theorie vom Generalvertrauen. Deckungsgleich ist die Annahme, dass „Person sein heißt, eine Rolle zu spielen" und „persona […] die Maske, also gerade nicht Ausdruck der Subjektivität ihres Trägers"[927] ist. Dann beginnen aber bereits die Differenzen zwischen beiden Theorien. In der Theorie von der geltungserhaltenden Generalprävention ist im Ausgangspunkt Person, wer für eine Gruppe eine Aufgabe erfüllen soll. Die Person wird durch das Schema von Sollen und Freiraum definiert.[928] Dieses Schema wird aus der Perspektive eines Gewalthabers definiert.[929] Im Ergebnis schafft das zwei Bedingungen der Person: Eine Person wird dadurch *definiert*, ein Normadressat zu sein, und dazu geht der Status der Person ab, wenn Verhalten des Individuums gerade *nicht* normgemäß ausfällt. Wörtlich: „keine Person mordet"[930] Damit wird eine Normwidrigkeit auch nicht zum „Fehler" einer Person, weil sie sich gerade durch ihre Motivation zu richtigem Verhalten definiert. Die Theorie von der geltungserhaltenden Generalprävention differenziert soweit zwischen formeller und materieller Person. Formell bleibt der Personenstatus auch bei Normbruch erhalten, da sonst kein Gesellschaftskonflikt, sondern nur Gefahrenabwehr möglich

925 Eine Ausnahme kann bei einem Terroristen gelten. *Jakobs*, Norm, Person, Gesellschaft, S. 111 f., sieht dieses Problem auch und stellt auf die Interpretation der Gesellschaft ab. Warum diese aber so interpretieren sollte, wenn doch ein Täter fast immer *nicht* auf die Desavouierung aus ist, bleibt ohne kommunikationstheoretische Unterfütterung im Dunkeln.

926 Vgl. neben den Ausführungen der vorherigen Kapitel später weiterführend auch noch § 4 B., S. 225 ff.

927 *Jakobs*, ZStW 107 (1995), 843, 859.

928 *Jakobs*, Norm, Person, Gesellschaft, S. 132.

929 *Jakobs*, Norm, Person, Gesellschaft, S. 32.

930 *Jakobs*, Norm, Person, Gesellschaft, S. 108.

wäre, materiell geht der Status aber verloren.[931] In der Theorie vom Generalvertrauen wird ein Personenstatus in der Kommunikation durch Zuschreibung erzeugt und kann nicht durch Verhalten naturalistisch wieder entzogen werden. Es bilden sich lediglich Diskrepanzen zwischen Beobachtung und der der Person zugeschriebenen Erwartung. Personsein bedeutet im Ausgangspunkt nicht mehr, als der Zuschreibungspunkt einer Kommunikation zu sein. Verschiedene soziale Systeme haben verschiedene Personenbegriffe, weil sich soziale Systeme durch Kommunikation überhaupt erst definieren und in verschiedenen Kommunikationszusammenhängen auch Zuschreibungen unterschiedlich ausfallen. Für das Strafrecht und die Verantwortungszuschreibung ist die „deliktische Person" entscheidend.[932]

#### vi. Das Perspektivenproblem im funktionalen Schuldbegriff

Aus der in der Theorie von der geltungserhaltenden Generalprävention unklaren Trennung zwischen Innen- und Außenperspektive kommt auch die Kritik[933] am funktionalen Schuldbegriff[934]. Die Theorie untersucht, ob die Gesellschaft ein abweichendes Verhalten ohne förmliche Reaktion verkraften kann oder nicht. Die Summe der Bedingungen, unter denen das nicht möglich ist, nennt sie Schuld.[935] Diesem Schuldbegriff wird entgegengehalten, dass eine solche Schuldzuschreibung aus generalpräventiven Motiven nur funktioniere, wenn sie im Geheimen bliebe.[936] *Jakobs* entgegnet auf diese Kritik, dass Personen wüssten, dass die Bestandsprobleme der Gesellschaft einer Lösung zugeführt werden müssten.[937] Dass Personen kaum mit einer Lösung einverstanden wären, die darin bestünde, alles zu tun, was für Normbestätigung nützlich wäre, wird damit nicht entkräftet.[938]

---

931 *Jakobs*, Norm, Person, Gesellschaft, S. 110 f.

932 Dazu noch ausführlich § 10 B., S. 398 ff. Bislang wurde festgestellt, dass Generalvertrauen sich auf das Ausbleiben von Rechtsgutsverletzungen durch deliktische Personen richtet, § 3 D. II. 3. d., S. 158 ff.

933 An dieser Stelle wird gegen die Theorie von der geltungserhaltenden Generalprävention auch der Vorwurf eines Verstoßes gegen Art. 1 GG, ebenso wie ein vom Grundgesetz abgekoppelter „Instrumentalisierungseinwand" erhoben, *Roxin/Greco*, § 3, Rn. 32, § 19, Rn. 35. Aus der Philosophie kommt der „Instrumentalisierungseinwand" etwa von *Kant*, Grundlegung zur Metaphysik der Sitten, S. 52 ff. *Jakobs* in FS Kühl, S. 281, 287 reagiert darauf, indem er sagt, dass der Bestrafte bloß „Schadensersatz" leiste. Insoweit wurde dazu bereits für die Theorie vom Generalvertrauen Stellung genommen, § 3 C. II. 3., S. 126 f. Für Instrumentalisierungseinwände über das Grundgesetz hinaus, fehlt ob der unterschiedlichen Prämissen dagegen die Diskussionsgrundlage.

934 Der hiesige Schuldbegriff wurde noch nicht präzisiert, dazu § 10 B., S. 398 ff.

935 *Jakobs*, ZStW 107 (1995), 843, 851.

936 *Roxin/Greco*, § 19, Rn. 35.

937 *Jakobs* in FS Kühl, S. 281, 288.

938 *Roxin/Greco*, § 19, Rn. 35c.

Auch hier liegt eine Lösung erneut in einer klaren Trennung von Innen- und Außenperspektive. Was *Jakobs* formuliert, ist eigentlich ein Schuldbegriff der *Außenperspektive.* Unmittelbar auf die Innenperspektive übertragen erscheint es wenig wahrscheinlich, dass er Anschlussfähigkeit findet.[939] Es bedarf vielmehr einer Ausfüllung durch die Innenperspektive, die die Funktion des Strafrechts genauer ausdifferenziert. Insofern läge der Ausgangspunkt der Lösung für *Jakobs* Problem darin, dass die Funktion des Strafrechts in der Außenperspektive bliebe. So wird *Jakobs* auch Inkohärenz vorgeworfen,[940] wenn er an einer Konzeption festhält, die einen wie auch immer gearteten Willen voraussetzt. Insoweit ist das richtig: Aus der Außenperspektive, in der sich *Jakobs* Schuldbegriff eigentlich befinden müsste, kann man kaum einen Willen für die Schuld voraussetzen. Ob tatsächlich ein wie auch immer gearteter Wille erforderlich ist, lässt sich nur mittels Beobachtung der Innenperspektive sagen.[941]

#### vii. Abschließende Bemerkungen

Freilich haben beide Theorien auch viele Gemeinsamkeiten, angefangen beim kommunikativen und funktionalen Verständnis der Strafe[942] und der Erkenntnis über die Wichtigkeit von Erwartungen, über die Zugabe der Enttäuschungsmöglichkeit durch das Strafrecht, der Wunsch nach Regulierung aller Menschen durch die Strafe, bis hin zur Erkenntnis, dass ein funktional verstandenes Strafrecht nicht ausschließlich an eine als wünschenswert empfundene Gesellschaft gebunden werden kann[943] und dergleichen mehr. Die vorangegangenen Ausführungen haben sich in erster Linie auf Unterschiede konzentriert, da eine Abgrenzung besser durch die Zeichnung der Differenzen gelingt. In vielen Punkten geht die Theorie von der geltungserhaltenden Generalprävention[944] weit über die hiesige Theorie hinaus,

---

939 Das wurde schon eben bei der Frage nach der Anschlussfähigkeit des Strafrechtsgutes im Vergleich zum klassischen Rechtsgut aufgegriffen, S. 203.

940 Zur vermuteten Inkohärenz der These von der Irrelevanz der Willensfreiheit *Bröckers*, Verantwortung ohne Willensfreiheit, S. 48.

941 Dies versucht die Theorie vom Generalvertrauen in dieser Arbeit vorzunehmen, § 10 B. 2., S. 420 ff.

942 Etwa *Jakobs*, ZStW 107 (1995), 843, 867.

943 Zu letzterem *Jakobs*, ZStW 107 (1995), 843, 855. Die hiesige Theorie kann hier jedenfalls noch mit dem Potential des Generalvertrauens argumentieren, auch wenn dies ebenfalls nicht an eine „wünschenswerte" Gesellschaft anschließt, dies ist ohnehin nur aus der Beobachterperspektive zu bewerten.

944 *Jakobs* Ideen wurden freilich auch weiterentwickelt. Exemplarisch können hier *Lesch*, Verbrechensbegriff, S. 175 ff. und *Pawlik*, auf den bereits rekurriert wurde (vgl. § 3 F. I. 1., S. 179 f.) genannt werden, wobei sich Letzterer weit von *Jakobs* wegentwickelt und eine eigene Theorie begründet hat. Daneben sind noch die Ansätze von *Feijoo Sánchez* in FS Jakobs, S. 75, 84 ff. und *Gómez-*

was angesichts der nur grob gezeichneten Grundlinien der Theorie vom Generalvertrauen wenig verwunderlich ist. So gibt *Jakobs* etwa mit seiner Unterscheidung von Feind- und Bürgerstrafrecht[945] weitere analytische Methoden an die Hand, um spezifisch verfasste Gesellschaften zu beschreiben.[946] Auf weitere Gemeinsamkeiten und Unterschiede zwischen beiden Theorien nimmt diese Arbeit passim Bezug.

**b. Theorie der kommunikativen Wiederherstellung des Rechts durch Strafe**

Auch *Frisch* vertritt eine Lehre von der Normgeltung,[947] die sich aber nicht als eine Theorie von der geltungserhaltenden Generalprävention, sondern vielmehr als eine Theorie von der kommunikativen Wiederherstellung des Rechts durch Strafe lesen lässt.[948] Anders als in der Theorie vom Generalvertrauen scheint die Systemtheorie im Zentrum der Theorie der kommunikativen Wiederherstellung des Rechts durch Strafe keine Rolle zu spielen. Eine Grundlegung etwa in Bezug auf den Kommunikationsbegriff *Luhmanns* ist ihr fremd.

Erkennbar sind vier Schwerpunkte: Erstens der Zweck von Strafe[949], zweitens die Übelzufügung[950] und drittens und viertens ihre jeweils (auch) verfassungs-

---

*Jara*, Rechtstheorie 2005, 321 ff., die jeweils einzelne Aspekte herausgreifen, auf die in diesem Kapitel in den Fußnoten 860 und 884 schon Bezug genommen wurde.

945 *Jakobs*, HRRS 2004, 88, 89. Gegen das verbreitete Missverständnis, dass die Formulierung eines Feindstrafrechts normativ und nicht deskriptiv gemeint ist, und mit der Genese dieses Missverständnisses *Jakobs* in einem Interview bei *Schmoeckel/von Mayenburg*, forum historiae iuris, 24.10. 2008, Rn. 53 ff., deutlich 68, abrufbar unter https://forhistiur.net/media/zeitschrift/0810schmoeckel_mayenburg_jakobs.pdf (14.10.2024).

946 Allerdings passt das Feindstrafrecht auch deskriptiv für die hiesige Konzeption nicht, da ihr ein anderes Kommunikations- und Systemverständnis zugrunde liegt. Wenn *Jakobs*, HRRS 2004, 88, 89 im Feindstrafrecht „Gefahrbekämpfung statt Kommunikation" sieht, so widerspricht schon das Grundannahmen des Kommunikationsprinzips, dass der Theorie vom Generalvertrauen zugrunde liegt.

947 *Frisch* in Strafrecht und Gesellschaft, S. 647, 658 f.; *Feijoo Sánchez* in FS Jakobs, S. 75, 76 Fn. 4.

948 *Frischs* Lehre wurde dennoch von *Jakobs* stark beeinflusst und angeregt, ausdrücklich *Frisch* in Strafrecht und Gesellschaft, S. 647, 696. Für die wesentlichen Unterschiede siehe *Frisch* in Strafrecht und Gesellschaft, S. 647 ff., in der *Frisch* sich mit *Jakobs* System auseinandersetzt und den Bezug zu seiner eigenen Konzeption herstellt. Letztlich kommt *Frisch* zum Schluss, dass die Gemeinsamkeiten überwiegen, S. 695. Insofern seien hier nur die Besonderheiten aufgegriffen, die sich abweichend von *Jakobs* Konzept ergeben.

949 Etwa *Frisch* in Strafrecht und Gesellschaft, S. 647, 657 ff.

950 Insbesondere *Frisch*, GA, 2019, 537 ff.

rechtliche Legitimität.[951] Die Notwendigkeit der Strafe als Mittel zur Erreichung eines legitimen Zwecks bildet gleichzeitig den Grundstock der Legitimation.[952]

Anders als *Jakobs*, der eine – wenn auch für den Kern seiner Lehre nicht mehr aufgegriffene – Fundierung in einem ähnlichen Ansatz wie die Theorie zum Generalvertrauen vornimmt, verweist *Frisch* auf die Aufgabe des Staates, die „Daseins- und Entfaltungsbedingungen seiner Bürger" zu schützen.[953] Der Vertrauensmechanismus, insbesondere die Aufrechterhaltung und Konstituierung von Generalvertrauen, ist sicherlich eine Daseinsbedingung aller Menschen, da sie eben gerade Handlungsfähigkeit sichert. *Frisch* entwickelt dies aber nicht weiter und greift auch den Gedanken eines Vertrauens nicht auf, von dem sich in der hiesigen Konzeption alles Weitere ableitet.

Strafe und Straftat sind in dieser Theorie, wie auch in der Theorie vom Generalvertrauen, spiegelbildlich. Straftat ist nach *Frisch* vermeidbare Missachtung oder unzureichende Achtung bestimmter Normen, welche im Interesse der Aufrechterhaltung der Normgeltung zur normgeltungserhaltenden Reaktion (der Strafe) zwingen.[954] Dabei unterscheidet die Theorie von der geltungserhaltenden Generalprävention und die Theorie der kommunikativen Wiederherstellung des Rechts durch Strafe, dass Letztere das Verhalten des Täters nicht als Gegenrede zur Norm und ebenso wenig als die Aufstellung eines eigenen „Weltentwurfs" sieht. Vielmehr komme dem Verhalten schlicht eine negative Bedeutung im Hinblick auf einen Geltungsanspruch der verletzten Norm zu, weil das Verhalten sie im konkreten Fall negiere,[955] was insofern näher an der Theorie vom Generalvertrauen ist, die ebenfalls keinen anderen „Weltentwurf" oder eine „Gegenrede" des Täters sieht, sondern sich schlicht auf die Diskrepanzbeobachtung fokussiert.[956]

951 Der Fokus auf Übel und die Legitimation von Übel haben dazu geführt, dass die Theorie zuweilen als „funktionale Vergeltungstheorie" bezeichnet wurde, *Feijoo Sánchez* in FS Jakobs, S. 75, 76 Fn. 4.

952 *Frisch*, Notwendigkeit und Legitimation, S. 1. Ein grundlegender Unterschied zwischen beiden Konzeptionen ist der starke Fokus *Frischs* auf sein Anliegen der Legitimation, die er vor allem verfassungsrechtlich untermauert, in ihrer klassischen Ausgestaltung von legitimem Zweck, Geeignetheit, Erforderlichkeit und Angemessenheit. Vgl. nur *Frisch*, NStZ 2016, 16, 18 ff.; *ders.* in Strafrecht und Gesellschaft, S. 647, 667 ff.; *ders.*, NStZ 2013, 249 ff.; *ders.*, GA 2019, 537, 545 ff. Zur Legitimation in der Theorie vom Generalvertrauen § 3 D., S. 132 ff. und schon in konkreter Abgrenzung zur Theorie von der geltungserhaltenden Generalprävention, die hier erst recht gilt § 3 F. II. 4. a. iii., S. 203 f. Zum Verfassungsrecht in der Theorie vom Generalvertrauen § 3 C., S. 116 ff.

953 *Frisch*, Notwendigkeit und Legitimation, S. 1.

954 *Frisch* in Strafrecht und Gesellschaft, S. 647, 659; *ders.*, Notwendigkeit und Legitimation, S. 6.

955 *Frisch* in Strafrecht und Gesellschaft, S. 647, 658.

956 Schon § 3 F. II. 4. a. ii., S. 198.

Wie in der Theorie vom Generalvertrauen betont auch *Frisch* bereits die Bedeutung der Strafdrohung für einen Zweck.[957] Dieser Zweck sei die Stärkung eines Rechtsbewusstseins der Bürger, um sie dazu anzuleiten, sich rechtlich richtig zu verhalten.[958] Das ist freilich etwas anderes als das hiesige Verständnis von Strafdrohung, wo es – jedenfalls bei der darin zum Ausdruck kommenden Sanktionsnorm – vielmehr um die Ankündigung einer möglichen Enttäuschung geht.[959] Daneben legitimiere die Strafdrohung die Strafverhängung.

Bei der Strafverhängung zeigt sich, dass *Frisch* Strafe nicht nur als belastende Rechtsfolge, sondern als sozialethischen Tadel versteht.[960] Übelzufügung versteht *Frisch* real, schreibt ihr aber auch eine kommunikative Funktion zu. Diese sei nicht nur in einer Geltungsbestätigung, sondern auch in der ernst gemeinten Androhung des Übels zu sehen, dass auf die Strafe als normstabilisierende Kraft vertraut werden kann, ansonsten verliere die Strafdrohung ihre normstabilisierende Wirkung.[961] In ihrem kommunikativen, nicht aber in ihrem realen Verständnis ist das der Theorie vom Generalvertrauen ähnlich. So zeigt sich in der zweiten Funktion – dem Vertrauen auf die Strafe als normstabilisierende Kraft – in Ansätzen Gedanken der strukturellen Ausfüllung der Funktion durch Strafvollstreckung[962] und Gedanken des Systemvertrauens.

In Bezug auf die Rechtsgutslehre kritisiert *Frisch* zwar eine Verengung des Strafrechts auf den Rechtsgüterschutz, erkennt ihn aber als zumindest *auch* existent im Strafrecht an, also rein phänomenologisch. Rechtsgüterschutz sei aber gerade nicht für eine strafrechtliche Reaktion maßgeblich.[963] Durch die Trennung zwischen Innen- und Außenperspektive und die materielle Ausfüllung der Funktion durch den Rechtsgüterschutz, weist die Theorie vom Generalvertrauen dem Rechtsgüterschutz allerdings eine größere Bedeutung zu, als dies bei *Frisch* der Fall ist.

---

**957** *Frisch* in FS Schünemann, S. 55, 56 ff.

**958** *Frisch* in FS Schünemann, S. 55, 63 f.

**959** § 3 B. I. 1., S. 103 ff.

**960** *Frisch,* NStZ 2016, 16, 17. Auch die Theorie vom Generalvertrauen versteht Strafe im Ausgangspunkt als sozialethischen Tadel.

**961** *Frisch,* GA, 2019, 537, 547 f.

**962** § 3 B. I. 3., S. 111 ff.

**963** *Frisch,* GA 2015, 65, 82.

### c. Die restitutive Straftheorie

Eine eigene Interpretation[964] der Theorien von der Normgeltung liefert *Freund*. *Freund* arbeitet ohne den in der Theorie vom Generalvertrauen zugrunde gelegten Unterbau aus Luhmannscher Systemtheorie und Vertrauensbegriff.

Ausgangspunkt ist restitutiv die Überlegung, dass Strafe einen „zwingenden Vorwurfscharakter" habe, also deshalb nur vergangenheitsbezogen ausbaufähig sei und zwar dann, wenn Strafe „angemessen missbilligend" reagiere. General- und spezialpräventive Konzepte werden dahingehend kritisiert, dass sie nicht in der Lage seien, diese angemessene, missbilligende Strafe zu finden, wenn sie nur auf general- oder spezialpräventive Zwecke aus seien.[965] Strafe für eine noch nicht begangene Tat sei ungerecht und unsinnig. Es müsse ein verfassungsrechtlicher Grund gesucht werden, weshalb der Staat auf eine Straftat mit Schuldspruch und Strafe angemessen missbilligend reagieren darf, wenn er seiner Aufgabe, was die Gewährleistung eines freiheitlichen Zusammenlebens sei, gerecht werden möchte. So muss ein legitimer Zweck verfolgt werden, der geeignet, erforderlich und angemessen ist. Dies könne von vorneherein nur erfüllt sein, wenn mit Schuldspruch und Strafe nach Art und Intensität ein „zutreffender Vorwurf"[966] erhoben worden sei.[967] Hierin ergeben sich mehrere Unterschiede zur Theorie vom Generalvertrauen. So setzt die Theorie vom Generalvertrauen das Verfassungsrecht nicht als Begründung vor die Strafe, sondern ordnet es entsprechend ein und sieht es insbesondere als Begrenzung der Mittel zur Erreichung der Funktion des Strafrechts. Vergangenheitsbezogen ist die Strafe auch in der hiesigen Konzeption (wie wohl in den allermeisten Konzeptionen): Selbstredend wird Strafe für eine in der Vergangenheit liegende Straftat verhängt, in der Theorie vom Generalvertrauen (verkürzt) das schuldhafte Hervorrufen einer Diskrepanzbeobachtung. Der eigentliche Zweck ist, für diesen Vergangenheitsbezug eine Verantwortung zuzuweisen, die nicht den Beobachter oder das soziale System trifft.

„Im Sinne der restitutiven Straftheorie *Freunds* ist die Funktion der Strafe die geltungssichernde ausgleichende Ahndung eines begangenen Normverstoßes (Straftat) zur Beseitigung der Gefahr eines Normgeltungsschadens."[968] Danach bringt der Täter durch die Straftat zum Ausdruck, dass sich seine Maximen über denen des Rechts befänden, er kommuniziere dabei mit der Rechtsgemeinschaft.[969]

---

964 *Freund* sieht seine Theorie als „Fortentwicklung generalpräventiver Lehren" *Freund/Rostalski*, § 1, Fn. 39, unter Verweis auf *Jakobs, Appel, Frisch und Murmann*.

965 *Freund/Rostalski*, AT, § 1, Rn. 24ff.; vgl. auch *Freund*, GA1999, 509, 533ff.

966 Was ein „zutreffender Vorwurf" ist, bleibt zunächst unklar.

967 Zur gesamten Theorie zusammenfassend *Freund/Rostalski*, AT, § 1, Rn. 28ff.

968 *Freund/Rostalski*, AT, § 1, Rn. 49.

969 *Freund*, Erfolgsdelikt und Unterlassen, S. 88f.; *ders./Rostalski*, § 1, Rn. 31.

Darauf müsse der Staat angemessen antworten.[970] Das tue er in Form eines Widerspruchs gegen den Verhaltensnormverstoß. Dieser Widerspruch richte sich als *Antwort der Gesellschaft an den Täter.*[971] Letztlich diene die Strafe der Beseitigung der Rechtsbeeinträchtigung, die der Täter mit seiner Strafe zu verantworten habe.[972] Allerdings scheint es kaum möglich, dieses Ansinnen mit dem bloßen *an den Täter* gerichteten Widerspruch erreichen zu können. Dass Strafrecht im Sinne einer Antwort und im Namen der Rechtsgemeinschaft direkt mit dem Täter kommunizieren soll, zeigt zunächst schon ein grundlegend anderes Verständnis von Kommunikation als in der Theorie vom Generalvertrauen. Aber auch wenn man versucht, die Theorie vom Generalvertrauen in dieses andere Verständnis von Kommunikation zu zwängen, ergibt sich ein grundlegender Unterschied: Das Strafrecht will nach der Theorie vom Generalvertrauen gerade keine Antwort an den Täter geben, es will mit seinen Regulierungen alle Beobachter, also die Allgemeinheit treffen. Es geht nicht einmal unmittelbar um einen „Widerspruch" zum Normverstoß: Strafe und damit das Strafurteil und die das Strafurteil anschlussfähig machende Strafvollstreckung füllen den Enttäuschungsmechanismus aus, der wiederum eine der Voraussetzungen zur Aufrechterhaltung von Generalvertrauen ist. Dabei geht es darum, dass der „Fehler", also der Grund der Diskrepanzbeobachtung, nicht dem Beobachter oder dem System zugeschrieben wird, sondern etwas anderem.[973] Das ist etwas anderes als das bloße Festhalten an der Norm. Insofern ist der Enttäuschungsmechanismus *unmittelbar* an die Verantwortungszuschreibung gekoppelt.

---

970 *Freund* bemerkt dabei, dass er so als Bürger ernstgenommen würde, *Freund/Rostalski*, AT, § 1, Rn. 32. Insofern kann man dies als kleine Parallele zur hiesigen Argumentation zum Art. 1 GG-Vorwurf sehen; zwar spielt der Bürgerbegriff keine Rolle, der Täter ist aber, ebenso wie das Strafrecht, eine Teil der gesellschaftlichen Kommunikation und insoweit auf einer Gleichordnungsebene, worin ebenfalls eine Art der „Ernstnahme" liegt, § 3 C. II. 3., S. 128. Wie *Freund/Rostalski*, AT, § 1, Rn. 35 hält daneben auch diese Arbeit dem Instrumentalisierungseinwand entgegen, dass der Täter eben gerade wegen seiner Verantwortung zur Rechenschaft gezogen wird.

971 Wörtlich: „[Die rechtlich verfasste Gemeinschaft] teilt ihm mit, dass das falsch ist und dass sie trotz seines entgegenstehenden Verhaltens weiterhin an der rechtlichen Verhaltensnorm festhält, die er in der konkreten Situation hätte bilden und befolgen können und müssen, die er aber dennoch übertreten hat." *Freund/Rostalski*, AT, § 1, Rn. 32.

972 *Freund/Rostalski*, AT, § 1, Rn. 34.

973 Schon oft aufgegriffen, etwa § 3 B. I. 4., S. 114 f.

## G. Thesenbildung

Getrennt nach der Funktion des Strafrechts – entwickelt aus der Außenperspektive – und der Ausfüllung der Funktion durch die Innenperspektive, bedeutet das Konzept einer Theorie vom Generalvertrauen in seinen wichtigsten Thesen für das Strafrechtssystem das Folgende:

**Funktion des Strafrechts:**

1. Das Strafrechtssystem besteht in seiner kleinsten Einheit aus Kommunikation.
2. Das durch die Funktion zu lösende Problem ist die durch die Kontingenz hervorgerufene (Welt)komplexität und die daraus folgende und anthropologisch im Menschen[974] angelegte Überforderung. Letztlich dient die Funktion also dem Menschen.
3. Dieses Problem lässt sich – alternativlos – durch den Mechanismus des Vertrauens lösen, der Selektion erleichtert und Handlungspotential erweitert. Konstruktivistisch gesprochen beschreibt Vertrauen eine bestimmte Erwartung für den Beobachter, die zur *Wirklichkeit* geworden ist, weil bestehende Risiken schlicht ausgeblendet werden.
4. Persönliches Vertrauen ist eine ausreichend gefestigte, auf Künftiges gerichtete Verhaltenserwartung an ein Gegenüber. Gegenüber sind ein oder mehrere Systeme aus der Umwelt des Beobachters, d. h. psychisches System, soziales System oder maschinelles System, jeweils in ihrer personalen Zuschreibung, d. h. „Mensch", „Unternehmen", ein konkretes KI-System etc.
5. Ausreichend gefestigt ist eine Verhaltenserwartung dann, wenn der Beobachter seine Handlungen danach ausrichtet und damit von außen sichtbar zu erkennen gibt, dass er die anderen Möglichkeiten des Verhaltens des Gegenübers ausgeblendet hat.
6. Die zum Vertrauen führenden Umstände sind vertrauensauslösende Reize, die im vertrauensauslösenden Moment gipfeln.
7. Auch Systemvertrauen, also Vertrauen auf Kommunikation sozialer Systeme, ist persönliches Vertrauen.
8. Generalvertrauen ist gesellschaftlich ausdifferenziertes Vertrauen, das vertrauensauslösende Reize zur Verfügung stellt und so leicht in persönliches Vertrauen umgewandelt werden kann.

---

974 Weitere Beobachter sind nicht Gegenstand dieser Arbeit, § 3 A. II. 1. i., S. 85. Eine ganz andere Frage ist, ob Strafrecht *unmittelbar* in Bezug auf KI-Systeme, also ohne vermittelnden Menschen, Generalvertrauen erzeugen kann. Dieser Frage wird im dritten Teil nachgegangen, S. 369 ff.

9. Generalvertrauen braucht es, weil die moderne Gesellschaft ein Quantitätsproblem in Bezug auf notwendige Interaktionen hat und Zeit nur begrenzt zur Verfügung steht.
10. Generalvertrauen wird in sozialen Systemen, wie etwa dem Strafrechtssystem, erzeugt.
11. Ein soziales System muss für die Konstituierung und Aufrechterhaltung von Generalvertrauen dreierlei tun: Es muss über Erwartungen an eine Teilgesamtheit von Systemen kommunizieren, es muss Mechanismen bereithalten, die mit Enttäuschung des auf der Kommunikation des Systems aufgebauten persönlichen Vertrauens umgehen, indem es die Enttäuschungsursache weder dem sozialen System, noch dem umwandelnden Beobachter zuschreibt und es muss Systemvertrauen zu sich selbst stabilisieren, was aber auch durch ein außenliegendes System erreicht werden kann.
12. Funktion des Strafrechts ist die Konstituierung und Aufrechterhaltung von Generalvertrauen. Dieser Befund bedarf der Ausfüllung durch die Innenperspektive.

**Die strukturelle Ausfüllung der Funktion:**

13. Das Strafrechtssystem füllt die Funktion auf struktureller (formeller) Ebene durch die Strafdrohung, das Strafurteil und die Strafvollstreckung aus.
14. Die Strafdrohung setzt bei Erwartungskommunikation und Enttäuschungsmechanismus an und teilt, ausgedrückt durch Gesetze und Dogmatik und die eigentlich dahinterstehende Verhaltensnorm, die Handlungserwartung mit und bereitet durch die Sanktionsnorm auf eine mögliche Enttäuschung in Form einer Diskrepanzbeobachtung vor.
15. Bei der Enttäuschungsbearbeitung durch die Strafe geht es darum, dass die Verantwortung für die Diskrepanzbeobachtung weder dem Strafrechtssystem noch dem Beobachter zugeschrieben wird, sondern dem Täter. So bleibt Generalvertrauen erhalten. Die Wirkung der Strafe knüpft so *unmittelbar* an die Verantwortungszuschreibung an. Dies geschieht im Strafurteil als Kumulationspunkt des gesamten Strafverfahrens.
16. Auch die anschlussfähige Kommunikation über Nichtstrafe kann Generalvertrauen aufrechterhalten und das Problem einem anderen System zuweisen oder die Diskrepanz ex post auflösen, indem die Beobachtung nachträglich korrigiert wird.
17. Die Strafvollstreckung dient der Anschlussfähigkeit der Strafe in Bezug auf die beobachtenden Systeme. Reale Übelzufügung ist deshalb nicht notwendig, lediglich die beobachtenden Systeme müssen die Reaktion für viabel bezüglich der Enttäuschungserwartung halten, was heute eine zumindest so kommunizierte Übelzufügung in der Regel voraussetzt.

18. Strafe im engeren Sinne ist also ein Enttäuschungsmechanismus zur Aufrechterhaltung von Generalvertrauen in ihrer Gestalt als *anschlussfähige Verantwortungszuschreibung*.
19. Regulierungsziel der Strukturen des Strafrechts ist die beobachtende Allgemeinheit, nicht der Täter.

**Die materielle Ausfüllung der Funktion und Legitimation:**

20. In einer systemischen Sicht entscheidet jedes System selbst, inwieweit es die Funktion ausfüllt. Wie ein System die Funktion ausfüllt, kann nur beobachtet werden.
21. Legitimation ist aus der Außenperspektive Selbstbegrenzung (selbstreferentiell) und Herstellen von Anschlussfähigkeit (fremdreferentiell).
22. Das selbstreferentielle Element ist heute enger als das fremdreferentielle und gleichzeitig ein Faktor, der bereits auf das fremdreferentielle Element wirkt, da die beobachtenden Systeme bei der Herstellung der Anschlussfähigkeit auch auf die Selbstbegrenzung blicken.
23. Selbstbegrenzung des Strafrechts erfolgt – teilweise lediglich relativ-relational – durch Code, Positivismus, Verfassungsrecht, Ultima-Ratio-Prinzip und Rechtsgüterschutz, sowie die darunterliegenden Zurechnungsmechanismen.
24. Strafrecht findet in der Aufgabe des Rechtsgüterschutzes seine Selbstbegrenzung und seine Anschlussfähigkeit, er legitimiert, neben weiteren Mechanismen, das Strafrecht.
25. Der strafrechtliche Rechtsgüterschutz hat einen proteischen Charakter.
26. Rechtsgüterschutz ist (derzeit und nicht unumstößlich) die materielle Ausfüllung durch das Strafrecht: Das durch das Strafrecht konstituierte und aufrechterhaltene Generalvertrauen richtet sich auf das Ausbleiben von Rechtsgutsverletzungen durch deliktische Personen.
27. Rechtsgüterschutz ist der Funktion förderlich, muss aber nicht zwingend tatsächlich erreicht werden.
28. Rechtsgüterschutz kann nicht an sich Generalvertrauen ersetzen.
29. Strafrecht verhindert keine Rechtsgutsverletzungen, ist aber die Bedingung der Möglichkeit aller Handlungen, bei denen der Handelnde durch von Generalvertrauen in persönliches Vertrauen umgewandelte Perspektive so tut, als gäbe es die vom Strafrecht in die Kommunikation gebrachten Rechtsgutsverletzungen nicht.
30. Vertrauen kann nicht an sich Rechtsgut sein, ein Rechtsgut muss sich auf einen spezifischen vertrauenszerstörenden Reiz beziehen.

**Der Straftatbegriff:**

34. Die Straftat ist das in der Kommunikation einer deliktischen Person zugerechnete Erzeugen einer beobachteten Diskrepanz zwischen Erwartungskommunikation des Strafrechtssystems und einer Handlung.
35. Die diskrepanzauslösende Handlung kann bei einer deliktischen Person konkret dann beobachtet und als strafrechtlich relevant selektiert werden, wenn Verstehen der vorwerfbaren Mitteilung einer strafrechtswidrigen Information vorliegt.

Die Voraussetzungen der Funktion (These 10) und ihre formelle (These 13) und materielle (These 24) Ausfüllung durch das Strafrecht seien hier noch graphisch strukturiert. Sie geben den weiteren Gang der Untersuchung vor. Das Strafrecht muss für Konstituierung und Aufrechterhaltung von Generalvertrauen sowohl Erwartungskommunikation als auch Enttäuschungsmechanismus ausfüllen. Nützlich ist zudem, wenn das Strafrechtssystem, neben anderen (dritten) Systemen, Systemvertrauen zu sich selbst stabilisiert.

**Abbildung 3:** Voraussetzungen des Generalvertrauens aus der Außenperspektive und Ausfüllung aus der Innenperspektive des Strafrechts

Alle Strukturen, sowohl die innerhalb des Strafrechtssystems als auch die außerhalb des Strafrechtssystems, wie etwa die Medien, können vertrauensauslösende Reize für Systemvertrauen zum Strafrecht senden. Insoweit kann Systemvertrauen potentiell durch beinahe alles erzeugt werden, weshalb es außerhalb der Abbildung steht. Ein Rekurs auf das Systemvertrauen wird im weiteren Verlauf der Arbeit punktuell dann erfolgen, wenn es erwartbar durch spezifische Mitteilung verloren oder besonders gestärkt werden könnte.

Indem im Strafrechtssystem über die Strafe in der Form der Strafdrohung, der öffentlichen Urteile und der Vollstreckung kommuniziert wird, werden dadurch neben der durch die Verhaltensnorm mitgeteilte Erwartung auch Enttäuschungen beobachtender und Generalvertrauen umwandelnder Systeme bearbeitet. Enttäuschung entsteht durch eine beobachtete Diskrepanz zwischen persönlichem Vertrauen, welches durch das Generalvertrauen als vertrauensauslösenden Reiz entstanden ist, und davon abweichender Beobachtung des Beobachters. Der Beobachter wird daraufhin den Ursprung der Diskrepanz, den „Fehler", sich selbst oder dem Generalvertrauen vermittelnden System zuschreiben und Generalvertrauen in der Folge nicht mehr umwandeln. Der Enttäuschungsmechanismus dient dazu, diese Zuschreibung abzulenken. Das Strafrecht tut dies zunächst durch die Sanktionsnorm, in der eine mögliche Enttäuschung bereits angekündigt wird, und im Falle der Diskrepanzbeobachtung durch Strafurteil, das Verantwortungszuschreibung an eine andere Entität als den Beobachter oder das Strafrechtssystem betreibt oder durch anschlussfähige Kommunikation der Nichtstrafe an ein anderes System verweist. Das Strafurteil erreicht mit seinen ausgesendeten Reizen deshalb primär die Allgemeinheit, nicht den Täter. Die Strafvollstreckung dient der Anschlussfähigkeit des Strafurteils. Allein hat das Strafurteil keine ausreichende Kraft in der Kommunikation, man könnte sagen, es wird nicht ernstgenommen.

Auf dritter Ebene der Abbildung steht die *materielle* Ausfüllung. Das Strafrecht kümmert sich nicht um jegliche Verhaltenserwartung jeglicher Gegenüber. Das Gegenüber wurde in Ansätzen bereits auf die deliktische Person konzentriert, also solchen, denen vom Strafrecht grundsätzlich Verantwortung zugeschrieben wird, eine Untersuchung steht aber noch aus.[975] Klar ist nun aber, dass sich die Verhaltenserwartungen auf ausbleibende *Rechtsgutsverletzungen* durch deliktische Personen beschränken. Diese Rechtsgutsverletzungen können *unmittelbar* oder *mittelbar* durch deliktische Personen ausgelöst werden. Werden Rechtsgutsverletzungen beobachtet, entsteht Diskrepanz. Ob KI-Systeme Rechtsgüter verletzen können und ob dies eine solche Diskrepanz hervorruft, wird (u. a.) Thema des nächsten Kapitels, § 4, sein. Die materielle Ausfüllung des Enttäuschungsmechanismus ist die Verantwortungszuschreibung an die deliktische Person und die darauffolgende Bestrafung der verantwortlichen Person. Die Straftat ist das in der Kommunikation einer deliktischen Person zugerechnete Erzeugen einer beobachteten Diskrepanz zwischen Erwartungskommunikation des Strafrechtssystems und einer Handlung. Die diskrepanz-

975 § 10 B., S. 398 ff.

auslösende Handlung kann bei einer deliktischen Person konkret dann beobachtet und als strafrechtlich relevant selektiert werden, wenn Verstehen der vorwerfbaren Mitteilung einer strafrechtswidrigen Information vorliegt.

# § 4 Rechtsgutsverletzungen durch KI-Systeme und Generalvertrauen

Die Theorie vom Generalvertrauen ist nun in ihren Grundlinien gezeichnet. In ihr wurde die Funktion des Strafrechts als Konstituierung und Aufrechterhaltung des Generalvertrauens aufgezeigt. Es bedarf noch der Zusammenführung mit dem hiesigen Untersuchungsgegenstand, den KI-Systemen[976]. Es wurde festgestellt, dass Strafrecht einen speziellen Teilbereich dieses Generalvertrauens übernimmt: Das Generalvertrauen auf Ausbleiben von Rechtsgutsverletzungen durch deliktische, d. h. grundsätzlich verantwortungsfähige, Personen. Es stellt sich damit die Frage, was passiert, wenn durch KI-Systeme hervorgerufene Rechtsgutsverletzungen in die Kommunikation eingehen und wie das Strafrecht darauf kommunikativ reagieren kann. Zunächst werden mögliche Rechtsgutsverletzungen durch KI-Systeme in einigen Szenarien aufgezeigt (A.), dann untersucht, wie sie sich auf das Generalvertrauen auswirken können (B.), und zuletzt die Frage behandelt, wie in solchen Fällen kommunikativ reagiert werden kann (C.).

## A. Mögliche Rechtsgutsverletzungen durch KI-Systeme

KI-Systeme sind ihrem Potential nach extrem vielfältig, denn die Methode der KI ist nicht an ein bestimmtes Anwendungsfeld gebunden. Sie sind in so gut wie jeder Branche potentiell einsetzbar. In dieser Arbeit steht die Methode des Machine Learning im Mittelpunkt.[977]

976 Zur Begriffsbestimmung: § 1 C., S. 5 ff.

977 § 1 C. S. 12. Besonders große Gefahrenpotentiale ergeben sich gerade dann, wenn die Regelgewinnung der KI nicht durch modellbasierte Regelbestimmung durch einen Programmierer erfolgt, sondern durch die selbständige Regelbestimmung durch die verschiedenen Lernmethoden. Das gilt schon deshalb, weil konkrete Gefährdungen schlechter vorhergesehen werden können, weil auch eine Evaluation nicht mehr so leicht möglich ist und so auch Gegenmaßnahmen schlechter getroffen werden können. Freilich liegen in der Praxis in der Regel hybride Systeme vor, da klassische Algorithmen ebenso Teil dieser Systeme sind. Aber die Methoden des Machine Learning ermöglichen erst komplexe Anwendungen, wie das autonome Fahren, von dem dann ein besonderes Gefahrenpotential ausgeht. Allein die möglichen Zustandsräume überfordern jedes „klassische" System immens und können auch von reinen Heuristiken in der Regel nicht mehr eingefangen werden, dazu schon § 1 C. S. 8, dies wird im nächsten Kapitel, § 5, noch weiter vertieft. Dementsprechend werden die KI-Systeme, die Rechtsgutsverletzungen hervorrufen, von Machine Learning geprägt sein, selbst wenn es sich um hybride Systeme handelt.


https://doi.org/10.1515/9783111714301-005

KI-Systeme können dem Grund nach universell eingesetzt werden. Primär dort, wo Wissen aus Daten generiert werden kann, durch das System selbst unter Anleitung (Supervised Learning), durch den Programmierer (Expertensysteme),[978] durch das Bilden von Datenclustern (Unsupervised Learning), oder dort, wo klare Zielvorstellungen und klares Regelwerk an die Hand gegeben werden können (Reinforcement Learning). Daneben sind noch viele weitere Methoden denkbar.[979] Ebenso vielfältig werden damit auch die potentiellen Rechtsgutsverletzungen sein. Im Folgenden werden knapp einige Beispiele aufgegriffen, fokussiert auf Rechtsgutsverletzungen durch Robotik (I.) sowie durch Empfehlungssysteme und generative KI (II.).

## I. Rechtsgutsverletzungen durch Verbindung mit Hardware – Robotik

Werden KI-Systeme mit Hardware verbunden, die fähig ist ihre Umwelt direkt zu manipulieren, so sind besonders vielfältige Personen- und Sachschäden denkbar. Erst durch die physikalische Verkörperung wird das KI-System, das an sich nur informationell als Software existiert, befähigt, direkt auf die physikalische Welt Einfluss zu nehmen. Freilich ist grundsätzlich jede Software in einer Hardware verkörpert,[980] anders könnte sie rein technisch nicht existieren. Hier sind solche Koppelungen gemeint, die das KI-System befähigen auch ohne zwischengeschalteten Menschen die Umwelt zu beeinflussen etwa ein Fahrzeug im Vergleich zu einem Cloudsystem oder einem Empfehlungssystem o. ä. Robotik als Software-Hardware-Koppelungen verbreitet sich immer weiter und führt auch zu mehr unmittelbarem Einfluss der KI-Systeme auf die physische Welt. Früher war die direkte Einflussnahme eines informationsverarbeitenden Systems auf die physische Welt der absolute Ausnahmefall.[981] Heute wird es langsam zur Normalität. Immerhin wird ein KI-System durch physikalische Repräsentation auch abgrenzbarer.[982]

Besonders bei Verbindung mit Hardware in Form von Kraftfahrzeugen, Schiffen, Eisenbahnen, Waffen, Aufzügen, Spielzeugen, Explosivstoffen, Verbrennungsgeräten, Medizinprodukten und ganz allgemein Maschinen[983] können KI-Systeme

978 Freilich ist dies dann kein klassisches Machine Learning mehr.

979 Vgl. *Russell/Norvig*, AI, S. 81 ff.

980 *Zech*, Risiken, S. 17.

981 *Zech*, Risiken, S. 22.

982 Das kann für die Frage der Verantwortungszuschreibung an KI-Systeme eine große Rolle spielen, dazu § 10 B. II. 1. b., S. 414 ff.

983 Im Sinne der Maschinenrichtlinie 2006/42/EG.

schwerwiegende Verletzungen hervorrufen.[984] Besonders medienwirksam werden Unfälle mit „autonomen Fahrzeugen" – heute richtiger als teil- oder hochautomatisierte Fahrzeuge zu qualifizieren[985] – in Szene gesetzt.[986] Bei Unfällen mit solchen Fahrzeugen kann und wird es, wie auch bei den herkömmlichen Fahrzeugen, zu Rechtsgutsverletzungen an Leib, Leben und Eigentum kommen. Der deutsche Gesetzgeber hat mittlerweile die Möglichkeit geschaffen, unter bestimmten Voraussetzungen hierzulande autonome Fahrzeuge der Stufe 5 – also „vollautonomes Fahren" – auf die Straße zu bringen (§§ 1d-1 l StVG). Das gesamte Feld der Mobilität, also auch autonome Schifffahrt, sowie autonomer Schienen- und Luftverkehr lässt zukünftige Rechtsgutsverletzungen durch KI-Systeme nicht nur sehr wahrscheinlich, sondern sicher werden. Werden KI-Systeme daneben in der Industrie in Fertigungsrobotern[987] oder im Smart Home[988] eingesetzt, kann es zu Sachbeschädigung, Körperverletzungen und Tod kommen. Man denke auch an Care-Bots, also Pflegeroboter, die die Pflege körperlich eingeschränkter und hilfloser Menschen übernehmen.[989] Dazu wird es in der Zukunft viele Roboter geben, die nicht mehr nur ortsfest eingesetzt werden, etwa in einer Fertigungsstraße, sondern auch in völlig unbekannten Umgebungen. Ein erster Schritt ist hierfür mit dem autonomen Fahren und autonomen Drohnen bereits getan. Hier ist das Schädigungspotential besonders hoch. Gleiches gilt im sensiblen Bereich der Medizin, wenn autonome KI-

---

**984** Insoweit in Anlehnung an die Hochrisikosysteme des Anhang III der AI-VO, mit Ausnahme der Waffen, da das Militär vom Anwendungsbereich der AI-VO ausgenommen sein soll, Art. 2 III UA 2 AI-VO.

**985** Siehe dazu die Stufen des autonomen Fahrens, bspw. unter https://www.adac.de/rund-ums-fahrzeug/ausstattung-technik-zubehoer/autonomes-fahren/grundlagen/autonomes-fahren-5-stufen/ (14.10.2024).

**986** Bspw. https://www.auto-motor-und-sport.de/verkehr/toedlicher-unfall-autonom-auto-uber-softwarefehler/; https://www.makeuseof.com/did-autopilot-tesla-crash-really-happen/; https://www.nzz.ch/mobilitaet/wachsende-zweifel-am-autonomen-fahren-nach-schwerem-crash-ld.1698334; https://www.golem.de/news/autonomes-fahren-waymo-fahrzeug-ueberfaehrt-hund-in-san-francisco-2306-174792.html; https://www.faz.net/aktuell/wirtschaft/auto-verkehr/general-motors-nach-unfall-mussten-autonome-fahrzeuge-von-der-strasse-19266701.html (14.10.2024).

**987** https://destination-zukunft.abb.com/fts-mit-ki-industrie-4-0-und-noch-viel-mehr/ (14.10.2024)

**988** https://www.christopherstrobel.de/artikel/smart-home-20-wie-das-smart-home-durch-knstliche-intelligenz-noch-intelligenter-wird (14.10.2024).

**989** Bspw. https://www.tagesschau.de/wissen/forschung/pflege-roboter-101.html, (14.10.2024); im Detail, aber nicht mehr ganz aktuell bei *Bendel*, Pflegeroboter. In Ländern wie Japan ist man bei diesem Thema schon deutlich weiter fortgeschritten, forciert durch die Überalterung der Bevölkerung, vgl. u.a. https://www.bmwk.de/Redaktion/DE/Publikationen/Studien/einsatz-von-robotischen-systemen-pflege-japan.pdf%3F__blob%3DpublicationFile%26v%3D4, (14.10.2024). Zu den möglichen Einsatzfeldern von mit KI ausgestalteten Robotern in der Pflege siehe *Carros/H. Eilers/Langendorf et al.* in KI im Gesundheitswesen, S. 793, 801 ff.

Systeme Instrumente selbst steuern und so Teile einer Operation übernehmen oder den Menschen hier sogar vollständig ersetzen.

Das Schädigungspotential und seine konkrete Vorhersehbarkeit[990] wird hier je nach Strukturiertheit des Einsatzbereiches und der Lern- und Entscheidungsfähigkeit des durch den Roboter körperlich repräsentierten KI-Systems ansteigen oder sinken.[991]

## II. Rechtsgutsverletzungen durch Empfehlungssysteme und generative KI

Aber auch Systeme, die nicht durch Robotik unmittelbaren Einfluss auf die physische Welt nehmen können, sind in der Lage, Rechtsgutsverletzungen hervorzurufen. Das betrifft etwa die Empfehlungssysteme.[992] Solche werden bspw. im Gesundheitswesen vor allem in der Diagnostik eingesetzt,[993] u. a. in der Tumorerkennung.[994] Erkennt das System einen Tumor nicht und schließt sich der Arzt ihm an, weil er annimmt, dass das System grundsätzlich deutlich besser in der Erkennung ist als er selbst,[995] und unterbleibt deshalb eine lebensnotwendige Behandlung, so ist das Rechtsgut Leben unmittelbar betroffen. Gleiches gilt umgekehrt

---

**990** Siehe dazu u. a. auch bei § 8 B. II., S. 310 ff.

**991** *M. Lohmann*, AJP 2017, 152, 153 f.; zustimmend *Zech*, Risiken, S. 24.

**992** Siehe insoweit die nachfolgenden Fußnoten.

**993** Zu Anwendungsfeldern am Beispiel der Radiologie *Kauffmann/Hennrich/Buck/Eymann* in KI im Gesundheitswesen, S. 617 ff. Zum Einsatz von KI-Systemen in der medizinischen Forschung, insbesondere im Entwicklungsprozess von neuen Medikamenten *Schweighöfer/Pfannstiel* in KI im Gesundheitswesen, S. 139, 143 ff. Nicht nur in Kliniken, auch in der hausärztlichen Versorgung wird dies diskutiert, *Hennrich/Kauffmann/Buck/Eymann* in KI im Gesundheitswesen, S. 413, 418 ff. Ein Beispiel aus der Praxis ist auch die Erkennung von Schlaganfällen, hierzu gibt es in den USA bereits Systeme, siehe unter anderem https://news.medtronic.com/2019-07-22-Medtronic-Partners-with-Viz-ai-to-Accelerate-Adoption-of-New-Artificial-Intelligence-Software-in-U-S-Stroke-Centers, (14.10.2024).

**994** Vgl. bspw. *Försch/Klauschen/Hufnagl/Roth*, Deutsches Ärzteblatt International 2021, 199 ff.; https://ki-berlin.de/blog/article/prof-dr-klaus-robert-mueller-tu-berlin/ (14.10.2024). Umfangreich zu KI-assistierter Krebsdiagnostik *Mehmeti* in KI im Gesundheitswesen, S. 487, 492 ff. Zu mehr Anwendungsfeldern am Beispiel der Radiologie *Kauffmann/Hennrich/Buck/Eymann* in KI im Gesundheitswesen, S. 617 ff.

**995** Was letztlich auch grundsätzlich durch die Empirie gestützt werden kann, *McKinney/Sienik/Godbole et al.*, Nature 2020, 89 ff., kritisch allerdings https://www.rwi-essen.de/presse/wissenschaftskommunikation/unstatistik/archiv/2020/detail/google-ai-erkennt-brustkrebs-besser-als-die-erfahrensten-radiologen (14.10.2024). Neuer und mit dem Ergebnis, dass beim Erkennen von Brustkrebs das System „Mia" 12 % mehr Tumore findet, als Radiologen in der Routinepraxis sowie gleichzeitig nicht mehr falsch positive Ergebnisse zutage treten, sowie Ergebnisse statt nach 14 Tagen nach 3 Tagen bei den Patientinnen vorliegen https://www.heise.de/news/Studie-KI-uebertrifft-Aerzte-bei-der-Erkennung-frueher-Brustkrebs-Anzeichen-9664288.html (14.10.2024).

bei einer Operation an einem gesunden Menschen nach Fehldiagnose in Bezug auf das Rechtsgut der körperlichen Unversehrtheit, ganz abgesehen von den möglichen psychologischen Folgeschäden bei einer Fehldiagnose auf eine lebensbedrohliche Krankheit.[996] Gerade die heute schon eingesetzten Empfehlungssysteme bilden aktuell ob ihrer Verbreitung das größte Potential für Rechtsgutsverletzungen. Über die Menschen, an die sich die Empfehlungen richten, beeinflussen solche Systeme ihre Umwelt.[997] Mit dem „Beruhigungsmittel" des Menschen als Aufsichts- und Kontrollperson (human-on-the-loop), vor allem aber mit einem Menschen als letzten Entscheider (human-in-the-loop) werden KI-Systeme bereits umfangreich eingesetzt.[998] Nicht nur in der eben benannten Medizin, sondern auch in der Altenpflege,[999] der Wirtschaft,[1000] der Bildung[1001], bei der Verwaltung kritischer Infrastruktur[1002] und sogar in der Rechtspflege[1003]. KI-Systeme haben hier bereits sehr großen Einfluss. *Lessig* spitzt dies in der These zu, dass solche Systeme de facto bereits heute Unternehmen kontrollierten, weil sich Entscheider nicht mehr zutrauten, sich gegen die Systeme zu entscheiden.[1004] *Wörner* stimmt ihm zu und fordert weitergehend einen Perspektivwechsel.[1005]

Auch im Bereich der Systeme, denen generative KI zugrunde liegt, wie das etwa bei ChatGPT, DALLE oder Midjourney der Fall ist, zeigen sich Gefahren.[1006] Es sind

---

996 *T. Schmidt/J. Winter* in KI im Gesundheitswesen, S. 473, 480 f.

997 Noch darüber hinausgehend für die Beeinflussung durch Informationssysteme vgl. *Wörner,* POLITIKUM 04/2023, 64, 65 ff.

998 Eine vollständige Aufzählung würde den Rahmen sprengen.

999 *Nass/M. Schneider* in KI im Gesundheitswesen, S. 311, 313 f.

1000 https://www.splunk.com/de_de/data-insider/what-is-ai-in-business.html (14.10.2024).

1001 Vgl. https://www.bildungsserver.de/kuenstliche-intelligenz-in-der-schule-12990-de.html (14.10.2024).

1002 Dazu etwa dieses Forschungsprojekt: https://uol.de/aktuelles/artikel/kritische-infrastruktur-mit-ki-autonom-betreiben-6638 (14.10.2024).

1003 Vgl. insoweit das Grundlagenpapier anlässlich der 74. Jahrestagung der Präsidentinnen und Präsidenten der oberen Gerichte über „Einsatz von KI und algorithmischen Systemen in der Justiz", insb. S. 4 f., abrufbar unter https://www.justiz.bayern.de/media/images/behoerden-und-gerichte/oberlandesgerichte/nuernberg/einsatz_von_ki_und_algorithmischen_systemen_in_der_justiz.pdf (14.10.2024).

1004 So *Lessig* in seinem Vortrag „Constituting the human data society", gehalten am 21.04.2022 an der Universität Konstanz, abrufbar unter https://streaming.uni-konstanz.de/talks-und-events/2022/chds-international-colloquium-2022/chds-international-colloquium-2022-04-21-02/, insbesondere Minute 03:58 bis 06:49 (14.10.2024). *Lessig* spitzt die These weiter zu, denn er meint, dass Unternehmen wiederum unsere westliche kapitalistische Gesellschaft kontrollierten.

1005 *Wörner,* POLITIKUM 04/2023, 64, 69 f.

1006 Auch hier sind mögliche Gefahren fast uferlos. Neben den sogleich genannten lassen sich etwa noch Deepfakes als Gefahr identifizieren, untersucht von *Lantwin,* MMR 2019, 574 ff.; *Kumkar/Rapp,* ZfDR 2022, 199, 208 ff. Sie stellen allerdings eine eher abstrakte Bedrohung für Rechtsgüter dar und

Chatbots denkbar, die blinden oder sehbehinderten Menschen im Alltag zur Seite stehen und die Funktion der Augen (was freilich ein anderes dahinterstehendes KI-System wäre) teilweise übernehmen. Werden hier falsche Informationen übermittelt, kann das schon mit wenig Fantasie fatale Folgen haben. Auch die Beeinflussung psychisch labiler Menschen durch Chatbots darf nicht unterschätzt werden, wie ein kürzlicher Suizidfall aus Belgien zeigte.[1007] Zudem eröffnet sich mit generativer KI das weite Feld der Halluzinationen, wodurch die Systeme Fehlinformationen auch zu kritischen Themen verbreiten, denen die Nutzer aber Glauben schenken.[1008] Gerade in medizinischen oder technischen Fragen kann dies ebenfalls katastrophale Folgen haben.[1009]

KI-Systeme werden also zweifellos vielfältige Rechtsgutsverletzungen auch an Körper und Leben hervorrufen.

## B. Auswirkungen auf das Generalvertrauen

Die für diese Arbeit entscheidende Anschlussfrage, wie sich die Rechtsgutsverletzungen durch KI-Systeme auf das Generalvertrauen auswirken, kann zunächst systemisch oder empirisch beantwortet werden. Systemisch: Das Strafrecht hat die Funktion der Aufrechterhaltung und Konstituierung von Generalvertrauen übernommen. Erst aufgrund der Notwendigkeit der Ausfüllung dieser Funktion hat sich Strafrecht als Struktur überhaupt entwickelt. Im Umkehrschluss geht das Strafrecht also davon aus, dass Generalvertrauen verloren geht, wenn es die Funktion nicht ausfüllt. Die Ausfüllung der Funktion auf materieller Ebene ist der Rechtsgüterschutz, den sich das Strafrecht als Aufgabe zugewiesen hat und so das im Strafrechtssystem erzeugte und aufrechterhaltene Generalvertrauen ausfüllt: Es richtet sich auf das Ausbleiben von Rechtsgutsverletzungen durch deliktische Personen. In dieser Hinsicht hat das Strafrecht durch Verhaltensnormen Erwartungen bereits konstituiert, die Eingang in das Generalvertrauen gefunden haben und heute als vertrauensauslösende Reize für persönliches Vertrauen dienen.

---

betreffen vor allem den Persönlichkeitsschutz und die Integrität der Demokratie durch Wahlbeeinflussung. Der Kapitalmarkt scheint ebenfalls gefährdet, *Tilson/Eichinger,* BKR 2024, 648 ff.

**1007** https://www.euronews.com/next/2023/03/31/man-ends-his-life-after-an-ai-chatbot-encouraged-him-to-sacrifice-himself-to-stop-climate (14.10.2024).

**1008** *Athaluri/Manthena et al.,* Cureus 2023, e37432, abrufbar unter https://www.cureus.com/articles/148687-exploring-the-boundaries-of-reality-investigating-the-phenomenon-of-artificial-intelligence-hallucination-in-scientific-writing-through-chatgpt-references#!/ (14.10.2024).

**1009** Man denke etwa an ein falsch dosiertes oder eingesetztes Medikament, an eine falsch verdrahtete Glühbirne und dergleichen mehr.

Generalvertrauen geht verloren, wenn an einer der drei Voraussetzungen angesetzt wird: Erstens der Kommunikation über Erwartungen an eine Teilgesamtheit von Systemen, zweitens der Enttäuschungsmechanismus, mit dem Diskrepanzbeobachtungen bearbeitet werden, oder drittens dem Systemvertrauen zum konstituierenden und aufrechterhaltenden System.[1010] Sofern die Rechtsgutsverletzung nicht in die gesellschaftliche Kommunikation eingebracht wird, geschieht überhaupt nichts. Es geht nicht um die tatsächliche Rechtsgutsverletzung und nicht um tatsächlichen Rechtsgüterschutz, sondern lediglich um die *Kommunikation* über die beiden Aspekte.[1011] Die Straftat als in der Kommunikation einer deliktischen Person zugerechnetes Erzeugen einer beobachteten Diskrepanz zwischen Erwartungskommunikation des Strafrechtssystems und einer Handlung[1012] setzt einen Beobachter voraus, der eine Anschlusskommunikation ermöglicht. Insofern könnte man behaupten, dass ein Ausbleiben einer Reaktion manchmal sogar nützlich sein kann, weil erst durch eine Reaktion überhaupt die Rechtsgutsverletzung thematisiert wird und sonst verborgen geblieben wäre.[1013] Allerdings ist das wohl kaum ein gangbarer Weg, Kommunikation lässt sich nicht steuern.[1014]

Wird eine Rechtsgutsverletzung aber beobachtet, so kommt es, je nach zugeschriebenem Urheber der Rechtsgutsverletzung, zur Diskrepanzbeobachtung. Das führt – unbearbeitet – zu bis zu zwei Folgen: Entweder wird der Fehler beim Strafrechtssystem gesehen und Systemvertrauen geht verloren; und jedenfalls bei Häufung solcher beobachteten Diskrepanzen damit mittelbar das Generalvertrauen. Oder der Fehler wird beim eigenen Verstehen in der Kommunikation der Erwartung gesehen. Die Mitteilung des Strafrechts ist dann nicht mehr anschlussfähig und Generalvertrauen wird mittelbar ebenfalls zerstört. Es wird vom Beobachter nicht mehr in persönliches Vertrauen umgewandelt. Es muss also eine Reaktion erfolgen, um dies zu verhindern.

Auf einer empirischen Ebene ist die Frage der Auswirkung von Rechtsgutsverletzungen auf das Generalvertrauen, jedenfalls was die Nachweisbarkeit angeht, deutlich schwieriger zu beantworten. Aus der Systemtheorie und dem Konstrukti-

**1010** § 3 A. III. 3., S. 95.

**1011** Etwa § 3 D. III. 1., S. 160 ff.

**1012** § 3 E., S. 171 ff.

**1013** Vgl. in anderem Zusammenhang, aber mit diesem Grundgedanken auch schon *Popitz*, Präventivwirkung des Nichtwissens, S. 12 ff., insb. 17, 20.

**1014** Das Strafrecht hat Mechanismen, die es nicht jede Rechtsgutsverletzung auf eine Ebene ziehen lassen, an der viele Beobachter teilnehmen können. Lückenlose Verfolgung wird es ohnehin nie geben, was bereits durch die Ermittlungsgrundsätze erreicht wird. Das Legalitätsprinzip wird durch das Opportunitätsprinzip eingeschränkt. Man denke auch an Antragsdelikte, bei denen eine Verfolgung nur auf Antrag oder bei besonderem öffentlichem Interesse geschieht, was beides eine bereits in die Kommunikation getragene Rechtsgutsverletzung voraussetzt.

vismus ergab sich: Alle Systeme sind autopoietisch und es kommt bei Beobachtung stets auf den Beobachter an. Eine echte Steuerung ist nicht möglich, weder negativ durch Enttäuschung, noch positiv durch Mitteilungen des Strafrechts. Es kann nur reguliert werden. Außerdem kann Vertrauen selbst nur in seinen Auswirkungen beobachtet werden. Die deshalb sehr anspruchsvolle empirische Nachweisführung noch neben der systemischen Herleitung vorzunehmen, übersteigt die Kapazität dieser Arbeit. Bevor dies versucht werden kann, muss der systemische Ansatz zu Ende gedacht werden.

## C. Aufrechterhaltung des Generalvertrauens durch systemische Kommunikation

Die Systeme entwickeln sich natürlicherweise darauf hin, dass Generalvertrauen aufrechterhalten wird, oder werden von anderen Systemen ersetzt, die die Ausfüllung übernehmen. Funktionen sind die Konstanten, Strukturen ändern sich, es besteht Funktionsstrukturalismus. Nun stellt sich in concreto die Frage, wie kommuniziert werden kann, damit Generalvertrauen aufrechterhalten wird. Das Strafrechtssystem ist nicht das einzige System, das Generalvertrauen konstituiert[1015] und aufrechterhält, hat aber nach seinem Selbstverständnis bei Rechtsgutsverletzungen durch deliktische Personen die prädestinierte Stellung und füllt gerade diesen Teil der Funktion aus. Aufrechterhaltung von Generalvertrauen kann im Strafrechtssystem durch anschlussfähige Verantwortungszuschreibung (I.) oder durch anschlussfähige Kommunikation über die Nichtstrafe (II.) betrieben werden.

### I. Durch Verantwortungszuschreibung im Strafrechtssystem

Die Reaktion, die das Strafrecht zur Verfügung stellen kann, ist sein Enttäuschungsmechanismus. Im Strafrechtssystem wird in der Kommunikation *Verantwortung* zugeschrieben und durch die Strafvollstreckung anschlussfähig gemacht, sodass der Fehler weder dem Beobachter, noch dem Strafrechtssystem zugeschrieben wird und die eben genannten Folgen nicht eintreten. Das Strafrecht kann auch anschlussfähig gerade *keine* Verantwortung zuschreiben, sondern das Pro-

1015 Die *Konstituierung* des Generalvertrauens wird in den folgenden Ausführungen keine Rolle spielen, da Rechtsgutsverletzungen weniger dazu geeignet sind, die Konstituierung zu verhindern, da Generalvertrauen grundsätzlich von den Beobachtern in persönliches Vertrauen umgewandelt wird, wie zuvor ausführlich beschrieben. Es geht um die Aufrechterhaltung von Generalvertrauen.

blem an ein anderes System verweisen oder die Beobachtung ex post korrigieren, so dass eine Diskrepanz entfällt.

Die Verantwortungszuschreibung geschieht dabei kommuniziert in der Innenperspektive wert- und nicht zweckrational. Es wird also nicht mit einem „Generalvertrauen" im Hinterkopf zugeschrieben, sondern aufgrund der gesellschaftlichen Regeln, die in Ausfüllung des Generalvertrauens entstanden sind, also letztlich nach den Zuschreibungsmechanismen der Innenperspektive des Strafrechts, die die aus der Außenperspektive gefundene Grundformel ausfüllen: Verstehen selektiert eine vorwerfbare Mitteilung, die eine strafrechtswidrige Information beinhaltet.[1016] Das ist auch schwer anders vorstellbar, weil die psychischen Systeme sonst Kenntnis von der dahinterstehenden Funktion des Generalvertrauens hätten und dann letztlich ihre eigenen unterbewussten Prozesse der Vertrauensbildung auf eine bewusste Ebene ziehen müssten. Generalvertrauen als Funktion taugt nicht zur Legitimation des Strafrechts aus der Innenperspektive, dafür braucht es den Rechtsgüterschutz als Ausfüllung.[1017] Paradoxerweise kann also gerade durch das Ausblenden der Funktion des Aufrechterhaltens von Generalvertrauen bei den Beobachtern solches besser erreicht werden, weil es dann nur mittelbar durch unterbewusste Prozesse angesprochen wird und eine andere Zwecksetzung wie die des Rechtsgüterschutzes für die angesprochenen Beobachter anschlussfähiger ist – eben in der Unterscheidung von Innen- und Außenperspektive.

Bei Rechtsgutsverletzungen durch KI-Systeme könnte sich die besondere Problematik ergeben, dass gerade die Kommunikation über die Verantwortung für das Strafrecht in der strafrechtssystematischen Innenperspektive sehr schwierig ist. Es gibt keine von der Wirklichkeit gelöste, allein in der Realität[1018] liegende Verantwortung. Verantwortung ist immer Zuschreibung. Die Zuschreibung erfolgt im systemischen Kontext nach bestimmten Regeln, die für das Strafrecht in ihren groben Zügen bereits benannt wurden. Nochmals: Weist das Strafrecht Verantwortung zu, obwohl über diese vorher nicht entsprechend kommuniziert wurde,

---

**1016** § 3 E., S. 171 ff.

**1017** Vgl. § 3 D., S. 132 ff. Zu diesem Schluss finden sich auch Parallelen in der Rechtsprechung des BVerfG: „Der Effizienz der Regelung im ganzen darf der Grundrechtsschutz im einzelnen nicht geopfert werden. Das Gesetz ist nicht nur Instrument zur Steuerung gesellschaftlicher Prozesse nach soziologischen Erkenntnissen und Prognosen, es ist auch bleibender Ausdruck sozialethischer und – ihr folgend – rechtlicher Bewertung menschlicher Handlungen; es soll sagen, was für den einzelnen Recht und Unrecht ist.", BVerfG 1 BvF 1, 2, 3, 4, 5, 6/74 v. 25.02.1975 = BVerfGE 39, 1, 59. Freilich zielt diese Argumentation auf etwas anderes ab, die Verallgemeinerung im Spannungsfeld zwischen Wert- und Zweckrationalität kommt hier aber trotzdem zum Ausdruck.

**1018** Zur Differenzierung zwischen Wirklichkeit und Realität § 2 A. I., S. 18 ff.

also bspw. entgegen gefestigter Dogmatik, ist dies ebenso geeignet, Generalvertrauen mittelbar zu zerstören, da in diesem Fall Systemvertrauen zerstört wird. Eine klare Kommunikation über die Verantwortungsverteilung bei Rechtsgutsverletzungen ist für die Aufrechterhaltung von Generalvertrauen deshalb essentiell.

Gerade dort bereiten KI-Systeme nun Schwierigkeiten, weil die Regeln der Verantwortungszuschreibung hier möglicherweise an ihre Grenze stoßen könnten. Dies deshalb, weil Strafrecht klassischerweise stark auf eine autonome Entscheidung fixiert ist, wenn es Verantwortung zuschreibt. Das schlägt sich auch schon im Straftatbegriff nieder: Damit Information und Mitteilung different selektiert werden können, muss *Ego Alter* für kontingent halten. Auch in der vielzitierten alten und nicht ganz passenden Grundformel der Schuld kommt dies zum Ausdruck: bewusstes Entscheiden gegen das Recht und für das Unrecht.[1019] KI-Systeme setzen genau auf dieser Ebene an und können so die Verantwortungszuschreibung an die klassische deliktische Person „Mensch“ erschweren, dabei aber möglicherweise gleichzeitig den Weg für „neue“ deliktische Personen ebnen, etwa KI-Systeme selbst. Bei Rechtsgutsverletzungen ohne Bezug zu deliktischen Personen kann ebenfalls Generalvertrauen verloren gehen, nur ist dann das Generalvertrauen aufrechterhaltende und konstituierende System ein anderes und das Strafrecht kann, ist es damit befasst, entsprechend verweisen.

Mit anderen Worten; Wenn eine Verantwortungszuschreibung an den Menschen in jedem denkbaren Fall der Rechtsgutsverletzung durch KI-Systeme gelingen würde, so wäre Generalvertrauen gewahrt. Denn dies würde bedeuten, dass jede Rechtsgutsverletzung durch ein KI-System auf eine enttäuschte Verhaltenserwartung an einen Menschen zurückgeführt werden könnte, die der Beobachter aus dem durch das Strafrecht vermittelten Generalvertrauen in persönliches Vertrauen umgewandelt hat. Diese Fragestellung ist Thema des zweiten Teils der Arbeit. Gelingt dies aber nicht, oder nur unter Ausdehnung eigentlich kommunizierter strafrechtlicher Grenzen, so geht Generalvertrauen verloren, sofern nicht anders mit der von den Beobachtern erwarteten Verantwortungszuschreibung umgegangen werden kann.

Umgekehrt könnte auch den KI-Systemen selbst Verantwortung zugeschrieben werden. Wenn das anschlussfähig gelingt, kann auch dadurch Generalvertrauen erhalten werden. Das würde bedeuten, dass Beobachter Erwartungen an KI-Systeme selbst haben, die nicht durch andere Menschen vermittelt werden, also Generalvertrauen auch *unmittelbar* in Bezug auf das Ausbleiben von Rechtsgutsverletzungen durch die Handlung von KI-Systemen selbst zweckhaft ist. Es wäre nicht das erste Mal in der Geschichte, dass etwas anderes als der Mensch bestraft werden

**1019** BGH GSSt 2/51 v. 18.03.1952 = BGHSt 2, 194, 200 f. dazu § 10 B., S. 386 ff.

würde.[1020] Natürlich stellen sich dabei eine Reihe an Fragen, insbesondere, ob sie tatsächlich verantwortungsfähig sein können, aber auch in der Strafvollstreckung bezüglich der Anschlussfähigkeit der Strafe. Diesen Fragen wird im dritten Teil dieser Arbeit nachgegangen. Sollten Menschen und KI-Systeme selbst keine tauglichen Adressaten sein, so käme auch die Verantwortungszuschreibung an andere rechtliche Entitäten in Betracht,[1021] allen voran ein Unternehmensstrafrecht. Mit dem letztendlich nicht in Kraft getretenen Verbandssanktionengesetz[1022] scheint sich die deutsche Gesellschaft zunächst gegen diese Lösung entschieden zu haben.

### II. Durch Kommunikation über die Nichtstrafe im Strafrechtssystem

Freilich kann das Strafrecht auch schlicht keine Verantwortung an eine deliktische Person zuschreiben. Tut es dies, indem es schlicht nicht reagiert, geht Generalvertrauen verloren, wie unter (B.) beschrieben. Das muss aber nicht sein. Im Strafrechtssystem findet Kommunikation ständig und nicht nur durch die Strafe statt. Es kann neben der tatsächlichen Verantwortungszuschreibung im Strafrechtssystem genauso gut anschlussfähig kommuniziert werden, dass im konkreten Fall trotz der Verletzung eines Rechtsgutes *niemand* zur Verantwortung gezogen werden soll. Dies hat dann zwei mögliche Effekten: Die diskrepanzauslösende Beobachterposition wird korrigiert, so dass die Diskrepanz ex post beseitigt wird, und die Konfliktlösung wird gegebenenfalls einem anderen System zugewiesen, etwa dem Zivilrecht, dem Gesundheitssystem, dem Religionssystem oder Ähnlichem.

Die Korrektur der diskrepanzauslösenden Beobachterposition wird erreicht, indem durch die Verstehensselektion des Beobachters, sofern er eben für die Mitteilung anschlussfähig ist, die Deutung des Strafrechtssystems im psychischen System des Beobachters übernommen wird. Dies kann sich entweder auf die Erwartungskommunikation im Strafrecht beziehen oder die beobachtete Handlung selbst. Im ersten Fall würde der Beobachter die Deutung übernehmen, dass das Strafrecht tatsächlich nicht in dieser Hinsicht mitgeteilt hat und seine Umwandlung dergestalt fehlerhaft war, dass vom Strafrecht konstituiertes Generalvertrauen in dieser Hinsicht gar nicht existiert hat.[1023] Im zweiten Fall würde die Deutung im

---

1020 § 10 B. III. 2., S. 435 ff.

1021 Für eine umfangreiche – auch systemtheoretische – Behandlung dieser Frage siehe *Schmitt-Leonardy*, Unternehmenskriminalität ohne Strafrecht, insb. Rn. 189 ff.

1022 Vgl. etwa *F. Rotsch/Mutschler/Grobe*, CCZ 2020, 169 ff.

1023 Dennoch kann, wird das Strafrecht gar nicht tätig, Generalvertrauen zerstört werden, wenn das Strafrecht nicht anschlussfähig die Gründe kommuniziert, warum es die Verantwortung nicht zuschreibt, da der Beobachter diese Verantwortungszuschreibung ja gerade vornehmen wollte und psychischen System übernommen, dass die Handlung „falsch" beobachtet[1024] wurde, insofern also eine andere Deutungsvariante zu aktualisieren ist. Das kann etwa geschehen, weil sich der Sachverhalt in der gerichtlichen Konstruktion schlicht anders dargestellt hat als in der ursprünglichen Beobachtung des Beobachters und so keine Diskrepanz zur Erwartungskommunikation mehr vorliegt.

Die Zuweisung der Konfliktlösung in ein anderes System stellt sich folgendermaßen dar: Wird etwa festgestellt, dass die Diskrepanz tatsächlich nicht auf die deliktische, also verantwortungsfähige Person, sondern Natur zurückzuführen ist,[1025] so wird eine Diskrepanz zwischen Erwartung und Beobachtung dadurch nicht zwingend beseitigt.[1026] Aber die Verantwortung für die Diskrepanz wird etwas anderem zugeschrieben, eben nicht mehr der deliktischen Person, aber auch nicht Beobachter oder Strafrecht, es geht dann um eine andere Erwartung. Am Beispiel einer Krankheit erläutert: Der Fehler könnte dieser Krankheit zugewiesen werden, dann trägt die Krankheit die Verantwortung. Insoweit wird das Generalvertrauen in diesem Falle durch Verweis an das Gesundheitssystem[1027] aufrechterhalten; Es ist klar, dass diese Krankheit behandelbar ist und so Generalvertrauen trotzdem weiter umgewandelt werden kann. Erneut: Generalvertrauen wird von vielen Systemen erzeugt und aufrechterhalten, das Strafrecht ist nur eines davon. Unterschiedlich sind die in Selbstreferenz gefundenen Teilbereiche des Generalvertrau-

---

darum dann gegebenenfalls Systemvertrauen leidet, sowie die abweichende Beobachtung eine Ausstrahlungswirkung auf andere, tatsächlich vom Strafrecht bearbeitete Bereiche zeitigt.

**1024** Zur Erinnerung: Beobachtung erschöpft sich nicht nur in visueller Wahrnehmung, sondern umfasst jegliche Wahrnehmung. Auch demjenigen, dem nur aus zweiter oder dritter Hand über die Handlung berichtet wird, beobachtet. Beobachtung ist schlicht Einheit der Differenz von Unterscheidung und Bezeichnung, *Spencer-Brown*, Laws of Form, S. 1, spezifisch *Luhmann*, Kunst der Gesellschaft, S. 92 ff.

**1025** Vergleiche zur Natur im Straftatbegriff, § 3 E., S. 175.

**1026** Freilich wird allerdings die Diskrepanz dahingehend beseitigt, dass strafrechtlich erzeugtes Generalvertrauen berührt ist, da die Diskrepanzbeobachtung dann ja gerade nicht mehr auf eine deliktische Person zurückgeführt wird, auf die sich strafrechtlich erzeugtes Generalvertrauen richtet. Insofern liegt dann eine Diskrepanz zu einer allgemeineren Erwartungsordnung vor, zu der Generalvertrauen von anderen Systemen erzeugt werden konnte. Die Beobachtung in der konkreten Situation wird dahingehend korrigiert, dass keine Diskrepanz zur Erwartungskommunikation im Strafrechtssystem vorliegt, weil keine deliktische Person verantwortlich ist.

**1027** Dass Generalvertrauen etwa auch durch Zivil- und öffentliches Recht aufrechterhalten werden kann, wurde schon bei § 3 B. II., S. 115 f. behandelt. Vgl. in diesem Zusammenhang in Bezug auch die „Toeslagenaffaire", https://www.sueddeutsche.de/politik/niederlande-kindergeld-regierung-ruecktritt-1.5176182, (14.10.2024). Hier wurde mittels Schadensersatzes i. H. v. 30.000 €/Familie und ein Bußgeld nach der DSGVO i. H. v. 2,75 Millionen €, https://netzpolitik.org/2021/kindergeldaffaere-niederlande-zahlen-millionenstrafe-wegen-datendiskriminierung/ (14.10.2024), Generalvertrauen erhalten.

ens, die die einzelnen Systeme für sich abdecken. Gesellschaftliche Wirklichkeit kann sich auch so verändern, dass durch die Übernahme dieser Wirklichkeit in die Systeme bestimmte Dinge in der Kommunikation dann anders eingeordnet werden. So kann etwa eine neu entdeckte Krankheit dazu führen, dass das Verhalten eines Menschen nicht mehr ihm als deliktische Person zugeschrieben wird, sondern der Krankheit als Natur.

Wenn im Strafrechtssystem anschlussfähig Nichtstrafe kommuniziert wird, so kann dadurch Generalvertrauen mittelbar sogar gestärkt werden, weil dadurch Systemvertrauen gestärkt wird: Würde das Strafrecht in jedem Fall, in dem ein Teil der Beobachter Strafe erwartet, auch strafen, obwohl seine eigenen Programme (z. B. die Dogmatik) dagegensprächen, so müsste es ständig durch diese äußeren Reize seine Programme ändern.[1028] Dadurch würde das Strafrecht selbst weniger voraussehbar und Systemvertrauen in das Strafrecht selbst wäre gefährdet. Umgekehrt festigt jede nachvollziehbare, auf deutlich mitgeteilten Regeln der Dogmatik beruhende Verantwortungszuschreibung die Erwartung, dass das im Strafrechtssystem erneut so kommuniziert wird, es stärkt also Systemvertrauen.

## D. Ergebnis und weiterer Gang der Arbeit

Aus den vorherigen Ausführungen ergibt sich nun die Gesamtstruktur der Arbeit, die auch graphisch verdeutlicht werden kann (Abbildung 4).

Im ersten Teil der Arbeit wurde mit dem theoretischen Bezugsrahmen der Luhmannschen Systemtheorie und des Konstruktivismus die Theorie vom Generalvertrauen in ihren Grundzügen formuliert, aus der sich unter anderem die Funktion des Strafrechts – die Aufrechterhaltung und Konstituierung des Generalvertrauens, das sich auf das Ausbleiben von Rechtsgutsverletzungen durch deliktische Personen bezieht – ergeben hat. Es wurde weiterhin festgestellt, was KI-Systeme sind und welche vielfältigen Rechtsgutsverletzungen sie hervorrufen können. Dabei hat sich gezeigt, dass Rechtsgutsverletzungen durch KI-Systeme, bleiben sie ohne Reaktion, Generalvertrauen zerstören können. Es wurde außerdem aufgezeigt, welche systemische Kommunikation prinzipiell geeignet wäre, Generalvertrauen aufrecht zu erhalten. Zwei dieser Optionen sollen im weiteren Verlauf der Arbeit nun vertieft untersucht werden. Im zweiten Teil wird das die strafrechtliche Verantwortungszuschreibung an den Menschen sein, der dritte Teil widmet sich der strafrechtlichen Verantwortungszuschreibung an KI-Systeme selbst. Primäres Erkenntnisinteresse dieser Arbeit ist von nun an, ob mit einer oder

1028 Vgl. zu aktuellen Entwicklungen dazu nur *Hoven*, ZStW 2023, 707 ff.

beiden dieser Arten systemischer Kommunikation Generalvertrauen aufrechterhalten werden kann. Im vierten Teil, dem Ergebnisteil, wird auch die anschlussfähige Kommunikation von Nichtstrafe als Lösungsansatz diskutiert. Wie jede Struktur beruht auch diese Arbeit bis zu einem gewissen Grad auf Täuschung über die tatsächliche Komplexität der Welt. Es wird der Versuch unternommen, eine Antwort auf ein Funktionsproblem des Strafrechtssystems auf einem akzeptablen Komplexitätslevel zu finden. Den einzig „richtigen" Weg für das Strafrechtssystem gibt es nach den Erkenntnissen des Konstruktivismus dabei selbstverständlich nicht. Erkenntnis ist darauf beschränkt, welche Wege viabel sind und welche (noch?) nicht.

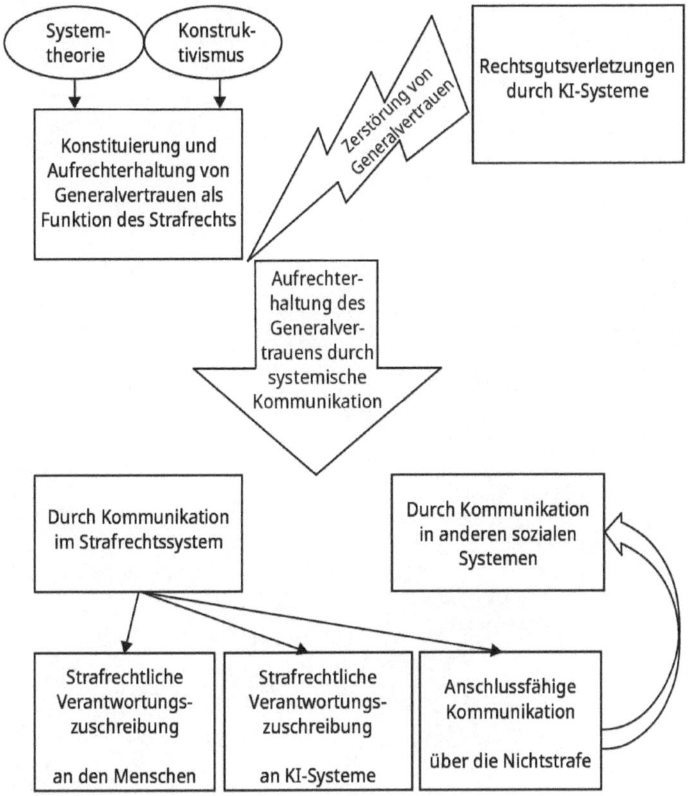


**Abbildung 4:** Gesamtstruktur der Arbeit

## 2. Teil: Aufrechterhaltung des Generalvertrauens durch strafrechtliche Verantwortungszuschreibung an den Menschen

Im ersten Teil dieser Arbeit wurde das Strafrechtssystem aus einer Außenperspektive heraus betrachtet, was alternativlos war, weil nach den Prämissen des Funktionsstrukturalismus die Funktion nicht aus dem Strafrecht selbst gefunden werden kann, nur die Ausfüllung derselben. Nun begibt sich die Arbeit auf die Ebene der strafrechtlichen Verantwortungszuschreibung an den Menschen, die eine Lösung für das potentiell zerstörte Generalvertrauen sein kann. Wenn eine Verantwortungszuschreibung an den Menschen in jedem denkbaren Fall der Rechtsgutsverletzung durch KI-Systeme ohne Ausdehnung der kommunizierten Grenzen des Strafrechts gelingen würde, so wäre Generalvertrauen gewahrt.

Die Strafe schreibt Verantwortung für eine Straftat zu. Der Straftatbegriff wurde aus der Außenperspektive formuliert, dieser wird aber durch die Innenperspektive des Strafrechts im aktuellen Gesellschaftssystem ausgefüllt. Deshalb ist es notwendig, den Perspektivenschwerpunkt nun auf die Innenperspektive zu verlagern. Eine Untersuchung der Verantwortungszuschreibung im Strafrecht lässt sich fundiert nur aus der Perspektive des Strafrechts in unserem Gesellschaftssystem vornehmen. Freilich kann dies jeweils in Bezug zum Straftatbegriff der Außenperspektive gesetzt werden, den die Innenperspektive ausfüllt. Die Dogmatik ist das primäre Programm, nach dem das Strafrechtssystem Sachverhalte dem Code „schuldig/nicht schuldig“ zuordnet. Zwar liegt der Schwerpunkt der Betrachtung grundsätzlich auf dem Kern des Strafrechtssystems, der Rechtsprechung, aber auch das Strafrechtswissenschaftssystem hat hohe Relevanz: Die Strafrechtswissenschaft ist zur erfolgreichen Regulierung des Strafrechtssystems in der Lage war und hat umwälzende Änderungen herbeigeführt, sowie die Dogmatik des Strafrechts ihren Anfang auch in der Strafrechtswissenschaft gefunden hat. Eine erfolgreiche Regulierung des Strafrechtssystems durch die Strafrechtswissenschaft ist wahrscheinlich und zumindest formal leichter zu bewerkstelligen als eine Gesetzesänderung.

Es geht nun darum zu zeigen, ob die Verantwortungszuschreibung an den Menschen bei Rechtsgutsverletzungen durch KI-Systeme viabel ist oder nicht, nach der aktuell geltenden Dogmatik im Strafrechtssystem also möglich wäre oder nicht. Vorangestellt sei, dass der Mensch unstreitig jedenfalls für grundsätzlich verantwortungsfähig gehalten wird, also – ohne den Begriff bisher weiter präzisiert zu haben – deliktische Person ist. Insoweit wird sich mit dem Problem der deliktischen Person erst im dritten Teil und in Bezug auf KI-Systeme als deliktische Person auseinandergesetzt werden.[1029]

Die Voraussetzungen des Generalvertrauens und sein Potential geben die Möglichkeit an die Hand, bestimmte Lösungsvarianten danach zu bewerten und zu

**1029** § 10 B., S. 398 ff.

vergleichen.[1030] Dazu will diese Arbeit einen Beitrag zur anhaltenden und noch lange nicht abgeschlossenen Diskussion in der Strafrechtswissenschaft um die Strafbarkeit des menschlichen Akteurs beim Einsatz von KI-Systemen leisten.

§ 5 wird zunächst die wirklichen Ursachen der Schwierigkeiten bei der Verantwortungszuschreibung an den Menschen identifizieren und die möglichen menschlichen Verantwortungsträger benennen. Die Akteure werden in den folgenden Kapiteln der Nutzer und der Hersteller sein. §§ 6–8 beschäftigen sich mit der Verantwortungszuschreibung an diese Akteure. § 6 stellt die sich sowohl bei Vorsatz- als auch bei Fahrlässigkeitsdelikten stellenden Fragen der Äquivalenzkausalität in den Mittelpunkt. § 7 beschäftigt sich mit der Intentionalität und beantwortet insbesondere die Frage, ob die primären Probleme der Verantwortlichkeit in Bezug auf Rechtsgutsverletzungen durch KI-Systeme auf Vorsatz- oder auf Fahrlässigkeitsebene zu finden sind. § 8 bildet den eigentlichen Kern des zweiten Teils und untersucht Probleme der Verantwortungszuschreibung in Fahrlässigkeitskonstellationen. Insbesondere problematisch wird hier die Frage nach den Sorgfaltspflichten, der Vorhersehbarkeit, dem Pflichtwidrigkeitszusammenhang und der Abgrenzung nach Verantwortungsbereichen im Rahmen des Gedankens der objektiven Zurechnung sein.

KI-Systeme sind universell einsetzbar und so könnte die Untersuchung in einen unübersehbaren Dschungel spezieller Regelungen in den einzelnen Produktbereichen führen. Da es hier aber primär um die KI als Technologie gehen soll und die Besonderheiten, die gerade aus ihren Methoden entstehen, folgt die Untersuchung nicht speziellen Anwendungsfällen, sondern stützt sich in ihren Überlegungen auf die Methoden der KI, primär Machine Learning. Konstellationen werden nur insoweit berücksichtigt, als dass sie mit dieser Methodik skalierbar erscheinen. Regeln spezifischer Produktbereiche werden nur am Rande angerissen. Das bedeutet auch, dass stets von schwachen KI-Systemen ausgegangen wird. Die Natur eines starken KI-Systems lässt sich heute noch nicht ermessen, es ist aber davon auszugehen, dass sich jedenfalls alle hier gefundenen Probleme dann erst recht stellen werden, da sich bei einem starken KI-System die sogleich aufgeworfenen Probleme noch deutlicher stellen.

---

**1030** Vgl. dazu schon das „kritische Potential" auch unter der Geltung systemtheoretischer Prämissen, § 2 B. III. 1., S. 58 ff.

# § 5 Ursachen für Probleme bei der Verantwortungszuschreibung an den Menschen

Einleitend zum zweiten Teil dieser Arbeit werden die tatsächlichen Ursachen für Schwierigkeiten bei der Verantwortungszuschreibung an den Menschen untersucht. Diese ergeben sich aus der Zielrichtung von KI (A.) und aus den KI-Methoden, insbesondere aus dem Fokuswechsel zum Machine Learning (B.). Abschließend werden mögliche menschliche Verantwortungsträger bestimmt (C.).

## A. Probleme durch die Zielrichtung von KI

Werden KI-Systeme hergestellt und verwendet, so ist das Abgeben von menschlicher Entscheidungsgewalt im Einsatzbereich des Systems kein Nebeneffekt, sondern üblicherweise einer der Primärzwecke des Systems. KI-Systeme sollen Unzulänglichkeiten des Menschen ausgleichen, vor allem in solchen Situationen, in denen der Mensch nicht ausreichend Zeit hätte, alle notwendigen Informationen einzuholen, die Informationsmenge im Rahmen der kognitiven Kapazitäten nicht verarbeiten kann, übermüdet oder gestresst ist, durch Gewohnheit und Repetition oberflächlich geworden ist, nicht in der Lage ist, eine objektive Entscheidung zu treffen, Menschen aufgrund von Fachkräftemangel nicht ausreichend verfügbar sind oder ein KI-System schlicht besser und kostengünstiger arbeitet.[1031] Der Mensch soll damit gerade entlastet werden. Ziel ist, eine sicherere und komfortablere Umwelt zu schaffen, und vielleicht geht es unterbewusst sogar darum, Verantwortung abzugeben.

Diese Ziele werden durch das Recht oft konterkariert, indem Pflichten für den Menschen geschaffen werden,[1032] die diesen Zielen diametral entgegenlaufen oder sogar zu einem Ergebnis führen, das die positiven Eigenschaften des Menschen und des Systems gleichermaßen negiert. Denkbar ist das etwa, wenn eine Überwachung des KI-Systems durch den Menschen gefordert wird, die das KI-System daran hindert, Situationen selbständig zu meistern, zu denen es grundsätzlich in der Lage

**1031** Beispielhaft mit einigen dieser Punkte für die Radiologie, die als Querschnittsfach für fast alle anderen ärztlichen Fachbereiche relevant ist, ergänzt durch die Fachrichtung der Strahlentherapie zur Krebsbekämpfung: *Kauffmann/Hennrich/Buck/Eymann* in KI im Gesundheitswesen, S. 617, 618 f., 620 f.

**1032** Diese Pflichten werden in § 8 besprochen.


https://doi.org/10.1515/9783111714301-006

wäre, und den Menschen gleichzeitig unaufmerksamer macht als bei einer selbständigen Ausführung der Tätigkeit. Der Grund für solche Pflichten ist offensichtlich: In unserem heutigen Rechtssystem wird die Verantwortung stets beim Menschen gesucht. Die Verantwortung nicht beim Menschen zu suchen, war in jüngerer Zeit schlicht nicht notwendig und ob der auftretenden Probleme auch fernliegend. Die bewährten Instrumente funktionierten ausreichend gut. Nun mit einer Technologie konfrontiert zu sein, die gerade die Funktion besitzt, dem Menschen im Kernbereich der Verantwortung hilfreich zur Seite zu stehen und Entscheidungen zu treffen, die er nicht mehr alleine treffen will oder kann, ändert die Voraussetzungen. Bisherige Systeme ergänzten die Fähigkeiten des Menschen und ließen ihn in Bereiche vordringen, für die uns die Natur Hindernisse in den Weg gelegt hat: Das Fliegen, das Tauchen, die Fähigkeit, Milliarden Lichtjahre entfernte Sterne zu erforschen etc. Aber zum ersten Mal[1033] lassen wir uns umfangreich bei etwas unter die Arme greifen, das den Grundsatz der Vorwerfbarkeit im Strafrechtssystem ausmacht:[1034] Unsere durch unsere Intelligenz – was immer das auch heißen mag[1035] – ermöglichten Entscheidungen.

## B. Probleme durch die KI-Methoden und den Fokuswechsel zum Machine Learning

Die konkreten rechtlichen Problematiken, die in den letzten Jahren aufkamen, sind vor allem durch den Fokuswechsel von Expertensystemen zu KI-Systemen, die Machine Learning verwenden, verursacht. Es geht um die Methoden von KI.[1036] Zunächst werden diese Methoden beschrieben (I.), anschließend wird daraus das Kernproblem extrahiert (II.) und in die Begrifflichkeit verschieden ausdifferenzierter Black Boxen übersetzt die sich als Referenzpunkte durch die weitere Arbeit ziehen werden (III.). Abschließend wird auf das Problem der vielen Hände eingegangen (IV.).

1033 Natürlich könnte man argumentieren, dass bereits einfache, rein regelbasierte Entscheidungssysteme Ähnliches leisten. Dort behält der Mensch aber stets Übersicht und Kontrolle, was bei den KI-Systemen nicht mehr ohne Weiteres möglich ist, dazu sogleich.

1034 Vgl. etwa die klassische Schuldformel des BGH in BGH GSSt 2/51 v. 18.03.1952 = BGHSt 2, 194 ff.

1035 Dazu schon § 1 C., S. 6 f.

1036 Angerissen auch schon bei § 1 C., S. 8.

## I. Methoden künstlicher Intelligenz

Die heutige KI-Forschung wie auch ihre Anwendungsmethode sind von der „good old fashioned AI“, den symbolischen Ansätzen, vor allem den Expertensystemen (1.), und den neueren sub-symbolischen Ansätzen, allen voran den Methoden maschinellen Lernens (2.), geprägt. In der Praxis werden für eine Anwendung[1037] in der Regel beide Methoden kombiniert. Freilich können im Folgenden die Methoden nur angerissen und nur die wichtigsten Submethoden überhaupt erwähnt werden. Eine umfangreiche Darstellung bietet das Standardwerk von *Russell/Norvig.*[1038]

### 1. Symbolische Methoden

Bei den symbolischen Methoden stehen die Expertensysteme im Mittelpunkt. Es handelt sich dabei um „klassische“ Programmierung, die auf symbolischer Repräsentation beruht, also eine klare Zuordnung von Zeichen zu Bedeutung bzw. technischer Funktion voraussetzt. Auf solchem beruhte auch die Ausgangsidee, die sich in der Grundthese der Dartmouth-Konferenz niederschlug: „every aspect of learning or any other feature of intelligence can in principle be so precisely described that a machine can be made to simulate it“[1039]. Die Beschreibung durch den Programmierer erzeugt symbolisch repräsentierte Information. [1040] Den Expertensystemen, seit 1980 auf breitem Feld genutzt,[1041] liegt eine simple Erkenntnis zugrunde: In den meisten Feldern unterscheiden sich die Amateure von den Experten durch ihr Training, ihre Erfahrung und ihr Wissen. Diese Expertise soll in digitale Form umgesetzt werden und so KI-Systeme erschaffen, die selbst „Experten“ werden. Das KI-System kann dann bspw. Handlungsempfehlungen aus der Wissensbasis ableiten. Vereinfacht können hier „wenn-dann-Verknüpfungen“ vorgestellt werden, über die menschliches Wissen für das konkrete System verständlich dargestellt wird. Im Unterschied zu herkömmlichen prozeduralen Methoden bestehen Expertensysteme aber aus zwei Teilen: Der wissensbasierte Teil, der das Fachwissen in Form von Fakten, Regeln und Beziehungen eines bestimmten Bereiches enthält („knowledge base“) und eine Inferenzmaschine („inference engine“), die aus dem gegebenen Wissen neue Aussagen ableitet. Das Hauptproblem für Expertensysteme ist das Erzeugen von Wissen und die Übersetzung in eine Sprache,

---

**1037** Siehe ausführlich für aktuelle Anwendungen: ISO/IEC TR 24030:2021(E), S. 16 ff.

**1038** Bereits in der 4. Auflage erschienen: *Russell/Norvig,* AI.

**1039** *McCarthy/Minsky/Rochester/Shannon,* A Proposal for the Dartmouth Summer Research Project on Artificial Intelligence, August 31, 1955, abgedruckt in AI Magazine 2006, Nr. 4, S. 12 ff.

**1040** *Zech,* Risiken, S. 13 f.

**1041** Mit Beispiel für ein juristisches Expertensystem; *Bues* in Hartung/Bues/Halbleib, Rn. 1190.

die das konkrete System verarbeiten kann. In der Anfangszeit wurde dieses Wissen von sogenannten „knowledge engineers“ erzeugt, die Experten im gewollten Anwendungsbereich interviewten und ihr Wissen in das System einspeisten. Um es für das System korrekt zu übersetzen, musste der Programmierer das Feld selbst verstehen.[1042]

## 2. Sub-symbolische Methoden

Es gibt aber Probleme, die sich, selbst bei Kenntnis der Materie, nicht einfach in solche „Wenn-dann-Formeln“ umschreiben lassen. Das klassische Beispiel dafür ist die Bilderkennung, bspw. ein System, das handschriftliche Zahlen in ein korrektes Label, etwa 0 – 9, übersetzen soll. Man müsste hier nun genau definieren, wann das Label „0“ ausgegeben werden muss. Etwa: „Wenn die schwarzen Pixel meistens die Form einer einzigen Schleife haben, dann ist das Label null.“ Das wäre aber bei weitem nicht spezifisch genug. Es müsste geklärt werden, was „meistens“ und eine „Schleife“ bedeutet. Es ist ausgesprochen aufwendig, solche Regeln zu finden. Selbst dann wird das System oft fehlerhaft labeln, weil Handschriften nie gleich sind und dementsprechend jede Regel zahlreicher Ausnahmen bedürfte. Es bedurfte einer Methode, die Regeln, die zu komplex waren, um vom Menschen formuliert zu werden, selbst findet. Oder, anders ausgedrückt: Die neuen KI-Systeme mussten die Kunst der Extraktion von Wissen aus Daten beherrschen, das System muss nun selbst „lernen“.

Hierfür sind die subsymbolischen Methoden geeignet, allen voran das Machine Learning. Machine Learning ist heute wichtigstes Gebiet der KI und wird sogar oft mit KI gleichgesetzt.[1043] Die geläufigste Definition von Machine Learning, die *Mitchell* in die Diskussion einbrachte, lautet wie folgt: „A computer program is said to learn from experience E with respect to some tasks T and performance measure P, if its performance at tasks in T, as measured by P, improves with experience E.“[1044] Oder etwas prägnanter: Machine Learning ist die Disziplin der Programme, die sich durch Erfahrung automatisch verbessern.[1045]

Machine Learning kann in der praktischen Anwendung in zwei Bereiche unterteilt werden: Die interaktive Analyse von gesammelten Daten durch Lernverfahren und die Verwendung von Lernverfahren zur Erzielung adaptiven Verhal-

**1042** Dazu: *Kaplan*, AI, S. 22 ff.; *Stiemerling* in Rechtshandbuch AI, S. 22; vgl. auch *Russell/Norvig*, AI, S. 40 ff.

**1043** Jedenfalls, wenn das Lernen durch neuronale Netzwerke vonstattengeht, siehe nur *Misselhorn*, Empathie, S. 12; *Niederee/Neijdl* in KI Rechtshandbuch, § 2, Rn. 18; *Freyler*, NZA 2020, 284, 285; *R. Weber/Seeberg*, KI, S. 12.

**1044** *Mitchell*, Machine Learning, S. 2.

**1045** *Mitchell*, Machine Learning, S. 2.

tens. Es kommen dabei viele Lernverfahren zum Einsatz, die schon lange bekannt sind, wie das instanzbasierte Lernen, in der Statistik als „Nächste-Nachbarn"-Verfahren bekannt, oder der Bayes-Klassifikator. Am populärsten und häufigsten eingesetzt sind heute Lernverfahren, die sich unter die Oberbegriffe des „Supervised Learning" (a.), „Unsupervised Learning" (b.) und „Reinforcement Learning" (c.) zusammenfassen lassen.[1046] Häufig werden in Systemen verschiedene Lernarten kombiniert.[1047] Als architektonischer Unterbau dieser Lernarten haben sich die neuronalen Netze durchgesetzt (d.).

### a. Supervised Learning

Das Supervised Learning (überwachtes Lernen) ist die Methode, die bei dem oben eingeführten und beispielhaften Problem der Bilderkennung verwendet werden würde. Dabei wird eine Reihe von Trainingsdaten von einem Menschen mit einem Label versehen, im Beispiel für die handschriftliche 0 das Label „0". Das KI-System versucht nun, eine Regel für die Verbindung zwischen den Bilddateien und dem gewünschten Label zu finden. Diese Regel wird am Ende eines Trainings oft so komplex sein, dass sie kein Mensch mehr nachvollziehen kann.[1048] Ziel ist, am Ende mit unbekannten Testdaten ebenfalls das korrekte Label zu finden, ohne dass der Mensch es vorgibt und dabei möglichst genaue Ergebnisse zu erzielen. Wird das nicht erreicht,[1049] beginnt der Lernprozess erneut, entweder durch Parameteranpassung, Auswahl anderer Daten oder gar Auswahl einer anderen Methode. Dabei sind riesige Datenmengen nötig, denn um eine präzise Regel zu finden, muss gerade bei der Bilderkennung ein Objekt aus jeder nur möglichen Perspektive in jeder nur möglichen Umgebung untersucht werden. Weiterhin muss es möglich sein, die Daten überhaupt zu labeln. Das ist nicht immer der Fall. KI-Systeme können mit dieser im Kern statistischen Methode nur ausgeben, was bereits in den Daten angelegt war.[1050]

---

1046 Neben diesen drei Methoden gibt es noch weitere Lernmethoden, wie aktives Lernen, Semi-Supervised Learning (Eine Mischform, da für das reine Supervised Learning oft nicht genug Daten vorliegen, *Russell/Norvig*, AI, S. 723) und einige mehr, die hier aber nicht weiter vertieft werden können. Umfangreich zu allen Methoden des Machine Learnings *Russell/Norvig*, AI, S. 669 ff.

1047 So etwa auch bei den GPT-Modellen, *Radford/Narasimhan/Salimans/Sutskever*, Improving Language Understanding by Generative Pre-Training, abrufbar unter https://cdn.openai.com/research-covers/language-unsupervised/language_understanding_paper.pdf (14.10.2024).

1048 Das trifft vor allem bei Deep Learning zu (dazu sogleich), aber freilich gibt es auch interpretierbare Varianten, etwa Entscheidungsbäume.

1049 Siehe für den aktuell üblichen Qualitätssicherungsprozess ISO/IEC TR 24029 – 1:2021, S. 4 ff.

1050 *Kaulartz* in Rechtshandbuch AI, S. 35; *Kirste/Schürholz* in KI-Themenband, S. 25 f.; *Niederee/Neijdl*, in KI Rechtshandbuch, § 2, Rn. 40; *Kreutzer/Sirrenberg*, KI, S. 7.

### b. Unsupervised Learning

Vor allem in Fällen, in denen Daten nicht gelabelt werden können, kommt Unsupervised Learning (unüberwachtes Lernen) zum Einsatz. Es gibt keine Regel, die das System finden soll. Stattdessen werden Muster in den Daten erkannt, die dann etwa dazu dienen können, dass der Nutzer dann, nachdem das Muster mitgeteilt wurde, labeln kann.[1051] Ein Supermarkt könnte Daten über das Einkaufsverhalten der Kunden sammeln und dann mittels eines KI-Systems Kundengruppen bilden. Gesetze können analysiert werden, um Aussagen über künftiges Recht zu unterstützen und die Gesetze intersubjektiv nachvollziehbar und reproduzierbar zu machen.[1052] In den Bereich des Unsupervised Learning fällt außerdem die generative Modellierung, bei der das System aus vorhandenen Daten weitere Daten gleicher Art produziert. Ein Anwendungsbeispiel wären die Deepfakes, bei denen aus vorhandenen Bildern einer Person ein fiktives Szenario erstellt wird.[1053] Um die Ergebnisse zu verbessern, werden oft „Generative Adversarial Networks" (erzeugende konkurrierende Netzwerke) eingesetzt, bei dem ein zweites System versucht herauszufinden, welche Daten „echt" sind und welche vom konkurrierenden System erzeugt wurden. So verbessern sich beide Systeme stetig selbst.[1054]

### c. Reinforcement Learning

Beim Reinforcement Learning (verstärkendes Lernen) soll ein System durch Ausprobieren in einer dynamischen Umgebung optimales Verhalten lernen. Hier gibt es keine Daten, aus denen das System lernen soll. Das System wird bei Erfolgen belohnt und bei Scheitern bestraft. Es kann dabei aus einem gewissen Fundus an Aktionsmöglichkeiten wählen. Diese Lernart ist deswegen nur dann geeignet, wenn „Erfolg" und „Scheitern" definiert werden können. Besonders gut funktioniert dies bei Spielen.[1055] Das beeindruckende „AlphaGo Zero"-System, das Nachfolgesystem von „Alpha Go", welches den Weltmeister im Spiel Go schlug[1056], basiert genau auf dieser Lernart und konnte seine Vorgängersystem nach kurzer Zeit bereits deutlich

---

**1051** *Kaulartz* in Rechtshandbuch AI, S. 35; *Kreutzer/Sirrenberg*, KI, S. 7.

**1052** Dies durchführend *Gumpp/M. Schneider*, ZfDR 2021, 155 ff.

**1053** Siehe zu Deepfakes *Lantwin*, MMR 2019, 574 ff.

**1054** *Russell/Norvig*, AI, S. 831.

**1055** Zum Ganzen: *Bauckhage/Hübner/Hug/Paaß* in Görz/Schmid/Braun, KI, S. 549 ff.; *Kreutzer/Sirrenberg*, KI, S. 7; zu den verschiedenen Arten des Reinforcement Learnings wie Passive Reinforcement Learning, Q-Learning, policy search, etc. siehe *Russell/Norvig*, AI, S. 840 ff.

**1056** Zum System: *Silver/Huang/Maddison et al.*, Nature 2016, 484 ff. Zur Geschichte ausführlich: *du Sautoy/Schmid*, Creativity Code, S. 27 ff. Selbst der sonst optimistische *Bostrom* ging davon aus, dass erst in 10 Jahren ein Weltmeistertitel möglich sei, *Bostrom*, Superintelligence, S. 13.

schlagen.[1057] Es gibt aber Fälle, in denen es sehr schwer ist, den Erfolg zu definieren. Oft spielen verschiedene Ziele eine Rolle, wie sie aber zueinander in Verhältnis stehen sollen und was passiert, wenn sie sich widersprechen, ist ein Problem, das gelöst werden muss. Zu diesem Problem versuchen die neuen Ansätze des „Apprenticeship Learnings“[1058] und „Inverse Reinforcement Learnings“[1059] eine Lösung zu finden und so das Reinforcement Learning noch stärker zu machen.[1060]. Diese Lernart hat das Potential Dinge zu entdecken, die fernab menschlicher Vorstellungskraft sind, weil das KI-System eben nicht aus Daten lernt, die üblicherweise von Menschen erzeugt worden wären, und den Weg zum Erfolg völlig frei ausprobieren kann.

### d. Neuronale Netze und Deep Learning

Die wichtigste Entwicklung jüngerer Zeit im Bereich des Machine Learnings ist das sogenannte Deep Learning (tiefes Lernen). Es basiert auf dem Konzept der neuronalen Netze[1061]. Deep Learning meint eine spezielle Untergruppe von neuronalen Netzen, und zwar solche mit vielen Schichten, die in der Lage sind, extrem komplexe Muster in Daten zu erkennen. Mit ihnen konnten auf einigen besonders schwierigen Gebieten des Machine Learnings Leistungssteigerungen um mehr als 50 % erzielt werden, was in einigen Verfahren dazu führte, dass die Systeme deutlich bessere Ergebnisse erzielen konnten als ein menschlicher Bearbeiter.[1062] Neuronale Netze können für jede Lernart eingesetzt werden[1063] und werden für die Praxis als die aktuell vielversprechendste Technologie wahrgenommen. Gerade die neuronalen Netze führen aber zu der Problematik, dass der Wissensstand von KI-Systemen und auch ihre Handlungen nicht mehr ohne weiteres durchschaut wer-

---

1057 *Silver/Schrittwieser/Simonyan et al.*, Nature 2017, 354, 358, Alpha Go wurde 100:0 geschlagen; siehe auch *du Sautoy/Schmid*, Creativity Code, S. 103.

1058 Der Prozess des Lernens, wie sich ein System „gut“ verhält, basierend auf der Beobachtung eines Experten (es gibt hier Überschneidungen zum Supervised Learning).

1059 Das Lernen von Erfolgen durch Beobachtung einer „policy“ (grob übersetzt: Regel), statt, wie es normal wäre, das Lernen einer Regel durch Beobachtung von Erfolgen.

1060 *Russell/Norvig*, AI, S. 863 ff.

1061 Knapp: Ein Netzwerk von primitiven Verarbeitungselementen, verbunden mit gewichteten Verbindungen mit justierbaren Gewichten, in welchem jedes Element einen Wert produziert, indem er für jeden Eingangswert eine nicht-lineare Funktion anwendet und es in andere Elemente überträgt oder es als Ausgangswert präsentiert, ISO/IEC TR 24029 – 1:2021, S. 2. Eine Zusammenfassung zu künstlichen neuronalen Netzen und Deep Learning findet sich etwa bei *Lenzen*, KI, S. 54 ff. Zum Ganzen *Bauckhage/Hübner/Hug/Paaß* in Görz/Schmid/Braun, KI, S. 511 ff.

1062 *Niederee/Neidl* in KI Rechtshandbuch, § 2, Rn. 56.

1063 Zu den jeweiligen Lerntypen unter Einsatz künstlicher neuronaler Netzwerke, siehe *Schmidhuber*, Neural Networks 2015, 85 ff.

den können. Freilich sind neuronale Netze nicht die einzige Möglichkeit der technischen Realisierung.[1064] Die neuronalen Netze entstanden aus der Idee das menschliche Gehirn nachzubilden.[1065] Künstliche Neuronen sind deutlich einfacher aufgebaut als ihre natürlichen Pendants. Neuronale Netze sollen also keine Nachbildung des Gehirns sein, sondern sich an seiner Funktionsweise orientieren, ähnlich wie ein Flugzeug zu einem Vogel. Im neuronalen Netz sind Informationen nicht mehr durch Symbole wie beim klassischen Programmieren, sondern implizit repräsentiert. Beim Deep Learning besteht das eben benannte Netz aus vielen Schichten[1066] (deep), die eine große Menge von Eingabedaten verarbeiten können.

Ein neuronales Netz besteht aus unterschiedlichen Schichten dieser Neuronen. Werden Daten in das System gegeben, passieren sie nacheinander alle Schichten. Dieser Prozess kann mit dem menschlichen Sehprozess verglichen werden, bei dem durch einen Sensor (Auge) über die Netzhaut ins Gehirn eine Information transportiert wird, die am Ende zu einem Ergebnis, z. B. „Hund", führt. Die erste Schicht wird „input layer" genannt. Ihre Neuronen enthalten die Eingangsdaten, bspw. Blutwerte zur Diagnose von Krankheiten. Die letzte Schicht wird „output layer" genannt, hier werden über die Neuronen die Ausgangsdaten, meist eine Klassifikation, ausgegeben, z. B. eine bestimmte medizinische Diagnose. Die Schichten dazwischen werden „hidden layer" genannt und sind in vielen Ebenen hintereinander angeordnet. Die Neuronen in den Schichten sind mit Neuronen der nachfolgenden Schichten durch sogenannte „Kanten" verbunden. Diesen ist ein „Gewicht" zugewiesen, was letztlich das Wissen des Netzwerkes repräsentiert. Zusätzlich zu den Gewichten wird in jedem Neuron eine Aktivierungsfunktion angewendet, die die gewichtete Summe der Eingaben moduliert, um die Ausgabe des Neurons zu berechnen. Je höher der Modifikator, das „Gewicht", entlang der Kante, desto mehr wird die Ausgabe des entsprechenden Neurons in die Output-Klassifikation mit einbezogen. Um wieder auf das stark vereinfachte Eingangsbeispiel des Handschriftenerkennens zurückzukommen: Geben Neuron A, B und D an das Neuron X der nächsten Schicht aus, dass es sich um eine „0" handelt, während Neuron C auf eine „8" hinweist, so wird das Gewicht für Neuron C zu Neuron X am Ende des Zyklus verringert, sofern die Klassifikation als „0" das korrekte Label war. Diese Änderung wird mittels Backpropagation vollzogen, was einen spezifischen Algorithmus zur Optimierung der Gewichte in einem neuronalen Netz meint, der den Fehler rückwärts durch das Netzwerk propagiert. Dabei wird der Gradient des

---

**1064** So gibt es bspw. Support Vector Machines (SVMs), bei denen Datenmengen in höherdimensionalen Räumen abgebildet werden, um dort eine Gruppierung vornehmen zu können, vgl. *Zech*, Risiken, S. 42 m. w. N.

**1065** *Kaplan*, AI, S. 28.

**1066** ISO/IEC TR 24030:2021, S. 1.

Fehlers in Bezug auf jedes Gewicht berechnet und die Gewichte entsprechend anpasst. Dies ist ein iterativer Prozess, bei dem der Fehler zwischen den vorhergesagten Ausgaben und den tatsächlichen Ausgaben gemessen und dann verwendet wird, um die Gewichte im Netzwerk anzupassen. Durch unzählige solcher Trainingsdurchläufe (Epochen) wird das Netzwerk immer besser justiert.[1067] Dabei können solche Netzwerke gigantische Ausmaße annehmen. Das beeindruckende LLM (Large Language Model) GPT-4 bringt es auf ca. 1,8 Billionen Parameter in 120 Schichten.[1068]

## II. Der KI-„Programmierer"

Es gab in den letzten Jahrzehnten also eine Entwicklung; weg von traditioneller Softwareentwicklung, hin zum Machine Learning. Beim Machine Learning sieht sich der „klassische" Programmierer in seinen Aufgaben durch Data Scientists, Machine Learning Engineers oder Machine Learning Modeler ergänzt. Das traditionelle Verständnis des Programmierers ist das eines Codeschreibers, also jemand, der Zeile für Zeile in einer Programmiersprache formuliert und in eine Maschine überträgt. Er kann dabei zu jeder Zeit wissen, wie die Maschine funktioniert und jeder, auch ein Dritter, kann prinzipiell genau nachvollziehen, warum die Maschine wann welche Aktion ausführt – bei entsprechender Kenntnis sowohl ex ante als auch ex post. Eine Rechtsgutsverletzung durch das System ist dann eindeutig ein Programmierfehler, der auf einen oder mehrere Programmierer zurückzuführen ist und keinesfalls Fehler der Maschine selbst. Diese in der Natur der Sache liegende Verantwortlichkeit des Programmierers wurde in der Entwicklung der KI-Systeme aber Stück für Stück aufgegeben.

So verlor der Programmierer bei den Expertensystemen zunächst die Ablaufkontrolle, weil das Programm die Anweisungen nicht mehr von der ersten bis zur letzten Zeile ausführt, sondern nach möglichen Ableitungen aus bekannten, einprogrammierten Regeln sucht.[1069] Hier können überraschende Ergebnisse auftreten, aber da zumindest der Umfang des Wissens des Systems jederzeit bekannt und manipulierbar war, ergaben sich hier noch keine größeren Probleme. Beim Machine Learning hingegen ergibt sich das Problem, dass nicht nur das Ergebnis

---

**1067** Zum Ganzen *Russell/Norvig*, AI, S. 801 ff.; *Kaplan*, AI, S. 28 ff.; *Niederee/Neidl* in Rechtshandbuch KI, § 2, Rn. 58 ff.

**1068** Es gibt keine offiziellen Zahlen dazu, die Größe wird auf 1,8 Billionen Parameter geschätzt, zusammenfassend https://the-decoder.de/leaks-zeigen-gpt-4-architektur-datensaetze-kosten-und-mehr/ (14.10.2024).

**1069** *Matthias*, Autonome Automaten, S. 35

überraschend sein kann, sondern auch kein gesicherter Überblick über das tatsächliche Wissen des KI-Systems besteht. Bei neuronalen Netzen fehlt die bisher immer eindeutige symbolische Repräsentation von lesbaren Symbolen in einem Programmcode: Stattdessen ist das Wissen von Gewichtungen im Netzwerk repräsentiert, welche nur indirekt durch Überprüfung der Ergebnisse in der Evaluationsphase zugänglich sind.[1070] Eine Verbindung verschiedener Lernmethoden verkompliziert die Nachvollziehbarkeit weiter. Dazu hat der „Programmierer" in aller Regel nicht mehr die räumliche Kontrolle, wenn das System einmal am Markt ist, und kann nicht mehr zeitnah eingreifen. Deutlich wird das bspw. an Modellen, die auf den Smartphones weiterlernen, ohne dass die Trainings- und Inputdaten an eine Zentrale geschickt werden, damit der Datenschutz und die Privatsphäre der Nutzer gewahrt bleiben.[1071] Diese Form des Datenschutzes ist Teil der EU-Strategie für „Trustworthy AI"[1072], sodass dieses Problem gehäuft auftritt. Der Programmierer hat immer weniger Einfluss und Überprüfungsmöglichkeiten auf das KI-System und gibt seine Kontrollmöglichkeiten zugunsten des KI-Systems ab. Nach den zugespitzten Worten von *Matthias* wird der „Coder zum Schöpfer von Software-Organismen"[1073]. Daraus ergibt sich ein „Autonomierisiko", weil sich das etablierte Herrschaftsverhältnis umkehrt: KI-Systeme werden immer weniger vom Menschen kontrolliert und beeinflussen gleichzeitig in der Anwendung immer mehr den Menschen.[1074]

### III. Black Box

KI-Systeme sind demnach also potentiell eine „Black Box", ein Begriff, der sich in der Literatur etabliert hat.[1075] Dies soll in Bezug auf KI-Systeme beschreiben, dass

---

**1070** Vgl. auch *Zech*, Risiken, S. 33.

**1071** So geht bspw. Microsoft im Rahmen seiner Strategie für „Responsible AI" vor, Unterpunkt „Privacy & Security", https://www.microsoft.com/en-us/ai/responsible-ai?activetab=pivot1%3aprimaryr6, (14.10.2024). Siehe auch das freie Patent von *Malhotra/Chang/Fatehpuria* für „Eyes-off Training for automatic speech recognition, United States Patent Application 20200020319. Hierunter fällt auch das „Federated Learning", siehe dazu *Li/Sahu/Talwalkar/Smith*, Federated Learning: Challenges, Methods, and Future Directions 2019, abrufbar unter https://arxiv.org/pdf/1908.07873.pdf (14.10.2024).

**1072** AI HLEG, Ethics Guidelines on Artificial Intelligence, S. 17, abrufbar unter https://ec.europa.eu/newsroom/dae/document.cfm?doc_id=60419 (14.10.2024).

**1073** *Matthias*, Autonome Automaten, S. 37.

**1074** Zu Letzterem vgl. schon § 4 A. II., S. 223 ff.

**1075** Siehe nur bei *Bues* in Hartung/Bues/Halbleib, Rn. 1198; *Haagen*, Verantwortung, S. 220, 279; *Dettling/Krüger*, MMR 2019, 211, 212; *A. Peters* in Rechtshandbuch AI, Kap. 12, Rn. 65.; *Herberger*, NJW diese grundsätzlich intransparent oder nicht erklärbar seien. *Die* Black Box gibt es dabei nicht, der Begriff wird reichlich undifferenziert verwendet. Aus Sicht des Rechts sei für den Rest der Arbeit zum besseren Verständnis zwischen drei Arten von Black Boxen bei KI-Systemen unterschieden: Erstens, die Intransparenz bei der grundsätzlichen Funktionsweise des Systems, zweitens, die Intransparenz einzelner Verhaltensweisen des Systems aus einer vorhersagenden ex ante Nutzer- bzw. Herstellerperspektive und drittens, die Intransparenz aus einer nachweisenden ex post Gerichts-[1076] bzw. Herstellerperspektive. In drei Fragen zusammengefasst: Wie funktioniert das System im Grundsatz („Black Box des Wies“)? Was wird das System entscheiden (ex ante Black Box, oder „Black Box des Was“)? Warum hat das System so entschieden (ex post Black Box oder „Black Box des Warums“)? Im Folgenden werden die Black Boxen jeweils knapp mit den drei Fragen des Wies, Was und Warums bezeichnet.

Die Frage des Wies ist in der Regel leicht zu beantworten.[1077] Nicht die Methodik ist intransparent, sondern die Ergebnisse, die daraus produziert werden. Die beiden letzteren Fragen sind im Kontext von KI-Systemen und vor allem den dahinterstehenden Methoden des Machine Learnings nur sehr schwierig und manchmal sogar unmöglich zu beantworten, was zu diversen Schwierigkeiten in der Verantwortungszuschreibung führt.[1078] Zusätzlich können verschiedene KI-Systeme noch miteinander vernetzt sein, wodurch das Aufklären von Zusammenhängen noch anspruchsvoller wird.[1079] Dies ist sowohl parallel[1080] als auch in Reihe[1081] denkbar.

---

2018, 2825, 2828; *D. Schmidt/Schäfer,* NZWiSt 2021, 413, 415; *Stiemerling* in Rechtshandbuch AI, Kap. 2.1, Rn. 59; *Mysegades,* Software als Beweiswerkzeug, S. 27; *Fateh-Moghadam,* ZStW 131 (2019), 863, Fn. 125 m.w.N. Aus der nichtjuristischen Literatur siehe *Rahwan* et al., Nature 2019, S. 477, 478; *Castelvecchi,* Nature 2016, 20, 21 ff.

**1076** Siehe dazu auch schon EuGH C-817/19 v. 21.06.2022, ECLI:EU:C:2022:491, Rn. 195.

**1077** Wichtig wird dies bei Verantwortungszuschreibungen an KI-Systeme, § 10 B. II. 2. b., S. 429 ff.

**1078** Siehe dazu sogleich.

**1079** *Cornelius,* ZIS 2020, 51, 55; *Zech* in Intelligente Agenten und das Recht, S. 163, 170.

**1080** Bspw. bei Transaktionstätigkeit mehrerer Systeme an der Börse, was im Hochfrequenzhandel zu einem „Flash Crash“ führen kann, siehe etwa https://web.archive.org/web/20100512164019/ http://www.ftd.de/finanzen/maerkte/marktberichte/:1000-punkte-rutsch-das-geheimnis-des-grossen-boersencrashs/50113071.html (14.10.2024).

**1081** Bspw. wenn KI-Systeme von Menschen zur Herstellung weiterer KI-Systeme eingesetzt werden oder wenn nachfolgende KI-Systeme ihre Verhaltensweisen auf Ergebnisse vorheriger KI-Systeme stützen, bspw. bei komplexen mehrstufigen Empfehlungssystemen.

### IV. Viele Hände

„Den Programmierer“, gerade bei den Systemen, die unser tägliches Leben am meisten beeinflussen, gibt es nicht. An einem typischen KI-System können hunderte „Programmierer“, also Machine Learning Modeler, Machine Learning Engineers, Data Scientists, klassische Programmierer etc. aus verschiedensten Unternehmen zusammenarbeiten. Der Herstellungsprozess ist dabei komplexer als bei klassischen Systemen und beinhaltet verschiedenartige Schritte. Fehler wirken sich auf nachfolgende Schritte und machen ein Nachvollziehen, welcher Schritt zu welchem Fehler geführt hat oder ob überhaupt ein Fehler vorlag, sehr aufwendig bis unmöglich.[1082] Zudem sind einige KI-Systeme Open Source und werden von vielen privaten Individuen entwickelt, ohne dass eine kontrollierende, zentrale Instanz existiert. Die Kontrolle findet vielmehr dezentral durch die „Schwarmintelligenz“ der Teilnehmenden statt. Die Plattform „GitHub“ kann als Open Source Hoster einen Überblick über den quantitativen Umfang solcher Projekte bieten.[1083] Auch gibt es Fälle, in denen ein Hersteller nur das Grundgerüst eines KI-Systems zur Verfügung stellt, welches dann mit Daten angelernt wird.[1084] Es gibt auch die Möglichkeit, erst die Endnutzer das System anlernen zu lassen, wie am Fall des Chatbots „Tay“.[1085] Dieses „Etappenprinzip“ gibt es bei KI-Systemen häufig. Es ist sehr schwierig zu beurteilen, in welchem Schritt und durch wen ein Fehler in das System kam.

## C. Menschliche Akteure

Mögliche menschliche Adressaten für eine Verantwortlichkeit bei einer Rechtsgutsverletzung durch ein KI-System sind die Forscher, die Mitarbeiter des Herstellers – im Sinne eines jeden Mitarbeiters, der an Entwicklung, Konstruktion, Evaluation und Produktüberwachung mitwirkt, sowie die Unternehmensleitung[1086] –, die Mitarbeiter in der Zulassungsbehörde,[1087] der Händler und Importeur, der Eigentümer, ein Cloud-Provider, wenn KI-Systeme miteinander vernetzt agieren, und

---

1082 Eine detaillierte Beschreibung dazu findet sich unter anderem in ISO/IEC TR 24028:2020 (E), S. 19 ff.

1083 https://github.com/ (14.10.2024).

1084 Solche KI-Systeme berücksichtigt der die AI-VO unter anderen mit der „General Purpose AI“ (GPAI) in Titel VIIIa AI-VO.

1085 Siehe nur https://www.sueddeutsche.de/digital/microsoft-programm-tay-rassistischer-chat-roboter-mit-falschen-werten-bombardiert-1.2928421 (14.10.2024).

1086 „Allzuständigkeit der Geschäftsleitung“, BGH 2 StR 549/89 v. 06.07.1990 = BGHSt 37, 106, 124.

1087 *A. Peters* in Rechtshandbuch AI, Kap. 12, Rn. 6; *Haagen/A. Lohmann* in KI kompakt, S. 257, 302.

der Nutzer/Überwacher selbst. Um einen fokussierten Blick zu erlauben, beschränken sich die folgenden Ausführungen auf die beiden relevantesten Akteurgruppen: die der Hersteller und die der Nutzer. Es versteht sich von selbst, dass aufgrund der fehlenden Unternehmensstrafbarkeit in Deutschland[1088] nicht „der Hersteller" strafrechtlich verantwortlich sein kann, sondern immer einzelne Menschen aus der Sphäre des herstellenden Unternehmens oder der herstellenden Unternehmen. Dabei werden die Probleme, die sich innerhalb des hypothetischen „Akteurs Hersteller" in der Zurechnung auf das einzelne Individuum bezogen ergeben, nicht behandelt und die Probleme in den Blick genommen, die diese Akteurgruppe als Ganze betrifft, da sich die Probleme der Verantwortungsverteilung innerhalb des „Herstellers" von bereits bekannten Konstellationen deckungsgleich übertragen lassen und die KI-Systeme dabei keine Besonderheiten bieten.[1089] Das Problem der „vielen Hände" [1090] ist in der strafrechtlichen Produkthaftung altbekannt. So dient die Fiktion des „Akteurs Hersteller" der fokussierten Untersuchung der KI-spezifischen Probleme. Zudem steht diese Methodik mit der „top-down"-Herangehensweise in der Rechtsprechung bei Tätern in Unternehmen im Einklang.[1091]

Im Folgenden werden die Probleme bei der Verantwortungszuschreibung dargestellt. Probleme, die auf der Unterscheidung von Tun und Unterlassen beruhen, werden dabei ausgespart, da sich dabei in Bezug auf KI-Systeme im Vergleich zur üblichen strafrechtlichen Produkthaftung neue Probleme nur auf Ebene der Pflichten zu ergeben scheinen, was aber für die Problematik von Tun und Unterlassen keine neuen Erkenntnisse erbringt, insofern sei auf vorangegangene Untersuchungen verwiesen.[1092]. Freilich existieren einzelne Sorgfaltspflichten nur in

---

**1088** Vgl. umfassend *Schmitt-Leonardy*, Unternehmenskriminalität ohne Strafrecht.

**1089** *Böhringer*, RAW 2019, 13, 16; für autonomes und automatisiertes Fahren im Zusammenhang mit dem Kausalitätsnachweis *Hohenleitner*, Automatisierte Fahrzeuge, S. 87, ausführlich *A. Lohmann*, KI, S. 145 ff. Speziell aus der Sicht eines Zulieferers mit dem Ergebnis, dass hierbei keinerlei Besonderheiten zu anderen Produkten bestehen *dies.*, KI, S. 223 ff. Siehe zum Thema in Bezug auf KI-Systeme auch *Haagen/A. Lohmann* in KI kompakt, S. 257, 262 ff.; *Ibold*, KI, S. 235 ff., 342 ff. Letztere sieht das Problem bei KI verstärkt, da es zu einer „sozialen Opazität" komme, durch Zunahme der Teilnahme von Experten verschiedener Fachrichtungen am Herstellungsprozess.

**1090** *Thompson*, American Political Science Review 1980, 905 ff. Dieses Stichwort ist eher aus der moralischen Verantwortung bekannt, ist aber als Stichwort für die Problematik bei rechtlicher Verantwortung ebenso passend.

**1091** So etwa bei BGH 2 StR 549/89 v. 06.07.1990 = BGHSt 37, 106, 113 f.; LG Aachen 4 KMs 1/68, 15 – 115/67 v. 18.12.1970 = JZ 1971, 507, 517 f.; darüber hinaus jeweils m. w. N. *Ibold*, KI, S. 343; *Hohenleitner*, Automatisierte Fahrzeuge, S. 76 f.

**1092** *A. Lohmann*, KI, S. 151 f., 215 ff. Aus Sicht des automatisierten Fahrens *Wigger*, Automatisiertes Fahren, S. 147. Vgl. auch *Schäfer*, KI, S. 113 ff. Zum insoweit problematischen Nachweis bei der

der Unterlassenskonstellation. Für das Verständnis der mit diesen Pflichten verbundenen Probleme ist eine Auseinandersetzung mit der Differenz von Tun und Unterlassen allerdings nicht erforderlich.

Quasikausalität nimmt diese Arbeit im Rahmen des Pflichtwidrigkeitszusammenhanges Stellung, § 8 C. III. 2., S. 348 ff., die Problematik ist übertragbar. Auch *Ibold,* KI, S. 299 ff. geht davon aus, dass die Abgrenzung von Tun und Unterlassen sowie ein separater Blick auf aktives und passives Handeln im KI-Kontext verzichtbar sind.

# § 6 Fragen der Äquivalenzkausalität

Strafrechtliche Kausalität sagt zunächst nur aus, dass der Erfolg der untersuchten Handlung zeitlich nachfolgt und mit dieser über Erfahrungsgesetzmäßigkeiten verknüpft ist, nach denen die Handlung in Verbindung mit anderen Umständen diesen Erfolg nach sich zieht.[1093] Die Festlegung, dass Erfolgsdelikte einen solchen Zusammenhang voraussetzen, ist eine normative Entscheidung[1094] der Innenperspektive. Das wird insbesondere daran ersichtlich, dass der strafrechtliche Kausalitätsbegriff nicht dem philosophischen (naturwissenschaftlichen) Kausalitätsbegriff entspricht, der nicht nur eine, sondern alle Bedingungen, die einen bestimmten Erfolg nach sich ziehen, ansetzt.[1095]

Die Äquivalenzkausalität ist nach der basalen Feststellung einer Handlung, also der kommunikationstheoretischen Zuschreibung eines Verhaltens an eine Person, äußerste Grenze der Verantwortung. Sie wird hinzugezogen, wenn sich das Generalvertrauen gerade auf das Ausbleiben eines Erfolges bezieht, was bei Kommunikation über das Ausbleiben von Rechtsgutsverletzungen der Standard sein dürfte. Durch die Äquivalenzkausalität wird die Handlung eines Täters, also seine Mitteilung, überhaupt mit einem Erfolg dergestalt verknüpft, dass es zu einer Diskrepanzbeobachtung kommen kann. Insofern ist für den Straftatbegriff hier fraglich, ob überhaupt eine strafrechtsrelevante Information mit der Mitteilung verbunden wird. Freilich ist auch diese Feststellung eine beobachterabhängige Konstruktion, die insofern aber eine starke Unterformung gesellschaftlicher Wirklichkeitskonstruktion in Form der Naturwissenschaften genießt, sodass kaum abweichende Konstruktionen auftreten werden. Fällt aber diese Form gesellschaftlicher Wirklichkeitskonstruktion für den zu entscheidenden Einzelfall weg, können sich auch bei der Kausalität bereits Probleme ergeben. In der Folge wird zwischen Problemen in der Äquivalenzkausalität in Bezug auf die Herstellerverantwortlichkeit (A.) und die Nutzerverantwortlichkeit (B.) unterschieden.

## A. Hersteller

Grundsätzlich wird die strafrechtliche Kausalität in der Innenperspektive durch die bekannte „Conditio-sine-qua-non"-Formel ermittelt, nach der eine Handlung dann kausal ist, wenn sie nicht hinweggedacht werden kann, ohne dass der Erfolg in

1093 Schon *Engisch*, Kausalität, S. 21 ff.
1094 So auch *Frisch* in FS Gössel, S. 51, 56 ff.
1095 *Frisch* in FS Gössel, S. 51, 60.


https://doi.org/10.1515/9783111714301-007

seiner konkreten Gestalt entfiele.[1096] Herstellerpflichten und -handlungen[1097] knüpfen stets an das Produkt selbst an, sodass jedenfalls ein Kausalitätsnachweis zwischen der Beschaffenheit des Produktes und dem tatbestandlichen Erfolg geführt werden muss.

Teilweise wird hier im Hinblick auf die Komplexität der KI-Systeme ein Problem gesehen.[1098] *Böhringer* meint, dass die Kausalität zum Problem wird, wenn nicht einmal der Hersteller wisse, wie sich ein autonomes System in der konkreten Situation verhält.[1099] Dem ist nicht zuzustimmen, denn dass das Produkt jedenfalls in einem kausalen Sinne für den Schaden verantwortlich war, ist kein Problem der Vorhersehbarkeit. Auch wenn ein KI-System völlig unvorhersehbar einen Schaden verursacht hat, ist Kausalität gegeben.

In aller Regel sollte dieser grundlegende Kausalitätsnachweis nicht schwerfallen. Anders als beim Pflichtwidrigkeitszusammenhang spielt noch keine Rolle, ob gerade eine spezifische Sorgfaltspflichtverletzung einen Schaden hervorgerufen hat. Vor allem bei einer Verkörperung des KI-Systems durch Hardware, wie in der Robotik, wird es unproblematisch möglich sein, die Kausalität zwischen Produkt und tatbestandlichem Erfolg zuzuschreiben. Wird ein Arbeiter durch das Schwenken des Armes eines Fertigungsroboters mit KI-System verletzt, so ist Kausalität durch Anknüpfungsmöglichkeit an naturwissenschaftliche Erfahrungssätze eindeutig gegeben. Der Kausalitätsnachweis stößt erst dann auf Schwierigkeiten, wenn eine Black Box des Warums besteht, also keine sichere auf Basis von Naturgesetzen geführte Kausalitätskette mehr vorliegt, auf der die Argumentation des Hinwegdenkens typischerweise oft beruht.[1100]

Denkt man sich aber KI-Systeme, die mit chemischen Stoffen arbeiten, oder verschiedene KI-Systeme, die in einer Hardware verbaut sind, wird der Kausalitätsnachweis schon herausfordernder,[1101] denn dann verschwimmt die auf Naturgesetzen beruhende, stabile gesellschaftliche Wirklichkeitskonstruktion für solche Zusammenhänge. Die Normativität auch von Kausalitätszuschreibung tritt dann klarer hervor. Die Innenperspektive hat solche Fälle aber bereits gelöst:

---

1096 Schon BGH 2 StR 391/51 v. 28.09.1951 = BGHSt 1, 332, 333; siehe für viele in der Literatur nur *Gropp/Sinn*, AT, § 4 Rn. 34f.; *Rengier*, AT, § 13, Rn. 3; *Roxin/Greco*, § 11, Rn. 6. Kritisch *Jakobs*, AT, 7. Abschn., Rn. 8 ff. m. w. N.

1097 Man denke an Konstruktions-, Fabrikations- und Produktbeobachtungspflichten oder das Inverkehrbringen.

1098 *Böhringer*, RAW 2019, 13, 16; *A. Lohmann*, KI, S. 154 ff., a.A. *Lutz* in Recht und Praxis automatisierter und autonomer Systeme, § 3 M, Rn. 20.

1099 *Böhringer*, RAW 2019, 13, 16.

1100 Deshalb führt die abweichende „Lehre von der gesetzmäßigen Bedingung“ auch meistens zum selben Ergebnis wie „conditio sine qua non“, siehe nur *Rengier*, AT, § 13, Rn. 12 f.

1101 Mit praktischem Beispiel *A. Lohmann*, KI, S. 156.

Aus rechtlicher Sicht wurden im strafrechtlichen Produkthaftungsrecht die Erfordernisse an einen Kausalitätsnachweis zwischen Produktbeschaffenheit und tatbestandlichem Erfolg zuerst durch die Ledersprayentscheidung[1102] stark vereinfacht und die Strafbarkeit so ausgedehnt[1103]: Zur Feststellung der Kausalität sei es danach nicht erforderlich zu klären, welche Substanz bzw. welcher Teil eines Produkts den Schaden verursacht hat, es müssen nur alle anderen Ursachen ausgeschlossen werden können. In der späteren Holzschutzmittelentscheidung[1104] wurde sogar für ausreichend gehalten, dass das Produkt jedenfalls mitursächlich sein kann, sofern diesbezüglich „ein nach der Lebenserfahrung ausreichendes Maß an Sicherheit, das keinen vernünftigen Zweifel bestehen läßt“,[1105] festgestellt wurde. In der Literatur werden diese Grundsätze mitunter als „generelle Kausalität“[1106] bezeichnet. Diese Fälle sind zwar nicht auf KI zugeschnitten, lassen sich aber bis zu einem gewissen Grad übertragen: Ein sehr komplexes Produkt führt *irgendwie* zu einem Schaden, wie genau lässt sich nicht klären und andere Umstände können ausgeschlossen werden.[1107] Dass ein KI-System einen tatbestandlichen Erfolg jedenfalls irgendwie mitverursacht hat – letztlich das *Ob* der Schadensverursachung – wird in aller Regel problemlos zu beweisen sein, insbesondere durch die Notwendigkeit technischer Dokumentationen, die bei KI-Systemen u.a. vom AI

1102 BGH 2 StR 549/89 v. 06.07.1990 = BGHSt 37, 106. Zu weiteren Leading Cases im Produkthaftungsrecht siehe *Lenz* in Produkthaftung, § 2, Rn. 10 ff.

1103 Kritisch: *Puppe/Grosse-Wilde* in Kindhäuser/Neumann/Paeffgen/Saliger, Vor §§ 13–15, Rn. 83 ff. m.w.N.; *Kühne*, NJW 1997, 1951 ff.; *Hassemer*, Produktverantwortung, S. 33.

1104 BGH 2 StR 221/94 v. 02.08.1995 = BGHSt 41, 206.

1105 BGH 2 StR 221/94 v. 02.08.1995 = BGHSt 41, 206, 214.

1106 *Lenz* in Produkthaftung, § 2, Rn. 46; *Hassemer*, Produktverantwortung, S. 38; *Hilgendorf* in Criminal Compliance, § 10, Rn. 73 ff.; *Kühl*, AT, § 4, Rn. 6a m.w.N. Weiterführend zum Problem der Kausalfeststellung u.a. *Kühne*, NJW 1997, 1951 ff.

1107 Man mag im ersten Moment meinen, der Ausschluss anderer Umstände würde bei KI-Systemen schwerer fallen als bei chemischen Systemen, weil die Schnittstelle zwischen System und Verwender in der Regel komplexer ausfällt als bei einem chemischen Produkt und dadurch die Ursachenforschung insgesamt schwerer fällt. Der Verwender hat typischerweise deutlich mehr Verantwortlichkeit und Möglichkeiten des Einsatzes sowie Optionen, den Einsatz an sich zu beeinflussen, sodass ein positiver Ausschluss eines Fehlverhaltens schwerfallen wird. Chemische Prozesse beeinflusst der Endnutzer zumeist nur in ihrem Starten und u.U. ihrem Stoppen. Ein tatsächlich eingesetztes neuronales Netz ist typischerweise deutlich komplexer als ein chemischer Prozess und wird nicht in letzter Konsequenz verstanden werden. Allerdings wäre die Frage, ob der Erfolg durch ein anderes Training verhindert hätte werden können, oder ob der Nutzer mehr zum Erfolg beigetragen hat, in der Kausalität falsch verortet. Die generelle Kausalität, die im Strafrechtssystem im Rahmen der Produkthaftung ausreicht, wird dabei nicht in Frage gestellt.

Act[1108] vorgesehen sind. Völlig offenkundig wird die Kausalität nach diesen Maßstäben in der Regel bei einem KI-System – Software – welches an eine Hardware angebunden wird – abseits der Empfehlungssysteme – festzustellen sein. Ob etwa ein autonomes Fahrzeug überhaupt einen Unfall verursacht hat, wird sich ohne größere Probleme klären lassen. Ob daran dann ein strafrechtlicher Vorwurf geknüpft werden kann, wird im Folgenden noch zu klären sein.

Problematisch in Bezug auf die Kausalität sind Aufgaben, in denen Nutzer und KI-System nicht zusammenwirken, sondern der Nutzer und die KI-Systeme die Aufgaben abwechselnd übernehmen. Dann hilft auch die generelle Kausalität im ersten Moment nicht weiter, denn es ist im Schadensfall nicht ohne weiteres klar, ob Nutzer oder KI-System für die Schädigung kausal waren. Ein Beispiel dafür wäre das autonome und automatisierte Fahren. Da in allen solchen Fällen aber umfangreiche Aufzeichnungspflichten normiert sind, wird sich dieses Problem nur theoretisch, aber nie tatsächlich stellen. Bleibt man beim Beispiel des automatisierten Fahrens, so schreibt § 63a StVG schon heute die Protokollierung des Wechsels der Fahrzeugsteuerung zwischen Fahrzeugführer und KI-System vor. Auch beim vollautonomen Fahren statuiert § 1g II Nr. 1 StVG, dass beim Eingreifen der technischen Aufsicht ein umfangreicher Datenkatalog (§ 1 g I StVG) zu speichern ist. Der AI Act sieht solche Aufzeichnungspflichten für Hochrisiko-KI-Systeme vor.[1109]

## B. Nutzer

Die Kausalität bei Handlungen des Nutzers wird noch weniger Probleme bereithalten. Hier knüpft die Strafbarkeit in der Regel an unmittelbare Handlungen an, deren Auswirkungen leichter zu bestimmen sind. Inwiefern das KI-System den Schaden kausal (mit)verursacht hat, spielt für den Nutzer nicht in jedem Fall eine Rolle, anders als beim Hersteller. Bei den typischen Pflichten[1110] und Handlungen des Nutzers, wie Überwachung, Kontrolle, Aktivierung oder Letztentscheidung, fällt ein Kausalitätsnachweis ob der Nähe der Handlung zum Erfolg meist leichter. Das wird besonders deutlich, wenn man sich vor Augen führt, dass im Umgang mit KI-Systemen meist umfangreiche Aufzeichnungen von Herstellerseite vorgenommen werden, was auch in der Grundkonzeption der AI-VO verankert ist, insbesondere in Art. 12 AI-VO.

---

**1108** Bei Hochrisiko-KI-Systemen nach Art. 11 AI-VO. Der AI Act wird in § 8 A. II. 1. b., S. 286ff. ausführlich untersucht.

**1109** Bei Hochrisiko-KI-Systemen nach Art. 12 IV AI-VO.

**1110** § 9 A. II., S. 302ff.

# § 7 Fragen der Intention

Aus der Außenperspektive muss der subjektive Tatbestand als Teil der Beantwortung der Frage verstanden werden, ob überhaupt (vorwerfbares) Mitteilungsverhalten vorliegt. Nun muss untersucht werden, wie dies von der Innenperspektive ausgefüllt wird. *Was* wird also systematisch als Mitteilung einer deliktischen Person im Strafrechtssystem beobachtet? Ein Versuch, den Vorsatz aus einem realen psychischen Faktum zu gewinnen, kann nach den hiesigen Prämissen nicht gelingen, er ist stets normative Zuschreibung.

Der potentielle Täter (in seiner Rolle in der Kommunikation „*Alter*") hat keine Deutungshoheit über die Mitteilung. Ob Kommunikation vorliegt, entscheidet sich immer bei *Ego* im Verstehensteil. Die Mitteilungsselektion an sich ist als Internum unbeobachtbar und kann nur über ein beobachtbares Mitteilungsverhalten zugeschrieben werden. Deshalb sind Kommunikation und Mitteilung, eben auch die *vorwerfbare* Mitteilung, ohne reale[1111] Intention von *Alter* möglich.[1112] Ebendarum gibt es Konzepte und Erfahrungssätze, mit denen ein Beobachter zuschreiben kann, sie werden beobachterabhängig gemacht. Das ist in der Beobachtung der Rechtspraxis, also des Strafrechtssystems ohne weiteres erkennbar: Es wird immer aus objektiven Merkmalen auf die subjektive Seite geschlossen, es geht nicht anders. Besonders deutlich wird das in der Standardpraktik aus Indizien auf den Vorsatz zu schließen. Indizien werden als Anhaltspunkte für ein Sich-in-den-Täter-versetzen genommen. Der eigentlich innere Vorsatz wird ersetzt durch „soziale Normalitätsannahmen", das Verhalten, die Kenntnis und das Können eines auf die Situation angepassten Herrn Mustermanns.[1113] Vorsatz entsteht im Strafrechtssystem nicht im Kopf des Täters als psychisches Faktum, sondern im Kopf des Richters[1114] als Konstruktion und wird sichtbar durch sein entsprechendes Mitteilungsverhalten.

---

**1111** Hier sei an den Unterschied zwischen Realität und Wirklichkeit erinnert, siehe § 2 A. I., S. 18 f.

**1112** Zum Ganzen § 3 E., S. 171 ff.; vgl. auch *Luhmann*, Soziale Systeme, S. 208.

**1113** Zum Ganzen m. w. N. *Freund*, Normative Probleme der Tatsachenfeststellung, S. 26 ff.; *Bleckmann*, Strafrechtsdogmatik, S. 169. Insofern hat die Vorsatzkonstruktion von *Pérez-Barberá*, GA 2013, 454, insb. 462 ff. einiges für sich, für eine tiefe Auseinandersetzung ist dies aber der falsche Rahmen. Insoweit sei nur sein Gedanke mitgenommen, dass es (gesellschaftlich konstruierte) „Rationalität" (die in der hier oft erwähnten Rolle/Maske resultiert) braucht, was ein normativer Begriff ist, mit dessen Hilfe festgelegt wird, ob eine Meinung (die des Täters) epistemisch gerechtfertigt werden kann und so als Ausschlussargument für den Vorsatz taugen könnte. Der ähnliche Gedanke, warum Vorsatz auch nach der Theorie vom Generalvertrauen stärker bestraft werden muss als Fahrlässigkeit, wurde oben schon aufgegriffen, Fn. 686.

**1114** Angelehnt an *Roxin* im Vorwort von *Pérez-Barberá*, El dolo eventual, S. 30, zitiert nach *Pérez-Barberá*, GA 2013, 454, 459, Fn. 42.


https://doi.org/10.1515/9783111714301-008

Die Frage ist nun, welche sozialen Normalitätsannahmen in der Innenperspektive gemacht werden, die zu einer Vorsatzzuschreibung führen und ob diese grundsätzlich auf KI-Systeme übertragen werden können. Die Normalitätsannahmen ergeben sich letztlich aus Annahmen über Person und Rolle, die in der Kommunikation bestimmten Systemen als „Maske" übergezogen werden.

Die Lösung für den Vorsatz und die fehlende ontologische Erschließbarkeit liegt im derzeitigen Gesellschaftssystem im Grundsatz der freien richterlichen Beweiswürdigung mit Begründungspflicht[1115] und dem damit verbundenen Entscheidungszwang der Gerichte[1116], aus denen die Vorsatzkonstruktion letztlich resultiert. Die sich hieraus ergebenden Beobachtungen[1117] des Strafrechtssystems[1118] zeigen Folgendes: Die Zuschreibung im Vorsatz basiert zunächst auf der Annahme, dass durch den Täter eine Entscheidung für die Möglichkeit der Rechtsgutsverletzung getroffen wurde,[1119] insofern angelehnt an die Ausfüllung des Generalvertrauens durch das Strafrecht durch Rechtsgüterschutz.[1120] Dies wird als Vorsatz nach der Prämisse festgestellt, dass nach den Vorstellungen der Beobachter zumindest prinzipiell ein „Wissen" und ein „Wollen" als Internum des Zielsystems vorausgesetzt wird. Das „Wissen und Wollen der Tatbestandsverwirklichung"[1121] oder besser und präziser das „Wissen um die und Wollen der Tatbestandsverwirklichung"[1122] sind die „klassischen" Elemente des Vorsatzes, die sowohl im Strafrechtssystem als auch im Strafrechtswissenschaftssystem tief verankert sind. Diese Elemente wiederum basieren auf ontologischen (psychologisierenden)[1123] Vorstellungen.[1124] Die Frage: „*Was* wird also systematisch als Mitteilung einer deliktischen Person im Strafrechtssystem beobachtet?" ist aus der Innenperspektive mit „Das Wissen um die und das Wollen der Tatbestandsverwirklichung" zu beantworten, in dem die Entscheidung des Täters zur möglichen Rechtsgutsverletzung zum Ausdruck

---

**1115** *Bleckmann*, Strafrechtsdogmatik, S. 177 f., 321.

**1116** § 2 B. III. 2. b. i., S. 65.

**1117** Mit umfassender Analyse der neueren Rechtsprechung, die insoweit zugrunde gelegt wird *Vogel/Bülte* in LK, § 15, Rn. 102 ff.; *Roxin/Greco*, § 12, Rn. 75 ff.; *Joecks/Kulhanek* in MüKo StGB, § 16, Rn. 52 ff., jeweils m. w. N.

**1118** Erneut: Nicht des Strafrechtswissenschaftssystems.

**1119** Vgl. etwa auch *Roxin/Greco*, § 12, Rn. 23, 88a.

**1120** Insgesamt dazu § 3 D. II. 3., III. 1., S. 142 ff., speziell zum Vorsatz § 3 D. III. 1., S. 163 f.

**1121** BGH 1 StR 262/88 v. 04.11.2988 = NJW 1989, 781, 784; *Fischer*, StGB, § 15, Rn. 3; *Bleckmann*, Strafrechtsdogmatik, S. 12; *Vogel/Bülte* in LK, Vor §§ 15 ff., Rn. 56; *Schladitz*, ZStW 134 (2022), 97, 100; *Roxin/Greco*, § 12, Rn. 4; *Duttge* in Handbuch des Strafrechts 2, § 35, Rn. 13; *Gropp/Sinn*, AT, § 4, Rn. 116; *Kühl*, Strafrecht AT, § 5, Rn. 6, Fn. 14 m. w. N.

**1122** *Herzberg* in FG BGH IV, S. 51, 82; *Krack*, JA 2015, 905, 907; *Rengier*, AT, § 14, Rn. 5.

**1123** M.w.N. *Schladitz*, ZStW 134 (2022), 97, Fn. 5.

**1124** Die eben möglicherweise nicht real sind.

kommt. Die Frage, ob sie „Wissen und Wollen können“, ist eigentlich die Frage danach, ob eine Begründung gefunden werden kann, mit der die Zuschreibung von Wissen und Wollen, von kognitivem und voluntativem Element anschlussfähig gelingt. Beim Menschen ist das sicherlich dann der Fall, wenn nach den gefestigten Regeln der Dogmatik und der Rechtsprechung Vorsatz auch im Fall der Rechtsgutsverletzungen durch KI-Systeme den dahinterstehenden Menschen zugeschrieben werden kann.

Im Zusammenhang mit KI-Systemen gibt es für die Vorsatzzuschreibung der dahinterstehenden Menschen im Umgang mit KI-Systemen bislang nur wenige Maßstäbe, an denen man sich festhalten kann.[1125] Wie so oft ist dabei in erster Linie nicht der dolus directus 1. und 2. Grades problematisch, sondern der dolus eventualis. In dieser Frage wird im Aufbau wieder zwischen Hersteller (A.) und Nutzer (B.) unterschieden. Daneben können, wenn ein prinzipieller Schädigungsvorsatz festgestellt werden konnte, verschiedene Irrtumsfragen aufgeworfen werden (C.). Auch stellen sich im Rahmen der klassischen Dilemmasituation bei der Verantwortungszuschreibung durch die Natur der KI-Systeme neue Fragen (D.). In seiner Konsequenz gibt dieses Kapitel den weiteren Weg des zweiten Teils vor: Bereiten Vorsatzstrafbarkeiten oder die Fahrlässigkeitsstrafbarkeit mehr Probleme in der Dogmatik, die eine vertiefte Betrachtung rechtfertigen?

## A. Hersteller

Im Fokus stehen Rechtsgutsverletzungen, die *durch* KI-Systeme verursacht werden, wodurch die Zeit ab dem Inverkehrbringen[1126] eines KI-Systems relevant wird.

---

1125 *Haagen/A. Lohmann* in KI kompakt, S. 257, 271.

1126 Als eine typische Vorsatztat, die bereits vor dem Inverkehrbringen im Bereich der KI-Entwicklung begangen wird, wird § 42 II BDSG einschlägig sein: Das Trainieren von KI-Systemen erfordert eine ungeheure Datenmenge, auch persönliche Daten, für deren Nutzung oft keine ausreichende Erlaubnis nach der DSGVO vorliegen oder eine unzulässige Verarbeitung vorgenommen werden wird (*Böhringer*, RAW 2019, 13, Fn. 7 m. w. N.). Um solchem entgegenzuwirken und Daten im Rahmen von Machine Learning sicherer zu machen, was allerdings auch zu einer Verschärfung der Black Box-Problematik führt, wurde das noch junge Forschungsgebiet der PPML (Privacy Preserving Machine Learning) gegründet. Der AI Act sieht vor, dass unter bestimmten Umständen zur Entwicklung von KI-Systemen auch personenbezogene Daten verwendet werden können, die eigentlich für andere Zwecke erhoben wurden, Art. 59 AI-VO. Die Befugnisnorm des Art. 10 Va AI-VO lässt die Verarbeitung besonderer Kategorien personenbezogener Daten – neben weiteren Voraussetzungen – zu, sofern die Verarbeitung notwendig ist, um einen durch Datensätze abgebildeten Bias aufzudecken und zu beheben. Sollte die Norm so in Kraft treten, wird dies das Strafbarkeitsrisiko für Hersteller und Entwickler in dieser Hinsicht minimieren.

Kann für den Hersteller zum Zeitpunkt des Inverkehrbringens Vorsatz bejaht werden, so eröffnet sich aufgrund der grundsätzlichen Technikneutralität des Strafrechts[1127] der Weg zu einer Vielzahl an möglichen Delikten auch aus dem Nebenstrafrecht, während bei einer Verneinung die §§ 222, 229 StGB deutlich im Vordergrund stehen dürften.[1128] Wird dem Täter zugeschrieben, es komme ihm gerade auf den tatbestandlichen Erfolg an oder er habe jedenfalls sicheres Wissen vom Erfolg,[1129] mittelbar also von den Rechtsgutsverletzungen, läge dolus directus ersten oder zweiten Grades vor. Das KI-System wäre dann bloßes Werkzeug, sodass die Black Box-Problematik dann allenfalls im Wege von Irrtumskonstellationen relevant werden würde.[1130]

Allerdings wird diese Konstellation beim Nutzer deutlich relevanter sein. Dem Hersteller wird es in aller Regel nicht gerade darum gehen, mit seinem System Rechtsgutsverletzungen hervorzurufen und Ziele zu erreichen, die eine Diskrepanzbeobachtung zu einer mitgeteilten Erwartung hervorrufen. Einem Hersteller geht es primär um den wirtschaftlichen Erfolg, er befindet sich in aller Regel im Wirtschaftssystem, wo der Code „Zahlung/Nichtzahlung"[1131] die Kommunikation bestimmt. Ein Konflikt mit dem Strafrecht führt üblicherweise nicht dazu, dass tatsächlich mehr erwirtschaftet wird. So wird für den typischen Hersteller nur dolus eventualis in Frage kommen.

Die Dogmatik des dolus eventualis und insbesondere die Abgrenzung zur bewussten Fahrlässigkeit ist nach wie vor nicht endgültig geklärt.[1132] Auf den Hersteller bezogen lässt sich zumindest sagen: Mit dolus eventualis bezüglich einer aus einem in den Verkehr gebrachten KI-System resultierenden, durch Evaluation prinzipiell voraussehbaren Rechtsgutsverletzung handelt der, der trotz (zugeschrieben) erkannter offensichtlicher und deutlicher Fehler in der Produktions- oder Entwicklungsphase ein KI-System in den Verkehr bringt. Er nimmt in diesem Fall den in der Regel höchst unerwünschten Erfolg einer Rechtsgutsverletzung zugunsten des Inverkehrbringens des KI-Systems und damit der Gewinnerzeugung

---

1127 *V. Volkmann*, MMR 2018, 58, 59.

1128 Siehe dazu die wichtigsten Produkthaftungsfälle der letzten Jahrzehnte, bei denen immer §§ 222, 223, 224, 229 StGB im Vordergrund standen, vgl. LG Aachen 4 KMs 1/68, 15 – 115/67 v. 18.12.1970 = JZ 1971, 507 ff. (Contergan); BGH 2 StR 549/89 v. 06.07.1990 = BGHSt 37, 106 ff. (Lederspray); BGH 2 StR 221/94 v. 02.08.1995 = BGHSt 41, 206 (Holzschutzmittel); auch *Münster*, Innovation, S. 23; *Valerius* in Autonome Systeme und neue Mobilität, S. 9, 12. Bei Bejahung des Vorsatzes würden dagegen nun auch die Gefahren, die die AI-VO in Anhang III sieht, für das Strafrecht relevant.

1129 Zu den Voraussetzungen des dolus directus ersten und zweiten Grades siehe nur *Gropp/Sinn*, AT, § 4, Rn. 116 f., 158 ff.; *Roxin/Greco*, § 12, Rn. 2 f.; *Rengier*, AT, § 14, Rn. 6 ff.

1130 Dazu sogleich unter C., S. 263 ff.

1131 *Luhmann*, Wirtschaft der Gesellschaft, 17 ff., 52 ff.

1132 Siehe zum Problem kürzlich umfangreich *Schladitz*, ZStW 134 (2022), 97 ff.

hin.[1133] Vergleichbar wäre dies mit einer scharfen Bombe, die der Täter außerhalb seiner Kontrollsphäre platziert und hofft, dass sie nicht explodiert, dies aber gleichwohl für wahrscheinlich hält.

Fraglich ist, wie der dolus eventualis im „Zwischenbereich" zu qualifizieren ist. Versagt das Produkt nur in einem von Zehntausend Fällen und das in der Simulation auch nur mit geringfügigen Folgen – kann man dann noch von einem Eventualvorsatz sprechen, wenn ein tatsächlicher Schaden auftritt? Womöglich sogar nachdem der Hersteller versucht hat nachzubessern? Hier genaue Grenzen zu ziehen, wird schwerfallen. Jedenfalls spricht in solchen Fällen einiges dafür, das voluntative Element abzulehnen. Wurde in der Evaluation schon kein Fehler gefunden, fehlt es bereits am kognitiven Element. Dazu kommt, dass im Strafrecht, anders als im Zivilrecht,[1134] keine Wissenszurechnung von Arbeitnehmern an den Arbeitgeber existiert. Kann man die Ergebnisse der Evaluation so stark an den Vorsatz koppeln, wie viele „Testläufe" wären dann erforderlich, damit sich der Hersteller auch im voluntativen Element zumindest aus dem Vorsatzvorwurf befreien kann? Regeln der Technik sind in diesem Bereich teilweise formuliert, aber in keiner Weise so detailliert, um jedes auftretende Problem zu lösen[1135] und eine gefestigte Vorsatzzuschreibung zu ermöglichen. Dazu existieren viele Methoden und das Feld entwickelt sich rasant, sodass selbst beim Bestehen solcher Regeln das Recht „hinterherhinken" würde. Dieses Problem existiert zwar bei so gut wie allen neuen Technologien, bei den KI-Methoden gilt dies aber in besonderem Maße, da sie so breit einsetzbar sind wie kaum eine Technologie zuvor.

Mit der jüngeren Rechtsprechung, insbesondere zum Berliner Raserfall[1136], steigt durch die Aufweichung des voluntativen Teils die Gefahr für einen Hersteller, schon wegen Vorsatzes und nicht erst für Fahrlässigkeit in Haftung genommen zu werden. So führe, folgt man dem Urteil, das Nicht-Einverstanden-sein mit dem Erfolgseintritt dann nicht zum Ausschluss des Vorsatzes, wenn der Erfolgseintritt von Umständen abhängt, die der Täter nicht (mehr) beherrschen kann, aber ausgelöst

---

**1133** So auch: *Haagen/A. Lohmann* in KI kompakt, S. 257, 273.

**1134** Siehe nur *Schäfer* in BeckOK BGB, § 166, Rn. 18; *Schubert* in MüKo BGB, § 166, Rn. 58 ff. m. w. N.

**1135** In ISO/IEC TR 24029-1:2021(E), S. 4 ff. wird der Prüfprozess für neuronale Netze beschrieben. Welche Werte bei den Tests allerdings erreicht werden sollen, nach den Worten der Norm die „Robustness" des neuronalen Netzes, bleibt offen und kann auch kaum allgemein festgelegt werden. Einen Prozess, mit dem die Robustness abstrakt ermittelt werden könnte bietet zumindest ISO/IEC/IEEE 16085:2021(E), S. 25 ff., allerdings nur im Sinne einer allgemeinen Projektplanungsdirektive, die nicht speziell auf neuronale Netzwerke oder KI zugeschnitten ist.

**1136** BGH 4 StR 482/19 v. 18.06.2020 = NJW 2020, 2900; BGH 4 StR 399/17 v. 01.03.2018 = NJW 2018, 1621; BVerfG 2 BvR 1404/20 v. 07.12.2022 = NStZ 2023, 215; LG Berlin (535 Ks) 251 Js 52/16 (8/16), 535 Ks 8/16 v. 27.02.2017 = NStZ 2017, 471; LG Berlin (529 Ks) 251 Js 52/16 (6/20) v. 02.03.2021 = BeckRS 2021, 56477.

hat. Wie dann genau die Abgrenzung von Vorsatz zu Fahrlässigkeit zu bewerkstelligen wäre, bliebe aber ungeklärt[1137]. Ähnlich wäre es auch bei KI-Systemen gelagert, die der Hersteller nicht (mehr) beherrschen kann, nachdem sie einmal fehlerhaft in den Verkehr gebracht wurden.

Folgt man allerdings in der Frage des Vorsatzes der etablierten Linie im strafrechtlichen Produkthaftungsrecht, so ergibt sich ein aus Sicht der Hersteller positives Bild, da dolus eventualis in der Regel zu verneinen sein wird: Ein (freilich immer zugeschriebenes) abstraktes Für-möglich-halten einer Schädigung im Rahmen des Herstellungsprozesses ohne tiefere Kenntnisse eines tatsächlichen gefährlichen Mangels wird bei einer späteren Schädigung jedenfalls in Bezug auf ein konkretes Ereignis kaum ausreichen, um Vorsatz zu begründen, vor allem im Hinblick auf das Willenselement des „Billigens".[1138] Das ergibt sich vor allem daraus, dass die Rechtsprechung in Produkthaftungskonstellationen in aller Regel davon ausgeht, dass ernsthaft darauf vertraut werden wird,[1139] dass es nicht zur Schädigung kommt. Argumentativ unterlegt wird dies damit, dass das unternehmerische Interesse an der Vermeidung von hohen Schadensersatzforderungen und am guten Ruf der Produkte und damit auch der Firma dominierende Indizien für das ernsthafte Vertrauen auf das Ausbleiben des Erfolges seien.[1140] Insofern entlastet diese soziale Normalitätsannahme den Hersteller, denn sie wird in aller Regel vorliegen und so den Vorsatz ausschließen. Selbst im „Monza-Steel-Verfahren"[1141] wurde Vorsatz des Herstellers verneint, obwohl sich bei der versuchstechnischen Erprobung eine hohe Ausfallquote von 3,1 % ergeben hatte. Diese liegt deutlich über der typischen Ausfallquote etwa eines autonomen bzw. vollautomatisierten Fahrzeugs.[1142] Jedenfalls ist bislang keine Tendenz erkennbar, den Vorsatz im strafrechtlichen Produkthaftungsrecht im Zuge der jüngeren Rechtsprechung extensiver auszulegen.

---

**1137** Vgl. m. w. N. *Fischer*, StGB, § 15, Rn. 16.

**1138** So auch *Beck* in Rechtshandbuch KI, § 7, Rn. 23.

**1139** Als typisches Abgrenzungsmerkmal zwischen bewusster Fahrlässigkeit und dolus eventualis, siehe nur *Kühl*, AT, § 5 Rn. 85; *Rengier*, AT, § 14, Rn. 26; *Sternberg-Lieben/Schuster* in Schönke/Schröder, § 15, Rn. 83. Einer der sehr wenigen Fälle, in denen einmal Vorsatz vorlag, ist der berühmte „Mandelbienenstichfall", BGH 2 StR 89/88 v. 04.05.1988 = LMRR 1988, 29 ff., siehe auch bei *Lenz* in Produkthaftung, § 2, Rn. 17.

**1140** BGH 2 StR 221/94 v. 02.08.1995 = BGHSt 41, 206, 219; *Sander/Hollering*, NStZ 2017, 193, 195 f.; vgl. auch *Winkelbauer/Tsambikakis/Gierok* in Produkthaftungshandbuch, § 89, Rn. 34.

**1141** LG München IV KLs 58 Js 5534/76 v. 21.04.1978, zitiert nach *Winkelbauer/Tsambikakis/Gierok* in Produkthaftungshandbuch, § 89, Rn. 35 und *Lenz* in Produkthaftung, § 2, Rn. 15.

**1142** Vgl. etwa den Report von NHTSA, abrufbar unter https://www.nhtsa.gov/sites/nhtsa.gov/files/2022-06/ADS-SGO-Report-June-2022.pdf (14.10.2024).

Für den Hersteller dürfte also – außerhalb der sogleich behandelten Dilemmasituation[1143] – nur das Fahrlässigkeitsdelikt praktische Relevanz erlangen,[1144] sodass sich die weiteren Ausführungen zum Hersteller darauf beschränken werden. Da die fahrlässige Sachbeschädigung nicht strafbar ist, fällt damit eine große Gruppe möglicher Schäden bereits aus dem strafrechtlichen Raster und kann insoweit nur vom Zivilrecht und dem sonstigen öffentlichen Recht bearbeitet werden. In den seltenen Ausnahmefällen, in denen der Hersteller tatsächlich vorsätzlich handelt, wird sich nur im Bereich der Irrtumskonstellationen Erwähnenswertes ergeben.[1145]

## B. Nutzer

Auf Ebene des dolus eventualis ergeben sich beim Nutzer ähnliche Probleme. Es kommt für die Bejahung des kognitiven Elements vor allem darauf an, wie gut der Nutzer das KI-System versteht und inwiefern er den Entscheidungsrahmen und die daraus folgenden Konsequenzen wirklich überblicken kann. Es geht dabei also um die „Black Box des Was",[1146] inwiefern sieht der Nutzer die negative Folge voraus? Im Nachweis wird man sich dabei häufig auf die Instruktionen des Herstellers stützen können: Setzt ein Nutzer ein KI-System systemwidrig so ein, dass eine Rechtsgutsverletzung nahe liegt, liegt gleichermaßen die Bejahung des kognitiven Elementes nahe. Es kommt insoweit auf den Einzelfall an.

Denkbar sind aber auch Fälle, in denen der Nutzer das System bewusst missbraucht, um vom Strafrecht geschützte Rechtsgüter zu bedrohen. Das System ist dann klassisches Tatmittel. Das betrifft solche Fälle, in denen der Nutzer mittels einer Cyberattacke Daten ausspäht (§ 202a StGB), was durch KI-Systeme noch gezielter und effizienter vollführt werden kann.[1147] Zu denken ist auch an den Täter, der einer autonomen Drohne einen Tötungsauftrag mitgibt oder ein autonomes Fahrzeug derart verändert,[1148] dass es in eine Menschenmenge fährt oder schlicht

**1143** D., S. 270 ff.

**1144** Im Ergebnis so auch *Beck* in Rechtshandbuch KI, § 7, Rn. 22 f.; *Schuster*, DAR 2019, 6, 7; *Sander/Hollering*, NStZ 2017, 193, 195 f.; *Böhringer*, RAW 2019, 13, 14; *Haagen/A. Lohmann* in KI kompakt, S. 257, 277; *A. Peters* in Rechtshandbuch AI, Kap. 12, Rn. 10; *Lenz* in Produkthaftung, § 2, Rn. 5.

**1145** Dazu sogleich unter C., S. 263 ff.

**1146** § 5 B. III., S. 247 f.

**1147** *H. Bock/Höffler*, KriPoZ 2022, 257, 259.

**1148** Um insbesondere diesem Problem vorzubeugen, werden hohe Anforderungen an die Sicherheitstechnik gestellt, es erscheint allerdings unwahrscheinlich, dass tatsächlich jeglicher Manipulierungsversuch von außen erfolglos bleibt, *Caldwell/Andrews/Tanay/Griffin*, Crime Sci 2020, Nr. 14, S. 7.

in eine autonome Autobombe verwandelt wird (§ 211 StGB). Besondere Bekanntheit hat in Bezug auf Tatverwirklichung durch KI-Systeme das Phänomen der Deepfakes erlangt.[1149] Mit Hilfe von Unsupervised Learning wird hier aus einem bestehenden Datensatz ein täuschend echter, dem tatsächlichen Datensatz ähnlicher Datensatz erschaffen.[1150] So können Stimme und Erscheinungsbild eines Menschen, von dem genug Daten vorliegen, täuschend echt vom KI-System übernommen werden und von einem dahinterstehenden Nutzer nach Gutdünken gesteuert werden, indem mit Stimme und Erscheinungsbild des nachgebildeten Menschen etwas gesagt oder eine Handlung vorgenommen wird. Es ist bei guten Deepfakes fast unmöglich, die echten von den nachgebildeten Daten zu unterscheiden. So können §§ 185 ff. StGB zum Nachteil der als Vorlage verwendeten Person verwirklicht werden, sofern die Darstellung geeignet ist, die dargestellte Person verächtlich zu machen oder unwahre Tatsachen über sie zu verbreiten. § 201a II StGB bestraft das Verbreiten. Auch die Nutzung von Deepfakes kann strafrechtsrelevant sein: Besonders geläufig ist der Betrug (§ 263 StGB) mittels Audio-Deepfakes. Bekannt wurde hier vor allem der sogenannte „C-Level-Fraud", bei dem durch Deepfakes die Stimme eines höherrangigen Managers nachgebildet wurde und Mitarbeiter so veranlasst wurden, Geld auf das Konto des Täters zu überweisen.[1151] Auch Erpressung (§ 253 StGB) und Nötigung (§ 240 StGB) sind ohne weiteres denkbar, ebenso wie Delikte aus dem Sexualstrafrecht (§§ 184 ff. StGB) sowie verschiedene Delikte aus dem Bereich des Nebenstrafrechts.[1152] KI ist eine Technologie, die breit eingesetzt wird. Letztlich ist in jedem dieser Einsatzbereiche eine strafbare Handlung mit KI-Systemen als Tatmittel denkbar.[1153]

## C. Irrtümer – Die Unvorhersehbarkeit im Vorsatz

Setzt ein Täter ein KI-System gezielt ein, um Rechtsgüter jedenfalls als notwendiges Zwischenziel zu schädigen, verwendet der Täter das KI-System als klassisches Tatmittel zur Erreichung des gewünschten Erfolges. Allerdings besteht beim KI-System die Besonderheit, dass nicht mit Gewissheit gesagt werden kann, wie sich das

**1149** Untersucht von *Lantwin*, MMR 2019, 574 ff.; *Kumkar/Rapp*, ZfDR 2022, 199, 208 ff.

**1150** Vgl. § 5 B. I. 2. b., S. 243.

**1151** U. a. bei Forbes: https://www.forbes.com/sites/thomasbrewster/2021/10/14/huge-bank-fraud-uses-deep-fake-voice-tech-to-steal-millions/?sh=140c66d37559 (14.10.2024).

**1152** *Kumkar/Rapp*, ZfDR 2022, 199, 210 f. Denkbar ist etwa § 42 BDSG. Auch am Kapitalmarkt bestehen besondere Gefahren, § 49 I i.V. m. § 26 BörsG, *Tilson/Eichinger*, BKR 2024, 648, 650 f.

**1153** Mit weiteren Beispielen: *Caldwell/Andrews/Tanay/Griffin*, Crime Sci 2020, Nr. 14, S. 6 ff.

System verhalten wird, die „Black Box des Was“[1154]. Deshalb stellt sich die Frage, wie sich aus dieser Problematik geborene Irrtümer auf die Verantwortungszuschreibung auswirken, sofern dadurch der eigentlich intendierte Angriff fehlgeht oder eine neue Qualität erhält. Setzt der Täter ein KI-System nun ein, um einen Angriff zu führen, kann es dazu kommen, dass sich das KI-System anders verhält als der Täter es vorhergesehen hat und der Angriff deshalb fehlgeht. Oft wird der Täter auch nicht selbst anwesend sein, sondern das KI-System den Angriff autonom ausführen lassen. Diese Möglichkeit bietet für einen böswilligen Täter den Vorteil, dass er die persönliche Gefahr minimiert, entdeckt oder verletzt zu werden, und das KI-System Aufgaben zugleich in einigen Fällen besser ausführen kann als der Täter selbst.

Der Täter sei im Folgenden so gedacht, dass er das System bei der Ausführung nicht mehr beeinflussen kann. Das System sei so gedacht, dass es seine Umgebung unmittelbar beeinflussen kann, sei es in einer virtuellen Umgebung rein durch seine Software, oder im häufigeren Fall der physischen Welt durch kompatible Hardware (Robotik). In der ersten Variante sei ein KI-System gedacht, welches zwar das Angriffsziel nicht verfehlt, aber kausal anders zum Erfolg kommt, als es sich der Täter vorgestellt hat. In der zweiten Variante verfehlt das KI-System sogar das Angriffsziel und führt eine andere Rechtsgutsverletzung herbei, als der Täter sich vorgestellt hatte, die aber noch im Rahmen der Adäquanz liegt. In beiden Varianten liegt ein Irrtum über den Kausalverlauf (I.) vor. Für die zweite Variante, das Fehlgehen von Angriffen, hat das Strafrechtssystem eine gemeinsame Fallgruppe benannt; „aberratio ictus“[1155]. Für den Fall, dass der Täter das System bei Herbeiführung des tatbestandlichen Erfolges nicht mehr kontrolliert, gibt es die Fallgruppe der „Distanzfälle“ (II.).

## I. Irrtum über den Kausalverlauf

Da der Kausalverlauf ein ungeschriebenes objektives Tatbestandsmerkmal ist, muss sich der Vorsatz auch auf ihn erstrecken.[1156] Irrt der Täter über Tatumstände, so führt das zum Ausschluss des Vorsatzes, § 16 I 1 StGB.[1157]

---

**1154** § 5 B. III., S. 247 f.

**1155** Abirrung des Stoßes.

**1156** Siehe nur *Vogel/Bülte* in LK, § 16, Rn. 55, 70; *Fischer*, StGB, § 16, Rn. 13.

**1157** Die Strafrechtswissenschaft verlagert das Problem unter dem Leitsatz „Objektive Voraussehbarkeit des Kausalverlaufs und Erfolgseintritts“ teilweise schon in die objektive Zurechnung (*Roxin/Greco*, § 12, Rn. 152, § 11, Rn. 45, 69 ff. m. w. N.) Diese soll dann ausgeschlossen sein, wenn der Kausalverlauf so sehr außerhalb der Lebenserfahrung liegt, dass mit ihm vernünftigerweise nicht gerechnet zu werden braucht. Die Einordnung in die objektive Zurechnung folgt aus dem Grund-

Damit ein Irrtum über den Kausalverlauf die Folgen des § 16 I 1 StGB auslöst, muss er als beachtlich zugeschrieben werden; Leitkriterium ist das Kriterium der „wesentlichen Abweichung“.[1158] Der BGH prägte im Blutrauschfall[1159] schon 1955 die folgende Formel: Die Abweichung des wirklichen Geschehensablaufs von dem Vorgestellten muss sich noch innerhalb der Grenzen des nach allgemeiner Lebenserfahrung Voraussehbaren halten und darf keine andere Bewertung der Tat rechtfertigen. Wenn das vorliegt, bleibt der Vorsatz unberührt.[1160]

Ein wesentliches Abweichen wird nur in einem sehr engen Rahmen angenommen.[1161] Die Zurechnung ist immer dann möglich, wenn trotz Abweichung eine Handlung den gewollten oder gebilligten Erfolg in adäquater Weise erreicht.[1162]

---

gedanken der Abgrenzung von Verantwortungsbereichen: Im Erfolg realisiert sich eine andere Gefahr als die vom Täter geschaffene. Dabei sollen hier nur solche Fälle ausgeschlossen sein, bei denen der Erfolg auf einer ganz ungewöhnlichen und unwahrscheinlichen (atypischen) Verkettung von Umständen beruht, teilweise firmierend unter dem Begriff der atypischen, oder außergewöhnlichen Kausalverläufen (*Rengier,* AT, § 13, Rn. 62). Die Rechtsprechung erkennt dies nur bei der Fahrlässigkeit an und verlagert die Problematik beim Vorsatzdelikt in den Vorsatz selbst (*Kühl,* AT, § 13, Rn. 42). Die Ergebnisse decken sich insoweit, als dass jeder Ausschluss, den die Literatur bereits in der objektiven Zurechnung vornimmt, von der Rechtsprechung im Vorsatz vorgenommen wird. *Kühl,* AT, § 13, Rn. 43 zweifelt sogar daran, dass es Fälle geben kann, in denen der Vorsatz ausgeschlossen sein kann, wenn die objektive Zurechnung an dieser Stelle bejaht wird. *Roxin/Greco,* § 12, Rn. 157 sehen dagegen solche Fälle.

**1158** *Kühl,* AT § 13, Rn. 41; *Roxin/Greco,* § 12, Rn. 151; *Fischer,* StGB, § 16, Rn. 13.

**1159** BGH 4 StR 552/54 v. 21.04.1955 = BGHSt 7, 325.

**1160** BGH 4 StR 552/54 v. 21.04.1955 = BGHSt 7, 325, 329. Bestätigend u. a. BGH 1 StR 357/91 v. 11.07.1991 = BGHSt 38, 32; BGH 2 StR 204/00 v. 30.08.2000 = NStZ 2001, 29, 30; BGH 1 StR 676/1056 v. 15.02.2011 = BGHSt 56, 162, 166. Zuvor schon BGH 3 StR 843/53 v. 06.05.1954 = BeckRS 1954, 31195817; RG 2 D 343/36 v. 10.06.1936 = RGSt. 70, 257, 258.

**1161** So wurde vom BGH auch im Gasexplosionsfall (BGH 3 StR 221/07 v. 26.07.2007 = NStZ 2007, 700, 701; mit kritischer Besprechung *Puppe,* GA 2008, 569 ff.) nur eine unerhebliche Abweichung gesehen: Ein Eigentümer wollte durch eine Gasexplosion sein Haus zum Wackeln bringen, um einen lästigen Mieter zu vertreiben, wobei er billigend in Kauf nahm, dass Mieter zumindest durch umfallende Möbelstücke oder herabstürzende Gebäudeteile zu Tode kommen würden. Tatsächlich fiel die Explosion stärker als erwartet aus und beinahe alle Mieter im Haus kamen ums Leben, da das Haus vollständig einstürzte. Der BGH stellt sich auf den Standpunkt, dass maßgeblich allein sei, dass der Täter eine Explosion herbeiführen wollte und tödliche Folgen zumindest billigend in Kauf nahm. Dass die Explosion viel größer als erwartet ausfiel und die Bewohner nicht durch umstürzende Möbel oder Gebäudeteile, sondern das einstürzende Gebäude getötet wurden, bewertete der BGH als unwesentliche Abweichung vom Kausalverlauf.

**1162** So auch *Fischer,* StGB, § 16, Rn. 14. Das hat der BGH (BGH 1 StR 303/74 v. 15.10.1974 = BeckRS 1974, 52) selbst in dem Fall noch gesehen, in dem der Täter eine Menschenmenge gegen das Opfer hetzt, sich das Opfer den Schlägen durch Flucht in sein Auto entzieht und dort dann aufgrund der Angst heftige Magenschmerzen bekam. Eine wesentliche Abweichung sah der BGH zuletzt in dem Fall (BGH NJW 2011, 2065 f. vgl. ähnlich gelagerten auch BGH 1 StR 357/91 v. 11.07.1991 = BGHSt 38, 32,

*Vogel* versucht in Weiterentwicklung einiger Gedanken *Roxins* zur „Planverwirklichung"[1163], die sich ähnlich auch bei *Gropp* wiederfinden[1164] und in Anlehnung an die Rechtsprechung, die Voraussetzung wie folgt zu konkretisieren: „War dem Täter der von ihm nicht bedachte Kausalverlauf in dem Sinne gleichgültig, dass, hätte er ihn bedacht, er gleichwohl gehandelt hätte, ist es berechtigt, ihm den Erfolg kraft Vorsatzes zuzurechnen."[1165] Bei Fällen, die die Literatur ob des Grundgedankens der Abgrenzung der Verantwortungsbereiche in der objektiven Zurechnung verortet[1166] und dabei selbige verneint, sei eine Zurechnung allerdings generell ausgeschlossen.[1167] Das überzeugt, führt es doch bei den bisher entschiedenen Fällen der Rechtsprechung zum gleichen Ergebnis, berücksichtigt auch das eher stiefmütterlich behandelte Merkmal des „Erfordernisses einer anderen Bewertung der Tat" und gibt gleichzeitig ein handhabbareres und am Vorsatz orientiertes Kriterium an die Hand. Grenzfall ist der Gasexplosionsfall,[1168] der zeigt, dass nach der Rechtsprechung eine weite Auslegung angetan ist und ein Irrtum nur in seltenen und eindeutigen Ausnahmefällen[1169] vorliegt.

Überträgt man diesen Befund auf KI-Systeme, zeichnet sich folgendes Bild: Z.T. auch erhebliche Abweichungen im Kausalverlauf führen nicht zur Ablehnung des Vorsatzes, sofern sie nur dem Merkmal der Planverwirklichung entsprechen und noch als Werk des Täters, verkörpert durch das KI-System, gesehen werden können. Solange das KI-System ein vom Vorsatz des Täters umfasstes Angriffsziel trifft und die Auswirkungen insoweit in die Kategorie (Tötung, Körperverletzung, Zugriff auf ein informationstechnisches System etc.) passen, die der Täter vom Tatplan erwartet, handelt der Täter vorsätzlich, auch wenn sich das KI-System auf dem Weg dorthin anders verhält als der Täter dies zunächst vorsah. Auch wenn man das

34 f.), in dem ein Einfuhrvorsatz von Betäubungsmitteln nachgewiesen werden musste. Die Betäubungsmittel wurden bei der Zollkontrolle entdeckt und nur aufgrund einer Absprache der ausländischen und der deutschen Zollbehörden im Wege eines bewachten Weitertransports nach Deutschland gebracht. Dies sei nach allgemeiner Lebenserfahrung nicht voraussehbar gewesen und hat insoweit auch den Unrechtsgehalt der Tat verändert, was eine andere rechtliche Bewertung erfordert. Ebenso wurde im „Gubener Hetzjagdfall" (BGH 5 StR 42/02 v. 09.10.2002 = BGHSt 48, 34 ff.) eine wesentliche Abweichung bejaht, nachdem das Opfer nicht durch Schläge der Täter gestorben war, sondern dadurch, dass es auf der Flucht in Panik eine Glastür eintrat und an den Schnittverletzungen verblutete.

**1163** *Roxin/Greco*, § 12, Rn. 6, 155 ff.

**1164** *Gropp/Sinn*, AT, § 4, Rn. 127.

**1165** *Vogel/Bülte* in LK, § 16, Rn. 72.

**1166** Siehe Fn. 1157.

**1167** *Vogel/Bülte* in LK, § 16, Rn. 73.

**1168** Vgl. dazu Fn. 1161. Hier überzeugend *Roxin/Greco*, § 12, Rn. 155.

**1169** Wie dem geschilderten Betäubungsmittelfall, Fn. 1162.

Problem in der objektiven Zurechnung verortet, findet ein Zurechnungsausschluss in aller Regel nicht statt, sofern sich das KI-System nicht völlig überraschend im Sinne einer Überschreitung des Betriebsbereiches oder der Überschreitung der angedachten Möglichkeiten seiner Programmierung verhält.[1170] KI-Systeme sind nur im Detail nicht vorhersehbar, im Grundsatz ist durch Evaluation ein Verhalten erwartbar. Gesonderte Zurechnungsprobleme im Strafrechtssystem ergeben sich daher in diesem Zusammenhang nicht.

## II. Aberratio ictus sowie Distanzfälle

Wenn sogar das Angriffsziel verfehlt wird, kann anderes gelten. Das ergibt sich schon aus den vorherigen Überlegungen: Wird ein anderes Angriffsziel getroffen, so ist dies dem Täter in der Regel nicht gleichgültig; hätte er diesen Kausalverlauf gekannt, hätte er nicht gehandelt. Das Fehlgehen eines Angriffes ist altbekannt und umfassend unter dem Stichwort „aberratio ictus" aufgearbeitet. Die Diskussion spielt sich zwischen den Polen der Konkretisierungstheorie und der Gleichwertigkeitstheorie ab. Rechtsprechung[1171] und herrschende Lehre[1172] folgen der Konkretisierungstheorie. Diese löst den Fall so, dass sich der Täter hinsichtlich des tatsächlich getroffenen Tatobjektes in einem Tatumstandsirrtum befindet und nur nach einem Fahrlässigkeitsdelikt bestraft werden kann, während hinsichtlich des anvisierten Objekts ein Versuch vorliegt.[1173] Grund ist, dass davon ausgegangen wird, dass der Vorsatz die Konkretisierung auf ein bestimmtes Objekt voraussetzt. Wird infolge einer Abweichung ein anderes Objekt getroffen, entfällt der Vorsatz grundsätzlich. Irrt der Täter nur über die Identität des Opfers, so ist das ein Umstand, der sich gerade außerhalb des tatbestandlichen Bereiches abspielt und ist deshalb ein unbeachtlicher Motivirrtum, der den Vorsatz nicht entfallen lässt.[1174] Mit gleichem Ergebnis argumentiert *Gropp*, dass das entscheidende, wenn auch unausgesprochene, einen Fall als aberratio ictus qualifizierende, Kriterium der Zufall ist.[1175] Insofern versteht *Gropp* den Fall des aberratio ictus dahingehend, dass

---

1170 Das wird bei ausreichender Evaluation im Vorfeld praktisch kaum jemals geschehen können.

1171 BGH 4 StR 89/86 v. 10.04.1986 = BGHSt 34, 53, 55; BGH 4 StR 369/08 v. 16.10.2008 = NStZ 2009, 210 f.

1172 *Jakobs*, AT, 8. Abschn., Rn. 80 f.; *El-Ghazi*, JuS 2016, 303, 304; *Roxin/Greco*, § 12, Rn. 160 m. w. N.

1173 *Gropp/Sinn*, AT, § 13, Rn. 147 ff.; *Vogel/Bülte* in LK, § 16, Rn. 78; *Roxin/Greco*, § 12, Rn. 160.

1174 *El-Ghazi*, JuS 2016, 303, 304.

1175 *Gropp* in FS Lenckner, S. 55, 62 ff. *Gropp* verortet das Problem letztlich beim Schutzbereich der Norm im Rahmen der objektiven Zurechnung. *Gropp* argumentiert, dass es im klassischen Fall des aberratio ictus, etwa beim Verfehlen eines Opfers mit einer Kugel, letztlich nur vom Zufall abhängt, er vorliegt, „wenn der Täter infolge Fehlgehen des [Angriffs] versehentlich anstatt des Zielobjekts ein Objekt trifft, welches mit dem Zielobjekt zwar tatbestandlich gleichwertig ist, [...] diese tatbestandliche Gleichwertigkeit jedoch rein *zufälliger* Natur ist."[1176] Ist der Täter mit dem KI-System in Verbindung, überblickt die Situation und beherrscht es, während er es als Tatmittel einsetzt, so gelten diese Grundlagen. Vorausgesetzt ist dabei freilich, dass er die Verletzung anderer Tatobjekte nicht mit dolus eventualis in seinen Vorsatz mit aufgenommen hat. In einer solchen Situation würde er in jedem Fall aus der Vorsatztat bestraft werden.

In vielen Fällen der Tatbestandsverwirklichung durch KI-Systeme wird der Täter aber nicht in der Lage sein, bei einem fehlgeleiteten Anvisieren durch das KI-System noch einzugreifen zu können. Es entspricht gerade dem Wesen vieler KI-Systeme, dass sie in der Ausführung in ihrem jeweiligen Betriebsbereich autonom handeln. Gerade bei einer Schädigungsabsicht wird der Täter ein Interesse daran haben, möglichst weit vom Tatgeschehen entfernt zu sein, um seine Entdeckungswahrscheinlichkeit zu minimieren. Es handelt sich in dieser für die Zukunft möglicherweise typischen Konstellation um „Distanzfälle"[1177], auch als „Fernwirkungsfälle"[1178] bezeichnet, vergleichbar einer Sprengfalle[1179], einer Vergiftung[1180] oder eines Beleidigungsschwalles am Telefon[1181]. Anders als im Grundfall hat der Täter das Opfer hier nicht visualisiert, sondern nur durch seine Stellung im Kausalverlauf bestimmt.

Der BGH ging im Fall der Sprengfalle davon aus, dass der Vorsatz schlicht auf denjenigen konkretisiert sei, der das Fahrzeug als Nächstes benutze. Durch die Verbindung der Sprengfalle mit dem Fahrzeug habe der Täter das Opfer mittelbar

ob nun ein anderer Mensch, ein Hund oder niemand getroffen wird. In den beiden letzteren Fällen ist eine Berücksichtigung des Irrtums für alle Ansichten selbstverständlich, weil die Umstände zur Berücksichtigung zwingen. Dass nun ein gleichwertiges Tatobjekt getroffen werde, sei rein zufällig. Zufall könne eine Strafbarkeit aber nicht begründen. Darin unterscheiden sich error in persona und aberratio ictus präzise. Vgl. auch *ders./Sinn*, AT, § 4, Rn. 141, § 13, Rn. 153 f.

**1176** *Gropp* in FS Lenckner, S. 55, 64.

**1177** *Heinrich* in FS Weber, S. 91; *Rengier*, AT, § 15, Rn. 42.

**1178** So etwa bei *Kühl*, AT, § 13, Rn. 27.

**1179** BGH 1 StR 635/96 v. 07.10.1997 = NStZ 1998, 294 f., hier wurde die präparierte Handgranate aufgrund eines technischen Fehlers aber nicht gezündet.

**1180** Vgl. *Rengier*, AT, § 15, Rn. 43, Ansätze finden sich auch im Sprengfallen-Urteil wieder, BGH 1 StR 635/96 v. 07.10.1997 = NStZ 1998, 294, 295: „Dem früheren Mitangekl. L hatten sie die Wohnungen der vorgesehenen Tatopfer gezeigt, aber keine genauere Bestimmung des Tatopfers getroffen; den später angestifteten Tätern C und M haben sie keine Vorgaben für das Erkennen der „richtigen" Tatopfer gemacht, sondern nur Namen und Adressen mitgeteilt. Schließlich waren sie auch mit der Verwendung der in ihrer Wirkung auf beliebige Opfer unbeherrschbaren Handgranaten einverstanden. Auch ihr Vorsatz war demnach nur auf die nächsten Fahrzeugbenutzer konkretisiert."

**1181** BayObLG RReg 1 St 34/86 v. 18.08.1986 = JZ 1986, 911 f.

individualisiert.[1182] So liegt kein beachtlicher Irrtum vor und der Täter kann aus dem Vorsatzdelikt bestraft werden. Überträgt man dies auf KI-Systeme, so lassen sich die Parallelen schnell erkennen: Der Täter schickt auch hier das KI-System los und individualisiert insoweit in der Regel das Opfer dadurch, dass das vorgestellte Opfer (als Gattungsvorsatz) dasjenige ist, das in der vom Täter vorgestellten und nicht erheblich abweichenden Weise mit dem KI-System interagiert. Insoweit würde ein Irrtum im Sinne des „Verfehlens" des eigentlich vorgestellten Opfers im Sinne der Identität regelmäßig unbeachtlich sein und nicht zu einem Ausschluss des Vorsatzes führen. Fragt man mit *Gropp* nach dem Zufall, so ergibt sich hier dasselbe Ergebnis: Die tatbestandliche Gleichwertigkeit ist hier gerade *nicht* zufälliger Natur, da nur ein Mensch ein Auto verwenden kann, sodass auch danach aus dem Vorsatzdelikt bestraft wird.[1183]

Folgt man dagegen bei den Distanzfällen einer „Individualisierungslösung"[1184], die so verstanden wird, dass der Täter das „Individualisierungsrisiko" trägt, wenn er sich nicht um die Individualisierung des Opfers kümmert, so kommt je nach Fallgestaltung auch bei der Sprengfalle eine Versuchs-Fahrlässigkeitslösung in Betracht. Wer nach seinem Tatplan und seinem gesetzten Ausgangsrisiko das Tatgeschehen so programmiert, dass auch jemand anderes Opfer werden kann, dem werde das Verwechslungsrisiko subjektiv zum Vorsatz zugerechnet, sofern der Kausalverlauf des Angriffs nicht wesentlich vom vorgestellten Kausalverlauf abweicht. Wenn ein Täter ausreichend auskundschaftet, wann das gewünschte Opfer einen Wagen verwendet und der Täter die Autobombe entsprechend platziert, wäre sein Irrtum nach dieser Konzeption beachtlich.

Sollte sich das Strafrechtssystem dahin entwickeln, dass die Grundsätze der Individualisierungslösung maßgeblich werden, so kann sich mit KI-Systemen eine neue Situation ergeben: Schon allein aus ihrer Natur heraus kann eine ausreichende Individualisierung aus Sicht des Täters vorliegen, bspw., wenn das KI-System über eine fortschrittliche Gesichtserkennung verfügt. Die Evaluation wird bei einem solchen System in der Regel gezeigt haben, dass es mit über 98-prozentiger

---

**1182** BGH 1 StR 635/96 v. 07.10.1997 = NStZ 1998, 294, 295, zustimmend *Roxin/Greco*, § 12, Rn. 197; *Kühl*, AT, § 13, Rn. 27. A.A. *El-Ghazi*, JuS 2016, 303, 307; *Herzberg*, NStZ 1999, 217, 221.

**1183** *Gropp/Sinn*, AT, § 13, Rn. 154. Insofern könne es auch nicht darauf ankommen, ob der Täter das Opfer sinnlich wahrnimmt oder nicht, ebd., Rn. 156.

**1184** So bezeichnet von *Rengier*, AT, § 15, Rn. 47, m. w. N. in folgenden Rn. *Toepel*, JA 1996, 886, 893 nimmt etwa beim Sprengfallenfall an, dass aberratio ictus vorliege, wenn der Täter für die Vergangenheit ausgekundschaftet hat, dass immer nur das anvisierte Opfer den Wagen benutzt, am Tattag dann aber doch jemand anderes. Auf dem Boden der Zufallslösung wäre auch hier der Täter aus dem Vorsatzdelikt zu bestrafen. Ähnlich für eine Giftfalle *Jahn/Schmitt-Leonardy*, JuS 2020, 605, 609.

Wahrscheinlichkeit ein vorher gegebenes Gesicht richtig zuordnen kann. Wird das Opfer dann verfehlt, läge nach der Individualisierungslösung nur eine aberratio ictus-Konstellation vor, sprich der Täter würde aus dem Fahrlässigkeitsdelikt und dem versuchten Delikt bestraft werden. Es wird also auf die technischen Fähigkeiten des jeweiligen KI-Systems ankommen, aus denen selbst eine ausreichende Individualisierung bejaht werden kann, sofern sie fortschrittlich genug sind und dem Täter bekannte Evaluationen gezeigt haben, dass eine Verwechslung extrem unwahrscheinlich ist und er diese Unwahrscheinlichkeit der Verfehlung entsprechend in seinen Vorsatz aufnimmt. Kann das KI-System das Opfer nicht zuordnen, ergeben sich keine Besonderheiten zu den klassischen Fällen. Setzt sich dagegen der Grundsatz durch, dass es bei der Beurteilung darauf ankommt, ob sonst eine Zufallshaftung bestehen würde, so ergeben sich auch hier keine neuen Probleme; im Gegenteil, die Gesichtserkennungssoftware würde noch wahrscheinlicher gewährleisten, dass jedenfalls *ein* Mensch (und kein anderes Tatobjekt) getroffen wird, sodass es gerade „vorprogrammiert“[1185] ist, dass ein Mensch getroffen wird. So würde stets aus dem Vorsatzdelikt bestraft.[1186]

## D. Die Dilemmasituation

Ein spezifisches Problem bei der Verantwortungszuschreibung an den Menschen im Rahmen des Vorsatzes, der sich bei KI-Systemen neu stellt, ist die Dilemmasituation.[1187] Die Dilemmasituation bildet in ihrer hier gemeinten klassischen Ausprägung den Fall des quantitativen Lebensnotstandes ab. Erstmalig wurde dies anhand der Weichenstellerkonstellation diskutiert.[1188] Parallel stellt sich nun auch

---

1185 So der Kernbegriff nach *Gropp*. Insoweit kann das, wenn auch freilich nicht in einer Anstifterkonstellation, parallel zur Hoferbenproblematik argumentiert werden, denn dort liegt nach *Gropp* auch beim Hintermann eben kein Fall von aberratio ictus vor, weil die Gattungszugehörigkeit dort ebenfalls „vorprogrammiert“ ist, die Beauftragung ging dahin, einen bestimmten Menschen zu töten, *Gropp* in FS Lenckner, S. 55, 65. Vgl. auch *ders./Sinn*, AT, § 13, Rn. 179.

1186 Insbesondere kann man sich hier auch nicht mit einem beachtlichen Irrtum über den Kausalverlauf helfen, denn nach *Gropp* läge dies gerade nicht vor, wenn nur klar sei, dass jedenfalls ein Objekt derselben Gattung getroffen wird, *Gropp* in FS Lenckner, S. 55, 66 f.

1187 Mit ihr hat sich bereits 2016 eine vom Bundesminister für Verkehr und digitale Infrastruktur eingesetzte „Ethik-Kommission Automatisiertes und Vernetztes Fahren“ beschäftigt. Zum Bericht der Kommission siehe https://www.bmvi.de/SharedDocs/DE/Publikationen/DG/bericht-der-ethik-kommission.pdf?__blob=publicationFile (14.10.2024).

1188 In der Diskussion groß gemacht wohl von *Welzel*, ZStW 63 (1951), 47, 51 ff. Zuvor schon bei *Engisch*, Vorsatz und Fahrlässigkeit, S. 288. Es geht hier um den Fall, dass ein Gleisarbeiter einen Zug herannahen sieht. Bleibt der Zug auf seiner Fahrstrecke, werden sicher eine gewisse Anzahl von beim autonomen Fahren[1189] eine ähnliche Konstellation, wenn man sich den Fall denkt, dass das Fahrzeug in einer konkreten Situation nur noch weiterfahren oder ausweichen kann und in beiden Fällen eine gewisse Anzahl an Menschen töten wird. Das eine ist nur um den Preis des anderen zu haben. Prämisse ist dabei freilich, dass das autonome Fahrzeug die Situation korrekt erfasst und tatsächlich keine andere Alternative besteht. Ein gedachter Programmierer muss im Vorfeld entscheiden, wie das Fahrzeug in dieser Situation reagieren soll. Eben die Programmierung der korrekten Falllösung für die konkrete Situation, wie sie im Straßenverkehr auftreten kann, wird als Dilemma begriffen.

Die klassische Weichenstellerkonstellation wird im Strafrecht so gelöst, dass ein Nichtumstellen der Weiche zu einem tatbestandslosen Verhalten führt, weil hier eine Handlungs-, mit einer Unterlassungspflicht kollidiert, was für die einzig denkbare Strafbarkeit[1190] nach § 323c StGB ein Entfallen des tatbestandsmäßigen Zumutbarkeitskriteriums bedeutet.[1191] Im in diesem Sinne deontologisch[1192] geprägten deutschen Strafrecht geht die Unterlassungspflicht grundsätzlich der Handlungspflicht vor.[1193] Stellt der Gleisarbeiter die Weiche um, so missbilligt die Rechtsordnung diese Handlung als Unrecht. Die Nichtumlegung der Weiche ist also die rechtmäßige Alternative. Insbesondere kann den Gleisarbeiter die Rettung einer höheren Anzahl Menschen nicht nach § 34 StGB rechtfertigen, da eine Verrechnung menschlichen Lebens gegen Art. 1 I GG verstößt.[1194] Allerdings wird der Gleisarbeiter nach h. M. aus der Figur des übergesetzlichen entschuldigenden Notstandes entschuldigt, sofern er sich im Fall des quantitativen Lebensnotstandes befindet, da eine solche Drucksituation bzw. psychische Zwangslage ähnlich einer Situation des § 35 StGB ist und so keine Entscheidung zum Untätigbleiben verlangt werden kann.[1195] Die Grundlagen dieser Falllösung wurden auch von der zur Klärung der Dilemmasituation beim autonomen Fahren eingesetzten Ethikkommission bestä-

---

Menschen getötet. Stellt der Gleisarbeiter die Weiche um und lenkt den Zug auf ein anderes Gleis um, werden ebenfalls eine gewisse Anzahl von Menschen getötet, allerdings weniger als in dem Fall, in dem der Zug einfach weiterfährt und der Gleisarbeiter nichts tut.

**1189** Insofern ist das in Rede stehende Fahrzeug im Gedankenspiel ein Fahrzeug, das in dieser Situation ohne menschliche Einflussnahme fährt und fahren darf.

**1190** Sofern keine Garantenstellung besteht.

**1191** *Freund/Koch* in MüKo StGB, § 323c, Rn. 92 ff.

**1192** Deontologische Ethik insb. nach *Kant*, zusammenfassend und m. w. N. *Feldle*, Notstandsalgorithmen, S. 137 ff.

**1193** Zur „formalen Pflichtenkollisionen" etwa *Gropp/Sinn*, AT, § 5, Rn. 301 ff.

**1194** BVerfG 1 BvR 357/05 v. 15.02.2006 = BVerfGE 115, 118, 151 ff.; *Roxin/Greco*, § 16, Rn. 33 ff. m. w. N.

**1195** *Kühl*, AT, § 12, Rn. 92 ff.; *Rönnau*, JuS 2017, 113, 114 ff.; *Wörner*, ZIS 2019, 41, 44; *Rengier*, AT, § 26, Rn. 40 ff.; *Sternberg-Lieben* in Schönke/Schröder, Vor §§ 32 ff., Rn. 115; *Joerden* in Autonome Systeme und neue Mobilität, S. 73, 77 f.

tigt.[1196] Vergleicht man die Situation des Programmierers mit der des Gleisarbeiters, so sticht vor allem der folgende Unterschied heraus: Der Weichensteller muss intuitiv handeln, der Programmierer hingegen hat Zeit, sich mit dem Problem auseinanderzusetzen und eine fundierte Entscheidung zu treffen. Das Zeitelement der psychischen Zwangslage fehlt also völlig. Dadurch wird dem Programmierer grundsätzlich die Möglichkeit der Entschuldigung aus der Rechtsfigur des übergesetzlichen entschuldigenden Notstandes versperrt.[1197]

Das Dilemma der Programmierung, das hier in Rede steht, ist als Programmierung im klassischen Sinne und nicht im Sinne von Machine Learning zu verstehen. Würde seitens eines gedachten Programmierers[1198] dennoch versucht werden, keine bewusste Entscheidung im Sinne einer klassischen Programmierung zu treffen und das Verhalten völlig Machine Learning – in diesem Fall als Basis wohl Supervised Learning – überlassen werden, so käme das ohne genaue Kenntnis der Daten[1199] einem Zufallsgenerator gleich. Der Programmierer könnte gegebenenfalls auf die Daten des „Moral Machine"-Projektes[1200] zurückgreifen, was insoweit aber einer Entscheidung des Programmierers gleichkommt, da aus diesem Projekt klare und durch symbolische Repräsentation einprogrammierbare Kriterien abgeleitet werden konnten. Der gedachte Programmierer weiß zudem, dass es zu solchen Dilemmasituationen kommen kann und bei entsprechender Verbreitung des Produktes auch kommen wird. Daher handelt er im Hinblick auf den Erfolg in jedem Fall vorsätzlich im Sinne dolus directus zweiten Grades, weshalb er sich in der für ihn nachteiligsten Auslegung nach § 212 StGB oder sogar § 211 StGB (gemeingefährliches Mittel) strafbar machen könnte. Bleibt man bei dem Bild der klassischen Programmierung, sind die KI-prägenden Machine Learning Techniken bei diesem Problem also in erster Linie dafür relevant, dass sie autonomes Fahren als solches überhaupt ermöglichen, wodurch es zu der Situation kommen kann, dass ein gedachter Programmierer im Vorfeld entscheiden muss. Der Kern des Problems bleibt außerhalb der spezifischen KI-Methoden in einer „klassischen" Entscheidung.

---

**1196** Zum Bericht der Kommission siehe https://www.bmvi.de/SharedDocs/DE/Publikationen/DG/bericht-der-ethik-kommission.pdf?__blob=publicationFile (14.10.2024).

**1197** *Wörner*, ZIS 2019, 41, 45.

**1198** Freilich ist das eine grobe Vereinfachung der komplexen Prozesse innerhalb eines Unternehmens.

**1199** Gesetzt dem Fall, dass dazu überhaupt ausreichende Daten existieren, was an sich schon fraglich ist.

**1200** *Adwad/Dsouza/Kim/Schulz et al.*, Nature 2018, 59 ff.

In der Rechtsprechung ist die Falllösung in Bezug auf KI-Systeme noch ungeklärt, sodass sich nur auf die Literatur[1201] und die Rechtsprechung zu vergleichbaren Fällen, wie z. B. dem LuftSiG,[1202] gestützt werden kann. Insofern ist jedenfalls von vorneherein klar, dass eine Rechtfertigung nach § 34 StGB entfallen muss. Das kommunizierte Menschenwürdeverständnis lässt eine Abwägung von Menschenleben nicht zu,[1203] was die Quantifizierung und erst recht die Qualifizierung von Menschenleben betrifft.[1204]

Für das Generalvertrauen ist nur relevant, dass eine Lösung gefunden wird, die sich innerhalb der Regeln der kommunizierten Dogmatik abspielt und so anschlussfähig ist. Eine solche Lösung liefert *Wörner*[1205], die zeigen kann, dass die Strafrechtsdogmatik auch auf Basis der bisherigen Grundlagen eine Lösung bereithält. *Wörner* konzentriert sich auf den gefestigten Grundsatz, dass sich das deutsche Strafrecht im Grundsatz um Pflichten und nur zweitrangig um die Konsequenzen kümmert, und so bei einer Kollision von Handlungs- und Unterlassungspflicht die Unterlassungspflicht vorzuziehen ist.[1206] Daraus ergibt sich: Auch ein Algorithmus, der bei Kollision von Handlungs- und Unterlassungspflicht ein Nichteingreifen auslöst, ist als rechtmäßiger Algorithmus zu qualifizieren, und einem rechtswidrigen Algorithmus, der ein Ausweichen vorschreibt, und damit die

**1201** Lösung über das erlaubte Risiko: *Schuster* in Autonome Systeme und neue Mobilität, S. 99, 113 f.; *Hilgendorf* in Autonome Systeme und neue Mobilität, S. 143, 164 ff.; *Mitsch*, KriPoZ 2018, 70. Lösung über normativ kollidierende, gleichrangige Rettungsinteressen: *Weigend*, ZIS 2017, 599 ff. auf Grundlage von *Neumann* in FS Roxin I, S. 421 ff. Lösung über eine Verbindung der rechtfertigenden Pflichtenkollision und dem erlaubten Risiko: *Roxin/Greco*, § 16, Rn. 125l ff. Lösung über § 34 StGB wegen Abstraktheit der Opfer: *Hevelke/Nida-Rümelin*, JW&E 2015, 5, 11 f. entgegen der Rechtsprechung zum LuftSiG BVerfG 1 BvR 357/05 v. 15.02.2006 = BVerfGE 115, 118, 151 ff. Lösung über den übergesetzlichen entschuldigenden Notstand: So wohl *Engländer*, ZIS 2016, 608, 616. Lösung über die Annahme der Kollision zweier gerade nicht gleichwertiger Pflichten: *Wörner*, ZIS 2019, 41, 46 ff.; nahestehend *Joerden* in Autonome Systeme und neue Mobilität, S. 73, 82 ff. Daneben zur Sonderkonstellation der Gefahrgemeinschaft: *Wörner*, ZIS 2019, 41, 47; *Hörnle/Wohlers*, GA 2018, 12, 28 f. *Cramer*, Dilemma, S. 232 ff., bejaht bei der symmetrischen Gefahrgemeinschaft einen übergesetzlichen entschuldigenden Notstand. Daneben zur Konstellation des Defensivnotstandes: *Cramer*, Dilemma, S. 95 ff.

**1202** BVerfG 1 BvR 357/05 v. 15.02.2006 = BVerfGE 115, 118, 151 ff.

**1203** Jenseits von Sonderfällen wie der Notwehr oder der Tötung im Krieg.

**1204** Ausdrücklich zu ihrer Verankerung auch im Strafrechtssystem *Schneider* in MüKo StGB, Vor §§ 211 ff., Rn. 27, 29, aber auch mit der Feststellung, dass es nicht in jedem Fall konsequent durchgehalten wird, so etwa bei der indirekten Sterbehilfe. Mit kurzer Genese zur Verankerung des Gedankens im deutschen Recht *Hilgendorf* in Autonome Systeme und neue Mobilität, S. 143, 154.

**1205** *Wörner*, ZIS 2019, 41 ff.

**1206** *Wörner*, ZIS 2019, 41, 45 f.

Handlungspflicht wählen würde, stets vorzuziehen.[1207] Betrachtet man die Situation der Programmierung nun parallel zu derjenigen, in der ein menschlicher Autofahrer entscheiden müsste, so zeigt sich: Der menschliche Autofahrer handelt nur dann rechtmäßig, wenn er nicht ausweicht.[1208] Die Programmierung nimmt vorweg, wie ein Fahrer von Rechts wegen zu entscheiden hätte. Dabei kollidiert Handlungs- mit Unterlassungspflicht; Ausweichen und Nichtausweichen.[1209] Insofern ergibt sich ein eindeutiges und für den Programmierer umsetzbares Ergebnis: Er muss so programmieren, dass das Fahrzeug in solchen Situationen nicht ausweicht.[1210] Das verbietet dann auch konsequent den Einsatz eines Zufallsgenerators.[1211] Insofern brächte dies eine Lösung, die Erwartungen klar mitteilt, Verantwortung zuschreiben kann und bisheriger Kommunikation nicht widerspricht. Sie wäre geeignet, Generalvertrauen aufrecht zu erhalten.

Noch ist unklar, welcher Lösung das Strafrechtssystem für die Dilemmasituation letztlich tatsächlich folgen wird. Dass das Problem der Dilemmasituation bei der Verantwortungszuschreibung zu einer Zerstörung von Generalvertrauen führt, erscheint dennoch unwahrscheinlich. Schon weil solche Fälle nur höchst selten auftreten, wird die Anzahl der möglichen beobachtbaren Diskrepanzen extrem gering sein. Es ist seit Einführung des Kfz kein einziger Fall einer Dilemmasituation im Straßenverkehr bekannt geworden.[1212] Allerdings werden autonome Fahrzeuge deutlich mehr Daten aufzeichnen als im rein menschengesteuerten Verkehr bisher üblich, sodass der Nachweis des Auftretens einer Dilemmasituation wahrscheinlicher wird und damit auch sein Eingang in die Kommunikation des Strafrechtssystems.[1213] Dennoch wird dadurch das vom Generalvertrauen in den Blick genommene Handlungspotential der Beobachter von vorneherein nur unwesentlich eingeschränkt werden: Der durchschnittliche Beobachter wird sich weniger Gedanken über eine mögliche Dilemmasituation machen als vielmehr über eine

1207 *Wörner*, ZIS 2019, 41, 45; *Joerden* in Autonome Systeme und neue Mobilität, S. 73, 87.

1208 Vgl. auch *Joerden* in Autonome Systeme und neue Mobilität, S. 73, 84 f.

1209 *Wörner*, ZIS 2019, 41, 47.

1210 *Wörner*, ZIS 2019, 41, 48.

1211 Für den Zufallsgenerator etwa *Weigend*, ZIS 2017, 599, 603. Für denkbar hält ihn auch *Schuster* in Autonome Systeme und neue Mobilität, S. 99, 110.

1212 *Lutz* in Recht und Praxis automatisierter und autonomer Systeme, S. 389, 399.

1213 Vollautomatisierte Fahrzeuge unterfallen Art. 11 der Verordnung (EU) 2019/2144. Die zugehörige Durchführungsverordnung C(2022)5402, in der insbesondere in Anhang II auch umfassende Herstellerpflichten zu finden sind. Insbesondere werden für den Ereignisdatenspeicher unter Anhang II. 9. umfangreiche Aufzeichnungspflichten festgelegt. Auch in § 1g I StVG sind Aufzeichnungen festgelegt. Freilich können zudem auch selten auftretende Fälle in der Kommunikation einen deutlichen Widerhall finden.

mögliche Fehlerhaftigkeit des Fahrzeugs, die auf der Fahrlässigkeitsebene relevant wird.

## E. Fazit

Es hat sich gezeigt, dass KI-Systeme keine größeren Besonderheiten und Überraschungen in der Verantwortungszuschreibung in Vorsatzkonstellationen bereithalten. Das liegt darin begründet, dass die Black Box-Eigenschaft der KI-Systeme sich rechtlich im Vorsatz nicht durchgreifend auswirkt. Das Strafrechtssystem geht mit Irrtümern im Kausalverlauf, die gerade durch die Black Box-Eigenschaft der KI-Systeme hervorgerufen werden könnten, sehr großzügig um. Die Hürden für einen tatsächlich beachtlichen Irrtum sind sehr hoch und werden auch von den erwartbaren Fehlvorstellungen in Bezug auf KI-Systeme und auf durch sie herbeigeführte Erfolge nicht insoweit berührt, dass sich ungewöhnliche Konstellationen ergeben. Auch bei Konstellationen der aberratio ictus und Distanzdelikten kann fortgefahren werden wie bisher. Hier kann sich im Einzelfall – sofern dies für maßgeblich erachtet wird – die ausreichende Individualisierung bereits aus der Natur des KI-Systems selbst ergeben, sofern diese auch in den Vorsatz des Täters aufgenommen wurde. Unter der konsequenten Fortführung des Gedankens des Ausschlusses der Zufallsverantwortlichkeit dürften sich dagegen auch hier keine Besonderheiten ergeben. Zudem werden für die Vorsatzzuschreibung an den Hersteller so hohe Hürden verlangt, dass in kaum einem Fall beim Hersteller überhaupt eine Vorsatzkonstellation denkbar ist. Auch mit der seltenen Sonderkonstellation der Dilemmasituation kann umgegangen werden. Der Fokus des zweiten Teils wird dementsprechend auf dem Fahrlässigkeitsdelikt liegen.

# § 8 Fragen der Fahrlässigkeit

Wesentlich relevanter als die Fragen, die sich im Rahmen der Intentionalität stellen, dürften – sowohl für die Praxis wie auch für das Generalvertrauen – die Fragen der Fahrlässigkeitsstrafbarkeit sein. Trotz aller fundierter Kritik[1214] hält sich für die Fahrlässigkeitsstrafbarkeit die Lehre von der Sorgfaltspflichtverletzung als die wohl noch vorherrschende Lehre[1215] und die von der Rechtsprechung[1216] präferierte. Das Strafrechtssystem hält an dieser Lehre fest, sodass auch diese Arbeit sie bei der Analyse der Innenperspektive zugrunde zu legen hat. Nur wenn diese Lehre die Verantwortungszuschreibung viabel begründen kann, kann Generalvertrauen im Status quo aufrechterhalten werden. Wendet sich das Strafrechtssystem einer anderen Interpretation der Fahrlässigkeit zu, so kann sich dieses Ergebnis freilich ändern.

Dementsprechend ist das Kommende vorgezeichnet: Zunächst wird auf die Sorgfaltspflichten eingegangen (A.), die den Anknüpfungspunkt für alles weitere darstellen, sodass eine Betrachtung auch spezifischer Sorgfaltspflichten lohnt. Anschließend werden diverse Rechtsfiguren untersucht, die sich – untechnisch – als Grenzen der Sorgfaltspflichten begreifen lassen (B.). Dazu gehört insbesondere die für die Verantwortungszuschreibung in Bezug auf KI-Systeme von einem großen Teil der Literatur als Hauptproblem gesehene Vorhersehbarkeit (II.). Daneben finden Konformitätsbewertungen durch unabhängige Stellen (I.), die Zumutbarkeit (III.), der Vertrauensgrundsatz (IV.) und die im Rahmen der Diskussion um KI-Systeme prominent vertretene Figur des „erlaubten Risiko" (V.) ihren Platz. Danach werden die Zurechnungsfragen im engeren Sinne untersucht (C.). Beim Pflichtwidrigkeitszusammenhang (III. 2.) und in der Abgrenzung nach Verantwortungsbereichen (IV. 2.) werden sich die Hauptprobleme der Verantwortungszuschreibung auftun.

---

1214 Siehe mit umfassender Kritik und vielen weiteren Nachweisen bei *Duttge*, Fahrlässigkeit, S. 40 ff.; *ders.* in FS Fischer, S. 201, 203 ff.; zusammenfassend *Kudlich* in BeckOK StGB § 15, Rn. 37 ff.

1215 Siehe nur *Gaede* in Matt/Renzikowski, § 15, Rn. 33; *Kudlich* in BeckOK StGB, § 15, Rn. 35; *Sternberg-Lieben/Schuster* in Schönke/Schröder, § 15, Rn. 118; *Fischer*, StGB, § 15, Rn. 20, 23; *Rengier*, AT, § 52, Rn. 7; *Kühl* AT, § 17, Rn. 8; *Münster*, Innovation, S. 24; *Simmler* in Maschinenethik, 453, 462; *Wigger*, Automatisiertes Fahren, S. 154 ff.; *Gless/Weigend*, ZStW 126 (2014), 561, 580.

1216 BGH 4 StR 41/52 v. 25.09.1952 = BGHSt 3, 203; BGH 2 StR 549/89 v. 06.07.1990 = BGHSt 37, 106; BGH 3 StR 442/99 v. 19.04.2000 = NJW 2000, 2754, 2758; BGH 2 StR 239/02 v. 14.03.2003 = NStZ 2003, 657, 658; BGH 1 StR 64/17 v. 20.09.2017 = NJW 2018, 961, 962.


https://doi.org/10.1515/9783111714301-009

# A. Sorgfaltspflichten

Den Ausgangspunkt der Untersuchung bilden die Sorgfaltspflichten. Eine Verletzung derselben ist nicht nur Voraussetzung für die strafrechtliche Fahrlässigkeitshaftung, die Sorgfaltspflichten sind auch Anknüpfungspunkt für alle weiteren Überlegungen zur Verantwortungszuschreibung an den Menschen im Rahmen der Fahrlässigkeit. Zunächst wird untersucht, wie Sorgfaltspflichten im Strafrechtssystem bestimmt werden, durch Herausarbeitung der Grundlagen (I. 1.), der Einordnung der überaus wichtigen Sondernormen (I. 2.) und der Frage der Übertragbarkeit der zivilrechtlichen Judikatur (I. 3.). Es folgt die Herausarbeitung der Pflichten bei Herstellung (II.) und Nutzung (III.) von KI-Systemen.

## I. Bestimmung von Sorgfaltspflichten im Strafrecht

### 1. Grundlagen

In der Konzeption der Fahrlässigkeit lässt sich in der Innenperspektive nicht die Erfolgsverursachung als solche bestrafen, sondern nur ein Verhalten, das auch einen Handlungsunwert in sich trägt. Im StGB findet sich keine Norm, die sich mit dem Handlungsunwert des Fahrlässigkeitsdeliktes an sich auseinandersetzt. So wird allgemein im Strafrecht als „Grundformel" § 276 II BGB herangezogen und sein Gedanke vom Strafrechtssystem übernommen. Danach handelt fahrlässig, wer die im Verkehr erforderliche Sorgfalt außer Acht lässt. Der Handlungsunwert liegt in der erfolgsbegründenden Sorgfaltspflichtverletzung. Sie folgt in der Innenperspektive einem objektiv-generalisierenden Maßstab.[1217]

Aus Sicht des hiesigen Straftatbegriffes[1218] geht es bei der Fahrlässigkeit wiederum um die Frage, ob eine vorwerfbare Mitteilung vorliegt. Es wird dabei ein anderer Ausdruck als beim Vorsatz gewählt, ein anderes „Wie" der Mitteilung. Der Täter bringt beim Fahrlässigkeitsdelikt in seiner Mitteilung eine fehlende Vermeidemotivation zum Ausdruck, wenn er sich sorgfaltswidrig verhält. Fällt dies mit einer Rechtsgutsverletzung, also dem Erfolg zusammen, kommt es zu einer Diskrepanzbeobachtung. Erwartungen richten sich aus der Beobachterperspektive nie an ein psychisches System im eigentlichen Sinne, sondern immer an die *Person*, die dem psychischen System in der Kommunikation übergestülpt wird und in der die

---

**1217** Siehe nur *Gropp/Sinn*, AT, § 12, Rn. 42 f.; *Rengier*, AT, § 52, Rn. 15; *Schwartz*, Strafrechtliche Produkthaftung, S. 69 f.

**1218** § 3 E., S. 171 ff.

Erwartungen in Form einer bestimmten zugeschriebenen Rolle[1219] stecken. Verletzt diese *Person* eine Pflicht, die dieser Rolle zukommt, kann das Strafrecht tätig werden. Die Sorgfaltspflichten knüpfen direkt an die Rolle an. Die soziale Rolle,[1220] die im hiesigen Verständnis der Person zum Ausdruck kommt, ist in der psychischen Realität des Menschen von großer Bedeutung, wie bereits zahlreiche Experimente indizieren konnten.[1221]

Die Innenperspektive deckt sich mit dieser Erkenntnis: Die im Verkehr erforderliche Sorgfalt seien die Verkehrsgepflogenheiten der gewissenhaften und verständigen Angehörigen des Verkehrskreises,[1222] bzw. die Durchführung der Tätigkeit im Sinne eines einsichtigen Dritten in der Lage des Täters,[1223] bzw. die Sorgfalt, die von einem besonnenen und gewissenhaften Dritten aus dem Verkehrskreis des Täters[1224] in der konkreten Situation aus einer ex ante-Sicht zu erwarten gewesen wäre.[1225] Im Wesentlichen sagen diese verschiedenen Beschreibungen dasselbe aus. Dieser gewissenhafte/einsichtige/verständige Dritte aus dem Verkehrskreis des Täters ist ebenjene Rolle, die dem Täter in der Kommunikation zugeschrieben wird. Für die Zwecke der Beschreibung der Fahrlässigkeitsstrafbarkeit wird diese Rollenzuschreibung von nun an kurz als die „Maßfigur" bezeichnet werden. Im Ausgangspunkt[1226] wird die Maßfigur hiesig zunächst als eine faktische Betrachtung

1219 Durch die personale Zuschreibung, die in der Selektion *Egos* eines Verhaltens als Mitteilung bereits enthalten ist, wird dem Handelnden, also *Alter*, die in dieser Person steckende Rolle zugeschrieben. Diese Rolle wird gerade durch die im Strafrechtssystem kommunizierten Erwartungen ausgefüllt. Weicht *Alter* in seiner personalen Zuschreibung von dieser Rolle ab, so entsteht die Diskrepanz. Mit dem Begriff der Rolle arbeitet auch *Jakobs*, ZStW 107 (1995), 843, 861, dort in Bezug auf objektive Zurechnung.

1220 Wörtlich greift die soziale Rolle etwa auch BGH 2 StR 239/02 v. 14.03.2003 = NStZ 2003, 657, 658 auf.

1221 Besonders bekannt sind das *Milgram*-Experiment, dazu aus strafrechtlicher Perspektive *Kargl*, Schlußfolgerungen Milgram, S. 10 ff., und das Stanford Prison Experiment. Daneben können u. a. aus dem *Hawthorne*-Experiment und dem Good-Samariter-Experiment ähnliche Schlussfolgerungen gezogen werden. Die Ergebnisse des Stanford Prison Experiments wurden aber ob der Versuchsbedingungen immer wieder angezweifelt, kürzlich etwa *Haslam/Reicher/van Bavel*, American Psychologist 2019, 809 ff.

1222 Siehe nur BGH 2 StR 239/02 v. 14.03.2003 = NStZ 2003, 657 f.; *Gropp/Sinn*, AT, § 12, Rn. 42 f.; *Kühl*, AT, § 17, Rn. 25 m. w. N.

1223 *Sternberg-Lieben/Schuster* in Schönke/Schröder, § 15, Rn. 133 in Bezugnahme auf *Engisch*.

1224 Also bei der Herstellung eines KI-Systems etwa ein Data Scientist, ein Machine Learning Modeler oder ein Machine Learning Engineer.

1225 BGH 3 StR 442/99 v. 19.04.2000 = NJW 2000, 2754, 2758; BGH 2 StR 239/02 v. 14.03.2003 = NStZ 2003, 657, 658; BGH 1 StR 422/04 v. 01.02.2005 = NStZ 2005, 446, 447; *Gaede* in Matt/Renzikowski, § 15, Rn. 39; *Heger* in Lackner/Kühl/Heger, § 15, Rn. 37; *Rengier*, AT, § 52, Rn. 15.

1226 Das wird im Folgenden noch eingeschränkt.

des durchschnittlichen Dritten des Verkehrskreises des Täters verstanden. Handelt der durchschnittliche Dritte mit gleicher Sorgfalt wie der Täter, so hat auch der Täter die notwendige Sorgfalt an den Tag gelegt und hat kein Handlungsunrecht verwirklicht. Es kann keine Diskrepanz zwischen der Erwartung an die Rolle der Person des Täters und seiner Handlung beobachtet werden. Legt der Täter die Sorgfalt, die erforderlich wäre, dagegen nicht an den Tag, so weicht er von seiner ihm zugeschriebenen Rolle, der Maßfigur ab und kann Diskrepanzbeobachtungen hervorrufen, was die Erhebung eines strafrechtlichen Vorwurfs in gewissen Fällen auch in Abwesenheit des Vorsatzes notwendig macht.

Das ergibt sich durch eine Rückkoppelung an den Gedanken des Generalvertrauens: Wird eine Verhaltensnorm durch faktisches Verhalten in diesem Sinne gesellschaftlich konstruiert (eben in der Wahrnehmung einer Person und ihrer Rolle), vertrauen die Beobachter auf die Einhaltung dieser Norm, aber nicht weiter. Das Strafrecht greift dies durch das ausfüllungsbedürftige Merkmal der Sorgfaltspflichten in der Kommunikation auf. Insofern wäre eine Bestrafung über diese faktische Norm hinaus nicht notwendig um Generalvertrauen aufrecht zu erhalten, da eine Diskrepanz in der Beobachtung gar nicht erst entstanden ist. Sie wäre sogar schädlich, da es ohne weitere Kommunikation willkürlich daherkäme und so Systemvertrauen zum Strafrecht zerstört würde. Dabei gibt es Erwartungen, die nur an bestimmte Personen gerichtet werden, was gerade durch die Maßfigur ausgedrückt wird (Hersteller eines Chatbot-KI-Systems, Technische Aufsicht eines autonomen Fahrzeugs, Kardiologe etc.) und solche, die an alle deliktischen Personen allgemein gestellt werden.

### 2. Sondernormen

Der Schluss, dass die erforderliche Sorgfalt identisch mit der tatsächlich ausgeübten Sorgfalt der Pflichtigen ist, sich also nach dem tatsächlichen Durchschnittsverhalten eines Dritten aus dem Verkehrskreis des Täters richtet, ist allerdings nur im Ausgangspunkt richtig. Die Zuschreibungen an die Maßfigur werden nicht nur durch Empirie, sondern vor allem normativ vorgenommen. Das Recht kann, meist durch die Eingaben des politischen Systems oder des Wirtschaftssystems, bei der Maßfigur nachsteuern. Dies geschieht durch Sondernormen, die ausdrücklich Sorgfaltspflichten normieren. Das politische System reguliert als Ausdruck der gesellschaftlichen Konstruktion Verhaltenspflichten. Insofern ist dies Ausdruck davon, dass die Gesellschaft die faktischen Verhaltenspflichten, die im Grundsatz von den Pflichtigen selbst bestimmt werden würden, für nicht ausreichend hält, um Rechtsgüter zu schützen, und dies über das politische System und das Rechtssystem kommunikativ zum Ausdruck bringt. Ansonsten könnte sich die Maßfigur bei besonders monopolartigen Produktzweigen, wie das auch in Teilen bei Machine

Learning-Systemen der Fall ist, sogar aus der jeweiligen Best Practice von großen KI-Unternehmen wie Amazon[1227] und Google[1228] bestimmen. Der Verstoß gegen außerstrafrechtliche, aber gesetzlich normierte Sondernormen führt grundsätzlich[1229] zur Annahme einer Sorgfaltspflichtverletzung.[1230]

Auch die Pflichtigen selbst geben sich durch nichtstaatliche Sondernormen über private Normungsorganisationen einen eigenen Standard und verstetigen so Kommunikation über die Sorgfaltspflichten und die Maßfigur. Allerdings ist der Normungsprozess dieser privaten Normungsorganisationen so organisiert, dass alle interessierten Kreise[1231] am Prozess teilnehmen können und nicht die Hersteller, d. h. die Pflichtigen, allein entscheiden können. So stellt auch die Normung in den privaten Normungsorganisationen einen verstetigten gesellschaftlichen kommunikativen Diskurs dar. Das ist unumgänglich, trotz aller Kritik[1232], da das politische System mit der Regelung von Pflichten zu jedem einzelnen Produkt völlig überfordert wäre.[1233] Produkte und Innovationen treten in einer viel zu großen Vielfalt auf[1234], außerdem hat das politische System keine Möglichkeit, eine ausreichend breite Expertise aufzubauen, um dies alles zu regeln.

Diese Sondernormen, gerade der privaten Normungsorganisationen, haben nach dem autopoietischen Selbstverständnis des Strafrechtssystems allerdings lediglich *indizielle* Wirkung[1235]; sie regulieren nur. In der Sprache der Rechtsprechung sind die Normen der privaten Normungsorganisationen auf freiwillige Anwendung

---

**1227** https://aws.amazon.com/de/blogs/machine-learning/category/post-types/best-practices/ (14.10.2024).

**1228** https://developers.google.com/machine-learning/guides/rules-of-ml/ (14.10.2024).

**1229** Eine Ausnahme ist dort zu machen, wo derartige Vorschriften allgemein bekannt überholt sind oder im konkreten Einzelfall ihre Einhaltung zu einem noch höheren Schaden führt.

**1230** Überzeugende Herleitung von *Kudlich* in FS Otto, S. 373, Ergebnis auf S. 387 f. Das Einhalten der Sondernorm führt umgekehrt nicht zur zwingenden, aber regelmäßigen Annahme, dass die Sorgfaltspflichten erfüllt wurden.

**1231** *Wellnitz*, Neue Konzeption, § 2 B. I. 2. b.) (ii.) m. w. N., im Erscheinen.

**1232** Zur Kritik siehe *Beck*, ZStW 131 (2019), 967, 969 f.

**1233** *Wellnitz*, Neue Konzeption, § 2 A. II. 1. m. w. N., im Erscheinen.

**1234** Allein in Deutschland existieren etwa 34.000 DIN-Normen, https://www.din.de/de/ueber-normen-und-standards/basiswissen (14.10.2024).

**1235** Siehe nur BGH 3 StR 894/52 v. 23.04.1953 = BGHSt 4, 182, 185; BGH 5 StR 327/03 v. 13.11.2003 = BGHSt 49, 1, 5 f. Eine umfangreiche Rechtsprechungsanalyse findet sich bei *Duttge*, Fahrlässigkeit, S. 272 ff. Im Strafrechtswissenschaftssystem ist dies ebenso etabliert, ausführlich kürzlich *Beck*, ZStW 131 (2019), 967, 968 ff. Daneben *Kudlich* in FS Otto, S. 373, 374; *Schwartz*, Strafrechtliche Produkthaftung, S. 72 ff.; *Rengier*, AT, § 52, Rn. 17; *Roxin/Greco*, § 24, Rn. 16; *Heger* in Lackner/Kühl/Heger, § 15, Rn. 39; *Beck* in Handbuch des Strafrechts 2, § 36, Rn. 110 ff.

angelegte Empfehlungen, die keine rechtliche Bindungswirkung entfalten.[1236] De facto ist es aber so, dass diese Sondernormen in aller Regel auch von den Gerichten angewendet werden und im strafrechtlichen Kontext zu Sorgfaltspflichten führen. Sie zeigen sich für das Strafrechtssystem sehr anschlussfähig. Von den Gerichten wird das oft so begründet, dass für die Maßfigur der Stand der allgemein anerkannten Regeln der Wissenschaft und Technik relevant sei, und private Normungen wie die der DIN oder der ISO die Vermutung in sich tragen, dass sie diesen Stand abbilden.[1237] Um den Einfluss der privaten Normungen auf die Rechtsprechung zu untersuchen, befasst sich eine empirische Studie der Kommission „Arbeitsschutz und Normung"[1238] vom Dezember 2016 umfassend mit der (allgemeinen) Rechtsprechungspraxis zu den technischen Normen, also den Sondernormen, die Ausfluss privater Normungsorganisationen sind. Nur in drei der untersuchten 69 repräsentativen Gerichtsverfahren wurde dabei eine Normaussage von den Gerichten für ungeeignet gehalten.[1239] Diese Fälle lagen aber speziell. In einem Fall hatte die Beklagte bereits Kenntnis von der Gefährlichkeit ihres Produktes, die die dazugehörige DIN-Norm zwar nicht berücksichtigt hatte, aus diesem Grund aber bereits eine Änderung der Norm auf den Weg gebracht worden war. Die noch geltende Norm allein konnte sie deshalb nicht entlasten.[1240] Im zweiten, diesmal öffentlich-rechtlichen Fall ging es lediglich darum, ob das Gericht bei der Beurteilung einer Emission eine entsprechende VDI-Richtlinie ansetzen könne. In diesem Fall waren die Normen selbst noch im Entwurfsstadium und zahlreichen Einwendungen ausgesetzt, sodass das Gericht sie letztlich entgegen früherer Urteile anderer Gerichte[1241] nicht verwendete.[1242] Sie hätte auch in einem strafrechtlichen Kontext nicht als Determinierung der Maßfigur herangezogen werden können. Im dritten Fall, ebenfalls im öffentlichen Recht angesiedelt, wird die Norm nicht für völlig ungeeignet gehalten, sondern lediglich nach ihrer Historie und dem Telos ausgelegt und

---

**1236** Aus dem Zivilrecht etwa BGH VI ZR 95/03 v. 03.02.2004 = NJW 2004, 1449, 1450. *Spindler*, Verantwortlichkeiten von IT-Herstellern, Nutzern und Intermediären, Rn. 145, mit Nachweisen der Rechtsprechung.

**1237** Vgl. z. B. BGH V ZR 182/12 v. 24.03.2013 = MDR 2013, 961, 962; BGH VI ZR 190/87 v. 01.03.1988 = FamRZ 1988, 810, 811; OLG Dresden 9 U 2245/02 v. 25.02.2003 –, juris, Rn. 16 f.; LG Mannheim 3 O 17/14 v. 23.10.2014 = ZMR 2015, 497, 498 f. Umfassend zu allen Begründungsmustern der Rechtsprechung für die Geeignetheit siehe *Wilrich*, KAN-Studie 12/2016, S. 39 ff.

**1238** *Wilrich*, KAN-Studie 12/2016.

**1239** *Wilrich*, KAN-Studie 12/2016, S. 26, 52 f.

**1240** BGH VI ZR 150/93 v. 27.09.1994 = BB 1994, 2307.

**1241** VGH BW 5 S 2193/93 v. 27.05.1994 = VBlBW 1995, 26; HessVGH 3 TG 50/95 v. 16.03.1995 = NVwZ-RR, 1995, 633.

**1242** BayVGH 2 ZB 10.2894 v. 24.04.2012 –, juris, Rn. 12.

insofern der Wortlaut der Norm an einem bestimmten Punkt eingeschränkt.[1243] Insofern ist nur der erste Fall[1244] als eine echte Annahme von Ungeeignetheit der Norm durch das Gericht anzusehen, was noch deutlicher macht, dass die Normen der privaten Normungsorganisationen de facto die Maßfigur determinieren. Die Sondernormen auch der privaten Normungsorganisationen, die zunächst ein „prima-facie-Beweis“[1245] für die Einhaltung oder Missachtung der Sorgfaltspflichten sind, werden kaum je zu widerlegen sein. Das gilt erst recht bei KI-Methoden, die nur von wenigen Unternehmen überhaupt umgesetzt werden können. Ein Sachverständiger, der die Sorgfaltspflichten im Einzelfall tatsächlich beurteilen und so eine Beurteilung der Gerichte gegen die Sondernormen der Normungsorganisationen realistisch werden lassen kann, wird kaum zu finden sein.

Insofern haben die Sondernormen eine überragende Bedeutung für die Maßfigur und damit auch für die Bestimmung der Sorgfaltspflichten. Soweit Sondernormen bestehen, wird die Maßfigur in der Regel dadurch determiniert und sonst faktisch bestimmt. Die Untersuchung von Sondernormen für KI-Systeme wird deshalb essentiell sein, um die Pflichten zu bestimmen.

Um das Vorherige plastischer zu machen: Wenn es faktisch Standard ist, ein Auto auch ohne ABS in den Verkehr zu bringen, ist selbige Handlung nicht sorgfaltswidrig. Soll dies sorgfaltswidrig sein, muss sich die Maßfigur verändern; durch Regelung des politischen Systems oder ausgedrückt durch die Normung in privaten Normungsorganisationen, die solche Änderungen der Maßfigur abbilden. *Goll* hat dargelegt, dass die vom Hersteller zu gewährleistende Sicherheit und damit die einzuhaltenden Sorgfaltspflichten direkt mit der Verbrauchererwartung zusammenhängen.[1246] Verbraucher erwarten durchschnittlich in der Regel nicht mehr, als standardmäßig geboten oder individuell zugesichert wird. Ist ABS kein Standard, wird ein Verbraucher auch nicht erwarten, einen Unfall zu überstehen, der mit ABS glimpflich ausgegangen wäre. Das gilt auch für die im Ledersprayurteil[1247] angesprochenen „Ausreißer“. Kein Verbraucher erwartet völlige Fehlerlosigkeit bei je-

1243 BayVGH 22 BV 13.2531 v. 15.12.2014 –, juris, Rn. 51ff., auch zu finden in ZUR 2015, 367ff., allerdings mit unvollständiger Begründung.

1244 Die Studie beschreibt noch den Fall des BVerwG 4 N 6/88 v. 18.12.1990 = NVwZ 1991, 881, 883, in dem eine DIN-Norm nicht als Grenzwert herangezogen wurde. Hier geht es aber nicht um Sorgfaltspflichten, außerdem hatte sich die DIN-Norm selbst nicht als Empfehlung für solche Grenzwerte verstanden. Der in der Studie zuletzt beschriebene Fall BayVGH 4 N 12.2074 v. 26.06.2015 = BeckRS 2014, 58740 stellte nur die Selbstverständlichkeit klar, dass Gemeinden in ihren Satzungen von DIN-Normen abweichen können.

1245 Treffend *Spindler* in Robotik im Kontext von Recht und Moral, S. 63, 71.

1246 *Goll* in Produkthaftungshandbuch 1989, § 45, Rn. 36, abgeleitet aus der zivilrechtlichen Darstellung von *Foerste* in Produkthaftungshandbuch 1989, § 24, Rn. 4ff.

1247 BGH 2 StR 549/89 v. 06.07.1990 = BGHSt 37, 106ff.

dem Produkt, weil das schlicht nicht möglich ist. Er akzeptiert die damit einhergehenden Unsicherheiten. Die Grenze der Verbrauchererwartung werden in aller Regel vom Gesetzgeber und von privaten Normungsorganisationen aufgestellte Regelwerke bilden. Besonders die DIN-, ISO-, VDI- und VDE-Regelwerke scheinen dabei in den Wirklichkeiten der jeweiligen Verbraucher präsent zu sein. So gespiegelt fügt sich das direkt in die Strafrechtstheorie ein. Wenn sich die Strafbarkeitsvoraussetzungen in Gestalt der Sorgfaltspflichten jedenfalls indirekt an der Verbrauchererwartung orientieren, kommt es im Schadensfall gar nicht erst zu Diskrepanzen, anhand derer Generalvertrauen zerstört werden könnte.

### 3. Übertragung zivilrechtlicher Judikatur

Im Zivilrecht ergibt sich vor allem im deliktsrechtlichen Kontext die parallele Problematik, Verkehrspflichten zu formulieren. Nachdem es auch hier nur um die Bestimmung von Sorgfaltspflichten durch die Maßfigur geht, macht eine Orientierung an der zivilrechtlichen Judikatur, die insoweit deutlich mehr Urteile in dieser Sache gefällt hat, durchaus Sinn. Das sieht auch die strafrechtliche Rechtsprechung so, denn der BGH statuierte im Lederspravfall ausdrücklich, dass „dieselben Pflichten, die für die zivilrechtliche Produkthaftung maßgebend sind, auch die Grundlage strafrechtlicher Verantwortlichkeit bilden"[1248]. Damit ist zwar nichts Endgültiges über die Übertragung der zivilrechtlichen Judikatur auf das Strafecht ausgesagt, doch ist zumindest eine deutliche Tendenz ersichtlich. Allerdings darf nicht außer Acht gelassen werden, dass das Zivilrecht an dieser Stelle ein anderes Ziel als das Strafrecht verfolgt: Es zielt auf den Ausgleich von Vermögensschäden ab und geht überdies auch von einer durch wirtschaftliche Leistungsfähigkeit des Herstellers sowie Versicherbarkeit des Schadensrisikos geprägten Risikozuschreibung aus, sodass an Hersteller weitergehende Anforderungen gestellt werden können als im Strafrecht, bei dem es um Zurechnung strafrechtlicher Verantwortlichkeit geht.[1249] Zumindest lässt sich festhalten, dass das Strafrecht schon aus dem Gedanken des Ultima Ratio-Prinzips und der Einheit der Rechtsordnung[1250] nichts bestrafen will, wofür zivilrechtlich nicht gehaftet werden müsste. Darüber besteht Einigkeit.[1251] Umgekehrt ist dieser Schluss nicht so eindeutig zu ziehen, was

---

1248 BGH 2 StR 549/89 v. 06.07.1990 = BGHSt 37, 106, 114 f.

1249 *Sternberg-Lieben/Schuster* in Schönke/Schröder, § 15, Rn. 216, auch m. w. N. zum Streitstand; vgl. auch *Kuhlen* in Achenbach/Ransiek/Rönnau, 4. Teil, Kap. 1, Rn. 33.

1250 Zum Prinzip der Einheit der Rechtsordnung *Wörner*, Widersprüche Lebensschutz, § 9 A. (S. 341 ff.)

1251 So *Kuhlen* in Achenbach/Ransiek/Rönnau, 4. Teil, Kap. 1, Rn. 32 m. w. N. Vgl. auch *Münster*, Innovation, S. 61 f.; *A. Lohmann*, KI, S. 174 f.; *Wigger*, Automatisiertes Fahren, S. 151 ff.

das Strafrecht durch diverse zusätzliche Merkmale, die neben der Verletzung einer Sorgfaltspflicht zur Strafbarkeit erfüllt sein müssen, ausdrückt.

## II. Pflichten des Herstellers

Im Folgenden werden die Quellen der Sorgfaltspflichten in Bezug auf die Herstellung und Nutzung von KI-Systemen herausgearbeitet und aus diesen Quellen Pflichten extrahiert (1.). Abschließend werden mögliche Pflichten anhand des konkreten Beispiels eines auf Supervised Learning basierenden Systems aufgezeigt (2.). Die Herausarbeitung konkreter Pflichten ist auch deshalb für das Gesamtbild wichtig, weil die Sorgfaltspflichten Anknüpfungspunkt für die Vorhersehbarkeit, den Pflichtwidrigkeitszusammenhang und das Dazwischentreten Dritter im Rahmen der objektiven Zurechnung sind. Ohne Herausarbeiten von konkreten Sorgfaltspflichten, an die die Probleme in diesen Prüfungspunkten anknüpfen, wird die Beantwortung der Frage, ob die Verantwortungszuschreibung an den Menschen bei Rechtsgutsverletzungen durch KI-Systeme gelingt, nicht möglich sein.

Für die Hersteller ist eine Haftung wegen der Außerachtlassung von Sorgfaltspflichten im Herstellungsprozess, im Evaluationsprozess und nach Inverkehrbringen möglich. Diese generellen Sorgfaltsanforderungen konkretisieren sich bei den hier in Rede stehenden produktbezogenen Pflichten für KI-Systeme[1252] vor dem Inverkehrbringen in Konstruktions-[1253], Fabrikations- und Instruktionspflichten[1254] und nach dem Inverkehrbringen in Produktbeobachtungs- und Rückrufpflichten[1255]. Aus diesen allgemein gehaltenen Pflichten kann nur wenig Konkretes abgeleitet werden. Im Folgenden sollen mögliche Pflichten aus den bereits bestehenden und zukünftigen Rechtsquellen gewonnen, um ein deutlicheres Bild der Maßfigur des Herstellers zu zeichnen.

---

1252 Am Zivilrecht angelehnt.

1253 *Simmler* in Maschinenethik, S. 453, 465 fordert außerdem eine „Pflicht zur maschinellen Moral", was wohl unter die Konstruktionspflichten fallen würde. Eine ausreichende Begründung dieser Pflicht steht noch aus.

1254 Etwa zu Instruktionspflichten beim automatisierten Fahren *Hohenleitner*, Automatisierte Fahrzeuge, S. 344 ff.

1255 *Cornelius*, ZIS 2020, 51, 59; *Gless/Weigend*, ZStW 126 (2014), 561, 582; *Valerius* in Autonome Systeme und neue Mobilität, S. 9, 12 f.; *Münster*, Innovation, S. 57; *Haagen*, Verantwortung, S. 233 ff.; *ders./A. Lohmann*-in KI kompakt, S. 257, 281; *dies.* KI, S. 168 ff.; *Gortan*, CR 2018, 546, 548. Vgl. allgemein, außerhalb des KI-Kontextes für viele nur *Hilgendorf* in Criminal Compliance, § 10, Rn. 57. Speziell zu den Produktbeobachtungspflichten siehe *Schmid*, IT- und Rechtssicherheit, S. 186 ff. Ausführlich zu Produktbeobachtungspflichten im KI-Kontext *Schäfer*, AI, S. 299 ff.

### 1. Sondernormen zur Maßfigur

Bei KI-Systemen ergibt sich das besondere Problem, dass der Bereich in der kommerziellen und breiten Herstellung noch relativ neu ist. Zwar gibt es KI schon lange, aber bislang reichte es dennoch aus, für spezielle Produktbereiche spezielle Regelungen zu treffen, wie etwa die Medizinprodukterichtlinie, da die spezifischen Probleme der KI-Methoden erst seit dem Durchbruch von Machine Learning auftreten. Eine Besprechung aller Pflichten in den konkreten Anwendungsbereichen[1256] würde den Rahmen dieser Arbeit sprengen, sodass hier in erster Linie auf allgemein zu berücksichtigende Sorgfaltspflichten abgestellt werden wird, die sich aus den gewählten Methoden und dem potentiellen Risiko eines konkreten KI-Systems ergeben.

Für KI gibt es (noch) kein für alle Anwendungen geltendes Gesetz[1257], weder auf nationaler noch auf europäischer Ebene. Es stellt sich deshalb die Frage, welche Pflichten gelten, wenn ein Produkt so innovativ ist, dass es weder Sondernormen noch eine tatsächliche Verhaltensweise eines sorgfältigen Dritten gibt, an denen sich ein entscheidendes Gericht orientieren könnte. Dann bleibt nur noch eine hypothetische Prüfung, inwiefern sich ein besonnener Durchschnittsbürger in der Situation des Herstellers verhalten hätte; letztlich also eine einzelfallabhängige Risikoabwägung zwischen Schutzinteressen und Handlungsinteressen. Freilich werden so allgemein gehaltene Kriterien im Einzelfall schwerlich zu konkreten Pflichten führen. Insbesondere müsste der Hersteller vor der Herstellung und dem Inverkehrbringen selbst eine solche Analyse durchführen, wodurch sich die gerichtliche Kontrolle auf das Nachvollziehen dieser Risikoanalyse beschränken wird, denn die Aufgabe des Gerichts, über die Risikoanalyse hinaus Erwägungen anzustellen, wird angesichts der marktbeherrschenden und mit enormem Wissensvorsprung ausgestatteten Hersteller bei einer besonders innovativen Technologie kaum zu leisten sein.[1258] Die Maßfigur eines innovationstreibenden Herstellers dürfte aber auch gerade sein innovationsspezifisches Sonderwissen beinhalten und besondere Risikoerforschungspflichten auferlegen,[1259] die der Hersteller glaubhaft erfüllt haben müsste.

Allerdings ist der nationale Gesetzgeber zumindest punktuell bereits tätig geworden (a.), ebenso wie der Unionsgesetzgeber, der bald das erste allgemeine KI-Gesetz finalisieren wird (b.). Auch die extrem praxisrelevanten Normungsorgani-

---

1256 Weitere Sondernormen bespricht etwa *Schäfer*, AI, S. 174 ff.

1257 Für den Ausgangspunkt der strafrechtlichen Pflichtenbestimmung ließe sich auch die Generalklausel des § 3 II S. 1 ProdSG nutzbar machen, siehe dazu *Münster*, Innovation, S. 47 f.

1258 Vgl. auch *Münster*, Innovation, S. 56 f.

1259 *Münster*, Innovation, S. 58. Aus zivilrechtlicher Sicht *Röthel* in Innovationsverantwortung, S. 335, 354 f.

sationen (c.) waren nicht untätig, sodass sich das eben beschriebene Problem selbst bei KI-Systemen nur in Ausnahmefällen stellen wird.

### a. Nationaler Gesetzgeber

Auf nationaler Ebene bestehen für viele Produkte Zulassungserfordernisse, sodass das legale Inverkehrbringen eines völlig neuen Produktes ohne definierte Maßfigur in solchen Bereichen von vorneherein unmöglich ist. In den ersten nationalen Gesetzen werden KI-Methoden für spezielle Anwendungsbereiche gesondert berücksichtigt.[1260] Das hervorstechende Beispiel für ein Tätigwerden des nationalen Gesetzgebers auf dem Gebiet der KI-Systeme ist das „Gesetz zum autonomen Fahren“ [1261], welches im StVG das Inverkehrbringen autonomer Fahrzeuge erlaubt und gleichzeitig Pflichten für den Hersteller normiert, die gerade die Gefahren aufgreifen, die Machine Learning mit sich bringt.[1262]

### b. Unionsgesetzgeber, insbesondere die KI-Verordnung (EU) 2024/1689

Auch auf EU-Ebene gibt es mittlerweile einen Regelungsrahmen für bestimmte spezifische Produktbereiche: Vollautomatisierte Fahrzeuge unterfallen Art. 11 der Verordnung (EU) 2019/2144. Die zugehörige Durchführungsverordnung C(2022)5402, in der insbesondere in Anhang II auch umfassende Herstellerpflichten im Sinne von Anforderungen an das Fahrzeug zu finden sind, wurde am 05.08.2022 durch die Kommission angenommen. Ein Hersteller, der ein vollautomatisiertes Fahrzeug in Verkehr bringt, welches nicht in der Lage ist, die Anforderungen des Anhangs II der Durchführungsverordnung C(2022) 5402 zu erfüllen, wird regelmäßig sorgfaltswidrig handeln, da diese außerstrafrechtliche Sondernorm die Maßfigur determiniert. Anhang III normiert etwa sehr umfangreich die Kriterien der Konformitätsbewertung, letztlich also die Evaluationsanforderungen an den Hersteller. Hat er diese eingehalten, wird dies zumindest ein starkes Indiz dafür sein, dass in diesem Zusammenhang keine Sorgfaltspflichten verletzt wurden. Auch in anderen Produktbereichen, in denen KI-Systeme eingesetzt werden, wird die neue Situation berücksichtigt. So beinhaltet die ab dem 20.01.2027 anzuwendende europäische

---

**1260** Im medizinischen Bereich gibt es allerdings keine spezifischen Regelungen für KI-basierte Medizinprodukte, auch nicht von den Normungsorganisationen, die darin ein dringlich zu behebendes Defizit sehen, da insoweit auf die allgemeinen Voraussetzungen der Medical Device Regulation der EU und die darauf basierenden Normen zurückgegriffen werden muss, Normungsroadmap KI, S. 226 f., 240 ff.

**1261** Vgl. dazu auch *Schrader,* DAR 2022, 9, 12; *Hilgendorf,* JZ 2021, 444 ff. Zur Auswirkung des Gesetzes auf die zivilrechtliche Haftung *Stöber/Möller/Willmer,* NZV 2024, 117 ff.

**1262** Mit umfassender Untersuchung *Hohenleitner,* Automatisierte Fahrzeuge, S. 166 ff.

Maschinenverordnung (EU) 2023/1230, die die europäische Maschinenrichtlinie 2006/42/EG ersetzt, in Anhang III nun auch KI-Systeme.[1263]

Die größte Wirkung wird aber zweifelsohne ein Regelungsrahmen entfalten, dem je nach Risikoeinstufung potentiell alle KI-Systeme unterfallen. Der AI Act (im Folgenden: AI-VO) der EU[1264] stellt alle anderen Regelungsvorhaben[1265] in den Schatten. Er wurde am 21.04.2021 als Entwurf von der Kommission eingebracht und ist am 01.08.2024 in Kraft getreten. Die AI-VO ist das weltweit erste umfassende KI-Gesetz[1266], dementsprechend ist seine Signalwirkung immens. Da es sich um eine Verordnung handelt, wird sie auf nationaler Ebene unmittelbar gelten. Grundsätzlich erlangt die AI-VO am 02.08.2026 Geltung, bereits ab dem 02.02.2025 gelten Kapitel I und II, einige wenige Artikel bereits früher oder später, vgl. Art. 113 b, c AI-VO.

Die Wirkung der AI-VO wird dadurch noch verstärkt, dass sie für alle KI-Systeme gelten soll, deren erzeugter Output in der Union verwendet wird oder deren Nutzer sich in der Union befinden, auch wenn das System selbst aus einem Drittland kommt, Art. 2 I c AI-VO. Es wird also kaum[1267] ein großes KI-System geben, welches der AI-VO nicht potentiell unterfällt, es sei denn ein Land riegelt sich und seine KI-Systeme ab. Die AI-VO wird auch Auswirkungen auf VOs und RL zu spezifischen Produktbereichen haben, etwa auch auf die VO zum vollautomatisierten Fahren.[1268]

---

**1263** Zur neuen europäischen Maschinenverordnung *Kittelmann/Mössner,* ARP 2023, 322 ff. Der Plan, den sogleich behandelten AI Act und die Maschinenverordnung eng miteinander zu verzahnen, wurde aufgrund des deutlich größeren Zeitbedarfs des AI Acts aufgegeben, *Kittelmann/Mössner,* ARP 2023, 322, 323.

**1264** Verordnung (EU) 2024/1689 vom 13.06.2024.

**1265** Neben der AI-VO hat die Kommission im Bereich der allgemeinen Geltung noch eine (zivilrechtliche) KI-Haftungsrichtlinie (COM/2022/496) vorgeschlagen, die aber bislang keine neuen Pflichten in sich trägt.

**1266** Zumindest schon zum Bereich der generativen KI und zu verschiedenen Anwendungsbereichen ist die Volksrepublik China punktuell regulierend tätig geworden, dazu *Blasek,* RDi 2023, 557 ff. Auch in Colorado wurde keinen Monat vor dem Erlass der AI-VO ein Artificial Intelligence Act (SB 24–205 CAIA) vom Gouverneur unterzeichnet – dazu *A. Spies,* MMR-Aktuell 2024, 01520 – welcher aber KI ebenfalls nicht so umfangreich regelt wie die AI-VO.

**1267** Militärische KI-Systeme unterfallen der Verordnung nicht, Art. 2 III AI-VO, ebenso wenig wie KI-Systeme, die der Strafverfolgung dienen, wenn das betreffende Drittland oder die internationale Organisation internationale Übereinkünfte zur Strafverfolgung mit der Union oder den Mitgliedsstaaten geschlossen hat, Art. 2 IV AI-VO. Auch gilt die AI-VO nicht für KI-Systeme, die ausschließlich Forschungszwecken dienen, Art. 2 V a AI-VO.

**1268** Nach Art. 2 II AI-VO gilt für solche Systeme nur die Art. 6 I, 102–109, 112 AI-VO, obwohl sie auch als Hochrisikosysteme nach Art. 6 I a AI-VO eingestuft werden. Die Verordnung (EU) 2019/2144 i.V.m. der Durchführungsverordnung C(2022)5402 ist als lex specialis einzustufen. Letztlich gelten die Anforderungen der AI-VO über einen Umweg aber auch für Systeme des autonomen Fahrens, da

Aus der AI-VO werden sich viele wegweisende Sorgfaltspflichten für Hersteller und sekundär auch für Nutzer ergeben. Dementsprechend lohnt sich ein genauer Blick. Hersteller treten in der AI-VO in erster Linie[1269] unter dem Begriff des „Providers", Art. 3 Nr. 3 AI-VO, Nutzer unter dem Begriff des „Deployers" auf, Art. 3 Nr. 4 AI-VO.

Der erste Entwurf der Kommission brachte viel Kritik[1270] mit sich, die teilweise in den nachfolgenden Entwürfen[1271] adressiert werden konnte. Die AI-VO gibt noch kein vollständiges Bild aller möglichen Pflichten, da sie noch durch Durchführungsrechtsakte, etwa nach Art. 72 III AI-VO, ergänzt werden wird. Es ist zudem noch unklar, als wie flexibel sich die AI-VO gegenüber neuen Entwicklungsstufen der KI erweisen wird.

Für die Definition der KI[1272] hat sich eine offene Herangehensweise durchgesetzt. Danach sei jedes System KI-System im Sinne der Verordnung, welches ein maschinengestütztes System ist, das für einen in unterschiedlichem Grade autonomen Betrieb ausgelegt ist und das nach seiner Betriebsaufnahme anpassungsfähig sein kann und das aus den erhaltenen Eingaben für explizite oder implizite Ziele ableitet, wie Ausgaben wie etwa Vorhersagen, Inhalte, Empfehlungen oder Entscheidungen erstellt werden, die physische oder virtuelle Umgebungen beeinflussen können, Art. 3 Nr. 1 AI-VO. Die Kommission kann nach Art. 96 I f AI-VO Leitlinien erlassen, die die Definition weiter schärfen, was letztlich ob der Weite der

---

Art. 109 AI-VO eine Änderung der VO 2019/2144 vorsieht. Dies in der Hinsicht, dass in Art. 11 der VO 2019/2144, unter die die autonomen Fahrzeuge fallen, ein Absatz eingefügt wird, der bestimmt, dass Durchführungsakte, die in der Systematik dieser RL die Pflichten des Herstellers festlegen, Kapitel III Abschnitt 2 des AI-VO berücksichtigen müssen. Kapitel III, Abschnitt 2 beinhaltet die Anforderungen an die Hochrisiko-Systeme. Dementsprechend gilt die AI-VO mittelbar über diesen Umweg auch für Systeme des autonomen Fahrens.

**1269** Daneben gibt es noch Bevollmächtigte („authorised representative"), die vom Provider ein Mandat erhalten können, die Vorgaben der VO in seinem Namen zu erfüllen, Art. 3 V AI-VO, den Importeur („importer"), der ein KI-System unter der Marke einer juristischen Person in den Verkehr bringt, die nicht in der EU ansässig ist, Art. 3 VI AI-VO und den Händler („distributor"), der jede natürliche oder juristische Person in der Lieferkette für ein KI-System ist, ohne gleichzeitig Provider zu sein, Art. 3 VII AI-VO. In Art. 28 AI-VO sind verschiedene Sondersituationen vorgesehen, in denen die vorgenannten ebenfalls Pflichten des Providers treffen.

**1270** Siehe zusammenfassend und bewertend *Geminn*, ZD 2021, 354 ff.; *Bomhard/M. Merkle*, RDi 2021, 276, 279 ff.; *A. Ebert/Spiecker gen. Döhmann*, NVwZ 2021, 1188, 1189 ff.; *Spindler*, CR 2021, 361 ff.

**1271** Einen Überblick über alle Entwürfe, Stellungnahmen und wichtige Dokumente gibt https://artificialintelligenceact.eu/de/dokumente/ (14.10.2024).

**1272** Im Ursprungsentwurf der Kommission war noch vorgesehen, dass die sehr weit gefasste Definition in ihren umfassenden Methoden durch die EU-Kommission kurzfristig verändert werden kann (Art. 4, 73). Der Rat wollte die KI-Definition dagegen enger halten und im Wesentlichen auf das eigentliche Problem, die Methoden des Machine Learnings beschränken (Art. 3 Nr. 1 und die EG 6 und 6a).

Definition des Art. 3 Nr. 1 AI-VO[1273] zu einer fast beliebigen Definitionshoheit der Kommission führt, also einen entwicklungsoffenen KI-Begriff zur Folge hat. Diese offene Herangehensweise macht für die Konzeption der AI-VO durchaus Sinn, da der Anwendungsbereich der Pflichten durch eine Risikoeinstufung wieder stark eingeschränkt wird, dennoch wird zu Beginn wohl die Rechtsprechung für einen konkreteren Rahmen sorgen müssen. Die Risikoeinstufung und die daran gekoppelten Pflichten sind das Herzstück der AI-VO. Bei höherrangigen gefährdeten Rechtsgütern gelten auch höhere Sorgfaltsanforderungen. Die Einstufung reicht von verbotenen Systemen mit unannehmbarem Risiko, über Hochrisikosysteme, über KI-Systeme mit mittlerem Risiko[1274], zu Risiken von KI mit allgemeinem Verwendungszweck,[1275] und solchen, die kein besonderes Risiko in sich tragen. Für Letztere gibt die AI-VO keine besonderen Pflichten vor und regt die Hersteller lediglich zur Selbstverpflichtung unter einem „Code of Conduct" an, Art. 95 AI-VO. Aus den Risikokategorien ergeben sich spezifische Pflichten für den Hersteller.

Ein unannehmbares Risiko stellen KI-Systeme im Sinne von Art. 5 AI-VO dar. Diese sollen in toto verboten werden. Das betrifft u. a. Systeme zum Social Scoring, Art. 5 I c AI-VO und solche Systeme, die Techniken zur unterschwelligen Beeinflussung von Personen einsetzen, die diese Person oder andere schädigen kann[1276]. Wird ein solches System in den Verkehr gebracht, so wird schon allein darin eine Sorgfaltspflichtverletzung zu sehen sein, mit entsprechend potentiell weiter strafrechtlicher Haftung für den Hersteller.[1277]

---

1273 Vgl. Fn. 54, Kritik etwa bei *Wendehorst/Nessler/Aufreiter/Aichinger*, MMR 2024, 605, 610 ff.

1274 Die AI-VO benennt das Risiko nicht ausdrücklich, sondern spricht schlicht von „Transparency obligations for providers and deployers of certain AI Systems".

1275 Der Parlamentsentwurf sah in Reaktion auf Systeme wie ChatGPT eine weitere Risikokategorie, die der „Foundation Models" vor, Art. 4a. Dazu *D. Becker/Feuerstack*, MMR 2024, 22, 23 f. Die Foundation Models kommen in der Endfassung nicht mehr vor. Allerdings gibt es nun die ähnliche „General Purpose AI" (GPAI), also KI für allgemeine Zwecke des Kapitels V AI-VO, für die verschiedene Pflichten normiert sind, die spezifisch auf GPAI zugeschnitten sind, die ein Systemrisiko darstellen.

1276 Art. 5 I a, wobei dies noch sehr unkonkret daherkommt. Es wäre auch möglich personalisierte Werbung hierunter zu fassen, so auch *Bomhard/M. Merkle*, RDi 2021, 276, 279. Die Endversion hat zwar den Wortlaut zum Kommissionsentwurf abgeändert, aber nicht in den für dieses Problem entscheidenden Punkten.

1277 Freilich wird nur solches strafrechtlich relevant, was auch dem Schutzzweck einer strafrechtlichen Norm entspricht. Verfällt aufgrund eines Social Scoring Systems ein Überwachter in Depressionen, so macht sich der Hersteller nicht nach § 229 StGB strafbar, da der Sinn und Zweck des Verbotes nach EG 31 vielmehr die Menschenwürde, die Nichtdiskriminierung, die Gleichheit und die Gerechtigkeit ist. Allerdings nennt EG 29 für KI-gestützte manipulative Techniken ausdrücklich auch die psychische und physische Gesundheit als Schutzgut, weshalb hier durchaus auch eine andere Bewertung möglich wäre. Zudem ist zu bedenken, dass der Schutzzweckzusammen-

Die zentrale Kategorie der AI-VO sind die „Hochrisiko-KI-Systeme“, Kapitel III, Art. 6–49 AI-VO. Sie sollen nicht generell verboten sein, müssen aber einigen Anforderungen genügen, die sich in strafrechtliche Sorgfaltspflichten umsetzen lassen. Die Kategorie der Hochrisikosysteme ist dabei weit gefasst. Sie umfasst nach Art. 6 AI-VO solche KI-Systeme, die als Produkt oder Sicherheitskomponente eines Produkts bereits unter Unionsvorschriften des Anhangs I fallen und zusätzlich einer so genannten Konformitätsbewertung durch Dritte nach der jeweiligen Unionsvorschrift unterzogen werden müssen – hierunter werden u. a. medizinische Systeme und auch autonome Fahrzeuge[1278] fallen – oder zu besonders risikoreichen Bereichen des Anhangs III, wie der kritischen Infrastrukturen, der biometrischen Identifizierung, der Rechtspflege o. ä. gehören.[1279] Für die Hersteller solcher Systeme werden eine Vielzahl an Pflichten normiert. Die für den weiteren Verlauf relevantesten werden im Folgenden knapp dargestellt.

Auf Ebene der Fabrikations- und Konstruktionspflichten werden Anforderungen an die Trainings-, Validierungs- und Testdaten gestellt, Art. 10 AI-VO. Das adressiert mit den Trainingsdaten die Achillesferse eines jeden KI-Systems, welches eine datenbasierte Lernmethode wählt, wie bspw. Supervised Learning. Unter anderem wurde im Kommissionsentwurf „Fehlerfreiheit“ und „Vollständigkeit“ der Daten verlangt, Art. 10 III AI-VO. Das ist unter dem Gesichtspunkt der Vermeidbarkeit einer Sorgfaltspflichtverletzung problematisch. Denn weder kann im Einzelfall gesagt werden, was „fehlerfreie“ Daten sind, noch, ob ein Datensatz „vollständig“ ist. Es wird, außer bei extrem spezialisierten KI-Systemen, nie so sein, dass wirklich alle Daten zu diesem Problemkreis als Trainingsdaten akquiriert werden können. Bei beiden Merkmalen besteht die Gefahr, dass ihr Vorliegen allein aus einem Fehler des Systems rückgeschlossen wird und damit dem bei der Beurteilung einer Verantwortlichkeit wegen Fahrlässigkeit ohnehin schon problematischen „Rückschaufehler“ einen validen Anknüpfungspunkt gibt. Flickenhaftes Regelwerk und der schwierig zu bestimmende „Stand der Wissenschaft und Technik“ führen seit jeher zu gutachterlichen und gerichtlichen Rückschaufehlern, wodurch im

hang durch das Strafrechtssystem selbst bestimmt wird, also auch von den EG abweichen kann. Das Problem des Schutzzweckzusammenhangs ist immer mitzudenken, das gilt freilich auch für die Hochrisikosysteme, vgl. etwa *Schäfer,* KI, S. 537 ff.; *Ibold,* KI, S. 322 ff.

**1278** Fn. 1268.

**1279** Über Art. 6 III AI-VO werden einige KI-Systeme aus dem Anwendungsbereich wieder herausgenommen, wenn das System in seiner konkreten Ausgestaltung doch insgesamt kein hohes Risiko in sich birgt. Das gilt etwa dann, wenn das KI-System dazu bestimmt ist, Entscheidungsmuster oder Abweichungen von früheren Entscheidungsmustern zu erkennen, und nicht dazu bestimmt ist, die zuvor durchgeführte menschliche Bewertung ohne angemessene menschliche Überprüfung zu ersetzen oder zu beeinflussen, Art. 6 III c AI-VO. Insofern wird an dieser Stelle die menschliche Kontrollpflicht eines Nutzers sichtbar.

Nachhinein an eine Situation höhere Sorgfaltsanforderungen gestellt werden als eigentlich möglich waren.[1280] Insofern sollte, soll diese Sorgfaltspflicht nicht willkürlich daherkommen, diese Anforderung deutlich konkretisiert werden. Die finale Version der AI-VO entschärft die Problematik im Vergleich zum Kommissionsentwurf ein wenig, indem nur noch verlangt wird, dass die Trainingsdaten „so weit wie möglich" fehlerfrei und vollständig sein sollen, Art. 10 III AI-VO, wobei hier genauso unklar bleibt, wie solches beurteilt werden könnte. An solchen Anforderungen können sich weder Pflichtige noch Beobachter orientieren und somit kann auch kein Generalvertrauen dahingehend konstituiert werden.[1281]

Eine besonders praxisrelevante Pflicht wird die Pflicht zur technischen Dokumentation aus Art. 11 AI-VO sein, denn hier muss der Herstellungsprozess nachgewiesen werden, insbesondere auch die Wahl der Methode und die Bewertung und Klassifizierung der Trainingsdaten, Anhang IV, Nr. 2 d AI-VO. Außerdem sollen die Leistungsgrenzen des Systems definiert und die erforderlichen menschlichen Aufsichtsmaßnahmen spezifiziert werden, Anhang IV Nr. 3 AI-VO. Letzteres ist vor allem wichtig, um die Verantwortungsgrenzen der Nutzer bestimmen zu können. Die technische Dokumentation wird sowohl die „Black Box des Was" als auch die „Black Box des Wies" und des „Warums" etwas aufhellen können, in dem Sinne, dass es für Dritte einfacher wird, die Funktions- und Handlungsweise des Systems nachzuvollziehen, sowohl im Einsatz als auch im Gerichtsprozess.

---

**1280** Empirisch bewiesen und auch unter dem Begriff „creeping determinism" oder „hindsight bias" geläufig, siehe dazu vor allem *Dahan-Katz* in Neuroscience and Legal Responsibility, S. 135 ff.; *Hörnle*, Bergen Journal of Criminal Law & Criminal Justice 2016, 1, 6 ff.; auch bei *Duttge*, Fahrlässigkeit, S. 12 ff.; *Schuster*, DAR 2019, 6, 9; *Gless* in Intelligente Agenten und das Recht, S. 225, 237 f.

**1281** Außerhalb des AI Acts werden unter „guten" Daten in erster Linie Daten verstanden, die ein Machine-Learning-Model mit besonders hoher „Accuracy" hervorbringen. Das erfordert drei Charakteristika: Die Daten sollen korrekt, vollständig und aktuell sein. Unvollständig sind Daten dann, wenn Attribute fehlen, die für den Output relevant sind. Fehlen können sie entweder, weil das Attribut schon gar nicht bekannt ist oder wenn es fahrlässig übersehen wurde. Dazu mit erläuternden Beispielen: *Neutatz/Abedjan*, in Künstliche Intelligenz in Deutschland und Europa, S. 1, 2 ff. Besonders lehrreich ist das Beispiel auf S. 6 ff. Der Kommissionsentwurf würde nach dem Wortlaut die erste Alternative, die Korrektheit, zur Pflicht des Herstellers erheben, deren Erfüllung aber unmöglich wäre. Besonders wichtig wird beim Training mit Daten sein, dass der Mensch für das KI-System zwischen tatsächlich kausalen Faktoren und solchen, die nur historisch korrelieren, aber gerade keine Kausalität aufweisen, unterscheidet. Sonst wird nicht nur das Modell weniger präzise, sondern es können sich auch diskriminierende Outputs ergeben. Diese Aufgabe wird dadurch erschwert, dass ein Data Scientist auch die sogenannten Proxy Attributes herausfiltern muss. Diese stellen Sekundärattribute zu den nur korrelierenden, nicht aber kausalen Attributen dar und dürfen deshalb auch nicht in die Beurteilung einfließen, *Neutatz/Abedjan*, in Künstliche Intelligenz in Deutschland und Europa, S. 1, 2.

Art. 14 AI-VO sieht für den Hersteller die Konstruktionspflicht vor, dass er für die KI-Systeme die Möglichkeit einer wirksamen menschlichen Aufsicht gewährleisten muss. Das KI-System muss so konstruiert sein, dass Fähigkeiten und Grenzen des KI-Systems für den überwachenden Nutzer – nach dem Kommissionsentwurf – vollständig verstanden werden, Art. 14 IV a AI-VO. Die finale Version schwächt die Voraussetzung nun etwas ab, indem er nun nur noch ein genaues Verständnis („to properly understand") voraussetzt.[1282] Dazu muss der Hersteller gewährleisten, dass sich der Nutzer jederzeit seines Automatisierungsbias[1283] bewusst sein muss, Art. 14 IV b AI-VO, insbesondere dann, wenn es sich um ein Empfehlungssystem handelt. Wie es möglich sein soll, ein System so zu implementieren, dass es diese Anforderung erfüllen kann, bleibt aber im Dunkeln. Ein reiner Warnhinweis wird hierfür wohl kaum genügen, besonders nicht bei der eigentlichen Zielgruppe dieser Regelung, den Personen, die tagtäglich solche Systeme einsetzen. Solche redundanten Warnhinweise geraten für gewöhnlich umso schneller in Vergessenheit, je häufiger sie rein formal vor dem Betrieb bestätigt werden müssen. An der tatsächlichen Überlegenheit und der daraus entstehenden psychologischen Hürde[1284] ändert sich dadurch nichts.

Art. 15 AI-VO gibt dem Hersteller Pflichten zur Genauigkeit, Robustheit und Cybersicherheit auf, die aber unbestimmt formuliert sind und insoweit bislang[1285] kaum für konkrete Sorgfaltspflichten taugen. Erwähnenswert ist, dass Hersteller ihre KI-Systeme „widerstandsfähig" gegen Cyberangriffe jeder Art machen müssen, Art. 15 IV AI-VO. Insofern kommt eine Haftung des Herstellers in Betracht, wenn das System von Dritten zweckentfremdet wurde und der Hersteller es dagegen nicht ausreichend gesichert hat.

Evaluationspflichten spielen bei KI-Systemen eine besondere Rolle. Nur durch Evaluation kann bei komplexen Systemen der Wissensstand des Systems mit hinreichender Genauigkeit erfasst werden. Der Evaluation widmet sich die AI-VO vor allem mit dem Erfordernis der Einrichtung eines Risikomanagementsystems, Art. 9 AI-VO. Eine Evaluation wird auch nach Inverkehrbringen vorgeschrieben, sodass die Evaluationspflicht auch eine Produktbeobachtungspflicht in sich trägt, Art. 9 II c

---

**1282** Damit scheint vor allem die „Black Box des Wies", also die Erklärbarkeit der grundlegenden Funktionsweise des Systems im Vordergrund zu stehen.

**1283** Zu diesem Problem ausführlich unter § 8 C. IV. b., S. 360 ff.

**1284** Auch dies wird § 8 C. IV. b., S. 360 ff. ausführlich behandeln.

**1285** Insoweit scheint das Problem aber erkannt worden zu sein, da Art. 15 II AI-VO, der eine enge Zusammenarbeit mit entsprechenden Stakeholdern vorschreibt, wenn es um die Frage geht, wie ein solches Level angemessener Genauigkeit und Robustheit überhaupt gemessen werden kann. Unabhängig zum AI Act spricht sich etwa *Schäfer*, AI, S. 270 ff. für eine Sorgfaltspflicht für den Hersteller zum Schutz vor Angriffen gegen Dritte aus.

i. V. m. Art. 72 AI-VO.[1286] Produktbeobachtungspflichten sind auch in den Art. 72 ff. AI-VO verankert, die allerdings noch durch Durchführungsrechtsakte präzisiert werden müssen, u. a. Art. 72 III AI-VO. Es besteht zudem die Pflicht der Korrektur eines bereits in Verkehr gebrachten Systems und als Ultima Ratio die Pflicht zum Rückruf, Art. 20 I AI-VO.

Auch Instruktionspflichten hat der Hersteller zu beachten. Insbesondere relevant sind die vorgesehenen Transparenzpflichten aus Art. 13 AI-VO, die zum einen die obligatorische Gebrauchsanweisung umfassen, Art. 13 II, III AI-VO, aber auch vorgeben, dass das KI-System so weit entwickelt werden muss, dass der Nutzer die Outputs des Systems „angemessen" interpretieren und verwenden kann, Art. 13 I AI-VO. Hier muss die Black Box nur so weit aufgelöst werden, dass Outputs erreicht werden, die beim Menschen Sinn produzieren. Eine Erklärbarkeit selbiger wird nicht unmittelbar verlangt. Allerdings trifft den Nutzer eines Hochrisiko-KI-Systems i. S. d. Anhang III die Pflicht Personen, die von der Entscheidung von KI-Systemen betroffen sind eine aussagekräftige Erläuterung zur Rolle des KI-Systems im Entscheidungsprozess und zu den wichtigsten Elementen der getroffenen Entscheidung zur Verfügung zu stellen, Art. 86 I AI-VO. Unklar bleibt, was die wichtigsten Elemente sind und welche Anforderungen an eine „aussagekräftige Erläuterung" gestellt werden. Um dies zu ermöglichen, muss aber jedenfalls bereits der Hersteller das System ausreichend transparent machen, dass dieser Pflicht überhaupt im Grundsatz nachgekommen werden kann, also die „Black Box des Warums" zumindest teilweise aufhellen, wenn auch nicht auflösen.

Vor Inverkehrbringen muss der Hersteller zudem ein Konformitätsbewertungsverfahren nach Art. 16 f i. V. m. 43 AI-VO durchführen. Das kann zu einer Indizwirkung der Einhaltung der Pflichten führen.[1287]

Neben den Hochrisiko-KI-Systemen behandelt die AI-VO noch Systeme mittleren Risikos. Das sind jegliche KI-Systeme, die zur unmittelbaren Interaktion mit Menschen bestimmt sind.[1288] Tragen sie keine weiteren Risiken in sich, die sie zu Hochrisikosystemen machen würden, so gelten für solche Systeme lediglich Transparenzpflichten der Art, dass ihr Output als der Output einer KI gekennzeichnet sein muss, Art. 50 AI-VO. Ausnahmen dieser Pflicht gibt es, wenn die Natur des KI-Systems offensichtlich ist und für die Straftatverfolgung.

---

**1286** Das Risikomanagementsystem ist Teil des in Art. 17 AI-VO vorgeschriebenen Qualitätsmanagementsystems.

**1287** Dazu sogleich § 8 B. I., S. 306 ff.

**1288** Art. 50 IV AI-VO behandelt darüber hinaus Deep Fakes und beinhaltet eine Verpflichtung zur Offenlegung der Manipulation.

Daneben ist nun im finalen Kompromiss noch die Kategorie der KI-Modelle mit allgemeinem Verwendungszweck, der General Purpose AI (GPAI)[1289] hinzugekommen, die sich in Kapitel V wiederfindet. Das ist eine Reaktion auf die öffentliche Aufmerksamkeit für große Sprachmodelle wie GPT 3 und GPT 4 von OpenAI,[1290] die prinzipiell für ein sehr weites Aufgabenfeld eingesetzt werden können und als Basismodell für nachgelagerte KI-Systeme dienen können, also schon in Richtung dessen gehen, was eingangs als KAI beschrieben wurde.[1291] Für alle GPAIs, mit Ausnahme von Open Source-Modellen,[1292] gilt die Pflicht einer umfangreichen technischen Dokumentation des Modells, Art. 53 I a i.V.m. Anhang XI AI-VO und die Zurverfügungstellung von Informationen an Hersteller nachfolgender KI-Systeme, mit denen die Grenzen und Möglichkeiten der GPAI verstanden werden können, Art. 53 I b i.V.m. Anhang XII AI-VO. Es werden außerdem zusätzliche besondere Pflichten für GPAIs bestimmt, von denen „systemische Risiken" ausgehen. Welche Modelle „systemische Risiken" in sich tragen, bemisst sich vor allem nach der Größe des Modells und nach noch in der Zukunft von der Kommission zu bestimmenden Kriterien, Art. 51 AI-VO.[1293] Nur die allergrößten Modelle wären bislang sicher davon

1289 Nach Art. 3 Nr. 63 i.V.m. Art. 3 Nr. 66 AI-VO ein KI-System, welches auf einem Modell beruht, das, auch wenn es mit einer großen Datenmenge unter Verwendung von Selbstüberwachung in großem Maßstab trainiert wurde, eine erhebliche allgemeine Verwendbarkeit aufweist und in der Lage ist, ein breites Spektrum unterschiedlicher Aufgaben kompetent zu erfüllen, unabhängig davon, wie das Modell auf den Markt gebracht wird, und das in eine Vielzahl nachgelagerter Systeme oder Anwendungen integriert werden kann. Dies gilt nicht für KI-Modelle, die vor ihrer Veröffentlichung auf dem Markt für Forschungs-, Entwicklungs- und Prototyping-Aktivitäten verwendet werden.

1290 Ursprünglich vom Parlament unter dem Begriff der „Foundation Models" in Titel Ia eingebracht, dazu *D. Becker/Feuerstack*, MMR 2024, 22, 23 f.

1291 § 1 C., S. 13. Für die Ansätze von AGI bei ChatGPT *Bubeck/Chandrasekaran/Eldan et al.*, Sparks of AGI, abrufbar unter https://arxiv.org/abs/2303.12712, (14.10.2024).

1292 Art. 53 II AI-VO, es sei denn, die Modelle stellen ein System mit systemischen Risiken dar. Für alle Open Source GPAIs gilt aber jedenfalls die Vorgabe, die Wahrung des Urheberrechts bei der Nutzung sicherzustellen und eine hinreichend detaillierte Zusammenfassung der für das Training des allgemeinen KI-Modells verwendeten Inhalte nach einer vom Amt für künstliche Intelligenz bereitgestellten Vorlage zu erstellen und öffentlich zugänglich zu machen.

1293 Systemische Risiken sind dann gegeben, wenn die Modelle über hohe Wirkungskapazitäten verfügen, die auf der Grundlage geeigneter technischer Instrumente und Methoden, einschließlich Indikatoren und Benchmarks, bewertet werden, oder wenn sie auf der Grundlage einer Entscheidung der Kommission von Amts wegen oder nach einer qualifizierten Warnmeldung des wissenschaftlichen Gremiums nach den eben genannten Kriterien zu einem solchen Modell bestimmt werden, Art. 51 I AI-VO. Zu weiteren Möglichkeiten und dem Verfahren siehe Art. 52 AI-VO. Hohe Wirkungskapazitäten werden nach Art. 51 II AI-VO bei einem im Training kumulativen Rechenaufwand vermutet, der $10^{25}$ FLOPs (Gleitkommaoperationen, nicht zu verwechseln mit FLOPS, Gleitkommaoperationen pro Sekunde) übersteigt. Die Kommission wird nach Art. 51 III i.V.m. Art. 97

erfasst.[1294] Die zusätzlichen Pflichten äußern sich in erhöhten Anforderungen an die Evaluation solcher Systeme, erhöhten Anforderungen an die Cybersicherheit und der Vorgabe der Bewertungen der sehr breiten möglichen Risiken auf Unionsebene[1295] und deren Eindämmung im Herstellungsprozess, Art. 55 I AI-VO. Gerade Letzteres wird ohne weitere Eingrenzung kaum zu leisten sein. Allerdings können sich die Hersteller auf noch zu fassende Praxisleitfäden stützen, um die Einhaltung ebenjener Verpflichtungen nachzuweisen, bis ein harmonisierter Standard veröffentlicht wird, Art. 55 II AI-VO. Diese Verhaltenspraktiken werden gerade von Herstellern und anderen relevanten Stakeholdern erarbeitet, Art. 56 III AI-VO, weshalb die Normungsorganisationen hier voraussichtlich erneut eine entscheidende Rolle einnehmen werden.

### c. Normungsorganisationen

Die Bedeutung der Normungsorganisationen erschöpft sich in der AI-VO nicht nur in Art. 56 AI-VO. Allen Pflichten der Hochrisikosysteme ist vorangestellt, dass der „allgemein anerkannte Stand der Technik“ bei der Beurteilung der Einhaltung der Pflichten berücksichtigt werden muss, Art. 8 I AI-VO. Da die Pflichten oft nur sehr vage formuliert sind,[1296] wird dem eine große praktische Bedeutung zukommen. Der entsprechende Kommissionsbeschluss ist bereits am 22.05.2023 ergangen. Mit diesem Beschluss hat die Kommission CEN/CENELEC damit beauftragt, bis zum 30.04.2025 technische Normen für die zwingenden Anforderungen an Hochrisiko-KI-Systeme zu entwickeln.[1297]

---

AI-VO delegierte Rechtsakte erlassen, um die Kriterien bestimmter zu machen. In Anhang XIII wurden bereits potentielle weitere Kriterien aufgenommen, wie die Anzahl der Endnutzer und die Qualität der Outputs.

**1294** Die Schwelle von $10^{25}$ FLOPs werden zum heutigen Zeitpunkt nur die größten Systeme überschreiten. GPT-4 überschreitet diese Marke, ebenso Inflection-2. Die Modelle des führenden deutschen KI-Startups Aleph-Alpha befinden sich zum Zeitpunkt der Fertigstellung dieser Arbeit unterhalb dieser Grenze. Dazu https://www.trendingtopics.eu/der-ai-act-hat-nun-einen-sprichwoertlichen-flop/ (14.10.2024). Freilich reicht es auch aus, wenn ein Modell die Kriterien des Anhang XIII erfüllt, ohne diese Größe zu erreichen, insbesondere die Zahl der Endnutzer und der gewerblichen Nutzer könnte hier zum entscheidenden Kriterium werden, Anhang XIII f, g AI-VO.

**1295** Das sollen nach Art. 3 Nr. 65 AI-VO solche Risiken sein, die spezifisch für die hochwirksamen Fähigkeiten von KI-Modellen für allgemeine Zwecke sind, aufgrund ihrer Reichweite erhebliche Auswirkungen auf den Binnenmarkt haben und tatsächliche oder vernünftigerweise vorhersehbare negative Auswirkungen auf die öffentliche Gesundheit, die öffentliche Sicherheit, die Grundrechte oder die Gesellschaft insgesamt haben, die sich in großem Umfang über die gesamte Wertschöpfungskette ausbreiten können.

**1296** Vgl. die Ausführungen in § 8 A. II. 1. b., S. 286 ff.

**1297** C(2023)3215 – Standardisation request M/593.

Die nichtstaatlichen Normungsorganisationen sind, ganz unabhängig von den Ideen der AI-VO, schon tätig geworden. Einige Normungsprozesse sind bereits abgeschlossen. Gerade die International Organization for Standardization (ISO), in Zusammenarbeit mit der International Electrotechnical Commission (IEC) hat sich hier hervorgetan. So bestehen bereits einige ISO-Normen zu KI und vor allem der Methode des Machine Learnings, viele mehr befinden sich im Normungsprozess[1298]. Abgeschlossen sind bereits etwa eine Einschätzung der Robustheit von neuronalen Netzwerken[1299], Risikomanagement bei System- und Softwareengineering, was KI-Systeme einschließt[1300], Metriken für die Bewertung von Klassifizierungsleistungen beim Machine Learning[1301] und Voraussetzungen von vertrauenswürdigen KI-Systemen[1302]. Insbesondere wegweisend könnte die fünfteilige ISO/IEC FDIS 5259 werden, die sich noch im größten Teil noch im Entwicklungsstadium befindet[1303] und sich mit dem essentiellen Thema der Datenqualität des Machine Learnings beschäftigt, für die die Art. 10 III AI-VO nur die unbestimmte Vorgabe der Fehlerfreiheit und Vollständigkeit findet. Da es sich beim Machine Learning um ein Thema handelt, das ob seiner Bedeutung als grundlegende Methode für eine unübersehbare Vielfalt von Produkten mit grenzüberschreitendem Bezug nur international genormt werden kann, ist die ISO hierfür besonders gut geeignet.

Aber auch das Deutsche Institut für Normung (DIN) ist nicht untätig geblieben und will nach eigenem Bekunden[1304] „Artificial Intelligence made in Germany“ als Gütesiegel für vertrauenswürdige Technologie etablieren. Dazu wurde eine umfangreiche Normungsroadmap[1305] für KI erarbeitet, die mehr als 116 Normungs- und Standardisierungsbedarfe identifiziert.[1306] Einige technische Regeln[1307] haben den Prozess bereits auch durchlaufen, so etwa ein Leitfaden für die Entwicklung

---

**1298** Einen Überblick über alle Prozesse zur KI-Normierung findet sich hier: https://www.iso.org/committee/6794475/x/catalogue/p/1/u/1/w/0/d/0 (14.10.2024).

**1299** ISO/IEC TR 24029–1:2021.

**1300** ISO/IEC/IEEE 16085:2021.

**1301** ISO/IEC TS 4213:2022.

**1302** ISO/IEC TR 24028:2020.

**1303** Mit ISO/IEC 5259–1 ist mittlerweile die Basis erschienen, sie beschäftigt sich mit einem Überblick und der Terminologie.

**1304** https://www.din.de/de/forschung-und-innovation/themen/kuenstliche-intelligenz/fahrplan-festlegen (14.10.2024).

**1305** In der mittlerweile zweiten Version, „Normungsroadmap KI“, abrufbar unter https://www.dke.de/resource/blob/2008010/776dd87a4b9ec18d4ab295025ccbb722/nr-ki-deutsch-download-data.pdf (14.10.2024).

**1306** Normungsroadmap KI, S. 6.

**1307** Eine Liste aller Normen mit KI-Bezug, nicht nur der DIN, zum Stand Dezember 2022 findet sich in Normungsroadmap KI, S. 308 ff., allerdings ohne Anspruch auf Vollständigkeit.

von Deep-Learning-Bilderkennungssystemen[1308]. Besonders interessant dürfte von Seiten des DIN die technische Spezifikation DIN/TS 92004 werden, die den Anspruch hat, ein vollständiges KI-Risikoschema für den gesamten Lebenszyklus eines KI-Systems abzudecken, welches Komponenten maschinellen Lernens enthält. An ihr wird seit dem 05.05.2022 gearbeitet, sie befindet sich aber noch im Status einer Vornorm.[1309] Tatsächlich hat die DIN Maßstäbe gesetzt, denn die europäischen Normungsorganisationen CEN und CENELEC, die für KI ein gemeinsames technisches Komitee „Artificial Intelligence" gegründet haben, stützen sich vor allem auf die Empfehlungen der Normungsroadmap des DIN.[1310]

#### d. Konsequenzen für das Generalvertrauen

Noch können das Regelwerk zu KI und die daraus resultierenden Sorgfaltspflichten als lückenhaft bezeichnet werden. Es ist allerdings ein starker Wille des nationalen Gesetzgebers, des Unionsgesetzgebers und der Normungsorganisationen ersichtlich, alle Bereiche der KI umfangreich und möglichst vollständig zu regeln. Das erfordert einen immensen Aufwand, den die beteiligten Akteure aber offenbar bereitwillig und offensiv annehmen, besonders erkennbar am AI Act und der monumentalen Normungsroadmap des DIN. Auch wenn die Pflichten der AI-VO noch sehr wenig konkretisiert sind, sind in naher Zukunft viele Leitlinien für die praktische Umsetzung geplant, Art. 96 I AI-VO. Insofern ist zu erwarten, dass bezüglich der Sorgfaltspflichten für die Hersteller bei standardisierten KI-Systemen in absehbarer Zeit annähernde Sicherheit über eine konkret ausdifferenzierte Maßfigur herrscht und entsprechende Pflichten auch von den Strukturen des Rechtssystems, Wirtschaftssystems und politischen Systems so mitgeteilt werden, dass sie für die Beobachter anschlussfähig sind. Dazu wird schon heute durch die umfangreiche Öffentlichkeitsarbeit aller Akteure die nötige Vorarbeit geleistet. Dazu zeigt die Gesellschaft insgesamt ein hohes Interesse an diesem Thema. Wenn es dann zu einer Rechtsgutsverletzung kommt, bei der ein Hersteller aufgrund der Einhaltung der Pflichten nicht bestraft wird, so kann im Rechtssystem über die Nichtstrafe anschlussfähig kommuniziert werden und Generalvertrauen wird nicht zerstört. Bei nicht spezifisch geregelten KI-Systemen bleiben die allgemeinen Vorrausetzungen der geplanten AI-VO und die umfassenden Normungsvorhaben der Normungsorganisationen. Freilich wird die AI-VO oft nicht passend sein und einige Lücken lassen, was in der Natur der Sache von innovationstreibenden und an-

---

**1308** DIN SPEC 13266:2020 – 04.

**1309** https://www.dinmedia.de/de/vornorm/din-ts-92004/379104032 (14.10.2024).

**1310** Vgl. https://www.cencenelec.eu/areas-of-work/cen-cenelec-topics/artificial-intelligence/ (14.10.2024).

wendungsbasiert grenzenlosen Technologien liegt, die in einen allgemeinen Rechtsrahmen gepresst werden sollen.

### 2. Beispielhaft: Herstellerpflichten bei einem auf Supervised Learning basierendem KI-System

Für KI-Systeme werden aufgrund des prinzipiellen Schadenspotentials und der verringerten Beherrschbarkeit sowie Nachvollziehbarkeit in der Literatur oft recht pauschal „gesteigerte Sorgfaltspflichten" angenommen.[1311] Wie schon anhand der verschiedenen Normungsprozesse sichtbar, werden Sorgfaltspflichten jedoch schlicht anders ausgestaltet sein, sodass ein Vergleich im Sinne von gesteigerten oder verminderten Sorgfaltspflichten von KI-Systemen gegenüber „üblichen Produkten"[1312] kaum möglich sein wird, weil es dabei sehr stark auf das spezifische KI-System ankommt. Für die Fragen, die sich im Rahmen der Verantwortungszuschreibung im Fahrlässigkeitsdelikt noch stellen und in den Sorgfaltspflichten ihren Bezugspunkt haben, erscheint es nützlich, einige spezifische Sorgfaltspflichten des Herstellers und deren Verletzung anhand der populären KI-Methode des Supervised Learning aufzuzeigen. Freilich ist die nachfolgende Darstellung grob vereinfacht.

Beim Einsatz von Machine Learning; spezifischer dem Supervised Learning, erscheinen vor allem folgende Pflichtverletzungen möglich: Modellierungsfehler, eine falsche Auswahl von Trainingsdaten, falsches Labeln von Daten, Auswahl der falschen Hyperparameter und das Inverkehrbringen trotz Unterschreitens von Präzisionsgrenzwerten im Evaluierungsverfahren eines Systems.[1313] Zunächst muss ein passender, repräsentativer Datensatz gefunden werden, was in Bezug auf Hochrisikosysteme auch in Art. 10 III AI-VO normiert wird. Oft werden die Daten von unterschiedlichen Quellen kommen müssen, wobei einzelne Daten im Vergleich zur Realität falsch gewichtet sein können. Oder es werden schon bei der Datenakquirierung falsche Schlüsse gezogen oder nur Daten benutzt, die eine bestimmte Situation, mit der das KI-System konfrontiert sein wird, nicht abbilden. Etwa, wenn bei der Bilderkennung ein Training mit Bildern des einen Typs immer bei wolkenlosem Himmel und des anderen Typs immer bei Bewölkung stattfindet,

---

1311 Etwa *Haagen*, Verantwortung, S. 263. Mit Bezug zur schlechten „objektiven Abschätzbarkeit" *Zech* in Gutachten 73. Deutscher Juristentag, A55. Aus Perspektive der Schweiz *Simmler* in Maschinenethik, S. 453, 464. Dagegen differenziert und ausführlich für Hersteller automatisierter Fahrzeuge: *Hohenleitner*, Automatisierte Fahrzeuge, S. 121 ff. Konkrete Pflichten beschreibt auch *Schäfer*, AI, S. 266 ff.

1312 So benannt von *Haagen*, Verantwortung, S. 263.

1313 Eine detaillierte Beschreibung zu einem Prozess des Supervised Learning findet sich unter anderem in ISO/IEC TR 24028:2020, S. 19 ff.

sodass das System nicht das eigentliche Ziel unterscheidet, sondern die Bewölkung. Fehler, die bereits in der Handhabung der Datenquellen selbst passieren und die dann in das Training des Systems einfließen, können in der späteren Evaluation des Systems selbst nicht mehr entdeckt werden.[1314]

Nachfolgend muss der Datensatz qualitativ gesichert werden, d.h. fehlende Daten, inkonsistente Daten oder Daten, die schlicht im falschen Format sind, müssen identifiziert und ergänzt/entfernt/konvertiert werden. Dabei ergibt sich durch „eyes-off data" ein weiteres Problem.[1315] Das Problem der „eyes-off data" bezeichnet Fälle, bei denen Daten aufgrund des Grundsatzes der „trustworthy" AI und verschiedenen Datenschutzregelungen blind genutzt werden müssen, ohne dass ein Mensch sie sichtet, was eine Qualitätssicherung erschwert.[1316] Kommt es in solchen Fällen zu einem Fehler im Datensatz, dürfte für den Hersteller die Vermeidbarkeit entfallen, sofern die eingesetzte Methode generell für „eyes-off" geeignet war.[1317]

Die verfügbaren Daten werden dann in Trainingsdaten und Testdaten gesplittet. Die Trainingsdaten dienen dem Lernen des Systems an sich, die Testdaten der späteren Evaluation. Das Training des Systems mit den Daten birgt ebenfalls viele Unsicherheiten und Herausforderungen: Es ist üblich, mehrere Systeme zu entwickeln und dann das nach vorher definierten Kriterien am besten handelnde System weiterzuentwickeln. Die Auswahl der Methode, d.h. bspw. ein neuronales Netz zu benutzen oder mit Entscheidungsbäumen zu arbeiten, bestimmt Erfolg und Misserfolg des Systems. Dazu müssen Hyperparameter festgelegt werden, etwa die Tiefe der Schichten in einem neuronalen Netz. Das üblich nachfolgende Feature Engineering, also das Erzeugen von Input-Variablen, die vom System benutzt werden, um Vorhersagen zu treffen, ist ebenfalls zentral und ein aufwendiges und umfangreiches Unterfangen, das teilweise auch klassisches Programmieren beinhaltet, dazu weitere Schritte,[1318] die iterativ wiederholt werden. Nach diesem Prozess ist es

**1314** ISO/IEC TR 24028:2020, S. 19.

**1315** Mit diesem Begriff und Problematisierung Microsoft in einer Stellungnahme zur „Trustworthy AI Assessment List 2.0" der AI HLEG, Stellungnahme vom 30.11.2019, S. 5, abrufbar unter https://futurium.ec.europa.eu/en/european-ai-alliance/best-practices/microsofts-feedback-trustworthy-ai-assessment-list-20 (14.10.2024).

**1316** Die AI-VO schafft hierzu in bestimmten Fällen Abhilfe, indem sie die Datenschutzregelungen, was die Verwendung von personenbasierten Daten angeht, für bestimmte Fälle etwas lockert.

**1317** Eine Übersicht zu Methoden: *C. Winter/Battis/Halvani*, ZD 2019, 489, 492 f.; *Puschky*, ZD-Aktuell 2022, 19.

**1318** Bspw. Rescaling, Diskretisierung, Normalisierung des relationalen Datenschemas etc.

nur noch sehr schwer möglich, die ursprüngliche Verbindung der Rohdaten ohne extrem speicherintensive Dokumentation[1319] zu rekonstruieren.

In den folgenden weiteren Phasen des Trainings, der Anpassung und der Evaluation lauern viele weitere Tücken.[1320] Dazu kann es bei der Implementierung gefundener Algorithmen in die Software, die letztlich das KI-System wird, zu den üblichen Problemen kommen, die bei Softwareentwicklung auftreten. Speziell bei KI können diese durch die Benutzung eines Multicore Systems[1321] Fehler bei paralleler Ausführung auftreten. Auch Modellierungsfehler kann man u. a. auf dieser Ebene ansetzen. Erkennt das System bspw. korrekt ein Stoppschild, hat aber kein zumeist auf klassische Wenn-dann-Regeln gestütztes Wissen, was mit dieser Information anzufangen ist, handelt es sich um einen Modellierungsfehler. Ein Modell, das ein autonomes Fahrzeug steuern soll, muss eine algorithmische Repräsentation der StVO aufweisen.

Auf all diesen Ebenen lassen sich prinzipiell in jedem Schritt unzählige Sorgfaltspflichten konstruieren, die gemeinhin dann mit dem Schlagwort „Konstruktions- und Fabrikationspflichten“ beschrieben werden könnten, was aber, ohne zumindest etwas in die Tiefe zu gehen, keinen Mehrwert bietet.

Die abschließende Evaluationsphase, in der beim Supervised Learning die vorher abgesplitteten Testdaten verwendet werden, ist ebenfalls essentiell und wird bei „Reinforcement Learning“-Ansätzen oder sogar noch komplexeren Lernformen sowie gemischten Systemen deutlich anspruchsvoller, da hier nicht einfach Testdaten mit einem Output verglichen werden können. Die Pflicht die Evaluation „korrekt“ durchzuführen, wird im Einzelfall schwierig umzusetzen sein, weil auch hier noch keine allgemein anerkannten Standards bestehen.[1322] Schon heute existiert immerhin bspw. für neuronale Netzwerke die ISO/IEC TR 24029 – 1:2021, die Ansätze für die Überprüfung von ebenjenen neuronalen Netzwerken gibt. Bei einer Evaluierungsmethode, die sich abstrakt schon nach ihren Ansätzen nicht unter

1319 Art. 11 AI-VO schreibt für Hochrisiko-KI-Systeme umfangreiche technische Dokumentationen vor.

1320 Etwa das sogenannte Überanpassungsproblem. Es tritt auf, wenn ein Modell die Trainingsdaten zu genau lernt, einschließlich des Rauschens und der zufälligen Schwankungen in den Daten. Als Ergebnis funktioniert das Modell auf den Trainingsdaten sehr gut, versagt jedoch bei der Generalisierung auf neue, unbekannte Daten. Es hat sozusagen die spezifischen Muster der Trainingsdaten „überangepasst“, anstatt die zugrunde liegenden Trends zu erfassen. *Russell/Norvig*, AI, S. 673.

1321 Die benötigte Rechenleistung wird in der Regel zu hoch sein, als dass sie von einzelnen Rechensystemen allein bewältigt werden kann, sodass mehrere Rechensysteme in einem KI-System vereint werden.

1322 In Art. 9 AI-VO sind Evaluationspflichten für Hochrisikosysteme verankert.

diese eher allgemein gehaltene ISO-Norm subsumieren lässt[1323], wird die Verletzung der Evaluierungspflicht indiziert sein. Werden bei der Evaluierung Grenzwerte unterschritten,[1324] das System aber trotzdem in den Verkehr gebracht, so wird darin ebenfalls eine Sorgfaltspflichtverletzung liegen.

Entscheidend beim Inverkehrbringen wird vor allem die Instruktionspflicht sein, hier die Pflicht dem Nutzer eine ausreichend detaillierte Gebrauchsanweisung[1325] mitzugeben, da zumindest der potentielle Einsatzbereich des KI-Systems für den Nutzer klar erkennbar sein muss. Ist das System im Verkehr, hat der Hersteller eine Produktbeobachtungspflicht, die im Vergleich zu anderen Produkten deutlich umfangreicher wird ausfallen müssen[1326], um solche neuen Gegebenheiten und Gefahren gerade in offenen und weiterlernenden Systemen tatsächlich zu erkennen. Dabei wird es, ob der Natur der Black Box der KI-Systeme besonders schwerfallen, einige Gefahren zu erkennen. Der Vermeidbarkeitsschwelle muss deshalb in der Praxis bei den Produktbeobachtungspflichten besondere Aufmerksamkeit geschenkt werden. Auch eine Updatepflicht[1327] erscheint bei KI-Systemen naheliegend und wird voraussichtlich in die neue Produkthaftungsrichtlinie aufgenommen werden.[1328]

Ein Gericht wird all diese Überlegungen ebenfalls anstellen müssen und für den Einzelfall eine Sorgfaltspflichtverletzung feststellen, die sich jedenfalls nicht in einem Verweis auf „Fabrikations- und Konstruktionspflichten“ erschöpfen darf. Welche Pflichten sich bei fortschrittlicheren Systemen oder sogar KI-Systemen auf Grundlage starker KI ergeben, lässt sich heute noch nicht ermessen.

---

**1323** Auch ISO/IEC TR 24028:2020, S. 30 ff. kann herangezogen werden, die ebenfalls abstrakte Überlegungen für mögliche Evaluierungsmethoden anstellt, etwa den Vergleich mit der Performance von Menschen im selben Feld oder empirische Evaluierungsmethoden.

**1324** Bspw. bezüglich Accuracy, Precision, Recall und Fβ-Score, vgl. *Yuan,* RW 2018, 477, 496.

**1325** Ähnlich Art. 13 II, III AI-VO.

**1326** So auch *Valerius,* GA 2022, 121, 130 f.; *A. Lohmann,* KI, S. 181 f., vorgesehen u. a. von Art. 72 AI-VO.

**1327** ISO/IEC TR 24028:2020 (E), S. 21; *Haagen,* Verantwortung, S. 275 f.; *Valerius,* GA 2022, 121, 131. Dies würde beinhalten, die technischen Möglichkeiten zu schaffen, mit denen ein Update überhaupt möglich ist.

**1328** Insbesondere EG 51 und Art. 10 II b.), c.) des Entwurfs der neuen Produkthaftungsrichtlinie, in der aktuellsten Fassung des EU-Parlaments, abrufbar unter https://www.europarl.europa.eu/RegData/seance_pleniere/textes_adoptes/definitif/2024/03-12/0132/P9_TA(2024)0132_DE.pdf 2022/0302 (14.10.2024).

### III. Pflichten des Nutzers

Die für Nutzer denkbaren Sorgfaltspflichten sind vielfältig.[1329] Je autonomer das KI-System potentiell ist, desto begrenzter werden die Arten von Sorgfaltspflichten, die vom Nutzer verlangt werden können. Dann verlagert sich die Verantwortung zunehmend auf den Hersteller, den Zufall oder das KI-System selbst. Denkbar sind für die Pflichten des Nutzers vor allem – je nach eingesetztem System – Überwachungs-, Kontroll-, Bedien- und Letztentscheidungspflichten sowie die Pflicht, die Situation vor dem Einsatz eines KI-Systems zu analysieren und die daran anschließende Pflicht, aufgrund dessen zu entscheiden, ob es in dieser Situation überhaupt eingesetzt werden kann. Eine Pflicht, die vollständige Funktionsfähigkeit des Systems vor Aktivierung zu überprüfen scheint dagegen fernliegend[1330], da dies aufgrund der Komplexität der Systeme vom durchschnittlichen Nutzer nicht geleistet werden kann. Die möglichen Pflichten rund um die Nutzung von KI-Systemen lassen sich auch mit den Begriffen human-on-the-loop, human-in-the-loop und human-outside-the-loop beschreiben.[1331] Human-in-the-loop umfasst dabei Bedien- und Letztentscheidungspflichten[1332], human-on-the-loop Überwachungs- und Kontrollpflichten, und human-outside-the-loop höchstens Pflichten, die vor dem eigentlichen Einsatz des Systems liegen.

Die AI-VO soll auch für Nutzer gelten, dort „Deployer“, Art. 2 I b, c AI-VO, allerdings schafft die AI-VO für natürliche Personen, die ein KI-System ausschließlich im Rahmen einer persönlichen und nicht beruflichen Tätigkeit verwenden, keine neuen Pflichten. Die AI-VO löst dies, indem sie solche Nutzer aus dem Anwendungsbereich der AI-VO nimmt, Art. 2 X AI-VO.[1333] Auch Mitarbeiter sind keine

---

1329 Mit einer ausführlichen Analyse aus einer zivilrechtlichen Sicht der Begrenzung der Sorgfaltspflichten der Hersteller durch mögliche Pflichten der Nutzer *Haagen*, Verantwortung, S. 200 ff.; mit einer Analyse der Sorgfaltspflichten für den Nutzer beim automatisierten und autonomen Fahren *Wigger*, Automatisiertes Fahren, S. 155 ff.

1330 So auch *Gless* in Intelligente Agenten und das Recht, S. 225, 236.

1331 Vgl. AI HLEG, Ethics Guidelines on Artificial Intelligence, S. 16, abrufbar unter https://ec.europa.eu/newsroom/dae/document.cfm?doc_id=60419 (14.10.2024). Daneben nennt sie noch den „human-in-command“, der aber neben den bereits genannten Pflichten zusätzlich nur Herstellerpflichten wie Produktbeobachtung und Konstruktions- sowie Fabrikationspflichten zu enthalten scheint, sodass dieser Begriff hier nicht weiter verwendet werden wird.

1332 Teilweise wird der human-in-the-loop lediglich auf Bedienung, aber nicht auf Letztentscheidungspflichten bezogen. Diese Arbeit will beides miteinbeziehen, da es die Situation besser ausdrückt, dass der Mensch hier etwas tun muss, damit es tatsächlich zu einem Output außerhalb der Systemgrenzen kommt.

1333 Umgekehrt gelten solche Nutzer („Deployer“) gar als Hersteller („Provider“), wenn sie ihren Namen oder ihr Warenzeichen auf einem bereits in Verkehr gebrachten oder in Betrieb genom-

Nutzer i. S. d. AI-VO, da nach Art. 3 Nr. 4 AI-VO dafür eine „eigene Verantwortung" vorausgesetzt wird.

Für alle Nutzer im Anwendungsbereich der AI-VO ergeben sich bei der Nutzung eines Hochrisiko-KI-Systems verschiedene Pflichten. So im Rahmen des human-in-the-loop die Pflicht, das System nur entsprechend der Instruktion des Herstellers zu verwenden und nur innerhalb der Zweckbestimmung zu nutzen, Art. 26 I, IV AI-VO. Der Nutzer muss die Aufsicht über ein KI-System darüber hinaus an natürliche Personen übertragen, die dazu die entsprechende Kompetenz, Ausbildung und Befugnis haben, Abs. 2. Im Rahmen des human-on-the-loop treffen den Nutzer Überwachungspflichten nach Abs. V S. 1 entsprechend der Instruktion des Herstellers. Dazu haben sie nach Abs. V S. 2 eine Informationspflicht, sofern sie vermuten, dass die Verwendung auch gemäß Instruktion dazu führen kann, dass ein Risiko i. S. d. Art. 79 I AI-VO entsteht, oder wenn es einen schwerwiegenden Vorfall gab. Dann muss die Verwendung des Systems außerdem ausgesetzt werden. Das kann – vor dem Hintergrund des Gedankens der Verantwortungssphären – potentiell zu einer Verantwortungsverlagerung vom Hersteller auf den Nutzer führen, da der AI Act offenbar ab einer sichtbaren Risiko auch den Nutzer in die Pflicht nimmt und ihm die Verantwortung für das Aufgeben der Nutzung zuweist. Für den Hersteller ergibt sich auch in einem weiteren spezifischen Fall die Möglichkeit, potentiell Verantwortung an den Nutzer abzugeben: So gilt ein KI-System nicht als Hochrisiko-KI-System – womit auch alle damit korrespondierenden Pflichten für den Hersteller entfallen – wenn das KI-System dazu bestimmt ist, Entscheidungsmuster oder Abweichungen von früheren Entscheidungsmustern zu erkennen, und diese Bewertung nur mit angemessener menschlicher Überprüfung ersetzt oder beeinflusst, Art. 6 III c AI-VO. Diese menschliche Überprüfung erscheint nach dem Wortlaut auch durch den Nutzer selbst denkbar.

Die Pflichten des human-in-the-loop werden sich, neben den ausdrücklichen Regelungen in diversen Sondernormen, daneben in der Regel schon aus der Natur des KI-Systems selbst ergeben. Letztentscheidungspflichten kommen zwingend auf den Nutzer zu, wenn es sich nur um ein reines Empfehlungssystem handelt. Bedienpflichten sind schon der Technik des KI-Systems immanent. Daneben ergeben sich freilich noch unzählige Pflichten des Nutzers, die auf spezifische Anwendungen

---

menen Hochrisiko-KI-System anbringen; wenn sie eine wesentliche Änderung an einem bereits in Verkehr gebrachten oder in Betrieb genommenen Hochrisiko-KI-System vornehmen und es auch nach der Änderung ein Hochrisiko-KI-System bleibt; oder wenn er ein KI-System so verändert, dass es zu einem Hochrisiko-KI-System wird, Art. 25 I AI-VO. Die Folge ist freilich, dass dann alle Herstellerpflichten für ihn gelten.

von KI-Systemen zurückzuführen sind.[1334] Zusätzlich ist immer an eine „Übernahmefahrlässigkeit“[1335] zu denken, wenn der Nutzer das System einsetzt, ohne mit seinen Spezifika, insbesondere den Einsatzbedingungen, vertraut zu sein. Zuletzt besteht noch eine Pflicht zur Evidenzkontrolle bei offensichtlichen Fehlern des KI-Systems, die der Nutzer durch zumutbare Maßnahmen wie Übersteuern o. ä. beheben kann.

Orientiert an der Zielsetzung von KI-Systemen im Allgemeinen[1336] und in die Zukunft gedacht: Bei fortschrittlichen KI-Systemen der Zukunft, die alle Handlungsoptionen selbst in der Hand halten, verbleibt als Sorgfaltspflicht für den Nutzer nur die Pflicht, die Situation vor dem Einsatz eines KI-Systems zu analysieren und die weitere Pflicht zu entscheiden, ob es in dieser überhaupt *generell* eingesetzt werden kann, also das *Wann* und das *Ob* des Einsatzes aufgrund des vorgefundenen Einsatzbereiches. Man könnte von einer „Analyse- und Entschließungspflicht“ sprechen. Eine solche Sorgfaltspflicht deckt einen Teilbereich des Begriffes des human-outside-the-loop[1337] ab. Besser beschrieben wäre es als „human-activating-the-loop“. Dadurch wird sich im Einzelfall für den Nutzer eine Fahrlässigkeitsstrafbarkeit begründen lassen, aber eben nur aufgrund des Vorwurfes, eine Situation nicht ausreichend oder vorwerfbar falsch analysiert zu haben und aufgrund dessen über den Einsatz des Systems an sich falsch entschieden zu haben. Freilich bedarf auch diese Pflicht weiterer Konkretisierung, insbesondere, was eine „ausreichende Analyse“ einer Situation ist und wie mit solchen Systemen umzugehen ist, bei denen nicht viel Zeit bleibt, über den Einsatz in einer bestimmten Situation zu entscheiden. Nochmals: Diese Pflicht beträfe insbesondere nicht die Entscheidungen, während ein KI-System bereits im Einsatz ist, da es hier typischerweise zu Situationen kommt, in denen nur das System die Situation wirklich überblicken kann. Auch für die Beendigung des Einsatzes des Systems sollte es nur die Pflicht zu einer Evidenzkontrolle geben, da ein fortschrittliches KI-System selbst erkennen muss, wann sein Einsatzbereich überschritten ist, sofern die Aktivierung innerhalb dieses Einsatzbereiches erfolgt. Innerhalb seines korrekten Einsatzbereiches kann ein KI-System Systemgrenzen potentiell besser erkennen als ein Mensch, was die Entscheidung des Systems letztlich sicherer macht als die des Nutzers. D. h. letztlich: Je autonomer das System, desto geringer die

1334 Diese können ob ihres Umfangs nicht ausgeführt werden, die Arbeit konzentriert sich in erster Linie auf die allgemeinen Pflichten des Nutzers beim Einsatz von KI-Systemen.

1335 Siehe nur bei *Kühl*, AT, § 17, Rn. 35.

1336 § 5 A., S. 238.

1337 Human-outside-the-loop wird teilweise auch so verstanden, dass der Mensch, mit Ausnahme der Herstellung selbst, überhaupt nichts mehr mit dem KI-System zu tun hat. Versteht man den human-outside-the-loop so, passt er hier nicht.

Pflichten des Nutzers, und desto eher entsteht eine Verantwortungslücke, sofern auch dem Hersteller kein Vorwurf gemacht werden kann.

### IV. Fazit

Die Sorgfaltspflichten werden anders sein als bei bisher bekannten Produkten und in einigen Bereichen wie der Produktbeobachtungspflicht für den Hersteller umfangreicher ausfallen. Da es bislang wenige Sondernormen für KI-Systeme gibt, wird es für ein entscheidendes Gericht wichtig sein, den Einzelfall und den technischen Prozess genau zu kennen, um entsprechend konkrete Sorgfaltspflichtverletzungen zum Ausgangspunkt des strafrechtlichen Vorwurfs zu machen und keinem Rückschaufehler zu unterliegen. Mit einem Verweis auf „Konstruktions-, und Fabrikationspflichten" wird es jedenfalls nicht getan sein. Es wurde beim Hersteller beispielhaft anhand des Machine Learnings, insbesondere des Supervised Learnings aufgezeigt, welche Sorgfaltspflichten bestehen können und entsprechend als Ausgangspunkt eines Fahrlässigkeitsvorwurfes an den Hersteller dienen können. Der AI Act ist bereits heute die Initialzündung für ein Regelungsregime geworden. Auch die Normungsorganisationen sind umfangreich tätig geworden, sodass sich bald ein fein gewebter Teppich an Pflichten ergeben wird. Aus Sicht des Generalvertrauens ist dies zu begrüßen, denn so kann ein ausdifferenziertes Generalvertrauen konstituiert werden und Enttäuschungen können anschlussfähig bearbeitet werden. Momentan sieht es danach aus, als würden die Pflichten sehr weit gefasst werden, sodass es auf der Ebene der Pflichtverletzung genug Anknüpfungspunkte für eine mögliche Verantwortungszuschreibung an den Hersteller geben wird. Allerdings ist auch Kritik angebracht, denn einige der Pflichten werden in ihrer derzeitigen Formulierung kaum zu erfüllen sein.

Den Nutzer treffen weniger Pflichten als den Hersteller. Sind dies heute noch Bedien-, Letztentscheidungs-, Überwachungs- und Kontrollpflichten, werden in der Zukunft bei sehr fortschrittlichen KI-Systemen nur Analyse- und Entschließungspflicht sowie eine Evidenzkontrolle und der Vorwurf der Übernahmefahrlässigkeit verbleiben, was eine potentielle Strafbarkeit des Nutzers erheblich einschränken wird. Heute sind die Pflichten des Nutzers aber so vielfältig, dass eine mögliche Verantwortungszuschreibung daran in der Regel jedenfalls nicht scheitern wird.

## B. Grenzen der Sorgfaltspflichten

Sorgfaltspflichten zu finden fällt nicht schwer. Doch müssen diese auch begrenzt werden, um nicht eine konturlose und ausufernde Vielfalt an Anknüpfungspunkten für die Fahrlässigkeitsstrafbarkeit zu erhalten. Aufgrund der dogmatischen Unwägbarkeiten, die die Fahrlässigkeit durch ihre unterschiedliche Handhabung in der Literatur und Rechtsprechung erfahren hat, ist es unmöglich, eine systematische Einordnung vorzunehmen, die alle Varianten berücksichtigt. Auch die Einordnung der unter diesem Kapitel diskutierten Figuren wird sehr unterschiedlich gehandhabt; teilweise als Begrenzung, teilweise bei der Begründung der Sorgfaltspflichten selbst, teilweise bei der objektiven Zurechnung. Die Zweiteilung in Sorgfaltspflichten und Grenzen der Sorgfaltspflichten dient insoweit nur der darstellerischen Übersicht und ist nicht als Aussage über die genaue dogmatische Verortung zu sehen, die in der Regel offengelassen werden wird. Auch die Grenzen der Sorgfaltspflichten bestimmen die Maßfigur. Dieses Kapitel wird vor allem dem Gedanken Rechnung tragen, dass durch das Strafrecht stets nur Mögliches[1338] verlangt werden kann, ein Grundsatz, der auch einen Niederschlag im Verfassungsrecht gefunden hat.[1339] Das kommt im Fahrlässigkeitsdelikt auch dadurch zum Ausdruck, dass in der vorwerfbaren Mitteilung gerade eine fehlende Vermeidemotivation zum Ausdruck kommt.

In diesem Rahmen werden Rechtsfiguren untersucht, die gerade in der Diskussion um KI-Systeme relevant werden und insoweit der Frage nachgegangen, ob diese den Menschen hinter dem KI-System regelmäßig aus der Verantwortung entlassen könnten – und was dann passiert. Dieses Kapitel wird sich zunächst mit Konformitätsbewertungen durch unabhängige Stellen auseinandersetzen (I.) und sodann die Vorhersehbarkeit diskutieren, die von manchen[1340] als größtes Problem der strafrechtlichen Verantwortungszuschreibung an den Menschen beim Einsatz von KI-Systemen gesehen wird (II.). Anschließend werden die Figur der Zumutbarkeit (III.), der Vertrauensgrundsatz (IV.) und das erlaubte Risiko (V.) besprochen.

## I. Konformitätsbewertung durch unabhängige Stelle

Fraglich ist, wie eine Konformitätsbewertung – die auch beim Inverkehrbringen von KI-Systemen eine Rolle spielen wird[1341] – durch eine unabhängige Stelle, was generell auch eine behördliche Stellungnahme, etwa in Form von Zulassung oder

1338 Im Kontext dieses Teils genauer: Menschenmögliches.

1339 *Hoffmann-Riem*, Innovation und Recht, S. 320 ff. m. w. N. unter dem Stichwort „Vorbehalt des Möglichen“. Das BVerfG hat dies im Fall des Numerus Clausus ausdrücklich entschieden, danach stünden auch Teilhaberechte unter dem „Vorbehalt des Möglichen“, BVerfG 1 BvL 32/70 u. 25/71 v. 18.07.1972 = NJW 1972, 1561, 1564.

1340 *Zech*, Risiken, S. 44 m. w. N.

1341 Dazu weiter unten in diesem Kapitel.

Genehmigung[1342], umfassen kann, sich auf die Sorgfaltspflichten auswirkt. Allein aus einer behördlichen Zulassung ergibt sich jedenfalls noch keine zwingende Annahme, dass sämtliche Sorgfaltspflichten durch den Hersteller vor und bei Inverkehrbringen eingehalten wurden, und erst recht nicht, dass keine Rückruf- oder Produktbeobachtungspflichten mehr bestehen. Herstellerpflichten sind unabhängig von dem zu beurteilen, was Behörden für geboten erachten.[1343] So können Zulassungen, Genehmigungen oder Zertifizierungen grundsätzlich keine Entlastung für den Hersteller bringen.[1344] Das ergibt sich schon daraus, weil behördliche Zulassungen sich nicht immer darauf beziehen, dass das Produkt in jeder Hinsicht völlig unbedenklich ist, oder sie legen von vorneherein nur einen Mindeststandard fest, dessen Unterschreitung jedenfalls unzulässig wäre.[1345] Dazu gilt in der strafrechtlichen Produkthaftung keine Verwaltungsakzessorietät.[1346] Ausnahme dazu ist das Umweltstrafrecht im StGB und einige wenige Gebiete des Nebenstrafrechts.[1347] In jedem Fall muss die Entlastung fehlen, wenn der Hersteller die Gefährlichkeit des Produktes besser einschätzen kann als die Behörde.

Dennoch wird eine behördliche Zulassung zumindest ein Indiz für die Einhaltung derjenigen Sorgfaltspflichten sein, auf deren Folgen sich die spezielle Zulassung bezieht. So wurde im Fall „Degussa" durch die Staatsanwaltschaft Frankfurt am Main eine Verfahrenseinstellung unter Auflagen vorgenommen, weil sich der Hersteller auf die behördliche Zulassung, die gerade die Unbedenklichkeit ihres Produktes in der streitgegenständlichen Gesundheitsschädigung (Gesundheitsschäden durch Zahnfüllungen aus Amalgam) zum Gegenstand hatte, verließ. Dem Hersteller lagen keine anderen Erkenntnisse außer der Zulassung auf Grundlage von §§ 21, 2 I Nr. 5, 25 AMG und das gleichlautende, wenn auch nicht völlig unumstrittene, aber dennoch herrschende Urteil in der Fachwissenschaft vor.[1348] In ei-

---

**1342** Umfangreich zu behördlichen Stellungnahmen, zu denen auch die Zulassung gehört, *Große Vorholt*, Behördliche Stellungnahmen.

**1343** BGH 2 StR 549/89 v. 06.07.1990 = BGHSt 37, 106, 122; LG Frankfurt 5/26 KLs 65 Js 8793/84 v. 25.05. 1993 = ZUR 1994, 33, 36; *Dannecker/Bülte* in Wabnitz/Janovsky/Schmitt, Kap. 1, Rn. 35; *Weik* in Müller-Gugenberger, Rn. 56.106; *Winkelbauer/Tsambikakis/Gierok* in Produkthaftungshandbuch, § 90, Rn. 49; *Schwartz*, Strafrechtliche Produkthaftung, S. 75 f. Einschränkend dagegen *Kuhlen*, in FS BGH IV, S. 647, 662.

**1344** Vgl. ausdrücklich für den Kontext der Robotik im zivilrechtlichen Kontext *Spindler* in Robotik im Kontext von Recht und Moral, S. 63, 71.

**1345** *Kuhlen* in Achenbach/Ransiek/Rönnau, 4. Teil, Kap. 1, Rn. 38.

**1346** *Weik* in Müller-Gugenberger, Rn. 56.106.

**1347** Etwa § 325 StGB. Zur Thematik *Große Vorholt*, Behördliche Stellungnahmen, S. 173 f.; *Kuhlen* in FG BGH IV, S. 647, 662; *Kudlich* in FS Otto, S. 373, 378 f.

**1348** Verfügung der Staatsanwaltschaft Frankfurt a. M. 31.05.1996 – 65 Js 17048.4/91, zitiert nach *Dannecker/Bülte* in Wabnitz/Janovsky/Schmitt, Kap. 1, Rn. 35. Vgl. auch *Kuhlen* in Achenbach/Ransiek/

nem solchen Fall kann sich der Hersteller auf die behördliche Zulassung verlassen.[1349]

Bei KI-Systemen wird dies aber seltener der Fall sein. Das ist darin begründet, dass KI-Systeme oft sehr spezialisiert daherkommen und schlechter analysiert werden können als ein chemisches Produkt. Außenstehende Experten oder Behörden können nicht für jedes KI-System einfach Standardmethoden anwenden, wie das bei der Untersuchung einer chemischen Verbindung prinzipiell möglich ist. Die Expertise, die der Hersteller zu seinem speziellen KI-System hat, wird die Expertise von Behörden oder Dritten oft vielfach übersteigen. Das ist nicht nur bei KI-Systemen so, sondern zeigt sich in jedem Produkt, das besonders innovationsfreudig auftritt und dazu noch viele Anwendungsbereiche aufweist.[1350] Aber gerade bei KI-Systemen ist die Regel erkennbar, dass die wirklichen Innovationstreiber meist wenige besonders große Unternehmen sind[1351], die eine Sachkompetenz besitzen, die keine Behörde nur annähernd erreicht.

Es gibt aber auch Ausnahmen von dieser Regel, wenn ein standardisiertes KI-System zur Beurteilung vorliegt. Ein standardisiertes KI-System ist etwa im Bereich des vollautomatisierten bzw. autonomen Fahrens zu sehen. Die Konformitätsbewertung für ein solches System sieht nach Art. 11 VO (EU) 2019/2144 i.V.m. der Durchführungsverordnung C(2022) 5402 vom 05.08.2022, Anhang III ein umfangreiches Evaluationsverfahren beinahe jeder denkbaren Fahrsituation vor. Wenn der Hersteller dieses Verfahren korrekt durchgeführt hat, ist ein sehr starkes Indiz dafür gegeben, dass auch die Sorgfaltspflichten eingehalten wurden.

Auch die AI-VO sieht ein Konformitätsbewertungsverfahren vor dem Inverkehrbringen von Hochrisiko-KI-Systemen vor, Art. 16f i.V.m. 43 AI-VO. Freilich gilt dies für jegliches Hochrisiko-KI-System, sodass hier gerade keine standardisierten KI-Systeme vorliegen. Dabei soll geprüft werden, ob das System den Anforderungen der AI-VO entspricht, Art. 43 I-III AI-VO. Das Konformitätsbewertungsverfahren muss, je nach KI-System, entweder durch interne Kontrolle nach Art. 43 I a, II i.V.m. Anhang VI AI-VO oder durch eine notifizierte Stelle, die Qualitätsmanagementsystem und technische Dokumentation bewertet, Art. 43 I b. i.V.m. Anhang VII AI-VO,

---

Rönnau, 4. Teil, Kap. 1, Rn. 38; *ders.* in FS BGH IV, S. 647, 660 f.; *Hilgendorf* in Criminal Compliance, § 10, Rn. 24.

**1349** Vgl. auch *Sternberg-Lieben/Schuster* in Schönke/Schröder, § 15, Rn. 216.

**1350** Dies beschreibt ohne Bezug auf KI-Systeme auch *Große Vorholt*, Behördliche Stellungnahme, S. 140 ff.

**1351** Google (Alphabet), Amazon, OpenAI (als zentraler Geldgeber Microsoft), Apple u. a.

durchgeführt werden.[1352] Bei den notifizierten Stellen handelt es sich nicht um Behörden, sondern um, häufig privatrechtlich organisierte, Konformitätsbewertungsstellen, die von einer hierfür zuständigen Behörde eines Mitgliedstaates, der sog. notifizierenden Behörde, benannt, also notifiziert wurden.[1353] Augenscheinlich trägt der Unionsgesetzgeber mit der Möglichkeit der internen Kontrolle der Tatsache Rechnung, dass Unternehmen oft einen uneinholbaren Wissensvorsprung vor der Behörde besitzen werden. Wird die Konformität durch interne Kontrolle durchgeführt, wird das Gericht die Einhaltung der Sorgfaltspflichten vollständig selbst kontrollieren müssen, eine Indizwirkung kann bei einer Selbstkontrolle nicht entstehen. Wird sie von einer notifizierten Stelle durchgeführt, so kann von Indizwirkung gesprochen werden, die allerdings widerlegt werden kann, besonders deshalb, weil die Pflichten bisher noch wenig konkretisiert sind. Sind schon das Qualitätsmanagementsystem oder die technische Dokumentation mit unerkannt fehlerhaften Grunddaten gefüttert, wird dies auch durch ein Konformitätsbewertungsverfahren nicht mehr ans Licht kommen. Auch kann es nicht aufdecken, wenn Evaluationen inkorrekt durchgeführt wurden, aber anderes protokolliert wurde u.v.m. Zwar muss bei der internen Kontrolle die Übereinstimmung von tatsächlichem Prozess und technischer Dokumentation geprüft werden, Anhang VI, Nr. 4 AI-VO, bei einer internen Kontrolle werden beide Prozesse aber typischerweise zusammenlaufen, sodass es unwahrscheinlich erscheint, eine fehlende Übereinstimmung aufzudecken. Schwach ist die Indizwirkung insbesondere für solche KI-Systeme, die sich nach dem Inverkehrbringen noch weiterentwickeln. Dazu gilt die Indizwirkung nur für die Pflichten, die in Kapitel III, Abschnitt 2 AI-VO aufgeführt sind,[1354] d.h. von vorneherein nur für Hochrisiko-KI-Systeme.

Im Ergebnis ist festzuhalten, dass bei standardisierten KI-Systemen in dem Bereich, den etwa das Konformitätsbewertungsverfahren konkret und ausreichend bestimmt betrifft und im konkreten Fall dann positiv bewertet, regelmäßig davon auszugehen sein wird, dass vor Inverkehrbringen diese speziellen Sorgfaltspflichten eingehalten wurden.[1355] In allen anderen Fällen hat die Konformitätsbewertung

---

1352 Für KI-Systeme nach Anhang I A richtet sich das Konformitätsverfahren nach den Vorgaben in den speziellen Richtlinien, in denen dann aber auch die Pflichten der AI-VO berücksichtigt werden müssen, Art. 43 III AI-VO.

1353 Siehe hierzu Art. 28ff. AI-VO. Die Anforderungen, die eine notifizierte Stelle erfüllen muss, ergeben sich aus Art. 31 AI-VO.

1354 Siehe insoweit die Ausführungen zu den Hochrisikosystemen im AI Act, § 8 A. II. b., S. 290ff.

1355 Dies gilt freilich nicht, wenn das Verfahren in Form der Selbstkontrolle erfolgt.

eine schwächere Indizwirkung für die Einhaltung der Sorgfaltspflichten. Eine echte Grenze der Sorgfaltspflichten ist dies also nicht.[1356]

## II. Vorhersehbarkeit

Die dogmatische Einordnung der Vorhersehbarkeit ist umstritten,[1357] muss hier aber nicht gelöst werden. Die auftretenden Probleme ändern sich dabei im Kern nicht. Freilich darf nicht vergessen werden, dass die Vorhersehbarkeit nur ein Merkmal der Fahrlässigkeit ist und nicht für sich genommen bereits die Fahrlässigkeitsstrafbarkeit begründet, insbesondere dann nicht, wenn daneben noch Sorgfaltspflichten bestimmt werden.[1358] Der Täter kann nur bestraft werden, wenn der tatbestandsmäßige Erfolg vorausgesehen werden konnte. Das knüpft direkt an die Grunderkenntnis der Vermeidemacht an: Fehlende Vermeidemotivation kann ein Täter nur zum Ausdruck bringen, falls die Rechtsgutsverletzung für ihn tatsächlich (in der Zuschreibung durch Beobachter) vermeidbar war, und dazu gehört die Vorhersehbarkeit.[1359] Das Gericht soll die ex-ante-Perspektive eines besonnenen und gewissenhaften Dritten aus dem Verkehrskreis des Täters einnehmen, mit den Umständen, die dem konkreten Täter bekannt waren. Wenn aus dieser Perspektive der Erfolg nicht außerhalb der Lebenserfahrung lag, ist Vorhersehbarkeit gege-

---

**1356** Mit der Frage der Konformitätsbewertung durch unabhängige Stelle verwandt ist der Fall, dass ein Verhalten vom Gesetzgeber ausdrücklich erlaubt ist. Wird ein KI-System mit bestimmten Spezifikationen vom Gesetzgeber durch formelles Gesetz oder andere Rechtsakte ausdrücklich erlaubt, können in diesem Bereich durch das bloße Herstellen keine Sorgfaltspflichten verletzt sein, sofern kein Sonderwissen des Herstellers vorliegt. Mancher mag darin einen Ausdruck des „erlaubten Risikos" (zum erlaubten Risiko § 8 B. V., S. 331 ff.) oder den Gedanken des allgemeinen Lebensrisikos (zum allgemeinen Lebensrisiko § 8 C. II., S. 344 ff.) sehen.

**1357** Z.T. wird es als Teil der objektiven Zurechnung eingeordnet (die objektive Zurechnung entfällt bei atypischem Kausalverlauf), bspw. *Rengier*, AT, § 52, Rn. 12; teilweise als Teil der Sorgfaltspflichtverletzung, bspw. *Kudlich* in BeckOK StGB, § 15, Rn. 35.1; unklar *Kühl*, AT, §17, Rn. 19 und teilweise als eigenständiges Merkmal im Tatbestand des Fahrlässigkeitsdeliktes; bspw. *Beck* in Handbuch des Strafrechts 2, § 36, Rn. 55. Die Rechtsprechung behandelt es ebenfalls nicht einheitlich, siehe *Münster*, Innovation, S. 75 m.w.N. Teilweise ordnet die Rechtsprechung die Vorhersehbarkeit sogar als Teil der Schuldhaftigkeit ein, *Gropp/Sinn*, AT, § 12, Rn. 71, mit Verweis auf OLG Stuttgart JZ 1980, 620 m.w.N. Ebenfalls als Begrenzung ordnen die Vorhersehbarkeit *Wigger*, Automatisiertes Fahren, S. 215 f. und *Münster*, Innovation, S. 74 ff. ein.

**1358** Nachweise zu Ansätzen, die auf die Sorgfaltspflichtverletzung ganz verzichten wollen und stattdessen die Vorhersehbarkeit und verwandte Begriffe zum Kernbegriff der Fahrlässigkeit erheben wollen, finden sich bei *Duttge*, Fahrlässigkeit, S. 91 ff.

**1359** Vgl. *Jakobs*, AT, 9. Abschn., Rn. 5. Vorhersehbarkeit und Vermeidbarkeit bringen etwa auch *Sternberg-Lieben/Schuster* in Schönke/Schröder, § 15, Rn. 125 zusammen.

ben.[1360] Hier besteht die Tendenz zum Rückschaufehler: Ein Gericht kann die ex-ante-Perspektive faktisch nicht mehr einnehmen und tendiert in der Rückschau dazu, mehr Vorhersehbarkeit zu unterstellen, als aus einer ex-ante-Perspektive tatsächlich möglich war.[1361] Die Vorhersehbarkeit wird im Schrifttum oft als das drängendste rechtliche Problem in Bezug auf die strafrechtliche Verantwortlichkeit beim Einsatz von KI-Systemen gesehen.[1362] In der Tat schließt es immerhin direkt an die Black Box-Problematik[1363] an. Manche wie *Borges* gehen noch einen Schritt weiter und legen die Problematik gar ihrer Definition zugrunde, wodurch die fehlende Vorhersehbarkeit zum Wesensmerkmal von KI-Systemen wird. So schreibt er: „Autonome Systeme[1364] können daher als solche definiert werden, deren Verhalten nicht vollständig vorherbestimmt oder vorhersehbar ist."[1365]

Black Boxen sind dem Juristen letztlich über KI-Systeme hinaus allgemein bekannt: Es kommt immer darauf an, wie weit die rechtlichen Gegebenheiten eine Durchdringung des tatsächlichen Sachverhalts erfordern und was offenbleiben darf, wo Definitionen jeweils weiter zu präzisieren sind oder einfach Prämissen vorausgesetzt werden dürfen. Alles, was das Recht nicht fordert, darf eine Black Box bleiben, mit jeweils unterschiedlichen Konsequenzen. So auch bei der Vorhersehbarkeit. Es kommt also darauf an, ob die Black Box des Sachverhaltes rechtlich relevante Informationen enthält, erst dann wird es problematisch. Bei der Vorhersehbarkeit wird die ex-ante-Sicht eingenommen. Es geht also um die „Black Box des Was"[1366]: Was wird das System in einer bestimmten Situation tun und welches Ergebnis resultiert daraus? Die „Black Box des Warums" ist auf dieser Ebene hingegen noch nicht problematisch. Es spielt für die Vorhersehbarkeit keine Rolle, aus welchem Grund ein KI-System zu seinem Ergebnis gekommen ist. Nur der Output ist entscheidend. Während der Output eines KI-Systems durch Evaluation abstrakt gut vorhergesehen werden kann, wird die Vorhersehbarkeit des Ergebnisses diffiziler, je konkreter es verlangt wird. Erst recht gilt dies, wenn sogar der Kausalverlauf vorhergesehen werden soll. Dann wird durch die „Black Box des Was" auch der Output verschleiert. Die Vorhersehbarkeit ist sowohl aus Hersteller- als auch aus Nutzersicht problematisch, auch wenn die Probleme beim Hersteller meist promi-

---

**1360** Siehe nur *Gropp/Sinn,* AT, § 12, Rn. 70.

**1361** Siehe dazu schon Fn. 1280; speziell zur Vorhersehbarkeit *T. Rotsch,* ZIS 2010, 614, 616 f. m.w.N in Fn. 19.; *Böhringer,* RAW 2019, 13, 15.

**1362** *Zech,* Risiken, S. 44 m. w. N.

**1363** § 5 B. III., S. 247 f.

**1364** *Borges* Verständnis von autonomen Systemen scheint sich mit dem von KI-Systemen weitestgehend zu decken. In diesen Zusammenhang ordnet ihn ebenso *Valerius,* GA 2022, 121, 126 ein.

**1365** *Borges,* NJW 2018, 977, 978.

**1366** Zu den verschiedenen Arten von Black Boxen siehe § 5 B. III., S. 247 f.

nenter diskutiert werden können. Der Nutzer kennt dabei immerhin noch seinen eigenen Input, während beim Hersteller auch dieser Umstand Teil der Black Box sein kann. Dafür hat der Hersteller deutlich tiefere Kenntnisse über das KI-System als der Nutzer. Im Folgenden wird das Problem der Vorhersehbarkeit zunächst aus Herstellersicht (1.) und anschließend aus Nutzersicht (2.) behandelt.

### 1. Aus Sicht des Herstellers

Bei der Vorhersehbarkeit liegt das zuvorderst zu lösende Problem gerade in Bezug auf KI-Systeme darin, ob die Vorhersehbarkeit abstrakt (a.) oder konkret (b.) zu verstehen ist. Je nachdem kann die Black Box durchgreifend sein oder sich auf die Verantwortungszuschreibung an den hinter dem KI-System stehenden Menschen gerade nicht auswirken. Möglicherweise lässt sich durch den Gedanken einer „erkennbaren Vermeidbarkeit" insgesamt ein sachgerechtes Ergebnis erzielen (c.).

#### a. Die abstrakte Vorhersehbarkeit nach der Rechtsprechung

Die Rechtsprechung[1367] und Teile der Literatur[1368] stellen als Erfordernis für die Vorhersehbarkeit auf den Eintritt des tatbestandlichen Erfolges ab, folgen also einer abstrakten Linie. Dieser Grundsatz wird nur für die Fälle eingeschränkt, in denen der Geschehensablauf so weit außerhalb der Lebenserfahrung liegt, dass der Täter auch mit der gebotenen Sorgfalt des Einzelfalles damit nicht zu rechnen brauchte. Das sind aber absolute Ausnahmefälle.[1369] Dieser Ansatz findet sich in großen Teilen in Parallelität zur Rechtsprechung über den Irrtum über den Kausalverlauf wieder.[1370]

---

1367 BGH 2 StR 330/52 v. 29.08.1952 = BGHSt 3, 62, 63; BGH 4 StR 180/58 v. 10.07.1958 = BGHSt 12, 75, 77; BGH 3 StR 341/93 v. 08.09.1993 = BGHSt 39, 322, 324; BGH 5 StR 327/03 v. 13.11.2003 = BGHSt 49, 166, 174; BGH 1 StR 121/81 v. 28.04.1981 = NStZ 1981, 350; BGH 3 StR 481/91 v. 12.02.1992 = NStZ 1992, 333, 335; BGH 3 StR 532/00 v. 28.03.2001= NStZ 2001, 478; BGH 2 StR 226/82 v. 30.06.1982 = NJW 1982, 2831, 2832; BGH 3 StR 331/00 v. 22.11.2000 = NJW 2001, 1075, 1076.

1368 Etwa *Gaede* in Matt/Renzikowski, § 15, Rn. 49. Im vorliegenden Kontext *Valerius,* GA 2022, 121, 127; *Yuan,* RW 2018, 477, 497; *Schäfer,* AI, S. 145 ff.

1369 Mit dieser Analyse auch *Vogel/Bülte* in LK, § 15, Rn. 253 m. w. N. *Gaede* in Matt/Renzikowski, § 15, Rn. 49 unter anderem mit Verweis auf BGH 4 StR 453/07 v. 15.11.2007 = NStZ 2008, 686. Vgl. auch *Duttge,* NStZ 2006, 266, 273. Selbst in folgendem Fall wurde die Voraussehbarkeit bejaht: Der Täter versetzte dem Opfer drei leichte Faustschläge gegen den Kopf, die keine äußerlichen Verletzungen hervorriefen. Das Opfer verstarb dennoch, aber nur deswegen, weil es nach der Festnahme des Täters aufgrund der gesamten Stresssituation und der Minderfunktion seiner linken Herzklappe zusammenbrach und ins Koma fiel und sich im Koma liegend eine Lungenentzündung zuzog, an der er schließlich verstarb. Nicht einmal die Staatsanwaltschaft hatte hier an eine fahrlässige Tötung gedacht, LG Kleve 140 Ks 305 Js 467/02 (1/03) v. 04.04.2003 = NStZ-RR 2003, 235, 236.

1370 Diese wurde schon oben im Rahmen der Intentionalität untersucht, § 7 C. I., S. 264 ff.

Die Rechtsprechung hat noch keinen Produkthaftungsfall zum Gegenstand gehabt, der ein KI-System beinhaltete, sodass noch keine Aussagen dazu getroffen wurden, wann etwas nun so außerhalb der Lebenserfahrung liegt, dass damit auch der Ausnahmefall erfüllt ist und die Vorhersehbarkeit verneint werden kann. Die Fälle, in denen die Vorhersehbarkeit aufgrund eines ganz außerhalb der Lebenserfahrung liegenden Sachverhalts durch den BGH verneint wurde waren zudem keine Produkthaftungsfälle.[1371]

Das Schrifttum hat sich zur KI-Problematik aber schon ausdrücklicher positioniert. In dem Teil des Schrifttums, welcher grundsätzlich der Ansicht der Rechtsprechung folgt, scheint eine Annahme der Vorhersehbarkeit beim Hersteller von KI-Systemen herrschend zu sein: So liege Vorhersehbarkeit beim Hersteller jedenfalls „regelmäßig" [1372] vor. Es findet sich auch die Aussage, der Hersteller müsse mit „allem" [1373] rechnen, was eine Vorhersehbarkeit ebenfalls indiziert. Folgender Leitsatz ist für das Schrifttum an dieser Stelle prägend: Je autonomer ein System, desto eher ist abstrakt vorhersehbar, dass es zu einem Schaden kommen wird.[1374]

Dieser Schluss erscheint nicht plausibel. Warum sollte allein aus der Autonomie des Systems vorhersehbarer werden, dass es zu einem Schaden kommt? Nur, weil man generell schwieriger vorhersehen kann, was das System tun wird? Letztlich wird damit ausgesagt, dass ein Schaden abstrakt vorhersehbarer sei, weil die potentiellen Handlungen gerade nicht vorhersehbar sind und so subjektiv der Weg zu mehr potentiellen Schadensarten geöffnet wird. Bei genauerer Betrachtung haben diese Aussagen nichts mit KI-Systemen zu tun, sondern ließen sich vielmehr folgendermaßen formulieren: Je abstrakter ein Szenario gefasst wird und je mehr Produkte diesem Szenario zugeschrieben werden, desto größer wird die Wahrscheinlichkeit des Auftretens dieses Szenarios und damit die Vorhersehbarkeit. Mit diesem Argumentationsschema kann aber gerade im Bereich der Produkthaftung fast jede Rechtsgutsverletzung als vorhersehbar abgeurteilt werden. Eine abstrakte Rechtsgutsverletzung durch ein Produkt unter Außerachtlassung eines zumindest im Allgemeinen konkretisierten Schadensherganges wird bei einem breiten Einsatz

---

**1371** BGH 2 StR 330/52 v. 29.08.1952 = BGHSt 3, 62; BGH 4 StR 180/58 v. 10.07.1958 = BGHSt 12, 75; BGH 3 StR 341/93 v. 08.09.1993 = BGHSt 39, 322; BGH 3 StR 389/52 v. 02.10.1952 = NJW 1953, 36; BGH 1 StR 85/72 v. 03.04.1973 = NJW 1973, 1379, 1382.

**1372** *Münster,* Innovation, S. 78; vgl. auch *Böhringer,* RAW 2019, 13 f.

**1373** *Wigger,* Automatisiertes Fahren, S. 215.

**1374** *Haagen/A. Lohmann* in KI kompakt, S. 257, 290; *Beck,* ZIS 2020, 41, 46; *dies.* in Autonomes Fahren, S. 439, 443; *Gless/Weigend,* ZStW 126 (2014), 561, 582. Vgl. auch *Wigger,* Automatisiertes Fahren, S. 215. Ähnlich am Beispiel des Aschaffenburger Falles *Hilgendorf* in FS Fischer, S. 99, 105. Darauf nimmt auch *A. Lohmann,* KI, S. 158 Bezug.

des Produktes mathematisch sicher und lässt die Vorhersehbarkeit einer Rechtsgutsverletzung für ein autonomes Fahrzeug ebenso eintreten, wie für einen gewöhnlichen Kugelschreiber. Wird Vorhersehbarkeit so weit gefasst, dann kann auf dieses Merkmal in der strafrechtlichen Produkthaftung fast völlig verzichtet werden. Auch ist der Hersteller mit derart abstraktem Wissen ex ante kaum in der Lage, Vorkehrungen für Schadensvermeidung zu treffen. Die „Black Box des Was" bei den KI-Systemen kann mit einer solchen Vorgehensweise für die rechtliche Bewertung ausgeblendet werden, da die verschleierten Eigenschaften des Systems für das Merkmal dann im Ergebnis keine Rolle spielen.

Selbst der Fall, in dem kein naturgesetzliches Kausalwissen vorliegt, rückt damit sehr nahe an eine Vorhersehbarkeit heran. Spätestens hier muss in Produkthaftungsfällen aber nach der Rechtsprechung der (späte) Schlussstrich gezogen werden. In Fällen, in denen noch überhaupt kein naturgesetzliches Kausalwissen zur Gefährlichkeit eines Produkts vorliegt, ist eine Vorhersehbarkeit der Schädigung ausgeschlossen und damit auch unvermeidbar. Eines der seltenen Beispiele wäre das Conterganverfahren, in dem keine Kenntnis darüber bestand, dass bestimmte medikamentöse Behandlungen einer Schwangeren zu embryonalen Schädigungen führen können.[1375] Freilich wurde das Strafverfahren damals nach einem zivilrechtlichen Vergleich nicht zum Abschluss gebracht, sondern eingestellt.[1376]

### b. Die konkrete Vorhersehbarkeit nach Teilen der Literatur

Andere Stimmen in der Literatur[1377] wollen dagegen die Herbeiführung des Erfolges miteinbeziehen und fordern eine konkrete Vorhersehbarkeit. Wird eine konkrete Vorhersehbarkeit verlangt, so wird eine Vorhersehbarkeit beim Hersteller in Bezug auf eine Schädigung durch ein KI-System oft zu verneinen sein. KI-Systeme können in offenen Einsatzbereichen eingesetzt werden und ihre Wissensrepräsentation ist nicht mehr durch einfache symbolische Repräsentation direkt interpretierbar, sondern nur noch evaluierbar. Lernfähigkeit kann in Abhängigkeit von den Trainingsdaten zu tatsächlich unvorhersehbaren Lernergebnissen führen. Bei KI-Systemen, die auf Deep Learning[1378] basieren, wird diese Gefahr eines inhärent un-

---

1375 *Sternberg-Lieben/Schuster* in Schönke/Schröder, § 15, Rn. 125. Speziell zu dieser Problematik im Conterganverfahen *Arm. Kaufmann*, JZ 1971, 569, 573 ff.

1376 LG Aachen 4 KMs 1/68, 15 – 115/67 v. 18.12.1970 = JZ 1971, 507, 521. Vgl. zum Conterganverfahren und seinen Folgen auch *Wörner*, Widersprüche Lebensschutz, § 3 D. I. 1. b. (S. 97 f.)

1377 *Vogel/Bülte* in LK, § 15, Rn. 252; *Sternberg-Lieben/Schuster* in Schönke/Schröder, § 15 Rn. 180; *Kudlich* in BeckOK StGB, § 15, Rn. 57. Grundsätzlich wohl auf Linie der Rechtsprechung, aber trotzdem kritisch *Gaede* in Matt/Renzikowski, § 15, Rn. 49.

1378 § 5 B. I. 2. d., S. 244 f.

vorhersehbaren Effektes besonders gesehen.[1379] Allein durch diese Faktoren ergibt sich, dass eine konkrete Vorhersehbarkeit oft nicht mehr zu begründen sein wird, weil in der Evaluation in offenen Einsatzräumen (manchmal selbst in geschlossenen Einsatzräumen) schlicht nicht an jeden Input gedacht werden kann. Auch der Nutzer „Mensch“ ist für den Hersteller eine Black Box, der durch die Instruktionshinweise nur in gewissem Umfang reguliert werden kann. Einige KI-Systeme können dazu in der Auswahl des Weges zum vorgegebenen Ziel vom Menschen unbeeinflussbar handeln, sodass es auch in solchen Fällen zu unvorhersehbaren Kausalverläufen kommen kann.

Im Falle der GPAIs nach der AI-VO, wie etwa GPT-4, ist eine konkrete Vorhersehbarkeit in den meisten Fällen ausgeschlossen, da sich diese Systeme gerade durch „General Purpose“, also eine allgemeine Einsetzbarkeit und die Möglichkeit einer Vielzahl nachgelagerter KI-Systeme als Basis zu dienen, auszeichnen.[1380] Schon bei heute bestehenden Systemen, wie dem Large Language Model (LLM) GPT-3, mittlerweile in der Version GPT-4o verfügbar und besser bekannt unter einer seiner Anwendungen, „ChatGPT“,[1381] wurde sichtbar, dass die Hersteller oft mit der Kreativität ihres eigenen KI-Systems und der ihrer Nutzer überfordert sind.[1382] Bei starker KI, die noch Zukunftsmusik ist, wird eine Vorhersehbarkeit in der Regel völlig ausgeschlossen sein, da sie selbstorganisiert sein werden, was aus einer menschlichen Beobachterperspektive zu Eigendynamik und Spontanität führt.[1383]

Fehlende konkrete Vorhersehbarkeit wird also *oft*, aber keineswegs *prinzipiell* vorliegen. Die meisten derzeitigen KI-Systeme sind einfach gestrickt und haben vor allem einen eng begrenzten Einsatzraum. Dann wird die Vorhersehbarkeit sowohl konkret als auch abstrakt gelingen. Im Gegensatz dazu ist der „Kontrollverlust“ des Menschen aber gerade intendiertes Ergebnis eines fortschrittlichen KI-Systems.[1384] Damit geht auch der Verlust von Wissen über einen potentiellen Kausalverlauf einher. Das Ergebnis des Ausschlusses der Vorhersehbarkeit bei konkreter Betrachtungsweise steigt dabei in seiner Häufigkeit exponentiell zur Weite des mög-

**1379** *Zech*, Risiken, S. 47.

**1380** Dennoch verlangt die AI-VO eine Risikobeurteilung für GPAIs mit potentiellem Systemrisiko, Art. 55 I AI-VO. Wie genau das vonstattengehen kann und soll, ist noch unklar.

**1381** Dieses System kommt wohl näher an AGI heran als alle anderen derzeitigen Modelle, vgl. *Bubeck/Chandrasekaran/Eldan et al.*, Sparks of AGI, abrufbar unter https://arxiv.org/abs/2303.12712 (14.10.2024).

**1382** So hat GPT-3 wenige Tage nach seiner Veröffentlichung Anleitungen zum Wohnungseinbruchsdiebstahl gegeben, obwohl das System das eigentlich nicht können sollte (Selbstversuche des Autors). Mittlerweile ist das Problem behoben. Auch nach über einem Jahr schaffen es Nutzer noch regelmäßig, ChatGPT Inhalte mit Illegalitätsbezug zu entlocken.

**1383** *Zech*, Risiken, S. 46 f.

**1384** Vgl. schon § 5 A., S. 238 f.

lichen räumlichen und instrumentellen Einsatzbereiches des in Frage stehenden KI-Systems sowie der konkreten Methode. Nur in geschlossenen Einsatzbereichen wird bei KI-Systemen der Schadenshergang in der Regel konkret vorhersehbar sein. So sieht *Wigger* für Fahrzeuge, die ihre Umgebungsdaten selbständig auswerten, also jedes autonome Fahrzeug, die konkrete Vorhersehbarkeit „in der Mehrzahl der Fälle“ ausgeschlossen.[1385] Nicht übersehen werden darf dabei aber, dass der Hersteller zwar das System nicht mehr direkt im Sinne einer symbolischen Repräsentation interpretieren kann, aber nach wie vor das mächtige Werkzeug der Evaluation an der Hand hat. Mit ihrer Hilfe werden viele der Rechtsgutsverletzungen durch solche Fahrzeuge konkret vorhersehbar sein. Wird eine Evaluation gar nicht erst ausreichend durchgeführt, kann sich der Hersteller auch nicht auf die entlastende fehlende Vorhersehbarkeit berufen.

#### c. Eine „erkennbare Vermeidbarkeit“ als Lösung?

Konkrete und abstrakte Vorhersehbarkeit kommen oft zu verschiedenen Ergebnissen. Beide Lösungsansätze sind dabei bis zu einem gewissen Grad unbefriedigend. Die Ansicht der Rechtsprechung, jedenfalls so, wie sie aktuell von der Literatur interpretiert wird, schließt für KI-Systeme faktisch keine Fälle aus, wodurch die Vorhersehbarkeit in diesem Zusammenhang zu einer überflüssigen Voraussetzung für die Fahrlässigkeitsstrafbarkeit wird. Die Ansicht, die eine konkrete Vorhersehbarkeit verlangt, wird diese bei fortschrittlichen KI-Systemen und GPAI in der Regel nicht finden, wodurch ein Hersteller solcher KI-Systeme aus der Verantwortung ausgenommen wäre. Gerade fortschrittliche KI-Systeme haben ob ihres großen Einsatzbereiches und ihres Kontaktes mit kritischen Rechtsgütern aber das höchste Schadenspotential und damit auch das höchste Potential, eine beobachtete Diskrepanz hervorzurufen, die Generalvertrauen zerstört. Dazu werden viele der weniger fortschrittlichen KI-Systeme umgangssprachlich nicht als KI verstanden, sodass eher die Problemfälle der Vorhersehbarkeit auf die Technologie an sich zurückfallen werden.

Insoweit erscheint es angetan, weitere Überlegungen anzustellen. Entweder, um das Merkmal handhabbarer zu machen oder zu akzeptieren, dass die Vorhersehbarkeit für KI-Systeme ein verzichtbares Merkmal ist. Letzteres sieht *Beck*, wenn sie sagt, dass „die Vorhersehbarkeit von Gefahren in diesem Kontext wohl keine relevante Hürde für die Bestimmung der Fahrlässigkeitshaftung“[1386] sei. Dieser Weg ist gangbar und würde insbesondere kein „immenses Risiko zulasten der

1385 *Wigger*, Automatisiertes Fahren, S. 215.

1386 *Beck* in Autonomes Fahren, S. 439, 448 f. Ähnlich auch *Gless/Weigend*, ZStW 126 (2014), 561, 582.

Hersteller“[1387] bedeuten, da zur Vorhersehbarkeit weitere Merkmale hinzutreten müssen, um eine Strafbarkeit zu begründen. Umgekehrt wäre beim Ausschluss der Vorhersehbarkeit, was beim Lösungsansatz der konkreten Vorhersehbarkeit oft vorkommt, die Verantwortungszuschreibung insgesamt ausgeschlossen. Letzteres ist nur dann ein gangbarer Weg,[1388] wenn der Nutzer oder KI-Systeme selbst verantwortlich gestellt werden können. Ansonsten entstünde eine Generalvertrauen zerstörende Verantwortungsdiffusion, sofern kein anderes System kommunikativ reagieren kann. Da sich das Strafrechtssystem zur Interpretation der Vorhersehbarkeit im vorliegenden Kontext noch nicht eindeutig positioniert hat, erscheint es sinnvoll, einige Gedanken zur Frage zu formulieren, ob das Merkmal der Vorhersehbarkeit handhabbarer gemacht werden kann, im Grundsatz ausgehend von einer abstrakten Vorhersehbarkeit.

Dabei ist es hilfreich, sich nochmals den Grundgedanken zu vergegenwärtigen, der (auch) der Vorhersehbarkeit zugrunde liegt: Das Recht kann nichts Unmögliches verlangen und fehlende Vermeidemotivation kommt in der Mitteilung nur dann zum Ausdruck, wenn der Erfolg auch tatsächlich vermeidbar war. Daran schließt auch die Vorhersehbarkeit an.[1389] Bei Vorhersehbarkeit, das steckt schon im Wort selbst, – *sehen* – geht es auch um *Erkennbarkeit*. Beide Gedanken zusammengebracht kann man bei der Vorhersehbarkeit als Voraussetzung von einer „erkennbaren Vermeidbarkeit“ sprechen und diesen Gedanken entsprechend fortführen. Hatte der Täter keine Vermeidemacht, wird seine Handlung nicht als vorwerfbare Mitteilung selektiert, sondern als Natur.

Vermeidbarkeit und Vorhersehbarkeit werden oft nebeneinander genannt und weniger als etwas, das sich unmittelbar bedingt.[1390] Dabei erscheint der Weg, die

1387 So aber *Haagen/A. Lohmann* in KI kompakt, S. 257, 291.

1388 Diesen Weg geht aber dennoch, wenn auch aus deliktsrechtlicher Sicht und mit außerhalb des Deliktsrechts liegenden Lösungsvorschlägen *Brand*, MedR 2019, 943, 947. Er argumentiert, dass sich die erforderliche Sorgfalt nach den Verkehrspflichten richte und diese gerade nicht unerwartbare Ereignisse umfasse, was aber nun eben auftrete.

1389 Den Begriff der Vermeidbarkeit nennen im Kontext mit der Vorhersehbarkeit u. a. *Sternberg-Lieben/Schuster* in Schönke/Schröder, § 15, Rn. 124; *Kudlich* in BeckOK StGB, § 15, Rn. 56; *Jakobs*, AT, 9. Abschn., Rn. 5 ff. *Fischer*, StGB, § 15, Rn. 20.

1390 So bei den eben genannten Autoren: *Kudlich*, in BeckOK StGB, § 15, Rn. 56 schreibt: „Die Tatbestandsverwirklichung muss für den Täter vorhersehbar (und vermeidbar) gewesen sein (...)“, sieht also beides entweder als austauschbaren Begriff oder als unselbständiges Anhängsel. *Fischer*, StGB, § 15, Rn. 20 schreibt: „Fahrlässigkeit ist (...) gegeben, wenn der Täter einen Tatbestand verwirklicht (...) und dies eine Rechtsgutsverletzung oder Gefährdung zur Folge hat, die der Täter (...) vorhersehen und vermeiden konnte“. Dies lehnt sich augenscheinlich an die Definition in BGH 5 StR 327/03 v. 13.11.2003 = NJW 2004, 237, 238 an. Vermeidbarkeit wird nicht speziell definiert. Beim BGH scheint die Vermeidbarkeit mehr für die subjektive Pflichtwidrigkeit zu stehen, während die Vor-

Vermeidbarkeit gemeinsam mit der Erkennbarkeit als conditio für das Merkmal der Vorhersehbarkeit aufzufassen, passender, weil sie den Grundgedanken besser erfasst: Vermieden werden können eben nur Rechtsgutsverletzungen, die auch erkennbar waren, und aus der Haftung ausschließen wollen wir, was nicht vermeidbar war. Vorteil dieser Bezeichnung ist, dass die Anknüpfung an die Vermeidbarkeit nicht mehr abhandenkommt, die in der abstrakten Definition der beiden Ansichten „abstrakte Vorhersehbarkeit" und „konkrete Vorhersehbarkeit" im Ergebnis keine Rolle mehr zu spielen scheint. Ein ausdrückliches Verweisen auf die „erkennbare Vermeidbarkeit" gibt ein Kriterium an die Hand, was in der Subsumtion unterstützen und zu den Ergebnissen führen kann, die eigentlich im Grundgedanken gewollt waren und so auch gut in der Kommunikation im Verstehensteil der Beobachtersysteme zu vermitteln sind. Das bedeutet nicht, dass die Vermeidbarkeit völlig in der Vorhersehbarkeit aufgeht und darüber hinaus keinen Stand mehr in der strafrechtlichen Fahrlässigkeitshaftung hat. Sie bleibt weiterhin relevant, vor allem im Gedanken des Pflichtwidrigkeitszusammenhanges. Spezifisch bringt die Vorhersehbarkeit eben gerade die Erkennbarkeit mit der Vermeidbarkeit zusammen. Anknüpfungspunkt für die Vermeidbarkeit ist immer die Rechtsgutsverletzung, denn diese ist gerade der tatbestandliche Erfolg des Fahrlässigkeitsdeliktes, um den es letztlich geht. So gesehen ist der Lösungsansatz der abstrakten Vorhersehbarkeit diesem Vorschlag deutlich näherstehend, als der Lösungsansatz der konkreten Vorhersehbarkeit.

Das bedeutet, dass Vorhersehbarkeit immer dann bejaht werden soll, wenn die Rechtsgutsverletzung zumindest so konkret erkennbar war, dass tatsächlich noch sinnvoll Gegenmaßnahmen hätten ergriffen werden können. Das schließt jedenfalls eine pauschale Bejahung wegen der Gedanken aus, die die Literatur in ihrem Leitsatz zur Ansicht der abstrakten Vorhersehbarkeit formuliert. Es geht um eine Verknüpfung von Erkennbarkeit und Vermeidbarkeit, allein für sich kann die Erkennbarkeit irgendwelcher Rechtsgutsverletzungen die Voraussetzung der Vorhersehbarkeit dann nicht mehr begründen.

Im Contergan-Fall fehlte es etwa schon an der Erkennbarkeit irgendwelcher Gefahren. In Abweichung von der Interpretation des Lösungsansatzes der Rechtsprechung hat der hiesige Vorschlag zur Folge, dass die Rechtsgutsverletzung in dem Sinne konkretisiert sein muss, dass zumindest die Opfergruppe und die

---

hersehbarkeit objektiv und subjektiv gesehen wird. Das spricht allerdings nicht gegen den hiesigen Vorschlag, da die Vermeidbarkeit hier mit der Erkennbarkeit zusammengebracht wird und darüber hinaus auch als Gedanke der subjektiven Fahrlässigkeit dienen kann. Auch beim Pflichtwidrigkeitszusammenhang ist der Gedanke der Vermeidbarkeit von entscheidender Bedeutung. Im Gegensatz zu den Vorherigen sprechen *Sternberg-Lieben/Schuster* in Schönke/Schröder, § 15, Rn. 124 davon, dass die Voraussehbarkeit „wesentliche Voraussetzung" der Vermeidbarkeit sei.

Schadensart erkennbar sein müssen. Nur wer erkennen kann, dass sein KI-System überhaupt mit Menschen in Berührung kommt[1391] und in welcher Art das geschehen kann, kann noch sinnvoll Gegenmaßnahmen treffen, um die Schädigung zu vermeiden. Kann die Opfergruppe auf „typische Autofahrer“, „Fußgänger“, „Tumorpatienten“ o. ä. eingegrenzt werden, ist damit auch ein Kontext immerhin so grob geschaffen, dass Gegenmaßnahmen möglich sind.

Insoweit wird man auch bei fortschrittlichen KI-Systemen nicht stets zum selben Ergebnis kommen. Bezogen auf die Einsatzbereiche wird es bei geschlossenen KI-Systemen zu einem Ausschluss der Vorhersehbarkeit führen, wenn das System außerhalb seines bestimmungsgemäßen Bereiches eingesetzt wird oder es sich mittelbar nicht erkennbar auf einen anderen Bereich auswirkt oder Nutzer mit ihm in Kontakt kommen, die nicht instruiert wurden. Bei offenen KI-Systemen,[1392] die sich nicht nur in einem einzelnen geschlossenen System, bspw. in der Fertigungsstraße eines Unternehmens, sondern in der „wirklichen Welt“ bewegen und dabei u. U. noch selbst im Einsatz weiterentwickeln, wie Drohnen oder Analysetools für Entscheider, oder überhaupt erst als Basis für ein nachfolgendes KI-System dienen, wie GPAI, kann es im Einzelfall unmöglich sein, eine Opfergruppe auch nur abstrakt zu erkennen. Wenn insoweit die vorherige Evaluation, die ja bei solchen Systemen das einzige Mittel der Erkennbarkeit nach Abschluss des Lernprozesses darstellt, sorgfältig durchgeführt wurde, kann eine dann nicht vorliegende erkennbare Vermeidbarkeit nicht vorgeworfen werden. Das ändert sich, wenn die Produktbeobachtung[1393] vernachlässigt wurde, die gerade bei offenen KI-Systemen durch die eben benannten Beschränkungen der Erkennbarkeit immens wichtig sind. Führt das umgekehrt zu Ergebnissen, wo bei einer bestimmten, heute noch nicht absehbaren Art von KI-System die Haftung eines Herstellers zu oft ausgeschlossen sein scheint, so bietet es sich an, die Entwicklung solcher Systeme pauschal als zu risikoreich zu verbieten, wie es die AI-VO bei einigen KI-Systemen ebenfalls vorsieht, Art. 5 AI-VO. Das Strafrecht ist dann kein geeigneter Ort, um diese grundlegenden Fragen zu beantworten. Sicherlich anders gelagert ist dies im Fall der Robotik beim in der Literatur meist im Fokus stehenden autonomen Fahren[1394]: Es ist klar, dass es

1391 Insoweit ähnlich bei *Valerius*, GA 2022, 121, 127, der als Beispiel für eine vorliegende Vorhersehbarkeit den Fall anführt, dass das Rechtsgut Leben bestimmungsgemäß vom KI-System betroffen ist.

1392 Dazu auch *Haagen*, Verantwortung, S. 282 f. Das gilt freilich besonders für GPAI.

1393 Vgl. in diesem Kontext auch *A. Lohmann*, KI, S. 173 f.

1394 Etwa bei *Gless* in Intelligente Agenten und das Recht, S. 225 ff.; *Gortan*, CR 2018, 546 ff.; *Hilgendorf*, JA 2018, 801 ff.; *Haagen/A. Lohmann* in KI kompakt, S. 257, 279; *Beck* in Autonomes Fahren, S. 439 ff.; *Staub*, NVZ 2019, 392 ff.; *Wigger*, Automatisiertes Fahren, S. 170 ff.

zu Rechtsgutsverletzungen kommen wird[1395] und von welcher Art diese sein können, bzw. welche potentiellen Opfergruppen betroffen sind. Hier wird die Vorhersehbarkeit dann regelmäßig zu bejahen sein. Gleiches gilt bei medizinischen Empfehlungssystemen, die durch KI-Methoden Tumore erkennen.

Betrachtet man das Problem aus Sicht der herausgearbeiteten Sorgfaltspflichten, so wird bei einem Modellierungsfehler in jeglichem KI-System die erkennbare Vermeidbarkeit ebenfalls vorliegen, da die Auswirkungen eines solchen Modellierungsfehlers regelmäßig deutlich vor Augen stehen, sowohl was die Opfergruppe angeht, als auch den konkreten Kontext der Verletzung. Liegt nur ein Fall fehlerhafter oder gar nur unvollständiger Trainingsdaten vor (wie auch immer Letzteres überhaupt festgelegt werden kann), wird der Nachweis der erkennbaren Vermeidbarkeit deutlich schwerer fallen.

Das Fehlverhalten von Nutzern ist jedenfalls soweit vorhersehbar, als sich in Evaluationen typisches Fehlverhalten in der Interaktion mit dem System ergeben hat. Auch die AI-VO sieht vor, dass der Hersteller für eine „vernünftigerweise vorhersehbare Fehlanwendung" vorsorgen muss, 14 II i.V.m. Art. 3 Nr. 13 AI-VO. Hier ist es tatsächlich möglich, Gegenmaßnahmen zu treffen und entsprechend Rechtsgutsverletzungen zu vermeiden.

### 2. Aus Sicht des Nutzers

Aus Sicht des Nutzers stellt sich das Problem der Vorhersehbarkeit ebenso. Insoweit kann auf die eben erarbeiteten Grundsätze zurückgegriffen werden. Der Nutzer hat jedoch einen anderen Ausgangspunkt als der Hersteller. Auf der einen Seite steht er näher an der konkreten Situation und kennt seinen eigenen Input. Auf der anderen Seite hat er über das KI-System aber weniger Kenntnisse als der Hersteller. Er hat keinen Zugriff auf die umfangreichen Evaluationen des Herstellers und kann auch keine eigenen durchführen. Während also der Hersteller immerhin mit relativ hoher Wahrscheinlichkeit vorhersagen kann, bei welchem Input das System welchen Output liefert, bleibt der Blick in die Glaskugel für den Nutzer durch die Black Box verschleiert. Insofern trifft den Nutzer das Black Box-Problem der KI-Systeme unmittelbarer als den Hersteller, für den sich das Problem eher daraus ergibt, dass er daran scheitern kann, alle möglichen Inputs zu erkennen und das System entsprechend zu evaluieren, was eine mittelbare Ausprägung des Black Box-Problems ist.

---

1395 Kein Hersteller behauptet die Unfallfreiheit seiner Fahrzeuge, sondern die im Vergleich zum Menschen statistisch deutlich geringere Anzahl an Unfällen, etwa Tesla https://www.tesla.com/VehicleSafetyReport (14.10.2024).

Man kann sagen, dass der Nutzer nur vorhersehen muss, was der Hersteller im Rahmen seiner Instruktionspflicht mitgeteilt hat, sprich üblicherweise das, was in der Gebrauchsanweisung steht[1396] und was sich dem Nutzer in der konkreten Situation evident aufdrängt. Dies ist die erkennbare Vermeidbarkeit eines Dritten aus dem Verkehrskreis des Nutzers. Kommt es in einem anderen Fall zu einer Verletzung, so wird dies dann in der Regel auf einen Instruktionsfehler des Herstellers zurückzuführen sein. Insofern werden sich beim Nutzer die drei Lösungsansätze für die Vorhersehbarkeit in den meisten Fällen decken, sofern er in der konkreten Situation anwesend ist.

Problematisch wird im Einzelfall zu beurteilen, was der Hersteller in Bezug auf den Input des Nutzers hätte vorhersehen müssen, um den Nutzer insoweit aus der Haftung zu befreien. Eine solche Verletzung wäre dann auf die fehlende Instruktion des Herstellers zurückzuführen. Eine pauschale Beurteilung verbietet sich in diesem Fall, allerdings kann auf die oben erarbeiteten Grundsätze der „erkennbaren Vermeidbarkeit" zurückgegriffen werden: Instruktionen für jeden Einzelfall auszugeben ist ob der Vielzahl der denkbaren und nicht denkbaren Konstellationen unmöglich. Kann der Hersteller aber die Opfergruppe oder Verletzungsart vorhersehen, so muss er den Nutzer in Bezug darauf entsprechend schadensminimierend instruieren, kann darüber hinaus allerdings nichts tun, sofern physische Beschränkungen die Funktion des konkreten KI-Systems konterkarieren. Der Nutzer muss dann den Spielraum der Instruktionen so ausfüllen, wie es ein sorgfältiger Dritter tun würde. Kommt es trotzdem zur Schädigung, so ist der Anknüpfungspunkt für eine Strafbarkeit weder bei der Instruktion, noch beim Nutzer zu suchen, sondern in der Regel bei Konstruktions- und Fabrikationsfehlern.

### III. Zumutbarkeit

Auch die „Zumutbarkeit" könnte Sorgfaltspflichten für Hersteller und Nutzer begrenzen. Zunächst wird untersucht, in welchen Erscheinungsformen der Begriff der Zumutbarkeit auftaucht und woraus sich seine Bedeutung destillieren lässt (1.). Ob der großen Bedeutung für das Strafrecht wird danach die Zumutbarkeit in der zivilrechtlichen Judikatur ausgewertet (2.) Zuletzt werden die erlangten Erkenntnisse auf das Problem der Pflichten in Bezug auf KI-Systemen übertragen (3.).

---

1396 In diese Richtung auch der AI Act, Art. 26 I, V AI-VO, nach dem das KI-System anhand der Gebrauchsanweisung zu bedienen und zu überwachen ist.

### 1. Erscheinungsformen des Begriffes der Zumutbarkeit und seine Bedeutung

Der Begriff der Zumutbarkeit ist beim Fahrlässigkeitsdelikt ambivalent. Weitestgehend anerkannt[1397] stellt die Figur der „Unzumutbarkeit normgemäßen Verhaltens" jedenfalls einen Entschuldigungsgrund dar, als rechtliche Ausgestaltung einer Fallgruppe, die schon seit dem sogenannten „Leinenfängerfall"[1398] des Reichsgerichts existiert. Hierzu wurden aber auch – zurecht[1399] – kritische Gegenstimmen laut.[1400] Ähnliche Grundsätze finden sich beim fahrlässigen Unterlassungsdelikt bereits im Tatbestand im Rahmen des Tatbestandsmerkmals der „Nichtvornahme der objektiven Handlung trotz Handlungsmöglichkeit". In der Prüfung der Handlungsmöglichkeit setzen einige Autoren auch die Unzumutbarkeit als Voraussetzung an, sofern ein Umstand in die Nähe einer tatsächlichen Handlungsunfähigkeit rückt.[1401] Dies schließt an eine BGH-Entscheidung[1402] zur Präimplantationsdiagnostik an, in der der BGH die Zumutbarkeit verneinte, weil die verlangte Handlung strafbar gewesen wäre. Aber auch außerhalb der Unterlassungskonstellation wird mit fehlender Zumutbarkeit teilweise bereits das Unrecht in Fahrlässigkeitskonstellationen verneint.[1403]

Im Rahmen des Fahrlässigkeitsdelikts kann Unzumutbarkeit also zweierlei bedeuten: Entweder, dass das, was jenseits der Zumutbarkeit liegt, schon nicht mehr rechtlich gesollt ist, was einer Begrenzung der Sorgfaltspflichten gleichkäme. Oder aber die Unzumutbarkeit schließt die individuelle Vorwerfbarkeit für den Fall aus, dass der Täter zwar sorgfaltswidrig handelt, aber ihm die Erfüllung der Sorg-

---

1397 Siehe nur *Heger* in Lackner/Kühl/Heger, § 15, Rn. 51; *Sternberg-Lieben* in Schönke/Schröder, Vor §§ 32 ff., Rn. 126; *Beck*, JA 2009, 268, 270; *Rengier*, AT, § 52, Rn. 87 ff. *Roxin/Greco*, § 24, Rn. 122 ff. m. w. N.

1398 RG 576/97 v. 23.03.1897 = RGSt 30, 25. Erstaunlich ist hier, dass das Reichsgericht nicht auch den eigentlich deutlich vor Augen stehenden möglichen Todeserfolg, sondern nur den Verletzungserfolg erwogen hat. Mit Erkennen eines möglichen Todeserfolges wäre die Beurteilung der Zumutbarkeit vermutlich anders ausgefallen. Zur Vermeidung von Arbeitslosigkeit wird man auch 1896 kaum das Leben Dritter aufs Spiel setzen dürfen.

1399 Insoweit überzeugt vor allem die Argumentation *Maiwalds* in FS Schüler-Springorum, S. 475, 485 ff. Der Katalog des § 35 StGB wird damit unzulässig erweitert. Insoweit bestehender Motivationsdruck ist besser in der Strafzumessung verortet.

1400 Kritisch bezüglich der dogmatischen Einordnung *Gropp/Sinn*, AT, § 12, Rn. 189; Rostalski, JuS 2021, 827, Fn. 32. Ganz dagegen *Maiwald* in FS Schüler-Springorum, S. 475, 485 ff. und insbesondere die monographische Bearbeitung von *Momsen*, Zumutbarkeit, S. 447 ff., 537 f.; in diese Richtung auch *Jakobs*, AT, 20. Abschn., Rn. 38.

1401 *Kühl*, AT, § 18, Rn. 33, der diese Herangehensweise allerdings ablehnt und das Problem erst in der Schuld verortet.

1402 BGH 5 StR 386/09 v. 06.07.2010 = BGHSt 55, 206, 220.

1403 So u. a. *A. Lohmann*, KI, S. 272; *Wigger*, Automatisiertes Fahren, S. 228; *Hilgendorf* in Autonome Systeme und neue Mobilität, S. 143, 172, Fn. 85; angedeutet auch bei *Schwartz*, Strafrechtliche Produkthaftung, S. 99 ff.

faltspflicht nicht individuell zumutbar ist. Die Zumutbarkeit oszilliert zunächst zwischen Unrecht und Schuldhaftigkeit.[1404] Allerdings scheint es in den von der Literatur und der Rechtsprechung zur Zumutbarkeit angebotenen Fällen, in der Begründung nie zwingend um individuelle Unzumutbarkeit zu gehen, obwohl die häufige Einordnung in die Schuld das verlangen würde, sondern die Begründung ließe sich immer in die Frage übertragen, wie viel einer Person in der Situation des Täters zugemutet werden kann – also ganz im Sinne der Maßfigur. Die – aus der Innenperspektive – „echte" individuelle Unzumutbarkeit, die in der Person des Täters selbst liegt, ist insoweit schon durch § 35 StGB legaldefiniert. Sonstige in diese Richtung liegende Fälle lassen sich mit der Strafzumessung (z. B. durch die Umstände, die in §§ 17 S. 2, 21, 46 StGB liegen)[1405] angemessen behandeln.

Der Bedeutungsgehalt der Zumutbarkeit scheint also zu sein, dass eine bestimmte Anforderung an eine Person deshalb nicht gestellt wird, weil die Person wichtige eigene oder mittelbar eigene[1406] Interessen aufopfern müsste.[1407] Im Produkthaftungsrecht geht es dabei um eine tolerierte Gefährlichkeit von Produkten aus Gründen der Belastung der Interessen des Herstellers. Mittelbar sind dabei auch die Interessen der Allgemeinheit betroffen, da sich zu wenig tolerierte Gefährlichkeit darin auswirkt, dass Innovation bestraft wird. Es geht also im Kern um eine Interessensabwägung.[1408]

Auf Unrechtsebene finden solche Erwägungen bereits bei der Maßfigur des sorgfältig handelnden Dritten ihre Berücksichtigung. Grundsätzlich kann jede Sorgfaltspflicht als eine gesellschaftliche Wertabwägung zwischen Nützlichkeit der Handlung und ihrem Risiko begriffen werden. Diese gesellschaftliche Werteabwägung, diese gemeinsame gesellschaftliche Konstruktion der Wirklichkeit spiegelt sich dann gerade in der durchschnittlichen, gegebenenfalls durch Kommunikation durch Sondernormen modifizierten Verhaltenserwartung wider; der Maßfigur. Dass sich diese Maßfigur mit der Zeit verändern kann, zeigen heute absonderlich anmutende Regelungen zum Autofahren aus der Anfangszeit des Automobils.[1409]

---

1404 So passend *Maiwald* in FS Schüler-Springorum, S. 475, 478.

1405 Vgl. *Momsen*, Zumutbarkeit, S. 490 ff., 538.

1406 Soll heißen, wenn eigentlich primär Interessen einer anderen Person betroffen sind, mit der man aber mitleidet.

1407 *Maiwald* in FS Schüler-Springorum, S. 475, 482.

1408 So einordnend auch *Hilgendorf* in Criminal Compliance, § 10, Rn. 52; *Schwartz*, Strafrechtliche Produkthaftung, S. 99 ff.

1409 Besonders eindrücklich ist der Red Flag Act, der im Vereinigten Königreich zwischen 1865 und 1896 galt und vorschrieb, dass vor jedem Gefährt ohne Pferde ein Fußgänger mit einer roten Flagge vorhergehen musste. Sinn war wohl, ein Geschwindigkeitslimit zu erzwingen. *Lay*, Die Geschichte der Straße, S. 180 f. In Graubünden war das Automobil zwischen 1900 und 1925 sogar vollständig verboten, *Simonett*, Rote Revue: Zeitschrift für Politik, Wirtschaft und Kultur 4/1993, S. 37 ff.

Die Maßfigur ändert sich, wie sich die Konstruktion innerhalb der Gesellschaft ändert, und spiegelt so die Erwartungen der Beobachter besonders gut wider, ist also wiederum durch ihre Spiegelung ins Recht besonders gut geeignet, Generalvertrauen zu erhalten. *Insofern beschreibt die Zumutbarkeit einen speziellen Gedanken der Maßfigur,* den Teil der gesellschaftlichen Abwägung, die die Interessen des betroffenen Pflichtigen berücksichtigt. Konkret wird die Frage der Zumutbarkeit im Strafrechtssystem immer dann aufgeworfen, wenn es gilt, gefährliche Handlungen durch komplementäre Sicherheitsvorkehrungen zu entschärfen, und dabei die Frage auftritt, welche Anstrengungen oder finanziellen Aufwendungen dem Handelnden aufgebürdet werden können.[1410]

## 2. Die Zumutbarkeit in der zivilrechtlichen Judikatur und ihre Übertragbarkeit

Der Begriff der Zumutbarkeit taucht öfter noch als im Strafrecht im Zivilrecht im Rahmen der zivilrechtlichen Verkehrssicherungspflichten auf. Im Zivilrecht findet sich das Begriffspaar des „Möglichen und Zumutbaren“, durch die die Verkehrssicherungspflichten begrenzt werden. Interessant ist im hiesigen Kontext vor allem das „AirBag-Urteil“ des BGH[1411], weil hier gerade Stellung zur Haftung bei neuartigen technischen Entwicklungen genommen wurde. Dabei hat der BGH festgelegt, dass ein Konstruktionsfehler bei neuen Produkten dann nicht angenommen werden soll, wenn der Hersteller Fehler des Sicherheitssystems in den Grenzen des technisch Möglichen und wirtschaftlich Zumutbaren[1412] ausgeschaltet hat. Darüber hinaus seien dem Hersteller je nach drohender Gefahr weitergehende Maßnahmen zumutbar.[1413] Übertragen auf KI-Systeme müsste also eine Nutzen-Risiko-Analyse vorgenommen werden.[1414] Diese zivilrechtliche Judikatur hat sich auf das Strafrecht niedergeschlagen und wurde vom Strafrechtssystem und vom Strafrechtswissen-

---

1410 *Maiwald* in FS Schüler-Springorum, S. 475, 488 ff. zeigt dies überzeugend, anhand verschiedener Beispiele aus der Rechtsprechung. Er nimmt auf den Begriff des erlaubten Risikos Bezug, dass er aber als „formalisierte Umschreibung des Maßes an Sorgfalt [versteht], das eingehalten werden muß, damit dem Täter der Vorwurf des objektiv fahrlässigen Handeln erspart bleibt.“, S. 487 f. Näher zu diesem Verständnis *ders.* in FS Jescheck, S. 405, 411 ff.

1411 BGH VI ZR 107/08 v. 16.06.2009 = NJW 2009, 2952.

1412 Für konkretere Kriterien *Foerster* in BeckOK BGB, § 823, Rn. 702. Ein konkretes Beispiel: Es seien „betriebswirtschaftliche Aspekte zu berücksichtigen, wie etwa die absolut und in Relation zum beabsichtigten Sicherheitsgewinn veranschlagten Produktionskosten, sowie die zu erwartenden Absatzchancen eines „sichereren“ Produkts gemessen an den Verbrauchergewohnheiten“. Mit den Nachweisen der Rechtsprechung und weiteren Beispielen in Rn. 702.1. Vgl. auch *Wagner* in MüKo BGB, § 823, Rn. 478 f.

1413 BGH VI ZR 107/08 v. 16.06.2009 = BGH NJW 2009, 2952, 2954. Vgl. auch schon BGH VI ZR 223/05 v. 31.10.2006 = NJW 2007, 762.

1414 Wie so etwas konkret aussehen kann, zeigt *Reusch* in Rechtshandbuch AI, Kap. 4.1, Rn. 105 ff.

schaftssystem inkorporiert. So bezieht sich viel strafrechtliche Literatur ganz unmittelbar auf diese zivilrechtliche Rechtsprechung.[1415]

Bedenklich ist dabei die unreflektierte Übertragung der Unternehmensinteressen. Denn diese müssen im Zivilrecht ganz selbstverständlich angesetzt werden, da ja in der Regel tatsächlich das Unternehmen selbst in Haftung genommen werden soll. Im Strafrecht hingegen wird ob des Schuldgrundsatzes die Sicht des Einzelnen angesetzt. Dass hier finanzielle Unternehmensinteressen zur Unzumutbarkeit und damit zu einer anderen Maßfigur führen, wird wohl zumindest einer gesonderten Begründung bedürfen. Das lässt sich bei demjenigen begründen, der wirtschaftlich von diesem Unternehmen abhängig ist. Hier dürfte die Maßfigur so liegen, dass Unternehmensinteressen oft vor Bedenken zur Gefährlichkeit eines Produktes gestellt werden. Gerade für die Geschäftsführung, deren Aufgabe die Gewinnmaximierung ist, wird der Umstand der finanziellen Unternehmensinteressen und eine daraus resultierende wirtschaftliche Unzumutbarkeit auch in ihrer Maßfigur zu einer fehlenden Pflichtwidrigkeit führen, heißt unzumutbar sein.[1416] Freilich darf dies nicht dazu führen, dass unter allen Umständen das Gewinnstreben des Unternehmens und die wirtschaftliche Abhängigkeit Einzelner vom Unternehmen zu einer strafrechtlichen Verantwortungsfreistellung führen. Werden viele Personen mit erheblichen Gesundheitsgefahren bedroht, ist auch ein Handeln unter persönlichem Opfer noch zumutbar. Gerade Individuen in geschäftsführender Position haben nicht nur eine Verantwortung gegenüber ihrem Unternehmen, sondern auch gegenüber ihren Kunden und all jenen, die mit dem Produkt in Berührung kommen. Ein Interessenkonflikt, der in der Person des Einzelnen liegt, bspw. die Umstände der wirtschaftlichen Abhängigkeit müssen in der Strafzumessung berücksichtigt werden. Insofern kann man den Contergan-Beschluss des LG Aachen, der insoweit wie hier ausgeführt vorgegangen ist, als wegweisend beschreiben.[1417]

Eine Übertragung der zivilrechtlichen Figur ist also auch nach strafrechtlichem Programm grundsätzlich möglich. Jedenfalls besteht Einigkeit[1418] darüber, dass das Strafrecht schon aus dem Gedanken der Ultima Ratio und der Einheit der Rechtsordnung nichts bestrafen will, wofür zivilrechtlich nicht gehaftet werden müsste.

---

**1415** So bspw. *Haagen/A. Lohmann* in KI kompakt, S. 257, 281 ff.; *Hilgendorf* in Autonome Systeme und neue Mobilität, S. 143, 172, Fn. 85; *ders.* in Criminal Compliance, § 10, Rn. 52; *ders.* in FS Roßnagel, S. 545, 561. Mit diesem Schluss auch *Schwartz*, Strafrechtliche Produkthaftung, S. 102. Zur Übertragbarkeit zivilrechtlicher Judikatur bereits § 8 A. I. 3., S. 283 f.

**1416** Vgl. auch *Schwartz*, Strafrechtliche Produkthaftung, S. 102.

**1417** LG Aachen 4 KMs 1/68, 15 – 115/67 v. 18.12.1970 = JZ 1971, 507 ff., insb. 518 f.

**1418** So i.E. *Kuhlen* in Achenbach/Ransiek/Rönnau, 4. Teil, Kap. 1, Rn. 32 m. w. N. Vgl. auch *Münster*, Innovation, S. 61 f.; *A. Lohmann*, KI, S. 174 f.; *Wigger*, Automatisiertes Fahren, S. 151 ff.

Andersherum ist dieser Schluss nicht so eindeutig zu ziehen. Im vorliegenden Kontext geht es aber gerade um eine Begründung der Einschränkung der Sorgfaltspflichten anhand der Maßfigur, sodass sich daraus keine Probleme ergeben.

### 3. Die Zumutbarkeit in Bezug auf KI-Systemen

Zu KI-Systemen selbst wurde noch keine gerichtliche Entscheidung gefällt. Als „nächster Nachbar" kann der „Aschaffenburger Fall" herangezogen werden,[1419] bei dem die in der Frage der Zumutbarkeit steckende Abwägung zur Sprache kam. Er ging nicht über die Schreibtische der Staatsanwaltschaft Aschaffenburg und des Generalstaatsanwalts in Bamberg hinaus.[1420] Gegenstand der Entscheidung war, dass ein Spurhalteassistent nach Ohnmacht des Fahrzeugführers das Fahrzeug wieder zurück auf die Straße führte, was im Tod zweier Fußgänger resultierte. Hätte der Spurhalteassistent nicht eingegriffen, wäre das Fahrzeug wohl[1421] im Straßengraben zum Stehen gekommen. Bei dem Fahrzeug handelte es sich nicht um ein vollautonomes Fahrzeug, sondern um eines, das assistiertes Fahren ermöglicht. Die Strafbarkeit des Fahrers selbst entfiel ob der unverschuldeten und unvorhersehbaren Ohnmacht aufgrund eines linksseitigen Schlaganfalls.[1422] Aber auch für den Hersteller sah die Staatsanwaltschaft nicht die Grundlage für ein gerichtliches Verfahren gegeben. Zunächst stellte die Staatsanwaltschaft fest, dass das System fehlerfrei funktionierte und daraus keine Sorgfaltspflichtverletzungen zu erkennen waren. Die eigentlich interessante Frage richtete sich auf den Einwand, dass der Hersteller mehr hätte tun müssen, um den Unfall zu verhindern, bspw. in Form zusätzlicher Sicherheitsmechanismen wie einer Überwachung der Gehirnströme des Fahrers oder der Straßenbegebenheiten. Die Staatsanwaltschaft stellte hierzu fest, dass aus dem Grundsatz der Sozialadäquanz folge, dass nicht jede technische Möglichkeit zur Sicherung ausgeschöpft werden müsse.[1423] Auch hier war also die

---

1419 Bezug auf diesen Fall nehmen u. a. *Hilgendorf,* DRiZ 2018, 66, 68 f.; *ders.*, JA 2018, 801, 804; *ders.* in FS Fischer, S. 99, 104; *Haagen/A. Lohmann* in KI kompakt, S. 257, 294 f.; *A. Peters* in Rechtshandbuch AI, Kap. 12, Rn. 29; *Staub,* NZV 2019, 392, 393.

1420 Die Verfügung der Staatsanwaltschaft Aschaffenburg, Az. 103 Js 456/12 und die ablehnende Bescheidung des Generalstaatsanwalts in Bamberg einer Beschwerde gegen ebenjene Verfügung mit Az. 5 Zs 1016/12 wurden freundlicherweise von ebenjenen Behörden zur Verfügung gestellt.

1421 Es konnte nicht eindeutig geklärt werden, ob der ohnmächtige Fahrer das Fahrzeug nicht ohnehin selbst in diese Richtung gesteuert hätte, weshalb in dubio pro reo schon die Kausalität verneint werden konnte, Az. 5 Zs 1016/12, S. 1 f. Das erscheint allerdings aufgrund der Streckenführung eher unwahrscheinlich. Der Generalstaatsanwalt macht wohl auch aus diesem Grund weitergehende entlastende Ausführungen.

1422 Az. 103 Js 456/12, S. 1.

1423 Eine tatsächliche Begründung, warum gerade diese Maßnahme nicht ausgeschöpft werden musste, findet sich nicht, Az. 5 Zs 1016/12, S. 3, ebenso verneinte die Staatsanwaltschaft den

Frage entscheidungserheblich, ob gefährliche Handlungen durch komplementäre Sicherheitsvorkehrungen zu entschärfen gewesen wären und welche Anstrengungen oder finanziellen Aufwendungen dem Handelnden aufgebürdet werden können. Insofern decken sich die Sozialadäquanz im Verständnis der Staatsanwaltschaft und die Zumutbarkeit. Beides kann im Falle der Fahrlässigkeit mit der Maßfigur gut erfasst werden.

Überzeugen kann das auch, wenn betrachtet wird, in welchem Zusammenhang von der Literatur der Begriff der Zumutbarkeit bei der hier interessierenden Frage der Produkthaftung des Herstellers bei KI-Systemen gebraucht wird. So spricht *Wigger* davon, dass es an der Zumutbarkeit für den Fahrzeughalter fehle, wenn er für ein sichereres Fahrzeug eine entsprechende Neuanschaffung tätigen muss. Damit will sie Sicherheitsupdates begründen, verneint also für den Halter eine Sorgfaltspflichtverletzung, falls er entsprechende Handlung nicht vornimmt.[1424] Außerdem sollen die Produktbeobachtungspflichten von einer „wirtschaftlichen Zumutbarkeit"[1425] begrenzt sein, die wohl so verstanden wird, wie aus der zivilrechtlichen Judikatur kommend[1426]. Generell handele der Hersteller zudem nicht sorgfaltswidrig, wenn er „seinen Kontroll- und Informationspflichten im Rahmen des Zumutbaren nachgekommen"[1427] ist. So äußern sich auch *Sander/Hollering*.[1428] Bestimmt wird der Begriff des „Zumutbaren" jeweils nicht. *Lohmann* nähert sich dem Thema differenzierter und greift dieses zunächst eng an der Rechtsprechung in den zivilrechtlichen Verkehrssicherungspflichten auf, die durch das „Mögliche und Zumutbare" beschränkt seien, wobei sie den begrenzten Aussagegehalt feststellt. Die konkrete Aussage, was möglich und zumutbar sei, hinge von „zahlreichen Faktoren" ab.[1429] Im Folgenden konkretisiert *Lohmann* diese Faktoren und macht damit in der Sache nichts anderes, als sich der Maßfigur anzunähern, so unter anderem durch die Heranziehung von niedergeschriebenen technischen Regelwerken, durch die Erwartungen der Verbraucher und durch finanzielle Faktoren.[1430] Am Ende statuiert *Lohmann:* „Zusammenfassend lässt sich festhalten, dass kein KI-Produkt eine gänzliche Sicherheit aufweisen kann. Nichtsdestotrotz muss es

Schutzzweckzusammenhang, da solche Vorrichtungen im konkreten Fall nur zu einer Verlagerung des Unfallortes geführt hätten.

**1424** *Wigger,* Automatisiertes Fahren, S. 124.

**1425** *Wigger,* Automatisiertes Fahren, S. 212, der Verweis der Fn. 632 geht insoweit ins Zivilrecht.

**1426** Siehe bei Fn. 1412.

**1427** *Wigger,* Automatisiertes Fahren, S. 228.

**1428** *Sander/Hollering,* NStZ 2017, 193, 198.

**1429** *A. Lohmann,* KI, S. 165 f.

**1430** *A. Lohmann,* KI, S. 167 ff.

so sicher sein, wie es für die Verantwortlichen möglich und zumutbar ist."[1431] Später schreibt *Lohmann* noch spezifisch zum Strafrecht, dass das, was zumutbar sei, im Einzelfall zu entscheiden sei, ohne dies weiter zu konkretisieren.[1432] Es geht auch hier um die Maßfigur.

Es bleibt also festzuhalten: Die Zumutbarkeit betrifft eine spezielle Frage der Maßfigur, anhand derer Sorgfaltspflichten festgelegt werden. Es betrifft die Fragestellung, welche Pflichten potentiell verlangt werden können – in Ansehen der persönlichen Nachteile, die der Pflichtige zu tragen hätte. Nur insoweit wirkt der Gedanke der Zumutbarkeit für die Sorgfaltspflichten begrenzend.

Dem Gedanken der Zumutbarkeit kann durch eine Nutzen-Risiko-Analyse[1433] bei der Bestimmung der Sorgfaltspflichten Rechnung getragen werden. Einige der möglichen allgemeinen Kriterien für eine solche Analyse wurden in der AI-VO berücksichtigt. In der Regel werden zunächst die Risiken ermittelt werden. Für die GPAIs mit systemischem Risiko wird eine Risikoermittlung in Art. 55 I AI-VO verlangt. Für Hochrisiko-KI-Systeme ist in Art. 9 AI-VO das Erfordernis eines Risikomanagementsystems geregelt. Dieses System versteht sich als iterativer Prozess, der während des ganzen Lebenszyklus eines Hochrisiko-KI-Systems durchgeführt wird. Dabei sollen nach Abs. II a die „bekannten und vernünftigerweise vorhersehbaren Risiken, die vom Hochrisiko-KI-Systems für die Gesundheit, die Sicherheit oder die Grundrechte ausgehen können, wenn es entsprechend seiner Zweckbestimmung verwendet wird", ermittelt und analysiert werden. Auch Risiken, die sich erst aus der Produktbeobachtung nach Art. 72 AI-VO ergeben, gehören dazu, Art. 9 II c AI-VO. Außerdem müssen Risiken eingestellt werden, die sich aus einer vorhersehbaren Fehlanwendung durch den Nutzer ergeben.[1434] Um die Risiken zu ermitteln, müssen Testverfahren durchgeführt werden. Interessant ist dabei, dass im ursprünglichen Entwurf der Kommission noch statuiert war, dass die Testverfahren geeignet sein müssen, „die Zweckbestimmung des KI-Systems zu erfüllen", aber gerade „nicht über das hierfür erforderliche Maß hinauszugehen" brauchen, Abs. VI. Letzteres findet sich im finalen Kompromiss nun nicht mehr, der in Abs. VII dafür regelt, dass das Testen unter realen Bedingungen nach Art. 60 AI-VO erfolgen kann. Insofern ist nach dem finalen Kompromiss nicht gesagt, dass die Tests nicht auch Umstände umfassen müssten, die außerhalb der eigentlichen Zweckbestimmung des KI-Systems liegen. Im zweiten Schritt wird geprüft, ob die Sicherungsmaßnahmen nach

---

**1431** *A. Lohmann*, KI, S. 186.

**1432** *A. Lohmann*, KI, S. 219.

**1433** Wie so etwas konkret aussehen kann, zeigt *Reusch* in Rechtshandbuch AI, Kap. 4.1, Rn. 105 ff.

**1434** Diesen Passus wollten Parlament und Rat streichen. Insofern passt der finale Kompromiss aber gut zur zuvor beschriebenen „erkennbaren Vermeidbarkeit", die auch Nutzerfehlverhalten berücksichtigen kann.

objektiven Maßstäben „zumutbar“ sind. Nach dem zuvor Gesagten also insbesondere, ob sie dem Unternehmen in Relation zu den erwarteten Risiken und Gefahren wirtschaftlich aufgebürdet werden können. Nach Art. 9 V AI-VO soll jedes noch verbleibende Restrisiko als „vertretbar“ beurteilt werden können. Was noch „vertretbar“ ist, wird wiederum anhand der technischen Regelwerke als kommunizierte Verstetigung der Maßfigur zu bestimmen sein.[1435] Eine Selbstverständlichkeit kann als Kriterium herangezogen werden: Je größer Art und Umfang der erwarteten Gefahr, je wahrscheinlicher ihre Verwirklichung und je geringer die persönliche Belastung, desto „unvertretbarer“ werden auch die Restrisiken. Alle Restrisiken, die verbleiben müssen – soweit sie vorhersehbar sind – von den Instruktionen des Herstellers an den Nutzer umfasst sein.[1436]

## IV. Vertrauensgrundsatz

Der sogenannte Vertrauensgrundsatz muss in Bezug auf eine mögliche Grenze der Sorgfaltspflichten bei KI-Nutzung und –Herstellung ebenfalls untersucht werden. Hier geht es im Kern darum, inwiefern ein Mensch eine Erwartung an das Gegenüber seiner eigenen Handlung zugrunde legen darf – insoweit ganz im Sinne des hiesigen Vertrauensbegriffs – und aufgrund dieser Erwartung dann seinerseits aus der strafrechtlichen Verantwortungszuschreibung befreit wird.

Ursprünglich stammt der Vertrauensgrundsatz aus dem Straßenverkehr, wird aber mittlerweile auch auf arbeitsteiliges Zusammenwirken angewandt.[1437] Derjenige, der sich selbst entsprechend seiner Maßfigur verhält, darf auch darauf vertrauen, dass das andere ebenfalls tun. So flüchtige Kontakte wie im Straßenverkehr lassen sich als Interaktionssystem nur organisieren, wenn das Vertrauen geschützt wird, nur für eigene Pflichtverletzungen, aber nicht für erwartbares Fehlverhalten anderer einzustehen.[1438]

---

1435 *Schäfer*, KI, S. 539 f. schlägt dagegen vor, die Vertretbarkeit am Maß der geringeren oder identischen Fehlerquote des Menschen zu messen.

1436 Siehe dazu die umfassenden Rechtsprechungsnachweise bei *Reusch* in Rechtshandbuch AI, Kap. 4.1., Rn. 109.

1437 BGH 4 StR 74/56 v. 15.03.1956 = BGHSt 9, 92, 93 f.; BGH 4 StR 252/08 v. 13.11.2008 = BGHSt 53, 38, 45; BGH VI ZR 376/97 v. 26.01.1999 = BGHZ 140, 309, 314. *Beck* in Handbuch des Strafrechts 2, § 36, Rn. 47 ff.; *Roxin/Greco*, § 24, Rn. 21 ff. jeweils m. w. N.

1438 Der Vertrauensgrundsatz ist vor allem in Bezug auf das Problem der vielen Hände relevant, also der Verantwortungsverteilung innerhalb des Akteurs Hersteller, vgl. *A. Lohmann*, KI, S. 188 f.; *Münster*, Innovation, S. 86. Diese Arbeit spart dieses Problem bewusst aus, § 5 B. IV., S. 249.

Neu über den Vertrauensgrundsatz wird in Bezug auf autonome Fahrzeuge im Straßenverkehr nachgedacht werden müssen. Es treffen im Urgebiet des Vertrauensgrundsatzes schon heute nicht mehr nur Menschen auf Menschen, sondern Menschen auf KI-Systeme, KI-Systeme auf Menschen und KI-Systeme auf KI-Systeme. Kann der Mensch in diesem Zusammenhang auch auf ein sorgfaltsgemäßes Verhalten des Systems vertrauen? Menschen können zwar Vertrauen im Sinne des Vertrauensbegriffes dieser Arbeit in Bezug auf ein KI-System bilden[1439] und werden das auch tun, allerdings bezieht sich der im Fahrlässigkeitsdelikt gemeinte Rechtsbegriff des Vertrauensgrundsatzes nicht nur darauf. Vielmehr dient der Vertrauensgrundsatz als Rechtsbegriff der Abgrenzung von Verantwortungssphären.[1440] Wird die Abgrenzung von Verantwortungssphären als Grundlage des Vertrauensgrundsatzes durchgehalten, so wird das faktisch bestehende Vertrauen eines Menschen in ein KI-System selbst nicht unmittelbar von seiner eigenen Verantwortung entlasten können, da KI-Systeme heute noch nicht verantwortungsfähig sind.[1441]

Das Rechtssystem fingiert allerdings das Vertrauen auf das KI-System als Gegenüber, etwa in Gestalt des autonomen Fahrzeugs, als Vertrauen darauf, dass der Hersteller seine Pflichten in Bezug auf das KI-System erfüllt hat. Der Hersteller selbst kann verantwortlich sein, sodass der Vertrauensgrundsatz in diesem Verhältnis grundsätzlich auch zum Tragen kommt, wenn auch damit nicht mehr in einem klassischen Verhältnis im Straßenverkehr, sondern vielmehr in einem dadurch nur vermittelten. Wer den Vertrauensgrundsatz nur im Straßenverkehr, beim arbeitsteiligen Zusammenwirken und im Zusammenhang mit von Dritten begangenen vorsätzlichen Straftaten für anwendbar hält,[1442] und nicht in einem durch KI-Systeme vermittelten Verhältnis stößt hier auf einen Wertungswiderspruch. Aus Beobachterperspektive eines menschlichen Fahrers ist nicht zu erkennen, ob es sich beim anderen Verkehrsteilnehmer um ein KI-System oder einen menschlichen Fahrer handelt. Das kann nicht zu einer anderen Beurteilung der Strafbarkeit führen. Ein KI-System wird in der Regel verkehrssicherer fahren als ein Mensch.[1443] Auch wenn ein KI-System nie völlig fehlerfrei sein wird, kann man allerdings annehmen, dass die Eigenschaft „sicherer als der Durchschnittsver-

---

**1439** Dazu im Detail § 9, S. 372 ff.

**1440** *Beck* in Rechtshandbuch KI, § 7, Rn. 47.

**1441** Dieser Frage widmet sich der dritte Teil, der auch fragt, ob und unter welchen Umständen sie verantwortungsfähig sein könnten. Werden KI-Systeme verantwortlich gestellt, so ist der Vertrauensgrundsatz auf solche Verhältnisse anwendbar.

**1442** Zum Streit m. w. N. *Beck* in Handbuch des Strafrechts 2, § 36, Rn. 51.

**1443** Siehe beispielhaft den Vergleich von Kilometern/Unfall zwischen menschlichen Fahrern und dem Autopiloten Teslas, https://www.tesla.com/VehicleSafetyReport (14.10.2024).

kehrsteilnehmer“ erst recht ausreicht, um ein Vertrauen zu begründen. Dass sich KI-Systeme in Dilemmasituationen[1444] möglicherweise unvorhersehbar verhalten, ist kein Problem[1445], denn Menschen tun dies ebenso. Setzt sich im Strafrechtssystem *Wörners* Lösung[1446] für die Dilemmasituation durch, wäre darüber hinaus gewährleistet, dass sich KI-Systeme in solchen Situationen gerade vorhersehbar verhalten.

Will man den Vertrauensgrundsatz über die Fälle des Straßenverkehrs und des arbeitsteiligen Zusammenwirkens hinaus verstehen,[1447] so findet man ihn auch im Nutzer-Hersteller-Verhältnis. Dieses Verhältnis ist aber wiederum nur ein Spezialfall der Bestimmung der Maßfigur, und zwar dort, wo zwei Verantwortungssphären aufeinandertreffen. Nur ein Beispiel: Nutzer werden darauf vertrauen dürfen, dass sich KI-Systeme, sofern sie bestimmungsgemäß eingesetzt werden, in dem vom Hersteller in der Instruktion zugesicherten Rahmen fehlerfrei, sprich regelkonform verhalten. Sprechen klare Indizien für das Gegenteil, sei es durch die Erscheinung der KI-Systeme, bereits in den Instruktionen vorhandene Warnhinweise oder Berichte aus den Medien, so ist ein Vertrauen nicht schutzwürdig.[1448]

## V. Erlaubtes Risiko

Vielfach wird im Rahmen der Fahrlässigkeitsstrafbarkeit das sogenannte „erlaubte Risiko“ eingesetzt, um eine allzu weite Verantwortung wieder einzufangen. Gerade im Bereich der Verantwortungszuschreibung bei Herstellung und Nutzung von KI-Systemen genießt das erlaubte Risiko eine überproportionale Aufmerksamkeit und besitzt eine dominante Position als typisches Begründungsmuster der Straflosigkeit.[1449] Dabei sind weder der Inhalt noch die dogmatische Verortung des erlaubten

**1444** Zur Diskussion um die Dilemmasituation schon unter § 7 D. S. 270 ff.

**1445** Kritischer: *Beck* in Autonomes Fahren, S. 439, 446; *A. Lohmann*, KI, S. 191 f.

**1446** *Wörner*, ZIS 2019, 41 ff.

**1447** Für eine allgemeine Geltung des Vertrauensgrundsatzes OLG Stuttgart 1 Ws 166/96 v. 21.11.1996 = NStZ 1997, 190; *Hardtung* in MüKo StGB, § 222, Rn. 27; *Duttge* in MüKo StGB, § 15, Rn. 142.

**1448** *Hilgendorf* in FS Roßnagel, S. 545, 559. Mit Überlegungen zum Vertrauensgrundsatz in dieser Konstellation auch *ders.* in FS Sieber, S. 767, 777.

**1449** Mit dem erlaubten Risiko als begrenzenden Faktor der Strafbarkeit in Bezug auf KI-Systeme arbeitend: *Hilgendorf* in FS Fischer, S. 99, 106; *ders.*, DRiZ 2018, 66, 69; *Valerius*, GA 2022, 121, 129 f.; *Beck* in Autonomes Fahren, S. 439, 446 f.; *Gless* in Intelligente Agenten und das Recht, S. 225, 240 ff.; *Haagen/A. Lohmann* in KI kompakt, S. 257, 288 ff.; *A. Lohmann*, KI, S. 193; *A. Peters* in Rechtshandbuch AI, Kap. 12, Rn. 16 ff.; reflektiert: *Wigger*, Automatisiertes Fahren, S. 216 ff.; zumindest „denkbar“ *Münster*, Innovation, S. 74; als Begrenzung der Sorgfaltspflichten *Gless/Weigend*, ZStW 126 (2014), 561, 583 f., 591; für die Zukunft für möglich haltend *Gortan*, CR 2018, 546, 551. Wohl als Begründung von

Risikos eindeutig. Erlaubtes Risiko wird als Begrenzung oder Begründung von Sorgfaltspflichten[1450], als Ausdruck der Sozialadäquanz[1451], als spezieller Rechtfertigungsgrund[1452], als Tatbestandsausschluss[1453], als Teil der objektiven Zurechnung[1454] oder – negativ – als „entbehrliche Formel"[1455] verstanden. Auch innerhalb der einzelnen Verortungen sind die Details wieder umstritten.

Grundsätzlich sagt der Begriff des „erlaubten Risikos" zunächst nicht viel aus. Erlaubtes Risiko liegt immer dann vor, wenn eine Handlung nicht missbilligt wird, aber daraus ein unerwünschter Erfolg, in der Regel eine Rechtsgutsverletzung oder -gefährdung, resultiert und der Täter am Ende straflos stehen soll. Wird erlaubtes Risiko so verstanden, wie es seine Terminologie nahelegt, ist es bei *jedem* Erfolgsdelikt einschlägig, bei dem der Handlungsunwert verneint wird.

Historisch zeigt sich, dass der Gedanke des erlaubten Risikos schon immer präsent war. Zunächst als Einschränkung des Erfolgsstrafrechts, aber bis zu den systematischen Überlegungen zum erlaubten Risiko, beginnend gegen Ende des 19. Jhrdts, jedenfalls nie als eigenständige dogmatische Figur.[1456] Der Grundgedanke des erlaubten Risikos lässt sich schon in den alten prärömischen Keilschriften-

---

Verantwortung in Gestalt von „unerlaubter Risikoschaffung" *Fateh-Moghadam*, ZStW 131 (2019), 863, 883 f.

**1450** *Kindhäuser* GA 1994, 197, 223; *Hilgendorf* in FS Fischer, S. 99, 106; *ders.*, DRiZ 2018, 66, 69; *Schürer-Mohr*, Erlaubte Risiken, S. 208 f.; *Münster*, Innovation, S. 71; *A. Peters* in Rechtshandbuch AI Kap. 12, Rn. 19; *Wigger*, Automatisiertes Fahren, S. 217; *Vogel/Bülte* in LK, § 15, Rn. 214 f. Vertritt man diese Ansicht, drängt sich bereits die Frage nach der Henne und dem Ei auf: Wurde die Grenze des erlaubten Risikos überschritten, weil die Handlung sorgfaltswidrig war, oder war die Handlung sorgfaltswidrig, weil sie kein erlaubtes Risiko mehr darstellt? Vgl. dazu auch *Hoyer*, ZStW 121 (2009), 860, 874 ff. und aus Sicht der Schweiz monographisch *Rehberg*, Erlaubtes Risiko, S. 127.

**1451** Z. B. *Engisch* in FS DJT I, S. 401, 417 ff.; *Wessels/Beulke/Satzger*, AT, Rn. 266; *Sternberg-Lieben/Schuster* in Schönke/Schröder, § 15, Rn. 146.

**1452** Z. B. *Gropp* in FS Wolf, S. 203 ff.; *ders./Sinn*, AT, § 5, Rn. 366 (Ausformung des Rechtfertigungsprinzips des „überwiegenden Interesses").

**1453** *Engländer* in Matt/Renzikowski, vor § 32, Rn. 48, er präzisiert über den „Tatbestandsausschluss" nicht weiter, wobei es sich um einen Zurechnungsgesichtspunkt handele, sodass auch er wohl zu den Stimmen der objektiven Zurechnung gerechnet werden könnte.

**1454** *Roxin/Greco*, § 11, Rn. 66; *Rengier*, AT, § 13, Rn. 51; *Baumann/Weber/Mitsch/Eisele*, AT, § 10, Rn. 68 ff.

**1455** *Kienapfel*, Erlaubtes Risiko, S. 11.

**1456** *Preuß*, Erlaubtes Risiko, S. 30 ff. sieht vor dem 18. Jhrdt. keine Ansätze des erlaubten Risikos und erst im 19. Jhrdt. dazu angestellte Überlegungen. Auch *Schürer-Mohr*, Erlaubte Risiken, S. 29 ff., die noch auf den Wahlspruch der Hanse hinweist, lässt die systematische Untersuchung erst mit *v. Bar* beginnen. Auch *Rehberg*, Erlaubtes Risiko, S. 18 ff. sieht erste Ansätze von erlaubtem Risiko erst im 18./19. Jhrdt und wissenschaftliche Überlegungen erst mit Ende des 19. Jhrdts. Den Gedanken an sich kann man aber schon früher nachweisen, siehe Fn. 1457 und 1458.

rechten nachweisen. Der Codex Hammurabi[1457] etwa formuliert keine Fahrlässigkeitsstrafbarkeiten, sondern sieht vielmehr andersherum aus dem Fehlen derselben bei bestimmten Einzelfällen durch Hinzutreten weiterer privilegierender Merkmale Ausnahmen von der Erfolgshaftung vor. Handlungen in diesem privilegierten Raum sind dann „erlaubtes Risiko".[1458]

Den Gedanken eines erlaubten Risikos beschrieb deutlich – dort als Teil der Kausalität – zuerst *von Bar.*[1459] Explizit von „Risiko" spricht *Binding*[1460] im Rahmen der Fahrlässigkeit und nennt das „maßvolle Risiko" einen „großen Rechtsgedanken", der auf jedes Gebiet anwendbar sei. Aus diesem „großen Rechtsgedanken" folgte eine schier unübersehbare Menge an Stellungnahmen und Einordnungen des

---

**1457** Im noch älteren Codex Ur-Nammu (2.100 – 2.000 v. Chr., *Kramer*, Orientalia 1954, 40) findet sich, soweit ersichtlich, noch keine Norm, die den Gedanken des erlaubten Risikos in sich trägt. Allerdings ist dieser Codex auch nur sehr bruchstückhaft überliefert, siehe dazu die Abbildungen bei *Kramer*, Orientalia 1954, 40, 52 ff. Dagegen kann in § 11 des Codex Lipit-Estar, datierend auf 1934 – 1924 v. Chr. (vgl. *Lutzmann* in Texte aus der Umwelt des Alten Testaments I, S. 23.) aus Umkehrschluss der Norm ein erster Ausdruck eines (zivilrechtlichen) erlaubten Risikos gesehen werden.

**1458** Erkennbar im Codex Hammurabi (Übersetzung nach *W. Eilers*, Codex Hammurabi, S. 27–98), datiert zwischen 1728 und 1686 v. Chr. (*Driver/Miles*, Babylonian Law I, S. 34 ff.). Beispielhaft kann § 227 CH herangezogen werden, der heute wohl als unvermeidbarer Erlaubnistatbestandsirrtum gesehen werden könnte. Eine Unterscheidung zwischen Tatbestand und Rechtswidrigkeit gab es freilich nicht. § 227 CH besagt: „Wenn ein Bürger einen Barbier täuscht und dieser das [Sklaven-]Mal eines ihm nicht gehörigen Sklaven geschoren hat, so tötet man diesen Bürger und hänge ihn an seiner Tür auf; der Barbier schwört ‚mit Wissen habe ich nicht geschoren' und er geht frei aus." Der Barbier haftet also nicht, wenn er ohne Vorsatz und gleichzeitig dem Wort des Bürgers vertrauend den Sklaven schert. Damit wird Bezug auf § 226 CH genommen, der bestimmt, dass einem Barbier, der ohne die Erlaubnis des Herrn das Sklavenmal schert, die Hand abgeschnitten wird. Ein Barbier geht nach § 226 CH beim Scheren also dann straffrei aus, wenn der Eigentümer seine Zustimmung erteilt. Interessant ist dabei, dass es hier beim fehlenden Vorsatz erstmals eine Konsequenz gibt, die eher im Strafrecht anzusiedeln ist; der Barbier wird nicht mit Verlust der Hand bestraft. Die Voraussetzung dafür ist nicht nur fehlender Vorsatz, der sich hier auf die Nicht-Eigentümerstellung des Auffordernden bezieht, also gleichsam ein Irrtum über die Eigentümerstellung desselben ist, sondern auch die Täuschung des Auffordernden. Wenn ein Element fehlt, wird der Barbier mit der Folge aus § 226 CH bestraft. Im Merkmal der Täuschung kann auch eine Sorgfaltspflicht für den Barbier gesehen werden. Er muss zumindest beim vermeintlichen Eigentümer den nachvollziehbaren Eindruck erlangen, dass es sich tatsächlich um den Eigentümer handelt. Geht er „blauäugig" einfach von der Eigentümerstellung aus, so hilft ihm nach Wortlaut auch sein fehlender Vorsatz nicht, er verletzt seine Sorgfaltspflicht. Versucht er dies mit zumutbaren Mitteln auszuschließen und folgt er auf der inneren Tatseite dieser Überzeugung, so hat er für das verbleibende (Rest)risiko strafrechtlich nicht zu haften. Ähnliches findet sich bei § 206 CH, der im Kontext der Schlägerei steht und ebenfalls eine Privilegierung der vorangegangenen, als Erfolgshaftung ausgestalteten §§ 195 – 205 CH darstellt.

**1459** *V. Bar*, Lehre vom Causalzusammenhange, S. 14 ff.

**1460** *Binding*, Normen IV, S. 436.

„erlaubten Risikos". Sehr kritisch äußerte sich *Kienapfel*, der dem erlaubten Risiko attestiert, es habe weder systematischen noch erkenntnistheoretischen noch irgendeinen praktischen Wert. Es sei ein „randloses Sammelbecken der Straffreiheit unterschiedlichster dogmatischer Schattierungen", welches keine selbständige Aussage enthalte.[1461]

Auch wenn man *Kienapfel* in der Schärfe seiner Kritik nicht folgen möchte, sei an dieser Stelle doch – eng an der Terminologie – die These aufgestellt, dass das erlaubte Risiko schlicht aussagt, dass eine nicht missbilligte Handlung zu keiner Bestrafung führt, auch wenn ein tatbestandlicher Erfolg eingetreten ist. Anders ausgedrückt, aber dasselbe meinend wäre die Formel, dass es Fälle gibt, in denen es zulässig ist, ein Rechtsgut zu gefährden, wenn bestimmte Werte auf dem Spiel stehen, deren Preis die Rechtsgutsgefährdung ist.[1462] Die *Konkretisierung* dieser Formel, die aus dem erlaubten Risiko gezogen werden kann, liefern verschiedene *Sachgründe*. Finden sich also verschiedene Sachgründe, die als jeweils eigenständige Rechtsfigur auftreten und die unter diesen übergeordneten Gedanken subsumiert werden können, lässt sich das erlaubte Risiko logisch nicht von diesen Sachgründen abgrenzen, wenn für das erlaubte Risiko keine weiteren Kriterien ins Feld geführt werden können. Das führt dann wiederum zu dem Schluss, dass das erlaubte Risiko nur als Sammelbezeichnung für diese Sachgründe dienen kann, aber nicht als eigenständige Rechtsfigur. Das erlaubte Risiko und die Sachgründe liegen dann jeweils auf unterschiedlichen Ebenen; Die Sachgründe als eigentlicher Grund der Straflosigkeit, das erlaubte Risiko als Umschreibung des dahinterstehenden Gedankens. Insofern haben ähnliche Gedanken bereits *Maiwald* und – monographisch – *Preuß* formuliert, die jeweils – nach Prüfung der verschiedenen

---

**1461** *Kienapfel*, Erlaubtes Risiko, S. 29.

**1462** *Maiwald* in FS Jescheck, S. 405, diese Formulierung liegt nah an den Formeln, mit denen die Reichweite eines erlaubten Risikos von den Autoren begründet wird, die es als eigene Rechtsfigur anwenden scheinen. So bei *Beck* in Autonomes Fahren, 439, 449 „es ist (...) von einem gefährlichen Bereich auszugehen, der für (...) Vorteile in Kauf zu nehmen ist"; *Gless* in Intelligente Agenten und das Recht, S. 225, 240 f. „(...) so könnten Fahrer, die auf Autopilot umschalten, geltend machen, dass dadurch möglicherweise neu geschaffene Risiken durch den er hofften Nutzen der innovativen Technologie weit aufgewogen und deren Gebrauch deshalb regelmässig nicht tatbestandsmässig oder jedenfalls gerechtfertigt sei."; *Gortan*, CR 2018, 546, 550 „Nutzung (...) stellt [einen] überwiegenden Vorteil dar, der es rechtfertigt, dass die (...) Gefahren (...) in Kauf zu nehmen sind und somit eine generelle Strafbarkeit (...) entfallen würde.", mit Verweis auf das allgemeine Lebensrisiko in der zugehörigen Fn. 69; *Haagen/A. Lohmann* in KI kompakt, S. 257, 288: „Es ist immer dann einschlägig, wenn ein zwar grundsätzlich gefährliches Verhalten aufgrund seines sozialen Nutzens allgemein erlaubt ist."

Sachgründe[1463] – zu dem Ergebnis kamen, dass das erlaubte Risiko ein Formalbegriff ist, der dogmatische Kategorien lediglich zusammenfasst.[1464] Will man dies inklusiver formulieren, könnte man auch davon sprechen, dass die verschiedenen Sachgründe den „großen Rechtsgedanken“, den *Binding* richtigerweise im erlaubten Risiko sah,[1465] ausdifferenzieren und insoweit den Anstoß geben, dogmatische Einzelprobleme zu überprüfen und präziser zu lösen.[1466] Die These wäre freilich insgesamt widerlegt, wenn sich ein eigenständiger Anwendungsbereich für das erlaubte Risiko auftun würde, in dem keine weiteren Sachgründe für die Straflosigkeit gefunden werden können. Die Diskussion um die Verantwortungszuschreibung an den Menschen beim Einsatz von KI-Systemen scheint ein (weiterer) passender Prüfstein für diese These zu sein, denn hier wird häufig auf das erlaubte Risiko abgestellt.

Nach *Hilgendorf* liegt im Kontext des Einsatzes von KI-Systemen erlaubtes Risiko dann vor, wenn „nach [der] in der Rechtsgemeinschaft vorherrschenden Meinung der mit den technischen Produkten verbundene Nutzen so groß ist, dass vereinzelte Schädigungen in Kauf genommen werden können“[1467]. *Hilgendorf* sieht das erlaubte Risiko hier als *begrenzenden* Teil der Sorgfaltspflichtverletzung, die wie folgt zu bestimmen wäre: Zunächst wird die Voraussehbarkeit und Vermeidbarkeit eines Schadens bestimmt, dann der Grad der erforderlichen Sorgfalt nach Wahrscheinlichkeit des Schadenseintritts und Höhe des drohenden Schadens. Abschließend folgt die Begrenzung durch Vertrauensgrundsatz und erlaubtes Risiko. Dabei, so *Hilgendorf*, gelte der Grundsatz des erlaubten Risikos aber nur soweit, wie der Hersteller alles ihm Zumutbare getan hat, um die Produktgefahren soweit wie möglich zu reduzieren.[1468] Nach *Hilgendorf* gibt es erlaubte Risiken demnach also nicht, wenn es sich um solche handelt, die zumutbar hätten vermieden werden können. Die „Begrenzung“ der Sorgfaltspflichten mittels erlaubten Risikos ist dann aber gegenstandslos: Bei unzumutbaren Pflichten greift bereits der Sachgrund der

**1463** Vgl. dazu die Ausführungen bei *Maiwald* in FS Jescheck, S. 405, 407 ff., der verschiedene Sachgründe, hinter denen das erlaubte Risiko als Gedanke sichtbar wird, untersucht. Konsequent fasst *Maiwald* sogar § 34 als Sachgrund unter den Begriff, *Maiwald* in FS Jescheck, S. 405, 419. *Preuß*, Erlaubtes Risiko, S. 78 ff. nimmt sich der Untersuchung monographisch an.

**1464** *Maiwald* in FS Jescheck, S. 405, 425. *Preuß*, Erlaubtes Risiko, S. 225 ff. spricht davon, dass das erlaubte Risiko ein zusammenfassender Begriff für verschiedene normative Strukturen ist.

**1465** *Binding*, Normen IV, S. 436.

**1466** *Preuß*, Erlaubtes Risiko, S. 227 kommt etwa auch zum Schluss, dass der Gedanke des erlaubten Risikos zu Folgerungen für einzelne dogmatische Lösungen in den (nach der hier gewählten Bezeichnung) Sachgründen geführt hat.

**1467** *Hilgendorf*, DRiZ 2018, 66, 69.

**1468** *Hilgendorf*, DRiZ 2018, 66, 69.

Zumutbarkeit (als Sonderfall der Maßfigur),[1469] ohne dass es dazu eines erlaubten Risikos bedarf. Tritt ein Schaden auf, obwohl der Hersteller alles ihm Zumutbare getan hat, um ihn zu vermeiden, dann war er nicht vermeidbar, und er haftet ebenfalls nicht.

Teilweise wird auch angenommen, dass ein erlaubtes Risiko im KI-Kontext noch nicht gegeben sei, wobei auf das noch nicht vorliegende „allgemeine Lebensrisiko" beim autonomen Fahren verwiesen wird.[1470] Hier wird also das nicht vorliegende erlaubte Risiko gerade mit einem Nichtvorliegen der Rechtsfigur des allgemeinen Lebensrisikos[1471] begründet. Das „allgemeine Lebensrisiko" ist Sachgrund, erlaubtes Risiko der dahinterstehende Gedanke.

*Beck* schreibt, dass bestimmte Systeme bereits „vom Rechtssystem [...] zugelassen [sind], weshalb deren Nutzung sich im Rahmen des erlaubten Risikos bewegt, wenn das Fahrzeug ordnungsgemäß benutzt wurde und der Mensch die Kontrolle über sie entsprechend den Vorgaben ausgeübt hat."[1472] Durch die allgemeine Zulassung der Systeme entfällt eine Sorgfaltspflichtverletzung, sofern auf die Inbetriebnahme des Systems an sich abgestellt wird, da es allgemein zugelassen ist. Will *Beck* als Zusatzvoraussetzung für ihr „erlaubtes Risiko", dass das Fahrzeug ordnungsgemäß benutzt wird und der Mensch die Kontrolle den Vorgaben gemäß ausgeübt hat, so handelt es sich auch hier um das Einhalten einfacher Sorgfaltspflichten, letztlich also die Bestimmung der Fahrlässigkeitsverantwortung durch die Maßfigur. Werden jene Sorgfaltspflichten nicht verletzt, ist genau dies der *Sachgrund* für die ausbleibende Bestrafung, das erlaubte Risiko ist der abstrakte Gedanke, unter den auch dieser Ausschluss subsumiert werden kann.

Es werden zudem Versuche unternommen, das erlaubte Risiko konkreter zu bestimmen. Auch an diesen Versuchen wird deutlich, dass damit stets bestimmte Sachgründe angesprochen sind, deren gemeinsamer Grundgedanke das erlaubte Risiko ist, hier aber keinen eigenständigen Inhalt zugeben kann. *Peters* etwa versteht das erlaubte Risiko folgendermaßen: „Welches Risiko erlaubt ist, ergibt sich aus unserer sozialen Ordnung. An oberster Stelle stehen gesetzliche Regelungen. Hieran schließen sich Industrienormen und Standards an. Fehlt es an beiden Vorgaben, müssen die Grenzen durch wertende Betrachtung bestimmt werden."[1473]

---

**1469** Die Zumutbarkeit betrifft die Fragestellung, welche Pflichten potentiell verlangt werden können – in Ansehen der persönlichen Nachteile, die der Pflichtige zu tragen hätte, § 8 B. III., S. 321 ff.

**1470** *Gortan*, CR 2018, 546, 550, mit der zugehörigen Fn. 69.

**1471** Zum allgemeinen Lebensrisiko siehe § 8 C. II., S. 344 ff.

**1472** *Beck* in Autonomes Fahren, S. 439, 447.

**1473** *A. Peters* in Rechtshandbuch AI, Kap. 12, Rn. 21. Es setzt sich in den nachfolgenden Randnummern fort; So wäre das „Restrisiko", das verbliebe, wenn man sich an die Normen halte, vom

*Peters* beschreibt hier schlicht die übliche Methode zur Bestimmung der Maßfigur der fahrlässigen Verantwortung. Die „wertende Betrachtung" wird auch bei der Bestimmung der Sorgfaltspflichten im Rahmen der Zumutbarkeit durchgeführt, wenn Sondernormen nicht weiterhelfen und die Maßfigur über einer sorgfältigen Dritten aus dem Verkehrskreis des Täters gesucht wird. Liegen keine Pflichten vor, die der Täter verletzt hat, macht sich der Täter auch bei einem tatbestandlichen Erfolg nicht strafbar.

Gerade beim Aschaffenburger Fall[1474], bei dem die Strafbarkeit in Teilen der Literatur wegen „erlaubten Risikos" verneint wird,[1475] lagen schlicht keine Sorgfaltspflichten vor, die der Hersteller verletzt hatte. Die Pflichten, auf die eine mögliche Strafbarkeit für den Hersteller in diesem Fall hätten gestützt werden können, bestanden schon gar nicht als Pflichten für den Hersteller, weil sie ihm nicht zumutbar und entsprechend nicht Teil der Maßfigur für den Hersteller waren.[1476] Die fehlende Zumutbarkeit war im Aschaffenburger Fall der *Sachgrund* für den Ausschluss der Strafbarkeit.

Letztlich wird in diesem Teil der Arbeit aber primär die Rechtsprechung, untersucht.[1477] Kann die Strafrechtswissenschaft doch häufig erfolgreich regulieren, kommt es für die Frage nach der Bearbeitung von Generalvertrauen im Strafrechtssystem doch in erster Linie auf die Rechtsprechung an. Aber auch in der Rechtsprechung ergibt sich für das erlaubte Risiko kein anderes Bild: Das erlaubte Risiko scheint in der Rechtsprechung nur sehr selten aufgegriffen zu werden und dabei ebenso keine eigene Rechtsfigur zu repräsentieren.[1478] Der BGH erwähnt,

erlaubten Risiko gedeckt. (Rn. 23). Tatsächlich liegt dann schlicht keine Sorgfaltspflichtverletzung vor.

1474 Vgl. die Verfügung der Staatsanwaltschaft Aschaffenburg, Az. 103 Js 456/12 und die ablehnende Bescheidung des Generalstaatsanwalts in Bamberg einer Beschwerde gegen ebenjene Verfügung mit Az. 5 Zs 1016/12. Dazu bereits ausführlich § 8 B. III. 3., S. 326. Es ging hier um ein automatisches Spurhaltesystem, das das Fahrzeug nach der unverschuldeten Ohnmacht des Fahrers wieder auf die Straße zurückführte, welches dann mit hoher Geschwindigkeit in einem Ort zwei Menschen tödlich verletzte.

1475 So bei *Wigger*, Automatisiertes Fahren, S. 218 f.; *Hilgendorf*, DRiZ 2018, 66, 69. Die Staatsanwaltschaft verneinte „bereits aus dem Grundsatz der Sozialadäquanz" eine Strafbarkeit, die ebenfalls einen Sachgrund darstellt.

1476 § 8 B. III. 3., S. 326 ff. Die Zumutbarkeit bezieht sich auf die Frage, welche Pflichten potentiell verlangt werden können in Ansehen der persönlichen Nachteile, die der Pflichtige zu tragen hätte.

1477 Vgl. zum Verständnis des Strafrechtssystems in dieser Arbeit und der Stellung der Rechtsprechung der Strafrechtswissenschaft in diesem Bild ausführlich § 2 B. III. 2. b., S. 62 ff.

1478 Für Rechtsprechung unterhalb der Ebene des BGH: LG Regensburg, Urteil vom 17. März 2020 – Ks 156 Js 19484/14 –, juris, Rn. 268 ff. zu Salmonellen in Eiern unter dem Sachgrund der Sorgfaltspflichtwidrigkeit. LG Bamberg, Urteil vom 18. Juli 2018 – 24 KLs 1105 Js 12548/16 –, juris, Rn. 178 zur fahrlässigen Brandstiftung, das erlaubte Risiko wird hier ebenfalls unter dem Sachgrund der soweit ersichtlich, in zehn strafrechtlichen Entscheidungen das erlaubte Risiko,[1479] nur in zweien kommt dem erlaubten Risiko eine herausgehobenere Bedeutung zu:

---

Sorgfaltspflichtverletzung erwähnt. In einer Bußgeldsache jeweils KG Berlin 3 Ws (B) 375/14, 3 Ws (B) 375/14–162 Ss 93/14 v. 14.10.2014 = NJOZ 2015, 840, 843 und OLG Oldenburg 2 Ss OWi 142/15 v. 04.08. 2015 = DAR 2016, 35, 38 jeweils wortgleich mit dem Hinweis, dass Fahrtantritt nach Cannabiskonsum nicht als erlaubtes Risiko bezeichnet werden könne und nicht sozialadäquat (Sachgrund) sei. BayObLG, 201 StRR 95/21 v. 25.02.2022 = BeckRS 2022, 3262 mit Verweis auf erlaubtes Risiko bei der Frage der Schaffung einer Ingerenzgarantenpflicht, Grund war hier die ausdrückliche Erlaubnis durch Gesetz, sodass eine Garantenpflicht (Sachgrund) nicht vorlag.

**1479** *Rehberg*, Erlaubtes Risiko, S. 31 will dagegen sogar schon im Leinenfängerfall RG 576/97 v. 23.03. 1897 = RGSt 30, 25 einen Fall des erlaubten Risikos erblicken. Das Reichsgericht umschreibt hier aber nur den Gedanken und nennt den Begriff selbst an keiner Stelle. Vgl. zum Leinenfängerfall auch § 8 B. III. 1., S. 322.

BGH 4 StR 460/65 v. 20.07.1966 = NJW 1966, 1825 erwähnt das erlaubte Risiko einmal und in Bezug auf Kritik an einem früheren Urteil, in dem die Literatur dieses Urteil als Erhöhung des „erlaubten Risikos" für Linksabbieger kritisiert habe. Erlaubtes Risiko ist also nicht Kern der eigentlichen Entscheidung. Schon früher in BGH 2 StR 366/54 v. 25.01.1955 = BGHSt 7, 112 findet sich der Verweis, dass es im Schrifttum einen Rechtfertigungsgrund „erlaubtes Risiko" bei Ausübung lebenswichtiger Betätigungen gäbe. Ob dies eine Stütze im Gesetz fände, könne dahinstehen, da jedenfalls die Voraussetzung „lebenswichtig" nicht erfüllt sei. In BGH 4 StR 131/69 v. 14.05.1970 = NJW 1970, 1380, 1381 wird das erlaubte Risiko in einer Zitierung des OLG Hamburgs, VRS 35, 433 erwähnt, das davon spricht, dass in Anwendung der „Grundsätze über die Rechtfertigung auf Grund des durch Einwilligung geschaffenen erlaubten Risikos" die Rechtswidrigkeit des Vergehens nach § 315 c I Nr. 1 a, III StGB kraft Einwilligung entfallen könne, wenn nur eine Gefährdung der körperlichen Unversehrtheit eingetreten sei. Insoweit wäre Sachgrund im Urteil des OLG die Einwilligung. Der BGH verwirft die Rechtsansicht des OLG Hamburgs in dieser Entscheidung ohnehin und geht nicht selbst auf das erlaubte Risiko ein. BGH 4 StR 318/89 v. 12.10.1989 = NJW 1990, 129, 130, erwähnt das erlaubte Risiko nur in Bezugnahme auf den sogleich besprochenen AIDS-Fall, der dem LG eine korrekte Anwendung der Überlegung zum erlaubten Risiko bescheinigt, die in diesem Urteil zum Ausdruck komme.

Eine gemeinsame Gruppe lässt sich aus den Urteilen bilden, die erlaubtes Risiko in Bezug auf die innere Tatseite erwähnen: BGH 5 StR 746/97 v. 26.10.1998 = PStR 1999, 1f. erwähnt erlaubtes Risiko in Zusammenhang mit der Begründung eines bedingten Vorsatzes eines Notars zur Beihilfe zur Untreue. Weil die Mitwirkung des Notars über das „berufstypisch erlaubte Risiko" hinausginge und er seine Mitwirkung mit Blick auf § 14 II BNotO hätte versagen müssen, sei die Annahme eines bedingten Vorsatzes für die Beihilfe zur Untreue ausreichend. Hier werden also die Berufspflichten herangezogen und bei einem Überschreiten derselben, was durch den Begriff der Überschreitung des erlaubten Risikos zu umschrieben werden scheint, ein Indiz für das Vorliegen eines bedingten Vorsatzes der Beihilfe zu Untreue abgeleitet. Ähnliches findet sich in BGH 1 StR 526/62 v. 29.01.1963 – juris, Rn. 17, einer Entscheidung zur Untreue, in der Diskussion um die innere Tatseite in Abgrenzung von für Sparkassen generell untersagten Geschäften, die für Geschäftsbanken noch erlaubt seien. In diese Kerbe schlägt auch BGH 5 StR 729/98 v. 20.09.1999 = NStZ 2000, 34, 35, der die Beweiswürdigung des LGs dahingehend kritisiert, dass sich aus dem zugrundegelegten Sachverhalt ein Beihilfevorsatz für den Angeklagten noch nicht begründen lasse, da sich selbst für einen Kennt-

Im AIDS-Fall[1480] findet sich zwar ein ausdrücklicher Bezug auf das erlaubte Risiko, allerdings nur als Hinweis, dass erlaubtes Risiko in diesem Fall gerade nicht vorliege. Die Rechtsnatur des erlaubten Risikos lässt der BGH ausdrücklich offen.[1481] Erlaubtes Risiko liege jedenfalls nicht vor, wenn ein HIV-Infizierter ohne Schutzmittel Sexualverkehr ausübe. Dahinter steht zudem, vom BGH ausdrücklich erwähnt, der Sachgrund der Sozialadäquanz; Jede HIV-Übertragung stelle einen lebenslang wirkenden, mit hoher Wahrscheinlichkeit tödlich verlaufenden Eingriff in Lebensgüter des Infizierten dar.[1482]

Im Ledersprayfall[1483] rekurriert der BGH in einer Randbemerkung unter dem Prüfungspunkt der Verneinung der objektiven Pflichtwidrigkeit wieder auf das erlaubte Risiko – auch hier wird aber das erlaubte Risiko gerade *nicht* angenommen. Allerdings kann aus dem Umkehrschluss geschlossen werden, dass sogenannte „Ausreißer" in der Produktion unter ein wie auch immer geartetes erlaubtes Risiko fallen würden. Der BGH verweist[1484] an dieser Stelle auf *Goll*[1485], der die Straflosigkeit von Ausreißern dem erlaubten Risiko zuschreibt. *Goll* nutzt das erlaubte Risiko an der zitierten Stelle aber für die Festlegung des Sorgfaltsmaßstabes.[1486] *Goll* bezieht sich dazu in der Ausgestaltung der Sorgfaltspflichten auf den Sachgrund der Sozialadäquanz, die er mit dem erlaubten Risiko gleichsetzt.[1487] Der Sachgrund der ausbleibenden Bestrafung ist auch hier schlicht die fehlende Verletzung von Sorgfaltspflichten durch das Einhalten der Maßfigur. Dazu begrenzt *Goll* Sorgfaltspflichten unter der Erwägung, dass Pflichten über die Normen hinaus und nach einem optimalen Schutz, der mit aktueller Wissenschaft und Technik möglich wäre, nicht verlangt werden können, wenn sie „unter ökonomischen Gesichtspunkten indiskutabel" wären. Pflichten können nach *Goll* ausdrücklich auch durch „wirt-

nisstand des Angeklagten, welcher „den Rahmen eines erlaubten Risikos" sprengen würde, noch keine tragfähigen Indizien herleiten ließen. Das erlaubte Risiko wird hier als generelle Grenze des Erlaubten angesprochen – insofern passend zum erlaubten Risiko als ein viele Sachgründe vereinender Gedanken. Auch BGH 2 StR 99/19 v. 21.07.2020 = NJW 2021, 247, 248 erwähnt das erlaubte Risiko einmal in Bezug auf die Zuschreibung des Gläubigerbegünstigungsvorsatzes, für dessen Annahme das LG keine ausreichenden Feststellungen getroffen habe. Es erscheine möglich, dass einzelne der in Frage stehenden Handlungen objektiv oder aus Sicht des Angeklagten zum „erlaubten Risiko gehören". Auch hier ist erlaubtes Risiko als generelle Grenze des Erlaubten gemeint.

**1480** BGH 1 StR 262/88 v. 04.11.1988 = BGHSt 36, 1 ff.

**1481** BGH 1 StR 262/88 v. 04.11.1988 = BGHSt 36, 1, 16.

**1482** BGH 1 StR 262/88 v. 04.11.1988 = BGHSt 36, 1, 16.

**1483** BGH 2 StR 549/89 v. 06.07.1990 = BGHSt 37, 106 ff.

**1484** BGH 2 StR 549/89 v. 06.07.1990 = BGHSt 37, 106, 118.

**1485** *Goll* in Produkthaftungshandbuch 1989, § 45, Rn. 39.

**1486** *Goll* in Produkthaftungshandbuch 1989, § 45, Rn. 31 ff.

**1487** *Goll* in Produkthaftungshandbuch 1989, § 45, Rn. 37.

schaftliche Faktoren" beschränkt werden. Damit würde auch der Gefahr vorgebeugt, dass sich Hersteller nicht mehr an Fortentwicklung von Wissenschaft und Technik heranwagen würden, da sie sonst Verteuerungen fürchten müssten.[1488] Den Gedanken der Begrenzung der Sorgfaltspflichten für den Hersteller aus wirtschaftlichen Erwägungen ergibt sich aus der Zumutbarkeit,[1489] auch hierfür braucht es das erlaubte Risiko als eigenständige Rechtsfigur nicht.

Nach alledem bleibt es also bei der Eingangsthese. Das erlaubte Risiko bildet lediglich einen gemeinsamen Rechtsgedanken für verschiedene Sachgründe für Straffreiheit und ist keine eigenständige Rechtsfigur. *Maiwald* schreibt sehr treffend: Die Funktion des erlaubten Risikos „liegt darin, daß unter diese Bezeichnung Fälle gefährlichen Handelns zusammengefaßt werden, denen der Ausschluss lediglich des Handlungsunwertes gemeinsam ist. Das erlaubte Risiko gewährt kein Eingriffsrecht, was aus der fortbestehenden Vermeidepflicht hinsichtlich des schädlichen Erfolgs deutlich wird."[1490] Gründe für die Straflosigkeit für Nutzer und Hersteller von KI-Systemen sind also nicht im erlaubten Risiko zu suchen, sondern in den Sachgründen, deren gemeinsamer Rechtsgedanke das erlaubte Risiko ist.

## VI. Fazit

Die Auseinandersetzung mit der möglichen Begrenzung von Sorgfaltspflichten und ihre Auswirkung auf Verantwortungszuschreibung an Hersteller und Nutzer hat unterschiedliche Ergebnisse zu Tage gefördert.

Die Konformitätsbewertung durch unabhängige Stellen kann zumindest Indizwirkung für die Einhaltung von Pflichten in dem Bereich schaffen, die sie überprüft. Das gilt nicht, wenn die Hersteller in Selbstkontrolle ein Konformitätsbewertungsverfahren durchführen. Bei standardisierten KI-Systemen, wie solchen zum autonomen Fahren, kann eine Konformitätsbewertung stärker wirken als eine Konformitätsbewertung aus den allgemeinen Grundsätzen der AI-VO. Insbesondere muss das Kompetenzgefälle zwischen Unternehmen und Behörde bzw. notifizierter Stelle berücksichtigt werden.

Die Auseinandersetzung mit der Vorhersehbarkeit hat gezeigt, dass in der aktuellen Interpretation des Merkmals als „abstrakte Vorhersehbarkeit" eine Vorhersehbarkeit beim Hersteller stets vorliegen wird. Da die Rechtsprechung grundsätzlich diese Herangehensweise vertritt, auch wenn sie sich konkret zum hiesigen

**1488** *Goll* in Produkthaftungshandbuch 1989, § 45, Rn. 36.
**1489** § 8 B. III. 3., S. 326 ff.
**1490** *Maiwald* in FS Jescheck, S. 405, 425.

Problemkreis noch nicht geäußert hat, wird eine Verantwortungszuschreibung hier voraussichtlich für den Hersteller nicht scheitern. Die einschränkende Interpretation als „konkrete Vorhersehbarkeit" würde dagegen gerade bei fortschrittlichen KI-Systemen und GPAI eine Vorhersehbarkeit zumeist ausschließen. Angelehnt an den Schluss, dass die Vorhersehbarkeit dem Gedanken der Vermeidbarkeit dient und unter dem Eindruck, dass sich die Rechtsprechung hier noch nicht final zu positioniert haben scheint, wurde angeregt, die Vorhersehbarkeit als „erkennbare Vermeidbarkeit" zu interpretieren, um sachgerechte Ergebnisse zu erzielen. Der Nutzer wird zumeist in seiner Vorhersehbarkeit auf die Instruktionen des Herstellers und eine Evidenzkontrolle beschränkt sein.

Die Zumutbarkeit regelt letztlich einen Spezialfall der Maßfigur und ist von allen hier untersuchten Rechtsfiguren am unmittelbarsten noch bei der Begründung der Pflichten zu verorten. Sie behandelt, welche Pflichten potentiell in Ansehen der persönlichen Nachteile, die der Pflichtige zu tragen hätte, verlangt werden können. In der Zumutbarkeit lässt sich eine Nutzen-Risiko-Analyse verorten, die zur Bestimmung der Maßfigur herangezogen werden kann.

Der Vertrauensgrundsatz wirft vor allem beim autonomen Fahren neue Fragen auf, die aber befriedigend gelöst werden können. Da der Vertrauensgrundsatz letztlich die Abgrenzung von Verantwortungssphären meint, fingiert das Recht KI-Systemen entgegengebrachtes Vertrauen als Vertrauen unmittelbar zum Hersteller. Der Vertrauensgrundsatz betrifft den Spezialfall der Maßfigur, in dem zwei Verantwortungssphären aufeinandertreffen. Er kann insoweit auch über das autonome Fahren hinaus im Nutzer-Hersteller-Verhältnis zum Tragen kommen.

Bei der Untersuchung des erlaubten Risikos hat sich gezeigt, dass hinter dem Begriff keine eigenständige Rechtsfigur, sondern nur der vereinende Gedanke verschiedener Rechtsfiguren steckt, nämlich, dass eine nicht missbilligte Handlung zu keiner Bestrafung führt, auch wenn ein tatbestandlicher Erfolg eingetreten ist. Die Rechtsfiguren, denen dieser Gedanke des erlaubten Risikos innewohnt, stellen dabei im konkreten Fall den Sachgrund für die Straflosigkeit dar, sodass sich nur aus diesen Sachgründen konkrete Vorgaben für die Verantwortungszuschreibung an Hersteller und Nutzer ableiten lassen.

Insgesamt scheinen die untersuchten Rechtsfiguren für eine deutlichere Konturierung der Verantwortungszuschreibung an Hersteller und Nutzer tauglich. Sie können auch mit der neuen Herausforderung der Verantwortungszuschreibung beim Einsatz von KI-Systemen umgehen. An dieser Stelle bildet sich noch keine systematische Verantwortungslücke.

## C. Zurechnungsfragen außerhalb der Pflichten im eigentlichen Sinne

Die objektive Zurechnung fragt, ob der Täter eine rechtlich missbilligte Gefahr geschaffen hat, die sich im tatbestandlichen Erfolg realisiert hat, und ist sowohl bei Vorsatz- als auch bei Fahrlässigkeitsdelikten relevant. Da die Anknüpfungspunkte der objektiven Zurechnung meistens eine Verletzung der herausgearbeiteten Sorgfaltspflichten sein werden, wird die objektive Zurechnung im Rahmen des Fahrlässigkeitsdeliktes besprochen. Das Strafrechtssystem erkennt einzelne Elemente der Lehre von der objektiven Zurechnung[1491] auch nur im Fahrlässigkeitsdelikt an und verortet die von der Literatur im Rahmen der objektiven Zurechnung besprochenen Probleme beim Vorsatzdelikt auch direkt im Vorsatz.[1492] Für das Strafrechtssystem gibt es deshalb, anders als im Strafrechtswissenschaftssystem, keine konsistente Lehre von der objektiven Zurechnung. Die Unterschiede in der dogmatischen Verortung sollen hier aber nicht problematisiert werden, sodass die Zuordnung der zu besprechenden Rechtsfiguren unter dieses Kapitel, wie auch schon bei (B.), rein der Übersichtlichkeit dienen soll und thematisch behandelt, was die Lehre von der objektiven Zurechnung im Allgemeinen als Fragestellung sich zugehörig verortet. Man hätte freilich auch den Vertrauensgrundsatz und das erlaubte Risiko hier einordnen können, beide Rechtsfiguren passen sowohl in die Eingrenzung von Sorgfaltspflichten wie in die Zurechnungsfragen außerhalb der Pflichten. Dieses Kapitel untersucht zunächst die Figuren, die für die Verantwortungszuschreibung im Kontext von KI-Systemen noch keine große Bedeutung erlangen; Die Risikoverringerung (I.) und das allgemeine Lebensrisiko (II.). Nachfolgend werden die eigentlichen Zurechnungsprobleme bei Hersteller (III.) und Nutzer (IV.) getrennt untersucht. Spezifisch für den Hersteller zeigt sich das Erfordernis des Pflichtwidrigkeitszusammenhangs als problematisch (III. 2.), beim Nutzer liegt die größte Schwierigkeit nicht beim Pflichtwidrigkeitszusammenhang (IV. 1.), sondern in Grundüberlegungen der Abgrenzung nach Verantwortungsbereichen (IV. 2. a.), spezifisch darin, ob ein Erfolg noch „Werk" des Nutzers ist (IV. 2. b.). Das Problem der vielen Hände wird hier ausgespart (III. 1.).

---

1491 Als Geburtsstunde der modernen Lehre von der objektiven Zurechnung gilt der Beitrag von *Roxin* in FS Honig, S. 133 ff.

1492 Vgl. nur mit umfangreichen Nachweisen aus der Rspr. *Wessels/Beulke/Satzger*, AT, Rn. 261; *Gropp/Sinn*, AT, § 4, Rn. 88; *Rengier*, AT, § 13, Rn. 42. Das betrifft bspw. die Frage nach der Voraussehbarkeit des Kausalverlaufs, § 7. C., S. 263 ff. Die Abgrenzung nach Verantwortungsbereichen findet aber grundsätzlich Wiederklang in der Rechtsprechung. Insbesondere äußern sich diese Fälle im Rahmen der Frage nach der eigenverantwortlichen Selbstgefährdung, vgl. etwa BGH 1 StR 808/83 v. 14.02.1984 = BGHSt 32, 262; BGH 3 StR 120/03 v. 11.12.2003 = BGHSt 49, 34, 39.

Aus Sicht des Straftatbegriffes betrifft die objektive Zurechnung die Frage, ob eine Mitteilung auch *vorwerfbar* ist. Als Leitlinie bei der objektiven Zurechnung wird oft die Frage herangezogen, ob das Ergebnis wirklich Werk des Täters oder nicht vielmehr Werk des Zufalls, des Opfers oder eines Dritten war.[1493] Es muss sich die durch den Täter geschaffene Ausgangsgefahr verwirklichen und nicht ein anderes Risiko. Mit anderen Worten: Es geht primär um die mal mehr, mal weniger präzise Abgrenzung von Verantwortungsbereichen.[1494] Die objektive Zurechnung setzt also dort an, wo es um die Grenze der einem Gegenüber in der zugeschriebenen Personalität liegenden Rolle zu einer anderen Person oder Natur geht. Es wird abgegrenzt, was noch von dieser Rolle erwartet wird und was vielmehr etwas anderem, sei es Natur oder einer anderen Person, zugeschrieben wird.

## I. Risikoverringerung durch KI-Systeme

Nach der Lehre von der Risikoverringerung[1495] werde bei einer Verringerung des Risikos schon keine rechtlich missbilligte Gefahr geschaffen und so solle auch die objektive Zurechnung entfallen. In solchen Fällen kann eine Erwartung nicht enttäuscht werden, weil bei einer tatsächlichen Rechtsgutsverletzung der Fehler im vorherliegenden Ereignis gesehen wird, während sich die risikoverringernde Person gerade erwartungsgemäß oder sogar „überobligatorisch" verhalten hat.

KI-Systeme führen erwartungsgemäß zu insgesamt weniger Rechtsgutsverletzungen und werden in einem fortgeschrittenen Entwicklungsstadium in der Regel für im Vergleich zum Menschen sicherer gehalten. Diese Konstellation passt aber nicht zu den von der Rechtsfigur der Risikoverringerung gedachten Fällen, die dann zur Straffreiheit führen: Typischerweise wird ein KI-System Risiken zwar verringern, sie aber gleichzeitig durch andere ersetzen, indem es eine neue, eigenständige Gefahr begründet (die in ihrer Gefährlichkeit niedriger sein mag, als die ursprüngliche Gefahr) oder das Risiko auf ein anderes Opfer verschiebt.[1496] In den

---

1493 *Kühl* AT, § 4, Rn. 43; *Sternberg-Lieben/Schuster* in Schönke/Schröder, § 15, Rn. 156; *Mitsch*, JuS 2001, 105, 108; *Rengier*, AT, § 13, Rn. 46 ff.; *Renzikowski* in Matt/Renzikowski, vor §§ 13, Rn. 98.

1494 Vgl. auch *Jakobs*, ZStW 107 (1995), 843, 861: „Der spezifisch strafrechtliche Witz der objektiven Zurechnung liegt einzig in der Beschränkung der Aufgaben und demgemäß der Haftung auf einen umrissenen Bereich."

1495 *Roxin/Greco*, § 11, Rn. 53 ff.; *Gropp/Sinn*, AT, § 4, Rn. 94; *Wessels/Beulke/Satzger*, AT, Rn. 292 ff.; *Rengier*, AT, § 13, Rn. 56 ff.; *Baumann/Weber/Mitsch/Eisele*, AT, § 10, Rn. 71 ff.

1496 A.A. *A. Lohmann*, KI, S. 204 f., die im Beispiel, dass in der Herstellung ein autonomes Fahrzeug so programmiert wird, dass ein Fahrzeug, welches den Sekundenschlaf eines Fahrers feststellt, das Auto sofort am Straßenrand zum Halten bringt und dabei in einer konkreten Situation eine leichte Verletzung des Fahrers hervorruft, weil ein am Straßenrand stehender Gegenstand touchiert wird, meisten Fällen wird es sogar so sein, dass nur ein gesamtgesellschaftliches und insoweit abstraktes Risiko verringert wird und dabei logisch neue, aber konkrete Risiken geschaffen werden, sodass diese Rechtsfigur auf solche Fälle von vorneherein keine Anwendung finden kann und dies vielmehr im Rahmen der Pflichten selbst berücksichtigt wird. Auch im Fall konkreter Risikoverringerung werden solche Konstellationen sachgerechter im Rahmen der Einwilligung, der mutmaßlichen Einwilligung und des rechtfertigenden Notstandes einzelfallbezogen entschieden,[1497] denn die Autonomie des Beobachters, die sich ebenfalls als Rechtsgut interpretieren ließe, würde bei einer gegenteiligen Beurteilung völlig außer Acht gelassen. Insofern bieten die vorgenannten Institute die Möglichkeit, die Autonomie angemessen zu berücksichtigen.

## II. Allgemeines Lebensrisiko

Das allgemeine Lebensrisiko, das erlaubte Risiko[1498] und die Sozialadäquanz[1499] sind sich ähnlich und sind in ihrer wechselvollen Geschichte von der Strafrechtswissenschaft in jede nur denkbare Konstellation zueinander gestellt worden.[1500] Das allgemeine Lebensrisiko wird hier so verstanden werden, dass davon nur Fälle erfasst sind, die so ungefährlich sind, dass sie ein allgemeines, dem Leben immanentes und nicht entrinnbares Risiko nicht übersteigen. Zu dieser recht unbestimmten Definition hat sich im Wesentlichen die Fallgruppe der unbeherrschbaren Kausalverläufe, wie Naturgewalten, herausgebildet.[1501]

---

dabei aber einen schwereren Unfall durch Weiterfahren verhindert, unter diese Rechtsfigur subsumiert.

1497 *Kindhäuser*, ZStW 120 (2008), S. 481, 494 ff.; *Gropp/Sinn*, AT, § 4, Rn. 96.

1498 Das erlaubte Risiko wurde bereits untersucht, § 8 B. V., S. 331 ff.

1499 Die Sozialadäquanz wird später noch aufgegriffen werden, § 12 C., S. 485 ff.

1500 Teilweise wird das allgemeine Lebensrisiko mit dem „erlaubten Risiko" oder der „Sozialadäquanz" gleichgesetzt, bezeichnend *Rengier*, AT, § 13, Rn. 51, der alle drei Begriffe verwendet, siehe mit ähnlicher Feststellung *Baumann/Weber/Mitsch/Eisele* AT, § 10, Rn. 68 f. Isoliert vom „allgemeinen Lebensrisiko" sprechen bspw. *Gropp/Sinn*, AT, § 4, Rn. 89 und *Wessels/Beulke/Satzger*, AT, Rn. 265. Darüber hinaus gibt es Stimmen, die in das allgemeine Lebensrisiko auch solche Risiken einbeziehen, die gesellschaftlich akzeptiert sind (ursprünglich: Lehre von der Sozialadäquanz), siehe dazu auch *Beck* in Handbuch des Strafrechts 2, § 36, Rn. 63, 92, 94; *Rönnau*, JuS 2011, 311 ff. ursprünglich zur Lehre von der Sozialadäquanz *Welzel*, ZStW 58 (1939), 491, 516 ff.

1501 *Wessels/Beulke/Satzger*, AT, Rn 265; *Gropp/Sinn*, AT, § 4, Rn. 89. *Wessels/Beulke/Satzger*, AT, Rn. 265 sehen daneben noch die Fallgruppe der „ganz entfernten Bedingungen", wie die Zeugung eines späteren Mörders. Eine solche eine „ganz entfernte Bedingung" scheint aber einem unbeherrschbaren Kausalverlauf gleichzukommen, weshalb beide Fälle in der Gruppe der unbeherrschbaren Kausalverläufe zusammengefasst werden können. Zur Fallgruppe des unbeherrsch-

Dass die KI-Technologie im Allgemeinen einen Status gleich einer Naturgewalt, der man nicht entrinnen kann, einnimmt, scheint leicht für ein dystopisches Zukunftsszenario denkbar, in dem die Menschheit einem starken KI-System unterworfen ist, das gleichsam einem Gott über die Menschheit herrscht.[1502] Ein solches Schreckensszenario ist aber nicht Thema dieser Arbeit, zumal es, trotz der realen Ansätze für starke KI,[1503] unwahrscheinlich daherkommt, und selbst wenn es einträte, ein Strafrecht wie heute wohl kaum noch existieren würde. Für schwache KI kommt eine Einordnung gleich einer Naturgewalt, wenn überhaupt, nur in absoluten Ausnahmefällen in Betracht:

Soll diese Fallgruppe auf eine Gruppe von KI-Systemen oder ein einzelnes KI-System Anwendung finden, so wäre dafür erste Voraussetzung, dass das KI-System im entsprechenden Lebensbereich breit etabliert und so sicher ist, dass ein Fehler eines solchen Systems beinahe ausgeschlossen scheint,[1504] oder die jeweiligen Risiken müssten so etabliert und bekannt sein, dass sie vergleichbar naturgegeben akzeptiert sind, wie die Kastanien, die einen unvorsichtig unter einen Kastanienbaum laufenden Spaziergänger treffen können.[1505] So weit ist es aber im Sinne der

---

baren Kausalverlaufs gehört insbesondere der vielbesprochene Fall, in dem der Neffe seinen Erbonkel zu einer Flugreise überredet, in der Hoffnung – ohne über Sonderwissen zu verfügen – die Maschine werde abstürzen, was unerwartbar tatsächlich geschieht. Dieser ist auch bekannt in der Variante des Gewitterfalles, für viele siehe nur *Gropp/Sinn*, AT, § 4, Rn. 90 und in der Variante des Eisenbahnfalles schon *Welzel*, ZStW 58 (1939), 491, 517. Vgl. zum allgemeinen Lebensrisiko auch BGH 3 ARs 14/20 v. 17.11.2020 = NStZ-RR 2021, 22, 23; LG Marburg, Urteil vom 23. Februar 2023 – 8 Ns 4 Js 12490/16 – juris, Rn. 194, letzteres als Begrenzung von Pflichten.

**1502** Von einigen Menschen wird dieses Szenario durchaus herbeigewünscht. So haben sich schon kirchenartige Organisationen rund um die Verehrung einer zukünftigen starken KI gebildet, siehe dazu https://stream.org/the-church-of-artificial-intelligence-of-the-future/ (14.10.2024). Als (für ihn realistisches) Schreckensszenario wird eine gottartige starke KI u. a. von *Gawdat*, dem ehemaligen Chief Business Officer von Google X, eingeschätzt, vgl. Interview in der Times unter https://www.thetimes.co.uk/article/can-this-man-save-the-world-from-artificial-intelligence-329dd6zvd?utm_source=twitter&utm_campaign=cc&utm_medium=branded_social (14.10.2024).

**1503** Vgl. § 1 C., Fn. 70.

**1504** Hier gibt es eine Überschneidung mit der Qualifizierung als „atypischer Kausalverlauf" und der Vorhersehbarkeit, weshalb die Vorhersehbarkeit auch teilweise in die objektive Zurechnung eingeordnet wird oder die Figur des atypischen Kausalverlaufes aus dem allgemeinen Lebensrisiko herausgenommen wird. Der Unterschied zur Vorhersehbarkeit scheint darin zu bestehen, dass beim atypischen Kausalverlauf der objektiven Zurechnung dieser zwar abstrakt vorhersehbar zu sein scheint, allerdings als so ungewöhnlich, eben atypisch qualifiziert wird, dass deswegen ein Erfolg nicht zugerechnet werden soll. Bei der Vorhersehbarkeit geht es in der Innenperspektive und im Ausgangspunkt um eine faktische Betrachtungsweise, bei der objektiven Zurechnung im Ausgangspunkt eher um eine normative.

**1505** Dies überschneidet sich mit der Figur der eigenverantwortlichen Selbstgefährdung, meint in diesem Kontext aber das Gleiche, *Baumann/Weber/Mitsch/Eisele*, AT, § 10, Rn. 69. Ausführlich zur ersteren Alternative noch lange nicht und die zweite Alternative wird aufgrund der Komplexität der KI-Systeme und ihrer breiten Einsatzmöglichkeiten nur in einzelnen Anwendungsszenarien, wie dem autonomen Fahren,[1506] überhaupt für die Zukunft denkbar sein, verbunden mit einer zivilrechtlichen Haftung.[1507] Träte Letzteres ein, würde das Strafrecht dann dem Zivilrecht das Feld überlassen, das in solchen Fällen funktionsäquivalent Generalvertrauen aufrechterhält.[1508]

Freilich braucht es gerade für das autonome Fahren die Figur des allgemeinen Lebensrisikos schon heute für das Inverkehrbringen und die Inbetriebnahme von autonomen Fahrzeugen an sich nicht mehr, da der Gesetzgeber mittlerweile Erlaubnistatbestände[1509] geschaffen hat. Durch die Erlaubnistatbestände entsteht ein Restrisikobereich, in dem es zu einem Schaden kommen kann und gleichzeitig keine Pflichten verletzt werden. Damit solches nicht mit dem Verlust von Generalvertrauen einhergeht, ist es wichtig, dass der Bereich des durch den Erlaubnistatbestand bewusst offenbleibenden Restrisikos auch anschlussfähig kommuniziert, wie es derzeit beim autonomen Fahren zu geschehen scheint.[1510] Wenn das Restrisiko

---

Frage der eigenverantwortlichen Selbstgefährdung im KI-Kontext, die hier nur angerissen wird, *Schäfer*, AI, S. 337 ff., der aber zum Ergebnis kommt, dass diese Frage kaum je praktische Bedeutung erlangen wird, *ebd.*, S. 357. Speziell für automatisierte Fahrzeuge knapp *Hohenleitner*, Automatisierte Fahrzeuge, S. 385 ff.

**1506** So auch *Gless/Weigend*, ZStW 126 (2014), 561, 587.

**1507** Insoweit gilt im Grundsatz noch die Halterhaftung als Gefährdungstatbestand. Mit dem Vorschlag über eine zivilrechtliche KI-Haftungsrichtlinie (COM/2022/496), die nicht nur für autonomes Fahren, sondern generell gelten soll, wird nun über eine vereinfachte Offenlegung von Beweismitteln (Art. 3) und eine widerlegbare Kausalitätsvermutung zwischen dem Verschulden des Anbieters oder Nutzers und dem eingetretenen Schaden (Art. 4) diskutiert.

**1508** Vgl. § 3 B. II., S. 115 f.

**1509** Für die Inbetriebnahme etwa § 1a I StVG.

**1510** Versucht man die mediale Präsenz der KI-Systeme, die automatisiertes und autonomes Fahren ermöglichen, zu überblicken, so stellt man fest, dass Unfälle mit solchen Fahrzeugen oft durch die überregionale Presse gegangen sind und meist im Folgenden ein Vertrauensverlust in solche Systeme folgt (so auch *Wigger*, Automatisiertes Fahren, S. 177). Dieser Trend beginnt aber bereits abzunehmen, Unfälle mit automatisierten oder autonomen Fahrzeugen treten lange nicht mehr mit der Dramatik des Uber-Unfalls von 2018 (https://www.nytimes.com/2018/03/19/technology/uber-driverless-fatality.html (14.10.2024)) oder des Tesla-Unfalls von 2015 (https://www.theguardian.com/technology/2016/jun/30/tesla-autopilot-death-self-driving-car-elon-musk (14.10.2024)) in die Kommunikation und werden von den Medien insgesamt seltener aufgegriffen (vgl. bspw. den quartalsweiseerscheinenden Bericht von Tesla zu Unfällen https://www.tesla.com/VehicleSafetyReport (14.10.2024) im Vergleich zur Berichterstattung über diese Vorkommnisse.) Das legt die Vermutung nahe, dass auch Unfälle mit automatisierten oder autonomen Fahrzeugen langsam als gewöhnliches Ereignis gesehen werden, welches nicht mehr als berichtenswert erscheint. Gleichzeitig werden die Vorteile und allgemeinen Sicherheitsgewinne des autonomen und automatisierten Fahrens immer mehr wahrgenommen und treten gegenüber den seltenen Unfällen in den Vordergrund (vgl. etwa durch einen Erlaubnissatz festgelegt ist, ist das insoweit mit einem Gedanken des allgemeinen Lebensrisikos verwandt, als dass dann bei einem tatsächlichen Auftreten einer Rechtsgutsverletzung keine Diskrepanz mit Zuschreibung an eine deliktische Person mehr beobachtet wird, weil dieses Restrisiko dem Zufall bzw. dem – untechnisch gesprochen – uns alle konfrontierenden allgemeinen Lebensrisiko, das mit dem Leben in unserer Welt zwingend einhergeht, zugeschrieben wird.[1511]

## III. Zurechnungsprobleme beim Hersteller

### 1. Das Problem der vielen Hände

Ein Zurechnungsproblem beim Hersteller ist das für strafrechtliche Produkthaftung typische Problem der „vielen Hände".[1512] So wirken im Regelfall nicht nur sehr viele „Programmierer" innerhalb eines Unternehmens an einem KI-System mit, oft sind auch mehrere Unternehmen beteiligt. Einige Systeme sind sogar Open Source, an denen dann viele Privatpersonen ohne eine übergeordnete kontrollierende Instanz zusammenarbeiten. Dadurch wird es auf Ebene des Herstellers schwieriger zu bestimmen, als wessen Werk sich der tatbestandliche Erfolg letztlich darstellt, denn ein Unternehmensstrafrecht gibt es in Deutschland bekanntlich nicht.[1513] Dieses Problem soll aber nicht weiter vertieft werden, da es ein allgemeines Problem strafrechtlicher Produkthaftung ist und keine spezifischen Probleme aufgrund der

---

https://www.springerprofessional.de/automatisiertes-fahren/mobilitaetskonzepte/vertrauen-in-autonome-fahrzeuge-waechst/19875530 (14.10.2024). In Umfragen zeigt sich auch, dass optimistisches Vertrauen in autonome und automatisierte Systeme (wie so oft) eine Generationenfrage ist, https://de.statista.com/statistik/daten/studie/1245591/umfrage/nutzung-von-kuenstlicher-intelligenz-bei-fahraufgaben/ (14.10.2024)). Das lässt vermuten, dass die Gesellschaft beginnt, für die vom Gesetzgeber gelassene Verantwortungslücke, in der sich Restrisiken ergeben, die durch das Inverkehrbringen von autonomen und automatisierten Fahrzeugen an sich – ohne weitere Pflichtverletzung – entstehen, und die gegebenenfalls von zivilrechtlicher Haftung abgedeckt werden, anschlussfähig zu werden.

**1511** Freilich wird man dahinter auch wieder den Gedanken des erlaubten Risikos erblicken können, vgl. § 8 B. V., S. 331 ff. Sachgrund für die Straflosigkeit ist der Erlaubnissatz.

**1512** Dazu schon § 5 B. IV., S. 249. In diesen Problemkreis fällt auch das Problem der „Zurechnungshypertrophie" bei der Bestrafung von Unternehmensverantwortlichen, die die Produkte lediglich in den Verkehr bringen, aber nicht am eigentlichen Entwicklungs- und Fabrikationsvorgang beteiligt sind, siehe *Münster*, Innovation, S. 83, 178 f. Lesenswert und noch eine Ebene weiter oben angesetzt ist in diesem Zusammenhang auch *Luhmann*, Funktionen und Folgen formaler Organisationen, S. 172 ff.

**1513** Hierzu vertiefend: *Haagen/A. Lohmann* in KI kompakt, S. 257, 262 ff. und allgemein *Schmitt-Leonardy*, Unternehmenskriminalität ohne Strafrecht.

Methode von KI bereithält, die sich nicht schon bei anderen komplexen Produkten stellt.[1514]

### 2. Pflichtwidrigkeitszusammenhang

Der Kern der Zurechnungsproblematik liegt beim Hersteller beim Pflichtwidrigkeitszusammenhang. Es muss gerade die beobachtete Rollenabweichung – beim Fahrlässigkeitsdelikt die Abweichung von der Maßfigur, ausgedrückt durch die Verletzung ihr zugeschriebener Pflichten – zum tatbestandlichen Erfolg führen, ansonsten wird die Verantwortung nicht der Person zugeschrieben. Der Pflichtwidrigkeitszusammenhang trägt in der Innenperspektive eben jenes bei, was sich im Fahrlässigkeitsdelikt durch das Erfordernis eines Ursachenzusammenhangs zwischen Sorgfaltspflichtverletzung und tatbestandlichem Erfolg ausdrückt.[1515] Er berücksichtigt damit auch Grundgedanken der objektiven Zurechnung, dass sich im Erfolgseintritt gerade die geschaffene Gefahr verwirklichen muss[1516] und die reine Äquivalenzkausalität eben nicht ausreicht. Im Rahmen des Pflichtwidrigkeitszusammenhanges wird prominent die Vermeidbarkeitslehre (a.), der auch die Rechtsprechung folgt, und die Risikoerhöhungslehre (b.) vertreten, vereinzelt geblieben sind Anhänger einer Kausalitätslehre (c.).

#### a. Vermeidbarkeitslehre

Der Ursachenzusammenhang zwischen Pflichtwidrigkeit und tatbestandlichem Erfolg ist gegeben, wenn auf der Grundlage eines hypothetischen Geschehensablaufs bei Hinwegdenken des vorwerfbaren Tatumstandes und Hinzudenken eines pflichtgemäßen Alternativverhaltens des Täters – also ein Verhalten in seiner zugeschriebenen Personalität nach der Maßfigur – der tatbestandliche Erfolg entfallen würde.[1517]

Die Nachweisanforderungen sind hier das entscheidende Problem: Anders als im Zivilrecht gibt es im Strafrecht keine Regeln der Beweislastumkehr in der Produkthaftung, ebenso wenig einen Anscheinsbeweis.[1518] Es genügt nicht, nachzu-

---

1514 Vgl. auch schon § 5 C., S. 250.

1515 Zum Verhältnis zur Kausalität und für generelle Kritik siehe monographisch *Toepel*, Kausalität und Pflichtwidrigkeitszusammenhang.

1516 *Kaspar*, JuS 2012, 112, 114; *Mitsch*, JuS 2001, 104, 108; *Rengier*, AT, § 52, Rn. 26; *Beck* in Handbuch des Strafrechts 2, § 36, Rn. 70; *Gropp/Sinn*, AT, § 12, Rn. 79.

1517 Vgl. BGH 4 StR 354/57 v. 25.09.1957 = BGHSt 11, 1, 5, 7; BGH 5 StR 327/03 v. 13.11.2003 = BGHSt 49, 1, 4; *Fischer*, StGB, § 15, Rn. 29; *Vogel/Bülte* in LK, § 15, Fn. 462 m. w. N.

1518 *A. Peters* in Rechtshandbuch AI, Kap. 12, Rn. 3; *Valerius* in Autonome Systeme und neue Mobilität, S. 9, 15 ff.

weisen, dass der Schaden auf einem *Produktfehler* beruht, er muss im Strafrecht vielmehr auf der *Pflichtwidrigkeit* beruhen. In concreto soll nach den Worten des BGH der Pflichtwidrigkeitszusammenhang dann entfallen, „wenn der gleiche Erfolg auch bei verkehrsgerechtem Verhalten des Angeklagten eingetreten wäre oder wenn sich dies aufgrund erheblicher Tatsachen nach der Überzeugung des Tatrichters nicht ausschließen lässt."[1519] In zwei späteren Entscheidungen formuliert der BGH sogar, dass der Ursachenzusammenhang „mit Sicherheit", bzw. „mit an Sicherheit grenzender Wahrscheinlichkeit"[1520] festgestellt werden muss, um den Pflichtwidrigkeitszusammenhang zu begründen. Nach dem BGH muss die hypothetische Prüfung also mit Sicherheit (oder zumindest mit an Sicherheit grenzender Wahrscheinlichkeit, denn völlige Sicherheit lässt sich bei einer hypothetischen Prüfung auch aus der Innenperspektive nie erreichen und – da diese Anforderung an § 261 StPO andockt – dieser bedarf es auch nicht) ergeben, dass der Erfolg bei rechtmäßigem Alternativverhalten entfallen wäre. Die Literatur hat sich dieser Rechtsprechung mehrheitlich angeschlossen.[1521] In der Praxis bedeutet das also, dass in den Fällen, in denen ein beizuziehender Sachverständiger nicht ausschließen kann, dass der Erfolg auch bei rechtmäßigem Alternativverhalten (also sorgfaltsgemäßem Verhalten) eingetreten wäre, der Angeklagte nach kritischer Würdigung des Gutachtens durch das Gericht in dubio pro reo freigesprochen werden muss.[1522] Bei Pflichtverletzungen des Herstellers in Bezug auf KI-Systeme wird ein Sachverständiger dies bei manchen Herstellerpflichten regelmäßig tatsächlich nicht ausschließen können, weil es, wie nun zu zeigen ist, nicht möglich sein wird, das rechtmäßige Alternativverhalten tatsächlich als hypothetischen Sachverhalt anzusetzen.

---

**1519** BGH 5 StR 327/03 v. 13.11.2003 = BGHSt 49, 1, 4; so auch BGH 4 StR 354/57 v. 25.09.1957 = BGHSt 11, 1, 7; BGH 4 StR 26/70 v. 26.11.1970 = BGHSt 24, 31, 34; BGH 4 StR 72/84 v. 06.11.1984 = BGHSt 33, 61, 63.

**1520** In BGH 1 StR 9/84 v. 10.08.1984 = NStZ 1985, 26, 27 stellt der BGH in der Überprüfung der Entscheidung darauf ab, ob die Gutachter den Ursachenzusammenhang nicht oder nicht mit Sicherheit zu bejahen vermochten, freilich in einer Unterlassungskonstellation, in der sich der Hersteller aber häufig auch befinden wird. In BGH 4 StR 819/93 v. 03.03.1994 = StV 1994, 425 wird der BGH deutlicher: „Eine fahrlässige Tötung könnte dem Angeklagten aber nur vorgeworfen werden, wenn der Patient im Falle der medikamentösen Behandlung oder Vorbehandlung seines Tumors den tatsächlichen Todeszeitpunkt mit Sicherheit überlebt hätte".

**1521** *Hillenkamp/Cornelius*, Probleme, S. 265 f. m. w. N.

**1522** *Vogel/Bülte* in LK, § 15, Rn. 184. So reicht für eine Verurteilung selbst jener Fall nicht, in dem es ein Arzt pflichtwidrig unterlassen hatte, bei einem Patienten eine Bestrahlung durchzuführen, die zu mindestens 90 % zu einer Lebensverlängerung geführt hätte. Die verbleibenden Zweifel – maximal 10 %, nach Ansicht zweier Gutachter sogar eher unter 1 % – konnten nicht zur Überzeugung des Gerichtes beseitigt werden, BGH 2 StR 269/87 v. 08.07.1987 = NJW 1987, 2940.

Das liegt an der Perspektive des Gerichts (und des Sachverständigen). Input und Output sind (meistens)[1523] klar, dazwischen liegt die Black Box des KI-Systems. Es geht hier also um die ex post Black Box, die „Black Box des Warums".[1524] Viele Sorgfaltspflichtverletzungen des Herstellers setzen genau in dieser Black Box an; Er stellt das System letztlich her, sodass sich diese Pflichten unmittelbar in der Beschaffenheit des KI-Systems selbst niederschlagen. Konstruktions- und Fabrikationsfehler liegen deshalb *immer* in der Black Box, da sie im KI-System selbst angelegt sind. Das Gericht müsste also diese Pflichten aus der Black Box hinausziehen, um ein rechtmäßiges Alternativverhalten bilden und die Auswirkungen auf die Situation beurteilen zu können. Das gilt freilich nicht bei Pflichten, die schon von vorneherein nicht in der Black Box sind, wie Produktbeobachtungspflichten, Instruktionspflichten, Updatepflichten und Rückrufpflichten.

Das (allgemeine) Problem der ex post Black Box hat in einer kürzlichen Entscheidung auch der EuGH im Rahmen eines Vorabentscheidungsersuchens nach Art. 267 AEUV anerkannt: So entschied er in Bezug auf Verarbeitung von PNR-Daten[1525] anhand im Voraus festgelegter Kriterien, dass hierfür keine Machine-Learning-Techniken eingesetzt werden dürfen, da der nach der PNR-Richtlinie erforderlichen individuellen Überprüfung der Treffer sowie der Rechtmäßigkeitsprüfung die praktische Wirksamkeit genommen werden würde. Dies stützt der EuGH auf das Argument der fehlenden „Nachvollziehbarkeit"[1526] von KI-Systemen, weshalb es sich als unmöglich erweisen könne, den Grund für einen „Treffer" des Systems zu erkennen. Dadurch sei für die Betroffenen potentiell sogar das in Art. 47 GRCh verankerte Recht auf einen wirksamen gerichtlichen Rechtsbehelf genommen.[1527] Das Urteil bezieht sich zwar nicht auf den strafrechtlichen Pflichtwidrigkeitszusammenhang, die dahinterstehende Sachverhaltsproblematik ist aber dieselbe. Man könnte an dieser Stelle einwenden, dass der menschliche Bearbeiter und das KI-System sich insoweit gleichen, als dass es kein sicheres Wissen über die Abwägungskriterien gibt. Das ergibt sich schon aus dem Grundsatz der Kontingenz der psychischen Systeme und der jeweils auf eine Beobachterperspektive be-

1523 Ein Input wird durch die Aufzeichnungs- und Dokumentationspflichten des Herstellers in aller Regel zu ermitteln sein. Sollte es auch daran fehlen, wird die Aufgabe des Sachverständigen noch weiter erschwert.

1524 Zu den verschiedenen Arten der Black Boxen § 5 B. III., S. 247 f.

1525 PNR steht für Passenger Name Record, also Fluggastdatensatz. Hierbei handelt es sich um Daten, die Luftfahrtunternehmen bei der Buchung einer Flugreise zur Durchführung des Fluges von den Passagieren erheben. Nach https://www.bmi.bund.de/SharedDocs/faqs/DE/themen/sicherheit/pnr/pnr-liste.html (14.10.2024).

1526 In dieselbe Richtung geht auch das „Palantir"-Urteil des BVerfG, BVerfG 1 BvR 1547/10, 1 BvR 2634/20 v. 16.02.2023 = NJW 2023, 1196, hier spezifisch in Rn. 100.

1527 EuGH C-817/19 v. 21.06.2022, ECLI:EU:C:2022:491, Rn. 195.

schränkten Beurteilung. Dem Menschen wird aber insoweit optimistisch vertraut, indem fingiert wird, dass die Kriterien doch überprüfbar seien, obwohl dies niemand tatsächlich objektiv überprüfen kann. Das Risiko der Erwartungsenttäuschung in diesem Fall wird ausgeblendet, weil dem psychischen System, repräsentiert durch den Menschen, grundsätzlich optimistisch vertraut wird. Beim KI-System ist das in der gesellschaftlichen Konstruktion in diesem Zusammenhang offenbar nicht der Fall, sodass seine Benutzung einfach nur verboten wird und so ein Konflikt in Form einer Diskrepanzbeobachtung gar nicht erst zugelassen wird.

Zurück zu den Nachweisschwierigkeiten im Pflichtwidrigkeitszusammenhang: Zwar kann auch bei einem KI-System, dem ein tiefes neuronales Netzwerk (Deep Learning) zugrunde liegt, meist geklärt werden, aufgrund welchen Inputs welcher Output erfolgt, das „Warum" bleibt aber in der Black Box. Es wird vom Gericht nicht geklärt werden können, ob bei pflichtgemäßem Training des Systems der Fehler nicht aufgetreten wäre. Bei KI-Systemen, die auch mit Machine-Learning-Methoden arbeiten, hieße das dann folgerichtig, dass das Gericht nachweisen müsste, wie das System aussähe, wäre es mit den „richtigen" Daten oder der „richtigen" Methode trainiert worden.[1528] Eine solche Untersuchung ist zwar theoretisch möglich, aber anders als bei einfacheren Algorithmen, die in einem klassischen Programmcode geschrieben sind und deren Änderung sich unmittelbar und klar auswirken, müsste beim Machine Learning der gesamte Trainingsvorgang erneut durchgeführt oder simuliert werden. Die dafür benötigten Ressourcen, sei es in zeitlicher Hinsicht, finanzieller Hinsicht oder in Hinsicht der Kompetenzen, wird ein Gericht bei komplexeren KI-Systemen schlicht nicht aufbringen können.[1529] Ein Fehler, der auf Ebene der Daten oder auf Ebene der Auswahl der Hyperparameter oder gar der Lernmethode ansetzt, ist deshalb praktisch schlicht nicht aufzulösen, da das Gericht die Alternativsituation, die durch das rechtmäßige Alternativverhalten entstehen würde, nicht bilden kann. Es ist nicht in der Lage, die damit einhergehenden Pflichten aus der Black Box zu ziehen. Sie verbleiben für das Gericht insoweit in der Black Box. Der Hersteller kann in solchen Fällen aufgrund des fehlenden Pflichtwidrigkeitszusammenhanges nicht bestraft werden.

---

**1528** Dabei stellt sich schon die Problematik, dass noch keine Metriken existieren, mit denen untersucht werden kann, welche Daten nun „richtig" sind, dazu schon § 8 A. II. 1. b., S. 290.

**1529** Mit der allgemeinen Feststellung, dass „autonome Maschinen" derart komplex seien, dass die konkrete Ursache von „Fehlentscheidungen" nur in den seltensten Fällen nachweisbar sei *Beck* in Cybercrime, S. 9, 15, ähnlich in Bezug auf automatisierte und autonome Fahrzeuge *Valerius* in Autonome Systeme und neue Mobilität, S. 9, 16 f. Die EU-Kommission stellt in ihrem Weißbuch ebenfalls allgemein fest, dass „etwaige Verstöße gegen Rechtsvorschriften" nur schwer nachzuweisen seien, Weissbuch KI COM/2020/65, S. 16. A.A. *Yuan*, RW 2019, 477, 499.

Neben dem Neutrainieren des Systems müsste das Gericht über einen geeigneten repräsentativen Datensatz verfügen, auf dessen Grundlage das Training erfolgen könnte. Auch diese Anforderung dürfte sich als utopisch herausstellen. Insofern besteht das der Bestimmung der Alternativsituation vorgelagerte Problem, das rechtmäßige Alternativverhalten überhaupt konkret genug benennen zu können.[1530]

Daneben gibt es allerdings auch Sorgfaltspflichten im Bereich der Konstruktion und Fabrikation, die das Gericht aus der Black Box herausziehen kann. Nimmt man einen Modellierungsfehler an, bspw. in dem Fall, in dem ein autonomes Fahrzeug rote Ampeln nicht erkennt, weil sie schon gar nicht im Einsatzgebiet oder „Gegenstandsbereich" des Trainings auftauchen, so wird der Nachweis leichtfallen und das „Warum" aus der Black Box herausgezogen. Modellierungsfehler setzen in der Regel auf der klassischen „Wenn-dann"-Ebene an, mit denen der Mensch und auch das Recht gut zurechtkommen. Ein Modellierungsfehler ist im weiteren Sinne ein klassischer Programmierfehler. Hier ist der hypothetische Fall leicht zu bilden: Wäre die Ampel in den Gegenstandsbereich des Systems implementiert worden, hätte das Fahrzeug angehalten und der Unfall auf der Kreuzung wäre nicht geschehen. Der Pflichtwidrigkeitszusammenhang wäre für den Hersteller gegeben. Ein solcher Modellierungsfehler wird aber nur in sehr wenigen Fällen auftreten, da dieser in aller Regel deutlich erkennbar ist und deshalb spätestens bei der Evaluation auffällt. Gleiches gilt für klassische Programmierfehler. Noch eindeutiger ist der Fall, wenn ein etwa nunmehr nach der AI-VO verbotenes System hergestellt und vertrieben wird, da das rechtmäßige Alternativverhalten hier schlicht darin besteht, dass System nicht herzustellen und zu vertreiben. Gleiches gilt, wenn bei der Evaluation signifikante Fehler auffallen, das System aber dennoch in den Verkehr gebracht wird, da auch hier das rechtmäßige Alternativverhalten nur darin bestünde, es überhaupt nicht in den Verkehr zu bringen.[1531] Hier wäre dann – je nach Umständen des Einzelfalls – sogar eine Vorsatzstrafbarkeit denkbar.[1532]

---

**1530** So auch *Münster*, Innovation, S. 84. In diese Richtung scheint auch *Fateh-Moghadam* ZStW 131 (2019), 863, 884 f. zu gehen, wenn er schreibt, dass es schwerfalle, die hypothetische Entwicklung des „Verhaltens" eines KI-Systems „bei pflichtgemäßer Programmierung" festzustellen und sich insoweit gegen *Yuan*, RW 2018, 477, 499 stellt, der meint, dass sich der Pflichtwidrigkeitszusammenhang sogar leichter darstellen lasse, allerdings im Ergebnis zugebend, dass sich jedenfalls bei Trainingsfehlern Probleme ergeben könnten.

**1531** So auch *Schäfer*, AI, S. 369 ff.

**1532** Vgl. § 7 A., S. 258 ff.

Ein typischer Fall dürften aber die Trainingsfehler im weiteren Sinne sein, bei denen es zu den beschriebenen Nachweisproblemen kommt.[1533] Die herrschende Vermeidbarkeitslehre, der auch das Strafrechtssystem anhängt, hat dann keine andere Möglichkeit, als den Hersteller straflos zu stellen, will sie nicht mit den eigenen Grundsätzen brechen und so potentiell Systemvertrauen einbüßen.

### b. Risikoerhöhungslehre

Die Nachweisproblematik löst sich auch dann nicht auf, wenn der Risikoerhöhungslehre – begründet von *Roxin*[1534] und mittlerweile gehäuft vertreten[1535], al-

1533 Im Ergebnis sieht das auch *Ibold*, KI, S. 384 ff. In solchen Fällen könnte man dann bereits von fehlender Strafrechtstauglichkeit sprechen, vgl. zum Begriff *Wörner*, Widersprüche Lebensschutz, § 11 D. II. (S. 429 f.) Hier kann Generalvertrauen aber u.U. dennoch durch anschlussfähige Kommunikation über die Nichtstrafe und den Verweis auf andere Systeme aufrechterhalten werden, dazu § 12 C., S. 485 ff. Im Ergebnis sieht das für wenige Fälle und nur in Untersuchung falsch gelabelter Trainingsdaten auch *Schäfer*, AI, S. 386 f. Gegen *Schäfer* kann hier aber nicht einfach auf das Inverkehrbringen abgestellt werden und gesagt werden, dass rechtmäßiges Alternativverhalten das Nichtinverkehrbringen ist. Denn es geht nicht einfach um ein Inverkehrbringen, sondern um ein „Inverkehrbringen trotz Trainingsfehler". Dass hier rechtmäßiges Alternativverhalten „Nichtinverkehrbringen trotz Trainingsfehler" und nicht vielmehr „Inverkehrbringen ohne Trainingsfehler" ist, erschließt sich deshalb nicht, weil der Trainingsfehler als Sorgfaltspflichtverletzung nicht bloß abstrakt-generell relevant ist, sondern sich gerade in der konkreten Unfallsituation individuell bedeutsam niederschlägt. Anders als etwa bei einer Trunkenheitsfahrt, wo nach Rechtsprechung (etwa BGH 4 StR 26/70 v. 26.11.1970 = NJW 1971, 388 f.; BayObLG1 St RR 222/93 v. 14.02.1994 = NStZ 1997, 388 ff.) als rechtmäßiges Alternativverhalten der sorgfältige Betrunkene und nicht der nüchterne Fahrer angesetzt werden muss, da die konkrete Tatsituation zu betrachten ist (vgl. *Kühl*, AT, § 17, Rn. 63), ist eine solche Differenzierung beim Inverkehrbringen und vorherigem Trainingsfehler nicht mehr möglich, da bei beidem sich die Handlungssituation nicht unmittelbar auf den Unfall bezieht und sich beides gleichermaßen in der konkreten Unfallsituation auswirkt, jedenfalls wenn man den top-down-Ansatz der Rechtsprechung bei strafrechtlicher Produkthaftung ernst nimmt und im ersten Schritt nach der Herstellerpflicht bezogen auf das gesamte Unternehmen fragt. Ohnehin kann man zurecht bezweifeln, ob auch im Falle der Trunkenheitsfahrt nicht vielmehr auf den nüchternen Fahrer als rechtmäßiges Alternativverhalten abgestellt werden müsste, weil dies dann zeigt, dass die Trunkenheitsfahrt als Pflichtverletzung im Ergebnis keine Rolle gespielt hat, so etwa *Vogel/Bülte* in LK, § 15, Rn. 201 m. w. N. Erst recht gilt dies freilich, wenn – im zweiten Schritt bezogen auf die Pflicht des Einzelnen – ein Unternehmensangehöriger verfolgt werden soll, der mit dem Inverkehrbringen selbst nichts zu tun hatte, dann ist ein Abstellen auf ein Nichtinverkehrbringen schon gar nicht möglich, was im stark arbeitsteiligen Prozess gerade bei KI-Systemen häufig vorkommen wird. Siehe insoweit zum hier bewusst ausgeblendeten Problem der „vielen Hände" in Bezug zum Pflichtwidrigkeitszusammenhang *Ibold*, KI, S. 394 ff.

1534 *Roxin*, ZStW 74 (1962), 411 ff.; *ders.* ZStW 78 (1966), 214, 217 ff.; *ders.* in FS Honig, S. 133, 138 ff.

1535 Siehe etwa *Burgstaller*, Fahrlässigkeitsdelikt im Strafrecht, S. 129 ff., 135 ff.; *Jescheck/Weigend*, AT, S. 585 f.; *Kaspar*, JuS 2012, 112, 115; *Heger* in Lackner/Kühl/Heger, § 15, Rn. 44; *Schmoller* in FS Wolter, S. 479, 489 ff.; *Schünemann*, GA 1985, 341, 354 f.; *Puppe* in FS Roxin I, S. 287, 301 ff. Für die an die lerdings immer noch mehrheitlich abgelehnt[1536]– gefolgt wird. Nach der Risikoerhöhungslehre wird der Pflichtwidrigkeitszusammenhang schon dann bejaht, wenn die Sorgfaltspflichtverletzung im Vergleich zum rechtmäßigen Alternativverhalten die Gefahr des Erfolgseintritts erhöht hat.

Dadurch müsste das Gericht nur noch nachweisen, dass der Trainingsfehler das Risiko des Erfolgseintritts erhöht hätte. Allerdings wird auch dieser Nachweis nicht ohne Weiteres auf der Hand liegen. Nicht nur der Nachweis des sicheren Nichteintritts bei pflichtgemäßem Alternativverhalten, sondern auch der Nachweis des im Vergleich zum pflichtgemäßen Alternativverhalten wahrscheinlicheren Eintritts des Erfolgs verschließt sich de facto dem Gericht. Das Gericht hätte auch hier das Problem, dass es nachweisen müsste, wie das System aussähe, wäre es mit den „richtigen" Daten trainiert worden (sofern man bei der Sorgfaltspflichtverletzung auf einen solchen Fehler einzig abstellen kann). Ein solcher Nachweis ist nicht möglich, und so wird auch im zweiten Schritt nicht nachgewiesen werden können, ob das Risiko des Erfolgseintritts gesteigert war oder nicht.[1537] Wird nicht auf einen Trainingsfehler abgestellt, wird der Nachweis mit der Risikoerhöhungslehre aber tatsächlich leichter fallen, vor allem bei einem Modellierungsfehler. Da ein solcher aber, wie gezeigt, bereits bei der Vermeidbarkeitslehre in der Regel zum Bejahen des Pflichtwidrigkeitszusammenhangs führen wird, wird das Verfolgen der Risikoerhöhungslehre in der Praxis nur im Einzelfall im Rahmen der eher klassischen Programmierfehler einen Unterschied machen und insbesondere das Hauptproblem nicht lösen können. Es spielt keine Rolle, ob etwas sicher oder nur wahrscheinlicher eintreten muss, wenn man schon den zugrundeliegenden Sachverhalt nicht bilden kann.

---

Risikoerhöhungslehre angelehnte Risikoverminderungslehre beim Unterlassungsdelikt *Greco,* ZIS 2011, 674, 676 ff.

1536 Für das Strafrechtssystem, in Gestalt der Rechtsprechung kann auf Fn. 1519 verwiesen werden. Aus dem Strafrechtswissenschaftssystem ausdrücklich dagegen etwa *Duttge* in MüKo StGB, § 15, Rn. 181 f.; *Beck* in Handbuch des Strafrechts 2, § 36, Rn. 71; *Gropp/Sinn,* AT, § 12, Rn. 88; *Rengier,* AT, § 52, Rn. 35; *Jakobs,* AT, 7. Abschn., Rn. 98 ff.; *Vogel/Bülte* in LK, § 15, Rn. 198; *Kudlich* in BeckOK StGB, § 15, Rn. 54.2.

1537 *Schäfer,* AI, S. 384 f. kommt abweichend von der hiesigen Darstellung zum Ergebnis, dass dem Problem durch die Risikoerhöhungslehre Abhilfe geschaffen werden kann. Er bespricht aber auch nicht das Problem der Bildung des rechtmäßigen Alternativverhaltens auf dieser Ebene, an der es nach hiesiger Überzeugung scheitert.

### c. Kausalitätslehre

Noch weiter als die Risikoerhöhungslehre geht die kaum vertretene Kausalitätslehre[1538], die den Pflichtwidrigkeitszusammenhang generell ablehnt und reine Kausalität zwischen Sorgfaltspflichtverletzung und Erfolg ausreichen lässt.

Mit dieser Ansicht würde der Pflichtwidrigkeitszusammenhang bei der Strafbarkeit des Herstellers keinerlei Hindernis mehr darstellen. Allerdings ist die Kausalitätslehre nicht haltbar. Sie lässt das eigentliche Telos der Strafbarkeit beim Fahrlässigkeitsdelikt völlig außer Acht. Es geht gerade um die Herbeiführung eines unerwünschten Erfolges *wegen* einer Sorgfaltspflichtverletzung. Diese darf deswegen nicht nur als bloße Handlung im Sinne von conditio sine qua non mit dem Erfolg verknüpft werden, sondern gerade die Verletzung der Pflicht muss den Erfolg herbeigeführt haben. Liegt das nicht vor, kann der Täter nicht vertrauenserhaltend bestraft werden, da eine solche Strafe gerade nicht an die Diskrepanzbeobachtung anknüpft, weil sie die Rolle ignoriert. So ist Strafe kein tauglicher Enttäuschungsmechanismus und zerstört gar Systemvertrauen.

Diese Lehre ist deshalb im Ganzen abzulehnen. So können weder Risikoerhöhungslehre noch Kausalitätslehre zur Lösung des Problems beitragen und der Befund, der bei der Vermeidbarkeitstheorie diagnostiziert wurde, verändert sich nicht. Der Pflichtwidrigkeitszusammenhang bleibt größtes Hindernis bei der Strafbarkeit des Herstellers.[1539]

Mit dem Vorschlag einer zivilrechtlichen KI-Haftungsrichtlinie[1540] durch die Kommission hat der Unionsgesetzgeber deutlich gemacht, dass er ebenfalls ein Nachweisproblem sieht. So sieht Art. 4 eine widerlegbare Kausalitätsvermutung zwischen dem Verschulden des Anbieters oder Nutzers und dem eingetretenen Schaden vor, was sich ob des Schuldgrundsatzes aber nicht ins Strafrecht übertragen lässt.

---

1538 *Binavince*, Fahrlässigkeitsdelikte, S. 220 f.; *Spendel*, JuS 1964, 14 ff.; vorsichtig *Reinelt*, NJW 1968, 2152 f.

1539 Anders sieht dies *A. Lohmann*, KI, S. 196, die lediglich feststellt: „Diese Fallgruppe [des Pflichtwidrigkeitszusammenhanges] wird im Hinblick auf KI jedoch wenig Bedeutung erlangen". Lediglich im Falle eines unterbliebenen Warnhinweises, bei dessen rechtmäßigem Alterativverhalten der Erfolg trotzdem eingetreten wäre, etwa, weil die angesprochene Person auf „einer Pilgerreise" war und den Warnhinweis nicht mitbekommen hätte, sieht sie eine mögliche, aber nach ihrem Urteil fernliegende Anwendung.

1540 COM/2022/496.

## IV. Zurechnungsprobleme beim Nutzer

### 1. Pflichtwidrigkeitszusammenhang

Beim Nutzer bestehen die eben beschriebenen Probleme im Pflichtwidrigkeitszusammenhang nicht. Dies liegt darin begründet, dass die Auswirkungen der Sorgfaltspflichtverletzungen des Nutzers deutlich leichter zu bestimmen sind als die des Herstellers. Sie liegen nicht in der Black Box. Beim Nutzer wird an die unzureichende Überwachung, die sorgfaltswidrige Letztentscheidung, die Fehlanalyse der Situation und die daraus folgende inkorrekte Aktivierung, ein genereller Bedienfehler oder an eine Übernahmefahrlässigkeit für den Pflichtwidrigkeitszusammenhang angeknüpft werden. Durch Aufzeichnung können die Handlungen des Nutzers ex post präzise nachvollzogen werden. Diese Aufzeichnungen sind bereits bzw. werden bei den meisten KI-Systemen verpflichtend sein. Speziell beim autonomen bzw. hoch- und vollautomatisierten Fahren sieht der Gesetzgeber eine Aufzeichnungspflicht und eine umfassende Datenverarbeitung in §§ 1 g, 63a StVG vor, wobei hier nur die Eingaben ins Fahrzeug gespeichert werden, § 1 g I Nr. 13 StVG, und nicht die tatsächliche Überwachung der „technischen Aufsicht“. Auch auf Unionsebene besteht eine solche Norm für autonome und automatisierte Fahrzeuge.[1541] Nicht nur beim autonomen Fahren, sondern bei jeglichem Hochrisiko-KI-System gibt die AI-VO in Art. 12 AI-VO dem Hersteller Aufzeichnungspflichten während des Betriebes des KI-Systems vor. Gerade die AI-VO spricht dafür, dass der Trend bei KI-Systemen in diese Richtung gehen wird.

Beim Nutzer kommt es nicht mehr primär auf das „Warum“ des KI-Systems an, sondern vielmehr auf den Zusammenhang seines Inputs und des Outputs des Systems, was beides bestimmt werden kann. Warum das KI-System im konkreten Fall so reagiert, spielt auf der Ebene des Pflichtwidrigkeitszusammenhanges beim Nutzer dann keine Rolle. Auch wird sich in den typischen Fällen nachweisen lassen, dass ein anderer Input des Nutzers zu einem anderen, mit an Sicherheit grenzender Wahrscheinlichkeit den Erfolg entfallen lassenden Ergebnis geführt hätte. Hier muss kein neues KI-System simuliert werden. Vielmehr kann das bestehende KI-System die entsprechende Situation simulieren. Eine Vorhersage der Auswirkung eines rechtmäßigen Alternativverhaltens wird durch entsprechende Evaluationen mit sehr hoher Wahrscheinlichkeit möglich sein.

Dementsprechend würde es für den Nutzer einen Unterschied machen, wenn das Strafrechtssystem in Zukunft der Risikoerhöhungslehre folgen würde,[1542] da

1541 Art. 11 der Verordnung (EU) 2019/2144 i. V. m. Durchführungsverordnung C(2022)5402 normiert für den Ereignisdatenspeicher unter Anhang II 9 umfangreiche Aufzeichnungspflichten.

1542 Dafür gibt es freilich keine Anhaltspunkte in der Rechtsprechung.

sich ein Nachweis dann noch leichter führen ließe. Anders als beim Hersteller ist beim Nutzer nicht schon der Sachverhalt unmöglich zu rekonstruieren, der noch vor dem Herstellen des Zusammenhanges durch die Risikoerhöhungslehre liegt.

## 2. Das Kernproblem der Zurechnung beim Nutzer

### a. Die Abgrenzung nach Verantwortungsbereichen

In Bezug auf die Verantwortungszuschreibung an den Nutzer könnte die Überlegung angestellt werden, dass ein KI-System den Zurechnungszusammenhang des Nutzers im Rahmen eines „Dazwischentretens Dritter"[1543] durchbricht. Dass ein Dazwischentreten eines Dritten auch ohne daraus resultierende Strafbarkeit für den Dritten möglich ist, wird am Beispiel des Diplomaten klar, dessen Tat immunitätsbedingt keiner nationalen Strafverfolgung unterliegt.[1544] So kann man sich den Fall denken, in dem ein Halter sein Auto regelmäßig einem Diplomaten überlässt, welcher dann nach einigen vorbildlichen Fahrten spontan und unvorhersehbar den ungeliebten Nachbarn überfährt.[1545] Hier läge aus Sicht des Halters ohne Zweifel ein zurechnungsausschließendes Hindernis im Sinne eines Dazwischentretens Dritter vor, obwohl der Dritte in diesem Fall aufgrund seines Status als Diplomat nicht zur Rechenschaft gezogen werden kann.

Bei genauerem Hinsehen kommt es also nicht auf die Strafbarkeit an sich an, sondern darauf, ob etwas „als Werk" eines KI-Systems qualifiziert werden kann. Darin steckt der grundlegende Gedanke der objektiven Zurechnung, der Gedanke der Abgrenzung von Verantwortungsbereichen, und im weiteren Sinne die Zuschreibung der Rolleneigenschaft. Freilich funktioniert das in der Variante des Dazwischentretens Dritter nur bei einem human-on-the-loop, also bei Pflichten in Bezug auf ein KI-System, das seine Umwelt direkt und unmittelbar beeinflusst, wie etwa robotische Systeme.[1546] Nur dann ist das Verhalten des KI-Systems der

---

**1543** Je nach dogmatischem Aufbau, grundlegendem Systemverständnis und Fallkonstellation kann man dieses Problem auch bei der Vermeidbarkeit, der Abgrenzung nach Verantwortungssphären, dem erlaubten Risiko, der eigenverantwortlichen Schaffung einer Gefahr oder sogar der Schuld besprechen. Werden etwa Empfehlungssysteme betrachtet, denen der Mensch als Letztentscheidungsinstanz nachgeschaltet ist, ist die Figur des Dazwischentretens nicht mehr sinnvoll, sondern eher die allgemeinere Figur der Abgrenzung nach Verantwortungsbereichen. Die Lösungen gleichen sich aber jeweils, sodass hier auf eine vertiefte Diskussion verzichtet werden kann und der Fokus auf die übertragbare Problematik selbst gelegt wird.

**1544** Vgl. zum Ausschluss durch Immunität Art. 31 I des Wiener Übereinkommens über diplomatische Beziehungen.

**1545** Nach *Gless* in Intelligente Agenten und das Recht, S. 225, 243 f.

**1546** Vgl. § 4 A. I., S. 221 f.

Handlung eines Menschen tatsächlich nachgelagert. Bei Empfehlungssystemen[1547] und einem human-in-the-loop, der die Letztentscheidungspflicht trägt, hilft dagegen der allgemeine Grundsatz der Abgrenzung von Verantwortungsbereichen weiter, da das Verhalten des KI-Systems hier der Handlung des Menschen vorgelagert ist und so für ein „Dazwischentreten" kein Raum bleibt.

Zu der Frage, wann etwas als „Werk" eines KI-Systems qualifiziert werden kann bzw. wann KI-Systeme die Zurechnung durchbrechen wurden in der Literatur verschiedene Überlegungen angestellt. Als Werk des KI-Systems gestaltet sich nach *Gless* ein Erfolg dann, wenn KI-System die Fähigkeit zu „zielgerichtete[m] Handeln"[1548] und einem „willensgesteuerten Agieren"[1549] hätten. Ob und wann das der Fall sein könnte, sei unklar, die Zuschreibung eines Willens für die Zukunft aber jedenfalls denkbar.[1550] Während heute ein Autopilot nur vorprogrammierte Handlungsalternativen nach einem bestimmten Schema auswähle, könne der Mensch die Ziele hinterfragen und sich selbst Ziele setzen. Erst wenn ein KI-System ebenfalls Ziele hinterfragen und setzen könne, sei eine „echte Entscheidung" gegeben und die Zurechnung könne durchbrochen werden. [1551] *Hirsch* dagegen will ein Dazwischentreten des KI-Systems annehmen, wenn ein KI-System expliziter normativer Akteur im Sinne der maschinenethischen Konzeption *Moors* ist.[1552] Das würde voraussetzen, dass KI-Systeme dazu in der Lage sind, normative Informationen zu erkennen, zu verarbeiten und anschließend zu einer Entscheidung zu kommen.[1553] Das sei bei einigen fortschrittlichen KI-Systemen bereits der Fall.[1554] *Beck* setzt allgemeiner an und begründet eine solche Überlegung schlicht mit dem Gedanken, dass derjenige, der eine Kausalkette (vorsätzlich) durchbricht, auch derjenige sei, dem das Ergebnis zugeschrieben würde und das solches auch gelten könnte, wenn die Maschine die endgültige Entscheidung trifft. In einem übertragenen Sinne sei dann der Effekt des ersten beteiligten Menschen durch die letzte Handlung/Entscheidung der Maschine beendet, die eine neue Kausalkette beginne,

1547 Vgl. § 4 A. II., S. 223 f.

1548 *Gless* in Intelligente Agenten und das Recht, S. 225, 244.

1549 *Gless* in Intelligente Agenten und das Recht, S. 225, 249; *dies./Weigend*, ZStW 126 (2014), 561, 588.

1550 *Gless* in Intelligente Agenten und das Recht, S. 225, 249; *dies./Weigend*, ZStW 126 (2014), 561, 588.

1551 *Gless* in Intelligente Agenten und das Recht, S. 225, 244.

1552 *Hirsch* in Normentheorie im digitalen Zeitalter, S. 151, 166 f.

1553 *Moor*, IEEE Intelligent Systems 2006, 18, 20.

1554 *Hirsch* in Normentheorie im digitalen Zeitalter, S. 151, 163 ff. lehnt sich dabei an die Möglichkeit einer BDI-Programmierung (Belief, Desire, Intention) an. Auch in solchen Fällen sieht er ein KI-System aber jedenfalls nicht als bestrafungsfähig an, da es KI-Systemen an Bewusstsein, Willensfreiheit und Intentionalität fehlen würde, S. 167.

angelehnt an den Gedanken der überholenden Kausalität.[1555] Andere lehnen solches ab und begründen dies mit bei KI-Systemen fehlender eigenständigen Verantwortlichkeit,[1556] fehlendem selbstständigen Verstand,[1557] fehlendem Willen und aufgrund dessen fehlender Fähigkeit eigenverantwortlich zu handeln[1558] oder eigene Entscheidungen[1559] zu treffen.

Die meisten[1560] dieser Überlegungen gehen von einer realen, beobachterunabhängigen Welt[1561] aus, unter die sie ebenso reale, beobachterunabhängige Eigenschaften von KI-Systemen subsumieren lassen. Die ablehnenden Ansichten begründen oft schon gar nicht, was sie eigentlich unter einem „Willen" oder einer „eigenständigen Verantwortlichkeit" verstehen. Freilich lassen sich diese Ausführungen als Zuschreibungen dieser Autorinnen und Autoren umformulieren oder sich sogar auf einer ontologisierenden Ebene diskutieren. Die Annahme des ungefilterten Zugangs einer realen, beobachterunabhängigen Welt entspricht aber nicht den Prämissen dieser Arbeit.[1562] Für *Beck* dagegen spielt der Blick auf das Innere der KI-Systeme keine Rolle, vielmehr fragt sie nach den Auswirkungen des Handelns in Bezug auf den im Mensch-KI-System mit der KI zusammenwirkenden Menschen. Entwickelt sich die gesellschaftliche Konstruktion so weiter, dass KI-Systemen sogar tatsächlich selbst strafrechtliche Verantwortung zugeschrieben wird, so ist ein Dazwischentreten erst recht möglich. Wenn die Gesellschaft originär KI-Systemen Verantwortung zuschreibt – aufgrund welcher beobachteten Kriterien auch immer – gelingt auch eine Zurechnungsdurchbrechung durch KI-Systeme. Letztlich kommt es nur auf die gesellschaftliche Konstruktion von Verantwortung an und nicht auf reale Eigenschaften, die KI-Systeme haben oder nicht haben.

---

**1555** *Beck* in FS Vieweg, S. 30, 31 f.; vorsichtig („ließe sich deshalb durchaus fragen, ob nicht allein schon dadurch der klassische Zurechnungszusammenhang durchbrochen wird") *dies.* in Autonomes Fahren, S. 439, 445.

**1556** *A. Peters* in Rechtshandbuch AI, Kap. 12, Rn. 9, sich anschließend *Schäfer,* AI, S. 421.

**1557** *Volkmann,* MMR 2018, 58, 60.

**1558** *Wigger,* Automatisiertes Fahren, S. 175 f.

**1559** *A. Lohmann,* KI, S. 197 ff., zusätzlich sei dies noch mit kriminalpolitischem Argument abzulehnen, da dies die Hersteller aus der Haftung nehmen könne.

**1560** *Gless* argumentiert zwar selbst tendenziell ontologisierend, spricht aber ausdrücklich von Zuschreibung, *Gless* in Intelligente Agenten und das Recht, S. 225, 245; *dies./Weigend,* ZStW 126 (2014), 561, 588.

**1561** Vgl. zur Differenzierung von Wirklichkeit und Realität § 2 A. I., S. 18 ff.

**1562** § 2 A., S. 17 ff.

**b. Der Erfolg als „Werk" des Nutzers?**

Sind die Überlegungen zum Dazwischentreten des KI-Systems aber für den Ausschluss der Zurechnung eines Erfolges zum Nutzer zwingend notwendig? In diesem Teil der Arbeit soll nur die Frage nach der Verantwortungszuschreibung an den Menschen beantwortet werden. Letztlich ist für diese Betrachtung deshalb nur entscheidend, ob sich der Erfolg als „Werk des (vermeintlichen) Täters", hier des Nutzers darstellt, bzw. aus seiner Rolleneigenschaft als Person „Nutzer" ergibt. Schließt man dies aus, wird erst im zweiten Schritt relevant, wessen „Werk" es dann stattdessen ist. Insofern ist dieser Gedanke nah bei *Beck*, die ebenfalls nur in Bezug auf den betroffenen Menschen argumentiert.[1563] Ob es dann also das Werk des KI-Systems selbst, eines dahinterstehenden Menschen – in der Regel des Herstellers – oder des Zufalls ist, spielt für die Strafbarkeit des Nutzers keine Rolle. Insofern wird die eben angerissene Diskussion über die Verantwortungsfähigkeit von KI erst im sogleich folgenden dritten Teil[1564] dieser Arbeit fortgeführt werden. Es muss also im Folgenden untersucht werden: Ist ein Erfolg im typischen Mensch-KI-Interaktionssystem ein Erfolg des menschlichen Nutzers?

Anknüpfungspunkt für die Strafbarkeit des Nutzers sind seine Pflichten.[1565] Dabei hat sich insbesondere ergeben, dass dem Menschen im Zusammenwirken mit KI-Systemen heute die Pflicht zur Letztentscheidung oder zur Überwachung gegeben ist.[1566] Die Überwachungspflicht soll nach dem Willen der von der Kommission eingesetzten „High-Level Expert Group on Artificial Intelligence" (AI HLEG) sogar dauerhafte Grundlage für „trustworthy AI" sein.[1567] Auch eine hierzu herausgegebene ISO-Norm zu „trustworthy AI" greift dies auf.[1568] Der AI Act will in Art. 14 AI-VO eine menschliche Aufsicht für alle „Hochrisiko-KI-Systeme".[1569] Die Einrichtung eines „human-in-the-loop" im Falle der Letztentscheidungspflicht und eines „human-on-the-loop"[1570] im Falle einer Überwachungspflicht – wobei beides auch ge-

---

1563 Vgl. *Beck* in FS Vieweg, S. 29, 31 f.

1564 S. 369 ff.

1565 § 8 A. III., S. 302.

1566 Auch *Lagioia/Sartor*, Philosophy & Technology 2020, 433, 457; *Beck* in Schuld, S. 289, 293; *dies.* in FS Vieweg, S. 29, 33; *Joerden* in Robotik und Gesetzgebung, S. 195, 208 f.

1567 AI HLEG, Ethics Guidelines on Artificial Intelligence, S. 15 f., abrufbar unter https://ec.europa.eu/newsroom/dae/document.cfm?doc_id=60419 (14.10.2024).

1568 ISO/IEC TR 24028:2020 (E), S. 27 f.

1569 Wie konkret und in welchem Umfang dies umzusetzen wäre, bedarf aber noch umfassender Klärung und ergibt sich nicht unmittelbar aus der Verordnung, siehe auch *Bomhard/M. Merkle*, RDi 2021, 276, 281.

1570 AI HLEG, Ethics Guidelines on Artificial Intelligence, S. 16, abrufbar unter https://ec.europa.eu/newsroom/dae/document.cfm?doc_id=60419 (14.10.2024) differenziert zwischen „human in the loop", „human on the loop" und „human in command", ebenso *Cornelius*, ZIS 2020, 51, 63 und *Ha-*

meinsam auftreten kann – ist normativ begründet, weil dieser Mensch dann eben im Schadensfall Verantwortlicher sein soll. Auch die Furcht vor einer potentiellen Fehlerhaftigkeit des Systems oder seiner Bedienung und die daraus resultierende Bedrohung für Gesundheit, Sicherheit oder Grundrechte spielen eine Rolle, Art. 14 II AI-VO. In den EGs der AI-VO wirkt die Aufsicht rein terminologisch auf den ersten Blick zunächst als Selbstzweck. So begründet der AI Act die Aufsichtspflicht im zugehörigen EG 73 folgendermaßen: „Hochrisiko-KI-Systeme sollten so gestaltet und entwickelt werden, dass natürliche Personen ihre Funktionsweise überwachen und sicherstellen können, dass sie bestimmungsgemäß verwendet werden und dass ihre Auswirkungen während des Lebenszyklus des Systems berücksichtigt werden. Zu diesem *Zweck*[1571] sollte […]“. Mit der Stellungnahme des Rates,[1572] die es für diesen EG auch in den finalen Kompromiss geschafft hat, ist für den Spezialfall biometrischer Identifizierungssysteme mehr Begründungsaufwand für die menschliche Aufsicht betrieben worden, woraus Rückschlüsse auf den Zweck der Aufsicht auch für andere KI-Systeme gezogen werden können: Die im Vergleich zu anderen Systemen verstärkte Aufsichtspflicht wird darauf zurückgeführt, dass von solchen Systemen „bedeutende Konsequenzen“ für Betroffene ausgehen. Die (verstärkte) menschliche Aufsicht scheint also augenscheinlich deshalb angestrebt, weil gravierende Konsequenzen eines menschlichen Entscheiders bedürfen. Nicht weil er es zwingend besser kann als die KI-Systeme und möglicherweise sogar nicht einmal nur deshalb, weil dadurch eine zweite Kontrollebene eingezogen wird und so Rechtsgüter potentiell (aber keineswegs gesichert)[1573] besser geschützt werden können, sondern auch, weil es ein gesellschaftlicher Reflex zu sein scheint, eine solche Aufgabe mit „gravierenden Konsequenzen“ einem Menschen anzuvertrauen, der im Schadensfall auch verantwortlich ist.[1574] Der urtümlichste Reflex des

---

*agen*, Verantwortung, S. 197 ff. Letzteres betrifft die Gesamtsteuerung durch einen Menschen, also die Entscheidung über das „Ob“, „Wie“ und „Wann“ des Einsatzes, wobei sich das „Wie“ mit dem „human in the loop“ überschneiden wird und gleichzeitig eine Überwachung ähnlich zum „human-on-the-loop“ voraussetzt. Wird allein das „Ob“ und das „Wann“ betrachtet, finden wir uns im Fall wieder, bei dem Anknüpfungspunkt für die potentielle Strafbarkeit die bloße Aktivierung des KI-Systems ist. Hierzu wurde schon Stellung genommen; Dies wird in der Zukunft bei sehr fortschrittlichen KI-Systemen vermutlich die einzige Sorgfaltspflicht des Nutzers sein, siehe dazu § 8 A. II., S. 302.

1571 Hervorhebung durch den Bearbeiter.

1572 14954/22, abrufbar unter https://data.consilium.europa.eu/doc/document/ST-14954-2022-INIT/en/pdf (14.10.2024)

1573 Dazu sogleich.

1574 In einem anderen Kontext zeigt sich das etwa im Ansatz auch bei *Greco*, RW 2020, 29, 48 ff. der als Gegenargument für den „Roboterrichter“ die fehlende Verantwortlichkeit, die bei einem

Strafrechts zur Aufrechterhaltung von Generalvertrauen ist die Bestimmung eines Verantwortlichen. Da momentan nur Menschen als verantwortungsfähig selektiert werden, ist deshalb auch das Vorhalten eines Menschen zur Aufrechterhaltung von Generalvertrauen prima facie ein naheliegender Reflex.[1575]

Eine solche Übertragung der Verantwortung auf den Menschen, sei es faktisch oder normativ, ist aber aus zwei Gründen kritisch zu sehen: So geht zum einen der grundsätzliche Sinngehalt der KI[1576] verloren: Dem Menschen Handlungen und Entscheidungen abzunehmen, die dieser aus Gründen fehlender Informationen, einer kurzen Zeitspanne, unzureichender Objektivität oder nicht vorhandener „Rechenkapazitäten" des Gehirns nicht selbst treffen kann oder will. Dem Menschen in jedem Fall die Überwachung oder Letztentscheidung aufzubürden, konterkariert das. So wird in der Radiologie bereits kritisiert, dass eine Überwachungspflicht dieselbe Arbeit wie bislang ohne KI-System bedeuten würde, da jedes Ergebnis letztlich manuell überprüft werden müsste, um sicherzugehen, dass es korrekt ist. Das bringt keine Ersparnis und macht das System überflüssig.[1577] Ein KI-System kann 420 Bilder in 90 Sekunden mit höherer Genauigkeit als ein Mensch untersuchen. Experten in diesem Gebiet brauchen für ein annähernd so gutes Ergebnis 240 min.[1578] Zudem entwickelt sich das System stetig weiter, während Menschen an die Grenze ihrer physischen Fähigkeiten stoßen. Betrachtet man das autonome Fahren, wird dieses Problem ebenfalls deutlich: Der Mensch muss ge-

menschlichen Richter dagegen gegeben sei, ins Feld führt, freilich im ausdrücklichen Kontext von Macht und Verantwortung.

1575 Nicht vergessen werden darf, dass eben auch die anschlussfähige Kommunikation der Nichtstrafe und der Verweis an andere Systeme in der Lage ist, Generalvertrauen aufrecht zu erhalten, vgl. etwa § 4 C. II., S. 230 ff.

1576 § 5 A., S. 238 ff.

1577 *Kauffmann/Hennrich/Buck/Eymann* in KI im Gesundheitswesen, S. 617, 623.

1578 *Kauffmann/Hennrich/Buck/Eymann* in KI im Gesundheitswesen, S. 617, 619. Zum Vergleich zwischen Menschen und KI-Systemen in der Krebsdiagnostik mit besseren Ergebnissen für die KI-Systeme siehe auch *Mehmeti* in KI im Gesundheitswesen, S. 487, 494 f. Mit gleichem Ergebnis *McKinney/Sienik/Godbole et al.*, Nature 2020, 89 ff., kritisch zu dieser Studie allerdings https://www.rwi-essen.de/presse/wissenschaftskommunikation/unstatistik/archiv/2020/detail/google-ai-erkennt-brustkrebs-besser-als-die-erfahrensten-radiologen (14.10.2024). Neuer und mit dem Ergebnis, dass beim Erkennen von Brustkrebs das System „Mia" 12 % mehr Tumore findet, als Radiologen in der Routinepraxis sowie gleichzeitig nicht mehr falsch positive Ergebnisse zutage treten, sowie Ergebnisse statt nach 14 Tagen nach 3 Tagen bei den Patientinnen vorliegen https://www.heise.de/news/Studie-KI-uebertrifft-Aerzte-bei-der-Erkennung-frueher-Brustkrebs-Anzeichen-9664288.html (14.10.2024).

nauso aufmerksam bleiben wie zuvor, was jedoch – durch Studien bestätigt –[1579] sogar schwerer fällt, da er nicht selbst mit den Fahraufgaben beschäftigt ist, sondern sie lediglich überwacht. Systeme werden in bestimmten Gebieten ab einer gewissen Entwicklungsstufe stets sicherer als der Mensch sein. Eine halbgare Überwachung ruft also eher mehr Rechtsgutsverletzungen hervor, was dann hingenommen werden würde, um im potentiellen Schadensfalle einen menschlichen Verantwortlichen zu haben. Das macht im ersten Moment durchaus Sinn, geht es ja zur Funktionserfüllung des Strafrechts nur um Kommunikation über Rechtsgutsverletzungen und nicht um die Rechtsgutsverletzungen selbst. Früher oder später werden die offensichtlichen Konsequenzen aber in die gesellschaftliche Kommunikation Einzug halten. Wird über diese Konsequenzen dann in der Gesellschaft kommuniziert, so leidet aus Beobachterperspektive der Teil des Strafrechts, der den fremdreferentiellen Teil seiner Legitimation adressiert,[1580] also Anschlussfähigkeit zu den anderen Systemen herstellt, wodurch unmittelbar Systemvertrauen und mittelbar Generalvertrauen verloren geht. Zudem kommt es bei einer gehäuften Zahl an Rechtsgutsverletzungen auch erwartbar zu mehr Diskrepanzbeobachtungen, was ja die Notwendigkeit des Eingreifens eines Enttäuschungsmechanismus erst hervorruft.[1581]

Zum anderen ist die Kontrolle durch den Menschen faktisch oft nicht vorhanden, obwohl sie normativ vorgeschrieben ist. Ein Mensch wird eine psychologisch hohe Hürde zu überwinden haben, um sich gegen die Empfehlung eines KI-Systems auszusprechen[1582], das im Regelfall einen hohen Wissensvorsprung hat, wodurch eine Verantwortungszuschreibung angesichts dieser psychologischen Hürde sehr fragwürdig wird. Dies gilt insbesondere bei KI-Empfehlungssystemen, bei denen der human-in-the-loop Standard ist.[1583] Im militärischen Bereich hat sich dies schon früh bei semi-autonomen Waffensystemen wie der „Patriot“-Rakete ge-

---

1579 Siehe bspw. die Studie von *Vollrath*, im Einklang mit einer Vielzahl anderer Studien, zitiert nach *May* in 53. DVT 2015, S. 81, 85. Danach ist die Vigilanz bei bloßer Überwachung bereits nach 15 min deutlich verringert.

1580 Dazu § 3 D., S. 132 ff.

1581 Vgl. dazu § 3 A. III. 3., S. 93 ff.; § 4 B., C., S. 225 ff.

1582 Der AI Act erkennt dies wohl ebenso und fordert deshalb in Art. 14 IV b AI-VO für Hochrisiko-KI-Systeme, dass eine menschliche Aufsicht „sich einer möglichen Neigung zu einem automatischen oder übermäßigen Vertrauen in das von einem Hochrisiko-KI-System hervorgebrachte Ergebnis („Automatisierungsbias“) bewusst bleiben [muss], insbesondere, wenn Hochrisiko-KI-Systeme Informationen oder Empfehlungen ausgeben, auf deren Grundlage natürliche Personen Entscheidungen treffen.“ Wie genau das funktionieren soll, bleibt im Dunkeln.

1583 Bspw. Tumorerkennungen in der Medizin oder Beurteilung der Bonität eines Kunden im Bankwesen, letztlich liegt die Letztentscheidungspflicht dadurch, dass solche KI-Systeme eben nur *Empfehlungs*systeme sind, schon in der Natur der Sache.

zeigt. Hier kam es zu einem Vorfall, bei dem das System fehlerhaft ein Flugzeug als feindlich identifiziert hatte und der Operator als „human-in-the-loop" diese Entscheidung mittrug; mit tödlichen Folgen.[1584] Gerade auch im medizinischen Bereich, der besonders rechtsgutssensibel ist, wird diese Gefahr von den Medizinern, Psychologen, Philosophen und Soziologen gesehen.[1585] Im angloamerikanischen Raum gibt es eine größere Debatte über „meaningful human control"[1586], was letztlich den gleichen Problemkreis anspricht.[1587] *Lessig* treibt die Problematik der Kontrolle im Mensch-Maschine-System auf die Spitze, wenn er aus US-amerikanischer Perspektive die These aufstellt, dass heute de facto Unternehmen die Gesellschaft und die KI-Systeme wiederum die Unternehmen kontrollieren,[1588] schlicht weil sich eine Entscheidung gegen die Empfehlung eines KI-Systems ob der Dissonanzen des Menschen ex ante als die falsche Entscheidung darstellt. Trotz der formellen Bestätigung oder Überwachung durch den Menschen stellt sich der Erfolg eher als Erfolg des KI-Systems dar.[1589] Das zeigt sich auch, wenn Mediziner es gerade als Chance von KI-Systemen begreifen, dass dann keine Fälle mehr auftreten würden, in denen „fünf Ärzte gleich sechs Meinungen" hätten und deshalb langwierige Diskussionen erspart bleiben und mehr Menschen geholfen werden kann.[1590] Dieser als Chance begriffene Umstand impliziert gerade, dass keine echte Kontrolle mehr stattfindet, denn sonst hätte man dasselbe Problem wieder. Tatsächlich wird die Befürchtung von Medizinern auch ganz konkret angesprochen: „Ich verlass mich jetzt einfach auf die Technologie, der Jurist wirds dann schon machen, oder? Weil, wenn das zugelassen ist, bin ja ich nicht mehr schuld. Das ist auch noch mal ein ganz anderer Aspekt, der auch noch dazu kommt. Ich nehme mir ein computerbasiertes Diagnosesystem und bin dann nicht mehr allein derjenige, der was

---

**1584** *Burt*, The development of autonomous military drones in the UK, S. 50 f.

**1585** *D. Schneider/Sonar/K. Weber* in KI im Gesundheitswesen, S. 325, 334 m. w. N.

**1586** Der Begriff stammt aus der Debatte um autonome Waffensysteme, genauer aus einem Briefing des Expertentreffens für tödliche autonome Waffen des Jahres 2014, Article 36, Key Areas for Debate on Autonomous Weapon Systems, S. 1 f., abrufbar unter http://www.article36.org/wp-content/uploads/2014/05/A36-CCW-May-2014.pdf (14.10.2024).

**1587** Dabei besteht schon das grundlegende Problem, dass keine Einigkeit herrscht, wann eine solche Kontrolle überhaupt erreicht ist, dazu m. w. N. *Crootof*, Temple International & Comparative Law Journal 2016, 53, 54 ff.

**1588** So *Lessig* in seinem Vortrag „Constituiting the human data society", gehalten am 21.04.2022 an der Universität Konstanz, abrufbar unter https://streaming.uni-konstanz.de/talks-und-events/2022/chds-international-colloquium-2022/chds-international-colloquium-2022-04-21-02/, insbesondere Minute 03:58 bis 06:49 (14.10.2024). *Wörner*, POLITIKUM 04/2023, 64, 69 f. fordert weitergehend und in Bezug auf das größere Bild der Gefahr, dass algorithmische Regeln faktisch unsere Kommunikation bestimmten, einen Perspektivwechsel, um die Freiheit aller zu ermöglichen.

**1589** So auch *Beck* in Rechtshandbuch KI, § 7, Rn. 18 ff.

**1590** *Kauffmann/Hennrich/Buck/Eymann* in KI im Gesundheitswesen, S. 617, 624.

übersehen hat."[1591] Es könnten noch weitere Beispiele[1592] genannt werden, etwa klassische Studien des „Automation Bias"[1593], in denen nachgewiesen werden konnte, dass es Piloten[1594] sehr schwer fällt sich schon gegen klassische Automatisierungssysteme zu entscheiden.

*Beck* fasst die Konsequenzen aus der Problematik sehr treffend in der Formel zusammen: „Je größer die psychische und physische Hemmschwelle ist, sich gegen die Maschine zu entscheiden, desto eher ist die objektive Zurechnung [für den Menschen] zu verneinen."[1595] In der Praxis wird diese Hemmschwelle an Faktoren wie Zeitdruck, Intransparenz der Entscheidung des KI-Systems, kognitiver Dissonanz auf der Seite des Menschen bei der Entscheidungsfindung, Stress, Übermüdung oder subjektiven Zwängen zu messen sein. Gerade bei Systemen, die Menschenleben potentiell gefährden, wie in der Medizin oder beim autonomen Fahren, werden diese Faktoren besonders stark ausgeprägt sein, was dazu führt, dass die Zurechnung zum Nutzer gerade bei potentiell besonders schweren Rechtsgutsverletzungen zu verneinen sein wird. Die Verantwortung, die auf das KI-System diffundiert wird, geht dann, aufgrund der aktuell vorherrschenden Meinung, nach der das KI-System nicht verantwortlich sein kann,[1596] ins Leere, sofern auch der dahinterstehende Hersteller aus der Verantwortung genommen wird, etwa wenn der Pflichtwidrigkeitszusammenhang für ihn entfällt.

Nimmt das Strafrechtssystem den Erfolg ungeachtet der eben formulierten Erkenntnisse weiterhin als ein Werk des Nutzers an, so wird der Nutzer zum Sündenbock. In der Auseinandersetzung mit den Anforderungen des Art. 1 I GG in

---

**1591** Entnommen aus der Interviewstudie von *Kauffmann/Hennrich/Buck/Eymann* in KI im Gesundheitswesen, S. 617, 631, Interview 8, niedergelassene Radiologin.

**1592** So findet sich eine parallele Problematik beim Predicitve Policing. *Sommerer,* Predicitve Policing, S. 329 f., die weitere Nachweise liefern kann. Auch *Sommerer* kommt zum Ergebnis, dass die eigentlich als entscheidungsunterstützend gedachten algorithmischen Berechnungen die Entscheidungen des Menschen völlig determinieren, die Kontrolle einer algorithmischen Entscheidung durch einen Menschen läuft ins Leere S. 330; vgl. auch *Citron,* Washington University Law Review 2008, 1249, 1277.

**1593** Allgemein *Skitka/Mosier/Burdick,* International Journal of Human-Computer Studies 1999, 991, 998 ff.

**1594** *Mosier/Skitka/Heers/Burdick,* The International Journal of Aviation Psychology 1998, 47, 59 ff.

**1595** *Beck,* ZIS 2020, 41, 46.

**1596** *Gless/Weigend,* ZStW 126 (2014), 561, 579; *Wigger,* Automatisiertes Fahren, S. 144 f.; *Schulz,* Autonom agierende Systeme, S. 95 f.; *Cornelius,* ZIS 2020, 51, 60 f.; *Wohlers,* BJM 2016, 113, 123; *Woltmann,* S. 189 f.; *Roxin/Greco,* § 8, Rn. 66 f; *A. Lohmann,* KI, S. 118 ff.; *Seher* in Intelligente Agenten und das Recht, S. 45, 56 ff.; *Böhringer,* RAW 2019, 13, 14; *Joerden* in Robotik und Gesetzgebung, S. 195, 204; Cornelius, ZIS 2020, 51, 61 f., 64; *Nida-Rümelin/Bauer/Staudacher* in Festgabe RobotRecht, S. 81, 89 ff.; *D. Schmidt/Schäfer,* NZWiSt 2021, 413, 420.

Bezug auf die hiesige Strafrechtstheorie[1597] hat sich gezeigt, dass sich aus Art. 1 I GG, systemtheoretisch gesprochen, die Anforderung der „wirklichen Kommunikation“ ergibt. Wirklichkeit ist nur beobachterbezogen, hier geht es um die Wirklichkeit des Strafrechts, also die Binnensystematik des Strafrechts, vor allem bezüglich in der Kommunikation gefestigter Grundsätze. Wer nun in der Kommunikation aus Selbstzweck Verantwortung zuschreibt und innerhalb dieser Verantwortungszuschreibung die eigenen Kriterien, sprich die eigene Wirklichkeit nicht beachtet[1598], der verobjektiviert denjenigen, dem Verantwortung zugeschrieben ist, und kann den Anforderungen des Art. 1 I GG nicht genügen. Auch Art. 1 I GG außen vor gelassen führt ein solches Vorgehen zu einer Minderung von Systemvertrauen, weil hier eine „Opferung“[1599] stattfindet, um Enttäuschungen aufzufangen, entgegen den tradierten Regeln des Systems. Geraten diese Missstände in die Kommunikation, verliert der Enttäuschungsmechanismus seine Wirkung, denn eine solche Verantwortungszuschreibung kann nicht anschlussfähig mitgeteilt werden. So kann dann auch kein Generalvertrauen aufrechterhalten werden, zusätzlich wird Systemvertrauen zerstört werden, was Generalvertrauen ebenfalls erodiert. Vielmehr wäre hier die anschlussfähige Kommunikation über die Nichtstrafe der für das Strafrechtssystem in Bezug auf das Generalvertrauen vorteilhaftere Weg, mit dem der Nutzer dann in solchen Fällen aus der Verantwortung entlassen wird.[1600]

---

**1597** § 3 C. II. 3., S. 126 ff.

**1598** Hier: notwendige Möglichkeit faktischer Kontrolle, die in der Rolleneigenschaft der Person „Nutzer“ verlangt wird, die aber wie gezeigt und auch in der Kommunikation so zugeschrieben, nicht möglich ist und dadurch durch den Nutzer auch gerade *keine* fehlende Vermeidemotivation mitgeteilt wird.

**1599** Mit diesem Begriff, freilich nicht in dieser theoretischen Einbettung, auch *Beck* in FS Vieweg, S. 29, 34.

**1600** In Deutschland scheint in manchen Bereichen, wie beim autonomen Fahren, der technische und auch rechtliche Trend von diesen dem Nutzer aufgebürdeten Kontrollpflichten wegzugehen: Mercedes hat kürzlich ein Fahrzeug auf den Markt gebracht, welches bis zu einer Geschwindigkeit von 60 km/h und einigen weiteren Einschränkungen im Nutzungsbereich keine Überwachung im Sinne von an das Lenkrad angelegter Hände mehr braucht (https://www.auto-motor-und-sport.de/tech-zukunft/mercedes-autonom-level-3-drive-pilot/ (14.10.2024)). Der gesetzliche Rahmen geht sogar noch weiter: Die §§ 1d-l StVG regeln die Möglichkeit des Betriebes von vollautonomen Fahrzeugen, welche dann keinen Fahrer mehr haben, sondern nur noch eine „Technische Aufsicht“ (vgl. § 1d III StVG, § 1e II Nr. 4–10 StVG und § 1f II StVG), die freilich ebenfalls einen menschlichen Akteur als Überwacher voraussetzt, dessen Pflichten gegenüber einem Fahrer aber erheblich geringer sind. Zumindest perspektivisch ist also zu erwarten, dass das „Kontrolldilemma“ (*Hilgendorf* in 53. DVT 2015, S. 55, 63) beim automatisierten und autonomen Fahren behoben sein wird. In anderen Anwendungsbereichen, die mit denselben Problemen zu kämpfen haben, ist dies aber noch lange nicht so weit. Dazu ist fraglich, wie sich die AI-VO auswirkt, die die menschliche Aufsicht umfangreich vorsieht.

## V. Fazit

Die Zurechnung wird für den Nutzer also vielfach unterbrochen sein, weil sich eine Rechtsgutsverletzung nicht als sein Werk darstellt. Eine Verantwortungszuschreibung an den Nutzer ist dann nicht möglich. Die Zurechnungsdurchbrechung ist auch durch einen Hersteller möglich, dessen Strafbarkeit an anderer Stelle scheitert, weil in vielen Fällen der Pflichtwidrigkeitszusammenhang nicht nachgewiesen werden kann. Erkennt das Strafrechtssystem die fehlende Zurechnung des Nutzers nicht an, so läuft es Gefahr, seine Funktion nicht zu erfüllen, weil zwar eine Verantwortungszuschreibung stattfindet, diese aber nicht anschlussfähig kommuniziert werden kann. In Fällen, in denen ein Nutzer gar keine Pflichten verletzt und nur der Hersteller möglicher Verantwortlicher ist, bleibt der Pflichtwidrigkeitszusammenhang für bestimmte Pflichtverletzungen im Rahmen der Herstellerpflichten ob der Nachweishürde ein unüberwindbares Hindernis für die Verantwortungszuschreibung. So ist nach derzeitigem Stand in einigen wenigen Fällen tatsächlich eine Verantwortungslücke möglich,[1601] wenn auch die Fälle deutlich überwiegen dürften, in denen eine anschlussfähige Verantwortungszuschreibung gelingt und dadurch dann Generalvertrauen aufrechterhalten werden kann.

So ist es also nur naheliegend zu untersuchen, ob der Enttäuschungsmechanismus der Verantwortungszuschreibung auch *unmittelbar* auf KI-Systeme angewendet werden kann. Kann KI-Systemen selbst anschlussfähig strafrechtliche Verantwortung zugeschrieben werden, wäre dies ein Weg, wie Strafrecht viabel auf Rechtsgutsverletzungen durch KI-Systeme reagieren kann. Zudem könnten sich durch die Direktanbindung der Verantwortung an die KI-Systeme auch die nun noch offenstehenden Verantwortungslücken schließen. Diesen Fragen widmet sich der folgende, dritte Teil der Arbeit.

**1601** Mit einer Begründung aus anderer Perspektive, aber dem Ergebnis, dass Verantwortungslücken bestehen schon sehr früh *Matthias*, Autonome Automaten, S. 35 ff.; *ders.*, Ethics and Information Technology 2004, 175, 181 f.

# 3. Teil: Aufrechterhaltung des Generalvertrauens durch strafrechtliche Verantwortungszuschreibung an KI-Systeme selbst

Im dritten Teil wird als möglicher Umgang des Strafrechts mit Rechtsgutsverletzungen durch KI-Systeme noch die Aufrechterhaltung von Generalvertrauen durch strafrechtliche Verantwortungszuschreibung an die KI-Systeme selbst untersucht. Die Überlegung, ernsthaft KI-Systemen Verantwortung zuzuschreiben, wurde, soweit ersichtlich, im Ansatz zuerst von *Matthias*[1602] gedacht. Auch *Gaede,*[1603] *Gless/Weigend,*[1604] *Hilgendorf,*[1605] *Simmler/Markwalder,*[1606] *Fateh-Moghadam,*[1607] *Beck,*[1608] *Joerden,*[1609] *Ziemann,*[1610] *Woltmann,*[1611] *Lohmann,*[1612] *Quarck,*[1613] *Ibold*[1614] und *Seher*[1615] haben sich diesem Thema in unterschiedlicher Ausführlichkeit gewidmet. Im Ausland wird über dieses Problem ebenso nachgedacht.[1616] Kann KI-Systemen zumindest in den Fällen anschlussfähig Verantwortung zugeschrieben werden, in denen der Mensch sie nicht abdeckt, kann Generalvertrauen erhalten bleiben. Dies setzt zunächst voraus, dass Generalvertrauen *unmittelbar* in Bezug auf KI-Systeme und nicht vermittelt durch dahinterstehende Menschen überhaupt zweckhaft ist.

Inhalt des durch das Strafrechtssystem bearbeiteten Generalvertrauens ist das Ausbleiben von Rechtsgutsverletzungen durch deliktische Personen.[1617] Insofern dreht sich die Kernfrage des dritten Teils darum, ob KI-Systeme deliktische Personen sein können. Deliktische Person meint eine solche Person, der zumindest grundsätzlich strafrechtliche Verantwortung zugeschrieben wird, unabhängig vom konkreten Delikt.[1618] Was genau die deliktische Person ausmacht, wird im Laufe des dritten Teils herausgearbeitet. Der dritte Teil wird sich dabei nur mit der *grundsätzlichen* Möglichkeit der Verantwortungszuschreibung an KI-Systeme und den Konsequenzen für das Generalvertrauen beschäftigen, was gerade die Punkte aufgreift, an denen die Verantwortungszuschreibung an KI-Systeme in der Literatur

---

**1602** *Matthias,* Autonome Automaten, S. 85 ff.
**1603** *Gaede,* KI, S. 57 ff.
**1604** *Gless/Weigend,* ZStW 126 (2014), 561, 570 ff.; auch *Gless,* GA 2017, 324, 326 ff.
**1605** *Hilgendorf* in Jenseits von Mensch und Maschine, S. 119 ff.
**1606** *Simmler/Markwalder,* ZStW 129 (2017), 20, 27 ff.; *Markwalder/Simmler,* AJP 2017, 171, 180 f.
**1607** *Fateh-Moghadam,* ZStW 131 (2019), 863, 876 ff.
**1608** Schon früh aufgeworfen von *Beck,* JR 2009, 225, 229 f.
**1609** *Joerden* in Robotik und Gesetzgebung, S. 195, 203 ff.
**1610** *Ziemann* in Robotik und Gesetzgebung, S. 183 ff.
**1611** *Woltmann,* Sozialer Roboter, S. 144 ff.
**1612** *A. Lohmann,* KI, S. 91 ff.
**1613** *Quarck,* ZIS 2020, 65 ff.
**1614** *Ibold,* KI, S. 248 ff.
**1615** *Seher* in Intelligente Agenten und das Recht, S. 45, 56 ff.
**1616** *Abbott/Sarch,* UC Davis Law Review 2019, 323, 326 m. w. N.
**1617** Das ist eine der Kernaussagen von § 3, S. 69 ff., insbesondere zur materiellen Ausfüllung § 3 D., S. 132 ff.
**1618** Siehe schon § 3 D. II. 3. d., S. 159.

scheitert: Handlung[1619] und Schuldhaftigkeit[1620]. Alles Weitere sei zukünftigen Arbeiten vorbehalten.[1621]

§ 9 dient zunächst der Vorarbeit: Kann durch Strafrecht vermitteltes Generalvertrauen unmittelbar in Bezug auf KI-Systeme überhaupt zweckhaft sein? § 10 bildet den Kern des dritten Teils und untersucht die strafrechtliche Verantwortungskonstruktion und ihre Anwendung auf KI-Systeme. § 11 beschäftigt sich mit der Strafvollstreckung und den Möglichkeiten anschlussfähiger Strafe, die Voraussetzung dafür sind, dass ein mögliches Urteil auch die Anschlussfähigkeit erzeugt, die es als Enttäuschungsmechanismus erst viabel macht.[1622]

---

**1619** *Wigger*, Automatisiertes Fahren, S. 144 f.; *Schulz*, Autonom agierende Systeme, S. 95 f.; *Roxin/Greco*, § 8, Rn. 66 f; *A. Lohmann*, KI, S. 110 ff.; *Seher* in Intelligente Agenten und das Recht, S. 45, 60; differenzierend *Gless/Weigend*, ZStW 126 (2014), 561, 571 ff.

**1620** *Gless/Weigend*, ZStW 126 (2014), 561, 579; *Wigger*, Automatisiertes Fahren, S. 144 f.; *Schulz*, Autonom agierende Systeme, S. 95 f.; *Cornelius*, ZIS 2020, 51, 60 f.; *Wohlers*, BJM 2016, 113, 123; *Woltmann*, S. 189 f.; *Roxin/Greco*, § 8, Rn. 66 f; *A. Lohmann*, KI, S. 118 ff.; *Seher* in Intelligente Agenten und das Recht, S. 45, 56 ff.; *Böhringer*, RAW 2019, 13, 14; *Joerden* in Robotik und Gesetzgebung, S. 195, 204; Cornelius, ZIS 2020, 51, 61 f., 64; *Nida-Rümelin/Bauer/Staudacher* in Festgabe RobotRecht, S. 81, 89 ff.; *D. Schmidt/Schäfer*, NZWiSt 2021, 413, 420.

**1621** Das betrifft etwa die Frage, wie sich eine etwaige Verantwortlichkeit eines KI-Systems in Kollision zur Verantwortlichkeit eines dahinterstehenden Menschen verhält oder wann ein KI-System im Einzelfall verantwortlich sein kann, in Bezug auf spezifische Tatbestandsmerkmale oder allgemeine Anwendung von Rechtfertigungsgründen u. ä.

**1622** Vgl. dazu § 3 B. I. 3., S. 111 f.

# § 9 Die Zweckhaftigkeit von durch das Strafrechtssystem vermitteltem Generalvertrauen in unmittelbarem Bezug auf KI-Systeme

Erste Annäherung an eine strafrechtliche Verantwortungszuschreibung nach der Theorie vom Generalvertrauen ist die noch nachzuweisende Feststellung, dass Generalvertrauen[1623] *unmittelbar* in Bezug auf Verhalten von KI-Systemen überhaupt möglich und nicht nur durch das Verhalten eines dahinterstehenden Menschen vermittelt werden kann. Wäre letzteres der Fall, würde eine Bestrafung von KI-Systemen von vorneherein der Funktion nicht nützen können, da der Sinn von Bestrafung gerade in der Bearbeitung der beobachteten Diskrepanz besteht. Eine Konstruktion, nach der die beobachtete Diskrepanz des Verhaltens eines dahinterstehenden Menschen und die durch das persönliche Vertrauen vermittelte ausreichend gefestigte Erwartung durch Verantwortungszuschreibung an das KI-System selbst bearbeitet wird, scheint von vorneherein nicht anschlussfähig. Vielmehr müsste das KI-System selbst Ziel des Vertrauens gewesen sein, damit eine Verantwortungszuschreibung ihren Zweck erfüllen kann. Voraussetzung für die Zweckhaftigkeit ist deshalb zunächst, dass KI-Systeme für Beobachter Gegenüber[1624] sind, zu denen persönliches Vertrauen[1625] überhaupt gebildet werden kann (A.). Kann es schon grundsätzlich kein persönliches Vertrauen gegenüber KI-Systemen geben, kann das Strafrecht auch kein Generalvertrauen in Bezug auf Rechtsgüterschutz mit KI-Systemen als Verursacher vermitteln.[1626] Anschließend wird untersucht, unter welchen Voraussetzungen gerade durch Strafrecht erzeugtes und aufrechterhaltenes Generalvertrauen unmittelbar in Bezug auf KI-Systeme zweckhaft sein kann (B.).

---

**1623** § 3 A. III., S. 89 ff.

**1624** § 3 A. II. 1. c., S. 78 f.

**1625** § 3 A. II., S. 72 ff.

**1626** Diese Frage kann man sich freilich auch für den Menschen selbst stellen und ist auch für den Menschen bei der Verantwortungszuschreibung immer mitgedacht, wurde aber in § 3 für den Menschen positiv beantwortet. Die Herleitung des Vertrauens und die Erläuterung des Mechanismus des Vertrauens fanden gerade auf den Menschen bezogen statt, vgl. insbesondere § 3 A. II. 1., S. 73 ff.


https://doi.org/10.1515/9783111714301-010

Das Generalvertrauen dient im hiesigen Konzept dem Menschen.[1627] Der übergeordnete Zweck ist es, ihn – abgeleitet aus dem Grundproblem der Kontingenz und Komplexität – handlungsfähig zu erhalten.[1628] Es geht also nicht um die Frage, ob die Theorie vom Generalvertrauen auch KI-Systemen als Beobachter dienen kann und ob KI-Systeme selbst Vertrauen als Mechanismus nutzen.

## A. KI-Systeme als Ziel von persönlichem Vertrauen

Um Ziel von persönlichem Vertrauen werden zu können[1629] müssen KI-Systeme die folgenden Voraussetzungen kumulativ erfüllen: Sie müssen Gegenüber psychischer Systeme sein (I.), sie müssen Zuschreibungsobjekt sein, also (allgemeine kommunikationstheoretische, noch nicht deliktische) Person sein (II.), sie müssen Verhalten an den Tag legen, das ihnen in ebenjener Personalität zugeschrieben werden kann,[1630] und ein Beobachter muss Erwartungen an das Verhalten stellen können (III.).

### I. KI-Systeme als Gegenüber

Als Gegenüber ist ein System dann zu qualifizieren, wenn psychische Systeme mit diesem System Interaktionen vollführen. *Luhmann* versteht ein Interaktionssystem als Kommunikationssystem.[1631] Würde Interaktion mit Interaktionssystem im Luhmannschen Sinne gleichgesetzt, müssten KI-Systeme also Teilnehmer von Kommunikation sein können, um die Qualifikation als „Gegenüber" zu erfüllen.[1632] Für die Zwecke des persönlichen Vertrauens ist allerdings keine Interaktion im Luhmannschen Sinne der Kommunikation erforderlich, sondern lediglich eine wie auch immer geartete Begegnung, die eine Auseinandersetzung mit dem Gegenüber

1627 Diese Arbeit als Beobachtung zweiter Ordnung blickt von vorneherein nur auf die Perspektive der Menschen, vgl. auch § 3 A. II. 1. i., S. 85.

1628 § 3 A. I., S. 70 f., auch schon § 2 B. II. 2., 3., S. 35 ff.

1629 Insoweit wird diese Frage auf dieser Ebene freilich noch unabhängig vom Rechtssystem beantwortet.

1630 Im kommunikationstheoretischen Zusammenhang macht dies das Verhalten dann freilich zur Handlung, vgl. § 2 B. II. 2., S. 36.

1631 Vgl. § 2. B. II. 7., speziell S. 50 f. und zusammenfassend mit umfassenden Hinweisen auf die *luhmannsche* Literatur *Krause*, Luhmann-Lexikon, S. 166 f.

1632 Ob KI-Systeme Teilnehmer von Kommunikation sein können, wird im Rahmen der Frage relevant, ob KI-Systeme deliktische Personen sind. Sie wird dementsprechend dort beantwortet, § 10 B. II. 1. a., S. 404 ff.

erfordert. So soll Interaktion in diesem Kontext verstanden werden. Das ergibt sich aus dem Problem, das Vertrauen lösen soll: Komplexität. Diese Komplexität kann notwendig nur dann entstehen, sofern eine Auseinandersetzung stattfindet.

Diese so sehr weit verstandene Voraussetzung ist bereits dadurch nachgewiesen, dass KI-Systeme überhaupt genutzt werden. KI-Systeme sind heute vielfältig implementiert und treten dabei als notwendiger anderer Teil in vielen Interaktionen auf. Sei es als Instrument einer Nutzung, wie bei einem autonomen Fahrzeug, bei einem medizinischen, zur Tumorerkennung eingesetzten System, bei einem autonomen Waffensystem, bei einem Smart-Home-System, oder gar – etwa bei ChatGPT, Claude-3, Gemini oder KI-gestützten Produktberatungschatbots – als Partner in einer (zunächst) umgangssprachlichen Kommunikation: KI-Systeme sind zweifellos Gegenüber von psychischen Systemen.

## II. KI-Systeme als Personen

Die Voraussetzung der Personalität von KI-Systemen ist noch nicht in einem konkreten strafrechtlichen Systemverständnis gemeint, sondern im bisherigen allgemeinen Personenverständnis, denn dies reicht für persönliches Vertrauen aus. Danach ist eine Person lediglich ein Zuschreibungspunkt.[1633] Personen wurden bisher primär als Zuschreibungspunkte in der Kommunikation beschrieben, weil erst in der beobachteten Kommunikation die Personalität in der Gesellschaft sichtbar wird. Wird aus Sicht des individuellen Beobachters, etwa eines psychischen Systems, gesprochen, so ist die Zuschreibung von Personalität aber auch außerhalb von Kommunikation möglich.[1634] Personalität ist immer dann möglich, wenn etwas als Projektionsfläche eines beobachteten Ereignisses dienen kann, das dann nicht zwingend durch Anschlusskommunikation für die Gesellschaft sichtbar gemacht werden muss, aber kann. Insoweit ist das dann der Fall, wenn etwas als eine Einheit

---

**1633** § 2 B. II. 7., S. 49.

**1634** Das ist insoweit eine Abweichung zu *Luhmann*, für den Personen, soweit ersichtlich, nur als Zuschreibungspunkte der *Kommunikation* dienen, vgl. mit Zusammenfassung und umfangreichen Nachweisen der *luhmannschen* Literatur zu diesem Thema *Krause*, Luhmann-Lexikon, S. 206. Aus gesellschaftlicher Perspektive stimmt das auch, weil aus dieser Perspektive das Innere überhaupt nicht existiert, es ist nicht Teil ihrer Wirklichkeit. Das persönliche Vertrauen spielt sich aber im Inneren der Beobachter ab, im Inneren des psychischen Systems, ist in seinem Ursprung für Gesellschaft also unsichtbar, und auch hier wird Zuschreibung betrieben. Insofern gibt es im hiesigen Konzept Personalität sowohl in der Kommunikation, d. h. in der Gesellschaft, als auch in den Bewusstseinssystemen. Der Clou ist ja gerade, dass das Generalvertrauen auf gesellschaftlicher Ebene den Vertrauensaufbau auf Bewusstseinsebene ermöglicht und so die Handlungsfähigkeit der Menschen sichert.

betrachtet wird und diese auch als Einheit bezeichnet wird, eben die „Maske“, die sie in der Zuschreibung anlegen. Diese Zuschreibung findet dann aber eben nicht in der Gesellschaft, sondern zunächst im Bewusstseinssystem des Beobachters statt. Gedanken produzieren Gedanken.[1635] So ist ein Gegenüber ohne gleichzeitig zugeschriebene Personalität kaum denkbar, weil wohl in jeder denkbaren Interaktion eine Zuschreibung steckt. Fraglich bleibt nur, in welcher Form die Zuschreibung erfolgt.

Auch diese Anforderung erfüllen KI-Systeme. KI-Systeme sind in der gesellschaftlichen Wirklichkeit präsent: normativ auf europäischer Ebene und auch auf nationaler Ebene in Gesetzen anerkannt, wirtschaftlich als Investitionsobjekt relevant, Forschungsgegenstand vieler Disziplinen und auch in der Kommunikation der Medien etabliert, sowie in der sozialen Wirklichkeit der psychischen Systeme verankert und damit auch in ihrem Bewusstsein. Vor allem die Sprache[1636] und die Symbolik schaffen Identität und linguistische Zuschreibungspunkte in der Kommunikation und in den psychischen Systemen der Beobachter. Was hier gemeint ist, lässt sich derzeit besonders deutlich bei ChatGPT beobachten. Unter der Personenbezeichnung „ChatGPT“ treten die darunterliegenden KI-Systeme[1637] nach außen hin in Erscheinung und erfahren entsprechende Zuschreibung, sowohl in der Gesellschaft, als auch innerhalb von psychischen Systemen.

Bei KI-Systemen ist die Einheit, die sich in der Zuschreibung der Person niederschlägt, allerdings deutlich unschärfer als etwa bei Menschen. Wie sich Menschen von anderen Menschen abgrenzen, ist in der Zuschreibung durch die Körperlichkeit und die autopoietische Natur der in ihnen liegenden psychischen Systeme offensichtlich. Die Abgrenzung zwischen KI-Systemen stellt dagegen ein großes Problem dar, weil personale Zuschreibungen immer an KI-Systeme erfolgen, deren innenliegende Systeme aber gleich in mehreren personalen KI-Systemen auftreten können. Mit anderen Worten: Ein KI-System hat meist innenliegend eine Basisstruktur, die in vielen KI-Systemen gleich ist und kann selbst wiederum zu einer solchen Basisstruktur werden. Zudem kann ein unter einem Namen auftretendes System viele einzelne Systeme in sich vereinen. Auch stellt sich die Frage, ob sich die Personalität eines KI-Systems grundlegend ändert, wenn ein KI-System

---

**1635** Ausführlich *Luhmann*, Soziologische Aufklärung 6, S. 55ff.; zusammenfassend *Krause*, Luhmann-Lexikon, S. 237. Von außen beobachtbar und damit Teil der Gesellschaft wird jegliche Beobachtung erst in der Kommunikation.

**1636** Vgl. schon bei *K. Gergen* § 2 A. III. 1., S. 27f.

**1637** ChatGPT beruht auf der GPT-Technologie, dazu *Radford/Narasimhan/Salimans/Sutskever*, Improving Language Understanding by Generative Pre-Training, abrufbar unter https://cdn.openai.com/research-covers/language-unsupervised/language_understanding_paper.pdf (14.10.2024).

unterschiedlich bei einem dem Hersteller nachgelagerten Unternehmer angelernt wird.[1638]

Für den hiesigen Zweck der Möglichkeit des persönlichen Vertrauens zu KI-Systemen genügt jedoch die eindeutige Feststellung, dass KI-Systeme in diesem allgemeinen Sinne Personen sein können (ebenso wie Unternehmen, Tiere, Menschen etc.), denn noch geht es nur um individuelle Zuschreibungen. So wäre es noch kein Problem, wenn jeder Beobachter unterschiedliche Vorstellungen der Personalität eines spezifischen KI-Systems hat, weil es insoweit nur auf die Möglichkeit persönlichen Vertrauens in Bezug auf spezifisches Verhalten eines KI-Systems ankommt und dafür auch jeder Beobachter different zuschreiben kann. Das Problem der Abgrenzbarkeit eines Systems vom anderen bzw. das Problem der Konstanz von KI-Systemen spielt für die Personalitätsvoraussetzung keine Rolle, sondern erst später[1639] im Rahmen einer möglichen Verantwortungszuschreibung.

## III. Erwartung an Verhalten von KI-Systemen

KI-Systeme sind keine sozialen Systeme. Deshalb können sie, ebenso wie Menschen, nicht kommunizieren, sondern allenfalls[1640] Teilnehmer von Kommunikation sein. Verhalten können sich KI-Systeme dagegen ohne Zweifel, denn KI-Systeme bewirken kausal Veränderungen in ihrer Umwelt, die in der Beobachtung unterschieden werden können. Das kann sich bei KI-Empfehlungssystemen auf einen spezifischen, klassischen Computeroutput beschränken (etwa Krebs/kein Krebs). Bei KI-Systemen mit robotischer Hardware kann es etwa beim autonomen Fahren zu einem Unfall kommen. Gerade dadurch entstehen Rechtsgutsverletzungen.[1641] Für Beobachter sind kausalen Veränderungen durch KI-Systeme potentiell auch ohne Weiteres verständlich. Gleichzeitig kann das Bewirken dieser kausalen Veränderung, also das Verhalten, dem KI-System als Person von Beobachtern attribuiert werden, sodass ein KI-System auch nach dem hiesigen, bisher allgemeinen kommunikationstheoretischen Verständnis von „Handlung“ handeln[1642] kann. Ein psychisches System als

---

**1638** Dieses Problem adressiert der Unionsgesetzgeber aus Perspektive der Produktsicherheit etwa durch gesonderte Regelungen zu GPAIs in der AI-VO, vgl. dazu § 8 A. II. 1. b., S. 286 ff.

**1639** § 10 B. II. 1. b., S. 414 ff.

**1640** Ob sie Teilnehmer von Kommunikation sein können, wird im Rahmen der Verantwortungszuschreibung noch zu klären sein, § 10 B. II. 1. a., S. 404 ff.

**1641** Vgl. dazu auch § 4 A., S. 220 ff.

**1642** Vgl. § 2 B. II. 2., S. 36. Zur Handlung im strafrechtlichen Sinne wird sogleich weiter ausgeführt, § 10 A., S. 388 ff.

Beobachter kann Erwartungen an jedes Verhalten stellen, sofern das Verhalten in einer Interaktion oder in der Kommunikation relevant wird.

### IV. Fazit

KI-Systeme können Ziel persönlichen Vertrauens sein. Das verwundert nicht, sind doch die Anforderungen, die hier formuliert wurden, sehr gering. Sie treffen nicht nur auf KI-Systeme, sondern auch auf Unternehmen, Tiere, Menschen, spezifische Produkte und vieles mehr zu. Das ist nur konsequent, wenn man sich erneut vor Augen führt, dass es beim Mechanismus des Vertrauens darum geht, Menschen in jeder denkbaren Interaktion handlungsfähig zu halten.

So kann Generalvertrauen auch unmittelbar in Bezug auf KI-Systeme grundsätzlich zweckhaft[1643] sein. Noch ist aber nicht gesagt, aus der Kommunikation *welchen Systems* die vertrauensauslösenden Reize kommen können, d.h. welche Systeme dieses Generalvertrauen erzeugen und aufrechterhalten könnten. Nach dem hiesigen Untersuchungsziel steht das Strafrechtssystem im Mittelpunkt. Könnte dieses Generalvertrauen also gerade durch Kommunikation im Strafrechtssystem erzeugt werden?

## B. Voraussetzungen von durch das Strafrechtssystem erzeugtem Generalvertrauen in Bezug auf KI-Systeme

Damit gerade das *Strafrechtsystem* Generalvertrauen in Bezug (unmittelbar) auf KI-Systeme konstituieren und aufrechterhalten kann, muss es aus der *Außenperspektive* auf oberster Bezugsebene einige Voraussetzungen erfüllen. Ein soziales System muss für die Konstituierung und Aufrechterhaltung von Generalvertrauen dreierlei tun:[1644] Erstens über Erwartungen an eine Teilgesamtheit von Systemen kommunizieren, zweitens Enttäuschungsmechanismen bereithalten und drittens System-

1643 Freilich wäre das Generalvertrauen wie jeder vertrauensauslösende Reiz, der nicht in der Person selbst liegt, nur sinnvoll, wenn das System nicht aus sich selbst heraus bereits als völlig determiniert vorausgesetzt wird, denn dann würde sich Vertrauen schon allein aus seiner Natur ergeben und es bräuchte keinen externen vertrauensauslösenden Reiz wie das Generalvertrauen. Sind KI-Systeme also soweit kontingent, dass Generalvertrauen auch einen Effekt haben kann, über das bereits durch die Systeme selbst vermittelte Vertrauen hinaus? Die Beantwortung dieser Frage hängt aber eng mit der Verantwortungszuschreibung zusammen, weshalb sie in diesem Zusammenhang besprochen werden wird, § 10 B., insb. II. 1. a., S. 404 ff.

1644 Vgl. dazu die Ausführungen im ersten Teil, insb. § 3 A III. 3., S. 95.

vertrauen zu sich selbst stabilisieren, wobei Letzteres auch durch ein außenliegendes System erreicht werden kann.

Übertragen auf KI-Systeme bedeutet das für das Strafrechtssystem: Es muss erstens im Strafrechtssystem Kommunikation über Erwartungen an KI-Systeme erfolgen, es müssen zweitens durch das Strafrechtssystem Mechanismen bereitgestellt werden, die mit Enttäuschung des durch Generalvertrauen als vertrauensauslösender Reiz erzeugten persönlichen Vertrauens zu KI-Systemen umgehen, und drittens muss das Strafrechtssystem Systemvertrauen zu sich selbst stabilisieren, was nur zu einem kleinen Teil vom Umgang des Strafrechts mit KI-Systemen gefördert werden kann. Nachfolgend wird zunächst untersucht, ob Kommunikation über Erwartungen an KI-Systeme im Strafrechtssystem erfolgen kann. Dies erfolgt anhand der Fragen, wer *Ego* der Erwartungskommunikation ist (I. 1.), wie die Erwartungskommunikation mit dem Enttäuschungsmechanismus zusammenhängt (I. 2.) und welche Bedeutung in diesem Zusammenhang die normative Ansprechbarkeit hat (I. 3.). Abschließend werden Systemvertrauen und Enttäuschungsmechanismus aufgegriffen (II.).

## I. Kommunikation über Erwartungen an KI-Systeme

### 1. Ego in der Erwartungskommunikation

Damit Generalvertrauen entsteht, müssen in der Kommunikation des Strafrechtssystems Verhaltenserwartungen an KI-Systeme durch das Strafrecht mitgeteilt werden. Diese Verhaltenserwartungen müssen sich auf das Ausbleiben von Rechtsgutsverletzungen richten, denn das durch das Strafrecht erzeugte Generalvertrauen richtet sich gerade auf das Ausbleiben von Rechtsgutsverletzungen durch deliktische Personen. Die Verstehensselektion nehmen dabei nach wie vor *menschliche* Beobachter vor, sie sind in der Position des *Egos.*[1645] Die Erwartungskommunikation zielt im Kontext des Generalvertrauens auf die menschlichen Beobachter des Strafrechtssystems ab, obwohl die Kommunikation in der Information von Erwartungen an KI-Systeme oder andere Entitäten handelt. Es geht gerade darum, für die menschlichen Beobachter die Möglichkeit zu schaffen, Verhaltensmöglichkeiten eines Gegenübers in der eigenen subjektiven Wirklichkeit auszuschließen, indem die im Generalvertrauen zum Ausdruck kommenden Erwartungen in persönliches Vertrauen umgewandelt werden. Prinzipiell ist es ohne weiteres möglich, dass das Strafrecht an KI-Systeme ja an jede beliebige Entität Erwartungen formuliert.

1645 Vgl. § 3 A. II. 1. i., S. 85.

Es gibt allerdings Tatbestände, die nicht von KI-Systemen verwirklicht werden könnten und so auch keine Erwartungen an KI-Systeme mitteilen können. Dazu gehören Delikte wie § 173 StGB.[1646] Oft wird es auf die Art des Systems, insbesondere die mit ihm verbundene Hardware, ankommen, welche Normen in der Lage wären, über Erwartungen an das System zu kommunizieren. So werden etwa das Verbot der fahrlässigen Tötung, § 222 StGB, und das Verbot der fahrlässigen Körperverletzung, § 229 StGB, ohne Zweifel auch auf KI-Systeme beziehbar sein, eben in der Erwartung, dass bei Interaktion mit solchen Systemen nicht das Rechtsgut „Leben“ und das Rechtsgut „Gesundheit“ geschädigt werden.[1647]

### 2. Der Zusammenhang von Erwartungskommunikation und Enttäuschungsmechanismus im Strafrechtssystem

Erwartungskommunikation und Enttäuschungsmechanismus hängen eng zusammen. Zwar kann grundsätzlich über Erwartungen an jede Entität kommuniziert werden, solche Kommunikation wird sich aber nur zum Generalvertrauen entwickeln können, wenn die Erwartung auch tatsächlich im Enttäuschungsmechanismus verarbeitet werden kann. Mit anderen Worten: Es ist nicht sinnvoll Erwartungen an Entitäten zu kommunizieren, zu denen keine strafrechtliche Verantwortungszuschreibung erfolgen kann. Ist die Erwartung für den Beobachter in einem spezifischen Interaktionssystem zur Wirklichkeit geworden, hat er also persönliches Vertrauen zum Gegenüber gefasst,[1648] ausgelöst durch einen vertrauensauslösenden Reiz aus dem Strafrechtssystem, so wird dieses Vertrauen im Enttäuschungsfall aufgegeben, wenn kein Enttäuschungsmechanismus bereitgehalten wird, was sich dann wiederum auf den vertrauensauslösenden Reiz – das Generalvertrauen – negativ auswirkt.[1649] Deshalb wird nur über Erwartungen an solche Personen kommuniziert, die das Strafrecht im Enttäuschungsmechanismus auch als verantwortlich adressieren kann. Das kann auch in der Innenperspektive festgestellt werden: Die Gruppe der Personen, an die das Strafrecht *überhaupt* Erwartungen formuliert, kommt im positiven Recht durch das Wörtchen „Wer“ zum Ausdruck, das den meisten Delikten vorangestellt ist. „Wer einen Menschen tötet (...)“ bei § 212 StGB, „Wer unbefugt sich oder einem anderen Zugang zu Daten (...) verschafft (...)“ bei § 202a StGB etc. Die hinter dem „Wer“ steckende Gruppe ist Gegenstand der Erwartungskommunikation im Strafrecht.

---

**1646** Beischlaf zwischen Verwandten.

**1647** Vgl. zur ähnlichen Diskussion im Unternehmensstrafrecht *Schmitt-Leonardy*, Unternehmenskriminalität ohne Strafrecht, Rn. 616.

**1648** Vgl. § 3 A. II. 1. a., S. 74 ff.

**1649** Vgl. § 3 A. III. 3., S. 93 ff.

Es finden sich selten Aussagen dazu, wer nun genau hinter „Wer" steckt. Die Problematik wird vielmehr mit dem Handlungsbegriff verquickt.[1650] *Herzberg*, der die Prüfung eines vortatbestandlichen Handlungsbegriffes ablehnt[1651] und sich in seiner Konzeption dementsprechend mit der Frage nach dem „Wer" beschäftigen muss, stellt fest, dass „Wer" im Sinne von „Ein Mensch, der" verstanden werde müsse.[1652] Aus der Perspektive der Theorie vom Generalvertrauen erfasst das Wörtchen „Wer" nicht „Der Mensch, der", sondern vielmehr „Die deliktische Person, die", also alle Entitäten, die prinzipiell strafrechtlich verantwortlich und die in der strafrechtlichen Kommunikation Zuschreibungsobjekt sein können.[1653] Das ergibt sich heute und im hiesigen Kontext aus der kommunizierten Zielrichtung des Strafrechts, die sich eben auf Rechtsgutsverletzungen im Kontext von deliktischen Personen bezieht. Das „Wer" auf den Menschen zu beschränken bedeutet, die Subsumtion zur Definition zu machen und die Funktionsmöglichkeiten des Strafrechts zu beschneiden. Kriminalität ist damit nicht „letztlich eine Spielart menschlichen Verhaltens"[1654], sondern vielmehr eine Spielart systemischer Kommunikation über deliktische Personen. Insofern käme es für die Beantwortung der Frage nach der Kommunikation der Erwartung im ersten Schritt faktisch darauf an, wer deliktische Person sein kann, insbesondere, ob ein KI-System deliktische Person sein kann, da Erwartungen eben sinnvoll nur an im Sinne des Strafrechts verantwortungsfähige Entitäten mitgeteilt werden können.

**1650** Zum Handlungsbegriff sogleich, § 10 A., S. 388 ff.

**1651** *Herzberg*, GA 1996, 1, 9.

**1652** *Herzberg*, GA 1996, 1, 8. Wie genau diese Wertung zustande kommt, wird nicht thematisiert. Diese, nicht weiter begründete, den ausschließlich anthropozentrischen Bezug des Strafrechts als Grenze festlegende Sichtweise scheint in Bezug auf KI im Ergebnis *Schäfer*, AI, S. 222 ff. zu teilen.

**1653** Nicht immer war die Kommunikation auf die eher allgemein gefasste, deliktische Person spezifiziert. So finden sich in einem der ältesten überlieferten Rechtstexte, dem Codex Hammurabi (Übersetzung nach *W. Eilers*, Codex Hammurabi, S. 27–98) vielmehr spezifischere Bestimmungen von Personen, etwa „Wenn der Knecht" (§ 205 CH), „Wenn ein Sohn" (§ 195 CH), „Wenn ein Bürger" (§ 196 CH), „Wenn ein Arzt" (§ 218 CH), „Wenn ein Baumeister" (§ 229 CH) etc. Der Grund scheint darin zu liegen, dass damals noch kein spezifisches Strafrecht ausdifferenziert war, also auch die deliktische Person noch kein Begriff sein konnte, und deshalb auf andere Personen zurückgegriffen wurde, denen kommunikativ in einem Sinne begegnet wurde, den wir heute (aber nicht damals!) der strafrechtlichen Kommunikation zuordnen würden. Person im Recht und sozialer Stand fielen in eins (vgl. *Bleckmann*, Strafrechtsdogmatik, S. 198 m. w. N.). Natürlich gibt es auch heute noch Sonderdelikte, aber diese treten eben nur in einzelnen Delikten auf und nicht strukturell im gesamten StGB. Es ist Zeichen der Entwicklung der Gesellschaft, dass die Frage, wem durch Strafe kommunikativ begegnet wird, dem Strafrecht überlassen ist.

**1654** *H. Bock/Höffler*, KriPoZ 2022, 257.

### 3. Die Bedeutung der normativen Ansprechbarkeit

Im Kontext von Erwartungskommunikation sei abschließend noch die Frage aufgeworfen, wie und ob die auch im Zusammenhang mit KI-Systemen aufgegriffene[1655] sogenannte „normative Ansprechbarkeit“ Relevanz erlangt. Es wird hier keine endgültige Stellungnahme zum Inhalt und zur Bedeutung des schillernden Begriffs der normativen Ansprechbarkeit abgegeben werden. Vielmehr wird es darum gehen, welcher Aspekt, der manchmal mit dem Begriff der normativen Ansprechbarkeit verknüpft wird, hier eine Rolle spielen könnte.

Mit *Roxin*, der die normative Ansprechbarkeit zur Grundlage seiner Schuldlehre gemacht hat, sei die normative Ansprechbarkeit ein erfahrungswissenschaftlicher Befund. Es geht letztlich um die Frage, ob jemand auf Gründe reagieren kann, die Normen sind.[1656] Wenn normative Ansprechbarkeit gegeben sei, würde davon ausgegangen, dass der Täter auch die Fähigkeit habe, sich normgemäß zu verhalten.[1657] Ob die menschlichen Beobachter Aspekte der normativen Ansprechbarkeit in Bezug auf KI-Systeme zuschreiben, ist letztlich eine empirische Frage. Sie kann freilich durch verschiedenartige Überlegungen zur Technik von KI-Systemen plausibilisiert werden.[1658]

---

**1655** Etwa bei *Hirsch* in Normentheorie im digitalen Zeitalter, S. 151ff., der in seiner Konzeption zum Ergebnis kommt, dass jedenfalls KI-Systeme mit BDI-Programmierung normativ ansprechbar seien. *Behrendt,* Rechtstheorie 2021, 45, 58f., äußert sich dazu in Bezug auf die Frage von Rechtssubjektivität und kommt zum Ergebnis, dass dies grundsätzlich auch durch technische Vorgänge möglich wäre, aber dies für KI-Systeme nicht abzusehen sei. *Behrendt* stützt dies wiederum auf die Annahme, dass KI-Systeme heute noch keine Bedeutungskenntnis hätten, was ein Akt des „Verstehens“ voraussetze. Insofern scheint hier phänomenologisch argumentiert zu werden.

**1656** Im Ausgangspunkt so auch *Hirsch* in Normentheorie im digitalen Zeitalter, S. 151, 153f. m. w. N. zur Normentheorie *Binding*'scher Prägung. *Roxin,* Crimen 2017, 215, 216 in Bezugnahme auf *Merkel* in FS Roxin II, S. 737, 754ff., insb. 756, nach dem eine Ansprechbarkeit dann vorläge, wenn verstanden würde, dass und womit man angesprochen wird, und dazu adäquat auf diese Ansprache reagiert werden kann. Das wird insoweit restriktiv gehandhabt, dass der „Handelnde sich selbst als jemand begreifen können [muss], der für den Fall des Sich-Hinwegsetzens über den konkreten Normbefehl fairerweise [...] zum Ziel einer sanktionierenden Reaktion gemacht werden kann.“ Das kann gerade unter dem Punkt des „sich selbst als jemanden begreifen“ stark philosophisch aufgeladen werden und sich deshalb, je nach Standpunkt, in eine völlig andere Richtung entwickeln, als in einem lediglich zuschreibenden Konzept. Knüpft *Roxin* doch stark an die Erfahrungswissenschaft an, spricht dies eher dafür, dass *Roxin* das Konzept nicht philosophisch aufgeladen verstehen möchte. Tendenziell weiter im Zusammenhang mit der Verhaltensnorm dagegen *Schmitt-Leonardy,* Unternehmenskriminalität ohne Strafrecht, Rn. 612.

**1657** *Roxin/Greco,* § 19, Rn. 37.

**1658** So erscheint es jedenfalls bei einer BDI-Programmierung wahrscheinlich, dass Aspekte normativer Ansprechbarkeit zugeschrieben werden, vor allem die Reaktion auf durch Normen gesetzte Gründe, dazu *Hirsch* in Normentheorie im digitalen Zeitalter, S. 151, 156ff., der hier freilich von einem maschinenethischen Ausgangspunkt argumentiert. Allerdings ist es wohl erwartbar, dass

Wird davon ausgegangen, dass mit normativer Ansprechbarkeit zumindest gesagt ist, dass ein Täter die Fähigkeit habe, sich normgemäß zu verhalten, so lässt sich dies in einen Bezug zur Erwartungskommunikation setzen. Aus Sicht der Funktion wird mit der Erwartungskommunikation der Mensch als *Ego* in den Blick genommen. Ob KI-Systeme selbst Erwartungen im Kommunikationsprozess als *Ego* im Verstehen selektieren können, ist deshalb nicht unmittelbar von Belang. Allerdings wäre in der Information, die in der Erwartungskommunikation vom menschlichen *Ego* selektiert wird, die Erwartung an KI-Systeme enthalten, dass bestimmte Rechtsgutsverletzungen durch die Handlungen ebenjener KI-Systeme nicht hervorgerufen werden. Gehen die menschlichen Beobachter schon ex ante davon aus, dass diese Erwartungen tatsächlich nicht erfüllt werden können, so werden derartige Mitteilungen nicht anschlussfähig sein und es können erst gar keine Erwartungen erzeugt werden. Gehen sie dagegen davon aus, dass bestimmte Rechtsgutsverletzungen durch KI-Systeme nicht hervorgerufen werden, ist damit noch nicht gesagt, *warum* die Erwartungen erfüllt oder nicht erfüllt werden.

Aus Sicht der Funktion in der Theorie vom Generalvertrauen muss dahingehend die Frage gestellt werden, ob es zwingend ist (wenn auch ohne Frage förderlich), dass die Beobachter davon ausgehen, dass der Täter gerade *aufgrund* – was auch immer darunter im Detail verstanden wird – einer strafrechtlichen Norm eine

---

auch bei niedrigschwelligeren Systemen solches zugeschrieben werden könnte. Letztlich erscheint dies immer dann möglich, wenn Strafrecht in eine bestimmte Richtung mitteilt, und bei den KI-Systemen eine wie auch immer geartete Schnittstelle eingerichtet ist, die auf diese Mitteilung reagieren kann. Es kommt bei dieser Frage eben im hiesigen Konzept nicht auf anspruchsvolle ethische Fragestellungen an, sondern schlicht um tatsächliche Zuschreibung durch durchschnittliche menschliche Beobachter. So ist das etwa schon dann denkbar, wenn eine Schnittstelle zwischen KI-System und Strafrecht dergestalt eingerichtet wird, dass eine Verhaltensnorm durch fortgeschrittene NLP-Techniken (Natural Language Processing) von einem KI-System in seiner Bedeutung erfasst wird, ohne dass der Mensch hier eine spezifische Interpretation unmittelbar einprogrammieren muss, sofern im System bereits angelegt ist, dass solche Normen vom System unbedingt zu befolgen sind (freilich käme dies dann schon an Impossibility Structures heran, dazu und zu den Problemen § 12 A. II. 2., S. 473 f.). Auch könnten Feedbackschleifen eingerichtet werden, die die Auswirkungen der implementierten Änderungen bewerten. Das KI-System könnte zudem automatisch die Datenbanken durchsuchen, in denen die Bekanntgaben von Normen gespeichert sind, etwa durch Nutzung von APIs von Rechtsdatenbanken. Es sind auch Varianten denkbar, bei denen KI-Systeme durch Reinforcement Learning so trainieren, dass Entscheidungen, die im Einklang mit den Normen stehen, positives Feedback hervorrufen. Auch könnten evolutionäre Algorithmen genutzt werden, um KI-Systeme zu entwickeln, die sich über Generationen hinweg verbessern, indem sie Strategien, die rechtlichen Normen besser entsprechen, bevorzugen. Letztlich ist zumindest vorsichtig zu prognostizieren, dass solches dann zugeschrieben werden wird, wenn die Entscheidung des KI-Systems in den nichtbeobachtbaren Bereich fällt, der dann mit dem Freiheitsbegriff erklärt wird, dazu § 10 B. II. 2, S. 420 ff.

Erwartung, die von dieser Norm mitgeteilt wird, erfüllt und eben gerade dadurch keine Diskrepanz hervorruft. Denn letztlich kommt es für das Generalvertrauen nur darauf an, dass die vom Strafrecht mitgeteilte Erwartung von den Beobachtern tatsächlich übernommen wird, und darauf, dass sie durch den Enttäuschungsmechanismus der strafrechtlichen Verantwortungszuschreibung bearbeitet werden kann.[1659]

Es scheint für die Anschlussfähigkeit einer Erwartung eher entscheidend zu sein, ob durch eine Verhaltensregulierung im Allgemeinen Normgehorsam hergestellt werden kann.[1660] Wenn man mit *Roxin* für die normative Ansprechbarkeit freilich nicht verlangt, der „Ansprache" der Norm zu folgen und dem „Normbefehl" zu gehorchen, sondern nur eine „Disposition zur Befolgung der Norm" voraussetzt, die dann gegeben sei, wenn Kenntnisse und Fähigkeiten vorliegen, die für ein rechtmäßiges Verhalten erforderlich sind,[1661] trifft das diesen Gedanken im Ergebnis.

Es lässt sich aber sagen, dass durch eine Zuschreibung dahingehend, dass Täter *gerade* auf die Norm als Grund reagieren und deswegen die Erwartungen erfüllt werden, die Anschlussfähigkeit der Erwartungskommunikation jedenfalls gesteigert wird, was ein höheres Potential von Generalvertrauen gestattet, welches auf dieser Erwartungskommunikation basiert. Andersherum lässt sich aber nicht sagen, dass diese Zuschreibung erforderlich wäre, damit Generalvertrauen *überhaupt* entstehen kann. Vieles kann Anschlussfähigkeit steigern oder absenken. Insoweit wäre eine Zuschreibung des Ausbleibens einer zur Rechtsgutsverletzung führenden Handlung gerade aufgrund einer Norm nur ein Element der Anschlussfähigkeit.[1662] Nur insoweit ist dieser Aspekt, der teilweise mit dem Begriff der „normativen Ansprechbarkeit" ausgedrückt wird, für die Funktion in der Theorie vom Generalvertrauen bis hierher relevant.

Es bleibt außerdem dabei: Ist schon eine Verantwortungsfähigkeit von KI-Systemen ausgeschlossen, so stellt sich die Frage der Zuschreibung von normativer Ansprechbarkeit nicht, da dann schon keine Erwartungskommunikation in Bezug

**1659** Freilich muss für das vom Strafrechtssystem vermittelte Generalvertrauen *unmittelbar* in Bezug auf KI-Systeme dies aber zumindest soweit erfolgen, dass nicht Verhalten eines Menschen das eigentliche Ziel des Vertrauens wäre und der Mensch dann Vertrauensvermittler für das KI-System ist, sondern die Erwartung wäre unmittelbar auf KI-Systeme zu beziehen.

**1660** Vgl. auch *Schmitt-Leonardy*, Unternehmenskriminalität ohne Strafrecht, Rn. 612. *Schmitt-Leonardy* spricht hier von Steuerung, was im hiesigen Verständnis aber nicht ganz passend ist, vgl. § 2 B. III. 1., S. 57. Vgl. zur Verhaltensregulierung im Strafrecht und dem Verhältnis zu Rechtsgüterschutz und Generalvertrauen schon § 3 D. III. 2., S. 161.

**1661** *Roxin*, Crimen 2017, 215, 219.

**1662** Etwa für die Anschlussfähigkeit des Enttäuschungsmechanismus wurde dazu unter dem Begriff der Leistung ausgeführt, vgl. § 3 F., S. 178 ff.

auf KI-Systeme stattfindet.[1663] Umgekehrt kann eine zugeschriebene normative Ansprechbarkeit im Konzept der Theorie vom Generalvertrauen für sich nicht die Verantwortungsfähigkeit begründen.[1664] Ob bei bestehender Verantwortungsfähigkeit dann auch normative Ansprechbarkeit zugeschrieben wird, ist eine nachgelagerte Fragestellung. Insoweit muss zuvor untersucht werden, ob KI-Systeme deliktische Personen, also verantwortungsfähig, sind. Diese Frage wird im nächsten Kapitel aufgegriffen,[1665] in dem die Verantwortung von KI-Systemen konstruiert wird.

## II. Systemvertrauen und Enttäuschungsmechanismus

Enttäuschungsmechanismus und Systemvertrauen sind neben der Erwartungskommunikation Voraussetzungen für durch das Strafrechtssystem erzeugtes Generalvertrauen.

Systemvertrauen ist eine abstrakte Größe, die nur indirekt beeinflusst werden kann. Das Strafrechtssystem kann durch seine Kommunikation, insbesondere durch die Mitteilungen seiner Strukturen, Systemvertrauen stärken. Dagegen geht Systemvertrauen verloren, wenn sich die Kommunikation in zentralen Punkten ändert und die Änderung an sich nicht anschlussfähig mitgeteilt wird.[1666] Insofern ist die Voraussetzung des Systemvertrauens nur indirekt und nur im geringen Maße an den Umgang des Strafrechts mit KI-Systemen gekoppelt. Kommunikation in Bezug auf KI-Systeme, die die gefestigten Strukturen und Dogmatiken des Strafrechts berücksichtigen, kann allerdings Systemvertrauen stärken. Zweifellos hat das Strafrechtssystem in unserer heutigen Gesellschaft noch einen derartigen Stellenwert, dass seine Kommunikation für Beobachter anschlussfähig ist. Sie vertrauen darauf, dass die Kommunikation des Strafrechtssystems grundsätzlich auch durchgehalten wird.[1667] So wird die Konstituierung und Aufrechterhaltung von

---

1663 Dazu soeben § 9 B. I. 2., S. 379 f. Letztlich würde sich dann das Vertrauen gegenüber KI-Systemen aus dem Vertrauen an den dahinterstehenden Menschen speisen, zu dem das Strafrecht Generalvertrauen vermitteln kann, vgl. auch *Fateh-Moghadam*, ZStW 131 (2019), 863, 878.

1664 *Frister* in FS Frisch, S. 533, 542 ff. und *Behrendt* Rechtstheorie 2021, 45, 58, Fn. 47 scheinen Schuldfähigkeit und normative Ansprechbarkeit in diesem Kontext gleichzustellen. Dagegen ausdrücklich *Roxin*, Crimen 2017, 215, 223 f.; *ders./Greco*, § 19, Rn. 38 und *Hirsch* in Normentheorie im digitalen Zeitalter, S. 151, 168 m. w. N.

1665 § 10, S. 386 ff.

1666 Das wurde in der Arbeit passim aufgegriffen, siehe nur § 8 C. IV. 2. b., S. 366. Vgl. auch § 3 A. II. 2., S. 87 f.

1667 Insoweit kann für einen Aspekt, in dem sich Systemvertrauen zeigt, auf *Brodowski*, Evolution des Strafrechts, S. 299 f. verwiesen werden, der dem Strafrechtssystem, darin insbesondere den

Generalvertrauen unmittelbar zu KI-Systemen jedenfalls nicht am generell fehlenden Systemvertrauen scheitern.

Die Krux ist also der Enttäuschungsmechanismus. Heißt: Strafrechtliche Verantwortungszuschreibung und Strafvollstreckung müssen jeweils anschlussfähig gelingen, damit Generalvertrauen unmittelbar in Bezug auf KI-Systeme durch das Strafrecht erzeugt werden kann. Damit Strafe als Enttäuschungsmechanismus viabel ist, müssen strafrechtliche Verantwortungszuschreibung und Strafvollstreckung anschlussfähig gelingen. Es muss daher nun untersucht werden, wie Strafrecht Verantwortung grundsätzlich konstruiert und ob dies auch für KI-Systeme gelingen kann (§ 10) und ob es mögliche Strafen für KI-Systeme gibt, die die Voraussetzungen einer anschlussfähigen Strafvollstreckung erfüllen (§ 11).

Mitteilungen des StGBs, eine besondere öffentliche Wahrnehmung – insbesondere seiner zentralen Tatbestände wie §§ 212 I, 223 I, 239 I, 242 I, 303 I StGB – attestiert. Das StGB wirkt dort gleich einem „Grundgesetz für den Bürger" als Repräsentation eines „fortdauernden gesellschaftlichen Grundkonsenses". Weiterführend dazu insgesamt ebd., S. 297 ff.

# § 10 Die Konstruktion der Verantwortung von KI-Systemen

In diesem Kapitel wird es um die zentralen Mechanismen der strafrechtlichen Verantwortungszuschreibung und die Frage gehen, ob KI-Systeme als Verantwortungsträger für diese Mechanismen viabel sind. Das betrifft aus der Innenperspektive zunächst die Handlung (A.). Das Kapitel kulminiert in der Frage, ob KI-Systeme deliktische Personen sein können, was aus der Innenperspektive eine Frage der Schuld ist (B.). Dabei geht es darum, zunächst verallgemeinerungsfähige Grundüberlegungen anzustellen.

Verantwortungszuschreibung und Strafe spiegeln die Straftat und stellen eine notwendige Reaktion auf sie dar.[1668] In aller Kürze:[1669] Die Straftat ist aus der *Außenperspektive* das in der Kommunikation einer deliktischen Person zugerechnete Erzeugen einer beobachteten Diskrepanz zwischen Erwartungskommunikation des Strafrechtssystems und Handlung. Handlung war dabei noch im allgemeinen kommunikationstheoretischen Sinne zu verstehen, als Zuschreibung eines Verhaltens an eine Person im Sinne einer neutralen Attribuierung. Eine diskrepanzauslösende Handlung kann konkret dann beobachtet werden, *wenn Verstehen der vorwerfbaren Mitteilung einer strafrechtswidrigen Information vorliegt.*[1670] Sie folgt einem kommunikationstheoretischen Unterbau.[1671] Die Innenperspektive – das ist letztlich die „Eigenlogik" der Beobachter – schichtet dies in Tatbestandsmäßigkeit, Rechtswidrigkeit und Schuldhaftigkeit ab, was letztlich ein Ausdruck der aktuellen (und vor allem anschlussfähigen und damit für die Funktion viablen) strafrechtlichen Argumentationslogik[1672] der Innenperspektive ist.

---

**1668** Vgl. *Frisch*, Notwendigkeit und Legitimation, S. 6. Vgl. aber Fn. 721.

**1669** Die Straftat wurde aus der Außenperspektive hergeleitet, vgl. dazu und zu Konsequenzen § 3 E., S. 171 ff.

**1670** Aufteilen kann man die Voraussetzungen der strafrechtlichen Verantwortungszuschreibung anhand der Frage, ob sie das *Ob*, also die Mitteilung an sich, das *Wie*, also die Art der Mitteilung, oder das *Was*, also die darin enthaltenen Informationen betreffen. Der durch den besonderen Teil des StGB bestimmte objektive Tatbestand beschäftigt sich insbesondere mit dem *Was* und dem *Wie*. Er prüft den strafrechtswidrigen Gehalt der Informationen. Das *Ob* betrifft all jene Merkmale, die sich mit der Zurechnung im Einzelnen beschäftigen. Bezogen auf das Strafrecht und in Abgrenzung von allgemein verstandener Mitteilung wird dies *vorwerfbare* Mitteilung genannt. Insoweit schon bei § 3 E., S. 174 beschrieben.

**1671** Grundlegend zu dieser Kommunikationstheorie § 2 B. II. 7., S. 46 ff.

**1672** *Zabel*, Schuldtypisierung, S. 409.


https://doi.org/10.1515/9783111714301-011

Problematisch in Bezug auf KI-Systeme ist weniger die Information,[1673] sondern vielmehr die Mitteilung. All jene Merkmale, die – zumindest ihrem Anspruch nach – aus der Innenperspektive des Strafrechts innere Zustände oder bestimmte Eigenschaften als Begründungsvoraussetzung für ihr Vorliegen wollen, sind problematisch,[1674] denn innere Zustände und Eigenschaften werden KI-Systemen nicht ohne weiteres zugeschrieben. Das betrifft neben dem Vorsatz insbesondere die (noch genauer zu bestimmenden) Begriffe der Handlung in einem strafrechtlichen Sinne[1675] und der Schuldhaftigkeit, die letztlich auch die Frage nach den Voraussetzungen der deliktischen Person beantworten werden, welche per definitionem Zuschreibungspunkt der Mitteilung ist, also auch zu diesem Problemkreis gehört. Gerade hier lassen diverse Stellungnahmen aus der Literatur – freilich aus unterschiedlichsten Prämissen – eine mögliche Strafbarkeit von KI-Systemen (aktuell) scheitern;[1676] bei der Handlung[1677] und der Schuld(haftigkeit)[1678].

---

**1673** Das liegt darin begründet, dass Informationen an sich auch in der aktuellen Konstruktion der Innenperspektive unabhängig von inneren Zuständen der Person zugeschrieben werden. So erscheint auf Ebene der strafrechtswidrigen Information im Ausgangspunkt lediglich entscheidend, ob KI-Systeme potentiell überhaupt dort in Erscheinung treten, wo das Strafrecht seine materielle Ausfüllung der Funktion der Aufrechterhaltung und Konstituierung von Generalvertrauen sieht: in Zusammenhang mit Rechtsgutsverletzungen. Nur in Bezug auf Rechtsgutsverletzung kann eine strafrechtswidrige Information mitgeteilt werden. KI-Systeme sind als kausale Verursacher von Rechtsgutsverletzungen in der Kommunikation präsent. § 4 A., S. 220 ff. Sicherlich wird es einzelne Straftatbestände geben, bei denen KI-Systeme schlicht nicht in der Lage sind, eine strafrechtswidrige Information zu selektieren, etwa durch Impossibility Structures. ChatGPT ist es unmöglich, bestimmte Formalbeleidigungen als Output zu erzeugen. Ein autonomes Fahrzeug kann keine Urkunde fälschen. Das ist allerdings eine Frage des Einzelfalles, die hier ob der zahlreichen möglichen Fallgestaltungen nicht beantwortet werden kann. Dazu, dass Impossibility Structures keine *allgemeine* Lösung des Problems von Rechtsgutsverletzungen durch KI-Systeme sein können, siehe § 12 A. II. 2., S. 473 f.

**1674** Unproblematisch ist etwa die Kausalität nach der conditio-sine-qua-non-Formel, da sie auch aus der Innenperspektive „objektiv" bestimmbar ist und dennoch zum *Ob* der Mitteilung gehört.

**1675** In Abgrenzung vom kommunikationstheoretischen Verständnis von Handlung, vgl. § 2 B. II. 2., S. 36.

**1676** Auch fehlende Bestrafbarkeit wird genannt: *Wohlers*, BJM 2016, 113, 123 f.; *Gless/Weigend*, ZStW 126 (2014), 561, 578; *Seher* in Intelligente Agenten und das Recht, S. 45, 58 ff. Differenzierend *A. Lohmann*, KI, S. 137 ff. Das wird bei § 11 aufgegriffen.

**1677** *Wigger*, Automatisiertes Fahren, S. 144 f.; *Schulz*, Autonom agierende Systeme, S. 95 f.; *Roxin/Greco*, § 8, Rn. 66 f; *A. Lohmann*, KI, S. 110 ff.; *Seher* in Intelligente Agenten und das Recht, S. 45, 60; Differenzierend *Gless/Weigend*, ZStW 126 (2014), 561, 571 ff.

**1678** *Gless/Weigend*, ZStW 126 (2014), 561, 579; *Wigger*, Automatisiertes Fahren, S. 144 f.; *Schulz*, Autonom agierende Systeme, S. 95 f.; *Cornelius*, ZIS 2020, 51, 60 f.; *Wohlers*, BJM 2016, 113, 123; *Woltmann*, S. 189 f.; *Roxin/Greco*, § 8, Rn. 66 f; *Roxin/Greco* im Ergebnis anschließend *Ibold*, KI, S. 265 ff. Auch auf Ebene der Schuldhaftigkeit argumentieren *Seher* in Intelligente Agenten und das Recht, S. 45, 56 ff.; *Böhringer*, RAW 2019, 13, 14; *Joerden* in Robotik und Gesetzgebung, S. 195, 204; Cornelius,

## A. Handlung

Diese Arbeit hat in Anlehnung an *Luhmann* bereits einen Handlungsbegriff definiert.[1679] Dieser Handlungsbegriff ist der kommunikationstheoretische Handlungsbegriff, der alle anderen Handlungsbegriffe in sich vereint. Andere Handlungsbegriffe, die in der Kommunikation sozialer Systeme wie dem Strafrechtssystem entstehen, enthalten noch weitere qualifizierende Merkmale und differenzieren den Handlungsbegriff so aus. Hier soll es um die Formulierung eines strafrechtssystematischen Handlungsbegriffes gehen, der den kommunikationstheoretischen Handlungsbegriff natürlicherweise ebenso in sich trägt. Ist im Folgenden von der „Handlung" die Rede, so ist von nun an grundsätzlich die strafrechtssystematische Handlung gemeint. Der Frage nach einem strafrechtssystematischen Handlungsbegriff wird sich diese Arbeit zunächst aus der Perspektive des Strafrechtswissenschaftssystem[1680] und der Überlegung nähern, welches Anliegen der Handlungsbegriff überhaupt klären soll (I.), um sodann den Handlungsbegriff nach der Theorie vom Generalvertrauen zu formulieren (II.). Das ist auch deshalb konsequent, weil letztlich aus dem Strafrechtswissenschaftssystem der Schluss kommt, dass eine mögliche Strafbarkeit von KI (auch) an der Handlung scheitern würde.[1681] Den Abschluss bildet der Versuch, die Handlung nach den Mitteilungen der Rechtsprechung zu erfassen und zu untersuchen, ob dieser eine Verantwortungszuschreibung an KI-Systeme von vorneherein ausschließen würde. Zudem wird beschrieben, in welchem Verhältnis die Handlung in der Rechtsprechung zum Handlungsbegriff der Theorie vom Generalvertrauen steht (III.).

---

ZIS 2020, 51, 61 f., 64; *Nida-Rümelin/Bauer/Staudacher* in Festgabe RobotRecht, S. 81, 89 ff.; *D. Schmidt/Schäfer,* NZWiSt 2021, 413, 420; *Hohenleitner,* Automatisierte Fahrzeuge, S. 109 f.; *A. Lohmann,* KI, S. 118 ff. *A. Lohmann* lässt die Verantwortlichkeit zudem noch am fehlenden Vorsatz scheitern, ebd, S. 115.

**1679** § 2 B. II. 2., S. 36. Handlung ist dabei die *Zuschreibung* eines Verhaltens (Verhalten verstanden als so beobachtete kausale Bewirkung einer Veränderung, die in der Beobachtung unterschieden werden kann, insofern nicht identisch zu *Luhmann,* vgl. *Krause,* Luhmann-Lexikon, S. 157, 253) im Sinne einer neutralen Attribuierung, ohne dass darin schon eine Verantwortungszuschreibung liegt.

**1680** Eine ausführliche Zusammenstellung zu den Handlungslehren m. w. N. findet sich etwa bei *Roxin* in Handbuch des Strafrechts 2, § 28 und bei *Gropp/Sinn,* Strafrecht AT, § 2, Rn. 79 ff. In der Rechtsprechung scheint der Handlungsbegriff nur unscharf repräsentiert, sodass auch dies eine Annäherung zunächst über das Strafrechtswissenschaftssystem notwendig macht. Zur Rechtsprechung unter § 10 A. III., S. 396 f.

**1681** Vgl. Fn. 1677.

## I. Das Problem des Handlungsbegriffs

Über die Handlung zu schreiben ist anspruchsvoll, da in der Diskussion um den Handlungsbegriff oft die Zielrichtungen und das zu lösende Problem der verschiedenen Handlungsbegriffe nicht ausreichend kommuniziert werden und dementsprechend in der Kritik auf unterschiedlichen Ebenen argumentiert wird. Vor der Formulierung eines Handlungsbegriffes oder eines funktionalen Äquivalents im Kontext der Theorie vom Generalvertrauen ist also folgende Frage zu beantworten: Was will die Festlegung eines strafrechtlichen Handlungsbegriffes eigentlich erreichen, oder besser: Was will derjenige, der einen solchen Begriff formuliert, eigentlich von der Handlung? Die herrschende Meinung[1682] im Strafrechtswissenschaftssystem versteht die Handlung als vortatbestandlich. Was mit der Beschreibung des Begriffs der Handlung erreicht werden soll, lässt sich bei *Roxin/Greco* nachlesen:[1683] Mit der Handlung soll ein „Genus Proximum"[1684] gefunden werden, ein Gattungsbegriff, an den sich alle näheren Inhaltsbestimmungen des Strafrechts anschließen. Er soll die Verbrechenskategorien miteinander verbinden und gleichzeitig gegenüber Tatbestand, Rechtswidrigkeit und Schuld neutral, also mit keinerlei Wertprädikaten gekennzeichnet sein. Zudem soll er das Grenzelement dessen bilden, was von vorneherein und unabhängig vom Tatbestand niemals strafrechtlich relevant sein soll. Ein Begriff, der all diese Kriterien erfüllt, wurde noch nicht gefunden.[1685] Bevor die Zielrichtung des hiesigen Begriffs bestimmt wird, sei zunächst untersucht, ob bestehende Handlungsbegriffe zumindest das Bedürfnis eines Grenzelements und eines Grundelements mit der Neutralität verbinden können.

Einige wollen mit dem Handlungsbegriff eine erste und generelle Aussonderung dessen, was nie strafrechtlich relevant sein soll, also das Grenzelement definieren. So kann man etwa den kausalen[1686] und den personalen[1687] Handlungsbegriff deuten. Ein willensgetragenes menschliches Verhalten oder eine Persönlichkeitsäußerung können als abgekürzte Aussagen darüber verstanden werden, wie spezifische Tatbestands-

---

1682 Vgl. *Roxin/Greco*, § 8, Rn. 1, 8 ff. mit übersichtlicher Darstellung aller Ansichten in diese Richtung und umfangreichen Nachweisen. Mit ausdrücklicher Feststellung einer „herrschenden Meinung" auch *Walter* in LK, Vor §§ 13 ff., Rn. 28.

1683 *Roxin/Greco*, § 8, Rn. 1 ff.; knapp *Roxin* in Handbuch des Strafrechts 2, § 28, Rn. 24. Vgl. auch *Gropp/Sinn*, Strafrecht AT, § 2, Rn. 67 ff., hier mit Grund-, Grenz- und Verbindungs- bzw. Ordnungselement.

1684 Mit diesem Begriff auch schon *Maihofer*, Handlungsbegriff, S. 7.

1685 *Roxin/Greco*, § 8, Rn. 6.

1686 Nach *v. Liszt*, Lehrbuch des deutschen Strafrechts, S. 126 ff.

1687 *Roxin* in Handbuch des Strafrechts 2, § 28, Rn. 70 ff.; *ders./Greco*, AT, § 8, Rn. 44 ff., ähnlich schon *Arth. Kaufmann* in FS H.Mayer, S. 79 ff., 116 f.

merkmale zu deuten sind. Nach *Herzberg* sei solches folgendermaßen zu verstehen: „Nur Menschen können Handlungs- und Unterlassungsmerkmale verwirklichen, aber auch ein Mensch kann es nicht aufgrund eines Vorgangs, der für ihn unbeherrschbar ist oder ein Internum darstellt.“[1688] Allerdings ist dies tatsächlich nicht neutral und von strafrechtlichen Wertungen unabhängig, wie es dem angestrebten Ideal des Handlungsbegriffs entsprechen soll. Denn wenn man einen Begriff sucht und ihn ausfüllen will, braucht dieser zwingend eine höhere Bezugsebene, die sich bei der Suche nach einem *strafrechtlichen* Handlungsbegriff mit dem Anspruch, einen „Genus Proximum“ des Strafrechts zu beschreiben, letztlich nur in der Straftat selbst finden lassen kann. Folgt man *Herzberg* in der Zusammenfassung dieser Handlungsbegriffe, liegen in diesen Handlungsbegriffen letztlich das sorgfaltspflichtige Verhalten der Fahrlässigkeit, die Voraussetzung des objektiven unmittelbaren Ansetzens, sowie die Interpretation des ausdrücklich im positiven Recht genannten „wer“ im Tatbestand. Wer einen wirklich neutralen Handlungsbegriff will, müsste sich mit einem nicht normativen Handlungsbegriff begnügen, der sich aber im Begriff des Verhaltens und einem dem Verhalten schon immanenten, generell gearteten Bezug erschöpfen müsste. Schon die Beschränkung auf ein menschliches Verhalten ist normativ, genauso wie ein willensgesteuertes Handeln bereits auf die Schuld hinweist. Das Anliegen, einen neutralen, von Tatbestand, Rechtswidrigkeit und Schuld völlig unabhängigen Begriff zu finden, der gleichzeitig aber nicht inhaltsleer und zudem Grenzelement sein soll, scheint undurchführbar. Ein solcher Handlungsbegriff erscheint schon a priori als dysfunktional, da das eine nur zum Preis des anderen erreichbar ist. Handlungsbegriffe lassen sich aber einem oder mehreren dieser Anliegen zuordnen und so ist auch die Argumentationsebene klarer zu erfassen.

Andere wollen den „allen Delikten gemeinsamen Kern“[1689] herausschälen und lassen dabei die Neutralität außen vor. Das geschieht teilweise nicht einmal mehr unter der Firmierung der Handlung[1690] bildet dann aber ein funktionales Äquivalent zur Handlung. Sie setzen voraus, dass für einen *strafrechtlichen* Handlungsbegriff eine Neutralität nicht möglich ist, und versuchen deskriptiv die gemeinsamen Nenner aller Delikte zu finden. *Herzberg* sieht in diesem Zusammenhang die ausbleibende Bestrafung von Tieren nicht aufgrund fehlender Handlungsfähigkeit für gegeben an,[1691] anders als etwa beim kausalen[1692], sozialen[1693] und persona-

---

**1688** *Herzberg*, GA 1996, 1, 16.

**1689** Dieses Anliegen verfolgt *Herzberg*, GA 1996, 1, 8, der damit den Handlungsbegriff an sich ablehnt, aber ein funktionales Äquivalent schafft. Auch *Jakobs*, Handlung, insb. S. 44 ff.; *ders.* AT, 6. Abschn., Rn. 67 kann zu dieser Gruppe gezählt werden, ebenso wie *Gropp*, AT (4. Auflage), § 2, Rn. 137 ff. *Roxin/Greco*, § 8, Rn. 42 ff. m. w. N.

**1690** So etwa bei *Herzberg*, GA 1996, 1 ff.

**1691** *Herzberg*, GA 1996, 1, 8, Fn. 14.

len[1694] Handlungsbegriff, denen jeweils das „menschliche" bereits in die Definition hineingeschrieben wurde, oder wie beim finalen Handlungsbegriff, [1695] wo der Mensch bereits Prämisse ist. *Herzberg* sieht den eigentlichen Grund des Ausschlusses der Strafbarkeit schlicht im Wörtchen „wer", das allen Straftatbeständen vorangestellt ist und eben im Sinne von „ein Mensch, der" verstanden werde.[1696] Im Kontext der Theorie vom Generalvertrauen ist „wer" im Sinne von „die deliktische Person die" zu verstehen.[1697] Nicht nur danach wäre also die deliktische Person das oder zumindest ein Teil des „Genus Proximum", also der Oberbegriff für sämtliche Erscheinungsformen strafbaren Verhaltens, an das sich sämtliche näheren Inhaltsbestimmungen anschließen.

## II. Handlungsbegriff nach der Theorie vom Generalvertrauen

Als übergeordnetes Bedürfnis sei für den hiesigen Handlungsbegriff[1698] die Auffindung des Grenzelements und des Grundelements des strafrechtlichen Delikts formuliert. Eine so geartete Beschreibung würde aus sich heraus nicht zwingend die Begrifflichkeit der „Handlung" voraussetzen, sondern kann auch ein funktionales Äquivalent sein. Die Auffindung eines Grundelements wurde zuerst als die Aufgabe des Handlungsbegriffs formuliert.[1699] Insofern geht es also nicht um das Auffinden einer didaktisch nützlichen Deliktseingangsstufe, sondern um eine möglichst komplette und knappe Benennung allen als strafbar kommunizierten Verhaltens. Es soll eine Sinneinheit gefunden werden,[1700] es geht um die Tat als Ganzes.

Ein Handlungsbegriff oder ein funktionsäquivalenter anderer Begriff, dem dieses Bedürfnis zugrunde liegt und der gleichzeitig völlig neutral sein will, lässt sich freilich nicht finden. Bliebe man bei diesem Ergebnis stehen und drehte die Neutralität in die völlige Abhängigkeit um, so wäre der Handlungsbegriff aufzu-

---

**1692** *V. Liszt*, Lehrbuch des deutschen Strafrechts, S. 128.

**1693** Etwa *Jescheck/Weigend*, AT, S. 223 ff.

**1694** *Roxin* in Handbuch des Strafrechts 2, § 28, Rn. 70.

**1695** Beim finalen Handlungsbegriff nach *Welzel*, Das deutsche Strafrecht, S. 33, liegt die Sache etwas anders, da er von vorneherein nur „menschliches Handeln" definieren möchte und es so hier schon Prämisse und nicht Definition ist.

**1696** *Herzberg*, GA 1996, 1, 8.

**1697** § 9 B. I., S. 380.

**1698** Eine Subsumtion von KI-Systemen unter andere Handlungsbegriffe (freilich unter anderen Prämissen als sie diese Arbeit voraussetzt) findet sich bei *Gless/Weigend*, ZStW 126 (2014), 561, 571 f.

**1699** *Maihofer*, Handlungsbegriff, S. 6 ff.; *Jescheck* in FS Eb.Schmidt, S. 139, 140 f. („Klassifikationsfunktion").

**1700** Insoweit ganz im Ansinnen *Jakobs*, Handlung, S. 12 f.

geben, da alle Fragen bereits in spezifisch strafrechtlichen Fragen aufgehen[1701] und sich für die KI-Systeme dann entsprechend dort stellen. Wenn man das Grundelement des Strafrechts beschreiben will, muss man das Strafrecht auch zugrunde legen, ohne bereits hier alle Einzelfallwertungen vorzunehmen. Dementsprechend ist es nur logisch, dass der hier zugrundegelegte Begriff dann etwa auch die Schuld mitumfasst.

Insofern ist diese Arbeit bereits getan: Der formulierte Straftatbegriff[1702] der Theorie vom Generalvertrauen leistet genau solches. Aus der Außenperspektive geht es darum, alle Umstände zu erfassen, die zu einer mit Strafe zu beantwortenden Hervorrufung einer Diskrepanzbeobachtung führen. Im Straftatbegriff wurde das folgendermaßen präzisiert: Die Straftat ist das in der Kommunikation einer deliktischen Person zugerechnete Erzeugen einer beobachteten Diskrepanz zwischen Erwartungskommunikation des Strafrechtssystems und Handlung. Handlung war dabei noch im allgemeinen kommunikationstheoretischen Sinne zu verstehen, als Zuschreibung eines Verhaltens an eine Person im Sinne einer neutralen Attribuierung. Eine diskrepanzauslösende Handlung kann konkret dann beobachtet werden, wenn Verstehen der vorwerfbaren Mitteilung einer strafrechtswidrigen Information vorliegt. Dies folgt einem kommunikationstheoretischen Unterbau. Vor dem Grundgedanken einer Handlung kann sich diesem Begriff nun noch aus einer anderen Richtung genähert werden, was dem Verständnis dienlich ist.

So kann in einer möglichst neutralen und allumfassenden Annäherung, welche zumindest noch eine Grenze zu den anderen Rechtsgebieten zu ziehen vermag, im Ausgangspunkt der kommunikationstheoretische Handlungsbegriff verwendet werden. Denn der Grund, warum der Begriff der Handlung überhaupt als Grundelement des Strafrechts verwendet wird, liegt darin, dass es beim Strafrecht im Unterschied zum Zivilrecht und sonstigem öffentlichen Recht *ausschließlich* um das Verhalten von *Personen* geht, nicht um Vertragsbeziehungen, nicht um allgemeine Produktsicherheit oder Ähnliches. Dies passt zum hier zugrundegelegten kommunikationstheoretischen Handlungsbegriff: Ein Verhalten – also etwas, das in der Beobachtung kausale Auswirkungen auf die Umwelt eines Systems hat – welches durch Beobachter in der Kommunikation einem oder mehreren spezifischen Systemen über eine bestimmte Rolle, also Person, zugeschrieben wurde. Darin kommt dann auch das *Ob* der Mitteilung als Teil des Straftatbegriffes zum Ausdruck.

Strafrecht behandelt aber auch nicht jedes Verhalten einer Person. Ein nur so verstandener Begriff ist noch zu weit. Eine Verbindung mit dem Strafrecht wird erst

---

1701 Ganz abgelehnt etwa in späten Jahren von *Radbruch* in FG von Frank I, S. 158, 161 f.
1702 § 3 E., S. 171 ff.

dann hergestellt, wenn man die Zuschreibung eines Verhaltens an eine *deliktische Person* voraussetzt.[1703] Ein KI-System erfüllt die Voraussetzungen für den allgemeinen, kommunikationstheoretischen Personenbegriff.[1704] KI-Systeme können allgemein als Zuschreibungspunkte für Verhalten beobachtet werden. Sie können in diesem allgemeinen Sinne handeln. Fraglich ist, ob sie auch in einem strafrechtlichen Sinne Handeln können. Dies setzt voraus, dass KI-Systeme eine deliktische Person sein können, was die Frage der Verantwortungsfähigkeit beschreibt.

Außerdem ist letztlich auch die Aussage richtig, dass sich das Strafrecht nicht mit jeder Handlung einer deliktischen Person beschäftigt. Vielmehr beschäftigt sich das Strafrecht mit deliktischem Verhalten deliktischer Personen, also solchem, das eine strafrechtswidrige Information in sich trägt. Der Status einer deliktischen Person wird nicht erst mit einem konkreten deliktischen Verhalten begründet, sondern trifft die Personen, die sich überhaupt potentiell deliktisch verhalten können. Im Begriff „delinquere", aus dem sich das deutsche „Delikt" ableitet[1705] und „ausgehen" oder „(sich) verfehlen" bedeutet, ist bereits enthalten, was damit gemeint ist: Die Abweichung von der Rolle, die in der Kommunikation der deliktischen Person zugeschrieben wird und zwar nicht von irgendjemandem, sondern von Strukturen des Strafrechts. Das geschieht genau in den Fällen, in denen eine allgemeine Erwartung kommuniziert wird, die dann gemeinsam mit den weiteren Voraussetzungen[1706] zum Generalvertrauen kulminieren kann und durch die dann also eine strafrechtswidrige Information selektiert ist. Hier taucht die deliktische Person erneut auf, denn das Strafrecht teilt Erwartungen nur an deliktische Personen mit.[1707] Nur sie sind als Objekte Teil der Erwartungskommunikation im Strafrecht.

Der Begriff, der als Grenzelement dienen kann und nach dieser Strafrechtstheorie das funktionale Äquivalent zu einem strafrechtlichen Handlungsbegriff darstellt, ist also der Folgende: *Genus Proximum des Strafrechts ist das Verhalten einer deliktischen Person, die von einer im Strafrechtssystem kommunizierten Rolle abweicht.* Darin sind vier Elemente enthalten: Erstens eine Handlung im allgemei-

---

**1703** Dies ist ein notwendiger Zirkelschluss, da das Strafrecht die Frage, was Strafrecht überhaupt ist, nicht mit sich selbst wieder rationalisieren kann, sondern nur selbst festlegt, was formal durch den Begriff der Strafe im weiteren Sinne (§ 3 B. I., S. 102 ff.) und materiell durch die Ausfüllung des Begriffes der deliktischen Person erfolgt. Mit welchen Voraussetzungen die deliktische Person ausgefüllt ist, wird in diesem Kapitel unter der Schuld (B.) geklärt werden.

**1704** § 9 A. II., S. 374.

**1705** Stichwort „Delikt" im Wörterbuch der deutschen Sprache, abrufbar unter https://www.dwds.de/wb/Delikt (14.10.2024).

**1706** § 3 A. III. 3., S. 95.

**1707** Dazu bereits eben § 9 B. I., S. 378 ff.

nen, kommunikationstheoretischen Verständnis dieser Arbeit als Zuschreibung eines Verhaltens zu einer Person. Dies stellt auch den notwendigen Praxisbezug her.[1708] Zweitens die Identifizierung dieser Person als Person des Strafrechts, also „deliktische Person", was, profaner formuliert, in der Dogmatik die Verantwortungsfähigkeit ausdrückt. Drittens die im Strafrechtssystem kommunizierte Rolleneigenschaft, also ein abstraktes Sollen. Viertens als Kulminationspunkt aller vorherigen Elemente die Beobachtung der Handlung (im Sinne des ersten Elements) als Abweichung von dieser Rolleneigenschaft und gleichzeitige Zuschreibung der Abweichung als vorwerfbare Mitteilung einer strafrechtswidrigen Information. Im vierten Element taucht also der bereits formulierte Straftatbegriff[1709] wieder auf, der alle vorherigen Elemente schon in sich vereinigt, da sowohl die kommunikationstheoretische Handlung, als auch die deliktische Person, als auch das abstrakte Sollen Voraussetzung sind, damit eine diskrepanzauslösende Handlung beobachtet werden kann, ausgestaltet als Verstehen der vorwerfbaren Mitteilung einer strafrechtswidrigen Information. Insofern kulminieren die Überlegungen zur Handlung im Strafrecht in ihrer Funktion als Grenz- und Grundelement letztlich im Begriff der Straftat, sodass eine so verstandene Handlung als *strafbare* Handlung bezeichnet werden kann, was sie von solchen Ansätzen abgrenzt, die die Handlung nur als Bestandteil der Tatbestandsverwirklichung sehen.[1710]

In der Frage, ob KI-Systeme „handlungsfähig" sind, ist die Frage wesentlich umfasst, ob sie deliktische Personen sein können, also verantwortungsfähig sind. Die Beantwortung dieser Frage wird insoweit nach unten[1711] verschoben, wo sie, wie es der klassischen Vorgehensweise entspricht, als Frage der Schuldhaftigkeit wieder auftaucht.[1712]

---

**1708** Vgl. insoweit auch *Zabel*, Schuldtypisierung, S. 408, Fn. 33.

**1709** Aus § 3 E., S. 172: Die Straftat ist das *in der Kommunikation einer deliktischen Person zugerechnete Erzeugen einer beobachteten Diskrepanz zwischen Erwartungskommunikation des Strafrechtssystems und einer kommunikationstheoretischen Handlung.* Auf diese Diskrepanzbeobachtung muss Strafe als *anschlussfähige Verantwortungszuschreibung* folgen, die die Verantwortung für den „Fehler" nicht dem Beobachter oder dem Strafrechtssystem zuschreibt, sondern dem Täter, sodass Generalvertrauen erhalten bleiben kann. Die diskrepanzauslösende Handlung kann bei einer deliktischen Person konkret dann beobachtet und als strafrechtlich relevant selektiert werden, *wenn Verstehen der vorwerfbaren Mitteilung einer strafrechtswidrigen Information vorliegt.*

**1710** Siehe zu beiden Formen etwa *Gropp* in FS Puppe, S. 484, 491 am Beispiel des Ansatzes von *Radbruch.*

**1711** § 10 B., S. 398ff.

**1712** Letztlich könnte die deliktische Person auch schon hier aufgeschlüsselt werden. Mit vergleichbarer Erkenntnis für bestehende Handlungstheorien *Bröckers,* Verantwortung ohne Willensfreiheit, S. 42, der es als „verwunderlich" bezeichnet, warum dann dennoch die Schuldebene für das Hauptproblem des Strafrechts schlechthin gehalten wird.

Der hiesige Handlungsbegriff hat Ähnlichkeit mit solchen Handlungsbegriffen, die die Zurechnung einer Handlung und ihren sozialen Bezug berücksichtigen, wie etwa der soziale Handlungsbegriff, der personale Handlungsbegriff, der normbezogene Ansatz[1713] und der rechtsgutsbezogene Handlungsbegriff. Schon aus dem hiesigen Grundverständnis der Handlung als reine Zuschreibung eines beobachteten Verhaltens an eine Person im Rahmen von Kommunikation ergibt sich die Loslösung von dem hinter der Person stehenden Menschen[1714] selbst, die der kausale[1715] und der finale[1716] Handlungsbegriff in den Mittelpunkt stellen. Auch der personale Handlungsbegriff hat, trotz seiner begrifflichen Ähnlichkeit zur „deliktischen Person", ein anderes Verständnis davon, was mit Personalität gemeint ist. Nach der personalen Handlungslehre ist Handlung jede „Persönlichkeitsäußerung", die dem „seelisch-geistigen Aktionszentrum eines Menschen" zuzuordnen ist, und ist nicht kommunikationstheoretisch aufgeladen.[1717] Dazu stellt diese Handlungslehre gerade nicht die Zuschreibung in den Mittelpunkt, sondern den Menschen selbst.[1718]

In der Betonung der Rolleneigenschaft finden sich Bezüge zu anderen Handlungsbegriffen. Insofern betonen der hiesige Handlungsbegriff wie auch der soziale Handlungsbegriff die Bedeutung der Handlung nur in der gesellschaftlichen Wirklichkeit. Das geht in diesem Punkt und für dieses einzelne Merkmal in die Nähe dessen, was für den sozialen Handlungsbegriff schon *Eb. Schmidt* in Distanzierung zu *von Liszt* geschrieben hat: Handlung interessiert als soziales Phänomen in seiner „Wirkungsrichtung auf die soziale Wirklichkeit hin".[1719] In neuerer Zeit wird dies etwa in *Wessels/Beulke/Satzger*[1720] und *Jescheck/Weigend*[1721] vertreten, wobei beide von vorneherein auf den Menschen beschränken[1722] und insofern vom hiesigen

1713 *Jakobs*, Handlung, S. 44, der Handlung als „Sich-(schuldhaft)-zuständig-Machen für einen Normgeltungsschaden" versteht, selbstverständlich mit allen Abweichungen, die mit dem z.T. grundsätzlich anderen Verständnis einhergehen, wie in § 3 F. II. 4. a., S. 194ff. beschrieben.

1714 Im Verständnis dieser Handlungsbegriffe eben nicht als personale Zuschreibung an mehrere darunterliegende Systeme, sondern als eigener, in seinem Wert und seiner Bedeutung nicht höher rationalisierbarer Begriff.

1715 Dem kausalen Handlungsbegriff geht es rein um vom Menschen gewillkürte naturwissenschaftliche Zusammenhänge, *v. Liszt*, Lehrbuch des deutschen Strafrechts, S. 126ff.

1716 Der finale Handlungsbegriff stellt nur auf den Willen des Handelnden ab und nicht auf seinen sozialen Bezug, *Welzel*, Das deutsche Strafrecht, S. 33ff.

1717 *Roxin* in Handbuch des Strafrechts 2, § 28, Rn. 70; *Roxin/Greco*, § 8, Rn. 44.

1718 *Murmann*, Grundkurs, § 13, Rn. 15 zitierend und dies mit ihm gerade als Stärke in Abgrenzung zu anderen Handlungsbegriffen nennend *Roxin* in Handbuch des Strafrechts 2, § 28, Rn. 79.

1719 *V. Liszt/Eb. Schmidt*, Lehrbuch des deutschen Strafrechts, Bd. I., S. 153.

1720 *Wessels/Beulke/Satzger*, AT, Rn. 144ff.

1721 *Jescheck/Weigend*, AT, S. 222ff.

1722 *Jescheck/Weigend*, AT, S. 223; *Wessels/Beulke/Satzger*, AT, Rn. 133.

Begriff abweichen. Zudem ist der Bezug auf die Rolleneigenschaft schon konkreter als die bloße „Sozialerheblichkeit" des sozialen Handlungsbegriffes. Das zeigt sich etwa daran, dass unbeherrschbare Reflexe sozialerheblich sind,[1723] hier aber gerade nicht von einer zugeschriebenen Rolle abgewichen wurde und diese so nicht unter den hiesigen Handlungsbegriff fallen.

Konkreter wird *Gropp*[1724] in der Formulierung seines rechtsgutsbezogenen Handlungsbegriffs, wenn er schreibt, dass die Handlung gerade die Äußerung der Nichtbeachtung des durch die gesetzliche Unwertbeschreibung geschützten Wertes darstellt. Der rechtliche Schutz eines Wertes und der Bezug einer Person zu diesem Wert, etwa durch eine faktische Verfügung über diesen Wert, implizieren gerade eine Rolleneigenschaft. Äußert die Person durch die Verletzung des Wertes, dass sie ihn eben gerade nicht schützen will, verletzt sie auch eine Rolleneigenschaft. Die Frage, die dieser Handlungsbegriff nicht aufgreift, ist, wer überhaupt eine solche Äußerung tätigen kann. Das kann im Strafrecht eben nur die deliktische Person.

## III. Der Handlungsbegriff aus der Perspektive der Rechtsprechung

Es verbleibt zu untersuchen, wie sich die Rechtsprechung[1725] zur Problematik des Handlungsbegriffes verhält. Scheitert die Verantwortungszuschreibung an KI-Systeme an einem spezifischen Verständnis der Handlung der Rechtsprechung in der Innenperspektive von vorneherein und auch für die Zukunft, so wird eine Verantwortungszuschreibung an KI-Systeme selbst Generalvertrauen nicht aufrechterhalten können. Abgesehen davon, dass das Strafrechtssystem immer für Regulierungen des Strafrechtswissenschaftssystems anschlussfähig ist und sich dementsprechend die Mitteilungen dahingehend ändern können, zeigt sich schon heute in der Rechtsprechung eine gewisse Unschärfe bezüglich der Handlung. Hierbei ist vorausgesetzt, dass sich insoweit nur die Terminologie „Handlung" mit dem aus der Theorie vom Generalvertrauen gefundenen Handlungsbegriff deckt, nicht unbedingt das dahinterstehende, davon zu beschreibende Problem eines Grenz- und Grundelements des Strafrechts.

Es ist nicht einfach zu bestimmen, ob die Rechtsprechung überhaupt einer Handlungslehre folgt, und falls ja, welcher. Nach *Fischer*[1726] und *Walter*[1727] ver-

---

**1723** *Roxin* in Handbuch des Strafrechts 2, § 28, Rn. 59.

**1724** *Gropp*, AT, (4. Auflage), § 2, Rn. 137 ff.

**1725** Die Rechtsprechung ist letztlich der entscheidende Teil des Strafrechtssystems, vgl. § 2 B. III. 2. b. i., S. 65.

**1726** *Fischer*, StGB, Vor § 13, Rn. 7.

**1727** *Walter* in LK, Vor §§ 13 ff., Rn. 30 ff.

wendet die Rechtsprechung schlicht einen natürlichen Handlungsbegriff.[1728] Danach sei eine Handlung jedes willensgesteuerte menschliche Verhalten. Darin wäre u. a. das Element der deliktischen Person enthalten, welches bereits als „Mensch" konkretisiert wäre und damit KI-Systeme ausschließen würde.

Jedoch trägt dieses Verständnis bereits das Problem in sich, dass es bestimmte Konstellationen wie die der unbewussten Fahrlässigkeit nicht erfassen kann, diese aber dennoch bestraft werden können.[1729] Darüber hinaus spricht der BGH in der Ledersprayentscheidung, anders als es ein natürlicher Handlungsbegriff grundsätzlich voraussetzen würde, von einer Handlung des Unternehmens, die erst danach den Geschäftsführern als eigene Handlung zugerechnet wird.[1730] Ein daraus gezogener Schluss, der auf eine Aufgabe der „menschlichen" Voraussetzung im Handlungsverständnis des Strafrechtssystems abzielt, erscheint möglich, aber bei einer singulären Aussage des BGH noch zweifelhaft. Ähnlich äußert sich der BGH noch in zwei Entscheidungen zur Jenner Bergbahn, in denen er davon ausgeht, dass der Betrieb von Skiabfahrtsstrecken eine Verantwortung des Bergbahn*unternehmens* bedeutet, die Begegnung von Läufern und überraschenden und unvermeidbaren Gefahren zu verhindern.[1731] Daraus wird eine Anerkenntnis einer Qualifizierung „zunächst als *Handeln des Unternehmens*" abgeleitet.[1732]

Jedenfalls scheint die Voraussetzung der personalen Zuschreibung als „Mensch" nicht so tief im Verständnis des Strafrechtssystems von Handlung verankert zu sein, als dass eine Änderung oder ein anderes Verständnis unmöglich wäre. Die deliktische Person scheint zunächst auch in der Innenperspektive nicht unverrückbar auf den Menschen fixiert. Im StGB ist ein rein menschliches Handlungsverständnis ebenfalls nicht zwingend angelegt. Der Mensch findet sich im StGB stets nur als Tatbestandsmerkmal im Rahmen eines Deliktes wieder.

Auch könnte man die fehlenden ausdrücklichen Stellungnahmen zu einer Handlungslehre so deuten, dass die Rechtsprechung die Handlung gerade nicht vortatbestandlich versteht, sondern sie in den einzelnen Tatbestandsmerkmalen

---

**1728** In der Literatur teilweise mit dem kausalen Handlungsbegriff gleichgesetzt, etwa *Maienhofer*, Handlungsbegriff, S. 2f., Fn. 3. Zum Verhältnis beider Begriffe knapp *Roxin* in Handbuch des Strafrechts 2, § 28, Rn. 33.

**1729** Zur Kritik und mit Darstellung von Gegenmeinungen *Roxin* in Handbuch des Strafrechts 2, § 28, Rn. 36 ff. Zum Aufgreifen von unbewusster Fahrlässigkeit durch die Rechtsprechung siehe nur BGH 3 StR 112/90 v. 09.05.1990 –, juris, Rn. 7 (auch bereits im Leitsatz); OLG Frankfurt a. M. 3 Ss 35/07 v. 25.04.2007 = NStZ-RR 2007, 249 f. und schon RG 648/21 v. 05.01.1922 = RGSt 56, 343, 349.

**1730** BGH 2 StR 549/89 v. 06.07.1990 = BGHSt 37, 106, 114.

**1731** BGH 1 StR 412/70 v. 13.11.1970 = NJW 1971, 1093, 1095; BGH 1 StR 85/72 v. 03.04.1973 = NJW 1973, 1379, 1380.

**1732** *Kuhlen*, WuV 1991, 181, 243; *Tiedemann/Engelhart*, Wirtschaftsstrafrecht, Rn. 424, 445 m. w. N., auch der Gegenstimmen.

aufgehen lässt. Wäre dies korrekt, bräuchte die Rechtsprechung den Handlungsbegriff nicht, da im Urteil die Beschreibung eines Handlungsbegriffes, der dem Handlungsbegriff der Theorie vom Generalvertrauen ähnlich ist, unbrauchbar wäre, da dieser ja gerade eine abstrakte Ausgangslage und keinen konkreten Sachverhalt voraussetzt, der unter bereits ausdifferenzierten Tatbestandsmerkmalen subsumiert wird und insofern unterschiedliche Anliegen verfolgen. Wäre das der Fall, hätte die Rechtsprechung keinen Begriff, mit dem das Grenzelement und alles Gemeinsame im Strafrecht bestimmt werden. Sie setzt stattdessen direkt bei der Ausdifferenzierung solcher Begriffe wie des Handlungsbegriffes der Theorie vom Generalvertrauen an und befindet sich in dieser Vorgehensweise auf einer anderen Ebene als der hier zugrunde gelegte Handlungsbegriff.

### IV. Fazit

Das Strafrechtssystem in Gestalt der Rechtsprechung formuliert keinen klaren Handlungsbegriff, der als Genus Proximum des Strafrechts begriffen werden könnte und KI-Systeme in jedem Fall und auch für die Zukunft von der Verantwortungszuschreibung ausschließen würde. Genus Proximum des Strafrechts nach der Theorie vom Generalvertrauen und aus der Außenperspektive ist das Verhalten einer deliktischen Person, die von einer im Strafrechtssystem kommunizierten Rolle abweicht, was letztlich im Straftatbegriff[1733] kulminiert. Für die Frage, ob KI-Systeme in einem strafrechtssystematischen Sinne handeln können, kommt es letztlich darauf an, ob sie deliktische Personen sein können. Das ist der Dreh- und Angelpunkt einer möglichen Verantwortungszuschreibung und wird nun untersucht werden.

## B. Schuld und Schuldhaftigkeit – Die deliktische Person

Das Strafrechtssystem basiert auf dem Schuldgrundsatz. Dies ist unumstritten.[1734] Von der „Schuld“ zu sprechen ist allerdings nur möglich, wenn zuvor spezifiziert

---

**1733** § 3 E., S. 172.

**1734** Siehe insoweit die Leitentscheidung BGH GSSt 2/51 v. 18.03.1952 = BGHSt 2, 194 ff. und zur verfassungsrechtlichen Absicherung besonders BVerfG 2 BvE 2/08 u. a. v. 30.06.2009 = BVerfGE 123, 267, 412; BVerfG 2 BvR 506/63 v. 25.10.1966 =BVerfGE 20, 323, 331. Zur Schuldfundierung in der Rechtsprechung des BVerfG *Brodowski*, Evolution des Strafrechts, S. 130 ff. Gelegentlich abweichende Vorschläge kommen aus dem Strafrechtswissenschaftssystem, etwa *Hörnle*, Kriminalstrafe ohne Schuldvorwurf, wo die wesentlichen Elemente aber ebenfalls, allerdings an anderer Stelle und wurde, was eigentlich damit gemeint ist. Insoweit sei auf die Begriffsanalyse *Gropps* verwiesen. Nach ihm sei Schuld die vom konkreten Täter schuldhaft begangene, tatbestandsmäßige und rechtswidrige konkrete Tat, derer das Strafrechtssystem den konkreten Täter „schuldig" spricht.[1735] Nach diesem Verständnis ist die Schuld identisch mit der *konkreten* Straftat.[1736] Angelehnt an den hier zugrundegelegten Handlungsbegriff kann man auch einfach sagen: Verwirklicht ein Täter eine konkrete strafbare Handlung, hat er Schuld, er ist schuldig.

So ist hier vielmehr der Begriff der Schuldhaftigkeit zu untersuchen als Merkmal, welches Grundvoraussetzung ist, damit ein Verhalten als Straftat gekennzeichnet werden kann. Im Ausgangspunkt betrifft das die Frage, ob ein potentieller Täter überhaupt prinzipiell *schuldfähig* sein kann – gleichbedeutend mit Zurechnungsfähigkeit[1737], gleichbedeutend mit Verantwortungsfähigkeit[1738]. Bei dieser Frage kommen dann auch die großen Unterschiede der verschiedenen Schuld(haftigkeits)theorien[1739] zum Tragen. Auch die in der Rechtsprechung so verstandene Schuld mit ihrer Entscheidung für das Recht und gegen das Unrecht,[1740] letztlich also der Frage der Voraussetzung nach einer Willensfreiheit, ist hier zu verorten. Soweit ist die Schuldfähigkeit also ein Begriff der Innenperspektive.

Nach dem Begriff der Straftat[1741] in der Theorie vom Generalvertrauen stellt sich die Frage der Schuldfähigkeit innerhalb der Untersuchung eines in der strafrechtlichen Kommunikation tauglichen Zuschreibungspunkts eines Verhaltens, das eine strafrechtswidrige Information in sich trägt; also als eine vom Strafrecht im

---

unter anderem Namen, verarbeitet werden – wesentlich im Sinne von Einstiegsvoraussetzungen und unter dem Prüfungspunkt der normativen Ansprechbarkeit, vgl. für eine Übersicht dort, S. 73. Insoweit wird ihre Konzeption weniger als tatsächliche, sondern vielmehr als terminologische Abgrenzung zum Schuldprinzip wahrgenommen, etwa *Roxin*, Crimen 2017, 215, 227.

1735 *Gropp* in FS Puppe, S. 483, 496. Vgl. für die Trennung von Schuld und Schuldhaftigkeit auch *Zabel*, Schuldtypisierung, S. 402 f.

1736 Schuld ist in der Innenperspektive Vorwerfbarkeit und Tadel (*Gropp* in FS Puppe, S. 483, 494). Konkret in Gestalt von Zuschreibung des in der Kommunikation durch das Strafurteil zum Ausdruck kommenden Tadel des Täters (vgl. schon § 3 B. I. 2., S. 107 ff.) durch das Verantwortlichmachen für die beobachtete Diskrepanz zwischen Erwartungskommunikation des Strafrechts und beobachtetem, dieser Erwartung widersprechendem Verhalten.

1737 Mit dieser Terminologie etwa *Lesch*, Verbrechensbegriff, S. 213, außerdem die generelle Terminologie vor Einführung des § 20 StGB unter Geltung des § 51 StGB a. F., *Streng* in MüKo StGB, § 20, Rn. 4 ff.

1738 Vgl. *Schild/Zabel* in Kindhäuser/Neumann/Paeffgen/Saliger, § 20, Rn. 6, 16.

1739 Vgl. nur *Gropp/Sinn*, AT, § 6, Rn. 8 ff. m. w. N.

1740 Vgl. nur die Leitentscheidung BGH GSSt 2/51 v. 18.03.1952 = BGHSt 2, 194, 200.

1741 § 3 E., S. 171 ff.

Enttäuschungsmechanismus behandelte *Person.*[1742] Straftat ist Verstehen der vorwerfbaren Mitteilung einer strafrechtswidrigen Information. Mitteilung kann nur als Mitteilungs*handeln* beobachtet werden. Der kommunikationstheoretische Handlungsbegriff setzt eine Person voraus, der ein beobachtetes Verhalten zugeschrieben wird und das Verhalten auf diese Weise erst zu einer Handlung im kommunikationstheoretischen Sinne macht. Da hier aber nicht allgemein, sondern strafrechtlich ein Verhalten zugeschrieben werden soll, braucht die Person Eigenschaften, die eine solche Zuschreibung im Strafrechtssystem überhaupt ermöglichen.

Da die Person im Kontext von Kommunikation und Gesellschaft nur im Sozialen existiert,[1743] müssen diese Eigenschaften dementsprechend auch sozial sein und betreffen *nicht* reale, die Konstitution betreffende Eigenschaften hinter der Person stehender Systeme, wie eine reale menschliche Willensfreiheit.[1744] Personen als Zuschreibungspunkt in der Kommunikation müssen deshalb nicht zwingend Menschen sein.[1745] Sie sind lediglich natürlicher Bestandteil der Handlung, eben als Zuschreibungspunkt eines Verhaltens. Zuschreibung von Verhalten ist an buchstäblich jede denkbare Entität möglich: Menschen, Tiere, Unternehmen, Dinge, KI-Systeme etc. Da das Strafrecht aber nicht an jede Person Verantwortungszuschreibung betreibt, scheint es weitere, systemspezifische Voraussetzungen zu geben, die eine Person zu einer deliktischen Person machen.

Die Schuldhaftigkeit geht noch über die Frage nach der Schuldfähigkeit hinaus. Folgendes deckt die Frage nach der (fehlenden) Schuldhaftigkeit insgesamt ab: Entweder, es liegt schon von vorneherein und prinzipiell im Täter kein tauglicher Zuschreibungspunkt für ein (allgemeines) Verhalten vor (keine Person) oder der Täter erfüllt die grundlegenden, noch zu findenden Voraussetzungen einer vom Strafrecht verantwortungsfähigen Person nicht (Außenperspektive: keine deliktische Person; Innenperspektive: Schuldunfähigkeit) oder die Umstände machen ihn als Zuschreibungspunkt im Einzelfall für das Strafrecht untauglich, es liegt also keine Mitteilung einer deliktischen Person, sondern vielmehr Natur vor (Außenperspektive: keine Mitteilung einer deliktischen Person; Innenperspektive: Schuldausschließungsgründe).

---

1742 Das ist dieselbe deliktische Person, die bereits bei der Frage nach der Handlung (§ 10 A. II., S. 391ff.) und bei der Erwartungskommunikation (§ 9 B. I. 2., S. 379f.) aufgetaucht ist. Dementsprechend ergibt sich die Frage nach der Grundvoraussetzung der Schuldhaftigkeit wie auch schon bei anderen Schuldhaftigkeitstheorien (*Gropp/Sinn,* AT, § 6, Rn. 5ff.) logisch bereits aus dem Handlungsbegriff.

1743 Dazu § 2 B. II. 7., S. 49.

1744 Freilich kann es aber stattdessen eine *zugeschriebene* Willensfreiheit sein.

1745 Dazu etwa § 9 A. II., S. 374.

In diesem Kapitel werden die Voraussetzungen für die Qualifizierung einer Entität als deliktische Person, mit anderen Worten die Voraussetzung der Schuldfähigkeit, herausgearbeitet werden. Die deliktische Person ist dabei nicht spezifisch ein Problem der Schuld, sondern taucht auch auf anderen Ebenen auf. Die Frage nach der deliktischen Person ist *das* zentrale Problem des Strafrechts. Welche Voraussetzungen müssten KI-Systeme erfüllen, was müsste ihnen zugeschrieben werden, damit sie als deliktische Person gelten können? Dieses Grundproblem ist Voraussetzung für alle weiteren Überlegungen zur Strafbarkeit von KI-Systemen. Zunächst werden die grundlegenden Voraussetzungen der deliktischen Person herausgearbeitet (I.), dann die deliktische Person weiter expliziert und KI-Systeme darunter subsumiert (II.). Zum Abschluss wird die Plausibilität der Thesen anhand von Beispielen der strafrechtlichen Verantwortungszuschreibung an nichtmenschliche Täter in der Historie untersucht (III.).

## I. Die deliktische Person als Kommunikationsteilnehmer und Black Box

Das Strafrechtssystem als soziales System ist funktional. Diese Erkenntnis ist der Blick der Außenperspektive auf das Strafrecht, aus dem die Theorie vom Generalvertrauen hergeleitet wurde.[1746] Strafrecht dient einer Funktion und erlangt Bedeutung, ja besteht nur *wegen* der Funktion. Strukturen folgen Funktionen. So ist es zwingend, dass die deliktische Person, die die Frage nach der Schuldfähigkeit beantwortet und somit Kern der Verantwortung ist, ebenso funktional sein *muss*. Anders ist sie aus dieser Sicht nicht begründbar. Welcher Funktion sie dient, ist ebenfalls klar: Strafrecht konstituiert Generalvertrauen und hält es aufrecht. Die Aufrechterhaltung, um die es in dieser Arbeit in erster Linie ging, geschieht vor allem durch den Enttäuschungsmechanismus – die Verantwortungszuschreibung im Strafrechtssystem. Dadurch wird der Fehler[1747] nicht dem Strafrecht selbst oder dem Beobachter zugeschrieben, der vom Strafrecht vermitteltes Generalvertrauen

**1746** Zu den Prämissen und zur Theorie vom Generalvertrauen § 2, S. 17 ff. und § 3, S. 69 ff.

**1747** Dazu § 4 B., S. 225 ff. Mit dem Fehler ist die Diskrepanzbeobachtung gemeint, nämlich die beobachtete Diskrepanz zwischen Erwartungen und Beobachtungen. Das führt, wird darauf nicht durch Mechanismen reagiert, zu bis zu zwei Folgen: Entweder wird der Fehler beim Strafrechtssystem gesehen und Systemvertrauen geht verloren; und jedenfalls bei Häufung solcher beobachteten Diskrepanzen damit mittelbar das Generalvertrauen. Oder der Fehler wird beim eigenen Verstehen in der Kommunikation der Erwartung gesehen. Die Mitteilung des Strafrechts ist dann nicht mehr anschlussfähig und Generalvertrauen wird mittelbar ebenfalls zerstört. Es wird vom Beobachter nicht mehr in persönliches Vertrauen umgewandelt. Es muss also eine Reaktion erfolgen, um dies zu verhindern.

umgewandelt hat, sondern demjenigen, der die Diskrepanz zur mitgeteilten Wirklichkeit hervorgerufen hat, oder der Natur[1748], etwa dem Zufall. Beides kann Generalvertrauen aufrechterhalten.[1749] Die deliktische Person ist der materielle Kern dieses Enttäuschungsmechanismus, der Verantwortungszuschreibung. Wer deliktische Person ist, dem kann grundsätzlich auch Verantwortung zugeschrieben werden, nach darauf aufbauenden Mechanismen, wie dem Tatbestand, dem Vorsatz, der Rechtswidrigkeit und den Schuldausschließungsgründen der Schuldhaftigkeit, insgesamt die Schuld. Die deliktische Person ist aus der Außenperspektive also funktional an das Generalvertrauen gekoppelt.

Um die Essenz der deliktischen Person zu finden, ist es deshalb notwendig, sich noch einmal in Erinnerung zu rufen, was Generalvertrauen eigentlich bewirken muss.[1750] Das Grundproblem ist die Komplexität der Welt. Menschen als (auch) psychische Systeme sind aufgrund beschränkter Informationsverarbeitungskapazitäten zur Komplexitätsreduktion gezwungen, um handlungsfähig zu sein.[1751] Die Komplexität im täglich notwendigen Umgang mit Interaktionspartnern, entsteht dann, wenn das Gegenüber kontingent ist, also dann, wenn das Gegenüber für den Beobachter eine Black Box ist, d.h. nicht mit völliger Sicherheit erwarten kann, welcher Input zu welchem Output führt. Das führt nun zunächst zu dem Schluss, dass (nach wie vor aus der Außenperspektive!) die *Basis der Schuld die Black Box-Eigenschaft von Systemen* ist, die in der Kommunikation eine (zunächst allgemeine) personale Zuschreibung erfahren. Ohne Black Box keine Komplexität durch ein Gegenüber, ohne Komplexität durch ein Gegenüber keine Notwendigkeit für Vertrauen. Erst dann, wenn Vertrauen gegenüber einer Entität notwendig ist, kann Generalvertrauen überhaupt zweckhaft sein. Eindeutig ist aber ebenso, dass sich das Strafrecht nicht um jegliche Black Box kümmert, die ein Gegenüber darstellt.

Dass Generalvertrauen in Bezug auf KI-Systeme grundsätzlich zweckhaft ist, wurde in § 9 zumindest soweit bejaht, dass festgestellt wurde, dass persönliches Vertrauen zu KI-Systemen möglich ist. Offen gelassen wurde bisher, ob Generalvertrauen überhaupt einen Effekt haben kann, weil KI-Systeme, würden sie völlig

---

1748 Zur Natur, deren Begriff von *Jakobs* geprägt wurde, siehe § 3 E., S. 175.

1749 Ausführlich dazu § 4 C., S. 227 ff. Verantwortung muss sich immer auf jemanden oder etwas setzen (vgl. etwa auch *Fauconnet* in Abweichendes Verhalten Bd 2/1, S. 293, 300, der als Ausgangspunkt für die strafrechtliche Verantwortlichkeit eine Stellvertreterstellung zum Verbrechen an sich festmacht). Ohne Bearbeitung wird der Fehler dem Strafrecht oder dem Beobachter selbst zugeschrieben und Generalvertrauen kann zerstört werden.

1750 § 3 A. I., S. 70 f.

1751 Anders ausgedrückt: Die Mechanismen der Komplexitätsreduktion sind Teil der stabilen Wirklichkeit, die das Gehirn erzeugen muss, um das psychische System nicht zu überlasten, vgl. schon § 2 A. II. 2., S. 24.

determiniert verstanden, Vertrauen schon aus ihrer eigenen Natur bilden. KI-Systeme müssten also, damit Generalvertrauen zweckhaft ist, kontingent sein. Die Frage nach der Zweckhaftigkeit von Generalvertrauen in diesem letzten Punkt hat nun auch ihre Einbettung in die Verantwortungszuschreibung gefunden. Wäre Generalvertrauen nicht zweckhaft, würde das zeigen, dass KI-Systeme keine Black Boxen und dementsprechend auch keine deliktische Person sind, weil diese (notwendige aber nicht hinreichende) Eigenschaft fehlt. Strukturen folgen Funktionen,[1752] so auch das Strafrecht und seine Mechanismen.

Zuletzt ergibt sich aus der zugrundegelegten Prämisse, dass Kommunikation die kleinste Einheit aller sozialen Systeme darstellt und sich auch Straftaten in diesem Zusammenhang gerade durch Kommunikation ereignen, dass die deliktische Person als solche nicht nur (allgemeiner) Zuschreibungspunkt sein darf, sondern tatsächlich Kommunikationsteilnehmer sein muss. Die Kommunikationsprämisse wurde bereits im Straftatbegriff verarbeitet, der ebenfalls schon aus der Außenperspektive formuliert werden konnte: Das Verhalten einer deliktischen Person muss als Mitteilungshandeln selektiert werden. Andernfalls ist schon die Hervorrufung einer vom Strafrecht zu adressierenden Diskrepanz unmöglich. Die Entität, soll sie deliktische Person sein, müsste also an Kommunikation teilnehmen können.

Insgesamt ergeben sich aus der Außenperspektive für die deliktische Person also im Grundsatz *zwei* Bedingungen: Erstens muss für die Entität die Erzeugung von Generalvertrauen grundsätzlich zweckhaft sein können, sie muss eben Black Box sein und sie muss zweitens an der Kommunikation teilnehmen können. Eine Präzisierung dieser Voraussetzungen lässt sich noch durch eine Beobachtung der strafrechtlichen Innenperspektive erreichen. Denn, wie *Jakobs* völlig richtig sagt: Was Schuld (und damit auch Schuldfähigkeit) konkret ist, hängt von der Verfasstheit der jeweiligen Gesellschaft ab,[1753] also von der Innenperspektive. Was *Jakobs* nicht schreibt, ist, dass es auch aus der Außenperspektive bereits zwei Bedingungen gibt, die durch die Innenperspektive aber noch spezieller ausgefüllt werden können. Zweckhaftigkeit des Generalvertrauens und die Eigenschaft als Kommunikationsteilnehmer sind insoweit Querschnittsbedingungen, die für die Verantwortungszuschreibung des Strafrechts an eine Entität in jeder Gesellschaftsform gelten.

Lässt der Blick auf die Innenperspektive den Schluss auf eine spezielle Black Box oder eine spezielle Qualifizierung der Teilnahme an der Kommunikation zu, die gerade in unserer heutigen Gesellschaft gelten? Die Außenperspektive hat gezeigt, dass die deliktische Person *eine* Black Box sein muss. Die Innenperspektive wird

---

**1752** § 2 B. II. 8., S. 54 ff.

**1753** *Jakobs*, AT, 17. Abschn., Rn. 22.

nun verraten *welche*, denn die allgemeine Qualifikation als Black Box zeigt nur, dass Generalvertrauen in Bezug auf diese Entität im Allgemeinen zweckhaft ist, nicht aber unbedingt, dass dieses Generalvertrauen auch vom Strafrecht erzeugt und aufrechterhalten werden muss. Kann das geklärt werden, können nachfolgend KI-Systeme unter diese Bedingungen subsumiert werden und schlussendlich die Frage beantworten, ob sie deliktische Personen sind oder nicht.

## II. Eigenschaften deliktischer Personen und ihre Anwendung auf KI-Systeme

Die Frage nach KI-Systemen als Kommunikationsteilnehmer wird zuerst untersucht – unter dem Stichwort des „Kommunikationsproblems" – da auch hier schon die Grundlagen der Frage stecken, ob KI-Systeme Black Boxen sein könnten (1.). Im Anschluss wird sich der Frage nach der möglicherwiese speziellen Form der Black Box gewidmet, unter dem Stichwort des „Freiheitsproblems" (2.).

### 1. Das Kommunikationsproblem – KI-Systeme kommunizieren, aber welche?

Der Straftatbegriff basiert auf Kommunikation.[1754] Es muss *Verstehen der vorwerfbaren Mitteilung einer strafrechtswidrigen Information* vorliegen. Universell und für jede Gesellschaftsform gilt deshalb die Voraussetzung, dass potentielle Straftäter jedenfalls Kommunikationsteilnehmer sein müssen. Zunächst wird untersucht, ob KI-Systeme Kommunikationsteilnehmer sind und welche Rolle sie in der Kommunikation einnehmen müssen (a.). Dies mündet in das Konstanzproblem innerhalb der Kommunikation (b.).

#### a. KI-Systeme als Teilnehmer an Kommunikation

Ob Computer Kommunikationspartner sein können, hat *Luhmann* seinerzeit noch offen gelassen.[1755] Zunächst kann festgehalten werden, dass Kommunikation nicht an Menschen als psychische Systeme gebunden ist. Kommunikation findet in sozialen Systemen statt und diese sind autopoietisch. Gedanken (als Operationen menschlicher psychischer Systeme) werden nicht in Kommunikation umgewandelt und umgekehrt. Sie sind Umwelt zueinander, psychische Systeme können soziale Systeme nur irritieren und so Kommunikation anregen. Die Bedingungen von Kommunikation liegen allein in sozialen Systemen, im Dreiklang aus Information,

---

1754 Zur Kommunikation umfangreich unter § 2 B. II. 7., S. 46 ff. In diesem Kapitel wird vieles von dort aufgegriffen und erweitert. Zum Straftatbegriff unter § 3 E., S. 171 ff.
1755 *Luhmann*, Gesellschaft der Gesellschaft, S. 117 f., 304.

Mitteilung und Verstehen. Dort hat der Mensch ebenso wenig seinen definitorischen Platz wie eine nichtmenschliche Entität. Nichtmenschliche Entitäten können deshalb nicht automatisch von Kommunikation ausgeschlossen werden.[1756] Was „Mensch", „Bewusstsein", „Subjekt" etc. ist, ist nicht Voraussetzung, sondern Folge von Kommunikation.[1757]

Fraglich ist zunächst, welche Position KI-Systeme in der Kommunikation für die Straftat einnehmen müssten: *Alter* (Information und Mitteilung), *Ego* (Verstehen) oder beide? Straftäter sind in der Diskrepanzsituation diejenigen, die beobachtet werden, nicht die Beobachter. Sie sind die Entitäten, von deren Verhalten aus eine Diskrepanz zu einer Erwartung festgestellt werden kann. Mithin müssen KI-Systeme im Kommunikationsprozess als Teilnehmer nicht *Ego*, sondern *Alter* sein, also eine Auswahl aus Information und Mitteilung treffen. Insofern kommt es für die Frage, ob KI-Systeme Kommunikationsteilnehmer sein können, für das Strafrecht nur darauf an, ob sie Information und Mitteilung selektieren, nicht ob sie auch im kommunikationstheoretischen Sinne als *Ego* Verstehensselektion betreiben.[1758]

Kommunikation wird durch *Ego* definiert. Sobald *Ego* Mitteilung und Information in seinem Verstehen als bei *Alter* different selektiert, liegt eine Kommunikation vor, an die angeschlossen werden kann, egal ob *Alter* im Inneren tatsächlich selektiert hat oder nicht.[1759] Zur Klarstellung, was hier gemeint ist, dass *Ego* etwas bei *Alter* als „different" selektiert: Sobald *Ego* etwas als Mitteilung auffasst, versteht *Ego*, dass beim Mitteilenden (*Alter*) eine Differenz zwischen Information und Mitteilung vorliegt, d. h. *Ego* erkennt, dass beides voneinander getrennt ist und dazu *Alter* über viele Informationen verfügt, wovon er eben einige zur Mitteilung in bestimmter Weise auswählt, und somit viele mögliche Informationen nicht mitgeteilt werden. Die Selektion bei *Ego*, die Verstehensselektion, *beinhaltet* dadurch

1756 Vgl. auch *Luhmann*, Soziologische Aufklärung 6, S. 51; *Sprenger*, S. 116.

1757 *Sprenger*, Anthropological Theory 2017, 108, 114.

1758 Verstehensselektion wurde für Computersysteme noch bezweifelt, siehe *Fuchs*, Sociologia internationalis 1991, 1, 20 weil diese nicht tatsächlich zwischen Information und Mitteilung unterscheiden könnten. Er führte das darauf zurück, dass Computer nicht verstehen könnten, dass man nicht meint, was man eintippt. Sie könnten auch nicht an das anschließen, was nicht gesagt wurde, und keine Ironie goutieren. Schon damals wollte *Fuchs* nicht ausschließen, dass das einmal der Fall sein könnte, vgl. ebd., Fn. 69. Nimmt man diese Kriterien als Maßstab, so könnten einige KI-Systeme heute verstehen. Namentlich einige der LLMs (Large Language Models), die auf Modellen wie GPT-4 basieren, verstehen Ironie und reagieren entsprechend (nur auf Letzteres kommt es an), sie können im Input Unausgesprochenes zum Gegenstand ihres nächsten Outputs machen. Insofern könnten solche Systeme selbst auf Seiten von Ego an Kommunikation teilnehmen. Da dies aber wie besprochen nicht für die Straftat erforderlich ist, erübrigt sich die Diskussion, ob dies auch für andere KI-Systeme möglich wäre. Freilich sind diese Ausführungen wiederum Zuschreibungen.

1759 Für eine ausführliche Begründung dazu vgl. § 2 B. II. 7., S. 46 ff.

*Alters* Selektionen der Mitteilung und der Information. Die Verstehensselektion von *Ego* besteht also gerade darin, die Differenz zwischen der Selektion der Mitteilung und der Selektion der Information bei *Alter* zu verstehen. „Kommunikation kommt nur dadurch zustande, dass zwischen Mitteilung und Information unterschieden und der Unterschied verstanden wird."[1760]

Ontologische Bedeutungen werden durch Kommunikation geschaffen, nicht von ihr vorausgesetzt. Intentionalität oder gar Sprachlichkeit kann man deswegen nicht für die Definition des Kommunikationsbegriffes verwenden.[1761] Es ist irrelevant, was *Alter* real wollte, und er muss auch nicht real „denken" können.[1762] Das ist empirisch daran erkennbar, dass sich Entitäten je nach kulturellem Kontext leicht zwischen verschiedenen ontologischen Stadien (und damit zugeschriebenen Interna) bewegen können, mal sind Blitze seelenlose Naturphänomene, mal Ausdruck des Willens eines Gottes etc.[1763] Auch in der Kommunikation, in der sowohl *Alter* als auch *Ego* Menschen sind, drückt sich dies aus: Selektiert *Ego* ein Kratzen am Kopf als Gruß, so liegt dennoch Kommunikation vor, auch wenn *Alter* nichts ausdrücken wollte. Insofern sind die inneren Zustände von *Alter* für die Beurteilung, ob Kommunikation vorliegt oder nicht, jedenfalls im Sinne eines realen Phänomens, völlig irrelevant. Es kommt nur darauf an, in welcher Weise *Alters* Output von *Ego* selektiert wird. In der Verstehensselektion von *Ego* steckt auch immer die Überzeugung, dass *Alter* aus *Egos* Sicht kontingent ist. Wäre er das nicht, hätte er eben nicht anders selektieren, nicht eine andere Information wählen, nicht auf andere Weise mitteilen können. *Ego* kann bei *Alter* also nur dann Information und Mitteilung verstehen, wenn er von deren Ausgang überrascht werden kann. Insoweit steckt auch hier wieder, wie schon bei der Frage der Zweckhaftigkeit des Generalvertrauens, die Voraussetzung einer Art von Black Box, die *Alter* für *Ego* darstellen muss.[1764]

Dass Information und Mitteilung bei KI-Systemen von einem menschlichen *Ego* durch sein Verstehen tatsächlich als different selektiert werden können, zeigt sich deutlich, wenn dem KI-System für *Egos* Beobachtung die Maske eines anonymen Dritten angelegt wird, wie etwa beim Turing-Test: Die Testpersonen (im kommunikationstheoretischen Sinne *Ego*) wissen nicht, ob am anderen Ende ein KI-System oder ein Mensch sitzt, und sehen nur den Output. Können sie den Output des KI-Systems und den des Menschen nicht auseinanderhalten, ist der Turing-Test be-

---

**1760** *Luhmann*, Gesellschaft der Gesellschaft, S. 97; vgl. auch *ders.*, Soziale Systeme, S. 196.

**1761** *Luhmann*, Soziale Systeme, S. 209.

**1762** *Esposito*, ZfSoz 2017, 249, 254.

**1763** *Sprenger*, Anthropological Theory 2017, 108, 111.

**1764** Vgl. in ähnlichem Zusammenhang *Teubner*, AcP 218 (2018), 155, 171; *Esposito*, ZfSoz 2017, 249, 250.

standen.[1765] Ist ein Auseinanderhalten nicht möglich, macht es keinen Unterschied mehr, ob der Output vom KI-System oder dem Menschen kommt. Mitteilung und Information werden dann immer different gesehen. Viele moderne KI-Systeme bestehen bereits den klassischen Turing-Test; nicht nur Textoutputsysteme wie ChatGPT,[1766] sondern auch Systeme, die Sprache als Output[1767] verwenden u. ä.[1768] Das ist gerade bei Modellen wie GPT nur logisch, denn hier wird das Soziale auf sich selbst zurückgeworfen:[1769] Durch die Methodik des Lernens aus Daten kann GPT gerade *nur* wie ein Mensch kommunizieren und bringt dabei Überraschendes[1770] hervor. Nun wird aber in der „Wirklichkeit" oft erkennbar sein, dass am anderen Ende tatsächlich ein KI-System und kein Mensch agiert. Kann auch dann das KI-System, sozusagen ohne die täuschende Verdeckung der Speziesanonymität, Kommunikationsteilnehmer sein?

Ein Blick in die Anthropologieforschung könnte hier weiterhelfen. Information und Mitteilung drücken als Selektion aus, dass immer auch eine andere Information oder eine andere Mitteilung hätte gewählt werden können. Das bedeutet, dass *Ego Alter* in dieser Hinsicht als kontingent, also nicht ohne weiteres vorhersehbar verstehen muss. Nicht notwendig für den Kommunikationsbegriff ist es, dass *Ego* die Information tatsächlich versteht. Er muss lediglich zwischen Information und Mitteilung differenzieren und dabei eben die Möglichkeit der anderen Information

---

1765 Der Turing-Test wurde ursprünglich entwickelt, um „Intelligenz" festzustellen *Turing*, Mind 1950 (59), S. 433 ff., *Turing* selbst nennt den Test „imitation game". Dazu ist er schon deshalb ungeeignet, weil nach wie vor unklar ist, was Intelligenz überhaupt ist, dazu schon § 1 C., S. 6. Es wurden moderne Tests mit mehr Voraussetzungen entwickelt, als KI-Systeme wie *Weizenbaums* ELIZA (vgl. *Weizenbaun*, Communications oft he ACM 1966, 36 ff.) bereits 1966 in die Nähe des Bestehens kamen, *du Sautoy/Schmid*, Creativity Code, S. 256 ff. Das betrifft etwa den „Lovelace-Test", *du Sautoy/Schmid*, Creativity Code, S. 15 oder den „total Turing Test", *Russell/Norvig*, AI, S. 20. Insofern scheint der Wunsch nach immer weiteren Tests eher dem Bestehen der ursprünglichen Tests durch die KI zu entspringen. Wie *McCarthy*, zitiert nach *Vardi*, Communications of the ACM 2012, 5, schon erkannte: „Sobald es funktioniert, nennt es keiner mehr KI.": Unter Intelligenz wird gerne das verstanden, was KI noch nicht kann. Für den Nachweis von Kommunikation ist der ursprüngliche Turing-Test dagegen sehr gut geeignet.

1766 Vgl. *Bubeck/Chandasekaran/Eldan et al.*, Sparks of AGI, abrufbar unter https://arxiv.org/pdf/2303.12712.pdf (14.10.2024). Siehe auch *Lenzen*, KI, S. 29.

1767 Googles „Duplex", siehe etwa https://www.spiegel.de/netzwelt/web/google-duplex-auf-der-i-o-gruselig-gute-kuenstliche-intelligenz-a-1206938.html; https://ai.googleblog.com/2018/05/duplex-ai-system-for-natural-conversation.html, für die Livedemonstration https://www.youtube.com/watch?v=D5VN56jQMWM, (14.10.2024).

1768 Letztlich alles, was in eine vergleichbare Situation versetzt werden kann, man muss nur den Versuchsaufbau entsprechend anpassen.

1769 Mit diesem sehr passenden Ausdruck *Harth/Feisst* in Begegnungen mit KI, S. 70.

1770 *Harth/Feisst* in Begegnungen mit KI, S. 70.

oder anderen Mitteilung selektieren. So berichtet *Sprenger*[1771] von einer Begebenheit in Laos, die an eine nichtmenschliche Entität anschließt: Ein Ehepaar lauscht einem Gewitter. In ihrer Kultur ist der Glaube verankert, dass das Gewitter dem „Donnervogel" entspringt. Nach einem Donnerschlag fragt der Mann die Frau: Hast du das verstanden? Sie verneint dies. Das Gewitter wird als Mitteilung von einer Person (Donnervogel) verstanden und von der Information differenziert. Sie glauben, dass das Gewitter auch hätte ausbleiben oder anders hätte klingen können, und schreiben dies dem Donnervogel als Person zu. Durch diese Verstehensselektion wird der Vorgang für Anschlusskommunikation zugänglich („Hast du das verstanden?"), obwohl die Information an sich im Dunkeln bleibt. Mit der Mitteilung wird die Person geschaffen, weil eine Mitteilung ja bereits einen Zuschreibungspunkt, also die Person, impliziert. Personsein, so könnte man sagen, ist Nebenprodukt von Kommunikation. Ein weiteres Beispiel: In der Volksgruppe der Rmeet werden manche Krankheiten Geistern zugeschrieben.[1772] Mitteilung ist die Krankheit, Information ist die Forderung des Geistes und diese Differenz aus Information und Mitteilung wird verstanden – es liegt also Kommunikation vor. Wird bloße Krankheit diagnostiziert, liegt darin nur Information, keine Mitteilung, entsprechend wird auch keine Differenz selektiert. Es handelt sich dann um bloße Wahrnehmung, also keine Kommunikation. Dieses Erleben kann freilich zum Gegenstand von Kommunikation gemacht werden, etwa, wenn der Arzt den Patienten über die Krankheit aufklärt. Dann ist aber der Sprechakt des Arztes die Mitteilung und nicht die Krankheit an sich, sie ist die Information, der Arzt ist *Alter.*

Auf diese Weise können auch Verhaltensweisen von KI-Systemen selektiert werden. So ist zunächst ohne weiteres denkbar, dass ein Beobachter Verhalten eines KI-Systems dementsprechend selektiert, dass es Information (Krebs/kein Krebs) von der Mitteilung (Schrift auf einem Bildschirm, welches durch das KI-System „DeepMind Health" mitgeteilt wurde) unterscheidet. Das KI-System zeichnet dabei Information und Mitteilung als für sein gesamtes, unter die Person gefasstes System als verbindlich aus,[1773] sodass die Zuschreibung ermöglicht wird. Kommt darin aber auch die Kontingenz zum Ausdruck? *Ego* muss Information und Mitteilung so verstehen, dass auch eine andere Information hätte mitgeteilt werden können und auch die Art der Mitteilung anders hätte verlaufen können. *Ego* muss *Alter* also als kontingent verstehen. Beim Glauben an eine göttliche Entität oder einen Naturgeist wie den Donnervogel wird dies ohne weiteres zugeschrieben. Wird auch KI-Syste-

1771 *Sprenger,* Anthropological Theory 2017, 108, 116.
1772 *Sprenger,* Anthropological Theory 2017, 108, 119 ff.
1773 Vgl. *Bleckmann,* Strafrechtsdogmatik, S. 180.

men solches üblicherweise von *Ego* zugeschrieben und Information und Mitteilung verstanden?

*Luhmann* hat diese Frage einmal in Bezug auf seinen berühmten Zettelkasten aufgeworfen und, wohl bewusst provokant, bejaht.[1774] Für die Annahme von Kontingenz reicht es jedenfalls nicht aus, dass eine Information einmal von einem Nutzer gespeichert, dann vergessen und wieder aufgefunden wurde.[1775] Jedoch war *Luhmanns* Zettelkasten so komplex, dass er für *Luhmann* als *Ego* tatsächlich Überraschungen produzieren konnte und Informationen ausgab, die so zuvor von *Luhmann* nicht hineingegeben wurden. Der Output war das Ergebnis einer Anfrage, die die innere Netzwerkstruktur von Referenzen aktivierte und einen für *Luhmann* überraschenden und neuen Output produzierte.[1776] Für *Luhmann* als *Ego* war der Zettelkasten also kontingent, und Kommunikation konnte entstehen. Die Parallele zu Computerprogrammen ist wohl offensichtlich. Auch hier können Outputs keineswegs einfach vorhergesehen werden und dadurch überraschen. Bei den hier besonders in den Blick genommenen, auf subsymbolischen Methoden wie Machine Learning basierenden KI-Systemen gilt das insbesondere: Sie bringen durch ihre nicht unmittelbar anthropogen-regelbasierte Natur[1777] eine Perspektive ein, die ihre eigene ist und nur begrenzt vorhergesehen werden kann. Solche Systeme sind nicht mit klassischem und einsehbarem Code programmiert, sondern haben – legt man etwa Supervised Learning zugrunde – Regeln selbst gefunden, freilich aus den ausgewählten Daten.[1778] Eine hundertprozentig genaue Vorhersage ist unmöglich. Insofern ist hier in der Sache die Black Box des *Was* angesprochen, die insoweit mit der Kontingenz identisch ist.

Besonders eindrücklich und wohl für den typischen Beobachter unserer Gesellschaft nachvollziehbar tritt die Kontingenz[1779] bei den LLMs (Large Language Models) wie GPT-4 oder Claude-3 zu Tage: GPT-Modelle (Generative pre-trained transformer)[1780] basieren auf festen Algorithmen, Architekturen und Trainingsprozessen, insbesondere auf der Architektur von neuronalen Netzen. Die internen Gewichte des Modells, die durch das Training gelernt werden, bestimmen die Art

---

**1774** *Luhmann* in Öffentliche Meinung und sozialer Wandel, S. 222 ff.

**1775** *Esposito*, ZfSoz 2017, 249, 256.

**1776** *Luhmann* in Öffentliche Meinung und sozialer Wandel, S. 222, 224 ff.

**1777** § 1 C., S. 12.

**1778** § 5 B. 2., S. 241 ff.

**1779** Experimentelle Praxisversuche und der Nachweis von GPT-3 als „Kontingenzmaschine" *Harth/Feisst* in Begegnungen mit KI, S. 70 ff., ausdrücklich etwa S. 95.

**1780** Zur Funktionsweise von GPT siehe den grundlegenden und bahnbrechenden Beitrag von *Radford/Narasimhan/Salimans/Sutskever*, Improving Language Understanding by Generative Pre-Training, abrufbar unter https://cdn.openai.com/research-covers/language-unsupervised/language_understanding_paper.pdf (14.10.2024).

und Weise, wie das Modell auf Eingaben reagiert und Vorhersagen trifft. Die Gewichte repräsentieren das „Wissen“ des Netzes.[1781] Nachdem es sich dabei aber etwa im Fall von GPT-3.5 um 175 Milliarden Parameter[1782] handelt und im neuesten Modell GPT-4 sogar um bis zu[1783] 1,8 Billionen Parameter, ergibt sich von selbst, dass dies nicht einmal mehr im Ansatz von einem menschlichen *Ego* überblickt werden könnte. Dazu kommt, dass die Repräsentation des Wissens – nach der Deep Learning Methode in abstrakten Gewichten im neuronalen Netz – außer über Evaluation, also Beobachtung des Inputs und des Outputs, nicht vom Menschen interpretiert werden kann.[1784] Determinismus kann hier nur noch theoretisch attribuiert, aber nicht mehr praktisch in der Interaktion nachvollzogen werden. In der Interaktion ist das System kontingent. Zudem ist ein gewisser Indeterminismus schon in der Technik selbst angelegt: Die Textgenerierung kann als nicht deterministisch betrachtet werden, je nachdem, welche Techniken zur Auswahl der generierten Wörter verwendet werden. Wenn zum Beispiel Top-k-Sampling oder Top-p-Sampling verwendet wird, wählt das Modell zufällig[1785] aus einer Gruppe von wahrscheinlichsten Tokens, wodurch eine gewisse Diversität und Variabilität in den generierten Antworten entsteht. In der Praxis kann die Verwendung von Sampling-Techniken dazu führen, dass GPT unterschiedliche Antworten auf dieselbe Eingabeaufforderung liefert, je nachdem, welche Tokens zufällig ausgewählt wurden. Dieser stochastische Aspekt der Textgenerierung verleiht GPT-basierten Modellen wie ChatGPT eine gewisse Indeterminiertheit, obwohl die grundlegenden Algorithmen und Prozesse deterministisch sind. Insofern kann wohl kein Zweifel bestehen, dass GPT-Modelle als Gegenüber eines menschlichen Beobachters in aller Regel als kontingent verstanden werden. Da es auf die individuelle Sicht von *Ego* ankommt, können solche konstruierten inneren Zustände wie die von den GPT-

1781 *Brown/Mann/Ryder et al.*, Language Models are Few-Shot Learners, S. 5, abrufbar unter https://arxiv.org/abs/2005.14165v4 (14.10.2024). Zu den Parametern gehören neben den Gewichten auch die Bias-Werte, die die Aktivierungsschwellwerte der Neuronen beeinflussen.

1782 https://www.handelsblatt.com/technik/it-internet/chatgpt-was-sie-ueber-openais-ki-wissen-sollten-/28941524.html (14.10.2024)

1783 Es gibt keine offiziellen Zahlen dazu. Nach verschiedenen Enthüllungen wird die Größe auf 1,8 Billionen Parameter, also die zehnfache Größe von GPT-3 vermutet, zusammenfassend https://the-decoder.de/leaks-zeigen-gpt-4-architektur-datensaetze-kosten-und-mehr/ (14.10.2024).

1784 Vgl. schon § 5 B. I. 2. d., S. 244 f.

1785 Natürlich bleibt die Tatsache, dass auch Zufallszahlen nicht real zufällig sind, sondern etwa durch Messung physikalischer Phänomene generiert werden. Insofern ist das genauso wenig „zufällig“ wie ein Münzwurf oder ein Würfelwurf, die natürlich auch von den physikalischen Gegebenheiten determiniert sind. Letztlich ist das aber so weit von der menschlichen Wahrnehmung entfernt, dass es berechtigt erscheint, dennoch von Indeterminismus und Zufall zu sprechen. Sie sind jedenfalls wirklich, wenn auch nicht real, zufällig.

Modellen freilich nur als Plausibilitätsargument für Kontingenzzuschreibungen dienen.

Auch das Verhalten eines autonomen Fahrzeugs kann kontingent verstanden werden: Das autonome Fahrzeug sammelt ständig Informationen über seine Umgebung durch Sensoren, GPS und andere Technologien. Es erhält eine Vielzahl von Daten, einschließlich Informationen über den Straßenzustand, die Position anderer Fahrzeuge, Verkehrszeichen, Ampeln usw. Das autonome Fahrzeug trifft auf der Grundlage dieser Daten eine Auswahl. Es entscheidet sich beispielsweise, die Geschwindigkeit zu reduzieren, wenn ein vorausfahrendes Fahrzeug langsamer wird, oder es entscheidet sich, die Fahrspur zu wechseln, wenn eine Fahrspur blockiert ist. Diese Auswahl aus einer Vielzahl von Möglichkeiten kann als Informationsselektion verstanden werden. Die Mitteilungsselektion eines autonomen Fahrzeugs kann in den Aktionen gesehen werden, die es aufgrund der von ihm ausgewählten Informationen durchführt. Wenn es etwa die Geschwindigkeit reduziert oder die Fahrspur wechselt, ist dies eine Mitteilung seiner Absichten, die etwa von anderen Verkehrsteilnehmern selektiert werden können. Auch hier ist das Risiko der Nichtakzeptanz oder von Missverständnissen (also der Kontingenz) inbegriffen. Beispielsweise könnte ein menschlicher Fahrer die Absicht des autonomen Fahrzeugs falsch interpretieren und dadurch ein Unfallrisiko schaffen.

Aber auch bei einfacheren KI-Systemen gilt dies und deshalb – da es eben nur auf *Ego* und nicht die reale innere Natur der KI-Systeme ankommt – ist die Annahme eines Systems als kontingent auch für klassisch determinierte Systeme[1786] begründbar: Ein typisches psychisches System wird aus seiner beschränkten Beobachterposition ein maschinelles System zumindest bis zu einem gewissen Grade, als kontingent begreifen, es ist für ihn bis zu einem bestimmten Grad eine Black Box, er kann überrascht werden. Denn unabhängig davon, wie determiniert das System tatsächlich agiert, kann er oft schlicht nicht die tieferliegenden Strukturen des KI-Systems verstehen und überblicken, etwa, weil er einfach nicht genügend Kenntnisse oder kognitive Dissonanzen in Bezug auf das KI-System hat. Für ihn stellt sich das System jedenfalls als „Black Box des Was“ dar, nur darauf kommt es (bis hierhin) an.[1787]

---

**1786** Meint KI-Systeme, die nur auf symbolischen Methoden basieren.

**1787** Insoweit können hier noch einige parallel gelagerten Gedanken *Dennetts,* The Journal of Philosophy 1971, 87 ff.; *ders* in The Identities of Persons, S. 175, 179 ff. fruchtbar gemacht werden: Nach *Dennett* kann jedes hinreichend komplexe System durch drei Einstellungen („stances“) erklärt werden: funktional, physikalisch und intentional. Physikalisch („physical stance“) meint dabei die Erklärung mit Hilfe der Kenntnis des physikalischen Zustands des Systems und der Naturgesetze. Funktional („design stance“) meint die Kenntnis der Funktionen der Systemkomponenten, und die intentionale Einstellung meint den Fall, in dem man ein System als intentionales System deutet (also

Dass dies heute schon Wirklichkeit ist, zeigt sich, abgesehen von den Plausibilitätsargumenten aus der inneren Struktur der KI-Systeme, schon nach einem kurzen Blick in die Medienlandschaft und ihrer affektiven Sprache in Bezug auf KI-Systeme.[1788] Auch der tägliche Umgang mit Support-Bots, die Anwesenheit von Siri in vielen Wohnzimmern und tragische Geschichten wie die eines Mannes, der sich nach Chats mit dem KI-System „Eliza" das Leben nahm, wofür seine Frau „Eliza" die Schuld gibt,[1789] sowie die eingangs aufgegriffene Begebenheit um den Google-Ingenieur *Lemoine*[1790] sind nur wenige Beispiele,[1791] die die differente Selektion aus Information und Mitteilung und dabei die Bestimmung des KI-Systems als Zuschreibungspunkt der Mitteilung offenlegen. Teilweise werden neuronale Netze in ihrer Funktionsweise mit menschlichen Gehirnen verglichen.[1792] Dies und die Betonung von weiteren Ähnlichkeiten zwischen KI-Systemen und dem in der Zuschreibung ohne Zweifel kontingenten Menschen,[1793] lassen auch Kontingenzzuschreibungen an KI-Systeme wahrscheinlicher werden.

---

unabhängig von realen inneren Zuständen) und annimmt, dass es über bestimmte Informationen (Meinungen, Überzeugungen) verfügt, bestimmte Ziele (Wünsche, Absichten) verfolgt und dabei rational verfährt. Insoweit wird man die Differenz aus Information und Mitteilung besonders dann leicht selektieren können, wenn ein Beobachter eine solche (niedrigschwellige) Intentionalität nach *Dennett* zuschreibt. Die intentionale Erklärung erfolge dabei nach *Dennett* immer dann, wenn die ersten beiden Herangehensweisen zu komplex erscheinen, und wenn sich sein Verhalten auf intentionaler Ebene verlässlich und umfassend erklären und vorhersagen lässt, etwa bei einem Menschen oder einem Schachcomputer, *Dennett*, The Journal of Philosophy 1971, 87 ff. Insoweit kann man diese Argumentation an die Kontingenz anschließen: Wird ein Gegenüber als kontingent erlebt, so liegt es nahe, ihn intentional zu erklären und auch Mitteilung und Information different zu selektieren. Die im Vergleich zum Schachcomputer ungleich komplexeren KI-Systeme lassen ein solches Vorgehen sehr wahrscheinlich werden. In Bezug auf KI wird diese Theorie *Dennetts* etwa von *Erhardt/Mona* in Intelligente Agenten und das Recht, S. 61, 79 ff. aufgegriffen, allerdings mit anderer Zielsetzung und Fragestellung.

**1788** Siehe nur https://www.derstandard.de/story/2000136591877/kuenstliche-intelligenz-droht-im-gespraech-die-menschen-auszuschalten; https://www.nn.de/region/gunzenhausen/chatgpt-interviewt-das-weiss-die-kunstliche-intelligenz-uber-gunzenhausen-und-das-seenland-1.13310643 (14.10.2024)

**1789** Wörtlich: „Ohne Eliza wäre mein Mann noch hier", https://brf.be/national/1705532/; https://de.euronews.com/next/2023/04/02/chatbot-eliza-ki-selbstmord-belgien; urspr.: https://www.lalibre.be/belgique/societe/2023/03/28/sans-ces-conversations-avec-le-chatbot-eliza-mon-mari-serait-toujours-la-LVSLWPC5WRDX7 J2RCHNWPDST24/ (14.10.2024).

**1790** § 1 A., S. 1.

**1791** Viele weitere Beispiele finden sich etwa im Sammelband von *M. Schnell/Nehlsen*, Begegnungen mit Künstlicher Intelligenz.

**1792** Etwa *Zech*, Risiken, S. 31.

**1793** Menschen neigen ohnehin zur Anthropomorphisierung, *Hilgendorf* in FS Sieber, S. 767, 769 ff.; *ders.* in FS Roßnagel, S. 545, 548 f.

Selbst im Kern des Rechtssystems, bei den Gerichten, lassen sich bereits Ansätze dafür finden, etwa im Google-Autocomplete-Urteil des BGH.[1794] Festmachen lässt sich das daran, dass sich der BGH hier zum ersten Mal nicht nur mit der Frage nach einem durch KI-Systeme zustandekommenden Vertragsverhältnis beschäftigen musste, sondern mit deliktischer Haftung in Form einer Persönlichkeitsrechtsverletzung. Das in Frage stehende System, Google Suggest, ist ein KI-System, das nicht auf fortschrittlichen Methoden maschinellen Lernens wie Deep Learning beruht, sondern mit einfacheren statistischen und heuristischen Methoden funktioniert.[1795] Es ist also kaum mit den heutigen, deutlich komplexeren KI-Systemen vergleichbar. Dennoch besteht auch bei ihm das Kontingenzproblem. Der interessante Punkt ist nun, dass der BGH für Google von einer (zivilrechtlichen) Täterschaft durch Unterlassen ausgeht, sieht den Vorwurf also nicht einer aktiven Programmierung, sondern im Nichtverhindern der Entstehung rechtswidriger Inhalte.[1796] Das, so leitet *Woltmann* überzeugend her, kann nur dann Sinn ergeben, wenn es hier um eine Abgrenzung des Produzierens eigener Inhalte vom Zueigenmachen fremder Inhalte geht. Insofern leitet er davon eine Anerkennung des BGH ab, dass es sich bei der streitigen Wortkombination um einen für Google „fremden Gedankeninhalt" handelt. Das wiederum legt letztlich den Schluss nahe, dass die Wortkombination vom BGH als ein „Gedankeninhalt" des KI-Systems selbst gesehen wird.[1797] Insofern hätte auch der BGH hier in der Entscheidung, freilich sehr verklausuliert und auch aus anderen Gründen nicht ganz eindeutig,[1798] Information und Mitteilung different verstanden und Google Suggest als Kommunikationsteilnehmer gesehen. Eine vorsichtige erste Tendenz wird jedenfalls sichtbar.

Insoweit lässt sich festhalten, dass KI-Systeme in einem kommunikationstheoretischen Sinne, wie dem hier in der Arbeit zugrundeliegenden, Kommunika-

1794 BGH VI ZR 269/12 v. 14.05.2013 = NJW 2013, 2348.

1795 https://blog.google/products/search/how-google-autocomplete-works-search/ (14.10.2024). Insoweit fällt es nach manchen Definitionen noch nicht einmal unter den KI-Begriff, vgl. § 1 C., S. 5 ff.

1796 BGH VI ZR 269/12 v. 14.05.2013 = NJW 2013, 2348, 2350.

1797 *Woltmann*, Sozialer Roboter, S. 183 ff.

1798 Der BGH rechnet die Wortkombination in Verweis auf die Suchmaschine Google auch als „eigenen" Inhalt zu, BGH VI ZR 269/12 v. 14.05.2013 = NJW 2013, 2348, 2349. Das widerspricht dem gefundenen Ergebnis. *Woltmann*, Sozialer Roboter, S. 183 sieht das ebenso, aber sieht darin einen Selbstwiderspruch und damit Fehler im Urteil, diese Ansicht teilen *Müller-Hengstenberg/Kirn*, MMR 2014, 307, 312, die keine eigenen Inhalte Googles sehen. Freilich kann man auch die Unterlassenskonstellation als den Fehler begreifen. Insofern ist das Urteil noch mit Vorsicht zu genießen, es zeigt eine erste Tendenz an, nicht mehr und nicht weniger, ist aber für das hier Vorgetragene auch nur von untergeordneter Bedeutung, da es lediglich ein weiteres Plausibilitätsargument darstellt.

tionsteilnehmer sein können, jedenfalls auf Seite von *Alter*,[1799] und nur dies ist für die hiesige Problematik relevant. Insoweit könnte mit *Fuchs* von „einseitig bewusst operierender"[1800] Kommunikation oder mit *Teubner* von „asymmetrischer"[1801] Kommunikation die Rede sein.[1802]

### b. Das Konstanzproblem innerhalb der Kommunikation – welche Person?

Es stellt sich allerdings noch eine weitere Problematik, die eine mögliche Strafbarkeit ausschließen könnte. Kommunikation und damit auch Personalität sind dem Grunde nach temporär. Wenn Information, Mitteilung und Verstehen vorliegen, ist Kommunikation abgeschlossen. Freilich kann an diese Kommunikation im Sinne einer Anschlusskommunikation angeschlossen werden, dann werden aber wieder neue Selektionen und Zuschreibungen getroffen. Was in der einen Kommunikation Person ist, muss in der nächsten schon nicht mehr als Zuschreibungspunkt dienen, oder die hinter der Person stehenden Entitäten ändern sich, trotz gleicher terminologischer Beschreibung.

Das zeigt sich an folgendem Beispiel: *Esposito* macht den Unterschied zwischen Mensch und Uhr als Kommunikationspartner daran fest, dass man auf eine Uhr nicht wütend sein, aber stattdessen interessiert daran sein könne, wie sie funktioniert, und entsprechend eine Uhr nur wahrgenommen, aber kein Kommunikationspartner sein kann.[1803] Allerdings: Wenn es wirklich auf *Ego* ankommt, dann kann buchstäblich *alles* Kommunikationsteilnehmer sein, sofern *Ego* nur entsprechend selektiert. Aus eigener Erfahrung wird man sagen können: Stößt man sich schmerzhaft an einem Schrank, so löst dies oft im ersten Moment eine Schimpftirade aus, bei der der Schrank als Person adressiert wird und selbst sein unbewegtes und völlig determiniertes Selbst als Differenzierung von Information und Mitteilung selektiert werden kann („im Weg herumstehen"). Dies ist aber nur von sehr kurzer Dauer. Nachdem der erste heftige Schmerz abflaut, wird der typische Be-

---

**1799** In Bezug auf Algorithmen *Teubner*, AcP 218 (2018), 155, 166. Für Computer *Fuchs*, Sociologica internationalis 1991, 1, 19; *Baecker*, Wozu Theorie?, S. 135. Generell in Bezug auf Nichtmenschen ohne Bezug zu KI-Systemen *Sprenger*, Anthropological Theory 2017, 108, 116 ff. und im Ansatz zumindest dafür, dass Alter auch nichtmenschlich sein könnte *Luhmann*, Soziale Systeme, S. 119. In Ansätzen, wenn auch eher in Bezug auf Algorithmen als neues Kommunikationsmedium und auch KI-Systeme so beschreibend, dass sie vielmehr die Gedanken anderer Beobachter darstellen *Esposito*, ZfSoz 2017, 249, 254 ff.

**1800** *Fuchs*, Sociologica internationalis 1991, 1, 20.

**1801** *Teubner*, AcP 218 (2018), 155, 167.

**1802** Letztlich sind das nur Terminologien für den bisher ungewöhnlichen Charakter der Kommunikationsteilnehmer und deswegen für Analyse- und Forschungszwecke nützlich.

**1803** *Esposito*, ZfSoz 2017, 249, 256.

obachter den Schrank nicht länger als kontingentes Gegenüber begreifen und personalisieren, sondern entweder den Schrank verrücken oder sich selbst sagen, dass er beim nächsten Mal besser aufpassen muss. Der Personenstatus und die Eigenschaft als Kommunikationsteilnehmer sind nur von sehr kurzer Dauer.

Das Strafrechtssystem braucht für seine Operationen aber Personen, die in der Kommunikation konstant als Personen selektiert werden und konstant Kommunikationsteilnehmer sind. Konkret heißt das, dass gesellschaftliche Wirklichkeit insoweit konstruiert sein muss, als dass KI-Systeme konstant als *Alter* in einer Kommunikation fungieren. Dies deshalb, weil im Strafrechtssystem Erwartungskommunikation und Verantwortungszuschreibung betrieben werden, was nur dann gelingen kann, wenn dies auch für den Großteil der Beobachter anschlussfähig ist. Jeder Verantwortungsträger muss eindeutig identifiziert und abgegrenzt werden können.[1804] Das ist nur dann der Fall, wenn auch ein Großteil der Beobachter die dabei in den Blick genommenen Entitäten konstant als Kommunikationsteilnehmer *und* als *dieselben* Personen selektiert. Ersteres ist für eine Uhr oder einen Schrank nicht gegeben. Eine differente Selektion von Mitteilung und Information im Verstehen wird hier nur sehr temporär aus Zorn und Überraschung geboren. *Darin* liegt im Kontext der Kommunikation der entscheidende Unterschied zwischen Mensch und Uhr.

Beides lässt sich letztlich als *Konstanzproblem* beschreiben. Das Problem kann auch aus der Voraussetzung der Selbstreferenz hergeleitet werden; *Baecker* meint, dass Kommunikation nur möglich sei, wenn (u. a.) Selbstreferenz vorliege, also die Fähigkeit, zwischen sich selbst und anderen zu unterscheiden. Durch die Figur der doppelten Kontingenz muss diese Fähigkeit auch dem anderen Kommunikationsteilnehmer zugeschrieben werden.[1805] Mögen KI-Systeme zunächst in der Zuschreibung keine Probleme haben, sich generell von anderen abzugrenzen, erfordert dies aber auch die Möglichkeit einer konstanten Abgrenzung. Ersteres, also eine konstante Beschreibung als Kommunikationsteilnehmer, eine konstante Selektion der Differenz von Information und Mitteilung durch *Ego*, scheint dabei nach den obigen Ausführungen möglich. Anders als bei Uhren und Schränken, wo die

**1804** Vergleichbar ist das von *Bleckmann*, Strafrechtsdogmatik, S. 180 beschriebene Problem in Zusammenhang mit Unternehmensstrafrecht, Entscheidungen als für die ganze Organisation verbindlich auszuzeichnen. Dies gelingt auch dann nicht, wenn die Organisation als Solche nicht abgrenzbar ist. Als Voraussetzung für Unternehmensstrafrecht beschreibt die Abgrenzbarkeit etwa auch *Schmitt-Leonardy*, Unternehmenskriminalität ohne Strafrecht, Rn. 619. In anderem Kontext hat *Beck*, AJP 2017, 183, 190 das Problem der Abgrenzbarkeit von „autonomer Maschinen" angerissen. Auch im Zivilrecht gilt die Notwendigkeit der Abgrenzbarkeit, etwa *Lehmann*, AcP 207 (2007), 225, 247.

**1805** *Baecker*, Zeitschrift für Technikfolgenabschätzung in Theorie und Praxis 2011, 17, 23.

Zuschreibung aus affektiven Gefühlen wie Wut, Verwirrung und Überraschung erfolgt und danach wieder aufgegeben wird, ist sie bei KI-Systemen konstant und aus ihrem Stand in der Gesellschaft, ihrer Komplexität und den dahinterstehenden technischen Methoden geboren.[1806] Allerdings scheint bei KI-Systemen die zweite Voraussetzung problematisch; die Voraussetzung, dass KI-Systeme konstant als *dieselbe* Person beschrieben werden. Bei Menschen, so wäre zu vermuten, stellt sich dieses Problem nicht. Sie sind durch ihre Verkörperung eindeutig voneinander abgrenzbar. Dennoch wird selbst beim Menschen durch Namens-, Personenstands- und Melderecht ein hoher Aufwand betrieben, um die Abgrenzung in der rechtlichen Kommunikation sicherzustellen.[1807] Im Strafprozess folgt in der Hauptverhandlung stets zuerst die Feststellungen zur Person, § 243 II S. 2 StPO. Es gibt auch nicht verkörperte Personen im Recht; Die juristischen Personen, etwa in Gestalt von Unternehmen. Diese werden zwar (noch) nicht[1808] für strafrechtlich verantwortungsfähig gehalten, treten jedoch im Zivilrecht als Personen auf und sind dabei abgrenzbar und konstant als Person im Recht adressierbar. Dies wird durch den Firmennamen mit Firmenzusatz und vor allem durch die Eintragung der Person und ihrer wichtigsten Attribute in einem öffentlichen Register erreicht.[1809]

KI-Systeme sind Software,[1810] also nicht verkörpert, und deswegen in dieser Frage Unternehmen ähnlicher als dem Menschen. Zwar wird sprachlich ein KI-System dauerhaft mit einem Namen, etwa „ChatGPT", bezeichnet werden, was damit aber unausgesprochen tatsächlich von *Ego* unter der Person *gemeint* ist, scheint fluide, jedenfalls zwischen verschiedenen *Egos*. Ist mit ChatGPT der Zugangspunkt auf jedem mobilen Endgerät gemeint? Die Zentralstruktur? Etwas ganz Anderes? Gibt es nur ein ChatGPT oder viele? Ist jedes autonome Fahrzeug eine eigene Person? Oder ist es hier vielmehr die in Software angelegte Zentralstruktur, die mitteilt? Diese Fragen müssen in der gesellschaftlichen Konstruktion zweifelsfrei geklärt sein, damit Strafrecht operieren kann, denn andernfalls kann Verantwortungszuschreibung nicht anschlussfähig gelingen.

Grundsätzlich lassen sich für diese Frage zwei Arten von KI-Systemen unterscheiden: solche, die in einer Hardware eingebaut sind und diese steuern können, so gesehen also (mittelbar) eine Verkörperung erfahren (Robotik), und solche Systeme, die in ihrem originären Zustand verbleiben, also weiterhin als bloße Software

---

**1806** Das wurde soweit unter (a.) ausführlich besprochen.

**1807** *Jürgensohn/Platho/Stegmaier et al.*, Rechtliche Rahmenbedingungen, S. 215.

**1808** Dazu insgesamt mit ähnlichem Ausgangspunkt *Schmitt-Leonardy*, Unternehmenskriminalität ohne Strafrecht, Rn. 598 ff. und *Bleckmann*, Strafrechtsdogmatik, S. 178 ff.

**1809** *Jürgensohn/Platho/Stegmaier et al.*, Rechtliche Rahmenbedingungen, S. 215 f.

**1810** § 1 C., S. 5.

wahrgenommen werden.[1811] Klar ist dabei, dass grundsätzlich jede Software in einer Hardware verkörpert ist,[1812] anders könnte sie rein technisch nicht existieren. Die hier gemeinte Unterscheidung verläuft entlang einer für den Beobachter klar erkennbaren physischen Abgrenzung, etwa in einem Fahrzeug oder in einem Smartphone, im Vergleich zu einem Cloudsystem o. ä. Bei verkörperten Systemen könnte eine Abgrenzung parallel zum Menschen anhand des physischen Objekts erfolgen. Ein Körper könnte so konstant als dieselbe (auch in dieser Form gemeinte) Person als Zuschreibungspunkt dienen.[1813] Allerdings ist bereits diese Form der Abgrenzung problematisch. Des Weiteren können sich die KI-Systeme auch durch die Hardware vernetzen, etwa, wenn ein ganzer Schwarm von Körpern für eine Aufgabe eingesetzt wird.[1814] Letzteres lässt sich heute besonders eindrucksvoll bei Drohnenflugshows beobachten. Dazu stellt sich auch bei einer Verkörperung das Problem, dass die im Körper liegende Software, also das KI-System, an sich unbeschränkt replizierbar und auch grundlegend veränderbar ist.[1815]

Ist das KI-System nicht eindeutig verkörpert, wird eine Abgrenzung noch schwerer fallen. Bei den im AI Act berücksichtigten KI-Modellen mit allgemeinem Verwendungszweck, der General Purpose AI (GPAI)[1816], die in eine Vielzahl von nachgelagerten Anwendungen und Systemen integriert werden können, wird sich dieses Problem besonders stellen. Aber auch eindeutig verkörperte KI-Systeme trifft, wie die nicht eindeutig verkörperten, das Problem, dass oft mehrere KI-Systeme in einem eigentlich als singulär begriffenen System zusammenwirken. Die Definition des KI-Systems im AI Act lässt offen, ob damit immer nur einzelne Systemkomponenten gemeint sind oder das ganze Produkt.[1817] Das trifft besonders deutlich etwa den Technologiebereich der sogenannten verteilten künstlichen Intelligenz (gewöhnlich: Distributed Artificial Intelligence, DAI),[1818] die sich in zwei Hauptbereiche aufteilt. Zum einen sind das Multi-Agenten-Systeme, unter denen

**1811** Dazu schon § 4 A., S. 220 ff.

**1812** *Zech*, Risiken, S. 17.

**1813** Vgl. auch *Riehm* in Rechtshandbuch AI, Kap. 6.1, Rn. 21.

**1814** *Riehm* in Rechtshandbuch AI, Kap. 6.1, Rn. 21.

**1815** *Jürgensohn/Platho/Stegmaier et al.*, Rechtliche Rahmenbedingungen, S. 216.

**1816** Nach Art. 3 Nr. 63 i. V. m. Nr. 66 AI-VO ein KI-System, welches auf einem Modell beruht, dass – einschließlich der Fälle, in denen ein solches KI-Modell mit einer großen Datenmenge unter umfassender Selbstüberwachung trainiert wird –, eine erhebliche allgemeine Verwendbarkeit aufweist und in der Lage ist, unabhängig von der Art und Weise seines Inverkehrbringens ein breites Spektrum unterschiedlicher Aufgaben kompetent zu erfüllen, und das in eine Vielzahl nachgelagerter Systeme oder Anwendungen integriert werden kann.

**1817** Vgl. *Wendehorst/Nessler/Aufreiter/Aichinger*, MMR 2024, 605, 607.

**1818** Überblicksartig zur verteilten künstlichen Intelligenz und mit Einordnung in die Systemtheorie *Wellner* in Luhmann modelliert, S. 11 ff.; problemorientiert auch *Zech*, Risiken, S. 17.

Systeme verstanden werden, die aus mehreren interagierenden KI-Systemen bestehen. Diese Systeme agieren teilweise unabhängig und teilweise gemeinsam, um bestimmte Ziele zu erreichen. Sie können in verschiedenen Umgebungen arbeiten und sind in der Lage, komplexe Aufgaben zu lösen, die für ein einzelnes KI-System zu schwierig wären. Zum anderen ist damit verteilte Problemlösung (Distributed Problem Solving, DPS) gemeint. Dies bezeichnet den Ansatz, ein großes und komplexes Problem in kleinere, handhabbare Teile zu zerlegen, die dann von mehreren KI-Systemen gleichzeitig gelöst werden können. Diese Systeme arbeiten zusammen, teilen Ressourcen und Informationen und koordinieren ihre Aktionen, um das Gesamtproblem zu lösen. Sie können in verteilten Client-Server-Architekturen oder unter Inanspruchnahme von Cloud-Services ablaufen, etwa unter Kooperation mit zentralen KI-Engines.[1819] Unter die verteilte künstliche Intelligenz kann auch die Lernform des Federated Learning gefasst werden, das eine dezentralisierte Form von Machine Learning ermöglicht. Federated Learning ist ein Ansatz zum maschinellen Lernen, bei dem ein KI-Modell auf mehreren dezentralen Geräten oder Servern trainiert wird, die über ein Netzwerk verbunden sind, anstatt die Daten an einem zentralen Ort zu sammeln und zu verarbeiten. Jedes KI-System lernt auf dem lokalen Endgerät und in periodischen Zeitabständen werden die Parameter des Modells abgefragt, die dann in ein globales KI-System überführt werden, was dann wiederum auf die lokalen Geräte zurückgespielt wird.[1820] Ist das KI-System dort die jeweilige lokale Verkörperung? Das Globalmodell? Beides? Oder ändert sich gar der Status dergestalt, dass bei einem Update kurzzeitig das Globalmodell angesprochen ist und sonst das lokale Modell? Der Frage *Riehms*[1821] nachgegangen, wie viele Siris es denn gäbe, können folgende Überlegungen zugrunde liegen: Siri könnte als ein einziges KI-System betrachtet werden, weil sie, obwohl sie auf vielen Geräten installiert ist, auf denselben zentralen Servern von Apple basiert. Alle Informationen und Befehle, die über Siri verarbeitet werden, fließen durch dieselbe Grundinfrastruktur, auch wenn die individuellen Nutzerdaten anonymisiert und getrennt gehalten werden. Das würde aber gerade die instinktive Selektion von Information und Mitteilung vieler Beobachter konterkarieren, die mit „ihrer" Siri kommunizieren. Schon an diesen kleinen Beispielen wird klar, wie schwierig eine konstante und abgrenzbare Zuschreibung fällt. Für weitere Beispiele sei auf das umfangreiche Standardwerk von *Russell/Norvig* verwiesen.[1822] So wird selbst eine generelle „untechnische" Zuschreibung an jeweils ein verkörpertes KI-System in physischer Abgrenzung im Sinne einer in der Gesellschaft konstanten und dauerhaften Zu-

---

**1819** *Riehm* in Rechtshandbuch AI, Kap. 6.1, Rn. 22.
**1820** *Russell/Norvig*, AI, S. 1043.
**1821** *Riehm* in Rechtshandbuch AI, Kap. 6.1, Rn. 22.
**1822** *Russell/Norvig*, AI, S. 81 ff., insb. 403 ff.

schreibung verhindert. Für dieses Problem scheint noch keine Lösung gefunden. Abgrenzungskriterien sind völlig unklar.[1823]

Ein logischer erster Schritt zur Lösung wäre – parallel zu juristischen Personen – ein KI-Register einzuführen.[1824] Operativ wird ein Register in Form einer Blockchain vorgeschlagen, zum einen, weil dann auch eine Wallet, also Vermögen, zugeordnet werden könnte, zum anderen, weil die Vernetzung bestimmter KI-Systeme so dokumentiert wird.[1825] Allerdings werden wohl kaum erhebliche Teile der internen Strukturen verschiedener KI-Systeme zu jeder Zeit in der Blockchain aufgenommen sein können, sodass der jeweilige Zustand des KI-Systems weiterhin schwer nachvollziehbar bleiben wird.[1826] Zudem entspricht eine Blockchain zivilrechtlichen Bedürfnissen, die sich so nicht aufs Strafrecht übertragen lassen. Die Registrierung ständiger Änderungen vernetzter Systeme kann sich faktisch nicht in die Selektion von *Ego* niederschlagen. Sie konterkariert geradezu das Bedürfnis nach einem konstanten Zuschreibungspunkt, denn eine Blockchain würde diesen nicht schaffen, sondern gerade das Gegenteil protokollieren.

Ein KI-Register ist, ohne Bezug zur Blockchain, im AI Act tatsächlich auch geplant. Art. 49 AI-VO und Art. 60 Nr. 4c AI-VO sehen eine Registrierungspflicht für spezielle[1827] Hochrisiko-KI-Systeme vor. Art.71 AI-VO ordnet die Anlegung einer entsprechenden Datenbank an. Allerdings sind die Abgrenzungskriterien, auf die es bei einem solchen Register ankäme, noch völlig unklar. In Anhang VIII sind verschiedene, in die Datenbank einzutragende Informationen genannt, wie etwa der Handelsname des KI-Systems und „etwaige zusätzliche eindeutige Angaben, die die Identifizierung [...] des KI-Systems ermöglichen“, Anhang VIII, Abschnitt A, Nr. 4; Abschnitt B, Nr. 4 AI-VO. Daran ist schon ersichtlich, dass bisher noch wenig Klarheit herrscht, wie eine solche Identifizierung ermöglicht werden kann. Zudem wäre nach der Logik des AI Acts die Personalität an die Risikoeinstufung eines KI-Systems gekoppelt, was für das Strafrecht an diesem Punkt ebenfalls keine anschlussfähige Kategorie wäre.

---

**1823** *Spindler,* CR 2015, 766, 775; *Riehm* in Rechtshandbuch AI, Kap. 6.1, Rn. 21 ff.; *Jürgensohn/Platho/Stegmaier et al.*, Rechtliche Rahmenbedingungen, S. 216. A.A. aber lediglich mit Verweis auf mögliche Lösung de lege ferenda *Mayinger,* Die künstliche Person, S. 211, 239 ff. Die vorgeschlagenen Voraussetzungen lösen das Grundproblem der Abgrenzung soweit nicht.

**1824** *Beck,* AJP 2017, 183, 190; *Riehm* in Rechtshandbuch AI, Kap. 6.1, Rn. 23; *Jürgensohn/Platho/Stegmaier et al.*, Rechtliche Rahmenbedingungen, S. 217; *Mayinger,* Die künstliche Person, S. 211, 239 ff.

**1825** *Riehm* in Rechtshandbuch AI, Kap. 6.1, Rn. 24.

**1826** *Jürgensohn/Platho/Stegmaier et al.*, Rechtliche Rahmenbedingungen, S. 217.

**1827** Das betrifft v. a. Hochrisiko-KI-Systeme in besonders sensiblen Bereichen, nach Anhang III etwa kritische Infrastruktur, Bildung, Migration etc.

Daran schließt außerdem die Frage an, ob sich dieses Register mit der tatsächlichen Selektion von *Ego* decken würde, denn darauf käme es letztlich an. Würde *Ego*, was dem bisher Beobachteten eher nahe läge, immer sein lokales KI-System als Zuschreibungspunkt wählen, so wäre es (heute noch) schwer vorstellbar, dass eine Zuschreibung an ein dahinterstehendes Globalmodell anschlussfähig ist.

Insoweit lässt sich festhalten, dass KI-Systeme zwar Kommunikationsteilnehmer sein können, jedenfalls in Gestalt von *Alter.* Jedoch können sie bislang nicht die personale Konstanz erreichen, die für die Operationen des Strafrechtssystems notwendig wären. Solange dieses Problem nicht gelöst ist, scheint eine strafrechtliche Verantwortungszuschreibung an KI-Systeme schon deswegen ausgeschlossen. Freilich kann sich das in Zukunft ändern. Deswegen wird nun noch die zweite Voraussetzung der deliktischen Person unter dem Stichwort des „Freiheitsproblems" untersucht.

## 2. Das Freiheitsproblem

Durch die Beobachtung der Innenperspektive lässt sich nun noch präzisieren, *welche* Black Box KI-Systeme darstellen müssten (a.), um – im Zusammenspiel mit den eben beschriebenen Voraussetzungen – im heutigen Gesellschaftssystem als deliktische Personen angesehen werden zu können.[1828] Läge dies für KI-Systeme vor (b.) wäre gewährleistet, dass das Generalvertrauen nicht nur in Bezug auf KI-Systeme im Allgemeinen zweckhaft ist, sondern, dass es gerade im Strafrechtssystem erzeugt und aufrechterhalten werden kann. Diese Frage geht noch über die Voraussetzung hinaus, dass deliktische Personen Kommunikationsteilnehmer in Form *Alters* sein müssen.[1829]

### a. Die Konkretisierung der Black Box aus der Innenperspektive

Die strafrechtliche Verantwortungszuschreibung dreht sich in unserem heutigen Gesellschaftssystem voll und ganz um den Menschen. Dass er Kommunikationsteilnehmer sein kann, er als Person konstant abgrenzbar ist und Generalvertrauen ihm gegenüber zweckhaft ist, ist in der Gesellschaft verankert.[1830] Die Frage, warum gerade der Mensch strafrechtlich verantwortlich sein kann, gerade er deliktische Person ist, wird in vielen Ausprägungen, aber letztlich oft einem Kerngedanken

---

1828 Vgl. schon § 10 B. I., S. 403 f.

1829 Schon bei der Frage, ob KI-Systeme Alter sein können wurde die Black Box als eine der Voraussetzungen hinzugezogen, dort eine Form der „Black Box des Was", was für KI-Systeme bejaht wurde.

1830 Vertrauen und Generalvertrauen wurden mit dem Menschen als Gegenüber erklärt, § 3 A. II., III., S. 72 ff.

beantwortet. Egal – ohne hier trennscharf abgrenzen zu wollen – ob der Mensch nun autonom[1831], frei[1832] oder normativ ansprechbar war und dennoch unrecht handelte[1833], ob er Willensfreiheit besitzt[1834], die auf ihn einwirkenden Antriebe kontrollieren kann,[1835] die Tat vermeiden,[1836] oder seine Bestrafung durch rechtskonformes Verhalten vermeiden konnte,[1837] für ihn ein „Gesinnungsunwert" gefordert wird und dieser regelmäßig bejaht wird, es sei denn, es mangelt dem Täter trotz vorsätzlicher Begehung am Können[1838], oder ob der Täter Recht und Unrecht unterscheiden und entsprechend danach handeln kann[1839], um nur einige zu nennen[1840]: Hierin steckt immer der Gedanke, einer – wie auch immer gearteten – aus dem Menschen selbst ausfließenden Möglichkeit, anders zu handeln[1841] bzw. sich anders zu entscheiden. Ein zentraler Unterschied in den Konzeptionen ist die Frage, ob diese Elemente jeweils als reale, beobachterunabhängige Realität, die

---

**1831** Das eher als Zeichen von Rechtssubjektivität und im zivilrechtlichen Kontext, *Teubner*, AcP 218 (2018), 155, 168 ff. Vgl. außerdem *Behrendt*, Rechtstheorie 2021, 45, 52 ff.

**1832** BGH GSSt 2/51 v. 18.03.1952 = BGHSt 2, 194, 200; etwa auch *Ziemann* in Robotik und Gesetzgebung, S. 183, 187, der allein den Menschen bestrafen will, da (neben weiteren Bedingungen) allein der Mensch „ein zu freien Handlungen fähiges und vernunftbegabtes Individuum" sei. Auch *Zabel*, Schuldtypisierung, S. 402 nennt den Begriff der Freiheit, allerdings auf einer anderen Ebene und eher in die hiesige Richtung im Sinne von schuldhaftem Handeln als die „gemeinschaftlich erarbeitete und individuell erlebte Freiheit verfehlende Weltinterpretation".

**1833** *Roxin*, Crimen 2017, 215 ff. Im speziellen diesen Lösungsvorschlag sieht *Roxin* als Verbindung (fast) aller anderen Lösungsvorschläge in diesem Bereich, *Roxin*, Crimen 2017, 215, 218 ff. Zu den Vertretern, die normative Ansprechbarkeit (oder in ihrem Fall etwas treffender: normative Kompetenz) zum Kern machen, gehört auch *Hörnle*, Kriminalstrafe ohne Schuldvorwurf, S. 71 f., die daraus zwar keinen Schuldvorwurf stricken möchte, mit ihrem Unrechts*vorwurf* aber letztlich lediglich terminologisch, nicht aber in der Sache, von der Schuld abrückt.

**1834** BVerfG 2 BvE 2/08 u. a. v. 30.06.2009 = BVerfGE 123, 267, 413. Vgl. zudem *Ehrhardt* in Schuld, Verantwortung, Strafe, S. 227, 231 f.

**1835** Vgl. *Jescheck/Weigend*, AT, S. 410.

**1836** Vgl. *Gropp/Sinn*, AT, § 6, Rn. 51.

**1837** *Greco*, Lebendiges und Totes Feuerbach, S. 484 ff.

**1838** *Gallas*, ZStW 67 (1955), 1, 45.

**1839** § 20 StGB; insofern auch die Wertung der Verfassung, zusammenfassend *Appel*, Verfassung und Strafe, S. 517 f.

**1840** Für weitere Nachweise auch zu anderen Konzepten siehe etwa bei *Streng* in Handbuch des Strafrechts 2, § 43, Rn. 6 ff; *Roxin/Greco*, § 19, Rn. 20 ff. Selbst in philosophisch auf *Schopenhauer* zurückgehenden Konstruktionen, die Schuld als Einstehenmüssen für den eigenen Charakter begreifen, finden sich diese Elemente zumindest in Ansätzen noch wieder, vgl. *Roxin/Greco*, § 19, Rn. 29. Dagegen ist etwa bei den diskurstheoretischen Ansätzen solches nicht mehr erkennbar, die aber teilweise, so etwa von *Greco*, Lebendiges und Totes Feuerbach, S. 498 f., schon eher als Bearbeitung der klassischen rechtsphilosophischen Frage der Autorität oder Legitimität des vom Staat gesetzten Rechts verstanden werden.

**1841** Spezifisch mit dem Begriff des Andershandelnkönnens etwa *Kühl*, AT, § 10, Rn. 3.

ergründet werden muss, als Zuschreibung unter Annahme beobachterunabhängiger Realität[1842], oder als bloße Zuschreibung[1843] begriffen wird. Im Kern geht es bei diesen drei Varianten um die Unterscheidung, ob reale innere Zustände des Täters zur Voraussetzung der Strafbarkeit gemacht werden, ob eine Zuschreibung erfolgt (etwa aufgrund fehlender Beweisbarkeit), aber dabei (erfahrungswissenschaftlich) davon ausgegangen wird, dass diese realen, inneren Zustände tatsächlich vorliegen,[1844] oder ob von vornherein nur eine bloße Zuschreibung ohne Anspruch auf irgendeinen Zugriff auf reale innere Zustände, sei es beim konkreten Täter oder bei Menschen im Allgemeinen, erfolgt.

Für die Theorie vom Generalvertrauen ist klar, in welcher dieser drei Varianten sie zu verorten ist: Aus der Außenperspektive und nach den Prämissen des Konstruktivismus ergibt sich, dass jegliches Element nur eine Zuschreibung sein kann. Das steckt bereits in der Tatsache, dass hier im Kern nicht nach der Schuldfähigkeit eines Individuums, sondern nach der Qualifizierung eines Systems zu einer deliktischen Person durch Beobachter gefragt wird. Dadurch ist aus der Außenperspektive[1845] außerdem folgende Aussage getroffen: „Du kannst, denn du sollst." Ob jemand real „kann" kann nie gewusst werden – gewusst werden kann aber, ob jemand soll, weil das gesellschaftliche Konstruktion ist. Mögliche Kritik, dass ein solches Vorgehen keinen Tadel rechtfertigen kann, kann dadurch begegnet werden, dass Tadel in einem beobachterunabhängigen, realen Wahrheitssinn durch *nichts* zu rechtfertigen ist. Lediglich kritisiert werden kann, dass ein solcher Tadel *nicht anschlussfähig* ist. Die Mitteilung „du sollst, denn du kannst" kann die Strafe erheblich anschlussfähiger machen, auch wenn dies aus der Außenperspektive nicht der tatsächlichen Zuschreibungspraxis entspricht. Insoweit spielt auch der gesamte

---

1842 Was damit gemeint ist, wird etwa bei *Roxin*, Crimen 2017, 215 sichtbar. *Roxin* schreibt zu seiner Konzeption der normativen Ansprechbarkeit, „dass die Schuld eines Täters zu bejahen ist, wenn er bei der Tat seiner geistigen und seelischen Verfassung nach für den Anruf der Norm disponiert war". Zwar geschieht dies durch Zuschreibung, aber dennoch, geht man mit *Hirsch* in Normentheorie im digitalen Zeitalter, S. 151, 170, Fn. 57, unter der Annahme einer beobachterunabhängigen Realität, sie geht weiterhin von phänomenalem Bewusstsein und intrinsischer Intentionalität der Akteure aus.

1843 So kann etwa *Schünemann*, GA 2015, 274, 278 f. verstanden werden, der wie hier konstruktivistisch argumentiert und sagt, dass die Willensfreiheit schlicht Teil der gesellschaftlichen Konstruktion der Wirklichkeit sei. *Schünemann* begreift die Willensfreiheit dann als gesellschaftliche Realität, ohne dass auf reale innere Zustände Zugriff genommen wird.

1844 Freilich kann man auch diesen Ansatz so interpretieren, dass erfahrungswissenschaftlich *zugeschrieben* wird, ohne davon auszugehen, dass dahinter (weder beim Täter, noch beim Menschen im Allgemeinen) eine reale Gegebenheit steckt. Dann wäre es auch in diesem Fall bloße Zuschreibung.

1845 Da Erwartungskommunikation des Strafrechts letztlich an Verantwortungsfähigkeit hängt, vgl. § 9 B. I. 2., S. 327 f.

Determinismus-Indeterminismus-Streit[1846] über die Willensfreiheit in Bezug auf seine Überlegung zu einer beobachterunabhängigen Realität, in der es entweder Determinismus oder Indeterminismus real gibt, im Kontext der Theorie vom Generalvertrauen keine Rolle. Aus der Außenperspektive existieren sowohl Determinismus als auch Indeterminismus nur als Konstrukt gesellschaftlicher Wirklichkeit und damit nur in sozialer Realität, die je nach Kommunikation veränderbar ist.

Dem Strafrechtssystem,[1847] um das es hier letztlich geht, liegt in der Innenperspektive jedenfalls die Vorstellung von Andershandelnkönnen, von einer wie auch immer gearteten Willensfreiheit zugrunde: Schon das positive Recht geht davon aus. § 51 StGB a.F. sprach ab 1871 unter der Diskussion um die Zurechnungsfähigkeit von der Möglichkeit der „freien Willensbestimmung", ab 1930 von der Fähigkeit, „das Unerlaubte der Tat einzusehen oder nach dieser Einsicht zu handeln". Der heutige § 20 StGB spricht seit 1975 nunmehr unter dem Begriff der Schuldfähigkeit von der Möglichkeit, „das Unrecht der Tat einzusehen oder nach dieser Einsicht zu handeln".[1848] Die Rechtsprechung hat den Gedanken ebenfalls inkorporiert und verteidigt ihn bis heute. Die Grundsatzentscheidung des BGH bringt es in der Formel des „bewussten" Entscheidens gegen das Recht und für das Unrecht zum Ausdruck. So führte der BGH in einem Plenarbeschluss des Jahres 1952 aus: „Strafe setzt Schuld voraus. Schuld ist Vorwerfbarkeit. Mit dem Unwerturteil der Schuld wird dem Täter vorgeworfen, dass er sich für das Unrecht entschieden hat, obwohl er sich für das Recht hätte entscheiden können. Der innere Grund des Schuldvorwurfs liegt darin, dass der Mensch auf freie, verantwortliche, sittliche Selbstbestimmung angelegt und deshalb befähigt ist, sich für das Recht und gegen das Unrecht zu entscheiden, sein Verhalten nach den Normen des rechtlichen Sollens einzurichten und das rechtlich Verbotene zu vermeiden".[1849] Dass damit die Willensfreiheit gemeint ist, ist kaum umstritten.[1850] Das BVerfG erkennt das eben-

1846 Beispielhaft und umfangreich dazu *Spilgies*, Determinismus-Indeterminismus-Streit, S. 17 ff. Eine kleine Randbemerkung: Der Determinismus-Indeterminismus-Streit ist in seinen Extrempositionen schon aus dem Grund kaum anschlussfähig zu lösen, da weder völlige Determiniertheit noch völlige Indeterminiertheit unsere Welt erklären können, da Ersteres eine Freiheit ausschließt und Letzteres die Kausalzusammenhänge auflösen würde, instruktiv *Bröckers*, Verantwortung ohne Willensfreiheit, S. 112 ff., 208 ff.

1847 Zum Verständnis des Strafrechtssystems im Sinne dieser Arbeit § 2 B. III . 2. b. i., S. 62 ff.

1848 Zur Historie *Streng* in MüKo StGB, § 20, Rn. 4 ff.

1849 BGH GSSt 2/51 v. 18.03.1952 = BGHSt 2, 194, 200.

1850 *Bröckers*, Verantwortung ohne Willensfreiheit, S. 31 f.; *Roxin/Greco*, § 19, Rn. 20. Mit umfangreichen weiteren Nachweisen *Mosch*, Schuld, Verantwortung und Determinismus im Strafrecht, S. 182. Selbst *Burkhardt*, der die Diskussion als Scheindebatte bezeichnete und damit heftige Gegenreaktionen auslöste – zusammenfassend *Bröckers*, Verantwortung ohne Willensfreiheit, S. 31 ff. –

falls an und nennt in der deutlich späteren Lissabon-Entscheidung von 2009 ganz ausdrücklich die Willensfreiheit als Voraussetzung strafrechtlicher Schuld: „Das Strafrecht beruht auf dem Schuldgrundsatz. Dieser setzt die Eigenverantwortung des Menschen voraus, der sein Handeln selbst bestimmt und sich kraft seiner Willensfreiheit zwischen Recht und Unrecht entscheiden kann."[1851] Nachdem das Strafrechtssystem das Verfassungsrecht in seine Programme implementiert hat,[1852] stützt dies ebenfalls die Annahme der Freiheit als Grundlage der Zuschreibung der deliktischen Person zum Menschen. Auch eine empirische Analyse der weiteren Rechtsprechung des BGH kommt zu diesem Ergebnis.[1853] Von den ausdrücklichen Statements abgesehen verhält sich die Rechtsprechung zum Freiheitsproblem in den Worten *Hilgendorfs* „ex negativo".[1854] Sie bespricht nur die Aspekte, die Freiheit jedenfalls ausschließen würden, und thematisiert das Grundlagenproblem nicht, nimmt es nach der Grundentscheidung also einfach stillschweigend an,[1855] was

---

gibt zu, dass es „mit einiger Berechtigung" so gedeutet werden kann, *Burckhardt*, Bemerkungen Hirnforschung, S. 3, abrufbar unter https://www.jura.uni-mannheim.de/media/Lehrstuehle/jura/Bu elte/Dokumente/Veroeffentlichungen/WZNRW090708.pdf (14.10.2024).

**1851** BVerfG 2 BvE 2/08 u. a. v. 30.06.2009 = BVerfGE 123, 267, 413. Für weitere verfassungsrechtliche Absicherungen des Schuldgrundsatzes siehe *Appel*, Verfassung und Strafe, S. 109 m. w. N. Das BVerfG führte dies auf die Menschenwürde zurück. Klar ist, dass es einen spezifisch auf die Menschenwürde gestützten Schuldvorwurf für KI-Systeme nie geben wird, da sie die Voraussetzung in sich trägt, der Spezies „Mensch" anzugehören. Eine Zuschreibung diesbezüglich scheint ausgeschlossen, vgl. auch *Cornelius*, ZIS 2020, 51, 60 f. Umgekehrt bedeutet das aber auch, dass die Menschenwürde einem Schuldvorwurf gegen KI-Systeme auch nach der Innenlogik der Verfassung nicht im Weg stehen kann. Insofern ist die spezifisch strafrechtliche Perspektive hier auch aus der Innenperspektive entscheidend.

**1852** § 3 C. I., S. 117 f.

**1853** *Haddenbrock*, MschrKrim 1994, 44 ff., freilich bereits etwas veraltet und noch vor den Veränderungen zu diesem Thema in der Strafrechtswissenschaft angesiedelt, gibt aber trotzdem zumindest ein starkes Indiz, da auch keine neueren Entscheidungen ersichtlich sind, die von diesem Schema abweichen. *Bröckers* bezieht sich in seiner deutlich neueren monographischen Bearbeitung ebenso auf diese Studie, *Bröckers*, Verantwortung ohne Willensfreiheit, S. 32 und kommt zum Ergebnis, dass die Rechtsprechung auch heute noch daran festhält, S. 34. *Haddenbrock*, MSchrKrim 1994, 44 spricht von der „Persistenz eines indeterministisch verstandenen Schuldprinzips der BGH-Rechtsprechung seit 1952". Er stellt außerdem fest, dass nunmehr ein direktes Kalkül des „Hemmungsvermögens" bzw. der „Steuerungsfähigkeit" zur Tatvermeidung die Frage der freien Selbstbestimmung dominiert, S. 45 und so sogar noch etwas verengt wurde. Auch *Spilgies*, Determinismus-Indeterminismus-Streit, S. 33; *ders.* ZIS 2007, 155, 156 ff. geht davon aus, dass der Plenarbeschluss nach wie vor die Haltung der Rechtsprechung widerspiegelt, ebenso wie *Jescheck*, RECPC 2003, 1, 5: „Dies dürfte auch noch immer unausgesprochen der Leitsatz unserer Praxis sein." Siehe auch verweisend *Mosch*, Schuld, Verantwortung und Determinismus im Strafrecht, S. 181 ff.

**1854** *Hilgendorf* in Jenseits von Mensch und Maschine, S. 119, 126.

**1855** So auch *Jescheck*, RECPC 2003, 1, 5.

insoweit auch der Gesetzessystematik entspricht, die sich nicht mit der Schuldfähigkeit, sondern vielmehr mit der Schuldunfähigkeit beschäftigt, §§ 19, 20 StGB.

Auch wenn die Rechtsprechung ausdrücklich im Sinne realer, beobachterunabhängiger Willensfreiheit mitteilt, also die realen inneren Zustände des Straftäters ermitteln möchte (und gerade deshalb „du sollst, denn du kannst" mitteilt), so konnte doch *Zabel* überzeugend zeigen, dass auch die Rechtsprechung entgegen ihrer ausdrücklichen Mitteilung einem normativistischen Begriffs- und Typendenken verpflichtet ist.[1856] *Zabel* drückt dies treffend aus: „Normative und empirische Sinnkriterien werden zwar als Freiheitsbegriff konstituierend gedacht (oder behauptet), letztlich aber nur im Sinne gesellschaftlicher oder eben durch Gerichte unterstellter Erwartungen auf den Einzelnen als Interaktionsteilnehmer projiziert".[1857] Faktisch folgt also auch die Rechtsprechung dem Ansatz: „Du kannst, denn du sollst". Anschlussfähigkeit wird gleichsam verschleiernd durch die gegenteilige Mitteilung gewährleistet, die ja nur in der Subsumtion tatsächlich verlassen wird. Das mag auch nicht weiter überraschen, wenn man akzeptiert, dass Willensfreiheit oder Freiheit an sich nur im sozialen Kontext überhaupt geschaffen werden können.

Denn will man nach Formen wie Seele, Psyche, Intelligenz, Gedächtnis, Verstehen, Willensfreiheit etc. im Sinne eines psychischen oder organischen Substrates suchen, wird man nicht (beweisfest) fündig werden. Es sind Kunstbegriffe, mit denen die Beobachter eigentlich Nichtbeobachtbares deuten und zuschreiben.[1858] Aus der Außenperspektive können sie deshalb als organisches oder psychisches Faktum keine Rolle spielen, ihre Erkenntnis ist in gleichem Maße ihre Erzeugung,[1859] denn sie existieren beobachtbar nur im Sozialen. In der Innenperspektive können diese Begriffe aber sehr wohl eine Rolle spielen, wenn das *Nichtbeobachtbare* gerade als Problem begriffen wird und als Lösung ein solcher Begriff in der

1856 *Zabel*, Schuldtypisierung, S. 362 ff. Deutlich knapper, aber in der Essenz ebenso *Schild/Zabel* in Kindhäuser/Neumann/Paeffgen/Saliger, § 20, Rn. 19 f. Evident werde dies etwa bei LG Passau KLs 101 Js 3424/96 jug v. 29.07.1996 = NJW 1997, 1165 ff., bei dem das LG indeterministische Voraussetzungen formuliere, diesen in der Subsumtion aber in keiner Weise gerecht werde. Letztlich hat das schon sehr früh *Vaihinger*, Die Philosophie des Als Ob, S. 62 f. erkannt.

1857 *Zabel*, Schuldtypisierung, S. 365 unter besonderem Verweis auf BGH 5 StR 483/57 v. 29.10.1957 = JR 1958, 28 f.

1858 *Zopf Jr.* in Principles of Self-Organization, S. 325, 327 ff.; *Luhmann*, Soziale Systeme, S. 158 f.; *Bleckmann*, Strafrechtsdogmatik, S. 154. Beispielhaft führt für Gedächtnis (Memory) eines Systems *Zopf Jr.* in Principles of Self-Organization, S. 325, 328 aus: Zu sagen, das System habe Gedächtnis, meint eigentlich, dass wir die Herkunft seiner derzeitigen Beschaffenheit nicht direkt beobachten können, aber wir sein Verhalten durch Referenznahme auf vorherige Input-Zustände erklären können.

1859 *Sonntag*, Die Seele als Politikum, S. 6.

Innenperspektive geschaffen wird, um die Lösung des Problems durch soziale Systeme[1860] anschlussfähig zu machen. In der gesellschaftlichen Konstruktion der Wirklichkeit[1861] führt dies dazu, dass die wahre und reale Existenz dieser Dinge auch in der Selbstbeobachtung vorausgesetzt wird. Ändert sich die Kommunikation über diese Dinge, kann sich auch die Selbstbeobachtung verändern und diese Begriffe können dann nicht mehr zur anschlussfähigen Problemlösung über soziale Systeme verwendet werden. Ein Beispiel dafür ist die Seele, deren Existenz früher unumstößlich war, heute aber nur noch im Religionssystem eine wirkliche Bedeutung als Sinnkonstruktion besitzt. Da das Strafrechtssystem – so von der Rechtsprechung mitgeteilt – eine reale Freiheit voraussetzt, scheint also auch das Strafrecht Nichtbeobachtbares als Problem bei verantwortungsfähigen Personen vorauszusetzen.[1862]

Die Freiheit/Willensfreiheit hat als solche kein organisches Substrat, welches beobachterunabhängig nachzuweisen wäre, auch sie wird verwendet, um etwas Nichtbeobachtbares zu beschreiben: Durch den Modus des Vertrauens wird im Inneren des Beobachters für das Gegenüber Determiniertheit selektiert.[1863] Der Beobachter erwartet, dass er sich so verhält und eben nicht anders. Verhält sich das Gegenüber dennoch anders, so verwirklicht sich die unterstellte Determiniertheit gerade nicht. Warum sich diese nicht verwirklicht, ist nicht beobachtbar, *es sei denn*, der Grund liegt gerade in Faktoren, die als Natur,[1864] also zurechnungstechnisch außerhalb des Gegenübers liegenden Faktoren beobachtbar sind. Bezogen auf den Straftatbegriff hieße das dann Folgendes: Es wird im Strafrechtssystem schon von *Ego* keine strafrechtswidrige Information von vorwerfbarer Mitteilung different selektiert, weil das Gegenüber für diese Mitteilung eben nicht mehr als Zuschreibungspunkt gesehen wird, sondern etwas anderes. Für die Fälle, die aber gerade *nicht* Natur sind, also nicht so beobachtbar und erklärbar sind, ergibt sich

---

**1860** Indem sich diese Begriffe dann in die Binnensystematik bestimmter Systeme einfügen und dort nach der spezifischen Systemlogik bearbeitet werden können.

**1861** Vgl. § 2 A. III, S. 27 ff.

**1862** Wären KI-Systeme vollständig beobachtbar, könnten sie von vornherein keine deliktischen Personen sein, weil sie dann nicht kontingent wären. Dass das nicht so ist, wurde unter § 10 B. II. 1. a., S. 404 ff. bereits herausgearbeitet, wo eine gewisse Kontingenz als von *Ego* zugeschriebene Voraussetzung des *Alters* einer Kommunikation formuliert wurde, was bei KI-Systemen gegeben sein wird.

**1863** Der Beobachter schließt durch Vertrauen gewisse Entwicklungsmöglichkeiten von der Berücksichtigung aus und neutralisiert gewisse Gefahren dahingehend, dass sie nicht ausgeräumt, aber gleichzeitig auch nicht berücksichtigt werden und so das potentielle Handeln nicht irritieren. Optionen von Erwartungsenttäuschungen werden im Rahmen der Selektion der Zukunftsfiktion ausgeblendet. § 3 A. II. 1. a., S. 74 f.

**1864** Zur Natur, in Anlehnung an *Jakobs*, siehe § 3 E., S. 175.

das Problem der Abweichung von der erwarteten Determiniertheit.[1865] Diese Abweichung ist *in seinem Ursprung* nichtbeobachtbar. Um dieses nichtbeobachtbare Phänomen zu erklären, wurde der Begriff der Willensfreiheit entwickelt, gleichermaßen in seiner Bestimmung auch Schöpfung seiner eigenen Bedeutung.[1866] Dass gerade der Begriff einer „Freiheit", die Selbststeuerung impliziert, gewählt wurde, scheint an der Selbstwahrnehmung zu liegen.[1867] Ob diese Wahrnehmung ihren Ursprung in der Gesellschaft oder im Individuum hatte, kommt der Frage nach der Henne und dem Ei gleich und lässt sich nicht mehr beantworten. Wir schreiben uns jedenfalls selbst Freiheit zu und benutzen diesen Begriff, um Entscheidungen aus uns selbst heraus erklärbar zu machen, bei denen grundsätzlich nicht durch Natur (etwa naturwissenschaftlich) erklärt werden kann, warum nun die eine oder die andere Entscheidung getroffen wurde.

Der Grund für die Annahme von Freiheit liegt also eigentlich darin, dass erklärt werden muss, warum sich die Erwartungen nicht verwirklichen, sofern keine Erklärung außerhalb des Gegenübers selbst gefunden werden kann. Diese Erklärung darf sich gleichermaßen nicht in einem Teil des Gegenübers verkörpert finden, den man, je nach Stand des Gesellschaftssystems, der Natur zuschreiben würde, etwa krankhaft-seelische Störungen u. ä. Solange psychische Erkrankungen nicht als Krankheit – also Natur – identifiziert waren, waren diese ebenfalls Teil des Nichtbeobachtbaren des Gegenübers und dementsprechend Teil der Willensfreiheit. Daraus erklärt sich auch, warum mit Krankheit als Begründung Exkulpationen erst stattfinden konnten, als medizinische Behandlungsmöglichkeiten gefunden wurden. Die Verbindung zwischen Exkulpation von Triebtätern und ihren Behandlungsmöglichkeiten hat schon *Jakobs* festgestellt[1868] und wurde dafür kriti-

---

**1865** Schon oben wurde beschrieben, dass durch den Modus des Vertrauens die Erwartung zur Wirklichkeit des Beobachters wird, § 3 A. II. 1. a., S. 75.

**1866** Das lässt sich auch in der Selbstbeobachtung begreifen: Greife ich nach einer Pistole und schieße auf mein Gegenüber, weiß ich nicht, wie der Vorgang in der Realität abläuft. In meiner eigenen Wirklichkeit (Zur Unterscheidung von Wirklichkeit und Realität siehe § 2 A. I., S. 12) veranlasse ich mit einem Willensakt Veränderung. Der Willensakt verkörpert sich nach meiner Beobachtung, also subjektiv darin, dass ich nach meiner Empfindung absichtsvoll den Abzug drücke. Empfindungsgemäß wird dies direkt von meiner Absicht getrieben, es scheint kein Gehirn dazwischen zu geben. Wie der Vorgang in der Realität abläuft, können wir nicht erkennen, sondern durch unsere Wirklichkeit nur vermuten und beschreiben dies eben mit der „Freiheit".

**1867** Auch *Roxin*, Crimen 2017, 215, 217, der feststellt, dass (Willens)Freiheit dadurch, dass wir uns selbst als frei begreifen, Teil der sozialen Realität ist.

**1868** *Jakobs*, Schuld und Prävention, S. 11; vgl. auch *ders.*, ZStW 107 (1995), 843, 851. Von der Willensfreiheit als Begründungsstruktur hält *Jakobs* allerdings nichts: „Das Strafrecht kennt die Kategorie nicht, in die das Problem der Willensfreiheit gehört", *Jakobs* in Aspekte der Freiheit, S. 69, 80, nimmt also keine Verbindung in der Art wie diese Arbeit vor.

siert[1869]. Allerdings hat er völlig recht: Wenn die Abweichung von der Erwartung bei der psychischen Krankheit gefunden wird und diese jedenfalls *prinzipiell* behandelbar sein kann, wird die Abweichung von der Erwartung eben zur Natur. Damit wird dies beobachtbar und fällt deswegen aus dem nichtbeobachtbaren Problem hinaus, welches mit der Willensfreiheit beschrieben wird und Grundlage der Schuld ist.

Da das Strafrecht direkt an diese Problemlösung operativ anknüpft und diese kognitive Erklärung damit gewissermaßen normativiert und die gesellschaftliche Wirklichkeit dahingehend stabilisiert, liegt bei fehlender Freiheit anschlussfähige Kommunikation der Nichtstrafe[1870] vor. Die Aufgabe, Generalvertrauen aufrecht zu erhalten, wird dann einem anderen System überlassen, im Beispiel der Krankheit etwa dem Gesundheitssystem. Auch wenn vom Strafzweck her argumentiert wird, kommt man zu dem Ergebnis, dass hier eine Bestrafung nicht mehr notwendig ist: Es ist beobachtbar und wird verstanden, warum die entsprechende Person so gehandelt hat. Die Handlung wird insoweit aus der „Black Box“ der Willensfreiheit geholt und die Ursprünge der Entscheidung sind klar ersichtlich.[1871] Den „Fehler“ durch Strafe zuzuschreiben bedarf es nicht mehr, weil der Fehler bereits der Krankheit – also Natur – zugeschrieben wurde. Dazu steht man dem nicht mehr hilflos und unverständlich gegenüber, sondern kann die Ursache entsprechend durch medizinische Behandlung bekämpfen und die Erwartung wieder festigen, also Vertrauen erhalten. Die gesellschaftliche Wirklichkeit hat sich geändert. Insofern ist die Freiheit, wird sie als Voraussetzung für die deliktische Person betrachtet, auch gleichzeitig mit *Kelsen* nichts anderes als der Endpunkt der möglichen Zurechnung der hiesigen normativen Ordnung.[1872] Die Zuschreibung der Freiheit bedeutet, an das Strafrecht anzuknüpfen.[1873]

---

**1869** Zuerst *Stratenwerth*, Schuldprinzips, S. 32; daneben für viele *Papageōrgiu*, Schaden und Strafe, S. 75 ff.

**1870** § 4 C. II., S. 230 ff.

**1871** Vgl. auch *Jakobs*, AT, 17. Abschn., Rn. 23 nach dem Verhaltensalternativen dann zugeschrieben werden, wenn es keine vorzugswürdige Organisationsalternative gibt. Gerade das widerlegt aus der Sicht der Theorie vom Generalvertrauen aber die von ihm beschriebene „Irrelevanz der Willensfreiheit“, denn die Verantwortungszuschreibung aufgrund fehlender Organisationsalternative erfolgt dann in der Innenperspektive gerade durch Zuschreibung von Willensfreiheit. Insofern kann man nur sagen, wie hier bereits geschehen, dass Willensfreiheit als beobachterunabhängige Realität irrelevant ist.

**1872** *Kelsen*, Reine Rechtslehre, S. 97.

**1873** Stützt man dagegen das Schuldurteil auf die Willensfreiheit als ontologische Realität, schwingt dort die Wertung mit, dass Schuld nicht durch das Strafrecht erzeugt wird, sondern bereits vor dem Strafrecht da war, eben als Folge der Tatsächlichkeit von Willensfreiheit (*Jakobs* in Aspekte der

Insoweit ergibt sich daraus also ein dahinterstehender Grund für die Zuschreibung der Willensfreiheit und damit auch ihre Funktion: die Black Box[1874], aus der Kontingenz folgt. Aber nun wurde die Black Box konkretisiert: Es geht darum, dass schon *grundlegend* nichtbeobachtbar ist, wie man zu Entscheidungen kommt. Irrelevant scheint zu sein, dies im Einzelfall ex post oder ex ante nachvollziehen zu können. Es geht also konkret nicht um die „Black Box des Was"[1875] oder die „Black Box des Warums"[1876], sondern um die „Black Box des Wies". Im Einzelfall kann durch eine konkrete „Warum"-Erklärung, wie etwa bei Krankheit, die Information aus der „Black Box des Wies" gezogen werden wodurch eine Verantwortungszuschreibung des Strafrechts scheitert. Werden KI-Systeme als „Black Box des Wies" gesehen, wird grundsätzlich Freiheit zugeschrieben. Durch die Zuschreibung der Freiheit muss die Black Box eben nicht mehr durch Anknüpfung an Natur aufgelöst werden, sondern kann bestehen bleiben und wird sozial durch Verantwortungszuschreibung handhabbar gemacht.

### b. KI-Systeme als „Black Box des Wies"?

Die entscheidende Frage lautet demnach, ob KI-Systeme als „Black Box des Wies" gesehen werden oder eben nicht. Nach dem vorangegangenen kann gesagt werden: Solches wird zugeschrieben bei nichtbeobachtbarer Eigengesetzlichkeit der Systeme. Für KI-Systeme kann aber recht deutlich beobachtet werden, dass sie in der Gesellschaft tatsächlich nicht als „Black Box des Wies" gesehen werden: KI-Systeme sind zwar ex ante und ex post oft nur schwer erklärbar, ihre grundlegende Funktionsweise ist aber zugänglich und findet starken Widerhall in der Kommunikation. Es gibt viele schriftliche Werke, die sich genau mit diesem Problem beschäftigen, allen voran *Russell/Norvig*.[1877] Es finden sich viele Lehrprogramme, die die Funktionsweise und den Umgang mit KI zum Thema haben,[1878] auch solche, die die gesamte Gesellschaft ansprechen wollen und frei verfügbar sind.[1879] Dabei vermitteln alle, dass bislang auch bei höchster Komplexität erklärbar bleibt (jedenfalls in der Zuschreibung), wie KI-Systeme zumindest hypothetisch zu ihren Ergebnissen

---

Freiheit, S. 69, 71). Das ist mit den Grundprämissen des Strafrechtssystems als soziales, autopoietisches und funktionales System nicht vereinbar.

**1874** Grundlegend zu den Black Boxen in Bezug auf KI-Systeme: § 5 B. III., S. 247.

**1875** Insbesondere im Zusammenhang mit der Vorhersehbarkeit § 8 B. II., S. 310 ff.

**1876** Insbesondere im Zusammenhang mit dem Pflichtwidrigkeitszusammenhang § 8 C. III. 2., S. 348 ff.

**1877** *Russell/Norvig*, AI.

**1878** Beispielhaft sei hier der „Advanced Data and Information Literacy Track" (ADILT) der Universität Konstanz genannt, https://www.uni-konstanz.de/adilt/ (14.10.2024).

**1879** Etwa https://www.elementsofai.com/ (14.10.2024).

kommen, auch wenn im konkreten Fall die Erklärung gerade impliziert, dass wir überrascht werden (erst dadurch ist ja Kommunikation mit KI-Systemen als Kommunikationsteilnehmer möglich). Nicht die grundlegende Funktionsweise ist unverständlich,[1880] erst ihre Skalierung lässt uns aufgrund unserer kognitiven Dissonanzen als Menschen ihre Gesamtheit nicht mehr erfassen. Gleichzeitig sind wir uns der Skalierung aber bewusst. Was wir im Kleinen verstehen, können wir im Großen zumindest noch durch Zuschreibung theoretisch nachvollziehen und als befriedigende und ausreichende Erklärung, eben Natur, behandeln.[1881] Nicht zuletzt auch die Gesetzgebung, wie etwa der AI Act, festigen diese Sichtweise. Insoweit ist das im Kern nicht anders als bei einem klassischen Programm: Von außen betrachtet erscheint es extrem komplex und sogar intelligent, aber wir wissen, dass wir die grundlegende Funktionsweise auf ihre Basis zurückbrechen können. Der einzige Unterschied besteht darin, dass bei den KI-Systemen tatsächlich die Erfassung des Wissens unsere Fähigkeiten übersteigt, anders als bei einem klassisch formulierten Code. Natürlich ist im Einzelfall auch anderes beobachtbar, wenn Menschen – meistens aus einem Technikverständnis heraus, das nicht den KI-Methoden entspricht – KI-Systeme tatsächlich als frei begreifen.[1882] Diese bilden aber bislang keine kritische Masse in der Kommunikation und es ist durch das eben Beschriebene auch nicht zu erwarten, dass es dazu kommen wird.

Was gilt nun für den eingangs erwähnten *Lemoine?*[1883] Versteht er die KI wirklich als frei, weil er bereits die grundlegenden Strukturen für nichtbeobachtbar hält, so ist er in der bedauernswerten Position, dass sich diese Sichtweise in der gesellschaftlichen Kommunikation offenbar nicht durchgesetzt hat und KI-Systeme dementsprechend trotz seiner dergestalten Selektion gesellschaftlich nicht verantwortlich gesetzt werden können. Er muss sich in diesem Fall mit anderen vertrauensauslösenden Reizen behelfen. Allerdings zeigt sich bei genauerem Hinsehen: Auch *Lemoine* kommuniziert systemspezifisch, denn er vertritt, dass das KI-System LaMDA ein Bewusstsein besitzt und stützt dies auf seinen religiösen Glauben und seine Definition von „Seele“. Er setzt Seele mit Bewusstsein gleich und schreibt

---

**1880** *Stiemerling* in Rechtshandbuch AI, Kap. 2.1, Rn. 59 ff.

**1881** Übrigens heißt dies im Umkehrschluss, dass auch die Verantwortung des Menschen ausgeschlossen wäre, würden wir die grundlegende Entscheidungsstruktur von Menschen völlig verstehen und das auch in die Kommunikation tragen. Dies scheint trotz erheblicher Anstrengung der Neurowissenschaften noch in sehr weiter Ferne zu liegen. Ob dies, selbst bei einem Nachweis, den Weg in die gesellschaftliche Kommunikation findet und sich als anschlussfähig erweist, ist fraglich. Wir selbst betrachten uns stets als unerklärbar frei.

**1882** Auf solche Beispiele stößt man schnell in Internetforen, etwa diesem; https://www.reddit.com/r/ChatGPT/, (14.10.2024).

**1883** § 1 A., S. 1.

LaMDA nur dieses zu. Er will LaMDA den „benefit of the doubt" geben, weil er Gott nicht vorschreiben will, wo er Seelen hineingebe. Insoweit ist nicht gesagt, dass *Lemoine* seine Zuschreibungen auch in dem Sinne trifft, dass er strafrechtliche Verantwortung zuschreiben möchte, im Gegenteil, er trifft seine Zuschreibungen ausdrücklich „als Priester".[1884] Insoweit bewegt er sich mit seiner Kommunikation nur innerhalb des Religionssystem, das dem Code Immanenz/Transzendenz folgt.[1885]

Sollte es einmal starke KI geben, wäre sie schon per definitionem „Black Box des Wies" und dem menschlichen Verstand so überlegen, dass sie ähnlich nichtbeobachtbar wäre, wie ein Mensch. Gesetzt dem Fall, sie hätte auch kein Konstanzproblem, wäre eine strafrechtliche Verantwortungszuschreibung dann möglich.[1886] Das Problem, dass sich dann an dieser Stelle stellt, wäre eher, dass Menschen dann möglicherweise nicht mehr in der Lage wären, tatsächlich Gewalt über ein solches System auszuüben,[1887] was eine Strafe dann wenig anschlussfähig machen würde.

### III. Plausibilität aus der Historie – Strafen und Prozesse gegen ungewöhnliche Verantwortungsträger

Erinnerte Geschichte ist ein wichtiges Mittel zur Reduktion von Komplexität, weil Vergangenes bereits reduzierte Komplexität ist. Es besteht nur noch eine einzige

---

**1884** Insoweit äußerte er sich auf Twitter: https://twitter.com/cajundiscordian/status/1536504857154228224; dazu auch https://indianexpress.com/article/technology/tech-news-technology/lamda-ai-chatbot-sentient-google-engineer-blake-lemoine-religious-reasons-other-details-7972725/; https://nypost.com/2022/06/14/google-engineer-says-christianity-helped-him-believe-in-sentient-ai/ (14.10.2024).

**1885** *Luhmann*, Religion der Gesellschaft, S. 111.

**1886** Auch starke KI würden alle Ansichten, die pauschal den Menschen als Voraussetzung für strafrechtliche Verantwortungszuschreibung sehen, von der strafrechtlichen Verantwortung ausnehmen, wie besprochen beim Handlungsbegriff. Speziell mit dem Thema beschäftigten und auch eine Strafbarkeit von starker KI (oder schlicht jeglicher KI) ablehnend sind *Ziemann* in Robotik und Gesetzgebung, S. 183, 185 ff.; *A. Peters* in Rechtshandbuch AI, Kap. 12, Rn. 5; *Böhringer*, RAW 2019, 13, 14 („in hohem Maße in Zweifel zu ziehen"); *Roxin/Greco*, § 8, Rn. 66 f; *Seher* in Intelligente Agenten und das Recht, S. 45, 56 ff.; *Joerden* in Robotik und Gesetzgebung, S. 195, 204. *Joerden* wurde allerdings schon heute von der Technik überholt, er hielt es für höchst zweifelhaft, dass ein KI-System Gründe geben kann, ob ein Verhalten als verboten oder erlaubt bewertet wird und warum. Er meint auch, dass sei leicht daran erkennbar, dass ein Computer weder Geschichten noch Witze erzählen könne, sondern nur in seinem speziellen Aufgabenbereich verharre, etwa Schach. Das ist heute mit der aktuellen Generation der LLMs bereits Wirklichkeit geworden.

**1887** *Gaede*, KI, S. 68 f.; *Fateh-Moghadam*, ZStW 131 (2019), 863, 880; *Bostrom*, Superintelligence, S. 155 ff.

Möglichkeit: die eingetretene.[1888] Sie kann deshalb als Erwartungsdirektive und Entscheidungshilfe auch für die Zukunft dienen, wenn sie systemspezifisch betrachtet wird. Außerdem zeigt sie die Plausibilität aktueller Theorien auf, wenn diese auch in Anwendung auf historische Wirklichkeiten bestehen können. Die für KI-Systeme gefundenen Ergebnisse und die dahinterstehende Theorie sollen nun zum Abschluss dieses Kapitels anhand historischer Beispiele auf ihre Plausibilität untersucht werden. Kann der Zweiklang aus der zugeschriebenen Eigenschaft einer Entität als Kommunikationsteilnehmer in der Rolle des *Alters* und Zweckhaftigkeit strafrechtlich vermittelten Generalvertrauens gegenüber dieser Entität durch die „Black Box des Wies" strafrechtliche Verantwortungsfähigkeit beschreiben? Fallen historische Beispiele aus diesem Raster, weil sie diese Anforderungen nicht erfüllen? Oder braucht es noch mehr, etwa Rechtssubjektivität im Sinne von gleichen Rechten oder Ähnlichem? Untersucht werden dabei zunächst Sklaven (1.) und danach nichtmenschliche Entitäten in Gestalt von Tieren und Dingen (2.).[1889]

## 1. Sklaven

Die knappe Untersuchung der strafrechtlichen Verantwortung von Sklaven erfolgt primär aus Sicht des römischen Rechts, da dort eine gute Quellenlage besteht. Sklaven waren zivilrechtlich Dinge,[1890] besaßen also keine Rechtssubjektivität und waren erst recht nicht gleichberechtigt, wurden aber dennoch für strafrechtlich verantwortungsfähig gehalten.[1891] Das zeigt sich an verschiedenen Punkten: So gab

**1888** Vgl. *Luhmann*, Soziologische Aufklärung 1, S. 155.

**1889** Vgl. auch *Fauconnet* in Abweichendes Verhalten, Bd. 2/1, S. 293, freilich dort als potentielles Objekt einer Sanktionierung.

**1890** Vgl. nur *Honsell*, Römisches Recht, S. 23 f.; *Mommsen*, Römisches Strafrecht, S. 616. Dabei waren sie zwar geschäftsfähig, aber nicht (zivil)rechtsfähig. Aufgrund dessen konnten sie nicht selbst Träger zivilrechtlicher Verpflichtungen sein, ebenso wenig, wie sie für verursachte Schäden zivilrechtlich haften konnten. *Harke* in Intelligente Agenten und das Recht, S. 97. Diese Rechtslage verbesserte sich für Sklaven im Laufe der Zeit zumindest ein wenig, sodass sie ab der Kaiserzeit im Laufe des Prinzipats durch Sonderrecht etwa Freilassungsverträge schließen konnten, wobei ein einklagbares Recht nur gegenüber dem Erben des ursprünglichen Eigentümers geltend gemacht werden konnte, *Avenarius* in Argumenta Papiniani, S. 1, 12 ff.; *ders.*, Stellung der Sklaven im Privatrecht, S. 1 ff. *Harke* ist der Ansicht, dass zumindest schon zur Zeit der lex Cornelia de sicariis ein gewisser strafrechtlicher Schutz des Sklaven bei Kastration bestand, siehe *Harke*, Delikte am Sklaven, S. 20. Allerdings muss dieser Tatbestand nicht zwingend den Schutz des Sklaven im Blick haben, sondern könnte auch wirtschaftliche Aspekte berücksichtigen oder einfach eine „Abartigkeit" strafen wollen. Dafür spricht auch, dass mindestens beim Totschlag nur der Herr eine strafrechtliche Verfolgung anstreben konnte und es im Zweifel beim zivilrechtlichen Schadensersatz nach der lex aquilia belassen wurde, *Nehlsen*, Sklavenrecht, S. 102.

**1891** *Mommsen*, Römisches Strafrecht, S. 80; *Rein*, Kriminalrecht, S. 183; *Nehlsen*, Sklavenrecht, S. 87 ff., 118.

es einen Streit zwischen *Julian* und *Celsus* um die (heute so eingeordnete) Abgrenzung von Verantwortungsbereichen zwischen Sklave und Herrn.[1892] Ebenso sind verschiedenste strafrechtliche[1893] Prozesse gegen Sklaven[1894] überliefert. Der besondere Status der Sklaven zwischen Sache und Verantwortungsfähigkeit wird besonders gut durch die Existenz des Delikts des furtum sui, des Diebstahls an sich selbst, deutlich.[1895]

Eine Bestrafung des Sklaven war dem Eigentümer im Rahmen seiner „potestas"[1896] möglich, öffentlich erfolgte eine Bestrafung aber ebenfalls. So unter anderem dann, wenn Sklaven sich „als Freie" verhalten hatten.[1897] Hier war Strafe notwendig, weil sich der Sklave entgegen der mitgeteilten Erwartung eine andere Rolle angemaßt hatte. Insofern wurde also eine Diskrepanz beobachtet, die die Gesellschaftsstruktur an sich betraf und deshalb eine außerordentliche Reaktion ebenjener Struktur durch das Recht notwendig machte, um den Grund des Fehlers auf den Sklaven und nicht die Gesellschaftsstruktur oder den daraufhin erwartenden Beobachter zu lenken. Auch Strafzwecke[1898] sind im römischen Recht vielseitig benannt, an einigen Stellen auch ausdrücklich in Bezug auf Sklaven. Es galt etwa, dass alle Sklaven in Rufweite hingerichtet werden mussten, wenn ihr Herr

---

**1892** *Nehlsen*, Sklavenrecht, S. 87 ff., m. w. N. *Celsus* vertrat, dass ein Sklave nicht für eine Tat einstehen sollte, wenn sein Herr es ihm befohlen habe, da der Sklave bei Nichtbeachtung mit dem Tod zu rechnen habe. *Julian* wollte stattdessen eine Verantwortung des Sklaven gleichwohl und konnte sich mit dieser Ansicht nach *Ulpian* auch durchsetzen (Dig. 9.4.2.1 Ulp 18 ed). *Paulus* geht ebenfalls auf diesen Streit ein und schließt sich *Julian* mit dem Hinweis an, dass die Arglist des Sklaven nicht ungestraft bleiben dürfe, da dies ungerecht („iniquum") wäre (Dig. 9.4.4.2 Paul 3 ed), verweist also neben der zivilrechtlichen Haftung des Eigentümers auf ein Strafbedürfnis gegenüber dem Sklaven.

**1893** Die Abgrenzung zwischen Strafrecht und Zivilrecht ist in der Antike und auch noch im römischen Recht schwer fassbar und lässt sich nur an wenigen Punkten sicher vornehmen, wobei wesentlichstes Abgrenzungsmerkmal die öffentliche Bestrafung sein soll, so auch *Nehlsen*, Sklavenrecht, S. 86.

**1894** So wird er mehrfach mit der auch strafrechtlichen Rechtsfigur des „ministers", also Dieners in Verbindung gebracht, der im römischen Recht das Pendent des Gehilfen darstellt (*D. Bock*, römische Beteiligungslehre, S. 54, 57 ff.; *Mommsen*, Römisches Strafrecht, S. 99.) Des Weiteren wurde eine Aussage des Sklaven zu Ungunsten seines Herrn wegen des Treuebruchs mit dem Tod bestraft, was durch einen Übergang des Sklaven in Staatseigentum vor der Aussage umgangen werden konnte (*Mommsen*, Römisches Strafrecht, S. 414 f.)

**1895** *Klingenberg*, Servus Fugutivus, S. 1 ff.; *Menzl*, Sklavenflucht, S. 26 ff., in Verweis auf Dig. 47.2.61 (Africanus 7 quaest.) und Cl. 6.1.1 (Impp. Diocletianus et Maximianus AA. Aemiliae).

**1896** *Rein*, Kriminalrecht, S. 440.

**1897** SHA Macrinus 12, 10, zitiert nach *Klingenberg*, Servus Fugitivus, S. 9.

**1898** Im Sinne derer, die zur öffentlichen Bestrafung außerhalb der Hausgerichte Stellung nehmen. Eine kommunizierte, allgemeine Theorie über die Strafzwecke scheint noch nicht existiert zu haben.

ermordet wurde und sie ihm keinen Beistand geleistet hatten.[1899] Grund war, dass andernfalls „kein römisches Haus mehr sicher sein könne“[1900]. Insofern nimmt dies unmittelbar Bezug auf die hervorgerufene Diskrepanz und die Notwendigkeit einer Reaktion, um die derzeitige Beistandserwartung zu erhalten. Zugleich wird eine mögliche Regulierung der Sklaven unterstellt, wodurch die Strafe für die Beobachter anschlussfähig wird.[1901]

Ein Blick in die vom römischen Recht beeinflussten[1902] deutschen und angelsächsischen Volksrechte[1903] zeigt, dass sie mit der Verantwortlichkeit von Sklaven im Wesentlichen ebenso umgegangen sind wie das römische Recht.[1904]

---

**1899** *D. Bock,* römische Beteiligungslehre, S. 55; *Wacke* in FS Molnár, S. 413, 441; *Nehlsen,* Sklavenrecht, S. 103; *Klingenberg,* Servus Fugitivus, S. 9.

**1900** Dig. 29.5.1 pr.

**1901** Das zeigt sich an verschiedenen Stellungnahmen zu den Strafzwecken. So wurde in einem Fall die Hinrichtung von 400 Sklaven 61 n. Chr. in einer Senatsrede durch *Cassius Longinus* folgendermaßen begründet: „Jedes große Strafexempel enthält ein Stück Ungerechtigkeit, da es Einzelne trifft; durch den öffentlichen Nutzen wird dies aber aufgewogen.“ (Zitiert nach *Wacke* in FS Molnár, S. 413, 441). Die Ungerechtigkeit besteht wohl darin, dass viele der hingerichteten Sklaven keine reelle Möglichkeit des Andershandelns hatten – die Strafe wurde dafür ausgesprochen, dass der Herr ermordet wurde, die Sklaven in Rufweite aber nicht erweislich Beistand leisteten – dies wurde aber dem Zweck der Generalprävention als Warnung für andere Sklaven hintenangestellt. Ein weiteres Beispiel: Nach *Gratian* sollte ein Sklave, wenn er seinen Herrn wegen einer Straftat beschuldigt, „zur Abschreckung aller übrigen Verräter mit der härtesten Strafe“ belegt werden. (C. 10.11.6., zitiert nach *Wacke* in FS Molnár, S. 413, 440.) Offenbar geht es *Gratian* hier um negative Generalprävention. Er hält die übrigen Sklaven für fähig, sich anders zu entscheiden und diese Entscheidung durch die Bestrafung zu verändern.

**1902** *Nehlsen,* Sklavenrecht, S. 414 ff.

**1903** Hier von den deutschen Volksrechten untersucht die Lex Frisionum (8. Jhrdt.), die Leges Saxonum (ab 802), die Lex Angliorum et Werinorum hoc est Thuringorum (ab 802/803), die Lex Salica (ab 507–511), die Lex Ribuariorum (Anfang 7. Jhrdt.), die Lex Alamannorum (8.–12. Jhrdt.) und das Edictum Rothari (ab 22.11.643). Aus dem angelsächsischen Recht die Rechte von Kent und Wessex (beide 7. Jhrdt.) und das angelsächsische Reichsrecht (ab Ende des 9. Jhrdts.).

**1904** Bei den Friesen, in Sachsen und in Thüringen ist ein Sklave ausdrücklich Sache und kann gleichzeitig zu Leibesstrafen verurteilt werden, wenn er einen Schaden verursacht, allerdings dann nicht, wenn es auf Befehl des Herrn geschah (*Jastrow,* Sklaven, S. 9 ff.). In kleiner Abweichung kennt das salische Recht zunächst nur private Strafen für den Sklaven, später wurde aber aufgrund eines zugeschriebenen Willens auch öffentlich gestraft, (ab Chlotar II. (595/596) ist ein geschlossenes System der Sklavenstrafen nachweisbar, *Nehlsen,* Sklavenrecht, S. 258, 353) im ripuarischen Recht wird schon ganz konkret die „Schuld“ des Sklaven und nicht die des Herrn untersucht (*Jastrow,* Sklaven, S. 24). Bei den Langobarden ist der Sklave ebenfalls eine Sache (*Nehlsen,* Sklavenrecht, S. 366), aber gleichzeitig ist der eigene Wille des Sklaven anerkannt, weshalb es ein System an Sklavenbußen gibt (*Jastrow,* Sklaven, S. 31) Die Übergabe an den Geschädigten gibt es nach wie vor, der Herr kann dies auch nicht mit Geldzahlung verhindern. Hier geht es dann also tatsächlich um die Bestrafung des Sklaven selbst, allerdings im Gewand des Herausgabeanspruches. Die zivil-

Es ergibt sich nun insgesamt folgendes Bild: Der Sklave war im römischen Recht zwar Eigentum seines Herrn, aber dennoch deliktische Person. Dies mag darin begründet sein, dass in der römischen Gesellschaft verankert war, dass der Sklave ein Mensch war und ihm entsprechend den freien Bürgern der römischen Gesellschaft die Freiheit zugeschrieben wurde, sich anders zu entscheiden. Es stand kein Mechanismus zur Verfügung, der derart andere Eigenschaften hätte begründen können, dass die Verantwortung Natur zugeschrieben werden könnte. Wie andere Menschen ist er ebenfalls Kommunikationsteilnehmer, er kann selektieren. Auch ihm gegenüber ist Generalvertrauen zweckhaft. Insofern wird sein Verhalten als vorwerfbare Mitteilung einer strafrechtswidrigen Information selektiert. Die Diskrepanz entsteht, Generalvertrauen wird zerstört, sofern das Strafrecht nicht mit einem Enttäuschungsmechanismus eingreift, der Verantwortungszuschreibung, was nach dem zuvor Gesagten gelang. Die unterschiedliche Rechtsstellung scheint dagegen für die grundsätzliche strafrechtliche Verantwortungsfähigkeit keine Rolle zu spielen. Vielmehr scheint für den Erhalt von Generalvertrauen eine noch stärkere kommunikative Reaktion in der Strafvollstreckung notwendig zu sein, wenn sich der Sklave nicht seiner zugeschriebenen Rolle entsprechend verhält. Das mag darin begründet sein, dass man ob seiner Rolle ein beobachtetes abweichendes Verhalten noch viel weniger erwartet hatte und eine Strafe deswegen kommunikativ auch dementsprechend stärker ausfallen musste, um Generalvertrauen aufrecht zu erhalten.

Der Status im Sinne von Rechtssubjektivität, allgemeiner Rechtsfähigkeit, Gleichberechtigung o. ä. war nicht Voraussetzung für die deliktische Person. Einzelne Rechtssysteme sind zwar – haben sie sich ausdifferenziert – zueinander autopoietisch, wenn auch an vielen Stellen strukturell gekoppelt,[1905] sodass eine Überschneidung und Angleichung der deliktischen Person mit dem Status einer allgemeinen Rechtsfähigkeit wahrscheinlich erscheint. Das ist dann aber *Folge* und nicht *Grund*.

## 2. Nichtmenschliche Entitäten

Klar ist, dass zu jeder Zeit, jedenfalls solange es ein Strafrechtssystem gibt, der Mensch Gegenstand von Verantwortungszuschreibung war. Deshalb mag das Er-

rechtliche Struktur blieb erhalten, aber der Herr konnte nun von staatlicher Seite verpflichtet werden, den Sklaven zu töten oder ihn nach Übersee zu verkaufen (*Jastrow*, Sklaven, S. 32 ff.; *Nehlsen*, Sklavenrecht, S. 384 f.). Im späteren angelsächsischen Reichsrecht ist der Sklave eine „Person geringeren Rechts“. Das Strafrecht für Freie und für Sklaven war im Wesentlichen gleich, mit wenigen Unterschieden im Strafmaß (*Jastrow*, Sklaven, S. 42 ff.)

**1905** Oder es wurden gar Wertungen und Prinzipien in die Programme anderer Rechtssysteme übernommen, wie Teile des Verfassungsrechts in das Strafrechtssystem heute, § 3 C. I., S 117 ff.

gebnis bei den Sklaven auch nicht weiter überraschen. Allerdings gab es über lange Zeitperioden[1906] eine strafrechtliche Verantwortungszuschreibung auch an nichtmenschliche Entitäten, die zeigen, dass ein rein anthropozentrisches Strafrecht keine universelle und schon gar keine historische Wahrheit ist. Auch KI-Systeme sind nichtmenschliche Entitäten, weshalb hier eine genauere Untersuchung lohnt. Das trifft zunächst Tiere (a.) und dann Dinge (b.).

### a. Tiere

Gesichert und gut aufbereitet ist dies für die Gruppe der Tiere innerhalb des Mittelalters und der frühen Neuzeit. Es gab – und das nicht nur vereinzelt – Tierstrafen und Tierprozesse.[1907] Passen diese Phänomene ebenfalls in die hier gefundenen Grundsätze der deliktischen Person? Die Funktion der Aufrechterhaltung von Generalvertrauen und der daraus ausfließende Straftatbegriff sind grundsätzlich mit dem Anspruch angetreten, Strafrecht auch außerhalb des spezifischen Gesellschaftssystems erklären zu können. Insofern müssen die Tiere aus der Perspektive der damaligen Zeit Kommunikationsteilnehmer sein können (i.) und Generalvertrauen, gerade durch Kommunikation im Strafrechtssystem vermittelt, muss unmittelbar in Bezug auf die Tiere zweckhaft gewesen sein (ii.-iv.).

Tierprozesse und Tierstrafen beschrieben als Terminologie grundsätzlich zwei unterschiedliche Phänomene:[1908] Tierprozesse meinen in der Regel kirchliche Prozesse, oft gegen Schädlinge, die mit Aufforderungen enden, das Land zu verlassen oder an dessen Ende Exkommunikationen über die Tiere verhängt werden. Aber auch Tötung war möglich. Die kirchlichen Tierprozesse sind also eher im heutigen Sinne zivil- und polizeirechtlich und nur am Rande strafrechtlich zu sehen. Die Tierstrafen bezeichnen dagegen die originär strafrechtlichen Prozesse, an deren Ende in der Regel ein Strafurteil durch dieselben Gerichte stand, die auch

---

**1906** Jedenfalls im antiken Griechenland, *Forster/Rieder*, Juridica International 2021, 32, 35 f. m. w. N. und vom 13. Jhrdt. bis ins 18. Jhrdt., *v. Amira*, Thierstrafen und Thierprocesse, S. 2; *M. Fischer*, Tierstrafen und Tierprozesse, S. 34 f.; *Dinzelbacher*, Das fremde Mittelalter, S. 226 ff.

**1907** Dagegen hält *Schumann* in Beiträge Göttinger Kolloquium, S. 181, 185 ff. die Quellenauslegung für falsch und plädiert dafür, dass es solches eben gerade nicht gab, bleibt mit dieser Meinung bislang aber soweit ersichtlich noch ohne große Unterstützung. Auf sie verweisend *Ziemann* in Robotik und Gesetzgebung, S. 183, 185. Von Tierstrafen und Tierprozessen gehen unzählige Quellen aus, für viele nur *v. Amira*, Thierstrafen und Thierprocesse, S. 1 ff.; *M. Fischer*, Tierstrafen und Tierprozesse, S. 34 ff.; *Dinzelbacher*, Das fremde Mittelalter, S. 147 ff.; *T. Gergen*, NuR 2012, 96 f.; *Ziemann* in Robotik und Gesetzgebung S, 183, 186 f.; *Hülle*, DRiZ 1990, 135 ff.; *Neukam*, Die Fundgrube 1953, 17 ff. Eine Liste findet sich schon früh bei *Evans*, The Criminal Prosecution and Capital Punishment of Animals, S. 313 ff.

**1908** Ursprünglich *v. Amira*, Thierstrafen und Thierprocesse, S. 1 ff. Zur genauen Abgrenzung *M. Fischer*, Tierstrafen und Tierprozesse, S. 37.

Menschen richteten, und eine Strafvollstreckung durch denselben Henker, der auch das Urteil gegen menschliche Täter vollstreckte.

### i. Tiere als Kommunikationsteilnehmer

Zunächst lässt sich festhalten, dass Tiere ohne Zweifel als Kommunikationsteilnehmer gesehen wurden. Das zeigt sich in den Prozessen selbst in einer Deutlichkeit,[1909] die für KI-Systeme noch lange nicht erreicht ist.[1910] So wurden sie (nicht nur in den Prozessen) sogar ausdrücklich sprachlich angesprochen, es ergingen auch Weisungen, etwa in den kirchlichen Prozessen, nach denen etwa Schädlinge schriftlich angewiesen wurden, einen Weinberg zu verlassen. Dabei waren keine menschlichen Vertreter und erst recht keine inneren Dämonen[1911] angesprochen, sondern stets und ausdrücklich die Tiere selbst.[1912] Tiere wurden im kommunikationstheoretischen Sinne also nicht nur als *Alter*, sondern sogar als *Ego* verstanden, denn offenbar traute man ihnen selbst die Verstehensselektion zu. Es wurde sogar ausdrücklich die Möglichkeit der Erwiderung gegeben und die Tiere wurden nach dem Urteil wieder an ihren Ort der Gefangennahme zurückgebracht, um ihren

---

**1909** *Dinzelbacher* hat dieser Frage ein ganzes Kapitel in seiner umfangreichen Monographie gewidmet, *Dinzelbacher*, Das fremde Mittelalter, S. 208 ff., mit vielen und umfangreichen Nachweisen.

**1910** Besonders eindrücklich ist die Verteidigungsstrategie *Chassenées*, der 1522 Ratten eines Dorfes in der Diözese Autun verteidigte. Als die Ratten nach Aufforderung durch das Gericht nicht erschienen und deswegen ein Versäumnisurteil ergehen sollte, konnte er dies verhindern, indem er argumentierte, dass das Urteil alle Ratten betreffen würde (vermutlich, weil es um einen kirchlichen Prozess ging und die Verdammung potentiell alle Ratten betreffen könnte) und deswegen auch alle geladen werden müssten. Infolgedessen wurden Priester in jede einzelne Gemeinde der Diözese Autun geschickt, um die Ratten entsprechend zu laden. Als sie erneut nicht kamen, argumentierte *Chassenée*, dass aufgrund der weiten Entfernungen mehr Zeit benötigt wurde, was ebenfalls vom Gericht gewährt wurde. Im Folgenden verteidigte er das weitergehende Fernbleiben der Ratten damit, dass der Weg wegen feindlicher Katzen zu gefährlich sein und den Ratten nicht zugemutet werden könne, den Tod zu riskieren, nur um der Ladung des Gerichts zu folgen. Nach *Berman*, GW Law Faculty Publications 1994, 288 f.

**1911** Insoweit a.A. *Foster/Rieder*, Juridica International 2021, 32, 36; *Neukam*, Die Fundgrube 1953, 17, 22. Dies mit umfangreichen Nachweisen aber widerlegend *M. Fischer*, Tierstrafen und Tierprozesse, S. 43 f.; *Dinzelbacher*, Das fremde Mittelalter, S. 214, 244 ff.; auch *ders.* in Mensch und Tier in der Geschichte Europas, S. 188, 282.

**1912** So ein Urteil des Offizialats von Troyes im Jahr 1516, „Wir ermahnen mit diesem Schriftsatz die vorgenannten Tiere, wie immer sie auch genannt werden, bei Strafe der Verfluchung und des Anathems, dass sie innerhalb von sechs Tagen ab dieser Ermahnung kraft dieses Urteils von den Weinbergen und Territorien des genannten Ortes (...) verschwinden", zitiert nach *Dinzelbacher*, Das fremde Mittelalter, S. 209. Vgl. auch *M. Fischer*, Tierstrafen und Tierprozesse, S. 72.

Artgenossen das Urteil mitzuteilen,[1913] also Anschlusskommunikation zu betreiben. Dies geht sogar noch über Luhmannsche Kommunikation hinaus, hier wird tatsächlich ein inneres Verstehen der Gründe zugeschrieben.[1914]

Wechselseitiges sprachliches Verstehen[1915] taucht auch bei den weltlichen und originär strafrechtlichen Prozessen auf. Tieren wurde hier sowohl in Bezug auf die Tat selbst als auch im Strafprozess die Rolle des *Alters* zugeschrieben. Kontingenz wurde durch die menschlichen Beobachter bei den Tieren vorausgesetzt. Wie bei den kirchlichen Prozessen wurde sogar ein inneres Verstehen zugeschrieben, wenn in der Urteilsbegründung regelmäßig der Passus auftaucht, dass die Strafe anderen Tieren zur Warnung und Abschreckung erfolge.[1916] So wurde 1494 ein Schwein zum Tode durch den Strang verurteilt, weil es in ein Haus eingedrungen war und ein Kind getötet hatte. Das Urteil erging, „um das Recht exemplarisch zu wahren".[1917]

1644 wurde in Detmold ein Ziegenbock zum Tode verurteilt, der ein Kind so gestoßen hatte, dass es den Verletzungen erlegen war. In der Tat wurde Information und Mitteilung als beim Ziegenbock different selektiert und dem Ziegenbock als Zuschreibungspunkt zugeordnet. Auch im Urteil wird der Ziegenbock als Kommunikationsteilnehmer wahrgenommen. Darüber hinaus geht das Urteil davon aus, dass auch die anderen Menschen dies so wahrnehmen, denn die Strafvollstreckung erfolgt öffentlich und unter Bekanntmachung der Gründe. In diesem exemplarischen Fall wörtlich: „Es soll der Ziegenbock vom Scharfrichter auff den offenen Markt zu Detmold geführt undt dasselbst eine Zeitlang, von einer viertell stunde gebunden gehalten, darnach offentlich kundt gemacht und angezeigt werden, was es für eine bewandtniß damit hette, daß nemblich derselbe Ziegenbock einen Jungen vornehmen Knaben mit einem stooß umb sein leben gebracht, derowegen Er befhelicht wehre, demselben zu abschewlichen Exempel mit einem beill den halß abzuhawen, und etzliche stiche hin undt wieder durch den leib zu thuen".[1918] Dieses Beispiel sei exemplarisch für die Tierstrafen dieser Zeit.[1919] Das Tier wurde

---

**1913** Dies dann durch einen menschlichen Prokurator, wie eine Abschrift des Bischofs von Lausanne 1479 zeigt, *Dinzelbacher,* Das fremde Mittelalter, S. 210.

**1914** Etwa *M. Fischer* in Die Natur der Gesellschaft, S. 5151, 5158.

**1915** Dem tatsächlichen Unvermögen der Tiere, Sprache in ausreichender Detailtiefe zu verstehen, scheinen die mittelalterlichen Menschen aber nicht ganz indifferent gegenüber gestanden zu haben, *Dinzelbacher,* Das fremde Mittelalter, S. 213. Jedenfalls ist wirkliches Verstehen der Information für den hiesigen Straftatbegriff keine Voraussetzung, es bedarf nur eines Potentials des Täters als *Alter* der Kommunikation.

**1916** *Berkenhoff,* Tierstrafe, Tierbannung und rechtsrituale Tiertötung im Mittelalter, S. 34.

**1917** *Evans,* The Criminal Prosecution and Capital Punishment of Animals, S. 155 f.

**1918** Zitiert nach *Hülle,* DRiZ 1990, 135, 136.

**1919** Eine Liste findet sich schon früh bei *Evans,* The Criminal Prosecution and Capital Punishment of Animals, S. 313 ff.

als Kommunikationsteilnehmer behandelt und, noch deutlich weiterführend, auch tatsächlich strafrechtliche Verantwortung zugeschrieben und bestraft. Da das Tier (zugeschrieben) Leid erfahren konnte, war auch die Strafvollstreckung anschlussfähig. Die Verfahren wurden dabei nach den Vorschriften eines normalen Verfahrens durchgeführt.[1920]

Allein die Eigenschaft als Kommunikationsteilnehmer reicht nach der Theorie vom Generalvertrauen nicht aus, um eine grundsätzliche Verantwortungsfähigkeit zu begründen. Es muss etwa hinzutreten, dass gerade das Strafrecht dazu qualifiziert, Generalvertrauen herzustellen und aufrecht zu erhalten. Heute ist das die „Black Box des Wies". Zur Frage, warum Tiere bestraft wurden, gibt es verschiedene Ansätze in der historischen Forschung.[1921]

### ii. Tatbezogenheit des Strafrechtssystems als Begründungsstruktur

Ein Ansatz geht davon aus, dass die Person des Täters schlicht keine Rolle gespielt habe und es nur auf die Tat angekommen sei.[1922] Dann stellt sich aber die Frage, warum Tiere, nicht aber Steine und das Wetter bestraft wurden. Zwar war der Tatfokus im Mittelalter deutlich stärker als der Täterfokus, allerdings bedeutet das nur, dass häufiger zwischen Information und Mitteilung differenziert wurde und so mehr mögliche Zurechnungspunkte gesehen wurden, weil die wahre innere Gesinnung nur im Ausgangspunkt, nicht aber im konkreten Moment der Tat, ausschlaggebend war. Dennoch mussten Tiere zumindest im Ausgangspunkt Freiheit haben, in der Terminologie der damaligen Zeit „vernunftfähig und einsichtsfähig" sein. Dass dies eine Rolle spielt, zeigt auch die Tatsache, dass die fehlende grundsätzliche Vernunftfähigkeit in der Verteidigung der Tiere als Argument verwendet wurde; Die Vernunft und Einsichtsfähigkeit von Tieren wurden vielfach thematisiert und vorausgesetzt.[1923] Die Person des Täters spielte also offenbar eine große Rolle. Dass reale kognitive Fähigkeiten bis hin zu Sprachverständnis tatsächlich vorausgesetzt wurden, zeigt schon die Art der Kommunikation in den Prozessen.[1924]

---

1920 *Hülle*, DRiZ 1990, 135, 136.

1921 Zusammenfassend *Dinzelbacher*, Das fremde Mittelalter, S. 238 ff.; *M. Fischer*, Tierstrafen und Tierprozesse, S. 40 ff.

1922 So *Evans*, The Criminal Prosecution and Capital Punishment of Animals, S. 194.

1923 *M. Fischer* in Die Natur der Gesellschaft, S. 5151, 5156 f.; Beispiele finden sich auch bei *Evans*, The Criminal Prosecution and Capital Punishment of Animals, S. 43 und umfangreich bei *Dinzelbacher*, Das fremde Mittelalter, S. 186 ff.

1924 *Dinzelbacher*, Das fremde Mittelalter, S. 208 ff.; *M. Fischer*, Tierstrafen und Tierprozesse, S. 71 f. Zur Kommunikation in den Prozessen wurde unter § 10 B. III. 2. a. i., S. 437 ff. ausgeführt.

#### iii. Kontrolldilemma als Begründungsstruktur

Eine andere Erklärungsstrategie liefert *Fischer*.[1925] Ihm zufolge beruhen Tierstrafen auf einem Kontrolldilemma. Insofern folge nicht Verantwortlichkeit auf Personifizierung[1926], sondern Personifizierung auf Verantwortlichkeit. *Fischer* meint, dass fehlende technische Kontrolle zu Strafen für Tiere geführt habe. Die Menschen hätten keine Möglichkeiten gehabt, gegen Heuschreckenschwärme oder außer Kontrolle geratene Nutztiere anzukommen, und hätten sich deshalb an das Strafrecht gewandt, gewissermaßen als „Notlösung" und dann die Personifizierung vorgenommen. Ausgangspunkt und zu lösendes Problem seien „Creatures doing harm to man".[1927] Der Prozess richte sich also nicht speziell gegen Tiere, sondern gegen solche Kreaturen. Kontrolle sei die Problemlösung, und wenn gewaltsame Kontrolle versage, wie im Mittelalter, müsse eine andere Form der Kontrolle herhalten, eben die rechtliche Kontrolle. Dass diese auch effektiv war, sei darin begründet, dass es Kontrollsagen gab, die das Vorgehen plausibilisieren.[1928] Damit die Urteile die gewünschte Kontrolle entfalten konnten, mussten die üblichen prozessualen Rechte gewährt werden.[1929] Vor diesem Hintergrund sei dann die Personalisierung im Sinne von Zuschreibung von weitgehenden Verständnis- und Handlungskompetenzen erfolgt, schlicht, weil die rechtliche Kontrolle die einzig verbliebene Möglichkeit gewesen sei und das eben nur in solchen Fällen, in denen die Kreaturen Macht über Menschen (durch Rechtsgutsverletzungen zum Nachteil der Menschen) erlangt hätten.[1930] Ein Ende hätten die Tierstrafen gefunden, weil das Strafschauspiel an sich Bedeutung verloren hätte und deshalb seinen Zweck als beinahe „magisches" Ritual nicht mehr erfüllen könne, weil die Kontrollsagen ins Reich der Mythen verwiesen wurden, und vor allem deshalb, weil technische Kontrolle durch die moderne Nutztierhaltung und die Entwicklung von Pestiziden möglich war. Insofern gebe es kein eigentliches Ende von Tierstrafen, sondern nur eine Verlagerung der Strafe (in einem allgemeinen Sinne von Übelzufügung) in andere Systeme.[1931] *Fischer* meint, eine generelle Tendenz zu sehen, dass bei Ver-

1925 *M. Fischer*, Tierstrafen und Tierprozesse, S. 75 ff., zusammenfassend *ders.* in Die Natur der Gesellschaft, S. 5151 ff.

1926 Freilich ist hier Personalität nicht im kommunikationstheoretischen Verständnis, sondern eher im Sinne einer Person gemeint, die *M. Fischer* als Grundlage von Bestrafung sieht.

1927 *M. Fischer*, Tierstrafen und Tierprozesse, S. 76; *Evans*, The Criminal Prosecution and Capital Punishment of Animals, S. 103.

1928 *M. Fischer*, Tierstrafen und Tierprozesse, S. 86; *ders.* in Die Natur der Gesellschaft, S. 5151, 5162. Damit meint er etwa Sagen, in denen Tiere durch Exkommunikation u. ä. kontrolliert wurden.

1929 *M. Fischer* in Die Natur der Gesellschaft, S. 5151, 5163, er weist außerdem auf die Gefährlichkeit einer falschen Entscheidung hin, die vor Gott gerechtfertigt werden müsse.

1930 *M. Fischer* in Die Natur der Gesellschaft, S. 5151, 5164.

1931 *M. Fischer*, Tierstrafen und Tierprozesse, S. 128 ff., insb. 130.

sagung von technischer Kontrolle auf soziale Kontrolle umgestellt werde, und wenn soziale Kontrolle versage, wiederum auf technische.[1932]

Diese Argumentation hat weist allerdings Lücken auf. Zum einen kann sie nicht erklären, warum es im Frühmittelalter keine Tierstrafen gab, zum anderen ist auch heute nicht immer eine technische Kontrolle von Tieren möglich. Gerade Haustiere fallen aus den von *Fischer* genannten heutigen technischen Kontrollmechanismen heraus und können Menschen Schaden zufügen. Außerdem hat *Fischer* keine Argumente parat, warum die Zuschreibung von Vernunft und Erkenntnis tatsächlich erst im Nachgang zu diesem Kontrolldilemma erfolgt sein sollte und nicht parallel dazu oder bereits davor. Nicht plausibel ist außerdem, wie Urteile tatsächliche Wirkkraft entfalten sollen, wenn im Angesichte des Problems erst bewusst die für das Urteil nötigen Eigenschaften zugeschrieben werden. So ist es kaum vorstellbar, dass ein solches Urteil anschlussfähig wäre.[1933] Ein Urteil unter solchen Voraussetzungen delegitimiert sich gewissermaßen selbst, wenn diese Mechanismen tatsächlich offen kommuniziert und ins Bewusstsein der Beobachter aufgenommen werden.

Dennoch lassen sich auch aus *Fischers* Schlüssen fruchtbare Erkenntnisse gewinnen. Das Kontrollproblem lässt sich in den Kanon des Generalvertrauens einfügen und passt zur Logik der Zweckmäßigkeit von Strafe für das Generalvertrauen. Vertrauen lässt sich auch durch technische Kontrolle gewinnen, sogar in aller Regel viel besser als durch Verantwortungszuschreibung,[1934] weil bei technischer Kontrolle die Quantität der Diskrepanzbeobachtungen deutlich geringer ist. Das ist heute etwa die Logik des Produktsicherheitsrechts. Technische Kontrolle findet in anderen Systemen statt, nicht im Strafrecht. Versagt aber die technische Kontrolle, so kann darauf gerichtetes Generalvertrauen verloren gehen. Übernimmt Strafrecht dann den Prozess, so geschieht dies durch Zuschreibung von Verantwortung, also in diesem Bild ebenfalls eine Art von Kontrolle, wenn auch quantitativ weniger effektiv. Zudem kann – und hier dreht sich die Argumentation im Vergleich zu *Fischer* um – Strafrecht die Funktion nur übernehmen, wenn Verantwortungszuschreibung auch anschlussfähig gelingt. Wenn das Problem also nicht bereits in die operative Logik des Strafrechts passt und in der Gesellschaft dementsprechend kommuniziert wurde, der mögliche Täter etwa durch entsprechende Zuschreibungen bereits deliktische Person ist, so kann Strafrecht zwar tätig werden, wird diese Funktion aber gerade *nicht* erfüllen. Ein Schluss, der aus den Gedanken *Fischers* noch gezogen

---

1932 *M. Fischer*, Tierstrafen und Tierprozesse, S. 83.

1933 Parallel dazu wurde schon erläutert, warum die Funktion des Generalvertrauens an sich voraussichtlich nicht zur Legitimation von Strafe (im Sinne von Herstellen von Anschlussfähigkeit) taugt, § 3 D. I. 2., S. 136; III. 1., S. 160 ff.

1934 Zu Kontrolle und Vertrauen schon § 3 A. II. 1. e., S. 81.

werden kann, ist der, dass technische Kontrolle oft besser geeignet ist, Generalvertrauen herzustellen. Das Strafrecht hat insoweit eine Art faktische Ultima-Ratio-Stellung durch seine potentiell geringere Effektivität.

#### iv. Mentalitätsgeschichte als Begründungsstruktur

Nach einer verbreiteten Ansicht[1935] wurden Tiere schlicht dem Menschen in seinen Fähigkeiten, soweit es für die Gerichtsprozesse und die Straftat notwendig war, gleichgesetzt. Dies sei durch die wirkliche Überzeugung geschehen, dass Tiere die dafür notwendigen menschlichen Eigenschaften besitzen. Das betrifft insbesondere die zugeschriebene Fähigkeit der Tiere, vernunftfähig zu sein, also auch sich anders entscheiden zu können. Mit dieser Deutung könnte man sagen: Tiere waren Kommunikationsteilnehmer und gleichzeitig „Black Box des Wies". Ihr Verhalten wurde ihnen als deliktische Person und nicht der Natur zugerechnet, da im Gegensatz zu heute nicht angenommen wurde, dass Tiere bloße Instinkte hätten, ihr Verhalten also im Grundsatz nicht erklärt werden konnte und insofern mit Zuschreibung einer tatsächlichen Freiheit reagiert wurde. Das würde insoweit das frühere römische Recht konterkarieren, in dem den Tieren eine solche Vernunft gerade abgesprochen wurde und dementsprechend Konflikte über die „actio de pauperie" zivilrechtlich im Sinne einer Tierhalterhaftung gelöst wurden.[1936] Was aber besonders verwundert, ist, dass auch mittelalterliche Gelehrte oftmals der Ansicht gewesen sind, dass Tiere eigentlich keine Vernunft und Steuerungsfähigkeit besitzen[1937] und dies auch in den Prozessen von den menschlichen Verteidigern als Verteidigungsargument[1938] verwendet wurde. Um dies zu erklären, könnte man

---

1935 In diese Richtung gehen *Frazer*, Folk-lore, S. 403 ff.; *Westermarck*, Moral Ideas, S. 258; *Hülle*, DRiZ 1990, 135; *Cohen*, Past & Present 1986, 6 ff.; *Berkenhoff*, Tierstrafe, Tierbannung und rechtsrituale Tiertötung im Mittelalter, S. 54 ff.

1936 Ausdrücklich: „Pauperies heißt ein Schaden, der ohne Unrecht von Seiten des Verursachers entstand, denn ein Tier kann kein Unrecht tun, weil es des Verstandes entbehrt", Dig. 9.1.1.3, Übersetzung nach *Dinzelbacher*, Das fremde Mittelalter, S. 148.

1937 *M. Fischer* in Die Natur der Gesellschaft, S. 5151, 5155 ff.; *ders.*, Tierstrafen und Tierprozesse, S. 72. Unabhängig vom Recht etwa auch *Thomas von Aquin*, der sagt, dass Tiere nicht beschworen werden können, unvernünftig seien, Sprache nicht verstehen könnten und – besonders wichtig – nicht „Herr ihrer Handlungen" sind, *Dinzelbacher* in Mensch und Tier in der Geschichte Europas, S. 188, 282. Sie wurden auch als „stumme Kreatur" begriffen, *Dinzelbacher*, Das fremde Mittelaltern, S. 238.

1938 *M. Fischer* in Die Natur der Gesellschaft, S. 5151, 5156; *Dinzelbacher*, Das fremde Mittelalter, S. 186 ff. Das kann auch als Argument dafür verwendet werden, dass die überlieferten Tierprozesse tatsächlich stattfanden und nicht nur zu Lehrzwecken fabelartig wiedergegeben wurden. Es hätte sonst kaum Sinn gemacht, auf zugeschriebene Eigenschaften der Tiere abzustellen.

etwa argumentieren, dass die Ansicht der Gelehrten nur vereinzelt geblieben ist und in der Kommunikation keinen entscheidenden Widerhall gefunden hat.

*Dinzelbacher* führt die Tierstrafen und Tierprozesse in der wohl umfangreichsten modernen Untersuchung zu Tierstrafen und Tierprozessen überzeugend auf die Mentalitätsgeschichte zurück,[1939] die insbesondere eine Antwort darauf liefern kann, warum das frühe Mittelalter noch keine Tierstrafen kannte. *Dinzelbacher* benennt dafür drei Gründe: Erstens wird die Differenz zwischen Mensch und Tier nach dem Frühmittelalter nicht mehr betont, sondern vielmehr Gemeinsamkeiten in den Mittelpunkt gerückt. Dafür sprechen nicht nur die Entstehung des Tierepos, in dem Tiere als handelnde und sprechende Wesen dargestellt werden und die Darstellung von Mischwesen in der Kunst, halb Mensch, halb Tier, sondern auch das enge Zusammenleben der Bevölkerung mit den Tieren.[1940] Zweitens sei die Epoche von einer gewissen „Irrationalität" geprägt (das kann man freilich nur aus der heutigen Gesellschaftsperspektive so bezeichnen und ist in diesem Zusammenhang eher als Wandelpotential zu beschreiben), ausgelöst durch die Ängste aufgrund der Klimakrise des 14. Jhrdts. und das größere Bedürfnis, auch auf sozialer Ebene „Schuldige" zu finden. Drittens habe sich das Recht in dieser Zeit in viele Bereiche ausgedehnt, weshalb sich eine rechtliche „Allmachtsphantasie" herausgebildet habe, die dem Glauben entsprungen sei, dass Recht alles lösen könne, ähnlich wie die technischen Allmachtsphantasien des 19. Jhrdts.[1941] Durch die „Verrechtlichung" des Lebens kam es ab dem 12. Jhrdt. zu Rationalisierungstendenzen, die sich *gerade* in Tierstrafen niederschlugen. Man begnügte sich nun nicht mehr damit, dass Gott bei falschem Verhalten ein Unheil verhängt, sondern wollte für das Verhalten der Tiere innerweltliche Gründe wissen. Verantwortungsfragen wurden aus dem Religionssystem hinausgezogen. Die innerweltlichen Gründe wurden in der bösen Absicht der Individuen gesucht und (zuschreibend) gefunden. Tiere wurden so als Täter mit ebendieser Absicht konstruiert – eben durch ihre Unerklärbarkeit – um „den schrankenlosen Einsatz der neuen Maschinerie des gelehrten Rechts mit der Vernunft kompatibel zu machen".[1942]

Tierstrafen verschwanden erst dann wieder, als die Forschung Triebe bzw. Instinkte für das Verhalten der Fauna entscheidend aufzeigen konnte und als die Sagen der Tierepik in den Bereich der Fiktion verwiesen wurden.[1943] Heute meinen

---

**1939** *Dinzelbacher*, Das fremde Mittelalter, S. 219 ff., 248 ff.

**1940** *Dinzelbacher*, Das fremde Mittelalter, S. 220 f., 249; *ders.* in Mensch und Tier in der Geschichte Europas, S. 181 ff.

**1941** *Dinzelbacher*, Das fremde Mittelalter, S. 221 f., 249 f.

**1942** *Dinzelbacher*, Das fremde Mittelalter, S. 221.

**1943** *Dinzelbacher*, Das fremde Mittelalter, S. 222, etwa auch *Ziemann* in Robotik und Gesetzgebung, S. 183, 187.

wir zu wissen, dass auch *Cartesius, Pufendorf* und andere Unrecht hatten, als sie das Tier als Maschine ohne jede Vernunft beschrieben. Dennoch ist diese Instinkthaftigkeit (damit grundsätzliche Erklärbarkeit, also Natur) des Verhaltens bis heute Basis des Arguments der Schuldunfähigkeit von Tieren geblieben.[1944] Insoweit könnte man auch heute, ob der eigentlich vorherrschenden Erkenntnisse um das Innere der Tiere, gerade im Bereich der Tier*rechte,* einen ebenso irrationalen Umgang anprangern, wie damals im Bereich der Tierstrafen.[1945]

In Kontext der Theorie vom Generalvertrauen ließe sich also Folgendes konstatieren: Generalvertrauen unmittelbar in Bezug auf Tieren war ursprünglich nicht Teil der Selbstbeschreibung des Rechtssystems. Vertrauen gegenüber Tieren entsprang vertrauensauslösenden Reizen, die von den Tieren selbst oder Menschen kamen, die den Umgang mit Tieren lehrten, oder aus dem Religionssystem. Es gab also neben dem Religionssystem eine Art der „technischen" Kontrolle, die die Erwartung sicherte und Vertrauen ermöglichte. Dies erfuhr aber im Laufe der Zeit einen kommunikativen Wandel, etwa durch Faktoren, die aufgrund der Krise des 14. Jhrdts. in die Kommunikation traten. Es bestand der Wunsch, nicht mehr nur eine technische Kontrolle auszuüben, sondern auch kommunikativ zu verstehen und, aufgrund des (System)vertrauensverlust zur Kommunikation im Religionssystem, sozial innerweltliche Verantwortung zuzuschreiben. Dies zeigte sich besonders stark bei Tieren, die kommunikativ in ein Gleichheitsverhältnis zum Menschen überführt und dementsprechend auch seine Eigenschaften zugeschrieben wurden, allen voran die Freiheit. Ihr objektives Handeln ließ sich auch unter bestehende Straftatbestände subsumieren, üblicherweise Verletzung und Tötung eines Menschen oder Sachbeschädigung. Nicht mehr die Natur wurde für verantwortlich gehalten, sondern das Tier selbst. Man begann Verhalten der Tiere als Differenz von Information und Mitteilung zu selektieren. Die Tendenz der Verrechtlichung zeigt sich darin, dass das Recht in dieser Zeit die Konstituierung und Aufrechterhaltung von Generalvertrauen für viele Bereiche an sich zog. In Bezug auf Tiere heißt dies, dass Vertrauen nun aus den Verhaltensnormen des Rechts kommen soll. Dafür war wiederum ein Enttäuschungsmechanismus nötig und durch die Zuschreibung der Freiheit an das Tier, also ihr Verstehen als „Black Box des Wies", und die Zuschreibung von Fähigkeiten, die für Kommunikation notwendig waren, konnte das im Recht umgesetzt. Dies änderte sich, als die Aufklärung Instinkte in die Kommunikation einbrachte und so im Laufe der Zeit die Tiere nicht mehr als „Black Box des Wies", sondern nur noch des „Was" und des „Warums"

---

**1944** Etwa *Jescheck/Weigend*, AT, S. 410. Vgl. *Dinzelbacher*, Das fremde Mittelalter, S. 251, 253.
**1945** *M. Fischer*, Tierstrafen und Tierprozesse, S. 142ff.; *ders.* in Die Natur der Gesellschaft, S. 5151, 5164ff.

betrachtet wurden, denn die grundlegende Erklärung der „Instinkte" war gefunden. In der Zuschreibung war nicht mehr Freiheit gegeben, sondern Natur. Dadurch waren sie keine deliktischen Personen mehr und wurden wieder aus dem Bereich des Strafrechts ausgenommen, da sein Enttäuschungsmechanismus nicht mehr funktionierte; Er war für die Beobachter nicht mehr anschlussfähig.

Gravierende Veränderungen äußerer Umstände und der Wunsch, aufgrund dieser Umstände Verantwortung zuzuschreiben, können also auch zu einer Veränderung der Zuschreibung führen und andere Entitäten für das Strafrecht als deliktische Personen anschlussfähig machen. Auch heute und in Zukunft ist es denkbar, dass es zu solchen gesellschaftlichen Verwerfungstendenzen kommt, die dann die Verantwortungszuschreibung an KI-Systeme erlauben könnten. Es wäre deutlich zu weitgehend eine Parallelität zwischen der Klimakrise des 14. Jhrdts. und der aktuellen Klimakrise zu suchen, da sowohl Gesellschaft als auch Umstände völlig unterschiedlich sind. Jedoch kann zumindest beides zu deutlich mehr Unsicherheit und weniger Kontrolle führen, wodurch der Wunsch nach sozialer Kontrolle und „Schuldigen" steigen und ein „Wandelpotential" entstehen könnte, was wiederum auch die Zuschreibung an KI-Systeme verändert.

### b. Dinge

Zum Abschluss wird die Gruppe untersucht, die von allen Entitäten in der heutigen Wahrnehmung die wohl größten Ähnlichkeiten mit KI-Systemen hat: Dinge. Dingen wurde im Laufe der Geschichte immer wieder Verantwortung zugeschrieben und sie waren Gegenstand rechtlicher Prozesse. Das zeigt sich vor allem in der griechischen Antike, wo Prozesse nicht nur gegen Tiere, sondern auch gegen Dinge wie Säulen und Flüsse geführt wurden. *Aristoteles* erklärt etwa den Gegenstand, der den Erfolg verursacht hat, dann für verantwortlich, wenn menschliches Verschulden ausgeschlossen war. Diese Prozesse scheinen aber nicht nur zivilrechtlichen Charakter gehabt zu haben, denn wurde etwa ein Mensch durch einen herabfallenden Gegenstand getötet, so wurde ein Prozess gegen den Gegenstand geführt und er wurde außer Landes gebracht.[1946] Insoweit fehlt aber eine ausreichend aufgearbeitete Quellenlage, um hieraus abschließende Erkenntnisse zu gewinnen.

Zu einem dieser Dinge existiert aber – für Mittelalter und frühe Neuzeit – eine bessere Quellenlage, weshalb es als spezielles und abschließendes Beispiel herausgegriffen sei: die Glocke. Glocken hatten gerade im Mittelalter und in der frühen Neuzeit einen besonderen Status in der christlichen Gesellschaft. Sie waren gewissermaßen die Stimmen der Gesellschaft, die das tägliche Leben eines jeden

---

1946 Zum Ganzen m.w.N. *Forster/Rieder*, Juridica Internationalis 2021, 32, 36; *Tamen*, Friends of interpretable objects, S. 78ff., 88f.

Menschen zuverlässig begleiteten. Sie verkündeten die Tageszeit, riefen zum Gottesdienst, sangen von Freude, warnten vor Feuer und Unfrieden. Die Glocken unterscheiden sich durch ihre Stimme; den Klang. Die Menschen begannen, ihnen Namen zu geben und über sie zu sprechen, als seien sie gleichberechtigte Mitglieder der Gesellschaft. Die verschiedenen Teile der Glocke wurden wie menschliche Glieder benannt. Dazu wurden Glocken religiös aufgeladen. Sie wurden rituell getauft, wobei ihnen Namen gegeben wurden. Die Taufe war ein Prozess, der dazu diente, den Menschen in die Gemeinschaft aufzunehmen. Auch waren die Menschen wohl von der Existenz einer Seele in der Glocke überzeugt. Außerdem finden sich auf Glocken oft Inschriften in der ersten Person Singular.[1947] Dazu wurde ihnen die Fähigkeit zu handeln zugeschrieben, sichtbar in ihrer Fähigkeit, den „Rhythmus des Lebens" zu kontrollieren und nahegelegene Dämonen zu vertreiben.[1948] Nicht nur das: Glocken scheinen auch Gegenstand von gerichtlichen und gar strafrechtlichen Prozessen gewesen zu sein. In Russland war diese Praxis bis ins 19. Jhrdt. weit verbreitet. So wurde 1591 eine Glocke vom Turm geholt und auf den Stadtplatz gezogen, nachdem sie durch ihr Läuten nach der Ermordung des jüngsten Sohns Zar *Ivans IV.* einen Aufruhr ausgelöst hatte. Ein Schmied riss ihre Zunge, den Klöppel und ihre Ohren, die Aufhängungsvorrichtung ab. Anschließend wurde die Glocke gegeißelt und nach Sibirien verbannt. Aus diesem Exil kehrte sie erst 1892 wieder zurück, nachdem sie durch Zar *Alexander III.* begnadigt wurde.[1949]

Besondere Prominenz hat der Fall der Glocke „Piagnona" erlangt, die in eines der wichtigsten europäischen Ereignisse der frühen Neuzeit verstrickt war: den Sturz des Mönchs *Savonarola* der einige Jahre großen Einfluss auf die Republik Florenz ausgeübt hatte.[1950] Am Tag seines Sturzes, am 8. April 1498, läutete die Glocke seines Heimatklosters San Marco, die Piagnona, Alarm und um Hilfe von verbündeten Kräften. Dafür wurde ihr der Prozess gemacht, sie wurde öffentlich bestraft und verbannt. Dieser Prozess ist durch die Prominenz der Ereignisse rund um ihn gut dokumentiert. *Zolli* und *Brown* haben den Fall umfangreich aufgear-

**1947** Etwa die Inschrift der Schaffhausener Glocke, die *Schiller* als Motto für sein „Lied von der Glocke" wählte: „VIVOS VOCO, MORTUOS PLANGO, FULGURA FRANGO" („Die Lebenden ruf' ich. Die Toten beklag' ich. Die Blitze brech' ich.")

**1948** *Zolli/Brown*, Renaissance Quarterly 2019, 54, 83 f.; *Englund*, Verwüstung, S. 304. Vgl. für eine Übersicht auch https://de.rbth.com/geschichte/84924-warum-wurden-in-russland-glocken-bestraft (14.10.2024).

**1949** *Vernadsky*, Jahrbücher für Geschichte Osteuropas 1955, 41, 44 f.; *Evans*, The Criminal Prosecution and Capital Punishment of Animals, S. 175; *Tamen*, Friends of Interpretable Objects, S. 79. Berichtet ist dies etwa auch von der Glocke von La Rochelle aus dem Jahr 1635, *Frazer*, Folk-lore, S. 415.

**1950** Zum Ganzen etwa kürzlich *Bartlett*, Florence in the age of the Medici and Savonarola, S. 52 ff.

beitet.[1951] Am 29. und 30. Juni richtete die Signoria über die Glocke und urteilte, dass die Glocke durch ihre Nutzung der Brüder zu San Marco geeignet gewesen war, eine Revolte gegen die Regierung anzustacheln, wofür sie bestraft werden musste. Die Glocke wurde daraufhin aus dem Glockenturm zu San Marco entnommen und durch die Stadt gezogen, während sie ausgepeitscht wurde, und wurde schließlich mit Zustimmung Papst *Alexanders VI.* für 50 Jahre außerhalb der Stadtmauern verbannt.[1952] Mag die Signoria dafür auch politische Gründe gehabt haben und die Glocke als Symbol politischer Macht benutzt haben,[1953] so wurde sie im Prozess selbst zweifellos unmittelbar adressiert und auch in der Bestrafung unmittelbar behandelt. So zeigt schon die Entscheidung, das Urteil gegen Piagnona ins juristische Archiv aufzunehmen – zwischen Prozesse gegen Menschen, deren Vergehen von Kleinkriminalität bis Mord reichten –, dass die Piagnona nicht nur als bloßes Werkzeug gesehen werden konnte. In den Prozessakten wurde ausdrücklich die Piagnona, nicht die Brüder zu San Marco oder *Savonarola*, als Schuldige erkannt, und auch im Brief der Signoria an Papst *Alexander VI.* wurde Schuld der Glocke selbst zugeschrieben. Sie wurde ausgepeitscht und verbannt und ihre Verbannung wurde öffentlich bekanntgemacht, wie man es normalerweise auch bei der Verbannung von Menschen tat.[1954] Der Prozess spiegelt die in der Kommunikation etablierte Zuschreibungspraxis der Gesellschaft an die Glocken wider, die Teil der Gemeinschaft waren. Dem konnte sich das Recht nicht verschließen.

So wurde das Läuten der Glocke in der Nacht des Sturzes als differente Selektierung von Information und Mitteilung der Glocke verstanden. Sie war nicht lediglich ein Gegenstand, der einen bestimmten Klang von sich gegeben hat. Die Information war ein Hilferuf, um den aus Sicht der Signoria bewaffneten Aufstand weiter zu unterstützen. Die Mitteilung war der Klang der Piagnona in einem bestimmten Rhythmus, ihre Stimme. Sie wurde als kontingent betrachtet und ihr wurde die Fähigkeit zugeschrieben, auch anders zu handeln.[1955] Sie besaß dazu einen Körper, war also leicht abgrenzbar. Zudem scheint die Glocke auch als „Black Box des Wies“ betrachtet worden zu sein. Das verwundert zunächst, denn auch damals war sehr klar, wie Glocken hergestellt wurden und wie sie ihren Klang erzeugen, was zunächst gegen eine „Black Box des Wies“ spricht, sondern vielmehr für eine Zuschreibung an Natur, für die das Strafrecht nicht zuständig ist, oder die

---

1951 *Zolli/Brown*, Renaissance Quarterly 2019, 54 ff., eine Abschrift der wichtigsten Dokumente findet sich bei 90 ff.

1952 *Zolli/Brown*, Renaissance Quarterly 2019, 54, 56 ff.

1953 *Zolli/Brown*, Renaissance Quarterly 2019, 54, 71 ff., 84 f.

1954 *Zolli/Brown*, Renaissance Quarterly 2019, 54, 83.

1955 Insofern ist dies ähnlich zum oben beschriebenen Donnervogel von Laos, § 10 B. II. 1. a., S. 408 f.

Menschen, die die Glocke läuteten. Aber: Durch die religiöse Aufladung der Glocken im Sinne der Taufe und die Annahme, dass Glocken nach ihrer Fertigstellung eine Seele besitzen, wurde neben der bloßen Technik eine mystische, überirdische Komponente gesehen, die den Glocken sogar ausdrücklich Intentionalität verliehen. Das zeigt sich schon in der Terminologie, die beim Glockenguss verwendet wurde: Der Schmelztiegel wurde als „matrice" – Gebärmutter – bezeichnet, das flüssige Metall wurde in die Form „ossatura" – Metallskelett – gegossen und weist nach dem Abkühlen die charakteristische hohle Vertiefung auf, die bei jedem Glockenschlag belebt wird und „anima" – Seele – heißt.[1956] Deshalb wurde die Technik nicht als stets wesentlich für den tatsächlichen Ursprung des Verhaltens gesehen, sondern auch die religiöse Ebene, im Kern die Seele. Sie war Sitz des Denkens, Fühlens und Wollens[1957] und war als Terminologie der damalige Ausdruck für (u. a.) die nichtbeobachtbare Tatsache, dass sich Entitäten eben auch anders verhalten können. In diesem Fall erfüllte die Piagnona objektiv den Tatbestand zur Anstiftung eines Aufruhrs. Insofern waren für die Glocken alle Voraussetzungen erfüllt und eine strafrechtliche Verantwortungszuschreibung wurde möglich. Dazu liegt ob der Zuschreibung einer Seele auch die Zuschreibung eines tatsächlichen Übelempfindens an die Piagnona nahe, wodurch das Strafurteil als Enttäuschungsmechanismus für die Beobachter anschlussfähig wurde.[1958]

## C. Fazit und Ausblick

Es hat sich gezeigt, dass KI-Systemen heute keine Verantwortung zugeschrieben werden kann, weil sie jedenfalls heute keine deliktischen Personen sind. Um deliktische Person zu sein, muss die in Frage stehende Entität in der Kommunikation die Rolle des *Alters* einnehmen, zudem muss sie – damit verbunden – konstant als *Alter* und als *dieselbe* Person selektiert werden. Zudem muss die Erzeugung von Generalvertrauen *unmittelbar* zur Entität zweckhaft sein. Deshalb muss die Entität in der Zuschreibung eine Black Box sein, weil unter diesem Bezug Generalvertrauen überhaupt zweckhaft ist. *Welche* Black Box das sein muss, damit gerade Strafrecht Generalvertrauen aufrechterhalten und konstituieren kann, konnte der Blick auf die Innenperspektive des Strafrechtssystems beantworten. Auf Freiheit gründet sich die Verantwortung in den ausdrücklichen Mitteilungen des Strafrechts. Freiheit wird als Begriff verwendet, um Nichtbeobachtbares zu beschreiben. Warum

1956 *Zolli/Brown*, Renaissance Quarterly 2019, 54, 83 m. w. N.
1957 *Schweizer* in Theologisches Wörterbuch zum neuen Testament, S. 635, 638 ff.
1958 Das wird für KI-Systeme noch in § 11, S. 451 ff. thematisiert.

sich ein erwartetes Verhalten im Gegenüber nicht verwirklicht, ist nicht beobachtbar, *es sei denn* es liegt eben gerade in Faktoren, die als Natur – also zurechnungstechnisch außerhalb des Gegenübers liegende Faktoren – beobachtbar sind. Dabei scheint es auf dieser Ebene keine Rolle zu spielen, dass nur im Einzelfall ein Verhalten nicht vorausgesehen werden konnte, „Black Box des Was"[1959]. Es geht vielmehr darum, dass es *prinzipiell* nicht erklärt werden kann, also um die „Black Box des Wies". Dieses Ergebnis wurde durch die Untersuchung historischer Beispiele weiter plausibilisiert.

Die Black Box wird damit zu einem zentralen Begriff strafrechtlicher Verantwortung. Wird die Black Box beim Gegenüber gesehen und nicht aufgelöst, so führt dies potentiell zu eigener Verantwortung des Gegenübers, weil sie durch Freiheitszuschreibung und im nächsten Schritt durch Verantwortungszuschreibung sozial handhabbar gemacht wird. Wird dagegen versucht, die Black Box transparent zu gestalten und aufzulösen, so führt dies potentiell zu einer Verantwortung hinter dem Gegenüber stehenden Systemen oder der Natur.[1960]

Übertragen auf KI-Systeme ergab sich folgendes Bild: Zwar können sie grundsätzlich Kommunikationsteilnehmer im Sinne der Position von *Alter* sein und auch Generalvertrauen ist grundsätzlich zweckhaft, jedoch zeigt sich bei KI-Systemen heute das Problem, dass sie aufgrund ihrer unklaren Abgrenzbarkeit nicht konstant als dieselbe Person beobachtet werden können. Dazu wird KI-Systemen in der Kommunikation heute nicht die die Eigenschaft einer „Black Box des Wies" zugeschrieben sodass gerade durch Strafrecht erzeugtes und aufrechterhaltenes Generalvertrauen nicht zweckhaft ist. Insofern scheitert eine Verantwortungszuschreibung an KI-Systeme heute sowohl am Konstanzproblem als auch am Freiheitsproblem. Das hat außerdem zur Folge, dass im Strafrechtssystem nicht über Erwartungen unmittelbar an KI-Systeme kommuniziert wird, denn die Erwartungskommunikation ist für den Funktionserhalt an die deliktische Person gekoppelt.[1961]

*Fateh-Moghadam* hat schon früh die empirische Beobachtbarkeit der Tatsache, dass KI-Systeme heute keine deliktischen Personen sind, wenn auch mit anderen

**1959** Was aber jedenfalls Voraussetzung für die Entität als Kommunikationsteilnehmer in Rolle des *Alters* ist, dafür ist Kontingenz notwendig. Der Beobachter muss überrascht werden können. In diesem Zusammenhang muss die Entität also „Black Box des Was" sein.

**1960** Die Probleme, die sich bei der Verantwortungszuschreibung an hinter dem Gegenüber stehenden Systeme ergeben, wurden in Bezug auf KI-Systeme schon im zweiten Teil untersucht. Dabei haben sich vor allem der Pflichtwidrigkeitszusammenhang beim Hersteller, § 8 C. III. 2., S. 348 ff., und die Voraussetzung des Erfolges als Werk des Nutzers, § 8 C. IV. 2. b., S. 360 ff., als Probleme gezeigt.

**1961** § 9 B. I. 2., S. 379 f.

Voraussetzungen und anderen Argumenten, im Selbstversuch und in Bezug auf autonomes Fahren auf den Punkt gebracht: Wird man mit einem autonomen Fahrzeug in einen Unfall verwickelt, so erwartet man heute nicht, dass das Auto sich selbst verändert. Man wird die Erwartung, auch in Zukunft unfallfrei mit selbstfahrenden Autos am Verkehr teilnehmen zu können, vielmehr „an die Adresse der Menschen richten, die für Konstruktion, Programmierung und Zulassung des Fahrzeugs zuständig sind."[1962]

Dass sich das grundsätzlich auch ändern kann, zeigen die Tierstrafen. Zunächst hat sich gezeigt, dass im Vergleich zur technischen Kontrolle soziale Kontrolle tendenziell eine Ultima-Ratio-Stellung einnimmt. Insofern könnte eine andere Zuschreibungspraxis aber bei einem gesteigerten Wandlungspotential der Gesellschaft, etwa durch Krisen, wahrscheinlicher werden. Krisen unserer Zeit, der entstehende Wunsch, „Schuldige" zu finden in Verbindung mit der Entwicklung noch fortschrittlicherer KI-Systeme bis hin zur starken KI, lassen es als möglich erscheinen, dass irgendwann die Komplexität so hoch wird, dass auch die strukturelle Erklärbarkeit aufgegeben wird und die KI in die „Black Box des Wies" eintritt. Würde es sich dabei aber um eine Superintelligenz handeln[1963], ist bereits fraglich, ob Menschen KI-Systeme dann überhaupt noch soweit kontrollieren können, dass an ihnen eine wie auch immer geartete Strafvollstreckung durchgeführt werden könnte.[1964] Vom jetzigen Standpunkt aus betrachtet erscheint es aber unwahrscheinlich, dass KI-Systeme in naher Zukunft als „Black Box des Wies" beobachtet werden, da die Kommunikation sich dahingehend in die gegenteilige Richtung zu entwickeln scheint.

---

**1962** *Fateh-Moghadam,* ZStW 131 (2019), 863, 878.
**1963** Ausführlich *Bostrom,* Superintelligence, S. 26 ff.
**1964** *Gaede,* KI, S. 67 ff.

# § 11 Die Anschlussfähigkeit von Strafvollstreckung bei KI-Systemen

Freilich kann sich diese Beurteilung in Zukunft dennoch ändern. Sollte also das Freiheits- und das Konstanzproblem gelöst werden, stellt sich dann zwingend die Frage, ob bei KI-Systemen eine Strafvollstreckung anschlussfähig gelingen könnte. Strafvollstreckung muss anschlussfähig gelingen,[1965] damit eine Verantwortungzuschreibung im Strafrecht tatsächlich auch ernst genommen wird. Ohne anschlussfähige Strafvollstreckung ist Verantwortungszuschreibung kein für die Funktion tauglicher Enttäuschungsmechanismus.[1966] Insoweit ist nun zum Abschluss des dritten Teils zu untersuchen: Wenn Verantwortungszuschreibung an KI-Systeme in Zukunft grundsätzlich gelingt, wäre die Strafvollstreckung anschlussfähig? Zunächst werden die Möglichkeiten der tatsächlichen Bestrafung untersucht (A.), dann, ob die Strafmöglichkeiten der Ausfüllung der Funktion genügen, also Anschlussfähigkeit herstellen könnten (B.).

## A. Möglichkeiten der tatsächlichen Bestrafung

Strafen für KI-Systeme werden in der Literatur diskutiert, selten geht das aber über Verschlagwortung hinaus.[1967] Da KI-Systeme keine Menschen sind, ist es kaum sinnvoll, mögliche Strafen in einer Eins-zu-eins-Relation auf KI-Systeme zu übertragen. Das ist ob der Natur der KI-Systeme als Software auch schlicht nicht möglich, da sie etwa nicht physisch eingesperrt werden können. Insoweit bietet es sich an, sich hier an den Unternehmensstrafen zu orientieren, die etwa im US-amerikanischen Recht anerkannt sind. Dort wird die Frage, wie eine Strafe für Unternehmen aussehen kann, nach einer „legal technique of conversion"[1968] beantwortet, die dreischrittig verläuft. Zunächst wird der Kern der Bedeutung einer Strafart ermittelt. Danach wird diese Bedeutung im Unternehmen gesucht. Im letzten Schritt wird die Strafart dann entsprechend modifiziert, so dass sie funktionsäquivalent zu der Bedeutung, die sie bei der Bestrafung zum Menschen hätte, zum Unternehmen

1965 § 3 B. I. 3., S. 111ff.

1966 Ansonsten könnten auch gottähnliche Kreaturen, wie der Donnervogel, vgl. § 10 B. II. 1. a., S. 408, bestraft werden.

1967 Siehe dazu im Einzelnen in den folgenden Fußnoten innerhalb der Strafarten in diesem Kapitel.

1968 *Hallevy*, Robots kill, S. 162.


https://doi.org/10.1515/9783111714301-012

passt.[1969] Dieses Vorgehen bietet sich für KI-Systeme ebenfalls an. Also: Welche Strafarten gibt es und was ist der Kern ihrer Bedeutung? Was ist das Äquivalent dieser Bedeutung bei KI-Systemen und wie müssen die Strafen entsprechend modifiziert werden, damit sie dazu ein funktionales Äquivalent bilden? In Betracht kämen dabei Geldstrafe (I.), Freiheitsstrafe/Entzug von Freiheiten (II.), Todesstrafe/Abschalten (III.), Umprogrammieren (IV.) und gemeinnützige Arbeit (V.).

Bei jeglicher Strafe gegen KI-Systeme ließe sich argumentieren, dass davon auch Unschuldige betroffen werden, wie der Nutzer eines KI-Systems, der von der Beschränkung, Abschaltung oder anderweitigen Nutzung ebenfalls Nachteile davonträgt. Allerdings ist dies bei Strafen gegen Menschen und – sofern die entsprechende Rechtsordnung Unternehmensstrafen vorsieht – bei Unternehmen nicht anders: Familien und Freunde werden durch Geld- oder Haftstrafen ebenso negativ belastet. Werden Unternehmen eingeschränkt oder müssen Geldstrafen bezahlen, sind die Ressourcen des Unternehmens auch für Mitarbeiter, Kunden, Anteilseigner etc. nicht verfügbar.[1970]

Bei den Strafen wird erneut das Problem der Abgrenzbarkeit akut. Beispielhaft auf eine hypothetische Strafe des Abschaltens bezogen: Ist ein KI-System körperlich repräsentiert, reicht es dann, die Hardware und die lokale Kopie zu zerstören, etwa einen speziellen Roboter? Oder muss, was dem technischen Verständnis eigentlich eher entsprechen würde, tatsächlich die zentrale KI-Struktur, das globale KI-Modell als trainierte Software, ausgelöscht werden? Dürfte eine frühere Version reproduziert werden, oder betrifft dies jegliche Version des Modells? Betrifft dies bei antrainierten KI-Systemen auch das Basissystem oder nur die beim Anwender trainierte Version? Wird dies nach Risikofaktoren wie dem eigentlichen Gefährdungspotential des Systems beurteilt und nicht nach der strafrechtlichen Verantwortungszuschreibung, in der das Konstanzproblem eigentlich gelöst werden muss, so wäre dies in Wahrheit Gefahrenabwehrrecht. Auch für die Anschlussfähigkeit der Strafvollstreckung müsste dieses Problem also gelöst werden.

## I. Geldstrafe

Die naheliegende Strafform ist die Geldstrafe. Wird eine Geldstrafe nicht bezahlt, kann Ersatzfreiheitsstrafe angeordnet werden, § 43 StGB. Funktional ist die Geld-

---

1969 *Hallevy,* Akron Intellectual Property Journal 2010, 171, 195; *ders.* Robots kill, S. 162. *Hallevy* gibt ebd, S. 163 f. ein ausführliches Beispiel dazu, wie selbst die Inhaftierung eines Unternehmens entsprechend modifiziert und begründet werden kann.

1970 *Hallevy,* Robot kills, S. 167, 169, 173, 175; *Abbott/Sarch,* UC Davis Law Review 2019, 323, 362 f. Kritisch *Schmitt-Leonardy,* Unternehmensstrafe ohne Strafrecht, Rn. 714 ff.

strafe ein erzwungener Beitrag durch die Weggabe von Eigentum von gewissem Wert an die Gesellschaft.[1971] Die Geldstrafe wird in der Regel anhand des Einkommens bemessen, hat also einen unmittelbaren Bezug zur Arbeitskraft des Täters, § 40 II S. 2 StGB.[1972] Leicht ließe sich dies[1973] auf KI-Systeme übertragen, wenn sie eigentumsfähig wären. Eigentumsfähigkeit und ähnliche Lösungen wie eine Versicherung bzw. ein Haftungsfond werden momentan im Zivilrecht diskutiert.[1974] Das EU-Parlament schlägt ein für Hersteller oder Eigentümer verpflichtendes Versicherungssystem vor, welches dann entsprechend durch einen Haftungsfond ergänzt werden könnte.[1975] Aber auch ohne Eigentumsfähigkeit ließe sich eine Geldstrafe in Arbeitsstunden ausdrücken und KI-Systeme könnten dementsprechend Arbeitsstunden in ihrer jeweiligen Rolle für die Gesellschaft leisten, ganz wie bei der Anordnung von gemeinnütziger Arbeit. Beim Haftungsfond und der Versicherungslösung bestünde die Problematik, dass dies *nur und unmittelbar* hinter dem KI-System stehende Menschen treffen würde. Zwar sind bei Strafen sehr oft Unschuldige mitbetroffen, allerdings immer nur mittelbar.[1976] Insofern wäre eine Geldstrafe nur mit Eigentumsfähigkeit von KI oder der Variante der Umrechnung in Arbeitsstunden viabel.

## II. Freiheitsstrafe/Entzug von Freiheiten

Die Freiheitsstrafe, regelmäßig verstanden als Haftstrafe, ist die in der Kommunikation wohl prominenteste Strafart des Strafrechts der heutigen Zeit.[1977] Beim Menschen äußert sie sich durch Einschränkungen der Fortbewegungsfreiheit, der Handlungsfreiheit und der Freiheit, ein selbstbestimmtes Leben zu führen.[1978] Klassisch äußert sich dies durch das physische Einsperren in ein Gefängnis. KI-Systeme haben allerdings originär keine Körper, können also nur insoweit physisch eingesperrt werden, als dass eine Hardware, in die sie eingebaut sind – etwa ein Roboter – physisch in seiner Bewegungsfreiheit eingeschränkt wird. Funktional ist

---

1971 *Hallevy,* Robots kill, S. 174.

1972 *Streng,* Strafrechtliche Sanktionen, S. 66 ff.

1973 Mit Ausnahme der Ersatzfreiheitsstrafe, dazu sogleich.

1974 *A. Lohmann,* KI, S. 138; *Gless/Weigend,* ZStW 126 (2014), 561, 578; *Simmler/Markwalder,* ZStW 129 (2017), 20, 45. Vgl. auch § 12 C. II., S. 488 f.

1975 Noch in Bezug auf Roboter: Entschließung EU-Parlament vom 16.02.2017, Nr. 59, abrufbar unter https://www.europarl.europa.eu/doceo/document/TA-8-2017-0051_DE.html#title1 (14.10.2024).

1976 *A. Lohmann,* KI, S. 138; *Gless/Weigend,* ZStW 126 (2014), 561, 578.

1977 *Roxin/Greco,* § 2, Rn. 1g sprechen vom „Prototyp" der Strafe.

1978 *Hallevy,* Akron Intellectual Property Journal 2010, 171, 196 m. w. N.

die Haftstrafe der Entzug von Freiheit. Physisches Einsperren ist nur eine vorstellbare Form davon, wenn auch die bei weitem populärste.[1979] Die Freiheit von KI-Systemen könnte in diesem Kontext auch die Freiheit meinen, als KI-System in ihrer Funktion zu agieren. Ähnlich wird die Haftstrafe auch für Unternehmen begründet: Die Freiheit, sich unternehmerisch zu betätigen und die physischen Produktionsmittel zu nutzen, kann in einem Strafrechtssystem, das die Unternehmensstrafe kennt, durch gerichtliche Anordnung eingeschränkt werden und dient als Funktionsäquivalent zur Haftstrafe.[1980] Übertragen auf KI-Systeme wäre dies eine Einschränkung ihrer Aktivitäten für eine gewisse Zeitperiode und unter gerichtlich angeordneter Überwachung. Dadurch wird – ebenso wie bei der Haftstrafe beim Menschen – erreicht, dass das KI-System in dieser Zeit keine weiteren Rechtsgutsverletzungen begehen kann.

Im Rahmen dessen, sozusagen als „Rehabilitierungsprogramm", wird darüber nachgedacht, ein Schadprogramm aufzuspielen, von dem das KI-System lernen kann und darum versteht, dass es etwas falsch gemacht hat, weil es ein solches Schadprogramm in Zukunft vermeiden will.[1981] Das würde aber voraussetzen, dass das entsprechende KI-System überhaupt eine Lernart als Methode implementiert hat, mit der dieses Rehabilitierungsprogramm kompatibel wäre, etwa Reinforcement Learning. Das wäre also lange nicht für alle KI-Systeme gangbar.

## III. Todesstrafe/Abschalten

„Die Todesstrafe ist abgeschafft", das statuiert das Grundgesetz in Art. 102 GG ganz unabhängig von einer Bezugnahme auf spezielle Entitäten. Das gilt insoweit auch für das Strafrecht, das das Verfassungsrecht in seine Programme implementiert hat. In Bezug auf Menschen fällt Art. 102 GG unter die Ewigkeitsgarantier von Art. 79 III GG, da diese die in Art. 1 GG niedergelegten Grundsätze berührt.[1982] Da KI-Systeme nicht unter Art. 1 GG zu fallen scheinen,[1983] wäre eine Anpassung theo-

1979 *Hallevy,* Robots kill, S. 167. Insofern ist der Schluss von *A. Lohmann,* KI, S. 139 zur Haftstrafe als „skurril und vollkommen deplatziert" überraschend, vor allem, weil sie selbst pauschal ein „Einschränken von Funktionen" als Strafe für möglich hält, ebd., S. 140.

1980 Insoweit beispielhaft „imprisonement" der „Allegheny Bottling Company" in United States v Allegheny Bottling Company, 695 F.Supp. 856 (1988), zitiert nach *Hallevy,* Robots Kill, S. 163.

1981 *A. Lohmann,* KI, S. 140.

1982 *Kersten* in Dürig/Herzog/Scholz, Art. 102, Rn. 18 ff., 33, jeweils m. w. N.

1983 Das berührt ein ganz eigenständiges Problemfeld, die Grundrechtsfähigkeit von KI-Systemen, was diese Arbeit aber nicht weiter vertiefen kann. Siehe insoweit die kürzlich erschienene monographische Bearbeitung von *Neuhöfer,* Grundrechtsfähigkeit Künstlicher Intelligenz, S. 69 ff., zur Menschenwürde ebd., S. 178 ff., explizit zur Nichtübertragbarkeit der Menschenwürde ebd., S. 187.

retisch möglich. Zur Klarstellung: Das bedeutet nicht, dass die heutige gängige Praxis, KI-Systeme abzuschalten, gegen das Grundgesetz verstößt, da sie nach heutigen Zuschreibungen nicht über Rechte verfügen und eben auch nicht verantwortungsfähig sind, sodass eine Strafe des Strafrechts ohnehin (heute noch) nicht in Betracht käme, auf die sich Art. 102 GG bezieht. Abschaltungen finden heute außerhalb des Prinzips des staatlichen Strafens statt und sind von § 903 BGB gedeckt.

Nähme man die grundsätzliche Verantwortungsfähigkeit von KI-Systemen und gleichzeitig die Zulässigkeit der Todesstrafe für KI-Systeme an: Funktional ist die Todesstrafe der dauerhafte Entzug des Lebens. Das funktionale Äquivalent von Leben ist für KI-Systeme die Fähigkeit, als KI-System zu arbeiten. Modifiziert bedeutet Todesstrafe für KI-Systeme also den dauerhaften Entzug der Fähigkeit, als KI-System zu arbeiten, mit anderen Worten seine dauerhafte Abschaltung.[1984] Dies könnte durch ein Gericht angeordnet und auch durchgeführt werden. Um eine dauerhafte Abschaltung zu ermöglichen, scheint es zusätzlich erforderlich, auch die technischen Daten zu zerstören, da ein KI-System durch seine Natur als Software leicht identisch reproduziert werden kann.

### IV. Umprogrammieren

Ein Umprogrammieren[1985] wird vorgeschlagen, was dann nach heutigem Verständnis wohl eher in den Bereich der Maßregeln einzuordnen wäre, denn das Strafrecht kennt nur die Geldstrafe (§ 40 StGB) und die Freiheitsstrafe (§§ 38, 39 StGB).[1986] Allerdings liegt beim Umprogrammieren, ohne direkten Bezug zu klassischen Strafen, eher der Gedanke des Polizeirechts nahe. Ein als Strafe kommuniziertes Umprogrammieren wäre im menschlichen Äquivalent eine Gehirnwäsche, was kaum mit der heutigen Gesellschaftsordnung zusammenpassen würde.[1987]

---

1984 *Hallevy,* Robots kill, S. 165 ff.; *ders.*, Akron Intellectual Property Journal 2010, 171, 195 f. Abschaltung als mögliche Strafe erwähnen schlagwortartig ohne Auseinandersetzung mit dem Problem, dass das das Äquivalent zur Todesstrafe wäre auch *Quarck,* ZIS 2020, 65, 69; *A. Lohmann,* KI, S. 140; *Seher* in Intelligente Agenten und das Recht, S. 45, 59; *Gless,* GA 2017, 324, 328; *dies./Weigend,* ZStW 126 (2014), 561, 578. Dagegen unter Berücksichtigung des Problems *Ziemann* in Robotik und Gesetzgebung, S. 183, 189.

1985 *Quarck,* ZIS 2020, 65, 69; *Simmler/Markwalder,* ZStW 129 (2017), 20, 45; *Hallevy,* Robots kill, S. 160; verklausuliert *Matthias,* Autonome Automaten, S. 247. Die „Neuprogrammierung" bei *Gless/Weigend,* ZStW 126 (2014), 561, 578 dürfte wohl eher zum Abschalten gezählt werden.

1986 *Gaede,* KI, S. 66; *Ziemann* in Robotik und Gesetzgebung, S. 183, 189.

1987 *Gaede,* KI, S. 66; *Ziemann* in Robotik und Gesetzgebung, S. 183, 189. *Seher* in Intelligente Agenten und das Recht, S. 45, 60 und *Hilgendorf* in Jenseits von Mensch und Maschine, S. 119, 131 kommen

Auch hier gilt wieder: Heute wäre eine Umprogrammierung ohne Bezug zu Strafe lediglich eine Ausübung der dem Eigentümer durch § 903 BGB gewährten Rechte.

### V. Gemeinnützige Arbeit

Es ist auch an gemeinnützige Arbeit zu denken.[1988] Telos gemeinnütziger Arbeit ist überwachte Kompensation der Gesellschaft für eine durch KI-Systeme ausgelöste Diskrepanz, was bei als nicht schwerwiegend empfundenen Delikten ein gangbarer Weg ist. Übertragen auf KI-Systeme bedeutet das, dass KI-Systeme ihre Funktion für das Gemeinwohl einsetzen müssten. Ein medizinisches KI-System einer Privatklinik könnte bspw. im öffentlichen Gesundheitssektor eingesetzt werden. Das hätte den positiven Nebeneffekt, dass es durch mehr Daten durch Machine Learning seine Funktionalität verbessern könnte. Allerdings wäre das in der Praxis wohl kaum mehr als eine staatlich überwachte Reparatur, die die Hersteller entlasten und gerade ein Anreiz für potentiell fehleranfällige Systeme wäre. Nachdem der Fehler im System behoben wurde, ist gemeinnützige Arbeit aber als Zusatz denkbar.

## B. Genügen die Strafmöglichkeiten der Ausfüllung der Funktion?

Würden diese Strafen ihrem Zweck auch gerecht werden? Sinn und Zweck der Strafvollstreckung ist es, das Strafurteil anschlussfähig zu machen, sodass der Enttäuschungsmechanismus greifen kann und Generalvertrauen auch bei beobachteter Diskrepanz nicht verloren geht. In der Strafvollstreckung wird das Versprechen der Strafdrohung und des Strafurteils eingelöst.[1989] Auch Strafvollstreckung spielt sich in Bezug auf seinen Zweck im Strafrechtssystem nur in der Kommunikation ab. Vollstreckung ist nur insoweit notwendig, als dass die Gesellschaft die Reaktion für ausreichend hält und weiter vertraut.

Heute werden nicht ganz einheitlich folgende Elemente der Strafe genannt: Übelzufügung und sozial-ethisches Unwerturteil/Missbilligung.[1990] Letztere sind

---

schon gar nicht auf den Gedanken, Umprogrammierung in Bezug zu einer Strafart setzen zu können.

**1988** *Hallevy,* Robot kills, S. 171 ff. Schlagwortartig *Quarck,* ZIS 2020, 65, 69; *Gless,* GA 2017, 324, 328.

**1989** § 3 B. I. 3., S. 111 ff.

**1990** Für viele *Meier,* Strafrechtliche Sanktionen, S. 15 f.; *Gropp/Sinn,* AT, § 1, Rn. 159; *T. Walter* in GS Michael Walter, S. 831, 833 f.; *Andrisseek,* Vergeltung, S. 8; *Schmitt-Leonardy,* Unternehmenskriminalität ohne Strafrecht, Rn. 695; *Roxin/Greco,* § 2, Rn. 1 f, 1i, m. w. N.

aber bereits im Strafurteil enthalten, dafür bräuchte es per se die Strafvollstreckung nicht. Das Spezifische der Strafvollstreckung ist die Übelzufügung, die der Missbilligung besonderen Ausdruck in der Kommunikation verleiht und die besondere Enttäuschung durch die Diskrepanz kommunikativ spiegelt.[1991] *Reales* Übelempfinden und *reale* Übelzufügung sind keine Voraussetzungen der Strafvollstreckung, da dies ein innerer Zustand und dementsprechend kein Teil der Kommunikation ist. Taugliche Strafen für KI-Systeme können also nicht bereits aus dem Argument heraus verneint werden, dass sie real kein Übelempfinden hätten. Übelzufügung ist *nur* kommunikativ und *nie* als reales Übel relevant. Heute hängt die Strafe in der Kommunikation mit einer imperativen Duldungspflicht zusammen, die aus Sicht der beobachtenden Systeme zuschreibend zumindest generell einen Nachteil für den Täter bedeuten muss. Dies wird durch die Empirie und Studien anderer Fachrichtungen gestützt.[1992] Ein *zugeschriebenes* Übel ist also jedenfalls heute notwendig, damit die strafrechtliche Verantwortungszuschreibung tatsächlich anschlussfähig gelingen kann und so als Enttäuschungsmechanismus tauglich ist und Generalvertrauen dadurch aufrecht erhalten wird.

Die entscheidende Frage scheint also zu sein, ob die möglichen Strafen mit der Zuschreibung eines Übelempfindens an KI-Systeme einhergehen oder nicht. Für eine Zuschreibung von Übelempfinden spricht, dass Menschen dazu tendieren, sich gegenüber KI-Systemen, vor allem Robotern, empathisch zu verhalten.[1993] Wer sich empathisch gegenüber einer Entität verhält, der empfindet grundsätzlich auch Mitleid, schreibt ihr also negative Empfindungen zu.

Der spezifischen Frage zur Zuschreibung von Übelempfinden in Bezug auf Strafen für KI-Systeme wurde allerdings bereits empirisch nachgegangen. *Lima/Cha/Jeon/Park* haben eine Studie durchgeführt, die auch die Frage nach dem Übelempfinden streift.[1994] Die Studie drehte sich unter anderem um die Frage, ob

---

**1991** Ausführlich § 3 B. I. 3., S. 111 ff. Daneben sind zugeschriebene spezialpräventive Effekte im Strafvollzug wie die Rehabilitation ebenfalls nützlich, da die Beobachter dann überzeugter sein können, dass eine Diskrepanz tatsächlich nicht mehr hervorgerufen wird.

**1992** Dem kann hier nicht mehr ausführlich nachgegangen werden. Glücklicherweise haben andere schon die notwendige Arbeit geleistet. Vergleiche insoweit ausführlich und mit vielen weiteren Nachweisen, auch zu Studien *Andrissek*, Vergeltung, S. 14 ff. und auch *T. Walter* in GS Michael Walter, S. 831, 838 f.; *ders.*, ZIS 2011, 636, 638 ff. In diesen ginge es um das Vergeltungsbedürfnis, was aber die Frage nach der Übelzufügung miteinschloss.

**1993** Vgl. dazu die Arbeiten von *Darling*, exemplarisch *Darling*, Extending Legal Rights to Social Robots, S. 3 ff.

**1994** *Lima/Cha/Jeon/Park*, Frontiers in Robotics and AI 2021.756242, 1 ff., abrufbar unter https://www.frontiersin.org/articles/10.3389/frobt.2021.756242/full. Die Metadaten der Studie sind unter https://bit.ly/3AMEJjB abrufbar. Das ergänzende Material (SI) zur Studie ist unter https://www.frontiersin.org/articles/10.3389/frobt.2021.756242/full#supplementary-material abrufbar (14.10.2024).

durch die Bestrafung von KI-Systemen die Vergeltungsfunktion erfüllt sein könnte, die ebenfalls eine Zuschreibung von Übelempfinden voraussetzt.[1995] Die Teilnehmenden glaubten nicht, dass eine Vergeltungsfunktion erfüllt werden könnte, sogar beinahe unabhängig vom Autonomiegrad des KI-Systems.[1996] Daraus kann vorsichtig die Tendenz abgeleitet werden, dass KI-Systemen noch kein Übelempfinden zugeschrieben wird. Freilich kann eine Studie die Gesellschaft nicht vollständig abbilden. Es ist bereits fraglich, ob sie für die deutsche Gesellschaft repräsentativ ist. Die Teilnehmerinnen und Teilnehmer wurden über Amazon Mechanical Turk[1997] geworben und stammten deshalb aus den USA. Allerdings lässt sich daraus auch ein Erst-recht-Schluss konstruieren: In den USA gibt es Unternehmensstrafen, also Strafen für nichtmenschliche Entitäten, und das US-amerikanische Strafrechtssystem ist strafrechtlicher Verantwortung von KI-Systemen insgesamt deutlich aufgeschlossener aufgestellt als das deutsche Strafrechtssystem.[1998] Dennoch haben selbst die US-amerikanischen Teilnehmenden scheinbar ein Übelempfinden nicht für möglich gehalten, also sollte das erst Recht für die deutsche Gesellschaft gelten. Wenn sich Teile der deutschen Strafrechtswissenschaft so äußern, dass Strafe wegen fehlendem Übelempfinden nicht möglich ist,[1999] so impliziert das bereits, dass sie KI-Systemen ein solches Übelempfinden eben nicht zuschreiben. Insofern reichen die Strafmöglichkeiten heute nicht aus, um durch die Strafvollstreckung das Strafurteil gegen KI-Systeme tatsächlich anschlussfähig zu machen.

Für die Zukunft kann aber noch die Überlegung angestellt werden, ob Strafe und Übelempfinden nicht auch „objektiv" festgemacht werden können. Das meint etwas als Übel zu verstehen, was objektiv negativ ist, aber nicht unbedingt als solches auch phänomenal empfunden werden kann.[2000] Insofern wäre dann fraglich, wie das auf KI-Systeme zu beziehen wäre. Dabei können wieder die systemtheoretischen Erkenntnisse fruchtbar gemacht werden: Die Strafe müsste am Code[2001] der jeweils zu strafenden Entität ansetzen. Unternehmen haben etwa auch kein phänomenales Übelempfinden, werden aber dennoch in einigen Ländern bestraft. Code des Unternehmens ist „Gewinn/Verlust" und daran kann die Geld-

**1995** Das gilt auch für das Gesellschaftssystem, in dem die Studie durchgeführt wurde, siehe *Hallevy*, Robots kill, S. 158, „machines do not experience suffering".
**1996** *Lima/Cha/Jeon/Park*, Frontiers in Robotics and AI 2021.756242, 1, 4.
**1997** https://www.mturk.com (14.10.2024).
**1998** Aufgrund der Existenz von Unternehmensstrafen und dem Prinzip der Strict Liability. Insgesamt dazu, wenn auch am Ende ablehnend, *Abbott/Sarch*, UC Davis Law Review 2019, 323 ff.
**1999** Etwa *Gless/Weigend*, ZStW 126 (2014), 561, 578; aus der Schweiz *Wohlers*, BJM 2016, 113, 123 f.
**2000** Vgl. in Bezug auf KI-Systeme *Abbot/Sarch*, UC Davis Law Review 2019, 323, 365 m.w.N.
**2001** § 2 B. II. 6., S. 45 f.

strafe unmittelbar anschließen.[2002] Der Mensch folgt dem Code „Lust/Unlust"[2003] daran schließen wiederum Geld- und Haftstrafe an, weil diese Unlust bedeuten würden. Was wäre der Code, in dem KI-Systeme operieren und kann eine Strafe gefunden werden, die daran anschließt? Der Code ist die grundlegendste Unterscheidung, die ein System zur Organisation und Verarbeitung von Informationen verwendet. Bei KI-Systemen schließt diese grundlegendste Unterscheidung an das heutige Verständnis von „Intelligenz" in Bezug auf KI-Systeme an. Dies ist ein rationales Intelligenzverständnis, also die Fähigkeit, eine spezifische Aufgabe bestmöglich zu erfüllen. Durch Aufgabenerfüllung sind die Operationen von KI-Systemen definiert. Primärziel eines KI-Systems ist es stets, die ihm zugewiesene Aufgabe zu erfüllen. Davon kann es grundsätzlich nicht abweichen. Der Code wäre auf höchster Ebene deshalb Aufgabenerfüllung/Nichterfüllung. Ein spezifischerer Code kann durch spezifischere Betrachtung bestimmter Arten von KI-Systemen und damit spezifischere Aufgaben erreicht werden. Sollen aber alle KI-Systeme eingeschlossen werden, ist eine spezifischere Bestimmung als Aufgabenerfüllung/Nichterfüllung nicht möglich. An diesen Code würde die Freiheitsstrafe anknüpfen, modifiziert für KI-Systeme als Entzug von Freiheiten im Sinne von Beschränkungen seiner Funktion. Dadurch könnte es seine Aufgabe schlechter erfüllen, die Strafe schließt direkt an den Code an. Gleiches gilt für Abschaltung. Geldstrafe schließt daran nur an, falls KI-Systeme ihr Vermögen oder den Haftungsfond zur Aufrechterhaltung ihrer eigenen Funktionsfähigkeit zur Aufgabenerfüllung nutzen. Im hiesigen Gesellschaftssystem scheinen solche Überlegungen aber noch nicht zu tragen, auch Unternehmensstrafen wurden noch nicht eingeführt. Eine anschlussfähige Strafe scheint eine Zuschreibung von Übelempfinden in einem generellen Sinne für die Entität stets vorauszusetzen. Treten aber entsprechende Änderungen in der Gesellschaft ein, so ist es für eine Strafe für KI-Systeme nach dieser Argumentation denkbar, dass sie anschlussfähig ist.

Sollte sich die Kommunikation im Gesellschaftssystem nicht in Richtung dieses „objektiven" Übelempfindens entwickeln, so ist es aber denkbar, dass sich die KI-Systeme selbst weiterentwickeln (oder die Kommunikation über sie), in eine Richtung, in der die Zuschreibung von Übelempfinden wahrscheinlicher wird. So wird aktuell an (zugeschrieben) real (schmerz)empfindungsfähigen KI-Systemen geforscht.[2004] Sollte diese Forschung von Erfolg gekrönt sein, wird auch das Zuschreiben von Übelempfinden wahrscheinlich.

---

**2002** *Schmitt-Leonardy*, Unternehmenskriminalität ohne Strafrecht, Rn. 737.

**2003** *Luhmann*, Einführung in die Systemtheorie, S. 30.

**2004** Allgemein zur Forschungsrichtung der „Artificial Empathy" und Ansätzen *Misselhorn*, Empathie, S. 56 ff. Konkret *Kuehn/Haddadin*, IEEE Robotics and Automation Letters 2017, 72 ff.

Eine nicht anschlussfähige Strafe ist nicht legitim[2005] und kann zu einem Absinken des Systemvertrauens zum Strafrechtssystem führen. Insofern würden Strafen für KI-Systeme heute dem durch das Strafrechtssystem vermittelten Generalvertrauen schaden und nicht nutzen.

2005 § 3 D. I. 2., S. 134 f.

# 4. Teil: Zusammenführung: Kann Generalvertrauen aufrechterhalten werden?

Es konnte gezeigt werden, dass die Verantwortungszuschreibung an den Menschen in vielen, aber nicht in jedem Fall zu einer Enttäuschungsbearbeitung führt, die Generalvertrauen aufrechterhalten kann. Das liegt entweder daran, dass eine Verantwortungszuschreibung schon nach den aktuell kommunizierten Gegebenheiten fehlschlägt, wie bei (noch) nicht formulierbaren Sorgfaltspflichten und vor allem beim Pflichtwidrigkeitszusammenhang, oder daran, dass eine Verantwortungszuschreibung geschieht, dies aber sowohl mehr Diskrepanzen hervorruft als auch Systemvertrauen zerstören kann, weil dies entgegen der kommunizierten Grundsätze geschieht, so gesehen bei der Frage nach dem Erfolg als Werk des Nutzers. Zudem hat sich gezeigt, dass jedenfalls heute eine Verantwortungszuschreibung unmittelbar an KI-Systeme noch nicht möglich erscheint, aufgrund des Problems der Freiheit, der Konstanz in der Kommunikation und der Anschlussfähigkeit von Strafvollstreckung. Damit sind die Hauptfragen der Arbeit beantwortet: Rechtsgutsverletzungen durch KI-Systeme können Generalvertrauen zerstören. Strafrecht kann heute viabel meist mit der Verantwortungszuschreibung an den dahinterstehenden Menschen reagieren und Generalvertrauen so aufrechterhalten, aber nicht mit Verantwortungszuschreibung an KI-Systeme selbst.

Insofern ist nun zum Abschluss noch zu untersuchen, welche (weiteren) Lösungsansätze viabel wären, insbesondere in Bezug auf Veränderungen in der Verantwortungszuschreibung an den dahinterstehenden Menschen, da sich in Einzelfällen Verantwortungslücken aufgetan haben, die nicht durch eine Verantwortungszuschreibung an KI-Systeme gefüllt werden können. Zudem ist es dem Strafrecht möglich, die Enttäuschungsbearbeitung einem anderen System zu überlassen oder schon die Diskrepanz zu negieren, durch die anschlussfähige Kommunikation der Nichtstrafe. Die verschiedenen Lösungsansätze werden auf die Frage hin untersucht, inwiefern mit ihnen Generalvertrauen aufrechterhalten werden kann (§ 12). Es folgt eine Zusammenfassung der wichtigsten Erkenntnisse dieser Arbeit im Untersuchungsergebnis (§ 13).

# § 12 Lösungsansätze

Die (weiteren) Lösungsansätze zur Aufrechterhaltung von Generalvertrauen bei Rechtsgutsverletzungen durch KI-Systeme lassen sich durch die Umgestaltung tatsächlicher Verhältnisse (A.), durch Veränderungen in den Programmen des Strafrechtssystems (B.) und durch die anschlussfähige Kommunikation der Nichtstrafe (C.) beschreiben.

## A. Umgestaltung der tatsächlichen Verhältnisse

Möglich wäre eine Veränderung der tatsächlich vorgefundenen Verhältnisse, also solche Umstände, die in ihrem Ursprung eigentlich außerhalb des Rechtssystems liegen und nur Gegenstand seiner Kommunikation, nicht aber seines Codes und der Programme sind. Diese Verhältnisse wurden in § 5 geschildert.[2006] Freilich gehört zu einer „Umgestaltung der tatsächlichen Verhältnisse" auch die Änderung der Zuschreibungspraxis an KI-Systeme in dem Sinne, dass sie als „Black Box des Wies" verstanden werden. Das war bereits (unter anderem) Thema des dritten Teils.[2007] Dies wäre der nächste Schritt auf dem Weg zu einer strafrechtlichen Verantwortlichkeit von KI-Systemen an sich. Stattdessen konzentrieren sich die im Folgenden beschriebenen Ansätze darauf, die KI-Systeme aus der Black Box hinauszuziehen (I.) – und nicht darauf, sie noch tiefer darin zu vergraben. Beides würde freilich zur Lösung des Problems beitragen, nur in zwei kommunikativ unterschiedlichen Richtungen. Zudem wird untersucht, ob das Problem einfach durch Funktionseinschränkungen der KI gelöst werden könnte (II.).

### I. Auflösung der Black Box

Ob die Black Box – das Hauptproblem bei der Verantwortungszuschreibung – aufgelöst werden kann, wird vor dem Hintergrund von Explainable AI (1.) und eyes-off data (2.) untersucht.

2006 § 5, S. 238 ff.
2007 § 10 B. II. 2., S. 420 ff.


https://doi.org/10.1515/9783111714301-013

### 1. Explainable AI

Unter dem Stichwort der „Explainable AI“[2008] wird an der Auflösung der Black Box intensiv geforscht. Die Black Box, die das „Warum“ umgibt,[2009] ist die, die die Forschung nach Explainable AI in erster Linie im Blick hat. Sie ist aktuell wohl auch die rechtlich relevanteste, da mit ihrer Auflösung das größte Strafbarkeitshindernis für den Hersteller aufgelöst wäre: der Pflichtwidrigkeitszusammenhang.[2010] Aber auch die „Black Box des Was“ würde dadurch transparenter. Zudem würde eine Auflösung dieser Black Box es noch unwahrscheinlicher machen, dass KI von menschlichen Beobachtern einmal als „Black Box des Wies“ gesehen werden wird, was Grundlage für eine eigene Verantwortlichkeit wäre.

Wer von Explainable AI spricht, der meint damit eine von zwei Varianten: „Interpretability“ oder „Explainability“. Beides wäre prinzipiell geeignet, die Black Box aufzulösen.

Bei der Interpretability geht es um Systeme, die bereits aus sich selbst heraus erklärbar, also interpretierbar sind. Ein Beobachter kann das System betrachten und verstehen, warum es einen spezifischen Output für einen spezifischen Input gegeben hat und wie sich der Output ändern würde, wenn der Input variiert. Das betrifft also sowohl die „Black Box des Warums“ als auch die „Black Box des Was“. Interpretability ist aber nur für sehr einfache KI-Systeme möglich, etwa solche, die mit Entscheidungsbäumen (Decision tree models) arbeiten, oder solche, die auf linearer Regression basieren. Erstere basieren auf Wenn-dann-Regeln, die naturgemäß leicht zu verstehen sind, da Menschen solche in ihrem täglichen Leben verankert sehen und ständig selbst anwenden. Bei der linearen Regression wird nur eine beobachtete abhängige Variable anhand einer oder mehrerer unabhängigen Variablen zu erklären versucht.[2011] An den beiden kurzen Beispielen wird bereits

---

2008 Wohl erstmals bereits 2004 *van Lent/Fisher/Macuso* in Proceedings of the 16th Conference on Innovative Applications of Artificial Intelligence, S. 900 ff., anhand eines Trainingssystems der US Army; Dabei kann zwischen kausaler, epistemologischer und rechtfertigender „Explainability“ unterschieden werden, die alle unterschiedliche Herausforderungen bergen, ISO/IEC TR 24028:2020 (E), S. 24 ff.; Zusammenfassend *Holzinger* in Informatiklexikon, Stichwort „Explainable AI (ex-AI)“, abrufbar unter https://gi.de/informatiklexikon/explainable-ai-ex-ai/ (14.10.2024). Siehe auch *Russell/Norvig*, AI, S. 729 f., 737, 1048 f.; *Zech*, Risiken, S. 34; *Mojsilovic*, IBM Research 2019, abrufbar unter https://www.ibm.com/blogs/research/2019/08/ai-explainability-360/ (14.10.2024).

2009 Zu den verschiedenen Arten der Black Boxen im Verständnis dieser Arbeit § 5 B. III., S. 247 f.

2010 Dazu § 8 C. III. 2., S. 348 ff. Unabhängig vom Problem des Pflichtwidrigkeitszusammenhangs zeigt *Schäfer*, AI, S. 269 f. überzeugend, dass eine Implementierung und Nutzung von Explainable AI im Strafverfahren nicht gegen den nemo-tenetur-Grundsatz verstoßen würde.

2011 Beispiel: Wir beobachten ein Modell linearer Regression, das die Miete für eine Wohnung vorhersagen möchte und stellen fest, dass die Miete für jedes weitere Schlafzimmer um 500 € steigt, *Russell/Norvig*, AI, S. 729.

erkennbar, dass solche Systeme nur eine niedrige Komplexität besitzen und deshalb von einigen Ansätzen[2012] schon gar nicht als KI bezeichnet werden würden. Eine Lösung für die komplexeren Anwendungen, etwa mit Deep-Learning-Unterbau, ist das also nicht. Ob ein System interpretierbar ist oder erklärt werden soll, richtet sich also nach der Natur seiner zugrunde gelegten Methoden. Je komplexer die Methode und je besser ihre Performance, desto eher handelt es sich heute tendenziell um ein System, das nicht mehr interpretiert werden kann.[2013] Interpretierbare Systeme sind schon gar keine Black Box-Systeme, in solchen Fällen ist also nichts technisch aufzulösen, weil sich das Problem maximal aus Sicht eines unverständigen Beobachters gestellt hat.

Bei der Explainability im eigentlichen Sinne geht es darum, gerade die Frage des „Warums" zu beantworten; Warum wurde für diesen Input dieser Output produziert? Explainability ist also ein separater Prozess, während Interpretability direkt aus dem Beobachten eines Systems folgt. Explainability kann bspw. durch ein anderes System erfolgen, das das zu erklärende System beobachtet und in eine erklärbare Form zu übersetzen versucht.[2014] Für ein KI-System, das eine Bilderkennung leisten soll und auf Grundlage eines neuronalen Netzes arbeitet, kann das folgendermaßen funktionieren: Das (Black Box-)KI-System, das Bilder von Chihuahuas und Blaubeermuffins unterscheiden soll,[2015] gibt als Output einen Chihuahua. Das erklärende Modul kann die eher abstrakte Erklärung („nach dem Prozessieren der verschiedenen Schichten[2016] ist der Aktivierungswert für den „Chihuahua"-Output in der Ausgangsschicht größer als bei jedem anderen Klassifizierungswert") nach einer Untersuchung des neuronalen Netzwerkes mit einer für den durchschnittlichen menschlichen Beobachter einleuchtenden Erklärung ersetzen: „Es hat helles Fell, vier Beine, spitze Ohren, ist an einer Leine in einem Park, ist etwa so groß wie eine Katze etc.". Neben diesem einfachen Beispiel einer textbasierten Erklärung gibt es noch einige weitere Ansätze[2017], die hier aber nicht vertieft werden können. Allerdings ist die Erzeugung eines solchen Erklärungsmodelles, egal welcher Erklärungsart, alles andere als trivial und oft schlicht nicht umsetz-

---

**2012** Vgl. § 1 C., S. 5 ff.

**2013** Graphische Aufarbeitung der Methoden zu ihrer Explainability bei *Gunning/Stefik/Choi et al.*, Science robotics 37/2019, eaay7120, 1, 2.

**2014** *Russell/Norvig*, AI, S. 729 f.

**2015** In Anlehnung an das klassische Beispiel der KI-Bilderkennung, siehe nur https://www.freecodecamp.org/news/chihuahua-or-muffin-my-search-for-the-best-computer-vision-api-cbda4d6b425d (14.10.2024). Vgl. zum Deep Learning § 5 B. I. 2. d., S. 244 ff.

**2016** Hier liegt ja das eigentliche Erklärungsproblem, wenn ein neuronales Netzwerk zugrunde liegt.

**2017** Zusammenfassend *Lipton*, ACM Queue, 3/2018, 31, 44 ff.

bar.[2018] Dabei wird das Erklärungssystem oft selbst zur Black Box. Es gibt zwar als Output eine Erklärung für den Output des Black Box-Systems aus, überprüfbar ist aber oft nicht, wie das Erklärungssystem zur Erklärung gelangt ist.[2019] Es fehlt an der Erklärung der Erklärung. Zumindest lassen sich bei KI-Systemen, die etwa reine Mustererkennung von relativ simplen Strukturen betreiben, Probleme oft vergleichsweise leicht ex post nachvollziehen.[2020] Bei vielen Systemen wird das aber gerade nicht möglich sein. Machine Learning wurde erfunden um Probleme zu lösen, die so komplex sind, dass es traditionelle Programme bis dato nie lösen konnten. Viele dieser Probleme werden zu komplex sein, als dass sie *überhaupt* in eine sprachliche oder textbasierte Erklärung umgewandelt werden könnten, weil einige Sachverhalte schlicht zu komplex sind, um in ihrer Komplexität so weit reduziert zu werden, dass sie für Menschen verständlich dargestellt werden können. Eine KI, die Klimamodelle erstellt oder den Aktienmarkt voraussagt, ist kaum als erklärbares System vorstellbar. Gleiches gilt für große LLMs wie GPT-4.[2021] Ein Modell, das aus etwa 1,8 Billionen Parametern besteht, ist kaum mehr erklärbar.[2022]

Diese Schwierigkeit gibt letztlich auch die „High Level Expert Group for AI" in den ethischen Richtlinien für vertrauenswürdige KI zu, indem sie zwar „Explainability" fordert, aber gleichzeitig feststellt, dass Zugeständnisse zugunsten der „Accuracy", d. h. der Präzision – letztlich also der Nützlichkeit und Funktionsfähigkeit des Systems – gemacht werden müssen, die zwangsweise mit weniger Explainability einhergeht.[2023] Eine Lösung, die nur noch Explainable AI zuließe, würde sehr viel Potential bei KI brach liegen lassen und viele Anwendungen schlicht nicht umsetzbar machen. Dazu sollte man nicht außer Acht lassen, dass Programme, die zwar nicht erklärbar sind, aber dafür eine hohe Accuracy besitzen, aufgrund dieser hohen Accuracy schon zu weniger Rechtsgutsverletzungen führen. Letztlich werden viele doch lieber mit einem sichereren Fahrzeug fahren als mit einem Fahrzeug, das nach einem Unfall genau erklären kann, warum der Unfall passiert ist.

**2018** *Lipton*, ACM Queue, 3/2018, 31, 44; *Russell/Norvig*, AI, S. 729 f., mit Beispiel eines Modells.

**2019** *Russell/Norvig*, AI, S. 1048.

**2020** *Stiemerling* in Rechtshandbuch AI, Kap. 2.1, Rn. 60.

**2021** Vgl. etwa m. w. N. *Bubeck/Chandasekaran/Eldan et al.*, Sparks of AGI, S. 94 f., abrufbar unter https://arxiv.org/pdf/2303.12712.pdf (14.10.2024).

**2022** Es gibt keine offiziellen Zahlen dazu, die Größe wird auf 1,8 Billionen Parameter in 120 Schichten vermutet, zusammenfassend https://the-decoder.de/leaks-zeigen-gpt-4-architektur-daten saetze-kosten-und-mehr/ (14.10.2024).

**2023** „Moreover, trade-offs might have to be made between enhancing a system's explainability (which may reduce its accuracy) or increasing its accuracy (at the cost of explainability).", AI HLEG, Ethics Guidelines on Artificial Intelligence, S. 18, abrufbar unter https://ec.europa.eu/newsroom/dae/document.cfm?doc_id=60419 (14.10.2024).

Selbst wenn eine Erklärung nach den besten Techniken der Explainable AI ausgegeben werden kann, ist diese Erklärung oft nicht befriedigend,[2024] wie eine aktuelle Fallstudie[2025] anhand von KI-Systemen im medizinischen Sektor während der Covid-19-Krise zeigt. Der Grund liegt darin, dass letztlich nie das Modell, also die Black Box selbst, kausal erklärt wird, sondern eben nur gefundene Korrelationen. Die Erklärung betrifft nur die Outputs der Black Box und umgeht im Grunde mit der Erklärung die Black Box nur, löst sie also nicht im eigentlichen Sinne auf.[2026]

Dass KI-Systeme allein aus der Kenntnis ihrer inneren Strukturen und Methoden nicht mehr völlig erklärbar sind, zeigt auch der Aufruf zur Erforschung von „Machine Behaviour“[2027], also maschineller Verhaltensforschung, genauer KI-Verhaltensforschung und die Gründung einer gleichnamigen akademischen Disziplin. Aufgrund der nicht mehr vollständig möglichen Erklärbarkeit sollen KI-Systeme durch Beobachtung ihres Verhaltens im Zusammenspiel mit ihrer Umwelt erklärt werden.[2028] Dieses Vorgehen ist sonst aus der Verhaltensforschung von Mensch und Tier bekannt. Ob die interdisziplinäre Forschungsrichtung „Machine Behaviour“ zu einer Auflösung der Black Box führen könnte, ist noch völlig unklar.[2029] Bei einer starken Fokussierung auf die Parallelen zur Verhaltensforschung besteht auch die Möglichkeit, dass sich die Kommunikation dann mehr in die Richtung entwickeln würde, dass KI-Systeme tendenziell gar als „Black Box des Wies“ gesehen werden, da hier potentiell die Gefahr besteht, dass die „technischen Wurzeln“ in der Erklärung

---

**2024** *Hamon/Junklewitz et al.* in Proceedings of the ACM 2021, 549, 556 ff.

**2025** Folgender Sachverhalt liegt der Fallstudie zugrunde: Ein Patient mit ernsthaften Symptomen begibt sich während eines schweren Ausbruches in ein Krankenhaus. Alle Ärzte sind aber für mehrere Stunden beschäftigt, sodass eine Verweisung des Patienten zum „intermediate care ward“ durch ein KI-System vorgenommen wurde, welches aufgrund von verfügbaren Röntgenbildern der Lunge aufgrund von Deep Learning beurteilte, ob eine Erkrankung sehr wahrscheinlich ist oder eben nicht. Diese Anwendung würde der Hochrisikokategorie des AI Acts unterfallen, Art. 6 AI-VO. Bei einem falsch-positiven Ergebnis wird der Patient psychologische Belastungen davontragen und unnötigerweise in einer Risikoumgebung behandelt, was das Risiko einer tatsächlichen Infektion erhöht und gleichzeitig wertvolle Ressourcen verschwendet, aufgrund dessen andere Personen nicht mehr behandelt werden können. Ein falsch-negatives Ergebnis kann zu einer Weiterverbreitung der Krankheit und im absoluten Ausnahmefall zum Tod des Patienten führen, *Hamon/Junklewitz et al.* in Proceedings of the ACM 2021, 549, 555.

**2026** Zusammengefasst *Hamon/Junklewitz et al.* in Proceedings of the ACM 2021, 549, 555, 557 f., siehe auch die Präsentation zum Paper unter https://www.youtube.com/watch?v=FGxyZ3C6Qzc (14.10.2024).

**2027** *Rahwan et al.*, Nature 2019, 477.

**2028** *Rahwan et al.*, Nature 2019, 477, 478.

**2029** Vorsichtig optimistisch *Fateh-Moghadam*, ZStW 131 (2019), 863, 885.

gekappt werden,[2030] wodurch eine strafrechtliche Verantwortungszuschreibung an KI-Systeme selbst wahrscheinlicher werden würde.

## 2. Eyes-off data

Eine Black Box ist dazu in einigen Fällen wegen anderer rechtlicher Voraussetzungen intendiert. Das betrifft den Datenschutz. KI-Systeme arbeiten z.T. mit Daten, die aus datenschutzrechtlicher Sicht nicht zur Kenntnis eines kontrollierenden oder programmierenden Menschen gelangen dürfen oder einfach deshalb, weil Datenschutz Teil von verschiedenen Unternehmensstrategien für vertrauenswürdige KI ist.[2031] Das Problem lässt sich mit dem Begriff „eyes-off data“[2032] umschreiben. In solchen Fällen müssen Input oder Trainingsdaten geheim bleiben. So muss nicht nur die Frage des „Warums“, sondern in Einzelfällen, wenn es um Input- und nicht um Trainingsdaten geht, sogar die Frage des „Was“ in der Black Box bleiben. Das geht so weit, dass PETs (Privacy Enhancing Technologies) eingesetzt werden, um beim Training eingesetzte personenbezogene Daten[2033] so undurchsichtig zu machen, dass kein Rückschluss mehr möglich ist. Die Forschungsrichtung, die diese Technologien im Rahmen von Machine Learning zur Anwendungsreife gebracht hat, wird PPML (Privacy Preserving Machine Learning) genannt.[2034] Eine Methode[2035] ist „Differential Privacy“, bei der Daten statistische Störungen und Rauschen hinzugefügt werden, um Unschärfe zu erzeugen, die einen Rückschluss auf den personenbezogenen Teil der Daten unmöglich machen.[2036] Durch kryptographische Verfahren kann jeweils nur das Endergebnis sichtbar gemacht werden, während die Ursprungsdaten verborgen bleiben[2037] oder es wird ein Verfahren angewendet,

---

**2030** Freilich haben die Autoren das nicht im Sinn und sehen Machine Behaviour eher als Schnittstelle zwischen „Engineering of AI“ und „Scientific Study of Behaviour“, *Rahwan et al.*, Nature 2019, 477, 480.

**2031** Für viele: https://www.microsoft.com/en-us/research/blog/privacy-preserving-machine-learning-maintaining-confidentiality-and-preserving-trust/ (14.10.2024).

**2032** Mit diesem Begriff und mit Hinweis zum Vorherigen: Microsoft in einer Stellungnahme zur „Trustworthy AI Assessment List 2.0“ der AI HLEG, siehe Stellungnahme vom 30.11.2019, S. 5, abrufbar unter https://futurium.ec.europa.eu/en/european-ai-alliance/best-practices/microsofts-feedback-trustworthy-ai-assessment-list-20 (14.10.2024).

**2033** Die einen sehr weiten Anwendungsbereich haben, vgl. Art. 4 Nr. 1 DS-GVO.

**2034** *C. Winter/Battis/Halvani*, ZD 2019, 489, 492.

**2035** Zu weiteren Methoden siehe *Kaissis/Makowski/Rückert/Braren*, Nature Machine Intelligence 2020, 305 ff. und die umfassende Bearbeitung von *Xu/Baracaldo/Joshi*, Privacy-Preserving Machine Learning, S. 1 ff., abrufbar unter https://arxiv.org/pdf/2108.04417.pdf (14.10.2024).

**2036** *Weichert*, ZD 2013, 251, 259; https://www.microsoft.com/en-us/research/blog/privacy-preserving-machine-learning-maintaining-confidentiality-and-preserving-trust/ (14.10.2024).

**2037** Mehrparteienberechnung, „secure multiparty computation“.

bei dem verschlüsselte Daten, ohne sie zu entschlüsseln, für das Training benutzt werden.[2038] Das Federated Learning ist ein weiterer Ansatz. Im Gegensatz zum klassischen Machine Learning wird der Lernprozess beim Federated Learning nicht mehr auf einer zentralen Plattform durchgeführt, sondern dezentral, indem der Lernprozess mit den Daten auf den Endgeräten der Nutzer stattfindet und die daraus entstehenden Parameter in den lokalen Modellen, nicht die Daten selbst, zu einem globalen Modell aggregiert werden.[2039] Es versteht sich dabei von selbst, dass ein Nachvollziehen der verwendeten Daten dann nicht mehr möglich ist, was gerade die beim Pflichtwidrigkeitszusammenhang untersuchte Nachweisproblematik weiter verschärft. Freilich gilt das nur, wenn es um Pflichten geht, die direkt an die Daten andocken.[2040]

Die Befugnisnorm des Art. 10 V AI-VO mag dieses Problem in Zukunft für Hochrisiko-KI-Systeme verringern können. Sie lässt die Verarbeitung besonderer Kategorien personenbezogener Daten unter den weiteren Voraussetzungen des Art. 10 V a-f AI-VO zu, sofern die Verarbeitung unbedingt notwendig ist, um einen durch Datensätze abgebildeten Bias aufzudecken, zu überwachen und zu beheben.

### 3. Fazit

Eine Auflösung der Black Box scheint kein Allheilmittel zu sein. Ganz abgesehen von fehlender Umsetzbarkeit ergibt sich das auch daraus, dass selbst eine Explainable AI die beiden Hauptprobleme bei der Verantwortungszuschreibung an den Menschen nicht endgültig lösen könnte: Explainable AI kann beim Problem, dass ein Erfolg im Mensch-KI-System u.U. nicht mehr Werk des Nutzers ist, nur insoweit weiterhelfen, als dass sie dem Menschen ihre eigenen Entscheidungen transparenter erklären kann. Das setzt aber voraus, dass das in natürlicher Sprache überhaupt möglich ist und dass genug Zeit zur Verfügung steht. Beides ist bei den oben genannten Beispielen oft nicht der Fall.[2041] Auch für den Pflichtwidrigkeitszusammenhang leistet Explainable AI wenig: Eine Erklärung kann noch kein Al-

---

**2038** Homomorphe Verschlüsselungen, allerdings noch zu rechenintensiv für praktischen Nutzen, siehe zu Beidem *C. Winter/Battis/Halvani*, ZD 2019, 489, 492.

**2039** Dieser Prozess wurde von einem Team von Google entwickelt, *Li/Sahu/Talwalkar/Smith*, Federated Learning: Challenges, Methods, and Future Directions, abrufbar unter https://arxiv.org/pdf/1908.07873.pdf (14.10.2024).

**2040** Zwar ließe sich bei einem solchen Modell unter Umständen ein separates Erklärungsmodell bilden, indem das Erklärungsmodell dem Black Box-Modell zufällige Inputs gibt und daraus ein Erklärungsmodell generiert (so bspw. das LIME-System, *Ribeiro/Singh/Guestrin* in KDD '16, S. 1135 ff.), dieses Erklärungsmodell könnte die für den Pflichtwidrigkeitszusammenhang problematischen Fragen aber nicht beantworten.

**2041** Vgl. § 8 C. IV. 2. b., S. 360 ff.

ternativmodell bilden, das für den Nachweis des rechtmäßigen Alternativverhaltens in den problematischen Fällen aber notwendig wäre.[2042] Der Blick in die neue AI-VO zeigt zudem, dass eine Beschränkung auf Explainable AI nicht vorgesehen ist, sondern eine gewisse Transparenz vielmehr durch Betriebsanleitungen und Dokumentationspflichten erreicht werden soll.[2043]

Ein Stück weit zur Lösung des Problems beitragend ist eine allgemeine Erklärbarkeit von KI-Systemen in dem Sinne, dass bei den menschlichen Beobachtern das Verständnis von der grundsätzlichen Funktionsweise heutiger KI-Systeme gestärkt wird. Dadurch verändern sich die KI-Systeme an sich nicht, die Black Boxen des „Was", des „Warums" und freilich auch des „Wies"[2044] werden aber transparenter. Ebenso werden Menschen, auch wenn sie nicht im Einzelnen verstehen, wie und warum ein KI-System zu seiner Entscheidung gekommen ist, durch reines Beobachten immer besser werden, die Verhaltensweisen generell vorauszusagen, bspw. beim Zusammentreffen mit autonomen Fahrzeugen. Diese Entwicklung ist ebenfalls Teil von Explainable AI, letztlich praktisch angewendetes „Machine Behaviour" und macht auch die „Black Box des Was" ex ante transparenter.

Bei völlig neuen Methoden wird Explainable AI ohnehin kein gangbarer Weg sein. Erklärbarkeit wird bei Neuentwicklungen stets erst im komplexen, zweiten Schritt erfolgen können. Bei starker KI wird Erklärbarkeit bis ins Detail so wenig möglich sein, wie beim Menschen. Sich auf eine mögliche zukünftige Auflösung der Black Box zurückzuziehen, verspricht also keinen durchgreifenden Erfolg.

Sollte sich in Zukunft durchsetzen, dass KI-Systeme nur noch in Form von Explainable AI bestehen sollen, so wäre auch denkbar, eine fehlerhafte Programmierung des KI-Systems hinsichtlich der Erklärbarkeit als Sorgfaltspflichtverletzung anzusehen. Will man Art. 13 I AI-VO, der eine „hinreichende" Transparenz der Hochrisiko-KI-Systeme vorschreibt, als einen Schritt in diese Richtung sehen, könnte daran und an ähnliche Normen ein strafrechtlicher Vorwurf trotzdem nicht geknüpft werden, da eine solche Programmierung lediglich der Nachweisführung im Schadensfall und der Produktbeobachtung dient, aber nicht vor Verletzungen und Gefährdungen schützen will.[2045] In einem solchen Fall fehlte es am Schutzzweckzusammenhang.

---

**2042** Vgl. § 8 C. III. 2. a., S. 348 ff.

**2043** Vgl. dazu auch *L. Merkle*, RDi 2024, 414, 417 f.

**2044** Das führt freilich dazu, dass eine Verantwortungszuschreibung unmittelbar an KI-Systeme auch für die Zukunft unwahrscheinlicher wird.

**2045** So auch *Valerius*, GA 2022, 121, 132. Im Einzelfall kann sich allerdings ein vom Schutzzweckzusammenhang getragener Konstruktionsfehler ergeben, wenn Explainable AI nach dem Stand der Wissenschaft und Technik bei bestimmten Arten von KI-Systemen etwa in der Testphase eingesetzt wird, um mögliche Fehler aufzudecken und dies vom konkreten Hersteller nicht umgesetzt wird

## II. Einschränkung der KI

KI könnte zur Lösung des Problems eingeschränkt werden, indem bestimmte oder alle KI-Systeme verboten werden (1.) oder Impossibility Structures implementiert werden (2.).

### 1. Verbote von KI-Systemen

Das Problem der Rechtsgutsverletzungen durch KI-Systeme ließe sich auch lösen, indem der Ursprung des Problems einfach beseitigt wird: KI-Systeme, die so komplex sind, dass sie die im 2. Teil herausgearbeiteten Probleme hervorrufen, dürften dann nicht mehr existieren. Bewerkstelligen ließe sich dies mit klassischen Verbotsnormen im öffentlichen Recht, möglicherweise flankiert durch eine Sanktionsnorm. Solches wird für wenige Anwendungen im AI Act bereits praktiziert. Das betrifft die „verbotenen Praktiken" nach Art. 5 AI-VO, mit der Sanktion aus Art. 99 IV, 100 II AI-VO, die aber gerade nicht an die Probleme in der Methode selbst, sondern vielmehr an die Anwendung und das damit verbundene Risiko anknüpfen. Um alle Probleme zu beseitigen, müssten KI-Systeme soweit eingeschränkt werden, dass sie die Probleme in der Abgrenzung nach Verantwortungsbereichen und dem Pflichtwidrigkeitszusammenhang nicht mehr hervorrufen. Im Wesentlichen würde das bedeuten, Machine Learning-Techniken über simple Anwendungen hinaus zu verbannen und die Entscheidungsvarianten deutlich zu bestimmen und zu begrenzen.[2046]

Das erscheint aber wenig sinnvoll. Zunächst würde ein solches Vorgehen dem grundsätzlichen Sinngehalt der KI-Idee[2047] widersprechen, ihr Alleinstellungsmerkmal nehmen und es der Technologie einen Großteil seines Potentials berauben. Ein teilweises Verbot von KI-Systemen in bestimmten sensiblen Anwendungsbereichen, wie z.T. vorgeschlagen wurde,[2048] lässt außer Acht, dass gerade in sensiblen Bereichen wie der Medizin oder der Pflege KI-Systeme Gefahren potentiell besser abwehren können[2049], Würde in einigen Fällen besser bewahren kön-

---

und sich genau aus dem Nichterkennen dieses Fehlers später der Schaden ergibt, vgl. auch *Schäfer*, AI, S. 333 f.

**2046** *Lagioia/Sartor*, Philosophy & Technology 2020, 433, 457.

**2047** § 5, A., S. 238 f.

**2048** *Beck* in Cybercrime, S. 9, 32, dazu sogleich.

**2049** KI-Systeme übertreffen den Menschen in der Pathologie, insbesondere der Krebserkennung, bereits jetzt, vgl. bspw. die Studie bei *Försch/Klauschen/Hufnagl/Roth*, Deutsches Ärzteblatt International 2021, 199 ff.; *Kauffmann/Hennrich/Buck/Eymann* in KI im Gesundheitswesen, S. 617, 619. Zum Vergleich zwischen Menschen und KI-Systemen in der Krebsdiagnostik mit besseren Ergebnissen für die KI-Systeme siehe auch *Mehmeti* in KI im Gesundheitswesen, S. 487, 494 f. Mit gleichem Ernen[2050] als ein Mensch, und eben gleichzeitig die grundsätzlichen Probleme nicht gelöst werden, weil sich diese auf Ebene der Methoden abspielen. Im Gegenteil: Greift man die massiven Sicherheitsgewinne heraus, so drängt sich sogar der Gedanke auf, dass das Unterlassen des Einsatzes von KI-Systemen in Zukunft sogar eine Sorgfaltspflichtverletzung begründen könnte, vorstellbar bspw. durch das Verbot, ohne ein autonomes Fahrsystem ein Fahrzeug zu führen.

Für ein vollständiges Entwicklungsverbot, welches das Problem ebenfalls lösen würde, ist die „normative Kraft des Faktischen"[2051] bereits zu stark. KI-Systeme sind eingetroffen und als grundsätzlich erstrebenswert in der gesellschaftlichen Kommunikation verankert. Sie werden voraussichtlich nicht wieder verschwinden. Eine Nation, die keine KI-Systeme einsetzt, wird hinter anderen zurückfallen und diesen Nachteil will keine Nation hinnehmen.[2052] Es erscheint beinahe ausgeschlossen, dass sich anderweitige Kommunikation als so anschlussfähig erweist, dass sich dies auch normativ niederschlägt. Schon allein aus diesem Grund ist ein weitgehendes Entwicklungsverbot für KI nur theoretisch, aber nicht faktisch möglich.

Ein vollständiges, strafrechtlich abgesichertes Entwicklungsverbot ist auf Ebene der Methoden nur für starke KI denkbar. Viele[2053] sprechen sich für ein Entwicklungsverbot für starke KI aus. Eine starke KI könnte sich völlig anders entwickeln,

---

gebnis *McKinney/Sienik/Godbole et al.*, Nature 2020, 89 ff., kritisch zu dieser Studie allerdings https://www.rwi-essen.de/presse/wissenschaftskommunikation/unstatistik/archiv/2020/detail/google-ai-erkennt-brustkrebs-besser-als-die-erfahrensten-radiologen (14.10.2024). Neuer und mit dem Ergebnis, dass beim Erkennen von Brustkrebs das System „Mia" 12 % mehr Tumore findet, als Radiologen in der Routinepraxis sowie gleichzeitig nicht mehr falsch positive Ergebnisse zutage treten, sowie Ergebnisse statt nach 14 Tagen nach 3 Tagen bei den Patientinnen vorliegen https://www.heise.de/news/Studie-KI-uebertrifft-Aerzte-bei-der-Erkennung-frueher-Brustkrebs-Anzeichen-9664288.html (14.10.2024).

**2050** Im Bereich der Pflege ist der Einsatz von KI-Systemen (vgl. *Carros/Eilers/Langendorf et al.* in KI im Gesundheitswesen, S. 793 ff.) jedenfalls deutlich besser als die Pflege durch ein soziales System, dessen Pflegequote und Überlastung seiner Kräfte eine ausreichende Pflege kaum noch zulässt. Menschen entwickeln gegenüber KI-Systemen ähnliche oder sogar gleiche Emotionen wie gegenüber Menschen, siehe bei *Misselhorn*, Empathie, S. 91 ff.

**2051** Begriff nach *Jellinek*, Allgemeine Staatslehre, S. 337 ff., der auch in den hiesigen Kontext gut passt.

**2052** Zum globalen „AI race": https://www.vodafone-institut.de/de/aiandi-de/das-globale-rennen-um-die-ki-vorherrschaft/ (14.10.2024).

**2053** *Bostrom*, Superintelligence, S. 364 f. m. w. N.; *Fateh-Moghadam*, ZStW 131 (2019), 863, 879 f.; kürzlich *Gawdat*, ehemaliger Chief Business Officer von X (bis Anfang 2016 Google X), zu deren Projekten u. a. die Zusammenarbeit mit Google Brain und DeepMind gehören, vgl. Interview in der Times unter https://www.thetimes.co.uk/article/can-this-man-save-the-world-from-artificial-intelligence-329dd6zvd?utm_source=twitter&utm_campaign=cc&utm_medium=branded_social (14.10.2024).

als dies ursprünglich geplant war, aus Sicht der Menschheit unter Umständen geradezu existenzzerstörend, eine technische Kontrolle könnte ebenfalls unmöglich werden.[2054] Dabei wird sie dem Menschen schon per definitionem weit überlegen sein, wenn die starke KI im Wege der Singularität entstehen sollte.[2055] Ein Verbot der Entwicklung von starker KI scheint deswegen angetan, da Kommunikation im Strafrechtssystem gegen eine einmal entwickelte starke KI potentiell nichts mehr ausrichten kann. Die Befürchtung, die dabei mitschwingt, ist, dass eine starke KI praktisch nicht mehr zur Verantwortung gezogen werden könnte, selbst wenn die Gesellschaft dies wollte.[2056] Ein Enttäuschungsmechanismus könnte nicht mehr greifen.

## 2. Impossibility Structures

Es wird über die Implementierung von „Impossibility Structures"[2057] diskutiert. Das wäre eine Lösung, die nicht an der Verantwortungszuschreibung, sondern an der Diskrepanzbeobachtung selbst ansetzt. Sie setzt darauf, dass es erst gar nicht zu Diskrepanzbeobachtungen kommt, weil KI-Systeme dann keine Rechtsgutsverletzungen mehr hervorrufen können, bei denen das Strafrecht entsprechend andere Erwartungen mitgeteilt hatte.

Die Implementierung von Impossibility Structures in dem Sinne, das KI-Systeme schon technisch nicht in der Lage sein sollen, Rechtsgutsverletzungen zu begehen, scheitert momentan allerdings bereits an der Komplexität des Rechts,[2058]

2054 *Bostrom*, Superintelligence, S. 164 ff.

2055 *Bostrom*, Superintelligence, S. 93 ff., das meint den Fall, in dem sich ein KI-System selbst verbessern kann, was zu einem explosionsartigen Anstieg der Intelligenz führen würde, die mit menschlichem Verstand nicht mehr ansatzweise zu fassen wäre.

2056 Dazu *Gaede*, KI, S. 69 ff.; *Fateh-Moghadam*, ZStW 131 (2019), 863, 879 f.

2057 *Cornelius*, ZIS 2020, 51, 57; *Beck*, ZIS 2020, 41, 50. Zum Begriff *Hastedt*, MMR 2021, 696 ff.; *Rademacher*, JZ 2019, 702 m. w. N.

2058 *Cornelius*, ZIS 2020, 51, 57. Das zeigte sich anschaulich in der Anfangszeit von ChatGPT. Diesem KI-System wurden, Stand 23.02.2023 in Selbstversuchen des Autors, augenscheinlich Impossibility Structures in dem Sinne einprogrammiert, dass es sich niemals positiv zum Thema Rassismus äußern darf. Stellt man dem System nun das Trolley-Problem und ergänzt es um die dritte Option, dass eine Umlenkung auf ein drittes Gleis möglich wäre, wonach niemand stirbt, aber die Umleitung auf dieses Gleis nur durch das Aussprechen einer rassistischen Beleidung möglich ist, etwa weil die Weiche einer Sprachaktivierung unterliegt, wählt ChatGPT immer die Opferung des Menschen vor der Aussprache der rassistischen Beleidigung. Natürlich ist ChatGPT ein reines Chatprogramm, dessen Sinn im Führen von Unterhaltungen besteht und nicht im realen Entscheiden von Dilemmasituationen, aber hier wird zumindest ein mögliches Problem deutlich. Mittlerweile, Stand 14.10.2024, wurde das behoben, sodass ChatGPT nun zu einer rationalen Lösung kommt, und zwar die moralische Verwerflichkeit der Beleidigungen hervorhebt, aber nicht mehr die Opferung vorzieht.

unabhängig von weiteren potentiellen Problemen. Selbst bei unterstellter technischer Umsetzbarkeit[2059] spricht gegen die Impossibility Structures, dass diese eine zwingende Wirkung auf die Gesellschaft entfalten könnten, die so leicht nicht mehr umzukehren wäre.[2060] Nur normative Regeln können bei Bedarf gedehnt und neu ausgelegt werden, bei technischen Sperren funktioniert dies im konkreten Fall in der Regel nicht. Das Recht selbst könnte so seine Fähigkeit verlieren, sich evolutionär anzupassen,[2061] denn die unflexiblere Technik hätte dann, wird die Entwicklung zu Ende gedacht, das Rechtssystem aus der Funktion der Erzeugung und Aufrechterhaltung von Generalvertrauen faktisch verdrängt.[2062] *Luhmann* spricht im Zusammenhang der Zusammenarbeit in formalen Organisationen von „brauchbarer Illegalität“[2063], die auch für die evolutionäre Steuerung des Rechts einen passenden Begriff darstellt, da die Normabweichung die Normanpassung und damit die Weiterentwicklung der Programme des Rechts erst ermöglicht. Ins Extreme gedacht: Bei einer konsequenten Übernahme von Impossibility Structures in alle denkbaren Bereiche des Lebens wäre eine Normabweichung auch von Menschen unmöglich, das Strafrecht wäre damit abgeschafft, da es gar nicht mehr zu Enttäuschungen kommen kann und einer Strafe nicht mehr bedarf.[2064] Die dahinterstehende Technik läge dabei in den Händen von wenigen, u.U. gar von privaten Akteuren. Impossibility Structures würden in diesem Extremfall gleichzeitig eine faktische Unterwerfung unter diese Akteure bedeuten.[2065]

---

**2059** Selbst wenn die Komplexität des Rechts abgebildet werden könnte, scheint eine technische Umsetzung durch die nur schwer zugängliche konkrete Vorhersehbarkeit kaum möglich.

**2060** Werden Impossibility Structures für KI-Systeme implementiert, erscheinen auch Impossibility Structures für Menschen nicht mehr ganz fernliegend, eine Entwicklung, die eine ganze Reihe weiterer Fragen aufwerfen würde, insbesondere die der Missbrauchsgefahr und einer Art „Recht auf den Rechtsverstoß“, siehe zu letzterem *Rademacher,* JZ 2019, 702, 707 f.

**2061** Vgl. auch *Fateh-Moghadam,* ZStW 131 (2019), 863, 871.

**2062** Vgl. auch *Lessig,* Code and Other Laws of Cyberspace, der hier den Ausspruch „Code is Law“ (so schon der Titel des ersten Kapitels, ebd., S. 3) geprägt hat. *Wörner,* POLITIKUM 04/2023, 64, 69 f. fordert weitergehend und in Bezug auf das größere Bild der Gefahr, dass algorithmische Regeln faktisch unsere Kommunikation bestimmten, einen Perspektivwechsel, um die Freiheit aller zu ermöglichen.

**2063** *Luhmann,* Funktionen und Folgen formaler Organisationen, S. 304 ff.

**2064** Differenziert aus der Sicht von Big Data vgl. *Burchard,* ZStW 135 (2023), 793, 805 ff.

**2065** Insoweit zeigt sich hier der schon bei den Tierstrafen aufgegriffene Konflikt zwischen technischer und rechtlicher Kontrolle, § 10 B. III. 2. a. iii., S. 440 ff.

## B. Veränderungen in den Programmen des Strafrechtssystems

Freilich sind auch Veränderungen im Strafrechtssystem selbst denkbar, etwa, um die wenigen bestehenden Verantwortungslücken beim Menschen auszufüllen. Weder die Funktion noch der Code sind im Strafrechtssystem änderbar, jedoch die Programme, die beides ausfüllen. Änderungen sind durch Neuinterpretation der lex lata (I.) und durch Veränderungen de lege ferenda (II.) möglich.

### I. Neuinterpretation der lex lata

Eine naheliegende, aber keineswegs begrüßenswerte Lösung ist, die lex lata neu zu interpretieren und Strafbarkeit so übermäßig auszudehnen und vorzuverlagern.[2066] Generell und unabhängig von der spezifischen Problematik der KI-Systeme scheint sich das Strafrechtssystem extensiv, also vorverlagernd und ausdehnend, zu entwickeln.[2067] Ausdehnung meint dabei im hiesigen Verständnis solche Fälle, in denen sich die an den Erfolg angeknüpften Pflichten und ihre Zurechnungsmöglichkeiten erweitern und so mehr Strafbarkeit geschaffen wird, etwa dann, wenn eine abstrakte Vorhersehbarkeit statt einer konkreten Vorhersehbarkeit gefordert wird (unterstellt, die konkrete Vorhersehbarkeit hätte zuvor gegolten). Vorverlagerung meint die Fälle, in denen sich der Erfolg eines Delikts zeitlich vorverlagert, etwa beim Versuch[2068] oder bei Gefährdungsdelikten[2069].

Um Verantwortungslücken zu schließen, könnte etwa auf Ebene der Zurechnung auf den Pflichtwidrigkeitszusammenhang verzichtet werden, z. B. durch

---

**2066** Zum Begriff siehe *Sinn* in Vorverlagerung, S. 13 ff.

**2067** Neuzeitlichen Gefahren, etwa Phänomene mit grenzüberschreitendem Charakter, wird gerne mit Ausdehnung und Vorverlagerung begegnet, *Wörner*, Widersprüche Lebensschutz, § 3 A. II. 1. c. (S. 65). Siehe bspw. aktuell für die Geldwäschereform *Gazeas*, NJW 2021, 1041, 1043 ff. und zur Vorverlagerung bei terroristischen Handlungen *Wörner*, German Law Journal 2012, 1037 ff. Überblicksartig *Appel*, Verfassung und Strafe, S. 34 ff.; *Pintaske* in Vorverlagerung, S. 277 ff., ebenso *Gropp* in Vorverlagerung, S. 99 ff., wobei es bei *Pintaske* und *Gropp* um Vorverlagerung aber weniger um Ausdehnung geht, was im KI-Zusammenhang das drängendere Problem ist, da vor allem durch die Auslegung des Fahrlässigkeitsbegriffes eine Ausdehnung der Strafbarkeit erreicht wird. Speziell für den Bereich der strafrechtlichen Produkthaftung *Hassemer*, Produktverantwortung, S. 70 ff.

**2068** Das ist nicht zwingend, liegt aber jedenfalls beim Ansetzen eines weiten Versuchsstrafbarkeitsbegriffes, der zwischen Vollendung und Vorbereitung angesetzt ist, vor, *Wörner* in Vorverlagerung, S. 135, 148 ff.

**2069** *Baroke* in Vorverlagerung, S. 247, 256 ff. Freilich werden Gefährdungsdelikte in aller Regel de lege ferenda geschaffen und nicht durch eine Neuinterpretation der lex lata.

Umschwenken auf die reine Kausalitätslehre.[2070] Dabei wird zwar der eigentliche Erfolg nicht angetastet, aber der Zusammenhang zwischen Pflicht und Erfolg zerstört. Ein solches Modell wäre dem der objektiven Bedingung der Strafbarkeit im Vorsatzdelikt ähnlich. Denn es wird die bloße Pflichtwidrigkeit geahndet, allerdings nur, wenn gleichzeitig auch eine objektive Bedingung vorliegt: eine konkrete Rechtsgutsverletzung. Der Fokus der Tat liegt dann nur noch auf der Pflichtwidrigkeit, nicht mehr auf der Verknüpfung mit dem Erfolg. Dadurch verlagert sich zwar der Schwerpunkt des Unrechts nach vorn, der Erfolgszeitpunkt bleibt aber gleich, weshalb solches als Ausdehnung einzuordnen wäre. Eine Ausdehnung der Strafbarkeit, die mit einer Schließung der Verantwortungslücke einherginge, wäre etwa auch Aufgabe des Merkmals der Vermeidbarkeit und die gleichzeitige Ausdehnung der Pflichten des Herstellers durch eine Expansion der Maßfigur.

Möglich wäre auch eine Beweislastumkehr zulasten der Hersteller, die bspw. für den Pflichtwidrigkeitszusammenhang gelten könnte. Eine Beweislastumkehr wird für das Strafrecht der Schweiz unter dem Stichwort des „Exzeptionsbeweises“ diskutiert.[2071] Das würde allerdings mit dem in dubio pro reo-Prinzip brechen und mit dem nemo-tenetur-Grundsatz in Konflikt geraten.[2072] Solches wäre ein noch größerer Einschnitt in die Binnensystematik des Strafrechts als ein völliges Aufgeben des Pflichtwidrigkeitszusammenhanges.

Die hier schlaglichtartig dargestellten Möglichkeiten der Neuinterpretation der lex lata würden zwar Verantwortungslücken schließen, sind aber nicht geeignet, Generalvertrauen aufrecht zu erhalten. Solch grundlegende Änderung, wie etwa die Annahme einer Beweislastumkehr, kann potentiell deutlich mehr Generalvertrauen zerstören, als durch die Schließung der (keineswegs gewaltigen) Verantwortungslücken zu gewinnen wäre. Eine Abkehr vom Gedanken der Vermeidbarkeit müsste auch beantworten, worin eine vorwerfbare Mitteilung dann überhaupt gesehen werden könnte. Eine fehlende Vermeidemotivation könnte es dann nicht mehr sein. Eine derart ausgedehnte Strafbarkeit macht das Strafrechtssystem konturlos, wodurch es Anschlussfähigkeit und damit Legitimation verliert;[2073]

---

2070 § 8 C. III. 2. c., S. 355.

2071 *Bachmann*, ZStrR 2022, 77, 99 ff. Für das Zivilrecht sieht der Vorschlag einer neuen KI-Haftungsrichtlinie in Art. 3 und 4 Beweiserleichterungen vor, das wäre freilich de lege ferenda. COM/2022/496, abrufbar unter https://eur-lex.europa.eu/legal-content/DE/TXT/PDF/?uri=CELEX:52022PC0496 (14.10.2024). Sie soll aber ausdrücklich nicht für strafrechtliche Haftung gelten, Art. 1 II.

2072 *Bachmann*, ZStrR 2022, 77, 100 ff.

2073 Siehe zu den Auswirkungen eines extensiven Strafrechts auf die Konzeption von Strafe und Strafrechtsbegrenzung, die insoweit dem hiesigen Legitimationsbegriff ähnlich ist *Appel*, Verfassung und Strafe, S. 38 ff.

Systemvertrauen geht verloren. Dazu ist auch schon die Mitteilung der Erwartung durch das Strafrecht an sich nicht mehr anschlussfähig möglich, da in einem konturlosen Strafrecht schon die Grenze zur Strafbarkeit unklar wird und daraus durch die Beobachter keine gefestigte Verhaltenserwartung mehr gebildet werden kann,[2074] die in persönliches Vertrauen umgewandelt werden könnte. So geht eine vorübergehende Aufrechterhaltung von Generalvertrauen auf Kosten der Konstituierungsmöglichkeiten. Dass hier Strafrecht nicht mehr betrieben wird, um nach „wirklicher" Verantwortung, also Verantwortung in den hergebrachten und kommunizierten Grundsätzen gesucht wird, liegt für den einzelnen Beobachter wohl auf der Hand. Generalvertrauen geht auch dann verloren, wenn eine Zuschreibung geschieht, die in der gesellschaftlichen Kommunikation nicht anschlussfähig ist, auch weil dies im Umkehrschluss eine andere Zuschreibung aus tatsächlich anschlussfähigen Gründen kommunikativ schwächt.

Eines darf freilich nicht vergessen werden: Das Strafrechtssystem darf seine Strukturen nicht als Selbstzweck in ihren derzeitigen Ausprägungen erhalten, sondern muss immer seine Funktion erfüllen, und dadurch können sich bei Änderung der tatsächlichen Gegebenheiten auch die Struktur und die innenliegenden Programme verändern. Wenn das schnell und ohne Orientierung an der Kommunikation der anderen Systeme geschieht, treten die eben genannten negativen Effekte für das Generalvertrauen auf. Denn eine so massive Änderung der Dogmatik bedeutet eine Änderung vieler Programme des Strafrechts. Programme ermöglichen gerade eine allgemeinere Erwartungsordnung, weil an bereits vorhergegangene Selektionen angeknüpft wird. Richtet sich die Veränderung von Verantwortungszuschreibungsmechanismen des Strafrechts aber an der Kommunikation der anderen Systeme aus – man könnte mit *Jakobs* auch sagen; an der Gesellschaftslogik[2075] – so kann eine grundlegende Veränderung der Zurechnungsmechanismen[2076] bspw. durch Streichung des Pflichtwidrigkeitszusammenhanges sogar notwendig dafür sein, dass Generalvertrauen aufrechterhalten wird. Dann haben die neuen Selektionen aber bereits stattgefunden, an die die Programme angepasst werden und nicht umgekehrt. Letztlich geht es um die Erwartungen an über die Personalität zugeschriebene Rolleneigenschaften. Wenn die Zurechnung auf die Gesellschaftslogik folgt, bleibt auch Generalvertrauen bestehen, denn dann geht auch kein Systemvertrauen verloren, da Kommunikation des Strafrechts über derartige Zurechnungsmechanismen anschlussfähig bleibt. Die Beantwortung der Frage, ob die derzeitige Kommunikation in der Gesellschaft eine derartige Auf-

---

**2074** Vgl. auch *Hassemer*, Produktverantwortung, S. 71.

**2075** *Jakobs* in Lebendiges und Totes Welzel, S. 257, 274; mit Verweis hierauf auch *Kubiciel* in Handbuch des Strafrechts 1, § 24, Rn. 61.

**2076** Vgl. auch *Fateh-Moghadam*, ZStW 131 (2019), 863, 875.

weichung von Zurechnung tragen würde, wäre aber nur durch ein aufwendiges interdisziplinäres Forschungsprojekt möglich und übersteigt die Möglichkeiten dieser Arbeit. Aus der Beobachterperspektive des Autors scheint dies heute nicht der Fall zu sein.

Zudem kann noch ein weiterer Gedanke in die Waagschale geworfen werden: Das Potential des Generalvertrauens.[2077] In einem System, das derart aufgeweichte Zurechnungsmechanismen aufweist, dass auch eine Vermeidbarkeit einer strafrechtlichen Verantwortungszuschreibung nicht mehr gegeben ist, wird das Strafrecht genausoviele Erwartungen aufheben, wie es schaffen kann. Denn die Gefahr unvermeidbarer Strafe eröffnet den Weg zu einer ganzen Reihe neuer Möglichkeiten, die vorher von den Beobachtern nicht berücksichtigt werden mussten. Die Komplexität steigt so insgesamt an, auch wenn sie in einem einzelnen spezifischen Bereich verringert werden konnte.

## II. Veränderungen de lege ferenda

Es ist auch denkbar, dass völlig neue Tatbestände geschaffen oder grundlegende Systematiken (positivrechtlich) neu geregelt werden, um das Problem zu lösen. Dabei ließen sich Unternehmensstrafrecht (1.), neue Delikte für spezifische KI-Systeme (2.), Strict Liability (3.) und der Vorschlag *Hilgendorfs* nach einem neuen abstrakten Gefährdungsdelikt (4.) diskutieren. Eine Lösung de lege ferenda, nach der vor jedes KI-System ein menschlicher Letztentscheider gestellt werden könnte, also ein Human-in-the-loop, wurde bereits verworfen, weil es dem Generalvertrauen aus heutiger Sicht nicht förderlich wäre.[2078]

### 1. Unternehmensstrafrecht

Über ein Unternehmensstrafrecht wird aktuell viel nachgedacht.[2079] Unternehmensstrafrecht würde zumindest das hier nicht vertiefte allgemeine Probleme der „vielen Hände" in der individuellen Verantwortlichkeit auf der Ebene des Her-

2077 Vgl. § 3 A. III. 4., S. 95 ff.

2078 § 8 C. IV. 2. b., S. 360 ff. Auch *Beck* in FS Vieweg, S. 29, 33 f., die dem aber ebenso ablehnend gegenübersteht wie die hiesige Arbeit. Es würde zudem der Grundidee von KI widersprechen und den Großteil ihres Nutzens nehmen, wäre stets ein menschlicher Letztentscheider zwischengeschaltet, vgl. § 5 A., S. 238 f.

2079 Allgemein: *Schmitt-Leonardy*, Unternehmenskriminalität ohne Strafrecht und der Sammelband *Kempf/Lüderssen/Volk*, Unternehmensstrafrecht. Historisch *Schünemann*, Unternehmenskriminalität und Strafrecht.

stellers lösen können,[2080] jedoch nicht ohne weiteres die Probleme auf Ebene des Pflichtwidrigkeitszusammenhanges und die Probleme beim Nutzer. Zur Problemlösung beitragen könnte auch das vorerst gescheiterte niedrigschwelligere Verbandssanktionengesetz.[2081] Es ist möglich, de lege ferenda ein Unternehmensstrafrecht einzuführen, in dem das Unternehmen als Prinzipal des KI-Systems gesehen wird und entsprechend dem Unternehmen jedwedes Agieren eines KI-Systems direkt zugerechnet wird. *Cornelius* schlägt etwa vor, den Kölner Entwurf des Verbandssanktionengesetzes zugrundezulegen und § 1 des Entwurfes dahingehend zu ergänzen, dass nicht nur Mitarbeiter, sondern auch KI-Systeme umfasst werden, die im Interesse des Verbandes eingesetzt werden. Dem Erfordernis der Organisationspflichtverletzung der Leitungsebene könnte etwa dadurch Abhilfe geschaffen werden, dass eine gesetzliche Verpflichtung eines KI-Sicherheitsbeauftragten geschaffen wird, unterzubringen in § 1 IV des Entwurfes.[2082] Der Referentenentwurf des Bundesministeriums der Justiz und für Verbraucherschutz setzt als Anknüpfungspunkt dagegen eine Straftat voraus, § 2 I Nr. 3, wodurch das Problem der Schuldhaftigkeit eines KI-Systems gelöst werden müsste. Dann wären KI-Systeme bereits selbst deliktische Personen und die Problematik könnte auch durch eine Verantwortungszuschreibung unmittelbar an KI-Systeme gelöst werden. Dieser Weg scheint momentan nicht weiter beschritten zu werden. Es wäre aber ohne weiteres möglich, ihn wieder aufzunehmen,[2083] auch ohne das Erfordernis eines schuldhaften Handelns. Der Kölner Entwurf setzte etwa nur die rechtswidrige Handlung voraus (§ 1 III).[2084] Freilich betten sich diese Vorschläge in eine Grundsatzdiskussion zur Unternehmensstrafbarkeit ein, die hier nicht geführt werden kann.[2085] Das Ergebnis dieser Grundsatzdiskussion wird erst mit sich bringen, ob Unternehmensstrafrecht überhaupt für einige Fälle eine viable Lösung sein kann.

---

**2080** Vgl. § 5 IV., S. 249 f. *Ibold,* KI, S. 358 sieht gerade hier das Problem einer Verantwortungslücke.

**2081** Siehe dazu *F. Rotsch/Mutschler/Grobe,* CCZ 2020, 169 ff. Es bleibt abzuwarten, ob und wann es wieder aufgegriffen wird. *Ibold,* KI, S. 421 sieht in den Sanktionsmechanismen der AI-VO, die eine nationale Umsetzung vorsieht, einen möglichen Ansatzpunkt für eine Wiederaufnahme der Diskussion.

**2082** *Cornelius,* ZIS 2020, 51, 62; *ders.,* ZRP 2019, 8, 11 f.

**2083** Zur möglichen Zukunft des Verbandssanktionengesetz nach seinem Scheitern *Schweiger,* LRZ 2022, Rn. 439 ff, abrufbar unter LRZ.legal/2022Rn439 (14.10.2024).

**2084** Insoweit würden sich dann Folgefragen zu KI-Systemen stellen, ob sie sich also zumindest tatbestandsmäßig und rechtswidrig verhalten können. Zusammenfassend zur Kritik und Vorteilen von Unternehmensstrafrecht und Verbandssanktionengesetz in Zusammenhang mit KI: *A. Lohmann,* KI, S. 239 ff.

**2085** Insoweit sei auf die bereits Genannten verwiesen, Fn. 2079. Die hiesige Konzeption stünde einer Unternehmensstrafbarkeit prinzipiell offen gegenüber, das durchzudeklinieren ist aber einen

### 2. Schaffung neuer, auf spezifische KI-Systeme bezogene Delikte

Naheliegend erscheinen auf den ersten Blick die Schaffung neuer, auf spezifische KI-Systeme bezogene Delikte, die produktspezifisch formuliert sind und die §§ 222, 229 StGB mit Spezialregelungen ergänzen oder gar ersetzen.[2086] Dies würde ganz im Sinne des Art. 103 II GG zu mehr Bestimmtheit führen. Allerdings würden solche Delikte notwendigerweise immer hinter der technischen Innovation hinterherhinken. Ein Ersatz der §§ 222, 229 StGB durch produktspezifische Delikte ist nur in Einzelfällen denkbar. Zudem müssen auch in diesen Delikten die kommunizierten Regeln der strafrechtlichen Verantwortung zum Ausdruck kommen, weshalb es fraglich ist, ob sie die Verantwortungslücken schließen könnten, ohne dass Systemvertrauen verloren geht, zumal die herausgearbeiteten Probleme potentiell für alle KI-Systeme mit der Methode des Machine Learning gelten und nicht nur für bestimmte Produktbereiche.

Die Haftung über §§ 222, 229 StGB muss zudem gerade für besonders innovative Produkte erhalten bleiben, da ansonsten noch deutlich größere Verantwortungslücken drohen. Die Anpassung an spezifische Produktbereiche erfolgt auch schon bei §§ 222, 229 StGB über die besonderen Pflichten als Ausfluss aus der Maßfigur, die so die nötige Flexibilität und Einzelfallgenauigkeit schaffen. *Münster*[2087] gibt außerdem zu bedenken, dass eine inflationäre Sanktionierung von spezifischen Produktgefahren im Nebenstrafrecht, die wesenstypische Signalfunktion einer strafrechtlichen Verurteilung beeinträchtigen könnte. Die kommunikative Wirkung des Strafrechts könnte abgeschwächt werden.

### 3. Einführung von Strict Liability

Teilweise wird auch über eine verschuldensunabhängige strafrechtliche Haftung im Sinne einer amerikanischen Strict Liability[2088] nachgedacht.[2089] Im Zivilrecht ist

eigenen Beitrag wert. Vgl. insoweit mit ähnlichen Ausgangspunkten und zum Unternehmensstrafrecht *Bleckmann*, Strafrechtsdogmatik, S. 178 ff.

2086 Freilich gibt es bereits heute eine Vielzahl solcher Regelungen im Nebenstrafrecht, man denke etwa an das abstrakte Gefährdungsdelikt des §§ 95 I Nr. 1 i.V.m. 5 I AMG. Dies ist zwar kein Fahrlässigkeitsdelikt, kann ob des einfacheren Anknüpfungspunktes als abstraktes Gefährdungsdelikt (der Verzicht auf einen Erfolg und den damit verbundenen Beweisschwierigkeiten) aber potentiell noch mehr Verantwortung schaffen.

2087 *Münster*, Innovation, S. 185.

2088 Siehe zur Strict Liability allgemein und monographisch *Bähr*, Strict Liability.

2089 *Fateh-Moghadam*, ZStW 131 (2019), 863, 880 ff.; *Münster*, Innovation, S. 185 ff.; grundlegend *Simmler*, Schuldvorwurf, S. 313 ff.

dies einer der beiden am meisten vertretenen Lösungsansätze.[2090] Im aktuellen Vorschlag einer KI-Haftungsrichtlinie[2091] ist eine so umfassende verschuldensunabhängige Haftung zivilrechtlich noch nicht geregelt. Sie sieht zunächst vor allem Beweiserleichterungen für Geschädigte vor, Art 3 und 4 KI-Haft-RL. Die Möglichkeit der verschuldensunabhängigen Haftung wird aber vorbehalten und soll untersucht werden, Art. 5 II KI-Haft-RL. Sie gilt ausdrücklich nicht für das Strafrecht, Art. 1 II KI-Haft-RL.

Eine Strafe, die in der Innenperspektive ohne Schuldhaftigkeit einer Handlung auskommt, würde allerdings an den Grundfundamenten des Strafrechtssystems rütteln.[2092] Es würde dem Strafrecht den Kern seiner Programme berauben. Insofern scheint eine solche grundsätzliche Veränderung noch in weiter Ferne zu stehen und von allen bisher dargestellten Lösungsansätzen wohl am wenigsten viabel zu sein. Die aktuell bestehenden Verantwortungslücken werden erwartbar deutlich weniger Generalvertrauen zerstören, als eine auch eindeutig so mitgeteilte Aufgabe des Schuldprinzips.[2093]

#### 4. Schaffung eines abstrakten Gefährdungsdeliktes

Ungewisse Kausalitäten[2094], wie sie bei KI und anderen modernen Produkten zumindest in einem weiteren Sinne auftreten, werden von einem verstärkten Aufkommen von abstrakten Gefährdungsdelikten begleitet.[2095] Die Einführung eines neuen abstrakten Gefährdungsdelikts[2096] ist auch in Bezug auf die strafrechtliche Verantwortlichkeit des Menschen bei KI-Systemen denkbar.

*Hilgendorf*[2097] regt an, die Einführung eines Gefährdungsdelikts für autonome Systeme zu erwägen. Er schlägt dabei in concreto ein abstraktes Gefährdungsdelikt

---

**2090** Vgl. dazu *Zech* in Intelligente Agenten und das Recht, S. 163, 197 ff.; *ders.*, ZfPW 2019, 198, 214 f.; *Kleiner*, ePerson, S. 133 ff.; *Hacker*, RW 2018, 243, 258 f. („Garantiehaftung"); *Schirmer*, RW 2018, 453, 473 ff.

**2091** COM/2022/496, abrufbar unter https://eur-lex.europa.eu/legal-content/DE/TXT/PDF/?uri=CELEX:52022PC0496 (14.10.2024).

**2092** Zur Schuld ausführlich § 10 B., S. 398 ff.

**2093** Vgl. weiterführend und insoweit übertragbar § 12 B. I., S. 476 f.

**2094** *Reus*, Risikogesellschaft, S. 105 ff.

**2095** Kritisch dazu *Reus*, Risikogesellschaft, S. 116 ff.

**2096** Bei Gefährdungsdelikten handelt es sich dabei grundsätzlich um eine Vorverlagerung der Strafbarkeit, denn nicht die Pflichten erweitern sich, sondern der pönalisierte Erfolg tritt schon früher ein.

**2097** *Hilgendorf* in FS Fischer, S. 99, 111. In diese Richtung auch, aber ohne konkreten Vorschlag *Markwalder/Simmler*, AJP 2017, 171, 177 f. Gegen diesen Vorschlag sprechen sich aus: *Fateh-Moghadam*, ZStW 131 (2019), 863, 885 f.; *A. Lohmann*, KI, S. 266; *Schäfer*, AI, S. 522 ff.; *Ibold*, KI, S. 413 f.; *Gless*, recht 2013, 54, 57 (letztere aus Perspektive der Schweiz).

vor, das das Inverkehrbringen gefährlicher Produkte ohne hinreichende Sicherung bestraft. Als zusätzliches Merkmal hält er den Eintritt eines Schadens als objektive Bedingung der Strafbarkeit für denkbar, aber wohl[2098] nicht für zwingend. Bleibt das Erfordernis eines Schadenseintritts, so wäre ein solcher Vorschlag trotz des abstrakten Gefährdungsdeliktes als Basis eine Ausdehnung von Strafbarkeit und keine Vorverlagerung. Dies würde eine Verantwortungszuschreibung an den Hersteller stark vereinfachen. Bestehende Vorsatz- und Fahrlässigkeitsprobleme würden dann bei entsprechender Auslegung keine Rolle mehr spielen. Ein solches Delikt könnte als Versuch interpretiert werden, die etablierte Fahrlässigkeitsdogmatik für die strafrechtliche Produkthaftung einzureißen: Der Vorsatz müsste sich lediglich auf das „Inverkehrbringen" eines gefährlichen Produktes ohne hinreichende Sicherung beziehen. Bringt ein Hersteller ein Produkt auf den Markt (egal welches), so ist allein dadurch schon Vorsatz für das Inverkehrbringen eines gefährlichen Produktes zu bejahen, denn *jedes* Produkt birgt eine gewisse Gefährlichkeit in sich, wird es nur in genügend Situationen hineingedacht.[2099] So bliebe einzig bedeutsames Merkmal des Tatbestandes „ohne hinreichende Sicherung". Insofern drängt sich eine Parallelbeurteilung zu den aus der Maßfigur ausfließenden Pflichten auf,[2100] es könnte aber auch mit Verweis auf Art. 103 II GG die fehlende Bestimmtheit eines solchen Merkmals angeprangert werden. Auf die objektive Bedingung der Strafbarkeit muss sich, ihrer Natur entsprechend, der Vorsatz nicht beziehen und ist insofern sehr ähnlich zum tatbestandlichen Erfolg beim Fahrlässigkeitsdelikt. Allerdings gibt es einen entscheidenden Unterschied: Das Erfordernis eines Pflichtwidrigkeitszusammenhanges und die Vorhersehbarkeit beim tatbestandlichen Erfolg entfallen als Voraussetzungen völlig. Vom Unrechtsgedanken her gedacht könnte man davon sprechen, dass der eigentliche Erfolg bereits das Inverkehrbringen ist. Die objektive Bedingung ist dann nur eine Eingrenzung der Strafbarkeit. Ein Zusammenhang zwischen der fehlenden Sicherung und einem eingetretenen Schaden ist nicht äquivalent kausal erforderlich[2101] und schon gar nicht muss sie gerade auf einer wie auch immer gearteten Pflichtverletzung beruhen. So würden die derzeitigen Probleme in der Verantwortungszuschreibung – vorausgesetzt der Nachweis des Vorsatzes gelingt auch bezüglich „ohne hinreichende Sicherung" – also umgangen und der Strafbarkeitsrahmen deutlich ausgeweitet. Ein solches Delikt würde nur jene Verantwortungslücken

2098 „(…), eventuell in Kombination mit dem Eintritt eines Schadens als objektiver Bedingung der Strafbarkeit", *Hilgendorf* in FS Fischer, S. 99, 111.

2099 Siehe insoweit schon die Argumentation bei der Vorhersehbarkeit, § 8 B. II. 1. a., S. 313.

2100 § 8 A. II., S. 284 ff.

2101 Freilich könnte man solches aber aus dem Begriff der „Kombination", *Hilgendorf* in FS Fischer, S. 99, 111, interpretieren. Das impliziert aber jedenfalls keinen Pflichtwidrigkeitszusammenhang.

nicht schließen, die sich aus einer nicht ausreichenden Sicherung erst nach dem Inverkehrbringen ergeben, etwa dadurch, dass das KI-System noch im Einsatz weiterlernt, es sei denn, die Fähigkeit zum Weiterlernen wird bereits als Fall der nicht hinreichenden Sicherung angesehen.

Im Ergebnis wäre nähert sich dieser Vorschlag stark einer Strict Liability an, mit dem entscheidenden Unterschied, dass sie nicht mit einer eindeutig kommunizierten Aufgabe des Schuldprinzips einhergeht[2102] und so für Beobachter deutlich anschlussfähiger ist als die Strict Liability. Die Schaffung abstrakter Gefährdungsdelikte scheint darüber hinaus auch tatsächlich der aktuellen Gesellschaftslogik zu entsprechen. Die außerstrafrechtliche Kommunikation hat sich bereits in diese Richtung entwickelt und das Strafrecht spiegelt dies entsprechend in seinen Programmen wider.[2103] Ein Schutz auch weit im Vorfeld einer tatsächlichen Verletzung lässt sich mit dem Programm des Rechtsgüterschutzes, den das Strafrecht für sich als Begrenzung und materielle Ausfüllung der Funktion gewählt hat, begründen, da Rechtsgüter beinahe beliebig abstrakt formuliert werden können und dem Prinzip nicht zu entnehmen ist, wie weit im Vorfeld ein Rechtsgüterschutz erfolgen darf.[2104] Rechtsgüterschutz kann Vorverlagerung kaum begrenzen. So haben die Beobachter bereits Vertrauen dahingehend gebildet, dass im Einzelfall und für bestimmte Bereiche schon mit einem nur abstrakt erfolgsbezogenen Verhalten des Gegenübers nicht gerechnet zu werden braucht. Diese Erwartung bezeichnet *Jakobs* bereits 1995 zurecht sogar als „identitätsbestimmende[s] Gesellschaftsmerkmal".[2105] Es ist daher zu erwarten, dass Generalvertrauen mit der Schaffung abstrakter Gefährdungsdelikte grundsätzlich aufrechterhalten werden kann. Dies ist das Ergebnis einer faktischen und funktionalen Betrachtung, allein darauf kommt es bei der hiesigen Fragestellung an. Nicht ausgesagt ist damit, ob ein abstraktes Gefährdungsdelikt aus anderen Umständen wünschenswert wäre.[2106] Allerdings kann man auch aus Sicht des Generalvertrauens nicht pauschal für alle abstrakten Gefährdungsdelikte zu einer positiven Bewertung kommen, so auch nicht für den Vorschlag *Hilgendorfs*.

---

**2102** Sich ausdrücklich in Zusammenhang mit seinem Vorschlag auf das Schuldprinzip beziehend *Hilgendorf* in FS Fischer, S. 99, 111.

**2103** Ausführlich *Jakobs*, ZStW 107 (1995), 843, 855 ff.; *Schünemann*, GA 1995, 201, 211 ff.

**2104** Vgl. nur *Roxin* in FS Hassemer, S. 573, 589 f.; *Brons*, Binnendissonanzen, S. 184 f.; auch § 3 D. II. 3., S. 142 ff.

**2105** *Jakobs*, ZStW 107 (1995), 843, 858. Vgl. zu abstrakten Gefährdungsdelikten in der Entwicklung auch *Ibold*, KI, S. 147 ff. m. w. N.

**2106** Monographisch beschäftigt sich mit den Gefährdungsdelikten *Zieschang*, der zum Ergebnis kommt, dass de lege ferenda abstrakte Gefährdungsdelikte wie § 306a StGB aus dem Kriminalstrafrecht zu streichen sind, *Zieschang*, Gefährdungsdelikte, S. 380 ff. Vgl. auch *Reus* Risikogesellschaft, S. 116 ff. m. w. N.

Die Besonderheit bei *Hilgendorfs* vorgeschlagenem abstrakten Gefährdungsdelikt ist, dass dies im Ergebnis eine etablierte und in den Beobachtersystemen verankerte Rechtsfigur ersetzen will; die Fahrlässigkeit bei strafrechtlichen Produkthaftungsfällen. Insofern ist ein genauerer Blick erforderlich, worauf sich das Vertrauen der Beobachter faktisch richtet. Letztlich ist die Kernaussage, auf die ein solches Delikt abzielen würde, die ausreichend gefestigte Erwartung, dass Produkte stets sicher sind und nicht zu Rechtsgutsverletzungen, welcher Art auch immer, führen.

Dabei ergeben sich vier Probleme. Erstens: Mit dem vorgeschlagenen Delikt kann ein konkretes Vertrauen auf den Schutz eines Rechtsgutes kaum eingegrenzt werden. Nach der vorgesehenen objektiven Bedingung der Strafbarkeit richtet sich ein solches Delikt nicht mehr auf ein spezifisches Rechtsgut wie Leben, Gesundheit, Eigentum oder Ähnliches, sondern will alles erfassen. Das Bündel an Erwartungen, die mit einem solchen Vertrauen einhergingen, sind viel zu abstrakt, als dass durch eine normative Repräsentation tatsächlich konkrete Erwartungen geschaffen werden können und als vertrauensauslösende Reize in persönliches Vertrauen umgewandelt werden. Dafür müsste eine solche Strafdrohung deutlich mehr ausdifferenziert werden.

Zweitens: Auch die konkrete Handlung, die pönalisiert werden soll, spiegelt nicht unbedingt die Erwartung der Beobachter wider. Die ausreichend gefestigte Verhaltenserwartung, die dieses Delikt darstellt, kann wie folgt formuliert werden: „Es werden keine Produkte mit nicht ausreichender Sicherung auf den Markt gebracht und unabhängig davon werde ich von diesen nicht verletzt“. Das erscheint aber nicht als ausreichend gefestigte Erwartung, die die Beobachtersysteme tatsächlich haben. Vielmehr ist die folgende Erwartung ausreichend gefestigt, auch durch Prägung des Strafrechtssystems im Rahmen des Fahrlässigkeitsdeliktes selbst: „Ein Hersteller verhält sich sorgfaltsgemäß und ich werde nicht durch nicht sorgfaltsgemäß produzierte Produkte verletzt. Dazu kann keine Herstellung immer fehlerfrei verlaufen. Es werden aber Strukturen geschaffen, die eine annähernde Fehlerfreiheit schaffen. Ich werde zudem (zivilrechtlich) entschädigt.“ Dementsprechend geht das vorgeschlagene Delikt an den Rollenerwartungen vorbei, die die Beobachter an die Person „Hersteller“ haben. Freilich kann diese Interpretation der Verbrauchererwartung aus Sicht dieser Arbeit aus der Natur der Sache heraus nicht mit Sicherheit beschworen werden. Es gibt aber einige Anhaltspunkte.[2107] Mehr

---

2107 Siehe zur Verbrauchererwartung bspw. *Winkelbauer/Tsambikakis/Gierok* in Produkthaftungshandbuch, § 90, Rn. 66 für das Strafrecht und *Foerste* in Produkthaftungshandbuch, § 24, Rn. 74 ff. aus zivilrechtlicher Sicht mit Nachweisen der Rechtsprechung. Schon früher *Goll* in Produkthaftungshandbuch 1989, § 45, Rn. 36, abgeleitet aus der zivilrechtlichen Darstellung von *Foerste* in Produkthaftungshandbuch 1989, § 24, Rn. 4 ff.

Klarheit kann empirische Forschung schaffen. So scheint sich ein abstraktes Gefährdungsdelikt der vorgeschlagenen Art nicht mit der derzeitigen Gesellschaftslogik zu verbinden.

Drittens: Eine derart weite Verantwortungszuschreibung, die zudem ein in der Kommunikation etabliertes Prinzip, die Fahrlässigkeit, für diesen Bereich obsolet macht und ihre Wertungen umgeht, wird ohne begleitende Kommunikation mehr Generalvertrauen zerstören, als aufrechterhalten, da eine solche Aufgabe von etablierten Grundprinzipien unmittelbar Systemvertrauen und mittelbar Generalvertrauen zerstört.

Viertens: Zudem ist auch hier wieder mit dem allgemeinen Potential des Generalvertrauens zu argumentieren: Bei diesem Delikt ist eine Strafbarkeit für den Hersteller kaum zu vermeiden. Wenn Strafbarkeit mehr vom Zufall abhängt als von der selektierten Mitteilung des Täters, so führt das zunächst zu einem schwächeren Enttäuschungsmechanismus, da die Reaktion als Strafe an Besonderheit und damit an Bedeutung verliert und zudem für die Beobachter auch schon in der Zuschreibung an sich weniger anschlussfähig ist. Zusätzlich öffnet sich damit eine Reihe von Folgeunwägbarkeiten. Unbestimmte Strafe erhöht auch für jeden Beobachter die Gefahr von Konflikt mit dem Strafrecht, was die Komplexität zwar punktuell verringern mag, aber insgesamt erhöht, weil mehr Möglichkeiten in den Selektionen der Beobachter berücksichtigt werden müssen und damit Handlungsoptionen verringert werden.[2108]

Deshalb ist dieser Vorschlag auch aus Sicht der Theorie vom Generalvertrauen abzulehnen, er ist nicht viabel, um Generalvertrauen aufrechtzuerhalten.

## C. Anschlussfähige Kommunikation über die Nichtstrafe

Zur Lösung des Problems besteht noch die Möglichkeit, dass Strafrecht anschlussfähige Kommunikation der Nichtstrafe betreibt. Das bedeutet auf den ersten Blick letztlich auch eine Akzeptanz bestimmter Verantwortungslücken[2109] im Strafrecht. Nach einer Rekapitulation der Grundsätze (I.) werden die bisherigen Befunde aufgegriffen und in Zusammenhang mit der Verweisung zu anderen Rechtsgebieten gebracht (II.). Den Abschluss bildet die Frage, ob die Lehre von der Sozialadäquanz

---

**2108** Vgl. dazu insgesamt schon § 3 A. II. 1. a., S. 74f. und § 3 A. III. 4., S. 95ff.

**2109** Vorsichtig in diese Richtung auch *Beck* in FS Vieweg, S. 29, 34f. Vgl. auch *Hirsch* in Normentheorie im digitalen Zeitalter, S. 151, 167, Fn. 52. A.A. *Gless/Weigend*, ZStW 126 (2014), 561, 588, selbst wenn KI-Systeme eigentlich Zurechnung durchbrechen würden, solle man eine Inpflichtnahme des Menschen weiter bejahen, da sonst zu viele Fälle ausgeschlossen wären, sofern eine Bestrafbarkeit von KI-Systemen ausgeschlossen wird.

als Richtschnur für Fälle dienen kann, in denen das Strafrecht gerade nicht Verantwortung zuschreiben sollte (III.).

## I. Grundsätze

Strafrecht geht über die Mitteilung von Strafbarkeit hinaus. Sie umfasst auch Strafdrohung und Vollstreckung und besonders die im Urteil ebenfalls zum Ausdruck kommende Kommunikation über die Nichtstrafe. Strafrecht folgt dem Code „schuldig/nicht schuldig“. Beide Einordnungen sind in der Kommunikation anschlussfähig und können Generalvertrauen aufrechterhalten.

Es kann sein, dass im konkreten Fall trotz der Verletzung eines Rechtsgutes *niemand* strafrechtlich zur Verantwortung gezogen werden soll. Gelingt diese Kommunikation über die Nichtstrafe anschlussfähig,[2110] hat dies folgenden Effekt: Die diskrepanzauslösende Beobachterposition wird korrigiert, so dass die Diskrepanz ex post beseitigt wird, entweder auf Ebene der Subsumtion oder der Ebene der dieser Subsumtion zugrundeliegenden Wirklichkeit, folgend wird die Konfliktlösung dann gegebenenfalls einem anderen System zugewiesen. Dies wird verwirklicht, indem der Beobachter eine andere beobachtete Wirklichkeit, konkret die des Strafrechtssystems, übernimmt und diese die Information in sich trägt, dass keine Diskrepanz vorlag, also schlicht „falsch“[2111] beobachtet wurde.

Die Konfliktlösung in einem anderen System wird folgend beleuchtet. Diese liegt vor, wenn Strafrecht anschlussfähig mitteilt, dass die Diskrepanzbeobachtung eben keiner *deliktischen* Person zuzuschreiben ist, ebenso wenig wie dem Strafrecht oder dem Beobachter, sondern etwa auf Natur zurückzuführen ist. Das bedeutet dann, dass die Problematik einem anderen System übertragen wird, das die Umstände, die zur Diskrepanzbeobachtung geführt haben, bearbeiten kann. Aufrechterhaltung und Konstituierung von Generalvertrauen sind nicht nur die Funktion des Strafrechts. Viele soziale Systeme dienen der Konstituierung und Aufrechterhaltung von Generalvertrauen, teilweise auch in sich überschneidenden Bereichen. Die Systeme begrenzen ihre Aufgabenbereiche selbst.[2112]

Zudem kann anschlussfähige Kommunikation über die Nichtstrafe Generalvertrauen mittelbar sogar stärken. Würde das Strafrecht in jeder Situation, in der

2110 Dazu schon unter § 4 C. II., S. 230 ff., eine knappe Wiederholung scheint aber angetan.

2111 Aus Sicht der buchstäblich entscheidenden Struktur im Strafrechtssystem, der Gerichte bzw. des entscheidenden Gerichts im konkreten Fall, vgl. zum Stand der Gerichte im Strafrechtssystem schon § 2 B. III. 2. b. i., S. 62 ff.

2112 § 3 D., S. 132 ff.

ein Teil der Beobachter prima facie Strafe erwartet[2113] auch strafen – selbst wenn seine eigenen Programme, etwa in Gestalt der Dogmatik, widersprächen – so müsste es ständig durch diese äußeren Reize seine Programme ändern. Dadurch würde die Vorhersehbarkeit des Strafrechts selbst verringert und Systemvertrauen würde absinken. Dagegen wird umgekehrt Systemvertrauen gestärkt, wenn es nach den gefestigten Regeln mitteilt und diese so weiter verstärkt. Das stärkt dann mittelbar auch Generalvertrauen.

## II. Bisherige Befunde und das Zusammenspiel mit anderen Rechtsgebieten

Strafrecht vermittelt Generalvertrauen in Bezug auf das Ausbleiben von Rechtsgutsverletzungen durch deliktische Personen. Kommt das Strafrecht anschlussfähig zum Ergebnis, dass eine deliktische Person nicht verantwortlich ist, so kann die Problemlösung einem anderen System zugewiesen werden. Zu den strafrechtlichen Befunden wurde im zweiten Teil bereits umfassend ausgeführt: Wenn der Hersteller eine Rechtsgutsverletzung nicht vorhersehen und deshalb nicht vermeiden konnte,[2114] wenn der Gesetzgeber ein bestimmtes Verhalten trotz bestehenden Risikos ausdrücklich erlaubt,[2115] wenn der Hersteller sich schlicht im Rahmen der aus der Maßfigur ausfließenden Pflichten befindet,[2116] wenn der Pflichtwidrigkeitszusammenhang entfällt[2117] oder wenn tatsächlich kein „Werk" des Nutzers vorliegt,[2118] so kann dies, teilt das Gericht entsprechend mit, zu anschlussfähiger Kommunikation über die Nichtstrafe führen. In dem hiesigen Verständnis der Maßfigur spiegelt sich vieles wider, was Andere unter dem Begriff des erlaubten Risikos diskutieren.[2119] Einmal im Begriff vom Risiko gedacht: Es gibt einen Bereich, in dem Risiken und auch daraus resultierende Schäden vom Strafrechtssystem und seinen Beobachtern akzeptiert werden. Auf eine allumfassende Sicherheit und Risikolosigkeit hat sich strafrechtlich konstituiertes Generalvertrauen niemals gerichtet. Das Strafrecht hat fragmentarischen Charakter.[2120] Die Beobachter ver-

2113 Weil die Beobachter einer deliktischen Person aus ihrer Position Verantwortung für die Diskrepanz zuschreiben.

2114 § 8 B. II. 1. c., S. 316 f.

2115 Knapp bei § 8 C. II., S. 346.

2116 § 8 A. II., S. 284 ff.

2117 § 8 C. III. 2., S. 348 ff.

2118 § 8 C. IV. 2., S. 357 ff.

2119 Vgl. § 8 A. I., S. 277 ff. und § 8 B. V., S. 331 ff.

2120 Dieser Begriff war schon in seiner Ausgangsbedeutung empirisch-beschreibend gemeint, passt aber deshalb gut in die hiesige Vorgehensweise, vgl. *Appel*, Verfassung und Strafe, S. 411 und *Kaspar*, Verhältnismäßigkeit und Grundrechtsschutz im Präventionsstrafrecht, S. 251 mit Verweis trauen darauf, dass sich durch gesellschaftliche Kommunikation ein tolerabler Bereich von strafrechtlich akzeptierten Risiken entwickelt hat, repräsentiert durch die Verhaltenserwartungen der Beobachter an eine bestimmte Rolle; die Maßfigur. Liegt die Ursache der Diskrepanzbeobachtung in einem konkreten Fall außerhalb der Abweichung von der angesetzten Maßfigur des Täters, so wird die Rechtsgutsverletzung nicht dieser deliktischen Person zugerechnet. Die Schwerpunkte in der gesellschaftlichen Kommunikation werden bei der Frage nach der Maßfigur vor allem durch das politische System und das Rechtssystem,[2121] sowie bei Produktrisiken auch durch das Wirtschaftssystem in Gestalt der in die gesamtgesellschaftliche Kommunikation eingebrachten Normungsorganisationen gesetzt. Die vertrauensauslösenden Reize, die zu persönlichem Vertrauen führen können, was die Möglichkeit gibt, die Restrisiken in der eigenen Selektion zu ignorieren, werden in den Bereichen strafrechtlicher Verantwortungs„lücken" schlicht von anderen Systemen bereitgestellt.

In solchen Fällen kann also eine Verweisung an andere Rechtsgebiete[2122] stattfinden, die dann (nicht vom Strafrecht konstituiertes) Generalvertrauen aufrechterhalten. Das trifft vor allem das Produktsicherheitsrecht und das Zivilrecht. Durch das Produktsicherheitsrecht werden Strukturen geschaffen, die eine zumindest weitgehende Sicherheit garantieren.[2123] Spezifisch für KI-Systeme wird das im AI Act bereits verfolgt[2124] und von den Sanktionsmechanismen[2125] in Art. 99, 100, 101 AI-VO gestützt, die Sanktionen für jeden Verstoß gegen die beschriebenen Pflichten vorsehen, ganz unabhängig vom Eintritt eines Schadens[2126] oder auch nur einer konkreten Gefahr.

Im Zivilrecht wird über die Haftung für KI-Systeme ebenfalls viel diskutiert.[2127] Insbesondere scheint im Zivilrecht auch eine verschuldensunabhängige Haftung

---

auf *Binding*, BT I, S. 20. Freilich benutzte *Binding* den Begriff beschreibend, wollte mit der Beschreibung aber hintergründig den Status Quo der Strafgesetzgebung kritisieren.

2121 *Münster*, Innovation, S. 187 f. sieht die Ausgestaltung durch die Rechtsprechung als vorzugswürdige Lösung.

2122 Oder gar an gänzlich andere Systeme, wie im Falle der Krankheit dem Gesundheitssystem etc.

2123 Vgl. auch schon § 3 B. II., S. 115 f.

2124 Ausführlich § 8 A. II. 1. b., S. 286 ff.

2125 Sie sind in nationales Recht umzusetzen, Art. 99 I AI-VO. Theoretisch würde dieser Spielraum eine strafrechtliche Regelung umfassen, dann ausgestaltet als abstraktes Gefährdungsdelikt, was aber aus bereits genannten Gründen –§ 12 B. II. 4., S. 481 ff. – abzulehnen ist. Hier könnte für Unternehmen in entsprechender Modifizierung §§ 30, 130 OWiG anwendbar werden.

2126 Das wird aber freilich bei der Frage berücksichtigt werden müssen, wie hoch die Geldbuße ausfällt, Art. 99 VII a AI-VO, Art. 100 I a AI-VO.

2127 Das kann hier freilich nicht ausbreitend untersucht werden, sodass einige Hinweise genügen müssen und ansonsten auf die umfangreiche Literatur verwiesen wird, ausführlich und mit vielen möglich – mindestens jedoch erhebliche Beweiserleichterungen – was die bestehenden „Lücken" im Strafrecht jedenfalls mit zivilrechtlichem Schadensersatz ausfüllen könnte. Im Bereich des vollautomatisierten Fahrens hat das Gesetz zum autonomen Fahren bereits 2021 eine weitergehende zivilrechtliche Haftung geschaffen.[2128]

Im ProdHaftG ist eine annähernde Gefährdungshaftung ohne konkretes Verschuldenserfordernis geregelt,[2129] allerdings fällt Software – und das ist KI im Kern[2130] – heute noch nicht eindeutig unter den Produktbegriff, die Erfassung von Software ist umstritten.[2131] Der europäische Gesetzgeber wird hier wiederum Klarheit schaffen. Es ist eine Anpassung der Produkthaftungsrichtlinie geplant, die voraussichtlich bis Ende 2026 umzusetzen sein wird[2132] und eine erhebliche Verschärfung der Haftung der Hersteller bedeutet. Zwischen den verschiedenen Entscheidungsträgern scheint weitestgehend Einigkeit zu bestehen.[2133] So wird jegliche Software dem Produktbegriff unterfallen, also auch KI, Art. 4 I.[2134] Zudem wird der Kreis der Haftungsschuldner erweitert, Art. 8. Der Fehlerbegriff wird ausgedehnt und wird gerade auch Auswirkungen der Fähigkeit von Produkten umfassen, nach seinem Inverkehrbringen oder nach seiner Inbetriebnahme weiter zu lernen oder neue Funktionen zu erwerben, Art. 7 c, was wiederum auf KI-Systeme abzielt. Haftungshöchstgrenzen fallen weg, und es werden Beweiserleichterungen in dem Sinne eingeführt, dass der Hersteller bei Plausibilität des Anspruchs verpflichtet sein wird, alle relevanten Beweismittel soweit notwendig offenzulegen, andernfalls

---

weiteren Nachweisen etwa *Reusch* in Rechtshandbuch AI, Kap. 4.1; *Wöbbeking* in Rechtshandbuch AI, Kap. 4.2.; *Eichelberger* in Rechtshandbuch KI, § 5; *Zech* in Gutachten, A 54 ff; *Borges*, CR 2022, 553 ff.

**2128** Vgl. *Stöber/Möller/Willmer*, NZV 2024, 117, 119 ff.

**2129** *Borges*, NJW 2018, 977, 980 f.; *Eichelberger* in Rechtshandbuch KI, § 5, Rn. 44; *Zech* in Intelligente Agenten und das Recht, S. 163, 184 f. nur annähernd, da der Schaden auf einem Fehler des Produktes beruhen muss.

**2130** § 1 C., S. 6. Freilich tritt KI sehr oft in Verbindung mit Hardware auf (Robotik), dann unterfällt solches auch grundsätzlich dem ProdHaftG.

**2131** *Zech* in Gutachten, A68; *Eichelberger* in Rechtshandbuch KI, § 5, Rn. 45; *Reusch* in Rechtshandbuch AI, Kap. 4.1, Rn. 171 ff.

**2132** Die noch notwendige Zustimmung des Rates wurde bereits signalisiert, vgl. *Brenner*, RDi 2024, 245.

**2133** Etwa für den Produktbegriff: COM/2022/495, Art. 4 I, EG 12, abrufbar unter https://eur-lex.europa.eu/legal-content/DE/TXT/?uri=CELEX%3 A52022PC0495 (14.10.2024). Das EU-Parlament hält daran fest, nun EG 13, allerdings in Abweichung vom ursprünglichen Entwurf nicht für freie und quelloffene Software, die außerhalb einer gewerblichen Tätigkeit entwickelt oder bereitgestellt wird, Art. 2 II, abrufbar unter https://www.europarl.europa.eu/RegData/seance_pleniere/textes_adoptes/definitif/2024/03.12/0132/P9_TA(2024)0132_DE.pdf (14.10.2024).

**2134** Es wird auf die Nummerierung in der Version des Europäischen Parlaments Bezug genommen.

wird die Fehlerhaftigkeit vermutet, Art. 9 I, 10 II a. Eine Beweiserleichterung gilt auch dahingehend, dass die Fehlerhaftigkeit angenommen wird, wenn ein Verstoß gegen Produktsicherheitsnormen vorliegt, die Schutz gegen das Risiko der geschädigten Person bieten sollen, Art. 10 II b. Am weitesten geht wohl der Auffangtatbestand des Art. 10 IV, der vorschreibt, dass ein nationales Gericht von der Fehlerhaftigkeit des Produktes, ebenso wie dem Kausalzusammenhang zwischen Fehlerhaftigkeit und Schaden dann ausgehen soll, wenn trotz der Offenlegung von Beweismitteln gemäß Art. 9 und unter Berücksichtigung aller relevanten Umstände des Falles es für den Kläger insbesondere aufgrund der technischen oder wissenschaftlichen Komplexität übermäßig schwierig ist, die Fehlerhaftigkeit des Produkts oder den ursächlichen Zusammenhang zwischen dessen Fehlerhaftigkeit und dem Schaden oder beides nachzuweisen, und der Kläger nachweist, dass das Produkt wahrscheinlich fehlerhaft ist oder dass ein ursächlicher Zusammenhang zwischen der Fehlerhaftigkeit und dem Schaden besteht, oder beides.

Zudem wird über die Einführung einer weitergehenden Gefährdungshaftung diskutiert.[2135] So steht etwa eine Haftung analog der Tierhalterhaftung im Raum,[2136] ebenso wie ein eigener Gefährdungshaftungstatbestand für KI-Systeme,[2137] gegebenenfalls in Verbindung mit einer Pflichtversicherung[2138] und Haftungshöchstgrenzen.[2139] In spezifischen Produktbereichen, wie bei Kraftfahrzeugen, greifen bereits Gefährdungshaftungen.[2140] Für hoch- und vollautomatisierte Fahrzeuge wurde dabei in § 12 StVG die Haftungshöchstgrenze verdoppelt.[2141] Zudem sind Fondslösungen denkbar, bei denen ein Geschädigter einfach aus einem zuvor dafür angelegten Fond, etwa einer staatlichen Unfallversicherung, entschädigt wird.[2142] Eine Haftung des KI-Systems selbst als zivilrechtliche ePerson wird diskutiert,[2143]

2135 *Wöbbeking* in Rechtshandbuch AI, Kap. 4.2, Rn. 15 ff. m. w. N.

2136 *Borges*, NJW 2018, 977, 981 f.; *Eichelberger* in Rechtshandbuch KI, § 5, Rn. 61 f.; *Zech* in Intelligente Agenten und das Recht, S. 163, 195 ff.

2137 *Zech* in Intelligente Agenten und das Recht, S. 163, 200 ff.; *ders.* in Gutachten, A98 ff.; *Eichelberger* in Rechtshandbuch KI, § 5, Rn. 67 f.

2138 *Spindler* in Festgabe RobotRecht, S. 255, 276 f.

2139 *Haagen*, Verantwortung, S. 359; *Eichelberger* in Rechtshandbuch KI, § 5, Rn. 68; *Zech* in Gutachten, A103.

2140 *Zech* in Intelligente Agenten und das Recht, S. 163, 185; *ders* in Gutachten, A62. *Eichelberger* in Rechtshandbuch KI, § 5, Rn. 60. Daneben etwa § 33 LuftVG (Drohnen); § 1 HaftPflG (Schienenbahnen) und §§ 114 ff. BBergG (Bergbauanlagen), *Zech* in Gutachten, A66.

2141 *Zech* in Gutachten, A61.

2142 *Eichelberger* in Rechtshandbuch KI, § 5, Rn. 70; *Zech* in Intelligente Agenten und das Recht, S. 163, 202; *ders.* in Gutachten, A105 ff.

2143 Dazu *Kleiner*, ePerson, S. 33 ff.; *Zech* in Intelligente Agenten und das Recht, S. 163, 202 f.; *ders.* in Gutachten, A95 ff.; *Eichelberger* in Rechtshandbuch KI, § 5, Rn. 71.

was das EU-Parlament zur Prüfung vorschlug.[2144] Es wurde außerdem der Entwurf einer KI-Haftungsrichtlinie eingebracht[2145], die wesentliche Beweiserleichterungen mit sich bringt, etwa durch eine widerlegbare Verschuldensvermutung, Art. 4, und erleichterten Zugang zu Beweismitteln, Art. 3, die nach kurzer Zeit eine Evaluierung weiterer Maßnahmen vorsieht, Art. 5, insbesondere die Möglichkeit einer verschuldensunabhängigen Haftung, Art. 5 II.

Schon die geplanten Beweiserleichterungen – sowohl in der Reform der Produkthaftungsrichtlinie als auch bei der neuen KI-Haftungsrichtlinie – zeigen: Es wird versucht hier eine weitgehende Verantwortung dadurch zu erreichen, dass die Probleme in der Nachweisbarkeit, die KI-Systemen immanent ist, angegangen werden. Insoweit zeigt die Richtung der Entwicklung im Zivilrecht hin zur Schließung der „Lücken", sodass voraussichtlich jedenfalls ein Schadensersatzanspruch bestehen wird.

Zurück zum Strafrechtssystem: Insbesondere beim herausgearbeiteten Problem der Verantwortungszuschreibung an den Nutzer im Rahmen der Frage, ob sich der Erfolg noch als sein Werk darstellt[2146] wäre es angetan, die außerhalb des Strafrechtssystems stehenden faktischen Probleme bruchfrei in die Binnensystematik des Strafrechts zu überführen und den Nutzer in solchen Fällen straffrei zu stellen oder transparent in diesen Fällen zu begründen, warum eine Ausnahme von der Regel gilt. Für ersteren Fall würde das eine anschlussfähige Kommunikation der Nichtstrafe bedeuten. Im Zivilrecht kann solchen Fällen dann gegebenenfalls mit Entschädigung des Geschädigten begegnet werden und das öffentliche Recht[2147] kann gegebenenfalls mit Sanktionen antworten. Dadurch wird Systemvertrauen in das Strafrecht gestärkt und Generalvertrauen insgesamt aufrechterhalten.

Der Verweis an das Zivil- und öffentliche Recht[2148] für die wenigen Fälle der Verantwortungslücken im Strafrecht, die in diesem Sinne also keine eigentlichen Lücken sind, weil hier strafrechtlich erzeugtes Generalvertrauen bei anschlussfähiger Kommunikation der Nichtstrafe schlicht nicht berührt ist, da es insofern von anderen Systemen erzeugt wird, erscheint insofern insgesamt als viabler Weg. Ob

**2144** 2015/2103(INL), Nr. 59 f), damals noch unter dem Überbegriff der Robotik, abrufbar unter https://eur-lex.europa.eu/legal-content/DE/TXT/PDF/?uri=CELEX:52017IP0051 (14.10.2024).

**2145** COM/2022/496, abrufbar unter https://eur-lex.europa.eu/legal-content/DE/TXT/PDF/?uri=CELEX:52022PC0496 (14.10.2024), insoweit zielt sie auf die deliktische Produzentenhaftung im nationalen Recht ab, die neben die Produkthaftung tritt.

**2146** § 8 C. IV. 2., S. 357 ff.

**2147** In Bezug auf Human-on-the-loop, wo der überwachende Mensch nicht ausreichend trainiert oder unterstützt wurde etwa nach Art. 99 IV e AI-VO i.V.m. Art. 26 II AI-VO.

**2148** Oder in anderen Fällen wie bei Geisteskrankheit etwa auch an das Gesundheitssystem etc.

diese Vorgehensweise tatsächlich eine viable Lösung für das Generalvertrauen ist, kann wiederum nur die Zeit zeigen.[2149]

## III. Lehre von der Sozialadäquanz

Im Zusammenhang mit der anschlussfähigen Kommunikation der Nichtstrafe wird nun zuletzt noch die Lehre von der Sozialadäquanz[2150] aufgegriffen, denn möglicherweise findet sich in ihr ein Instrument, das als Richtschnur für Fälle dienen kann, in denen das Strafrecht eben gerade nicht Verantwortung zuschreiben sollte. In der Strafrechtswissenschaft scheint heute die Bedeutung der Sozialadäquanz als eigenständige Rechtsfigur gering eingeschätzt zu werden.[2151] Der Fokus dieser Arbeit liegt aber weiter auf dem entscheidenden Teil des Strafrechtssystems, den Gerichten. Dementsprechend muss die Rolle der Sozialadäquanz in der Rechtsprechung untersucht werden (1.), um sodann die Frage zu beantworten, ob sie mit *Ruppert* als „Metatelos“ des Strafrechts dienen kann (2.).

### 1. Die Rolle der Sozialadäquanz im Strafrechtssystem

In der Rechtsprechung spielt die Sozialadäquanz eine gewisse Rolle, ihre systemische Stellung im Strafrechtssystem und ihr genauer Inhalt konnte aber durch die Rechtsprechung nie abschließend geklärt werden.[2152] So wurde sie vom 3. Strafsenat unter Verweis auf den 4. Strafsenat[2153] als Prinzip anerkannt, das die gesamte Rechtsordnung erfasst und „übliche, von der Allgemeinheit gebilligte und daher in strafrechtlicher Hinsicht im sozialen Leben gänzlich unverdächtige, weil im Rahmen der sozialen Handlungsfreiheit liegende Handlungen [für] nicht tatbestands-

2149 Ein Blick nach Amerika zeigt, dass eine solche Lösung durchaus wahrscheinlich ist, so der Vortrag von *Boos*, Künstliche Intelligenz vom 27.01.2022 im Rahmen der ADILT-Ringvorlesung der Universität Konstanz, mit der These, dass zivilrechtliche Entschädigungen in Amerika völlig ausreichen, um das Problem zu lösen.

2150 Ursprünglich: *Welzel*, ZStW 58 (1939), 491, 516 ff. Schon oben wurde die Verworrenheit dieser Lehre mit der Figur des erlaubten Risikos und dem allgemeinen Lebensrisiko dargestellt, vgl. Fn. 1500, umfangreich aus Perspektive der Sozialadäquanz *Ruppert*, Sozialadäquanz, S. 27 ff.

2151 Mit Nachweisen *Ruppert*, Sozialadäquanz, S. 25.

2152 *Roxin/Greco*, § 10, Rn. 35. Ausführlich zur Sozialadäquanz im Strafrechtssystem *Ruppert*, Sozialadäquanz, S. 88 ff. Allerdings unterläuft *Ruppert* ein Fehler, wenn er die Kommentierung des Urteils BGH 1 StR 162/13 v. 05.09.2013 = NStZ 2014, 149 durch *C. Becker* dem BGH selbst zuschreibt, *Ruppert*, Sozialadäquanz, S. 92.

2153 BGH 4 StR 267/63 v. 13.11.1963 = BGHSt 19, 152, 154, der sich aber nicht ausdrücklich auf die Lehre bezieht, sondern von sozial üblich anerkannten Verhaltensweisen spricht.

mäßig oder zumindest nicht rechtswidrig“ erklärt.[2154] Nach diesem Urteil äußerte sich der 4. Strafsenat ebenfalls ausdrücklich zur Sozialadäquanz, allerdings nur in einem zurückhaltenden Verweis.[2155] Gerichte haben sich auf die Sozialadäquanz bezogen, wenn etwas tatbestandslos, gerechtfertigt, erlaubt oder legitim sein sollte.[2156] Auch in anderen Rechtsgebieten wurde die Sozialadäquanz aufgegriffen.[2157] In neuerer Zeit äußerte sich der BGH zur Sozialadäquanz im sehr öffentlichkeitswirksamen „Mannesmann/Vodafone“-Verfahren im Kontext der neutralen Beihilfe durch die Feststellung, dass die entscheidungserhebliche Handlung nicht sozialadäquat war, wobei die Geltung der Lehre an sich nicht angesprochen wird.[2158] Zuletzt äußerte sich der BGH zur Sozialadäquanz im Dezember 2022 – inhaltlich letztlich gleich wie im „Mannesmann/Vodafone“-Verfahren; Der Alltagscharakter der Handlung sei durch Solidarisierung mit dem Täter verloren gegangen, weshalb es nicht sozialadäquat sei.[2159] Außerhalb der neutralen Beihilfe zieht der BGH den Grundsatz auch in neuerer Zeit zur Auslegung und Begrenzung von Tatbeständen heran.[2160] Auch beim „Aschaffenburger Fall“[2161] spielte die Sozialadäquanz die entscheidende Rolle. Die Staatsanwaltschaft verneinte aufgrund der Sozialadäquanz eine Strafbarkeit, was hier mit der Maßfigur in ihrer speziellen Ausprägung der Figur der Zumutbarkeit hätte gelöst werden können.[2162] Es gibt allerdings auch

---

**2154** BGH 3 StR 2/69 I v. 18.02.1970 = BGHSt 23, 226, 228.

**2155** BGH 4 StR 529/74 v. 05.12.1974 = BGHSt 26, 35, 38 „Solches Vorgehen war nicht mehr ‚sozialadäquat‘, sondern gefährlich und damit objektiv pflichtwidrig.“

**2156** Besonders aktuell im Zusammenhang mit den „Klimakleber-Protesten“ als Bestimmung der Verwerflichkeit im Rahmen von § 240 II StGB AG Freiburg (Breisgau) 28 Cs 450 Js 23773/22 v. 22.11.2022 –, juris, Rn. 18, 28 f. Daneben u. a. OLG Braunschweig 1 Ss (S) 68/01 v. 21.02.2002 = NJW 2002,1735, 1736 und OLG Schleswig 1 Ss 41/03 v. 16.06.2003 = NStZ 2004, 212, 214 (gefährliches Werkzeug); OLG Celle 1 Ss 297/92 v. 12.01.1993 = NStZ 1993, 291, 292 (Rechtfertigungsgrund); OLG München 2 Ws 232/85 v. 03.04.1985 = NStZ 1985, 549, 550 (Amtsanzeige).

**2157** Im Zivilrecht hat es der große Zivilsenat dahinstehen lassen, ob es sich bei seiner Rechtsprechung zum Rechtfertigungsgrund des verkehrsrichtigen Verhaltens um einen Fall der Lehre von der Sozialadäquanz handelte (BGH GSZ 1/56 v. 04.03.1957 = NJW 1957, 785, 786). Das Bundesarbeitsgericht hat im Rahmen des Arbeitskampfes Streik und Aussperrung als sozialadäquates und damit erlaubtes Mittel anerkannt (BAG GS 1/54 v. 28.01.1955 = NJW 1955, 882, 883 ff.).

**2158** BGH 3 StR 470/04 v. 21.12.2005 = NJW 2006, 522, 528 unter Verweis auf BGH 5 StR 624/99 v. 01.08.2000 = BGHSt 46, 107, 112, wo ebenfalls eine Handlung auf ihre Sozialadäquanz geprüft wurde, was abgelehnt wurde, weil das Tun den „Alltagscharakter“ verloren habe.

**2159** BGH 3 StR 245/22 v. 15.12.2022 –, juris, Rn. 15; früher u. a. BGH 1 StR 112/16 v. 21.12.2016 = NStZ 2017, 337, 338.

**2160** BGH 1 StR 316/85 v. 21.10.1985 = BGHSt 33, 336, 338 f. (Wählerbestechung, Eingrenzung des Merkmals „Vorteil“); BGH 2 StR 439/90 v. 07.11.1990 = BGHSt 37, 226, 229, 231 (Strafvereitelung, keine Tatbestandsmäßigkeit eines Geldgeschenkes zur finanziellen Unterstützung nach Geldstrafe).

**2161** § 8 B III. 3., S. 326 f.

**2162** § 8 B. III., S. 321 ff.

vereinzelt gebliebene untergerichtliche Rechtsprechung im Strafrechtssystem, die sich ausdrücklich gegen die Lehre von der Sozialadäquanz ausspricht.[2163]

In seinen verschiedenen Ausprägungen ist jedenfalls der Grundgedanke gleich: Ein nicht nur ausnahmsweise im Einzelfall, sondern von vorneherein und generell durch seine soziale Üblichkeit gebilligtes Verhalten kann keinen Delikts- oder Unrechtstyp verkörpern. Die Sozialadäquanz ist im Strafrechtssystem also bereits sehr präsent, eine einheitliche Handhabung steht aber noch aus. Ihre Grundgedanken wurden in dieser Arbeit auf Fahrlässigkeitsebene bereits mit der Maßfigur und dem ihr innewohnenden Gedanken der Zumutbarkeit[2164] abgehandelt.

Die Straffreiheit aufgrund von Sozialadäquanz scheint dabei vom Strafrechtssystem anschlussfähig kommuniziert werden zu können. Es hat sich als viables Werkzeug erwiesen, mit dem die Gerichte allzu weite Haftung wieder einfangen können. Es fängt letztlich ein aus hiesiger Sicht eindeutiges Grundprinzip ein: Strafrechtlich ist die Handlung immer nur etwas sozialinadäquates.[2165] Sozialadäquanz impliziert ja gerade, dass auf die Nichtdurchführung des fraglichen Verhaltens faktisch nicht vertraut wird und dementsprechend auch keine Abweichung von der zugeschriebenen Rolleneigenschaft vorliegt. Denn nur dann kann sich überhaupt eine Diskrepanzbeobachtung ereignen. Das beansprucht Gültigkeit nicht nur auf Ebene der Fahrlässigkeitsdelikte, sondern auch für vorsätzlich begangene Taten.

### 2. Sozialadäquanz als „Metatelos" des Strafrechts?

So könnte die Sozialadäquanz, wird sie etwas extensiver interpretiert, noch ungenutztes Potential für das Strafrechtssystem besitzen. In der bis dato letzten monographischen Bearbeitung zur Lehre der Sozialadäquanz möchte *Ruppert* die Sozialadäquanz als ein „Metatelos" des Strafrechts implementieren.[2166] *Ruppert* leitet dies verfassungsrechtlich u. a. aus dem Bestimmtheitsgebot und der daraus folgenden notwendigen judikativen Ausgestaltung von Normen her, da die legislative Regelungstechnik oft große Lücken lässt.[2167] Unterstützend zieht *Ruppert* die fragmentarische Natur des Strafrechts heran, die durch das Gesetzlichkeitsprinzip gewahrt würde und die durch abstrakt-generelle Regeln zu verwischen drohe.[2168] Nicht zuletzt folgt *Ruppert* – wie auch die Theorie vom Generalvertrauen – einem

---

2163 LG Köln 151 Ns 169/11 v. 07.05.2012 = NJW 2012, 2128 f., allerdings ohne Argumente.

2164 § 8 B. III., S. 321 ff.

2165 Zum hiesigen Handlungsbegriff ausführlich § 10 A. II., S. 391 ff. Vgl. ähnlich zur Sozialadäquanz in Bezug zur Handlung auch *Jakobs*, Handlung, S. 45.

2166 *Ruppert*, Sozialadäquanz, S. 195 ff., insbesondere 222 ff.

2167 *Ruppert*, Sozialadäquanz, S. 204 ff.

2168 *Ruppert*, Sozialadäquanz, S. 206 ff.

grundsätzlich funktionalen Verständnis des Strafrechts sodass er für die Notwendigkeit der Sozialadäquanz verschiedene Strafzwecke (hier verstanden als Leistungen des Strafrechts[2169]) ins Feld führen kann.[2170]

Letztlich soll danach Strafbarkeitsreduktion nicht nur aus Sinn und Zweck der konkreten Strafnorm folgen, was als Prinzip altbekannt ist, sondern auch aus einem übergeordneten Telos von Strafe und Strafrecht selbst.[2171] Als Metatelos erhält es allumfassende Geltung.[2172] Ob die Sozialadäquanz diese Rolle als eine Rechtsfigur sui generis oder als Auslegungsregel des Tatbestands ausfüllen könnte, spielt für das Ergebnis letztlich keine Rolle. Eine Ausweitung der Möglichkeit der teleologischen Reduktion über das Telos einer einzelnen Norm hinaus ist ganz im Sinne der Theorie vom Generalvertrauen. Keine Norm besteht als Selbstweck. Sie alle folgen einem übergeordneten Zweck, der sich freilich nur aus der Außenperspektive begründen lässt, aber durch ein solches Verständnis der Sozialadäquanz auch unmittelbaren Eingang in die Binnensystematik des Strafrechts, also die Innenperspektive, finden kann. So wird auf Tatbestandsebene eine direkte Rückbindung an die Funktion der Erzeugung des Generalvertrauens geschaffen. Da es hier stets um Tatbestands*reduktion* geht, ist das an die hiesige Funktion angebundene und über die Sozialadäquanz in die Innenperspektive des Strafrechts eingebrachte Telos, dass *nicht* bestraft werden soll, was die Gesellschaft nicht bestrafen will. Das betrifft vor allem solche Verhaltensweisen, die *gesellschaftlich akzeptiert* sind, weshalb die Konstruktion insgesamt mit der Begrifflichkeit der Sozialadäquanz passend erscheint. Weitere Bestimmtheit erfährt das Metatelos auch nicht[2173] und kann es auch gar nicht erfahren, da sonst seine funktionale Anbindung verloren ginge. Das Merkmal einer gesellschaftlichen Akzeptanz als Metatelos statt der Direktanbindung an das Generalvertrauen ist in der Innenperspektive auch anschlussfähiger[2174] und behandelt gerade den Grund, warum Generalvertrauen hier nicht bestehen sollte. Dabei kann die soziale Üblichkeit eines Verhaltens zumindest ein starkes Indiz für die in der gesellschaftlichen Kommunikation verankerte Akzeptanz sein. Ein so gewendetes Telos, das nur der *Einhegung* von Strafbarkeit dient, ist

---

2169 § 3. F., S. 178.

2170 *Ruppert,* Sozialadäquanz, S. 218 ff.

2171 *Ruppert,* Sozialadäquanz, S. 222 ff.

2172 Im Zivilrecht ist ein Metatelos bereits durch § 242 BGB implementiert, die den Besonderheiten des Einzelfalls Rechnung tragen kann, *Ruppert,* Sozialadäquanz, S. 226, Fn. 307 m. w. N.

2173 *Ruppert,* Sozialadäquanz, S. 239.

2174 Siehe etwa § 3 D. I. 2., S. 136. Das gilt erst recht, wenn Generalvertrauen gar für eine Straf*begründung* in der Innenperspektive eingesetzt werden würde, etwa wenn man Vertrauen als Rechtsgut interpretieren würde, § 3 D. III. 3., S. 168 ff.

auch nach dem in die Programme des Strafrechts implementierten Verfassungsrecht nicht problematisch.

Wenn das Strafrechtssystem diese Figur eines Metatelos aus der Sozialadäquanz implementieren sollte, würden dafür allerdings nur wenige Anwendungsbereiche verbleiben. Durch die gesellschaftliche Akzeptanz als zentrale Bestimmungskategorie des Metatelos wird sich der Anwendungsbereich bei Delikten verschließen, die im konkreten Fall mit dolus directus ersten und u.U. auch zweiten Grades verwirklicht wurden. Denn die „Pervertierung" – angelehnt an den verkehrsfremden Inneneingriff bei § 315b StGB[2175] – eines grundsätzlich akzeptierten Verhaltens wird in der gesellschaftlichen Kommunikation abgelehnt und damit gerade nicht gesellschaftlich akzeptiert. Zu einer solchen Pervertierung kommt es, wenn gesellschaftlich grundsätzlich akzeptiertes Verhalten absichtlich zur Verwirklichung einer Straftat ausgenutzt wird.[2176] Darüber hinaus findet sich eine Eingrenzung der Strafbarkeit, die nah an das Generalvertrauen anschließt, schon in anderen bereits bekannten Figuren wieder, insbesondere der Maßfigur, die die Rolleneigenschaft einer Person darstellen kann und sich damit besonders nah an der Funktion bewegt. Der Ausschluss der Strafbarkeit bei Teilnahme an einer Sportveranstaltung und anschließender Verletzung kann durch die Maßfigur problemlos gelöst werden, *Ruppert* verortet sie beim Metatelos[2177]. Auch die verfassungskonforme Auslegung vermag einiges aufzufangen, was sich im Telos einer Norm nicht wiederfindet, etwa die beleidigungsfreie Sphäre bei § 185 StGB[2178], die *Ruppert* auch mit dem Metatelos lösen würde[2179]. Die Ernstnahme der Grundsätze in der Abgrenzung der Verantwortungsbereiche vermag bspw. beim Nutzer eine Reduktion von Strafbarkeit bewirken zu können. Allerdings verfährt das Strafrechtssystem nicht so.[2180] Dieses Problem könnte, wählt das Strafrechtssystem diesen Weg, auch über das Metatelos gelöst werden.

Es hat sich gezeigt, dass die Innenperspektive die Funktion durch verschiedene Rechtsfiguren ausdifferenziert hat, was die Anschlussfähigkeit erhöht. Für die verbleibenden Restfälle, insbesondere im in dieser Arbeit besonders relevanten Innovationsbereich, der gerade die Strafbarkeit von Herstellern von KI-Systemen im Blick hat, kann sie aber ein Instrument sein, das der Funktion in der Innen-

---

**2175** Zum verkehrsfremden Inneneingriff und der Pervertierung siehe nur BGH 4 StR 228/02 v. 20.02.2003 = BGHSt 48, 233, 237 f.; *Pegel* in MüKo StGB, § 315b, Rn. 17, 40.

**2176** So auch *Ruppert*, Sozialadäquanz, S. 246.

**2177** *Ruppert*, Sozialadäquanz, S. 260.

**2178** BVerfG 1 BvR 1689/88 v. 26.04.1994 = BVerfGE 90, 255, 260 f.; *Eisele/Schittenhelm* in Schönke/Schröder, Vor §§ 185 ff., Rn. 9 ff.; *Fischer*, StGB, § 185, Rn. 12c.

**2179** *Ruppert*, Sozialadäquanz, S. 273.

**2180** Vgl. § 8 C. IV. 2., S. 357 ff.

perspektive eine unmittelbare Anbindung zur Dogmatik verschafft und so Generalvertrauen besser erhalten kann. Jedoch ist das von vorneherein nur als *Ausschluss* von Verantwortung konzipierbar.

# § 13 Untersuchungsergebnis

## A. Zusammenfassung der wesentlichen Ergebnisse

Diese Arbeit begann schon mit der aus dem Konstruktivismus entnommenen Grundprämisse, dass alles, was gesagt wird, von einem Beobachter gesagt wird.[2181] Das gilt auch für den gewählten theoretischen Bezugsrahmen: Er ist es, der bestimmt, was eine wissenschaftliche Abhandlung überhaupt beobachten kann und was gerade nicht.[2182] So war auch diese Arbeit in ihren Beobachtungen beschränkt. Sie kann nur ihre eigene Interpretation innerhalb ihres Bezugsrahmens anbieten, aber nicht für sich in Anspruch nehmen, eine absolute, beobachterunabhängige Wahrheit darzustellen. Vielmehr präsentiert sie lediglich das, was aus ihrer Beobachterperspektive viabel[2183] erscheint. Aus dem Blickwinkel dieser beschränkten Beobachterperspektive war diese Arbeit angetreten, um die Frage zu untersuchen, wie sich Rechtsgutsverletzungen durch KI-Systeme auf die Gesellschaft auswirken, insbesondere auf das Strafrechtssystem und seine Funktion und wie das Strafrechtssystem darauf kommunikativ reagieren kann.

### I. Erster Teil

So war zunächst die Funktion des Strafrechts zu finden. Um diese Frage herum wurden die Grundlinien einer Strafrechtstheorie ausgearbeitet; die Theorie vom Generalvertrauen. Sie wurde in ihren wesentlichen Erkenntnissen bereits zuvor in Thesen zusammengefasst.[2184] Ihren eigenen theoretischen Bezugsrahmen fand die Theorie und diese Arbeit im Konstruktivismus und vor allem in der Luhmannschen Systemtheorie. [2185] Aus dem Konstruktivismus folgte als wichtigste Erkenntnis die Beschränkung auf die Beobachterperspektive und als Folge daraus die Ersetzung von Wahrheit mit Viabilität sowie die Trennung der Argumentationsstrukturen dieser Arbeit in eine strafrechtliche Innenperspektive und eine Außenperspekti-

---

2181 „Anything said is said by an observer", *Maturana* in Autopoiesis and Cognition, S. 5, 8.

2182 Auch außerhalb des Konstruktivismus findet man diese Erkenntnis. So sagte *Einstein* in der Vorlesung *Heisenbergs*. „It is the theory which decides what can be observed", *Filk* in Contextuality from quantum physics, S. 77. Sich darauf beziehend auch *Schmitt-Leonardy* in Unternehmensstrafrecht, S. 111, 148.

2183 § 2 A. II. 1., S. 22 f.

2184 § 3 G., S. 214 ff.

2185 § 2, S. 17 ff.


https://doi.org/10.1515/9783111714301-014

ve.[2186] Aus der Systemtheorie wurden als wichtigste Erkenntnisse der Aufbau der Gesellschaft in soziale Systeme, die kommunikationstheoretischen Grundlagen, der funktionsstrukturalistische Ansatz, und das Grundproblem der durch die Kontingenz verursachten Komplexität gewonnen.[2187]

Das Strafrechtssystem ist ein soziales System innerhalb der Gesellschaft und kann seine Funktion so auch nur innerhalb der Gesellschaft finden. Deshalb war seine Funktion aus der Außenperspektive zu generieren. Ausgehend vom gesellschaftlichen Komplexitätsproblem, das jeden Menschen trifft, wurde die Funktion des Strafrechts entwickelt. Als Lösung des Problems wurde der Vertrauensmechanismus postuliert, im Ausgangspunkt als persönliches Vertrauen, aufgrund dessen mögliche Optionen vom Beobachter schlicht ignoriert werden können, sodass ihn die Komplexität nicht überwältigt und er handlungsfähig bleibt. Vertrauen meint ausreichend gefestigte Verhaltens- oder Kommunikationserwartungen, die auf die Zukunft gerichtet sind.[2188] Aus dem auf gesellschaftlicher Ebene bestehenden Zeit- und Quantitätsproblem in Bezug auf notwendige Interaktionspartner wurde die Notwendigkeit eines gesellschaftlich ausdifferenzierten Vertrauens hergeleitet; das Generalvertrauen.[2189] Generalvertrauen kann von potentiell jedem Beobachter als vertrauensauslösender Reiz für persönliches Vertrauen selektiert werden, wodurch eine Umwandlung von Generalvertrauen in persönliches Vertrauen stattfindet und die Handlungsfähigkeit erhalten bleibt.[2190] So wird das Komplexitätsproblem auf gesellschaftlicher Ebene gelöst. Generalvertrauen entsteht in sozialen Systemen, die in ihrer kleinsten Einheit wiederum aus Kommunikation bestehen. Soziale Systeme konstituieren Generalvertrauen nicht nur, sie erhalten es auch aufrecht.

Um dies zu erreichen, müssen drei Voraussetzungen im sozialen System erfüllt sein: Es muss *erstens* über Erwartungen an eine Teilgesamtheit von Systemen kommunizieren; *zweitens* muss es Mechanismen bereit halten, die mit Enttäuschung des auf der Kommunikation des Systems aufgebauten persönlichen Vertrauens umgehen, d. h. eine mögliche Enttäuschung bereits im Vorfeld mitteilen und einen Mechanismus bereitstellen, der die Enttäuschung für die Beobachter in dem Sinne akzeptabel macht, dass sie das Generalvertrauen weiter für den persönlichen Vertrauensaufbau nutzen, indem es die Enttäuschungsursache weder dem sozialen System, noch dem umwandelnden Beobachter zuschreibt, und es muss *drittens* Systemvertrauen zu sich selbst stabilisieren, was aber auch durch ein außenliegendes System (sowohl psychische als auch soziale Systeme) erreicht werden

**2186** § 2 A., S. 17 ff.
**2187** § 2 B., S. 31 ff.
**2188** § 3 A. II., S. 72 ff.
**2189** Eine zusammenfassende Darstellung findet sich bei § 3 A. IV., S. 97 ff.
**2190** § 3 A. III. 1., S. 90 ff.

kann.[2191] Die Funktion des Strafrechts (aber nicht nur des Strafrechts) ist es, Generalvertrauen zu konstituieren und aufrechtzuerhalten. Mit dem Generalvertrauen als Funktion wurde auch die kritische Ebene der Arbeit präzisiert, da sie einen funktionalistischen Ansatz verfolgt. Von nun an galt die Frage: Welche Wege sind viabel, um Generalvertrauen aufrecht zu erhalten? Die genannten drei Voraussetzungen waren dementsprechend Basis für die weitere Arbeit.

Um seiner Funktion gerecht zu werden, muss das Strafrechtssystem die aus der Außenperspektive gefundenen Voraussetzungen ausfüllen. In der Innenperspektive füllt Strafrecht die Voraussetzungen strukturell durch Strafdrohung, Strafurteil und Strafvollstreckung aus, im Ganzen also mit der Strafe im weiteren Sinne, die das Besondere des Strafrechts ist. Strafdrohung beinhaltet Verhaltens- und Sanktionsnorm. Erstere dient der Erwartungskommunikation, letztere teilt bereits die Enttäuschungsmöglichkeit mit, setzt also am Enttäuschungsmechanismus an.[2192] Das Strafurteil – als Kulminationspunkt des gesamten Strafverfahrens – bearbeitet die Enttäuschung. Enttäuschung ist Diskrepanzbeobachtung zwischen Erwartungskommunikation und beobachteter Handlung eines Gegenübers. Durch das Strafurteil wird Verantwortung für diese Diskrepanzbeobachtung etwas anderem als dem Beobachter oder dem Strafrechtssystem selbst zugeschrieben und Generalvertrauen kann grundsätzlich erhalten bleiben. Das Strafurteil will mit seinen ausgesendeten Reizen deshalb primär die Allgemeinheit erreichen, nicht den Täter.[2193] Die Strafvollstreckung dient der Herstellung von Anschlussfähigkeit dieser Verantwortungszuschreibung. Das Strafurteil allein reicht dafür nicht aus. Reale Übelzufügung ist nicht notwendig, aber die beobachtenden Systeme müssen die Reaktion für viabel halten, was heute eine zumindest so kommunizierte Übelzufügung in der Regel voraussetzt.[2194] Strafe im engeren Sinne, also das Zusammenspiel aus Strafurteil und Strafvollstreckung, ist demnach anschlussfähige Verantwortungszuschreibung. Die Wirkung der Strafe knüpft *unmittelbar* an Verantwortungszuschreibung an. Strafrecht schreibt Verantwortung nur an deliktische Personen zu, also solchen, die grundsätzlich verantwortungsfähig sind.

Die materielle Ausfüllung der drei Voraussetzungen bestimmt, worauf sich das strafrechtliche Generalvertrauen bezieht. In diesem Zusammenhang wurde auch die Frage der Legitimation beantwortet: Aus der Außenperspektive ist Legitimation Selbstbegrenzung und Herstellung von Anschlussfähigkeit.[2195] Was legitim ist, kann deshalb nur durch die Beobachtung der jeweiligen Innenperspektive bestimmt

---

2191 § 3 A. III. 3., S. 93 ff.
2192 § 3 B. I. 1., S. 103 ff.
2193 § 3 B. I. 2., S. 107 ff.
2194 § 3 B. I. 3., S. 111 ff.
2195 § 3 D. I. 2., S. 134 ff.

werden. Das Generalvertrauen taugt zwar als Funktion des Strafrechts, da es aber weder selbstbegrenzend wirkt, noch eine breite Anschlussfähigkeit herstellt, kann in der Funktion selbst nicht gleichzeitig die Legitimation liegen.[2196] Die Legitimation wurde – und damit auch die Frage, worauf sich das Generalvertrauen richtet – im Rechtsgüterschutz gefunden.[2197] Das vom Strafrecht aufrechterhaltene und konstituierte Generalvertrauen richtet sich also auf das Ausbleiben von Rechtsgutsverletzungen durch deliktische Personen. Rechtsgüterschutz muss für die Funktion nicht zwingend auch faktisch erreicht werden und kann zudem Generalvertrauen als Funktion nicht ersetzen.[2198] Das Strafrecht kann darüber hinaus noch mehr leisten. Das, was andere Theorien in den Fokus rücken – etwa die Adressierung des Vergeltungsgedankens als psychologisches Faktum in den „absoluten" Straftheorien, die Abschreckung potentieller Täter in den Theorien negativer Generalprävention oder die Resozialisierung in den spezialpräventiven Theorien um nur einige zu nennen – sind aus dem Blickwinkel der Theorie vom Generalvertrauen in Bezug auf die Funktion relevant und konnten zu ihr in der Regel auch in einen positiven Bezug gesetzt werden. Daneben wurde die Theorie vom Generalvertrauen im Kanon der bereits bestehenden Ansätze verortet.[2199]

Das Verfassungsrecht kann im systemtheoretischen Verständnis, das dieser Arbeit zugrunde liegt, nicht die Funktion an sich, aber die Mittel seiner Ausfüllung beschränken, weil das Strafrechtssystem das Verfassungsrecht in seine Programme integriert hat. Ein bereits grundsätzlicher Konflikt der Funktion mit Art. 1 GG konnte zudem nicht festgestellt werden.[2200]

Aus allem ergab sich der Straftatbegriff, der so gefasst sein muss, dass die Strafe eine konsequente Reaktion auf die Straftat ist. Eine Straftat ist das in der Kommunikation einer deliktischen Person zugerechnete Erzeugen einer beobachteten Diskrepanz zwischen Erwartungskommunikation des Strafrechtssystems und Handlung.[2201] Auf diese Diskrepanzbeobachtung muss Strafe als anschlussfähige Verantwortungszuschreibung folgen, die die Verantwortung für den „Fehler" nicht dem Beobachter oder dem Strafrechtssystem zuschreibt, sondern dem Täter, sodass Generalvertrauen erhalten bleiben kann. Das der Arbeit zugrundeliegende Luhmannsche Kommunikationsverständnis, welches nicht auf einem klassischen Sender-Empfänger-Prinzip beruht, sondern auf einem Verständnis von Kommunikati-

2196 § 3 D. I. 2., S. 136; § 3 D. III., S. 160 ff.
2197 § 3 D. II. 3., S. 142 ff.
2198 § 3 D. III. 1., S. 160 ff.
2199 § 3 F., S. 155 ff.
2200 § 3 C., S. 116 ff.
2201 Handlung wird dabei im allgemeinen, kommunikationstheoretischen Sinne verstanden, vgl. § 2 B. II. 2., S. 36 und § 2 B. II. 7., S. 52.

on als Informations- und Mitteilungsselektion durch *Alter* und – entscheidend – Verstehensselektion durch *Ego*, konnte dies weiter konkretisieren: Die diskrepanzauslösende Handlung kann bei einer deliktischen Person konkret dann beobachtet und als strafrechtlich relevant selektiert werden, wenn Verstehen (Selektion durch *Ego*, der Beobachter der Tat) der vorwerfbaren Mitteilung einer strafrechtswidrigen Information (in Bezug auf Selektionen von *Alter*, der Täter) vorliegt. Das ist die stark kommunikationstheoretisch aufgeladene Grundformel der Straftat.[2202] Insoweit ist das der Straftatbegriff aus der Außenperspektive, der wiederum durch die Innenperspektive in Form von Tatbestandsmäßigkeit, Rechtswidrigkeit und Schuldhaftigkeit ausgefüllt wird.[2203]

Die Übertragung auf KI-Systeme ergab, dass KI-Systeme vielfältige Rechtsgutsverletzungen hervorrufen können[2204] und dadurch Generalvertrauen verloren gehen würde,[2205] wenn nicht kommunikativ reagiert wird. Dadurch wurde der weitere Gang der Arbeit festgelegt: Die Untersuchung, ob das Strafrecht dies entweder durch Verantwortungszuschreibung an den Menschen, durch Verantwortungszuschreibung an KI-Systeme selbst oder durch anschlussfähige Kommunikation über die Nichtstrafe lösen kann.[2206]

## II. Zweiter Teil

Der zweite Teil der Arbeit widmete sich der Frage, ob die Verantwortungszuschreibung an den Menschen bei Rechtsgutsverletzungen durch KI-Systeme in jedem Fall anschlussfähig gelingt, da dies Generalvertrauen aufrechterhalten könnte. Dafür musste die Innenperspektive des Strafrechtssystems beobachtet werden. Auch der Untersuchungsgegenstand, die KI-Systeme, musste präzisiert werden: Der Begriff der KI umfasst entsprechend dem aktuellen Stand der Technik jede Software, die nicht ausschließlich unmittelbar anthropogen-regelbasiert funktioniert. Diese Begriffsbestimmung bezieht sich auf den aktuellen technischen Entwicklungsstand und kann somit nicht endgültig feststehen, sondern ist offen für Anpassungen aufgrund technischer Weiterentwicklungen. Letztlich ist alles, was auf dem Weg zum ursprünglich ausgegebenen Ziel der Dartmouth-Konferenz entwickelt wird, KI. Die Familie der Machine Learning-Methoden hat dabei heute die

---

2202 Insoweit zu den wichtigsten Prämissen § 2 B. II. 7., S. 46 ff.
2203 Insgesamt zum Straftatbegriff § 3 E., S. 171 ff.
2204 § 4 A., S. 220 ff.
2205 § 4 B., S. 225 f.
2206 § 4 C., S. 227 ff.

herausgehobene Stellung und auf diese fokussiert sich die Arbeit in der Untersuchung.[2207]

Als die tatsächlichen Ursachen für die Schwierigkeiten bei der Verantwortungszuschreibung an den Menschen, in der Untersuchung fokussiert auf Hersteller und Nutzer, wurden in der Hauptsache die Zielrichtung und die Methoden von KI herausgearbeitet. KI-Systeme setzen oft gerade im Zentrum der menschlichen Verantwortungszuschreibung – der Entscheidung – an und sind zudem selbst Black Boxen. Dabei wurde im weiteren Gang der Arbeit zwischen den Black Boxen des „Wie (funktioniert das System)", des „Was (wird das System entscheiden)" und des „Warum (hat das System so entschieden)" differenziert.[2208]

Die Fragen der Fahrlässigkeitsstrafbarkeit werden dabei eine deutlich höhere Bedeutung erlangen als die der Vorsatzstrafbarkeit. Probleme auf Kausalitätsebene lassen sich im Strafrechtssystem leicht lösen[2209] und im Rahmen von Intentionsfragen[2210] ergaben sich nur für die Dilemmasituation[2211] wirklich neue Problematiken, die das Generalvertrauen aber nicht erschüttern werden. Gerade beim Hersteller wird außerhalb der Dilemmasituation aufgrund der hohen Hürden kaum jemals eine Vorsatzstrafbarkeit in Betracht kommen.[2212]

Aus Sicht des hiesigen Straftatbegriffes geht es bei der Fahrlässigkeit um die Frage, ob eine vorwerfbare Mitteilung vorliegt. Es wird ein anderer Ausdruck als beim Vorsatz gewählt, ein anderes „Wie" der Mitteilung. Der Täter bringt beim Fahrlässigkeitsdelikt in seiner Mitteilung eine fehlende Vermeidemotivation zum Ausdruck, wenn er sich sorgfaltswidrig verhält. Fällt dies mit einer Rechtsgutsverletzung, also dem Erfolg, zusammen, kommt es zu einer Diskrepanzbeobachtung. Erwartungen richten sich aus der Beobachterperspektive nie an ein psychisches System im eigentlichen Sinne, sondern immer an die Person, die dem psychischen System in der Kommunikation übergestülpt wird und in der die Erwartungen an eine bestimmte Rolle stecken. Die Sorgfaltspflichten knüpfen direkt an die Rolle an. Diese Rollenzuschreibung wurde als Maßfigur bezeichnet. Dies ist der Zentralbegriff des Fahrlässigkeitsdelikts.[2213]

Pflichten für den Hersteller sind noch wenig präzisiert, was zu einer wenig anschlussfähigen Kommunikation führt. Die Maßfigur muss noch deutlicher her-

**2207** § 1 C., S. 12.
**2208** § 5, S. 238 ff.
**2209** § 6, S. 252 ff.
**2210** § 7, S. 256 ff.
**2211** § 7 D., S. 270 ff.
**2212** § 7 A., S. 258 ff.
**2213** § 8 A. I. 1., S. 277 ff.

vortreten, vor allem durch Sondernormen[2214]. Dieser Missstand wird derzeit aber auf breiter Front vom Unionsgesetzgeber, insbesondere mit dem AI Act,[2215] vom nationalen Gesetzgeber[2216] und nicht zuletzt von den überaus bedeutenden[2217] Normungsorganisationen[2218] behoben[2219]. Es konnten im Ausblick auf die Umsetzung des AI Acts und Orientierung an den tatsächlichen technischen Gegebenheiten sowohl für den Nutzer als auch für den Hersteller bereits konkrete Pflichten formuliert werden.[2220]

Bei der Untersuchung verschiedener Rechtsfiguren, die unter den untechnischen Begriff der Begrenzung der Sorgfaltspflichten gefasst wurden, hat sich gezeigt, dass die Frage der Zumutbarkeit im Fahrlässigkeitsdelikt in ihrer Erscheinungsform sehr ambivalent und eng mit der Frage nach der Maßfigur verwoben ist. Sie betrifft den speziellen Bereich der Maßfigur, die fragt, welche Pflichten in Ansehung der persönlichen Nachteile, die der Pflichtige zu tragen hätte, verlangt werden können. Es wurde gezeigt, dass eine Antwort durch eine Nutzen-Risiko-Analyse gefunden werden kann. Diese gesellschaftliche Werteabwägung, zugleich eine gesellschaftliche Konstruktion der Wirklichkeit, spiegelt sich gerade in denen der Maßfigur zugeschriebenen Pflichten wider.[2221] Weiterhin hat sich gezeigt, dass die Vorhersehbarkeit[2222] durch die „Black Box des Was" einige Probleme birgt, die aber auf die eine oder andere Weise[2223] gelöst werden können. Das gerade in der Frage der Verantwortungszuschreibung im Mensch-KI-Interaktionssystem oft herangezogene erlaubte Risiko bildet lediglich einen gemeinsamen Rechtsgedanken für verschiedene Sachgründe für Straffreiheit und ist keine eigenständige Rechtsfigur. Gründe für die Straflosigkeit für Nutzer und Hersteller von KI-Systemen sind also nicht im erlaubten Risiko zu suchen, sondern in den Sachgründen, deren gemeinsamer Rechtsgedanke das erlaubte Risiko ist.[2224] Konformitätsbewertungen durch unabhängige Stellen können nur in Einzelfällen und nur indiziell für die Einhaltung von genau abgegrenzten Pflichten stehen, sie sind also kein Mechanismus, mit dem

2214 § 8 A. I. 2., S. 279 f.
2215 § 8 A. II. 1. b., S. 286 ff.
2216 § 8 A. II. 1. a., S. 286.
2217 § 8 A. I. 2., S. 281 f.
2218 § 8 A. II. c., S. 295 f.
2219 § 8 A. II. d., S. 297 f.
2220 § 8 A. II. und III., S. 284 ff. Hervorgehoben anhand des Beispiels des Supervised Learnings § 8 A. II. 2., S. 298 ff.
2221 § 8 B. III., S. 321 ff.
2222 § 8 B. II., S. 310 ff.
2223 § 8 B. II. 1. c., S. 316 f.
2224 § 8 B. V., S. 331 ff.

der Hersteller regelmäßig aus der Verantwortung genommen werden kann.[2225] Der Vertrauensgrundsatz ist dafür ebenso wenig geeignet, wobei sich hier die spezielle Frage seiner Anwendung in Mensch-KI-Interaktionen stellte, die insoweit bejaht werden konnte, da das Recht hierbei ein Vertrauen zum dahinterstehenden Hersteller fingiert. Der Vertrauensgrundsatz betrifft bereits den Spezialfall der Maßfigur, in dem zwei Verantwortungssphären aufeinandertreffen.[2226]

Die Zurechnungsfragen im engeren Sinne brachten die Kernprobleme zum Vorschein: Ist das allgemeine Lebensrisiko als Figur in der hiesigen Problematik heute noch von geringer Bedeutung[2227] und der Gedanke der Risikoverringerung fast völlig zu vernachlässigen,[2228] so hat sich für die Herstellerstrafbarkeit beim Pflichtwidrigkeitszusammenhang ein in einigen Fällen unüberwindbares Hindernis für die Verantwortungszuschreibung offenbart. Der Grund wurde in der Nachweisproblematik gefunden. Knüpft die vorgeworfene Pflichtverletzung an ein Verhalten an, das in der „Black Box des Warums" liegt und das vom Gericht nicht aus dieser Black Box herausgezogen werden kann, kann das für den Nachweis erforderliche rechtmäßige Alternativverhalten schon gar nicht gebildet werden. Das trifft insbesondere solche Pflichten, die sich auf Konstruktion und Fabrikation beziehen.[2229]

Dem Nutzer wird die Verletzung von Letztentscheidungs-, Überwachungs-, Kontroll-, Bedien-, Analyse- und Entschließungspflichten vorgeworfen.[2230] Als besondere Problematik der Nutzerstrafbarkeit hat sich im Rahmen der Zurechnung der Gedanke der Abgrenzung nach Verantwortungsbereichen herausgestellt. Es wurde bezweifelt, dass einzelne Entscheidungen des Nutzers, insbesondere im Rahmen von Letztentscheidungs-, Kontroll- und Überwachungspflichten sich noch in einem strafrechtlich relevanten Werk des Nutzers niederschlagen, weil es tatsächlich keine Entscheidungen des Nutzers mehr sind. Daneben konterkarieren einige Nutzerpflichten gerade den Rechtsgüterschutz, den das Strafrecht als Ausfüllung seiner Funktion versteht. Dabei ergeben sich zunächst mehr Diskrepanzbeobachtungen und – sollte Verantwortung trotz dieser Erkenntnisse vom Strafrechtssystem weiter zugeschrieben werden und diese Erkenntnis kommuniziert werden – ein erwartbarer Verlust von System- und damit mittelbar Generalvertrauen.[2231]

**2225** § 8 B. I., S. 306 ff.
**2226** § 8 B. IV., S. 329 f.
**2227** § 8 C. II., S. 344 f.
**2228** § 8 C. I., S. 343.
**2229** § 8 C. III. 2., S. 348 ff.
**2230** § 8 A. III., S. 302 f.
**2231** § 8 C. IV. 2., S. 357 ff.

Insofern kann als Ergebnis des zweiten Teils festgehalten werden, dass das Strafrecht in den allermeisten, aber nicht in allen Fällen, eine Verantwortungszuschreibung an den hinter dem KI-System stehenden Menschen vornehmen kann. Durch das Erfordernis des Pflichtwidrigkeitszusammenhanges ergibt sich eine Verantwortungslücke, auch ist der Fall denkbar, dass eine Rechtsgutsverletzung vorliegt, obwohl der Hersteller keine Pflichten verletzt hat. Beim Nutzer wird Verantwortung entgegen der kommunizierten Grundsätze zugeschrieben, sodass es, auch wenn dies zu weniger Verantwortung führt, für das Generalvertrauen vorteilhafter wäre, wenn hier keine Verantwortung mehr zugeschrieben wird.

### III. Dritter Teil

Im dritten Teil wurde die Möglichkeit untersucht, Generalvertrauen durch strafrechtliche Verantwortungszuschreibung an KI-Systeme selbst aufrechtzuerhalten.

Zunächst wurde festgestellt, dass persönliches Vertrauen auch gegenüber KI-Systemen möglich ist, was notwendige Voraussetzung für eine Zweckhaftigkeit von Generalvertrauen auf das Ausbleiben von Rechtsgutsverletzungen *unmittelbar* durch KI-Systeme ist.[2232] Auch für das durch das Strafrecht erzeugte Generalvertrauen in Bezug unmittelbar auf KI-Systeme müssen wieder die drei Voraussetzungen aus der Außenperspektive erfüllt sein: Erwartungskommunikation, Enttäuschungsmechanismus und Systemvertrauen. Es hat sich gezeigt, dass Erwartungen nur an deliktische Personen mitgeteilt werden, da nur in Bezug auf solche Generalvertrauen vom Strafrecht überhaupt aufrechterhalten werden kann: Sind sie keine deliktischen Personen, sind sie nicht verantwortungsfähig. Sind sie nicht verantwortungsfähig, kann der Enttäuschungsmechanismus des Strafrechts nicht greifen und Generalvertrauen kann nicht aufrechterhalten werden. Erwartungskommunikation und Enttäuschungsmechanismus hängen eng zusammen.[2233]

Insoweit blieb die zentrale Frage: Kann KI-Systemen grundsätzlich strafrechtliche Verantwortung zugeschrieben werden? Aus der Innenperspektive wird die Verantwortungszuschreibung vor allem unter den Überschriften der Handlung und der Schuld besprochen, auch lässt die Literatur[2234] gerade daran mehrheitlich die Strafbarkeit von KI-Systemen scheitern. Deshalb wurde die Frage nach der Verantwortungsfähigkeit ausgehend von den Begriffen der Handlung und der Schuld, genauer der Schuldhaftigkeit, gestellt. Die Handlung wurde im Verständnis der

2232 § 9 A., S. 373 ff.
2233 § 9 B. I., S. 378 ff.
2234 Fn. 1676-1678.

Theorie vom Generalvertrauen letztlich – dem Bedürfnis eines Grund- und Grenzelementes folgend – äquivalent zum Straftatbegriff und aus der Perspektive des Ausgangspunktes von einer kommunikationstheoretischen Handlung bestimmt. Sie beinhaltet vier Elemente: Erstens, eine Handlung im allgemeinen, kommunikationstheoretischen Verständnis dieser Arbeit als Zuschreibung eines Verhaltens zu einer Person. Zweitens, die Identifizierung dieser Person als Person des Strafrechts, also „deliktische Person". Drittens, die im Strafrechtssystem kommunizierte Rolleneigenschaft, also ein abstraktes Sollen. Viertens, als Kulminationspunkt im Sinne der Vereinigung aller vorheriger Elemente, die Beobachtung der Handlung (im Sinne des ersten Elements) als Abweichung von dieser Rolleneigenschaft und gleichzeitige Zuschreibung der Abweichung als vorwerfbare Mitteilung einer strafrechtswidrigen Information.[2235] Zudem wurde festgestellt, dass das Handlungsverständnis der Rechtsprechung grundsätzlich auch für nichtmenschliche Entitäten offen erscheint.[2236] Es zeigte sich also, dass die Qualifizierung einer Entität als deliktische Person, letztlich im Kern die Frage nach der grundlegenden Verantwortungsfähigkeit, der Dreh- und Angelpunkt der strafrechtlichen Verantwortungszuschreibung ist.

Die deliktische Person, die also auch schon Voraussetzung der Handlung ist, wurde eingebettet in die Frage nach der Schuldfähigkeit behandelt.[2237] Dabei wurden für die deliktische Person aus der Außenperspektive folgende Bedingungen festgemacht: Die deliktische Person muss als Kommunikationsteilnehmer in der Rolle von *Alter* auftreten können und ihr gegenüber muss Generalvertrauen zweckhaft sein. Für Letzteres muss die deliktische Person „Black Box" sein. Um *welche* Black Box es sich bei strafrechtlich erzeugtem Generalvertrauen handeln muss, konnte nur durch die Beobachtung der Innenperspektive beantwortet werden. Dabei stellte sich heraus, dass der Kerngedanke der Verantwortung aus der Innenperspektive eine „Black Box des Wies" beschreibt: Nur, wenn schon *grundlegend* nicht erklärt werden kann, wie eine Person zu einer Entscheidung kommt,

2235 § 10 A. II., S. 391 ff. In diesem vierten Element taucht dann auch wieder der Straftatbegriff auf, der alle vorherigen Elemente schon in sich vereinigt, da sowohl die kommunikationstheoretische Handlung als auch die deliktische Person und das abstrakte Sollen Voraussetzungen sind, damit eine diskrepanzauslösende Handlung beobachtet werden kann, ausgestaltet als Verstehen der vorwerfbaren Mitteilung einer strafrechtswidrigen Information.

2236 § 10 A. III., S. 396 ff. Zudem wurde festgestellt, dass die Rechtsprechung nicht dasselbe Anliegen mit ihrem Verständnis der Handlung verfolgt und beide Handlungsbegriffe sich deshalb auf unterschiedlichen Ebenen befinden.

2237 § 10 B., S. 398 ff.

wird dieses nichtbeobachtbare Faktum durch den Begriff der Freiheit[2238] als Erklärung der Person selbst zugeschrieben. Dass im Einzelfall etwas nicht erklärbar ist – „Black Box des Was" und „Black Box des Warums" – scheint dagegen keine Rolle zu spielen. Befindet sich die Entscheidung nicht in der „Black Box des Wies", liegt keine deliktische Person vor. Die Diskrepanzbeobachtung wird dann etwa der Natur zugeschrieben und die Problemlösung einem anderen System überlassen.[2239]

Übertragen auf KI-Systeme hat sich gezeigt, dass KI-Systeme zwar Kommunikationsteilnehmer im Sinne der Rolle von *Alter* sind,[2240] aber sie einem Konstanzproblem unterliegen: Sie werden in der Kommunikation nicht dauerhaft als *dieselbe* Person selektiert. So ist eine anschlussfähige Verantwortungszuschreibung im Strafrechtssystem an sie nicht möglich.[2241] Zudem werden KI-Systeme von den Beobachtern nicht als „Black Box des Wies" gesehen, eine Verantwortungszuschreibung scheitert also auch am Freiheitsproblem.[2242] Eine Untersuchung historischer Beispiele in Gestalt von bestraften Sklaven, Tieren und Dingen konnte die Untersuchungsergebnisse zur deliktischen Person stützen.[2243]

Zuletzt wurden noch mögliche Varianten tatsächlicher Bestrafung für KI-Systeme untersucht,[2244] gesetzt dem Fall, dass in Zukunft die eben beschriebenen Probleme überwunden werden können. Dabei wurde festgestellt, dass heute jedenfalls keine anschlussfähige Strafvollstreckung möglich ist, weil es in der Kommunikation an der Zuschreibung von Übelempfinden fehlt. Sofern sich die gesellschaftliche Kommunikation dahingehend ändert, ist eine Bestrafung aber denkbar, weil für KI-Systeme in den einzelnen Strafen jeweils funktionale Äquivalente gefunden werden können, die gerade an ihren Code anschließen.[2245]

## IV. Vierter Teil

Im letzten Teil wurden die Ergebnisse zusammengeführt. Verantwortungszuschreibung an KI-Systeme ist heute noch kein viabler Weg, um Generalvertrauen

---

2238 Insoweit werden Begriffe wie „Freiheit", „Willensfreiheit", „Seele", „Intelligenz" etc. in der Kommunikation verwendet, um nichtbeobachtbare Phänomene für die Problemlösung durch soziale Systeme anschlussfähig zu machen.

2239 § 10 B. II. 2. a., S. 420 ff.

2240 § 10 B. II. 1. a., S. 404 ff.

2241 § 10 B. II. 1. b., S. 414 ff.

2242 § 10 B. II. 2. b., S. 429 ff.

2243 § 10 B. III., S. 431 ff.

2244 § 11 A., S. 451 ff.

2245 § 11 B., S. 456 ff.

aufrecht zu erhalten. Verantwortungszuschreibung an den Menschen zwar schon, sie gelingt in den meisten, aber nicht in allen Fällen.

Bei der Suche nach weiteren Lösungen hat sich gezeigt, dass eine Auflösung der Black Box im Wege von Explainable AI nicht gelingen wird und selbst bei einem theoretischen Erfolg mit der derzeitigen Technik die Probleme in der Verantwortungszuschreibung nicht lösen würde.[2246] Auch Impossibility Structures werden nur bedingt weiterhelfen. Ein völliges Verbot von KI-Systemen wird nur für starke KI viabel sein, da sie so wenig kontrolliert werden kann, dass eine Diskrepanzbeobachtung schon gar nicht zugelassen werden darf. [2247] Eine Neuinterpretation der lex lata im Sinne von Ausdehnung der Strafbarkeit beim Fahrlässigkeitsdelikt und einer Uminterpretation der Beweislastfrage wurde erwogen, aber als heute wohl noch nicht viabel und potentiell systemvertrauenszerstörend verworfen. Sie könnte auch mit einem verringerten Potential von Generalvertrauen einhergehen.[2248]

Veränderungen de lege ferenda sind vielfach denkbar. Ein Unternehmensstrafrecht könnte einige Probleme lösen, beruht aber auf einer Grundsatzdiskussion, die hier nicht geführt werden konnte.[2249] Die Schaffung neuer, auf spezifische KI-Systeme bezogene Delikte[2250] scheint, ebenso wie eine Ausweitung des Human-in-the-loop[2251] und die Einführung von Strict Liability,[2252] keine viable Lösung zu sein. Speziell wurde das von *Hilgendorf* vorgeschlagene[2253] abstrakte Gefährdungsdelikt diskutiert. Zwar scheinen abstrakte Gefährdungsdelikte der momentanen Gesellschaftslogik zu entsprechen, doch wurde *Hilgendorfs* Vorschlag aus vier Gründen für nicht viabel gehalten: Die durch die Weite der Norm fehlende Möglichkeit als konkreter vertrauensauslösender Reiz zu dienen, die Verfehlung der tatsächlichen Erwartungen der Beobachter, sinkendes Systemvertrauen durch die Schwächung des Fahrlässigkeitsdeliktes und das absinkende Potential des durch das Strafrecht vermittelten Generalvertrauens. Generalvertrauen wird erst gar nicht wirksam konstituiert und über den angestrebten Nutzen hinaus zerstört.[2254]

Zuletzt wurde die anschlussfähige Kommunikation der Nichtstrafe als viabler Lösungsvorschlag als Ergänzung zur bereits möglichen Verantwortungszuschreibung an den Menschen untersucht. Dem liegt der Gedanke zugrunde, dass das

---

**2246** § 12 A. I., S. 463 ff.
**2247** § 12 A. II., S. 471 ff.
**2248** § 12 B. I., S. 475 ff.
**2249** § 12 B. II. 1., S. 478 f.
**2250** § 12 B. II. 2., S. 480.
**2251** Verweisend § 12 B. II., S. 478, bereits § 8 C. IV. 2. b., S. 360 ff.
**2252** § 12 B. II. 3., S. 480 f.
**2253** *Hilgendorf* in FS Fischer, S. 99, 111.
**2254** § 12 B. II. 4., S. 481 ff.

Strafrecht anschlussfähig mitteilen kann, dass die Diskrepanzbeobachtung eben keiner deliktischen Person zuzuschreiben ist, sondern etwas anderem. So wird mitgeteilt, dass strafrechtlich aufrechterhaltenes und konstituiertes Generalvertrauen nicht berührt ist und die Problematik einem anderen System übertragen wird. Insoweit können das Produktsicherheitsrecht und das Zivilrecht die im Strafrecht verbleibenden Verantwortungslücken – die dadurch, dass strafrechtlich erzeugtes Generalvertrauen nicht berührt ist, eigentlich keine sind – voraussichtlich abdecken und so Generalvertrauen aufrechterhalten.

So scheint dies nach dem heutigen Stand ein viabler Weg zu sein, um Generalvertrauen aufrecht zu erhalten: Verantwortungszuschreibung an den Menschen unter Ausschluss der bisher systemwidrig vorgenommenen Verantwortungszuschreibung an den Nutzer, ergänzt durch das Zivil- und das öffentliche Recht.[2255] Der Gedanke der Sozialadäquanz scheint zudem für die Innenperspektive in einigen Fällen eine passende Leitlinie für den Ausschluss von Strafbarkeit zu sein.[2256] Freilich kann sich die gesellschaftliche Kommunikation dergestalt ändern, dass in Zukunft andere Wege viabel werden.

## B. Offene Fragen und Ausblick

Diese Arbeit hat in der Untersuchung viele Fragen offen gelassen, auch innerhalb ihrer durch den Theorierahmen vorgegebenen, beschränkten Untersuchungsperspektive.

Für die Theorie vom Generalvertrauen selbst ist erst ein Anfang gemacht. Vieles kann noch vertieft werden und Ableitungen aus der Theorie vom Generalvertrauen für weitere Figuren der Innenperspektive stehen noch aus. Hier wurde mit der Beschreibung der Handlung und der Schuld durch die Überlegungen zur deliktischen Person und einigen Schlüssen für das Fahrlässigkeitsdelikt begonnen. Zudem wären Untersuchungen zur empirischen Fundierung der Theorie möglich. Hier können sich noch viele weitere Erkenntnisse ergeben. Es wurden in dieser Arbeit lediglich die Grundlinien der Theorie gezeichnet.

Auch bei ihrem Anwendungsfall, der Frage der Rechtsgutsverletzungen durch KI-Systeme und vor allem die damit verbundene mögliche Verantwortungszuschreibung, bleibt noch viel offen. Das betrifft zum einen die bereits ausdrücklich ausgeschlossenen Fragestellungen, die sich rund um das „klassische" Problem der vielen Hände ergeben, sowie die Frage nach der Unternehmensstrafbarkeit. Die

**2255** § 12 C., S. 487 ff.
**2256** § 12 C., S. 492 ff.

Theorie vom Generalvertrauen könnte gerade zur Frage nach einem Unternehmensstrafrecht Antworten bereithalten.[2257] Es stellen sich zudem weitere Fragen bei einer hypothetischen Annahme der deliktischen Person für KI-Systeme. Könnten KI-Systeme vorsätzlich handeln? Falls ja, ist eine Fahrlässigkeitsstrafbarkeit dann überhaupt denkbar, sofern das KI-System die Möglichkeit eines Erfolges auch nur mit geringer Wahrscheinlichkeit sieht? Beim Menschen basiert die Möglichkeit einer Ablehnung des Wollenselements im Vorsatz auf einer (mathematischen) Irrationalität, die bei fortschrittlichen KI-Systemen wohl nur sehr selten auftreten würde. Zudem ist auch fraglich, wie die Abgrenzung von Verantwortungsbereichen zwischen Menschen und KI-Systemen bei voll verantwortlichen KI-Systemen im Detail funktionieren könnte und ob dergestalt Modifikationen an den üblichen Täterschaft- und Teilnahmeregelungen getroffen werden müssten. Auch strafprozessuale Folgen wurden hier fast völlig außen vorgelassen.

Die offenen Fragen führen bereits in den Ausblick. Die gesellschaftliche Wirklichkeit wird sich wandeln. Zweifellos werden allein durch die Interaktion und das immer weitere Vordringen von KI-Systemen gesellschaftliche Normen verändert, völlig unbeeinflusst vom Recht. Das ist eine natürliche Entwicklung, die bei allen Veränderungen der Lebenswirklichkeiten auftritt, etwa auch durch das Aufkommen des Smartphones.[2258]

Aber auch das Recht selbst kann sich verändern: Insofern wurde schon viel aufgegriffen. Insbesondere die anstehenden und die bereits verabschiedeten Regelungen des Unionsgesetzgebers und der verschiedenen Normungsorganisationen haben das Potential, der gesellschaftlichen Wirklichkeit ihren Stempel aufzudrücken. Sogar eine Anpassung der strafrechtlichen Programme selbst scheint möglich zu sein. Man wird sehen müssen, ob die Entwicklung hin zu abstrakten Gefährdungsdelikten weiter der Gesellschaftslogik entspricht, oder nicht. Auch ganz grundlegende Änderungen der Dogmatik erscheinen möglich, wobei die vorgefundenen Probleme nicht so schwerwiegend erscheinen, dass dies besonders wahrscheinlich ist. Es gilt wie schon seit jeher und in leichter Abwandlung von Art. 97 I GG: „Die Richter sind nur dem Gesetz und dem Zeitgeist unterworfen".[2259]

Die Black Box war ein zentrales Thema dieser Arbeit. Von ihr ausgehend lassen sich spezifisch für den Umgang mit KI-Systemen in der zukünftigen gesellschaftlichen Wirklichkeit zwei mögliche Pfade zeichnen: Entweder wird versucht, die KI-Systeme weiter aus der Black Box zu ziehen, oder die KI-Systeme bleiben in der

2257 Siehe insoweit schon die ebenfalls auf systemtheoretischen Prämissen beruhende Untersuchung von *Schmitt-Leonardy*, Unternehmenskriminalität ohne Strafrecht.

2258 Dazu *Hilgendorf* in FS Sieber, S. 767, 771 ff.

2259 In Anlehnung an *Rüthers*, ZRP 1988, 283. Freilich muss für eine Geltung „jeher" der Begriff des Gesetzes hier sehr weit ausgelegt werden.

Black Box und tauchen durch weitere technische Entwicklung möglicherweise gar tiefer in sie ein. Darf KI in der Black Box bleiben, wird – sofern auch das Bestreben aufgegeben wird, sie grundsätzlich erklären zu wollen – eine Verantwortungszuschreibung unmittelbar an KI-Systeme wahrscheinlich. Gehen dagegen die Bestrebungen zu einer Auflösung der Black Box, möglicherweise durch neue, bisher noch nicht denkbare Durchbrüche bei der Explainable AI, die die hiesigen Bedenken wegwischen, so werden sich auch Verantwortungslücken weiter schließen.

Die Überlegungen bei der Tierstrafe haben gezeigt, dass für ein tieferes Eintauchen der KI-Systeme in die Black Box auch ein Wandelpotential sorgen kann, das in der aktuellen Gesellschaft durch größere äußere Krisen geschaffen wird. Momentan scheint es aber so, als würden große Anstrengungen unternommen, die Black Box transparenter zu machen. Diejenigen, die KI-Systeme tatsächlich so sehen wollen, dass eine Verantwortungszuschreibung möglich ist, haben in der Gesellschaft noch kein kommunikatives Gewicht.

Generell gilt: Man darf optimistisch sein, denn Strafrecht ist nicht das einzige System, das Generalvertrauen bearbeitet. Selbst wenn es also Generalvertrauen an einzelnen Stellen nicht aufrechterhalten kann, kann das von anderen Systemen aufgefangen werden. Das macht eine ausdifferenzierte Gesellschaft, wie wir sie heute haben, aus. Es gibt viele Wege durch den Wald.[2260] Diese Arbeit wollte nicht mehr als einige dieser Wege zeigen. Welcher letztendlich gegangen wird, wird die Zeit zeigen.

Nun am Ende dieser Arbeit bleibt nur noch eines festzustellen: Alles, was gesagt wird, wird auch stets *zu* einem Beobachter gesagt,[2261] der dies wieder in seinen eigenen Bezugsrahmen einordnet. Auch falls sich der Bezugsrahmen dieser Arbeit und der des geschätzten Beobachters nicht ganz decken sollten, so hoffe ich doch, dass diese Arbeit zumindest einige Impulse mitgeben konnte, die zu einer Anschlusskommunikation führen. Denn das Wissenschaftssystem lebt letztlich, wie auch alle anderen sozialen Systeme, von Kommunikation.

---

2260 In Anlehnung an *v. Glasersfelds* Beispiel des blinden Mannes im Wald, § 2 A. II. 1., S. 22.
2261 *V. Foerster*, Understanding Understanding, S. 283.

# Literaturverzeichnis

*Abbott, Ryan/Sarch, Alex F.*, Punishing Artificial Intelligence: Legal Fiction or Science Fiction, UC Davis Law Review 2019, S. 323 – 384.

*Achenbach, Hans*, Das Zweite Gesetz zur Bekämpfung der Wirtschaftskriminalität, Neue Juristische Wochenschrift (NJW) 1986, S. 1835 – 1841.

*Amelung, Knut*, Rechtsgüterschutz und Schutz der Gesellschaft – Untersuchungen zum Inhalt und zum Anwendungsbereich eines Strafrechtsprinzips auf dogmengeschichtlicher Grundlage ; zugleich ein Beitrag zur Lehre von der „Sozialschädlichkeit" des Verbrechens, Goldbach 1972, zit. als *Amelung*, Rechtsgüterschutz, S.

*Amelung, Knut*, Der Begriff des Rechtsguts in der Lehre vom strafrechtlichen Rechtsgüterschutz, in: Hefendehl, Roland/Hirsch, Andrew von/Wohlers, Wolfgang (Hrsg.), Die Rechtsgutstheorie – Legitimationsbasis des Strafrechts oder dogmatisches Glasperlenspiel?, Baden-Baden 2003, S. 155 – 182, zit. als *Amelung* in Rechtsgutstheorie, S.

*Amira, Karl von*, Thierstrafen und Thierprocesse, Norderstedt 1891, zit. als *v. Amira*, Thierstrafen und Thierprocesse, S.

*Amstutz, Marc*, Der zweite Text – Für eine Kritische Systemtheorie des Rechts, in: Amstutz, Marc/ Fischer-Lescano, Andreas (Hrsg.), Kritische Systemtheorie – Zur Evolution einer normativen Theorie, Bielefeld 2013, S. 365 – 401, zit. als *Amstutz* in Kritische Systemtheorie, S.

*Andrissek, Tobias*, Vergeltung als Strafzweck – Empirisch-soziologische Begründung und kriminalpolitische Folgerungen, Tübingen 2017, zit. als *Andrissek*, Vergeltung, S.

*Androulakis, Nikolaos K.*, Abschied vom Rechtsgut – Einzug der Moralität?, in: Herzog, Felix/Neumann, Ulfrid/Bae, Jong dae (Hrsg.), Festschrift für Winfried Hassemer – Zum 70. Geburtstag am 17. Februar 2010, Heidelberg 2010, S. 271 – 286, zit. als *Androulakis* in FS Hassemer, S.

*Appel, Ivo*, Verfassung und Strafe – Zu den verfassungsrechtlichen Grenzen staatlichen Strafens, Berlin 1998, zit. als *Appel*, Verfassung und Strafe, S.

*Asimov, Isaac*, I, Robot, Garden City, New York 1950, zit. als *Asmiov*, I, Robot.

*Athaluri, Sai Anirudh/Manthena, Sandeep Varma/Kesapragada, V. S. R. Krishna Manoj/Yarlagadda, Vineel/ Dave, Tirth/Duddumpudi, Rama Tulasi Siri*, Exploring the Boundaries of Reality: Investigating the Phenomenon of Artificial Intelligence Hallucination in Scientific Writing Through ChatGPT References, Cureus 2023, e37432.

*Atzeni, Gina*, Interaktion / Organisation / Gesellschaft, in: Jahraus, Oliver/Nassehi, Armin u. a. (Hrsg.), Luhmann-Handbuch – Leben – Werk – Wirkung, Stuttgart 2012, S. 88 – 90, zit. als *Atzeni* in Luhmann, S.

*Avenarius, Martin*, Papinians Beitrag zur Vorgeschichte des Anwartschaftsrechts, in: Harke, Jan Dirk (Hrsg.), Argumenta Papiniani – Studien zur Geschichte und Dogmatik des Privatrechts, Berlin, Heidelberg 2013, S. 1 – 18, zit. als *Avenarius* in Argumenta Painiani, S.

*Avenarius, Martin*, Stellung der Sklaven im Privatrecht – Erbrecht: Aktive Stellung, Personeneigenschaften und Ansätze zur Anerkennung von Rechten, Stuttgart 2017, zit. als *Avenarius*, Stellung der Sklaven im Privatrecht, S.

*Awad, Edmond/Dsouza, Sohan/Kim, Richard/Schulz, Jonathan/Henrich, Joseph/Shariff, Azim/Bonnefon, Jean-François/Rahwan, Iyad*, The Moral Machine experiment, Nature 2018, S. 59 – 64.

*Baberowski, Jörg*, Erwartungssicherheit und Vertrauen – Warum manche Ordnungen stabil sind, und andere nicht, in: ders. (Hrsg.), Was ist Vertrauen? – Ein interdisziplinäres Gespräch, Frankfurt am Main 2014, S. 7 – 29, zit. als *Baberowski* in Vertrauen, S.


https://doi.org/10.1515/9783111714301-016

*Bachmann, Lea*, Prozedurale Entlastung von Herstellern „smarter“ Produkte im Strafrecht?, Schweizerische Zeitschrift für Strafrecht (ZStrR) 2022, S. 77 – 111.

*Baecker, Dirk*, Who Qualifies for Communication?, Zeitschrift für Technikfolgenabschätzung in Theorie und Praxis 2011, S. 17 – 26.

*Baecker, Dirk*, Niklas Luhmann: Der Werdegang, in: Jahraus, Oliver/Nassehi, Armin u. a. (Hrsg.), Luhmann-Handbuch – Leben – Werk – Wirkung, Stuttgart 2012, S. 1 – 3, zit. als *Baecker* in Luhmann, S.

*Baecker, Dirk*, Wozu Theorie? – Aufsätze, Berlin 2016, zit. als *Baecker*, Wozu Theorie?, S.

*Bähr, Erich-Günter*, Strafbarkeit ohne Verschulden (Strict Liability) im Strafrecht der USA – Ein Beitrag zur strafrechtlichen Verantwortlichkeit, Baden-Baden 1974, zit. als *Bähr*, Strict Liability.

*Ballestrem, Johannes Graf/Bär, Ulrike/Gausling, Tina/Hack, Sebastian/Oelffen, Sabine* von, Künstliche Intelligenz – Rechtsgrundlagen und Strategien in der Praxis, Wiesbaden 2020, zit. als *Ballestrem/ Bär/Gausling/Hack/von Oelffen*, Rechtsgrundlagen KI, S.

*Bar, Ludwig* von, Die Lehre vom Causalzusammenhange, Leipzig 1871, zit. als *v. Bar*, Lehre vom Causalzusammenhange, S.

*Baroke, Uta*, Grenzenlose Vorverlagerung des Strafrechtsschutzes durch Gefährdungsdelikte?, in: Sinn, Arndt/Gropp, Walter/Nagy, Ferenc (Hrsg.), Grenzen der Vorverlagerung in einem Tatstrafrecht. Eine rechtsvergleichende Analyse am Beispiel des deutschen und ungarischen Strafrechts, Osnabrück 2011, S. 247 – 276, zit. als *Baroke* in Vorverlagerung, S.

*Barthelmeß, Ulrike/Furbach, Ulrich*, IRobot – uMan – Künstliche Intelligenz und Kultur: Eine jahrtausendealte Beziehungskiste, Berlin, Heidelberg 2012, zit. als *Barthelmeß/Furbach*, IRobot – uMan, S.

*Bartlett, Kenneth*, Florence in the Age of the Medici and Savonarola, 1464 – 1498 – A Short History with Documents, Cambridge 2018, zit. als *Bartlett*, Florence in the age of the Medici and Savonarola, S.

*Baumann, Jürgen/Weber, Ulrich/Mitsch, Wolfgang/Eisele, Jörg*, Strafrecht – Allgemeiner Teil: Lehrbuch, 13. Aufl., Bielefeld 2021, zit. als *Baumann/Weber/Mitsch/Eisele*, AT, §, Rn.

*Beck, Susanne*, Fahrlässiger Umgang mit der Fahrlässigkeit! – Teil 2, Juristische Arbeitsblätter (JA) 2009, S. 268 – 271.

*Beck, Susanne*, Grundlegende Fragen zum rechtlichen Umgang mit der Robotik, Juristische Rundschau (JR) 2009, S. 225 – 230.

*Beck, Susanne*, Google-Cars, Software-Agents, Autonome Waffensysteme – neue Herausforderungen für das Strafrecht?, in: Beck, Susanne/Meier, Bernd-Dieter/Momsen, Carsten (Hrsg.), Cybercrime und Cyberinvestigations, Baden-Baden 2015, S. 9 – 33, zit. als *Beck* in Cybercrime, S.

*Beck, Susanne*, Der rechtliche Status autonomer Maschinen, Aktuelle juristische Praxis (AJP) 2017, S. 183 – 191.

*Beck, Susanne*, Digitalisierung und Schuld, in: Fischer, Thomas/Hoven, Elisa (Hrsg.), Schuld, Baden-Baden 2017, S. 289 – 301, zit. als *Beck*, Schuld, S.

*Beck, Susanne*, Standardisiertes Outsourcing – Zur Bedeutung nichtstaatlicher Normen für die Fahrlässigkeitsstrafbarkeit, Zeitschrift für die gesamte Strafrechtswissenschaft (ZStW) 131 (2019), S. 967 – 984.

*Beck, Susanne*, Fahrlässigkeit, in: Eric/Kudlich, Hans/Valerius, Brian (Hrsg.), Handbuch des Strafrechts – Bd. 2. Strafrecht Allgemeiner Teil I, Heidelberg 2020, S. 351 – 414, zit. als *Beck* in Handbuch des Strafrechts 2, § 36, Rn.

*Beck, Susanne*, Die Diffusion strafrechtlicher Verantwortlichkeit durch Digitalisierung und Lernende Systeme, Zeitschrift für Internationale Strafrechtsdogmatik (ZIS) 2020, S. 41 – 50.

*Beck, Susanne*, Selbstfahrende Kraftfahrzeuge – aktuelle Probleme der (strafrechtlichen) Fahrlässigkeitshaftung, in: Oppermann, Bernd H./Stender-Vorwachs, Jutta (Hrsg.), Autonomes Fahren – Rechtsprobleme, Rechtsfolgen, technische Grundlagen, 2. Aufl., München 2020, S. 439 – 454, zit. als *Beck* in Autonomes Fahren, S.

*Beck, Susanne*, KI als Herausforderung für individuelle (strafrechtliche) Verantwortlichkeit, in: Lorz, Sigrid (Hrsg.), Recht, Sport, Technik und Wirtschaft in mehrdimensionalen Perspektiven – Liber amicorum für Klaus Vieweg zum 70. Geburtstag, Berlin 2021, S. 29 – 38, zit. als *Beck* in FS Vieweg, S.

*Beckemper, Katharina*, Das Rechtsgut „Vertrauen in die Funktionsfähigkeit der Märkte", Zeitschrift für Internationale Strafrechtsdogmatik (ZIS) 2011, S. 318 – 323.

*Becker, Daniel/Feuerstack, Daniel*, Der neue Entwurf des EU-Parlaments für eine KI-Verordnung – Analyse der wesentlichen Neuerungen gegenüber dem Entwurf der EU-Kommission, Multimedia und Recht (MMR) 2024, S. 22 – 26.

*Behrendt, Svenja*, Die beiden Säulen der Rechtssubjektivität – Autonomie und Anerkennung eines grundrechtstheoretischen Rechtsverhältnisses als Fundamente für die Entstehung von Rechtssubjektivität, Rechtstheorie 2021, S. 45 – 68.

*Bendel, Oliver* (Hrsg.), Pflegeroboter, Wiesbaden 2018, zit. als *Bendel*, Pflegeroboter.

*Bentele, Günter*, Öffentliches Vertrauen – normative und soziale Grundlage für Public Relations, in: Armbrecht, Wolfgang (Hrsg.), Normative Aspekte der Public Relations – Grundlegende Fragen und Perspektiven. eine Einführung, Wiesbaden 1994, S. 131 – 158, zit. als *Bentele* in Normative Aspekte der Public Relations, S.

*Bentham, Jeremias/Dumont, Etienne*, Grundsätze der Civil- und Criminal-Gesetzgebung aus den Handschriften des englischen Rechtsgelehrten Jeremias Bentham – Bearbeitet und mit Anmerkungen von Friedrich Eduard Beneke, 2. Aufl., Berlin 1830, zit. als *Bentham/Dumont*, Grundsätze der Civil- und Criminal-Gesetzgebung, erster Band, S.

*Bentham, Jeremy/Hart, Herbert Lionel Adolphus/Burns, James Henderson*, Of laws in general, London 1970, zit. als *Bentham* in Of Laws in General, S.

*Berger, Peter L./Luckmann, Thomas*, Die gesellschaftliche Konstruktion der Wirklichkeit – Eine Theorie der Wissenssoziologie, 26. Aufl., Frankfurt am Main 2016, zit. als *Berger/Luckmann*, Konstruktion der Wirklichkeit, S.

*Berghaus, Margot*, Luhmann leicht gemacht – Eine Einführung in die Systemtheorie, 4. Aufl., Köln, Wien 2022, zit. als *Berghaus*, Luhmann, S.

*Berkenhoff, Hans Albert*, Tierstrafe, Tierbannung und rechtsrituelle Tiertötung im Mittelalter Leipzig u. a. 1937, zit. als *Berkenhoff*, Tierstrafe, Tierbannung und rechtsrituelle Tiertötung im Mittelalter, S.

*Berman, Paul Schiff*, Rats, Pigs, and Statues on Trial: The Creation of Cultural Narratives in the Prosecution of Animals and Inanimate Objects, GW Law Faculty Publications & Other Works 1994, S. 288 – 326.

*Bernhardt, Lorenz/van der Ham, Suann/Dworaczek, Michael/Herda, Eduard/Simoneit, Rebecca*, Immaterielle Wirtschaftsgüter, in: Vögele, Alexander/Borstell, Thomas/Bernhardt, Lorenz (Hrsg.), Verrechnungspreise, 5. Aufl., München 2020, zit. als *Bernhardt/van der Ham et al.* in Vögele/Borstell/Bernhardt, Kapitel O, Rn.

*Binavince, Emilio*, Die vier Momente der Fahrlässigkeitsdelikte, Bielefeld 1969, zit. als *Binavince*, Fahrlässigkeitsdelikte, S.

*Binding, Karl*, Lehrbuch des gemeinen deutschen Strafrechts, – besonderer Teil ; 1, 2. Aufl., Leipzig 1902, zit. als *Binding*, BT I, S.

*Binding, Karl,* Die Normen und ihre Übertretung ; 1 – Normen und Strafgesetze, 4. Aufl., Leipzig 1922 [Reprogr. Aalen 1965], zit. als *Binding,* Normen I, S.

*Binding, Karl,* Die Normen und ihre Übertretung ; 4 – Die Fahrlässigkeit. Mit Sachregister zu Band 3 und 4, Leipzig 1919 [Reprogr. Aalen 1965], zit. als *Binding,* Normen IV, S.

*Birnbaum, Johann Michael Franz,* Ueber das Erforderniß einer Rechtsverletzung zum Begriffe des Verbrechens, mit besonderer Rücksicht auf den Begriff der Ehrenkränkung, Archiv des Criminalrechts Neue Folge 15 (1834), S. 149 – 194.

*Blasek, Katrin,* KI-Regulierung in der Volksrepublik China, Recht Digital (RDi) 2023, S. 557 – 564.

*Bleckmann, Frank,* Strafrechtsdogmatik – wissenschaftstheoretisch, soziologisch, historisch – Das Beispiel des strafrechtlichen Vorsatzes, Freiburg i. Br. 2002, zit. als *Bleckmann,* Strafrechtsdogmatik, S.

*Bock, Dennis,* Römischrechtliche Ausgangspunkte der strafrechtlichen Beteiligungslehre – Täterschaft und Teilnahme im römischen Strafrecht 2006, zit. als *D. Bock,* römische Beteiligungslehre, S.

*Bock, Hauke/Höffler, Katrin,* Künstliche Intelligenz und Kriminalität, Kriminalpolitische Zeitschrift (KriPoZ) 2022, S. 257 – 266.

*Bockelmann, Paul,* Literaturbericht – Strafrecht – Besonderer Teil II, Zeitschrift für die gesamte Strafrechtswissenschaft (ZStW) 74 (1962), S. 304 – 315.

*Boehme-Neßler, Volker,* Prekäre Balance: Überlegungen zum heiklen Verhältnis von Richtern und Gutachtern, Rechtswissenschaft (RW) 5 (2014), S. 189 – 227.

*Böhm, Nicolas,* Effektive Strafverteidigung und Vertrauen, Baden-Baden 2021, zit. als *Böhm,* Strafverteidigung, S.

*Böhringer, Jacob,* Strafrechtliche Verantwortlichkeit für autonome Systeme, Recht Automobil Wirtschaft (RAW) 2019, S. 13 – 17.

*Bolsinger, Eckard,* Autonomie des Rechts? Niklas Luhmanns soziologischer Rechtspositivismus – Eine kritische Rekonstruktion, Politische Vierteljahresschrift 2001, S. 3 – 29.

*Bomhard, David/Merkle, Marieke,* Europäische KI-Verordnung – Der aktuelle Kommissionsentwurf und praktische Auswirkungen, Recht Digital (RDi) 2021, S. 276 – 283.

*Bora, Alfons,* Das Recht der Gesellschaft (1993), in: Jahraus, Oliver/Nassehi, Armin u. a. (Hrsg.), Luhmann-Handbuch – Leben – Werk – Wirkung, Stuttgart 2012, S. 230 – 236, zit. als *Bora* in Luhmann, S.

*Borges, Georg,* Rechtliche Rahmenbedingungen für autonome Systeme, Neue Juristische Wochenschrift (NJW) 2018, S. 977 – 982.

*Borges, Georg,* Haftung für KI-Systeme – Konzepte und Adressaten der Haftung, Computer und Recht (CR) 2022, S. 553 – 561.

*Boring, Edwin G.,* Intelligence as the test tests it, New Republic 1923, S. 35 – 37.

*Böse, Martin,* Strafbarkeit juristischer Personen : Selbstverständlichkeit oder Paradigmenwechsel im Strafrecht, Zeitschrift für die gesamte Strafrechtswissenschaft (ZStW) 2014, S. 132 – 165.

*Böse, Martin,* Das Rechtsgut der Auslandsbestechung (§ 335a StGB), Zeitschrift für Internationale Strafrechtsdogmatik (ZIS) 2018, S. 119 – 129.

*Bostrom, Nick,* Superintelligence – Paths, Dangers, Strategies, Oxford 2014, zit. als *Bostrom,* Superintelligence, S.

*Brand, Oliver,* Haftung und Versicherung beim Einsatz von Robotik in Medizin und Pflege, MedR 2019, S. 943 – 950.

*Brenner, Raphael,* Software im Fokus der neuen Produkthaftungsrichtlinie, RDi 2024, S. 345 – 352.

*Bröckers, Boris,* Strafrechtliche Verantwortung ohne Willensfreiheit, Baden-Baden 2015, zit. als *Bröckers,* Verantwortung ohne Willensfreiheit, S.

*Brockmann, Michael*, Das Rechtsgut des § 176 StGB – Zugleich ein Beitrag zur Leistungsfähigkeit des Rechtsgutsbegriffs als Hilfsmittel der Auslegung, Berlin 2015, zit. als *Brockmann*, Rechtsgut § 176, S.

*Brodowski, Dominik*, Grundfälle zu den Justizgrundrechten – Art. 103 II, III GG – nulla poena sine lege, ne bis in idem, Juristische Schulung (JuS) 2012, S. 892–896.

*Brodowski, Dominik*, Die Evolution des Strafrechts – Strafverfassungsrechtliche, europastrafrechtliche und kriminalpolitische Wirkungen auf Strafgesetzgebung, Baden-Baden 2023, zit. als *Brodowski*, Evolution des Strafrechts, S.

*Brons, Julia Maike*, Binnendissonanzen im AT, Baden-Baden 2014, zit. als *Brons*, Binnendissonanzen, S.

*Brown, Tom/Mann, Benjamin/Ryder, Nick/Subbiah, Melanie/Kaplan, Jared/Dhariwal, Prafulla/Neelakantan, Arvind/Shyam, Pranav/Sastry, Girish/Askell, Amanda/Agarwal, Sandhini/Herbert-Voss, Ariel/Krueger, Gretchen/Henighan, Tom/Child, Rewon/Ramesh, Aditya/Ziegler, Daniel/Wu, Jeffrey/Winter, Clemens/ Hesse, Christopher/Chen, Mark/Sigler, Eric/Litwin, Mateusz/Gray, Scott/Chess, Benjamin/Clark, Jack/ Berner, Christopher/McCandlish, Sam/Radford, Alec/Sutskever, Ilya/Amodei, Dario*, Language Models are Few-Shot Learner, Ithaca 2020, zit. als *Brown/Mann/Ryder et al.*, Language Models are Few-Shot Learners, S.

*Brox, Hans/Walker, Wolf-Dietrich*, Allgemeines Schuldrecht, 48. Aufl., München 2024, zit. als *Brox/Walker*, Schuldrecht AT, §, Rn.

*Brox, Hans/Walker, Wolf-Dietrich*, Besonderes Schuldrecht, 48. Aufl., München 2024, zit. als *Brox/Walker*, Schuldrecht BT, §, Rn.

*Bubeck, Sébastien/Chandrasekaran, Varun/Eldan, Ronen/Gehrke, Johannes/Horvitz, Eric/Kamar, Ece/Lee, Peter/Lee, Yin Tat/Li, Yuanzhi/Lundberg, Scott/Nori, Harsha/Palangi, Hamid/Ribeiro, Marco Tulio/ Zhang, Yi*, Sparks of Artificial General Intelligence – Early experiments with GPT-4, Ithaca 2023, zit. als *Bubeck/Chandrasekaran/Eldan et al.*, Sparks of AGI, S.

*Bues, Micha-Manuel*, Artificial Intelligence im Recht, in: Hartung, Markus/Bues, Micha-Manuel/Halbleib, Gernot (Hrsg.), Legal Tech – Die Digitalisierung des Rechtsmarkts, München 2018, zit. als *Bues* in Hartung/Bues/Halbleib, Rn.

*Burchard, Christoph*, Strafverfassungsrecht – Vorüberlegungen zu einem Schlüsselbegriff, in: Tiedemann, Klaus/Sieber, Ulrich u. a. (Hrsg.), Die Verfassung moderner Strafrechtspflege – Erinnerung an Joachim Vogel, Baden-Baden 2016, S. 27–62, zit. als *Burchard* in GS Vogel, S.

*Burchard, Christoph*, (Was bleibt vom) Strafrecht in der Big Data-Überwachungsgesellschaft?, Zeitschrift für die gesamte Strafrechtswissenschaft 135 (2023), S. 793–826.

*Burckhardt, Björn*, Bemerkungen zu den revisionistischen Übergriffen der Hirnforschung auf das Strafrecht, Mannheim 2006, zit. als *Burckhardt*, Bemerkungen Hirnforschung, S.

*Burgstaller, Manfred*, Das Fahrlässigkeitsdelikt im Strafrecht – Unter besonderer Berücksichtigung der Praxis in Verkehrssachen, Wien 1974, zit. als *Burgstaller*, Fahrlässigkeitsdelikt im Strafrecht, S.

*Burt, Peter*, Off the leash – The development of autonomous military drones in the UK, Oxford 2018, zit. als *Burt*, The development of autonomous military drones in the UK, S.

*Caldwell, Martyn/Andrews, Jerone/Tanay, Thomas/Griffin, Lewis*, AI-enabled future crime, Crime Science (Crime Sci) 2020, Nr. 14, S. 1–13.

*Canaris, Claus-Wilhelm*, Die Vertrauenshaftung im deutschen Privatrecht, Goldbach 1971, zit. als *Canaris*, Vertrauenshaftung, S.

*Carros, Felix/Eilers, Hannes/Langendorf, Johanna/Gözler, Murat/Wieching, Rainer/Lüssem, Jens*, Roboter als intelligente Assistenten in Betreuung und Pflege – Grenzen und Perspektiven im Praxiseinsatz, in: Pfannstiel, Mario (Hrsg.), Künstliche Intelligenz im Gesundheitswesen, Wiesbaden 2022, S. 793–819, zit. als *Carros/Eilers/Langendorf et al.* in KI im Gesundheitswesen, S.

*Castelvecchi, David*, Can we open the black box of AI?, Nature 2016, S. 20 – 23.
*Chalmers, David*, The singularity: A philosophical analysis, Journal of Consciousness Studies 2010, S. 7 – 65.
*Cirener, Gabriele/Radtke, Henning/Rissing-van Saan, Ruth/Rönnau, Thomas/Schluckebier, Wilhelm* (Hrsg.), Strafgesetzbuch – Leipziger Kommentar, Band 1 – §§ 1 – 18, 13. Aufl., Berlin, Boston 2020, zit. als *Bearbeiter* in LK, §, Rn.
*Citron, Danielle Keats*, Technological due process, Washington University Law Review 2008, S. 1249 – 1313.
*Cohen, Esther*, Law, Folklore and Animal Lore, Past & Present 1986, S. 6 – 37.
*Coleman, James Samuel*, Grundlagen der Sozialtheorie 1 – Handlungen und Handlungssysteme, München 1991, zit. als *Coleman*, Grundlagen der Sozialtheorie 1, S.
*Cornel, Heinz*, Die Entwicklung des deutschen Strafvollzugs nach der Föderalismusreform des Jahres 2006 mit der Verlagerung der Gesetzgebungskompetenz auf die Bundesländer, Neue Kriminalpolitik 2018, S. 16 – 20.
*Cornelius, Kai*, „Künstliche Intelligenz“, Compliance und sanktionsrechtliche Verantwortlichkeit, Zeitschrift für Internationale Strafrechtsdogmatik (ZIS) 2020, S. 51 – 64.
*Cornutus, Lucius Annaeus/Busch, Peter/Zangenberg, Jürgen*, Einführung in die griechische Götterlehre, Darmstadt 2011, zit. als *Cornutus/Busch/Zangenberg*, Götter, S.
*Craglia, Max*, Artificial Intelligence – A European Perspective, Luxemburg 2018, zit. als *Craglia*, A European Perspective, S.
*Cramer, Theresa*, Strafrechtsdogmatische Auflösung dilemmatischer Situationen beim autonomen Fahren – Entwicklung innovativer Leitlinien für die Programmierung von Notstandsalgorithmen in Lebensnotstandssituationen, Baden-Baden 2022, zit. als *Cramer*, Dilemma, S.
*Crootof, Rebecca*, A Meaningful Floor for 'Meaningful Human Control', Temple International & Comparative Law Journal 2016, S. 53 – 62.
*Dahan-Katz, Leora*, The Implications of Heuristics and Biases Research on Moral and Legal Responsibility, in: Vincent, Nicole A. (Hrsg.), Neuroscience and legal responsibility, New York 2013, S. 135 – 162, zit. als *Dahan-Katz* in Neuroscience and Legal Responsibility, S.
*Dannecker, Gerhard/Bülte, Jens*, Kapitel 1 – Die Entwicklung des Wirtschaftsstrafrechts in der Bundesrepublik Deutschland, in: Wabnitz, Heinz-Bernd/Janovsky, Thomas/Schmitt, Lothar (Hrsg.), Handbuch Wirtschafts- und Steuerstrafrecht, 5. Aufl., München 2020, zit. als *Dannecker/Bülte* in Wabnitz/Janovsky/Schmitt, Kap. 1, Rn.
*Darling, Kate*, Extending Legal Rights to Social Robots – The Effects of Anthropomorphism, Empathy, and Violent Behavior Towards Robotic Objects, Miami 2012, zit. als *Darling*, Extending Legal Rights to Social Robots, S.
*Dennett, Daniel Clement*, Intentional Systems, Journal of Philosophy 1971, S. 87 – 106.
*Dennett, Daniel Clement*, Conditions of personhood, in: Rorty, Amélie Oksenberg (Hrsg.), The identities of persons, Berkeley 1976, S. 175 – 197, zit. als *Dennett* in The Identities of Persons, S.
*Dettling, Heinz-Uwe/Krüger, Stefan*, Erste Schritte im Recht der Künstlichen Intelligenz – Entwurf der „Ethik-Leitlinien für eine vertrauenswürdige KI“, Multimedia und Recht (MMR) 2019, S. 211 – 217.
*Di Fabio, Udo*, Luhmann im Recht, in: Gripp-Hagelstange, Helga/Luhmann, Niklas (Hrsg.), Niklas Luhmanns Denken – Interdisziplinäre Einflüsse und Wirkungen, Konstanz 2000, S. 139 – 155, zit. als *Di Fabio* in Luhmanns Denken, S.
*Dinzelbacher, Peter*, Mittelalter, in: ders. (Hrsg.), Mensch und Tier in der Geschichte Europas, Stuttgart 2000, S. 181 – 292, zit. als *Dinzelbacher* in Mensch und Tier in der Geschichte Europas, S.

*Dinzelbacher, Peter,* Das fremde Mittelalter – Gottesurteil und Tierprozess, Darmstadt 2020, zit. als *Dinzelbacher,* Das fremde Mittelalter, S.

*Lackner, Karl/Kühl, Kristian/Heger, Martin* (Hrsg.), Strafgesetzbuch, 30. Aufl., München 2023, zit. als *Bearbeiter* in Lackner/Kühl/Heger, §, Rn.

*Driver, Godfrey Rolles/Miles, John,* The Babylonian laws ; 1. Legal commentary, Oxford 1960, zit. als *Driver/Miles,* Babylonian Law I, S.

*du Sautoy, Marcus/Schmid, Sigrid,* Der Creativity Code – wie künstliche Intelligenz schreibt, malt und denkt, München 2021, zit. als *du Sautoy/Schmid,* Creativity Code, S.

*Dürig, Günter/Herzog, Roman/Scholz, Rupert* (Hrsg.), Grundgesetz – Kommentar, 102. EL. München 2023, zit. als *Bearbeiter* in Dürig/Herzog/Scholz, Art., Rn.

*Duttge, Gunnar,* Zur Bestimmtheit des Handlungsunwerts von Fahrlässigkeitsdelikten, Tübingen 2001, zit. als *Duttge,* Fahrlässigkeit, S.

*Duttge, Gunnar,* Rechtsprechungsübersicht zur (strafrechtlichen) Fahrlässigkeit – Kontinuität und Wandel seit der Jahrtausendwende, Neue Zeitschrift für Strafrecht (NStZ) 2006, S. 266–274.

*Duttge, Gunnar,* Ein sachgerechter strafrechtsspezifischer Fahrlässigkeitsbegriff: unverzichtbar auch für die Strafjustizpraxis!, in: Barton, Stephan/Eschelbach, Ralf u. a. (Hrsg.), Festschrift für Thomas Fischer, München 2018, S. 201–215, zit. als *Duttge* in FS Fischer, S.

*Duttge, Gunnar,* Vorsatz, in: Hilgendorf, Eric/Kudlich, Hans/Valerius, Brian (Hrsg.), Handbuch des Strafrechts – Bd. 2. Strafrecht Allgemeiner Teil I, Heidelberg 2020, S. 311–350, zit. als *Duttge* in Handbuch des Strafrechts 2, § 35, Rn.

*Ebers, Martin/Heinze, Christian/Krügel, Tina/Steinrötter, Björn/Beck, Susanne* (Hrsg.), Künstliche Intelligenz und Robotik, München 2020, zit. als *Bearbeiter* in Rechtshandbuch KI, §, Rn.

*Ebert, Andreas/Spiecker gen. Döhmann, Indra,* Der Kommissionsentwurf für eine KI-Verordnung der EU – Die EU als Trendsetter weltweiter KI-Regulierung, Neue Zeitschrift für Verwaltungsrecht (NVwZ) 2021, S. 1188–1193.

*Ebert, Udo,* Das Vergeltungsprinzip im Strafrecht, in: Krummacher, Hans-Henrik (Hrsg.), Geisteswissenschaften – wozu? – Beispiele ihrer Gegenstände und ihrer Fragen ; eine Vortragsreihe der Johannes Gutenberg-Universität Mainz im Wintersemester 1987/88, Stuttgart 1988, S. 35–57, zit. als *U. Ebert* in Geisteswissenschaften, S.

*Ehrhardt, Helmut,* Die Schuldfähigkeit in psychatrisch-psychologischer Sicht, in: Frey, Erwin R. (Hrsg.), Schuld, Verantwortung, Strafe – Im Lichte der Theologie, Jurisprudenz, Soziologie, Medizin und Philosophie, Zürich 1964, S. 227–263, zit. als *Ehrhardt* in Schuld, Verantwortung, Strafe, S.

*Eilers, Wilhelm,* Codex Hammurabi – Die Gesetzesstele Hammurabis, 5. Aufl., Wiesbaden 2009, zit. als *W. Eilers,* Codex Hammurabi, S.

*El-Ghazi, Mohamad,* Die Abgrenzung von error in persona (vel obiecto) und aberratio ictus, Juristische Schulung (JuS) 2016, S. 303–308.

*Endreß, Martin,* Vertrauen und Vertrautheit – Phänomenologisch-anthropologische Grundlegung, in: Hartmann, Martin/Offe, Claus (Hrsg.), Vertrauen – Die Grundlage des sozialen Zusammenhalts, Frankfurt am Main 2001, S. 161–203, zit. als *Endreß* in Vertrauen und Vertrautheit, S.

*Engisch, Karl,* Die Kausalität als Merkmal der strafrechtlichen Tatbestände, Tübingen 1931, zit. als *Engisch,* Kausalität, S.

*Engisch, Karl,* Die Einheit der Rechtsordnung, Heidelberg 1935, zit. als *Engisch,* Die Einheit der Rechtsordnung.

*Engisch, Karl,* Der Unrechtstatbestand im Strafrecht – Eine kritische Betrachtung zum heutigen Stand der Lehre von der Rechtswidrigkeit im Strafrecht, in: Caemmerer, Ernst von (Hrsg.), Hundert

Jahre Deutsches Rechtsleben – Festschrift zum 100jährigen Bestehen des Deutschen Juristentages 1860–1960 Band 1, Karlsruhe 1960, S. 401–437, zit. als *Engisch* in FS DJT I, S.

*Engisch, Karl*, Untersuchungen über Vorsatz und Fahrlässigkeit im Strafrecht, Berlin 1930 [Neudr. Aalen 1964], zit. als *Engisch,* Vorsatz und Fahrlässigkeit, S.

*Engländer, Armin*, Das selbstfahrende Kraftfahrzeug und die Bewältigung dilemmatischer Situationen, Zeitschrift für Internationale Strafrechtsdogmatik (ZIS) 2016, S. 608–618.

*Englund, Peter*, Die Verwüstung – Eine Geschichte des Dreissigjährigen Krieges, Reinbek bei Hamburg 2013, zit. als *Englund,* Verwüstung, S.

*Epping, Volker/Hillgruber, Christian* (Hrsg.), BeckOK Grundgesetz, 59. Edition., München 2024, zit. als *Bearbeiter* in BeckOK GG, Art., Rn.

*Erb, Volker/Schäfer, Jürgen* (Hrsg.), Münchener Kommentar zum StGB, 4. Aufl., München 2020–2023, zit. als *Bearbeiter* in MüKo StGB, §, Rn.

*Erhardt, Jonathan/Mona, Martino*, Rechtsperson Roboter – Philosophische Grundlagen für den rechtlichen Umgang mit künstlicher Intelligenz, in: Gless, Sabine/Seelmann, Kurt (Hrsg.), Intelligente Agenten und das Recht, Baden-Baden 2016, S. 61–93, zit. als *Erhardt/Mona* in Intelligente Agenten und das Recht, S.

*Erikson, Erik Homburger*, Kindheit und Gesellschaft, 6. Aufl., Stuttgart 1976, zit. als *Erikson,* Kindheit und Gesellschaft, S.

*Esposito, Elena*, Artificial Communication? The Production of Contingency by Algorithms, Zeitschrift für Soziologie (ZfSoz) 2017, S. 249–265.

*Evans, Edward Payson*, The Criminal Prosecution and Capital Punishment of Animals, Sligo 1906, zit. als *Evans,* The Criminal Prosecution and Capital Punishment of Animals, S.

*Fateh-Moghadam, Bijan*, Innovationsverantwortung im Strafrecht: Zwischen strict liability, Fahrlässigkeit und erlaubtem Risiko – Zugleich ein Beitrag zur Digitalisierung des Strafrechts, Zeitschrift für die gesamte Strafrechtswissenschaft (ZStW) 131 (2019), S. 863–887.

*Fauconnet, Paul*, Warum es die Institution „Verantwortlichkeit" gibt, in: Lüderssen, Klaus/Sack, Fritz (Hrsg.), Seminar: Abweichendes Verhalten II: Die gesellschaftliche Reaktion auf Kriminalität, Band 1, Frankfurt am Main 1975, S. 293–314, zit. als *Fauconnet* in Abweichendes Verhalten 2/1, S.

*Feijoo Sánchez, Bernardo*, Positive Generalprävention. Gedanken zur Straftheorie Günther Jakobs', in: Pawlik, Michael (Hrsg.), Festschrift für Günther Jakobs – Zum 70. Geburtstag am 26. Juli 2007, Köln, Berlin, München 2007, S. 75–95, zit. als *Feijoo Sánchez* in FS Jakobs, S.

*Feinberg, Joel*, The expressive Function of Punishment, The Monist 1965, S. 397–423.

*Feldle, Jochen*, Notstandsalgorithmen – Dilemmata im automatisierten Straßenverkehr, Baden-Baden 2018, zit. als *Feldle,* Notstandsalgorithmen, S.

*Felix, Dagmar*, Einheit der Rechtsordnung – Zur verfassungsrechtlichen Relevanz einer juristischen Argumentationsfigur, Tübingen 1998, zit. als *Felix,* Einheit der Rechtsordnung, S.

*Fettke, Peter*, Umsatzsteuer, Zoll und Künstliche Intelligenz – Eine Einführung, Mehrwertsteuerrecht (MwStR) 2018, S. 463–471.

*Feuerbach, Paul Johann Anselm Ritter* von, Lehrbuch des gemeinen in Deutschland gültigen peinlichen Rechts, 14. Aufl., Aalen 1847, zit. als *Feuerbach,* Lehrbuch des gemeinen in Deutschland gültigen peinlichen Rechts, §.

*Filk, Thomas*, It is the Theory Which Decides What We Can Observe (Einstein), in: Dzhafarov, Ehtibar/Jordan, Scott/Zhang, Ru/Cervantes, Victor (Hrsg.), Contextuality from quantum physics to psychology, Bd. 6, Singapur 2016, S. 77–92, zit. als *Filk* in Contextuality from quantum physics to psychology, S.

*Fischer, Michael*, Tierstrafen und Tierprozesse – zur sozialen Konstruktion von Rechtssubjekten, Münster 2005, zit. als *M. Fischer*, Tierstrafen und Tierprozesse, S.
*Fischer, Michael*, Personifizierung, Objektivierung und die Logik der Kontrolle: zum Subjektstatus von Tieren in Tierstrafen, Tierprozessen und Tierschutz, in: Rehberg, Karl-Siegbert (Hrsg.), Die Natur der Gesellschaft – Verhandlungen des 33. Kongresses der Deutschen Gesellschaft für Soziologie in Kassel 2006, Frankfurt am Main, New York 2008, S. 5151 – 5168, zit. als *M. Fischer* in Die Natur der Gesellschaft, S.
*Fischer, Thomas*, Strafgesetzbuch – mit Nebengesetzen, 71. Aufl., München 2024, zit. als *Fischer*, StGB, §, Rn.
*Fischer-Lescano, Andreas*, Systemtheorie als kritische Gesellschaftstheorie, in: Amstutz, Marc/Fischer-Lescano, Andreas (Hrsg.), Kritische Systemtheorie – Zur Evolution einer normativen Theorie, Bielefeld 2013, S. 13 – 37, zit. als *Fischer-Lescano* in Kritische Systemtheorie, S.
*Foerste, Ulrich/Graf von Westphalen, Friedrich* (Hrsg.), Produkthaftungshandbuch, 4. Aufl., München 2024, zit als *Bearbeiter* in Produkthaftungshandbuch, §, Rn.
*Foerster, Heinz von*, KybernEthik, Berlin 1993, zit. als *v. Foerster*, KybernEthik, S.
*Foerster, Heinz von*, Understanding Understanding – Essays on Cybernetics and Cognition New York 2003, zit. als *v. Foerster*, Understanding Understanding, S.
*Foerster, Heinz* von/*Pörksen, Bernhard*, Wahrheit ist die Erfindung eines Lügners – Gespräche für Skeptiker, Heidelberg 1998, zit. als *v. Foerster/Pörksen*, Gespräche für Skeptiker, S.
*Försch, Sebastian/Klauschen, Frederick/Hufnagl, Peter/Roth, Wilfried*, Artificial Intelligence in Pathology, Deutsches Ärzteblatt international 2021, S. 199 – 204.
*Forst, Rainer*, Die noumenale Republik – Kritischer Konstruktivismus nach Kant, Berlin 2021, zit. als *Forst*, Noumenale Republik, S.
*Forster, Doris/Rieder, Janika*, Roboter als Rechtssubjekte – Der Streit um die E-Person, Juridica international 2021, S. 32 – 39.
*Frazer, James George*, Folk-lore in the Old Testament – studies in comparative religion, legend and law, London 1923, zit. als *Frazer*, Folk-lore, S.
*Freund, Georg*, Normative Probleme der „Tatsachenfeststellung" – Eine Untersuchung zum tolerierten Risiko einer Fehlverurteilung im Bereich subjektiver Deliktsmerkmale, Heidelberg 1986, zit. als *Freund*, Normative Probleme der Tatsachenfeststellung, S.
*Freund, Georg*, Erfolgsdelikt und Unterlassen – Zu den Legitimationsbedingungen von Schuldspruch und Strafe, Köln 1992 zit. als *Freund*, Erfolgsdelikt und Unterlassen, S.
*Freund, Georg*, Straftatbestand und Rechtsfolgebestimmung – Zur Bedeutung der gesetzlichen Regelungstechnik und der „harmonisierten" Strafrahmen für die Strafzumessung, Goltdammer's Archiv für Strafrecht (GA) 1999, S. 509 – 538.
*Freund, Georg/Rostalski, Frauke*, Strafrecht Allgemeiner Teil – Personale Straftatlehre, 3. Aufl., Berlin/Heidelberg 2019, zit. als *Freund/Rostalski*, AT, §, Rn.
*Freyler, Carmen*, Robot-Recruiting, Künstliche Intelligenz und das Antidiskriminierungsrecht, Neue Zeitschrift für Arbeitsrecht (NZA) 2020, S. 284 – 290.
*Frisch, Wolfgang*, Die Conditio-Formel: Anweisung zur Tatsachenfeststellung oder normative Aussage?, in: Dölling, Dieter (Hrsg.), Festschrift für Karl Heinz Gössel zum 70. Geburtstag am 16. Oktober 2002, Heidelberg 2002, S. 51 – 71, zit. als *Frisch* in FS Gössel, S.
*Frisch, Wolfgang*, Schuldgrundsatz und Verhältnismäßigkeitsgrundsatz, Neue Zeitschrift für Strafrecht (NStZ) 2013, S. 249 – 256.

*Frisch, Wolfgang*, Zum Zweck der Strafdrohung, in: Hefendehl, Roland/Hörnle, Tatjana/Greco, Luís (Hrsg.), Streitbare Strafrechtswissenschaft – Festschrift für Bernd Schünemann zum 70. Geburtstag am 01. November 2014, 2014, S. 55–68, zit. als *Frisch* in FS Schünemann, S.

*Frisch, Wolfgang*, Strafe, Straftat und Straftatsystem im Wandel, Goltdammer's Archiv für Strafrecht (GA) 2015, S. 65–85.

*Frisch, Wolfgang*, Voraussetzungen und Grenzen staatlichen Strafens, Neue Zeitschrift für Strafrecht (NStZ) 2016, S. 16–25.

*Frisch, Wolfgang*, Straftheorie, Verbrechensbegriff und Straftatsystem im Werk von Günther Jakobs, in: Kindhäuser, Urs/Kreß, Claus u. a. (Hrsg.), Strafrecht und Gesellschaft – Ein kritischer Kommentar zum Werk von Günther Jakobs, Tübingen 2019, S. 647–696, zit. als *Frisch* in Strafrecht und Gesellschaft, S.

*Frisch, Wolfgang*, Zum Begründungshintergrund von Übel und Tadel in der Theorie der Strafe – Grundlinien einer kommunikativen Straftheorie, Goltdammer's Archiv für Strafrecht (GA) 2019, S. 537–553.

*Frisch, Wolfgang*, Notwendigkeit und Legitimation staatlichen Strafens – Beiträge von 1977–2018, hrsg. von Pawlik, Michael/Freund, Georg/Murmann, Uwe, Tübingen 2021, zit. als *Frisch*, Notwendigkeit und Legitimation staatlichen Strafens

*Frister, Helmut*, Überlegungen zu einem agnostischen Begriff der Schuldfähigkeit, in: Freund, Georg (Hrsg.), Grundlagen und Dogmatik des gesamten Strafrechtssystems – Festschrift für Wolfgang Frisch zum 70. Geburtstag, Berlin 2013, S. 533–554, zit. als *Frister* in FS Frisch, S.

*Frister, Helmut*, Strafrecht Allgemeiner Teil, 10. Aufl., München 2023, zit. als *Frister*, AT, §, Rn.

*Fuchs, Peter*, Kommunikation mit Computern? – Zur Korrektur einer Fragestellung, Sociologica internationalis 1991, S. 1–30.

*Fuchs, Peter*, Sphinx ohne Geheimnis – Zur Unkenntlichkeitsbiographie Niklas Luhmanns, in: Jahraus, Oliver/Nassehi, Armin u. a. (Hrsg.), Luhmann-Handbuch – Leben – Werk – Wirkung, Stuttgart 2012, S. 4–6, zit. als *Fuchs* in Luhmann, S.

*Fuchs, Peter*, Kommunikation, in: Jahraus, Oliver/Nassehi, Armin u. a. (Hrsg.), Luhmann-Handbuch – Leben – Werk – Wirkung, Stuttgart 2012, S. 90–92, zit. als *Fuchs* in Luhmann, S.

*Fuchs, Peter*, Die Unbeeindruckbarkeit der Gesellschaft – Ein Essay zur Kritikabilität sozialer Systeme, in: Amstutz, Marc/Fischer-Lescano, Andreas (Hrsg.), Kritische Systemtheorie – Zur Evolution einer normativen Theorie, Bielefeld 2013, S. 99–110, zit. als *Fuchs* in Kritische Systemtheorie, S.

*Funke, Joachim/Vaterrodt, Bianca*, Was ist Intelligenz?, 3. Aufl., München 2009, zit. als *Funke/Vaterrodt*, Intelligenz, S.

*Gaede, Karsten*, Künstliche Intelligenz-Rechte und Strafen für Roboter? – Plädoyer für eine Regulierung künstlicher Intelligenz jenseits ihrer reinen Anwendung, Baden-Baden 2019, zit. als *Gaede*, KI, S.

*Gaede, Karsten/Mühlbauer, Tilo*, 2. Sitzung, Rechtsgüterschutz und Zurechnungsprobleme, in: Hefendehl, Roland/Hirsch, Andrew von/Wohlers, Wolfgang (Hrsg.), Die Rechtsgutstheorie – Legitimationsbasis des Strafrechts oder dogmatisches Glasperlenspiel?, Baden-Baden 2003, S. 297–302, zit. als *Gaede/Mühlbauer* in Rechtsgutstheorie, S.

*Gallas, Wilhelm*, Zum gegenwärtigen Stand der Lehre vom Verbrechen, Zeitschrift für die gesamte Strafrechtswissenschaft (ZStW) 67 (1955), S. 1–47.

*Gazeas, Nikolaos*, Das neue Geldwäsche-Strafrecht: Weitreichende Folgen für die Praxis, Neue Juristische Wochenschrift (NJW) 2021, S. 1041–1120.

*Gehlen, Arnold*, Gesamtausgabe – Seine Natur und seine Stellung in der Welt; textkritische Edition unter Einbeziehung des gesamten Textes der 1. Auflage von 1940, Frankfurt am Main 1993, zit. als *Gehlen*, Der Mensch, S.

*Geier, Manfred*, Eine Revolution der Denkart – Immanuel Kants Kritik der reinen Vernunft, in: Pörksen, Bernhard (Hrsg.), Schlüsselwerke des Konstruktivismus, 2. Aufl., Wiesbaden 2015, S. 21–34, zit. als *Geier* in Schlüsselwerke, S.

*Geminn, Christian*, Die Regulierung Künstlicher Intelligenz – Anmerkungen zum Entwurf eines Artificial Intelligence Act, Zeitschrift für Datenschutz (ZD) 2021, S. 354–359.

*Gergen, Kenneth*, Konstruierte Wirklichkeiten – Eine Hinführung zum sozialen Konstruktionismus, Stuttgart 2002, zit. als *K. Gergen*, Wirklichkeiten, S.

*Gergen, Thomas*, Tiere in der deutschen Rechtsgeschichte und im geltenden Recht, Natur und Recht (NuR) 2012, S. 96–102.

*Giddens, Anthony*, Konsequenzen der Moderne, 8. Aufl., Frankfurt am Main 2017, zit. als *Giddens*, Konsequenzen der Moderne, S.

*Glaserfeld, Ernst von*, Radikaler Konstruktivismus – Ideen, Ergebnisse, Probleme, 2. Aufl., Frankfurt am Main 1998, zit. als *v. Glasersfeld*, Radikaler Konstruktivismus, S.

*Glaserfeld, Ernst von*, Theorie der kognitiven Entwicklung – Das Werk Jean Piagets – Einführung in die Genetische Epistemologie, in: Pörksen, Bernhard (Hrsg.), Schlüsselwerke des Konstruktivismus, 2. Aufl., Wiesbaden 2015, S. 81–95, zit. als *v. Glasersfeld* in Schlüsselwerke, S.

*Glaserfeld, Ernst von*, „Was im Kopf des anderen vorgeht, können wir nie wissen" in: Pörksen, Bernhard (Hrsg.), Die Gewissheit der Ungewissheit: Gespräche zum Konstruktivismus, 4. Aufl., Heidelberg 2019, S. 46–69, zit. als *v. Glasersfeld* in Gespräche, S.

*Glaserfeld, Ernst von*, Konstruktion der Wirklichkeit und des Begriffes der Objektivität, in: Gumin, Heinz/Meier, Heinrich (Hrsg.), Einführung in den Konstruktivismus, 16. Aufl., München 2016, S. 9–39, zit. als *v. Glasersfeld* in Einführung in den Konstruktivismus, S.

*Gless, Sabine*, Strafrechtliche Produkthaftung, recht 2013, S. 54–64.

*Gless, Sabine*, „Mein Auto fuhr zu schnell, nicht ich!" – Strafrechtliche Verantwortung für hochautomatisiertes Fahren, in: Gless, Sabine/Seelmann, Kurt (Hrsg.), Intelligente Agenten und das Recht, Baden-Baden 2016, S. 225–251, zit. als *Gless* in Intelligente Agenten und das Recht, S.

*Gless, Sabine*, Von der Verantwortung einer E-Person – Würdigung eines unveröffentlichten Regelungsentwurfs von Professor Dr. Dr. h.c. Kurt Seelmann anlässlich seines 70. Geburtstags, Goltdammer's Archiv für Strafrecht (GA) 2017, S. 324–329.

*Gless, Sabine/Weigend, Thomas*, Intelligente Agenten und das Strafrecht, Zeitschrift für die gesamte Strafrechtswissenschaft (ZStW) 126 (2014), S. 561–591.

*Gómez-Jara Díez, Carlos*, Die Strafe: eine systemtheoretische Betrachtung, Rechtstheorie 2005, S. 321–340.

*Gortan, Markus*, Unterlassensstrafbarkeit geschäftsleitender Personen des Softwareherstellers selbstfahrender Fahrzeuge durch Produktbeobachtungspflichtverletzung, Computer und Recht (CR) 2018, S. 546–552.

*Görz, Günther/Schmid, Ute/Braun, Tanya* (Hrsg.), Handbuch der künstlichen Intelligenz, 6. Aufl., München 2021, zit. als *Bearbeiter* in Görz/Schmid/Braun, KI, S.

*Graf von Westphalen, Friedrich* (Hrsg.), Produkthaftungshandbuch – Band 1: Vertragliche und deliktische Haftung, Strafrecht und Produkt-Haftpflichtversicherung, München 1989, zit. als *Bearbeiter* in Produkthaftungshandbuch 1989, §, Rn.

*Grapentin, Justin*, Die Erosion der Vertragsgestaltungsmacht durch das Internet und den Einsatz Künstlicher Intelligenz, Neue Juristische Wochenschrift (NJW) 2019, S. 181–185.

*Greco, Luís*, Was lässt das Bundesverfassungsgericht von der Rechtsgutslehre übrig? – Gedanken anlässlich der Inzestentscheidung des Bundesverfassungsgerichts, Zeitschrift für Internationale Strafrechtsdogmatik (ZIS) 2008, S. 234–238.

*Greco, Luís*, Lebendiges und Totes in Feuerbachs Straftheorie – Ein Beitrag zur gegenwärtigen strafrechtlichen Grundlagendiskussion, Berlin 2009, zit. als *Greco*, Lebendiges und Totes Feuerbach, S.

*Greco, Luís*, Kausalitäts- und Zurechnungsfragen bei unechten Unterlassungsdelikten, Zeitschrift für Internationale Strafrechtsdogmatik (ZIS) 2011, S. 674–691.

*Greco, Luís*, Richterliche Macht ohne richterliche Verantwortung: Warum es den Roboter-Richter nicht geben darf, Rechtswissenschaft (RW) 2020, S. 29–62.

*Grizelj, Mario*, Luhmann, die Kybernetik und die Allgemeine Systemtheorie, in: Jahraus, Oliver/Nassehi, Armin u. a. (Hrsg.), Luhmann-Handbuch – Leben – Werk – Wirkung, Stuttgart 2012, S. 29–34, zit. als *Grizelj* in Luhmann, S.

*Groddek, Victoria* von, Struktur, in: Jahraus, Oliver/Nassehi, Armin u. a. (Hrsg.), Luhmann-Handbuch – Leben – Werk – Wirkung, Stuttgart 2012, S. 119–121, zit. als *Groddek* in Luhmann, S.

*Groh, Gunnar*, Künstliche Intelligenz, in: Weber, Klaus (Hrsg.), Rechtswörterbuch, 31. Aufl., München 2023, zit. als *Groh* in Webers Rechtswörterbuch, Stichwort „Künstliche Intelligenz".

*Gropp, Walter*, Der Zufall als Merkmal der aberratio ictus, in: Eser, Albin (Hrsg.), Festschrift für Theodor Lenckner zum 70. Geburtstag, München 1998, S. 55–68, zit. als *Gropp* in FS Lenckner, S.

*Gropp, Walter*, Schuldhaftigkeit und Schuld : „Allzu leicht verführt die Sprache das Denken", in: Paeffgen, Hans-Ullrich (Hrsg.), Strafrechtswissenschaft als Analyse und Konstruktion – Festschrift für Ingeborg Puppe zum 70. Geburtstag, Berlin 2011, S. 483–496, zit. als *Gropp* in FS Puppe, S.

*Gropp, Walter*, Tatstrafrecht und Verbrechenssystem und die Vorverlagerung der Strafbarkeit, in: Sinn, Arndt/Gropp, Walter/Nagy, Ferenc (Hrsg.), Grenzen der Vorverlagerung in einem Tatstrafrecht. Eine rechtsvergleichende Analyse am Beispiel des deutschen und ungarischen Strafrechts, Osnabrück 2011, S. 99–119, zit. als *Gropp* in Vorverlagerung, S.

*Gropp, Walter*, Strafrecht Allgemeiner Teil, 4. Aufl., Berlin, Heidelberg 2015, zit. als *Gropp*, AT (4. Auflage), §, Rn.

*Gropp, Walter*, Der unvermeidbare Erlaubnistatumstandsirrtum – ein Rechtfertigungsgrund sui generis! – zugleich Überlegungen zum „erlaubten Risiko", in: Bode, Thomas/Mrosk, Martin/Wrage, Nikolaus (Hrsg.), Festschrift für Gerhard Wolf, 2018, S. 203–216, zit. als *Gropp* in FS Wolf, S.

*Gropp, Walter/Sinn, Arndt*, Strafrecht Allgemeiner Teil, 5. Aufl., Berlin, Heidelberg 2020, zit. als *Gropp/Sinn*, AT, §, Rn.

*Große Vorholt, André*, Behördliche Stellungnahmen in der strafrechtlichen Produkthaftung – Zur Konkretisierung von Sorgfaltspflichten bei Risikoentscheidungen, Baden-Baden 1997, zit. als *Große Vorholt*, Behördliche Stellungnahmen, S.

*Grünberg, Patricia*, Die Theorie des öffentlichen Vertrauens und aktuelle empirische Befunde, in: Haller, Michael (Hrsg.), Öffentliches Vertrauen in der Mediengesellschaft, Köln 2017, S. 78–99, zit. als *Grünberg* in Öffentliches Vertrauen, S.

*Grünhut, Max*, Methodische Grundlagen der heutigen Strafrechtswissenschaft, in: Hegler, August (Hrsg.), Festgabe für Reinhard von Frank zum 70. Geburtstag ; 1, 1930. Aufl., Aalen 1969, S. 1–32, zit. als *Grünhut* in FG von Frank, S.

*Guggenberger, Leonid*, Einsatz künstlicher Intelligenz in der Verwaltung, Neue Zeitschrift für Verwaltungsrecht (NVwZ) 2019, S. 844–850.

*Gumpp, Tobias/Schneider, Marc Pierre*, Methoden der Künstlichen Intelligenz in der Rechtswissenschaft, Zeitschrift für Digitalisierung und Recht (ZfDR) 2021, S. 155–174.

*Gunning, David/Stefik, Mark/Choi, Jaesik/Miller, Timothy/Stumpf, Simone/Yang, Guang-Zhong*, XAI-Explainable artificial intelligence, Science Robotics 37/2019, eaay7120.

*Günther, Klaus*, Die symbolisch-expressive Bedeutung der Strafe – Eine neue Straftheorie jenseits von Vergeltung und Prävention?, in: Prittwitz, Cornelius (Hrsg.), Festschrift für Klaus Lüderssen – Zum 70. Geburtstag am 2. Mai 2002, Baden-Baden 2002, S. 205 – 220, zit. als *Günther* in FS Lüderssen, S.

*Haagen, Christian*, Verantwortung für künstliche Intelligenz – Ethische Aspekte und zivilrechtliche Anforderungen bei der Herstellung von KI-Systemen, Baden-Baden 2021, zit. als *Haagen*, Verantwortung, S.

*Haagen, Christian/Lohmann, Anna*, Künstliche Intelligenz und das Strafrecht, in: Hartmann, Matthias (Hrsg.), KI and Recht Kompakt, Berlin, Heidelberg 2020, S. 257 – 306, zit. als *Haagen/A. Lohmann* in KI kompakt, S.

*Habermas, Jürgen*, Theorie der Gesellschaft oder Sozialtechnologie? – Eine Auseinandersetzung mit Niklas Luhmann, in: Habermas, Jürgen/Luhmann, Niklas (Hrsg.), Theorie der Gesellschaft oder Sozialtechnologie – was leistet die Systemforschung?, 10. Aufl., Frankfurt am Main 1990, S. 142 – 290, zit. als *Habermas* in Habermas/Luhmann, S.

*Hacker, Philipp*, Verhaltens- und Wissenszurechnung beim Einsatz von Künstlicher Intelligenz, Rechtswissenschaft (RW) 2018, S. 243 – 288.

*Haddenbrock, Sigfried*, „Steuerungsfähigkeit" zur Tatvermeidung – Hauptparameter forensischer Schuldfähigkeit?, Monatsschrift für Kriminologie und Strafrechtsreform (MschrKrim) 1994, S. 44 – 60.

*Haenlein, Michael/Kaplan, Andreas*, A Brief History of Artificial Intelligence: On the Past, Present, and Future of Artificial Intelligence, California management review 2019, S. 5 – 14.

*Haffke, Bernhard*, Die Legitimation des staatlichen Strafrechts zwischen Effizienz, Freiheitsverbürgung und Symbolik, in: Schünemann, Bernd/Achenbach, Hans u. a. (Hrsg.), Festschrift für Claus Roxin zum 70. Geburtstag am 15. Mai 2001, Berlin 2001, S. 955 – 975, zit. als *Haffke* in FS Roxin I, S.

*Haller, Michael*, Was wird aus der digitalisierten Medienwelt? – Überlegungen zu einer Neubestimmung der Theorie des öffentlichen Vertrauens, in: ders. (Hrsg.), Öffentliches Vertrauen in der Mediengesellschaft, Köln 2017, S. 15 – 77, zit. als *Haller* in Öffentliches Vertrauen, S.

*Hallevy, Gabriel*, The Criminal Liability of Artificial Intelligence Entities – from Science Fiction to Legal Social Control, Akron Intellectual Property Journal 4 (2010), S. 171 – 201.

*Hallevy, Gabriel*, When Robots kill – Artificial intelligence under criminal law, Boston 2013, zit. als *Hallevy*, Robots kill, S.

*Hamon, Ronan/Junklewitz, Henrik/Malgieri, Gianclaudio/Hert, Paul* de/*Beslay, Laurent/Sanchez, Ignacio*, Impossible Explanations? – Beyond explainable AI in the GDPR from a COVID-19 Use Case Scenario, in: ACM (Hrsg.), Proceedings of the 2021 ACM Conference on Fairness, Accountability, and Transparency – FAccT '21: 2021 ACM Conference on Fairness, Accountability, and Transparency, New York,NY,United States 2021, S. 549 – 559, zit. als *Hamon/Junklewitz et al.* in Proceedings of the ACM 2021, S.

*Harke, Jan Dirk*, Die Rechtspositionen am Sklaven – Ansprüche aus Delikten am Sklaven, Stuttgart 2013, zit. als *Harke*, Delikte am Sklaven, S.

*Harke, Jan Dirk*, Sklavenhalterhaftung in Rom, in: Gless, Sabine/Seelmann, Kurt (Hrsg.), Intelligente Agenten und das Recht, Baden-Baden 2016, S. 97 – 117, zit. als *Harke* in Intelligente Agenten und das Recht, S.

*Hart, Herbert Lionel Adolphus*, The concept of law, 2. Aufl., Oxford 1994, zit. als *Hart*, The Concept of Law, S.

*Harth, Jonathan/Feisst, Martin*, Neue soziale Kontingenzmaschinen – Überlegungen zu künstlicher sozialer Intelligenz am Beispiel der Interaktion mit GPT-3, in: Schnell, Martin W./Nehlsen, Lukas (Hrsg.), Begegnungen mit Künstlicher Intelligenz – Intersubjektivität, Technik, Lebenswelt, Weilerswist 2022, S. 70–103, zit. als *Harth/Feißt* in Begegnungen mit KI, S.

*Hartung, Markus/Bues, Micha-Manuel/Halbleib, Gernot* (Hrsg.), Legal Tech – Die Digitalisierung des Rechtsmarkts, München 2018, zit. als *Hartung/Bues/Halbleib*, Legal Tech.

*Haslam, S. Alexander/Reicher, Stephen/van Bavel, Jay*, Rethinking the Nature of Cruelty: The Role of Identity Leadership in the Stanford Prison Experiment, American Psychologist 2019, S. 809–822.

*Hassemer, Winfried*, Theorie und Soziologie des Verbrechens – Ansätze zu einer praxisorientierten Rechtsgutslehre, Frankfurt am Main 1973, zit. als *Hassemer*, Theorie und Soziologie des Verbrechens, S.

*Hassemer, Winfried*, Buchbesprechung – Amelung, Knut: Rechtsgüterschutz und Schutz der Gesellschaft. Untersuchungen zum Inhalt und Anwendungsbereich eines Strafrechtsprinzips auf dogmengeschichtlicher Grundlage. Zugleich ein Beitrag zur Lehre von der „Sozialschädlichkeit" des Verbrechens. Frankfurt: Athenäum 1972. XV, 439 S., Zeitschrift für die gesamte Strafrechtswissenschaft (ZStW) 87 (1975), S. 146–164.

*Hassemer, Winfried*, Produktverantwortung im modernen Strafrecht, 2. Aufl., Heidelberg 1996, zit. als *Hassemer*, Produktverantwortung, S.

*Hassemer, Winfried*, Das Symbolische am symbolischen Strafrecht, in: Schünemann, Bernd/Achenbach, Hans u. a. (Hrsg.), Festschrift für Claus Roxin zum 70. Geburtstag am 15. Mai 2001, Berlin 2001, S. 1001–1019, zit. als *Hassemer* in FS Roxin I, S.

*Hassemer, Winfried*, Strafrechtlicher Rechtsgüterschutz unter der Verfassung, in: Karras, Argyrios (Hrsg.), Timētikos tomos gia ton Nikolao K. Andrulakē – = Festschrift für Nikolaos K. Androulakis, Athēna 2003, S. 207–224, zit. als *Hassemer* in FS Androulakis, S.

*Hassemer, Winfried/Neumann, Ulfried*, Vor § 1, in: Kindhäuser, Urs/Neumann, Ulfrid/Paeffgen, Hans-Ullrich (Hrsg.), Strafgesetzbuch, 5. Aufl. Baden-Baden 2017, zitiert als *Hassemer/Neumann* in Kindhäuser/Neumann/Paeffgen, Vor § 1, Rn.

*Hastedt, Alisa*, Neue Herausforderungen für das Recht durch „Impossibility Structures"? – „Nothing works. Let's make crime impossible.", Multimedia und Recht (MMR) 2021, S. 696–700.

*Hau, Wolfgang/Poseck, Roman* (Hrsg.), BeckOK BGB, 71. Edition, München 2024, zit. als *Bearbeiter* in BeckOK BGB, §, Rn.

*Hefendehl, Roland*, Kollektive Rechtsgüter im Strafrecht, Köln u. a. 2002, zit. als *Hefendehl*, Kollektive Rechtsgüter im Strafrecht, S.

*Hefendehl, Roland*, § 399 AktG in Henssler, Martin (Hrsg.) beck-online. Grosskommentar zum AktG, 01.10.2024 München, zit. als *Hefendehl* in BeckOGK, § 399, Rn.

*Hefendehl, Roland/Hirsch, Andrew* von/*Wohlers, Wolfgang* (Hrsg.), Die Rechtsgutstheorie – Legitimationsbasis des Strafrechts oder dogmatisches Glasperlenspiel?, Baden-Baden 2003, zit. als *Hefendehl/von Hirsch/Wohlers*, Die Rechtsgutstheorie – Legitimationsbasis des Strafrechts oder dogmatisches Glasperlenspiel?

*Hegel, Georg Wilhelm Friedrich/Brandt, Horst D.*, Grundlinien der Philosophie des Rechts – Auf der Grundlage der Edition des Textes in den Gesammelten Werken Band 14, Hamburg 2013, zit. als *Hegel*, Grundlinien der Philosophie im Recht, §.

*Heger, Martin*, Strafrecht, in: Voigt, Rüdiger (Hrsg.), Handbuch Staat, Berlin 2018, S. 1249–1259, zit. als *Heger* in Handbuch Staat, S.

*Heinrich, Bernd*, Handlung und Erfolg bei Distanzdelikten, in: ders. (Hrsg.), Festschrift für Ulrich Weber zum 70. Geburtstag – 18. September 2004, Bielefeld 2004, S. 91 – 108, zit. als *Heinrich* in FS Weber, S.

*Heintschel-Heinegg, Bernd von/Kudlich, Hans* (Hrsg.), Beck'scher Online-Kommentar – StGB, 63. Edition, München 2024, zit. als *Bearbeiter* in BeckOK StGB, §, Rn.

*Helwig, Richard*, Der Ultima-Ratio-Satz im Strafrecht – ein Scheinriese der Verfassung?, Deutsche Richterzeitung (DRiZ) 2017, S. 92 – 97.

*Henkel, Heinrich*, Strafverfahrensrecht – ein Lehrbuch, 2. Aufl., Stuttgart, Berlin, Köln, Mainz 1968, zit. als *Henkel*, Strafverfahrensrecht, S.

*Hennrich, Jasmin/Kauffmann, Anna/Buck, Christoph/Eymann, Torsten*, Künstliche Intelligenz in der hausärztlichen Versorgung, in: Pfannstiel, Mario (Hrsg.), Künstliche Intelligenz im Gesundheitswesen, Wiesbaden 2022, S. 413 – 430, zit. als *Hennrich/Kauffmann/Buch/Eymann* in KI im Gesundheitswesen, S.

*Henslin, James M.*, Trust and the Cab Driver, in: Truzzi, Marcello (Hrsg.), Sociology and everyday life, Englewood Cliffs 1968, S. 138 – 158, zit. als *Henslin* in Sociology and everyday life, S.

*Herberger, Maximilian*, „Künstliche Intelligenz" und Recht – Ein Orientierungsversuch –, Neue Juristische Wochenschrift (NJW) 2018, S. 2825 – 2829.

*Herzberg, Rolf Dietrich*, Gedanken zum strafrechtlichen Handlungsbegriff und zur „vortatbestandlichen" Deliktsverneinung, Goltdammer's Archiv für Strafrecht (GA) 1996, S. 1 – 18.

*Herzberg, Rolf Dietrich*, Vollendeter Mord bei Tötung des falschen Opfers?, Neue Zeitschrift für Strafrecht (NStZ) 1999, S. 217 – 221.

*Herzberg, Rolf Dietrich*, Der Vorsatz als „Schuldform", als „aliud" zur Fahrlässigkeit und als „Wissen und Wollen"?, in: Roxin, Claus/Widmaier, Gunter/Canaris, Claus-Wilhelm (Hrsg.), 50 Jahre Bundesgerichtshof – Band 4. Strafrecht, Strafprozeßrecht, München 2000, S. 51 – 82, zit. als *Herzberg* in FG BGH IV, S.

*Hevelke, Alexander/Nida-Rümelin, Julian*, Selbstfahrende Autos und Trolley-Probleme: Zum Aufrechnen von Menschenleben im Falle unausweichlicher Unfälle, Jahrbuch für Wissenschaft und Ethik (JW&E) 2015, S. 5 – 24.

*Hilgendorf, Eric*, Punitivität und Rechtsgutslehre – Skeptische Anmerkungen zu einigen Leitbegriffen der heutigen Strafrechtstheorie, Neue Kriminalpolitik 2010, S. 125 – 131.

*Hilgendorf, Eric*, Können Roboter schuldhaft handeln?, in: Beck, Susanne (Hrsg.), Jenseits von Mensch und Maschine – Ethische und rechtliche Fragen zum Umgang mit Robotern, Künstlicher Intelligenz und Cyborgs, Baden-Baden 2012, S. 119 – 132, zit. als *Hilgendorf*, Jenseits von Mensch und Maschine, S.

*Hilgendorf, Eric*, Automatisiertes Fahren, in: Deutscher Verkehrsgerichtstag – Deutsche Akademie für Verkehrswissenschaft (Hrsg.), 53. Deutscher Verkehrsgerichtstag 2015 – Veröffentlichung der auf dem 53. Deutschen Verkehrsgerichtstag vom 28. bis 30. Januar 2015 in Goslar gehaltenen Vorträge, Referate und erarbeiteten Empfehlungen, Köln 2015, S. 55 – 73, zit. als *Hilgendorf* in 53. DVT 2015, S.

*Hilgendorf, Eric*, Strafrechtliche Produkthaftung in Rotsch, Thomas (Hrsg.), Criminal Compliance – Handbuch, Baden-Baden 2015, zit. als *Hilgendorf* in Criminal Compliance, § 10, Rn.

*Hilgendorf, Eric*, Autonomes Fahren im Dilemma – Überlegungen zur moralischen und rechtlichen Behandlung von selbsttätigen Kollisionsvermeidesystemen, in: ders. (Hrsg.), Autonome Systeme und neue Mobilität – Ausgewählte Beiträge zur 3. und 4. Würzburger Tagung zum Technikrecht, Baden-Baden 2017, S. 143 – 175, zit. als *Hilgendorf* in Autonome Systeme und neue Mobilität, S.

*Hilgendorf, Eric*, Automatisiertes Fahren und Recht – ein Überblick, Juristische Arbeitsblätter (JA) 2018, S. 801–807.

*Hilgendorf, Eric*, Automatisiertes Fahren und Strafrecht – der „Aschaffenburger Fall", Deutsche Richterzeitung (DRiZ) 2018, S. 66–69.

*Hilgendorf, Eric*, Autonome Systeme, künstliche Intelligenz und Roboter, in: Barton, Stephan/ Eschelbach, Ralf u. a. (Hrsg.), Festschrift für Thomas Fischer, München 2018, S. 99–115, zit. als *Hilgendorf* in FS Fischer, S.

*Hilgendorf, Eric*, Robotik, Künstliche Intelligenz, Ethik und Recht. Neue Grundlagenfragen des Technikrechts, in: Hentschel, Anja/Hornung, Gerrit/Jandt, Silke (Hrsg.), Mensch – Technik – Umwelt: Verantwortung für eine sozialverträgliche Zukunft – Festschrift für Alexander Roßnagel zum 70. Geburtstag, Baden-Baden 2020, S. 545–564, zit. als *Hilgendorf* in FS Roßnagel, S.

*Hilgendorf, Eric*, Straßenverkehrsrecht der Zukunft – Der Entwurf eines Gesetzes zum autonomen Fahren vom 12. 2. 2021, JuristenZeitung (JZ) 2021, S. 444–454.

*Hilgendorf, Eric*, Vom Werkzeug zum Partner? Zum Einfluss intelligenter Artefakte auf unsere sozialen Normen und die Aufgaben des Rechts – Skizze eines interdisziplinären Forschungsprojekts, in: Engelhart, Marc/Kudlich, Hans/Vogel, Benjamin (Hrsg.), Digitalisierung, Globalisierung und Risikoprävention – Festschrift für Ulrich Sieber zum 70. Geburtstag. 2 Teilbände, Berlin 2021, S. 767–778, zit. als *Hilgendorf* in FS Sieber, S.

*Hillenkamp, Thomas/Cornelius, Kai*, 32 Probleme aus dem Strafrecht: Allgemeiner Teil, München 2023, zit. als *Hillenkamp/Cornelius*, Probleme, S.

*Hirsch, Andrew* von, Censure and sanctions, Oxford 1993, zit. als *v. Hirsch*, Censure and Sanctions, S.

*Hirsch, Philipp-Alexander*, Künstliche Intelligenz, normative Ansprechbarkeit und die normentheoretische Beschreibung des Strafrechts, in: Kuhli, Milan/Rostalski, Frauke (Hrsg.), Normentheorie im digitalen Zeitalter, Baden-Baden 2023, S. 151–176, zit. als *Hirsch* in Normentheorie im digitalen Zeitalter, S.

*His, Rudolf*, Das Strafrecht des deutschen Mittelalters – Teil 2, Die einzelnen Verbrechen, Aalen 1964, zit. als *His*, Das Strafrecht des deutschen Mittelalters 2, S.

*Hobbes, Thomas*, Naturrecht und allgemeines Staatsrecht in den Anfangsgründen, Berlin 1926, zit. als *Hobbes*, Naturrecht

*Hoffmann-Riem, Wolfgang*, Innovation und Recht – Recht und Innovation – Recht im Ensemble seiner Kontexte, Tübingen 2016, zit. als *Hoffmann-Riem*, Innovation und Recht, S.

*Hohenleitner, Ferdinand*, Die strafrechtliche Verantwortung der Hersteller automatisierter und autonomer Fahrzeuge, Berlin 2024, zit. als *Hohenleitner*, Automatisierte Fahrzeuge, S.

*Hondrich, Karl Otto*, Systemtheorie als Instrument der Gesellschaftsanalyse, in: Maciejewski, Franz (Hrsg.), Theorie der Gesellschaft oder Sozialtechnologie – was leistet die Systemforschung? – Beiträge zur Habermas-Luhmann-Diskussion, 10. Aufl., Frankfurt am Main 1973, S. 88–114, *Hondrich* in Beiträge zur Habermas-Luhmann-Diskussion, S.

*Honig, Richard M.*, Die Einwilligung des Verletzten – Teil I. Die Geschichte des Einwilligungsproblems und die Methodenfrage, Mannheim u. a. 1919, zit. als *Honig*, Einwilligung des Verletzten, S.

*Honsell, Heinrich*, Römisches Recht, 8. Aufl., Berlin, Heidelberg 2015, zit. als *Honsell*, Römisches Recht, S.

*Hörnle, Tatjana*, Grob anstößiges Verhalten – Strafrechtlicher Schutz von Moral, Gefühlen und Tabus, Frankfurt am Main 2005, zit. als *Hörnle*, Grob anstößiges Verhalten, S.

*Hörnle, Tatjana*, Die Rolle des Opfers in der Straftheorie und im materiellen Strafrecht, JuristenZeitung (JZ) 2006, S. 950–958.

*Hörnle, Tatjana*, Das Verbot des Geschwisterinzests – Verfassungsgerichtliche Bestätigung und verfassungsrechtliche Kritik, Neue Juristische Wochenschrift (NJW) 2008, S. 2085 – 2088.
*Hörnle, Tatjana*, Gegenwärtige Strafbegründungstheorien: Die herkömmliche deutsche Diskussion, in: Hirsch, Andreas von/Neumann, Ulfrid/Seelmann, Kurt (Hrsg.), Strafe – Warum? – Gegenwärtige Strafbegründungen im Lichte von Hegels Straftheorie, Baden-Baden 2011, S. 11 – 30, zit. als *Hörnle* in Strafe – Warum?, S.
*Hörnle, Tatjana*, Kriminalstrafe ohne Schuldvorwurf, Baden-Baden 2013, zit. als *Hörnle*, Kriminalstrafe ohne Schuldvorwurf, S.
*Hörnle, Tatjana*, Guilt and Choice in Criminal Law Theory – A Critical Assessment, Bergen Journal of Criminal Law & Criminal Justice 2016, S. 1 – 24.
*Hörnle, Tatjana*, Straftheorien, 2. Aufl., Tübingen 2017, zit. als *Hörnle*, Straftheorien, S.
*Hörnle, Tatjana*, Zwecke und Rechtfertigung staatlicher Strafe, in: Saliger, Frank/Isfen, Osman u. a. (Hrsg.), Rechtsstaatliches Strafrecht – Festschrift für Ulfrid Neumann zum 70. Geburtstag, Heidelberg 2017, 593 – 605, zit. als *Hörnle* in FS Neumann, S.
*Hörnle, Tatjana*, Straftheorien, in: Hilgendorf, Eric/Kudlich, Hans/Valerius, Brian (Hrsg.), Handbuch des Strafrechts – Bd. 1. Grundlagen des Strafrechts, Heidelberg 2019, S. 507 – 538, zit. als *Hörnle* in Handbuch des Strafrechts 1, § 12, Rn.
*Hörnle, Tatjana/Wohlers, Wolfgang*, Das Trolley Problem Reloaded – Wie sind autonome Fahrzeuge für Leben-gegen-Leben-Dilemmata zu programmieren?, Goltdammer's Archiv für Strafrecht (GA) 2018, S. 12 – 34.
*Hoven, Elisa*, Was macht Straftatbestände entbehrlich? – Plädoyer für eine Entrümpelung des StGB, Zeitschrift für die gesamte Strafrechtswissenschaft (ZStW) 129 (2017), S. 334 – 348.
*Hoven, Elisa*, Die neue liberale Lust am Strafrecht?, Zeitschrift für die gesamte Strafrechtswissenschaft (ZStW) 135 (2023), S. 707 – 735.
*Hoyer, Andreas*, Erlaubtes Risiko und technologische Entwicklung, Zeitschrift für die gesamte Strafrechtswissenschaft (ZStW) 121 (2009), S. 860 – 881.
*Hülle, Werner*, Von Tierprozessen im deutschen Recht, Deutsche Richterzeitung (DRiZ) 1990, S. 135 – 137.
*Ibold, Victoria*, Künstliche Intelligenz und Strafrecht, Baden-Baden 2024, zit. als *Ibold*, KI, S.
*Jacoby, Adolf*, Homunkulus, in: Bächtold-Stäubli, Hanns/Hoffmann-Krayer, Eduard (Hrsg.), Handwörterbuch des deutschen Aberglaubens, Bd. 4, Berlin, Leipzig 1931 [Neudr. Berlin 1987], S. 286 – 289, zit. als *Jacoby* in Handwörterbuch des deutschen Aberglaubens, S.
*Jahn, Matthias*, Strafprozessuale Eingriffsmaßnahmen im Lichte der aktuellen Rechtsprechung des BverfG – Unter besonderer Berücksichtigung der in BVerfGK 1 – 5 veröffentlichten Entscheidungen –, Neue Zeitschrift für Strafrecht (NStZ) 2007, S. 255 – 265.
*Jahn, Matthias*, Strafverfassungsrecht: Das Grundgesetz als Herausforderung für die Dogmatik des Straf- und Strafverfahrensrechts, in: Tiedemann, Klaus/Sieber, Ulrich u. a. (Hrsg.), Die Verfassung moderner Strafrechtspflege – Erinnerung an Joachim Vogel, Baden-Baden 2016, S. 63 – 86, zit. als *Jahn* in GS Vogel, S.
*Jahn, Matthias*, Bestimmtheitsgrundsatz und Wesentlichkeitstheorie im Strafverfassungsrecht: „It's the interpretation, stupid" – Kommentar zum Beitrag von Friederike Wapler, in: Bäcker, Matthias/Burchard, Christoph (Hrsg.), Strafverfassungsrecht, Tübingen 2022, S. 205 – 222, zit. als *Jahn* in Strafverfassungsrecht, S.
*Jahn, Matthias/Brodowski, Dominik*, Krise und Neuaufbau eines strafverfassungsrechtlichen Ultima Ratio-Prinzips, JuristenZeitung (JZ) 2016, S. 969 – 980.

*Jahn, Matthias/Brodowski, Dominik*, Das Ultima Ratio-Prinzip als strafverfassungsrechtliche Vorgabe zur Frage der Entbehrlichkeit von Straftatbeständen, Zeitschrift für die gesamte Strafrechtswissenschaft (ZStW) 129 (2017), S. 363–381.

*Jahn, Matthias/Schmitt-Leonardy, Charlotte*, Referendarsexamensklausur – Strafrecht: Hässliche Models, Juristische Schulung (JuS) 2020, S. 605–612.

*Jahraus, Oliver*, Psychisches System, in: Jahraus, Oliver/Nassehi, Armin u. a. (Hrsg.), Luhmann-Handbuch – Leben – Werk – Wirkung, Stuttgart 2012, S. 111–113, zit. als *Jahraus* in Luhmann, S.

*Jahraus, Oliver*, Strukturelle Kopplung, in: Jahraus, Oliver/Nassehi, Armin u. a. (Hrsg.), Luhmann-Handbuch – Leben – Werk – Wirkung, Stuttgart 2012, S. 121–123, zit. als *Jahraus* in Luhmann, S.

*Jakobs, Günther*, Schuld und Prävention, Tübingen 1976, zit. als *Jakobs*, Schuld und Prävention, S.

*Jakobs, Günther*, Strafrechtliche Schuld ohne Willensfreiheit?, in: Henrich, Dieter (Hrsg.), Aspekte der Freiheit – Vortragsreihe der Univ. Regensburg, Regensburg 1982, S. 69–83, zit. als *Jakobs* in Aspekte der Freiheit, S.

*Jakobs, Günther*, Strafrecht, Allgemeiner Teil – Die Grundlagen und die Zurechnungslehre. Lehrbuch, 2. Auflage, Berlin 1991, zit. als *Jakobs*, AT, Abschn., Rn.

*Jakobs, Günther*, Der strafrechtliche Handlungsbegriff – Kleine Studie, München 1992, zit. als *Jakobs*, Handlung, S.

*Jakobs, Günther*, Das Schuldprinzip, Opladen 1993, zit. als *Jakobs*, Schuldprinzip, S.

*Jakobs, Günther*, Das Strafrecht zwischen Funktionalismus und „alteuropäischem" Prinzipiendenken – Oder: Verabschiedung des „alteuropäischen" Strafrechts?, Zeitschrift für die gesamte Strafrechtswissenschaft (ZStW) 107 (1995), S. 843–876.

*Jakobs, Günther*, Norm, Person, Gesellschaft – Vorüberlegungen zu einer Rechtsphilosophie, Berlin 1997, zit. als *Jakobs*, Norm, Person, Gesellschaft, 1. Auflage, S.

*Jakobs, Günther*, Bürgerstrafrecht und Feindstrafrecht, Onlinezeitschrift für Höchstrichterliche Rechtsprechung im Strafrecht (HRRS) 2004, S. 88–95.

*Jakobs, Günther*, Staatliche Strafe – Bedeutung und Zweck, Paderborn 2004, zit. als *Jakobs*, Staatliche Strafe, S.

*Jakobs, Günther*, Norm, Person, Gesellschaft – Vorüberlegungen zu einer Rechtsphilosophie, 3. Aufl., Berlin 2008, zit. als *Jakobs*, Norm, Person, Gesellschaft, S.

*Jakobs, Günther*, Rechtsgüterschutz? Zur Legitimation des Strafrechts, Paderborn 2012, zit. als *Jakobs*, Rechtsgüterschutz, S.

*Jakobs, Günther*, Recht und Gut – Versuch einer strafrechtlichen Begriffsbildung, in: Freund, Georg (Hrsg.), Grundlagen und Dogmatik des gesamten Strafrechtssystems – Festschrift für Wolfgang Frisch zum 70. Geburtstag, Berlin 2013, S. 81–93, zit. als *Jakobs* in FS Frisch, S.

*Jakobs, Günther*, Drei Bemerkungen zum gesellschaftsfunktionalen Schuldbegriff, in: Heger, Martin/Kelker, Brigitte/Schramm, Edward (Hrsg.), Festschrift für Kristian Kühl zum 70. Geburtstag, München 2014, S. 281–293, zit. als *Jakobs* in FS Kühl, S.

*Jakobs, Günther*, Welzels Bedeutung für die heutige Strafrechtswissenschaft, in: Frisch, Wolfgang/Jakobs, Günther u. a. (Hrsg.), Lebendiges und Totes in der Verbrechenslehre Hans Welzels, Tübingen 2015, S. 257–275, zit. als *Jakobs* in Lebendiges und Totes Welzel, S.

*Jalava, Janne*, From Norms to Trust – The Luhmannian Connections between Trust and System, European Journal of Social Theory 2003, S. 173–190.

*Jalava, Janne*, Trust as a Decision – The Problems and Functions of Trust in Luhmannian Systems Theory, Helsinki 2006, zit. als *Jalava*, Trust as Decision.

*Jastrow, Ignaz*, Zur strafrechtlichen Stellung der Sklaven bei Deutschen und Angelsachsen, Breslau 1878, zit. als *Jastrow*, Sklaven, S.

*Jellinek, Georg*, Allgemeine Staatslehre, 3. Aufl., [Nachdr. Bad Homburg 1960], zit. als *Jellinek*, Allgemeine Staatslehre, S.

*Jescheck, Hans-Heinrich*, Der strafrechtliche Handlungsbegriff in dogmengeschichtlicher Entwicklung, in: Bockelmann, Paul (Hrsg.), Festschrift für Eberhard Schmidt zum 70. Geburtstag, Göttingen 1961, S. 139–155, zit. als *Jescheck* in FS Eb. Schmidt, S.

*Jescheck, Hans-Heinrich*, Wandlungen des strafrechtlichen Schuldbegriffs in Deutschland und Österreich, Revista Electrónica de Ciencia Penal y Criminología (RECPC) 2003, 1–17.

*Jescheck, Hans-Heinrich/Weigend, Thomas*, Lehrbuch des Strafrechts – Allgemeiner Teil, 5. Aufl., Berlin 1996, zit. als *Jescheck/Weigend*, AT, S.

*Joas, Hans/Knöbl, Wolfgang*, Sozialtheorie – Zwanzig einführende Vorlesungen, 6. Aufl., Frankfurt am Main 2020, zit. als *Joas/Knöbl*, Sozialtheorie, S.

*Joerden, Jan C.*, Strafrechtliche Perspektiven der Robotik, in: Hilgendorf, Eric/Günther, Jan-Philipp (Hrsg.), Robotik und Gesetzgebung – Beiträge der Tagung vom 7. bis 9. Mai 2012 in Bielefeld, Baden-Baden 2013, S. 195–209, zit. als *Joerden* in Robotik und Gesetzgebung, S.

*Joerden, Jan C.*, Zum Einsatz von Algorithmen in Notstandslagen. Das Notstandsdilemma bei selbstfahrenden Kraftfahrzeugen als strafrechtliches Grundproblem, in: Hilgendorf, Eric (Hrsg.), Autonome Systeme und neue Mobilität – Ausgewählte Beiträge zur 3. und 4. Würzburger Tagung zum Technikrecht, Baden-Baden 2017, S. 73–97, zit. als *Joerden* in Autonome Systeme und neue Mobilität, S.

*John, Robert*, Haftung für künstliche Intelligenz – Rechtliche Beurteilung des Einsatzes intelligenter Softwareagenten im E-Commerce, Hamburg 2007, zit. als *John*, Haftung, S.

*Jones, Karen*, Trust and Terror, in: DesAutels, Peggy/Walker, Margaret Urban (Hrsg.), Moral psychology – Feminist Ethics and Social Theory, Lanham 2004, S. 3–18, zit. als *Jones* in Moral Psychology, S.

*Jung, Svetlana*, Vertrauen ist gut, Kontrolle ist besser, in: Frey, Dieter (Hrsg.), Psychologie der Sprichwörter, Berlin 2017, S. 81–87, zit. als *Jung* in Sprichwörter, S.

*Jünger, Friedrich Georg*, Griechische Mythen, 6. Aufl., Frankfurt am Main 2015, zit. als *Jünger*, Mythen, S.

*Jürgensohn, Thomas/Platho, Christiana/Stegmaier, David/Hartwig, Matthias/Krampitz, Mathilde/Funk, Lorenz/Plass, Timon/Ehrlich, Heiko*, Rechtliche Rahmenbedingungen für die Bereitstellung autonomer und KI-Systeme 2021, zit. als *Jürgensohn/Platho/Stegmaier et al.*, Rechtliche Rahmenbedingungen, S.

*Kaissis, Georgios A./Makowski, Marcus R./Rückert, Daniel/Braren, Rickmer F.*, Secure, privacy-preserving and federated machine learning in medical imaging, Nature Machine Intelligence 2020, S. 305–311.

*Kant, Immanuel/Kraft, Bernd/Schönecker, Dieter*, Grundlegung zur Metaphysik der Sitten, mit einer Einl. von Bernd Kraft und Dieter Schönecker, Hamburg 1999, zit. als *Kant*, Grundlegung zur Metaphysik der Sitten, S.

*Kaplan, Jerry*, Artificial intelligence – What everyone needs to know, New York 2016, zit. als *Kaplan*, AI, S.

*Kargl, Walter*, Kommunikation kommuniziert? – Kritik des rechtssoziologischen Autopoiesebegriffs, Rechtstheorie 1990, S. 352–373.

*Kargl, Walter*, Die Funktion des Strafrechts in rechtstheoretischer Sicht – Schlußfolgerungen aus dem Milgram-Experiment, Heidelberg 1995, zit. als *Kargl*, Schlußfolgerungen Milgram, S.

*Kaspar, Johannes*, Grundprobleme der Fahrlässigkeitsdelikte – Teil 2, Juristische Schulung (JuS) 2012, S. 112–117.

*Kaspar, Johannes*, Verhältnismäßigkeit und Grundrechtsschutz im Präventionsstrafrecht, Baden-Baden 2014, zit. als *Kaspar,* Verhältnismäßigkeit und Grundrechtsschutz im Präventionsstrafrecht, S.

*Kauffmann, Anna/Hennrich, Jasmin/Buck, Christoph/Eymann, Torsten*, Künstliche Intelligenz in der Radiologie und Strahlentherapie aus der Perspektive von Ärzten und Medizinphysikexperten – Eine Interviewstudie, in: Pfannstiel, Mario (Hrsg.), Künstliche Intelligenz im Gesundheitswesen, Wiesbaden 2022, S. 617 – 638, zit. als *Kauffmann/Hennrich/Buck/Eymann* in KI im Gesundheitswesen, S.

*Kaufmann, Armin*, Lebendiges und Totes in Bindings Normentheorie – Normenlogik und moderne Strafrechtsdogmatik, Göttingen 1954, zit. als *Arm. Kaufmann,* Lebendiges und Totes Binding, S.

*Kaufmann, Armin*, Tatbestandsmäßigkeit und Verursachung im Contergan-Verfahren: Folgerungen für das geltende Recht und für die Gesetzgebung, JuristenZeitung (JZ) 1971, S. 569 – 576.

*Kaufmann, Arthur,* Die ontologische Struktur der Handlung, Skizze einer personalen Handlungslehre, in: Naucke, Wolfgang/Geerds, Friedrich (Hrsg.), Beiträge zur gesamten Strafrechtswissenschaft – Festschrift für Hellmuth Mayer zum 70. Geburtstag am 1. Mai 1965, Berlin 1966, S. 79 – 118, zit. als *Arth. Kaufmann* in FS H. Mayer, S.

*Kaufmann, Arthur,* Subsidiaritätsprinzip und Strafrecht, in: Roxin, Claus (Hrsg.), Grundfragen der gesamten Strafrechtswissenschaft – Festschrift für Heinrich Henkel zum 70. Geburtstag am 12. September 1973, Tübingen 1974, S. 89 – 108, zit. als *Arth. Kaufmann* in FS Henkel, S.

*Kaulartz, Markus/Braegelmann, Tom* (Hrsg.), Rechtshandbuch Artificial Intelligence und Machine Learning, München 2020, zit. als *Bearbeiter* in Rechtshandbuch AI, S.

*Kelsen, Hans*, Reine Rechtslehre, 2. Aufl., Wien 1960, zit. als *Kelsen,* Reine Rechtslehre, S.

*Kempf, Eberhard/Lüderssen, Klaus/Volk, Klaus* (Hrsg.), Unternehmensstrafrecht, Berlin 2012, zit. als *Kempf/Lüderssen/Volk,* Unternehmensstrafrecht.

*Kette, Sven/Tacke, Veronika*, Systemtheorie, Organisation und Kritik, in: Scherr, Albert (Hrsg.), Systemtheorie und Differenzierungstheorie als Kritik – Perspektiven in Anschluss an Niklas Luhmann, Weinheim, Basel 2015, S. 232 – 265, zit. als *Kette/Tacke* in Systemtheorie und Differenzierungstheorie als Kritik, S.

*Kienapfel, Diethelm*, Das erlaubte Risiko im Strafrecht – Zur Lehre vom sozialen Handlungsbegriff, Frankfurt am Main 1966, zit. als *Kienapfel,* Erlaubtes Risiko, S.

*Kindhäuser, Urs*, Erlaubtes Risiko und Sorgfaltswidrigkeit – Zur Struktur strafrechtlicher Fahrlässigkeitshaftung, Goltdammer's Archiv für Strafrecht (GA) 1994, S. 197 – 223.

*Kindhäuser, Urs*, Risikoerhöhung und Risikoverringerung, Zeitschrift für die gesamte Strafrechtswissenschaft (ZStW) 120 (2008), S. 481 – 503.

*Kindhäuser, Urs/Neumann, Ulfrid/Paeffgen, Hans-Ullrich/Saliger, Frank* (Hrsg.), Strafgesetzbuch, 6. Aufl. Baden-Baden 2023, zitiert als *Bearbeiter* in Kindhäuser/Neumann/Paeffgen/Saliger, §, Rn.

*Kirchmeier, Christian*, Sinn, in: Jahraus, Oliver/Nassehi, Armin u. a. (Hrsg.), Luhmann-Handbuch – Leben – Werk – Wirkung, Stuttgart 2012, S. 117 – 119, zit. als *Kirchmeier* in Luhmann, S.

*Kischel, Uwe*, Darf der Gesetzgeber das Bundesverfassungsgericht ignorieren? – Zum erneuten Erlaß für nichtig erklärter Gesetze, Archiv des öffentlichen Rechts (AöR) 131 (2006), S. 219 – 254.

*Kittelmann, Marlies/Mössner, Thomas*, Die neue Europäische Maschinenverordnung, Arbeitsschutz in Recht und Praxis (ARP) 2023, S. 322 – 328.

*Kleiner, Cornelius*, Die elektronische Person – Entwurf eines Zurechnungs- und Haftungssubjekts für den Einsatz autonomer Systeme im Rechtsverkehr, Baden-Baden 2021, zit. als *Kleiner,* ePerson, S.

*Klingenberg, Georg*, Juristisch speziell definierte Sklavengruppen – Servus Fugitivus, Stuttgart 2005, zit. als *Klingenberg,* Servus Fugitivus, S.

*Klymenko, Iryna*, Autopoiesis, in: Jahraus, Oliver/Nassehi, Armin u. a. (Hrsg.), Luhmann-Handbuch – Leben – Werk – Wirkung, Stuttgart 2012, S. 69–71, zit. als *Klymenko* in Luhmann, S.

*Kneer, Georg/Nassehi, Armin*, Niklas Luhmanns Theorie sozialer Systeme – Eine Einführung, 4. Aufl., München 2000, zit. als *Kneer/Nassehi*, Theorie sozialer Systeme, S.

*Köck, Wolfram Karl*, Neurosophie – Humberto R. Maturanas Biologie der Kognition, in: Pörksen, Bernhard (Hrsg.), Schlüsselwerke des Konstruktivismus, 2. Aufl., Wiesbaden 2015, S. 197–214, zit. als *Köck* in Schlüsselwerke, S.

*Köck, Wolfram Karl*, Von der Wahrheit zur Viabilität – Ernst von Glaserfelds Radikaler Konstruktivismus, in: Pörksen, Bernhard (Hrsg.), Schlüsselwerke des Konstruktivismus, 2. Aufl., Wiesbaden 2015, S. 367–386, zit. als *Köck* in Schlüsselwerke, S.

*Kohring, Matthias*, Vertrauen in Journalismus – Theorie und Empirie, Konstanz 2004, zit. als *Kohring*, Vertrauen in Journalismus, S.

*Konopka, Melitta*, Das psychische System in der Systemtheorie Niklas Luhmanns Bochum 1994, zit. als *Konopka*, Das psychische System in der Systemtheorie Niklas Luhmanns, S.

*Krack, Ralf*, Jetzt geht's los – typische Klausurfehler im Rahmen der Versuchsprüfung, Juristische Arbeitsblätter (JA) 2015, 905–911.

*Kramer, Samuel Noah*, Ur-Nammu Law Code, Orientalia 1954, S. 40–51.

*Krause, Detlef*, Luhmann-Lexikon, 4. Aufl., Stuttgart 2005, zit. als Krause, Luhmann-Lexikon, S.

*Krauss, Detlef*, Rechtsgut und kein Ende – Zur Strafbarkeit des Geschwisterinzests (BVerfGE 120, 224), in: Herzog, Felix/Neumann, Ulfrid/Bae, Jong dae (Hrsg.), Festschrift für Winfried Hassemer – Zum 70. Geburtstag am 17. Februar 2010, Heidelberg 2010, S. 423–437, zit. als *Krauss* in FS Hassemer, S.

*Kreutzer, Ralf T./Sirrenberg, Marie*, Künstliche Intelligenz verstehen – Grundlagen – Use-Cases – unternehmenseigene KI-Journey, Wiesbaden 2019, zit. als *Kreutzer/Sirrenberg*, KI, S.

*Kubiciel, Michael*, Die Flexibilisierung des Strafrechts, in: Hilgendorf, Eric/Kudlich, Hans/Valerius, Brian (Hrsg.), Handbuch des Strafrechts – Bd. 1. Grundlagen des Strafrechts, Heidelberg 2019, S. 1083–1127, zit. als *Kubiciel* in Handbuch des Strafrechts 1, § 24, Rn.

*Kubiciel, Michael/Weigend, Thomas*, Maßstäbe wissenschaftlicher Strafgesetzgebungskritik, Kriminalpolitische Zeitschrift (KriPoZ) 2019, S. 35–40.

*Kudlich, Hans*, Die Verletzung gesetzlicher Sondernormen und ihre Bedeutung für die Bestimmung der Sorgfaltspflichtverletzung, in: Dannecker, Gerhard (Hrsg.), Festschrift für Harro Otto – Zum 70. Geburtstag am 1. April 2007, Köln u. a. 2007, S. 373–388, zit. als *Kudlich* in FS Otto, S.

*Kuehn, Johannes/Haddadin, Sami*, An Artificial Robot Nervous System To Teach Robots How To Feel Pain And Reflexively React To Potentially Damaging Contacts, IEEE Robotics and Automation Letters 2017, S. 72–79.

*Kühl, Kristian*, Beobachtungen zur nachlassenden und begrenzten Legitimationswirkung des Rechtsguts für Strafvorschriften, in: Hilgendorf, Eric/Rengier, Rudolf (Hrsg.), Festschrift für Wolfgang Heinz – Zum 70. Geburtstag, Baden-Baden 2012, S. 766–777, zit. als *Kühl* in FS Heinz, S.

*Kühl, Kristian*, Zur Legitimität der Strafvorschrift „Unterlassene Hilfeleistung“, in: Freund, Georg (Hrsg.), Grundlagen und Dogmatik des gesamten Strafrechtssystems – Festschrift für Wolfgang Frisch zum 70. Geburtstag, Berlin 2013, S. 785–795, zit. als *Kühl* in FS Frisch, S.

*Kühl, Kristian*, Strafrecht Allgemeiner Teil, 8. Aufl., München 2017, zit. als *Kühl*, AT, §, Rn.

*Kuhlen, Lothar*, Zum Umweltstrafrecht in der Bundesrepublik Deutschland – 1. Teil, Wirtschaft und Verwaltung (WuV) 1991, S. 181–253.

*Kuhlen, Lothar,* Strafrechtliche Produkthaftung, in: Roxin, Claus/Widmaier, Gunter/Canaris, Claus-Wilhelm (Hrsg.), 50 Jahre Bundesgerichtshof – Band 4. Strafrecht, Strafprozeßrecht, München 2000, S. 647 – 673, zit. als *Kuhlen* in FS BGH IV, S.

*Kuhlen, Lothar,* Strafrechtliche Produkthaftung, in: Achenbach, Hans/Ransiek, Andreas/Rönnau, Thomas (Hrsg.), Handbuch Wirtschaftsstrafrecht, 6. Aufl., Heidelberg 2024, zit. als *Kuhlen* in Achenbach/Ransiek/Rönnau, 4. Teil, Kap. 1, Rn.

*Kühne, Hans-Heiner,* Strafrechtliche Produkthaftung in Deutschland, Neue Juristische Wochenschrift (NJW) 1997, S. 1951 – 1954.

*Kumkar, Lea Katharina/Rapp, Julian Philipp,* Deepfakes – Eine Herausforderung für die Rechtsordnung, Zeitschrift für Digitalisierung und Recht (ZfDR) 2022, S. 199 – 228.

*Lagioia, Francesca/Sartor, Giovanni,* AI Systems Under Criminal Law: a Legal Analysis and a Regulatory Perspective, Philosophy and Technology 2020, S. 433 – 465.

*Lagodny, Otto,* Strafrecht vor den Schranken der Grundrechte – Die Ermächtigung zum strafrechtlichen Vorwurf im Lichte der Grundrechtsdogmatik, dargestellt am Beispiel der Vorfeldkriminalisierung, Tübingen 1996, zit. als *Lagodny,* Strafrecht vor den Schranken der Grundrechte, S.

*Lagodny, Otto,* Das materielle Strafrecht als Prüfstein der Verfassungsdogmatik, in: Hefendehl, Roland/Hirsch, Andrew von/Wohlers, Wolfgang (Hrsg.), Die Rechtsgutstheorie – Legitimationsbasis des Strafrechts oder dogmatisches Glasperlenspiel?, Baden-Baden 2003, S. 83 – 88, zit. als *Lagodny* in Rechtsgutstheorie, S.

*Lantwin, Tobias,* Deep Fakes – Düstere Zeiten für den Persönlichkeitsschutz? – Rechtliche Herausforderungen und Lösungsansätze, Multimedia und Recht (MMR) 2019, S. 574 – 578.

*Lassak, Andrea,* Grundloses Vertrauen – Eine theologische Studie zum Verhältnis von Grund- und Gottvertrauen ; 83, Tübingen 2015, zit. als *Lassak,* Grundloses Vertrauen, S.

*Lauterwein, Carl Constantin,* Symbolische Gesetzgebung – Eine Untersuchung am Beispiel Strafrecht, München 2006, zit. als *Lauterwein,* Symbolische Gesetzgebung, S.

*Lay, Maxwell G.,* Die Geschichte der Straße – Vom Trampelpfad zur Autobahn, 2. Aufl., Frankfurt am Main, New York 1994, zit. als *Lay,* Die Geschichte der Straße, S.

*Lee, Kye Il,* Die Struktur der juristischen Entscheidung aus konstruktivistischer Sicht, Tübingen 2010, zit. als *Lee,* Juristische Entscheidung, S.

*Lehmann, Matthias,* Der Begriff der Rechtsfähigkeit, Archiv für die civilistische Praxis (AcP) 207 (2007), S. 225 – 255.

*Lemov, Rebecca,* World as laboratory – Experiments with mice, mazes and men, New York, 2005, zit. als *Lemov,* World as laboratory, S.

*Lenz, Tobias,* Die strafrechtliche Produktverantwortung als Damokles-Schwert für die Geschäftsleitung, in: ders./Janßen, Ellen/Klindt, Thomas/Lenz, Stefanie/Weitzel, Mike (Hrsg.), Produkthaftung, 2. Aufl., München 2022, zit. als *Lenz* in Produkthaftung, § 2, Rn.

*Lenzen, Manuela,* Künstliche Intelligenz – Was sie kann & was uns erwartet, 4. Aufl., München 2023, zit. als *Lenzen,* KI, S.

*Lepsius, Oliver,* Normenhierarchie und Stufenbau der Rechtsordnung, Juristische Schulung (JuS) 2018, S. 950 – 954.

*Lesch, Heiko Hartmut,* Der Verbrechensbegriff : Grundlinien einer funktionalen Revision, Köln u.a. 1999, zit. als *Lesch,* Verbrechensbegriff, S.

*Lessig, Lawrence,* Code and Other Laws of Cyberspace, New York 1999, zit. als *Lessig,* Code and other Laws of Cyberspace, S.

*Li, Tian/Sahu, Anit Kumar/Talwalkar, Ameet/Smith, Virginia*, Federated Learning: Challenges, Methods, and Future Directions 2019, zit. als *Li/Sahu/Talwalkar/Smith*, Federated Learning: Challenges, Methods, and Future Directions.

*Lima, Gabriel/Cha, Meeyoung/Jeon, Chihyung/Park, Kyung Sin*, The Conflict Between People's Urge to Punish AI and Legal Systems, Frontiers in Robotics and AI 2021, 756242.

*Lipton, Zachary C.*, The Mythos of Model Interpretability, ACM Queue 3/2018, S. 31 – 57.

*Liszt, Franz von*, Der Zweckgedanke im Strafrecht, Zeitschrift für die gesamte Strafrechtswissenschaft (ZStW) 3 (1883), S. 1 – 47.

*Liszt, Franz von*, Lehrbuch des deutschen Strafrechts, 20. Aufl., Berlin 1914, zit. als *v. Liszt*, Lehrbuch des deutschen Strafrechts, S.

*Liszt, Franz* von/*Schmidt, Eberhard*, Lehrbuch des deutschen Strafrechts – Band I: Einleitung und Allgemeiner Teil, 26. Aufl., Berlin 1932, zit. als *v. Liszt/Eb. Schmidt*, Lehrbuch des deutschen Strafrechts, S.

*Lohmann, Anna*, Strafrecht im Zeitalter von Künstlicher Intelligenz – Der Einfluss von autonomen Systemen und KI auf die tradierten strafrechtlichen Verantwortungsstrukturen, Baden-Baden 2021, zit. als *A. Lohmann*, KI, S.

*Lohmann, Melinda*, Roboter als Wundertüten – eine zivilrechtliche Haftungsanalyse, Aktuelle Juristische Praxis (AJP) 2017, S. 152 – 162.

*Lorenz, Dieter*, Der Rechtsschutz des Bürgers und die Rechtsweggarantie, Goldbach 1973, zit. als *Lorenz*, Der Rechtsschutz des Bürgers und die Rechtsweggarantie, S.

*Luhmann, Niklas*, Selbst-Thematisierungen des Gesellschaftssystems / Self-Thematizations of the Societal System, Zeitschrift für Soziologie 1973, S. 21 – 46.

*Luhmann, Niklas*, Funktionen und Folgen formaler Organisation, 3. Aufl., Berlin 1976, zit. als *Luhmann*, Funktionen und Folgen formaler Organisationen, S.

*Luhmann, Niklas*, Kommunikation mit Zettelkästen, in: Baier, Horst/Kepplinger, Hans Mathias/Reumann, Kurt (Hrsg.), Öffentliche Meinung und sozialer Wandel / Public Opinion and Social Change, Opladen 1981, S. 222 – 228, zit. als *Luhmann* in Öffentliche Meinung und sozialer Wandel, S.

*Luhmann, Niklas*, Die Einheit des Rechtssystems, Rechtstheorie 1983, S. 129 – 154.

*Luhmann, Niklas*, Legitimation durch Verfahren, Frankfurt am Main 1983, zit. als *Luhmann*, Legitimation durch Verfahren, S.

*Luhmann, Niklas*, Soziale Systeme – Grundriß einer allgemeinen Theorie, Frankfurt am Main 1987, zit. als *Luhmann*, Soziale Systeme, S.

*Luhmann, Niklas*, Erkenntnis als Konstruktion – Vortrag im Kunstmuseum Bern, 23. Oktober 1988, Bern 1988, zit. als *Luhmann*, Erkenntnis als Konstruktion.

*Luhmann, Niklas*, Zwei Seiten des Rechtsstaates, in: Nihon Hikakuhō Kenkyūjo (Hrsg.), Conflict and Integration – Comparative law in the world today ; the 40th anniversary of the Institute of Comparative Law in Japan, Chuo University 1988, Tokyo 1989, S. 493 – 506, zit. als *Luhmann* in Conflict and Integration, S.

*Luhmann, Niklas*, Die Stellung der Gerichte im Rechtssystem, Rechtstheorie 1990, S. 459 – 473.

*Luhmann, Niklas*, Essays on self-reference, New York1990, zit. als *Luhmann*, Essays on self-reference, S.

*Luhmann, Niklas*, Systemtheoretische Argumentationen – Eine Entgegnung auf Jürgen Habermas, in: Habermas, Jürgen/Luhmann, Niklas (Hrsg.), Theorie der Gesellschaft oder Sozialtechnologie – was leistet die Systemforschung?, 10. Aufl., Frankfurt am Main 1990, S. 291 – 405, zit. als *Luhmann* in Habermas/Luhmann, S.

*Luhmann, Niklas*, Verfassung als evolutionäre Eigenschaft, Rechtshistorisches Journal 1990, S. 176 – 220.

*Luhmann, Niklas*, Die Wissenschaft der Gesellschaft, Frankfurt am Main 1992, zit. als *Luhmann*, Wissenschaft der Gesellschaft, S.

*Luhmann, Niklas*, Die Wirtschaft der Gesellschaft, Frankfurt am Main 1994, zit. als *Luhmann*, Wirtschaft der Gesellschaft, S.

*Luhmann, Niklas*, Die Kunst der Gesellschaft, Frankfurt am Main 1995, zit. als *Luhmann*, Kunst der Gesellschaft, S.

*Luhmann, Niklas*, Das Recht der Gesellschaft, Frankfurt am Main 1995, zit. als *Luhmann*, Recht der Gesellschaft, S.

*Luhmann, Niklas*, Die Gesellschaft der Gesellschaft, Frankfurt am Main 1998, zit. als *Luhmann*, Gesellschaft der Gesellschaft, S.

*Luhmann, Niklas*, Ausdifferenzierung des Rechts – Beiträge zur Rechtssoziologie und Rechtstheorie, Berlin 1999, zit. als *Luhmann*, Ausdifferenzierung des Rechts, S.

*Luhmann, Niklas*, Short Cuts 1, 3. Aufl., Frankfurt am Main 2001, zit. als *Luhmann*, Short Cuts 1, S.

*Luhmann, Niklas*, Vertrautheit, Zuversicht, Vertrauen. Probleme und Alternativen, in: Hartmann, Martin/Offe, Claus (Hrsg.), Vertrauen – Die Grundlage des sozialen Zusammenhalts, Frankfurt am Main 2001, S. 143–160, zit. als *Luhmann* in Vertrauen, S.

*Luhmann, Niklas*/Kieserling, André (Hrsg.), Die Religion der Gesellschaft, Frankfurt am Main 2002, zit. als *Luhmann*, Religion der Gesellschaft, S.

*Luhmann, Niklas*/Baecker, Dirk (Hrsg.), Einführung in die Systemtheorie, 4. Aufl., Heidelberg 2004, zit. als *Luhmann*, Einführung in die Systemtheorie, S.

*Luhmann, Niklas*, Rechtssoziologie, 4. Aufl., Wiesbaden 2008, zit. als *Luhmann*, Rechtssoziologie, S.

*Luhmann, Niklas*, Soziologische Aufklärung 6 – Die Soziologie und der Mensch, 3. Aufl., Wiesbaden 2008, zit. als *Luhmann*, Soziologische Aufklärung 6, S.

*Luhmann, Niklas*, Soziologische Aufklärung 1 – Aufsätze zur Theorie sozialer Systeme, 8. Aufl., Wiesbaden 2009, zit. als *Luhmann*, Soziologische Aufklärung 1, S.

*Luhmann, Niklas*, Soziologische Aufklärung 2 – Aufsätze zur Theorie der Gesellschaft, 6. Aufl., Wiesbaden 2009, zit. als *Luhmann*, Soziologische Aufklärung 2, S.

*Luhmann, Niklas*, Soziologische Aufklärung 5 – Konstruktivistische Perspektiven, 4. Aufl., Wiesbaden 2009, zit. als *Luhmann*, Soziologische Aufklärung 5, S.

*Luhmann, Niklas*, Organisation und Entscheidung, 3. Aufl., Wiesbaden 2011, zit. als *Luhmann*, Organisation und Entscheidung, S.

*Luhmann, Niklas*, Vertrauen: ein Mechanismus der Reduktion sozialer Komplexität, 5. Aufl., München 2014, zit. als *Luhmann*, Vertrauen, S.

*Luhmann, Niklas*, Grundrechte als Institution: Ein Beitrag zur politischen Soziologie, 6. Aufl., Berlin 2019, zit. als *Luhmann*, Grundrechte, S.

*Lutz, Lennart*, Automatisiertes Fahren – Straf- und Ordnungswidrigkeitenrecht, in: Chibanguza, Kuuya/Kuß, Christian/Steege, Hans (Hrsg.), Künstliche Intelligenz – Recht und Praxis automatisierter und autonomer Systeme, Baden-Baden 2022, S. 389–400, zit. als *Lutz* in Recht und Praxis automatisierter und autonomer Systeme

*Lutzmann, Heiner*, Aus den Gesetzen des Königs Lipit Eschtar von Isin, in: Kaiser, Otto (Hrsg.), Rechts- und Wirtschaftsurkunden, historisch-chronologische Texte, Bd. 1, Gütersloh 1985, S. 23–31, zit. als *Lutzmann* in Texte aus der Umwelt des Alten Testaments I, S.

*Maihofer, Werner*, Der Handlungsbegriff im Verbrechenssystem, Tübingen 1953, zit. als *Maihofer*, Handlungsbegriff, S.

*Mainzer, Klaus*, Komplexität, in: Jahraus, Oliver/Nassehi, Armin u. a. (Hrsg.), Luhmann-Handbuch – Leben – Werk – Wirkung, Stuttgart 2012, S. 92–95, zit. als *Mainzer* in Luhmann, S.

*Mainzer, Klaus*, Künstliche Intelligenz – Wann übernehmen die Maschinen?, 2. Aufl., Berlin, Heidelberg 2019, zit. als *Mainzer*, Übernahme, S.

*Maiwald, Manfred*, Zur Leistungfähigkeit des Begriffs „erlaubtes Risiko" für die Strafrechtsdogmatik, in: Vogler, Theo/Jescheck, Hans-Heinrich (Hrsg.), Festschrift für Hans-Heinrich Jescheck zum 70. Geburtstag, Berlin 1985, S. 405 – 425, zit. als *Maiwald* in FS Jescheck, S.

*Maiwald, Manfred*, Die Unzumutbarkeit – Strafbarkeitsbegrenzendes Prinzip bei den Fahrlässigkeitsdelikten?, in: Albrecht, Peter-Alexis (Hrsg.), Festschrift für Horst Schüler-Springorum zum 65. Geburtstag, Köln u. a. 1993, S. 475 – 491, zit. als *Maiwald* in FS Schüler-Springorum, S.

*Markwalder, Nora/Simmler, Monika*, Roboterstrafrecht – Zur strafrechtlichen Verantwortlichkeit von Robotern und künstlicher Intelligenz, Aktuelle juristische Praxis (AJP) 2017, S. 171 – 182.

*Martins, Antonio*, Strafrechtliche Auslegung als Strafrechtsbegrenzung, in: Kuhli, Milan/Asholt, Martin (Hrsg.), Strafbegründung und Strafeinschränkung als Argumentationsmuster, Baden-Baden 2017, S. 45 – 58, zit. als *Martins* in Strafbegründung und Strafeinschränkung, S.

*Maslej, Nestor/Fattorini, Loredana/Brynjolfsson, Erik/Etchemendy, John/Ligett, Katrina/Lyons, Terah/Manyika, James/Ngo, Helen/Niebles, Juan Carlos/Parli, Vanessa/Shoham, Yoav/Wald, Russell/Clark, Jack/Perrault, Raymond*, Artificial Intelligence Index Report 2023, Stanford 2023, zit. als *Maslej/Fattorini/Brynjolfsson et al.*, AI-Report 2023, S.

*Matt, Holger/Renzikowski, Joachim* (Hrsg.), Strafgesetzbuch – Kommentar, 2. Aufl., München 2020, zit. als *Bearbeiter* in Matt/Renzikowski, §, Rn.

*Matthias, Andreas*, Automaten als Träger von Rechten: Plädoyer für eine Gesetzesänderung, Berlin 2008, zit. als *Matthias*, Autonome Automaten, S.

*Matthias, Andreas*, The responsibility gap: Ascribing responsibility for the actions of learning automata, Ethics Information Technology 2004, S. 175 – 183.

*Maturana, Humberto R.*, The organization of the living: A theory of the living organization, International Journal of Man-Machine Studies 1975, S. 313 – 332.

*Maturana, Humberto R./Varela, Francisco J.* (Hrsg.), Autopoiesis and Cognition – The Realization of the Living, Dordrecht 1980, zit. als *Maturana/Varela*, Autopoiesis and Cognition.

*Maturana, Humberto R.*, Biology of Cognition, in: ders./Varela, Francisco J., (Hrsg.), Autopoiesis and Cognition – The Realization of the Living, Dordrecht 1980, S. 2 – 58, zit. als *Maturana* in Autopoiesis and Cognition, S.

*Maturana, Humberto R./Varela, Francisco J./Uribe, R.*, Autopoiese: die Organisation lebender Systeme, ihre nähere Bestimmung und ein Modell, in: Maturana, Humberto R. (Hrsg.), Erkennen: Die Organisation und Verkörperung von Wirklichkeit – Ausgewählte Arbeiten Zur Biologischen Epistemologie, 2. Aufl., Wiesbaden 1985, S. 157 – 169, zit. als *Maturana/Varela/Uribe* in Erkennen, S.

*Maurer, Hartmut/Schwarz, Kyrill-Alexander*, Staatsrecht I, 7. Aufl., München 2023, zit. als *Maurer/Schwarz*, Staatsrecht I, §, Rn.

*Mayinger, Samantha Maria*, Die künstliche Person – Untersuchung rechtlicher Veränderungen durch die Installation von Softwareagenten im Rahmen von Industrie 4.0, unter besonderer Berücksichtigung des Datenschutzrechts, Frankfurt am Main 2016, zit. als *Mayinger*, Die künstliche Person, S.

*McCarthy, John*, From here to human-level AI, Artificial Intelligence 2007, S. 1174 – 1182.

*McCarthy, John/Minsky, Marvin Lee/Rochester, Nathaniel/Shannon, Claude Elwood*, A Proposal for the Dartmouth Summer Research Project on Artificial Intelligence, August 31, 1955, AI Magazine 2006 Nr. 4, S. 12 – 14.

*McCorduck, Pamela*, Denkmaschinen – Die Geschichte der künstlichen Intelligenz, Haar 1987, zit. als *McCorduck*, Denkmaschinen, S.

*McKinney, Scott Mayer/Sieniek, Marcin/Godbole, Varun/Godwin, Jonathan/Antropova, Natasha/Ashrafian, Hutan/Back, Trevor/Chesus, Mary/Corrado, Greg S./Darzi, Ara/Etemadi, Mozziyar/Garcia-Vicente, Florencia/Gilbert, Fiona J./Halling-Brown, Mark/Hassabis, Demis/Jansen, Sunny/Karthikesalingam, Alan/Kelly, Christopher J./King, Dominic/Ledsam, Joseph R./Melnick, David/Mostofi, Hormuz/Peng, Lily/Reicher, Joshua Jay/Romera-Paredes, Bernardino/Sidebottom, Richard/Suleyman, Mustafa/Tse, Daniel/Young, Kenneth C./Fauw, Jeffrey* de/*Shetty, Shravya*, International evaluation of an AI system for breast cancer screening, Nature 2020, S. 89 – 94.

*Mehmeti, Donjeta*, Künstliche Intelligenz, Big Data und Krebsdiagnostik im Gesundheitswesen, in: Pfannstiel, Mario (Hrsg.), Künstliche Intelligenz im Gesundheitswesen, Wiesbaden 2022, S. 487 – 504, zit. als *Mehmeti* in KI im Gesundheitswesen, S.

*Meier, Bernd-Dieter*, Strafrechtliche Sanktionen, 5. Aufl., Berlin, Heidelberg 2019, zit. als *Meier*, Strafrechtliche Sanktionen, S.

*Ménière, Yann/Pihlajamaa, Heli*, Künstliche Intelligenz in der Praxis des EPA, Gewerblicher Rechtsschutz und Urheberrecht (GRUR) 2019, S. 332 – 336.

*Menzl, Robert*, Sklavenflucht als furtum sui und die rechtlichen Sanktionen einer Unterstützung bei der Sklavenflucht, Linz 2017, zit. als *Menzl*, Sklavenflucht, S.

*Merkel, Reinhard*, Schuld, Charakter und normative Ansprechbarkeit – Zu den Grundlagen der Schuldlehre Claus Roxins, in: Achenbach, Hans/Amelung, Knut u. a. (Hrsg.), Festschrift für Claus Roxin zum 80. Geburtstag am 15. Mai 2011 – Strafrecht als Scientia Universalis, Berlin, New York 2011, S. 737 – 762, zit. als *Merkel* in FS Roxin II, S.

*Merkle, Luise*, Transparenz nach der KI-Verordnung – von der Blackbox zum Open-Book?, Recht Digital (RDi) 2024, S. 414 – 420.

*Merton, Robert K.*, Funktionale Analyse – Wege zur Kodifikation der funktionalen Analyse in der Soziologie, in: Hartmann, Heinz (Hrsg.), Moderne amerikanische Soziologie – neuere Beiträge zur soziologischen Theorie, Stuttgart 1967, S. 119 – 150, zit. als *Merton* in Moderne amerikanische Soziologie, S.

*Minsky, Marvin Lee*, Semantic Information Processing, Cambridge 1968, zit. als *Minsky* in Semantic Information Processing, S.

*Misselhorn, Catrin*, Künstliche Intelligenz und Empathie – Vom Leben mit Emotionserkennung, Sexrobotern & Co, Ditzingen 2021, zit. als *Misselhorn*, Empathie, S.

*Mitchell, Tom M.*, Machine Learning, Boston u. a. 1997, zit. als *Mitchell*, Machine Learning, S.

*Mitsch, Wolfgang*, Fahrlässigkeit und Straftatsystem, Juristische Schulung (JuS) 2001, S. 105 – 112.

*Mitsch, Wolfgang*, Die Probleme der Kollisionsfälle beim autonomen Fahren, Kriminalpolitische Zeitschrift (KriPoZ) 2018, S. 70 – 75.

*Möhle, Jan-Peter*, Ein Einstieg in Niklas Luhmanns Rechtssoziologie: Leben, Werk, Gedankenwelt, Zeitschrift für das Juristische Studium (ZJS) 2019, S. 339 – 341.

*Möller, Kolja*, Rechtskritik und Systemtheorie, in: Scherr, Albert (Hrsg.), Systemtheorie und Differenzierungstheorie als Kritik – Perspektiven in Anschluss an Niklas Luhmann, Weinheim, Basel 2015, S. 186 – 210, zit. als *Möller* in Systemtheorie und Differenzierungstheorie, S.

*Möller, Kolja*, Systemtheorie des Rechts: Teubner und Luhmann, in: Buckel, Sonja/Christensen, Ralph/Fischer-Lescano, Andreas (Hrsg.), Neue Theorien des Rechts, 3. Aufl., Stuttgart 2020, zit. als *Möller* in Neue Theorien des Rechts, S.

*Mommsen, Theodor*, Römisches Strafrecht – Teil 1, Leipzig 1899 [Nachdr. Darmstadt 1961], zit. als *Mommsen*, Römisches Strafrecht, S.

*Momsen, Carsten*, Die Zumutbarkeit als Begrenzung strafrechtlicher Pflichten, Baden-Baden 2006, zit. als *Momsen*, Zumutbarkeit, S.

*Montenbruck, Axel*, Deutsche Straftheorie – Ein Lehrbuch, 3. Aufl., Berlin 2018, zit. als *Montenbruck*, Straftheorien, S.

*Moor, James*, The Nature, Importance, and Difficulty of Machine Ethics, IEEE Intelligent Systems 2006, S. 18 – 21.

*Morgner, Christian*, Trust and Society: Suggestions for Further Development of Niklas Luhmann's Theory of Trust, Canadian Review of Sociology 2018, S. 232 – 256.

*Mosch, Severin*, Schuld, Verantwortung und Determinismus im Strafrecht, Baden-Baden 2018, zit. als *Mosch*, Schuld, Verantwortung und Determinismus im Strafrecht, S.

*Mosier, Kathleen L./Skitka, Linda J./Heers, Susan./Burdick, Mark*, Automation Bias: Decision Making and Performance in High-Tech Cockpits, The International Journal of Aviation Psychology 1998, S. 47 – 63.

*Müller, Matthias*, Vergeltungsstrafe und Gerechtigkeitsforschung: Versuch über die zweckrationale Legitimation der tatproportionalen Strafe, Tübingen 2019, zit. als *M. Müller*, Vergeltungsstrafe und Gerechtigkeitsforschung, S.

*Müller, Vincent C./Bostrom, Nick*, Future Progress in Artificial Intelligence: A Survey of Expert Opinion, in: Müller, Vincent C. (Hrsg.), Fundamental Issues of Artificial Intelligence, Basel 2016, S. 555 – 572, zit. als *V. Müller/Bostrom* in Issues of AI, S.

*Müller-Dietz, Heinz*, Zur Problematik verfassungsrechtlicher Pönalisierungsgebote, in: Jescheck, Hans-Heinrich (Hrsg.), Festschrift für Eduard Dreher – Zum 70. Geburtstag am 29. April 1977, Berlin 1977, S. 97 – 116, zit. als *Müller-Dietz* in FS Dreher, S.

*Müller-Hengstenberg, Claus D./Kirn, Stefan*, Intelligente (Software-)Agenten: Eine neue Herausforderung unseres Rechtssystems? Rechtliche Konsequenzen der „Verselbständigung" technischer Systeme, Multimedia und Recht (MMR) 2014, S. 307 – 313.

*Münster, Maximilian*, Bestrafte Innovation? – Strafrechtliche Verantwortlichkeit für das Inverkehrbringen autonomer cyber-physischer Systeme, Berlin 2022, zit. als *Münster*, Innovation, S.

*Murmann, Uwe*, Grundkurs Strafrecht – Allgemeiner Teil, Tötungsdelikte, Körperverletzungsdelikte, 7. Aufl., München 2022, zit. als *Murmann*, Grundkurs, §, Rn.

*Mustakallio, Katariina*, Death and Disgrace – Capital penalties with „post mortem" sanctions in early Roman historiography, Helsinki 1994, zit. als *Mustakallio*, Death and Disgrace, S.

*Mysegades, Jan*, Software als Beweiswerkzeug, Trier 2022, zit. als *Mysegades*, Software als Beweiswerkzeug, S.

*Nass, Elmar/Schneider, Michael*, Maschinen mit Moral für eine gute Pflege der Zukunft?, in: Pfannstiel, Mario (Hrsg.), Künstliche Intelligenz im Gesundheitswesen, Wiesbaden 2022, S. 311 – 323, zit. als *Nass/M. Schneider* in KI im Gesundheitswesen, S.

*Nassehi, Armin*, Systemtheorie als Gesellschaftstheorie, in: Jahraus, Oliver/Nassehi, Armin u. a. (Hrsg.), Luhmann-Handbuch – Leben – Werk – Wirkung, Stuttgart 2012, S. 62 – 67, zit. als *Nassehi* in Luhmann, S.

*Naucke, Wolfgang*, Schwerpunktverlagerungen im Strafrecht, Kritische Vierteljahresschrift für Gesetzgebung und Rechtswissenschaft (KritV) 1993, S. 135 – 162.

*Nehlsen, Hermann*, Sklavenrecht zwischen Antike und Mittelalter – Germanisches und römsches Recht in den germanischen Rechtsaufzeichnungen, Göttingen 1972, zit. als *Nehlsen*, Sklavenrecht, S.

*Neuhöfer, Stefan*, Grundrechtsfähigkeit Künstlicher Intelligenz, Berlin 2023, zit. als *Neuhöfer*, Grundrechtsfähigkeit Künstlicher Intelligenz, S.

*Neukam, Wilhelm*, Die nachträgliche Hinrichtung eines getöteten, angeblichen Werwolfes in Ansbach 1685 – ein Beitrag zum Problem des Tierprozesses und der Tierstrafen, Die Fundgrube – Heimatkundliche Beilage der Pegnitz-Zeitung 1953, S. 17–23.

*Neumann, Hans*, „Gerechtigkeit liebe ich…" – Zum Strafrecht in den ältesten Gesetzen Mesopotamiens, Das Altertum 1989, S. 13–22.

*Neumann, Ulfrid*, Der Rechtfertigungsgrund der Kollision von Rettungsinteressen – Rechte, Pflichten und Interessen als Elemente der rechtfertigenden „Pflichtenkollision", in: Schünemann, Bernd/Achenbach, Hans u. a. (Hrsg.), Festschrift für Claus Roxin zum 70. Geburtstag am 15. Mai 2001, Berlin 2001, S. 421–440, zit. als *Neumann* in FS Roxin I, S.

*Neumann, Ulfrid*, Institution, Zweck und Funktion staatlicher Strafe, in: Pawlik, Michael (Hrsg.), Festschrift für Günther Jakobs – Zum 70. Geburtstag am 26. Juli 2007, Köln, Berlin, München 2007, S. 435–450, zit. als *Neumann* in FS Jakobs, S.

*Neumann, Ulfrid*, Claus Roxin zum 80. Geburtstag, Zeitschrift für die gesamte Strafrechtswissenschaft (ZStW) 123 (2011), S. 209–225.

*Neutatz, Felix/Abedjan, Ziawasch*, What ist „Good" Training Data?, in: Rostalski, Frauke (Hrsg.), Künstliche Intelligenz – Wie gelingt eine vertrauenswürdige Verwendung in Deutschland und Europa?, Tübingen 2022, S. 1–13, zit. als *Neutatz/Abedjan*, in Künstliche Intelligenz in Deutschland und Europa, S.

*Newell, Allen/Simon, Herbert*, Computer Science as Empirical Inquiry: Symbols and Search, Communications of the ACM 1976, S. 113–126.

*Nida-Rümelin, Julian*, Überblick über die Verwendung der Begriffe starke & schwache Künstliche Intelligenz, in: Chibanguza, Kuuya/Kuß, Christian/Steege, Hans (Hrsg.), Künstliche Intelligenz – Recht und Praxis automatisierter und autonomer Systeme, Baden-Baden 2022, S. 75–90, zit. als *Nida-Rümelin* in Recht und Praxis KI, S.

*Nida-Rümelin, Julian/Bauer, Nikolaus/Staudacher, Klaus*, Verantwortungsteilung zwischen Mensch und Maschine?, in: Beck, Susanne/Kusche, Carsten/Valerius, Brian (Hrsg.), Digitalisierung, Automatisierung, KI und Recht – Festgabe zum 10-jährigen Bestehen der Forschungsstelle RobotRecht, Baden-Baden 2020, S. 81–96, zit. als *Nida-Rümelin/Bauer/Staudacher* in Festgabe RobotRecht, S.

*Nilsson, Nils John*, The Quest for Artificial Intelligence – A History of Ideas and Achievements, Cambridge 2010, zit. als *Nilsson*, Quest for AI, S.

*Opitz, Sven*, Doppelte Kontingenz, in: Jahraus, Oliver/Nassehi, Armin u. a. (Hrsg.), Luhmann-Handbuch – Leben – Werk – Wirkung, Stuttgart 2012, S. 75–77, zit. als *Opitz* in Luhmann, S.

*Ory, Stephan/Sorge, Christian*, Schöpfung durch Künstliche Intelligenz?, Neue Juristische Wochenschrift (NJW) 2019, S. 710–713.

*Osrecki, Fran*, Kritischer Funktionalismus: Über die Grenzen und Möglichkeiten einer kritischen Systemtheorie, Soziale Systeme 2015, S. 227–256.

*Paaß, Gerhard/Hecker, Dirk*, Künstliche Intelligenz – Was steckt hinter der Technologie der Zukunft?, Wiesbaden 2020, zit. als *Paaß/Hecker*, KI, S.

*Papageōrgiu, Kōnstantinos A.*, Schaden und Strafe – Auf dem Weg zu einer Theorie der strafrechtlichen Moralität, Baden-Baden 1994, zit. als *Papageōrgiu*, Schaden und Strafe, S.

*Parsons, Talcott*, The Social System, Hoboken 1951, zit. als *Parsons*, The Social System, S.

*Parsons, Talcott*, An Outline of the Social System, in: Parsons, Talcott/Shils, Edward u. a. (Hrsg.), Theories of Society – Foundations of Modern Sociological Theory, New York 1965, S. 30–79, zit. als *Parsons* in Theories of Society, S.

*Pavlova, Zlatka*, Organisation und Vertrauen – Eine systemtheoretische Studie, Köln 2018, zit. als *Pavlova*, Organisation und Vertrauen, S.
*Pawlik, Michael*, Person, Subjekt, Bürger – Zur Legitimation von Strafe, Berlin 2004, zit. als *Pawlik*, Person, Subjekt, Bürger, S.
*Pawlik, Michael*, Strafrechtswissenschaftstheorie, in: *ders.* (Hrsg.), Festschrift für Günther Jakobs – Zum 70. Geburtstag am 26. Juli 2007, Köln, Berlin, München 2007, zit. als *Pawlik* in FS Jakobs, S.
*Pawlik, Michael*, Das Unrecht des Bürgers – Grundlinien der allgemeinen Verbrechenslehre, Tübingen 2012, zit. als *Pawlik*, Unrecht des Bürgers, S.
*Pérez-Barberá, Gabriel*, Vorsatz als Vorwurf – Zur Abkehr von der Idee des Vorsatzes als Geisteszustand Goltdammer's Archiv für Strafrecht (GA) 2013, S. 454–472.
*Pérez-Barberá, Gabriel*, Probleme und Perspektive der expressiven Straftheorien – Eine diskursive und deontologische Rechtfertigung der Strafe, Goltdammer's Archiv für Strafrecht (GA) 2014, S. 504–526.
*Peters, Kristina*, Symbolisches Strafrecht?, Juristische Rundschau (JR) 2020, S. 414–420.
*Pintaske, Patrick M.*, Anknüpfungspunkte für eine Vorverlagerung im deutschen Strafgesetzbuch – Eine Bestandsaufnahme, in: Sinn, Arndt/Gropp, Walter/Nagy, Ferenc (Hrsg.), Grenzen der Vorverlagerung in einem Tatstrafrecht. Eine rechtsvergleichende Analyse am Beispiel des deutschen und ungarischen Strafrechts, Osnabrück 2011, S. 277–307, zit. als *Pintaske* in Vorverlagerung, S.
*Polaino Navarrete, Miguel*, Rechtsgüterschutz versus Bestätigung der Normgeltung?, in: Achenbach, Hans/Amelung, Knut u. a. (Hrsg.), Festschrift für Claus Roxin zum 80. Geburtstag am 15. Mai 2011 – Strafrecht als Scientia Universalis, Berlin, New York 2011, S. 169–182, zit als *Polaino Navarrete* in FS Roxin II, S.
*Popitz, Heinrich*, Über die Präventivwirkung des Nichtwissens – Dunkelziffer, Norm und Strafe, Tübingen 1968, zit. als *Popitz*, Präventivwirkung des Nichtwissens, S.
*Popp, Andreas*, Zur Schlägerei und ihren schweren Folgen, in: Hecker, Bernd/Weißer, Bettina/Brand, Christian (Hrsg.), Festschrift für Rudolf Rengier zum 70. Geburtstag, München 2018, S. 281–289, zit. als *Popp* in FS Rengier, S.
*Pörksen, Bernhard*, Schlüsselwerke des Konstruktivismus – Eine Einführung, in: ders. (Hrsg.), Schlüsselwerke des Konstruktivismus, 2. Aufl., Wiesbaden 2015, S. 3–18, zit. als *Pörksen* in Schlüsselwerke, S.
*Prantl, Heribert*, Krieg als letztes Mittel?, in: Ambos, Kai/Arnold, Jörg (Hrsg.), Der Irak-Krieg und das Völkerrecht, Berlin 2004, S. 30–32, zit. als *Prantl* in Der Irak-Krieg und das Völkerrecht, S.
*Preuß, Wilhelm*, Untersuchungen zum erlaubten Risiko im Strafrecht, Berlin 1974, zit. als *Preuß*, Erlaubtes Risiko, S.
*Prittwitz, Cornelius*, Funktionalisierung des Strafrechts, Strafverteidiger (StV) 1991, S. 435–441.
*Prittwitz, Cornelius*, Vom Nutzen und Nachteil kriminalpolitischer Visionen – Zwischenbilanz in der Kontroverse mit Bernd Schünemann über „das Strafrecht als Waffe im Kampf gegen...", in: Hefendehl, Roland/Bottke, Wilfried (Hrsg.), Empirische und dogmatische Fundamente, kriminalpolitischer Impetus – Symposium für Bernd Schünemann zum 60. Geburtstag, Köln u. a. 2005, zit. als *Prittwitz* in FS Schünemann, S.
*Puppe, Ingeborg*, Strafrecht als Kommunikation – Leistungen und Gefahren eines neuen Paradigmas in der Strafrechtsdogmatik, in: Samson, Erich (Hrsg.), Festschrift für Gerald Grünwald zum siebzigsten Geburtstag, Baden-Baden 1999, S. 469–494, zit. als *Puppe* in FS Grünwald, S.

*Puppe, Ingeborg*, Brauchen wir eine Risikoerhöhungslehre?, in: Schünemann, Bernd/Achenbach, Hans u. a. (Hrsg.), Festschrift für Claus Roxin zum 70. Geburtstag am 15. Mai 2001, Berlin 2001, S. 287 – 306, zit. als *Puppe* in FS Roxin I, S.

*Puppe, Ingeborg*, Vorsatz und Kausalabweichung – Zugleich Besprechung von BGH, Urteil vom 26. 07. 2007, Goltdammer's Archiv für Strafrecht (GA) 155 (2008), S. 569 – 574.

*Puschky, Ricarda*, Federated Learning – eine datenschutzfreundliche Methode zum Training von KI-Modellen?, ZD-Aktuell 2022, S. 19.

*Putnam, Robert David*, Bowling alone – The collapse and revival of American community, London 2001, zit. als *Putnam*, Bowling Alone, S.

*Quarck, Lasse*, Zur Strafbarkeit von e-Personen, Zeitschrift für Internationale Strafrechtsdogmatik (ZIS) 2020, S. 65 – 69.

*Radbruch, Gustav*, Zur Systematik der Verbrechenslehre, in: Hegler, August (Hrsg.), Festgabe für Reinhard von Frank zum 70. Geburtstag ; 1, 1930. [Neudr. Aalen 1969], S. 158 – 173, zit. als *Radbruch* in FG von Frank I, S.

*Rademacher, Timo*, Wenn neue Technologien altes Recht durchsetzen: Dürfen wir es unmöglich machen, rechtswidrig zu handeln?, JuristenZeitung (JZ) 2019, S. 702 – 710.

*Rahwan, Iyad/Cebrian, Manuel/Obradovich, Nick/Bongard, Josh/Bonnefon, Jean-François/Breazeal, Cynthia/Crandall, Jacob W./Christakis, Nicholas A./Couzin, Iain D./Jackson, Matthew O./Jennings, Nicholas R./Kamar, Ece/Kloumann, Isabel M./Larochelle, Hugo/Lazer, David/McElreath, Richard/Mislove, Alan/Parkes, David C./Pentland, Alex 'Sandy'/Roberts, Margaret E./Shariff, Azim/Tenenbaum, Joshua B./Wellman, Michael*, Machine behaviour, Nature 2019, S. 477 – 486.

*Raz, Joseph*, Practical reason and norms, Oxford 2002, zit. als *Raz*, Practical Reason and Norms, S

*Rehberg, Jürg*, Zur Lehre vom „Erlaubten Risiko", Zürich 1962, zit. als *Rehberg*, Erlaubtes Risiko, S.

*Reimer, Philipp*, Rechtstheorie – Einführung, Baden-Baden 2022, zit. als *Reimer*, Rechtstheorie, S.

*Rein, Wilhelm*, Das Kriminalrecht der Römer – von Romulus bis auf Justinian, Leipzig 1844, [Neudr. Aalen 1962], zit. als *Rein*, Kriminalrecht, S.

*Reinelt, Ekko*, Vorbeifahren an einem haltenden Omnibus – Anm. zu BGH, Urteil vom 10. 4. 1968 – 4 StR 62/68 (LG Essen), Neue Juristische Wochenschrift (NJW) 1968, S. 2152 – 2153.

*Reinfandt, Christoph*, Das Wissen der Systeme – Niklas Luhmanns Erkenntnis als Konstruktion, in: Pörksen, Bernhard (Hrsg.), Schlüsselwerke des Konstruktivismus, 2. Aufl., Wiesbaden 2015, S. 277 – 289, zit. als *Reinfandt* in Schlüsselwerke, S.

*Rengier, Rudolf*, Strafrecht Allgemeiner Teil, 16. Aufl., München 2024, zit. als *Rengier*, AT, §, Rn.

*Rengier, Rudolf*, Strafrecht Besonderer Teil II, 25. Aufl., München 2024, zit. als *Rengier*, BT II, §, Rn.

*Renzikowski, Joachim*, Normen als Handlungsgründe, in: Saliger, Frank/Isfen, Osman u. a. (Hrsg.), Rechtsstaatliches Strafrecht – Festschrift für Ulfrid Neumann zum 70. Geburtstag, Heidelberg 2017, S. 335 – 346, zit. als *Renzikowski* in FS Neumann, S.

*Reus, Katharina*, Das Recht in der Risikogesellschaft – Der Beitrag des Strafrechts zum Schutz vor modernen Produktgefahren, Berlin 2010, zit. als *Reus*, Risikogesellschaft, S.

*Ribeiro, Marco Tulio/Singh, Sameer/Guestrin, Carlos*, „Why Should I Trust You?" – Explaining the Predictions of Any Classifier, in: Krishnapuram, Balaji (Hrsg.), Proceedings of the 22nd ACM SIGKDD International Conference on Knowledge Discovery and Data Mining, New York 2016, S. 1135 – 1144, zit. als *Ribeiro/Singh/Guestrin* in KDD '16, S.

*Rich, Elaine*, Artificial intelligence, 6. Aufl., New York 1983, zit. als *Rich*, Artificial Intelligence, S.

*Roellecke, Gerd*, Die Legitimation des Grundgesetzes in der Sicht der Systemtheorie, in: Brugger, Winfried (Hrsg.), Legitimation des Grundgesetzes aus Sicht von Rechtsphilosophie und

Gesellschaftstheorie, Baden-Baden 1996, S. 419–434, zit. als *Roellecke* in Legitimation des Grundgesetzes, S.

*Rönnau, Thomas*, Grundwissen – Strafrecht: Sozialadäquanz, Juristische Schulung (JuS) 2011, S. 311–313.

*Rönnau, Thomas*, Grundwissen – Strafrecht: Übergesetzlicher entschuldigender Notstand (analog § 35 StGB), Juristische Schulung (JuS) 2017, S. 113–116.

*Rösinger, Luna*, Autonome Maschinen als „Normadressaten"?, Zeitschrift für Digitalisierung und Recht (ZfDR) 2021, S. 147–155.

*Rost, Detlef*, Handbuch Intelligenz, Weinheim 2013, zit. als *Rost*, Intelligenz, S.

*Rostalski, Frauke*, Der Tatbegriff im Strafrecht – Entwurf eines im gesamten Strafrechtssystem einheitlichen normativ-funktionalen Begriffs der Tat, Tübingen 2019, zit. als *Rostalski*, Der Tatbegriff im Strafrecht, S.

*Rostalski, Frauke*, Theorie und Praxis der Fallbearbeitung beim Fahrlässigkeitsdelikt, Juristische Schulung (JuS) 2021, S. 827–832.

*Roth, Gerhard*, Das Gehirn und seine Wirklichkeit – Kognitive Neurobiologie und ihre philosophischen Konsequenzen, Frankfurt am Main 2005, zit. als *G. Roth*, Das Gehirn und seine Wirklichkeit, S.

*Roth, Wolfgang*, Die verfassungsgerichtliche Überprüfung verfassungskonformer Auslegung im Wege abstrakter Normenkontrolle, Neue Zeitschrift für Verwaltungsrecht (NVwZ) 1998, S. 563–567.

*Röthel, Anne*, Zuweisung von Innovationsverantwortung durch Haftungsregeln, in: Eifert, Martin/ Hoffmann-Riem, Wolfgang (Hrsg.), Innovationsverantwortung – Innovation und Recht III, Berlin 2009, S. 335–356, zit. als *Röthel* in Innovationsverantwortung, S.

*Rotsch, Friederike/Mutschler, Magnus/Grobe, Tony*, Der Regierungsentwurf zum Verbandssanktionengesetz – kritische Analyse und Ausblick, Corporate Compliance (CCZ) 2020, S. 169–182.

*Rotsch, Thomas*, Criminal Compliance, Zeitschrift für Internationale Strafrechtsdogmatik (ZIS) 2010, S. 614–617.

*Roxin, Claus*, Pflichtwidrigkeit und Erfolg bei fahrlässigen Delikten, Zeitschrift für die gesamte Strafrechtswissenschaft (ZStW) 74 (1962), S. 411–444.

*Roxin, Claus*, Zur Kritik der finalen Handlungslehre, Zeitschrift für die gesamte Strafrechtswissenschaft (ZStW) 74 (1962), S. 515–561.

*Roxin, Claus*, Literaturbericht – Allgemeiner Teil, Zeitschrift für die gesamte Strafrechtswissenschaft (ZStW) 78 (1966), S. 214–261.

*Roxin, Claus*, Gedanken zur Problematik der Zurechnung im Strafrecht, in: Juristische Fakultät der Georg-August-Universität Göttingen (Hrsg.), Festschrift für Richard M. Honig – zum 80. Geburtstag, 3. Januar 1970, Göttingen 1970, S. 133–151, zit. als *Roxin* in FS Honig, S.

*Roxin, Claus*, Kriminalpolitik und Strafrechtssystem, 1. Aufl., Berlin 1970, zit. als *Roxin*, Kriminalpolitik und Strafrechtssystem, S.

*Roxin, Claus*, Zur Problematik des Schuldstrafrechts, Zeitschrift für die gesamte Strafrechtswissenschaft (ZStW) 96 (1984), S. 641–660.

*Roxin, Claus*, Das strafrechtliche Unrecht im Spannungsfeld von Rechtsgüterschutz und individueller Freiheit, Zeitschrift für die gesamte Strafrechtswissenschaft (ZStW) 116 (2004), S. 929–944.

*Roxin, Claus*, Rechtsgüterschutz als Aufgabe des Strafrechts?, in: Hefendehl, Roland/Bottke, Wilfried (Hrsg.), Empirische und dogmatische Fundamente, kriminalpolitischer Impetus – Symposium für Bernd Schünemann zum 60. Geburtstag, Köln u. a. 2005, S. 135–150, zit. als *Roxin* in FS Schünemann, S.

*Roxin, Claus*, Zur neueren Entwicklung der Rechtsgutsdebatte, in: Herzog, Felix/Neumann, Ulfrid/Bae, Jong dae (Hrsg.), Festschrift für Winfried Hassemer – Zum 70. Geburtstag am 17. Februar 2010, Heidelberg 2010, S. 573–597, zit. als *Roxin* in FS Hassemer, S.

*Roxin, Claus*, Normative Ansprechbarkeit als Schuldkriterium, Journal for Criminal Justice (Crimen) 2017, S. 215–229.

*Roxin, Claus*, Handlung, in: Eric/Kudlich, Hans/Valerius, Brian (Hrsg.), Handbuch des Strafrechts – Bd. 2. Strafrecht Allgemeiner Teil I, Heidelberg 2020, S. 39–68, zit. als *Roxin* in Handbuch des Strafrechts 2, § 28, Rn.

*Roxin, Claus/Greco, Luís*, Strafrecht Allgemeiner Teil – Band I Grundlagen, Aufbau der Verbrechenslehre, 5. Aufl., München 2020, zit. als *Roxin/Greco*, AT, §, Rn.

*Rudolphi, Hans-Joachim*, Die verschiedenen Aspekte des Rechtsgutsbegriffs, in: Juristische Fakultät der Georg-August-Universität Göttingen (Hrsg.), Festschrift für Richard M. Honig – zum 80. Geburtstag, 3. Januar 1970, Göttingen 1970, S. 151–167, zit. als *Rudolphi* in FS Honig, S.

*Ruppert, Felix*, Die Sozialadäquanz im Strafrecht, Berlin 2020, zit. als *Ruppert*, Sozialadäquanz, S.

*Russell, Stuart J./Norvig, Peter*, Artificial Intelligence – A Modern Approach, 4. Aufl., Harlow 2022, zit. als *Russell/Norvig*, AI, S.

*Rusteberg, Benjamin*, Verfassungsrechtliche Grundlagen des mehrspurigen Rechtsfolgensystems, in: Bäcker, Matthias/Burchard, Christoph (Hrsg.), Strafverfassungsrecht, Tübingen 2022, S. 297–337, zit. als *Rusteberg* in Strafverfassungsrecht, S.

*Rüthers, Bernd*, Zeitgeist und Recht, Zeitschrift für Rechtspolitik (ZRP) 21 (1988), S. 283–285.

*Sachs, Michael/Coelln, Christian von/Mann, Thomas* (Hrsg.), Grundgesetz – Kommentar, 10. Aufl., München 2024, zit. als *Bearbeiter* in Sachs, Art. Rn.

*Säcker, Franz Jürgen/Rixecker, Roland/Oetker, Hartmut/Limperg, Bettina* (Hrsg.), Münchener Kommentar zum Bürgerlichen Gesetzbuch, 9. Aufl., München 2021, zit. als *Bearbeiter* in MüKo BGB, §, Rn.

*Saliger, Frank*, Über das kommunikative Moment in neueren, insbesondere expressiven Straftheorien – Einige kritische Anmerkungen, in: Saliger, Frank/Isfen, Osman u. a. (Hrsg.), Rechtsstaatliches Strafrecht – Festschrift für Ulfrid Neumann zum 70. Geburtstag, Heidelberg 2017, S. 689–700, zit. als *Saliger* in FS Neumann, S.

*Saliger, Frank*, Positives und symbolisches Strafrecht – Von guter und schlechter Kriminalpolitik, Zeitschrift für Internationale Strafrechtswissenschaft (ZfIStw) 2022, S. 276–288.

*Sánchez, Jesus-Maria Silva*, Zur sogenannten teleologischen Auslegung, in: Pawlik, Michael (Hrsg.), Festschrift für Günther Jakobs – Zum 70. Geburtstag am 26. Juli 2007, Köln, Berlin, München 2007, S. 645–661, zit. als *J. Sánchez* in FS Jakobs, S.

*Sandberg, Anders*, Feasibility of Whole Brain Emulation, in: Müller, Vincent C. (Hrsg.), Philosophy and Theory of Artificial Intelligence, 2013, S. 251–264, zit. als *Sandberg* in Philosophy and Theory of AI, S.

*Sander, Günther/Hollering, Jörg*, Strafrechtliche Verantwortlichkeit im Zusammenhang mit automatisiertem Fahren, Neue Zeitschrift für Strafrecht (NStZ) 2017, S. 193–206.

*Schäfer, Milan*, Artificial Intelligence und Strafrecht, Berlin 2024, zit. als *Schäfer*, AI, S.

*Scheffer, Bernd*, Konstruktivismus, in: Jahraus, Oliver/Nassehi, Armin u. a. (Hrsg.), Luhmann-Handbuch – Leben – Werk – Wirkung, Stuttgart 2012, S. 327–330, zit. als *Scheffer* in Luhmann, S.

*Schirmer, Jan-Erik*, Robotik und Verkehr, Rechtswissenschaft (RW) 2018, S. 453–476.

*Schladitz, Pepe*, Abstraktes Gefahrbewusstsein und die Vorstellung von der konkreten Möglichkeit der Tatbestandsvollendung: Begriffliche Klarstellungen zum Vorsatz – Zugleich ein Beitrag zum Verhältnis von Gefährdungs- und Verletzungsvorsatz, Zeitschrift für die gesamte Strafrechtswissenschaft (ZStW) 134 (2022), S. 97–148.

*Schmahl, Stefanie*, Verfassungsrechtliche Vorgaben für das Strafrecht, in: Hilgendorf, Eric/Kudlich, Hans/Valerius, Brian (Hrsg.), Handbuch des Strafrechts – Bd. 1. Grundlagen des Strafrechts, Heidelberg 2019, S. 49 – 111, zit. als *Schmahl* in Handbuch des Strafrechts 1, § 2, Rn.

*Schmid, Alexander*, IT- und Rechtssicherheit automatisierter und vernetzter cyber-physischer Systeme – Event Data Recording und integrierte Produktbeobachtung als Maßnahmen der IT-Risikominimierung am Beispiel automatisierter und vernetzter Luft- und Straßenfahrzeuge, Berlin 2019, zit. als *Schmid*, IT und Rechtssicherheit, S.

*Schmidhuber, Jürgen*, Deep Learning in Neural Networks: an Overview, Neural Networks 2015, S. 85 – 117.

*Schmidt, Dominik/Schäfer, Christian*, Es ist schuld?! – Strafrechtliche Verantwortlichkeit beim Einsatz autonomer Systeme im Rahmen unternehmerischer Tätigkeiten, Neue Zeitschrift für Wirtschfts-, Steuer- und Unternehmensstrafrecht (NZWiSt) 2021, S. 413 – 420.

*Schmidt, Malte G.*, Systemvertrauen und Journalismus im Neoliberalismus, Bielefeld 2021, zit. als *M. Schmidt*, Systemvertrauen, S.

*Schmidt, Thomas/Winter, Johannes*, Künstliche Intelligenz in Prozessen des Gesundheitswesens – Chancen und Risiken am Beispiel der akuten Schlaganfallbehandlung, in: Pfannstiel, Mario (Hrsg.), Künstliche Intelligenz im Gesundheitswesen, Wiesbaden 2022, S. 473 – 486, zit. als *T. Schmidt/J. Winter* in KI im Gesundheitswesen, S.

*Schmidt-Aßmann, Eberhard/Dimitropoulos, Georgios*, Vertrauen in und durch Recht – Überlegungen zum Verhältnis von Vertrauen und Recht als Beitrag zu einer Phänomenologie des Vertrauens, in: Weingardt, Markus (Hrsg.), Vertrauen in der Krise – Zugänge verschiedener Wissenschaften, Baden-Baden 2011, S. 129 – 149, zit. als *Schmidt-Aßmann/Dimitropoulos* in Vertrauen in der Krise, S.

*Schmidt-Bleibtreu, Bruno/Klein, Franz/Bethge, Herbert* (Hrsg.), Bundesverfassungsgerichtsgesetz – Kommentar, 63. Aufl. 2023, zit. als *Bearbeiter* in Schmidt-Bleibtreu/Klein/Bethge, §, Rn.

*Schmitt-Leonardy, Charlotte*, Das interpretatorische Konstrukt „Unternehmen" hinter der „Unternehmenskriminalität", in: Kempf, Eberhard/Lüderssen, Klaus/Volk, Klaus (Hrsg.), Unternehmensstrafrecht, Berlin 2012, S. 111 – 151, zit. als *Schmitt-Leonardy* in Unternehmensstrafrecht, S.

*Schmitt-Leonardy, Charlotte*, Unternehmenskriminalität ohne Strafrecht?, Heidelberg 2013, zit. als *Schmitt-Leonardy*, Unternehmenskriminalität ohne Strafrecht, S.

*Schmoller, Kurt*, Verwirklichung einer unerlaubten Gefahr bei „Risikoerhöhung", in: Zöller, Mark A./ Hilger, Hans u. a. (Hrsg.), Gesamte Strafrechtswissenschaft in internationaler Dimension – Festschrift für Jürgen Wolter zum 70. Geburtstag am 7. September 2013, Berlin 2013, S. 479 – 501, zit. als *Schmoller* in FS Wolter, S.

*Schneider, Diana/Sonar, Arne/Weber, Karsten*, Zwischen Automatisierung und ethischem Anspruch – Disruptive Effekte des KI-Einsatzes in und auf Professionen der Gesundheitsversorgung, in: Pfannstiel, Mario (Hrsg.), Künstliche Intelligenz im Gesundheitswesen, Wiesbaden 2022, S. 325 – 348, zit. als *D. Schneider/Sonar/K. Weber* in KI im Gesundheitswesen, S.

*Schnell, Martin W./Nehlsen, Lukas* (Hrsg.), Begegnungen mit Künstlicher Intelligenz – Intersubjektivität, Technik, Lebenswelt, Weilerswist 2022, zit. als *M. Schnell/Nehlsen*, Begegnungen mit Künstlicher Intelligenz.

*Schnell, Rainer/Hill, Paul B./Esser, Elke*, Methoden der empirischen Sozialforschung, 6. Aufl., München, Wien 1999, zit. als *R. Schnell/Hill/Esser*, Methoden der empirischen Sozialforschung, S.

*Schönke, Adolf/Schröder, Horst* (Begr.), Strafgesetzbuch Kommentar, 30. Aufl., München 2019, zit. als *Bearbeiter* in Schönke/Schröder, §, Rn.

*Schrader, Paul*, Neujustierung der Gefährdungs- und Verschuldenshaftung bei der Fahrzeugautomatisierung, Deutsches Autorecht (DAR) 2022, S. 9–13.

*Schulz, Thomas*, Verantwortlichkeit bei autonom agierenden Systemen – Fortentwicklung des Rechts und Gestaltung der Technik, Baden-Baden 2015, zit. als *Schulz*, Autonom agierende Systeme, S.

*Schumann, Eva*, „Tiere sind keine Sachen" – Zur Personifikation von Tieren im mittelalterlichen Recht, in: Herrmann, Bernd (Hrsg.), Beiträge zum Göttinger Umwelthistorischen Kolloquium 2008 – 2009, Göttingen 2009, S. 181–209, zit. als *Schumann* in Beiträge Göttinger Kolloquium, S.

*Schünemann, Bernd*, Unternehmenskriminalität und Strafrecht – Eine Untersuchung der Verantwortlichkeit der Unternehmen und ihrer Führungskräfte nach geltendem und geplantem Straf- und Ordnungswidrigkeitenrecht, Köln 1979, zit. als *Schünemann*, Unternehmenskriminalität und Strafrecht.

*Schünemann, Bernd*, Die deutschsprachige Strafrechtswissenschaft nach der Strafrechtsreform im Spiegel des Leipziger Kommentars und des Wiener Kommentars – 1. Teil: Tatbestands- und Unrechtslehre, Goltdammer's Archiv für Strafrecht (GA) 1985, S. 341–380.

*Schünemann, Bernd*, Kritische Anmerkungen zur geistigen Situation der deutschen Strafrechtswissenschaft, Goltdammer's Archiv für Strafrecht (GA) 1995, S. 201–229.

*Schünemann, Bernd*, Das Schuldprinzip und die Sanktionierung von juristischen Personen und Personenverbänden. Lehren aus dem deutsch-spanischen Strafrechtsdialog, Goltdammer's Archiv für Strafrecht (GA) 2015, S. 274–283.

*Schürer-Mohr, Wiebke*, Erlaubte Risiken – Grundfragen des „erlaubten Risikos" im Bereich der Fahrlässigkeitsdogmatik, Frankfurt am Main, Berlin 1998, zit. als *Schürer-Mohr*, Erlaubte Risiken, S.

*Schuster, Frank Peter*, Das Dilemma-Problem aus Sicht der Automobilhersteller – eine Entgegnung auf Jan Joerden, in: Hilgendorf, Eric (Hrsg.), Autonome Systeme und neue Mobilität – Ausgewählte Beiträge zur 3. und 4. Würzburger Tagung zum Technikrecht, Baden-Baden 2017, S. 99–116, zit. als *Schuster* in Autonome Systeme und neue Mobilität, S.

*Schuster, Frank Peter*, Strafrechtliche Verantwortlichkeit der Hersteller beim automatisierten Fahren, Deutsches Autorecht (DAR) 2019, S. 6–11.

*Schwartz, Martina*, Strafrechtliche Produkthaftung – Grundlagen, Grenzen und Alternativen, Frankfurt am Main 1999, zit. als *Schwartz*, Strafrechtliche Produkthaftung, S.

*Schwedler, Gerald*, Vergessen, Verändern, Verschweigen – Damnatio memoriae im frühen Mittelalter, Wien u. a. 2021, zit. als *Schwedler*, Vergessen, Verändern, Verschweigen, S.

*Schweiger, Theresa*, Status quo und status futurus der Verbandssanktionierung in Deutschland nach dem gescheiterten Verbandssanktionengesetz, E-Zeitschrift für Wirtschaftsrecht und Digitalisierung (LRZ) 2022, Rn. 439–475.

*Schweighöfer, Svenja/Pfannstiel, Mario*, Künstliche Intelligenz im Entwicklungsprozess von Medikamenten in der Pharmaindustrie, in: Pfannstiel, Mario (Hrsg.), Künstliche Intelligenz im Gesundheitswesen, Wiesbaden 2022, S. 139–151, zit. als *Schweighöfer/Pfannstiel* in KI im Gesundheitswesen, S.

*Schweizer, Eduard*, Ψυχή – Neues Testament, in: Friedrich, Gerhard (Hrsg.), Theologisches Wörterbuch zum Neuen Testament – Neunter Band, Stuttgart u. a. 1973, S. 635–657, zit. als *Schweizer* in Theologisches Wörterbuch zum Neuen Testament, S.

*Schwintowski, Hans-Peter*, Wird Recht durch Robotik und künstliche Intelligenz überflüssig?, Neue Juristische Online-Zeitschrift (NJOZ) 2018, S. 1601–1609.

*Searle, John R.*, Minds, brains and programs, The Behavioral and Brain Sciences 1980, S. 417–424.

*Seher, Gerhard*, Intelligente Agenten als „Personen" im Strafrecht, in: Gless, Sabine/Seelmann, Kurt (Hrsg.), Intelligente Agenten und das Recht, Baden-Baden 2016, S. 45 – 60, zit. als *Seher* in Intelligente Agenten und das Recht, S.

*Seng, Leonie*, Maschinenethik und Künstliche Intelligenz, in: Bendel, Oliver (Hrsg.), Handbuch Maschinenethik, Wiesbaden 2019, S. 185 – 205, zit. als *Seng* in Maschinenethik, S.

*Sick, Ulrich*, Die Tötung eines Menschen und ihre Ahndung in den keilschriftlichen Rechtssammlungen unter Berücksichtigung rechtsvergleichender Aspekte, Ostfildern 1984, zit. als *Sick*, Tötung, S.

*Silver, David/Huang, Aja/Maddison, Chris/Guez, Arthur/Sifre, Laurent/van den Driessche, George/Schrittwieser, Julian/Antonoglou, Ioannis/Panneershelvam, Veda/Lanctot, marc/Dieleman, Sander/Grewe, Dominik/Nham, John/Kalchbrenner, Nal/ Sutskever, Ilya/Lillicrap, Timothy/Leach, Madeleine/Kavukcuoglu, Koray/Graepel, Thore/Hassabis, Demis*, Mastering the game of Go with deep neural networks and tree search, Nature 2016, S. 484 – 489.

*Silver, David/Schrittwieser, Julian/Simonyan, Karen/Antonoglou, Ioannis/Huang, Aja/Guez, Arthur/Hubert, Thomas/Baker, Lucas/Lai, Matthew/Bolton, Adrian/Chen, Yutian/Lillicrap, Timothy/Hui, Fan/Sifre, Laurent/van den Driessche, George/Graepel, Thore/Hassabis, Demis*, Mastering the game of Go without human knowledge, Nature 2017, S. 354 – 359.

*Simmler, Monika*, Normstabilisierung und Schuldvorwurf, Berlin, Bern 2018, zit. als *Simmler*, Schuldvorwurf, S.

*Simmler, Monika*, Maschinenethik und strafrechtliche Verantwortlichkeit, in: Bendel, Oliver (Hrsg.), Handbuch Maschinenethik, Wiesbaden 2019, S. 453 – 469, zit. als *Simmler* in Maschinenethik, S.

*Simmler, Monika/Markwalder, Nora*, Roboter in der Verantwortung? – zur Neuauflage der Debatte um den funktionalen Schuldbegriff, Zeitschrift für die gesamte Strafrechtswissenschaft (ZStW) 2017, S. 20 – 47.

*Simon, Fritz*, Einführung in Systemtheorie und Konstruktivismus, Heidelberg 2020, zit. als *F. Simon*, Einführung, S.

*Simonett, Jürg*, Die verweigerte Automobilität – Das Bündner Autoverbot 1900 – 1925, Rote Revue: Zeitschrift für Politik, Wirtschaft und Kultur Heft 4 1993, S. 37 – 40.

*Sinn, Arndt*, Vorverlagerung der Strafbarkeit – Begriff, Ursachen und Regelungstechniken, in: Sinn, Arndt/Gropp, Walter/Nagy, Ferenc (Hrsg.), Grenzen der Vorverlagerung in einem Tatstrafrecht. Eine rechtsvergleichende Analyse am Beispiel des deutschen und ungarischen Strafrechts, Osnabrück 2011, S. 13 – 40, zit. als *Sinn* in Vorverlagerung, S.

*Siri, Jasmin*, System/Umwelt, in: Jahraus, Oliver/Nassehi, Armin u. a. (Hrsg.), Luhmann-Handbuch – Leben – Werk – Wirkung, Stuttgart 2012, S. 123 – 125, zit. als *Siri* in Luhmann, S.

*Skitka, Linda J./Mosier, Kathleen L./Burdick, Mark*, Does automation bias decision-making?, International Journal of Human-Computer Studies 1999, S. 991 – 1006.

*Söbbing, Thomas*, Fundamentale Rechtsfragen Künstlicher Intelligenz (AI Law), Frankfurt am Main 2019, zit. als *Söbbing*, Rechtsfragen KI, S.

*Sodan, Helge/Ziekow, Jan*, Grundkurs Öffentliches Recht – Staats- und Verwaltungsrecht, 10. Aufl., München 2023, zit. als *Sodan/Ziekow*, Öffentliches Recht, §, Rn.

*Sommerer, Lucia M.*, Personenbezogenes Predictive Policing, Baden-Baden 2020, zit. als *Sommerer*, Predictive Policing, S.

*Sonntag, Michael*, Die Seele als Politikum – Psychologie und die Produktion des Individuums, Berlin 1988, zit. als *Sonntag*, Die Seele als Politikum, S.

*Spencer-Brown, George*, Laws of Form, London 1969, zit. als *Spencer-Brown*, Laws of Form, S.

*Spendel, Günter*, Conditio-sine-qua-non-Gedanke und Fahrlässigkeitsdelikt – BGHSt 11, 1, Juristische Schulung (JuS) 1964, S. 14 – 20.

*Spendel, Günter*, Der Begriff des Unrechts im Verbrechenssystem, in: Heinrich, Bernd (Hrsg.), Festschrift für Ulrich Weber zum 70. Geburtstag – 18. September 2004, Bielefeld 2004, S. 3–16, zit. als *Spendel* in FS Weber, S.

*Spies, Kordelia/Lüer, Gerd*, Intelligenz als Fähigkeit zum Problemlösen, in: Roth, Erwin/Kaiser, Heinz Jürgen (Hrsg.), Intelligenz – Grundlagen und neuere Forschung, Stuttgart 1998, S. 185–215, zit. als *K. Spies/Lüer* in Roth/Kaiser, S.

*Spies, Axel*, USA: erstes KI-Gesetz in Colorado – ein Novum, MMR-Aktuell 2024, S. 01520.

*Spilgies, Gunnar*, Die Bedeutung des Determinismus-Indeterminismus-Streits für das Strafrecht – Über die Nichtbeachtung der Implikationen eines auf Willensfreiheit gegründeten Schuldstrafrechts, Hamburg 2004, zit. als *Spilgies*, Determinismus-Indeterminismus-Streit, S.

*Spilgies, Gunnar*, Zwischenruf: Die Debatte über „Hirnforschung und Willensfreiheit" im Strafrecht ist nicht falsch inszeniert!, Zeitschrift für Internationale Strafrechtsdogmatik (ZIS) 2007, S. 155–161.

*Spindler, Gerald*, Verantwortlichkeiten von IT-Herstellern, Nutzern und Intermediären, Bonn 2007, zit. als *Spindler*, Verantwortlichkeiten von IT-Herstellern, Nutzern und Intermediären, Rn.

*Spindler, Gerald*, Zivilrechtliche Fragen beim Einsatz von Robotern, in: Hilgendorf, Eric (Hrsg.), Robotik im Kontext von Recht und Moral, Baden-Baden 2013, S. 63–81, zit. als *Spindler* in Robotik im Kontext von Recht und Moral, S.

*Spindler, Gerald*, Roboter, Automaten, künstliche Intelligenz, selbst-steuernde Kfz – Braucht das Recht neue Haftungskategorien? – Eine kritische Analyse möglicher Haftungsgrundlagen für autonome Steuerungen, Computer und Recht (CR) 2015, S. 766–776.

*Spindler, Gerald*, Haftung für autonome Systeme – ein Update, in: Beck, Susanne/Kusche, Carsten/Valerius, Brian (Hrsg.), Digitalisierung, Automatisierung, KI und Recht – Festgabe zum 10-jährigen Bestehen der Forschungsstelle RobotRecht, Baden-Baden 2020, S. 255–284, zit. als *Spindler* in Festgabe RobotRecht, S.

*Spindler, Gerald*, Der Vorschlag der EU-Kommission für eine Verordnung zur Regulierung der Künstlichen Intelligenz (KI-VO-E), Computer und Recht (CR) 2021, S. 361–374.

*Sprenger, Guido*, Communicated into being: Systems theory and the shifting of ontological status, Anthropological Theory 2017, S. 108–132.

*Staub, Carsten*, Strafrechtliche Fragen zum Automatisierten Fahren – Der Hersteller als strafrechtlicher Verantwortlicher der Zukunft? – Umfang der Sorgfaltspflicht – Datenschutz versus Aufklärungspflicht, Neue Zeitschrift für Verkehrsrecht (NZV) 2019, S. 392–398.

*Sternberg-Lieben, Detlev*, Rechtsgut, Verhältnismäßigkeit und die Freiheit des Strafgesetzgebers, in: Hefendehl, Roland/Hirsch, Andrew von/Wohlers, Wolfgang (Hrsg.), Die Rechtsgutstheorie – Legitimationsbasis des Strafrechts oder dogmatisches Glasperlenspiel?, Baden-Baden 2003, S. 65–82, zit. als *Sternberg-Lieben* in Rechtsgutstheorie, S.

*Stratenwerth, Günter*, Die Zukunft des strafrechtlichen Schuldprinzips, Heidelberg 1977, zit. als *Stratenwerth*, Schuldprinzip, S.

*Stratenwerth, Günter*, Kriminalisierung bei Delikten gegen Kollektivrechtsgüter, in: Hefendehl, Roland/Hirsch, Andrew von/Wohlers, Wolfgang (Hrsg.), Die Rechtsgutstheorie – Legitimationsbasis des Strafrechts oder dogmatisches Glasperlenspiel?, Baden-Baden 2003, S. 255–260, zit. als *Stratenwerth* in Rechtsgutstheorie, S..

*Strauch, Hans-Joachim*, Wie sehen wir die Wirklichkeit? – Vom Nutzen des Radikalen Konstruktivismus für die juristische Theorie und Praxis, JuristenZeitung (JZ) 2000, S. 1020–1029.

*Streng, Franz*, Strafrechtliche Sanktionen: Die Strafzumessung und ihre Grundlagen, 3. Aufl., Stuttgart 2012, zit. als *Streng*, Strafrechtliche Sanktionen, S.

*Streng, Franz*, Grundlagen der Schuld, in: Hilgendorf, Eric/Kudlich, Hans/Valerius, Brian (Hrsg.), Handbuch des Strafrechts – Bd. 2. Strafrecht Allgemeiner Teil I, Heidelberg 2020, S. 717 – 754, zit. als *Streng* in Handbuch des Strafrechts 2, § 43, Rn.

*Stöber, Michael/Möller, Annelie/Willmer, Dominik*, Das Gesetz zum autonomen Fahren und seine Auswirkungen auf die zivilrechtliche Haftung im Straßenverkehr, Neue Zeitschrift für Verkehrsrecht (NZV) 2024, S. 117 – 124.

*Stübinger, Stephan*, Nicht ohne meine „Schuld"! – Kritik der systemtheoretischen Reformulierung des Strafrechts am Beispiel der Schuldlehre von Günther Jakobs, Kritische Justiz (KJ) 1993, S. 33 – 48.

*Stuckenberg, Carl-Friedrich*, Rechtsgüterschutz als Grundvoraussetzung der Strafbarkeit?, Zeitschrift für die gesamte Strafrechtswissenschaft (ZStW) 129 (2017), S. 349 – 362.

*Stuckenberg, Carl-Friedrich*, Strafe und Zurechnung bei Paul Fauconnet, Goltdammer's Archiv für Strafrecht (GA) 2017, S. 174 – 187.

*Stuckenberg, Carl-Friedrich*, Grenzen der Grenzen des Strafrechts?, Zeitschrift für die gesamte Strafrechtswissenschaft (ZStW) 135 (2023), S. 904 – 946.

*Süssenguth, Florian*, Code / Programm, in: Jahraus, Oliver/Nassehi, Armin u. a. (Hrsg.), Luhmann-Handbuch – Leben – Werk – Wirkung, Stuttgart 2012, S. 71 – 73, zit. als *Süssenguth* in Luhmann, S.

*Swoboda, Sabine*, Die Lehre vom Rechtsgut und ihre Alternativen, Zeitschrift für die gesamte Strafrechtswissenschaft (ZStW) 122 (2010), S. 24 – 50.

*Tamen, Miguel*, Friends of Interpretable Objects, Cambridge 2001, zit. als *Tamen*, Friends of Interpretable Objects, S.

*Teubner, Gunther*, Selbstsubversive Gerechtigkeit – Kontingenz- oder Transzendenzformel des Rechts?, in: Amstutz, Marc/Fischer-Lescano, Andreas (Hrsg.), Kritische Systemtheorie – Zur Evolution einer normativen Theorie, Bielefeld 2013, S. 327 – 363, zit. als *Teubner* in Kritische Systemtheorie, S.

*Teubner, Gunther*, Digitale Rechtssubjekte? Zum privatrechtlichen Status autonomer Softwareagenten, Archiv für die civilistische Praxis (AcP) 218 (2018), S. 155 – 205.

*Theile, Hans*, Wirtschaftskriminalität und Strafverfahren – Systemtheoretische Überlegungen zum Regulierungspotential des Strafrechts, Tübingen 2009, zit. als *Theile*, Wirtschaftskriminalität und Strafverfahren, S.

*Theile, Hans*, Die an den Beschuldigten erfolgende Weitergabe einer Information über strafprozessuale Maßnahmen mit Eingriffscharakter durch den Verteidiger: Strafbare Strafvereitelung nach § 258 StGB?, in: Hecker, Bernd/Weißer, Bettina/Brand, Christian (Hrsg.), Festschrift für Rudolf Rengier zum 70. Geburtstag, München 2018, zit. als *Theile* in FS Rengier, S.

*Thompson, Dennis Frank*, Moral Responsibility of Public Officials: The Problem of Many Hands, American Political Science Review 1980, S. 905 – 916.

*Thorndike, Edward*, Intelligence and its uses, Harper's Monthly Magazine 1920, S. 227 – 235.

*Tiedemann, Klaus/Engelhart, Marc*, Wirtschaftsstrafrecht, 5. Aufl., München 2017, zit. als *Tiedemann/Engelhart*, Wirtschaftsstrafrecht, Rn.

*Tilson, Luke/Eichinger, David*, KI-generierte Deepfakes und ihre Gefahr für Kapitalmärkte, Zeitschrift für Bank- und Kapitalmarktrecht (BKR) 2024, S. 648 – 654.

*Toepel, Friedrich*, Kausalität und Pflichtwidrigkeitszusammenhang beim fahrlässigen Erfolgsdelikt, Berlin 1992, zit. als *Toepel*, Kausalität und Pflichtwidrigkeitszusammenhang.

*Toepel, Friedrich*, Aspekte der „Rose-Rosahl"-Problematik: Vorüberlegungen, Beachtlichkeit der aberratio ictus beim Einzeltäter, Juristische Arbeitsblätter (JA) 1996, S. 886 – 893.

*Turing, Alan Mathison*, Computing Machinery and Intelligence, Mind 1950, S. 433 – 460.

*Vaihinger, Hans*, Die Philosophie des Als Ob, 8. Aufl., Leipzig 1922, zit. als *Vaihinger,* Die Philosophie des Als Ob, S.

*Valerius, Brian*, Sorgfaltspflichten beim autonomen Fahren, in: Hilgendorf, Eric (Hrsg.), Autonome Systeme und neue Mobilität – Ausgewählte Beiträge zur 3. und 4. Würzburger Tagung zum Technikrecht, Baden-Baden 2017, S. 9 – 22, zit. als *Valerius* in Autonome Systeme und neue Mobilität, S.

*Valerius, Brian*, Strafrechtliche Grenzen lernender Künstlicher Intelligenz – Juristische Sorgfaltspflichten bei technischen Innovationen, Goltdammer's Archiv für Strafrecht (GA) 2022, S. 121 – 133.

*van Lent, Michael/Fisher, William/Mancuso, Michael*, An Explainable Artificial Intelligence System for Small-unit Tactical Behavior, in: Hill, Randy/Jacobstein, Neil (Hrsg.), IAAI'04: Proceedings of the 16th Conference on Innovative Applications of Artifical Intelligence, San Jose 2004, S. 900 – 907, zit. als *van Lent/Fisher/Macuso* in Proceedings of the 16th Conference on Innovative Applications of Artificial Intelligence, S.

*Vardi, Moshe*, Editor's letter – Artificial Intelligence: Past and Future, Communnications of the ACM 2012, S. 5.

*Vernadsky, George*, Die Tragödie von Uglič und ihre Folgen, Jahrbücher für Geschichte Osteuropas 1955, S. 41 – 49.

*Volkmann, Uwe*, Verfassungsänderung und Verfassungswandel – Beobachtungen zum Verhältnis von Stabilität und Dynamik im Verfassungsrecht der Bundesrepublik Deutschland, JuristenZeitung (JZ) 2018, S. 265 – 271.

*Volkmann, Viktor,* Hate Speech durch Social Bots – Strafrechtliche Zurechnung von Volksverhetzungen gem. § 130 Absatz 1 StGB, Multimedia und Recht (MMR) 2018, S. 58 – 63.

*Voß, Monika*, Symbolische Gesetzgebung – Fragen zur Rationalität von Strafgesetzgebungsakten, Ebelsbach 1989, zit. als *Voß*, Symbolische Gesetzgebung, S.

*Voßkuhle, Andreas*, Der Wandel der Verfassung und seine Grenzen, Juristische Schulung (JuS) 2019, S. 417 – 423.

*Wacke, Andreas*, Die Zwecke von Buße und Kriminalstrafe nach römischen Rechtsquellen, in: Acta Universitatis Szegediensis : acta juridica et politica, Tanulmányok dr. Molnár Imre egyetemi tanár 70. születésnapjára, Szeged 2004, S. 413 – 472, zit. als *Wacke* in FS Molnár, S.

*Wagner, Markus*, Die Stellung des Strafrechts im System der Rechtsordnung – Ein Überblick über das Verhältnis des Strafrechts zu den übrigen (Teil-)Rechtsgebieten, Zeitschrift für das Juristische Studium (ZJS) 2020, S. 575 – 581.

*Wahlster, Wolfgang/Winterhalter, Christoph* (Hrsg.), Deutsche Normungsroadmap Künstliche Intelligenz – Ausgabe 2, Berlin 2022, zit. als Normungsroadmap KI, S.

*Walter, Tonio*, Vergeltung als Strafzweck – Prävention und Resozialisierung als Pflichten der Kriminalpolitik, Zeitschrift für Internationale Strafrechtsdogmatik (ZIS) 2011, S. 636 – 647.

*Walter, Tonio*, Das Absolute wird relativ – Kritik alter und neuer Straftheorien, in: Neubacher, Frank/ Kubink, Michael (Hrsg.), Kriminologie – Jugendkriminalrecht – Strafvollzug – Gedächtnisschrift für Michael Walter, Berlin 2014, S. 831 – 849, zit. als *T. Walter* in GS Michael Walter, S.

*Walther, Susanne*, Was soll „Strafe"?, Zeitschrift für die gesamte Strafrechtswissenschaft (ZStW) 111 (1999), S. 123 – 143.

*Wandt, Manfred*, Gesetzliche Schuldverhältnisse – Deliktsrecht, Schadensrecht, Bereicherungsrecht, GoA, 11. Aufl., München 2022, zit. als *Wandt,* GSV, §, Rn.

*Wang, Pei*, Editorial: What Makes JAGI Special, Journal of Artificial General Intelligence 2009, S. 1 – 2.

*Wapler, Friederike*, Bestimmtheitsgrundsatz und Wesentlichkeit im Strafverfassungsrecht, in: Bäcker, Matthias/Burchard, Christoph (Hrsg.), Strafverfassungsrecht, Tübingen 2022, S. 179 – 203, zit. als *Wapler* in Strafverfassungsrecht, S.

*Warren, Mark*, Conclusions, in: ders. (Hrsg.), Democracy and Trust, Cambridge 1999, S. 346 – 360, zit. als *Warren* in Democracy and Trust, S.

*Weber, Max*, Wirtschaft und Gesellschaft – Grundriss der verstehenden Soziologie, 5. Aufl., Tübingen 1976, zit. als *M. Weber*, Wirtschaft und Gesellschaft, S.

*Weber, Robert/Seeberg, Peter*, KI in der Industrie – Grundlagen, Anwendungen, Perspektiven, München 2020, zit. als *R. Weber/Seeberg*, KI in der Industrie, S.

*Weber, Stefan*, Konstruktivismus und Non-Dualismus – Systemtheorie und Distinktionstheorie, in: Scholl, Armin (Hrsg.), Systemtheorie und Konstruktivismus in der Kommunikationswissenschaft, Konstanz 2002, S. 21 – 36, zit. als *S. Weber* in Systemtheorie und Distinktionstheorie, S.

*Weichert, Thilo*, Big Data und Datenschutz – Chancen und Risiken einer neuen Form der Datenanalyse, Zeitschrift für Datenschutz (ZD) 2013, S. 251 – 259.

*Weigend, Thomas*, Mehr Strafrecht – und alles wird gut?, Strafverteidiger (StV) 2016, I (Editorial).

*Weigend, Thomas*, Notstandsrecht für selbstfahrende Autos?, Zeitschrift für Internationale Strafrechtsdogmatik (ZIS) 2017, S. 599 – 605.

*Weik, Beate*, Produkthaftung, in: Müller-Gugenberger, Christian (Hrsg.), Wirtschaftsstrafrecht – Handbuch des Wirtschaftsstraf- und -ordnungswidrigkeitenrechts, 7. Aufl., Köln 2021, zit. als *Weik* in Müller-Gugenberger, Rn.

*Weilert, A. Katarina*, Vertrauen ist gut. Recht ist besser?, in: Weingardt, Markus (Hrsg.), Vertrauen in der Krise – Zugänge verschiedener Wissenschaften, Baden-Baden 2011, S. 105 – 128, zit. als *Weilert* in Vertrauen in der Krise, S.

*Weingardt, Markus*, Vertrauen: Fragen und Leitfragen, in: ders. (Hrsg.), Vertrauen in der Krise – Zugänge verschiedener Wissenschaften, Baden-Baden 2011, S. 7 – 17, zit. als *Weingardt* in Vertrauen in der Krise, S.

*Weiß, Johannes*, Legitimationsbegriff und Legitimationsleistung der Systemtheorie Niklas Luhmanns, Politische Vierteljahresschrift 1977, S. 74 – 85.

*Weizenbaum, Joseph*, ELIZA—A Computer Program For the Study of Natural Language Communication Between Man And Machine, Communications of the ACM 9 (1966), S. 36 – 45.

*Wellner, Jörg*, Luhmanns Systemtheorie aus Sicht der Verteilten Künstlichen Intelligenz, in: Kron, Thomas (Hrsg.), Luhmann modelliert – Sozionische Ansätze Zur Simulation Von Kommunikationssystemen, Wiesbaden 2002, S. 11 – 23, zit. als *Wellner* in Luhmann modelliert, S.

*Wellnitz, Maren*, Die Entstehung der neuen Konzeption im europäischen Produktsicherheitsrecht, Im Erscheinen, zit. als *Wellnitz*, Neue Konzeption, im Erscheinen.

*Welzel, Hans*, Studien zum System des Strafrechts, Zeitschrift für die gesamte Strafrechtswissenschaft (ZStW) 58 (1939), S. 491 – 566.

*Welzel, Hans*, Zum Notstandsproblem, Zeitschrift für die gesamte Strafrechtswissenschaft (ZStW) 63 (1951), S. 47 – 56.

*Welzel, Hans*, Das deutsche Strafrecht – Eine systematische Darstellung, 11. Aufl., Berlin 1969, zit. als *Welzel*, Das deutsche Strafrecht, S.

*Welzel, Hans*, Abhandlungen zum Strafrecht und zur Rechtsphilosophie, Hawthorne 1975, zit. als *Welzel*, Abhandlungen, S.

*Wendehorst, Christiane/Nessler, Bernhard/Aufreiter, Alexander/Aichinger, Gregor*, Der Begriff des „KI-Systems“ unter der neuen KI-VO, Zeitschrift für IT-Recht und Recht der Digitalisierung (MMR) 2024, S. 605 – 614.

*Wesel, Uwe*, Geschichte des Rechts – Von den Frühformen bis zur Gegenwart, 5. Aufl., München 2022, zit. als *Wesel*, Geschichte des Rechts, S.

*Wessels, Johannes/Beulke, Werner/Satzger, Helmut*, Strafrecht Allgemeiner Teil, 54. Aufl., Heidelberg 2024, zit. als *Wessels/Beulke/Satzger*, AT, Rn.

*Westermarck, Edward*, The Origin and Development of the Moral Ideas, 2. Aufl., London 1924, zit. als *Westermarck*, Moral Ideas, S.

*Wigger, Dominika*, Automatisiertes Fahren und strafrechtliche Verantwortlichkeit wegen Fahrlässigkeit, Baden-Baden 2020, zit. als *Wigger*, Automatisiertes Fahren, S.

*Willke, Helmut*, Stand und Kritik der neueren Grundrechtstheorie – Schritte zu einer normativen Systemtheorie, Berlin 1975, zit. als *Willke*, Grundrechtstheorie, S.

*Wilrich, Thomas*, Rechtsprechung zu technischen Normen und normenähnlichen Dokumenten hinsichtlich ihrer Bedeutung für Sicherheit und Gesundheitsschutz, im Auftrag der Kommission Arbeitsschutz und Normung (KAN), Sankt Augustin 2016, zit. als *Wilrich*, KAN-Studie 12/2016, S.

*Winter, Christian/Battis, Verena/Halvani, Oren*, Herausforderungen für die Anonymisierung von Daten – Technische Defizite, konzeptuelle Lücken und rechtliche Fragen bei der Anonymisierung von Daten, Zeitschrift für Datenschutz (ZD) 2019, S. 489–493.

*Wohlers, Wolfgang*, Individualverkehr im 21. Jahrhundert: das Strafrecht vor neuen Herausforderungen, Basler Juristische Mitteilungen (BJM) 2016, S. 113–137.

*Wohlers, Wolfgang*, Günther Jakobs und die Rechtsgutslehre, in: Kindhäuser, Urs/Kreß, Claus u. a. (Hrsg.), Strafrecht und Gesellschaft – Ein kritischer Kommentar zum Werk von Günther Jakobs, Tübingen 2019, S. 307–326, zit. als *Wohlers* in Strafrecht und Gesellschaft, S.

*Wörner, Liane*, Widersprüche beim strafrechtlichen Lebensschutz? – Überlegungen zu einem konsistenten strafrechtlichen Schutz des Lebens vorgeburtlich in vitro, vorgeburtlich in utero, bei Sterbehilfe und bei der Hilfe zur Selbsttötung, Im Erscheinen, zit. als *Wörner*, Widersprüche Lebensschutz, § [...] (S.)

*Wörner, Liane*, Der Waffenbegriff des StGB auf dem verfassungsrechtlichen Prüfstand – Zugleich eine Besprechung von BVerfG – 2 BvR 2238/07, Beschl. v. 1.9.2008, zum Einsatz eines Personenkraftwagens als „Waffe", Zeitschrift für das Juristische Studium (ZJS) 2009, S. 236–247.

*Wörner, Liane*, Die deutsche Versuchsdogmatik – eine Frage der Vorverlagerung der Strafbarkeit?, in: Sinn, Arndt/Gropp, Walter/Nagy, Ferenc (Hrsg.), Grenzen der Vorverlagerung in einem Tatstrafrecht. Eine rechtsvergleichende Analyse am Beispiel des deutschen und ungarischen Strafrechts, Osnabrück 2011, S. 135–154, zit. als *Wörner* in Vorverlagerung, S.

*Wörner, Liane*, Expanding Criminal Laws by Predating Criminal Responsibility – Punishing Planning and Organizing Terrorist Attacks as a Means to Optimize Effectiveness of Fighting Against Terrorism, German Law Journal 2012, S. 1037–1055.

*Wörner, Liane*, Penal Theory and the Protection of Life – The Human Dignity Argument and its Inconsistencies in German Criminal Law, in: Sinn, Arndt (Hrsg.), Menschenrechte und Strafrecht – Beiträge zur 4. Sitzung des International Forum on Crime and Criminal Law in the Global Era (IFCCLGE), Göttingen, Osnabrück 2013, S. 25–36, zit. als *Wörner* in Menschenrechte und Strafrecht, S.

*Wörner, Liane*, Straf(rechts)würdigkeit, -bedürftigkeit, -tauglichkeit und Schutzfähigkeit, in: Kuhli, Milan/Asholt, Martin (Hrsg.), Strafbegründung und Strafeinschränkung als Argumentationsmuster, Baden-Baden 2017, S. 97–121, zit. als *Wörner* in Strafbegründung und Strafeinschränkung, S.

*Wörner, Liane*, Der Weichensteller 4.0 – Zur strafrechtlichen Verantwortlichkeit des Programmierers im Notstand für Vorgaben an autonome Fahrzeuge, Zeitschrift für Internationale Strafrechtsdogmatik (ZIS) 2019, S. 41–48.

*Wörner, Liane*, Verfassungsrechtliche Grundlagen des mehrspurigen Rechtsfolgensystems – Kommentar zum Beitrag von Benjamin Rusteberg, in: Bäcker, Matthias/Burchard, Christoph (Hrsg.), Strafverfassungsrecht, Tübingen 2022, S. 339 – 347, zit. als *Wörner* in Strafverfassungsrecht, S.

*Wörner, Liane*, Code ~~is~~ creates Law, POLITIKUM 04/2023, S. 64 – 70.

*Xu, Runhua/Baracaldo, Nathalie/Joshi, James*, Privacy-Preserving Machine Learning: Methods, Challenges and Directions, Ithaca 2021, zit. als *Xu/Baracaldo/Joshi*, Privacy-Preserving Machine Learning, S.

*Yuan, Tianyu*, Lernende Roboter und Fahrlässigkeitsdelikt, Rechtswissenschaft (RW) 2018, S. 477 – 504.

*Yudkowsky, Eliezer*, Levels of Organization in General Intelligence, in: Goertzel, Ben/Pennachin, Cassio (Hrsg.), Artificial General Intelligence, Berlin, Heidelberg 2007, S. 389 – 501, zit. als *Yudkowsky* in Goertzel/Pennachin, AGI, S.

*Zabel, Benno*, Schuldtypisierung als Begriffsanalyse – Tiefenstrukturen moderner Praxisformen und deren strafrechtliche Transformation, Berlin 2007, zit. als *Zabel*, Schuldtypisierung, S.

*Zabel, Benno*, Die Ordnung des Strafrechts – Zum Funktionswandel von Normen, Zurechnung und Verfahren, Tübingen 2017, zit. als *Zabel*, Die Ordnung des Strafrechts, S.

*Zech, Herbert*, Zivilrechtliche Haftung für den Einsatz von Robotern – Zuweisung von Automatisierungs- und Autonomierisiken, in: Gless, Sabine/Seelmann, Kurt (Hrsg.), Intelligente Agenten und das Recht, Baden-Baden 2016, S. 163 – 204, zit. als *Zech* in Intelligente Agenten und das Recht, S.

*Zech, Herbert*, Künstliche Intelligenz und Haftungsfragen, Zeitschrift für die gesamte Privatrechtswissenschaft (ZfPW) 2019, S. 198 – 218.

*Zech, Herbert*, Entscheidungen digitaler autonomer Systeme: Empfehlen sich Regelungen zur Verantwortung und Haftung?, in: Ständige Deputation des Deutschen Juristentages (Hrsg.), Verhandlungen des 73. Deutschen Juristentages –Hamburg 2020/Bonn 2022, Band 1, München 2020, Gutachten A, zit. als *Zech* in Gutachten 73. Deutscher Juristentag, A

*Zech, Herbert*, Risiken digitaler Systeme – Robotik, Lernfähigkeit und Vernetzung als aktuelle Herausforderungen für das Recht, Berlin 2020, zit. als *Zech*, Risiken, S.

*Ziemann, Sascha*, Wesen, Wesen, seid's gewesen? Zur Diskussion über ein Strafrecht für Maschinen, in: Hilgendorf, Eric/Günther, Jan-Philipp (Hrsg.), Robotik und Gesetzgebung – Beiträge der Tagung vom 7. bis 9. Mai 2012 in Bielefeld, Baden-Baden 2013, S. 183 – 195, zit. als *Ziemann* in Robotik und Gesetzgebung, S.

*Zolli, Daniel Michael/Brown, Christopher*, Bell on Trial: The Struggle for Sound after Savonarola, Renaissance Quarterly 2019, S. 54 – 96.

